AF891404

# TODO

## Seguros

2011

CISS
grupo Wolters Kluwer

Contenido actualizado a marzo de 2011

TODO SEGUROS 2011

© Wolters Kluwer España, S.A.

Edita: CISS

**SERVICIO DE ATENCIÓN AL CLIENTE**
**902 250 500** tel
902 250 502 fax
**clientes@ciss.es**
C/ Colón, 1 - 5ª planta
46004 VALENCIA
**www.ciss.es**

Primera edición: Marzo 2011

Depósito legal: BI-788-2011

I.S.B.N. Edición Gráfica: 978-84-9954-182-2
I.S.B.N. Edición Digital: 978-84-9954-183-9

Diseño portada: LaClave
General Urrutia, 65 - esc. 3, pta. 2 - Valencia

Compone: Wolters Kluwer España, S.A.

Imprime: Imprime: RGM, S.A.
Pol. Industrial Igeltzera Pabellón 1 Bis Zona A
48610 – Urduliz (Bizkaia)

© **WOLTERS KLUWER ESPAÑA, S.A.** Todos los derechos reservados. A los efectos del art. 32 del Real Decreto Legislativo 1/1996, de 12 de abril, por el que se aprueba la Ley de Propiedad Intelectual, Wolters Kluwer España, S.A., se opone expresamente a cualquier utilización del contenido de esta publicación sin su expresa autorización, lo cual incluye especialmente cualquier reproducción, modificación, registro, copia, explotación, distribución, comunicación, transmisión, envío, reutilización, publicación, tratamiento o cualquier otra utilización total o parcial en cualquier modo, medio o formato de esta publicación.

Cualquier forma de reproducción, distribución, comunicación pública o transformación de esta obra solo puede ser realizada con la autorización de sus titulares, salvo excepción prevista por la Ley. Diríjase a **CEDRO** (Centro Español de Derechos Reprográficos, **www.cedro.org**) si necesita fotocopiar o escanear algún fragmento de esta obra.

El editor y los autores no aceptarán responsabilidades por las posibles consecuencias ocasionadas a las personas naturales o jurídicas que actúen o dejen de actuar como resultado de alguna información contenida en esta publicación.

**Nota de la Editorial:** El texto de las resoluciones judiciales contenido en las publicaciones y productos de **Wolters Kluwer España, S.A.**, es suministrado por el Centro de Documentación Judicial del Consejo General del Poder Judicial (Cendoj), excepto aquellas que puntualmente nos han sido proporcionadas por parte de los gabinetes de comunicación de los órganos judiciales colegiados. El Cendoj es el único organismo legalmente facultado para la recopilación de dichas resoluciones.

El tratamiento de los datos de carácter personal contenidos en dichas resoluciones es realizado directamente por el citado organismo, desde julio de 2003, con sus propios criterios en cumplimiento de la normativa vigente sobre el particular, siendo por tanto de su exclusiva responsabilidad cualquier error o incidencia en esta materia.

# Todo Seguros 2011

## Coordinador

**D. Jorge Campos Moral**

## Autores

**D. Jorge Campos Moral**
Licenciado en Derecho, Máster en Asesoría Jurídico-Fiscal y Mediador de Seguros Titulado. Director de IMAF y Director-Gerente de FECOR. Miembro del IEAF. Asesor Financiero Internacional Certificado por el SII de Londres. Profesor y Coordinador del Título de Experto Universitario en Seguros de la UNED. Profesor de Certificaciones Financieras Internacionales y Profesor en programas Máster en diferentes Escuelas de Negocio. Árbitro para la Corte de Arbitraje del Seguro por la AEADE. Coautor de varios libros sobre Seguros y colaborador habitual de algunas publicaciones aseguradoras, empresariales y financieras. Experto Externo en Prevención de Blanqueo de Capitales. Ha sido Directivo en varias Entidades Financieras Internacionales entre las que destacan Abbey National Bank y Lloyds TSB Bank, y ha sido Director Comercial en varias Entidades Aseguradoras como Allianz Inversiones S.V y Aegon Seguros.
(Partes 1.ª, 2.ª y 3.ª; Parte 4.ª - Capítulos IV, V, VI y VII; Parte 5.ª - Capítulo V)

**D. Francisco Solá Fernández**
Licenciado en Derecho y Licenciado en Ciencias Económicas y Empresariales.
Inspector de Finanzas del Estado (especialidad seguros y ahorro).
DGSFP. Inspector e Interventor de entidades de seguro y reaseguros en la Dirección General de Seguros y Fondos de Pensiones. Auditor en el Tribunal de Cuentas del Estado. Letrado en el Tribunal de Cuentas del Estado. Inspector Jefe del área de normativa comunitaria de la Dirección General de Seguros y Fondos de Pensiones. Profesor Asociado del área de Derecho Mercantil del Departamento de Derecho Privado de la Universidad de Alcalá.
(Parte 5.ª - Capítulo VI)

**D. Raúl Casado García**
DGSFP. Inspector de Seguros del Estado. Adjunto en la Subdirección General de Inspección, en el departamento de grupos consolidables de entidades aseguradoras de la Dirección General de Seguros y Fondos de Pensiones. Autor de varias publicaciones relacionadas con el sector asegurador especialmente sobre normas internacionales de contabilidad y su relación con el Plan contable de entidades aseguradoras. Profesor y colaborador habitual de diferentes instituciones formativas vinculadas con el sector asegurador.
(Parte 5.ª - Capítulos I, II, III y IV)

**D. Jesús Pérez Pérez**
Economista y Actuario de Seguros. Analista Financiero CEFA y Certificado CEVE. Miembro del IEAF-Instituto Español de Analistas Financieros. Consultor Financiero actuarial independiente especializado en Sistemas de Previsión Social Empresarial. Profesor y colaborador habitual de diferentes Escuelas de Negocio.
(Parte 4.ª - Capítulos I, II y III)

# PRESENTACIÓN

En una colección de obras como es la de los "TODO", un sector que mueve al año más de 57.000 millones de euros en primas y que representa cerca del 5% del PIB del país, debía ser merecedor de un desarrollo propio y de ahí la creación de este TODO SEGUROS.

Los Seguros han pasado a ser hoy en día una parte muy importante de la economía de este país y un factor determinante en el día a día, no sólo de las economías domésticas y particulares, sino en la de las empresas, afectando de manera directa a la cuenta de resultados tanto de las grandes como de las medianas y pequeñas empresas. Y ello, porque una buena política de gestión de riesgos implementada con rigor en una empresa se hace, hoy en día, más que necesaria para reducir los riesgos a los que está sometida la misma y con ello optimizar sus resultados evitando costes y pérdidas económicas.

Actualmente, el sector asegurador en España aglutina a más 350 compañías aseguradoras autorizadas e inscritas en la Dirección General de Seguros y Fondos de Pensiones (DGSFP) entre aseguradoras españolas y delegaciones extranjeras que aportan al mercado laboral más de 45.000 empleados. Éste es un sector en el que la banca ha entrado ya de lleno y que cuenta con más de 70 entidades financieras autorizadas como operadores de Banca Seguros y que destinan cerca de 12.000 empleados orientados a esta actividad.

TODO SEGUROS es una obra en la que se recogen, de una manera completa, todas las bases en las que se sustenta el ámbito y la actividad de los Seguros. Por eso, se ha estructurado desde el planteamiento de servir de gran utilidad e interés tanto para los profesionales del sector como para los consumidores y usuarios, esto es, para los asegurados –ya sean particulares o empresas– pues les va a servir como una práctica y completa herramienta de consulta e información para entender y comprender mejor sus contratos de seguros, gestionar y valorar mejor sus riesgos, encontrar respuesta a las dudas que se les plantean en materia aseguradora y saber cómo gestionar correctamente los siniestros cuando éstos ocurran.

Pero igualmente, TODO SEGUROS es una obra de gran utilidad para los profesionales del sector como aseguradoras, mediadores, técnicos, actuarios, peritos, instituciones..., ya que en ella se abordan aspectos que afectan directamente a su actividad y al contenido de su trabajo.

El ámbito del seguro es enormemente dinámico. Cada día aparecen nuevas modalidades de riesgos que es preciso asegurar. Esto hace que sea un sector muy rico en cuanto a regulación y normativa: 39 Leyes, 51 Reales Decretos, 23 Órdenes y 30 Resoluciones de la DGSFP comprenden la base del marco legislativo de un sector que avanza y crece a un ritmo muy veloz lo que implica que actualmente las principales normas reguladoras de la actividad aseguradora estén en proceso de reforma, modificación y actualización, aspectos que quedan claramente analizados y estudiados en esta obra.

En TODO SEGUROS se puede encontrar la más reciente y actualizada visión de la actividad aseguradora. Así, se incluyen las adaptaciones y modificaciones que han venido a realizar Leyes muy recientes, como la recién aprobada Ley de Economía Sostenible (Ley 2/2011, de 4 de marzo) y que ha venido a modificar numerosos aspectos de los seguros y de los planes de pensiones.

Como no podía ser de otra forma, se analizan detalladamente todas y cada una de las modalidades de seguros y de riesgos, incluidos los más recientes y cuya implicación en las posibles responsabilidades tanto para particulares, profesionales y empresas, han requerido de una normativa propia y especial como es el caso, por ejemplo, de los riesgos medioambientales.

Esta obra TODO SEGUROS se estructura en cinco partes:

**1. Aspectos generales del seguro.** En esta parte se analiza, en primer lugar, el Seguro desde una visión jurídica, con detalle de toda la normativa que afecta directamente a la actividad y al sector desglosada por cada ramo o tipo de riesgo y con especial análisis de algunos temas de gran importancia como es: la protección de datos en materia aseguradora, la prevención de blanqueo de capitales en el sector asegurador, la protección y defensa de consumidores y usuarios de servicios aseguradores, etc.

En este primer bloque se analiza igualmente la distribución del riesgo entre aseguradoras a través del coaseguro y del reaseguro.

En segundo lugar, este primer bloque analiza el control y supervisión de la actividad aseguradora en España lo que se aborda a través de un profundo análisis de la normativa en materia de Ordenación y Supervisión de los Seguros privados, que mediante el Reglamento y el Texto Refundido, marca las líneas de control de la actividad aseguradora en todas sus líneas. Asimismo, se hace necesario realizar este análisis competencial en materia de supervisión de la actividad, tanto desde la DGSFP como desde las distintas CCAA que tienen delegada esta faceta y que en el proyecto de próxima ley de ordenación se les amplían aún más estas competencias.

**2. El Contrato de Seguro.** La Ley 50/1980, de 8 de octubre, de Contrato de Seguro, que ha cumplido ya treinta años de vida y que se encuentra en estos momentos en puertas de dejar paso a la que será su sucesora, es objeto de análisis en este segundo bloque en el que se analiza pormenorizadamente la actual Ley de Contrato de Seguro y ya se sientan las bases del enfoque que se está dando a la futura regulación de la actividad.

En esta parte, de gran importancia, se analizan también todos los aspectos y pormenores del contrato de seguro, así como de las implicaciones para las partes intervinientes en el mismo: aseguradoras, tomadores (clientes), asegurados y beneficiarios. Derechos, obligaciones, los distintos tipos y modalidades de contratos de seguros, las pólizas y sus correspondientes tipos de primas..., son entre otros, muchos de los aspectos que se analizan y desarrollan en este bloque.

Además, en esta parte se aborda también todo lo relativo a la adecuada y correcta gestión del riesgo, a la tramitación y gestión de los siniestros cuando sobrevienen y a la indemnización a la que dan lugar los mismos.

**3. La mediación de seguros y reaseguros privados.** La mediación juega un importante papel en la distribución de los seguros en España, pues además de distribuirse en su gran mayoría los seguros a través de los mediadores, este importante colectivo integra a más de 5.500 corredores y corredurías de seguros, 96.000 agentes de seguros y un número indeterminado de auxiliares, cuya estimación se aproxima cercana a los 250.000 por toda España. A estos profesionales hay que añadir los operadores de banca-seguros antes mencionados y que, desde la entrada en vigor de la Ley 26/2006, distribuyen seguros a través de las sucursales bancarias bajo la calificación de agentes de seguros. En este bloque se analiza en detalle la Ley 26/2006, de Mediación de Seguros y Reaseguros Privados y las figuras que realizan la actividad de mediación de seguros. Por ello, este bloque también es de gran utilidad para los asegurados (consumidores) que, en definitiva, son asimismo clientes comunes de las aseguradoras y de los propios mediadores.

Igualmente, en materia de Mediación de Seguros, desde Europa se está preparando una nueva regulación con una Directiva Europea y que vendrá a ser de aplicación en esta materia en apenas un par de años.

**4. Los ramos y productos de seguros.** En este cuarto bloque, se analizan todos y cada uno de los distintos ramos/tipos de productos aseguradores desde la visión del propio riesgo que cubre: Vida, Accidentes, Ahorro, Automóvil, Transportes, Incendios..., en definitiva, un estudio completo de todos los aspectos inherentes a cada tipo de seguro desde sus garantías o coberturas, hasta sus exclusiones y tarificación.

No se ha dejado sin analizar ningún ramo o tipo de seguro; es más, se han desarrollado algunos que son de actualidad y de un especial interés e importancia para las Pymes y profesionales como por ejemplo, los seguros de responsabilidad civil y dentro de éstos, los correspondientes a riesgos medioambientales o a responsabilidad civil de directivos y administradores (D&O). Igualmente, modalidades de seguros como el de crédito, caución, pérdidas pecuniarias, dependencia, desempleo, son analizados en este bloque con gran detalle.

5. **Contabilidad y solvencia aseguradora.** Desde un punto de vista económico-financiero, el sector asegurador goza de una solvencia y fortaleza envidiable por otros sectores de la economía. Ello es fruto de una rigurosa regulación en materia contable y financiera que se viene aplicando en el sector ya desde hace tiempo tanto por regulación propia como por la trasposición de directivas europeas y normativas internacionales como en lo referente a Solvencia II. Además de que las entidades aseguradoras están sujetas a un Plan General Contable propio, éstas y las gestoras de fondos de pensiones, así como buena parte de la Mediación de Seguros, vienen obligados a confeccionar y a remitir a la DGSFP una documentación estadístico-contable (DEC) exclusiva y particular del sector que incluye todos los estados financieros y contables para su control, análisis y supervisión.

Y todo ello realizado con el análisis, la experiencia y el criterio de un equipo de autores en activo y que viene desarrollando diversas actividades en primera línea en el sector, compuesto por inspectores de la Dirección General de Seguros con responsabilidad directa sobre las áreas analizadas, por actuarios en ejercicio, por representantes de la mediación de seguros, consultores especialistas en seguros y por profesores de Universidad en áreas aseguradoras. Un equipo de autores que han venido trabajando en el desarrollo de una obra que recoge, de una manera útil, "TODO" lo verdaderamente importante y destacado del SEGURO.


© CISS

# SIGLAS Y ABREVIATURAS

| | |
|---|---|
| **AEMES** | Asociación Empresarial de Mediadores de Seguros |
| **AF** | Arrendamiento Financiero |
| **AFDV** | Activos financieros disponibles para la venta |
| **AIE** | Agrupaciones de Interés Económico |
| **AMAEF** | Asociación de la Mediación Aseguradora de Entidades Financieras |
| **APCAS** | Asociación de Peritos de Seguros y Comisarios de Averías |
| **Art.** | Artículo |
| **BIPAR** | The European Federation of Insurance Intermediaries |
| **CC** | Real Decreto de 24 de julio de 1889, texto de la edición del Código Civil |
| **CCAA** | Comunidades Autónomas |
| **CCom** | Real Decreto de 22 de agosto de 1885, por el que se publica el Código de Comercio |
| **CCS** | Consorcio de Compensación de Seguros |
| **CE** | Constitución Española |
| **CEA** | Comisión Europea de Aseguradoras |
| **CEIOPS** | Comité de Supervisores Europeos de Seguros y Pensiones Ocupacionales |
| **CESCE** | Compañía de Española de Seguros de Crédito a la Exportación |
| **CESR** | Comité Europeo de Reguladores de Valores |
| **CLEA** | Comisión Liquidadora de Entidades Aseguradoras |
| **CNMV** | Comisión Nacional del Mercado de Valores |
| **CP** | Corto plazo |
| **DA** | Disposición Adicional |
| **DEC** | Documentación Estadístico Contable |
| **DGRN** | Dirección General de Registros y de Notariado |
| **DGSFP** | Dirección General de Seguros y Fondos de Pensiones |
| **Dir.** | Directiva |
| **DF** | Disposición Final |
| **DL** | Decreto Ley |
| **DT** | Disposición Transitoria |
| **DTI** | Diferencias Temporarias Imponibles |
| **D&O** | Directivos y Administradores |
| **EGFP** | Entidad Gestora de Fondos de Pensiones |
| **EIOPA** | Autoridad de Seguros y Fondos de Pensiones |
| **EIOPC** | Comité de Seguros y Pensiones Ocupacionales Europeo |
| **EPC** | Consejo Europeo de Pagos |
| **ERC** | Enchanced Capital Requierement |
| **ERE** | Expediente de Regulación de Empleo |
| **ESC** | Comité Europeo de valores |
| **FECOR** | Federación Nacional de Organizaciones Profesionales de Corredores y Corredurías de Seguros |
| **FIVA** | Fichero Informativo de Vehículos Asegurados |
| **FSA** | The Financial Services Authority |
| **GAFI** | Grupo de Acción Financiera |
| **HP** | Hacienda Pública |

| | |
|---|---|
| **IAA** | Asociación Internacional de Actuarios |
| **IAIS** | Asociación Internacional de Supervisores de Seguros |
| **IIC** | Instituciones de Inversión Colectiva |
| **IP** | Incapacidad permanente |
| **IRPF** | Impuestos sobre la Renta de las Personas Físicas |
| **IS** | Impuesto de Sociedades |
| **ISD** | Impuesto de sucesiones y donaciones |
| **IT** | Incapacidad temporal |
| **LCS** | Ley 50/1980, de 8 de octubre, de Contrato de Seguro. |
| **LES** | Ley 2/2011, de 4 de marzo, de Economía Sostenible |
| **LGSS** | Real Decreto Legislativo 1/1994, de 20 de junio, por el que se aprueba el Texto Refundido de la Ley General de la Seguridad Social |
| **LMSRP** | Ley 26/2006, de 17 de julio, de mediación de seguros y reaseguros privados |
| **LOPD** | Ley Orgánica 15/1999 de Protección de Datos de Carácter Personal |
| **LOPJ** | Ley Orgánica 6/1985, de 1 de julio, del Poder Judicial |
| **LOSSP** | Ley 30/1995, de 8 de noviembre, de ordenación y supervisión de los seguros privados |
| **LP** | Largo plazo |
| **MCR** | Minimum Capital Requirement |
| **MS** | Margen de solvencia |
| **NIC** | Normas Internacionales de Contabilidad |
| **NIIF** | Norma Internacional de Información Financiera |
| **OBS** | Operador de Banca-Seguros |
| **OCDE** | Organización para la Cooperación y Desarrollo Económico |
| **OFESAUTO** | Oficina Española de Aseguradores de Automóviles |
| **ORSA** | Own Risk Solvency Assesment |
| **PASF** | Plan de Acción de Servicios Financieros |
| **PB** | Participación en beneficios |
| **PCEA** | Real Decreto 1317/2008, de 24 de julio, por el que se aprueba el Plan de contabilidad de las entidades aseguradoras |
| **Pfo.** | Párrafo |
| **PIAS** | Plan Individual de Ahorro Sistemático |
| **PM** | Provisión matematica |
| **PN** | Patrimonio neto |
| **PP** | Planes de pensiones |
| **PPA** | Plan de Previsión Asegurado |
| **PPI** | Plan de Pensiones Individual |
| **PPSE** | Plan de Previsión Social Empresarial |
| **PUI** | Punto Único de Información |
| **PyG** | Pérdidas y Ganancias |
| **QIS** | Quantitative Impact Study |
| **RBC** | Risk Based Capital |
| **RDLeg.** | Real Decreto Legislativo |
| **RD** | Real Decreto |
| **RDL** | Real Decreto Ley |
| **Rdo. contable** | Resultado contable |


© CISS

| | |
|---|---|
| **Res.** | Resolución |
| **RETA** | Régimen Especial de Trabajadores Autónomos |
| **ROSSP** | Real Decreto 2486/1998, de 20 de noviembre, por el que se aprueba el Reglamento de Ordenación y Supervisión de los Seguros Privados. |
| **RPP** | Real Decreto 304/2004, de 20 de febrero, por el que se aprueba el Reglamento de planes y fondos de pensiones |
| **RUSV** | Registro Único de Seguros de Vida |
| **SAP** | Sentencia de la Audiencia Provincial |
| **SCR** | Solvency Capital Requirement |
| **SD** | Seguro directo |
| **SEAIDA** | Sección Española de la Asociación Internacional de Derechos de Seguros |
| **SEPA** | Single Euro Payments Area |
| **SEPBLAC** | Servicio Ejecutivo de Prevención de Blanqueo de Capitales |
| **SOA** | Seguro obligatorio de automóviles |
| **SOV** | Seguro Obligatorio de Viajeros |
| **STS** | Sentencia del Tribunal Supremo |
| **SST** | Swiss Solvency Test |
| **SVA** | Seguro Voluntario de Automóvil |
| **TRLGDCU** | Real Decreto Legislativo 1/2007, de 16 de noviembre, por el que se aprueba el texto refundido de la Ley General para la Defensa de los Consumidores y Usuarios y otras leyes complementarias |
| **TRLIS** | Real Decreto Legislativo 4/2004, de 5 de marzo, por el que se aprueba el texto refundido de la Ley del Impuesto sobre Sociedades |
| **TRLOSSP** | Real Decreto Legislativo 6/2004, de 29 de octubre, por el que se aprueba el texto refundido de la Ley de ordenación y supervisión de los seguros privados |
| **TRLRPFP** | Real Decreto Legislativo 1/2002, de 29 de noviembre, por el que se aprueba el texto refundido de la Ley de Regulación de los Planes y Fondos de Pensiones. |
| **UGEs** | Unidades generadoras de efectivo |
| **UIF** | Unidad de Inteligencia Financiera |
| **UNESPA** | Unión Española de Entidades Aseguradoras y Reaseguradoras |
| **VaR** | Value at Risk |

# ÍNDICE

# 1.ª PARTE

## ASPECTOS GENERALES DEL SEGURO

© CISS

# Capítulo I. MARCO REGULADOR Y FUNCIONES DEL SEGURO

## Sección 1. EL DERECHO DEL SEGURO PRIVADO

### 1-1 Introducción al derecho del seguro privado

Cuando en el mundo jurídico se habla de seguros privados, inmediatamente se piensa en el Derecho privado y, concretamente, en el Derecho mercantil que es la disciplina que se ocupa de estudiar la problemática que plantean los contratos de seguro en orden al riesgo asegurado y a los derechos y deberes que vinculan al asegurado y al asegurador.

Sobre el seguro privado también recaen normas de Derecho público, en concreto, de Derecho administrativo, que tratan de resolver los problemas que crea la intervención y control de la Administración sobre la actividad del seguro privado y de las Entidades aseguradoras. Y se sigue ejerciendo por las mismas una actividad de carácter privado.

Junto al Derecho bancario y al Derecho del mercado de valores, el Derecho del seguro privado es una de las tres ramas que conforman el llamado **Derecho del mercado financiero**.

También se prevén en desarrollo del artículo 41 de la Constitución Española la existencia de sistemas complementarios de previsión social que se articulan también a través del seguro privado en sus distintas manifestaciones y especialmente a través de las Mutualidades de Previsión Social, o los planes y los correspondientes fondos de pensiones (también objeto de la asignatura optativa mencionada).

El Derecho del seguro privado lo podemos definir como el conjunto de normas jurídicas que regulan el estatuto del empresario y de sus colaboradores; así como sus relaciones con los tomadores, asegurados, beneficiarios, terceros perjudicados y otros sujetos a través de distintos contratos de seguros.

El objeto de esta obra es, pues, el seguro privado, teniendo en cuenta las dos vertientes que plantea su estudio: fundamentalmente la privada con todos los aspectos relacionados con el contrato de seguro; y la pública, consecuencia de la ordenación y supervisión por los poderes públicos de la actividad aseguradora, incluyendo tanto el régimen de las entidades aseguradoras como de los mediadores de seguros.

### 1-2 Características del derecho del seguro privado

a) El Derecho del Seguro Privado es un Derecho especial porque agrupa únicamente las normas específicas que disciplinan el estatuto del empresario asegurador. Quedan al margen del mismo las normas comunes referidas, por ejemplo, a la regulación de las formas jurídicas que pueden revestir estas empresas.

b) Se trata también de un Derecho delimitado subjetivamente por estar centrado en el empresario de seguros como figura central de la actividad aseguradora profesional y organizada y como parte del contrato de seguro.

c) En tercer lugar, puede ser considerado también como un Derecho mixto o heterogéneo en el que, como ya se ha señalado, conviven normas de Derecho público, fundamentalmente, Derecho administrativo económico, junto a normas de Derecho privado, sobre todo de Derecho mercantil contractual que son las que regulan los contratos de seguro.

d) Por último, este Derecho es también un Derecho económico o informativo en el sentido de que se encuentra dotado de una autonomía relativa de alcance didáctico. No es, por tanto una rama jurídica autónoma, como tampoco lo es el Derecho del mercado financiero, sino que se trata de un recurso técnico-jurídico para agrupar un conjunto de normas heterogéneas de distinta procedencia y que regulan un sector de actividad.

### 1-3 Fuentes del Derecho Español del seguro privado

En el Derecho español son tres las normas básicas a las que hay que hacer referencia y cuyos aspectos se desarrollarán en los momentos oportunos. Hay que tener en cuenta, por otro lado, que el seguro es uno de los sectores económicos más directamente influenciados por el ingreso de España en la entonces CEE y que es ha sido considerado uno de los más armonizados a través de la técnica de la directiva (antes de la última ampliación de la Unión Europea).

Por otro lado, tampoco debe olvidarse la doble dimensión o vertiente de este Derecho: público-institucional y privado-contractual a los que corresponden estas normas.

En la primera vertiente, por tanto, **publico-institucional**, hay que hacer referencia a la **Ley de Ordenación y Supervisión de los Seguros Privados** (LOSSP), Ley 30/1995, de 8 de noviembre.

La principal novedad que introduce la LOSSP, y que deriva de las llamadas terceras directivas o tercera generación de directivas, es la instauración de un sistema de licencia única y de control por el país de origen que permite a las entidades aseguradoras españolas beneficiarse del sistema "pasaporte europeo".

En la LOSSP se contienen tanto normas de Derecho público como privado. En primer lugar, aquellas que conciernen al control administrativo, que la Ley denomina supervisión, como las de Derecho privado que afectan a la regulación sustantiva de las instituciones en las que no existe intervención del poder público.

Su promulgación pretendió cumplir dos objetivos fundamentales:

- Actualizar la disciplina existente hasta aquel momento y potenciar la función interventora y sancionadora de la Administración sobre las empresas aseguradoras que no sólo ordena, sino que también supervisa.
- Incorporar nuevas directrices comunitarias, en particular, las que consienten la llamada autorización administrativa única que permite operar tanto en los países de la UE como en el Espacio Económico Europeo (particularmente Suiza, país asegurador por excelencia).

Hay que mencionar también la **Ley de Mediación del Seguro Privado** -Ley 26/2006, de 17 de julio- y su predecesora la Ley 9/1992, de 30 de abril, que ha venido a establecer el régimen jurídico para los mediadores de seguros, esto es, los corredores y agentes de seguros. Establece su estatuto jurídico, así como el régimen de supervisión y disciplina administrativa que les resulte de aplicación. Hay que mencionar, sin embargo, que esta Ley va a ser objeto de modificación próximamente e incluso va a ser sustituida por otra como consecuencia de la Directiva Europea de Mediación en la que ya se está trabajando y que establece las normas sobre acceso y ejercicio de las actividades de mediación de seguros y reaseguros por las personas físicas o jurídicas establecidas en un Estado miembro.

En el ámbito **privado-contractual** aparece la **Ley de Contrato de Seguro (LCS)**, Ley 50/1980, de 8 de octubre. Ley de gran importancia por cuanto supuso en su momento la sustitución y derogación de toda la normativa contractual existente tanto civil (arts. 1791 a 1797 CC) como mercantil (arts. 389 a 438 CCom) dando lugar a una normativa única aplicable en todo caso, constituyendo un importante ejemplo en nuestro Derecho de la llamada unificación de Derecho de obligaciones.

Cada una de estas tres normas fundamentales va a ser objeto de estudio y análisis a lo largo de la presente obra.

La propia Constitución Española también juega un importante papel como fuente del Derecho del Seguro en España debido al modelo establecido en la Constitución Española de reparto de competencias entre el Estado y la Comunidades Autónomas. Desde este punto de vista, en materia de Derecho del seguro privado las CCAA ostentan dos títulos competenciales: en primer lugar, respecto a las entidades aseguradoras, los Estatutos de Autonomía atribuyen a las CCAA competencias exclusivas en materia de cooperativas, mutuas y mutualidades de previsión social no integradas en el sistema de seguridad social. En segundo lugar, los Estatutos también atribuyen competencias de desarrollo formativo y ejecución de las bases del seguro establecidas por el Estado.

## 1-4 La importancia del derecho europeo en el seguro privado

Europa juega un importante papel en la regulación actual del seguro privado y a partir de ahora serán de ámbito comunitario las legislaciones que se apliquen a este sector.

Cualquier análisis sobre el futuro de la regulación de seguros privados en España debe partir de la consideración de tres referencias fundamentales en el ámbito de la Unión Europea.

Por un lado, el *proyecto Solvencia II*, una iniciativa de reforma normativa que supone un profundo replanteamiento de la filosofía y de las tendencias hasta ahora imperantes tanto en los ámbitos de la supervisión como en los de la gestión de las entidades aseguradoras.

Por otro lado, el nuevo procedimiento de elaboración de normas en el campo de los servicios financieros dentro del esquema legislativo e institucional conocido como *procedimiento Lamfalussy*, previsto inicialmente

 © CISS

para el mercado de valores y extendido posteriormente al sector asegurador y al sector bancario. El procedimiento Lamfalussy constituye un diseño institucional orientado a hacer más ágil y participativa la elaboración de la normativa comunitaria de servicios financieros.

En el ámbito de los seguros y de los fondos de pensiones de empleo esto implica establecer un sistema de cuatro niveles reguladores, con la implicación de la Comisión, el Consejo y el Parlamento en la adopción de los principios y las directrices generales, y un sistema de comitología, que cuenta con dos piezas clave, una de política reguladora: el Comité de Seguros y Pensiones Ocupacionales Europeo (EIOPC) y otra de carácter supervisor: el Comité de Supervisores Europeos de Seguros y Pensiones Ocupacionales (CEIOPS).

Finalmente, las decisiones adoptadas en el seno de la Unión Europea en materia de *política de estabilidad, integración y regulación de los servicios financieros,* al objeto de establecer mecanismos que faciliten la consolidación de un mercado único en el campo de los servicios finan financieros y al mismo tiempo diseñar medidas de seguridad de alcance europeo para prevenir y, en última instancia, gestionar eficazmente las crisis financieras.

Estas políticas llevarán previsiblemente a una mayor armonización reguladora y a una mayor coordinación internacional e intersectorial entre supervisores financieros, replanteando algunas cuestiones de especial importancia como la determinación del nivel adecuado de supervisión (individual-nacional, de grupo-europea).

El Derecho comunitario del seguro está contenido, fundamentalmente, en normas de Derecho derivado con forma de directiva, por tanto, normas de armonización que establecen los resultados a conseguir por los países comunitarios y que deben ser desarrolladas expresamente por éstos a través de disposiciones legales o reglamentarias de sus respectivos Derechos internos.

La realización del *Mercado Interior del Seguro* ha sido un proceso de liberalización progresivo desarrollado en varias etapas, que ha partido de dos pilares fundamentales:

1. Libertad concedida a las entidades para abrir agencias y sucursales en el territorio de otro Estado miembro en las mismas condiciones que los nacionales de dicho Estado. Es lo que se conoce como "libre prestación de servicios" (LPS), libertad para cuya consecución exigía la previa armonización de las condiciones mínimas de acceso a la actividad aseguradora de los Estados miembros, labor que pretendieron realizar las Primeras Directivas en materia de seguros que se refieren siempre en primer lugar a los seguros de daños, esto es, a los seguros distintos del de vida y de carácter directo, dejando, por tanto, de lado al reaseguro:

- Directiva, 73/239/CEE, del Consejo, de 24 de julio, sobre coordinación de las disposiciones legales, reglamentarias y administrativas relativas al acceso de la actividad del seguro directo distinto del seguro de vida y a su ejercicio (derogada por el artículo 310 de la Directiva 2009/138/CE del Parlamento Europeo y del Consejo, de 25 de noviembre de 2009, sobre el seguro de vida, el acceso a la actividad de seguro y de reaseguro y su ejercicio -Solvencia II-).
- Directiva, 79/267/CEE, de 5 de marzo, sobre seguro directo sobre la vida y a su ejercicio (derogada por el artículo 72 de la Directiva 2002/83/CE del Parlamento Europeo y del Consejo, de 5 de noviembre de 2002, sobre el seguro de vida, y sin perjuicio de las obligaciones de los Estados miembros relativas a los plazos de transposición y de aplicación fijados en la parte B de su anexo IV).

Pero la competencia se seguía confiriendo a los Estados donde tenía lugar el establecimiento de la sucursal.

2. Otro pilar fundamental fue la libertad concedida a las entidades de ofrecer productos de seguro en el territorio de un Estado miembro sin necesidad de abrir una agencia o sucursal. Para hacer posible esta libertad de **libre prestación de servicios**, fue necesario adoptar una *Segunda Generación de Directivas*, pero en las que se mantuvo la competencia de las autoridades del Estado de prestación.

- Segunda Directiva 88/357/CEE, de 22 de junio, sobre seguro directo distinto al seguro de vida (derogada por el artículo 310 de la Directiva 2009/138/CE del Parlamento Europeo y del Consejo, de 25 de noviembre de 2009, sobre el seguro de vida, el acceso a la actividad de seguro y de reaseguro y su ejercicio -Solvencia II-).
- Segunda Directiva 90/619/CEE, de 8 de noviembre sobre seguro directo de vida (derogada por el artículo 72 de la Directiva 2002/83/CE del Parlamento Europeo y del Consejo, de 5 de noviembre de 2002, sobre el seguro de vida, y sin perjuicio de las obligaciones de los Estados miembros relativas a los plazos de transposición y de aplicación fijados en la parte B de su anexo IV).

A pesar de ello, seguían existiendo tantos mercados como Estados miembros y no, por tanto, un mercado único, para lo que se aprobaron las Terceras Directivas en materia de seguros que han instaurado un sistema de licencia única o pasaporte comunitario que habilita para ejercer dicha actividad tanto en régimen de libertad de establecimiento como de prestación de servicios en todo el territorio y el sometimiento a una única autoridad de control (la del país de origen) y con la intención de lograr un Mercado Financiero Único:

- Tercera Directiva 92/49/CEE, de 18 de junio, sobre seguro directo distinto del seguro de vida y por la que se modifican las anteriores 73/239/CEE y 88/357/CEE (derogada por el artículo 310 de la Directiva 2009/138/CE del Parlamento Europeo y del Consejo, de 25 de noviembre de 2009, sobre el seguro de vida, el acceso a la actividad de seguro y de reaseguro y su ejercicio -Solvencia II-)
- Tercera Directiva 92/96/CEE, de 10 de noviembre, sobre seguro directo de vida y por la que se modifican las anteriores 79/267/CEE y 90/619/CEE (derogada por el artículo 72 de la Directiva 2002/83/CE del Parlamento Europeo y del Consejo, de 5 de noviembre de 2002, sobre el seguro de vida, y sin perjuicio de las obligaciones de los Estados miembros relativas a los plazos de transposición y de aplicación fijados en la parte B de su anexo IV).

Esto significa que, en la actualidad, el mercado común de seguros se asienta en el sistema comentado de licencia o pasaporte asegurador único, según el cual una entidad aseguradora autorizada en un Estado miembro, conforme a las condiciones armonizadas por las respectivas Directivas, puede gozar de la libertad de establecimiento, abriendo una sucursal en otro Estado miembro; o ejercitar la libre prestación de servicios de seguros, sin que, en ninguno de los casos anteriores, se le pueda exigir requisitos adicionales de solvencia.

Estas Directivas han sido completadas y, en ocasiones, modificadas por otras con intención de seguir armonizando las legislaciones, así como garantizar la protección del consumidor de seguros, por lo que se puede hablar ya de una cuarta generación de directivas (a las que haremos mención en cada momento oportuno) que siguen profundizando en los objetivos antes señalados.

Hay que mencionar también a la Directiva 2002/92/CE, de 9 de diciembre, sobre mediación en los seguros que establece las normas sobre el acceso y ejercicio de las actividades de mediación de seguros y reaseguros por las personas físicas o jurídicas establecidas en un Estado miembro y la Directiva 2002/65/CE, de 23 de septiembre, relativa a la comercialización a distancia de servicios financieros destinados a los consumidores entre los que se encuentran los asegurados.

## 1-5 Funciones del seguro privado

El seguro desempeña un papel fundamental en la economía del país; favorece el desarrollo económico, y, a su vez, éste impulsa el desarrollo del seguro. El seguro es una clara expresión de la evolución macroeconómica de un país y con frecuencia la recaudación de primas se utiliza como indicador económico.

Por lo que respecta al seguro como institución propiamente dicha, los distintos seguros que conoce la práctica mercantil hacen difícil la formulación de un concepto único, susceptible de abarcar todas las especies del género. Y es que bajo una misma institución económica aparecen dos funciones diferentes, de una parte la conservación de la riqueza a través de los seguros de daños y en los cuales la función del asegurador consiste en el abono de las indemnizaciones por los daños sufridos, y por otra parte, ser un mecanismo de transferencia de riesgos.

La forma en que el sector asegurador aporta sus servicios a la sociedad son, entre otras, las siguientes:

- Fomenta la propensión a la inversión productiva de fondos ajenos.
- El coste del seguro se capitaliza e invierte, a su vez, en la economía nacional, constituyendo un poderoso instrumento de fomento y captación del ahorro.
- El seguro juega un papel importante en materia crediticia, refuerza la posición del acreedor hipotecario; por ello se suele exigir al deudor que asegure el bien que garantiza el crédito.

Como hemos señalado, una de las funciones básicas del seguro es actuar como un mecanismo de transferencia de riesgos. Sin embargo, existen otras dos funciones que, a su vez, constituyen la vía a través de la cual se garantiza la antes mencionada:

- Crear un fondo común.
- La distribución equitativa.

En tanto la compañía de seguros aglutina a quienes desean obtener protecciones de seguro, en la práctica opera un fondo común creado a partir de las contribuciones de los asegurados. Hay que tener en cuenta, además, que no todo aquel que contribuya al fondo tendrá pérdidas cada año. Sin embargo, la contribución de todos por concepto de primas será suficiente para enfrentar las pérdidas de pocos.

**Función financiera**

 © CISS

Cumple esta función en la medida que administra eficientemente el dinero que recibe bajo la forma de primas hasta el momento en que se tiene que producir el pago.

La función financiera del seguro busca obtener una rentabilidad para las primas pagadas por el asegurado, con el propósito de buscar una menor carga futura para los asegurados y otorgar mayor capacidad de respuesta ante lo imprevisto, por parte de la empresa aseguradora, al acumular excedentes que la consolidan.

Permite, mediante el cobro de una prima, crear el fondo de indemnización para afrontar los reclamos por daños o pérdidas cubiertas por el seguro. La institución del seguro y, en general, la actividad aseguradora, persiguen la cobertura de los riesgos que puedan sufrir personas, cosas o derechos ante la posibilidad de que les afecte la realización de determinados eventos dañosos, futuros e inciertos.

El seguro, desde un punto de vista económico, se basa en el principio mutual o de mutualidad, como manifestación de la solidaridad entre todos los sujetos sometidos al riesgo. Esta mutualidad en el seguro moderno viene organizada empresarialmente a través de un patrimonio dirigido a hacer frente a los riesgos que se compensan a través de la acumulación de las aportaciones en común por ser la única organización capaz de desarrollar la actividad con las suficientes garantías de solvencia y estabilidad.

La consecución de estos objetivos tiene lugar a través de la aplicación de una serie de normas técnicas:

a) La aplicación del principio estadístico de la Ley de los grandes números, mediante la reunión de la mayor masa posible de riesgos, con el objeto de procurar el acercamiento de las posibilidades teóricas a las reales. Esto es, para el asegurador los riesgos individuales se compensan globalmente, desapareciendo toda aleatoriedad desde un punto de vista económico aunque jurídicamente conserve su individualidad.

b) Homogeneidad cualitativa de riesgos, de operaciones de la misma especie, con el objeto de compensar riesgos de la misma naturaleza y llegar a neutralizarlos. De ahí la especialización de la actividad por ramos de seguros.

c) Homogeneidad cuantitativa de sumas aseguradas, que se consigue mediante la selección de riesgos y fraccionamiento a través del coaseguro y reaseguro.

d) Constitución de reservas o provisiones técnicas, específicas de la actividad, que garanticen el cumplimiento de los contratos y, en definitiva, la estabilidad.

e) Constitución de reservas patrimoniales que permitan hacer frente a grandes desviaciones con las suficientes garantías de solvencia.

La técnica del seguro, por tanto, supone el pago anticipado de los recursos (se invierte el denominado "ciclo productivo") que van a ser invertidos a largo plazo, estableciendo reservas especiales, las denominadas "provisiones técnicas", que van a garantizar, cuando se produzcan, los eventos dañosos, el pago de las indemnizaciones por siniestro. Para llevar a cabo esta función, es necesario que el asegurador sea un empresario organizado para crear esa mutualidad de riesgos en que el seguro descansa. La industria aseguradora sólo puede ser realizada con garantía de éxito por empresarios especializados basándose en la ciencia actuarial como mejor exponente de la base racional y matemática del seguro mercantil.

**Ejemplo:**

En los seguros de ahorro, las rentas, los unit linked, los PIAS, etc., con este tipo de productos es claro el aspecto financiero de los seguros pues las primas o aportaciones de los tomadores (clientes) las aseguradoras crean una masa que gestionan e invierten en activos financieros en base a la estructura del producto de que se trate. Ahora bien, aunque la estructura de estos productos sea muy similar a la un producto bancario del tipo depósito, ahorro, fondo de inversión, etc., los productos aseguradores tienen un componente actuarial que es el que le hace propio y característico del seguro. Es ese componente técnico-actuarial, como en los Planes de Previsión Asegurados (PPA), por ejemplo, uno de los factores que hace del seguro privado un verdadero actor financiero.

**Función preventiva**

Constituye una interacción entre asegurados y aseguradores ante las pérdidas económicas resultantes de los efectos de los fenómenos naturales y la acción del hombre sobre los bienes asegurados, analizando la causa de los siniestros y las medidas necesarias para aminorar los daños o pérdidas. Lo que tiene importancia económica para las diferentes formas o modelos de dirección de la sociedad.

**Ejemplo:**

Las políticas de gestión de riesgos que llevan a cabo muchas empresas mediante el asesoramiento de profesionales y la aplicación de medidas preventivas permiten aminorar enormemente los riesgos en de dichas empresas y, por consiguiente, las pérdidas posibles que puede originar el acaecimiento de un siniestro.

Estas medidas preventivas de gestión de riesgos salen de la experiencia contrastada de casos anteriores, es decir, del análisis de la siniestralidad del colectivo en el que se encuentra la empresa en cuestión.

Esta prevención permite aminorar los riesgos, como hemos dicho, y ello implica ventajas a ambas partes: a la aseguradora pues reduce la siniestralidad y por tanto evita el pago de prestaciones innecesarias, y también trae ventajas a los asegurados, pues una menor siniestralidad, implica tener unas primas más baratas.

**Función de previsión social**

Las operaciones de seguros de vida cumplen una función de previsión social dirigida a responder a las necesidades vitales, que surgen en caso de sobrevivencia o muerte de los asegurados. No obstante, es posible formular un concepto unitario basado en la idea de que persigue en todo caso la finalidad esencial de reparar, por medio de la correspondiente indemnización, el daño sufrido por el asegurado.

**Ejemplo:**

Si analizamos el caso de un plan de pensiones éste es de por sí un producto que permite a los clientes (partícipes) que los contratan estructurar mejor su jubilación. Esto es lo que se llama "tercer pilar", siendo el "primero" las pensiones de la seguridad social y los "segundo" los planes de empresa. Con la venta de un plan de pensiones, se está "educando" a los asegurados en materia de previsión y ello implica estar realizando una función social.

Otros casos muy claros son los seguros de vida que permiten a los herederos, en caso de fallecimiento, obtener un capital que les permita paliar el parón de ingresos que originaba el asegurado.

Otro ejemplo claro son los seguros de enfermedad que permiten al asegurador recibir una cantidad en concepto de indemnización por cada día que está imposibilitado de trabajar que, en muchos casos, es consecuencia directa de dejar de ingresar dinero por su trabajo.

**Función de control**

Se evidencia en las relaciones que se establecen entre los asegurados y aseguradores, que permite una asesoría técnica para el perfeccionamiento de la eficiencia económica, estudios de mercados, formas de financiamiento, análisis de riesgos, etc. en beneficio de la economía empresarial y nacional.

El seguro es una de las expresiones tomadas como base para valorar la evolución macroeconómica de un país y dentro de sus beneficios está que es un factor de seguridad, es una garantía del crédito, es un fondo para la inversión, ayuda a la prevención y control de perdidas y a los beneficios sociales.

El seguro se basa en cálculos estrictamente matemáticos la determinación del importe del recibo (prima) está calculado en base a estadísticas de siniestralidad a las que se aplican las condiciones particulares de cada caso que se traducen en factores económicos.

Estar asegurado implica -tanto para empresas como particulares- que se deban llevar cabo antes y durante esté en vigor la póliza una serie de controles (ya sean médicos, de situación, económicos, de cualificación) que siempre van a determinar indirectamente beneficios para el asegurado.

 © CISS

**Ejemplo:**

Un análisis médico para un seguro de vida va a permitir controlar el estado de salud de asegurado; el análisis de los estados financieros para la renovación de un seguro de crédito de una pyme va a permitir tener un constante control de la gestión y evolución del negocio.

**Función indemnizatoria**

El seguro garantiza el resarcimiento de un capital para reparar o cubrir la pérdida o daño que pueda ocurrir en cualquier momento tanto al hombre como a su patrimonio.

La indemnización es la cantidad de dinero que desembolsa la compañía de seguros a favor del asegurado, al producirse un hecho que pueda dañar a la persona asegurada o a su patrimonio.

El asegurador puede cumplir con la obligación de indemnizar de diversos modos:

- Pagando en efectivo el importe tasado de los daños.
- Reparando o reemplazando a su cargo el objeto dañado.
- Brindando servicios: seguro de enfermedad, el tratamiento en hospitales.

Todo seguro tiene su indemnización:

- Pagando en efectivo el importe de los daños sufridos: En los seguros de responsabilidad civil, el perjudicado recibirá una indemnización por los daños que le haya ocasionado el asegurado. En los seguros de hogar, cuando se produce un robo y esta garantía está cubierta, no se puede reparar el daño sino que se abona una cantidad de dinero en concepto de indemnización cuyo destino se presupone que el asegurado dará a comprar nuevamente un objeto similar.

- Reparando el daño sufrido: Por ejemplo, una avería de maquinaria que está asegurada, o un golpe de chapa en un vehículo, o una gotera en el techo de nuestra viviendaEn estos casos, la aseguradora lleva a cabo una reparación del bien u objeto asegurado dejándolo exactamente igual que estaba antes de ocurrir el siniestro, es decir, en los ejemplos dados, arregla la máquina, arregla y pinta la chapa del coche o arregla la humedad y pinta la pared de nuestra casa.

## Sección 2. NORMATIVA Y LEGISLACIÓN ASEGURADORA

### 1-6 Normativa sobre la Dirección General de Seguros y Fondos de Pensiones (DGSFP)

• Real Decreto 1127/2008, de 4 de julio, por el que se desarrolla la estructura orgánica básica del Ministerio de Economía y Hacienda.

### 1-7 Normativa sobre el régimen general de la actividad aseguradora

**Leyes**

• Texto refundido de la Ley de ordenación y supervisión de los seguros privados, aprobado por el Real Decreto Legislativo 6/2004, de 29 de octubre.

• Ley 30/1995, de 8 de noviembre, de ordenación y supervisión de los seguros privados.

Disposiciones en vigor:

- Apartado 4 de la disposición adicional quinta: "Colaboradores en la actividad aseguradora".
- Disposición adicional sexta: "Modificaciones de la Ley de contrato de seguro".
- Disposición adicional décima: "Modificaciones en la Ley de seguros agrarios combinados".
- Apartado 1 de la disposición adicional duodécima, por el que se introducen determinadas modificaciones en la disposición adicional undécima del texto refundido de la Ley general de la Seguridad Social, aprobado por Real Decreto Legislativo 1/1994, de 20 de junio.

- Disposición adicional decimoquinta "Integración en la Seguridad Social de los colegiados en colegios profesionales".

• Ley 5/2005, de 22 de abril, de supervisión de los conglomerados financieros y por la que se modifican otras leyes del sector financiero.

• Ley 13/2007, de 2 de julio, por la que se modifica el texto refundido de la Ley de ordenación y supervisión de los seguros privados, aprobado por el Real Decreto Legislativo 6/2004, de 29 de octubre, en materia de supervisión del reaseguro.

**Reales Decretos**

• Reglamento de ordenación y supervisión de los seguros privados, aprobado por el Real Decreto 2486/1998, de 20 de noviembre.

• Real Decreto 2812/1998, de 23 de diciembre, sobre adaptación de la normativa de seguros, planes y fondos de pensiones a la introducción del euro.

• Real Decreto 2814/1998, de 23 de diciembre, por el que se aprueban las normas sobre los aspectos contables de la introducción del euro.

• Reglamento de mutualidades de previsión social, aprobado por el Real Decreto 1430/2002, de 27 de diciembre.

• Real Decreto 1332/2005, de 11 de noviembre, por el que se desarrolla la Ley 5/2005, de 22 de abril, de supervisión de los conglomerados financieros y por la que se modifican otras leyes del sector financiero.

• Real Decreto 239/2007, de 16 de febrero, por el que se modifica el Reglamento de ordenación y supervisión de los seguros privados, aprobado por el Real Decreto 2486/1998, de 20 de noviembre, y el Reglamento de mutualidades de previsión social, aprobado por el Real Decreto 1430/2002, de 27 de diciembre.

• Real Decreto 1361/2007, de 19 de octubre, por el que se modifica el Reglamento de ordenación y supervisión de los seguros privados, aprobado por el Real Decreto 2486/1998, de 20 de noviembre, en materia de supervisión del reaseguro, y de desarrollo de la Ley Orgánica 3/2007, de 22 de marzo, para la igualdad efectiva de mujeres y hombres, en materia de factores actuariales.

• Plan de contabilidad de las entidades aseguradoras, aprobado por el Real Decreto 1317/2008, de 24 de julio.

• Real Decreto 1318/2008, de 24 de julio, por el que se modifica el Reglamento de ordenación y supervisión de los seguros privados, aprobado por el Real Decreto 2486/1998, de 20 de noviembre.

**Órdenes ministeriales**

• Orden de 23 de diciembre de 1998 por la que se desarrollan determinados preceptos de la normativa reguladora de los seguros privados y se establecen las obligaciones de información como consecuencia de la introducción del euro.

Disposiciones vigentes:

- Artículo 1. Acreditación de los requisitos exigidos a los socios que ostenten una participación significativa y a quienes lleven la dirección efectiva de las entidades.

• Orden ECO/805/2003, de 27 de marzo, sobre normas de valoración de bienes inmuebles y de determinados derechos para ciertas finalidades financieras.

• Orden ECO/3721/2003, de 23 de diciembre, por la que se aprueba el código de conducta para las mutuas de seguros y mutualidades de previsión social en materia de inversiones financieras temporales.

• Orden EHA/855/2006, de 7 de febrero, por la que se aprueban los modelos de la documentación estadístico-contable anual, trimestral y consolidada a remitir por las entidades aseguradoras (derogada por la disposición derogatoria única de la OM EHA/1928/2009, de 10 de julio, por la que se aprueban los modelos de la documentación estadístico-contable anual, trimestral y consolidada a remitir por las entidades aseguradoras).

• Orden EHA/339/2007, de 16 de febrero, por la que se desarrollan determinados preceptos de la normativa reguladora de los seguros privados.

• Orden EHA/1805/2007, de 28 de mayo, por la por la que se establecen obligaciones en cuanto a la remisión telemática de la documentación estadístico-contable de las entidades aseguradoras, las entidades gestoras de fondo de pensiones y los corredores de seguros y reaseguros, y por la que se modifica la Orden EHA/3636/2005, de 11 de noviembre, por la que se crea el registro telemático del Ministerio de Economía y Hacienda.

• Orden EHA/564/2008, de 28 de febrero, por la que se modifica la Orden ECO/805/2003, de 27 de marzo, sobre normas de valoración de bienes inmuebles y de determinados derechos para ciertas finalidades financieras.



© CISS

• Orden EHA/693/2008, de 10 de marzo, por la que se regula el Registro Electrónico del Ministerio de Economía y Hacienda (derogada por la disposición derogatoria única de la Orden EHA/1198/2010, de 4 de mayo, por la que se regula el Registro Electrónico del Ministerio de Economía y Hacienda, sin perjuicio de lo establecido en la disposición transitoria segunda que declara expresamente vigente el Anexo, en tanto no se proceda a la adaptación de las aplicaciones informáticas y aprobación de resoluciones).

• Orden EHA/889/2008, de 27 de marzo, por la que se actualiza el límite de las prestaciones económicas de las mutualidades de previsión social, establecido en el apartado 1 del artículo 65 del TRLOSSP.

• Orden EHA/3598/2008, de 18 de noviembre, por la que se modifica la Orden EHA/339/2007, de 16 de febrero, por la que se desarrollan determinados preceptos de la normativa reguladora de los seguros privados.

• Orden EHA/1928/2009, de 10 de julio, por la que se aprueban los modelos de la documentación estadístico-contable anual, trimestral y consolidada a remitir por las entidades aseguradoras.

• Orden EHA/1198/2010, de 4 de mayo, por la que se regula el Registro Electrónico del Ministerio de Economía y Hacienda.

## 1-8 Normativa sobre Seguros de Vida

• Resoluciones de la DGSFP, por las que se publica el tipo de interés máximo a utilizar en el cálculo de la provisión de seguros de vida, de aplicación a cada ejercicio.

## 1-9 Normativa sobre tablas de mortalidad y supervivencia

• Resolución de 3 de octubre de 2000, de la DGSFP, por la que se da cumplimiento a lo previsto en el número 5 de la disposición transitoria segunda del Reglamento de ordenación y supervisión de los seguros privados, aprobado por Real Decreto 2486/1998, de 20 de noviembre, en relación con las tablas de mortalidad y supervivencia a utilizar por las entidades aseguradoras.

• Resolución de 23 de abril de 2008, de la DGSFP, por la que se da cumplimiento a lo previsto en el apartado 5 de la disposición transitoria segunda del Reglamento de ordenación y supervisión de los seguros privados aprobado por Real Decreto 2496/1998, de 20 de noviembre, en relación con las tablas de mortalidad, supervivencia, invalidez y morbilidad a utilizar por las entidades aseguradoras.

## 1-10 Otras normativas

• Resolución de 6 de julio de 2006, de la DGSFP, por la que se da publicidad a la actualización prevista en el apartado 3 del artículo 18 del texto refundido de la Ley de ordenación y supervisión de los seguros privados, aprobado por el Real Decreto Legislativo 6/2004, de 29 de octubre, y en el apartado 6 del artículo 61 del Reglamento de ordenación y supervisión de los seguros privados, aprobado por el Real Decreto 2486/1998, de 20 de noviembre.

• Resolución de 22 de junio de 2007, de la DGSFP, sobre calificación crediticia media.

• Resolución de 22 de junio de 2007, de la DGSFP, sobre modelos internos para estimar el valor en riesgo.

## 1-11 Normativa sobre mediación de seguros

• Ley 26/2006, de 17 de julio, de mediación de seguros y reaseguros privados.

• Real Decreto 764/2010, de 11 de junio, por el que se desarrolla la Ley 26/2006, de 17 de julio, de mediación de seguros y reaseguros privados en materia de información estadístico-contable y del negocio, y de competencia profesional.

• Orden EHA/1171/2007, de 24 de abril, por la por la que se establecen la forma y plazos de la autoliquidación y pago de la tasa prevista en la disposición adicional cuarta de la Ley 26/2006, de 17 de julio, de mediación de seguros y reaseguros privados.

• Resolución de 18 de febrero de 2011, de la Dirección General de Seguros y Fondos de Pensiones, por la que se establecen los requisitos y principios básicos de los programas de formación para los mediadores de seguros, corredores de reaseguros y demás personas que participen directamente en la mediación de los seguros y reaseguros privados.

• Resolución de 23 de septiembre de 2008, de la DGSFP por la que se da publicidad a la actualización prevista en el apartado 2 de la disposición transitoria tercera de la Ley 26/2006, de 17 de julio, de mediación de seguros y reaseguros privados.

## 1-12 Normativa general sobre contrato de seguro

• Ley 50/1980, de 8 de octubre, de contrato de seguro.

• Ley 20/2005, de 14 de noviembre, sobre la creación del registro de contratos de seguros con cobertura de fallecimiento.

• Real Decreto 398/2007, de 23 de marzo, por el que se desarrolla la Ley 20/2005, de 14 de noviembre, sobre la creación del Registro de contratos de seguro con cobertura de fallecimiento.

## 1-13 Normativa sobre comercialización a distancia

• Ley 34/2002, de 11 de julio, de servicios de la sociedad de la información y de comercio electrónico.

• Ley 22/2007, de 11 de julio, sobre comercialización a distancia de servicios financieros destinados a los consumidores.

## 1-14 Normativa sobre el Impuesto sobre Primas de Seguros

• Ley 13/1996, de 30 de diciembre, de medidas fiscales, administrativas y del orden social (artículo 12 por el que se crea el impuesto sobre las primas de seguros).

• Orden EHA/3397/2006, de 26 de octubre, por la que se aprueban los modelos 390 y 392 de declaración resumen anual del Impuesto sobre el Valor Añadido y el modelo 430 de declaración del Impuesto sobre las Primas de Seguros.

## 1-15 Normativa sobre el Seguro de Automóviles

• Texto refundido de la Ley sobre responsabilidad civil y seguro en la circulación de vehículos a motor, aprobado por Real Decreto Legislativo 8/2004, de 29 de octubre.

• Real Decreto 1507/2008, de 12 de septiembre, por el que se aprueba el Reglamento del seguro obligatorio de responsabilidad civil en la circulación de vehículos a motor.

• Orden de 25 de septiembre de 1987, por la que se dictan normas relativas al funcionamiento de la Oficina Española de Aseguradores de Automóviles (OFESAUTO) .

• Resolución de 27 de febrero de 2001, de la DGSFP, sobre suministro de información por las entidades aseguradoras, de los datos relativos a los vehículos asegurados por ellas, al Ministerio de Economía.

• Resolución de 14 de marzo de 2001, de la Subsecretaría del Ministerio de la Presidencia, por la que se dispone la publicación de la Resolución de 27 de febrero de 2001 de la DGSFP y de la Dirección General de Tráfico, sobre la cesión de datos que figuran en los ficheros automatizados del Consorcio de Compensación de Seguros y Dirección General de Tráfico, para hacer efectivo el control de la obligación de asegurarse.

• Resolución de 24 de enero de 2006, de la DGSFP, por la que se da publicidad a las cuantías de las indemnizaciones por muerte, lesiones permanentes e incapacidad temporal que resultarán de aplicar durante 2006 el sistema para valoración de los daños y perjuicios causados a las personas en accidentes de circulación.

• Resolución de 7 de enero de 2007, de la DGSFP, por la que se da publicidad a las cuantías de las indemnizaciones por muerte, lesiones permanentes e incapacidad temporal que resultarán de aplicar durante 2007 el sistema para valoración de los daños y perjuicios causados a las personas en accidentes de circulación.

• Resolución de 17 de enero de 2008, de la DGSFP, por la que se da publicidad a las cuantías de las indemnizaciones por muerte, lesiones permanentes e incapacidad temporal que resultarán de aplicar durante 2008 el sistema para valoración de los daños y perjuicios causados a las personas en accidentes de circulación.

• Convenio de La Haya sobre la ley aplicable en materia de accidentes de circulación por carretera de 4 de mayo de 1971.

• Reglamento (CE) nº 864/2007 del Parlamento Europeo y del Consejo, de 11 de julio de 2007, relativo a la ley aplicable a las obligaciones extracontractuales («Roma II»).



© CISS

## 1-16 Normativa sobre el Seguro de Responsabilidad Civil del Cazador

- Ley 1/1970, de 4 de abril, de caza. Artículo 52 y disposición adicional.
- Real Decreto 63/1994, de 21 de enero por el que se aprueba el Reglamento del seguro de responsabilidad civil del cazador de suscripción obligatoria.

## 1-17 Normativa sobre el Seguro de Responsabilidad Civil por daños nucleares

- Ley 25/1964, de 29 de abril, sobre energía nuclear. Artículos 45 a 68.
- Decreto 2177/1967, de 22 de julio, por el que se aprueba el reglamento sobre cobertura de riesgos nucleares.

## 1-18 Normativa sobre Seguro de Responsabilidad Civil por Contaminación de Hidrocarburos

- Real Decreto 1892/2004, de 10 de septiembre, por el que se dictan normas para la ejecución del Convenio Internacional sobre la responsabilidad civil derivada de daños debidos a la contaminación de las aguas del mar por hidrocarburos.
- Real Decreto 1795/2008, de 3 de noviembre, por el que se dictan normas sobre la cobertura de la responsabilidad civil por daños causados por la contaminación de los hidrocarburos para combustible de los buques.
- Convenio internacional sobre responsabilidad civil por daños debidos a la contaminación por hidrocarburos, hecho en Londres el 27 de Noviembre de 1992. El texto originario es el "Convenio internacional sobre responsabilidad civil por daños debidos a la contaminación por hidrocarburos, hecho en Bruselas el 29 de noviembre de 1969".
- Convenio internacional sobre la constitución de un fondo internacional de indemnización de daños debidos a contaminación por hidrocarburos, 1992 (Convenio del Fondo, 1992). El texto originario es el "Convenio internacional de constitución de un fondo internacional de indemnización de daños causados por la contaminación de hidrocarburos, hecho en Bruselas el 18 de diciembre de 1971", que ha sido sucesivamente modificado, incluida su denominación.
- Convenio Internacional sobre responsabilidad civil nacida de daños debidos a contaminación por los hidrocarburos para combustible de los buques, hecho en Londres el 23 de marzo de 2001.

## 1-19 Normativa sobre el Seguro Agrario Combinado. Incendios forestales

- Ley 87/1978, de 28 de diciembre, de seguros agrarios combinados.
- Reglamento para la aplicación de la Ley 87/1978, de 28 de diciembre, de seguros agrarios combinados, aprobado por el Real Decreto 2329/1979, de 14 de septiembre.
- Real Decreto 2650/1979, de 11 de octubre, por el que se crea y estructura el organismo autónomo Entidad Estatal de Seguros Agrarios.
- Real Decreto 875/1988, de 29 de julio, por el que se regula la compensación de gastos derivados de la extinción de incendios forestales.
- Orden Ministerial de 3 de agosto de 2001 por la que se fijan las indemnizaciones que correspondan a las personas que sufran accidentes al colaborar en los trabajos de extinción de incendios forestales.
- Real Decreto 1468/2001, de 27 de diciembre, por el que se modifica el artículo 46 del Reglamento para aplicación de la Ley 87/1978, de 28 de diciembre, sobre seguros agrarios combinados, aprobado por Real Decreto 2329/1979, de 14 de septiembre.

## 1-20 Normativa sobre Seguros Marítimos

- Código de Comercio de 1885. Libro III "Del comercio marítimo", título III "De los contratos especiales del comercio marítimo", sección III "De los seguros marítimos".
- Ley 27/1992, de 24 de noviembre, de puertos del Estado y de la marina mercante. Artículo 78.
- Real Decreto 607/1999, de 16 de abril, por el que se aprueba el Reglamento del seguro de responsabilidad civil de suscripción obligatoria para embarcaciones de recreo o deportivas.

1

• Real Decreto 1043/2003, de 1 de agosto, por el que se establecen determinadas medidas de seguridad para la utilización de artefactos náuticos de recreo autopropulsados.

## 1-21 Normativa sobre Seguros Aéreos

• Reglamento (CE) nº 785/2004 del Parlamento Europeo y del Consejo, de 21 de abril de 2004, sobre los requisitos de seguro de las compañías aéreas y operadores aéreos

• Ley 48/1960, de 21 de julio, de navegación aérea.

- Capítulo XIV "De los seguros aéreos" y disposición final tercera.

• Real Decreto 37/2001, de 19 de enero, por el que se actualiza la cuantía de las indemnizaciones por daños previstas en la Ley 48/1960, de 21 de julio, de navegación aérea.

## 1-22 Normativa sobre Seguro Obligatorio de Viajeros. Seguro de Transporte Terrestre

• Ley 16/1987, de 30 de julio, de ordenación de los transportes terrestres. Artículo 21.

• Reglamento del seguro obligatorio de viajeros, aprobado por el Real Decreto 1575/1989 de 22 de diciembre.

• Reglamento de la Ley de ordenación de los transportes terrestres, aprobado por Real Decreto 1211/1990, de 28 de septiembre. Artículo 5.

• Real Decreto 1136/1997, de 11 de julio, por el que se modifica parcialmente el Reglamento de la Ley de ordenación de los transportes terrestres.

## 1-23 Normativa sobre el Seguro de Construcción de Viviendas. Seguros de la Edificación

• Ley 57/1968, de 27 de julio, sobre percibo de cantidades anticipadas en la construcción y venta de viviendas.

• Ley 38/1999, de 5 de noviembre, de ordenación de la edificación.

• Ley 42/1998, de 15 de diciembre, sobre derechos de aprovechamiento por turno de bienes inmuebles de uso turístico y normas tributarias.

## 1-24 Normativa sobre el Seguro de Crédito a la Exportación

• Ley 10/1970, de 4 de julio, por la que se modifica el régimen del seguro de crédito a la exportación.

• Decreto 3138/1971, de 22 de diciembre, por el que se regula el seguro de crédito a la exportación. (Derogado en todas aquellas disposiciones que limitan o someten a alguna restricción a la actividad aseguradora que la «Compañía Española de Seguros de Crédito a la Exportación, SA», desarrolla por cuenta propia, incluyendo la obligación de asegurar simultáneamente el riesgo político con el comercial, por disposición derogatoria 1 de la Ley 4/1990 de 29 junio 1990).

• Real Decreto 1327/1999, de 31 de julio, por el que se regulan determinados aspectos de la cobertura del seguro de crédito a la exportación por cuenta del Estado en operaciones de medio y largo plazo.

• Orden ECO/180/2003, de 22 de enero, sobre cobertura por cuenta del Estado de riesgos derivados del comercio exterior de las inversiones exteriores y de las transacciones económicas con el exterior.

## 1-25 Normativa sobre el Seguro Obligatorio Deportivo

• Ley 10/1990, de 15 de octubre, del deporte. Artículo 59.

• Real Decreto 849/1993, de 4 de junio, por el que se determinan las prestaciones mínimas del seguro obligatorio deportivo.

## 1-26 Normativa sobre el Seguro obligatorio de animales potencialmente peligrosos

• Ley 50/1999, de 23 de diciembre, sobre el régimen jurídico de la tenencia de animales potencialmente peligrosos. Artículo 3.

• Real Decreto 287/2002, de 22 de marzo, por el que se desarrolla la Ley 50/1999, de 23 de diciembre, sobre el régimen jurídico de la tenencia de animales potencialmente peligrosos. Artículo 3 y disposición final segunda.

 © CISS

## 1-27 Normativa sobre el Seguro de Responsabilidad Medioambiental

• Ley 26/2007, de 23 de octubre, de responsabilidad medioambiental.

• Real Decreto 2090/2008, de 22 de diciembre, por el que se aprueba el Reglamento de desarrollo parcial de la Ley 26/2007, de 23 de octubre, de responsabilidad medioambiental.

## 1-28 Normativa sobre Planes y Fondos de Pensiones

### Leyes

• Texto refundido de la Ley de regulación de planes y fondos de pensiones, aprobado por el Real Decreto Legislativo 1/2002, de 29 de noviembre.

• Real Decreto-Ley 16/2005, de 30 de diciembre, por el que se modifica el régimen transitorio de adaptación de las comisiones de control de los planes de pensiones de empleo y se regula la adaptación de determinados compromisos por pensiones vinculados a la jubilación.

• Ley 11/2006, de 16 de mayo, de adaptación de la legislación española al régimen de actividades transfronterizas regulado en la Directiva 2003/41/CE del Parlamento Europeo y del Consejo, de 3 de junio de 2003, relativa a las actividades y supervisión de los fondos de pensiones de empleo.

### Reales Decretos

• Reglamento de planes y fondos de pensiones, aprobado por el Real Decreto 304/2004, de 20 de febrero.

• Reglamento de planes y fondos de pensiones, aprobado por el Real Decreto 1307/1988, de 30 de septiembre. Disposiciones vigentes: artículos 56.1, 63.2, 73.2 y disposiciones transitorias.

• Real Decreto 1589/1999, de 15 de octubre, por el que se modifica el Reglamento de planes y fondos de pensiones, aprobado por el Real Decreto 1307/1988, de 30 de septiembre. Disposiciones vigentes: disposición adicional única y disposición transitoria única.

• Real Decreto 1588/1999, de 15 de octubre, por el que se aprueba el Reglamento sobre la Instrumentación de los compromisos por pensiones de las empresas con los trabajadores y beneficiarios.

• Real Decreto 1684/2007, de 14 de diciembre, por el que se modifican el Reglamento de planes y fondos de pensiones aprobado por el Real Decreto 304/2004, de 20 de febrero y el Reglamento sobre la instrumentación de los compromisos por pensiones de las empresas con los trabajadores y beneficiarios, aprobado por Real Decreto 1588/1999, de 15 de octubre.

### Órdenes ministeriales

• Orden EHA/3433/2006, de 2 de noviembre, sobre condiciones técnicas especiales aplicables a contratos de seguro y planes de pensiones que instrumenten determinados compromisos por pensiones vinculados a la jubilación.

• Orden EHA/407/2008, de 7 de febrero, por la que se desarrolla la normativa de planes y fondos de pensiones en materia financiero-actuarial del régimen de inversiones y de procedimientos registrales.

• Orden EHA/251/2009, de 6 de febrero, por la que se aprueba el sistema de documentación estadístico contable de las entidades gestoras de fondos de pensiones.

### Resoluciones DGSFP

• Resolución de 31 de octubre de 2000, en relación con las tablas de mortalidad y supervivencia utilizadas en los planes de pensiones para las contingencias en que esté definida la prestación.

• Resolución de 26 de febrero de 2008, sobre el método de cálculo de la rentabilidad de los planes de pensiones.

• Resolución de 26 de febrero de 2008, por la que se publica el tipo de interés máximo a utilizar en los planes de pensiones respecto a las contingencias en que esté definida la prestación y para las que se garantice exclusivamente un interés mínimo o determinado en la capitalización de las aportaciones, de aplicación al ejercicio 2008.

## 1-29 Normativa sobre Planes de Previsión Asegurados (PPA)

• Ley 35/2006, de 28 de noviembre, del Impuesto sobre la Renta de las Personas Físicas y de modificación parcial de las leyes de los Impuestos sobre Sociedades, sobre la Renta de no Residentes y sobre el Patrimonio. Artículo 51 "Reducciones por aportaciones y contribuciones a sistemas de previsión social" (apartado 3).

• Reglamento del Impuesto sobre la Renta de las Personas Físicas, aprobado por el Real Decreto 439/2007, 30 de marzo. Artículo 49 "Planes de previsión asegurados" y disposición adicional tercera "Información a los tomadores de los planes de previsión asegurados".

• Resolución de 20 de octubre de 2008, de la DGSFP, sobre obligaciones de información de las entidades aseguradoras que comercialicen planes de previsión asegurados.

## 1-30 Normativa sobre seguros colectivos de instrumentación de compromisos por pensiones

• Texto refundido de la Ley de regulación de los planes y fondos de pensiones, aprobado por Real Decreto Legislativo 1/2002, de 29 de noviembre. Disposición adicional primera "Protección de los compromisos por pensiones con los trabajadores", y disposiciones transitorias primera, cuarta, quinta y sexta, y disposición final segunda.

• Real Decreto-Ley 16/2005, de 30 de diciembre, por el que se modifica el régimen transitorio de adaptación de las comisiones de control de los planes de pensiones de empleo y se regula la adaptación de determinados compromisos por pensiones vinculados a la jubilación.

• Ley 35/2006, de 28 de noviembre del Impuesto sobre la Renta de las Personas Físicas y de modificación parcial de las leyes de los Impuestos sobre Sociedades, sobre la Renta de no Residentes y sobre el Patrimonio. Artículo 51. "Reducciones por aportaciones y contribuciones a sistemas de previsión social" (apartado 4: Planes de previsión social empresarial).

• Reglamento de instrumentación de los compromisos por pensiones de las empresas con los trabajadores y beneficiarios, aprobado por el Real Decreto 1588/1999, de 15 de octubre, y modificado por Real Decreto 1684/2007, de 14 de diciembre.

• Orden EHA/3433/2006, de 2 de noviembre, sobre condiciones técnicas especiales aplicables a contratos de seguro y planes de pensiones que instrumenten determinados compromisos por pensiones vinculados a la jubilación.

## 1-31 Normativa sobre el Seguro de Dependencia

• Ley 41/2007, de 7 de diciembre, por la que se modifica la Ley 2/1981, de 25 de marzo, de Regulación del mercado hipotecario y otras normas del sistema hipotecario y financiero, de regulación de las hipotecas inversas y el seguro de dependencia y por la que se establece determinada norma tributaria.

## 1-32 Normativa sobre el Consorcio de Compensación de Seguros

• Texto refundido del Estatuto Legal del Consorcio de Compensación de Seguros, aprobado por el Real Decreto Legislativo 7/2004, de 29 de octubre.

• Ley 21/1990, de 19 de diciembre, para adaptar el derecho español a la Directiva 88/357/CEE, sobre libertad de servicios en seguros distintos al de vida y de actualización de la legislación de seguros privados.

Disposiciones en vigor:

- Disposición adicional tercera, por la que se modifica la Ley 25/1964, de 29 de abril, reguladora de la energía nuclear.

- Disposición adicional séptima, relativa a la subrogación por parte de la Administración del Estado como reaseguradora en el lugar del Consorcio de Compensación de Seguros en los contratos para la cobertura de los riesgos comerciales en el seguro de crédito a la exportación, en los que este último sea reasegurador de "Compañía Española de Seguros de Crédito a la Exportación, Sociedad Anónima".

• Ley 44/2002, de 22 de noviembre, de medidas de reforma del sistema financiero. Artículo 10 y disposición transitoria tercera "Régimen transitorio de la Comisión Liquidadora de Entidades Aseguradoras".


© CISS

• Ley 12/2006, de 16 de mayo, por la que se modifica el texto refundido del Estatuto Legal del Consorcio de Compensación de Seguros, aprobado por el Real Decreto Legislativo 7/2004, de 29 de octubre, y la Ley 24/1988, de 28 de julio, del mercado de valores.

• Reglamento del seguro de riesgos extraordinarios, aprobado por Real Decreto 300/2004, de 20 de febrero.

• Real Decreto 2013/1997, de 26 de diciembre, de regulación de las provisiones técnicas a dotar por el Consorcio de Compensación de Seguros.

• Real Decreto 1265/2006, de 8 de noviembre, por el que se modifica el Reglamento del seguro de riesgos extraordinarios, aprobado por el Real Decreto 300/2004, de 20 de febrero.

• Resolución de 3 de febrero de 2004, de la DGSFP, por la que se fija el tipo de interés aplicable en el fraccionamiento de recargos a favor del Consorcio de Compensación de Seguros para el ejercicio de sus funciones de compensación y fondo de garantía en relación con el seguro de riesgos extraordinarios, el seguro de responsabilidad civil en la circulación de vehículos a motor, de suscripción obligatoria, el seguro obligatorio de viajeros y el seguro obligatorio de cazador.

• Resolución de 27 de noviembre de 2006, de la DGSFP, por la que se aprueban los recargos en favor del Consorcio de Compensación de Seguros en materia de seguro de riesgos extraordinarios a satisfacer obligatoriamente por los asegurados, la cláusula de cobertura a insertar en las pólizas de seguro ordinario y la información a facilitar por las entidades aseguradoras relativa a las pólizas incluidas en el régimen de cobertura de los riesgos extraordinarios.

• Resolución de 12 de noviembre de 2008, de la DGSFP, por la que se modifica la de 27 de noviembre de 2006, por la que se aprueban los recargos en favor del Consorcio de Compensación de Seguros para el ejercicio de sus funciones en materia de seguro de riesgos extraordinarios, a satisfacer obligatoriamente por los asegurados, la cláusula de cobertura a insertar en las pólizas de seguro ordinario y la información a facilitar por las entidades aseguradoras relativa a las pólizas incluidas en el régimen de cobertura de los riesgos extraordinarios.

• Resolución de 9 de octubre de 2009, de la Presidencia del Consorcio de Compensación de Seguros, por la que se aprueban los modelos de declaración e ingreso a través de la vía telemática de los recargos recaudados por las entidades aseguradoras.

## 1-33 Normativa de la extinguida Comisión Liquidadora de Entidades Aseguradoras (CLEA), transitoriamente vigente

• Reglamento de funcionamiento de la Comisión Liquidadora de Entidades Aseguradoras, aprobado por el Real Decreto 2020/1986, de 22 de agosto.

• Real Decreto 2226/1986, de 12 de septiembre, por el que se confían a la Comisión Liquidadora de Entidades Aseguradoras las funciones atribuidas a la Comisión creada por Real Decreto Ley 11/1981, de 20 de agosto.

• Real Decreto 312/1988, de 30 de marzo, por el que se someten las entidades de previsión social a lo dispuesto en el Real Decreto Ley 10/1984, de 11 de julio.

• Orden de 25 de marzo de 1988, por la que se complementa el Real Decreto 2020/1986, de 22 de agosto, que aprueba el Reglamento de la Comisión Liquidadora de Entidades Aseguradoras.

## 1-34 Normativa sobre Protección de los Clientes de Servicios Financieros

• Ley 44/2002, de 22 de noviembre, de medidas de reforma del sistema financiero.

• Real Decreto 303/2004, de 20 de febrero, por el que se aprueba el Reglamento de los Comisionados para la defensa del cliente de servicios financieros.

• Orden ECO/734/2004, de 11 de marzo, por la que se aprueba los reglamento de funcionamiento de los departamentos o servicios de atención a los clientes de servicios financieros.

## 1-35 Normativa sobre Protección de Datos

• Ley Orgánica 15/1999, de 13 de diciembre, de protección de datos de carácter personal.

• Real Decreto 1720/2007, de 21 de diciembre, por el que se aprueba el Reglamento de desarrollo de la Ley Orgánica 15/1999, de 13 de diciembre, de protección de datos de carácter personal.

• Real Decreto 195/2000, de 11 de febrero, por el que se establece el plazo para implantar las medidas de seguridad de los ficheros automatizados previstas por el Reglamento aprobado por el Real Decreto 994/1999, de 11 de junio.

• Orden EHA/2242/2010, de 29 de julio, por la que se regulan los ficheros de datos de carácter personal existentes en el Ministerio de Economía y Hacienda y en determinados organismos públicos adscritos al mismo.

## 1-36 Normativa sobre Procedimientos Concursales

• Ley 22/2003, de 9 de octubre, concursal.

## 1-37 Normativa sobre Prevención de Blanqueo de Capitales

• Ley 10/2010, de 28 de abril, de prevención del blanqueo de capitales y de la financiación del terrorismo.

• Ley 19/1993, de 28 de diciembre, sobre determinadas medidas de prevención del blanqueo de capitales (derogada por la Ley 10/2010, de 28 de abril, de prevención del blanqueo de capitales y de la financiación del terrorismo).

• La Ley 36/2006, de 29 de noviembre, de medidas para la prevención del fraude fiscal.

• Directiva 2005/60/CE del Parlamento Europeo y del Consejo, de 26 de octubre de 2005, relativa a la prevención de la utilización del sistema financiero para el blanqueo de capitales y para la financiación del terrorismo.

• Ley 19/2003, de 4 de julio, de régimen jurídico de los movimientos de capitales y de las transacciones económicas con el exterior y sobre determinadas medidas de prevención del blanqueo de capitales.

• Real Decreto 925/1995, de 25 de junio, por el que se aprueba el Reglamento de la Ley 19/1993, de 20 de diciembre, sobre determinadas medidas de prevención del blanqueo de capitales.

• Real Decreto 54/2005, de 21 de enero, por el que se modifican el Reglamento de la Ley 19/1993, de 28 de diciembre, sobre determinadas medidas de prevención del blanqueo de capitales, aprobado por el Real Decreto 925/1995, de 9 de junio, y otras normas de regulación del sistema bancario, financiero y asegurador.

# Capítulo II. LA ACTIVIDAD ASEGURADORA

# Sección 1. EL CONTROL Y SUPERVISIÓN DE LA ACTIVIDAD ASEGURADORA

## 1-38 La Ley de Ordenación y Supervisión de los Seguros Privados (LOSSP)

La operación de seguro supone la aportación de una prestación en el presente para conseguir una posible contraprestación en el futuro en caso de darse el evento que cubre el seguro. Para asegurar esta contraprestación prometida, la legislación se ha preocupado de vigilar la solvencia de las entidades de seguros, buscando que reúnan las garantías suficientes para poder pagar al asegurado en caso de ocurrir el posible y futuro siniestro.

La **norma básica** que regula la institución aseguradora como tal es la **Ley de Ordenación y Supervisión de los Seguros Privados, conocida por sus siglas LOSSP.** Esta Ley ha sufrido varias modificaciones y adaptaciones recogidas en las principales normas:

a) RDLeg 1318/2008 de 24 de julio, por el que se modifica el Reglamento de Ordenación y Supervisión de los Seguros Privados, aprobado por el RD 2486/1998.

b) RDLeg 6/2004, de 29 de octubre, por el que se aprueba el Texto Refundido de la Ley de Ordenación y Supervisión de los Seguros Privados (TRLOSSP).

c) RD 2486/1998, de 20 de noviembre, por el que se aprueba el Reglamento de Ordenación y Supervisión de los Seguros Privados (ROSSP).

Estas normas tienen por objeto establecer la ordenación y supervisión del seguro privado y demás operaciones que recaen bajo su ámbito de aplicación, con la finalidad de tutelar los derechos de los asegurados, facilitar la transparencia y el desarrollo del mercado de seguros y fomentar la actividad aseguradora privada.

Según se indicaba en la exposición de motivos de la LOSSP, **sus objetivos son**:

a) Adaptar la ordenación y supervisión públicas, tanto de la actividad aseguradora como de la concerniente a los fondos y planes de pensiones con el fin de que el derecho no quede rezagado respecto de la realidad social.

b) Adaptación a las Directivas que, habiendo sido aprobadas por la Unión Europea, todavía no habían sido objeto de incorporación a nuestro ordenamiento jurídico, incumpliendo los plazos de que España disponía para su definitiva trasposición.

c) Garantizar la solvencia de las entidades del sector.

## 1-39 Ámbito de aplicación de la normativa de ordenación y supervisión de los seguros privados

El ámbito de aplicación de las normas de ordenación y supervisión de los seguros privados, de conformidad con el **artículo 3 TRLOSSP**, es el siguiente:

- Las actividades de seguro directo de vida, de seguro directo distinto del seguro de vida, y de reaseguro.
- Las operaciones de capitalización basadas en técnica actuarial, que consistan en obtener compromisos determinados en cuanto a su duración y a su importe, a cambio de desembolsos únicos o periódicos previamente fijados.
- Las operaciones preparatorias o complementarias de las de seguro o capitalización que practiquen las entidades aseguradoras en su función canalizadora del ahorro y la inversión.
- Las actividades de prevención de daños vinculadas a la actividad aseguradora.

Delimitado el ámbito de aplicación, se hace necesario señalar que las entidades aseguradoras tienen prohibida la realización de determinadas actividades, estando por lo tanto éstas fuera del control de la DGSFP.

## 1-40 Operaciones prohibidas para las aseguradoras

Su realización supone la nulidad de pleno derecho de las mismas. El artículo 4 del TRLOSSP relaciona las siguientes:

- Las que carezcan de base técnica actuarial.
- El ejercicio de cualquier otra actividad comercial y la prestación de garantías distintas de las propias de la actividad aseguradora.
- No se entenderá incluida en esta prohibición la colaboración con entidades no aseguradoras para la distribución de los servicios producidos por éstas.
- Las actividades de mediación en seguros privados definidas en la Ley 26/2006, de Mediación en Seguros Privados.

Además, serán nulos de pleno derecho los contratos de seguro y demás operaciones sometidas al TRLOSSP y:

- Celebrados o realizados por entidad no autorizada.
- Celebrados o realizados por entidad cuya autorización administrativa haya sido revocada.
- Celebrados o realizados por una entidad transgrediendo los límites de la autorización administrativa concedida.

**ATENCIÓN**: En los casos anteriores, la persona física o jurídica que hubiera contratado con ella, no estará obligado a cumplir su obligación de pago de la prima y tendrá derecho a la devolución de la prima pagada salvo que, con anterioridad, haya tenido lugar un siniestro; si antes de tal devolución acaece un siniestro, amparado por el contrato si hubiera sido válido, nacerá la obligación de la entidad que lo hubiese celebrado de satisfacer una indemnización cuya cuantía se fijará con arreglo a las normas que nieguen el pago de la prestación conforme al contrato de seguro, sin perjuicio del deber de indemnizar los restantes daños y perjuicios que hubiera podido ocasionar.

Esta obligación y responsabilidad será solidaria de la entidad y de quienes desempeñando en la misma cargos de administración o dirección hubieren autorizado o permitido la celebración de tales contratos u operaciones.

1

# Sección 2. LAS ASEGURADORAS

## 1-41 Clases de aseguradoras

El **artículo 7 del TRLOSSP** establece la naturaleza de las entidades que pueden ejercer la actividad aseguradora. Estas entidades pueden ser:

- De carácter público: por ejemplo el Consorcio de Compensación de Seguros (CCS).
- De carácter privado: los diferentes tipos de aseguradores privados que puedan ejercer su actividad en España:
- Sociedades Anónimas.
- Sociedades Mutuas (a prima fija o variable).
- Sociedades Cooperativas (a prima fija o variable).
- Mutualidades de Previsión Social (a prima fija o variable).
- Entidades aseguradoras domiciliadas en terceros países, no miembros del Espacio Económico Europeo, mediante sucursales.

Existe también la posibilidad de que entidades situadas fuera del territorio español, pero ubicadas dentro del Espacio Económico Europeo, realicen funciones aseguradoras en España, utilizando uno de los dos siguientes regímenes:

- Actividad en régimen de derecho de establecimiento: mediante el establecimiento en territorio español de una sucursal.
- Actividad en régimen de libre prestación de servicios: actuación en territorio nacional sin disponer de sucursal.

## 1-42 Aseguradoras con forma de sociedades anónimas

Son entidades de carácter mercantil que deben constituirse mediante escritura pública, adquiriendo personalidad jurídica a partir de su inscripción en el Registro Mercantil. Su característica fundamental radica en que han de procurar retribuir, en forma de dividendos, el capital aportado por sus accionistas.

En este tipo de sociedades existen dos sectores de personas netamente diferenciados: por un lado, los socios-accionistas y, por otro, los clientes-asegurados.

Son características principales de estas entidades:

- Condición capitalista.
- Responsabilidad limitada de los socios frente a los acreedores
- Capital social dividido en acciones.

## 1-43 Aseguradoras con forma de mutuas a prima fija

Las mutuas a prima fija son entidades aseguradoras privadas que tienen por objeto la cobertura a sus socios, personas físicas o jurídicas, de los riesgos asegurados mediante una prima fija, pagadera al comienzo del período del riesgo.

Sus características son:

a) Carecer de ánimo de lucro.

b) La condición de mutualista será inseparable de la de tomador del seguro o de asegurado. En ningún caso las entidades de quienes proceda el reaseguro aceptado por las mutuas adquirirán condición de mutualistas.

c) Cada entidad deberá contar al menos con 50 mutualistas.

d) Los mutualistas que hayan realizado aportaciones para constituir el fondo mutual podrán percibir intereses no superiores al interés legal del dinero, y únicamente podrán obtener el reintegro de las cantidades aportadas en el supuesto de que el mutualista cause baja en la entidad o cuando lo acuerde la Asamblea general por ser sustituidas con excedentes de los ejercicios.

e) Los mutualistas no responderán de las deudas sociales, salvo que los estatutos establezcan tal responsabilidad, en cuyo caso, ésta se limitará a un importe igual al de la prima, que anualmente paguen y deberá destacarse


© CISS

en la pólizas de seguros El límite de la responsabilidad se refiere a la prima que corresponda al socio conforme a su contrato de seguro en el ejercicio que haya dado origen a la deuda social.

f) Los resultados de cada ejercicio darán lugar a la correspondiente derrama activa o retorno que, en cuanto proceda de primas no consumidas, no tendrá la consideración de rendimiento del capital mobiliario para los mutualistas; o, en su caso, pasiva, que deberá ser individualizada y hecha efectiva en el ejercicio siguiente; o se traspasarán a las cuentas del correspondiente ejercicio.

g) Cuando un mutualista cause baja en la entidad, tendrá derecho al cobro de las derramas activas y obligación del pago de las pasivas acordadas y no satisfechas; también tendrá derecho a que una vez aprobadas las cuentas del ejercicio en que se produzca la baja, le sean devueltas las cantidades que hubiere aportado al fondo mutual salvo que hubieran sido consumidas en cumplimiento de la función específica del mismo y siempre con deducción de las cantidades que adeudase a la entidad.

h) En caso de disolución de la entidad, participará en la distribución del patrimonio los mutualistas que la integren en el momento en que se acuerde la disolución y quienes no perteneciendo a ella en dicho momento, lo hubiesen sido en un tiempo anterior, de acuerdo con lo establecido en los Estatutos sociales; todo ello sin perjuicio del derecho que les asiste a los partícipes en el fondo mutual.

i) Las mutuas a prima fija se constituirán mediante escritura pública que se inscribirá en el Registro Mercantil. Desde el momento de la inscripción tendrán personalidad jurídica.

j) Pueden actuar en todo el territorio español y en todos los ramos de seguro, estando facultadas para ceder y aceptar reaseguros en los ramos en que operen en seguro directo.

Ejemplos de aseguradoras con forma de mutuas a prima variable:

- Mutua de seguros de armadores de buques de pesca de España, sociedad mutua a prima fija.
- Pelayo, Mutua de seguros y reaseguros a prima fija mutua.
- General de seguros - EUROMUTUA, sociedad mutua a prima fija de de seguros y reaseguros.
- Mutua Madrileña automovilista, Sociedad de seguros a prima fija.
- Mutua MMT Seguros, Sociedad mutua de seguros a prima fija.
- MUTRAL, Mutua rural de seguros a prima fija
- MUTUAVENIR, Mutua de seguros y reaseguros a prima fija de Pamplona.
- MUSSAP, Mutua de seguros y reaseguros a prima fija.
- Mutualidad arrocera de seguros a prima fija.

## 1-44 Aseguradoras con forma de mutuas a prima variable

Las mutuas a prima variable son entidades aseguradoras privadas, fundadas sobre el principio de ayuda recíproca, que tienen por objeto:

*"La cobertura, por cuenta común, a sus socios, personas físicas o jurídicas, de los riesgos asegurados mediante el cobro de derramas con posterioridad a los siniestros, siendo la responsabilidad de los mismos mancomunada, proporcional al importe de los respectivos capitales asegurados en la propia entidad y limitada a dicho importe".*

Como normas características tienen:

a) Las indicadas en los apartados a), b), c), d), f), g), h) e i) del epígrafe "Aseguradoras con formas de mutuas a prima fija" anterior.

b) Exigirán la aportación de una cuota de entrada para adquirir la condición de mutualista y deberán constituir un fondo de maniobra que permita pagar siniestros y gastos sin esperar al cobro de las derramas.

c) Los administradores no percibirán remuneración alguna y la producción de seguros será directa sin mediación, y sin que pueda ser retribuida.

d) Estas mutuas solamente podrán operar en un ramo de seguro distinto al seguro directo de vida, salvo los de caución, crédito y todos aquellos en los que se cubra el riesgo de responsabilidad civil. No obstante, podrán operar en seguro de responsabilidad civil como accesorio del ramo de "incendio y elementos naturales", siempre dentro de los límites del valor del bien asegurado.

e) Deberán desarrollar su actividad y localizar sus riesgos en un ámbito territorial que sea el menor de los dos millones de habitantes, o una provincia, salvo que se trate de prestaciones para caso de enfermedad o por fallecimiento de personas unidas por un vínculo profesional.

f) Podrán ceder operaciones de reaseguro, pero en ningún caso aceptarlas.

g) Los riesgos que aseguren deberán ser homogéneos cualitativa y cuantitativamente, y los capitales asegurados y gastos de administración no podrán sobrepasar los límites que les fije el Ministerio de Economía y Hacienda.

Ejemplos de aseguradoras con forma de mutuas a prima variable:

- La Unión Montijana, Seguros mutuos contra incendios a prima variable.
- Seguros Mutuos a prima variable de incendios de casas del Valle de Mena.

## 1-45 Aseguradoras con forma de cooperativas a prima fija

Como normas características tienen:

a) Las indicadas en los apartados a), b), c), d), e), f) y g) de las normas aplicables a las mutuas a prima fija, pero entendiéndose hechas a las cooperativas, cooperativistas, capital social y retomo cooperativo las referencias que en los mismos se contienen a las mutuas, mutualistas, fondo mutual y derramas.

b) La inscripción en el Registro de Cooperativas deberá tener lugar con carácter previo a la solicitud de autorización administrativa.

c) En lo demás, se regirán por las disposiciones de la Ley de Ordenación y Supervisión de los Seguros Privados y por los preceptos de la Ley de Sociedades Anónimas a los que la misma se remite, así como por las disposiciones reglamentarias que la desarrollen y, supletoriamente, por la legislación de cooperativas.

## 1-46 Aseguradoras con forma de cooperativas a prima variable

Como normas características tienen:

a) Las indicadas para las mutuas a prima variable, pero la aportación de la cuota de entrada se realizará como constitutiva del capital social y debiendo entenderse hechas a las cooperativas, cooperativistas y capital social las referencias que en dichas normas se contienen a las mutuas, mutualistas y fondo mutual.

b) La inscripción en el Registro de Cooperativas deberá tener lugar con carácter previo a la solicitud de autorización administrativa.

c) En lo demás, se regirán por las disposiciones de la Ley de Ordenación y Supervisión de los Seguros Privados y por los preceptos de la regulación en materia de sociedades, así como por las disposiciones reglamentarias que la desarrollen y, supletoriamente, por la legislación de cooperativas.

## 1-47 Aseguradoras con forma de mutualidades de previsión social

Las mutualidades de previsión social son entidades aseguradoras que ejercen una modalidad aseguradora de carácter voluntario, complementaria al sistema de Seguridad Social obligatoria, mediante aportaciones a prima fija o variable de los mutualistas, personas físicas o jurídicas, o de otras entidades o personas protectoras.

En su denominación deberá figurar necesariamente la indicación *Mutualidad de previsión social*, que quedará reservada para estas entidades.

El objeto social principal de las mutualidades de previsión social es el ejercicio de la actividad aseguradora. No obstante, las mutualidades de previsión social podrán otorgar prestaciones sociales, siempre que reúnan los siguientes requisitos:

- Que dichas prestaciones hayan sido autorizadas específicamente por la Dirección General de Seguros y Fondos de Pensiones.
- Que mantengan la actividad de otorgamiento de prestaciones sociales con absoluta separación económico-financiera y contable respecto de sus operaciones de seguro.
- Que, en todo momento, dispongan del fondo mutual mínimo y tengan adecuadamente constituidas sus garantías financieras.
- Que los recursos que dediquen a la actividad de prestación social sean de su libre disposición.

Ejemplos de aseguradoras con forma de mutuas a prima variable:

- Mutualidad de previsión social fondo de asistencia mutua del Colegio de Ingenieros de caminos, canales y puertos.

 © CISS

- Mutualidad de previsión social del personal de aduanas.
- Mutualidad de previsión social a prima fija de empleados de la Caja de Ahorros de Valencia.
- Mutualidad del clero español de previsión social a prima fija.
- Asociación mutualista de la ingeniería civil, mutualidad de previsión social a prima fija Montepío de Artillería, mutualidad de previsión social a prima fija.
- Previsión mutua de aparejadores y arquitectos técnicos mutualidad de previsión social a prima fija.
- Asociación benéfica de empleados del banco de España mutualidad de previsión social.
- Montepío de conductores de automóviles de Valladolid y provincia, mutualidad de previsión social.
- Sociedad Filantrópica del Comercio, Industria y Banca de Madrid, mutualidad de previsión social.
- Centro de protección de choferes de La Rioja, mutualidad de previsión social a prima fija.

## 1-48 Incorporación de mutualistas

La incorporación de los mutualistas a la mutualidad será en todo caso voluntaria y requerirá una declaración individual del solicitante, o bien de carácter general derivada de acuerdos adoptados por los órganos representativos de la cooperativa o de los colegios profesionales, salvo oposición expresa del colegiado, sin que puedan ponerse límites para ingresar en la mutualidad distintos a los previstos en sus estatutos por razones justificadas.

La incorporación de sus mutualistas podrá ser realizada directamente por la propia mutualidad o bien a través de la actividad de mediación en seguros, esto último siempre y cuando cumplan los requisitos de fondo mutual y garantías financieras. No obstante, los mutualistas podrán participar en la incorporación de nuevos socios y en la gestión de cobro de las cuotas; en tal caso, podrán percibir la compensación económica adecuada fijada estatutariamente.

## 1-49 Contingencias que pueden cubrir las mutualidades de previsión social en la previsión de riesgos sobre las personas

Las de muerte, viudedad, orfandad, jubilación y dependencia, y garantizarán prestaciones económicas en forma de capital o renta.

Asimismo, podrán otorgar prestaciones por razón de matrimonio, maternidad, hijos y defunción.

Y podrán realizar operaciones de seguro de accidentes e invalidez para el trabajo, enfermedad, defensa jurídica y asistencia, así como prestar ayudas familiares para subvenir a necesidades motivadas por hechos o actos jurídicos que impidan temporalmente el ejercicio de la profesión.

Las prestaciones económicas que se garanticen no podrán exceder de 21.000 euros como renta anual ni de su equivalente actuarial como percepción única de capital.

El límite previsto en el párrafo anterior se podrá actualizar por el Ministro de Economía y Hacienda, considerando la suficiencia de las garantías financieras para atender las prestaciones actualizadas.

No obstante, para aquellas mutualidades que se hallen incursas en alguna de las situaciones previstas en los artículos 27 y 39 del TRLOSSP, las nuevas prestaciones económicas que se garanticen no podrán exceder de 18.000 euros como renta anual ni de 78.000 euros como percepción única de capital.

## 1-50 Contingencias que pueden cubrir las mutualidades de previsión social en la previsión de riesgos sobre las cosas

- Viviendas de protección oficial y otras de interés social, siempre que estén habitadas por el propio mutualista y su familia.
- Maquinaria, bienes e instrumentos de trabajo de mutualistas que sean pequeños empresarios. A estos efectos, se entenderá por pequeños empresarios los trabajadores autónomos por cuenta propia y los profesionales y empresarios, incluidos los agrícolas, que no empleen más de cinco trabajadores.
- Cosechas de fincas cultivadas directa y personalmente por el agricultor, siempre que no queden comprendidas en el plan anual de seguros agrarios combinados, y los ganados integrados en la unidad de explotación familiar.

No obstante lo anterior, para la cobertura de riesgos sobre las cosas, las mutualidades de previsión social no estarán sujetas a los límites cualitativos y cuantitativos impuestos para los casos de coberturas de riesgos sobre las personas mencionados en el epígrafe anterior y podrán otorgar prestaciones distintas de las contenidas en dicho epígrafe, siempre que obtengan la autorización administrativa previa a la ampliación de prestaciones.

## Sección 3. REQUISITOS LEGALES DE LAS ASEGURADORAS

### 1-51 Requisitos acumulativos para desarrollar la actividad como mutualidad de previsión social

- Carecer de ánimo de lucro.
- La condición de tomador del seguro o de asegurado será inseparable de la de mutualista.
- Establecer igualdad de obligaciones y derechos para todos los mutualistas, sin perjuicio de que las aportaciones y prestaciones guarden la relación estatutariamente establecida con las circunstancias que concurran en cada uno de ellos.
- Limitar la responsabilidad de los mutualistas por las deudas sociales a una cantidad inferior al tercio de la suma de las cuotas que hubieran satisfecho en los tres últimos ejercicios, con independencia de la cuota del ejercicio corriente.
- Asumirán directamente los riesgos garantizados a sus mutualistas, sin practicar operaciones de coaseguro ni de aceptación en reaseguro, pero podrán realizar operaciones de cesión en reaseguro con entidades aseguradoras autorizadas para operar en España.
- La remuneración a los administradores por su gestión formará parte de los gastos de administración, que no podrán exceder de los límites fijados por el Ministerio de Economía y Hacienda.
- En su constitución deberán concurrir al menos 50 mutualistas.

### 1-52 Requisitos para obtener y mantener la autorización administrativa de ampliación de prestaciones para una mutualidad de previsión social

- Haber transcurrido, al menos, un plazo de cinco años desde la obtención de la autorización administrativa para realizar actividad aseguradora y ser titular de una autorización válida en todo el Espacio Económico Europeo.
- No haber estado sujeta a medidas de control especial, ni habérsele incoado procedimiento administrativo de disolución o de revocación de la autorización administrativa durante los dos años anteriores a la presentación de la solicitud de autorización.
- Poseer el mínimo de fondo mutual, margen de solvencia y del fondo de garantía que a las mutuas de seguro a prima fija exige la LOSSP, y tener constituidas las provisiones técnicas en los mismos términos que deben tenerlas dichas mutuas a prima fija.
- Presentar y atenerse a un programa de actividades.

### 1-53 Requisitos para conseguir la autorización administrativa para desarrollar la actividad aseguradora en España

Las entidades aseguradoras españolas que se propongan realizar operaciones sometidas a la legislación sobre seguros privados deberán obtener la correspondiente autorización administrativa del Ministerio de Economía y Hacienda como requisito previo e indispensable para ejercerlas, la cual se concederá siempre que se cumplan los **requisitos** establecidos en el TRLOSSP:

a) Adoptar una de las formas jurídicas previstas en la Ley y, en su caso, facilitar información sobre la existencia de vínculos estrechos con otras personas o entidades.

b) Limitar su objeto social a la actividad aseguradora y a las operaciones definidas por la Ley, con exclusión de cualquier otra actividad.

c) Presentar y atenerse a un programa de actividades.

d) Tener el capital social o fondo mutual que exige la Ley de Ordenación y Supervisión de los Seguros Privados y el fondo de garantía previsto. Hasta la concesión de la autorización, el capital social o fondo mutual desem-



© CISS

bolsados se mantendrán en los activos que reglamentariamente se determinen, de entre los que son aptos para cobertura de provisiones técnicas.

e) Indicar las aportaciones y participaciones en el capital social o fondo mutual de los socios, quienes habrán de reunir los requisitos indicados por la Ley.

f) Estar dirigidas de manera efectiva por personas que reúnan las condiciones necesarias de honorabilidad y de cualificación o experiencia profesionales.

La solicitud de autorización se presentará en la Dirección General de Seguros y deberá ir acompañada de los documentos acreditativos del cumplimiento de los requisitos precedentes.

Tal petición deberá ser resuelta en el plazo de seis meses siguientes a la fecha de presentación de la solicitud de autorización. En ningún caso se entenderá autorizada una entidad aseguradora en virtud de actos presuntos por el transcurso del plazo referido.

La autorización determinará la inscripción en el Registro administrativo de entidades aseguradoras españolas de la DGSFP y permitirá a las entidades aseguradoras practicar operaciones únicamente en los ramos para los que hayan sido autorizadas y, en su caso, en los riesgos accesorios o complementarios de los mismos, según proceda, debiendo ajustar su régimen de actuación al programa de actividades, estatutos y demás requisitos determinantes de la concesión de la autorización.

Se concederá por ramos, abarcando el ramo completo y la cobertura de los riesgos accesorios o complementarios del mismo, según proceda, comprendidos en otro ramo, y permitiendo a la entidad aseguradora ejercer en el Espacio Económico Europeo actividades en régimen de derecho de establecimiento o en régimen de libre prestación de servicios, salvo que el solicitante sólo desee cubrir una parte de los riesgos correspondientes al ramo autorizado, ejercer su actividad en un territorio de ámbito menor al del territorio nacional.

## 1-54 Requisitos para conseguir la autorización para otros ramos o para extenderlos o ampliarlos

También será precisa autorización administrativa para que una entidad aseguradora pueda extender su actividad a otros ramos distintos de los autorizados y para la ampliación de una autorización que comprenda sólo una parte de los riesgos incluidos en un ramo o que permita a la entidad aseguradora ejercer su actividad en un territorio de ámbito superior al inicialmente solicitado y autorizado.

La ampliación de la autorización administrativa estará sujeta a que la entidad aseguradora cumpla los siguientes requisitos:

a) Tener cubiertas sus provisiones técnicas y disponer del margen de solvencia establecido y, además, si para los ramos a que solicita la extensión de actividad exigen un capital social o fondo mutual y un fondo de garantía mínimo más elevados que los anteriores, deberá disponer de los mismos.

b) Presentar un programa de actividades.

Hay muchos casos en los que algunas aseguradoras han preferido comprar otra aseguradora para así adquirir el ramo que buscan antes que solicitarlo directamente. Cuando una aseguradora compra otra, adquiere directamente el ramo de ésta. Otro ejemplo muy clarificador es la Orden EHA/3702/2009, de 28 de diciembre, de autorización administrativa a la entidad Caixa Manresa Generals, Compañía D´Assegurances, SA, para el ejercicio de la actividad aseguradora en los ramos de accidentes, incendio y elementos naturales, otros daños a los bienes, responsabilidad civil en general, pérdidas pecuniarias diversas, defensa jurídica y asistencia..

## 1-55 Causas de denegación de la solicitud de autorización

No se concederá la debida autorización administrativa para ejercer la actividad aseguradora cuando:

a) La entidad no adopte una de las formas jurídicas previstas, sus estatutos no se ajusten a la Ley, o carezca de cualesquiera de los restantes requisitos legales para la válida y eficaz constitución en la forma elegida.

b) Existan vínculos estrechos que obstaculicen el buen ejercicio de la ordenación y supervisión, o se vea obstaculizado por las disposiciones de un tercer país que regulen a una o varias de las personas con las que la entidad aseguradora mantenga vínculos estrechos.

c) Su objeto social no se ajuste a lo dispuesto en la Ley.

d) No presente un programa de actividades, o el presentado no contenga todas las indicaciones o justificaciones exigibles, o, aun conteniéndolas, resulten insuficientes o inadecuadas al objeto o finalidad pretendido por la entidad o, aun presentándolo, no se corresponda con la situación real de la entidad, de modo que ésta carezca de una buena organización administrativa y contable, o de procedimientos de control interno adecuados o de los medios destinados a cubrir las exigencias patrimoniales, financieras, de solvencia o, en su caso, de prestación de asistencia que garanticen la gestión sana y prudente de la entidad.

e) Carezca del capital social o fondo mutual mínimo requerido.

f) No precise las aportaciones sociales o no se considere adecuada la idoneidad de los socios que vayan a tener una participación significativa, atendiendo a la necesidad de garantizar una gestión sana y prudente de la entidad.

g) Quienes vayan a dirigirla de manera efectiva no reúnan las condiciones necesarias de honorabilidad o de cualificación, o experiencia profesionales.

La creación por entidades aseguradoras españolas de sociedades dominadas extranjeras, la adquisición de la condición de dominante en sociedades extranjeras, el establecimiento de sucursales y, en su caso, la actividad en régimen de libre prestación de servicios en países no miembros del Espacio Económico Europeo exigirá comunicación a la Dirección General de Seguros, con un mes de antelación.

## 1 -56 Casos en que no es necesaria la autorización administrativa

No precisarán autorización administrativa previa las organizaciones, dotadas o no de personalidad jurídica, que se creen con carácter de permanencia para la distribución de la cobertura de riesgos entre entidades aseguradoras o para la prestación de servicios comunes relacionados con la actividad de las mismas, así como la agrupaciones de interés económico y uniones temporales de entidades aseguradoras pero en uno y otro caso deberán comunicarlo a la Dirección General de Seguros con una antelación de un mes a la iniciación de la actividad organizada o agrupada.

## 1 -57 Vínculos estrechos con entidades aseguradoras

A efectos de lo dispuesto en el TRLOSSP, se entiende por vínculo estrecho toda relación entre dos o más personas físicas o jurídicas si están unidas a través de una participación, a estos efectos, el hecho de poseer, de manera directa o indirecta, el 20% o más de los derechos de voto o del capital de una entidad aseguradora; y es vínculo de control el existente entre una sociedad dominante y una dominada en todos los casos contemplados en el artículo 42, números 1 y 2 de Código de Comercio.

Asimismo, se entenderá constitutiva de vínculo estrecho entre dos o varias personas físicas o jurídicas entre la que se encuentre una entidad aseguradora, la situación en la que tales personas estén vinculadas, de forma duradera, a una misma persona física o jurídica por un vínculo de control.

Los vínculos estrechos entre la entidad aseguradora y otras personas físicas o jurídicas, caso de existir, no podrán obstaculizar el buen ejercicio de la ordenación y supervisión de la entidad aseguradora. Las disposiciones de un tercer país ajeno al Espacio Económico Europeo que regulen a una o varias de las personas con las que la entidad aseguradora mantenga vínculos estrechos, o la aplicación de dichas disposiciones, tampoco podrán obstaculizar el buen ejercicio de la ordenación y supervisión de la entidad aseguradora.

Las condiciones que impone el punto precedente son de cumplimiento permanente durante el ejercicio de la actividad aseguradora. Y, a estos efectos, las entidades aseguradoras suministrarán a la Dirección General de Seguros la información precisa para garantizar dicho cumplimiento.

## 1 -58 Condicionantes de la denominación social de las entidades aseguradoras

En la denominación social de las entidades aseguradoras se incluirán las palabras "seguros", o "reaseguros", o ambas a la vez, conforme a su objeto social, quedando reservadas las mismas en exclusiva para dichas entidades.

También las mutuas, cooperativas y mutualidades de previsión social consignarán su naturaleza en la denominación e indicarán si son "a prima fija" o "a prima variable".

**ATENCIÓN**: Para los Corredores de Seguros hay una norma similar que les obliga a que a continuación del nombre comercial deban añadir siempre la palabra "Corredor o Correduría de Seguros". Éstos tienen prohibido poner solamente el término "Seguros" o "Insurances" (Ejemplo: "Hermanos López Seguros)" pues esto está reservado exclusivamente a aseguradoras y se considera que da lugar a equivocaciones al consumidor sobre la figura del tipo de mediador de que se trata (art. 5.2.d LMSRP). Su incumplimiento está considerado por la Ley de Mediación como infracción **muy grave**.

## 1-59 El objeto social de las entidades aseguradoras

El objeto social de las entidades aseguradoras será exclusivamente la práctica de las operaciones de seguro y demás permitidas.

El objeto social de las entidades aseguradoras que pretendan operar en cualquier modalidad del **ramo de vida** será únicamente la realización de operaciones de dicho ramo y la cobertura de riesgos complementarios del ramo de vida. Además, previa obtención de la pertinente autorización administrativa, podrán realizar operaciones en los ramos de **accidentes y enfermedad**, sin someterse, en este caso, a las limitaciones y requisitos exigibles a la cobertura de riesgos complementarios.

El objeto social de las entidades aseguradoras que pretendan operar en cualquiera de los ramos del **seguro directo distinto del de vida** no podrá comprender la realización de operaciones del ramo de vida.

## 1-60 El programa de actividades de las entidades aseguradoras

El programa de actividades deberá contener indicaciones o justificaciones relativas, al menos, a:

- La naturaleza de los riesgos o compromisos que la entidad aseguradora se propone cubrir.
- Los principios rectores y ámbito geográfico de su actuación.
- La estructura de la organización, incluyendo los sistemas de comercialización.
- Los medios destinados a cubrir las exigencias patrimoniales, financieras y de solvencia.
- Prestar la asistencia a que, en su caso, se comprometa.

Además, contendrá la justificación de las previsiones que contemple y de la adecuación a las mismas de los medios y recursos disponibles.

Tratándose de **seguros de vida,** para los tres primeros ejercicios sociales, deberá contener un plan en el que se indiquen de forma detallada las previsiones de ingresos y gastos, tanto por las operaciones directas y las aceptaciones de reaseguro como por las cesiones de éste último y, si se trata de **seguros distintos al de vida**, las previsiones relativas a los gastos de gestión distintos de los gastos de instalación, en particular los gastos generales corrientes y las comisiones, y las previsiones relativas a las primas o cuotas y a los siniestros.

Y, en ambos casos, las previsiones relativas a los medios financieros destinados a la cobertura de los compromisos y del margen de solvencia y, finalmente, la situación probable de tesorería.

La Dirección General de Seguros comprobará los medios técnicos de que dispongan las entidades aseguradoras que pretendan operar en el **ramo de enfermedad**, otorgando prestaciones de asistencia sanitaria, para llevar a cabo la operaciones que se hayan comprometido a efectuar y solicitará de las autoridades sanitarias un informe sobre la adecuación de los medios y del funcionamiento previsto de los mismos a las prestaciones que pretenda otorgar y a la legislación sanitaria correspondiente.

## 1-61 Requisitos para dirigir entidades aseguradoras

Quienes, bajo cualquier título, lleven la dirección efectiva de la entidad aseguradora serán personas físicas de reconocida honorabilidad y con las condiciones necesarias en el Registro administrativo de altos cargos de entidades aseguradoras de la DGSFP.

En todo caso, se entenderá que llevan la dirección efectiva quienes ostenten cargos de administración o dirección.

Podrán desempeñar cargos de administración las personas jurídicas pero, en este caso, deberán designar en su representación a una persona física que reúna los requisitos anteriormente citados.

La honorabilidad debe referirse al ámbito comercial y profesional, y concurre en quienes hayan venido observando una trayectoria personal de respeto a las leyes mercantiles y demás que regulan la actividad económica y la vida de los negocios, así como a las buenas prácticas comerciales, financieras y de seguros.

Se presume que poseen cualificación profesional quienes hayan obtenido un título superior universitario de grado de licenciatura en ciencias jurídicas, económicas, actuariales y financieras, administración y dirección de empresas o en materia específica de seguros privados, y tienen experiencia profesional para ejercer sus funciones quienes hayan desempeñado durante un plazo no inferior a cinco años funciones de alta administración, dirección, control o asesoramiento de entidades financieras sometidas a ordenación y supervisión de solvencia por la Administración pública o funciones de similar responsabilidad en otras entidades públicas o privadas de dimensiones y exigencias análogas a las de la entidad que se pretende crear.

## 1-62 Imposibilidad para dirigir entidades aseguradoras

En ningún caso podrán desempeñar la dirección efectiva de entidades aseguradoras:

a) Las personas que tengan antecedentes penales por delitos de falsedad, violación de secretos, contra la Hacienda Pública y contra la Seguridad Social, malversación de caudales públicos y cualesquiera otros delitos contra la propiedad; los inhabilitados para ejercer cargos públicos o de administración o dirección en entidades financieras, aseguradoras o de correduría de seguros; los quebrados y concursados no rehabilitados, salvo que, en virtud de convenio aprobado judicialmente, se les permita ejercer el comercio; y en general, los incursos en incapacidad o prohibición conforme a la legislación vigente.

b) Los que, como consecuencia de procedimiento sancionador o en virtud de medida de control especial, hubieran sido suspendidos en el ejercicio del cargo o separados del mismo, o suspendidos en el ejercicio de la actividad.

# Sección 4. REQUISITOS ECONÓMICOS Y FINANCIEROS DE LAS ASEGURADORAS

## 1-63 Capital social de las aseguradoras sociedades anónimas y las cooperativas de seguros a prima fija y fondo mutual (art. 13 TRLOSSP)

A nivel general, toda empresa, entendida como conjunto de bienes, necesita estar sostenida por una masa patrimonial que lo constituye su capital social y que es el importe económico o monetario que los socios ceden a la empresa -según sea su nivel de participación- y que identifica los derechos de éstos.

Pero al mismo tiempo, y en el caso de las empresas aseguradoras, el capital social cumple también una garantía de solvencia frente a terceros y su cuantía está expresamente determinada en el artículo 13 del TRLOSSP según se trate de un tipo u otro de aseguradora:

*"Las **sociedades anónimas*** y las cooperativas de seguros a prima fija deberán tener los siguientes capitales sociales mínimos cuando pretendan operar en los ramos que a continuación se enumeran:

a) *9.015.181,57 euros en los ramos de vida, caución, crédito, cualquiera de los que cubran el riesgo de responsabilidad civil y en la actividad exclusivamente reaseguradora.*

b) *2.103.542,37 euros en los ramos de accidentes, enfermedad, defensa jurídica, asistencia y decesos.*

*En el caso de entidades aseguradoras que únicamente practiquen el seguro de enfermedad otorgando prestaciones de asistencia sanitaria y limiten su actividad a un ámbito territorial con menos de dos millones de habitantes, será suficiente la mitad del capital o fondo mutual previsto en el párrafo anterior".*

c) *3.005.060,52 euros, en los restantes.*

*El capital social mínimo estará totalmente suscrito y desembolsado al menos en un 50%. Los desembolsos de capital por encima del mínimo se ajustarán a la legislación mercantil general. En todo caso, el capital estará representado por títulos o anotaciones en cuenta nominativos.*

**ATENCIÓN:** Al respecto del capital social de las aseguradoras, el Anteproyecto de Ley de Ordenación y Supervisión de los Seguros Privados, en el que se está trabajando en el seno de la Junta Consultiva de la DGSFP,

 © CISS

establece una importante novedad al establecer un "régimen especial para las aseguradoras de dimensión reducida" -las que tengan un volumen de primas anual inferior a 5 millones de euros y cuyas provisiones no excedan los 25 millones de euros-.

Por otra parte, según el borrador del Anteproyecto de LOSSP las aseguradoras de nueva creación tendrán que contar con un capital social de 15 millones de euros, frente a la exigencia actual de 9 millones para trabajar en los ramos de vida, responsabilidad civil, crédito, caución y reaseguro, lo que supone un incremento del 40%. Además, en dicho anteproyecto se establece la obligatoriedad para las aseguradoras contar además con un capital mínimo obligatorio (MCR con las siglas en inglés) de 3,2 millones para el seguro de vida. Para los ramos generales esta cuantía se fija en 2,2 millones de euros.

Aunque la actual legislación exige la cantidad de 2,1 millones para los ramos de accidentes, enfermedad, defensa jurídica, asistencia y decesos y 3 millones para el resto, según el texto del anteproyecto de Ley de Supervisión y Ordenación, las demás aseguradoras deberán contar para su constitución con un capital social de 4,4 millones de euros.

Por otro lado, la regulación en materia de Solvencia II tiene también mucho que decir en este asunto pues viene a establecer los requisitos de capital de las aseguradoras en función del nivel de riesgos propios de cada una.

## 1-64 El Fondo Mutual

Si bien el capital social es propio de las sociedades, en el caso de las Mutuas este concepto lo constituye el denominado Fondo Mutual, que es la cantidad de dinero permanente constituida por lo que aportan los mutualistas o los constituidos con excedentes de los ejercicios sociales anteriores. El fondo mutual ha de estar siempre íntegramente suscrito y desembolsado.

En el caso de las **mutuas a prima fija**, el fondo mutual se determina según los ramos en que pretendan operar. Como regla general, las cuantías mínimas son las mismas que las establecidas para los casos de Capital Social de las aseguradoras.

Los requisitos actuales referentes al Fondo Mutual para las restantes mutualidades de previsión social son los siguientes:

a) Deberán constituir un fondo mutual de 30.050,61 euros. Asimismo, formarán con su patrimonio un fondo de maniobra que les permita pagar los siniestros y gastos sin esperar al cobro de las derramas.

b) Tendrán la obligación de constituir las provisiones técnicas a que se refiere el artículo 16 TRLOSSP, deberán disponer del margen de solvencia que regula el artículo 17 TRLOSSP y del fondo de garantía exigido por el artículo 18 TRLOSSP.

La cuantía mínima del fondo de garantía para estas mutualidades será las tres cuartas partes dichas cuantías.

No obstante, para las mutualidades que prevean en sus estatutos la posibilidad de realizar derramas de cuotas o de reducir las prestaciones y cuyo importe anual de cuotas no supere los cinco millones de euros durante tres ejercicios consecutivos, el fondo de garantía mínimo será el de tres cuartas partes del exigido a las demás entidades.

En caso de que la entidad supere el importe de cinco millones de euros durante tres años consecutivos, a partir del cuarto año los importes mínimos serán los establecidos en el párrafo anterior.

Estarán exentas del mínimo de fondo de garantía las mutualidades de previsión social cuyo objeto exclusivo sea otorgar prestaciones o subsidios de docencia o educación y, en todo caso, aquellas mutualidades de previsión social que no operen por ramos, que prevean en sus estatutos la posibilidad de realizar derramas de cuotas o de reducir las prestaciones, que no cubran riesgos de vida y cuyo importe de cuotas no exceda de 750.000 euros.

Se asimilarán los riesgos cubiertos por estas mutualidades de previsión social a los ramos de seguros en la forma prevista reglamentariamente para el margen de solvencia.

## 1-65 El capital social de las cooperativas de seguros a prima variable

El actual texto de la TRLOSSP establece que las cooperativas de seguros a prima **variable** deberán acreditar un capital social suscrito e íntegramente desembolsado de **300.506,05 euros**, y las **mutuas a prima variable** deberán acreditar un fondo mutual permanente cuya cuantía mínima será de **30.050,61 euros**.

**ATENCIÓN:** En el borrador del nuevo Texto del proyecto de Ley de Ordenación y Supervisión de los Seguros privados, se establecen las cuantías del fondo mutual en base a un concepto relacionado con la dimensión o tamaño de las entidades. Así, se establece que el fondo mutual de las mutualidades de previsión social que tengan la condición de ***entidad de dimensión reducida*** o que no teniéndola no hayan obtenido autorización administrativa para operar por ramos será de 550.000 euros.

El capital mínimo obligatorio será la tercera parte del capital de solvencia obligatorio y tendrá como mínimo absoluto 1.100.000 euros, excepto para las entidades cuyo volumen de primas sea inferior a 1.000.000 euros en cuyo caso su capital mínimo obligatorio será el importe del capital social desembolsado o fondo mutual.

Las entidades que ejerzan su actividad en varios ramos de seguro directo distintos del de vida deberán tener el capital o fondo mutual correspondiente al ramo para el que se exija mayor cuantía. Si ejercen actividad también en el ramo de vida, el capital o fondo mutual será el correspondiente a la suma de los requeridos para el ramo de vida y para uno de los ramos distintos al de vida de los que operen.

En la futura LOSSP, de seguir adelante el borrador actual, además, deberán cubrir con fondos propios un capital de solvencia obligatorio cuyo cálculo se ajustará al procedimiento simplificado que se determine reglamentariamente en función de las provisiones técnicas, las primas devengadas, los capitales en riesgo, los impuestos diferidos y los gastos de administración.

## 1-66 Provisiones técnicas

Se consideran provisiones técnicas:

a) De primas no consumidas.
b) De riesgos en curso.
c) De seguros de vida.
d) De participación en beneficios y para extornos.
e) De prestaciones.
f) La reserva de estabilización.
g) Del seguro de decesos.
h) Del seguro de enfermedad.
i) De desviaciones en las operaciones de capitalización por sorteo.

Las entidades aseguradoras están obligadas a constituir y mantener en todo momento provisiones técnicas suficientes para el conjunto de sus actividades y deberán estar adecuadamente calculadas, contabilizadas e invertidas en activos aptos para su cobertura. La determinación de los activos para su cobertura se determinará de manera reglamentaria. Asimismo, se determinarán los porcentajes máximos de las mismas que puedan estar invertidos en cada tipo de estos activos, los cuales deberán tener en cuenta el tipo de operaciones efectuadas por la entidad aseguradora a fin de garantizar la seguridad, el rendimiento y la liquidez de las inversiones de la entidad, con una adecuada distribución diversificada de dichas inversiones.

En cuanto al seguro de vida, la entidad aseguradora deberá tener a disposición de quienes estén interesados las bases y los métodos utilizados para el cálculo de las provisiones técnicas, incluida la provisión de participación de los asegurados en los beneficios.

**ATENCIÓN:** El borrador del proyecto de ley de ordenación y Supervisión sobre el que se está trabajando actualmente establece que las entidades aseguradoras y reaseguradoras deberán demostrar la adecuación del nivel de sus provisiones técnicas, así como la aplicabilidad y pertinencia de los métodos empleados, y la idoneidad de los datos estadísticos de base utilizados y lo deberán acreditar a requerimiento de la DGSFP.

Igualmente, dicho borrador viene a determinar que, en la medida en que el importe y el cálculo de las provisiones técnicas no se atengan a lo previsto en las disposiciones aplicables, la DGSFP podrá exigir a dichas entidades que incrementen el importe de las provisiones técnicas hasta situarlas en el nivel exigido.



© CISS

## 1-67 Margen de solvencia

Como regla general, las entidades aseguradoras deberán disponer en todo momento de un margen de solvencia suficiente respecto al conjunto de sus actividades. Este margen de solvencia lo constituye **el patrimonio de la entidad aseguradora libre de todo compromiso previsible y con deducción de los elementos inmateriales.** La cuantía y los elementos constitutivos del margen de solvencia exigible a las entidades aseguradoras y a los grupos consolidables de entidades aseguradoras al igual que los requisitos que han de reunir dichos elementos, los límites aplicables a los mismos, se determinarán reglamentariamente

### Margen de Solvencia de Grupos Consolidables

Cuando se trate de grupos consolidables de entidades aseguradoras, éstos deberán disponer en todo momento, como margen de solvencia, de un patrimonio consolidado no comprometido, suficiente para cubrir la suma de las exigencias legales de solvencia aplicables a cada una de las entidades del grupo. Si forman parte del grupo entidades de otra naturaleza, podrán establecerse reglamentariamente exigencias específicas de suficiencia de recursos propios consolidados.

**ATENCIÓN:** El borrador del texto del proyecto de Ley de Ordenación y Supervisión establece la exigencia de capital de solvencia obligatorio adicional que podrá ser exigido en casos concretos por la DGSFP. Los supuestos excepcionales que se han establecido serán los siguientes:

a) Cuando el perfil de riesgo de la entidad aseguradora o reaseguradora se aparte significativamente de las hipótesis en que se basa el capital de solvencia obligatorio calculado mediante la fórmula estándar y la exigencia de un modelo interno sea inadecuada o no haya sido eficaz, o se esté desarrollando un modelo interno parcial o completo.

b) Cuando el perfil de riesgo de la entidad aseguradora o reaseguradora se aparte significativamente de las hipótesis en que se basa el capital de solvencia obligatorio calculado mediante un modelo interno completo o parcial porque ciertos riesgos cuantificables no se tienen suficientemente en cuenta, y la adaptación, en un plazo adecuado, del modelo con vistas a reflejar mejor el perfil de riesgo considerado haya resultado imposible.

Para estos dos casos la DGSFP verificará que la entidad aseguradora o reaseguradora procura por todos los medios subsanar las deficiencias que hayan llevado a imponer el capital adicional.

c) Cuando el sistema de gobierno de la entidad aseguradora o reaseguradora impida identificar, medir, controlar, gestionar y notificar correctamente los riesgos a los que se expone o podría exponerse. En este caso, el capital adicional será proporcional a los riesgos significativos derivados de las deficiencias que dieron lugar a la decisión de la DGSFP de imponer dicho capital adicional.

## 1-68 El fondo de garantía

Según está regulado, las cuantías se deben revisar anualmente a fin de tener en cuenta los cambios del índice europeo de precios de consumo publicado por Eurostat. Así, la última adaptación se ha realizado en enero de 2010.

Las cuantías se adaptan automáticamente, aumentando su importe inicial en euros en el cambio porcentual de dicho índice durante el período transcurrido entre el 20 de marzo de 2002 y la fecha de revisión, redondeando hasta un múltiplo de 100.000 euros. Si el cambio porcentual desde la última actualización es inferior al 5%, no se efectuará actualización alguna.

Actualmente, para las entidades que operen en algunos de los ramos de vida, caución, crédito y cualquiera de los que cubran el riesgo de responsabilidad civil, el **fondo de garantía** no **podrá ser inferior a** 3.200.000 euros y a 2.200.000 euros para las restantes.

### Fondo de Garantía para las Reaseguradoras

El fondo de garantía tampoco podrá ser inferior a 3.200.000 euros para aquellas entidades de seguro que lleven a cabo actividades de **reaseguro** en las que concurra alguna de las siguientes condiciones:

- Que las primas aceptadas en reaseguro excedan en un **10% sus primas totales**.
- Que las primas aceptadas en reaseguro superen **50 millones de euros.**
- Que las provisiones técnicas del reaseguro aceptado superen el 10% de sus provisiones técnicas totales.

**Fondo de Garantía para las Mutuas con régimen de derrama pasiva y las cooperativas**

En estos casos, el fondo de garantía mínimo será de tres cuartas partes del exigido para las restantes entidades. Si además, no operan en los ramos de **responsabilidad civil, crédito, caución ni realicen actividad exclusivamente reaseguradora**, y su importe anual de primas o cuotas no supere los **cinco millones de euros durante tres años consecutivos**, el fondo de garantía no podrá ser inferior a 800.000 euros si operan en el ramo de vida, a 200.000 euros si operan en los ramos de otros daños a los bienes, defensa jurídica o decesos, y a 300.000 euros si operan en los restantes.

## 1-69 Justificación del Proyecto de Solvencia II

El creciente proceso de globalización y creación de un mercado financiero único requiere la homogeneización de los criterios establecidos por la Unión Europea. Al mismo tiempo, el lanzamiento de nuevos productos con un componente financiero significativo exige la aplicación de similares criterios de solvencia a los establecidos para la banca.

En este entorno cambiante, se pone de manifiesto la necesidad de poner en marcha sistemas de supervisión de carácter preventivo y dinámico.

La solvencia de una entidad no debería estar basada únicamente en datos financieros. Deberían considerarse, adicionalmente, otros aspectos tales como su exposición al riesgo; su tamaño; estrategias; políticas de protección en reaseguro; etc.

Solvencia II es un proyecto iniciado en el seno de la Unión Europea para que las compañías aseguradoras operen dentro de sus ámbitos de responsabilidad con un nivel de viabilidad (solvencia) adecuado.

El objetivo principal del Solvencia II consiste en mejorar el control y medición de los riesgos (de mercado, operacionales, de crédito y de liquidez) a los que están expuestos las aseguradoras.

Dentro de Europa, la introducción de Solvencia II está siendo, sin duda, el proyecto más importante para los aseguradores europeos y lo seguirá siendo durante los próximos años. El proceso de implementación ya comenzó y se encuentra en un estado muy avanzado.

## 1-70 Estructura del Proyecto de Solvencia II

Solvencia II se estructura en tres pilares o principios:

**Primer pilar: Medida de activos, pasivos y capital**

Serán permitidos modelos internos para calcular el nivel ideal de capital.

- Los modelos estarán "sujetos a aprobación".
- Se desarrollará un criterio de aprobación para la UE en cooperación con el grupo consultivo de la IAS, la IAIS y tomando en consideración la experiencia en el sector bancario.
- Serán admisibles modelos parciales para facilitar la introducción de modelos internos.
- Resultarán útiles los modelos de fuentes externas (reaseguradores, bancos, consultores).

**Segundo pilar: Proceso de supervisión**

Evaluación, por parte del órgano de supervisión, de la efectividad de los sistemas de gestión de riesgos y de control interno, incluyendo la revisión de:

- La exposición al riesgo de cada entidad, incluyendo el programa de reaseguro.
- Los modelos internos de gestión de riesgos, incluidos los riesgos gerenciales.
- Las pruebas efectuadas sobre las reservas técnicas y de los activos
- La honorabilidad y profesionalidad de la Dirección (Buen Gobierno Corporativo).
- Posibilidad de requerir, por parte de los supervisores, capitales adicionales a los calculados en base a los modelos aplicados en casos individuales.

**Objetivo:** El órgano supervisor debería ser capaz de anticiparse y evitar problemas de solvencia.

- Se elaborarán principios para el control interno de las empresas de seguros.



© CISS

- Se debería exigir que las empresas de seguros siguieran los principios para la gestión prudente de riesgos (especialmente en suscripción, reservas, manejo de siniestros).
- Se exigirá además que las empresas fortalezcan su gestión financiera presentando un plan sobre su política de inversiones.

**Tercer pilar: Requerimientos de transparencia**

Establecimiento de recomendaciones y requerimientos de información a proporcionar por las entidades para garantizar una mayor transparencia en el mercado. Facilitar el acceso a los participantes en el mercado a información clave de las entidades. Entre otras informaciones, éstos deberían tener acceso a:

- Recursos propios.
- Nivel de exposición al riesgo.
- Evaluación del riesgo.
- Procesos de gestión de riesgos utilizados.
- Adecuación de los recursos propios.

**Objetivo:** se pretende establecer la información que las entidades deberían proporcionar con el objeto de potenciar la disciplina de mercado.

- Las exigencias de presentación de información dependerán de los métodos y medidas adoptados en los pilares 1 y 2.
- Dentro de lo posible, los reportes de IAS/IFRS deberían ser la base de la supervisión, para reducir la carga administrativa a las empresas.
- Para evitar agravar la situación en el caso de empresas en crisis, habría que tener en cuenta que no toda la información puede hacerse pública (se publica por lo menos una vez al año).

## 1-71 Consecuencias de la aplicación de Solvencia II

a) Solvencia II extenderá el proceso de gestión de riesgos e introducirá el gerenciamiento en base a valor (Value based Management) en la industria de seguros.

b) El capital de solvencia tenderá hacia el valor económico del capital a riesgo.

c) El capital de solvencia puede ser usado como un instrumento estratégico para medir el retorno en requerimientos de capital.

d) El requerimiento de capital total de la industria de seguros aumentará.

e) El incremento en los requerimientos de capital será asignado a cada línea de negocios de acuerdo al riesgo, influyendo de esta manera en la estrategia de la compañía.

f) Se mejorará la transparencia

g) Reducción de la diversificación en las empresas pequeñas (ayuda la cooperación con otras compañías)

h) El desarrollo de productos y la tarificación deberán ser ajustados (impacto importante en el área de ventas).

i) El desarrollo de productos deberá ajustarse a los requerimientos de capital.

j) Aumentará el precio de productos con requerimientos de capital altos.

k) Los mecanismos de los productos actuales sufrirán cambios a largo plazo.

l) Aumentará la importancia de un reaseguro adecuado.

## 1-72 Limitación de distribución de excedentes y de actividades de las entidades aseguradoras

Los beneficios o excedentes que se produzcan en los tres primeros ejercicios completos de actividad y también en el ejercicio inicial, si éste no fuera completo, no podrán ser repartidos y deberán aplicarse íntegramente a la dotación de la reserva legal en las sociedades anónimas, de una reserva con idéntico régimen en las mutuas y a la incorporación obligatoria al capital social en las cooperativas.

Las entidades aseguradoras que no tengan totalmente cubiertas sus provisiones técnicas o cuyo margen de solvencia o fondo de garantía no alcance el mínimo legal, no podrán distribuir dividendos o derramas, ni ampliar su actividad en régimen de derecho de establecimiento ni de libertad de prestación de servicios, ni, finalmente, ampliar su red comercial.

1

## 1-73 Contabilidad de las entidades aseguradoras

Debido a las especiales particularidades del sector asegurador, las entidades aseguradoras cuentan con un Plan General de Contabilidad especial para ellas que fue aprobado por el **Real Decreto 1317/2008, de 24 de julio.**

Este nuevo Plan contable de entidades aseguradoras, que sustituye al anterior del año 1997, tiene como objetivo fundamental introducir las nuevas pautas contables que recogen las Normas Internacionales de Contabilidad (NIC). Entró en vigor el 1 de enero de 2009 y afecta a todas las entidades aseguradoras españolas y a las sucursales en España de entidades de países extracomunitarios. Entre otras novedades más destacadas, el plan exige a las aseguradoras separar la contabilidad de los negocios de vida y de no vida y prevé que el valor razonable de los activos inmobiliarios coincida con el valor de tasación.

El nuevo plan también contempla que las reservas de estabilización sean obligatoriamente reservas patrimoniales con cargo al patrimonio neto de la entidad, independientemente de si hay o no beneficios. Además, en los supuestos de cesiones entre entidades, los costes de adquisición de cartera se incluirán en el fondo de comercio.

Con el objeto de homogeneizar la información, el plan incluye modelos específicos para el sector de balance, de cuenta de pérdidas y ganancias, estado de cambio en el patrimonio neto, estado de flujos de efectivo y memoria.

## 1-74 Auditoría de cuentas anuales de entidades aseguradoras

Se considerará **infracción muy grave**, además de carecer de la contabilidad exigida legalmente o llevarla con anomalías sustanciales que impidan o dificulten notablemente conocer la situación económica, patrimonial y financiera de la entidad o del grupo consolidable o conglomerado financiero a que pertenezca, el incumplimiento de la obligación de someter sus cuentas anuales a auditoría de cuentas conforme a la legislación vigente.

Los auditores tendrán la obligación de comunicar, en el plazo establecido en la normativa reguladora de auditoría de cuentas, a la Dirección General de Seguros y Fondos de Pensiones cualquier hecho o decisión sobre una entidad aseguradora o reaseguradora del que hayan tenido conocimiento en el ejercicio de su función de auditoría practicada a la misma o a otra entidad con la que dicha entidad aseguradora o reaseguradora tenga un vínculo estrecho, cuando el citado hecho o decisión pueda constituir una violación grave de la normativa de ordenación y supervisión de los seguros privados, o perjudicar la continuidad del ejercicio de su actividad o, en último término, implicar la abstención de la opinión del auditor, o una opinión desfavorable o con reservas, o impedir la emisión del informe de auditoría.

De conformidad con el artículo 68 ROSSP: "*Las cuentas anuales de las entidades aseguradoras deberán ser revisadas por los auditores de cuentas, en los términos establecidos en la Ley 19/1988, de 12 de julio, de Auditoría de Cuentas, y en el Reglamento que la desarrolla, aprobado por Real Decreto 1636/1990, de 20 de diciembre*".

Además de en los casos previstos en el párrafo anterior, las cuentas anuales de las entidades aseguradoras deberán también someterse a la misma auditoría cuando concurra alguna de las circunstancias a que se refiere el artículo 66 del ROSSP en relación con las entidades que deben remitir información estadístico-contable trimestral.

Las cuentas anuales consolidadas deberán ser revisadas por los auditores de cuentas en todo caso.

Siempre que existan irregularidades en la contabilidad que dificulten notablemente conocer la verdadera situación patrimonial de la entidad o se trate de entidades sometidas a medidas de control especial, la Dirección General de Seguros podrá exigir a las entidades aseguradoras, mediante requerimientos individualizados, la realización de auditorías externas especiales, con el alcance que considere necesario para el adecuado control de aquéllas.

## 1-75 El deber de consolidación

En el TRLOSS trata en su **artículo 20.2** el deber de consolidación:

"*Para el cumplimiento del margen de solvencia y, en su caso, de las demás limitaciones y obligaciones previstas en la ley, las entidades aseguradoras consolidarán sus estados contables con las demás entidades aseguradoras*


© CISS

*o entidades financieras que constituyan con ellas una unidad de decisión o en las que tengan una participación en el sentido indicado en el artículo 185 de la Ley de Sociedades Anónimas".*

## 1-76 Grupos consolidables de entidades aseguradoras

Se entiende que un grupo de entidades constituye una unidad de decisión cuando alguna de ellas ejerza o pueda ejercer, directa o indirectamente, el control de las demás, o cuando dicho control corresponda a una o varias personas físicas que actúen sistemáticamente en concierto. Se presumirá que existe en todo caso unidad de decisión cuando concurra alguno de los supuestos contemplados en los apartados 1 y 2 del artículo 42 del Código de Comercio.

Se considera que un grupo de entidades financieras constituye un grupo consolidable de entidades aseguradoras, determinándose reglamentariamente los tipos de entidades integrados en aquel, cuando se dé alguna de las circunstancias siguientes:

1.ª Que una entidad aseguradora controle a las demás entidades.

2.ª Que la entidad dominante sea una entidad cuya actividad principal consista en tener participaciones en entidades aseguradoras.

3.ª Que una empresa cuya actividad principal consista en tener participaciones en entidades financieras, una persona física, un grupo de personas que actúen sistemáticamente en concierto o una entidad no consolidable que con arreglo al ROSSP controle a varias entidades financieras, siendo al menos una de ellas una entidad aseguradora, y siempre que las entidades aseguradoras sean las de mayor dimensión relativa entre las entidades financieras, de conformidad con los criterios que establezca al efecto el Ministro de Economía y Hacienda.

A los derechos de la dominante se añadirán los que posea a través de otras entidades dominadas o a través de personas que actúen por cuenta de la entidad dominante o de otras dominadas, o aquellos de los que disponga concertadamente con cualquier otra persona.

Los **grupos consolidables** de entidades aseguradoras están sujetos al deber de consolidación con arreglo a lo dispuesto en el artículo 20.2. del TRLOSSP, a las normas que se dicten en su desarrollo y, subsidiariamente, a las normas contenidas en los arts. 42 a 49 del Código de Comercio y demás aplicables de la legislación mercantil. Además, dispondrán de procesos de gestión de riesgos y mecanismos de control interno adecuados, incluidos procedimientos administrativos y contables sólidos, y todas las entidades y empresas que los integren deberán contar con mecanismos adecuados para disponer de la información que sea necesaria para el cumplimiento de las normas exigibles al grupo.

## 1-77 Normas de aplicación a los grupos consolidables de entidades aseguradoras

La DGSFP designará la persona o entidad obligada a formular y aprobar las cuentas anuales y el informe de gestión consolidado y a proceder a su depósito en los casos en que la entidad dominante sea una entidad cuya actividad principal consista en tener participaciones en entidades aseguradoras o en entidades financieras.

Estas sociedades estarán obligadas a al nombramiento y designación de los auditores de cuentas.

A efectos de la precitada designación, las entidades aseguradoras integrantes del grupo deberán comunicar su existencia a la DGSFP, con indicación del domicilio y la razón social de la entidad que ejerce el control, o su nombre, si es una persona física.

La DGSFP podrá requerir a las entidades sujetas a consolidación en un grupo consolidable de entidades aseguradoras cuanta información sea necesaria para verificar las consolidaciones efectuadas y analizar los riesgos asumidos por el conjunto de las entidades consolidadas, así como, con igual objeto, inspeccionar sus libros, documentación y registros.

Además, podrá requerir de las personas físicas o entidades no financieras que no formen parte del grupo consolidable de entidades aseguradoras, pero respecto de las cuales, conforme a lo previsto en la LOSSP, exista una unidad de decisión, cuantas informaciones puedan ser útiles para el ejercicio de la ordenación y supervisión de los grupos consolidables de entidades aseguradoras e inspeccionarlas a los mismos fines.

La DGSFP podrá solicitar información a las personas físicas e inspeccionar a las entidades no financieras con las que exista una relación de control, a efectos de determinar su incidencia en la situación jurídica, financiera y económica de las entidades de seguros y sus grupos consolidables.

En particular, y cuando se trate de la entidad dominante de una entidad aseguradora o reaseguradora, la Dirección General de Seguros y Fondos de Pensiones deberá efectuar una supervisión general de las operaciones entre las entidades de seguros o su grupo consolidable y la entidad no financiera dominante y sus dependientes.

Estas mismas obligaciones serán aplicables a los subgrupos consolidables de entidades aseguradoras. La entidad aseguradora dominante de un subgrupo de sociedades no estará sujeta al deber de consolidación cuando sea, a su vez, sociedad dominada por una entidad aseguradora dominante de un grupo de sociedades.

De igual forma podrá regularse el modo de integración del subgrupo en el grupo y la colaboración, en su caso, entre los órganos y entes supervisores.

Cuando existan entidades extranjeras susceptibles de integrarse en un grupo consolidable de entidades aseguradoras, se determinará reglamentariamente el alcance del deber de consolidación atendiendo, entre otros criterios, al domicilio de las entidades en alguno de los Estados miembros del Espacio Económico Europeo o fuera de él, a su naturaleza jurídica y al grado de control.

Las entidades de crédito y las ESI's o empresas de servicios de inversión no formarán parte del grupo consolidable de entidades aseguradoras.

La DGSFP podrá autorizar la exclusión individual de una entidad aseguradora o financiera del grupo consolidable de entidades aseguradoras cuando la inclusión de dicha entidad en la consolidación resulte inadecuada para el cumplimiento de los objetivos de la ordenación y supervisión de dicho grupo.

Si de un grupo consolidable de entidades aseguradoras forman parte entidades sujetas individualmente a control por una autoridad supervisora distinta de la Dirección General de Seguros y Fondos de Pensiones, esta última deberá actuar de forma coordinada con dicha autoridad supervisora. A estos efectos, el Ministro de Economía y Hacienda podrá dictar las normas precisas para asegurar la adecuada coordinación.

## 1-78 Participaciones significativas

Se entiende por **participación significativa** el hecho de ser titular en una entidad aseguradora, directa o indirectamente, de un porcentaje igual o superior al 10% del capital social, fondo mutual, o de los derechos de voto. También tiene la consideración de participación significativa, en los términos que se determinen reglamentariamente, cualquier otra posibilidad de ejercer una influencia notable en la gestión de la entidad aseguradora en la que se posea una participación.

## 1-79 El deber de información de las participaciones significativas

Toda persona física o jurídica que pretenda adquirir, directa o indirectamente, incluso en los supuestos de aumento o reducción de capital, fusiones y rescisiones, una participación significativa en una entidad aseguradora, **deberá informar** de ello previamente a la Dirección General de Seguros, haciendo constar la cuantía de dicha participación, los términos y condiciones de la adquisición y el plazo máximo en que se pretenda realizar la operación.

A igual deber de información estarán sujetas las citadas personas físicas o jurídicas cuando se propongan incrementar su participación significativa, de modo que la proporción de sus derechos de voto o de participaciones en el capital llegue a ser igual o superior a los límites del 20%, 33%, o 50% y también cuando la entidad aseguradora se convierta en sociedad dominada de las mismas.

Toda persona física o jurídica que se proponga dejar de tener, directa o indirectamente, una participación significativa en alguna entidad aseguradora deberá informar previamente de ello a la Dirección General de Seguros y comunicar la cuantía prevista de la disminución de su participación. Igual obligación de información tendrán quienes pretendan disminuir su participación significativa siempre que la proporción de sus derechos de voto o de participaciones en el capital descienda de los límites del 50%, 33% o 20% o bien que la entidad aseguradora deje de ser sociedad dominada de quien posee la participación significativa.

Las obligaciones precedentes corresponden también a la entidad aseguradora de la que se adquiera, aumente, disminuya o deje de tener la participación significativa referida.

Además, las entidades aseguradoras comunicarán, al tiempo de presentar su información periódica, y siempre que al efecto sean requeridas por la Dirección General de Seguros, la identidad de los accionistas o socios que

 © CISS

posean participaciones significativas, la cuantía de dichas participaciones y las alteraciones que se produzcan en el accionariado.

## Sección 5. VÍNCULOS ENTRE ENTIDADES ASEGURADORAS

### 1-80 Cesión de cartera entre entidades aseguradoras

Según establece el artículo 23 TRLOSSP: *"Las entidades aseguradoras españolas podrán ceder entre sí el conjunto de los contratos de seguro que integren la cartera de uno o más ramos en los que operen, excepto las mutuas y cooperativas a prima variable y las mutualidades de previsión social, que sólo podrán adquirir las carteras de entidades de su misma clase".*

Un ejemplo lo podemos encontrar en lo contenido en la Orden EHA/3703/2009, de 28 de diciembre, de autorización de la cesión general de la cartera de seguros de la entidad Pastor Seguros Generales, SA de Seguros y Reaseguros, a favor de la entidad Axa Seguros Generales, SA de Seguros y Reaseguros, que recoge:

- La autorización de la cesión general de la cartera de seguros de PASTOR SEGUROS GENERALES a favor de AXA SEGUROS GENERALES.
- La revocación de la autorización administrativa para el ejercicio de la actividad aseguradora en todos los ramos en los que está autorizada para operar a PASTOR SEGUROS GENERALES.

### 1-81 Reglas para la cesión de cartera entre entidades aseguradoras

La entidad aseguradora cesionaria deberá quedar subrogada en todos los derechos y obligaciones que incumbían a la cedente en cada uno de los contratos, salvo que se trate de mutuas y cooperativas a prima variable o de mutualidades de previsión social.

Posteriormente a estar realizada la cesión, la cesionaria deberá tener provisiones técnicas suficientes y habrá de superar el margen de solvencia según los mínimos establecidos en el TRLOSSP.

El acuerdo de cesión de cartera se deberá publicar, y se podrán presentar oposiciones en el transcurso del plazo de un mes desde el último anuncio. No obstante, podrá prescindirse de dicha información pública cuando se deniegue la autorización por no reunir los requisitos legalmente exigibles para la cesión.

Una vez finalizado el plazo sin oposiciones, será necesaria la autorización del Ministro de Economía y Hacienda para poder llevar a cabo la cesión de cartera. Una vez autorizada, la cesión se formalizará en escritura pública, que se inscribirá en el Registro Mercantil.

Las relaciones laborales existentes en el momento de la cesión se regirán por lo dispuesto en el artículo 44 del Estatuto de los Trabajadores, aprobado por el Real Decreto Legislativo 1/1995, de 24 de marzo.

También serán admisibles cesiones parciales de la cartera de un ramo en los supuestos que se determinen reglamentariamente; en tal caso, los tomadores podrán resolver los contratos de seguro.

**Cesiones de Cartera de contratos suscritos en régimen de derecho de establecimiento o en régimen de libre prestación de servicios**

La cesión de cartera por una entidad aseguradora española de los contratos suscritos en régimen de derecho de establecimiento o en régimen de libre prestación de servicios o que, en virtud de la cesión, pasen a estar suscritos en cualquiera de ambos regímenes, a un cesionario domiciliado en el Espacio Económico Europeo, incluido España, o a las sucursales del cesionario establecidas en dicho Espacio, precisará de la conformidad de la autoridad supervisora del Estado miembro del compromiso o localización del riesgo, de la certificación de que la cesionaria dispone, habida cuenta de la cesión, del margen de solvencia necesario, expedida por la autoridad supervisora del Estado miembro de origen del cesionario, y en los contratos suscritos en régimen de derecho de establecimiento, de la consulta a la autoridad supervisora del Estado miembro de la sucursal cedente.

En el caso de que los Estados miembros no contesten a las solicitudes de conformidad, certificación y consulta en el plazo de tres meses desde su recepción, se entenderá otorgada tal conformidad, expedida la certificación y evacuada la consulta, respectivamente. No obstante, en estos casos, los tomadores tendrán derecho a resolver los contratos de seguro afectados por la cesión de cartera de contratos suscritos en régimen de derecho de establecimiento o en régimen de libre prestación de servicios.

**ATENCIÓN**: La recién aprobada LES viene a modificar el TRLOSSP. Así, la LES modifica el título del artículo 50 y se añade un nuevo apartado 4, en los siguientes términos:

*"(...) 4. Cuando como consecuencia de una fusión transfronteriza los contratos suscritos por una entidad aseguradora española pasen a estar suscritos en régimen de derecho de establecimiento o en régimen de libre prestación de servicios, resultará de aplicación lo dispuesto en los apartados anteriores".*

## 1-82 Transformación de entidades aseguradoras

Según dispone el artículo 24 del ROSSP: "*Las mutualidades de previsión social y las mutuas y cooperativas de seguros a prima variable podrán transformarse en mutuas y cooperativas a prima fija, y aquéllas y las mutuas y cooperativas a prima fija podrán transformarse en sociedades anónimas de seguros*".

Cualquier transformación de una entidad aseguradora en una sociedad de tipo distinto a los previstos anteriormente, sea o no aseguradora, será nula.

En la transformación de entidades aseguradoras y los tomadores podrán resolver sus contratos de seguro.

**ATENCIÓN**: La recién aprobada LES viene a modificar el TRLOSSP. Así, la LES añade un nuevo inciso al final del artículo 24.1, con la siguiente redacción:

*"En caso de transformación de mutuas o mutualidades de previsión social, los mutualistas que no hubieran votado a favor del acuerdo podrán separarse de la sociedad que se transforma, en los términos previstos en el artículo 15 de la Ley 3/2009, de 3 de abril, sobre modificaciones estructurales de sociedades mercantiles.*

*En la valoración de las partes sociales que corresponden al socio que se separa se tendrán en cuenta las aportaciones que realizó al fondo mutual y el reembolso de la parte de la prima no consumida de los contratos de seguro que se resuelvan".*

## 1-83 Fusión y absorción de entidades aseguradoras

Cualquier entidad aseguradora podrá fusionarse con otra en una sociedad anónima de seguros, y las sociedades anónimas de seguros podrán absorber entidades aseguradoras cualquiera que sea la forma que éstas revistan. Las entidades aseguradoras no podrán fusionarse con entidades no aseguradoras, ni absorberlas ni ser absorbidas por entidades no aseguradoras.

En la fusión y absorción de entidades aseguradoras será de aplicación lo dispuesto para la cesión de cartera.

**Caso de las Mutuas**

Las mutuas y cooperativas a prima fija podrán, además, fusionarse en sociedades de su misma naturaleza y forma, y únicamente podrán absorber a otras entidades aseguradoras con forma distinta a la de sociedad anónima de seguros.

Las mutuas de seguros y cooperativas a prima variable y las mutualidades de previsión social podrán también fusionarse en sociedades de su misma naturaleza y forma, y únicamente podrán absorber entidades aseguradoras de su misma forma jurídica.

**Ejemplo 1:**

Un claro y reciente ejemplo lo tenemos en la fusión de Estrella y Vitalicio para constituir GENERALI, compañía que empezó a operar como una sola marca en junio de 2010. En el momento de esta fusión, la nueva compañía resultante tenía una cuota del 4,2%, 3,2 millones de asegurados, un volumen de negocio de 2.575 millones de euros, un resultado neto consolidado de 180 millones y 1.306 empleados.

**Ejemplo 2:**

Otro ejemplo, pero en este caso, de fusión "por absorción" es el que llevaron a cabo Axa y Winterthur en 2006 y que se realizó por 12.300 millones de francos suizos (7.900 millones de euros) y la refinanciación de 1.600 millones de francos (1.000 millones de euros) de la deuda de que asumió el grupo Axa quién financió la adquisición con un aumento de capital de 4.100 millones de euros y la emisión de 4.800 millones de deuda. Esta fusión contaba en el momento de la operación con 130.000 empleados, y permitió al nuevo grupo estar presente en 37 países repartidos por los cinco continentes y pasar a gestionar un volumen de 1,163 billones de euros.

En el mercado español, entre Axa y Winterthur sumaron 4.240 trabajadores, más de 3,8 millones de clientes y 5,5 millones de pólizas. Esta unión dio lugar a la mayor aseguradora europea y supuso la mayor operación en el sector asegurador europeo desde que en 2000 Commercial General y Norwich Union se fusionaron para dar lugar a Aviva.

Con esta operación de las filiales de Axa y Winterthur (que ocupaban el cuarto y el decimoprimer lugar, en cuanto a primas en el momento de su fusión), la nueva entidad pasó a ocupar la segunda posición (con casi un 7% de cuota de mercado), adelantando a la alemana Allianz y a la italiana Generali.

Ambos ejemplos analizados son claros exponentes de lo verdaderamente estratégico que es una fusión.

Ahora bien, es generalizado entre el canal de Corredores de Seguros que una fusión de este tipo entre varias aseguradoras implica una serie de "molestias" para este colectivo pues es inevitable que determinados procesos, que ya estaban perfectamente adaptados, se ralenticen e incluso se paralicen o modifiquen, como por ejemplo, los siniestros, lo que indirectamente les causa incomodidades.

## 1-84 Agrupaciones de Interés Económico entre entidades aseguradoras

Las entidades aseguradoras podrán constituir agrupaciones de interés económico y uniones temporales de empresas, en este último caso exclusivamente entre sí, con arreglo a la legislación general que las regula y con sometimiento al control de la Dirección General de Seguros y Fondos de Pensiones, además del que prevé dicha legislación.

# Sección 6. REVOCACIÓN, DISOLUCIÓN Y LIQUIDACIÓN DE ENTIDADES ASEGURADORAS

## 1-85 Escisión de entidades aseguradoras

Según determina el TRLOSSP la escisión de entidades aseguradoras estará sujeta a las mismas limitaciones y deberá cumplir idénticos requisitos previstos para los casos de fusión.

El Ministro de Economía y Hacienda podrá autorizar la escisión de entidades aseguradoras en los casos no previstos cuando, atendidas las singulares circunstancias que concurran en la entidad aseguradora que solicite la transformación, fusión o escisión, según los casos, se obtenga un desarrollo más adecuado de la actividad por la entidad aseguradora afectada, siempre que ello no menoscabe sus garantías financieras, los derechos de los asegurados y la transparencia en la asunción de las obligaciones derivadas de los contratos de seguro.

Como ejemplo de fusión por absorción, disolución y liquidación de entidades aseguradoras tenemos la Orden EHA/3704/2009, de 28 de diciembre, de autorización de la fusión por absorción de la entidad Euromutua de Seguros y Reaseguros a Prima Fija, por parte de Mutua General de Seguros, Sociedad Mutua a Prima Fija de Seguros y Reaseguros, en la que se contiene:

- Una autorización de fusión por absorción, la de EUROMUTUA por parte de MUTUA GENERAL DE SEGUROS.

- La extinción y cancelación en el Registro administrativo de entidades aseguradoras de EUROMUTUA.

1

## 1-86 Revocación de la autorización administrativa a entidades aseguradoras

La revocación de la autorización administrativa de una entidad aseguradora podrá ser:

- Parcial: cuando afecte a uno o varios ramos.
- Total: cuando se extienda a todos los ramos en que estuviera autorizada la entidad con la particularidad de que cuando la revocación sea total se procederá su disolución administrativa.

El Ministerio de Economía y Hacienda, antes de acordar la revocación de la autorización administrativa, estará facultado para conceder un plazo, que no excederá de seis meses, para que la entidad aseguradora que lo haya solicitado proceda a subsanarla.

Casos de **revocación parcial** de la autorización administrativa, afectando solamente a los ramos de que se trate:

- Cuando la entidad aseguradora renuncia a ella expresamente.
- Cuando la entidad aseguradora no haya iniciado su actividad en el plazo de un año o cese de ejercerla durante un período superior a seis meses.
- Por la falta de efectiva actividad en uno o varios ramos, en los términos que se determinen reglamentariamente, y la cesión general de la cartera en uno o más ramos.

Casos de **revocación total** de la autorización administrativa, afectando solamente a los ramos de que se trate:

- Cuando la entidad aseguradora deje de cumplir alguno de los requisitos establecidos por la ley para el otorgamiento de la autorización administrativa o incurra en causa de disolución.
- Cuando la entidad aseguradora no haya podido cumplir, en el plazo fijado, las medidas previstas en un plan de saneamiento o de financiación exigidos por Ley.
- Cuando se haya impuesto a la entidad aseguradora la sanción administrativa de revocación de la autorización

El Gobierno podrá revocar la autorización concedida a entidades españolas con participación extranjera mayoritaria, en aplicación del principio de reciprocidad o cuando lo aconsejen circunstancias extraordinarias de interés nacional.

La revocación de la autorización administrativa determinará, en todos los casos, la prohibición inmediata de la contratación de nuevos seguros por la entidad aseguradora y de la aceptación de reaseguro, así como la liquidación, de las operaciones de seguro de los ramos afectados por la revocación.

Como ejemplo de revocación de la autorización administrativa a entidades aseguradoras tenemos la Orden de 10 de febrero de 2010, de revocación de la autorización administrativa para el ejercicio de la actividad aseguradora de la entidad que se cita y encomienda de la liquidación de dicha entidad al CCS.

## 1-87 Disolución de entidades aseguradoras

La disolución, salvo en el supuesto de cumplimiento del término fijado en los estatutos, requerirá el acuerdo de la junta o asamblea general. Los administradores deberán convocarla para su celebración en el plazo de dos meses desde la concurrencia de la causa de disolución, y cualquier socio podrá requerir a los administradores para que convoquen la junta o asamblea si, a su juicio, existe causa legítima para la disolución.

En el caso de que exista causa legal de disolución y la junta o asamblea no fuese convocada o, si lo fuese, no se celebrase, no pudiese lograrse el acuerdo o este fuera contrario a la disolución, los administradores estarán obligados a solicitar la disolución administrativa de la entidad en el plazo de 10 días naturales a contar desde la fecha en que debiera haberse convocado la junta o asamblea, cuando no fuese convocada; o desde la fecha prevista para su celebración, cuando aquella no se haya constituido; o, finalmente, desde el día de la celebración, cuando el acuerdo de disolución no pudiese lograrse o este hubiera sido contrario a la disolución.

El acuerdo de disolución administrativa contendrá la revocación de la autorización administrativa para todos los ramos en los que opere la entidad aseguradora.

### Causas de disolución

Además de las causas de disolución enumeradas en el artículo 363 del texto refundido de la Ley de Sociedades de Capital, aprobado por el Real Decreto Legislativo 1/2010, de 2 de julio, son causas de disolución de las entidades aseguradoras:


© CISS

a) La revocación total de la autorización administrativa, salvo cuando la propia entidad renuncie a la autorización administrativa y esta renuncia venga únicamente motivada por la modificación de su objeto social para desarrollar una actividad distinta a las enumeradas en la ley.

b) La cesión general de la cartera de contratos de seguro cuando afecte a todos los ramos en los que opera la entidad, salvo cuando en la escritura pública de cesión la cedente manifieste la modificación de su objeto social para desarrollar una actividad distinta a las enumeradas en la ley.

c) Haber quedado reducido el número de socios, en las mutuas y cooperativas de seguros y en las mutualidades de previsión social, a una cifra inferior al mínimo legalmente exigible.

d) No realizar las derramas pasivas conforme exige la normativa.

El procedimiento administrativo de disolución se iniciará de oficio o a solicitud de los administradores y, tras las alegaciones de la entidad afectada, el Ministerio de Economía y Hacienda procederá, en su caso, a la disolución administrativa de la entidad, sin que sea necesaria, a estos efectos, la convocatoria de su junta o asamblea general.

Asimismo, tratándose de mutuas de seguros y de mutualidades de previsión social, las referencias que se hacen al capital social en la Ley de Sociedades de Capital, aprobado por el Real Decreto Legislativo 1/2010, de 2 de julio, habrán de entenderse hechas al fondo mutual. En lo referente a las cooperativas de seguros les serán de aplicación las causas de disolución recogidas en su legislación específica.

**ATENCIÓN:** El borrador del proyecto de Ley de Ordenación y Supervisión en el que se está trabajando actualmente viene a reforzar la necesidad del acuerdo de disolución en el que establece la necesidad de incluir la relación de bienes y derechos que representen los activos asignados a las provisiones técnicas en el registro de inversiones, y los que cubran los requerimientos de capital obligatorio de la entidad aseguradora.

## 1-88 Liquidación de entidades aseguradoras

Una entidad aseguradora española que esté en proceso de liquidación incluirá siempre también la de todas sus sucursales. Durante el período de liquidación no podrán celebrarse más operaciones, pero los contratos de seguro vigentes en el momento de la disolución conservarán su eficacia hasta la conclusión del período del seguro en curso, y vencerán en dicho momento sin posibilidad de prórroga, sin perjuicio de la opción de vencimiento anticipado.

Según recoge el artículo 28 del TRLOSSP:

*"En la liquidación, y hasta la cancelación de la inscripción en el registro administrativo, el Ministerio de Economía y Hacienda conservará todas sus competencias de ordenación y supervisión sobre la entidad en liquidación y, además, podrá adoptar las siguientes medidas:*

a) *Acordar la intervención de la liquidación para salvaguardar los intereses de los asegurados, beneficiarios y perjudicados o de otras entidades aseguradoras.*

b) *Designar liquidadores o encomendar la liquidación al Consorcio de Compensación de Seguros en los supuestos enumerados en el artículo 14 del texto refundido del Estatuto Legal del Consorcio de Compensación de Seguros, aprobado por el Real Decreto Legislativo 7/2004, de 29 de octubre.*

c) *Disponer, de oficio o a petición de los liquidadores, la cesión general o parcial de la cartera de contratos de seguro de la entidad para facilitar su liquidación.*

d) *Determinar la fecha de vencimiento anticipado del período de duración de los contratos de seguro que integren la cartera de la entidad en liquidación, para evitar mayores perjuicios a los asegurados, beneficiarios y terceros perjudicados amparados por dichos contratos. Tal determinación respetará el equilibrio económico de las prestaciones en los contratos afectados y deberá tener lugar con la necesaria publicidad, con una antelación de 15 días naturales a la fecha en que haya de tener efecto y, salvo que concurran circunstancias excepcionales que aconsejen no demorar la fecha de vencimiento, simultáneamente al cumplimiento por los liquidadores del deber de informar que les impone la ley.*

*Durante el período de liquidación, la entidad podrá ofrecer al Ministro de Economía y Hacienda la remoción de la causa de disolución y solicitar de éste la rehabilitación de la autorización administrativa revocada. Dicha rehabilitación sólo podrá concederse cuando la entidad cumpla todos los requisitos exigidos durante el funcionamiento normal y garantice la totalidad de los derechos de asegurados y acreedores, incluso los de aquellos cuyos contratos de seguro hubieran sido declarados vencidos durante el período de liquidación.*

1

*Si se acordase la rehabilitación de la autorización administrativa revocada, se entenderá removida de pleno derecho la causa de disolución, se cancelará la inscripción practicada en el Registro Mercantil con arreglo al artículo 263 del texto refundido de la Ley de Sociedades Anónimas, aprobado por el Real Decreto Legislativo 1564/1989, de 22 de diciembre, y se dará al acuerdo de rehabilitación la misma publicidad que dicho precepto impone para el acuerdo de disolución.*

*Una vez concluidas las operaciones de liquidación, el Ministro de Economía y Hacienda declarará extinguida la entidad y se procederá a cancelar los asientos en el registro administrativo. Por excepción, procederá la cancelación de los asientos en dicho registro sin declaración de extinción de la entidad, y en dicho momento podrá iniciar la actividad con arreglo al objeto social modificado, cuando tenga lugar la cesión general de la cartera o la revocación de la autorización, siempre que, en ambos casos, se haya procedido a modificar el objeto social de la entidad sin disolución de esta y previamente la Dirección General de Seguros y Fondos de Pensiones compruebe que se ha ejecutado la cesión de cartera o se han liquidado las operaciones de seguro, respectivamente.*

*La cancelación en el registro administrativo determinará, en los supuestos de declaración de extinción de la entidad, la cancelación a su vez en el Registro Mercantil.*

*La resolución administrativa correspondiente o el acuerdo del que traiga causa la liquidación será reconocido en el territorio de los demás Estados miembros del Espacio Económico Europeo, de conformidad con lo previsto en su legislación, y surtirá efectos en ellos tan pronto como lo haga en España.*

*A estos efectos, la Dirección General de Seguros y Fondos de Pensiones, en el plazo de 10 días a contar desde el siguiente a la fecha en que se dicte dicha resolución o tenga conocimiento del acuerdo, informará a las autoridades supervisoras de los restantes Estados miembros del Espacio Económico Europeo sobre la existencia del procedimiento y sus efectos.*

*Asimismo, el citado órgano publicará en el «Diario Oficial de la Unión Europea» un extracto de dicha resolución o acuerdo, que en todo caso indicará la competencia del Ministerio de Economía y Hacienda sobre el procedimiento, que la legislación aplicable a dicho procedimiento de liquidación es la contenida en esta ley y en sus normas de desarrollo, así como la identificación del liquidador o liquidadores nombrados."*

**ATENCIÓN**: La liquidación de entidades aseguradoras ha sido una materia que siempre ha preocupado enormemente al supervisor y, por ello, ha intensificado siempre la normativa reguladora en este asunto. Si comparamos el desarrollo que sobre la liquidación se trata en el actual RLOSSP y cómo se estructura en el borrador del texto del proyecto del la nueva ley de ordenación, vemos unas significativas diferencias.

En el borrador del proyecto de nueva Ley de Ordenación se estructura el tema de la liquidación en los siguientes puntos:

- Normas generales de liquidación.
- Efectos en otros Estados miembros de la Unión Europea de la liquidación de entidades españolas.
- Efectos en España de la liquidación de entidades aseguradoras domiciliadas en otros Estados miembros de la Unión Europea y que operen en España en régimen de derecho de establecimiento o de libre prestación de servicios.
- Supervisión de la liquidación.
- Protección de los créditos por contrato de seguro.
- Régimen jurídico de los liquidadores.
- Proceso de liquidación.
- Efectos sobre las acciones frente a entidades aseguradoras en Liquidación.
- Liquidación por el Consorcio de Compensación de Seguros.

Un ejemplo de liquidación de entidades aseguradoras lo tenemos en la Orden EHA/3031/2010, de 27 de octubre, de extinción y consiguiente cancelación en el Registro administrativo de entidades aseguradoras de la entidad Compañía Mercantil de Seguros, SA en liquidación.

## 1-89 Régimen jurídico regulador de los liquidadores

Cuando la entidad no hubiese procedido al nombramiento de liquidadores antes de los 15 días siguientes a la disolución, o cuando el nombramiento dentro de ese plazo lo fuese sin cumplir los requisitos legales y estatutarios, el Ministro de Economía y Hacienda podrá designar liquidadores o encomendar la liquidación al Consorcio de Compensación de Seguros.


© CISS

Los liquidadores deberán acreditar reconocida honorabilidad y condiciones necesarias de cualificación o experiencia profesionales para ejercer sus funciones. Asimismo, estarán sujetos al mismo régimen de responsabilidad administrativa que los administradores de una entidad aseguradora. Una vez designado como liquidador, podrá desarrollar su actuación en el territorio de todos los Estados miembros del Espacio Económico Europeo, y podrá ejercer en ellos las mismas funciones y poderes que en España.

Entre los puntos que marcan la actuación de los liquidadores encontramos:

- Suscribirán, en unión de los administradores, el inventario y balance de la entidad y deberán someterlo, en un plazo no superior a un mes desde su nombramiento, a la Dirección General de Seguros y Fondos de Pensiones o, si la liquidación fuese intervenida, al interventor.
- Deberán informar a los acreedores sobre la situación de la entidad, en particular a los asegurados acerca de si la DGSFP ha determinado el vencimiento anticipado del período de duración de los contratos de seguro que integren la cartera de la entidad aseguradora y sobre su fecha, y la forma en que han de solicitar el reconocimiento de sus créditos. Esto lo harán mediante notificación individual a los conocidos y llamamiento a los desconocidos a través de anuncios, aprobados en su caso por el interventor, que se publicarán en el «Boletín Oficial del Registro Mercantil», y en dos diarios, al menos, de los de mayor circulación en el ámbito de actuación de la entidad aseguradora.
- Adoptarán las medidas necesarias para ultimar la liquidación en el plazo más breve posible, y podrán ceder general o parcialmente la cartera de contratos de seguro de la entidad con autorización del Ministro de Economía y Hacienda, así como pactar el rescate o resolución de los contratos de seguro.

## Sección 7. LA DIRECCIÓN GENERAL DE SEGUROS Y FONDOS DE PENSIONES

### 1-90 La competencia del Estado en materia de control de la actividad aseguradora

El control de la actividad aseguradora en nuestro país se puede plantear desde una doble vertiente estatal y autonómica.

La competencia administrativa de la Administración del Estado en todo lo relacionado con el seguro y reaseguro privado corresponde al **Ministerio de Economía y Hacienda** que la ejercerá a través de la **Dirección General de Seguros y Fondos de Pensiones**, la cual tendrá facultades resolutorias, salvo en materias reservadas a la decisión del Ministerio o del Gobierno.

### 1-91 La Dirección General de Seguros y Fondos de Pensiones (DGSFP)

La DGSFP es un órgano administrativo que depende de la Secretaría de Estado de Economía, adscrita al Ministerio de Economía y Hacienda conforme al Real Decreto 1127/2008, de 4 de julio, que desarrolla la estructura orgánica básica del Ministerio.

El artículo 70 del TRLOSSP, aprobado por el Real Decreto Legislativo 6/2004, de 29 de octubre, atribuye al Ministerio de Economía y Hacienda la misión de velar por el funcionamiento y desarrollo ordenado del mercado de seguros, mediante el fomento de la actividad aseguradora, la transparencia, el respeto y la adecuación de sus instituciones, así como la correcta aplicación de los principios propios de la técnica aseguradora.

También se atribuye al Ministerio de Economía y Hacienda la ordenación y supervisión administrativa del cumplimiento de las normas del texto refundido de la Ley de Planes y Fondos de Pensiones, aprobado por el Real Decreto Legislativo 1/2002, de 29 de noviembre. Dentro del Ministerio estas actividades las ejerce la DGSFP.

Durante los últimos años se ha hecho un importante esfuerzo en las labores de divulgación de los mercados y productos de seguros y fondos de pensiones, con el objetivo prioritario de que los ciudadanos conozcan sus derechos en relación con este tipo de servicios financieros y, de esta forma, fomentar el mercado asegurador a la vez que se aumenta la protección de sus clientes.

Podemos consultar el organigrama de este organismo es la web: http://www.dgsfp.meh.es/direcciongeneral/ladgsfp.asp.

## 1-92 Normativa Reguladora de la DGSFP

La principal normativa reguladora de los servicios prestados por la DGSFP se encuentra en los siguientes textos legales:

- Real Decreto Legislativo 6/2004, de 29 de octubre, por el que se aprueba el texto refundido de la Ley de Ordenación y supervisión de los seguros privados.
- Real Decreto 2486/1998, de 20 de noviembre, por el que se aprueba el Reglamento de Ordenación y Supervisión de los seguros privados.
- Real Decreto 1430/2002, de 27 de diciembre, por el que se aprueba el Reglamento de Mutualidades de previsión social.
- Ley 50/1980, de 8 de octubre, de contrato de seguro.
- Ley 26/2006, de 17 de julio, de mediación de seguros y reaseguros privados.
- Real Decreto Legislativo 1/2002, de 29 de noviembre, por el que se aprueba el texto refundido de la Ley de Regulación de los Planes y Fondos de Pensiones.
- Real Decreto 304/2004, de 20 de febrero, por el que se aprueba el Reglamento de planes y fondos de pensiones.
- Real Decreto 303/2004, de 20 de febrero, por el que se aprueba el Reglamento de los comisionados para la defensa del cliente de servicios financieros.

## 1-93 Funciones de la DGSFP

**Controlar** el cumplimiento de los requisitos precisos para el acceso y la ampliación de la actividad aseguradora y reaseguradora privada, la supervisión ordinaria de su ejercicio, el control de los requisitos exigibles a los administradores y socios de las entidades que realizan dicha actividad y a las demás personas físicas y jurídicas sometidas al TRLOSSP.

**Controlar** las fusiones, agrupaciones, cesiones de cartera, transformaciones, escisiones y otras operaciones entre entidades aseguradoras, y las iniciativas sobre medidas y operaciones que comporten una mejora en la estructura sectorial o en la de alguno de sus ramos, sin perjuicio de las funciones atribuidas a la Comisión Nacional de Competencia.

**El control** previo para el acceso a la actividad de mediación en seguros, la supervisión ordinaria de su ejercicio y el desempeño de las demás funciones de vigilancia previstas en la Ley 26/2006, de 17 de julio, de mediación en seguros y reaseguros privados.

**Controlar** el cumplimiento de los requisitos precisos para el acceso a la actividad por entidades gestoras de fondos de pensiones, la supervisión ordinaria de su ejercicio, así como de los requisitos que han de cumplir los planes y fondos de pensiones con arreglo al texto refundido de Ley de Regulación de los Planes y Fondos de Pensiones, aprobado por el Real Decreto Legislativo 1/2002, de 29 de noviembre.

**La supervisión** prudencial y la inspección del ejercicio de su actividad por las entidades y personas enunciadas en los párrafos precedentes.

**El análisis** de la documentación que deben remitir a la DGSFP las entidades aseguradoras y reaseguradoras, los mediadores de seguros y reaseguros privados y las entidades gestoras de fondos de pensiones para facilitar el control de su solvencia.

**Preparar** proyectos normativos en materia de las competencias del centro directivo.

**Realizar** estudios sobre los sectores de seguros y reaseguros privados, mediadores de seguros y planes y fondos de pensiones.

**La coordinación** de las relaciones en el ámbito de seguros y reaseguros privados, mediación de seguros y reaseguros y planes y fondos de pensiones con los comités de seguros y pensiones de jubilación y otras instituciones de la Unión Europea, con otros Estados y con organismos internacionales, de acuerdo con el Ministerio de Asuntos Exteriores y de Cooperación.

**La protección administrativa** a los asegurados, beneficiarios, terceros perjudicados y partícipes de planes de pensiones mediante la atención y resolución de las reclamaciones y quejas presentadas contra las entidades y

 © CISS

sujetos sometidos a su supervisión, la vigilancia de la transparencia del mercado y las demás funciones que le atribuye la normativa sobre la protección de los clientes de servicios financieros.

**La contestación** a las consultas formuladas en materia de seguros y reaseguros privados, mediación en seguros y reaseguros privados y planes y fondos de pensiones.

## 1-94 Servicios de consultas, quejas y reclamaciones de la DGSFP

Los usuarios de los servicios financieros podrán formular consultas y presentar quejas y reclamaciones respecto a la actuación de las entidades que los prestan.

A estos efectos, se consideran **consultas** las solicitudes de asesoramiento e información general sobre los derechos de los usuarios de servicios financieros.

Las **quejas** ponen de manifiesto las deficiencias de funcionamiento sufridas por los usuarios de los servicios financieros.

Las **reclamaciones** se refieren a hechos concretos que conllevan un perjuicio para los intereses o derechos de los usuarios de servicios financieros.

El inicio de un expediente de quejas y reclamaciones requiere que se desarrolle por escrito, cumpliendo los requisitos exigidos por el Real Decreto 303/2004, de 20 de febrero, por el que se aprueba el reglamento de los comisionados para la defensa del cliente de servicios financieros (en adelante "Reglamento de los comisionados") y la Orden ECO/734/2004, de 11 de marzo, sobre los departamentos y servicios de atención al cliente y el defensor del cliente de las entidades financieras.

## 1-95 La Junta Consultiva

La Junta Consultiva de Seguros y Fondos de Pensiones es un órgano colegiado asesor del Ministerio de Economía y Hacienda en los asuntos concernientes a la ordenación y supervisión de los seguros privados, planes y fondos de pensiones y mediación en seguros privados.

La Junta Consultiva de Seguros y Fondos de Pensiones se rige por lo dispuesto en el artículo 73 del TRLOSSP, por el artículo 120 del ROSSP y, con carácter supletorio, por las normas sobre funcionamiento de órganos colegiados previstas en la Ley 30/1992, de 26 de noviembre, de Régimen Jurídico de las Administraciones Públicas y del Procedimiento Administrativo Común.

Conforme a su normativa reguladora, le corresponde emitir su parecer sobre las cuestiones que se sometan a su consideración, no teniendo su informe carácter vinculante; realizar cuantos estudios e informes le sean solicitados por su Presidente; y formular recomendaciones generales o de carácter particular.

La presidencia de la misma recae en el Director General de Seguros y Fondos de Pensiones, estando presentes en su composición, además de representantes de la Administración General del Estado, los distintos agentes sociales, organizaciones e instituciones relacionados con el seguro, la mediación y los fondos de pensiones.

Podemos consultar su estructura en la web: http://www.dgsfp.meh.es/direcciongeneral/JuntaConsultiva/Documentos/COMPOSICION%202.pdf.

## 1-96 Funciones de la Junta Consultiva

La Junta Consultiva de Seguros tendrá atribuidas las siguientes funciones:

a) Emitir su parecer sobre las cuestiones que se sometan a su consideración. El informe final, que no tendrá carácter vinculante, contendrá el planteamiento de la cuestión sometida a consulta, las observaciones formuladas por los distintos vocales, la contestación de los representantes del Ministerio a las observaciones formuladas y la posición de la Junta sobre la cuestión consultada, con mención de los votos favorables, de las abstenciones, de los votos contrarios y, en su caso, de los votos particulares.

b) Realizar cuantos estudios e informes le sean solicitados por su Presidente.

c) Formular recomendaciones generales o de carácter particular.

La Junta Consultiva de Seguros será presidida por el Director General de Seguros. El Vicepresidente de la Junta Consultiva de Seguros será el Subdirector general de Seguros y Política Legislativa de la Dirección General de Seguros, a quien compete sustituir al Presidente en caso de vacante, ausencia o enfermedad de éste.

Asimismo, la Junta Consultiva de Seguros contará con un Secretario nombrado por el Director general de Seguros, que ejercerá las funciones propias de tal cargo. Se designará entre funcionarios pertenecientes al Cuerpo Superior de Inspectores de Seguros del Estado con destino en la Dirección General de Seguros.

En caso de ausencia o enfermedad, el Secretario será sustituido por la persona que al efecto designe el Presidente de la Junta Consultiva.

Serán vocales, el Secretario general técnico del Ministerio de Economía y Hacienda, así como los Subdirectores generales de la Dirección General de Seguros y el Abogado del Estado en dicho centro directivo.

## 1-97 La actuación inspectora de la DGSFP

La Inspección, entendida en un sentido activo, está determinada en:

a) Artículo 72 TRLOSSP.
b) Artículos 112 a 119 del ROSSP.

## 1-98 ¿Quiénes están sujetos a la actuación inspectora de la DGSFP?

- Las entidades aseguradoras.
- Las personas físicas o jurídicas que, bajo cualquier título, desempeñen cargos de administración o dirección de las entidades aseguradoras.
- Los profesionales y entidades que suscriban los documentos previstos en el TRLOSSP o en sus disposiciones complementarias de desarrollo.
- Los liquidadores de entidades aseguradoras.
- Las personas para quienes legalmente se establezca alguna prohibición o mandato en relación con el ámbito objetivo de la ley.
- Las organizaciones constituidas con carácter de permanencia para la distribución de la cobertura de riesgos o la prestación a las entidades aseguradoras de servicios comunes relacionados con la actividad aseguradora, cualquiera que sea su naturaleza y forma jurídica (por ejemplo: los pools)
- Las entidades que se presuma forman grupo con una entidad aseguradora.
- Quienes realicen operaciones que puedan, en principio, calificarse como de seguros, para comprobar si ejercen la actividad sin la autorización administrativa previa.

## 1-99 Aspectos fundamentales de la actuación inspectora de la DGSFP

Las inspecciones que lleva a cabo la DGSFP versan fundamentalmente sobre:

- La situación legal, técnica y económico-financiera de las entidades sujetas a Inspección.
- Las condiciones en que ejercen su actividad.

Las actuaciones de inspección de seguros se realizarán por los funcionarios del Cuerpo Superior de Inspectores de Seguros del Estado. Los funcionarios de la Inspección de Seguros, en el desempeño de sus funciones, tendrán la condición de autoridad pública y vendrán obligados al deber de secreto profesional, incluso una vez terminado el ejercicio de su función pública.

La actuación inspectora se documentará en actas de inspección, que podrán ser definitivas o previas. En las actas de inspección se reflejarán, en su caso:

- Los hechos constatados por el inspector actuante que sean relevantes a efectos de la calificación jurídica de la conducta o actividad inspeccionada.
- La situación legal y económico-financiera derivada de las actuaciones realizadas por la inspección.
- Las causas que pudieran determinar la revocación de la autorización, la disolución administrativa, la adopción de medidas de control especial o de las medidas de garantía de la solvencia futura, así como la imposición de sanciones administrativas.

 © CISS

- La propuesta de revocación de la autorización, de disolución administrativa de la entidad aseguradora, de adopción de medidas de control especial o de las medidas de garantía de la solvencia futura.

El artículo 112 del ROSSP, sobre iniciación de las actuaciones inspectoras señala: "*El procedimiento administrativo de supervisión por inspección se iniciará mediante acuerdo de la Dirección General de Seguros, que se notificará a la entidad o a la persona inspeccionada. En dicho acuerdo se identificará a quienes se encomienden las actuaciones inspectoras y se hará constar el objeto de las comprobaciones a desarrollar*".

## 1-100 Funcionarios participantes en las actuaciones inspectoras

Tal y como se recoge en el artículo 113 del ROSSP: "*Las actuaciones de inspección de seguros se realizarán por los funcionarios del Cuerpo Superior de Inspectores de Seguros del Estado. Los funcionarios pertenecientes al Cuerpo de Gestión de la Hacienda Pública y los funcionarios expertos informáticos podrán colaborar con el inspector o inspectores actuantes siempre que desempeñen puestos de trabajo en la DGSFP y figuren designados en el acuerdo de la propia DGSFP*".

## 1-101 Desarrollo de las actuaciones inspectoras

Tal y como se articula en el artículo 114 ROSSP: "*Cuando las actuaciones inspectoras se desarrollen en el domicilio social, agencias, sucursales, delegaciones, oficinas, locales, o en cualquier otro lugar donde se desarrolle actividad de la entidad o persona inspeccionada o se encuentre la documentación requerida, ésta pondrá a disposición de la inspección el espacio físico y los medios auxiliares necesarios para facilitar la realización de las citadas actuaciones.*

*La inspección podrá requerir a la entidad o persona inspeccionada que envíe comunicaciones a terceros solicitando aclaraciones o informaciones con la finalidad de confirmar saldos o determinar la veracidad de los hechos manifestados por la entidad o persona inspeccionada, la autenticidad de los documentos exhibidos a la inspección, o el alcance y las consecuencias de determinadas operaciones.*

*La inspección podrá exigir que el texto de la comunicación cuente con su aprobación previa y que, en su caso, la contestación a la misma sea remitida directamente a la DGSFP.*

*Las autoridades, cualquiera que sea su naturaleza, los Jefes o Encargados de oficinas del Estado y de los demás entes públicos territoriales y quienes en general ejerzan funciones públicas deberán prestar a la inspección, a instancia de ésta o de la DGSFP, el apoyo, concurso, auxilio y protección que sean precisos*".

## 1-102 Excusa, negativa o resistencia a la actuación inspectora

Toda acción u omisión de la entidad o personas con quienes se entiendan las actuaciones, que tienda a dilatar indebidamente, entorpecer o impedir éstas se considerará excusa, negativa o resistencia a la actuación inspectora.

Concretamente, tal y como recoge el artículo 115 ROSSP, se considerará excusa, negativa o resistencia a la actuación inspectora:

"a) *Las actuaciones que tiendan a dificultar la entrega inmediata al representante de la entidad o a la persona inspeccionada, o a sus agentes o empleados, del acuerdo de iniciación del procedimiento de supervisión por inspección, de las diligencias extendidas durante la actividad inspectora, de las actas previas o definitivas, o de cualquier comunicación escrita de la DGSFP o de los funcionarios a quienes se encomienden las actuaciones de comprobación.*

b) *La incomparecencia de la persona requerida por la inspección, con arreglo a las leyes vigentes, en el lugar, día y hora que se le hubiese señalado en tiempo y forma para la iniciación, desarrollo o terminación de las actuaciones, salvo que medie causa suficiente que sea debidamente justificada.*

c) *La negativa a exhibir los libros, registros y documentos de llevanza y conservación obligatorias.*

d) *La omisión o negativa a facilitar los datos, informes, justificantes y antecedentes que sean requeridos por la inspección, así como la alteración o manipulación de los mismos.*

e) *Negar o dificultar indebidamente el acceso o la permanencia de la inspección en el domicilio social, las agencias, sucursales, locales y oficinas donde se desarrolle actividad de la entidad o persona inspeccionada o se encuentre la documentación requerida, así como obstaculizar la localización de dichos lugares.*

f) *Las actitudes que supongan amenazas o coacciones a la inspección, o que dilaten indebidamente las comprobaciones inspectoras"*.

## 1-103 Diligencias adoptadas por la DGSFP en su actividad inspectora

La DGSFP podrá extender diligencias para hacer constar los hechos o circunstancias que se pongan de manifiesto durante el curso de las actuaciones inspectoras, las manifestaciones de las personas con quienes se entienden dichas actuaciones, así como la formulación de requerimientos a la entidad o persona inspeccionada.

Todo esto lo recoge el artículo 116 ROSSP al tiempo que determina que de las diligencias que extienda la DGSFP en su inspección se entregará un ejemplar a la persona con quien se entiendan las actuaciones. Si ésta se negara a recibirla, se le remitirá por cualquiera de los medios admitidos en Derecho, y si se negara a firmar la diligencia, o no pudiera, se hará constar en la misma esta circunstancia, sin perjuicio de la entrega a dicha persona del duplicado correspondiente, salvo que por la propia naturaleza de las actuaciones inspectoras no se requiera la presencia de una persona con quien se entiendan tales actuaciones, en cuyo caso se remitirá un ejemplar de la misma al interesado debidamente firmada por la DGSFP.

## 1-104 El acta de inspección

El acta de inspección se extenderá por duplicado y se firmará por los funcionarios inspectores de la DGSFP y por la entidad -o persona- inspeccionada, bien a través de su representante legal o por persona con poder suficiente para ello. Si fuese al representante legal de la entidad inspeccionada, *"éste deberá dar cuenta del acta de inspección y de la resolución de la DGSFP al Consejo de Administración u órgano similar, en la primera reunión que celebre después de aquéllas así como a la Junta general o Asamblea general cuando así lo disponga la citada resolución"*, tal y como señala el artículo 119 ROSSP.

En caso de negativa a firmar el acta o a la recepción de la misma, como recoge el artículo 117 ROSSP, *"se notificará el acta en el domicilio de la entidad o persona inspeccionada. Si se rechazase la notificación se tendrá por efectuado el trámite siguiéndose el procedimiento"*

**ATENCIÓN:** El hecho de que la entidad o persona inspeccionada firme el acta, salvo que medie declaración expresa en contrario, no equivaldrá a su conformidad con los hechos, ni con su valoración y conclusiones recogidas en la misma.

## 1-105 Finalización de las actuaciones inspectoras de la DGSFP

Las actuaciones inspectoras concluirán con alguna de estas circunstancias contempladas en el artículo 18 ROSSP:

a) El levantamiento del acta de inspección definitiva.

b) Por el transcurso de seis meses sin actuación inspectora alguna, por causas no imputables a la entidad o persona inspeccionada.

c) Por acuerdo de la Dirección General de Seguros notificado a la entidad o persona inspeccionada en virtud del cual no se estime necesario continuar las comprobaciones inspectoras.

**ATENCIÓN:** El borrador del proyecto de la Ley de Ordenación y Supervisión viene a reforzar el plazo máximo para notificar la resolución será de seis meses.

## 1-106 Inspección de entidades en régimen de derecho de establecimiento (sucursal)

Según el **artículo 84 TRLOSSP**: *"Las autoridades supervisoras del Estado miembro de origen de una entidad aseguradora que tenga establecida una sucursal en España podrán proceder, previa información a la DGSFP, por sí mismas o por medio de personas a quienes hayan otorgado un mandato para ello, a la inspección de dicha sucursal para efectuar el control que les corresponde, con la colaboración de la Inspección de Seguros en los términos que reglamentariamente se determinen"*.

**ATENCIÓN:** La recién aprobada LES viene a modificar el TRLOSSP. Así, la LES modifica la redacción del artículo 53.2, en los siguientes términos:

 © CISS

*"La póliza y cualquier otro documento en que se formalice todo contrato de seguro en régimen de derecho de establecimiento o en régimen de libre prestación de servicios, incluidos los contratos de seguro por grandes riesgos, deberán indicar la dirección del domicilio social o, en su caso, de la sucursal de la entidad aseguradora española que proporcione la cobertura; y, tratándose de contratos de seguro de responsabilidad civil en vehículos terrestres automóviles, excluida la responsabilidad del transportista, celebrados en régimen de libre prestación de servicios, deberá hacerse constar también el nombre y la dirección del representante a que se refiere el artículo 86.2, cuando lo exija el Estado miembro de localización del riesgo. Asimismo, deberá indicar las garantías previstas en la legislación nacional correspondiente en caso de liquidación de la entidad aseguradora, con mención expresa a la no aplicación de la normativa española en la materia, en particular, los beneficios de la liquidación de entidades aseguradoras por el Consorcio de Compensación de Seguros".*

## Sección 8. LAS COMPETENCIAS DE LAS COMUNIDADES AUTÓNOMAS EN MATERIA DE CONTROL DE LA ACTIVIDAD ASEGURADORA

### 1-107 La competencia de las CCAA en materia de control de la actividad aseguradora

Las Comunidades Autónomas, de acuerdo con lo previsto en sus Estatutos, tendrán competencia administrativa respecto a las Entidades de seguro directo, cuyo domicilio social, ámbito de operaciones y localización de los riesgos que aseguren, se limiten al territorio de la Comunidad.

Las Comunidades Autónomas, de acuerdo con lo previsto en sus Estatutos, tendrán competencia administrativa respecto a las entidades de seguro directo y respecto a los corredores y corredurías de seguros inscritos en el Registro de dicha CCAA.

A tal efecto, se ha creado un registro en las CCAA que aglutina ya al 50% del total de corredores inscritos en ellos.

En las siguientes líneas vamos a analizar el régimen de supervisión de entidades aseguradoras establecido por la normativa estatal.

**ATENCIÓN:** La competencia de las CCAA se extiende también sobre la actividad de los mediadores. Según el Informe de la DGSFP 2009, a 31 de diciembre, de los 4.578 corredores de seguros activos, 3.105 estaban autorizados -inscritos- en la DGSFP y el resto, esto es 1.563 estaban autorizados -inscritos- en las distintas CCAA.

En este casos, la diferencia entre unos y otros radica en el ámbito de actuación de su actividad, pudiendo operar en todo el territorio nacional los inscritos en la DGSFP y tan sólo en la demarcación de su CCAA los inscritos en éstas.

### 1-108 Normativa reguladora de las competencias de las CCAA en materia de mediación en seguros privados

Las Comunidades Autónomas que han asumido competencias de desarrollo legislativo y ejecución en seguros privados, a través de las dependencias de los distintos gobiernos autónomos son las que se indican a continuación:

**Andalucía**

Orden de la Consejería de Economía y Hacienda por la que se determina la fecha de prestación efectiva por la Consejería de las competencias que, en materia de mediación en seguros privados, corresponden a la Comunidad Autónoma de Andalucía.

**Aragón**

Ley Orgánica 5/2007, de 20 de abril, de reforma del Estatuto de Autonomía de Aragón

**Asturias**

Ley Orgánica 1/1999, de 5 de enero, de reforma de la Ley Orgánica 7/1981, de Estatuto de Autonomía del Principado de Asturias.

Real Decreto 2086/1999, de 30 de diciembre sobre traspaso de funciones y servicios de la Administración del Estado al Principado de Asturias en materia de mediadores de seguros.

Decreto 136/2009, de 4 de noviembre, por el que se regulan las competencias del Principado de Asturias en la materia de mediación de seguros y reaseguros privados.

**Canarias**

Ley Orgánica 4/1996, de 30 de diciembre de reforma de la Ley Orgánica 10/1982, de Estatuto de Autonomía de Canarias.

Real Decreto 40/1999, de 15 de enero, sobre traspaso de funciones y servicios de la Administración del Estado a la Comunidad Autónoma de Canarias en materia de mediadores de seguros.

**Cantabria**

Ley Orgánica 11/1998, de 30 de diciembre, de reforma de la Ley Orgánica 8/1981, de Estatuto de Autonomía de Cantabria.

**Castilla-La Mancha**

Ley Orgánica 3/1997, de 3 de julio, de reforma de la Ley Orgánica 9/1982, de 10 de agosto, de Estatuto de Autonomía de Castilla- La Mancha

Real Decreto 1842/1999, de 3 de diciembre, sobre traspaso de funciones y servicios de la Administración del Estado a la comunidad Autónoma de Castilla-La Mancha en materia de mediadores de seguros.

**Castilla y León**

Ley Orgánica 4/1999, de 8 de enero, de reforma de la Ley Orgánica 4/1983, de Estatuto de Autonomía de Castilla y León.

**Cataluña**

Decreto 127/2008, de 1 de julio, de regulación de las competencias de la Generalitat en materia de mediación en seguros y reaseguros privados.

**Extremadura**

Ley Orgánica 12/1999, de 6 de mayo, de reforma de la Ley Orgánica 1/1.983, de 25 de febrero, de Estatuto de Autonomía de Extremadura.

**Galicia**

Ley Orgánica 6/1999, de 6 de abril, de transferencia de competencias a la Comunidad Autónoma de Galicia.

Real Decreto 1748/1999, de 19 de noviembre, sobre traspaso de funciones y servicios de la Administración del Estado a la Comunidad Autónoma de Galicia en materia de mediadores de seguros.

**Illes Balears**

Ley Orgánica 3/1999, de 8 de enero, de reforma de la Ley Orgánica 2/1983, de Estatuto de Autonomía de las Illes Balears.

Real Decreto 1000/1999, de 11 de junio, sobre traspaso de funciones y servicios de la Administración del Estado a la Comunidad Autónoma de las Illes Balears en materia de mediadores de seguros.

**Madrid**

Ley Orgánica 5/1998, de 7 de julio, de reforma de la Ley Orgánica 3/1983, de Estatuto de Autonomía de la Comunidad de Madrid.

Real Decreto 1841/1999, de 3 de diciembre, sobre traspaso de funciones y servicios de la Administración del Estado a la Comunidad Autónoma de Madrid en materia de mediadores de seguros.

**Navarra**

Decreto Foral 621/1996, de 11 de noviembre, por el que se desarrollan determinadas competencias en materia de Mediación en el Seguro Privado.



© CISS

Real Decreto 814/1999, de 14 de mayo, sobre traspaso de funciones y servicios de la Administración del Estado a la Comunidad Foral de Navarra en materia de mediadores de seguros.

**La Rioja**

Ley Orgánica 3/1982, de 9 de junio, reformada por las Leyes Orgánicas 3/1994, de 24 de marzo, y 2/1999, de 7 de enero.

Real Decreto 1847/2000, de 10 de noviembre sobre traspaso de funciones y servicios de la Administración del Estado a la Comunidad Autónoma de la Rioja en materia de mediadores de seguros.

**País Vasco**

Real Decreto 559/1998, de 2 de abril, sobre traspaso de funciones y servicios de la Administración del Estado a la Comunidad Autónoma del País Vasco en materia de mediadores de Seguros.

**Valencia**

Decreto 139/1996, de 16 de julio, por el que se regulan las competencias que en materia de mediación en seguros privados corresponden a la Generalidad Valenciana.

Decreto 301/1997, de 16 de diciembre, del Gobierno Valenciano, por el que se establecen las normas en materia de mediación en seguros privados.

Real Decreto 847/1999, de 21 de mayo, sobre traspaso de funciones y servicios de la Administración del Estado a la Comunidad Autónoma Valenciana en materia de mediadores de seguros.

# Sección 9. EL CONSORCIO DE COMPENSACIÓN DE SEGUROS

## 1-109 El Consorcio de Compensación de Seguros (CCS)

El Consorcio de Compensación de Seguros es una entidad específica del seguro español creada en los años 40 para dar protección de los riesgos de naturaleza catastrófica. Es un instrumento al servicio del sector asegurador español, plenamente integrado en el mismo, y que cuenta con una dilatada experiencia en el ámbito de las actividades que desarrolla.

El CCS ha llegado a constituirse en referencia mundial, y se ha convertido, en sus 65 años de historia, en una institución de complemento al sector asegurador privado, sobre las bases de transparencia y de no competencia, en otras muchas áreas de esta actividad económica, desarrollando funciones puramente aseguradoras, y también otras no estrictamente aseguradoras pero directamente vinculadas, como la prevención de riesgos o la actividad de liquidación de entidades aseguradoras, en beneficio del colectivo de asegurados y damnificados.

El Consorcio aparece íntimamente ligado a la cobertura de los riesgos extraordinarios, como figura central de un sistema de indemnización por daños catastróficos único en el mundo. Pero en su trayectoria histórica ha ido asumiendo otros cometidos, como los relacionados con el seguro de crédito a la exportación, el seguro agrario combinado, el seguro de responsabilidad civil de automóviles de suscripción obligatoria, el seguro obligatorio de viajeros, el seguro obligatorio del cazador y el seguro de responsabilidad civil de riesgos nucleares, en un elenco de actividades de carácter subsidiario y de fondo de garantía.

Además, desde comienzos de 1998, su actividad se extiende también al campo de la responsabilidad civil medioambiental, habiendo entrado a formar parte del Pool Español de Riesgos Medioambientales.

Además, y por disposición de la Ley 44/2002, de 22 de noviembre, el Consorcio asume las funciones de liquidación de entidades aseguradoras que venía desempeñando la CLEA (Comisión Liquidadora de Entidades Aseguradoras).

## 1-110 Origen del CCS

El Consorcio de Compensación de Seguros nació como organismo autónomo dependiente de la entonces Dirección General de Seguros y Ahorro, dentro del

Ministerio de Hacienda. Tras 65 años de evolución, estamos ante toda una institución señalada como referente en el ámbito asegurador a nivel mundial. En el año 1990 se aprobó su original Estatuto legal (Ley 21/1990, de 19 de diciembre), que lo configuró como Sociedad Estatal, figura con la que ha permanecido hasta la actualidad.

La esencia del Consorcio es el complemento de la actividad aseguradora privada, siempre bajo un principio de ausencia de competencia con el sector privado, al objeto de garantizar la atención de necesidades de protección no totalmente cubiertas por aquélla, y que sin embargo se hace necesario cubrir por razones de interés público y general.

A partir de la entrada en vigor en 1991 de su estatuto legal el Consorcio, además de perder la exclusividad en la cobertura de los riesgos extraordinarios, pasó a convertirse en sociedad estatal, para quedar enmarcado hoy día en la categoría de entidad pública empresarial.

**ATENCIÓN**: En 1941 se creó con carácter de provisionalidad, y para dar respuesta a las necesidades indemnizatorias originadas por la Guerra Civil (1936-1939), el Consorcio de Compensación de Riesgos de Motín. A partir de 1954 la iniciativa adquirió un carácter permanente y de proyección de futuro, configurándose lo que es hoy el Consorcio de Compensación de Seguros.

Algunos de los grandes siniestros en los que ha intervenido a lo largo de su historia han sido: incendio de Santander, en febrero de 1941; incendio de Canfranc, en abril de 1944; incendio de El Ferrol, en mayo de 1944; explosión de minas de La Marina en Cádiz, en agosto de 1947; explosión de polvorín en Alcalá de Henares, en septiembre de 1948.

## 1-111 Naturaleza, principios y régimen jurídico del CCS

El Consorcio de Compensación de Seguros es una **entidad pública empresarial,** adscrita al Ministerio de Economía y Hacienda, a través la Dirección General de Seguros y Fondos de Pensiones, con personalidad jurídica propia y plena capacidad de obrar.

Los principios que inspiran la actividad del CCS son:

- Actividad en el campo asegurador.
- No compite en el mercado privado de seguros con las aseguradoras privadas.
- Ejerce una función complementaria respecto de éstas y para éstas.
- Carencia de ánimo de lucro.
- Orientación de servicio al sector asegurador -entidades y consumidores-, de promoción del aseguramiento y de fomento de la actividad preventiva.

El Consorcio ha de someterse en su actuación, al igual que el resto de las entidades de seguros privadas, al TRLOSSP y a la Ley 50/1980, de 8 de octubre, de Contrato de Seguro.

El Consorcio tiene personalidad jurídica propia y plena capacidad de obrar para el cumplimiento de sus fines, y su patrimonio es distinto al del Estado, debiendo ajustar su actividad al ordenamiento jurídico privado.

Su adscripción pública se materializa en su dependencia del Ministerio de Economía y Hacienda, que se concreta a través de la DGSFP, cuyo Director ostenta la presidencia del CCS.

## 1-112 Estatuto del CCS

Su Estatuto Legal fue aprobado por la Ley 21/1990, de 19 de diciembre y, tras sucesivas modificaciones, ha quedado recogido en el texto refundido aprobado por el **Real Decreto Legislativo 7/2004, de 29 de octubre**, el cual ha sido modificado por la Ley 6/2009, de 3 de julio, por la que se modifica el Estatuto Legal del Consorcio de Compensación de Seguros, aprobado por Real Decreto Legislativo 7/2004, de 29 de octubre, para suprimir las funciones del Consorcio de Compensación de Seguros en relación con los seguros obligatorios de viajeros y del cazador y reducir el recargo destinado a financiar las funciones de liquidación de entidades aseguradoras, y el TRLOSSP.

## 1-113 Recargos

Desde el momento del inicio de la actividad en España, las entidades aseguradoras tienen la obligación de recaudar los recargos y liquidarlos al Consorcio. El recargo del Consorcio es de incorporación obligatoria en el



© CISS

recibo de toda póliza de seguro de las modalidades referidas, tanto si la citada póliza prevé que la cobertura de riesgos extraordinarios la efectúe la compañía privada, como si ésta no la asume expresamente (en cuyo caso se haría cargo el Consorcio).

Los recargos del Consorcio, en sus funciones de liquidación de entidades aseguradoras, compensación y fondo de garantía, tienen el carácter de ingresos de derecho público exigibles por la vía administrativa de apremio cuando no hayan sido ingresados por las entidades aseguradoras en el plazo fijado, siendo a tal efecto título ejecutivo la certificación de descubierto expedida por el DGSFP, a propuesta del Consorcio.

La tarifa del Consorcio para la cobertura de los riesgos extraordinarios es, en la actualidad, una tasa propia que se aplica sobre los capitales asegurados.

Los recargos del Consorcio son recaudados por las entidades aseguradoras juntamente con sus primas e ingresados mensualmente en aquél, previa retención de una comisión de cobro del 5% más su correspondiente IVA.

**ATENCIÓN:** A continuación se muestran los recargos obligatorios y los modelos en los que deberán ser declarados al Consorcio, para los ramos definidos en el artículo 6 de la LOSSP (RDL 6/2004).

| RAMO | DENOMINACIÓN | RECARGO DEL CONSORCIO | MODELO |
|---|---|---|---|
| 00 | VIDA<br>-Garantía de fallecimiento | R.E. Daños directos en las personas | 10 |
| 00 | VIDA<br>-No es garantía principal el fallecimiento. | NO SUJETO | |
| 00 | VIDA con garantías de Invalidez o Incapacidad:<br>-Si es por causa de accidente | R.E. Daños directos en las personas<br>Actividad Liquidadora | 10<br>50 |
| 00 | VIDA con garantías de Invalidez o Incapacidad:<br>-Si es por causa de enfermedad | Actividad Liquidadora. | 50 |
| 01 | ACCIDENTES | R.E. Daños directos en las personas<br>Actividad Liquidadora | 10<br>50 |
| 02 | ENFERMEDAD (comprendida la asistencia sanitaria) | Actividad Liquidadora | 50 |
| 03 | VEHÍCULOS TERRESTRES (no ferroviarios) | R.E. Daños Directos en los Bienes<br>Actividad Liquidadora | 10<br>50 |
| 04 | VEHÍCULOS FERROVIARIOS | R.E. Daños Directos en los Bienes<br>Actividad Liquidadora | 10<br>50 |
| 05 | VEHÍCULOS AÉREOS | Actividad Liquidadora | 50 |

| RAMO | DENOMINACIÓN | RECARGO DEL CONSORCIO | MODELO |
|---|---|---|---|
| 06 | VEHÍCULOS MARÍTIMOS LACUSTRES Y FLUVIALES | Actividad Liquidadora | 50 |
| 07 | MERCANCÍAS TRANSPORTADAS Y DEMÁS BIENES TRANSPORTADOS(comprendidos equipajes) | Actividad Liquidadora | 50 |
| 08 | INCENDIOS Y ELEMENTOS NATURALES | R.E. Daños Directos en los Bienes<br>Actividad Liquidadora | 10<br>50 |
| 09 | OTROS DAÑOS EN LOS BIENES(comprendidos granizo, helada y robo) y Seguros Agrarios (excluidos los Seguros Agrarios Combinados) (P.B.) | R.E. Daños Directos en los Bienes<br>Actividad Liquidadora | 10<br>50 |
| 10 | RESPONSABILIDAD CIVIL VEHÍCULOS TERRESTRES AUTOMÓVILES | SOA<br>Actividad Liquidadora | 20<br>50 |
| 11 | RESPONSABILIDAD CIVIL VEHÍCULOS AÉREOS | Actividad Liquidadora | 50 |
| 12 | RESPONSABILIDAD CIVIL VEHÍCULOS MARÍTIMOS LACUSTRES Y FLUVIALES | Actividad Liquidadora | 50 |
| 13 | RESPONSABILIDAD CIVIL GENERAL | Actividad Liquidadora | 50 |
| 14 | CRÉDITO | Actividad Liquidadora | 50 |
| 15 | CAUCIÓN PÉRDIDAS PECUNIARIAS DIVERSAS cuya causa esté originada por: | Actividad Liquidadora | 50 |
| 16 | Incendio, robo, explosión, fenómenos atmosféricos, avería o rotura de maquinaria | R.E. Pérdida de beneficios<br>Actividad Liquidadora | 11<br>50 |
| 17 | DEFENSA JURÍDICA | Actividad Liquidadora | 50 |
| 18 | ASISTENCIA | Actividad Liquidadora | 50 |
| 20 | DECESOS | Actividad Liquidadora | 50 |

 © CISS

## 1-114 Recargo destinado a financiar la actividad liquidadora de entidades aseguradoras

Están sujetos a dicho recargo la totalidad de los contratos de seguro que se celebren sobre riesgos localizados en España, distintos al seguro sobre la vida y al seguro de crédito a la exportación por cuenta o con el apoyo del Estado.

No quedarán sujetos al recargo los planes de previsión asegurados, cualquiera que sea la contingencia o contingencias que cubran, ni las pólizas que instrumenten compromisos por pensiones.

El tipo del recargo estará constituido por el 1,5 por 1.000 de la prima comercial antes referida (Ley 6/2009 de 3 de julio, que modifica el Estatuto Legal del Consorcio).

## 1-115 Recargo por derecho de establecimiento y libre prestación de servicios

El artículo 82.1 del TRLOSSP determina expresamente que los contratos de seguro celebrados en régimen de derecho de establecimiento o en régimen de libre prestación de servicios que cubran riesgos localizados o asuman compromisos en España, estarán sujetos a los recargos a favor del Consorcio de Compensación de Seguros para cubrir las necesidades del mismo en el ejercicio de sus diversas funciones (compensación en riesgos extraordinarios, fondo de garantía en seguro de responsabilidad civil, autos, liquidación de entidades aseguradoras), así como a los demás recargos y tributos legalmente exigibles en las mismas condiciones que los contratos suscritos con entidades aseguradoras españolas.

## 1-116 Recargo en el Seguro de Riesgos Extraordinarios, daños sobre las personas (vida y accidentes), bienes (daños materiales directos) y pérdida de beneficios

Por la Resolución de 27 de noviembre de 2006 (BOE de 7 de diciembre), de la Dirección General de Seguros y Fondos de Pensiones (modificada por la Resolución de 12 de noviembre de 2008; BOE de 20 de noviembre), se aprueba la tarifa vigente en la actualidad.

## 1-117 Recargo en el seguro de responsabilidad civil de suscripción obligatoria derivada del uso y circulación de vehículos a motor

El tipo de recargo está fijado en el 2% de la prima comercial (Resolución de 19 de mayo de 2009 de la DGSFP).

## 1-118 Recargo en el seguro obligatorio de responsabilidad civil del cazador

Suprimidos el recargo y las funciones del Consorcio en relación con este seguro, por la Ley 6/2009 de 3 de julio, que modifica el Estatuto Legal del Consorcio.

## 1-119 Recargo en el seguro obligatorio de viajeros

Suprimidos el recargo y las funciones del Consorcio en relación con este seguro, por la Ley 6/2009 de 3 de julio, que modifica el Estatuto Legal del Consorcio.

Este recargo, como una modalidad de seguro privado de accidentes individuales, queda incluido en el régimen y normativa de cobertura de los riesgos extraordinarios, siendo de aplicación la tarifa incluida en la Resolución de 27 de noviembre de 2006 (modificada por Resolución de 12 de noviembre de 2008) y establecida en el 5% de la prima comercial.

## 1-120 Fraccionamiento de los recargos

Para acogerse al fraccionamiento la entidad aseguradora debe cumplir con los requisitos relacionados en el artículo 18 del Estatuto Legal del Consorcio, en cuanto a su comunicación previa al Consorcio, hacerlo constar en sus bases técnicas y aplicarlo de forma sistemática en el ramo o riesgo a partir de ese momento.

Las entidades aseguradoras que fraccionen la prima al tomador pueden optar por:

- Cobrar la prima de forma fraccionada, pero no se opte por fraccionar el recargo al Consorcio. Las entidades vienen obligadas a ingresar al Consorcio la totalidad del recargo con el cobro de la primera fracción de prima.

- Fraccionar la prima y fraccionar los recargos obligatorios inherentes a la cobertura. Se podrán ingresar al Consorcio las fracciones de recargo según se vengan cobrando éstos juntamente con las fracciones de prima. La elección de esta opción, a diferencia de la anterior, generará intereses financieros a favor del Consorcio.

Los tipos de interés de fraccionamiento vigentes son:

- Para fraccionamiento de prima con vencimientos semestrales, el 2%.
- Para fraccionamiento de prima con vencimientos trimestrales, el 2,5%.
- Para fraccionamiento de prima con vencimientos bimestrales, el 3%.
- Para fraccionamiento de prima con vencimientos mensuales, el 3,5%.

**ATENCIÓN**: A efectos de la aplicación y cálculo de intereses financieros, se entiende que existe fraccionamiento cuando se cobran primas periódicas inferiores a la que corresponde al riesgo completo, para el periodo de cobertura contratado, establecidos en la póliza.

## 1-121 Dualidad de funciones del CCS: aseguradoras y no aseguradoras

Las actividades del Consorcio se enmarcan en las funciones aseguradoras y no aseguradoras que tiene legalmente encomendadas.

Respecto de las primeras cabe destacar su carácter subsidiario, siendo su actuación, por lo general, la de un asegurador directo, en defecto de participación del mercado privado, y también la propia de un fondo de garantía, cuando se dan determinadas circunstancias de falta de seguro, insolvencia del asegurador, etc.

## 1-122 El papel del CCS en los riesgos extraordinarios

Es cometido del Consorcio satisfacer las indemnizaciones derivadas de siniestros extraordinarios a los asegurados que, habiendo pagado los correspondientes recargos en su favor, no tengan amparado el riesgo extraordinario de que se trate por póliza de seguro contratada con una compañía del mercado, o que, habiendo contratado ésta, la entidad aseguradora no pudiera hacer frente a sus obligaciones indemnizatorias por haber sido declarada judicialmente en concurso o se encontrara en proceso de liquidación.

El Consorcio compensa los daños producidos a las personas y en los bienes por determinados fenómenos de la naturaleza y por algunos acontecimientos derivados de determinados hechos de incidencia política o social, a condición de tener suscrita una póliza en alguno o algunos de los ramos respecto de los que la legislación vigente establece la obligación de incluir en sus correspondientes coberturas la garantía de estos riesgos.

Esta cobertura es automática, una vez ocurrido alguno de los eventos garantizados, que son los siguientes:

a) Fenómenos de la naturaleza: inundaciones extraordinarias, terremotos, maremotos, erupciones volcánicas, tempestad ciclónica atípica y caídas de cuerpos siderales y aerolitos.

b) Los ocasionados violentamente como consecuencia de terrorismo, rebelión, sedición, motín y tumulto popular.

c) Hechos o actuaciones de las Fuerzas Armadas o de las Fuerzas y Cuerpos de Seguridad en tiempo de paz.

El objetivo del Consorcio es indemnizar, en régimen de compensación y en los supuestos citados, las pérdidas derivadas de acontecimientos extraordinarios acaecidos en España, y que afecten a riesgos en ella situados.

En caso de evento extraordinario ocurrido en el extranjero, el Consorcio compensará los daños personales si el tomador del seguro tuviera su residencia en España.

**ATENCIÓN:** El riesgo que más daños produce en España es el de inundación, y, a efectos de cobertura, se entiende por tal el anegamiento del terreno producido por lluvias o deshielo; por aguas procedentes de lagos con salida natural, de rías o ríos, o de cursos naturales de agua en superficie cuando se desborden de sus cauces normales. Asimismo se incluye el embate de mar en la costa, aunque no haya anegamiento. Sin embargo, no quedan comprendidos bajo este concepto de inundación la lluvia caída directamente sobre el riesgo asegurado, o la recogida por su cubierta o azotea, su red de desagüe o sus patios, como tampoco la inundación ocasionada por rotura de presas, canales, alcantarillas, colectores y otros cauces subterráneos artificiales, salvo que la rotura se haya producido como consecuencia directa de evento extraordinario cubierto por el Consorcio.



© CISS

En la tempestad ciclónica atípica quedan incluidos, entre otros, los tornados y los vientos extraordinarios (rachas superiores a los 135 Km/h.), de acuerdo con el Reglamento del Seguro de Riesgos Extraordinarios.

En el recuerdo de todos aún tenemos claros ejemplos de la intervención del CCS como fue el famoso caso del Camping "las nieves" de Biescas o el caso de la "Presa de Tous".

Sin embargo, casos más recientes los encontramos en las inundaciones y tormentas que afectaron a España durante el año 2010 y generaron daños por valor de 442 millones de euros. Cuarenta y nueve inundaciones generaron daños por más de 301 millones de euros; diez tormentas, 141 millones y nueve embates de mar, 4,7 millones de euros. El CCS también tuvo que hacer frente durante 2010 a compensaciones por los daños causados por tres terremotos, que alcanzaron los 635.434 euros.

Otros ejemplos concretos de tormentas que generaron costes importantes al CCS en 2009 y 2010 en España fueron:

La tormenta "Xynthia", que generó 37.000 expedientes de compensación y unos daños que alcanzaron el valor de 53,6 millones de euros.

La tormenta "Floora" que llegó al país, y que generó 40.000 expedientes de compensación, causó daños por 50,6 millones de euros.

Pero el mayor coste para el CCS lo generó la tormenta "Klaus" que tuvo lugar entre el 23 y el 25 de enero de 2009 y por la que el CCS tuvo que hacer frente indemnizaciones que rondaron los 500 millones de euros. Esta tormenta provocó un accidente cuando el muro de una instalación deportiva en Sant Boi de Llobregat (Barcelona) cayó sobre unos niños causando la muerte a cuatro. El suceso tuvo un impacto de 470 millones de euros. En cuanto a los actos terroristas, los costes del CCS en 2009 fueron de 12,7 millones de euros. Los atentados más costosos económicamente para el CCS en 2009 fueron el que afectó a edificios de oficinas ubicados en el Campo de las Naciones de Madrid, el 9 de febrero, y el ataque a la casa cuartel de la Guardia Civil en Burgos el 29 de julio. Cada uno de ellos provocó un gasto de 4,4 millones de euros.

## 1-123 Pérdidas indemnizables a efectos del CCS: daños directos y pérdida de beneficios

A efectos de la cobertura del Consorcio, serán pérdidas los daños directos en las personas y en los bienes, así como la pérdida de beneficios cuando sea consecuencia de estos daños en los bienes y represente una alteración de los resultados normales de la actividad económica del sujeto asegurado, derivada de la paralización, suspensión o reducción de los procesos productivos o de negocio de dicha actividad.

## 1-124 Daños y riesgos no asegurables por el CCS

Según establece el artículo 6.3 del Estatuto Legal del CCS: "*no serán indemnizables por el Consorcio los daños o siniestros siguientes:*

a) *Los que no den lugar a indemnización según la Ley 50/1980, de 8 de octubre, de contrato de seguro.*

b) *Los ocasionados en personas o bienes asegurados por contrato de seguro distinto a aquellos en que es obligatorio el recargo a favor del Consorcio.*

c) *Los debidos a vicio o defecto propio de la cosa asegurada.*

d) *Los producidos por conflictos armados, aunque no haya precedido la declaración oficial de guerra.*

e) *Los que por su magnitud y gravedad sean calificados por el Gobierno como catástrofe o calamidad nacional.*

f) *Los derivados de la energía nuclear.*

g) *Los debidos a la mera acción del tiempo o los agentes atmosféricos distintos a los fenómenos de la naturaleza señalados en el apartado anterior*

h) *Los causados por actuaciones producidas en el curso de reuniones y manifestaciones llevadas a cabo conforme a lo dispuesto en la Ley Orgánica 9/1983, de 15 de julio, reguladora del Derecho de Reunión, así como durante el transcurso de huelgas legales, salvo que las citadas actuaciones pudieran ser calificadas como acontecimientos extraordinarios conforme al apartado anterior.*

i) *Los indirectos o pérdidas de cualquier clase derivados de daños directos o indirectos, distintos de la pérdida de beneficios que se delimite reglamentariamente".*

## 1-125 Requisitos para tener cobertura del Consorcio de riesgos extraordinarios

Para poder tener derecho a una indemnización del Consorcio por los daños sufridos como consecuencia de los riesgos señalados, deben darse las siguientes condiciones:

**Cobertura supeditada a un contrato de un seguro de daños o de accidentes personales**. La protección frente a los riesgos extraordinarios está obligatoriamente vinculada a la suscripción de una póliza de seguro en ciertos ramos. El hecho de suscribir una cobertura de seguro en alguno de esos ramos o modalidades combinadas de los mismos lleva aparejada la obligación de tener cubiertos los mismos bienes, y al menos por las mismas sumas aseguradas contra los citados riesgos.

De conformidad con el artículo 7 del RDLeg 7/2004 por el que se aprueba el texto refundido para el Estatuto del CCS, para el cumplimiento por el Consorcio de sus funciones en materia de compensación de pérdidas derivadas de acontecimientos extraordinarios, es **obligatorio el recargo en su favor en los siguientes ramos:**

a) Por lo que se refiere a los seguros de personas, el ramo de vida, en los contratos que garanticen exclusiva o principalmente el riesgo de fallecimiento, incluidos los que prevean, además, indemnizaciones pecuniarias por invalidez permanente o incapacidad temporal, en los términos y modalidades que reglamentariamente se determinen; y el ramo de accidentes, en los contratos que garanticen el riesgo de fallecimiento o prevean indemnizaciones pecuniarias por invalidez permanente o incapacidad temporal.

b) Por lo que se refiere a seguros de cosas, los ramos de vehículos terrestres, vehículos ferroviarios, incendio y elementos naturales, otros daños a los bienes y pérdidas pecuniarias diversas, así como las modalidades combinadas de éstos, o cuando se contraten de forma complementaria.

Se entienden incluidas, en todo caso las pólizas de vida o accidentes que cubran los riesgos antes citados amparados en un plan de pensiones formulado conforme al Texto Refundido de la Ley de regulación de los planes y fondos de pensiones, aprobado por el Real Decreto Legislativo 1/2002, de 29 de noviembre, así como las pólizas que cubran daños a las instalaciones nucleares.

## 1-126 Riesgos extraordinarios excluidos de la cobertura del CCS y la carencia

Tal y como recoge el artículo 7 del estatuto legal del CCS: "*quedan excluidas, en todo caso, las pólizas que cubran producciones agropecuarias susceptibles de aseguramiento a través del sistema de los seguros agrarios combinados, por encontrarse previstas en los planes que anualmente aprueba el Gobierno, así como las pólizas que cubran los riesgos derivados del transporte de mercancías, de la construcción y montaje, y cualesquiera otras pólizas de ramos de seguros distintos a los enumerados en las letras a y b*".

No quedarán cubiertos por el seguro de riesgos extraordinarios los daños y pérdidas derivadas de los fenómenos de la naturaleza que afecten a bienes asegurados por pólizas cuya fecha de emisión o de efecto, si fuera posterior, no preceda en siete días naturales a aquel en que ha ocurrido el siniestro.

Para que el Consorcio efectúe la indemnización por riesgos extraordinarios, el asegurado debe encontrarse al corriente del pago del recibo de prima de la póliza de seguros, donde se incluye el recargo a favor del Consorcio, el cual deberá aparecer significado en tal recibo de forma expresa.

## 1-127 El plazo de carencia en los riesgos cubiertos por el CCS

El plazo de carencia se aplicará cualquiera que sea la duración de la póliza, así como, en su caso, a los seguros instrumentados mediante **carta de garantía**. No obstante, en los supuestos de seguros de duración igual o inferior a siete días, el período de carencia comenzará a contarse desde la fecha de contratación de la póliza.

En los seguros de personas no será de aplicación el período de carencia.

## 1-128 La franquicia en los riesgos cubiertos por el CCS

En el caso de daños directos, la franquicia a cargo del asegurado será:

a) En los seguros contra daños en las cosas, de un 7% de la cuantía de los daños indemnizables producidos por el siniestro. No obstante, tal franquicia no será de aplicación a los daños que afecten a vehículos asegurados por póliza de seguro de automóviles, viviendas y comunidades de propietarios de viviendas.

 © CISS

b) En los seguros de personas no se efectuará deducción por franquicia.

En el caso de la cobertura de **pérdida de beneficios**, la franquicia a cargo del asegurado será la misma prevista en la póliza, en tiempo o en cuantía, para daños consecuencia de siniestros ordinarios de pérdida de beneficios. De existir diversas franquicias para la cobertura de siniestros ordinarios de pérdida de beneficios, se aplicarán las previstas para la cobertura principal.

## 1-129 El importante papel del CCS en el Seguro de Automóvil

Dentro de las grandes áreas de actuación del Consorcio, debe situarse el seguro del automóvil, tanto en su faceta de seguro directo a vehículos oficiales y a vehículos particulares, donde en la actualidad se gestiona una cartera del entorno de 200.000 vehículos entre ambas modalidades (en vehículos particulares, mayoritariamente de dos ruedas, dada la mayor dificultad de aseguramiento que encuentran en el mercado).

Destaca el importante papel del CCS respecto a los vehículos oficiales donde asume, como establece el artículo 11.1.a de su Estatuto: "*Exclusivamente dentro de los límites indemnizatorios fijados para el seguro de responsabilidad civil en la circulación de vehículos a motor de suscripción obligatoria, la contratación de cobertura de las obligaciones derivadas de la responsabilidad civil del Estado, Comunidades Autónomas, Corporaciones Locales y organismos públicos dependientes de o vinculados a cualquiera de ellos cuando, en todos los casos, soliciten concertar este seguro con el Consorcio*".

El CCS también actúa como **Fondo de Garantía**, aspecto en el que es particularmente destacable su actuación en la atención de los siniestros causados por vehículos que circulan sin el preceptivo seguro, o asegurados en una entidad insolvente.

La Ley 122/1962, de 24 de diciembre, de Uso y Circulación de vehículos de Motor (derogado por RDLeg 8/2004, de 29 de octubre, por el que se aprueba el texto refundido de la Ley sobre responsabilidad civil y seguro en la circulación de vehículos), determinó la creación en España del Seguro Obligatorio de Automóviles, con la finalidad de satisfacer una necesidad social altamente sentida en aquella época: la de proteger a las víctimas por hechos de la circulación, asegurándoles la asistencia sanitaria y una indemnización que, hasta el límite que se estableciera, correría por cuenta del asegurador del vehículo causante.

Precisamente, el hacer obligatoria la cobertura pretendía que todo responsable de accidente de circulación pudiera hacer frente, a través del seguro, a su obligación de reparar el daño causado.

Para salir al paso de incidencias y circunstancias que dejaran en precario el cumplimiento de esos objetivos (por vehículo causante desconocido, o no asegurado, o robado, etc.), se ideó un instrumento que, subsidiariamente, tenía por fin garantizar el auxilio a las víctimas en tales supuestos.

En un primer momento este instrumento fue el Fondo Nacional de Garantía de Riesgos de la Circulación, creado por la propia Ley 122/1962, y que fue absorbido, a partir del 1 de enero de 1982, por el Consorcio de Compensación de Seguros, en virtud del Real Decreto 2878/1981, de 13 de noviembre.

El objetivo de proteger a las víctimas por accidentes ocurridos en el Espacio Económico Europeo ha hecho evolucionar este tipo de cobertura, siguiendo las directivas comunitarias correspondientes.

Nos remitimos en este sentido al módulo de la Unión Europea, en donde se exponen las principales directivas comunitarias de autos.

## 1-130 Regulación de la función de CCS en el seguro de automóvil

En el contexto del seguro del automóvil, las funciones del Consorcio de Compensación de Seguros vienen establecidas en las siguientes normas:

- El Estatuto Legal (Texto Refundido aprobado por el Real Decreto Legislativo 7/2004, de 29 de octubre).
- La Ley sobre Responsabilidad Civil y Seguro en la Circulación de Vehículos a Motor (Texto Refundido aprobado por el Real Decreto Legislativo 8/2004, de 29 de octubre).
- El Reglamento sobre Responsabilidad Civil y Seguro en la Circulación de Vehículos a Motor, aprobado por el Real Decreto 7/2001, de 12 de enero, y modificado por el Real Decreto 299/2004, de 20 de febrero.

## 1-131 La función del CCS en el seguro de automóvil en siniestros provocados por un vehículo desconocido

Como responsable subsidiario de la cobertura, corresponde al Consorcio, dentro del ámbito territorial y hasta el límite cuantitativo del aseguramiento obligatorio, hacerse cargo de la indemnización cuando se produzcan daños a las personas exclusivamente, por siniestros ocurridos en España, en los que el vehículo causante fuera desconocido.

## 1-132 La función del CCS en el seguro de automóvil en siniestros provocados por un vehículo sin seguro

Como responsable subsidiario de la cobertura, corresponde al Consorcio, dentro del ámbito territorial y hasta el límite cuantitativo del aseguramiento obligatorio, hacerse cargo de la indemnización cuando se produzcan daños a las personas y en los bienes cuando el vehículo causante, con estacionamiento habitual en España, estuviera sin asegurar.

Quedan excluidos de la indemnización del Consorcio los daños a las personas y en los bienes sufridos por quienes ocupasen voluntariamente el vehículo causante del siniestro, conociendo que el mismo no estaba asegurado, siempre que el consorcio probase que aquéllos conocían tal circunstancia.

## 1-133 La función del CCS en el Seguro de Automóvil en siniestros provocados por un vehículo robado

Como responsable subsidiario de la cobertura, corresponde al Consorcio, dentro del ámbito territorial y hasta el límite cuantitativo del aseguramiento obligatorio, hacerse cargo de la indemnización cuando se produzcan daños a las personas y en los bienes cuando el vehículo causante, con estacionamiento habitual en España y estando asegurado, hubiera sido robado (robo y robo de uso según los arts. 237 y 244 CP).

Quedan excluidos de la indemnización del Consorcio los daños a las personas y en los bienes sufridos por quienes ocupasen voluntariamente el vehículo causante del siniestro, conociendo que el mismo había sido robado, siempre que el Consorcio probase que aquéllos conocían tal circunstancia.

## 1-134 La función del CCS en el seguro de automóvil en siniestros provocados por un vehículo cuya entidad aseguradora estuviera en insolvencia o liquidación

Como responsable subsidiario de la cobertura, corresponde al Consorcio, dentro del ámbito territorial y hasta el límite cuantitativo del aseguramiento obligatorio, hacerse cargo de la indemnización cuando se produzcan daños a las personas y en los bienes cuando el vehículo causante, con estacionamiento habitual en España y estando asegurado con una aseguradora española hubiera sido declarada judicialmente en concurso o estuviera inmersa en proceso de liquidación, esta hubiera sido asumida por el propio Consorcio.

## 1-135 La función del CCS en el Seguro de Automóvil en siniestros con perjudicados residentes en otros Estados del Espacio Económico Europeo

El CCS rembolsará las indemnizaciones correspondientes, en los siguientes supuestos:

a) Cuando el vehículo causante del accidente tenga su estacionamiento habitual en España, en el caso de que no pueda identificarse a la entidad aseguradora.

b) Cuando el accidente haya ocurrido en España, en el caso de que no pueda identificarse el vehículo causante.

c) Cuando el accidente haya ocurrido en España, en el caso de vehículos con estacionamiento habitual en terceros países adheridos al sistema de la Carta Verde, siempre que no pueda identificarse a la entidad aseguradora o el vehículo causante no esté asegurado.

 © CISS

## 1-136 Funciones informativas y de recepción de información del CCS en el seguro de automóvil

Las entidades aseguradoras que cubran la responsabilidad civil de suscripción obligatoria, derivada de la circulación de vehículos a motor con estacionamiento habitual en España, deberán comunicar al Ministerio de Economía, mediante su remisión al Consorcio de Compensación de Seguros, los datos relativos a los vehículos asegurados por ellas, así como los relativos al representante para la tramitación y liquidación de siniestros designado por la entidad aseguradora en cada uno de los Estados miembros, con el contenido, la forma y en los plazos que se establecen reglamentariamente.

El Consorcio de Compensación de Seguros actuará como organismo de información para suministrar al perjudicado la información necesaria para que pueda reclamar a la entidad aseguradora o a su representante para la tramitación y liquidación de siniestros.

A estos efectos, asumirá las siguientes funciones:

- Facilitar información relativa al número de matrícula de los vehículos con estacionamiento habitual en España; número de la póliza de seguro de responsabilidad civil en la circulación de vehículos de motor de suscripción obligatoria que cubra al vehículo, con estacionamiento habitual en España, con indicación de la fecha de inicio y fin de vigencia de la cobertura; entidad aseguradora que cubre la responsabilidad civil en la circulación de vehículos de motor de suscripción obligatoria, así como nombre y dirección del representante para la tramitación y liquidación de siniestros designados por las entidades aseguradoras.
- Dicha información deberá conservarse durante siete años a partir de la fecha de la expiración del registro del vehículo o de la expiración de la póliza de seguro.
- Coordinar la recogida de la información y su difusión.
- Prestar asistencia a las personas que tengan derecho a conocer la información. El Consorcio de Compensación de Seguros prestará asistencia y facilitará la información a los perjudicados de accidentes de circulación ocurridos en un país distinto al de su residencia habitual, siempre que se cumpla alguna de las condiciones siguientes:

a) Que el perjudicado tenga su residencia en España.

b) Que el vehículo causante del siniestro tenga su estacionamiento habitual en España.

c) Que el siniestro se haya producido en España.

El Consorcio de Compensación de Seguros facilitará, asimismo, al perjudicado el nombre y la dirección del propietario, del conductor habitual o del titular legal del vehículo con estacionamiento habitual en España, si aquel tuviera un interés legítimo en obtener dicha información.

A estos efectos, la Dirección General de Tráfico o la entidad aseguradora proporcionará estos datos al Consorcio de Compensación de Seguros, y se establecerán, en todo caso, las medidas técnicas y organizativas necesarias para asegurar la confidencialidad, seguridad e integridad de los datos y las garantías, obligaciones y derechos reconocidos en la Ley Orgánica 15/1999, de 13 de diciembre, de Protección de Datos de Carácter Personal.

## 1-137 Derecho de acceso a la información disponible en el CCS

A la información de que disponga el Consorcio de Compensación de Seguros tendrán acceso, además de los perjudicados, los aseguradores de éstos, los organismos de información de otros Estados miembros del Espacio Económico Europeo, la Oficina Española de Aseguradores de Automóviles, en su calidad de organismo de indemnización, y los organismos de indemnización y fondos de garantía de otros Estados miembros del Espacio Económico Europeo, así como los fondos de garantía de otros Estados miembros del Espacio Económico Europeo.

Tendrán también acceso a dicha información los centros sanitarios y servicios de emergencias médicas que suscriban convenios con el Consorcio de Compensación de Seguros y las entidades aseguradoras para la asistencia a lesionados de tráfico.

## 1-138 Gestión del Fichero Informativo de Vehículos Asegurados (FIVA)

El Consorcio tiene encomendada, en el marco del seguro de responsabilidad civil de automóviles de suscripción obligatoria, la gestión del Fichero Informativo de Vehículos Asegurados (FIVA), con una doble finalidad:

- Suministrar la información necesaria para que las personas implicadas en un accidente de circulación puedan averiguar, a la mayor brevedad posible, la entidad aseguradora que cubre la responsabilidad civil de cada uno de los vehículos implicados en el accidente.

- Facilitar el control de la obligación que tiene todo propietario de vehículo a motor con estacionamiento habitual en España de suscribir y mantener en vigor un contrato de seguro que cubra, en los ámbitos y hasta los límites fijados para el aseguramiento de suscripción obligatoria, la responsabilidad civil del conductor. Este control se realizará mediante la colaboración entre el Consorcio de Compensación de Seguros y la Dirección General de Tráfico, que podrán cederse entre sí los datos que figuren en sus ficheros automatizados que expresamente prevean esta cesión.

## 1-139 Otras prestaciones que cubre el CCS

**Asistencia Sanitaria.** El Consorcio asumirá también la totalidad de los gastos de asistencia sanitaria (médica, farmacéutica, hospitalaria) hasta la sanción y consolidación de las secuelas en todos los supuestos en los que interviene. Este gasto estará debidamente justificado atendiendo a la naturaleza de la asistencia prestada.

**Gastos de entierro y funeral.** El Consorcio asumirá también, en caso de muerte, los gastos de entierro y funeral en la cuantía que se justifique, de acuerdo con los usos y costumbres del lugar donde se preste el servicio.

## 1-140 El Derecho de repetición del CCS

El Consorcio ejercita este derecho en los mismos supuestos en que se contempla el ejercicio del mismo por las demás entidades de seguros, esto es, según el artículo10 de la Ley de Responsabilidad Civil y seguro en la circulación de vehículos a motor, y según el artículo 15 del Reglamento que desarrolla la citada Ley.

Y puede repetir también contra el propietario y el responsable del accidente cuando se trate de vehículo no asegurado, o contra los autores, cómplices o encubridores del robo del vehículo causante del siniestro, así como contra el responsable del accidente que conoció el robo del mismo. En el ejercicio de esa facultad de repetición será título ejecutivo la certificación del Presidente del Consorcio de Compensación de Seguros acreditativa del importe de la indemnización abonada por el Consorcio siempre que, habiendo sido requerido de pago el responsable, no lo haya realizado en el plazo de un mes desde dicho requerimiento.

## 1-141 Designación de representante para la tramitación y liquidación de los siniestros ocurridos en un Estado distinto al de residencia del perjudicado

Las entidades aseguradoras domiciliadas en España y las sucursales de terceros países establecidas en territorio español deberán designar, en los restantes Estados Miembros del Espacio Económico Europeo (los 25 estados de la Unión Europea, más Islandia, Liechtenstein y Noruega), un representante para la tramitación y liquidación, en el Estado de residencia del perjudicado, de los siniestros causados por vehículos que tengan su estacionamiento habitual y estén asegurados en un Estado del Espacio Económico Europeo, siempre que:

- El lugar de ocurrencia del siniestro sea España y el perjudicado tenga su residencia en otro Estado miembro del Espacio Económico Europeo.
- El lugar de ocurrencia del siniestro sea un Estado miembro del Espacio Económico Europeo distinto a España y el perjudicado tenga su residencia en España.
- Los siniestros ocurridos en terceros países, adheridos al sistema de Carta Verde cuando el perjudicado tenga su residencia habitual en España, o cuando el vehículo causante tenga su estacionamiento habitual y esté asegurado en España.

Dicho representante deberá residir o estar establecido en el Estado miembro en el que vaya a ejercer sus funciones y disponer de poderes suficientes para representar a la entidad aseguradora y satisfacer, en su integridad, las indemnizaciones a los perjudicados.

A ese efecto, deberá recabar toda la información necesaria y adoptar las medidas oportunas para la negociación de la liquidación en el idioma o idiomas oficiales del Estado de residencia del perjudicado.

Las entidades aseguradoras dispondrán de plena libertad para designar a estos representantes, que podrán actuar por cuenta de una o varias entidades. Asimismo, deberán comunicar su designación nombre y dirección a los organismos de información de los distintos Estados miembros del Espacio Económico Europeo.



© CISS

## 1-142 Reclamación del perjudicado no residente en España ante la entidad aseguradora establecida en España o ante el representante designado por ésta en su país de residencia

En este caso, el perjudicado podrá presentar la reclamación ante la entidad aseguradora, quién tendrá que, o bien directamente o bien a través de su representante, dar contestación a la reclamación en un plazo **de tres meses** desde su presentación, debiendo presentarse oferta motivada si se ha determinado la responsabilidad y cuantificado el daño. En caso contrario, o si la reclamación hubiera sido rechazada, dará respuesta motivada a lo planteado en la reclamación.

Transcurrido el plazo de tres meses mencionado en el párrafo anterior sin que se haya presentado una oferta motivada, se devengarán intereses de demora de acuerdo con lo previsto en la legislación que en cada caso resulte de aplicación, en atención al lugar de ocurrencia del siniestro.

La no contestación al perjudicado por la entidad aseguradora o su representante (sea por admisión de la reclamación o por su rechazo motivado) constituye infracción administrativa de acuerdo con lo dispuesto en los artículos 40.4h y 40.5b del TRLOSSP.

La acción del representante para la tramitación y liquidación de siniestros no será suficiente para modificar el derecho material que se haya de aplicar, en el caso concreto, ni para atribuir la competencia a los órganos jurisdiccionales del Estado miembro de residencia del perjudicado salvo lo previsto en las normas de derecho internacional público y privado sobre la Ley aplicable a los accidentes de circulación y sobre la atribución de competencias jurisdiccionales.

## 1-143 Reclamación del perjudicado residente en España ante la entidad aseguradora establecida en España o ante el representante designado por ésta en su país de residencia

El perjudicado con residencia en España podrá dirigirse directamente a la entidad autorizada en otro Estado miembro del Espacio Económico Europeo, aseguradora del vehículo causante del accidente, o al representante de ésta en España para la tramitación y liquidación de siniestros, en alguna de las siguientes circunstancias:

- Que el lugar de ocurrencia del siniestro sea un Estado miembro del Espacio Económico Europeo distinto a España.
- Que el lugar de ocurrencia del siniestro sea un país tercero, adherido al sistema de Carta Verde, y el perjudicado tenga su residencia habitual en España, o el vehículo causante tenga su estacionamiento habitual y esté asegurado en España.

Tampoco, en este caso, la acción del representante para la tramitación y liquidación de siniestros será suficiente para atribuir la competencia a órganos jurisdiccionales del Estado miembro de residencia del perjudicado, salvo en lo previsto en las normas de derecho internacional privado sobre atribución de competencias jurisdiccionales.

## 1-144 El papel del CCS como reasegurador en el ámbito de las actividades agropecuarias

En el caso de la protección frente a manifestaciones catastróficas derivadas de acontecimientos de la naturaleza en el ámbito de las actividades agropecuarias, la actividad del Consorcio se realiza **en forma de reaseguro**, lo que se justifica por el específico carácter de estos riesgos en relación con el sector agrícola.

Podemos incluir en esta forma de operar su actuación como reasegurador, que se produce únicamente en el caso del Seguro Agrario Combinado, y excepcionalmente y de forma transitoria, en la cobertura de pérdida de beneficios consecuencia de actos terroristas.

En efecto, es obvio que la producción agropecuaria viene fundamentalmente afectada por los riesgos de la naturaleza, algunos de los cuales pueden presentarse con especial intensidad y generalidad geográfica (como son la sequía, las heladas o las inundaciones).

## 1-145 El papel del CCS en los seguros agrarios combinados

De conformidad con el artículo 10 del Estatuto del CCS, el Consorcio asumirá la cobertura del riesgo en el seguro agrario combinado, en la forma y cuantía que determine el Ministerio de Economía y Hacienda, en los siguientes supuestos:

a) En el caso de que no se alcanzara por el conjunto de las entidades aseguradoras, la totalidad de la cobertura prevista en la Ley 87/1978, de 28 de diciembre, de Seguros Agrarios Combinados.

b) Actuando como reasegurador.

La Ley 87/1978 establece el actual sistema de los Seguros Agrarios combinados. Su Reglamento de aplicación se promulgó en el ejercicio siguiente y en 1980 se aprobó el primer Plan Anual de Seguros Agrarios Combinados.

Se trata de un seguro de suscripción voluntaria para el agricultor, aunque si opta por asegurar, debe asegurar todas las producciones de igual clase que posea.

La cobertura de los riesgos se encomienda a las entidades aseguradoras que, a estos efectos, se agrupan en un "pool": la **Agrupación de Entidades Aseguradoras de Seguros Agrarios Combinados SA, (Agroseguro)** que es la sociedad encargada de la gestión del sistema.

El Estado tiene una fuerte intervención en este ramo: apoya, controla, fomenta este seguro y fija anualmente las producciones a asegurar así como los riesgos a cubrir. Desde su nacimiento, el Seguro Agrario Combinado se ha configurado como un instrumento de ordenación agraria.

Los Seguros Agrarios Combinados han experimentado desde su creación un paulatino desarrollo y su penetración en el mercado es cada vez mayor. Al propio tiempo, se han ido introduciendo mejoras en el sistema que han conllevado una reducción general de los costes para el asegurado y, de igual modo, una mayor adecuación del seguro a las necesidades de los productores agrarios.

Tanto en su papel coasegurador como en el de reasegurador del sistema, el Consorcio de Compensación de Seguros ha desempeñado, desde el comienzo de los seguros agrarios combinados, un importante papel. En la actualidad su función como coasegurador ha perdido relevancia siendo el reaseguro su misión fundamental.

## 1-146 El papel del CCS en los riesgos meteorológicos

El mercado de seguros se ocupa muy especialmente, como es lógico, de los riesgos meteorológicos, y dada la especial trascendencia de la actividad y la importancia

de los riesgos, el Gobierno elabora anualmente un Plan Anual de Seguros que determina los riesgos que han de cubrirse en cada una de las producciones y

el ámbito temporal y geográfico de la cobertura.

Se trata de un seguro costoso, en el que es necesario que el Estado subvencione una parte importante de las primas en el marco de la política de apoyo al sector que define el propio Gobierno a través del Ministerio de Agricultura, Pesca y Alimentación, y para facilitar la administración de todo ello, las entidades aseguradoras actúan a través de una agrupación de coaseguro que centraliza la gestión por cuenta de todas ellas.

Pero además de ello, debe desarrollarse un sistema de protección ante el carácter

cíclico de estos riesgos, que los convierte, al menos en parte, en no asegurables por la técnica habitual de compensación sobre base anual -en definitiva, lo mismo que ocurre con los riesgos catastróficos en los demás ámbitos del seguro-, razón por la cual se estableció el reaseguro a cargo del Consorcio.

Por la especificidad de los riesgos y del sistema de seguros -uno de los más avanzados del mundo-, el Estatuto legal de esta Entidad establece que esta actividad habrá de llevarse con la debida separación financiera y contable respecto del resto de las actividades aseguradoras del Consorcio.

En el ámbito de las catástrofes naturales el Consorcio dedica especial atención al fomento y apoyo del estudio e investigación de los fenómenos naturales (atmosféricos y geológicos) y de los efectos catastróficos que producen, como soporte y estímulo de las estrategias adecuadas de prevención.


© CISS

## 1-147 El papel del CCS en relación con los riesgos medioambientales

Desde el 1 de enero de 1998, el Consorcio está integrado en el **Pool Español de Riesgos Medioambientales**, agrupación de interés económico que inició sus actividades en enero de 1995.

Este pool ofrece, en régimen de reaseguro, cobertura para los daños y perjuicios causados por contaminación que, en cualquier caso, habrá de producirse de forma accidental y aleatoria.

Tal como determina su Estatuto Legal, el Consorcio tiene entre sus cometidos el relativo a la elaboración de planes y programas de prevención y reducción de siniestros y desarrollarlos a través de las correspondientes campañas y medidas preventivas.

## 1-148 El papel del CCS en relación con el seguro de crédito a la exportación

El Consorcio administra los fondos del Seguro de Crédito a la Exportación por cuenta del Estado, cuya gestión está encomendada a la Compañía Española de Seguros de Crédito a la Exportación, SA (CESCE).

## 1-149 La función liquidadora del CCS

El Consorcio asumirá la condición de liquidador de las entidades aseguradoras cuando le encomiende su liquidación el Ministro de Economía y Hacienda o el órgano competente de la respectiva comunidad autónoma.

a) Podrá serle encomendada la liquidación en los siguientes supuestos:

Simultáneamente a la disolución de la entidad aseguradora si se hubiera procedido a ella administrativamente.

b) Si, disuelta una entidad, esta no hubiese procedido al nombramiento de los liquidadores antes de los 15 días siguientes a la disolución, o cuando el nombramiento dentro de ese plazo lo fuese sin cumplir los requisitos legales y estatutarios.

c) Cuando los liquidadores incumplan las normas que para la protección de los asegurados se establecen en el TRLOSSP, las que rigen la liquidación o la dificulten. También cuando, por retrasarse la liquidación o por concurrir circunstancias que así lo aconsejen, la Administración entienda que la liquidación debe encomendarse al Consorcio. En el caso de que la liquidación sea intervenida, la encomienda al Consorcio se acordará previo informe del interventor.

d) Mediante aceptación de la petición de la propia entidad aseguradora, si se apreciara causa justificada.

Las funciones que la Ley encomendaba a la Comisión Liquidadora de Entidades Aseguradoras (CLEA) han sido asumidas por el Consorcio de Compensación de Seguros y consisten fundamentalmente en asumir la liquidación de entidades aseguradoras cuando le sean encomendadas por el Ministro de Economía y Hacienda o, en su caso, por el órgano competente de la respectiva autoridad autonómica.

El CCS también actúa como interventor único en los procedimientos de suspensión de pagos y como comisario, síndico y depositario en los de quiebra.

Un ejemplo muy reciente lo encontramos en la disolución de la aseguradora Mercurio cuya liquidación se encomendó al CCS. La orden que desarrolla esta asignación es la Orden EHA/662/2010, de 15 de marzo, por la que se declara la disolución administrativa de la entidad "Seguros Mercurio, S. A.", se encomienda su liquidación al Consorcio de Compensación de Seguros y se revoca la autorización administrativa para el ejercicio de la actividad aseguradora privada.

## 1-150 Legislación reguladora de la actividad liquidadora del CCS

En esta actividad característica y muy importante del CCS, éste se somete a la siguiente legislación:

1. Real Decreto Legislativo 6/2004, de 29 de octubre, por el que se aprueba el texto refundido de la Ley de ordenación y supervisión de los seguros privados (Sección 3ª del capítulo III del título II).

2. Real Decreto 2020/1986, de 22 de agosto, reglamento de Funcionamiento de la Comisión Liquidadora de Entidades Aseguradoras.

3. Real Decreto 2226/1986, de 12 de septiembre, por el que se encomendará al CCS las funciones de liquidación de las Entidades de Ahorro.

4. Real Decreto 312/1988, de 30 de marzo, facultando a la CCS para la liquidación de las Entidades de Previsión Social.

5. Orden de 25 de marzo de 1988, que contiene normas complementarias al Real Decreto 2020/1986 de 22 de agosto. En su disposición derogatoria "única" se declara la derogación de:

- Real Decreto Ley 10/1984 de 11 de julio.
- Ley 46/1985 de 27 de diciembre de Presupuestos de 1986, disposiciones adicionales decimocuarta y trigésima octava.

6. Real Decreto Legislativo 7/2004, de 29 de Octubre, por el que se aprueba el texto refundido del Estatuto Legal del CCS y su modificación por la Ley 6/2009, de 3 de Julio.

7. Ley 22/2.003, de 9 de Julio, Concursal.

## 1-151 Fases del proceso de liquidación

**Fase I. Duración máxima de 9 meses.**

- Se inicia con la toma de posesión de la entidad. Incluye el cierre de las sucursales y la fijación de la sede de la liquidación.
- Se negocia el expediente de despido colectivo, estableciendo el número de personas necesarias para el desarrollo de la liquidación, procediéndose a la regulación de empleo del resto de la plantilla.
- Se publican anuncios en prensa y se remiten cartas a los asegurados informando de la liquidación especialmente, si se ha decretado el vencimiento anticipado de los contratos.
- Se abre el plazo para la presentación de las reclamaciones de los acreedores.
- Se inventarían los bienes y se recoge la documentación social.
- Se formula el balance provisional que incluye los beneficios previstos en la Ley, conforme al cual el Consejo de Administración del CCS aprueba el porcentaje a abonar a los acreedores por contrato de seguro.

**Fase II. Duración entre 2 a 3 años, dependiendo del volumen y de los ramos en los que operaba la compañía en liquidación.**

- Durante ese tiempo el CCS adquiere los créditos a los acreedores por contrato de seguro conforme se vayan completando los expedientes y en el porcentaje que el Consejo de Administración haya aprobado.
- Asimismo se enajenan los activos de la compañía y se interponen, en su caso, las acciones judiciales necesarias para exigir las responsabilidades a que hubiera habido lugar y para reintegrar al activo los bienes de la misma.

**Fase III. Duración mínima de ejecución del plan de liquidación (pagos a los acreedores) en un solo periodo: 6 meses. Duración de ejecución del plan de liquidación (pagos a los acreedores) en dos periodos: indeterminada.**

- La ejecución del plan de liquidación se produce en dos períodos, cuando encontrándose pendientes acciones judiciales para no perjudicar a los acreedores, se procede al pago del efectivo existente en el primer período, esperándose a repartir en el segundo, lo que se obtenga de dichas acciones judiciales pendientes. Se inicia con la celebración de la Junta de Acreedores que aprueba el plan de liquidación.
- Una vez ratificado por la Dirección General de Seguros y Fondos de Pensiones, se abona a los acreedores sus créditos en el porcentaje que haya correspondido según el activo y pasivo de la entidad. Posteriormente se publica el balance final y se extingue la compañía en el Registro Especial de Entidades Aseguradoras de la Dirección General de Seguros y Fondos de Pensiones y en el Registro Mercantil.

# Capítulo III. LA DISTRIBUCIÓN DEL RIESGO ENTRE ASEGURADORAS: COASEGURO Y REASEGURO

## Sección 1. EL COASEGURO

### 1-152 La distribución del riesgo entre aseguradoras

La distribución de riesgos entre entidades aseguradoras ha sido y será cada vez más, una condición indispensable para el ejercicio de la actividad aseguradora como consecuencia de la intensa concentración de capitales y el incremento del riesgo que ha generado la actividad económica moderna.

Las entidades aseguradoras disponen en su actuación de dos vías, que no se excluyen entre sí, y que incluso son compartidas y complementarias: **El Coaseguro y el Reaseguro**, como medios para descargarse de aquella parte del riesgo que supera sus posibilidades económicas.

El valor económico de los riesgos que los asegurados desean transferir al asegurador varía dentro de límites muy amplios.

Ante este hecho, el asegurador podría reaccionar:

- No asumiendo más que una parte del riesgo, lo que supondría que el resto quedaría a cargo del propio asegurado.
- Distribuyendo el riesgo entre otros aseguradores, practicando el coaseguro o el reaseguro.

A veces, pueden confundirse las figuras de coaseguro y de reaseguro si no se han dejado bien claras las asignaciones del riesgo. Podemos ver un ejemplo en el caso sobre un asunto de invalidez de deportistas profesionales y por el que se tiene que aclarar por sentencia que se trata de un coaseguro y no de un reaseguro, STS de 8 de abril de 2010 (rec. 545/2006).

### 1-153 Concepto de coaseguro

Existe coaseguro cuando el asegurado contrata con varios aseguradores a la vez, transfiriendo a cada uno de ellos una parte del riesgo. Se da este nombre a la **concurrencia acordada** de dos o más entidades aseguradoras en la cobertura de un mismo riesgo.

De esta forma cada asegurador asumiría exclusivamente aquella responsabilidad que le permitiera mantener un "colectivo" o cartera de riesgos de valor uniforme. Recordemos que éste es un requisito necesario para el funcionamiento de los mecanismos básicos que permiten el funcionamiento del seguro.

Desde un punto de vista técnico, el coaseguro es uno de los sistemas empleados por los aseguradores para homogeneizar cuantitativamente la composición de su cartera, puesto que a través de él sólo participan respecto a determinados riesgos en proporciones técnicamente aconsejables.

Desde un punto de vista jurídico, la ventaja del coaseguro frente al reaseguro, que técnicamente le reportaría la misma utilidad (dispersión o distribución de riesgos), estriba en que en aquel cada coaseguradora sólo responde por la participación que ha asumido, mientras que en el caso del reaseguro el asegurador responde por todo el riesgo, aunque, ocurrido el siniestro, puede recobrar la participación correspondiente de sus reaseguradores.

Administrativamente, el coaseguro puede ser de póliza única, en cuyo caso en la misma póliza firman todos los coaseguradores, fijándose en ella el porcentaje de participación de cada uno sobre el total del riesgo, o de pólizas separadas si cada coasegurador emite su propia póliza, garantizando en ella su participación individual en el riesgo.

Desde un punto de vista comercial, es frecuente que la entidad que consiguió la operación (denominada "abridora") abone al gestor de la misma la totalidad de la comisión, obteniendo ella otras comisiones de los respectivos coaseguradores a quienes ofrece la participación en el riesgo, a fin de compensar sus gastos de producción. También es frecuente que sea tal entidad la que se encargue de cobrar todas las primas y de liquidar la totalidad de los siniestros, abonando o cargando, respectivamente, a continuación, las cantidades correspondientes a los demás coaseguradores.

1

La regulación legal de esta figura aparece en el **artículo 33 LCS:**

*"Cuando mediante uno o varios contratos de seguros, referentes al mismo interés, riesgo y tiempo, se produce un reparto de cuotas determinadas entre varios aseguradores, previo acuerdo entre ellos y el tomador, cada asegurador está obligado, salvo pacto en contrario, al pago de la indemnización solamente en proporción a la cuota respectiva.*

*No obstante lo previsto en el párrafo anterior, si en el pacto de coaseguro existe un encargo a favor de uno o varios aseguradores para suscribir los documentos contractuales o para pedir el cumplimiento del contrato o contratos al asegurado en nombre del resto de los aseguradores, se entenderá que durante toda la vigencia de la relación aseguradora los aseguradores delegados están legitimados para ejercitar todos los derechos y para recibir cuantas declaraciones y reclamaciones correspondan al asegurado. El asegurador que ha pagado una cantidad superior a la que corresponda podrá repetir contra el resto de los aseguradores".*

La **Entidad Abridora** es la que extiende la póliza, la que asume el porcentaje más grande. Puede haber, sin embargo, porcentajes iguales al de la Abridora.

**ATENCIÓN**: El coaseguro se nos ofrece como método válido para distribuir un riesgo, que puede ser muy grande o que no se ajusta a la política de suscripción de la entidad aseguradora por las características, una gran industria plástica, un complejo petroquímico, una fábrica de muebles, etc., en definitiva, riesgos pesados en los que la vía del reaseguro podría incluso ser problemática.

Durante un tiempo reciente se ha utilizado la vía del coaseguro para riesgos infratarificados debido a la competencia y a que el reaseguro no hubiera aceptado o hubiera exigido medidas estrictas de suscripción, inspección del riesgo, medidas de prevención, etc.

## 1-154 Diferencia entre el coaseguro y el seguro múltiple

En primer lugar debe notarse que el coaseguro se trata de la concurrencia de varias entidades aseguradoras para la cobertura de un único riesgo, sobre el mismo interés asegurado y por el mismo período, y no de la concurrencia de varias pólizas de seguros con distintas aseguradoras sobre el mismo objeto, riesgo e idéntico período, fenómeno conocido como seguro múltiple, acumulativo o doble.

En el seguro múltiple es el tomador del seguro el que opta por la concertación de varios contratos concurrentes, mientras que en el coaseguro, son las propias entidades aseguradoras, con consentimiento del tomador, las que deciden esta especial forma de asunción conjunta de riesgo en forma de coaseguro.

Por otra parte, el coaseguro como forma especial de distribución de riesgos entre varias entidades aseguradoras, se encuentra en íntima relación con el reaseguro, no obstante existe una línea divisoria entre ambas modalidades aseguratorias.

En el coaseguro, la decisión de coaligarse varias aseguradoras requiere la comunicación al tomador del seguro, que se verá afectado por dicho acuerdo; sin embargo, en el reaseguro, el pacto interno entre la entidad cedente y la cesionaria no trasciende al asegurado, que no se encuentra facultado para exigir a la reaseguradora ningún tipo de indemnización, entendiéndose en todas las operaciones con el asegurador directo.

El pacto interno que vincula a las entidades aseguradoras, en principio, no afecta al tomador del seguro, que como regla general se entenderá directamente con el asegurador delegado que gestiona y administra la operación de coaseguro en nombre y representación de las demás entidades partícipes. La relación externa que vincula a las entidades coaseguradoras y el tomador del seguro se documenta mediante la póliza, que contendrá las condiciones generales y particulares del contrato de seguro.

## 1-155 Coaseguro con póliza única y recibo único

La entidad abridora confecciona la póliza en la que consta el cuadro de coaseguro, que es firmada por todas las entidades coaseguradoras, o por la primera, en representación de los componentes del cuadro si ha obtenido su conformidad.

La Abridora extiende el recibo por la totalidad de la prima. En caso de siniestro, la Abridora tramita y liquida la totalidad del importe del mismo.

El tomador sólo trata con la Abridora en todos los aspectos técnicos y administrativos.


© CISS

La Abridora liquida y reclama respectivamente al resto de coaseguradoras su participación sobre las primas y los siniestros. Las coaseguradoras contribuyen con un determinado porcentaje de su participación en las Primas, para compensar a la Abridora de los gastos soportados por la gestión de la póliza y siniestros (gastos de administración).

## 1-156 Coaseguro con póliza única y recibo por entidad

La Abridora confecciona la póliza en la que consta el cuadro de coaseguro, que es firmada por todas las entidades coaseguradoras o por la primera en representación de las componentes del cuadro de coaseguro. Cada coaseguradora libra el correspondiente recibo por su participación, que es presentado individualmente al tomador para su cobro.

En caso de siniestro, el tomador lo declara a la Abridora, que nombra perito y tramita el expediente. Una vez determinada la indemnización, cada coaseguradora liquida su participación directamente al tomador. Esta gestión se suele coordinar en lo posible.

## 1-157 Coaseguro con póliza y recibo por entidad

En este caso no se puede hablar de Abridora en sentido estricto, ya que cada coaseguradora redacta su propia Póliza, detallando capitales y primas totales, los de su participación y el cuadro de coaseguro.

## 1-158 Coaseguro comunitario

Participan en él varias aseguradoras, todas ellas con domicilio social en algún país de la Comunidad Europea. El Coaseguro se efectúa en base a **una sola Póliza**, según la modalidad comentada anteriormente: **una Póliza, un Recibo.**

Según la Ley de Contrato de Seguro, y en un párrafo introducido por Ley 30/1995, de 8 de noviembre, el artículo 33.a dice:

*"1. Un contrato de seguro tendrá la calificación de coaseguro comunitario a los efectos de esta Ley si reúne todas y cada una de las siguientes condiciones:*

a) *Que dé lugar a la cobertura de uno o más riesgos de los definidos en el artículo 107.2 de esta Ley.*

b) *Que participen en la cobertura del riesgo varias aseguradoras teniendo todas ellas su domicilio social en alguno de los Estados miembros del Espacio Económico Europeo, y siendo una de ellas abridora de la operación.*

c) *Que el coaseguro se haga mediante un único contrato, referente al mismo interés, riesgo y tiempo y con reparto de cuotas determinadas entre varias aseguradoras, sin que exista solidaridad entre ellas, de forma que cada una solamente estará obligada al pago de la indemnización en proporción a la cuota respectiva.*

d) *Que cubra riesgos situados en el Espacio Económico Europeo.*

e) *Que la aseguradora abridora, esté o no domiciliada en España, se encuentre habilitada para cubrir la totalidad del riesgo conforme a las disposiciones que le sean aplicables.*

f) *Que al menos uno de los coaseguradores participe en el contrato por medio de su domicilio social o de una sucursal establecida en un Estado miembro del Espacio Económico Europeo distinto del Estado de la aseguradora abridora.*

g) *Que la abridora asuma plenamente las funciones que le corresponden en la práctica del coaseguro, determinando, de acuerdo con el tomador y de conformidad con lo dispuesto en las leyes, la ley aplicable al contrato de seguro, las condiciones de éste y las de tarifación.*

*2. Las aseguradoras que participen en España en una operación de coaseguro comunitario en calidad de abridoras, así como sus actividades como tales coaseguradoras, se regirán por las disposiciones aplicables al contrato de seguro por grandes riesgos".*

1

# Sección 2. EL REASEGURO

## 1-159 Concepto de reaseguro

El reaseguro tiene por objeto garantizar a la entidad aseguradora contra el riesgo de que su patrimonio se vea afectado por una siniestralidad en su cartera de seguros superior a la prevista o a la que técnicamente pudiera soportar. Dicha operación, que reviste asimismo carácter contractual, es esencialmente una modalidad de seguro en que el asegurado es una entidad de seguros y el asegurador es un reasegurador.

El reaseguro es el seguro de los riesgos asumidos por el Asegurador, es decir, el Reaseguro es, en consecuencia, un instrumento técnico, económico, financiero y contractual, de importancia vital para los Aseguradores para, de una parte, mantener la homogeneidad de sus aceptaciones y, de otra, permitirles asumir grandes masas de riesgos que después serán divididos y atomizados desde la empresa de reaseguros. Así, a través del reaseguro se pueden obtener participaciones en el conjunto de riesgos homogéneos de otra empresa y, por lo tanto, multiplicar el número de riesgos iguales de una entidad.

Es el instrumento técnico del que se vale una entidad aseguradora para conseguir la compensación estadística que necesita, igualando u homogeneizando los riesgos que componen su cartera de bienes asegurados mediante la cesión de parte de ellos a otras entidades. En tal sentido, el reaseguro sirve para distribuir entre otros aseguradores los excesos de los riesgos de más volumen, permitiendo el asegurador directo (o reasegurado cedente) operar sobre una masa de riesgos aproximadamente iguales, por lo menos si se computa su volumen con el índice de intensidad de siniestros.

**Ejemplo:**

Un ejemplo muy ilustrativo lo tenemos en un caso conocido por todos: el Incendio del edificio WINDSOR de Madrid del año 2005.

Este edificio contaba con una Póliza Multirriesgo por importe total de 112 millones de euros distribuida en coaseguro entre Allianz Seguros (60%) y Mapfre Seguros (40%).

El capital de la póliza se componía de:

- 90 millones de euros por daños.
- 12 millones de euros de lucro cesante por pérdida de alquileres y pérdida de demás ingresos.
- 10 millones de euros por responsabilidad civil .

La valoración de los daños fue de 290 millones de euros aproximadamente. Ambas compañías aseguradoras habían reasegurado el riesgo (con sus respectivas reaseguradoras) y con Munich RE al 90%. La filial Mapfre RE participa igualmente en el cuadro de reaseguro de dicha póliza.

Casos como el de la cobertura de lucro cesante por pérdida de ingresos de 12 millones de prima anual resulta finalmente una cifra cuatro o cinco veces superior, es decir entre 48 y 60 millones adicionales de euros por el tiempo en que se tarda en la reconstrucción.

A ello se suman los seguros que tenían contraídos los inquilinos del edificio, entre los que estaba la firma de auditoría Deloitte, el bufete Garrigues, El Corte Inglés, o pequeñas tiendas y restaurantes que ocupaban los bajos.

## 1-160 Diferencia entre seguro y reaseguro

La principal diferencia estriba en el hecho de que, mientras por un contrato de seguro la relación indemnizatoria se establece entre una empresa de seguros y el público en general (individuos o empresas), en el caso del reaseguro el cliente es una entidad de seguros o de reaseguros.

El reaseguro es, por tanto, el seguro del riesgo asumido por los aseguradores. La necesaria distribución de riesgos, esencial para garantizar la estabilidad de la entidad aseguradora, se basa en la práctica, de manera fundamental, en el reaseguro.


© CISS

## 1-161 Características del reaseguro

Su principal característica es la de constituir un factor de división y reparto de riesgos. A través del reaseguro, la entidad aseguradora persigue eliminar las causas de una posible desviación de la siniestralidad que pueden tener su origen en los aspectos que se mencionan a continuación.

El reaseguro no elimina ni reduce el daño, pero reparte la incidencia financiera de los siniestros entre la entidad aseguradora y el reasegurador.

El reaseguro mejora las condiciones de equilibrio técnico de la entidad aseguradora, nivelando la cuantía de sus diferentes exposiciones por riesgos y favoreciendo el logro de un equilibrio entre las primas recaudadas y el conjunto de los siniestros.

El reaseguro incrementa indirectamente las posibilidades de expansión del Asegurador al permitirle, con el aumento automático de su capacidad de cobertura y sin que por ello ponga en peligro el logro de una estabilidad en sus resultados, satisfacer las exigencias y las necesidades del mercado.

El contrato de reaseguro es un contrato nuevo que no altera en ningún punto el contrato de seguro, y no establece lazo jurídico alguno entre el asegurado y el reasegurador.

## 1-162 Regulación del reaseguro

Desde una perspectiva de **Derecho Privado**, el reaseguro se regula en los artículos 77 a 79 de la LCS:

Según el **artículo 77 de la Ley de Contrato de Seguro**:

*"Por el contrato de reaseguro el reasegurador se obliga a reparar, dentro de los límites establecidos en la Ley y en el contrato, la deuda que nace en el patrimonio del reasegurado a consecuencia de la obligación por éste asumida como asegurador en un contrato de seguro.*

*El pacto de reaseguro interno, efectuado entre el asegurador directo y otros aseguradores, no afectará al asegurado, que podrá, en todo caso, exigir la totalidad de la indemnización a dicho asegurador, sin perjuicio del derecho de repetición que a éste corresponda frente a los reaseguradores, en virtud del pacto interno".*

De conformidad con el **artículo 78:**

*"El asegurado no podrá exigir directamente del reasegurador indemnización ni prestación alguna. En caso de liquidación voluntaria o forzosa de su asegurador gozarán de privilegio especial sobre el saldo acreedor que arroje la cuenta del asegurador con el reasegurador.*

*Las alteraciones y modificaciones de la suma asegurada, del valor del interés, y, en general, de las condiciones del seguro directo deberán comunicarse al reasegurador en la forma y en los plazos establecidos en el contrato".*

Por su parte, **el artículo 79** señala:

*"No será de aplicación al contrato de reaseguro el mandato contenido en el artículo 2 de esta Ley".*

Desde una perspectiva de **Derecho Público**, el TRLOSSP incluye la actividad de reaseguro en su ámbito de aplicación.

## 1-163 Las entidades reaseguradoras

El acceso a la actividad de las entidades reaseguradoras españolas requerirá la previa obtención de autorización del Ministro de Economía y Hacienda.

La autorización administrativa será válida en todo el Espacio Económico Europeo y se concederá para actividades de reaseguro de vida, actividades de reaseguro distinto del de vida, o para todo tipo de actividades de reaseguro. La autorización de las entidades reaseguradoras españolas determinará su inscripción en el registro administrativo previsto en el artículo 74 del TRLOSSP.

Serán requisitos necesarios para obtener y conservar la autorización administrativa los previstos en el artículo 5.2 del TRLOSSP, con determinadas excepciones y con las siguientes particularidades:

- Deberán adoptar la forma jurídica de sociedad anónima o sociedad anónima europea.

- Limitarán su objeto social a la actividad reaseguradora y las operaciones conexas.
- Capital social mínimo de 9.015.181,57 euros.
- Al igual que las entidades aseguradoras, habrán de presentar y atenerse a un programa de actividades. El programa de actividades deberá contener, al menos, indicaciones o justificaciones relativas a la naturaleza de los riesgos que la entidad reaseguradora pretende cubrir, los tipos de acuerdos de reaseguro que la entidad se proponga celebrar con las cedentes, los principios rectores en materia de retrocesión y un balance de situación.
- El domicilio social y la administración central se situarán en España.

Las características de las entidades reaseguradoras son las siguientes:

a) Las sociedades anónimas españolas que tengan por objeto exclusivo el reaseguro.

b) Las entidades aseguradoras que se hallen autorizadas para la práctica del seguro directo en España, en los mismos ramos que comprenda aquella autorización y con arreglo al mismo régimen jurídico.

c) Las entidades de reaseguro extranjeras, o agrupaciones de éstas, que operen en su propio país y establezcan sucursal en España.

d) Las entidades aseguradoras y de reaseguro extranjeras, o agrupaciones de éstas, que operen en su propio país y no tengan sucursal en España o, teniéndola, las aceptasen desde su domicilio social o, caso de entidades domiciliadas en el Espacio Económico Europeo, desde sucursales establecidas en cualquiera de los Estados miembros.

Las entidades referidas en la letra a) y las sucursales comprendidas en la letra c) anteriores requerirán autorización del Ministro de Economía y Hacienda, para cuya obtención habrán de cumplir los requisitos exigidos para las entidades aseguradoras directas.

Estas entidades tienen la obligación de constituir, calcular, contabilizar e invertir las provisiones técnicas y, en su caso, disponer del margen de solvencia en la forma que reglamentariamente se determine.

## 1-164 El pleno de retención

El Pleno de retención está concebido como la cifra máxima que el asegurador debe retener por cuenta propia, so pena de atentar contra la integridad de su fondo de garantía y la solvencia y continuidad de su propia empresa. Y es aquí, a partir de estas limitaciones y del concepto de Pleno de retención, donde técnicamente se genera el reaseguro y se justifica su filosofía y su razón de ser.

El pacto de reaseguro, efectuado entre el asegurador directo y otros aseguradores, no afectará al asegurado, que podrá, en todo caso, exigir la totalidad de la indemnización a dicho asegurador. Consecuencia lógica de este principio y, al propio tiempo, norma legal, lo constituye el hecho de que al asegurado no le cabe la posibilidad de reclamar o exigir directamente del reasegurador indemnización ni prestación alguna.

El reasegurador puede asimismo descargarse de una parte del riesgo asumido cediendo una parte del mismo a otro reasegurador. A esta operación se la denomina "**Retrocesión**" (reaseguro de reaseguro aceptado es igual a Retrocesión.).

La determinación prudente y juiciosa del límite de la responsabilidad del Asegurador, denominada "**Pleno de Retención**" en el tecnicismo del seguro, es lo que permite dar la solución que requiere el problema.

El reaseguro es el instrumento técnico que se ofrece al asegurador para transferir aquellos riesgos que, por su propia naturaleza, cuantitativa o cualitativa, exceden de su Pleno de Retención y, en definitiva, de su potencialidad económica.

## 1-165 Requisitos del reaseguro

Las principales características que configuran la relación de reaseguro son las siguientes:

a) **Preexistencia de un contrato de seguro**: evidentemente, para poder concertar cualquier contrato de reaseguro, es requisito previo la existencia de un contrato de seguro, cuyo riesgo pueda transferirse al reasegurador.

b) **Plena autonomía** de los contratos de seguro y reaseguro. Dos hechos importantes se derivan de lo anterior:

- El contrato de reaseguro es un contrato nuevo que no altera en ningún punto el contrato de seguro.

- El contrato de reaseguro no establece lazo jurídico alguno entre el asegurado y el reasegurador. Este principio de separación total entre las relaciones de asegurado/asegurador por una parte y de reasegurado/reasegurador por otra, queda recogido en la legislación española, así como en la legislación comparada.

c) **El reaseguro se contrata entre profesionales.** Posición de igualdad entre las partes. El contrato de reaseguro forma la base esencial de las relaciones jurídicas entre reasegurador y asegurador. Su posición en el mismo es de igual a igual, al estar concertado entre profesionales. Por esta razón, mientras que en el seguro directo la legislación establece normas muy detalladas de carácter imperativo, destinadas a proteger al asegurado, en el contrato de reaseguro se excluyen dichas normas, por entender que las partes actúan en pie de igualdad.

d) La **buena fe** como presupuesto del contrato de reaseguro: la buena fe ilumina todas las relaciones y el cumplimiento de las obligaciones que surgen del reaseguro.

Normalmente, el reasegurador no puede examinar la exactitud y veracidad de todas las declaraciones del asegurador-reasegurado. Generalmente desconoce el contenido exacto de las pólizas, tanto las de cartera, como, aún en menor medida, las de nueva producción.

Por otra parte, la selección de los riesgos que hace al asegurador directo para aplicarlos al contrato, es una de las mayores pruebas de confianza que el reasegurador deposita en la entidad cedente.

e) El **arbitraje** como procedimiento para la resolución de las discrepancias entre cedente y reasegurador. Los contratos de reaseguro estipulan que cuando surgen divergencias entre las partes, estas se resolverán por el procedimiento de arbitraje entre las partes, en lugar de acudir a los Tribunales de Justicia.

En cambio, en el reaseguro no proporcional la responsabilidad entre asegurador y reasegurador se reparte en base a la cuantía del siniestro.

## 1-166 Reaseguro obligatorio

Es aquel en el que la entidad cedente se compromete a ceder y el reasegurador se compromete a aceptar determinados riesgos, siempre que se cumplan las condiciones preestablecidas en un contrato suscrito entre ambas partes, denominado "**tratado de reaseguro**".

## 1-167 Reaseguro facultativo

Es aquel en que la compañía cedente no se compromete a ceder ni la compañía reaseguradora se compromete a aceptar determinada clase de riesgos, sino que éstos han de ser comunicados individualmente, estableciéndose para cada caso concreto las condiciones que han de regular la cesión y la aceptación.

## 1-168 Reaseguro obligatorio-facultativo

Es un reaseguro mixto, en el sentido de que la compañía cedente no se compromete a ceder, pero el reasegurador sí se obliga a aceptar los riesgos que le sean cedidos por la cedente, siempre que se cumplan determinados requisitos previamente establecidos al efecto en un documento, denominado "carta de garantía" o *"cover"*.

## 1-169 Reaseguro proporcional. Características

En el reaseguro denominado proporcional el reparto de la responsabilidad entre asegurador y reasegurador se hace en base a la suma asegurada, es decir, que en el sistema proporcional el reasegurador acepta una parte alícuota de la responsabilidad asumida por la entidad aseguradora, repartiéndose en la misma proporción los siniestros que pudieran ocurrir.

Esta forma de reaseguro tradicional por el sistema proporcional ofrece la ventaja de que proporciona una financiación a la compañía cedente y permite un mayor equilibrio en la retención, al amortizar un posible desvío de la siniestralidad menuda, producida por una elevación en la frecuencia de los siniestros. Tiene en cambio el inconveniente del elevado coste de su administración.

Las diferentes modalidades de reaseguro proporcional se caracterizan por el reparto del riesgo, entre asegurador y reasegurador, en base al capital asegurado.

El reasegurador acepta una parte de la responsabilidad asumida por el asegurador, de acuerdo con la póliza original de seguro. En la misma proporción en que se ha dividido el riesgo se reparten los siniestros que puedan ocurrir.

En los ramos de daños a las cosas, la responsabilidad la relacionamos con la suma asegurada, que generalmente coincide con el valor del objeto asegurado.

En otros ramos del seguro como Vida y Responsabilidad Civil, el compromiso lo fijamos según la suma de indemnización destinada a reparar o compensar el daño sufrido. Esta suma, obviamente, no representa el valor real del posible daño, ya que en estos ramos sería muy difícil establecerlo. Así pues, el elemento básico es la proporción de la responsabilidad asumida.

Las **modalidades** de reaseguros proporcionales son:

- El Reaseguro Cuota-Parte.
- El reaseguro de Primer Excedente.
- El reaseguro de Segundo Excedente.
- El reaseguro Mixto o de Cuota Parte-Excedente.

Las principales **características** que definen el reaseguro proporcional son las siguientes:

a) El reparto del riesgo se hace en función de los capitales asegurados, denominándose retención al porcentaje que asume el asegurador directo y cesión a la parte que se cede al reasegurador.

b) La prima de reaseguro representa el mismo porcentaje sobre la prima total que el capital reasegurado. De esta prima se deduce la comisión que se haya convenido entre asegurador y reasegurador.

c) De igual manera, los siniestros se reparten en la misma proporción en que se haya realizado el reparto de capitales y primas.

d) El porcentaje puede ser uniforme para todas las pólizas que se canalicen por un determinado contrato o fluctuar en función de diferentes variables que se estipulen en el texto contractual: tipo de riesgo, tasa o capital asegurado.

e) La capacidad de los contratos suele ser un múltiplo del Pleno de Retención.

f) En esta modalidad el coste del reaseguro variará en función de la siniestralidad del negocio y de la comisión que el reasegurador abone a la cedente para compensarle de sus gastos de adquisición y administración.

## 1-170 Reaseguro cuota-parte

En el contrato de Cuota-Parte, la cedente se compromete a ceder y a retener un porcentaje fijo de cada riesgo, convenido con el reasegurador que se compromete a aceptarlo. Es, dentro de la modalidad de reaseguro proporcional, el sistema más sencillo y de más cómoda administración, ya que, la cantidad reasegurada de primas y siniestros puede calcularse para el conjunto de la cartera, hasta el límite de capacidad que permita el contrato, sin necesidad de realizarlo riesgo a riesgo.

En este reaseguro, el reasegurador participa en una proporción fija en todos los riesgos que sean asumidos por la cedente en determinado ramo o modalidad de seguro.

La simplificación administrativa que representa es su principal ventaja.

El reaseguro en Cuota-Parte tiene, sin embargo, una serie de inconvenientes que es preciso tener en cuenta antes de incluirlo en un plan de reaseguros:

- En primer lugar, la cedente no puede realizar una selección de su retención, reteniendo menos en los riesgos más peligrosos, sino que ha de retener un porcentaje uniforme de cada riesgo.

- Por otra parte, las primas retenidas se reducen, al verse obligada a ceder el porcentaje pactado también en los riesgos pequeños, que en otro sistema de reaseguro podría retener íntegramente.

**ATENCIÓN:** Si, por ejemplo, existe un reaseguro cuota-parte al 50% en el ramo de incendios, quiere decirse que en todas las pólizas suscritas por la cedente en dicho ramo, al reasegurador corresponderá un 50% de las primas, así como la mitad del importe de los siniestros que afecten a tales pólizas.



© CISS

## 1-171 Reaseguro de primer excedente

Es aquel en que el reasegurador participa en una proporción variable en todos los riesgos que sean asumidos por la cedente en determinado ramo o modalidad de seguro. Esta variabilidad depende de la tabla de plenos y de la capacidad del contrato.

El reaseguro de primer excedente constituye la fórmula de reaseguro más frecuentemente utilizada. Por este método, el reasegurador acepta un porcentaje de cada riesgo cedido de acuerdo con la tabla de plenos que se establezca en el contrato, recibiendo la misma proporción de la prima e indemnizando los siniestros por idéntico porcentaje.

La principal diferencia con el Cuota-Parte es que por este sistema la compañía retiene un porcentaje diferente de cada riesgo, reteniendo íntegramente aquellos que no superen su retención.

En este tipo de contratos, los límites de retención suelen estar en función de la peligrosidad del riesgo, tomando como elemento de referencia la clase de riesgo o la tasa de prima. El contrato suele tener una capacidad que es un múltiplo del pleno de retención.

El contrato de primer excedente, si bien incrementa notablemente la labor administrativa con respecto al Cuota-Parte, ya que la cartera precisa de un tratamiento individualizado de cada riesgo, tiene en cambio algunas ventajas importantes:

- La cedente podrá incrementar notablemente su retención, siendo ésta más selectiva al fijarla de acuerdo con el tipo de riesgo. Consecuentemente, podrá mejorar el coeficiente de siniestralidad del negocio retenido con respecto al conjunto de la cartera.
- Estará asimismo en condiciones de suscribir riesgos mayores, al permitir esta clase de contratos asumiendo unas responsabilidades más elevadas que las del cuota-parte.

**Tabla de plenos**

Se da este nombre al cuadro en que se refleja la parte de riesgo que retiene por cuenta propia la compañía cedente respecto a las pólizas que suscriba en un determinado ramo. Esta tabla se determina en función de la peligrosidad intrínseca de los riesgos asegurados.

**Ejemplo:**

En el seguro de incendios, una tabla de plenos podría ser la siguiente: Riesgo cuyo tipo de prima esté: Riesgo máximo por cuenta propia de la cedente (pleno de retención e) Entre el 0,25 y el 2% 60.000 Entre el 2,01 y el 5% 48.000 Entre el 15,01 y el 8% 36.000 Entre el 18,01 y el 10% 24.000 Más del 10%... 12.000 b).

**Capacidad del contrato**

Se da este nombre al límite máximo de riesgo que la cedente puede ceder a su reasegurador en un contrato de excedente. Esta capacidad viene dada por la tabla de plenos antes descrita (pleno de retención o de conservación por cuenta propia de la cedente) y por el número de plenos que acepta el reasegurador, según acuerdo previo.

**ATENCIÓN:** Un contrato, por ejemplo, de «20 plenos» quiere decir que el reasegurador vendrá obligado a aceptar hasta 20 veces la conservación (o pleno de retención) que retenga la cedente. Por supuesto que dicha capacidad es variable, pues depende de cada tipo de riesgo en concreto, ya que para cada grupo de éstos, según se ha indicado, la cedente retiene una cantidad distinta.

## 1-172 Reaseguro de segundo excedente

Como complemento al primer excedente pueden establecerse uno o más contratos (segundo, tercero,...n, excedentes), llamándose segundo excedentes, que comenzarían a funcionar una vez saturado el contrato principal.

El "segundo excedente" tiene una estructura similar al primero, con una tabla de plenos y una capacidad múltiplo de cada pleno. No obstante, las condiciones económicas suelen ser peores, fundamentalmente en lo que se refiere a las comisiones que por lo general son inferiores a las del contrato base. La razón es que estos contratos están más desequilibrados, al tener un alimento de primas menor y estar en la mayoría de los casos compuestos por riesgos punta.

Así pues, en estas condiciones la probabilidad de pérdida para el reasegurador es superior, por lo que suelen ser poco proclives a participar en este tipo de contratos, y cuando lo hacen, endurecen las condiciones del mismo.

## 1-173 Reaseguro mixto o de cuota parte-excedente

Se trata de un contrato en el que se combinan los sistemas de cuota y excedente. En efecto, la capacidad del Cuota-Parte actúa como pleno de retención del excedente, siendo la responsabilidad máxima del excedente un múltiplo de la cuota.

A su vez, este pleno del excedente es reasegurado en Cuota-Parte, con los mismos o diferentes reaseguradores, normalmente a unas condiciones económicas más ventajosas para la cedente.

Este tipo de cobertura es apropiada para una compañía nueva o que comience a trabajar un ramo, así equilibra su retención y consigue una mayor capacidad automática que facilite su suscripción.

## 1-174 Reaseguros no proporcionales

Las modalidades de reaseguros no proporcionales son:

- El Reaseguro de exceso de pérdidas.
- Reaseguro no proporcional XL Working.
- Reaseguro no proporcional XL de cúmulos o de catástrofe.
- Reaseguro no proporcional XL Mixto.
- Reaseguro no proporcional Stop Loss sistema simple.
- Reaseguro no proporcional Stop Loss de exceso de siniestralidad.
- Aggregate.

## 1-175 Reaseguro de exceso de pérdidas

El reaseguro de exceso de pérdidas es de la categoría de reaseguro de siniestros o también llamado "no proporcional".

El reaseguro de Exceso de Pérdidas se caracteriza por un reparto de las responsabilidades entre cedente y reasegurador en función de la cuantía del siniestro, no del capital asegurado, como sucede en el reaseguro proporcional.

En el reaseguro de exceso de pérdida (*excess of loss reinsurance*), el reasegurador, con relación a determinado ramo o modalidad de seguro, participa en los siniestros de la cedente cuyo importe exceda de una determinada cuantía preestablecida a tal efecto.

Si, por ejemplo, existe un reaseguro sobre el exceso de 600.000 euros, quiere decirse que los siniestros que no superen tal importe irán por completo a cargo de la cedente, mientras que el reasegurador pagará el exceso de dicha cantidad en los siniestros que la superen.

Como pago a la cobertura que otorga, el reasegurador percibe un porcentaje de las primas originales, que no es directamente proporcional a la suma asegurada.

Una característica importante del reaseguro de exceso de pérdidas es la enorme simplificación administrativa que introduce en el tratamiento del reaseguro -una cuenta anual- ya que, la tasa de prima se calcula globalmente sobre la totalidad de las primas suscritas y no riesgo a riesgo.

En esta modalidad, el coste del reaseguro puede ser un gasto fijo presupuestado, al comienzo del ejercicio.

El reaseguro de exceso de pérdidas contribuye a incrementar de una forma muy notable las primas retenidas.

 © CISS

Mientras las características que hemos apuntado podríamos considerarlas como positivas, un aspecto negativo de esta modalidad de reaseguro para la cedente es que no proporciona financiación, antes por el contrario, suele ser la cedente la que ha de pagar primas anticipadas.

Por otra parte, en caso de una desviación no prevista de la siniestralidad, habría de ser asumida totalmente por el asegurador, si los siniestros no superan la prioridad estipulada.

**Exceso de pérdida acumulativa**

El contrato de exceso de pérdida acumulativa puede resolver desviaciones imprevistas continuadas de la siniestralidad. Funciona de la siguiente forma: se crean dos retenciones netas, la más baja fijada a un nivel sobrepasado con cierta frecuencia, y una retención neta más elevada raramente alcanzada.

Para que la compañía cedente recupere la pérdida acumulada durante el año en exceso de la retención neta más baja, deberá la siniestralidad exceder a su vez la retención neta más elevada. En este caso, el asegurador pagará las pérdidas que excedan de la retención neta más baja.

## 1-176 Reaseguro no proporcional XL Working

Para designar este tipo de cobertura, se suele utilizar la expresión inglesa *"working excess of loss" "WXL"*, también denominada **"cobertura operativa"**.

Presta protección al asegurador de siniestros que sobrepasan una cantidad determinada, aunque corresponden a una sola póliza. Es decir, protege al asegurador riesgo a riesgo. Se utiliza frecuentemente en los ramos de daños.

Es frecuente encontrarla como complemento de un contrato Cuota-Parte para proteger la retención a partir de una cantidad que se establezca. También puede utilizarse como protección por cuenta común del contrato proporcional como protección básica de la suscripción.

## 1-177 Reaseguro no proporcional XL de cúmulos o de catástrofe

Se utiliza en todos los ramos del seguro. Protege al asegurador contra los cúmulos que resultan cuando varios siniestros son causados por un mismo evento, afectando a más de una póliza. Esta es la diferencia con el *working*, que el evento ha de afectar a más de una póliza para que haga funcionar el XL de cúmulos.

Así pues, no tiene que ser necesariamente una catástrofe para que afecte al contrato, sobre todo en ramos como el de automóviles, donde frecuentemente un mismo siniestro puede implicar a dos o más pólizas de una misma cartera.

Cuando su finalidad es únicamente protegerse en caso de catástrofe, puede establecerse que comience a operar cuando el evento afecte a un número de pólizas superior a dos, en cuyo caso, el deducible habría que elevarlo a una cantidad superior a la responsabilidad que se asuma por cada póliza.

## 1-178 Reaseguro no proporcional XL Mixto

Este es probablemente el tipo de cobertura más utilizado en el exceso de pérdidas, es una mezcla de riesgo y de cúmulo. Es decir, funciona tanto si el siniestro afecta a una sola póliza, como si se ven implicadas varias, siempre que el siniestro supere la prioridad contratada.

Su fácil adaptación a las necesidades de las compañías cedentes hace que sea la modalidad más extendida, al ser válida como cobertura operativa y para el caso de cúmulos o catástrofe.

## 1-179 Reaseguro no proporcional Stop Loss sistema simple

En el Stop Loss la protección de asegurador se establece en base a la siniestralidad en lugar del importe del siniestro, es decir, podría cubrirse hasta el 200% de siniestralidad en exceso del 80%. El reasegurador tiene muy en cuenta el no garantizar un beneficio a la cedente, ya que ello podría conducir a una suscripción poco responsable. Así, la siniestralidad retenida más los gastos de adquisición y generales debe superar el 100%. Por otra parte, la compañía suele participar en un pequeño porcentaje sobre el exceso cubierto.

Si bien este tipo de cobertura parece indicado para ramos con resultados cíclicos (peste de ganado, pedrisco, crédito, etc.), también se puede utilizar en otros ramos, donde las desviaciones de la siniestralidad puedan resultar peligrosas. Sobre todo, en aquellos negocios que tardan muchos años en liquidarse los siniestros y que no es fácilmente previsible su evolución.

En cualquier caso, debido a su elevado coste, y a que no existe un mercado de reaseguro amplio para este tipo de contratos, no es una modalidad muy extendida.

## 1-180 Reaseguro no proporcional Stop Loss de exceso de siniestralidad

Es aquel en que la cedente fija el porcentaje máximo de siniestralidad global que está dispuesta a soportar en determinado ramo o modalidad de seguro, corriendo a cargo del reasegurador el exceso que se produzca.

El tipo de prima de este reaseguro se calcula de modo análogo al de exceso de pérdida y su mecánica operativa es también semejante a la de este reaseguro. Su expansión se debe fundamentalmente a las ventajas que representa:

- Simplificación administrativa (una cuenta anual). El coste del reaseguro puede ser un coste fijo presupuestado de antemano.
- Se incrementan las primas retenidas. Sin embargo, tiene la desventaja, nada despreciable, de una posible fluctuación negativa de la siniestralidad, que habría de ser asumida totalmente por la compañía cedente, si los siniestros no superan la prioridad establecida.

El asegurador utiliza en ocasiones el reaseguro de exceso de siniestralidad media para proteger un ramo poco desarrollado.

Es un contrato de tipo Stop Loss cuya retención se fija al nivel de la siniestralidad de los últimos 10 años. El asegurador suele participar en el 25% de los siniestros que no superaron el índice de siniestralidad medio y se responsabilizará del 75% de los que excedan la retención neta hasta la cuantía que se establezca.

Se trata de una fórmula de reaseguro muy sencilla, que exige poco trabajo administrativo, por lo que es perfectamente adaptable en compañías de tipo pequeño o que empiezan a trabajar algún ramo.

**ATENCIÓN:** Si, por ejemplo, este reaseguro afecta al ramo de pedrisco y el tope de siniestralidad establecido es del 75%, quiere decirse que, al final del año, el reasegurador satisfará el importe que exceda, en la siniestralidad conjunta del ramo, del indicado porcentaje. Si las primas recaudadas a lo largo del ejercicio son, p. ej., 30.000.000 e, y los siniestros han ascendido a 28.000.000 euros, el reasegurador habrá de satisfacer el exceso del 75% de la siniestralidad (22.500.000 e), es decir, 5.500.000 euros.

## 1-181 Aggregate

En ocasiones, el asegurador asume, además de la prioridad establecida en contrato, una cantidad suplementaria a deducir de la primera cantidad a cargo del reasegurador. Esta cifra a cargo de la compañía cedente se conoce con el término inglés de "aggregate".

Esta "franquicia" tiene la ventaja, desde el punto de vista de la cedente, de que reduce sustancialmente la tasa de prima del contrato, y desde el del reasegurador, de que solamente pagará en el caso de que se produjeran uno o varios siniestros que superaran notablemente la prioridad.

## 1-182 Cobertura por año de ocurrencia o a vencimiento de la póliza

El contrato de Exceso de Pérdidas se puede establecer sobre las pólizas "emitidas y renovadas" o bien cubriendo "los siniestros que ocurran" durante el período de cobertura.

Si la fórmula adoptada es la de "emitidas y renovadas" el contrato cubrirá todos los siniestros que afecten a las pólizas emitidas o renovadas durante el año mientras estén vigentes (durante un año como máximo). En cambio, si se opta por la modalidad de "los siniestros que ocurran", la cobertura se extiende únicamente a los siniestros ocurridos durante el período de vigencia del contrato, aunque afecten a pólizas emitidas con anterioridad a la entrada en vigor de la cobertura.

 © CISS

En ramos en los que se pueden ver afectadas dos o más pólizas, parece más apropiada la segunda fórmula de "los siniestros que ocurran". Ya que en caso de cambio de reasegurador, con pólizas que tomarán efecto en distinto año, podría plantearse un problema para la compañía cedente, al tener que retener dos prioridades en un solo siniestro. Este sistema tiene el inconveniente de que si el reasegurador anulara el contrato y no se renovara, nos podríamos encontrar sin cobertura para pólizas ya emitidas.

## 1-183 Duración del reaseguro de exceso de pérdidas

La duración de un contrato de Exceso de Pérdidas puede establecerse por uno o varios años. En el primer caso se regularizaría de acuerdo con las primas y siniestros del año, y es el sistema normalmente adoptado.

Sin embargo, en aquellos ramos en los que los resultados son muy aleatorios se suelen establecer contratos plurianuales (el trienio es un período de tiempo muy utilizado). En este caso la regularización de primas y siniestros se realizaría para los años concertados. Parece un sistema más equitativo para ambas partes, ya que se pueden compensar pérdidas y beneficios en un período más amplio.

## 1-184 Reaseguro facultativo

El Reaseguro facultativo es el método más antiguo de reaseguro, si bien ha sido sustituido en gran medida por los contratos. La característica definitoria del reaseguro facultativo es su carácter optativo, es decir, que tanto la cedente como el posible reasegurador pueden ofrecer y aceptar o rechazar libremente el riesgo que se pretende cubrir.

Otra peculiaridad de esta modalidad de reaseguro es que se utiliza únicamente para colocar riesgos individuales. Así pues, permite tanto al asegurador como al reasegurador una mayor flexibilidad en la colocación y aceptación de su negocio.

Mientras que en los demás sistemas automáticos de reaeguro, el asegurador se obliga a ceder y el reasegurador a aceptar los riesgos objeto del contrato, las coberturas facultativo-obligatorias se caracterizan por el hecho de que el reasegurador se obliga a aceptar, mientras que para la cedente es optativo el canalizar o no los riesgos objeto del tratado.

Así pues, la cedente no tiene la obligación de ceder el contrato, conserva la libertad de decidir cuáles son los negocios que desea reasegurar mediante este tratado.

En cambio, el reasegurador tiene la obligación de aceptar todos los riesgos que la cedente considere conveniente, siempre que se ajusten a los límites establecidos y a la capacidad del contrato.

## 1-185 Cobertura por número de siniestros

Se trata de otra fórmula de reaseguro utilizada en algunas carteras: el reasegurador cubre los n (número de siniestros) mayores siniestros que se produzcan durante el período de cobertura.

Se puede simultanear con cualquier programa de reaseguro, ya sea proporcional o en exceso de pérdidas, y tiene la ventaja, para la compañía cedente, de que sabe que el reasegurador siempre va a pagar una parte de su siniestralidad: los mayores siniestros que se hayan concertado.

Otra ventaja es que al depender la siniestralidad del contrato exclusivamente de la cuantía de los siniestros y no de la frecuencia, existe una variable menos, la frecuencia, en el cálculo de la prima de reaseguro, y, consecuentemente, esta puede ser más estable sin sufrir modificaciones anuales como suele ocurrir en el exceso de pérdidas.

## 1-186 Pools de reaseguro

La finalidad de este tipo de reaseguro es normalmente la cobertura de grandes riesgos o de riesgos especialmente graves que tienen difícil colocación a través del reaseguro tradicional.

Para ello, se promueven asociaciones de aseguradores y reaseguradores que ponen a disposición del pool su capacidad de retención. En cualquier caso, existen distintos sistemas de organización en la constitución de los pools; normalmente son de carácter nacional, y en ocasiones los riesgos que exceden su capacidad son retrocedidos a otros reaseguradores o bien a otros pools.

Su funcionamiento suele ser muy simple, aceptando los riesgos que suscriban las entidades adheridas, que son asumidos entre sus componentes de acuerdo con unas cuotas preestablecidas y, si superan esa capacidad del pool, retrocedidos a otras reaseguradoras.

## 1-187 Reaseguro automático

Es aquel en que el reasegurador asume la parte proporcional de una serie de riesgos por el mero hecho de que estos hayan sido aceptados originariamente por la cedente, sin establecer exclusiones predeterminadas.

## 1-188 Reaseguro cedido

Se refiere a la parte de uno o más riesgos que la compañía cedente (asegurador directo) transfiere al reasegurador.

## 1-189 Reaseguro ciego

Aquél en que, en aras de una mayor simplificación administrativa y en base a la confianza que el reasegurador tiene en la cedente, esta no está obligada a comunicar a aquel el detalle de las operaciones que le son cedidas, sino el conjunto de primas que estas representen.

## 1-190 Reaseguro de cantidades

Es aquel que se estipula en base a los capitales asegurados en las pólizas. Se denomina reaseguro de riesgos para contraponerlo al reaseguro de siniestros o reaseguro de daños, en el que la base de la participación del reasegurador está representada por los siniestros efectivamente producidos.

## 1-191 Reaseguro de catástrofe

Es aquel que está destinado a proteger a la cedente frente a contingencias anormales producidas por acontecimientos realmente catastróficos que excedan de unas previsiones razonables de siniestralidad.

**ATENCIÓN:** Si suponemos que una entidad, respecto a su ramo de accidentes individuales, tiene establecido un reaseguro de excedente, en virtud del cual retiene por propia cuenta hasta 30.000 e, por persona asegurada, el reaseguro de catástrofe está destinado a otorgarle una cobertura complementaria para aquellos casos en que, por poderse producir un cúmulo de riesgos (por ejemplo, que varios de sus asegurados viajen simultáneamente en el mismo avión), se origine un siniestro a su cargo de importe excesivamente elevado.

Técnicamente, es un reaseguro de exceso de pérdida complementario de otro de excedente o de cuota-parte.

## 1-192 Reaseguro de crédito

Forma especial de reaseguro consistente en la obtención de un crédito por la entidad cedente, a fin de hacer frente al pago de las primas de reaseguro y esencialmente a los importes de siniestros pagados directamente y recobrables, con posterioridad, del reasegurador.

## 1-193 Reaseguro de daños

Es aquel en que la base de participación del reasegurador está representada por los siniestros efectivamente producidos. Se denomina también reaseguro de siniestro.



© CISS

## 1-194 Reaseguro de grupos

Sistema establecido para agilizar y simplificar los trámites administrativos que hay que efectuar en un tratado de reaseguro de excedente para determinar las sumas retenidas por la cedente y las cedidas al reasegurador.

Esencialmente consiste en una tabla o baremo en que, mediante la comparación de los tipos de prima aplicables a cada clase de riesgo y los capitales asegurados, se determinan diversos grupos de riesgos, para cada uno de los cuales se establece el porcentaje de retención y el de cesión. Este sistema hace innecesario el uso individualizado -riesgo a riesgo de la tabla de plenos-.

## 1-195 Reaseguro por cuenta común

Situación que se produce cuando una entidad cedente y su reasegurador (o varios reaseguradores) son a su vez reasegurados por otro reasegurador (retrocesionario).

## 1-196 Cláusulas más habituales en el reaseguro

Los contenidos legales específicos de un contrato de reaseguro no siempre se pueden deducir únicamente de las estipulaciones o cláusulas escritas, ya que con frecuencia es necesario recurrir a la práctica normal y a los usos y costumbres del reaseguro.

Las cláusulas lo que hacen es:

- Describir las obligaciones asumidas por las dos partes: Por parte del reasegurador la aceptación del riesgo (soportar el riesgo), el pago de comisiones y siniestros, establecer y mantener depósitos y pagar al asegurador una parte de los beneficios. Por su parte, el asegurador tendrá la obligación del pago de las primas.
- Determinar el tipo de contrato de reaseguro (por ejemplo, cuota parte, excedente, exceso de pérdidas, etc.).
- Especificar el comienzo y determinación de la responsabilidad.
- Establecer las formulas de arbitraje.
- Especificar los casos de rescisión con efecto inmediato.
- Además de estas cláusulas básicas, las partes incluirán también algunas cláusulas adicionales apropiadas a sus negocios específicos y a sus relaciones legales expresadas individualmente caso por caso.

## 1-197 Cláusula de continuidad del contrato

La ocurrencia de un acontecimiento asociado con la unión económica y monetaria dentro de la Unión Europea no tendrá el efecto de alterar ningún término o condición del contrato de reaseguro, ni de causar su cumplimiento ni de justificar su incumplimiento. Tampoco dará a ninguna de las partes el derecho de modificar el contrato o terminarlo de forma unilateral.

## 1-198 Cláusula de cooperación de siniestros

La cedente se compromete a dar aviso a los reaseguradores tan pronto como sea posible después de tener conocimiento de cualquier circunstancia que pudiera dar lugar a un siniestro bajo este reaseguro y a facilitar tanto una estimación del importe de la eventual responsabilidad de los reaseguradores como la identificación completa de cualquier reasegurador de un tramo subyacente que, en virtud de una cláusula de control o de cooperación en los siniestros, participe activamente en la dirección de dicho siniestro.

Asimismo la cedente se compromete a mantener a los reaseguradores plenamente informados de todo desarrollo posterior relativo al siniestro, y, si así se le solicita, a dar su consentimiento expreso para que éstos puedan consultar directamente con los reaseguradores del tramo subyacente.

Si la cedente no diera aviso a los reaseguradores dentro de un plazo máximo de tres meses después de tener el primer conocimiento de tales circunstancias, los reaseguradores podrán reducir su responsabilidad bajo este reaseguro por el mismo importe del perjuicio económico que efectivamente han sufrido por motivo de tal incumplimiento.

## 1-199 Cláusula de seguir la suerte del cedente

En virtud de este principio, el reasegurador está obligado, después de un suceso siniestral, a aceptar bajo el contrato de reaseguro las reclamaciones hechas contra la compañía cedente, lo mismo que los acontecimientos importantes y las disposiciones legales. En definitiva, el reasegurador comparte, pues, la suerte de la cedente.

Este principio está reconocido expresamente en casi todos los contratos de reaseguro y si éste no fuera el caso, se aplicaría como una costumbre permanente del reaseguro, reconocida internacionalmente. Los reaseguradores seguirán la suerte de la cedente en todos los aspectos, salvo en lo que se refiere al límite establecido en las condiciones particulares, incluyendo aquellos casos en que la cedente sea obligada por un tribunal español a indemnizar bajo la póliza original.

El riesgo original puede verse afectado por cambios en la parte asegurada, por un crecimiento del riesgo, con o sin aprobación del asegurador, por modificaciones de la cobertura ofrecidas por el asegurador por cambios de la ley, por obligaciones creadas por sentencias judiciales, así como por la forma en que el asegurado ejecuta sus derechos y cumple sus obligaciones bajo el contrato de seguros, tales como reclamar una indemnización injustificada.

El principio de seguir la suerte se aplica a todas las formas de reaseguro y no sólo en los contratos proporcionales.

## 1-200 Cláusula de depósitos

En caso de que la cedente sea requerida a efectuar un depósito en efectivo ante un tribunal competente, queda acordado que los reaseguradores tratarán este pago bajo este reaseguro como si fuera una responsabilidad definitiva, siempre que se hagan los ajustes pertinentes tan pronto como quede la responsabilidad definitivamente fijada, y que los reaseguradores recibirán en su parte proporcional, si los hubiera, los intereses que la cedente perciba.

## 1-201 Cláusula de control de siniestros

Cuando la cedente tenga conocimiento de cualquier siniestro o siniestros que puedan dar lugar a una reclamación bajo este reaseguro, deberá dar aviso a los reaseguradores tan pronto como sea viable.

La cedente deberá proporcionar a los reaseguradores toda la información disponible respecto al siniestro o siniestros, y los reaseguradores tendrán derecho a designar abogados, asesores, y/o peritos, así como a controlar todas las negociaciones, ajustes y liquidaciones en relación con el siniestro o siniestros.

Si la cedente no diera aviso a los reaseguradores dentro de un plazo máximo de tres meses después de tener el primer conocimiento de tales circunstancias, los reaseguradores podrán reducir su responsabilidad bajo este reaseguro por el mismo importe del perjuicio económico que efectivamente han sufrido por motivo de tal incumplimiento.

No obstante lo anterior, se entiende y se acuerda expresamente que ningún elemento de esta cláusula de control de siniestros prevalecerá sobre los términos y condiciones de la póliza original.

## 1-202 Cláusula de arbitraje

Las controversias que puedan suscitarse entre la **cedente** y el **reasegurador** sobre la interpretación y ejecución de este **acuerdo de reaseguro** serán resueltas por el procedimiento de arbitraje de equidad establecido en la Ley de 5 de Diciembre de 1988, de acuerdo con los usos y prácticas comunes del reaseguro.

Si cualquier controversia involucrara a más de un **reasegurador**, éstos constituirán una sola parte y actuarán como tal para los fines de la presente Cláusula (y los **reaseguradores** acuerdan su autorización a y/o otros líderes del reaseguro para que nombren al árbitro correspondiente por cuenta de todos los **reaseguradores** cuando dicha controversia involucrara a todos los **reaseguradores**), siempre que la **cedente** efectúe cada comunicación individualmente a cada uno de los **reaseguradores** que constituyen tal parte, y que ningún elemento de la presente Cláusula pueda limitar los derechos de dichos **reaseguradores** para hacer valer defensas o reclamaciones independientes en vez de mancomunadas, ni pueda cambiar la responsabilidad de los **reaseguradores** de independiente a mancomunada.


© CISS

Los árbitros serán tres, designados necesariamente entre directivos en activo o jubilados de entidades de Seguros y Reaseguros (incluyéndose los sindicatos de Lloyd's de Londres), independientes de la controversia objeto del arbitraje.

Cada una de las partes nombrará su árbitro respectivo y ambas, de común acuerdo, designarán el tercero dirimente en el plazo de 15 días contados a partir de la fecha del nombramiento de los dos primeros árbitros. Si requerida notarialmente una parte por la otra para estas designaciones, transcurriese un mes sin designar el suyo, o no se llegase a un acuerdo para la designación del tercero en el plazo previsto, la otra parte podrá acudir al Juzgado instando la formalización judicial del compromiso.

El arbitraje se realizará en el domicilio de la **cedente**. Los árbitros fijarán libremente el procedimiento arbitral. El laudo deberá dictarse en plazo, que no excederá de tres meses contados a partir de la fecha del nombramiento del último de los árbitros y fijará asimismo, el reparto de los gastos de arbitraje.

En cuanto no sea competencia de los árbitros y específicamente para la reclamación de los saldos líquidos que resulten de este acuerdo de reaseguro, las partes con renuncia a cualquier otro fuero, se someten expresamente a la jurisdicción y competencia de los tribunales del domicilio de la **cedente.**

## 1-203 Cláusula de Drop Down o sustitución del tramo subyacente

En el caso de la erosión parcial o total de Límite Agregado del Reaseguro subyacente, por motivo de los Siniestros indemnizados por el mismo, el presente Reaseguro, de acuerdo con todos sus términos, condiciones y definiciones, operará:

- Después de la erosión parcial, en exceso del límite así reducido del reaseguro subyacente.
- Después de la erosión total, en sustitución total del reaseguro subyacente.

## 1-204 Cláusula de notificación de responsabilidad independiente

Las obligaciones de los Reaseguradores suscriptores bajo los contratos de Reaseguros que suscriben son de naturaleza independiente y no mancomunada y se limitan exclusivamente a la medida de sus suscripciones individuales. Los Reaseguradores suscriptores no son responsables de la suscripción de cualquier Reasegurador co-suscriptor que por cualquier motivo no cumpliera todas o parte de sus obligaciones.

## 1-205 Cláusula de no acumulación de límites

En consideración de la prima establecida en la póliza, se entiende y se acuerda que, sin contravenir lo estipulado en la presente Póliza, en el caso de una o más reclamaciones que surjan de un mismo acto incorrecto que afecte a esta póliza y otras suscritas por el Asegurador, el Límite de Indemnización por siniestro y año no excederá del contratado en la presente Póliza de seguros y en exceso de las franquicias estipuladas en dicha Póliza.

## 1-206 Cláusula de exclusión de riesgos del Consorcio de Compensación de Seguros (CCS)

En ningún caso quedarán amparados por el presente Contrato los siniestros que tengan su origen en garantías de naturaleza consorciable, independientemente de que su cobertura sea efectuada por el Consorcio de Compensación de Seguros u organismo que en el futuro pudiera sustituirle en sus funciones o bien por entidad de seguros autorizada para operar en las referidas garantías.

Por dicho motivo, quedan excluidos en todo caso los riesgos de terremoto, inundación, catástrofe o calamidad nacional, así como las pérdidas ocasionadas por guerras, invasión, actos de enemigos extranjeros, hostilidades (mediante declaración de guerra o sin ella), huelgas, motines y alborotos, a menos que éstos últimos tengan su origen en el siniestro mismo.

1

# Capítulo IV. LA PROTECCIÓN DE CONSUMIDORES Y USUARIOS EN EL SECTOR ASEGURADOR

## Sección 1. LA PROTECCIÓN DE CONSUMIDORES Y USUARIOS DE SERVICIOS FINANCIEROS Y ASEGURADORES. NORMATIVA Y DERECHOS

### 1-207 Normativa sobre protección de consumidores y usuarios de servicios financieros

La complejidad que viene alcanzando el mundo de las operaciones financieras, así como la constante y necesaria mejora de la calidad de los servicios prestados desde el sector financiero, exige que el sistema se dote de los instrumentos jurídicos y operativos necesarios al efecto de facilitar el oportuno cauce a los clientes de servicios financieros, con el fin de que les permita trasladar de manera ágil y eficaz sus consultas, quejas o reclamaciones a la autoridad supervisora de cada mercado.

Se hace, por tanto, imperativo facilitar mecanismos que mejoren la transparencia y protección de la clientela de este segmento de la economía, que constituye uno de los sectores con más peso y proyección en la actual economía española.

El artículo **51 de la Constitución Española de 27 diciembre 1978** establece que los poderes públicos garantizarán la defensa de los consumidores y usuarios, protegiendo, mediante procedimientos eficaces, la seguridad, la salud y los legítimos intereses económicos de los mismos. Asimismo, promoverán su información y educación, fomentarán sus organizaciones y las oirán en las cuestiones que puedan afectarles.

A la hora de realizar un estudio completo de la materia relacionada con la protección de los consumidores y usuarios de los servicios financieros, las siguientes normas son de obligada referencia:

- Real Decreto Legislativo 1/2007, de 16 de noviembre, por el que se aprueba el texto refundido de la Ley General para la Defensa de los Consumidores y Usuarios y otras leyes complementarias (TRLGDCU).
- La Ley 44/2002, de 22 de noviembre, de medidas de reforma del sistema financiero.
- Ley 7/1998, de 13 de abril, sobre Condiciones generales de la Contratación.
- Real Decreto 303/2004 de 20 de febrero, por el que aprueba el reglamento de los comisionados para la defensa del cliente de servicios financieros.
- Orden ECO/734/2004, de 11 de marzo, sobre los departamentos y servicios de atención al cliente de las entidades financieras.

**ATENCIÓN**: La LES, en su disposición derogatoria única, viene a derogar:

a) Los artículos 22 a 28 de la Ley 44/2002, de 22 de noviembre, de Medidas de Reforma del Sistema Financiero.

b) El Real Decreto 303/2004, de 20 de febrero, por el que se aprueba el Reglamento de los comisionados para la defensa del cliente de servicios financieros.

c) La Disposición Adicional Tercera de la Ley 26/2006, de 17 de julio, de mediación de seguros y reaseguros privados.

d) El apartado 5 del artículo 23 del Reglamento de planes y fondos de pensiones, aprobado por el Real Decreto 304/2004, de 20 de febrero.

### 1-208 La Ley General para la Defensa de los Consumidores y Usuarios

El Real Decreto Legislativo 1/2007, para cuya redacción se han contemplado los principios y directrices vigentes en esta materia en la Unión Europea, tiene unos claros **objetivos** que se concretan en:

- Establecer, sobre bases firmes y directas, los procedimientos eficaces para la defensa de los consumidores y usuarios.
- Disponer del marco legal adecuado para favorecer un desarrollo óptimo del movimiento asociativo en este campo.
- Declarar los principios, criterios, obligaciones y derechos que configuran la defensa de los consumidores y usuarios y que, en el ámbito de sus competencias, habrán de ser tenidos en cuenta por los poderes públicos.


© CISS

## 1-209 Los derechos de los consumidores y usuarios

Según determina el artículo 1 del TRLGDCU el objetivo principal es "***la defensa de los derechos de consumidores y usuarios***" (de conformidad con el artículo 53.3 de la CE, en su calidad de principio general informador del ordenamiento jurídico).

La defensa de los consumidores y usuarios se hará en el marco del sistema económico diseñado en los artículos 38 y 128 CE y con sujeción a lo establecido en el artículo 139 que establece que "*todos los españoles tienen los mismos derechos y obligaciones en cualquier parte del territorio del Estado*".

Los derechos básicos de los consumidores y usuarios están recogidos en el artículo 8 del TRLGDCU, y son los siguientes:

"a) *La protección contra los riesgos que puedan afectar a su salud o seguridad.*

b) *La protección de sus legítimos intereses económicos y sociales; en particular, frente a la inclusión de cláusulas abusivas en los contratos.*

c) *La indemnización o reparación de los daños y perjuicios sufridos.*

d) *La información correcta sobre los diferentes productos o servicios y la educación y divulgación para facilitar el conocimiento sobre su adecuado uso, consumo o disfrute.*

e) *La audiencia en consulta, la participación en el procedimiento de elaboración de las disposiciones generales que les afectan directamente y la representación de sus intereses, todo ello a través de las asociaciones, agrupaciones o confederaciones de consumidores y usuarios legalmente constituidas.*

f) *La protección jurídica, administrativa y técnica en las situaciones de inferioridad, subordinación o indefensión*".

## 1-210 Protección de la salud y seguridad de los consumidores

Tal y como recoge el artículo 17 TRLGDCU:

"*Se pretende que los productos, actividades y servicios puestos en el mercado a disposición de los consumidores y usuarios no impliquen riesgos para su salud o seguridad, salvo los usual o reglamentariamente admitidos en condiciones normales y previsibles de utilización.*

*Con carácter general, los riesgos susceptibles de provenir de una utilización previsible de los bienes y servicios, habida cuenta de su naturaleza y de las personas a las que van destinados, deben ser puestos en conocimiento previo de los consumidores o usuarios por medios apropiados*".

**ATENCIÓN**: La protección de la salud es un factor de vital importancia en todo lo relacionado con los consumidores. Así, la propia regulación del TRLGDCU dedica un capítulo entero a esta asunto (Capítulo III "Protección de la salud y seguridad") en el que se desarrollan aspectos tales como el deber general de seguridad; la información a los consumidores y usuarios sobre los riesgos de los bienes o servicios; otras obligaciones específicas para la protección de la salud y seguridad de los consumidores y usuarios y medidas extraordinarias ante situaciones de urgencia y necesidad.

Y esto es así, hasta el punto de que, ante situaciones de riesgo para la salud y seguridad de los consumidores y usuarios, las Administraciones públicas competentes pueden llegar a adoptar las medidas que resulten necesarias y proporcionadas para la desaparición del riesgo, incluida la intervención directa sobre las cosas y la compulsión directa sobre las personas.

No hay que olvidar que, actualmente, el Consejo de Consumidores y Usuarios y por tanto, esta materia, está integrado dentro de la competencia del Ministerio de Sanidad, el cual tiene delegadas las competencias de también de Política Social y recientemente de Igualdad.

## 1-211 Derecho a la información, formación y educación de los consumidores

Los poderes públicos, en el ámbito de sus respectivas competencias, fomentarán la formación y educación de los consumidores y usuarios, asegurarán que estos dispongan de la información precisa para el eficaz ejercicio de sus derechos y velarán para que se les preste la información comprensible sobre el adecuado uso y consumo de los bienes y servicios puestos a su disposición en el mercado.

Los medios de comunicación social de titularidad pública estatal dedicarán espacios y programas, no publicitarios, a la información y educación de los consumidores y usuarios.

El etiquetado y presentación de los bienes y servicios y las modalidades de realizarlo deberán ser de tal naturaleza que no induzca a error al consumidor y usuario.

La oferta, promoción y publicidad falsa o engañosa de los bienes y servicios será perseguida y sancionada como fraude.

## 1-212 Protección de los legítimos intereses de los consumidores y usuarios

Los legítimos intereses económicos y sociales de los consumidores y usuarios deberán ser respetados en los términos establecidos en esta norma, aplicándose, además, lo previsto en las normas civiles, mercantiles y las demás normas comunitarias, estatales y autonómicas que resulten de aplicación.

## 1-213 Derechos del tomador y asegurado

Las figuras de tomador y asegurado coinciden en la gran mayoría de los casos. Cuando es así, la confluencia de derechos propios de cada una de estas figuras recaen sobre la misma persona al estar compartiendo tal dualidad de posiciones. Ahora bien, hay otros casos -como los seguros de vida, por ejemplo- que es habitual que tomador y asegurado sean personas distintas. Y es entonces, donde hay que diferenciar bien a quién le corresponden determinados derechos inherentes al contrato de seguro.

Para ello, vamos a analizar la respuesta y análisis de la DGSFP a una consulta sobre el particular.

1. De acuerdo con el **artículo 7 de la Ley 50/1980, de 8 de octubre, de Contrato de Seguro**, "Si el tomador del seguro y el asegurado son personas distintas, las obligaciones y los deberes que derivan del contrato corresponden al tomador del seguro, salvo aquellos que por su naturaleza deban ser cumplidos por el asegurado [...].

*Los derechos que derivan del contrato corresponderán al asegurado o, en su caso, al beneficiario, salvo los especiales derechos del tomador en los seguros de vida".*

Por consiguiente, y de acuerdo con este artículo, la titularidad del contrato corresponde al tomador del seguro y los deberes y obligaciones contractuales recaen sobre él, al tiempo que le corresponden los derechos de disposición del contrato, de forma que, en principio, puede modificarlo, resolverlo o abandonarlo.

El último párrafo de este artículo reconoce, sin embargo, la existencia de los derechos del asegurado en el caso especial en que el asegurado y el tomador del seguro sean personas distintas. Aquí se está reconociendo como derecho esencial del asegurado el cobro de la indemnización en los seguros de daños, ya que es el asegurado y no el tomador el titular del interés asegurado.

**2.** El tomador de un seguro, sea por cuenta propia o por cuenta ajena, es el verdadero dominus negotii, en cuanto que es la persona a quien corresponde el cumplimiento de los deberes y obligaciones nacidos de la ley y el contrato de seguro, y principalmente el pago de la prima como obligación fundamental.

*Como tal dominus del contrato, tiene la facultad de disposición de la relación contractual, entendiendo como tal la facultad decisoria de la existencia misma del vínculo contractual (consentimiento a la suscripción, denuncia posterior, prórroga y resolución del contrato) y la facultad de modificar el contenido.*

*Pero cuando el contrato se suscribe entre una aseguradora y una persona jurídica que figura como tomador del seguro, y los asegurados son un colectivo delimitado por una característica común a todos ellos, ya sea por ser miembros de una empresa o colegio profesional, clientes de una entidad financiera, etc., es necesario determinar previamente, si la que figura como entidad tomadora es el verdadero dominus negotii, y por tanto ostenta en los referidos contratos la verdadera posición de tomador por cuenta ajena tal como recoge el mencionado artículo 7 de la ley.*

*Atendiendo a estas premisas, siendo el tomador del contrato la persona a la que se le impone el deber de cumplimiento de las obligaciones derivadas del contrato, y estando dentro de estas especialmente la del pago de la prima, se puede determinar que si el asegurado es el que realiza el abono de ésta, así como otro tipo de obligaciones, como prestar el consentimiento a la contratación o, la de la declaración del riesgo, el tomador del contrato, como dominus negotii, no es la persona jurídica que figura como tomador en el contrato de seguro,*

 © CISS

*sino el asegurado que aparece en el boletín de adhesión, que es la persona a quien se le impone el cumplimiento de las obligaciones principales derivadas del contrato.*

*Lo anterior determina que no le corresponde a la persona jurídica que aparentemente figura como tomadora el poder de disposición sobre las respectivas relaciones contractuales, sino al asegurado, y por tanto será a él al que se le atribuya el poder de disposición sobre el contrato, al revertir en éste la verdadera condición de dominus negotii a todos los efectos".*

## Sección 2. CLÁUSULAS ABUSIVAS PARA LOS CONSUMIDORES Y USUARIOS DE SERVICIOS FINANCIEROS ASEGURADORES

### 1-214 Cláusulas abusivas. Concepto

Se considerarán cláusulas abusivas todas aquellas estipulaciones no negociadas individualmente y todas aquellas prácticas no consentidas expresamente que, en contra de las exigencias de la buena fe causen, en perjuicio del consumidor y usuario, un desequilibrio importante de los derechos y obligaciones de las partes que se deriven del contrato.

En todo caso son abusivas las cláusulas que:

a) Vinculen el contrato a la voluntad del empresario.

b) Limiten los derechos del consumidor y usuario.

c) Determinen la falta de reciprocidad en el contrato.

d) Impongan al consumidor y usuario garantías desproporcionadas o le impongan indebidamente la carga de la prueba.

e) Resulten desproporcionadas en relación con el perfeccionamiento y ejecución del contrato.

f) Contravengan las reglas sobre competencia y derecho aplicable.

En los contratos con consumidores y usuarios que utilicen cláusulas no negociadas individualmente, incluidos los que promuevan las Administraciones públicas y las entidades y empresas de ellas dependientes, deberán cumplir los siguientes requisitos:

a) Concreción, claridad y sencillez en la redacción, con posibilidad de comprensión directa, sin reenvíos a textos o documentos que no se faciliten previa o simultáneamente a la conclusión del contrato, y a los que, en todo caso, deberá hacerse referencia expresa en el documento contractual.

b) Accesibilidad y legibilidad, de forma que permita al consumidor y usuario el conocimiento previo a la celebración del contrato sobre su existencia y contenido.

Sin perjuicio de lo establecido en el artículo 63.1 TRLGDCU que establece que *"en los contratos con consumidores y usuarios se entregará recibo justificante, copia o documento acreditativo con las condiciones esenciales de la operación, incluidas las condiciones generales de la contratación, aceptadas y firmadas por el consumidor y usuario, cuando éstas sean utilizadas en la contratación"*, en los casos de contratación telefónica o electrónica con condiciones generales será necesario que conste, en los términos que reglamentariamente se establezcan, la aceptación de todas y cada una de las cláusulas del contrato, sin necesidad de firma convencional.

En este supuesto, se enviará inmediatamente al consumidor y usuario justificación de la contratación efectuada por escrito o, salvo oposición expresa del consumidor y usuario, en cualquier soporte de naturaleza duradera adecuado a la técnica de comunicación a distancia utilizada, donde constarán todos los términos de la misma. La carga de la prueba del cumplimiento de esta obligación corresponde al predisponente.

c) Buena fe y justo equilibrio entre los derechos y obligaciones de las partes, lo que en todo caso excluye la utilización de cláusulas abusivas.

Tal y como establece el artículo 80 TRLGDCU *"cuando se ejerciten acciones individuales, en caso de duda sobre el sentido de una cláusula prevalecerá la interpretación más favorable al consumidor".*

Las cláusulas abusivas serán nulas de pleno derecho y se tendrán por no puestas.

La parte del contrato afectada por la nulidad se integrará con arreglo a lo dispuesto **por un lado por el artículo 1258 del Código Civil** que establece que *"los contratos se perfeccionan por el mero consentimiento, y desde* *entonces obligan, no sólo al cumplimiento de lo expresamente pactado, sino también a todas las consecuencias que, según su naturaleza, sean conformes a la buena fe, al uso y a la ley*" y por otro lado, **por el principio de buena fe objetiva**.

A estos efectos, según establece el artículo 83 TRLGDCU, "*el Juez que declare la nulidad de dichas cláusulas integrará el contrato y dispondrá de facultades moderadoras respecto de los derechos y obligaciones de las partes, cuando subsista el contrato, y de las consecuencias de su ineficacia en caso de perjuicio apreciable para el consumidor y usuario. Sólo cuando las cláusulas subsistentes determinen una situación no equitativa en la posición de las partes que no pueda ser subsanada podrá el Juez declarar la ineficacia del contrato*".

**ATENCIÓN:** En noviembre 2010, el Tribunal Supremo **declaró nulas siete cláusulas** que hasta ahora figuraban en numerosas pólizas de seguros. Entre éstas se encuentran algunas muy utilizadas como exigir la entrega del contrato original para dar una indemnización o sistemas de penalizaciones desproporcionadas por el retiro de un seguro de vida.

Ya en 2006, la Audiencia Provincial de Madrid declaró nulas ocho cláusulas. Posteriormente, al recibirse algunos recursos por parte de algunas aseguradoras, el Tribunal Supremo no solo ha confirmado la nulidad de siete de éstas, sino que *"ha extendido la declaración de nulidad en los contratos del resto de aseguradoras del mercado"*, explica la organización en un comunicado.

No obstante, **el Tribunal Supremo ha dado la razón a las aseguradoras en otra cláusula**: el derecho a pagar o no al abogado en el seguro de defensa jurídica *"según su exclusiva valoración del posible éxito o no de la acción judicial"*.

Entre las cláusulas que han sido declaradas nulas por el Tribunal Supremo están las siguientes:

1. En el caso de **vehículos**, el Tribunal Supremo exige más transparencia sobre los criterios de la aseguradora para modificar la tarifa de siniestralidad con el sistema bonus-malus, basado en aplicar bonificaciones y penalizaciones según el historial del cliente.
2. En el caso de los **seguros de vida** se prohíbe la omisión del método del cálculo del valor del rescate y de la revalorización del capital; así como la falta de definición del llamado 'interés técnico asegurado'). El Tribunal Supremo también prohíbe que se imponga una **penalización por el rescate del seguro de vida** por el que el cliente no reciba ninguna renta o incluso pierda parte del capital inicial.
3. Exigir al asegurado **que entregue el original y no una copia** de su póliza para poder solicitar el pago de la indemnización, "desposeyéndole así de la póliza y dejándole a merced de la compañía".
4. Las cláusulas en las que **falta de información sobre asuntos esenciales** del seguro, como delimitación del riesgo y prestaciones.
5. Que en los seguros de defensa jurídica se exima a la aseguradora *"de tener que pagar los gastos de procurador y abogado de su cliente si éste gana el juicio y condenan en costas al contrario"*.
6. Que la compañía *"se reserve la resolución del contrato por el mero acaecimiento del riesgo cubierto"*.

## 1-215 Cláusulas abusivas por vincular el contrato a la voluntad del empresario

Se establece en el artículo 85 TRLGDCU que las cláusulas que vinculen cualquier aspecto del contrato a la voluntad del empresario serán abusivas y, en todo caso, las siguientes:

1. Las cláusulas que reserven al empresario que contrata con el consumidor y usuario un plazo excesivamente largo o insuficientemente determinado para aceptar o rechazar una oferta contractual o satisfacer la prestación debida.
2. Las cláusulas que prevean la prórroga automática de un contrato de duración determinada si el consumidor y usuario no se manifiesta en contra, fijando una fecha límite que no permita de manera efectiva al consumidor y usuario manifestar su voluntad de no prorrogarlo.
3. Las cláusulas que reserven a favor del empresario facultades de interpretación o modificación unilateral del contrato, salvo, en este último caso, que concurran motivos válidos especificados en el contrato.

En los contratos referidos a servicios financieros lo establecido en el párrafo anterior se entenderá sin perjuicio de las cláusulas por las que el empresario se reserve la facultad de modificar sin previo aviso el tipo de interés adeudado por el consumidor o al consumidor, así como el importe de otros gastos relacionados con los servicios financieros, cuando aquéllos se encuentren adaptados a un índice, siempre que se trate de índices legales y se describa el modo de variación del tipo, o en otros casos de razón válida, a condición de que el empresario esté obligado a informar de ello en el más breve plazo a los otros contratantes y éstos puedan resolver inmediatamente el contrato sin penalización alguna.

Igualmente podrán modificarse unilateralmente las condiciones de un contrato de servicios financieros de duración indeterminada por los motivos válidos expresados en él, siempre que el empresario esté obligado a informar al consumidor y usuario con antelación razonable y éste tenga la facultad de resolver el contrato, o, en su caso, rescindir unilateralmente, sin previo aviso en el supuesto de razón válida, a condición de que el empresario informe de ello inmediatamente a los demás contratantes.

4. Las cláusulas que autoricen al empresario a resolver anticipadamente un contrato de duración determinada, si al consumidor y usuario no se le reconoce la misma facultad, o las que le faculten a resolver los contratos de duración indefinida en un plazo desproporcionadamente breve o sin previa notificación con antelación razonable.

Lo previsto en este párrafo no afecta a las cláusulas en las que se prevea la resolución del contrato por incumplimiento o por motivos graves, ajenos a la voluntad de las partes, que alteren las circunstancias que motivaron la celebración del contrato.

5. Las cláusulas que determinen la vinculación incondicionada del consumidor y usuario al contrato aún cuando el empresario no hubiera cumplido con sus obligaciones.

6. Las cláusulas que supongan la imposición de una indemnización desproporcionadamente alta, al consumidor y usuario que no cumpla sus obligaciones.

7. Las cláusulas que supongan la supeditación a una condición cuya realización dependa únicamente de la voluntad del empresario para el cumplimiento de las prestaciones, cuando al consumidor y usuario se le haya exigido un compromiso firme.

8. Las cláusulas que supongan la consignación de fechas de entrega meramente indicativas condicionadas a la voluntad del empresario.

9. Las cláusulas que determinen la exclusión o limitación de la obligación del empresario de respetar los acuerdos o compromisos adquiridos por sus mandatarios o representantes o supeditar sus compromisos al cumplimiento de determinadas formalidades.

10. Las cláusulas que prevean la estipulación del precio en el momento de la entrega del bien o servicio o las que otorguen al empresario la facultad de aumentar el precio final sobre el convenido, sin que en ambos casos existan razones objetivas y sin reconocer al consumidor y usuario el derecho a resolver el contrato si el precio final resulta muy superior al inicialmente estipulado.

Lo establecido en el párrafo anterior se entenderá sin perjuicio de la adaptación de precios a un índice, siempre que tales índices sean legales y que en el contrato se describa explícitamente el modo de variación del precio.

11. Las cláusulas que supongan la concesión al empresario del derecho a determinar si el bien o servicio se ajusta a lo estipulado en el contrato.

## 1-216 Cláusulas abusivas por limitar los derechos básicos del consumidor y usuario

Ningún contrato puede recoger en su clausulado preceptos que de alguna manera menoscaben o limiten los derechos considerados básicos de los consumidores pues, en ese sentido, se le estaría colocando en una situación discriminatoria y de indefensión frente a la otra parte.

El propio TRLGDCU deja bien clara esta situación, otorgando como abusivas las cláusulas que limiten o priven al consumidor y usuario de los derechos reconocidos por normas dispositivas o imperativas.

De esta manera, esta norma en su artículo 86 recoge expresamente que *"se considerarán como abusivas las estipulaciones que prevean:*

*1. La exclusión o limitación de forma inadecuada de los derechos legales del consumidor y usuario por incumplimiento total o parcial o cumplimiento defectuoso del empresario.*

*En particular las cláusulas que modifiquen, en perjuicio del consumidor y usuario, las normas legales sobre conformidad con el contrato de los bienes o servicios puestos a su disposición o limiten el derecho del consumidor y usuario a la indemnización por los daños y perjuicios ocasionados por dicha falta de conformidad.*

*2. La exclusión o limitación de la responsabilidad del empresario en el cumplimiento del contrato, por los daños o por la muerte o por las lesiones causadas al consumidor y usuario por una acción u omisión de aquél.*

3. *La liberación de responsabilidad del empresario por cesión del contrato a tercero, sin consentimiento del deudor, si puede engendrar merma de las garantías de éste.*

4. *La privación o restricción al consumidor y usuario de las facultades de compensación de créditos, retención o consignación.*

5. *La limitación o exclusión de la facultad del consumidor y usuario de resolver el contrato por incumplimiento del empresario.*

6. *La imposición de renuncias a la entrega de documento acreditativo de la operación.*

7. *La imposición de cualquier otra renuncia o limitación de los derechos del consumidor y usuario".*

## 1-217 Cláusulas abusivas por falta de reciprocidad

Las relaciones entre las empresas y los consumidores deben ser recíprocas, de manera que ambas cumplan por igual con sus obligaciones. De esta manera, se consideran también "abusivas" las cláusulas que determinen la falta de reciprocidad en el contrato, contraria a la buena fe, en perjuicio del consumidor y usuario.

En este sentido, el artículo 87 del TRLGDCU determina como "abusivo":

1. *"La imposición de obligaciones al consumidor y usuario para el cumplimiento de todos sus deberes y contraprestaciones, aun cuando el empresario no hubiere cumplido los suyos.*

2. *La retención de cantidades abonadas por el consumidor y usuario por renuncia, sin contemplar la indemnización por una cantidad equivalente si renuncia el empresario.*

3. *La autorización al empresario para resolver el contrato discrecionalmente, si al consumidor y usuario no se le reconoce la misma facultad.*

4. *La posibilidad de que el empresario se quede con las cantidades abonadas en concepto de prestaciones aún no efectuadas cuando sea él mismo quien resuelva el contrato.*

5. *Las estipulaciones que prevean el redondeo al alza en el tiempo consumido o en el precio de los bienes o servicios o cualquier otra estipulación que prevea el cobro por productos o servicios no efectivamente usados o consumidos de manera efectiva.*

*En aquellos sectores en los que el inicio del servicio conlleve indisolublemente unido un coste para las empresas o los profesionales no repercutido en el precio, no se considerará abusiva la facturación por separado de tales costes, cuando se adecuen al servicio efectivamente prestado.*

6. *Las estipulaciones que impongan obstáculos onerosos o desproporcionados para el ejercicio de los derechos reconocidos al consumidor y usuario en el contrato, en particular en los contratos de prestación de servicios o suministro de productos de tracto sucesivo o continuado, la imposición de plazos de duración excesiva, la renuncia o el establecimiento de limitaciones que excluyan u obstaculicen el derecho del consumidor y usuario a poner fin a estos contratos, así como la obstaculización al ejercicio de este derecho a través del procedimiento pactado, cual es el caso de las que prevean la imposición de formalidades distintas de las previstas para contratar o la pérdida de las cantidades abonadas por adelantado, el abono de cantidades por servicios no prestados efectivamente, la atribución al empresario de la facultad de ejecución unilateral de las cláusulas penales que se hubieran fijado contractualmente o la fijación de indemnizaciones que no se correspondan con los daños efectivamente causados".*

## 1-218 Cláusulas abusivas sobre garantías

Las "imposiciones" que se realicen al consumidor deben ser valoradas de manera que se garantice que no sean desproporcionadas al objeto del contrato en sí, que no afecten a sus derechos ni le dejen en situación de indefensión y que no sean contrarias a las normativa.

Así, el artículo 80 TRLGDCU otorga la consideración de "abusivas" a las cláusulas que impongan al consumidor:

1. *"Garantías desproporcionadas al riesgo asumido. Se presumirá que no existe desproporción en los contratos de financiación o de garantías pactadas por entidades financieras que se ajusten a su normativa específica.*

2. *La carga de la prueba en perjuicio del consumidor y usuario en los casos en que debería corresponder a la otra parte contratante. La imposición al consumidor de la carga de la prueba sobre el incumplimiento, total o parcial, del empresario proveedor a distancia de servicios financieros de las obligaciones impuestas por la normativa específica sobre la materia".*



© CISS

## 1-219 Cláusulas abusivas que afectan al perfeccionamiento y ejecución del contrato

Tal y como recoge el artículo 89 TRLGDCU, *"en todo caso tienen la consideración de cláusulas abusivas:*

1. *Las declaraciones de recepción o conformidad sobre hechos ficticios, y las declaraciones de adhesión del consumidor y usuario a cláusulas de las cuales no ha tenido la oportunidad de tomar conocimiento real antes de la celebración del contrato.*

2. *La transmisión al consumidor y usuario de las consecuencias económicas de errores administrativos o de gestión que no le sean imputables".*

**ATENCIÓN:** En lo relativo a la compraventa de viviendas y formalización de hipotecas sobre éstas se hace necesario dejar bien claro lo que se considera "abusivo".

En este sentido, el artículo 89 TRLGDCU considera como tal la imposición al consumidor de los gastos de documentación y tramitación que por ley corresponda al empresario.

3. *"(...) En particular, en la compraventa de viviendas:*

a. *La estipulación de que el consumidor ha de cargar con los gastos derivados de la preparación de la titulación que por su naturaleza correspondan al empresario (obra nueva, propiedad horizontal, hipotecas para financiar su construcción o su división y cancelación).*

b. *La estipulación que obligue al consumidor a subrogarse en la hipoteca del empresario o imponga penalizaciones en los supuestos de no subrogación.*

c. *La estipulación que imponga al consumidor el pago de tributos en los que el sujeto pasivo es el empresario.*

d. *La estipulación que imponga al consumidor los gastos derivados del establecimiento de los accesos a los suministros generales de la vivienda, cuando ésta deba ser entregada en condiciones de habitabilidad".*

De la misma manera se consideran hoy en día abusivas:

*"(...)*

4. *La imposición al consumidor y usuario de bienes y servicios complementarios o accesorios no solicitados.*

5. *Los incrementos de precio por servicios accesorios, financiación, aplazamientos, recargos, indemnización o penalizaciones que no correspondan a prestaciones adicionales susceptibles de ser aceptados o rechazados en cada caso expresados con la debida claridad o separación.*

6. *La negativa expresa al cumplimiento de las obligaciones o prestaciones propias del empresario, con reenvío automático a procedimientos administrativos o judiciales de reclamación.*

7. *La imposición de condiciones de crédito que para los descubiertos en cuenta corriente superen los límites que se contienen en el artículo 19.4 de la Ley 7/1995, de 23 de marzo, de Crédito al Consumo.*

8. *La previsión de pactos de renuncia o transacción respecto al derecho del consumidor y usuario a la elección de fedatario competente según la ley para autorizar el documento público en que inicial o ulteriormente haya de formalizarse el contrato".*

## 1-220 Cláusulas abusivas sobre competencia y derecho aplicable

En todos los contratos se establece - normalmente como última cláusula- el reconocimiento a que pudieran surgir conflictos o discrepancias entre las partes -litigios-. Por ello, se establecen en los contratos la designación común del órgano, al que le ambas partes le reconocen competencia para poder dirimir el asunto. En la mayoría de los casos se hace la designación por el ámbito territorial.

Actualmente está cobrando cada día más fuerza la designación de fórmulas como el arbitraje. En cualquier caso, sea cual sea, se debe determinar expresamente y esta designación no puede ser en beneficio manifiesto de una de las partes, ni impuesta a la otra.

En este sentido, el artículo 90 TRLGDCU reconoce como "abusivas" las cláusulas que establezcan:

1. *"La sumisión a arbitrajes distintos del arbitraje de consumo, salvo que se trate de órganos de arbitraje institucionales creados por normas legales para un sector o un supuesto específico.*

2. *La previsión de pactos de sumisión expresa a Juez o Tribunal distinto del que corresponda al domicilio del consumidor y usuario, al lugar del cumplimiento de la obligación o aquél en que se encuentre el bien si éste fuera inmueble.*

3. *La sumisión del contrato a un Derecho extranjero con respecto al lugar donde el consumidor y usuario emita su declaración negocial o donde el empresario desarrolle la actividad dirigida a la promoción de contratos de igual o similar naturaleza".*

## Sección 3. LOS DEPARTAMENTOS DE ATENCIÓN AL CLIENTE Y DEFENSA DEL CLIENTE EN EL SECTOR ASEGURADOR

### 1-221 El departamento de atención al cliente y defensor del cliente en las entidades aseguradoras

**La Orden ECO/734/2004** sobre los departamentos y servicios de atención al cliente y el defensor del cliente de las entidades financieras recoge la regulación aplicable a este tipo de órganos, dispuestos por el ordenamiento jurídico con el fin último de proteger al cliente de instrumentos financieros.

En relación con la norma, se pueden destacar las siguientes ideas:

**Las entidades de crédito, las empresas de servicios de inversión, las sociedades gestoras de instituciones de inversión colectiva, las entidades aseguradoras y las entidades gestoras de fondos de pensiones**, con las precisiones establecidas en la disposición adicional primera de la mencionada Orden, estarán obligadas a atender y resolver las quejas y reclamaciones que los usuarios de servicios financieros puedan presentar, relacionados con sus intereses y derechos legalmente reconocidos.

Asimismo, y con ciertas particularidades, quedan sujetas las entidades señaladas en los párrafos anteriores que hayan sido autorizadas en otros Estados miembros del Espacio Económico Europeo, cuando ejerzan su actividad en España en régimen de libre prestación de servicios.

Para ello, las entidades deberán contar con un departamento o servicio de atención al cliente encargado de atender y resolver las quejas y reclamaciones.

Dichas entidades podrán, bien individualmente, bien agrupadas por ramas de actividad, proximidad geográfica, volumen de negocio o cualquier otro criterio, designar un **Defensor del Cliente**, que habrá de ser una entidad o experto independiente de reconocido prestigio, y a quien corresponderá atender y resolver los tipos de reclamaciones que se sometan a su decisión en el marco de lo que disponga su reglamento de funcionamiento, así como promover el cumplimiento de la normativa de transparencia y protección de la clientela y de las buenas prácticas y usos financieros.

La decisión del Defensor del Cliente favorable a la reclamación vinculará a la entidad. Esta vinculación no será obstáculo a la plenitud de **tutela judicial**, al **recurso a otros mecanismos** de solución de conflictos ni a la **protección administrativa**.

### 1-222 Separación funcional del departamento de atención o defensa del cliente respecto al departamento comercial

Para garantizar que cuando los departamentos de atención al cliente tomen de manera autónoma sus decisiones referentes al ámbito de su actividad, sean totalmente objetivos a la hora de analizar y tramitar una reclamación y en definitiva, se eviten conflictos de interés, este departamento debe tener independencia respecto al Departamento comercial u operativo.

Estos departamentos deberán contar con los medios humanos, técnicos y materiales adecuados y necesarios para desarrollar perfectamente dicha actividad de atención al cliente.

Por último, y como recoge el artículo 6 de la OM ECO/734/2004, *"las entidades adoptarán igualmente las medidas oportunas para garantizar que los procedimientos previstos para la transmisión de la información requerida por el departamento o servicio de atención al cliente al resto de servicios de la organización, respondan a los principios de rapidez, seguridad, eficacia y coordinación".*

 © CISS

## 1-223 El Departamento de atención al cliente en las empresas del seguro

No solo es la separación funcional del Departamento de atención o defensa del cliente respecto al Departamento comercial, sino que la empresa relacionada con el sector asegurador -al igual que las demás- debe formar a los miembros del departamento de atención al cliente en todo lo relativo a la normativa en materia de defensa y protección de los usuarios de servicios financieros para garantizar así la transparencia.

Tal y como establece el artículo 44 de la Ley 26/2006, de Mediación de Seguros y reaseguros privados, tendrán la obligación de atender y resolver quejas y reclamaciones:

**Las entidades aseguradoras**

*"Los departamentos y servicios de atención al cliente de las entidades aseguradoras atenderán y resolverán las quejas y reclamaciones que se presenten en relación con la actuación de* ***sus agentes de seguros y operadores de banca-seguros****,* en los términos que establezca la normativa sobre protección del cliente de servicios financieros".

**Los corredores de seguros**

*"Los Corredores de seguros, las sociedades de correduría de seguros y los mediadores de seguros residentes o domiciliados en otros Estados del Espacio Económico Europeo que ejerzan en España en régimen de derecho de establecimiento o en régimen de libre prestación de servicios deberán contar con un departamento o servicio de atención al cliente para atender y resolver las quejas y reclamaciones, salvo que encomienden la atención y resolución de la totalidad de las quejas y reclamaciones que reciban a un defensor del cliente en los términos establecidos en la Ley 26/2006 de Mediación de Seguros y Reaseguros Privados".*

**ATENCIÓN:** A tal efecto, aseguradoras y corredurías viene obligados a atender y resolver las quejas y reclamaciones que su clientela pueda presentarles por lo que deben tener habilitado y en funcionamiento dicho Departamento. La propia Ley de Mediación les permite contratar externamente este servicio con otra persona o entidad ajena a la estructura de su organización, cuando reúna los requisitos exigidos en dicha normativa.

## 1-224 El Defensor del cliente en las empresas del seguro

Tal y como recoge el artículo 45 de la Ley 26/2006, también pueden agruparse para contratar en conjunto estos servicios y que sean prestados a varias empresas por una misma persona.

En el caso de las aseguradoras, en relación con sus agentes de seguros y operadores de banca-seguros, pueden designar un único y mismo Defensor del Cliente. Cuando se hace esto normalmente es por criterios geográficos o territoriales o bien de ramos o productos (para agentes de vida, de autos, de salud, etc.).

Esto, en la práctica, es muy habitual en asociaciones de Corredores o en Colegios de Mediadores que tiene acuerdos especiales con algún despacho de abogados que presta el servicio a todos los miembros o colegiados a cambio de una cuota periódica que cubre el servicio que se pudiera prestar en dicho periodo, indistintamente del número de caso que se gestionen en dicho Departamento.

Para designar a las personas que vayan a desempeñar la actividad de Defensor del Cliente se deberá observar que sea una entidad o experto independiente de reconocido prestigio, a quien corresponderá atender y resolver los tipos de quejas y reclamaciones que se sometan a su decisión en el marco de lo que disponga su reglamento de funcionamiento.

## 1-225 Requisitos de los titulares del departamento o servicio de atención al cliente y del defensor del cliente

Los titulares del departamento o servicio de atención al cliente y del defensor del cliente deberán ser personas con honorabilidad comercial y profesional, y con conocimiento y experiencia adecuados para ejercer sus funciones.

Concurre honorabilidad comercial y profesional en quienes hayan venido observando una trayectoria personal de respeto a las leyes mercantiles u otras que regulan la actividad económica y la vida de los negocios, así como las buenas prácticas comerciales y financieras.

Poseen conocimientos y experiencia adecuados, quienes hayan desempeñado funciones relacionadas con la actividad financiera propia de la entidad o entidades de que se trate.

Los titulares del departamento o servicio de atención al cliente y del defensor del cliente, en su caso, serán designados por el consejo de administración u órgano equivalente de la entidad, o la dirección general de la sucursal, en su caso.

La designación del titular del departamento o servicio de atención al cliente y, en su caso, del defensor del cliente, será comunicada al Comisionado o Comisionados para la Defensa del Cliente de Servicios Financieros y a la autoridad o autoridades supervisoras que correspondan por razón de su actividad.

## 1-226 El Reglamento de funcionamiento para la defensa del cliente

Cada entidad o grupo de naturaleza aseguradora deberá aprobar un Reglamento para la Defensa del Cliente, que regulará la actividad del departamento o servicio de atención al cliente y, en su caso, del defensor del cliente, así como las relaciones entre ambos.

El Reglamento será aprobado por el consejo de administración u órgano equivalente de cada entidad, y, en su caso, por la dirección general de la sucursal.

El Reglamento deberá contener, al menos, los siguientes elementos:

a) Duración del mandato, en su caso, y posibilidad de renovación.

b) Causas de incompatibilidad, inelegibilidad y cese.

c) Relación clara y precisa de asuntos cuyo conocimiento, por razón del fondo, la cuantía o cualquier otro criterio, se atribuye al defensor del cliente, en su caso, con indicación expresa de que aquellos que no le correspondan serán competencia del departamento o servicio de atención al cliente; si ambas instancias tuvieran atribuido el conocimiento del mismo tipo de reclamación se deberá especificar si tras la decisión del departamento o servicio de atención al cliente el reclamante puede acudir al defensor del cliente como segunda instancia, sin perjuicio del plazo de dos meses para dictar una decisión definitiva para el reclamante.

d) Deber de todos los departamentos y servicios de la entidad de facilitar al departamento o servicio de atención al cliente y al defensor del cliente, cuantas informaciones éstos soliciten en relación con el ejercicio de sus funciones.

e) Plazo para la presentación de las reclamaciones, a contar desde la fecha en que el cliente tuviera conocimiento de los hechos causantes de la queja o reclamación, sin que pueda ser inferior a dos años.

f) Concreción de los trámites internos en la entidad o grupo.

## 1-227 Actividad de control y supervisión sobre el Reglamento de defensa del cliente

Corresponderá al organismo, que tenga legalmente atribuidas las competencias de control e inspección de la entidad de que se trate, verificar, dentro de los tres meses siguientes a la presentación de la solicitud, que el reglamento contiene la regulación necesaria y que se ajusta a lo dispuesto en la normativa aplicable.

En particular, esta función corresponderá, en el caso de entidades aseguradoras, entidades gestoras de fondos de pensiones, sociedades de correduría de seguros y sus sucursales en España, a la **Dirección General de Seguros y Fondos de Pensiones del Ministerio de Economía**, salvo que se trate de entidades de competencia autonómica, en cuyo caso corresponderá al órgano competente de la comunidad autónoma en donde radique el domicilio social de la entidad.

En el supuesto de que un mismo reglamento se aplicara a todas las entidades de un mismo grupo, la verificación correrá a cargo de la autoridad competente que, de acuerdo con los párrafos anteriores, corresponda a la entidad dominante, previo informe de las restantes autoridades competentes.

En todos los casos, las autoridades citadas podrán solicitar informe de los Comisionados que correspondan por razón de las entidades a los que los reglamentos resulten de aplicación.



© CISS

## 1-228 Obligación de información sobre los departamentos de atención y defensa del cliente

Las entidades aseguradoras deberán poner a disposición de sus clientes, en todas y cada una de las oficinas abiertas al público, así como en sus páginas web en el caso de que los contratos se hubieran celebrado por medios telemáticos, la siguiente información:

a) La existencia de un departamento o servicio de atención al cliente y, en su caso, de un defensor del cliente, con indicación de su dirección postal y electrónica.

b) La obligación por parte de la entidad de atender y resolver las quejas y reclamaciones presentadas por sus clientes, en el plazo de dos meses desde su presentación en el departamento o servicio de atención al cliente o, en su caso, defensor del cliente.

c) Referencia al Comisionado o Comisionados para la Defensa del Cliente de Servicios Financieros que correspondan, con especificación de su dirección postal y electrónica, y de la necesidad de agotar la vía del departamento o servicio de atención al cliente o del defensor del cliente para poder formular las quejas y reclamaciones ante ellos.

d) El reglamento de funcionamiento.

e) Referencias a la normativa de transparencia y protección del cliente de servicios financieros.

Las decisiones con que finalicen los procedimientos de tramitación de quejas y reclamaciones mencionarán expresamente la facultad que asiste al reclamante para, en caso de disconformidad con el resultado del pronunciamiento, acudir al Comisionado para la Defensa del Cliente de Servicios Financieros que corresponda.

# Sección 4. LA PRESENTACIÓN DE QUEJAS Y RECLAMACIONES EN EL SECTOR ASEGURADOR

## 1-229 Procedimiento de presentación de quejas y reclamaciones

El procedimiento de presentación de quejas y reclamaciones se configura como un mecanismo de resolución de conflictos en materias relacionadas con contratos de seguro y planes de pensiones que deriven de la actuación de entidades aseguradoras, gestoras de fondos de pensiones y mediadores de seguros. Los procedimientos desarrollados ante el Servicio de Reclamaciones son **procedimientos extrajudiciales** de protección de los derechos de los ciudadanos de carácter gratuito, al margen de las instancias judiciales.

La LES, recientemente aprobada, ha venido a modificar el procedimiento de presentación de quejas y reclamaciones ante el Banco de España, la Comisión Nacional del Mercado de Valores y la Dirección General de Seguros y Fondos de Pensiones. Así, en su Disposición final décimo tercera modifica la redacción del artículo 30 de la Ley 44/2002, de 22 de noviembre, de Medidas de Reforma del Sistema Financiero.

Los servicios de reclamaciones del Banco de España, la Comisión Nacional del Mercado de Valores y la Dirección General de Seguros y Fondos de Pensiones atenderán las quejas y reclamaciones que presenten los usuarios de servicios financieros, que estén relacionadas con sus intereses y derechos legalmente reconocidos, y que deriven de presuntos incumplimientos por las entidades reclamadas, de la normativa de transparencia y protección de la clientela o de las buenas prácticas y usos financieros.

La organización y el funcionamiento de estos servicios de reclamaciones se ajustarán a los principios de independencia, transparencia, contradicción, eficacia, legalidad, libertad y representación.

El procedimiento de presentación de quejas y reclamaciones se configura como un mecanismo de resolución de conflictos en materias relacionadas con contratos de seguro y planes de pensiones que deriven de la actuación de entidades aseguradoras, gestoras de fondos de pensiones y mediadores de seguros. Los procedimientos desarrollados ante el servicio de reclamaciones son procedimientos extrajudiciales de protección de los derechos de los ciudadanos de carácter gratuito, al margen de las instancias judiciales.

**Procedimiento de presentación de quejas y Reclamaciones**

Como se ha apuntado antes, la Disposición final décimo tercera de la LES modifica la redacción del artículo 30 de la Ley 44/2002, de 22 de noviembre, de Medidas de Reforma del Sistema Financiero. Así, en la nueva redacción se establece que será el Ministro de Economía y Hacienda quién desarrollará el procedimiento de presentación de reclamaciones ante los servicios de reclamaciones del Banco de España, la Comisión Nacional del Mercado de Valores y la DGSFP.

Este procedimiento deberá, en todo caso, ajustarse a las siguientes reglas:

1. Para que se admita y tramite una reclamación será imprescindible acreditar que han sido formuladas previamente y que se ha hecho por escrito dirigido al departamento o servicio de atención al cliente o, en su caso, al Defensor del Cliente de la entidad contra la que se reclame.

2. Éstos deberán acusar recibo por escrito de las reclamaciones que se les presenten y resolverlas o denegarlas igualmente por escrito y motivadamente.

3. Asimismo, el reclamante deberá acreditar que ha transcurrido el plazo de dos meses desde la fecha de presentación de la reclamación sin que haya sido resuelta o que ha sido denegada la admisión de la reclamación o desestimada su petición.

4. Recibida la reclamación por el servicio de reclamaciones competente (BE, CNMV o DGSFP) por razón de la materia éste deberá:

a) Verificar la concurrencia de las circunstancias previstas en los párrafos anteriores.

b) Si se cumplen los requisitos necesarios, se procederá a la apertura de un expediente por cada reclamación, en el que se incluirán todas las actuaciones relacionadas con la misma.

c) En caso de que no se cumplan los requisitos, se requerirá al reclamante para completar la información en el plazo de diez días, con apercibimiento de que si así no lo hiciese se le tendrá por desistido de su reclamación.

d) Formulado el correspondiente informe, y si éste fuera desfavorable a la entidad reclamada, ésta estará obligada a informar al servicio de reclamaciones competente si ha procedido a la rectificación voluntaria en un plazo no superior a un mes desde su notificación.

5. El Banco de España, la Comisión Nacional del Mercado de Valores y la DGSFP deberán publicar una memoria anual de sus respectivos servicios de reclamaciones. En dicha Memoria deberán incluir el resumen estadístico de las consultas y reclamaciones atendidas y los criterios mantenidos por dichos servicios, en relación con las materias sobre las que versan las reclamaciones presentadas, así como las entidades afectadas, con indicación en su caso del carácter favorable o desfavorable del informe.

## 1-230 Quejas

Podrá presentar quejas cuando lo que se desee, sea poner de manifiesto irregularidades en el funcionamiento de los servicios financieros prestados por las entidades y que son originados por las tardanzas, desatenciones o cualquier otro tipo de actuación que se observe en su funcionamiento y en las que no se pretende la reparación o restitución de un interés o derecho.

## 1-231 Reclamaciones

Podrá presentar reclamaciones cuando se pretenda obtener la restitución de su interés o derecho, así como cuando las acciones u omisiones de las entidades financieras hayan supuesto un perjuicio para sus intereses o derechos por incumplimiento de los contratos, de la normativa de transparencia y protección de la clientela o de las buenas prácticas y usos financieros.

## 1-232 Consultas

Los Servicios de reclamaciones del Banco de España, CNMV y DGSFP deberán atender también las consultas que formulen los usuarios de servicios financieros sobre las normas aplicables en materia de transparencia y protección a la clientela, así como sobre los cauces legales existentes para el ejercicio de sus derechos.

Se consideran consultas las solicitudes de asesoramiento e información relativas a cuestiones de interés general sobre los derechos de los usuarios de servicios financieros en materia de transparencia y protección de la clientela, y sobre los cauces legales para su ejercicio, así como las que se refieran a los requisitos que la normativa vigente imponga a las actuaciones que el interesado pueda precisar, o sobre las características genéricas de los distintos tipos de procedimientos para hacerlos valer y órganos competentes para su conocimiento y resolución. En ningún caso la evacuación de una consulta podrá pronunciarse sobre peticiones de interpretación de la norma aplicable en relación a un supuesto concreto.

 © CISS

## 1-233 Presentación de quejas y reclamaciones

La presentación de las quejas y reclamaciones podrá efectuarse, personalmente o por representación (art. 7.2. RD 303/2002):

a) En soporte papel.

b) Por medios informáticos, electrónicos o telemáticos, siempre que éstos permitan la lectura, impresión y conservación de los documentos.

La utilización de medios informáticos, electrónicos o telemáticos deberá ajustarse a las exigencias previstas en la Ley 59/2003, de 19 de diciembre, de firma electrónica.

El procedimiento se iniciará mediante la presentación de un documento en el que se hará constar:

a. Nombre, apellidos y domicilio del interesado y, en su caso, de la persona que lo represente, debidamente acreditada; número del documento nacional de identidad para las personas físicas y datos referidos a registro público para las jurídicas.

b. Motivo de la queja o reclamación, con especificación clara de las cuestiones sobre las que se solicita un pronunciamiento.

c. Oficina u oficinas, departamento o servicio donde se hubieran producido los hechos objeto de la queja o reclamación.

d. Que el reclamante no tiene conocimiento de que la materia objeto de la queja o reclamación está siendo sustanciada a través de un procedimiento administrativo, arbitral o judicial.

e. Lugar, fecha y firma.

El reclamante deberá aportar, junto al documento anterior, las pruebas documentales que obren en su poder en que se fundamente su queja o reclamación.

Las quejas y reclamaciones podrán ser presentadas ante los departamentos o servicios de atención al cliente, ante el defensor del cliente, en su caso, en cualquier oficina abierta al público de la entidad, así como en la dirección de correo electrónico que cada entidad habrá de habilitar a este fin.

Recibida la queja o reclamación por la entidad, en el caso de que no hubiese sido resuelta a favor del cliente por la propia oficina o servicio objeto de la queja o reclamación, ésta será remitida al departamento o servicio de atención al cliente, quien, cuando proceda de acuerdo con el reglamento de funcionamiento, la remitirá, a su vez, al defensor del cliente.

El cómputo del plazo máximo de terminación comenzará a contar desde la presentación de la queja o reclamación en el departamento o servicio de atención al cliente o, en su caso, defensor del cliente. En todo caso, se deberá acusar recibo por escrito y dejar constancia de la fecha de presentación a efectos del cómputo de dicho plazo.

Recibida la queja o reclamación por la instancia competente para su tramitación, se procederá a la apertura de expediente.

La queja o reclamación se presentará una sola vez por el interesado, sin que pueda exigirse su reiteración ante distintos órganos de la entidad.

Si no se encontrase suficientemente acreditada la identidad del reclamante, o no pudiesen establecerse con claridad los hechos objeto de la queja o reclamación, se requerirá al firmante para completar la documentación remitida en el plazo de diez días naturales, con apercibimiento de que si así no lo hiciese se archivará la queja o reclamación sin más trámite.

Los departamentos o servicios de atención al cliente y los defensores del cliente podrán recabar en el curso de la tramitación de los expedientes, tanto del reclamante como de los distintos departamentos y servicios de la entidad afectada, cuantos datos, aclaraciones, informes o elementos de prueba consideren pertinentes para adoptar su decisión.

## 1-234 Causas para rechazar la admisión a trámite de las quejas y reclamaciones en los Departamentos de Atención a clientes o de Defensa del cliente

Las causas son las siguientes:

1

a. Cuando se omitan datos esenciales para la tramitación no subsanables, incluidos los supuestos en que no se concrete el motivo de la queja o reclamación.

b. Cuando se pretendan tramitar como queja o reclamación, recursos o acciones distintos cuyo conocimiento sea competencia de los órganos administrativos, arbitrales o judiciales, o la misma se encuentre pendiente de resolución o litigio o el asunto haya sido ya resuelto en aquellas instancias.

c. Cuando los hechos, razones y solicitud en que se concreten las cuestiones objeto de la queja o reclamación no se refieran a operaciones concretas o no se ajusten a los requisitos establecidos en la Orden ECO/734/2004.

d. Cuando se formulen quejas o reclamaciones que reiteren otras anteriores resueltas, presentadas por el mismo cliente en relación a los mismos hechos.

e. Cuando hubiera transcurrido el plazo para la presentación de quejas y reclamaciones que establezca el reglamento de funcionamiento.

Cuando se tuviera conocimiento de la tramitación simultánea de una queja o reclamación y de un procedimiento administrativo, arbitral o judicial sobre la misma materia, deberá abstenerse de tramitar la primera.

Cuando se entienda no admisible a trámite la queja o reclamación, por alguna de las causas indicadas, se pondrá de manifiesto al interesado mediante decisión motivada, dándole un plazo de diez días naturales para que presente sus alegaciones. Cuando el interesado hubiera contestado y se mantengan las causas de inadmisión, se le comunicará la decisión final adoptada.

## 1-235 Allanamiento y desistimiento de las quejas y reclamaciones presentadas

**Allanamiento**

Si a la vista de la queja o reclamación, la entidad rectificase su situación con el reclamante a satisfacción de éste, deberá comunicarlo a la instancia competente y justificarlo documentalmente, salvo que existiere desistimiento expreso del interesado.

En tales casos, se procederá al archivo de la queja o reclamación sin más trámite.

**Desistimiento**

Los interesados podrán desistir de sus quejas y reclamaciones en cualquier momento. El desistimiento dará lugar a la finalización inmediata del procedimiento en lo que a la relación con el interesado se refiere.

No obstante, el defensor del cliente podrá acordar la continuación del mismo en el marco de su función de promover el cumplimiento de la normativa de transparencia y protección de la clientela y de las buenas prácticas y usos financieros.

## 1-236 Finalización del procedimiento y notificación de la decisión

El expediente deberá finalizar en el plazo máximo de **dos meses,** a partir de la fecha en que la queja o reclamación fuera presentada en el departamento o servicio de atención al cliente o, en su caso, defensor del cliente.

La decisión será siempre **motivada** y contendrá unas conclusiones claras sobre la solicitud planteada en cada queja o reclamación.

En el caso de que la decisión se aparte de los criterios manifestados en expedientes anteriores similares, deberán aportarse las razones que lo justifiquen.

La decisión será notificada a los interesados en el plazo de **diez días naturales** a contar desde su fecha, por escrito o por medios informáticos, electrónicos o telemáticos, siempre que éstos permitan la lectura, impresión y conservación de los documentos, y cumplan los requisitos previstos en la Ley 59/2003, de 19 de diciembre, de firma electrónica.

## 1-237 El Servicio de reclamaciones y quejas de la DGSFP

Conforme a lo establecido en la Ley 44/2002, de 22 de noviembre, de Medidas de Reforma del Sistema Financiero, el Servicio de Reclamaciones es competente para atender las consultas, quejas o reclamaciones planteadas por los ciudadanos y asesorarles sobre sus derechos y sobre los cauces legales existentes para su


© CISS

ejercicio en relación con las siguientes materias: **cuestiones relacionadas con contratos de seguro y planes de pensiones que deriven de la actuación de entidades aseguradoras, gestoras de fondos de pensiones y mediadores de seguros.**

Los procedimientos desarrollados ante el Servicio de Reclamaciones son **procedimientos extrajudiciales** de protección de derechos, que se desarrollan de forma gratuita al margen de las instancias judiciales.

El Servicio de Reclamaciones de la DGSFP atenderá, de conformidad con lo dispuesto en la normativa vigente, las **consultas, quejas o reclamaciones** de los usuarios de servicios financieros que estén relacionadas con sus intereses y derechos legalmente reconocidos, ya deriven de los **contratos, de la normativa de transparencia y protección de la clientela, ya de las buenas prácticas y usos financieros.**

El servicio de quejas y reclamaciones de la DGSFP atenderá las consultas, quejas y reclamaciones que se formulen en relación a la actuación de:

- Entidades aseguradoras, excepto en el caso de los contratos de seguros por grandes riesgos.
- Entidades gestoras de fondos de pensiones.
- Mediadores de seguros (agentes y corredores).
- Entidades de crédito en materia de comercialización de seguros o planes de pensiones o en su condición de depositarias de fondos de pensiones.

En el lado opuesto, el Servicio de Reclamaciones **no tiene competencias** en los siguientes supuestos:

- Seguros de grandes riesgos.
- Seguros colectivos o planes de pensiones que instrumenten compromisos por pensiones de las empresas con sus trabajadores o beneficiarios, cuando el asunto planteado no se refiera a la condición de usuario de servicios financieros de las entidades aseguradoras o de entidades gestoras de fondos de pensiones.
- Consultas, quejas o reclamaciones sobre asuntos que se encuentren o hayan sido sometidos a cualquier instancia arbitral, administrativa o judicial.
- Determinación de los daños y perjuicios que eventualmente haya podido ocasionar a los usuarios de los servicios financieros la actuación, incluso sancionable, de las entidades sometidas a supervisión.
- Valoraciones económicas.

**ATENCIÓN**: La recién aprobada Ley de Economía Sostenible (LES) viene a establecer en su Sección 3ª los Mecanismos de protección de los clientes de servicios financieros y concretamente en su artículo 31 establece la protección de clientes de servicios financieros a través de los servicios de reclamaciones de los supervisores financieros reafirmando las facultades de los servicios de reclamaciones del Banco de España, de la Comisión Nacional del Mercado de Valores y la DGSFP en materia de protección de usuarios de servicios financieros otorgar facultades en los términos previstos en el artículo 30 de la Ley 44/2002, de 22 de noviembre, de medidas de reforma del sistema financiero.

A tal efecto, y como establece la disposición transitoria quinta de la LES respecto al procedimiento de presentación de reclamaciones ante el Banco de España, la Comisión Nacional del Mercado de Valores y la DGSFP, hasta la aprobación de las disposiciones reglamentarias a las que se refiere el artículo 30.2 de la Ley 44/2002, de 22 de noviembre, de Medidas de Reforma del Sistema Financiero, en la redacción dada por la disposición final decimotercera de la LES, continuará aplicándose el procedimiento previsto en los artículos 5 a 17 del Real Decreto 303/2004, de 20 de febrero, por el que se aprueba el Reglamento de los comisionados para la defensa del cliente de servicios financieros.

## 1-238 Personas legitimadas para presentar quejas, reclamaciones o consultas sobre asuntos de seguros

Están legitimados para presentar quejas o reclamaciones y formular consultas en su condición de usuarios de servicios financieros las siguientes personas:

- Tomadores de seguros.
- Asegurados.
- Beneficiarios.
- Terceros perjudicados o derechohabientes de cualquiera de ello.
- Partícipes y beneficiarios de planes de pensiones.

Igualmente, podrán presentar quejas o reclamaciones y formular consultas las asociaciones y organizaciones representativas de legítimos intereses colectivos de los usuarios de servicios financieros, siempre que afecten a un determinado cliente y acrediten su representación, y, en el caso de intereses colectivos, siempre que éstos resulten afectados y aquéllas estén legalmente habilitadas para su defensa y protección y reúnan los requisitos establecidos en el Real Decreto Legislativo 1/2007 o, en su caso, en la legislación autonómica en materia de defensa de los consumidores.

## 1-239 Formas de presentación y tramitación de las quejas, reclamaciones y consultas

Las consultas, quejas y reclamaciones podrán presentarse en formato papel y dirigirse al Servicio de Reclamaciones de la Dirección General de Seguros y Fondos de Pensiones a la siguiente dirección:

**Paseo de la Castellana 44, 28046, Madrid**

Asimismo podrá presentar consultas, quejas y reclamaciones por medios telemáticos a través de la Oficina Virtual. El usuario podrá elegir el procedimiento de tramitación que estime más conveniente para la defensa de sus intereses.

Para facilitar la presentación de las quejas o reclamaciones y las consultas en formato papel, se podrán utilizar los formularios que el Servicio de Reclamaciones ha elaborado a estos efectos.

## 1-240 Procedimiento para presentar quejas o reclamaciones ante el servicio de la DGSFP

El procedimiento seguido por este Servicio de Reclamaciones en la tramitación de una queja o reclamación es el siguiente:

1. Para la admisión y tramitación de quejas o reclamaciones será imprescindible acreditar haberlas formulado previamente al departamento o servicio de atención al cliente, o en su caso, al defensor del cliente, de la entidad contra la que se dirige la queja o reclamación.

2. Una vez verificado el cumplimiento de los requisitos necesarios se procederá a la apertura del expediente que se comunicará al interesado e igualmente, se remitirá a la entidad contra la que se reclama copia de la queja o reclamación formulada y de los documentos aportados, para que presente las alegaciones y documentación que tenga por conveniente en el plazo de quince días hábiles.

3. Recibida la respuesta de la entidad se dará traslado a los interesados, que podrán manifestar en el plazo de quince días hábiles su disconformidad, salvo que en la respuesta dada por la entidad no figuren otros hechos, alegaciones y pruebas que las aducidas por el interesado en su escrito de queja o reclamación, en cuyo caso podrá prescindirse de este trámite.

4. Todos los requerimientos que se formulen a la entidad deberán ser cumplimentados en el plazo de quince días hábiles, transcurridos los cuales sin contestación se tendrán por incumplidos, pudiendo continuar el procedimiento.

5. El expediente concluirá con un informe motivado que deberá contener conclusiones claras en las que se hará constar si se desprende quebrantamiento de normas de transparencia y protección y si la entidad se ha ajustado o no a las buenas prácticas y usos financieros.

6. El informe será notificado a los interesados y a la entidad reclamada en el plazo de diez días hábiles a contar desde su fecha.

7. El informe no tendrá carácter vinculante ni la consideración de acto administrativo y, en consecuencia, contra el mismo no cabe recurso alguno.

8. Se informa que la tramitación de los expedientes se entiende sin perjuicio de las acciones que le asisten para hacer valer sus derechos, así como que no paralizará la resolución y tramitación de los correspondientes procedimientos, ni suspenderá o interrumpirá los plazos establecidos para el ejercicio de los mismos.

 © CISS

## 1-241 Formulario para presentar quejas y reclamaciones ante la DGSFP

### FORMULARIO PARA PRESENTAR UNA QUEJA O RECLAMACIÓN ANTE EL SERVICIO DE RECLAMACIONES EN FORMATO PAPEL

Imprima el formulario y cumplimente todos los campos, en caso contrario no se podrá tramitar la queja o reclamación, salvo que los campos no cumplimentados estén señalados como opcionales. La Guía Práctica le indicará los pasos que debe seguir en caso de duda. Una vez cumplimentado, fírmelo y envíelo al Servicio de Reclamaciones de la Dirección General de Seguros y Fondos de Pensiones, Paseo de la Castellana nº44, 28046 Madrid.

NOTA: el presente formulario se desarrolla cumpliendo los requisitos exigidos por el RD 303/2004 por el que se aprueba el Reglamento de los Comisionados para la Defensa del Cliente de Servicios Financieros en adelante "Reglamento de los Comisionados".

| (1) DATOS IDENTIFICATIVOS DEL RECLAMANTE | | | |
|---|---|---|---|
| N.I.F./ C.I.F. / NIE | NOMBRE/ DENOMINACIÓN SOCIAL | PRIMER APELLIDO (Sólo personas físicas) | SEGUNDO APELLIDO (Sólo personas físicas) |

| (2) DATOS IDENTIFICATIVOS DEL REPRESENTANTE (CUMPLIMENTAR ÚNICAMENTE CUANDO EL FORMULARIO SE PRESENTA POR MEDIO DE REPRESENTANTE) | |
|---|---|
| N.I.F./ C.I.F/ NIE | NOMBRE Y APELLIDOS/ DENOMINACIÓN SOCIAL |
| ADJUNTAR EN HOJA APARTE LA DOCUMENTACIÓN ACREDITATIVA DE LA REPRESENTACIÓN) | |

| (3) DIRECCION A EFECTOS DE NOTIFICACIONES | | | | |
|---|---|---|---|---|
| CALLE | NUMERO | PISO | ESCALERA | PUERTA |
| MUNICIPIO | CODIGO POSTAL | PROVINCIA | PAIS | |
| TELEFONO FIJO (opcional) | TELEFONO MÓVIL (opcional) | | | |

| (4) DATOS IDENTIFICATIVOS DE LA/S ENTIDAD/ES RECLAMADA/S |
|---|
| |

| (5) MOTIVO DE LA QUEJA O RECLAMACIÓN (PUEDE OPTAR POR REDACTARLA O ADJUNTARLA EN HOJA APARTE) |
|---|
| DESCRIPCIÓN DE LOS HECHOS EN LOS QUE FUNDAMENTE LA QUEJA O RECLAMACIÓN |

Para presentar una queja o reclamación ante el Servicio de quejas y reclamaciones de la DGSFP, se deben cumplimentar todos los apartados del formulario, salvo los que figuran como opcionales, que son potestativos.

Estos son unos requisitos exigidos por el Reglamento de los Comisionados para la Defensa del Cliente de Servicios Financieros, aprobado por el Real Decreto 303/2004, de 20 de febrero (en adelante "Reglamento de los Comisionados").

(1) "***DATOS IDENTIFICATIVOS DEL RECLAMANTE***":

Pueden presentar quejas o reclamaciones ante este Servicio tanto las personas físicas como jurídicas. Deberá aportar sus datos identificativos conforme a lo establecido en el artículo 7.3.a) del Reglamento de los Comisionados.

En caso contrario, no se podrá tramitar las solicitudes.

(2) "***DATOS IDENTIFICATIVOS DEL REPRESENTANTE***":

Tal y como establece el artículo 7.3.a) del Reglamento de los Comisionados, cuando actúa a través de representante se debe acreditar la representación por cualquier medio admitido en derecho.

En caso de presentación de la queja o reclamación por vía telemática la representación se acreditará adjuntando la documentación necesaria en el campo "*DOCUMENTACIÓN ACREDITATIVA DE LA REPRESENTACIÓN*".

En caso contrario, no se podrá tramitar las solicitudes.

(3) "***DIRECCIÓN A EFECTOS DE NOTIFICACIONES***":

Se debe indicar la dirección a la que desea que se dirijan las notificaciones conforme a lo establecido en el artículo 7.3.a) del Reglamento de los Comisionados.

En caso contrario, no se podrá tramitar las solicitudes.

(4) "***DATOS IDENTIFICATIVOS DE LAS ENTIDADES RECLAMADAS***":

Conforme a lo establecido en el artículo 7.3.b) del Reglamento de los Comisionados, debe indicar la denominación social de la entidad reclamada. Si existe más de una entidad reclamada, deberá cumplimentar el apartado enumerándolas en base a 4.1, 4.2. En caso contrario, no se podrá tramitar las solicitudes.

(5) "***MOTIVO DE LA QUEJA O RECLAMACIÓN***":

Según el artículo 7.3.c) debe indicar con claridad y precisión, el motivo de la queja o reclamación que se presente en relación con sus intereses y derechos legalmente reconocidos.

**DOCUMENTACIÓN NECESARIA PARA TRAMITAR UNA QUEJA O RECLAMACIÓN**: Según el artículo 7.3.d) para tramitar una queja o reclamación ante el Servicio de Reclamaciones, **será necesario que cumpla uno de los dos requisitos siguientes**:

• DOCUMENTO QUE ACREDITE QUE HAN TRANSCURRIDO 2 MESES DESDE LA FECHA DE LA PRESENTACIÓN DEL ESCRITO DE QUEJA O RECLAMACIÓN DIRIGIDO AL DEPARTAMENTO DE ATENCIÓN AL CLIENTE O, EN SU CASO, AL DEFENSOR DEL CLIENTE, DE LA ENTIDAD CONTRA LA QUE SE RECLAMA, SIN QUE HAYA SIDO CONTESTADO"

Como medios que **acreditan** la presentación del escrito ante cualquiera de las instancias anteriormente mencionadas, se citan los siguientes:

a) Correo certificado con acuse de recibo o burofax. En estos casos debe aportar el escrito de la queja o reclamación, así como el acuse de recibo con la firma y la identidad del receptor y la fecha de la recepción.

b) Notificación electrónica. En estos casos debe aportar el correo electrónico enviado con el escrito de la queja, y el correspondiente acuse de recibo con la fecha de recepción y la identidad del receptor. Esto es bastante discutible.

c) Copia del escrito de queja o reclamación que esté sellada con la fecha de entrada en el registro correspondiente de la entidad contra la que se dirige la reclamación. De este modo el Servicio de Reclamaciones podrá comprobar que han transcurrido 2 meses desde la fecha de presentación del escrito.

• DOCUMENTO QUE ACREDITE QUE EL ESCRITO DE QUEJA O RECLAMACIÓN DIRIGIDO AL DEPARTAMENTO DE ATENCIÓN AL CLIENTE O, EN SU CASO, AL DEFENSOR DEL CLIENTE, DE LA ENTIDAD

CONTRA LA QUE SE RECLAMA, SE HA DENEGADO O DESESTIMADO TOTAL O PARCIALMENTE. Para cumplir este requisito, debe adjuntar al formulario el escrito de contestación remitido por cualquiera de las entidades anteriormente mencionadas.

**El firmante deberá hacer constar expresamente que la queja o reclamación no se encuentra pendiente de resolución o litigio ni ha sido resuelta ante órganos administrativos, arbitrales o jurisdiccionales.** Este requisito se exige conforme a lo establecido en el artículo 7.3.c) del Reglamento de los Comisionados dado que se debe asegurar el pleno respeto al órgano administrativo, de arbitraje o jurisdiccional. Si no cumplimenta este apartado no se podrá tramitar la solicitud.

El artículo 7.3.e) del Reglamento de los Comisionados exige el requisito de reflejar claramente el lugar y la fecha así como firmar el documento, de manera que sin estos requisitos formales para tramitar adecuadamente la queja o reclamación no podremos tramitar la solicitud.

1

## 1-242 Formulario para presentar consultas ante la DGSFP

**FORMULARIO PARA PRESENTAR UNA CONSULTA ANTE EL SERVICIO DE RECLAMACIONES EN FORMATO PAPEL.**

Imprima el formulario y cumplimente todos los campos, en caso contrario no se podrá tramitar la consulta, salvo que los campos no cumplimentados estén señalados como opcionales. La Guía Práctica le indicará los pasos que debe seguir en caso de duda. Una vez cumplimentado, fírmelo y envíelo al Servicio de Reclamaciones de la Dirección General de Seguros y Fondos de Pensiones, Paseo de la Castellana nº44, 28046 Madrid.
NOTA: el presente formulario se desarrolla cumpliendo los requisitos exigidos por el RD 303/2004 por el que se aprueba el Reglamento de los Comisionados para la Defensa del Cliente de Servicios Financieros en adelante "Reglamento de los Comisionados".

| (1) DATOS IDENTIFICATIVOS DE LA PERSONA QUE FORMULA LA CONSULTA | | | |
|---|---|---|---|
| N.I.F./ C.I.F/ NIE | NOMBRE/ DENOMINACIÓN SOCIAL | PRIMER APELLIDO (Sólo personas físicas) | SEGUNDO APELLIDO (Sólo personas físicas) |

| (2) DATOS IDENTIFICATIVOS DEL REPRESENTANTE (CUMPLIMENTAR ÚNICAMENTE CUANDO EL FORMULARIO SE PRESENTA POR MEDIO DE REPRESENTANTE) | |
|---|---|
| N.I.F./ C.I.F./NIE | NOMBRE Y APELLIDOS/ DENOMINACIÓN SOCIAL |
| ADJUNTAR EN HOJA APARTE LA DOCUMENTACIÓN ACREDITATIVA DE LA REPRESENTACIÓN) | |

| (3) DIRECCION A EFECTOS DE NOTIFICACIONES | | | | |
|---|---|---|---|---|
| CALLE | NÚMERO | PISO | ESCALERA | PUERTA |
| MUNICIPIO | CODIGO POSTAL | PROVINCIA | PAIS | |
| TELEFONO FIJO (opcional) | TELEFONO MÓVIL (opcional) | | | |

| (3) **ANTECEDENTES Y CIRCUNSTANCIAS CONCURRENTES, DUDAS QUE SUSCITE LA NORMATIVA APLICABLE Y DEMÁS DATOS Y ELEMENTOS DE JUICIO** (PUEDE OPTAR POR REDACTAR LA CONSULTA O ADJUNTARLA EN HOJA APARTE) |
|---|
| |
| LUGAR, FECHA, FIRMA Y ENVIAR |

Para formular una consulta ante este Servicio debe cumplimentar todos los apartados del formulario, salvo los que figuran como opcionales, que son potestativos. (Requisitos exigidos por el Reglamento de los Comisionados


© CISS

para la Defensa del Cliente de Servicios Financieros, aprobado por el Real Decreto 303/2004, de 20 de febrero (en adelante "Reglamento de los Comisionados"):

(1) "***DATOS IDENTIFICATIVOS DEL SUJETO QUE FORMULA LA CONSULTA***":

Pueden formular consultas ante este Servicio tanto las personas físicas como jurídicas. Deberá aportar sus datos identificativos conforme a lo establecido en el artículo 16.3.a) del Reglamento de los Comisionados, en caso contrario, no podremos tramitar su solicitud.

(2) "***DIRECCIÓN A EFECTOS DE NOTIFICACIONES***":

Se debe indicar la dirección a la que desea que dirijamos nuestras notificaciones conforme a lo establecido en el artículo 16.3.a) del Reglamento de los Comisionados, en caso contrario, no podremos tramitar su solicitud.

(3) ***"ANTECEDENTES Y CIRCUNSTANCIAS CONCURRENTES, DUDAS QUE SUSCITE LA NORMATIVA APLICABLE Y DEMÁS DATOS Y ELEMENTOS DE JUICIO"***:

Según el artículo 16.3 apartados b), c) y d) del Reglamento de los Comisionados, debe formular la consulta indicando claramente su solicitud para que el Servicio de Reclamaciones pueda contestar adecuadamente a su consulta. Para esto deberá indicar con claridad los antecedentes y circunstancias concurrentes, las dudas que suscite la normativa aplicable y demás elementos de juicio.

En ningún caso las consultas pueden referirse a una concreta operación con una entidad determinada; deben ser genéricas y referirse a cuestiones de asesoramiento e información general sobre los derechos que le asisten como usuario de servicios financieros. Tampoco podrán plantearse consultas sobre la interpretación de la norma aplicable en relación a un supuesto concreto, ya que en ese caso se trata de una reclamación.

## 1-243 El informe final

El expediente concluirá con un informe final motivado que se dictará en el plazo ***máximo de 4 meses*** desde la fecha de presentación de la queja o reclamación y se notificará a los reclamantes y a la/s entidad/es reclamada/s en el plazo de 10 días hábiles, a partir de la fecha en la que el acto se dictó.

El informe final indicará si la entidad reclamada ha vulnerado la normativa de seguros y planes de pensiones y, en su caso, si se ha ajustado a los principios de buenas prácticas y usos financieros. No recogerá valoraciones económicas sobre los daños y perjuicios ocasionados.

Este informe tiene carácter informativo y no vinculante, ni la consideración de acto administrativo y, en consecuencia, contra el mismo no cabe recurso.

La tramitación de las quejas y reclamaciones se realiza sin perjuicio de las acciones que le asisten para hacer valer sus derechos. No paralizarán la resolución y tramitación de los correspondientes procedimientos, ni suspenderán o interrumpirán los plazos establecidos para el ejercicio de los mismos.

## 1-244 Quejas o reclamaciones ante una entidad aseguradora que opera en España en régimen de libre prestación de servicios

El artículo 62.2 del TRLOSSP dispone que la protección administrativa en el ámbito de los seguros privados se regirá por la normativa vigente sobre protección de clientes de servicios financieros, contenida en la Ley 44/2002, de 22 de noviembre, de medidas para la reforma del sistema financiero, y sus normas de desarrollo.

La normativa de protección al asegurado contenida en la citada Ley de medidas para la reforma del sistema financiero, fue desarrollada por el Real Decreto 303/2004, de 20 de febrero, por el que se aprueba el Reglamento de los comisionados para la defensa del cliente de servicios financieros y por la Orden ECO 734/2004, de 11 de marzo, sobre los departamentos y servicios de atención al cliente de las entidades financieras.

La citada Orden se refiere a la obligación de las entidades de servicios financieros de crear departamentos o servicios de atención al cliente, así como a la posibilidad de nombrar un defensor del cliente, encargados de atender y resolver las quejas y reclamaciones que los usuarios de servicios financieros puedan presentar relacionadas con sus intereses y derechos legalmente reconocidos.

Por lo que se refiere a las entidades de otros Estados miembros del Espacio Económico Europeo que ejerzan su actividad en España en régimen de libre prestación de servicios, están igualmente obligadas a atender y resolver las quejas y reclamaciones pero no se establece la obligatoriedad de crear departamentos o servicios de atención al cliente.

La entidad dispondrá de un plazo de dos meses a contar desde la presentación de la reclamación para pronunciarse sobre ella, pudiendo el reclamante plantear la reclamación ante este Servicio a partir de la finalización de dicho plazo si la reclamación no ha sido resuelta o bien desde que haya sido denegada su admisión o desestimada su petición.

En consecuencia, si la entidad aseguradora opera en España en régimen de libre prestación de servicios, para la admisión de una queja o una reclamación ante el Servicio de Reclamaciones de la Dirección General de Seguros y Fondos de Pensiones, se deberá justificar que se ha formulado previamente la queja o reclamación en el domicilio social de la entidad aseguradora, y se encuentra en alguna de las siguientes situaciones:

a) La respuesta de la entidad ha sigo negativa a la petición del reclamante.

b) La entidad no ha admitido a trámite la queja o reclamación.

c) Han transcurrido más de **dos meses** desde la fecha de presentación de la queja o reclamación ante la entidad sin que ésta haya resuelto

**ATENCIÓN: Informe de la DGSFP sobre la actividad realizada por el Servicio de Reclamaciones durante el año 2009:**

El número de expedientes iniciados durante el año 2009 se incrementó en un 33,62% respecto al año anterior, elevándose la cifra total de expedientes iniciados a 9.396. El incremento es de un 32,29% en lo que se refiere a reclamaciones frente a entidades aseguradoras y de un 82,88% en planes de pensiones.

La cifra de expedientes resueltos en 2009 se elevó a 8.078. Aunque en el año 2008 se señalaba que se había producido el mayor crecimiento en la cifra de expedientes iniciados y resueltos desde la creación del Servicio de Reclamaciones en 1964, durante el año 2009 estas cifras se han superado ampliamente.

Respecto a la forma de finalización de los expedientes de reclamación, un 35% terminó con un informe favorable al interesado, otro 35% con un informe favorable a la entidad y en el restante 30% el Servicio de Reclamaciones no emitió un pronunciamiento expreso que estimara o desestimara la pretensión del interesado, por diferentes causas (necesidad de valoración pericial, desistimiento del reclamante, existencia de finiquito previo, falta de elementos de juicio que requieren la realización de pruebas, o asuntos bajo conocimiento judicial).

En concreto, en el año 2009 se han iniciado un total de 9.396 expedientes, de los cuales 6.055, es decir el 64,44%, han cumplido los requisitos previstos en la normativa sobre protección de los clientes de servicios financieros y por tanto han dado lugar a un procedimiento de consulta, queja o reclamación. Esta cifra se mantiene en un porcentaje similar al año anterior.

En 2009, del total de 6.055 expedientes iniciados, 5.585 son reclamaciones presentadas por los ciudadanos con la pretensión de obtener de una entidad aseguradora, de una gestora de fondos de pensiones, de un mediador o de una entidad de crédito que comercializó un plan de pensiones, la restitución o reparación de un interés o derecho. Del total de 5.585 expedientes de reclamación, 5.203 corresponden a contratos de seguros, 267 a planes y fondos de pensiones, 80 a mediación y 35 a la actividad de comercialización de planes de pensiones realizada por las entidades de crédito. Como en los ejercicios pasados más del 90% de las reclamaciones corresponde a seguros, este año concretamente un 93,16%.

El número total de quejas recibidas, en las que los interesados ponían de manifiesto desatenciones, tardanzas o cualquier otro tipo de actuación inadecuada observada en el funcionamiento de las entidades, se ha elevado a 52 expedientes, lo que supone un 271% más que el año anterior.

## 1-245 Ventanilla única. Funcionamiento de los servicios de reclamaciones del Banco de España, Comisión Nacional del Mercado de Valores y Dirección General de Seguros y Fondos de Pensiones

Los servicios de reclamaciones del BE, CVNM y DGSFP funcionarán bajo el principio de ventanilla única, pudiendo recoger reclamaciones que no sean de su competencia y remitirlas en dicho caso al competente.

 © CISS

Estos servicios de reclamaciones informarán a los servicios de supervisión correspondientes cuando aprecien indicios de incumplimientos graves o reiterados de las normas de transparencia y protección a la clientela o de las buenas prácticas y usos financieros por parte de una misma entidad.

**Informe motivado**

Los servicios de reclamaciones del BE, la CNMV y la DGSFP resolverán las quejas y reclamaciones de las que sean competentes, mediante informes motivados, que no tendrán en ningún caso carácter de acto administrativo recurrible.

# Capítulo V. LA PREVENCIÓN DE BLANQUEO DE CAPITALES EN EL SECTOR ASEGURADOR

## Sección 1. REGULACIÓN Y NORMATIVA EN MATERIA DE PREVENCIÓN DE BLANQUEO DE CAPITALES Y PARA LA FINANCIACIÓN DEL TERRORISMO

### 1-246 Extensa normativa y trasposiciones de directivas europeas sobre prevención de blanqueo de capitales y para la financiación del terrorismo

Tal y como ya expone el legislador en el Preámbulo de la Ley 10/2010, "*la política de prevención del blanqueo de capitales surge a finales de la década de 1980 como reacción a la creciente preocupación que planteaba la criminalidad financiera derivada del tráfico de drogas. Efectivamente, el riesgo de penetración de importantes sectores del sistema financiero por parte de las organizaciones criminales, al que no proporcionaban adecuada respuesta los instrumentos existentes, dio lugar a una política internacional coordinada, cuya más importante manifestación fue la creación en 1989 del Grupo de Acción Financiera (GAFI).*

*Las Recomendaciones del GAFI, aprobadas en 1990, pronto se convirtieron en el estándar internacional en la materia, constituyéndose en la inspiración directa de la Primera Directiva comunitaria (Directiva 91/308/CEE del Consejo, de 10 de junio de 1991).*

*No obstante, el conocimiento más profundo de las técnicas utilizadas por las redes de blanqueo de capitales, así como la natural evolución de una política pública tan reciente, han motivado en los últimos años una serie de cambios en los estándares internacionales y, como consecuencia de ello, en el derecho comunitario*".

**La Ley 10/2010, de 28 de abril, de prevención del blanqueo de capitales y de la financiación del terrorismo** transpone la **Directiva 2005/60/CE del Parlamento Europeo y del Consejo, de 26 de octubre de 2005**, relativa a la prevención de la utilización del sistema financiero para el blanqueo de capitales y para la financiación del terrorismo, desarrollada por la **Directiva 2006/70/CE de la Comisión, de 1 de agosto de 2006,** por la que se establecen disposiciones de aplicación de la **Directiva 2005/60/CE del Parlamento Europeo y del Consejo** en lo relativo a la definición de «personas del medio político» y los criterios técnicos aplicables en los procedimientos simplificados de diligencia debida con respecto al cliente, así como en lo que atañe a la exención por razones de actividad financiera ocasional o muy limitada, además de establecer el régimen sancionador del Reglamento (CE) Nº 1781/2006 del Parlamento Europeo y del Consejo, de 15 de noviembre de 2006, relativo a la información sobre los ordenantes que acompaña a las transferencias de fondos.

En la Ley 10/2010 se procede ya a la unificación de los regímenes de prevención del blanqueo de capitales y de la financiación del terrorismo. Consecuentemente con los estándares internacionales en materia de prevención del blanqueo de capitales, que han incorporado plenamente la lucha contra la financiación del terrorismo, la Tercera Directiva, a diferencia de los textos de 1991 y 2001, se refiere ya a "*la prevención de la utilización del sistema financiero para el blanqueo de capitales y para la financiación del terrorismo*".

**Regulación en materia de prevención de blanqueo de capitales**

- Ley 10/2010, de 28 de abril, de prevención del blanqueo de capitales y de la financiación del terrorismo.
- Ley 19/1993, de 28 de diciembre, sobre determinadas medidas de prevención del blanqueo de capitales (Ley 10/2010, de 28 de abril, de prevención del blanqueo de capitales y de la financiación del terrorismo).

• La Ley 36/2006, de 29 de noviembre, de medidas para la prevención del fraude fiscal.

Directiva 2001/97/CE al Parlamento Europeo y del Consejo, de 4 de diciembre de 2001.

• Ley 19/2003, de 4 de julio, de régimen jurídico de los movimientos de capitales y de las transacciones económicas con el exterior y sobre determinadas medidas de prevención del blanqueo de capitales.

• Real Decreto 925/1995, de 25 de junio, por el que se aprueba el Reglamento de la Ley 19/1993, de 20 de diciembre, sobre determinadas medidas de prevención del blanqueo de capitales.

• Real Decreto 54/2005, de 21 de enero, por el que se modifican el Reglamento de la Ley 19/1993, de 28 de diciembre, sobre determinadas medidas de prevención del blanqueo de capitales, aprobado por el Real Decreto 925/1995, de 9 de junio, y otras normas de regulación del sistema bancario, financiero y asegurador.

La ***Ley 19/1993 de 28 de diciembre, sobre determinadas medidas de prevención del blanqueo de capitales -que ha estado en vigor hasta el 10 de abril de 2010-*** circunscribía las obligaciones, las actuaciones y los procedimientos para prevenir el blanqueo de capitales a aquellos que procedieran exclusivamente de tres formas delictivas graves: **narcotráfico, terrorismo y delincuencia de bandas o grupos organizados**. Esta ley 19/2003 modificaba la anterior refiriendo el ámbito a las obligaciones, las actuaciones y los procedimientos para prevenir e impedir el blanqueo de capitales procedentes de cualquier tipo de participación delictiva en la comisión de un delito castigado con pena de prisión superior a tres años.

La Ley 12/2003 de 21 de mayo no se ha limitado a regular la congelación o bloqueo de fondos potencialmente vinculados al terrorismo, como fue la intención inicial, sino que ha reproducido las obligaciones de prevención de la Ley 19/1993, de 28 de diciembre, lo que resulta claramente disfuncional.

Por ello, como expresamente determina el Preámbulo de la L 10/2010, "*sin perjuicio de mantener la **Ley 12/2003, de 21 de mayo**, en lo relativo al bloqueo, se procede a regular de forma unitaria en la **Ley 10/2010, de 28 de abril, de prevención del blanqueo de capitales y de la financiación del terrorismo** los aspectos preventivos tanto del **blanqueo de capitales como de la financiación del terrorismo**.*

*El bloqueo, como decisión operativa, se mantendrá en el ámbito del Ministerio del Interior, atribuyéndose, por el contrario, a la Comisión de Prevención del Blanqueo de Capitales e Infracciones Monetarias, situada orgánicamente en la Secretaría de Estado de Economía y con participación de los supervisores financieros, la competencia para la incoación e instrucción de los expedientes sancionadores por incumplimiento de las obligaciones de prevención*".

## 1-247 La Comisión de de prevención de blanqueo de capitales e infracciones monetarias

El impulso y coordinación de la ejecución de las normas en materia de prevención de blanqueo de capitales corresponde a la Comisión de Prevención del Blanqueo de Capitales e Infracciones Monetarias, dependiente de la Secretaría de Estado de Economía -presidida por el Secretario de Estado de Economía- que cuenta con la adecuada representación del Ministerio Fiscal, de los Ministerios e instituciones con competencias en la materia, de los órganos supervisores de las entidades financieras, así como de las comunidades autónomas con competencias para la protección de personas y bienes y para el mantenimiento de la seguridad ciudadana.

Esta figura está recogida en el artículo 10 de la Ley 10/2010 que establece como sus principales funciones las siguientes:

"a) *Dirigir e impulsar las actividades de prevención de la utilización del sistema financiero o de otros sectores de actividad económica para el blanqueo de capitales o la financiación del terrorismo, así como de prevención de las infracciones administrativas de la normativa sobre transacciones económicas con el exterior.*

b) *Colaborar con las Fuerzas y Cuerpos de Seguridad, coordinando las actividades de investigación y prevención llevadas a cabo por los restantes órganos de las Administraciones Públicas que tengan atribuidas competencias en las materias señaladas en la letra precedente.*

c) *Garantizar el más eficaz auxilio en estas materias a los órganos judiciales, al Ministerio Fiscal y a la Policía Judicial.*

d) *Nombrar al Director del Servicio Ejecutivo de la Comisión. El nombramiento se realizará a propuesta del Presidente de la Comisión de Prevención del Blanqueo de Capitales e Infracciones Monetarias, previa consulta con el Banco de España.*

e) *Aprobar, previa consulta con el Banco de España, el presupuesto del Servicio Ejecutivo de la Comisión.*

 © CISS

f) *Orientar de forma permanente la actuación del Servicio Ejecutivo de la Comisión y aprobar su estructura organizativa y directrices de funcionamiento.*

g) *Aprobar, a propuesta del Servicio Ejecutivo de la Comisión y, en caso de convenio, de los órganos de supervisión de las entidades financieras, el Plan Anual de Inspección de los sujetos obligados, que tendrá carácter reservado.*

h) *Formular requerimientos a los sujetos obligados en el ámbito del cumplimiento de las obligaciones de la presente Ley.*

i) *Servir de cauce de colaboración entre la Administración Pública y las organizaciones representativas de los sujetos obligados en las materias y ámbitos de actuación regulados en esta Ley.*

j) *Aprobar orientaciones y guías de actuación para los sujetos obligados.*

k) *Informar los proyectos de disposiciones que regulen aspectos relacionados con la presente Ley.*

l) *Elevar al Ministro de Economía y Hacienda las propuestas de sanción cuya adopción corresponda a éste o al Consejo de Ministros.*

m) *Acordar con los órganos supervisores de las entidades financieras, mediante la firma de los oportunos convenios, la coordinación de sus actuaciones con las del Servicio Ejecutivo de la Comisión en materia de supervisión e inspección del cumplimiento de las obligaciones impuestas a tales entidades en la ley 10/2010, con objeto de asegurar la eficiencia de las competencias de supervisión e inspección del Servicio Ejecutivo, los citados órganos supervisores ejerzan funciones de supervisión del cumplimiento de las obligaciones establecidas en los Capítulos II, III y IV de la Ley 10/2010 con respecto a los sujetos obligados y asuman la función de efectuar recomendaciones, así como proponer requerimientos a formular por el Comité Permanente de la Comisión de Prevención del Blanqueo de Capitales e Infracciones Monetarias.*

n) *Elaborar las estadísticas sobre blanqueo de capitales y financiación del terrorismo, a cuyo efecto deberán prestarle su colaboración todos los órganos con competencias en la materia. En particular, la Comisión Nacional de Estadística Judicial facilitará los datos estadísticos sobre procesos judiciales que tengan por objeto delitos de blanqueo de capitales o de financiación del terrorismo.*

ñ) *Las demás funciones que le atribuyan las disposiciones legales vigentes".*

**El Comité Permanente**

La Comisión de Prevención del Blanqueo de Capitales e Infracciones Monetarias podrá actuar en Pleno o a través de un Comité Permanente que, con la composición que se determine reglamentariamente y presidido por el Director General del Tesoro y Política Financiera, ejercerá las funciones previstas en las letras f), g) y h) del artículo 10.2 de la Ley 10/2010, o cualesquiera otras que el Pleno le delegue expresamente. La asistencia al Pleno de la Comisión de Prevención del Blanqueo de Capitales e Infracciones Monetarias y a su Comité Permanente será personal y no delegable.

En caso de actuar con un Comité Permanente, éste estará presidido por el Director General del Tesoro y Política Financiera, siendo su composición la siguiente:

- El Director General del Tesoro y Política Financiera.
- El Director General de la Policía.
- El Director General de la Guardia Civil.
- El Director del Departamento de Aduanas e Impuestos Especiales de la AEAT.
- El Director del Departamento de Inspección Financiera y Tributaria de la AEAT.
- El Director General del Banco de España miembro de la Comisión.
- El Director Ejecutivo de Inteligencia del Centro Nacional de Inteligencia.
- Un representante de la Secretaría de Estado de Seguridad.
- Un representante del Ministerio Fiscal.
- El Director del Servicio Ejecutivo de la Comisión.
- El Subdirector General de Inspección y Control de Movimientos de Capitales de la Dirección General del Tesoro y Política Financiera, que actuará como secretario del Comité Permanente.
- Un representante de las comunidades autónomas que dispongan de policía propia para la protección de personas y bienes y para el mantenimiento de la seguridad ciudadana.

Reglamentariamente, podrán establecerse otros Comités dependientes de la Comisión de Prevención del Blanqueo de Capitales e Infracciones Monetarias.

La Comisión de Prevención del Blanqueo de Capitales e Infracciones Monetarias y la Comisión de Vigilancia de Actividades de Financiación del Terrorismo se prestarán la máxima colaboración para el ejercicio de sus respectivas competencias.

## 1-248 La Unidad de Inteligencia Financiera de España (UIF): SEPBLAC

Una **UIF** (Unidad de Inteligencia Financiera) es una agencia central, nacional, encargada de recibir, analizar y presentar a las autoridades competentes los casos de blanqueo de dinero que se derivan de la entrega de información financiera relacionada con fondos sobre los cuales se sospecha una procedencia delictiva o de la información requerida por la legislación nacional con el propósito de contrarrestar el blanqueo de dinero. Son un punto de centralización de la información sobre transacciones financieras inusuales o sospechosas y también los receptores de las declaraciones confidenciales hechas por las organizaciones financieras.

El **SEPBLAC** es la Unidad de Inteligencia Financiera (UIF) Española. Las siglas de SEPBLAC hacen referencia al "*Servicio Ejecutivo de Prevención del Blanqueo de Capitales e Infracciones Monetarias*". Es uno de los órganos de apoyo de la Comisión de Prevención del Blanqueo de Capitales que preside el Secretario de Estado de Economía y desempeña las actuaciones tendentes a la prevención e impedimento de la utilización del sistema financiero o de empresas o profesionales de otra naturaleza para el blanqueo de capitales, así como las funciones de investigación y prevención de las infracciones administrativas del régimen jurídico de los movimientos de capitales y de las transacciones económicas con el exterior.

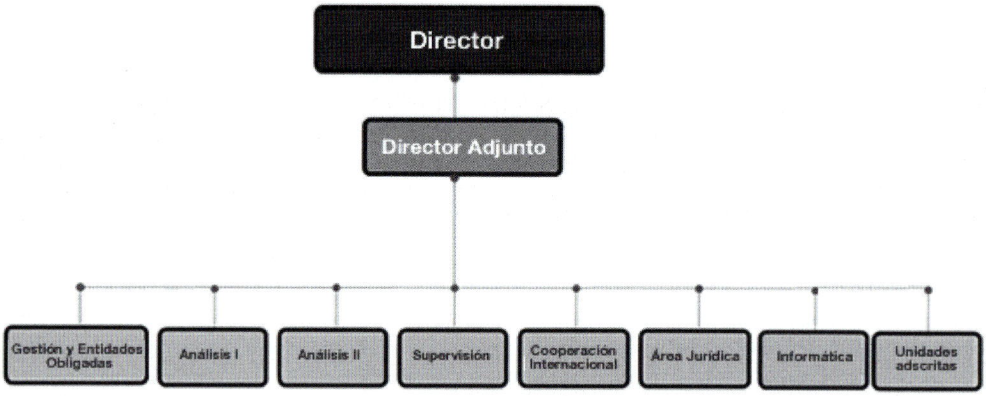


De acuerdo con el artículo 46 de la **Ley 10/2010, de 28 de abril**, de prevención del blanqueo de capitales y de la financiación del terrorismo, corresponde al Servicio Ejecutivo de la Comisión de Prevención del Blanqueo de Capitales e Infracciones Monetarias, la elaboración de Informes de Inteligencia Financiera, previo análisis de "*la información recibida de los sujetos obligados o de otras fuentes, información que tendrá carácter confidencial, debiendo guardar reserva sobre los mismos toda autoridad o funcionario que acceda a su contenido*".

# Sección 2. EL BLANQUEO DE CAPITALES Y LOS SUJETOS OBLIGADOS

## 1-249 Concepto de blanqueo de capitales

El blanqueo de capitales abarca un amplio espectro de actuaciones en las que se integran tanto la participación activa como la ocultación o encubrimiento, tal y como recoge el artículo 1 de la Ley 10/2010, precepto que define el Blanqueo de capitales como:

"a) *La conversión o la transferencia de bienes, a sabiendas de que dichos bienes proceden de una actividad delictiva o de la participación en una actividad delictiva, con el propósito de ocultar o encubrir el origen ilícito de los bienes o de ayudar a personas que estén implicadas a eludir las consecuencias jurídicas de sus actos.*

b) *La ocultación o el encubrimiento de la naturaleza, el origen, la localización, la disposición, el movimiento o la propiedad real de bienes o derechos sobre bienes, a sabiendas de que dichos bienes proceden de una actividad delictiva o de la participación en una actividad delictiva.*

 © CISS

c) *La adquisición, posesión o utilización de bienes, a sabiendas, en el momento de la recepción de los mismos, de que proceden de una actividad delictiva o de la participación en una actividad delictiva.*

d) *La participación en alguna de las actividades mencionadas en las letras anteriores, la asociación para cometer este tipo de actos, las tentativas de perpetrarlas y el hecho de ayudar, instigar o aconsejar a alguien para realizarlas o facilitar su ejecución".*

En cuanto al ámbito de actuación, se considerará igualmente que hay blanqueo de capitales, independientemente del territorio o jurisdicción donde se hayan realizado las actividades, ya sean en territorio español o en otros estados.

## 1-250 Concepto de financiación de terrorismo

Por primera vez, la Ley 10/2010 diferencia el concepto de blanqueo de capitales del de financiación del terrorismo, y así, establece en el artículo 1.3 lo que se entiende por financiación del terrorismo al determinar que es "*el suministro, el depósito, la distribución o la recogida de fondos o bienes, por cualquier medio, de forma directa o indirecta, con la intención de utilizarlos o con el conocimiento de que serán utilizados, íntegramente o en parte, para la comisión de cualquiera de los delitos de terrorismo tipificados en el Código Penal*".

Al igual que en lo referente a prevención de blanqueo de capitales, se considerará que existe financiación del terrorismo aun cuando el suministro o la recogida de fondos o bienes se hayan desarrollado en el territorio de otro Estado.

## 1-251 Bienes procedentes de una actividad delictiva

Se entiende por bienes procedentes de una actividad delictiva todo tipo de activos cuya adquisición o posesión tenga su origen en un delito, tanto materiales como inmateriales, muebles o inmuebles, tangibles o intangibles, así como los documentos o instrumentos jurídicos con independencia de su forma, incluidas la electrónica o la digital, que acrediten la propiedad de dichos activos o un derecho sobre los mismos, con inclusión de la cuota defraudada en el caso de los delitos contra la Hacienda Pública.

## 1-252 Los sujetos obligados

El legislador ha elaborado una larga lista de sujetos que se considera que, por su actividad, deben cumplir con los requisitos y obligaciones propias en esta materia. Por eso, la lista abarca tanto a grupos financieros como a pequeños empresarios y todos de una variada tipología de actividad.

Como determina el artículo 2 Ley 10/2010: , son sujetos obligados en materia de Prevención de Blanqueo de Capitales:

*"1. La presente Ley será de aplicación a los siguientes sujetos obligados:*

a) *Las entidades de crédito.*

b) *Las entidades aseguradoras autorizadas para operar en el ramo de vida y los corredores de seguros cuando actúen en relación con seguros de vida u otros servicios relacionados con inversiones, con las excepciones que se establezcan reglamentariamente.*

c) *Las empresas de servicios de inversión.*

d) *Las sociedades gestoras de instituciones de inversión colectiva y las sociedades de inversión cuya gestión no esté encomendada a una sociedad gestora.*

e) *Las entidades gestoras de fondos de pensiones.*

f) *Las sociedades gestoras de entidades de capital-riesgo y las sociedades de capital-riesgo cuya gestión no esté encomendada a una sociedad gestora.*

g) *Las sociedades de garantía recíproca.*

h) *Las entidades de pago.*

i) *Las personas que ejerzan profesionalmente actividades de cambio de moneda.*

j) *Los servicios postales respecto de las actividades de giro o transferencia.*

k) *Las personas dedicadas profesionalmente a la intermediación en la concesión de préstamos o créditos, así como las personas que, sin haber obtenido autorización como establecimientos financieros de crédito, desarrollen profesionalmente alguna de las actividades a que se refiere la Disposición adicional primera de la Ley 3/1994, de 14 de abril, por la que se adapta la legislación española en materia de Entidades de Crédito a la Segunda Directiva de Coordinación Bancaria y se introducen otras modificaciones relativas al Sistema Financiero.*

l) *Los promotores inmobiliarios y quienes ejerzan profesionalmente actividades de agencia, comisión o intermediación en la compraventa de bienes inmuebles.*

m) *Los auditores de cuentas, contables externos o asesores fiscales.*

n) *Los notarios y los registradores de la propiedad, mercantiles y de bienes muebles.*

ñ) *Los abogados, procuradores u otros profesionales independientes cuando participen en la concepción, realización o asesoramiento de operaciones por cuenta de clientes relativas a la compraventa de bienes inmuebles o entidades comerciales, la gestión de fondos, valores u otros activos, la apertura o gestión de cuentas corrientes, cuentas de ahorros o cuentas de valores, la organización de las aportaciones necesarias para la creación, el funcionamiento o la gestión de empresas o la creación, el funcionamiento o la gestión de fideicomisos («trusts»), sociedades o estructuras análogas, o cuando actúen por cuenta de clientes en cualquier operación financiera o inmobiliaria.*

o) *Las personas que con carácter profesional y con arreglo a la normativa específica que en cada caso sea aplicable presten los siguientes servicios a terceros: constituir sociedades u otras personas jurídicas; ejercer funciones de dirección o secretaría de una sociedad, socio de una asociación o funciones similares en relación con otras personas jurídicas o disponer que otra persona ejerza dichas funciones; facilitar un domicilio social o una dirección comercial, postal, administrativa y otros servicios afines a una sociedad, una asociación o cualquier otro instrumento o persona jurídicos; ejercer funciones de fideicomisario en un fideicomiso («trust») expreso o instrumento jurídico similar o disponer que otra persona ejerza dichas funciones; o ejercer funciones de accionista por cuenta de otra persona, exceptuando las sociedades que coticen en un mercado regulado y estén sujetas a requisitos de información conformes con el derecho comunitario o a normas internacionales equivalentes, o disponer que otra persona ejerza dichas funciones.*

p) *Los casinos de juego.*

q) *Las personas que comercien profesionalmente con joyas, piedras o metales preciosos.*

r) *Las personas que comercien profesionalmente con objetos de arte o antigüedades*

s) *Las personas que ejerzan profesionalmente las actividades a que se refiere el artículo 1 de la Ley 43/2007, de 13 de diciembre, de protección de los consumidores en la contratación de bienes con oferta de restitución del precio.*

t) *Las personas que ejerzan actividades de depósito, custodia o transporte profesional de fondos o medios de pago.*

u) *Las personas responsables de la gestión, explotación y comercialización de loterías u otros juegos de azar respecto de las operaciones de pago de premios.*

v) *Las personas físicas que realicen movimientos de medios de pago, en los términos establecidos en el artículo 34.*

w) *Las personas que comercien profesionalmente con bienes, en los términos establecidos en el artículo 38.*

x) *Las fundaciones y asociaciones, en los términos establecidos en el artículo 39.*

y) *Los gestores de sistemas de pago y de compensación y liquidación de valores y productos financieros derivados, así como los gestores de tarjetas de crédito o debito emitidas por otras entidades, en los términos establecidos en el artículo 40.*

*Se entenderán sujetos obligados también las personas o entidades no residentes que, a través de sucursales o agentes o mediante prestación de servicios sin establecimiento permanente, desarrollen en España actividades de igual naturaleza a las de las personas o entidades citadas en los párrafos anteriores".*

No obstante, cuando las personas físicas actúen en calidad de empleados de una persona jurídica, o le presten servicios permanentes o esporádicos, las obligaciones en materia de prevención de blanqueo recaerán sobre dicha persona jurídica respecto de los servicios prestados.

Los apartados 2 y 2 del artículo 2 de la Ley 10/2010 determinan lo siguiente:

*"(...) Los sujetos obligados quedarán, asimismo, sometidos a las obligaciones establecidas en materia de prevención de blanqueo respecto de las operaciones realizadas a través de agentes u otras personas que actúen como mediadores o intermediarios de aquéllos.*

*3. Reglamentariamente podrán excluirse aquellas personas que realicen actividades financieras con carácter ocasional o de manera muy limitada cuando exista escaso riesgo de blanqueo de capitales o de financiación del terrorismo".*

**ATENCIÓN**: Esta lista de sujetos obligados en materia de prevención de blanqueo de capitales ha generado uno de los mayores motivos de discusión entre los propios implicados; unos por considerar que no deberían estar, otros porque consideran que se deben a un secreto profesional, y casi todos por las excesivas cargas administrativas que esta obligación les supone.

Pero además, estas obligaciones les suponen tener que desembolsar un gasto en formación de empleados, asesores externos, adaptar la informática, etc., y teniendo en cuenta que en la misma lista hay empresas de muy diferente tamaño, posibilidades y recursos con los que cuentan entre ellos, muchas de ellas han venido mostrando su rechazo por considerar que lo que para unos no es un gran esfuerzo, para otras sí.

Así, una pequeña correduría de seguros (activa en VIDA) y todo el Grupo Banco Santander Central Hispano, por ejemplo, son exactamente iguales a efectos de esta regulación. Ambos deben cumplir los mismos requisitos y obligaciones, tener los mismos manuales de procedimiento y protocolos de actuación, elaborar los mismos informes y realizar las mismas inspecciones periódicas.

## 1-253 La especialidad de los Sujetos obligados del sector asegurador: Aseguradoras y Corredores que actúen en el ramo de VIDA

En cuando al sector asegurador, hasta el año 2006 únicamente eran sujetos obligados las aseguradoras autorizadas en el ramo de VIDA. Sin embargo, la **Ley 36/2006, de 29 de noviembre, de medidas para la prevención del fraude fiscal , en su Disposición Final 2ª** vino a modificar la Ley 19/1993, de 28 de diciembre, sobre determinadas medidas de prevención del blanqueo de capitales al establecer en lo relativo a quiénes son los **sujetos pasivos** obligados a su cumplimiento (art. 2.1. L. 19/1993):

- *"(...) y los corredores de seguros cuando actúen en relación con seguros de vida u otros servicios relacionados con la inversión".*
- *(...) Los sujetos obligados quedarán, asimismo, sometidos a las obligaciones establecidas en la presente Ley respecto de las operaciones realizadas a través de agentes u otras personas físicas o jurídicas que actúen como intermediarios de aquéllos".* (Auxiliares)

Así pues, el **corredor de seguros** -activo en seguros de vida- debe cumplir también, determinadas obligaciones frente al Servicio Ejecutivo de Prevención del Blanqueo de Capitales (SEPBLAC) y particularmente frente a la Comisión de Prevención de Blanqueo de Capitales e Infracciones Monetarias.

## 1-254 Obligación de colaboración con el Servicio Ejecutivo

Una de las principales obligaciones de los sujetos obligados es la de colaborar con el SEPBLAC en todo lo relativo a esta materia. Esta colaboración, no solo se fundamenta cuando hay en marcha un procedimiento de investigación, sino también, en cuanto a los controles que se llevan a cabo como sistema de prevención. En este sentido, los sujetos obligados deben facilitar la documentación e información que la Comisión de Prevención del Blanqueo de Capitales e Infracciones Monetarias o sus órganos de apoyo les requieran para el ejercicio de sus competencias.

Una de las medidas que tienen que tomar los sujetos obligados es el establecimiento de sistemas que les permitan responder de forma completa y diligente a las solicitudes de información que se les curse sobre si mantienen o han mantenido a lo largo de los diez años anteriores, relaciones de negocios con determinadas personas físicas o jurídicas y sobre la naturaleza de dichas relaciones.

El artículo 21 de la Ley 10/2010 establece que *"Los requerimientos precisarán la documentación que haya de ser aportada o los extremos que hayan de ser informados e indicarán expresamente el plazo en que deban ser atendidos. Transcurrido el plazo para la remisión de la documentación o información requerida sin que ésta haya sido aportada o cuando se aporte de forma incompleta por omisión de datos que impidan examinar la situación en debida forma, se entenderá incumplida la obligación establecida en el presente artículo".*

Se examinará con especial atención cualquier operación, con independencia de su cuantía, que pueda estar particularmente vinculada al blanqueo de capitales, comunicando inmediatamente al Servicio Ejecutivo de Prevención de Blanqueo de Capitales (SEPBLANC) aquellas respecto de las que, tras dicho examen, existan indicios o certeza de que estén relacionadas con dicho blanqueo.

Incluso, no se ejecutará una operación cuando exista indicio o certeza de estar relacionada con el blanqueo de capitales, sin haber efectuado antes la oportuna comunicación sobre la misma al SEPBLAC. Los justificantes y documentación de este tipo de operaciones calificadas como "sospechosas" se conservarán durante seis años pudiendo exceptuar aquellas que no superen los 30.000 euros para sujetos no financieros. Para determinados colectivos como abogados, notarios, asesores fiscales, auditores o contables externos por ejemplo, no hay límite.

## 1-255 Obligación de comunicación de operaciones

Se efectuará a través del Órgano de Control Interno, conteniendo información sobre las personas físicas o jurídicas que participan en la operación y el concepto de su participación en ella, la actividad conocida de las personas físicas o jurídicas, relación de las operaciones, fechas a que se refieren, etc.

## 1-256 Nombramiento de representante ante el SEPBLAC

El artículo 26.2 de la Ley 10/2010 establece que los sujetos obligados designarán como representante ante el Servicio Ejecutivo de la Comisión a una persona que ejerza cargo de administración o dirección de la sociedad.

Dos son los aspectos que deben destacarse de este precepto. En primer término, parece que la Ley sólo contempla la posibilidad de que se designe a una persona, y no varias, como representante ante el Servicio Ejecutivo. En segundo lugar, la Ley establece que el representante ha de ostentar un cargo de administración o dirección.

Según lo dispuesto en el artículo 26 de la Ley 10/2010 y en el artículo 12 del Reglamento de la Ley 19/1993, los sujetos obligados han de comunicar al Servicio Ejecutivo una propuesta de nombramiento de representante ante aquél. Las funciones del representante serán las señaladas en el artículo 26 de la Ley 10/2010 y la propuesta de nombramiento contendrá, por cada sujeto obligado, la siguiente documentación:

- Propuesta de nombramiento (Formulario oficial) debidamente cumplimentada y firmada.
- Documentación que acredite que el representante ha sido nombrado por el órgano de dirección del sujeto obligado (certificación del acuerdo del consejo de administración o de órgano equivalente).
- Documentación que acredite suficientemente la firma de la persona nombrada como representante (por ejemplo, copia del Documento Nacional de Identidad).
- Documentación que recoja una descripción detallada de la trayectoria profesional del representante propuesto (por ejemplo, *currículum vitae*).

En aquellos casos en que los sujetos obligados sean empresarios o profesionales individuales, el representante será el titular de la actividad. La documentación mencionada habrá de ser enviada en soporte papel a la dirección:

SEPBLAC- Calle Alcalá, 48 28014 Madrid

De acuerdo con el artículo 26.3 de la Ley 10/2010, los sujetos obligados "*deberán aprobar y tener a disposición del Servicio Ejecutivo un manual adecuado, con información completa de las medidas de control interno establecidas y destinadas a prevenir e impedir operaciones relacionadas con el blanqueo de capitales o la financiación del terrorismo*".

Dichas medidas de control interno podrán establecerse a nivel de grupo, de acuerdo con la definición recogida en su artículo 26.4 de la ley 10/2010, "*siempre que dicha decisión se comunique al Servicio Ejecutivo, con especificación de los sujetos obligados comprendidos dentro de la estructura del grupo*". La comunicación de estos datos se hará por escrito en soporte papel a la dirección del SEPBLAC y recogerá, en todo caso, la razón social y el número de documento identificativo (CIF) de los sujetos obligados que estén comprendidos en el grupo al que se aplique el manual, así como la fecha de entrada en vigor del mismo.

## 1-257 Quién puede ser representante ante el SEPBLAC

Deberá ser una persona que ejerza cargo de administración o dirección de la sociedad. En el caso de empresarios o profesionales individuales será representante ante el Servicio Ejecutivo de la Comisión el titular de la actividad.

 © CISS

Con las excepciones que se determinen reglamentariamente, la propuesta de nombramiento del representante, acompañada de una descripción detallada de su trayectoria profesional, será comunicada al Servicio Ejecutivo de la Comisión que, de forma razonada, podrá formular reparos u observaciones.

El representante ante el Servicio Ejecutivo de la Comisión será responsable del cumplimiento de las obligaciones de información establecidas en Ley 10/2010, para lo que tendrá acceso sin limitación alguna a cualquier información obrante en el sujeto obligado.

## 1-258 Apoderados o personas autorizadas por el representante ante el SEPBLAC

Existen importantes razones de índole práctica para justificar que se arbitren mecanismos que aseguren en todo momento la posibilidad de comunicación entre el Servicio Ejecutivo y los sujetos obligados. Esta comunicación, sin duda, podría verse en entredicho si se determina que exclusivamente la persona que tenga la condición de representante puede relacionarse con el Servicio Ejecutivo.

Razones de indisponibilidad temporal del representante - teniendo en cuenta especialmente su condición de cargo de administración o dirección - no pueden llegar a resultar en la práctica en que la relación del Servicio Ejecutivo con el sujeto obligado se vea imposibilitada.

Al respecto, y sin perjuicio de lo que pudiera preverse en el futuro desarrollo reglamentario de la Ley 10/2010, el Servicio Ejecutivo entiende que no existen impedimentos en la normativa de prevención del blanqueo de capitales y de la financiación del terrorismo para que el representante de un sujeto obligado autorice o apodere a otra persona con el fin de que actúe en su nombre ante el Servicio Ejecutivo, asumiendo siempre que toda actuación de esta persona se entenderá hecha por el propio representante, tanto a efectos internos como de sus consecuencias exteriores.

Por ello, si el representante de un sujeto obligado ante el Servicio Ejecutivo lo entiende conveniente, puede proceder en su condición de representante a comunicar al Servicio Ejecutivo la identidad de la persona a quien concede esas facultades, que igualmente deberá comunicar su aceptación.

Para ello, por cada persona que autorice o apodere y por cada sujeto obligado, deberá enviar al Servicio Ejecutivo un formulario (F22-6) por cada persona que autorice o apodere y por cada sujeto obligado, pudiendo autorizarse hasta un máximo de dos personas por entidad.

Una vez que el formulario de autorización haya sido debidamente cumplimentado y firmado tanto por el representante como por la persona autorizada, se enviará en soporte papel a la dirección:

SEPBLAC- Cl. Alcalá, 48 28014 Madrid.
La autorización se extenderá exclusivamente al alcance señalado más arriba y tendrá duración indefinida.

Su revocación o extinción por cualquier causa se comunicarán inmediatamente al Servicio Ejecutivo mediante escrito en soporte papel firmado por el representante, surtiendo efectos desde la recepción de la comunicación por dicho Organismo.

## 1-259 El papel del corredor de seguros en materia de prevención de blanqueo de capitales

El corredor de seguro, siguiendo la tipificación de la Ley 26/2006, de Mediación en Seguros y Reaseguros Privados, es un profesional que ofrece asesoramiento independiente e imparcial a quienes demanda cobertura de los riesgos, lo que determina que no pueden tener afección con entidades aseguradoras, todo ello sobre la base de un análisis objetivo del suficiente número de contratos para poder formular una recomendación de aseguramiento.

Esto conlleva que sea el corredor - cuando actúen en relación con seguros de vida u otros servicios relacionados con inversiones, con las excepciones que se establezcan reglamentariamente- quién por su acceso inicial al cliente, deba ser el primero en el deber de cumplir las obligaciones que determina la normativa de blanqueo de capitales, dado que hasta que no exista la elección de una entidad aseguradora ésta no podrá cumplir igualmente con sus obligaciones en la materia.

Sin embargo, dado que los procedimientos internos en materia de prevención de blanqueo de capitales son distintos, es necesario buscar los elementos comunes sobre la base de que los corredores de seguros tengan certeza sobre qué requerimientos ulteriores serán los que demandará la entidad aseguradora para concluir la operación de seguros.

Por ello y, con independencia de que puedan establecer otros acuerdos de colaboración entre cada corredor y entidad, hay unos requerimientos mínimos de cumplimiento especialmente en materia de identificación, todo ello sobre las siguientes bases:

1. El corredor que aprecie que la operación puede ser susceptible de blanqueo de capitales cumplirá las obligaciones de comunicación al SEPBLAC y **no colocará el riesgo en ninguna entidad aseguradora.**

2. Los documentos de identificación del cliente (NIF, CIF, poderes, etc.) necesarios para documentar el contrato de seguro se entregarán a la entidad aseguradora con la que vaya a celebrarse el contrato.

El resto de documentos necesarios para la comprobación de la información proporcionada por el cliente estarán en poder del corredor y, **a disposición inmediata de la entidad aseguradora**, en los términos del artículo 18 de la Directiva 2005/60/CE, actuando el corredor como tercero respecto a la entidad aseguradora. **Los sujetos obligados deben conservar los documentos** acreditativos de las operaciones e identidad de los sujetos que las realicen durante un plazo de seis años desde que finaliza la relación con el cliente.

## 1 -260 Requerimientos generales y normas de obligado cumplimiento en materia de prevención de blanqueo de capitales

Los requerimientos a que quedan sometidos los sujetos obligados, según se desprende de la normativa vigente, se podrían resumir en los siguientes:

1) Identificación de los clientes.

2) Conocimiento de la actividad de los clientes.

3) Establecimiento de políticas expresas de admisión de clientes.

4) Examen especial de determinada operativa que puede estar vinculada con el blanqueo de capitales en el ámbito asegurador.

5) Comunicaciones al SEPBLAC con una periodicidad y contenidos concretos.

6) Colaboración con el SEPBLAC en la detección de operaciones sospechosas de contravenir la normativa sobre prevención del blanqueo de capitales.

7) Abstención de ejecutar operaciones sospechosas.

8) Deber de confidencialidad.

9) Establecimiento de órganos y procedimientos de control y comunicación internos.

10) Establecimiento de medidas para garantizar la formación del personal.

11) Sometimiento a valoración de experto independiente de los procedimientos implantados en materia de blanqueo de capitales.

# Sección 3. LA IDENTIFICACIÓN DEL CLIENTE: TOMADOR Y BENEFICIARIO

## 1 -261 La obligación general de identificar al cliente

Según establece el artículo 3 de la ***Ley 10/2010, de 28 de abril, de prevención del blanqueo de capitales y de la financiación del terrorismo***, los sujetos obligados identificarán a cuantas personas físicas o jurídicas pretendan establecer relaciones de negocio o intervenir en cualesquiera operaciones.

En ningún caso los sujetos obligados mantendrán relaciones de negocio o realizarán operaciones con personas físicas o jurídicas que no hayan sido debidamente identificadas. A tal efecto, queda prohibida, en particular, la apertura, contratación o mantenimiento de cuentas, libretas, activos o instrumentos numerados, cifrados, anónimos o con nombres ficticios.

Con carácter previo al establecimiento de la relación de negocios o a la ejecución de cualesquiera operaciones, los sujetos obligados comprobarán la identidad de los intervinientes mediante documentos fehacientes. En el supuesto de no poder comprobar la identidad de los intervinientes mediante documentos fehacientes en un



© CISS

primer momento, se podrá contemplar lo establecido en el artículo 12, salvo que existan elementos de riesgo en la operación.

Reglamentariamente se establecerán los documentos que deban reputarse fehacientes a efectos de identificación. Se exigirá la presentación de los documentos acreditativos de la identidad de los clientes, habituales o no, en el momento de entablar relaciones de negocio o de efectuar cualquier operación existiendo límites en unos casos y en otros no.

**ATENCIÓN**: Los sujetos obligados no establecerán o mantendrán relaciones de negocio con personas jurídicas cuya estructura de propiedad o de control no haya podido determinarse. Si se trata de sociedades cuyas acciones estén representadas mediante títulos al portador, se aplicará la prohibición anterior salvo que el sujeto obligado determine por otros medios la estructura de propiedad o de control. Esta prohibición no será aplicable a la conversión de los títulos al portador en títulos nominativos o en anotaciones en cuenta.

## 1-262 Especialidad de identificación del cliente en el ámbito del seguro de vida

A los efectos del seguro de vida se entiende por "cliente" tanto al Tomador como al beneficiario. Así:

La comprobación de la **identidad del tomador** deberá realizarse con carácter previo a la celebración del contrato.

La comprobación de la **identidad del beneficiario** del seguro de vida deberá realizarse en todo caso con carácter previo al pago de la prestación derivada del contrato o al ejercicio de los derechos de rescate, anticipo o pignoración conferidos por la póliza.

## 1-263 El titular real

A efectos de blanqueo de capitales es muy importante identificar bien quién es el "titular real". Esta será una más de las obligaciones propias de los sujetos obligados, quiénes, además, deberán adoptar medidas adecuadas a fin de comprobar su identidad con carácter previo al establecimiento de relaciones de negocio con ellos o a la ejecución de cualquier operación encargada por ellos.

En base a ello, el apartado 2 del artículo 4 de la ley 10/2010 define detalladamente a los "titulares reales" al determinar que son:

"a) *La persona o personas físicas por cuya cuenta se pretenda establecer una relación de negocios o intervenir en cualesquiera operaciones.*

b) *La persona o personas físicas que en último término posean o controlen, directa o indirectamente, un porcentaje superior al 25 por ciento del capital o de los derechos de voto de una persona jurídica, o que por otros medios ejerzan el control, directo o indirecto, de la gestión de una persona jurídica. Se exceptúan las sociedades que coticen en un mercado regulado de la Unión Europea o de países terceros equivalentes.*

c) *La persona o personas físicas que sean titulares o ejerzan el control del 25 por ciento o más de los bienes de un instrumento o persona jurídicos que administre o distribuya fondos, o, cuando los beneficiarios estén aún por designar, la categoría de personas en beneficio de la cual se ha creado o actúa principalmente la persona o instrumento jurídicos.*

*3. Los sujetos obligados recabarán información de los clientes para determinar si éstos actúan por cuenta propia o de terceros. Cuando existan indicios o certeza de que los clientes no actúan por cuenta propia, los sujetos obligados recabarán la información precisa a fin de conocer la identidad de las personas por cuenta de las cuales actúan aquéllos.*

*4. Los sujetos obligados adoptarán medidas adecuadas al efecto de determinar la estructura de propiedad o de control de las personas jurídicas".*

**ATENCIÓN:** Si existe límite cuantitativo, cuando se aprecie que los clientes fraccionan las operaciones en varias con el fin de eludir el deber de identificación, se sumará el importe de todas ellas y se procederá a exigir su identificación.

1

## 1-264 Documentos válidos para identificar al cliente

A las persona físicas se les solicitará DNI, permiso de residencia, pasaporte o documento de identificación válido en el país de procedencia que incorpore fotografía de su titular. Asimismo se deberán acreditar los poderes de las personas que actúen en su nombre.

Las personas jurídicas deberán presentar documento fehaciente acreditativo de su denominación, forma jurídica, domicilio y objeto social. Asimismo se deberán acreditar los poderes de las personas que actúen en su nombre.

Cuando existan indicios o certeza de que los clientes no actúan por cuenta propia, se recabará la información precisa para conocer tanto la identidad de los representantes, apoderados y autorizados, como de las personas por cuenta de los cuales actúan.

**ATENCIÓN: MODELOS DE FICHAS.**

**Ficha que permita estandarizar en la mayor medida posible, la información que el corredor debe recabar -por imposición legal- de su cliente, para ponerla así A DISPOSICIÓN INMEDIATA del asegurador con quién definitivamente se concluya el contrato.**

| TIPO DE OPERACIÓN | | | | |
|---|---|---|---|---|
| PRESENCIAL | SI | • | NO | • |
| FECHA | | | | |
| FIRMA | | | | |

**I. IDENTIFICACIÓN DE LOS CLIENTES**

**A) PERSONA JURÍDICA**

| PERSONA JURÍDICA | |
|---|---|
| • | Código de Identificación Fiscal (C.I.F.) |
| • | Acreditación de la Empresa: (1) ............................................<br>.................................................................... |
| • | Poder de la persona o personas que firmen en nombre de la sociedad-cliente |
| • | NIF, NIE o pasaporte de las personas que actúen en nombre de la entidad apoderada |
| • | Declaración del apoderado de la persona jurídica (tomador-cliente) en la que se identifiquen los accionistas con un porcentaje de capital superior al 30% (2) |
| • | Otros (indicar):<br>................................................................................................ |

(1) Se requiere que quede acreditada la denominación, forma jurídica, domicilio y objeto social. Para ello a modo de ejemplo, cabría solicitar alguno de los siguientes documentos:

- Escritura de Constitución que contenga los Estatutos Sociales
- Certificaciones registrales
- Libro registro de acciones
- Certificación del órgano de control en el caso de sociedades mercantiles, etc.

(2) Únicamente se requerirá este documento cuando se cumplan las siguientes circunstancias:

- Que la empresa sea tomadora y beneficiaria en la misma póliza
- Que la prima supere el importe de 100.000 euros

 © CISS

- Que exista algún accionista con un porcentaje superior al 30%

No será necesario que se aporte documento fehaciente ni poderes cuando se trate de empresas que coticen en mercados regulados de la UE o cuando se trate de empresas de la UE notoriamente conocidas, con información pública disponible sobre cuentas anuales, gobierno corporativo otros elementos que proporcionen una información adecuada de la compañía.

**B) PERSONA FÍSICA** (3) (4)

| PERSONA FÍSICA | |
|---|---|
| **Contrato de Seguro por cuenta propia (5)** | |
| • | Documento Nacional de Identidad o NIF |
| • | Pasaporte o documento de identificación válido en el país de procedencia que incorpore fotografía de su titular, para el caso de persona extranjera. |
| • | Número de Identificación de Extranjeros (NIE). |
| • | Otros (indicar): ........................................................................................ |

(3) El cliente deberá informar si actúa por cuenta propia o por medio de representante.

(4) En el caso de que el tomador sea distinto del asegurado y se apreciaran anomalías en la operación se procederá a solicitar copia del DNI del asegurado y si procediese, al estudio de la operación. (En este caso en el apartado "Otros" se deberá indicar "DNI del asegurado".

(5) Datos del cliente.

| PERSONA FÍSICA | |
|---|---|
| **Contrato de Seguro por cuenta ajena (6):** | |
| • | Documento Nacional de Identidad |
| • | Poder notarial |
| • | Otros (indicar): ........................................................................................ |

(6) Datos de las personas que actúen en nombre del cliente.

El cliente necesariamente deberá actuar por medio de representante en los siguientes casos:

a) En el caso de clientes menores de edad (el representante será quien tenga su patria potestad)

b) En el caso de clientes incapacitados (el representante será su representante legal)

## 1-265 Excepciones a la obligación de identificar al cliente

También existen algunas excepciones a la obligación de identificar: si el cliente es una institución financiera domiciliada en la UE o en Estados que determine la Comisión de prevención de blanqueo, por debajo de un límite en entidades financieras, etc.

El excepcionamiento de la obligación de identificar a efectos de la normativa de prevención del blanqueo de capitales se debe entender sin perjuicio de:

- La necesidad de solicitar la información necesaria para la formalización del contrato.
- La necesidad de cumplir con el resto de requerimientos de la normativa de prevención (conocimiento de la actividad del cliente).

**ATENCIÓN**: Ficha para las excepciones

| EXCEPCIONES A LA OBLIGACIÓN DE IDENTIFICAR | |
|---|---|
| • | Contratos de seguros de vida suscritos en virtud de una relación de trabajo o de la actividad profesional del asegurado, siempre que dichos contratos no tengan cláusula de rescate ni puedan servir de garantía para un préstamo:<br>• Planes de Pensiones de Empleo,<br>• Planes de Previsión Social Empresarial y<br>• Seguros colectivos que instrumentan compromisos por pensiones o que se enmarquen dentro del convenio laboral. |
| • | Cuando se trate de CONTRATOS DE SEGUROS DE VIDA y complementarios realizados por empresas debidamente autorizadas:<br>• Prima única o primas periódicas/año no exceden de 1.000 euros<br>• Prima única inferior a 2.500 euros |
| • | PLANES DE PENSIONES INDIVIDUALES: (Siempre que la aportación/año no supere 1.000 euros) |
| • | Pago por domiciliación (en una entidad de crédito sujeta a la obligación de identificación de los clientes) |
| • | Cliente institución financiera domiciliada en UE o Estados con legislación equivalente. |

## Sección 4. PROCEDIMIENTOS INTERNOS Y ÓRGANOS DE CONTROL INTERNO

### 1-266 Los procedimientos internos obligatorios

El procedimiento interno determinará las operaciones que deben considerarse complejas, inusuales o sin propósito económico lícito para que sean examinadas con atención.

Se concretará cómo se realizará ese examen y la utilización de aplicaciones informáticas para ello.

Los sujetos obligados aprobarán por escrito y aplicarán políticas y procedimientos adecuados en materia de diligencia debida, información, conservación de documentos, control interno, evaluación y gestión de riesgos, garantía del cumplimiento de las disposiciones pertinentes y comunicación, con objeto de prevenir e impedir operaciones relacionadas con el blanqueo de capitales o la financiación del terrorismo.

Dichas políticas y procedimientos serán comunicados a las sucursales y filiales con participación mayoritaria situadas en terceros países.

### 1-267 El órgano de control interno

Los sujetos obligados establecerán un órgano adecuado de control interno responsable de la aplicación de las políticas y procedimientos en materia de prevención de blanqueo de capitales.

Este órgano de control interno, que contará, en su caso, con representación de las distintas áreas de negocio del sujeto obligado, se reunirá, levantando acta expresa de los acuerdos adoptados, con la periodicidad que se determine en el procedimiento de control interno.

Reglamentariamente se podrán determinar las categorías de sujetos obligados para las que no resulte preceptiva la constitución de un órgano de control interno, siendo las funciones de éste ejercidas en tales supuestos por el representante ante el Servicio Ejecutivo de la Comisión.

 © CISS

Para el ejercicio de sus funciones el representante ante el Servicio Ejecutivo de la Comisión y el órgano de control interno deberán contar con los recursos materiales, humanos y técnicos necesarios. Reglamentariamente se determinará para determinadas categorías de sujetos obligados la exigencia de constitución de unidades técnicas para el tratamiento y análisis de la información.

Los órganos de prevención del blanqueo de capitales y la financiación del terrorismo operarán, en todo caso, con separación funcional del departamento o unidad de auditoría interna del sujeto obligado.

Los sujetos obligados remitirán al SEPBLAC información completa sobre la estructura y funcionamiento del Órgano de Control y comunicación y de los procedimientos para su supervisión.

El Órgano de Control Interno y Comunicación tendrá como misión analizar, controlar y comunicar al SEPBLAC toda la información relativa a las operaciones o hechos susceptibles de estar relacionados con el blanqueo de capitales, según los procedimientos establecidos.

Al frente del Órgano de Control estará el representante de la entidad ante el SEPBLAC, que será el encargado de transmitir al mismo la información necesaria y recibir de éste las solicitudes y requerimientos.

La entidad adoptará las medidas oportunas para que el personal a su servicio tenga conocimiento de las experiencias derivadas de la normativa sobre prevención de blanqueo de capitales.

## 1-268 El manual de procedimiento obligatorio

Los sujetos obligados, deberán aprobar un **manual adecuado de prevención del blanqueo de capitales y de la financiación del terrorismo**, que se mantendrá actualizado, con información completa sobre las medidas de control interno a que se refieren los apartados anteriores.

Para el ejercicio de su función de supervisión e inspección, el manual estará a disposición del Servicio Ejecutivo de la Comisión, que podrá proponer al Comité Permanente de la Comisión de Prevención del Blanqueo de Capitales e Infracciones Monetarias la formulación de requerimientos instando a los sujetos obligados a adoptar las medidas correctoras oportunas.

Los sujetos obligados podrán remitir voluntariamente su manual al Servicio Ejecutivo de la Comisión, a efectos de que por éste se determine la adecuación de las medidas de control interno establecidas, o que se propongan establecer.

## 1-269 Examen anual de procedimientos y órganos de control por experto externo

Las medidas de control interno a que se refiere el artículo 28 de la Ley 10/2010 serán objeto de examen anual por un experto externo.

Los resultados del examen serán consignados en un informe escrito que describirá detalladamente las medidas de control interno existentes, valorará su eficacia operativa y propondrá, en su caso, eventuales rectificaciones o mejoras. No obstante, en los dos años sucesivos a la emisión del informe podrá éste ser sustituido por un informe de seguimiento emitido por el experto externo, referido exclusivamente a la adecuación de las medidas adoptadas por el sujeto obligado para solventar las deficiencias identificadas.

El informe se elevará en el plazo máximo de ***tres meses*** desde la fecha de emisión al Consejo de Administración o, en su caso, al órgano de administración o al principal órgano directivo del sujeto obligado, que adoptará las medidas necesarias para solventar las deficiencias identificadas.

**El experto externo**

Los sujetos obligados deberán encomendar la práctica del examen externo a personas que reúnan condiciones académicas y de experiencia profesional que las hagan idóneas para el desempeño de la función.

Algo que no se ha alterado en las diferentes disposiciones normativas que han habido en esta materia es el requisito de que quienes pretendan actuar como expertos externos -personas físicas- no puede haber prestado, al sujeto pasivo que le ha encomendado, la realización del informe o cualquier otro servicio retribuido durante los tres años anteriores o posteriores a la emisión del informe.

Las personas que decidan ofrecer sus servicios como "experto externo" deberán comunicarlo al Servicio Ejecutivo de la Comisión antes de iniciar su actividad e informar a éste semestralmente de la relación de sujetos obligados cuyas medidas de control interno hayan examinado.

Según establece el artículo 28.2 de la Ley 10/2010, estas obligaciones "*no serán exigibles a los empresarios o profesionales individuales*".

## 1-270 Medidas de obligado cumplimiento con los empleados, directivos y agentes de los sujetos pasivos

### Formación de empleados

Tal y como establece el artículo 29 de la ley 10/2010, los sujetos obligados "*adoptarán las medidas oportunas para que sus empleados tengan conocimiento de las exigencias derivadas de esta Ley e incluirán la participación debidamente acreditada de los empleados en cursos específicos de formación permanente orientados a detectar las operaciones que puedan estar relacionadas con el blanqueo de capitales o la financiación del terrorismo e instruirles sobre la forma de proceder en tales casos. Las acciones formativas serán objeto de un plan anual que, diseñado en función de los riesgos del sector de negocio del sujeto obligado, será aprobado por el órgano de control interno*".

### Protección e idoneidad de empleados, directivos y agentes

Es obligación de los sujetos obligados proteger la integridad de sus empleados principalmente respecto a las posibles actuaciones que realicen colaborando en los procedimientos y protocolos de prevención de blanqueo impuestos. En este sentido, como establece el artículo 30 de la ley 10/2010 "*deberán asegurarse de que queda totalmente garantizada la confidencialidad sobre la identidad de los empleados, directivos o agentes que hayan realizado una comunicación a los órganos de control interno*".

Esta es también una obligación que el sujeto pasivo comparte con las autoridades y funcionarios, ya que éstos también deben adoptar medidas apropiadas a fin de proteger, frente a cualquier amenaza o acción hostil, a los empleados, directivos o agentes de aquellos que comuniquen indicios de blanqueo de capitales o de financiación del terrorismo.

### Sucursales y filiales en terceros países

Si los sujetos obligados tienen participación mayoritaria en sucursales y filiales con terceros países, tendrán que aplicar unas medidas de prevención del blanqueo de capitales y de financiación del terrorismo al menos equivalentes a las establecidas por el derecho comunitario pudiendo ser supervisadas estas medidas por el Servicio Ejecutivo de la Comisión.

Como queda expresamente recogido en el artículo 31 L 10/2010, "*cuando el derecho del tercer país no permita la aplicación de medidas equivalentes a las establecidas por el derecho comunitario, los sujetos obligados adoptarán respecto de sus sucursales y filiales con participación mayoritaria medidas adicionales para hacer frente eficazmente al riesgo de blanqueo de capitales o de financiación del terrorismo, e informarán al Servicio Ejecutivo de la Comisión, que podrá proponer al Comité Permanente la formulación de requerimientos para la adopción de medidas de obligado cumplimiento*".

### Responsabilidad de administradores y directivos

Las personas que ejerzan cargos de administración o dirección en los sujetos obligados, sean unipersonales o colegiados, "*serán responsables de las infracciones cuando éstas sean imputables a su conducta dolosa o negligente*" (art. 54 L. 10/2010).

Incluso, en el caso de sociedades disueltas "*los antiguos socios responderán solidariamente de las sanciones administrativas pecuniarias impuestas hasta el límite de lo que hubieran recibido como cuota de liquidación, sin perjuicio de la responsabilidad de los directivos, administradores o liquidadores*" (art. 55 L. 10/2010).



© CISS

# Sección 5. EL CONOCIMIENTO DEL CLIENTE

## 1-271 El conocimiento de la actividad del cliente

En el momento de establecer relaciones de negocio con los clientes, y en todo caso con carácter previo a la formalización de la póliza, se deberá obtener información acerca de la naturaleza de la actividad profesional o empresarial del cliente, y se comprobará que la operación corresponde a los medios económicos conocidos de éste.

Se deberán adoptar medidas que permitan comprobar la veracidad de la información suministrada mediante procedimientos de verificación de las actividades declaradas que deberán tomar en consideración el nivel de riesgo.

Se aportarán los documentos/Información que procedan en cada caso entre los que se detallan a continuación:

- Justificación de la actividad del cliente.
- Información detallada sobre el medio de pago utilizado.
- Información detallada sobre la operación concreta.

Tal y como establece el artículo 5 de la Ley 10/2010, de 28 de abril, de prevención del blanqueo de capitales y de la financiación del terrorismo, los sujetos obligados obtendrán información sobre el propósito e índole prevista de la relación de negocios.

En particular, los sujetos obligados recabarán de sus clientes información a fin de conocer la naturaleza de su actividad profesional o empresarial y adoptarán medidas dirigidas a comprobar razonablemente la veracidad de dicha información.

Tales medidas consistirán en el establecimiento y aplicación de procedimientos de verificación de las actividades declaradas por los clientes. Dichos procedimientos tendrán en cuenta el diferente nivel de riesgo y se basarán en la obtención de los clientes de documentos que guarden relación con la actividad declarada o en la obtención de información sobre ella ajena al propio cliente.

Asimismo, y como recoge el artículo 6 de la mencionada Ley 10/2010, los sujetos obligados aplicarán medidas de seguimiento continuo a la relación de negocios, incluido el escrutinio de las operaciones efectuadas a lo largo de dicha relación a fin de garantizar que coincidan con el conocimiento que tenga el sujeto obligado del cliente y de su perfil empresarial y de riesgo, incluido el origen de los fondos y garantizar que los documentos, datos e información de que se disponga estén actualizados.

Los sujetos obligados no sólo aplicarán las medidas de diligencia debida previstas a todos los nuevos clientes sino, asimismo, a los clientes existentes, en función de un análisis del riesgo. En todo caso, los sujetos obligados aplicarán a los clientes existentes las medidas de diligencia debida cuando se proceda a la contratación de nuevos productos o cuando se produzca una operación significativa por su volumen o complejidad.

## 1-272 Justificación de la actividad del cliente

Si el cliente declara que los fondos proceden de una actividad profesional o empresarial, deberá obtenerse documentación acreditativa que justifique razonablemente dicha actividad.

**ATENCIÓN: FICHA DE JUSTIFICACIÓN DE LA ACTIVIDAD DEL CLIENTE**

| JUSTIFICACIÓN DE LA ACTIVIDAD DEL CLIENTE | |
|---|---|
| • | El documento de alta o modificación en el censo de obligados tributarios (IAE- Modelo 036) debidamente diligenciado por la Administración Tributaria. |
| • | Carné del colegio profesional |
| • | Nóminas |
| • | Justificante del pago de la Seguridad Social en el RETA |

1

| JUSTIFICACIÓN DE LA ACTIVIDAD DEL CLIENTE | |
|---|---|
| • | Informe comercial a través de las empresas especializadas contratadas por la compañía a tal efecto. |
| • | Información sobre la actividad económica del cliente (Código Nacional de Actividad Económica- CNAE) |
| • | Otros (indicar): ........................................................................................ |

## 1-273 La importancia del medio de pago utilizado

Con el fin de minimizar el impacto de aquellas operaciones que puedan estar relacionadas con el blanqueo de capitales, se recomienda evitar, en la medida de lo posible, el pago mediante efectivo. Se deberá consignar el medio de pago utilizado.

A los efectos de la Ley 10/2010 se entiende por medios de pago:

a) El papel moneda y la moneda metálica, nacionales o extranjeros.

b) Los cheques bancarios al portador denominados en cualquier moneda.

c) Cualquier otro medio físico, incluidos los electrónicos, concebido para ser utilizado como medio de pago al portador.

**ATENCIÓN: FICHA DE MEDIO DE PAGO UTILIZADO**

| MEDIO DE PAGO UTILIZADO | |
|---|---|
| • | Domiciliación Bancaria (7) |
| • | Cheque nominativo emitido por el tomador |
| • | Cheque al portador emitido por el tomador |
| • | Tarjeta de crédito |
| • | Transferencia bancaria a favor de la entidad (8) |
| • | Otros (indicar): ........................................................................................ |

(7) La norma general debería ser la domiciliación bancaria en una cuenta abierta en una entidad financiera española (no se admitirá ninguna otra) y cuyo titular sea el tomador o partícipe quien indicará de forma clara el domicilio de cobro y número de cuenta (veinte dígitos).

(8) Se admitirán cobros por transferencia bancaria con identificación del ordenante de la transferencia. Son datos de identificación del ordenante:

- nombre y apellidos de la persona física o la denominación de la persona jurídica;
- el DNI, tarjeta de residencia o pasaporte;
- CIF o NIE;
- Número de cuenta origen de la transferencia

## 1-274 Profundización en el análisis de la operación

En los casos que se detecte algún indicio sospechoso se deberá profundizar en la averiguación de la actividad económica declarada. A modo de ejemplo cabría solicitar toda o parte de la siguiente documentación:

**ATENCIÓN: FICHA DE PROFUNDIZACIÓN EN EL ANÁLISIS DE LA OPERACIÓN**


© CISS

| PROFUNDIZACIÓN EN EL ANÁLISIS DE LA OPERACIÓN | |
|---|---|
| • | Investigación y comprobación de la veracidad de los datos facilitados por el cliente con la información disponible en bases de datos de acceso público (internet, páginas amarillas, etc.) |
| • | Consultas a colegios profesionales |
| • | Comprobación de la veracidad de los datos aportados por el cliente con la propia base de datos de la entidad. |
| • | Solicitud al cliente de información complementaria relacionada con la actividad declarada (detallar) ....................................................................... |
| • | Otros (indicar): ................................................................................... |

## 1-275 Política de admisión de clientes

Los sujetos obligados aprobarán por escrito y aplicarán una política expresa de admisión de clientes. Dicha política incluirá una descripción de aquellos tipos de clientes que podrían presentar un riesgo superior al riesgo promedio en función de los factores que determine el sujeto obligado de acuerdo con los estándares internacionales aplicables en cada caso. La política de admisión de clientes será gradual, adoptándose precauciones reforzadas respecto de aquellos clientes que presenten un riesgo superior al riesgo promedio.

## 1-276 Exenciones a la obligación de aplicar las medidas simplificadas de diligencia debida respecto a seguros de vida y pensiones

Los sujetos obligados quedan autorizados a no aplicar las medidas de diligencia debida referentes a comprobar la identidad de los clientes, comprobar la identificación del titular real de las operaciones, comprobar el propósito e índoles de la relación con los negocios y de realizar un seguimiento continuo de éstos, respecto de los siguientes productos u operaciones:

a) Las **pólizas de seguro de vida** cuya prima anual no exceda de **1.000 euros** o cuya prima única no exceda de **2.500 euros**, salvo que se aprecie fraccionamiento de la operación.

b) **Los Planes de Pensiones Individuales, los Planes de Previsión Asegurados o PPA, los Planes de Previsión Social Empresarial y los Seguros de Dependencia** (instrumentos de **previsión social complementaria** enumerados en el artículo 51 de la Ley 35/2006, de 28 de noviembre, del Impuesto sobre la Renta de las Personas Físicas y de modificación parcial de los Impuestos sobre Sociedades, sobre la Renta de No Residentes y sobre el Patrimonio), siempre y cuando la liquidez se encuentre limitada a los supuestos contemplados en la normativa de planes y fondos de pensiones y no puedan servir de garantía para un préstamo.

c) Los **seguros colectivos que instrumenten compromisos por pensiones** a que se refiere la Disposición adicional primera del Texto Refundido de la Ley de Regulación de los Planes y Fondos de Pensiones, aprobado por Real Decreto Legislativo 1/2002, de 29 de noviembre, siempre que cumplan los siguientes requisitos:

1.º Que instrumenten compromisos por pensiones que tengan su origen en un convenio colectivo o en un expediente de regulación de empleo aprobado por la autoridad laboral correspondiente.

2.º Que no admitan el pago de primas por parte del trabajador asegurado que, sumadas a las abonadas por el empresario tomador del seguro, supongan un importe superior a los límites establecidos por el artículo 52.1.b) de la Ley 35/2006, de 28 de noviembre, del Impuesto sobre la Renta de las Personas Físicas, para los instrumentos de previsión social complementaria enumerados en su artículo 51.

3.º Que no puedan servir de garantía para un préstamo y no contemplen otros supuestos de rescate distintos a los excepcionales de liquidez recogidos en la normativa de planes de pensiones o a los recogidos en el artículo 29 del Real Decreto 1588/1999, de 15 de octubre, por el que se aprueba el Reglamento sobre la instrumentación de los compromisos por pensiones de las empresas con los trabajadores y beneficiarios.

d) El dinero electrónico, en los términos que se determinen reglamentariamente.

1

## 1-277 Exención por operaciones de seguros de vida con pago domiciliado

Las aseguradoras y los corredores de seguros que operen en el ramo de vida podrán **no aplicar** las medidas de diligencia debida de seguimiento de la relación de los negocios del cliente, respecto de las **primas de seguros de vida que se abonen mediante transferencia, domiciliación bancaria o cheque nominativo de una entidad de crédito domiciliada en España, en la Unión Europea o en países terceros equivalentes**.

Esta previsión se entenderá sin perjuicio de la aplicación de las medidas de diligencia debida con carácter previo al establecimiento de la relación de negocios o al pago de la prestación derivada del contrato o al ejercicio de los derechos de rescate, anticipo o pignoración conferidos por la póliza.

Reglamentariamente podrá autorizarse la aplicación de medidas simplificadas de diligencia debida respecto de otros productos u operaciones que comporten un riesgo escaso de blanqueo de capitales o de financiación del terrorismo.

## 1-278 Especialidad por operaciones de seguros de vida riesgo (fallecimiento e invalidez)

En particular, podrá autorizarse la aplicación de medidas simplificadas de diligencia debida, en los términos que reglamentariamente se determinen, en las **pólizas del ramo de vida** que garanticen exclusivamente el **riesgo de fallecimiento**, incluidas las que contemplen además garantías complementarias de indemnización pecuniarias por **invalidez permanente o parcial, total o absoluta o incapacidad temporal**.

Los sujetos obligados deberán reunir en todo caso la información suficiente para determinar si resultan aplicables las excepciones previstas en este artículo.

## 1-279 Especialidad para operaciones no presenciales contratadas telemáticamente o telefónicamente

Los sujetos obligados podrán establecer relaciones de negocio o ejecutar operaciones a través de medios telefónicos, electrónicos o telemáticos con clientes que no se encuentren físicamente presentes, siempre que concurra alguna de las siguientes circunstancias:

a) La identidad del cliente quede acreditada de conformidad con lo dispuesto en la normativa aplicable sobre firma electrónica.

b) El primer ingreso proceda de una cuenta a nombre del mismo cliente abierta en una entidad domiciliada en España, en la Unión Europea o en países terceros equivalentes.

c) Se verifiquen los requisitos que se determinen reglamentariamente.

En todo caso, en el **plazo de un mes** desde el establecimiento de la relación de negocio, los sujetos obligados deberán obtener de estos clientes una copia de los documentos necesarios para practicar la diligencia debida.

Cuando se aprecien discrepancias entre los datos facilitados por el cliente y otra información accesible o en poder del sujeto obligado, será preceptivo proceder a la identificación presencial.

Los sujetos obligados adoptarán medidas adicionales de diligencia debida cuando en el curso de la relación de negocio aprecien riesgos superiores al riesgo promedio.

Los sujetos obligados establecerán políticas y procedimientos para afrontar los riesgos específicos asociados con las relaciones de negocio y operaciones no presenciales.

# Sección 6. DE LAS OBLIGACIONES DE INFORMACIÓN

## 1-280 Examen especial

Para analizar y examinar con la debida cautela una operación basta con que aparentemente pudiera estar relacionada con el blanqueo de capitales sin tener en cuenta el importe, pues precisamente una de las principales características del blanqueo es que las operaciones se dividen lo máximo posible de manera que la capilarización en la dispersión da mayor apariencia de normalidad.


© CISS

Asimismo, se debe examinar con atención una operación cuando no presenta un objetivo o sentido concreto no lógico o bien es evidentemente inusual tanto en la persona que lo realiza o para el tipo de actividad que realiza.

En este sentido, como señala el artículo 17 de la Ley 10/2010, " *al establecer las medidas de control interno, los sujetos obligados concretarán el modo en que se dará cumplimiento a este deber de examen especial, que incluirá la elaboración y difusión entre sus directivos, empleados y agentes de una relación de operaciones susceptibles de estar relacionadas con el blanqueo de capitales o la financiación del terrorismo, la periódica revisión de tal relación y la utilización de aplicaciones informáticas apropiadas, teniendo en cuenta el tipo de operaciones, sector de negocio, ámbito geográfico y volumen de la información*".

## 1-281 Comunicación por indicio

Es importante que los sujetos obligados tengan en cuenta que no sólo hay que comunicar cuando comprueben eficientemente que se está llevando a cabo blanqueo de capitales. Realmente ese no es su cometido, sino que vienen obligados a comunicar al Servicio Ejecutivo de la Comisión, incluso solamente la mera tentativa, respecto a la que exista indicio o certeza de que está relacionado con el blanqueo de capitales o la financiación del terrorismo.

Un indicio evidente que señala el artículo 18 de la Ley 10/2010 es "*cuando las operaciones muestren una falta de correspondencia ostensible con la naturaleza, volumen de actividad o antecedentes operativos de los clientes, siempre que en el examen especial previsto en el artículo precedente no se aprecie justificación económica, profesional o de negocio para la realización de las operaciones*".

En caso de detectar estos indicios, los sujetos obligados deberán comunicarlo sin dilación según el procedimiento señalado en el artículo 26 de la ley 10/2010.

En estos casos, deberán acompañar cuanta más información y documentación sea posible, entre la que estará:

a) Una relación e identificación de las personas físicas o jurídicas que participan en la operación y concepto de su participación en ella.

b) Descripción de la actividad conocida de las personas físicas o jurídicas que participan en la operación y correspondencia entre la actividad y la operación.

c) Una relación de operaciones vinculadas y fechas a que se refieren con indicación de la naturaleza, moneda en que se realizan, cuantía, lugar o lugares de ejecución, finalidad e instrumentos de pago o cobro utilizados.

d) Descripción de las gestiones realizadas por el sujeto obligado comunicante para investigar la operación comunicada.

e) Una exposición lo más detallada posible de las circunstancias de toda índole de las que pueda inferirse el indicio o certeza de relación con el blanqueo de capitales o con la financiación del terrorismo o que pongan de manifiesto la falta de justificación económica, profesional o de negocio para la realización de la operación.

f) Cualquier otro dato que se conozca y que se pueda considerar que es relevante para la prevención del blanqueo de capitales o la financiación del terrorismo que se determinen reglamentariamente.

Una vez que el Servicio Ejecutivo reciba la información y haga el primer análisis, si considera que el examen especial que ha realizado el sujeto obligado no ha sido completo, le pedirá que profundice en el examen de la operación, indicándole claramente los aspectos en los que el Servicio Ejecutivo considera necesario profundizar.

## 1-282 Abstención de ejecución

Si el sujeto obligado identifica una operación y procede según lo estipulado para comunicarla por indicio, tal y como establece la propia Ley 10/2010 en su artículo 19, "*deberá no ejecutarla salvo que el no hacerla se considere que pueda dificultar la investigación*". En ese caso, sí podrán ejecutar la operación pero comunicándolo inmediatamente al Servicio Ejecutivo exponiéndole las razones por las que consideró necesario realizar la operación.

Dos casos muy habituales son los notarios y los registradores de la propiedad -ambos son sujetos obligados-. En el primero de ellos, se estima "justa causa" que motive la negativa a la autorización del notario o su deber de abstención, la presencia en la operación de varios indicadores de riesgo sobre los que recabará del cliente los datos precisos para valorar la concurrencia de tales indicadores o circunstancias en la operación.

En cuanto a los registradores, esta obligación de abstención en ningún caso impedirá la inscripción del acto o negocio jurídico en los registros de la propiedad, mercantil o de bienes muebles.

## 1-283 Comunicación sistemática

Una de las obligaciones propias de los sujetos obligados es la de realizar una serie de comunicaciones periódicas a las que la Ley 10/2010 denomina "sistemáticas". En esta comunicación se incluirán aquellas operaciones que obedezcan al patrón reglamentariamente establecido en cada momento. Si se diese el caso de que, en el periodo establecido para dicha comunicación, no se hubieran producido ninguna operación susceptible de incluir en dicha comunicación, se comunicará tal circunstancia.

Lo relacionado con este tipo de comunicación sistemática lo regula la Ley 10/2010 en su artículo 20 que también viene a determinar que "*se efectuará en el soporte y con el formato que determine el Servicio Ejecutivo de la Comisión*".

## 1-284 Especialidad de la no sujeción de los abogados

El legislador ha considerado que hay algún tipo de sujetos obligados que, por las particulares relaciones de secreto profesional que debe cumplir frente a sus clientes, quedan exonerados de esta obligación de comunicar operaciones con respecto a la información que reciban de ellos. Esta excepción lo recoge la Ley 10/2010 en su artículo 22.

La actividad propia de un abogado consiste en posicionarse jurídicamente en favor de su cliente y su misión es defenderle en procesos judiciales o asesorarle sobre la incoación o la forma de evitar un proceso. En dicha actuación, propia de los abogados frente a sus clientes, es independiente si han recibido u obtenido dicha información antes, durante o después de tales procesos.

## 1-285 Exención de responsabilidad

Uno de los preceptos más rigurosos y de obligado cumplimiento en toda relación contractual es la de la protección de datos y de información relacionada con los clientes.

Sin embargo, esta obligación chocaría con la correspondiente a tener que informar a la autoridad competente sobre indicios de operaciones de blanqueo en las que se dan datos personales e información de los clientes.

Por ello, el legislador ha estimado que en dicha situación prevalece reglamentariamente la obligación a cumplir con lo establecido en materia de prevención de blanqueo de forma que, cuando ésta se hace de buena fe, "*no constituirá violación de las restricciones sobre divulgación de información impuestas por vía contractual o por cualquier disposición legal, reglamentaria o administrativa, y no implicará para los sujetos obligados, sus directivos o empleados ningún tipo de responsabilidad*" (art. 23 L. 10/2010).

## 1-286 Prohibición de revelación: deber de confidencialidad

De nada sirve que se ponga en marcha todo el mecanismo procedimental de prevención de blanqueo de capitales cuando se está examinando una operación concreta y se va a investigar a una o varias personas relacionadas con ella si se revela a éstos -o a otras personas- que se ha comunicado información al Servicio Ejecutivo de la Comisión, o que se está examinando o puede examinarse alguna operación relacionada con ellos.

Ante ello, una de las obligaciones más rigurosas de los sujetos obligados - y éstos deben extenderla a sus directivos, empleados y sucursales- es la de cumplir estas obligaciones que, reglamentariamente se ha establecido en el artículo 24 de la Ley 10/2010 como "prohibición de revelación" teniendo, por tanto, su correspondiente e importante sanción en caso de infracción.

Sin embargo, sí se podrá revelar o dar información a un colectivo de personas que por su actividad queden fuera de ello como son las autoridades competentes, incluidos los órganos centralizados de prevención, o la revelación por motivos policiales en el marco de una investigación penal. Asimismo, y como se señala en el mencionado artículo 24 de la Ley 10/2010, "*esta prohibición de revelación no impedirá:*



© CISS

a) *La comunicación de información entre entidades financieras pertenecientes al mismo grupo. A estos efectos, se estará a la definición de grupo establecida en el artículo 42 del Código de Comercio.*

b) *La comunicación de información entre los sujetos obligados a que se refieren los párrafos m) y ñ) del artículo 2.1, cuando ejerzan sus actividades profesionales, ya sea como empleados o de otro modo, dentro de la misma entidad jurídica o en una red. Se entenderá por red, a estos efectos, la estructura más amplia a la que pertenece la persona y que comparte una propiedad, gestión o supervisión de cumplimiento comunes.*

c) *La comunicación de información, referida a un mismo cliente y a una misma operación en la que intervengan dos o más entidades o personas, entre entidades financieras o entre los sujetos obligados a que se refieren los párrafos m) y ñ) del artículo 2.1, siempre que pertenezcan a la misma categoría profesional y estén sujetos a obligaciones equivalentes en lo relativo al secreto profesional y a la protección de datos personales. La información intercambiada se utilizará exclusivamente a efectos de la prevención del blanqueo de capitales y de la financiación del terrorismo*".

En este sentido, se considera que hay algunos tipos de profesionales incluidos en los perfiles de "sujetos pasivos" como son los auditores, contables, asesores fiscales, abogados, procuradores, etc., que si revelan o informan a sus clientes de estas circunstancias con la intención y propósito de disuadirles de realizar una actividad ilegal, esto no se considerará "revelación" a efectos de lo dispuesto en el artículo 24 de la Ley 10/2010.

## 1-287 Obligación de conservación de documentos

En este tipo de investigaciones es fundamental el **soporte documental** de las mismas; por ello, la custodia y archivo de éstos requiere una especial atención por parte del legislador, quién las ha establecido como obligaciones propias de los sujetos obligados a los que les traslada la conservación de la documentación de las operaciones durante un mínimo de diez años y lo harán en soportes que garanticen su integridad, la correcta lectura de los datos, la imposibilidad de manipulación, su adecuada conservación y localización y la adecuada gestión y disponibilidad de la documentación, tanto a efectos de control interno, como de atención en tiempo y forma a los requerimientos de las autoridades. En este sentido la propia Ley 10/2010, en el artículo 25 señala como los indicados *"soportes ópticos, magnéticos o electrónicos"*.

Este mismo artículo indica los documentos que hay que conservar y hace referencia expresa a:

a) *"Copia de los documentos exigibles en aplicación de las medidas de diligencia debida, durante un periodo mínimo de diez años desde la terminación de la relación de negocios o la ejecución de la operación.*

b) *Original o copia con fuerza probatoria de los documentos o registros que acrediten adecuadamente las operaciones, los intervinientes en las mismas y las relaciones de negocio, durante un periodo mínimo de diez años desde la ejecución de la operación o la terminación de la relación de negocios."*

## 1-288 Operaciones de declaración obligatoria

Sin ser operaciones sospechosas propiamente dichas, se han determinado un tipo de operativas que, de llevarse a cabo, será obligatoria su declaración a efectos de tenerlas controladas e identificadas por la autoridad competente en materia de prevención de blanqueo de capitales, principalmente por implicar la salida o la entrada en territorio nacional de fondos de volumen importante y que, además, superen unos rangos de importes reglamentariamente establecidos.

En cuanto a la entrada y/o salida de fondos, detalla el artículo 34 de la Ley 10/2010 que "*deberán presentar declaración previa en las personas físicas que, actuando por cuenta propia o de tercero, realicen los siguientes movimientos:*

a) *Salida o entrada en territorio nacional de medios de pago por importe igual o superior a 10.000 euros o su contravalor en moneda extranjera.*

b) *Movimientos por territorio nacional de medios de pago por importe igual o superior a 100.000 euros o su contravalor en moneda extranjera"*.

Para que esta obligación no implique una excesiva e innecesaria carga de tareas administrativas a determinadas empresas -sujetos obligados- que por su habitual actividad ejerzan actividades de transporte profesional de fondos o medios de pago constante y permanentemente, se exceptuará de esta obligación de declaración las personas físicas que actúen por cuenta de este tipo de empresas que hayan sido debidamente autorizadas e inscritas previamente por el Ministerio del Interior.

No todas las operaciones de salida o entrada de fondos en territorio nacional deben ser declaradas con tal rigor; a tal efecto, se ha determinado que sí lo serán, según determina el mencionado artículo 34 de la Ley 10/2010 "*los movimientos por importe superior a 10.000 euros o su contravalor en moneda extranjera de efectos negociables al portador, incluidos instrumentos monetarios como los cheques de viaje, instrumentos negociables, incluidos cheques, pagarés y órdenes de pago, ya sean extendidos al portador, endosados sin restricción, extendidos a la orden de un beneficiario ficticio o en otra forma en virtud de la cual la titularidad de los mismos se transmita a la entrega, y los instrumentos incompletos, incluidos cheques, pagarés y órdenes de pago, firmados pero con omisión del nombre del beneficiario*".

## Sección 7. EL RÉGIMEN SANCIONADOR EN MATERIA DE BLANQUEO DE CAPITALES

### 1-289 Régimen sancionador

El incumplimiento de cualquiera de las obligaciones establecidas a los sujetos obligados en materia de prevención de blanqueo de capitales tiene regulada también su correspondiente catalogación como infracción muy grave, grave o leve, y según sea de un tipo o de otro, tiene también determinada reglamentariamente su correspondiente sanción.

### 1-290 Infracciones muy graves

Corresponden a la máxima calificación que el legislador ha considerado según la importancia y gravedad de las consecuencias que se derivan de su incumplimiento, principalmente las relacionadas con las obligaciones de información, de colaboración con las autoridades y de no revelación. En este sentido, el artículo 51 de la Ley 10/2010 establece las conductas catalogadas como infracciones muy graves en las siguientes.

"a) *El incumplimiento del deber de comunicación previsto en el artículo 18 de la ley 10/2010, cuando algún directivo o empleado del sujeto obligado hubiera puesto de manifiesto internamente la existencia de indicios o la certeza de que un hecho u operación estaba relacionado con el blanqueo de capitales o la financiación del terrorismo.*

b) *El incumplimiento de la obligación de colaboración establecida en el artículo 21 de la ley 10/2010 cuando medie requerimiento escrito de la Comisión de Prevención del Blanqueo de Capitales e Infracciones Monetarias.*

c) *El incumplimiento de la prohibición de revelación establecida en el artículo 24 de la ley 10/2010 o del deber de reserva previsto en los artículos 46.2 y 49.2.e).*

d) *La resistencia u obstrucción a la labor inspectora, siempre que medie requerimiento del personal actuante expreso y por escrito al respecto.*

e) *El incumplimiento de la obligación de adoptar las medidas correctoras comunicadas por requerimiento del Comité Permanente a las que se alude en los artículos 26.3, 31.2, 44.2 y 47.3 de la ley 10/2010 cuando concurra una voluntad deliberadamente rebelde al cumplimiento.*

f) *La comisión de una infracción grave cuando durante los cinco años anteriores hubiera sido impuesta al sujeto obligado sanción firme en vía administrativa por el mismo tipo de infracción*".

Igualmente, a nivel comunitario se ha establecido reglamentariamente una serie de medidas restrictivas específicas de conformidad con los artículos 60, 301 o 308 del Tratado Constitutivo de la Comunidad Europea según las cuales, y tal y como recoge expresamente la segunda parte del artículo 51 de la Ley 10/2010 mencionado anteriormente, "*constituirán infracciones muy graves las siguientes:*

a) *El incumplimiento doloso de la obligación de congelar o bloquear los fondos, activos financieros o recursos económicos de personas físicas o jurídicas, entidades o grupos designados.*

b) *El incumplimiento doloso de la prohibición de poner fondos, activos financieros o recursos económicos a disposición de personas físicas o jurídicas, entidades o grupos designados*".



© CISS

## 1-291 Infracciones graves

Un segundo nivel de gravedad lo constituyen una serie de conductas que puedan llevar a cabo los sujetos obligados, sus directivos o empleados.

A nivel general, el artículo 52.3 de la Ley 10/2010 señala tres grupos:

"a) *El incumplimiento de la obligación de declaración de movimientos de medios de pago, en los términos del artículo 34"*. El papel moneda y la moneda metálica, nacionales o extranjeros, los cheques bancarios al portador denominados en cualquier moneda, y cualquier otro medio físico, incluidos los electrónicos, concebido para ser utilizado como medio de pago al portador.

b) *"El incumplimiento por fundaciones o asociaciones de las obligaciones establecidas en el artículo 39"*. Conservar durante diez años registros con la identificación de todas las personas que aporten o reciban a título gratuito fondos o recursos de la fundación.

c) *"El incumplimiento de las obligaciones establecidas en el artículo 41, salvo que deba calificarse como muy grave de conformidad con el artículo 51.1.b)"*. Las transferencias correspondientes deberán cursarse a través de cuentas abiertas en entidades de crédito, así como el uso de las mismas para el destino informado.

Asimismo, hay una serie de conductas concretas calificadas como "graves" que están debidamente detalladas en el artículo 52.1 de la Ley 10/2010:

"a) *El incumplimiento de obligaciones de identificación formal, en los términos del artículo 3 de la ley 10/2010.*

b) *El incumplimiento de obligaciones de identificación del titular real, en los términos del artículo 4 de la ley 10/2010*

c) *El incumplimiento de la obligación de obtener información sobre el propósito e índole de la relación de negocios, en los términos del artículo 5 de la ley 10/2010.*

d) *El incumplimiento de la obligación de aplicar medidas de seguimiento continuo a la relación de negocios, en los términos del artículo 6 de la ley 10/2010.*

e) *El incumplimiento de la obligación de aplicar medidas de diligencia debida a los clientes existentes, en los términos del artículo 7.2 y de la Disposición transitoria séptima.*

f) *El incumplimiento de la obligación de aplicar medidas reforzadas de diligencia debida, en los términos de los artículos 11 a 16 de la ley 10/2010"*.

Este primer grupo de conductas podrán ser calificadas como leves cuando el incumplimiento del sujeto obligado deba considerarse como meramente ocasional o aislado a la vista del porcentaje de incidencias de la muestra de cumplimiento y salvo que concurran indicios evidentes de que se está haciendo blanqueo de capitales.

g) *"El incumplimiento de la obligación de examen especial, en los términos del artículo 17 de la ley 10/2010.*

h) *El incumplimiento de la obligación de comunicación por indicio, en los términos del artículo 18 de la ley 10/2010, cuando no deba calificarse como infracción muy grave.*

i) *El incumplimiento de la obligación de abstención de ejecución, en los términos del artículo 19 de la ley 10/2010.*

j) *El incumplimiento de la obligación de comunicación sistemática, en los términos del artículo 20 de la ley 10/2010.*

k) *El incumplimiento de la obligación de colaboración establecida en el artículo 21 cuando medie requerimiento escrito de uno de los órganos de apoyo de la Comisión de Prevención del Blanqueo de Capitales e Infracciones Monetarias.*

l) *El incumplimiento de la obligación de conservación de documentos, en los términos del artículo 25 de la ley 10/2010"*.

En este caso también podrá ser calificado como leve cuando el incumplimiento del sujeto obligado deba considerarse como meramente ocasional o aislado a la vista del porcentaje de incidencias de la muestra de cumplimiento y salvo que concurran indicios evidentes de que se está haciendo blanqueo de capitales.

"m) *El incumplimiento de la obligación de aprobar por escrito y aplicar políticas y procedimientos adecuados de control interno, en los términos del artículo 26.1, incluida la aprobación por escrito y aplicación de una política expresa de admisión de clientes.*

n) *El incumplimiento de la obligación de comunicar al Servicio Ejecutivo de la Comisión la propuesta de nombramiento del representante del sujeto obligado, o la negativa a atender los reparos u observaciones formulados, en los términos del artículo 26.2 de la Ley 10/2010.*

ñ) *El incumplimiento de la obligación de establecer órganos adecuados de control interno, con inclusión, en su caso, de las unidades técnicas, que operen en los términos previstos en el artículo 26.2 de la Ley 10/2010*

o) *El incumplimiento de la obligación de dotar al representante ante el Servicio Ejecutivo de la Comisión y al órgano de control interno de los recursos materiales, humanos y técnicos necesarios para el ejercicio de sus funciones.*

p) *El incumplimiento de la obligación de aprobar y mantener a disposición del Servicio Ejecutivo de la Comisión un manual adecuado y actualizado de prevención del blanqueo de capitales y de la financiación del terrorismo, en los términos del artículo 26.3 de la Ley 10/2010.*

q) *El incumplimiento de la obligación de examen externo, en los términos del artículo 28 de la Ley 10/2010.*

r) *El incumplimiento de la obligación de formación de empleados, en los términos del artículo 29 de la Ley 10/2010.*

s) *El incumplimiento de la obligación de adoptar por parte del sujeto obligado las medidas adecuadas para mantener la confidencialidad sobre la identidad de los empleados, directivos o agentes que hayan realizado una comunicación a los órganos de control interno, en los términos del artículo 30.1. de la ley 10/2010.*

t) *El incumplimiento de la obligación de aplicar respecto de las sucursales y filiales con participación mayoritaria situadas en terceros países las medidas previstas en el artículo 31.de la ley 10/2010.*

u) *El incumplimiento de la obligación de aplicar contramedidas financieras internacionales, en los términos del artículo 42. de la ley 10/2010.*

v) *El incumplimiento de la obligación establecida en el artículo 43 de la ley 10/2010 de declarar la apertura o cancelación de cuentas corrientes, cuentas de ahorro, cuentas de valores y depósitos a plazo.*

w) *El incumplimiento de la obligación de adoptar las medidas correctoras comunicadas por requerimiento del Comité Permanente a las que se alude en los artículos 26.3, 31.2, 44.2 y 47.3 de la ley 10/2010 cuando no concurra una voluntad deliberadamente rebelde al cumplimiento.*

x) *El establecimiento o mantenimiento de relaciones de negocio o la ejecución de operaciones prohibidas.*

y) *La resistencia u obstrucción a la labor inspectora cuando no haya mediado requerimiento del personal actuante expreso y por escrito al respecto".*

Al igual que ocurre en el grupo de infracciones graves, a nivel comunitario se ha establecido reglamentariamente una serie de medidas restrictivas específicas de conformidad con los artículos 60, 301 o 308 del Tratado Constitutivo de la Comunidad Europea según las cuales, y tal y como recoge expresamente la segunda parte del artículo 52.4 y 52.5 de la Ley 10/2010 mencionado anteriormente, "*constituirán infracciones muy graves las siguientes:*

"a) *El incumplimiento de la obligación de congelar o bloquear los fondos, activos financieros o recursos económicos de personas físicas o jurídicas, entidades o grupos designados, cuando no deba calificarse como infracción muy grave.*

b) *El incumplimiento de la prohibición de poner fondos, activos financieros o recursos económicos a disposición de personas físicas o jurídicas, entidades o grupos designados, cuando no deba calificarse como infracción muy grave.*

c) *El incumplimiento de las obligaciones de comunicación e información a las autoridades competentes establecidas específicamente en los Reglamentos comunitarios.*

*(...)*

*Constituirán infracciones graves de la ley 10/2010 el incumplimiento de las obligaciones establecidas en los artículos 5, 6, 7, 8, 9, 10, 11, 12, 13 y 14 del Reglamento (CE) N.° 1781/2006, del Parlamento Europeo y del Consejo, de 15 de noviembre de 2006, relativo a la información sobre los ordenantes que acompaña a las transferencias de fondos".*

## 1-292 Infracciones leves

La categoría de Infracciones leves es la de menor asignación al incumplimiento de algunas obligaciones o a la realización de determinadas conductas por parte de los sujetos obligados, de sus directivos o empleados y básicamente, estando establecidas específicamente en la Ley 10/2010, no constituyan infracción muy grave o grave conforme a lo previsto dicha ley.

 © CISS

Como recoge el artículo 53 de la Ley 10/2010 haciendo referencia al artículo 52.2 de la mima Ley "*salvo que concurran indicios o certeza de blanqueo de capitales o de financiación del terrorismo, las infracciones tipificadas en las letras a, b, c, d, e, f y l del apartado de Infracciones graves, podrán ser calificadas como leves cuando el incumplimiento del sujeto obligado deba considerarse como meramente ocasional o aislado a la vista del porcentaje de incidencias de la muestra de cumplimiento*".

## 1-293 Sanciones por infracciones muy graves

De la misma manera que las infracciones están gradualmente establecidas según la gravedad de su incumplimiento o de las consecuencias que pudieran originar sus conductas por parte de los sujetos obligados, de sus directivos o empleados, el legislador ha establecido una graduación de sanciones vinculadas a las infracciones.

En este sentido, el artículo 56 de la Ley 10/2010 viene a determinar las sanciones que se pueden establecer por la comisión de infracciones muy graves y a tal efecto señala:

a) *Amonestación pública.*

b) *Multa cuyo importe mínimo será de 150.000 euros y cuyo importe máximo podrá ascender hasta la mayor de las siguientes cifras: el 5 por ciento del patrimonio neto del sujeto obligado, el duplo del contenido económico de la operación, o 1.500.000 euros.*

c) *Tratándose de entidades sujetas a autorización administrativa para operar, la revocación de ésta.*

La sanción prevista en la letra b) siempre será obligatoria y vendrá impuesta simultáneamente con alguna de las previstas en las letras a) o c).

Además de la sanción que se imponga de las anteriores, se podría imponer también a quienes, ejerciendo en el sujeto pasivo, cargos de administración o dirección, se considere que son responsables de la infracción, una o varias de las siguientes sanciones tal y como recoge expresamente el mencionado artículo:

a) *Multa a cada uno de ellos por importe de entre 60.000 y 600.000 euros.* Esta sanción siempre será obligatoria y vendrá impuesta simultáneamente con alguna de las previstas en las letras b) o c) siguientes.

b) *Separación del cargo, con inhabilitación para ejercer cargos de administración o dirección en la misma entidad por un plazo máximo de diez años.*

c) *Separación del cargo, con inhabilitación para ejercer cargos de administración o dirección en cualquier entidad de las sujetas a esta Ley por un plazo máximo de diez años.*

## 1-294 Sanciones por infracciones graves

Tal y como establece el artículo 57 de la Ley 10/2010, "*por la comisión de infracciones graves se podrán imponer las siguientes sanciones:*

a) *Amonestación privada.*

b) *Amonestación pública.*

c) *Multa cuyo importe mínimo será de 60.001 euros y cuyo importe máximo podrá ascender hasta la mayor de las siguientes cifras: el 1 por ciento del patrimonio neto del sujeto obligado, el tanto del contenido económico de la operación, más un 50 por ciento, o 150.000 euros.*

*La sanción prevista en la letra c), que ha de ser obligatoria en todo caso, se impondrá simultáneamente con alguna de las previstas en las letras a) o b).*

*Además de la sanción que corresponda imponer al sujeto obligado por la comisión de infracciones graves, se podrán imponer una o varias de las siguientes sanciones a quienes, ejerciendo en el mismo, cargos de administración o dirección, fueran responsables de la infracción:*

a) *Amonestación privada.*

b) *Amonestación pública.*

c) *Multa a cada uno de ellos por un importe mínimo de 3.000 euros y máximo de hasta 60.000 euros.*

*Esta sanción es obligatoria, se impondrá simultáneamente con alguna de las previstas en las letras a), b) o d).*

d) *Suspensión temporal en el cargo por plazo no superior a un año*".

1

En el caso de incumplimiento de la obligación de declaración establecida en el artículo 34 de la Ley 10/2010 se impondrá la sanción de multa cuyo importe mínimo será de 600 euros y cuyo importe máximo podrá ascender hasta el duplo del valor de los medios de pago empleados.

## 1-295 Sanciones por infracciones leves

Tal y como establece la Ley 10/2010 en su artículo 58, las infracciones consideradas como "leves" también tienen su correspondiente sanción. *En estos casos, "se podrán imponer una o ambas de las siguientes sanciones:*

a) *Amonestación privada.*

b) *Multa por importe de hasta 60.000 euros".*

## 1-296 Prescripción de las infracciones y de las sanciones

También la prescripción de las infracciones dependerá del tipo de éstas que se trate. Así, tal y como se recoge en el artículo 60 de la Ley 10/2010, las infracciones muy graves y graves prescribirán a los cinco años, y las leves a los dos años.

Un aspecto a tener en cuenta es el momento en que se empieza a contar dicho periodo y que en acciones concretas genera menos duda ya que en estos casos el periodo de cómputo comienza desde la fecha en que la infracción hubiera sido cometida. Sin embargo, en los casos de que se trate de una actividad continuada en el tiempo, la fecha inicial del cómputo será la de la finalización de la actividad o la del último acto con el que la infracción se consume.

Cuando se trate de un incumplimiento de las obligaciones de diligencia debida, el plazo de prescripción se contará desde la fecha de terminación de la relación de negocios.

Cuando se trate de un incumplimiento de la obligación de conservación de los documentos, el plazo empieza a contar desde la expiración del plazo al que se refiere el artículo 25 de la ley 10/2010 que es de diez años.

Estos plazos se pueden interrumpir en algunos casos especiales como es el caso de haberse iniciado, con conocimiento de los interesados, del procedimiento sancionador o de un proceso penal por los mismos hechos, o por otros cuya separación de los sancionables, con arreglo a la Ley 10/2010, sea racionalmente imposible.

En cuanto a las sanciones, éstas prescribirán a los tres años en caso de infracciones muy graves, a los dos años en caso de infracciones graves, y al año en caso de infracciones leves, contados desde la fecha de notificación de la resolución sancionadora. En estos casos, la prescripción se interrumpirá cuando se acuerde administrativa o judicialmente la suspensión de la ejecución de la resolución sancionadora.

# Sección 8. CATÁLOGO EJEMPLIFICATIVO DE OPERACIONES DE RIESGO DE BLANQUEO DE CAPITALES PARA ENTIDADES ASEGURADORAS

## 1-297 Operaciones de riesgos de blanqueo de capitales para entidades aseguradoras

La presente lista tiene como objetivo orientar a las entidades aseguradoras sobre algunos de los tipos de operaciones con riesgo potencial de vinculación con actividades de blanqueo de capitales.

En este sentido, se ofrecen ejemplos de operaciones susceptibles de estar particularmente vinculadas con el blanqueo de capitales, a efectos de que sean tenidos en cuenta por las entidades en la elaboración de su propia relación de operaciones, de conformidad con lo previsto en el apartado 2 del artículo 5 del Reglamento de la Ley 19/1993 de 28 de diciembre, sobre determinadas medidas de prevención del blanqueo de capitales, aprobado por el Real Decreto 925/1995, de 9 de junio y modificado por el Real Decreto 54/2005, de 21 de enero.

No se trata de una lista que enumere todos los posibles casos de operaciones vinculadas con el blanqueo de capitales; tampoco implica que todas las operaciones incluidas hayan de estar necesariamente vinculadas al blanqueo de capitales.

La finalidad de la lista es ofrecer a las entidades aseguradoras apoyo respecto a la identificación de una serie de factores y operaciones en las que se ha venido apreciando un cierto grado de relación con el blanqueo de

 © CISS

capitales, a partir de la experiencia de las distintas unidades de la Comisión de Prevención del Blanqueo de Capitales e Infracciones Monetarias.

La lista se dirige a facilitar ejemplos para la evaluación por parte de la entidad de sus posiciones de riesgo, en función de sus distintas líneas de negocio o del perfil de sus diferentes tipos de clientes. Esta evaluación ha de conducir, entre otros aspectos, a la elaboración de una relación específica de operaciones para cada entidad, a su adecuada difusión entre los empleados desde la alta dirección y a su periódica revisión.

## 1-298 Operaciones de riesgo asociado a los intervinientes o clientes (tomador, asegurado o beneficiario)

Son operaciones de riesgo asociado a los intervinientes o clientes:

- Imposibilidad de conocer o verificar datos de los intervinientes, tanto en la contratación como en el momento de verificarse el pago de la prestación.
- Intervinientes anónimos o por designar.
- Intervinientes que se niegan o resisten a facilitar la información necesaria para conocer sus actividades o la información normal para contratar una póliza.
- Intervinientes que facilitan datos falsos o erróneos o información difícil de verificar por parte de la aseguradora.
- Intervinientes o agentes presentadores residentes en paraísos fiscales, en países o territorios no cooperantes en la lucha contra el blanqueo de capitales y la financiación del terrorismo, en jurisdicciones no reguladas o pobremente reguladas, o en Estados donde se tiene conocimiento de la existencia de organizaciones criminales particularmente activas (por ejemplo, tráfico de drogas, actividades terroristas, delincuencia organizada o tráfico de seres humanos).
- Intervinientes con antecedentes policiales o penales de conocimiento público, o relacionados con personas sometidas a prohibición de operar o vinculadas a actividades de financiación del terrorismo.
- Intervinientes que tengan la condición o estén relacionados con 'personas del medio político (esto es, personas que desempeñan o han desempeñado en otro país funciones públicas relevantes).
- Pólizas individuales en las que no coincide la identidad de los intervinientes cuando no se aprecien razones que lo justifiquen.
- Pólizas en las que los intervinientes están cruzados (por ejemplo, el tomador de una póliza es el asegurado de otra póliza en la que figura como tomador el asegurado de la primera póliza) cuando no se aprecien razones que lo justifiquen.
- Pólizas en las que alguno de los intervinientes es una sociedad interpuesta.
- Tomadores individuales que mantengan varias pólizas en iguales o diferentes productos y que la suma total de las primas superen los 30.000 €, u otro umbral que, atendiendo a su perfil de negocio, establezca la entidad.
- Pólizas en las que, poco antes del cobro de la prestación, se cambia el beneficiario.
- Pólizas que cubren el fallecimiento, y éste se produce en el extranjero.
- Cliente que facilita el mismo domicilio o número de teléfono que otro cliente, con quien no parece tener relación.
- Cliente que procede a cancelar la póliza al ser requerido para que facilite información.
- Pluralidad de pólizas con un único beneficiario.
- Solicitud de una póliza de un potencial cliente residente en un lugar lejano cuando éste podría obtener una póliza similar en su lugar de residencia.
- Solicitud de negocio fuera del patrón normal de conducta del tomador de la póliza, por ejemplo, solicitud de adquisición de un producto de pago único cuando la experiencia del tomador de la póliza son productos con pequeños pagos regulares.
- El cliente muestra poco interés por los beneficios del seguro y en cambio se toma mucho por las condiciones de cancelación anticipada del contrato.
- El cliente utiliza una dirección de correspondencia fuera de España y, tras varios intentos de verificación, se constata que el número telefónico está desconectado o es inexistente.

## 1-299 Riesgo asociado a las primas, aportaciones o prestaciones

A continuación detallamos los riesgos asociados a las primas, aportaciones o prestaciones:

- Pago en moneda metálica, billetes de banco, cheques al portador u otros instrumentos anónimos.

Pago mediante transferencia internacional en la que no se contenga la identidad del ordenante o el número de la cuenta de origen.

- Pago mediante endoso de cheque de un tercero.
- Pago procedente de paraísos fiscales, países o territorios no cooperantes en la lucha contra el blanqueo de capitales y la financiación del terrorismo, jurisdicciones no reguladas o pobremente reguladas, o Estados donde se tiene conocimiento de la existencia de organizaciones criminales particularmente activas (por ejemplo, tráfico de drogas, actividades terroristas, delincuencia organizada o tráfico de seres humanos).
- Fraccionamiento en el pago con el fin de eludir el umbral de comunicación (primas únicas sucesivas, primas periódicas fraccionadas o aportaciones extraordinarias).
- Primas asumidas por el tomador desproporcionadas con relación a su patrimonio aparente.

## 1-300 Riesgo asociado a la operativa

Respecto al riesgo asociado a la operativa se consideran los siguientes:

- Rescate anticipado de seguros de vida en un intervalo relativamente corto de tiempo desde la contratación.
- Anticipos a cuenta de la provisión matemática constituida solicitados al poco tiempo de haber contratado el seguro.
- Anulación de un seguro de vida en el plazo de 30 días sin penalización ni indicación de los motivos.
- Extornos por anulación de póliza por emisión errónea o sin efecto y que posteriormente no se contrata nueva póliza.
- Seguros de vida contratados con condiciones fuera del mercado (por ejemplo, seguros que garantiza una rentabilidad de 0,1% en caso de supervivencia a 10 años).
- Seguros colectivos de empresas con alta rotación de empleados.
- Pignoración de la póliza o pólizas al portador o a la orden.
- Póliza contratada con prima periódica de pequeño importe que recibe una aportación extraordinaria de gran importe.
- Terminación anticipada de un producto, especialmente si ello ocasiona una pérdida y la devolución del dinero es solicitada en efectivo o a nombre de un tercero.

## 1-301 Riesgo asociado a los empleados o mediadores

Se consideran riesgo asociado a los empleados o mediadores:

- Estilo de vida suntuoso o que no se corresponda con sus ingresos aparentes.
- Negativa o resistencia a disfrutar vacaciones o permisos.
- Negativa o resistencia a cambios en sus responsabilidades profesionales, especialmente si son favorables (promociones o ascensos).
- Incremento notable e inesperado de sus ventas o resultados.
- Nivel desproporcionado de negocios a prima única.
- Incumplimiento reiterado de las normas internas de prevención.

 © CISS

# Capítulo VI. LA PROTECCIÓN DE DATOS DE CARÁCTER PERSONAL EN EL SEGURO

## Sección 1. LA PROTECCIÓN DE DATOS DE CARÁCTER PERSONAL

### 1-302 Normativa reguladora. La Ley Orgánica de Protección de Datos (LOPD)

La Ley Orgánica 15/1999, de 13 de diciembre, de Protección de Datos (en adelante LOPD), si bien contiene importantes mejoras técnicas respecto de su inmediata, y aún reciente, antecesora, ha dado lugar a serios problemas a la hora de efectuar una interpretación armonizada de su articulado.

Por otra parte, el texto contiene importantes contradicciones y, en ocasiones, una poco clara transposición de los preceptos contenidos en la Directiva de la que trae causa, lo que podría redundar en perjuicio de los particulares ciudadanos y de las empresas que procedan al tratamiento de los datos.

La finalidad y objetivo último de la LOPD viene claramente delimitado en su artículo 1 al señalar que: **La presente Ley Orgánica tiene por objeto garantizar y proteger, en lo que concierne al tratamiento de los datos personales, las libertades públicas y los derechos fundamentales de las personas físicas, y especialmente de su honor e intimidad personal y familiar.**

La LOPD es de aplicación a:

- Los datos de carácter personal registrados en soporte físico, que los haga susceptibles de tratamiento.
- Toda modalidad de uso posterior de estos datos por los sectores público y privado.

Dentro de este ámbito general de aplicación, y atendiendo a un criterio de conexión territorial, la LOPD será de aplicación cuando:

- El tratamiento sea efectuado en territorio español en el marco de las actividades de un establecimiento del responsable del tratamiento.
- Al responsable del tratamiento no establecido en territorio español le sea de aplicación la legislación española en aplicación de normas de Derecho Internacional público.
- El responsable del tratamiento no esté establecido en territorio de la Unión Europea y utilice en el tratamiento de datos medios situados en territorio español, salvo que tales medios se utilicen únicamente con fines de tránsito.

En cualquier caso, conviene tener presente que la presente regulación afecta no sólo a los datos registrados en soporte automatizado, sino también a los que sean objeto de registro manual, siempre y cuando los mismos se encuentren incorporados a un fichero y sean susceptibles de tratamiento (automatizado o no).

Por último, la Ley reduce los supuestos excluidos de su ámbito de aplicación frente a la regulación anterior, siendo destacables las siguientes modificaciones:

a) Los registros públicos, tales como el Registro de la Propiedad, el Registro Mercantil, la Oficina Española de Patentes y Marcas, los Registros de Fundaciones y cualesquiera otros mantenidos por las Administraciones Públicas quedan sometidos al régimen contenido en la Ley con las únicas excepciones del Registro Civil y el de Penados y Rebeldes, en que su aplicación será supletoria en defecto de previsión en sus propias normas reguladoras. Ello plantea diversos problemas, fundamentalmente en lo atinente a la obligación de aprobación de normas reguladoras de estos ficheros y a la cesión de los datos cuando se trate de registros respecto de los que se prevea en las leyes un régimen de publicidad formal.

b) Desaparece asimismo la exclusión de los repertorios de informática jurídica, que podían generar problemas en cuento a la inclusión no sólo de las partes en el proceso sino de cualesquiera otras personas que hubieran participado en el mismo.

c) Se suprime la exclusión de los ficheros mantenidos por partidos políticos, sindicatos e iglesias, confesiones y comunidades religiosas, en lo referente a sus asociados, miembros o ex-miembros. Si bien, estos ficheros quedan excluidos del requisito del consentimiento expreso y por escrito para el tratamiento de datos relativos a la ideología, religión, afiliación sindical o creencias del afectado (art. 7.2 de la LOPD).

## 1-303 Conceptos básicos en relación a la protección de datos

La adecuada comprensión de los preceptos de la norma requiere la definición y análisis previo de una serie de conceptos clave para su adecuado entendimiento. Con esta finalidad, la LOPD recoge una serie de definiciones que merecen nuestra atención:

Datos de carácter personal: cualquier información concerniente a personas físicas identificadas o identificables.

Fichero: todo conjunto organizado de datos de carácter personal, cualquiera que fuere la forma o modalidad de su creación, almacenamiento, organización y acceso.

Tratamiento de datos: operaciones y procedimientos técnicos de carácter automatizado o no, que permitan la recogida, grabación, conservación, elaboración, modificación, bloqueo y cancelación, así como las cesiones de datos que resulten de comunicaciones, consultas, interconexiones y transferencias.

Responsable del fichero o tratamiento: persona física o jurídica, de naturaleza pública o privada, u órgano administrativo, que decida sobre la finalidad, contenido y uso del tratamiento.

Afectado o interesado: persona física titular de los datos que sean objeto del tratamiento de datos a que se refiere el punto tercero.

Encargado del tratamiento: aquella persona física o jurídica, autoridad pública, servicio o cualquier otro organismo que, sólo o conjuntamente con otros, trate datos personales por cuenta del responsable del tratamiento.

Consentimiento del interesado: toda manifestación de voluntad, libre, inequívoca, específica e informada, mediante la que el interesado consienta el tratamiento de datos personales que le conciernen.

Cesión o comunicación de datos: toda revelación de datos realizada a una persona distinta del interesado.

Fuentes accesibles al público: se consideran como tales aquellos ficheros en los que concurran las dos siguientes circunstancias:

- Su consulta puede ser realizada por cualquier persona.
- La citada consulta no se encuentra impedida por una norma limitativa o no presenta más exigencia que, en su caso, el abono de una contraprestación.

## 1-304 Principios generales de la protección de datos

Adecuación y proporcionalidad: los datos de carácter personal sólo se podrán recoger para su tratamiento, así como ser sometidos a dicho tratamiento, cuando sean adecuados, pertinentes y no excesivos en relación con el ámbito y las finalidades determinadas, explícitas y legítimas para las que se hayan obtenido.

Uso compatible con su finalidad: los datos de carácter personal objeto de tratamiento no podrán usarse para finalidades incompatibles con aquellas para las que los datos hubieran sido recogidos. No se considerará incompatible el tratamiento posterior de éstos con fines históricos, estadísticos o científicos.

Exactitud: los datos de carácter personal serán exactos y puestos al día de forma que respondan con veracidad a la situación actual del afectado. Si los datos de carácter personal registrados resultaran ser inexactos, en todo o en parte, o incompletos, serán cancelados y sustituidos de oficio por los correspondientes datos rectificados o completados.

Conservación: los datos de carácter personal serán almacenados de forma que permitan el ejercicio del derecho de acceso, salvo que sean legalmente cancelados.

Licitud: se prohíbe la recogida de datos por medios fraudulentos, desleales o ilícitos.

La Ley indica que los datos de carácter personal objeto de tratamiento no podrán usarse para finalidades incompatibles (anteriormente el término era "distintas") con aquellas para que los datos hubieran sido recogidos.

 © CISS

# Sección 2. ANÁLISIS DE LA PROTECCIÓN DE DATOS DE CARÁCTER PERSONAL EN EL ÁMBITO ASEGURADOR

## 1-305 La protección de datos desde la Ley 26/2006 de Mediación de Seguros Privados

El artículo 62 de la Ley 26/2006, sobre Mediación en Seguros y Reaseguros Privados, dispone:

*"A los efectos previstos en la Ley Orgánica 15/1999, de 13 de diciembre, de Protección de Datos de Carácter Personal*:

a) >*Los agentes de seguros exclusivos y los operadores de banca-seguros exclusivos tendrán la condición de encargados del tratamiento de la entidad aseguradora con la que hubieran celebrado el correspondiente contrato de agencia, en los términos previstos en esta Ley.*

b) *Los agentes de seguros vinculados y los operadores de banca-seguros vinculados tendrán la condición de encargados del tratamiento de las entidades aseguradoras con las que hubieran celebrado el correspondiente contrato de agencia, en los términos previstos en esta Ley.*

*Cuando el cliente hubiera firmado un contrato de seguro, los agentes de seguros vinculados y los operadores de banca-seguros vinculados deberán tratar los datos del contrato de forma que únicamente puedan ser conocidos por la entidad aseguradora con la que se hubiera celebrado el contrato, sin que puedan tener acceso a dichos datos las restantes entidades aseguradoras por cuenta de las cuales actúen.*

c) *Los corredores de seguros y los corredores de reaseguros tendrán la condición de responsables del tratamiento respecto de los datos de las personas que acudan a ellos.*

d) *Los auxiliares externos a los que se refiere el artículo 8 de esta Ley tendrán la condición de encargados del tratamiento de los agentes o corredores de seguros con los que hubieran celebrado el correspondiente contrato mercantil. En este caso, sólo podrán tratar los datos para los fines previstos en el apartado 1 de dicho artículo 8.*

*En los supuestos previstos en las letras a y b del apartado 1 anterior, en el contrato de agencia deberán hacerse constar los extremos previstos en el artículo 12 de la Ley Orgánica 15/1999, de 13 de diciembre, y, en particular, la indicación de si el agente de seguros va a celebrar contratos mercantiles con los auxiliares externos, a los que se refiere el artículo 8 de esa Ley.*

*Del mismo modo, en el supuesto previsto en el apartado 1.d anterior deberán incluirse en el contrato mercantil celebrado con los auxiliares externos los extremos previstos en el artículo 12 de la Ley Orgánica 15/1999, de 13 de diciembre".*

La LOPD tiene por objetivo fundamental garantizar un adecuado uso de los datos personales susceptibles de tratamiento por terceras personas, con el fin de garantizar libertades públicas y derechos fundamentales de las personas físicas, especialmente en el ámbito de su honor e intimidad personal.

En el caso de establecerse una relación contractual de agencia entre aseguradora y agente exclusivo, la primera accedería a que el agente tuviera acceso a los datos de sus clientes, de manera que aparecerían dos figuras:

- El responsable del tratamiento: la compañía de seguros.
- El encargado del tratamiento: el agente exclusivo.

En principio, y salvo que la ley disponga lo contrario, el tratamiento de datos de carácter personal requerirá el consentimiento inequívoco del afectado en cuestión.

El responsable del fichero y, en su caso, el encargado del tratamiento de los datos, deberá adoptar las medidas necesarias para garantizar la seguridad de los datos. Están igualmente obligados a guardar secreto profesional respecto de los mismos.

Los datos de carácter personal objeto del tratamiento sólo podrán ser comunicados a un tercero para el cumplimiento de fines directamente relacionados con las funciones legítimas del cedente y del cesionario con el previo consentimiento del interesado.

No obstante, no se considerará comunicación de datos el acceso de un tercero a los datos cuando dicho acceso sea necesario para la prestación de un servicio al responsable del tratamiento. Sería el caso existente entre entidad aseguradora y agente exclusivo, en donde la compañía de seguros, en su condición de responsable del tratamiento de datos, consentiría que el agente exclusivo tuviera acceso a los datos personales, asumiendo éste la condición de encargado del tratamiento. Se entiende pues en estos casos que el agente tiene acceso a los datos al ser este hecho necesario para la prestación del servicio de mediación al responsable del tratamiento: la entidad aseguradora.

Tal y como dispone el artículo 12 de la LOPD, y de conformidad igualmente con el artículo 62.2 de la Ley 26/2006, la realización de tratamiento por cuenta de terceros debe constar en contrato por escrito, siendo el contrato de agencia el que cumplirá esa función en el caso de relación entre compañía y agente. En el contrato se hará mención de los datos mencionados en el artículo 12.

Por otro lado, y como ya sabemos, el agente de seguros puede celebrar a su vez contratos mercantiles con auxiliares externos. En estos casos, y a la vista de la diferente normativa expuesta, el agente de seguros adoptaría la posición de responsable del tratamiento de datos frente al auxiliar externo, el cual sería el encargado del tratamiento de datos frente al agente. En estos supuestos sería igualmente de aplicación lo dispuesto en el artículo 12 LOPD.

## 1-306 Tratamiento de datos en caso de contrato de reaseguro

De conformidad con el artículo 11 LOPD, los datos de carácter personal solo se pueden comunicar a un tercero previo consentimiento del interesado. Sin embargo, el mismo artículo 11 dispone que ese consentimiento no será necesario, entre otros casos, cuando la cesión o comunicación de datos esté autorizada por ley.

En el caso de un contrato de reaseguro, es claro que la ley consiente al asegurador la comunicación de los datos del tomador o del asegurado al reasegurador, pues en caso contrario se hace inviable la celebración del contrato de reaseguro.

Además, debe entenderse que esta cesión de datos no perjudica al cliente, todo lo contrario pues, en definitiva, éste ve reforzada su confianza dado que en caso de siniestro, si bien el pago de la prestación corresponde al asegurador directo, existe el respaldo económico de un tercero (el reasegurador) que aporta mayores garantías financieras al contrato de seguro.

## 1-307 Tratamiento de datos para los mediadores de seguros

Los agentes de seguros y operadores de bancaseguros únicamente podrán tratar los datos de los interesados en los términos y con el alcance que se desprenda del contrato de agencia de seguros y siempre en nombre y por cuenta de la entidad aseguradora con la que hubieran celebrado el contrato.

Los operadores de banca-seguros no podrán tratar los datos relacionados con su actividad mediadora para fines propios de su objeto social sin contar con el consentimiento inequívoco y específico de los afectados.

Los corredores de seguros podrán tratar los datos de las personas que se dirijan a ellos, sin necesidad de contar con su consentimiento:

a) Antes de que aquéllos celebren el contrato de seguro, con las finalidades de ofrecerles el asesoramiento independiente, profesional e imparcial al que se refiere esta Ley y de facilitar dichos datos a la entidad aseguradora o reaseguradora con la que fuese a celebrarse el correspondiente contrato.

b) Después de celebrado el contrato de seguro, exclusivamente para ofrecerles el asesoramiento independiente, profesional e imparcial al que se refiere la Ley 26/2006 de Mediación de Seguros y Reaseguros Privados.

Para la utilización y tratamiento de los datos para cualquier otra finalidad distinta de las establecidas en las dos letras anteriores, los corredores de seguros deberán contar con el consentimiento de los interesados.

Resuelto el contrato de seguro en cuya mediación hubiera intervenido un corredor de seguros o un corredor de reaseguros, éste deberá proceder a la cancelación de los datos, a menos que el interesado le hubiera autorizado el tratamiento de sus datos para otras finalidades y, en particular, para la celebración de un nuevo contrato.

En todo caso, el corredor de seguros y el corredor de reaseguros no podrán facilitar los datos del interesado a otra entidad distinta de aquella con la que el interesado hubiera celebrado el contrato resuelto si no media su consentimiento inequívoco para ello.

 © CISS

## 1-308 La protección de datos en la publicidad y comunicaciones comerciales que remitan los mediadores de seguros

Tal y como recoge la Ley 26/2006, de Mediación, en su artículo 63, cuando los mediadores de seguros –y los corredores de reaseguros- remitan a terceros algún tipo de documentación que contenga publicidad a través de comunicaciones electrónicas, deberán cumplir con lo establecido al efecto en el artículo 21 de la Ley 34/2002, de 11 de julio, de Servicios de la Sociedad de la Información y de Comercio Electrónico que vienen a prohibir el envío de comunicaciones publicitarias o promocionales por correo electrónico u otro medio de comunicación electrónica equivalente que previamente no hubieran sido solicitadas o expresamente autorizadas por los destinatarios de las mismas.

Asimismo, el artículo 22.1 de la Ley 34/2002, de 11 de julio, establece una excepción a lo anterior al determinar que *"no será de aplicación cuando exista una relación contractual previa, siempre que el prestador hubiera obtenido de forma lícita los datos de contacto del destinatario y los empleara para el envío de comunicaciones comerciales referentes a productos o servicios de su propia empresa que sean similares a los que inicialmente fueron objeto de contratación con el cliente"*.

En todo caso, el prestador deberá ofrecer al destinatario la posibilidad de oponerse al tratamiento de sus datos con fines promocionales mediante un procedimiento sencillo y gratuito, tanto en el momento de recogida de los datos como en cada una de las comunicaciones comerciales que le dirija.

## 1-309 Derechos de los destinatarios de servicios

El destinatario podrá revocar en cualquier momento el consentimiento prestado a la recepción de comunicaciones comerciales con la simple notificación de su voluntad al remitente.

A tal efecto, los prestadores de servicios deberán habilitar procedimientos sencillos y gratuitos para que los destinatarios de servicios puedan revocar el consentimiento que hubieran prestado.

Asimismo, deberán facilitar información accesible por medios electrónicos sobre dichos procedimientos.

## 1-310 Especialidad del operador de bancaseguros

El agente u operador bancaseguros, en su calidad de encargado del tratamiento de datos de la entidad aseguradora, responde del mismo en los términos que se estipulen en el contrato de agencia.

Se prohíbe al operador bancaseguros la utilización de los datos recibidos para fines distintos de los propios de la actividad mediadora.

En efecto, el operador bancaseguros recibe la calificación de encargado del tratamiento de datos en virtud de su actividad mediadora a favor de la compañía, y el mencionado tratamiento debe ir destinado al fin que figure en el contrato de agencia, que será el de posibilitar la captación de clientes a favor de la compañía a través de la actividad de mediación.

En el caso de que el operador bancaseguros quisiera disponer de los datos con el fin último de utilizarlos para su actividad bancaria y no para su actividad de mediación, el resultado sería el siguiente:

La cesión de datos de la entidad aseguradora a favor del operador bancaseguros para el ejercicio por éste de actividad de naturaleza bancaria recaería bajo el ámbito del artículo 11 LOPD, de manera que se consideraría cesión o comunicación de datos y, en consecuencia, el trasvase de datos entre compañía de seguros y operador bancaseguros requeriría consentimiento del interesado. En definitiva, el operador bancaseguros no podrá tratar datos procedentes de la compañía para fines distintos de los propios de la actividad de mediación si no cuenta con el consentimiento del interesado.

En lo que se refiere a los corredores de seguros, éstos tendrían la consideración de responsables de los datos que les comuniquen sus clientes de manera que les serían de aplicación las normas que para los responsables del tratamiento de datos señala la LOPD. Al efecto, los datos obtenidos del cliente podrán ser utilizados sin necesidad de consentimiento del mismo para todos aquellos fines que sean propios o se encuentren relacionados con la actividad de mediación de seguros, de conformidad nuevamente con lo indicado en el artículo 12 LOPD. Lo anterior se podría analizar desde una doble perspectiva:

a) Comunicación inicial de datos del cliente al corredor: el corredor podrá utilizar los datos a efectos de realizar su actividad de asesoramiento a favor del cliente.

b) Comunicación de los datos del cliente que realiza el corredor a la aseguradora: no requeriría consentimiento por imperativo legal recogido en el artículo 63.3. de la Ley 26/2006.

 © CISS

# 2.ª PARTE

## EL CONTRATO DE SEGURO

# Capítulo I. EL CONTRATO DE SEGURO

## Sección 1. LA LEY DE CONTRATO DE SEGURO (LCS)

2

### 2-1 La Ley de Contrato de Seguro (LCS)

El contrato de seguro en España es objeto de regulación por la **Ley 50/1980 de 8 de octubre de 1980, de Contrato de Seguro, publicada en el BOE nº 250 de 17 de octubre de 1980.**

En España hemos estado sometidos durante muchos años a la escasez normativa de los Códigos Civil y de Comercio en lo relativo al contrato de seguro, a pesar de las numerosas disposiciones que intentaban complementar estos dos cuerpos legales.

Con la entrada en vigor de la LCS se derogaron los **arts. 1.791 a 1.797 del Código Civil y 380 a 438 del Código de Comercio**, esto es, los preceptos relativos al Contrato de Seguro terrestre, **quedando en vigor, sin embargo, en el Código de Comercio los relativos al seguro marítimo** que, al no ser tratados en el articulado de la LCS siguen siendo aplicables.

Las dos principales **modificaciones de la LCS** se produjeron en 1990, con motivo de la adaptación del derecho español a la normativa comunitaria de seguros (Ley 21/1990, de 19 de diciembre) y en 1995, a través de la disposición adicional sexta de la Ley 30/1995, de Ordenación y Supervisión de los Seguros Privados.

La última reforma experimentada por la LCS ha sido la eliminación de las especialidades relativas a la contratación electrónica, que habían sido incorporadas por la Ley 34/2003, y su incorporación a la Ley 22/2007, de comercialización a distancia de servicios financieros, con lo que los derechos de resolución específicos que se asocian a este tipo de contratación afectan únicamente a los contratos -de seguro o financieros- celebrados con los consumidores.

Actualmente, la LCS se encuentra en fase de reforma.

### 2-2 Características de la LCS

borrar

- No es legislación especial, sino común (art. 2: "*las distintas modalidades de seguro, en defecto de Ley que les sea aplicable, se regirán por la presente Ley...*") quedando, por tanto, fuera de su ámbito de aplicación los seguros que ya cuenten con una regulación propia, por ejemplo el seguro obligatorio de automóviles).
- Sus preceptos tienen carácter imperativo (art. 2).
- La idea de protección al asegurado es una constante en todo su articulado.
- Establece un control por parte de la Administración de las condiciones generales de las pólizas.

### 2-3 Estructura de la LCS

Consta de **109 artículos distribuidos en 4 títulos, tres disposiciones adicionales** (Soporte duradero, Contratación a distancia y Contratación Electrónica), **una disposición transitoria y una final.**

**Título I:** Disposiciones generales aplicables a toda clase de seguros, tanto de personas como contra daños, recogidos en cuatro secciones (arts. 1-24).

**Título II:** Se refiere a los seguros contra daños, y se divide en diez secciones:

- La primera de las disposiciones generales es sobre el seguro de daños, aplicable, con carácter genérico, a cualesquiera contratos de esta clase,

- Las restantes se refieren a otros tantos tipos de contratos que la ley regula de manera bastante sumaria (arts. 25-79).

**Título III**: Dedicado a los seguros de personas; consta de cuatro secciones (arts. 80-106).


© CISS

**Título IV** (Ley 21/1990): Comprende las Normas de Derecho Internacional Privado, a las que dedica tres artículos (arts. 107 a 109).

## 2-4 Ámbito de aplicación de la LCS

Según establece el artículo 2 de la ley, **las distintas modalidades del contrato de seguro**, en defecto de Ley que les sea aplicable, **se regirán por la LCS**, cuyos preceptos tienen carácter imperativo, a no ser que en ellos se disponga otra cosa. No obstante, se entenderán válidas las cláusulas contractuales que sean más beneficiosas para el asegurado.

**ATENCIÓN:** Se trata en definitiva de proteger los derechos del asegurado, excepto en el caso de seguros para "grandes riesgos" (buques, aeronaves, vehículos ferroviarios, etc.) donde no se aplica el mandato imperativo pues se presupone que el asegurado no necesita protección.

2

## 2-5 Riesgos en los que no es aplicable la LCS. Los "Grandes Riesgos"

En los contratos de seguro por "Grandes Riesgos" es el único caso en que las partes tendrán libre elección de la ley aplicable tal y como recoge el artículo 107 de la LCS.

Los grandes riesgos son fruto de la adaptación de la LCS a las disposiciones de la Directiva 88/357/CEE, sobre libertad de servicios en seguros distintos al de vida (Segunda Directiva No Vida).

Como recoge el artículo 107 de la LCS se consideran grandes riesgos y, por tanto, no están sujetos a la imperatividad de la LCS los siguientes:

a) Los seguros de transporte ferroviario, aéreo y marítimo, tanto en su vertiente de cascos como de mercancías, incluida la responsabilidad civil del transportista.

b) Los seguros de crédito y caución cuando se contraten para cubrir un riesgo relacionado con el ejercicio profesional, industrial o comercial del tomador.

c) Los seguros de vehículos terrestres, incendios, otros daños a los bienes, responsabilidad civil de automóviles -comprendida la responsabilidad del transportista-, responsabilidad civil general y pérdidas pecuniarias en los casos en los que el tomador supere los límites de dos de los tres criterios siguientes:

- Total del balance: 6.200.000 euros.
- Importe neto del volumen de negocios: 12.800.000 euros.
- Número medio de empleados durante el ejercicio: 250 empleados.

## 2-6 La reforma de la Ley de Contrato de Seguro

Habiendo cumplido ya treinta años nuestra actual LCS, se viene trabajando desde hace tiempo en una nueva Ley que vendrá a actualizar esta norma a través de una nueva redacción total de la misma, pues, en muchos aspectos, la LCS ha quedado desbordada por la realidad de un mercado de seguro que dista mucho de ser aquél en cuyo marco fue concebida.

Las razones que justifican la modernización de la normativa del contrato de seguro se centran en:

- Reflejar la nueva realidad del mercado asegurador.
- Sustituir la posición del consumidor/usuario de servicios financieros.
- Simplificar y homogeneizar terminología jurídica.
- Hacer más comprensible el contenido del contrato.
- Actualizar determinadas referencias como consecuencia de la evolución normativa.
- Adecuar la norma a las nuevas tecnologías y nuevos canales de distribución (Multicanalidad).
- Aplicar tendencias del Derecho Comparado.

A inicios de 2006 la DGSFP constituyó un Grupo de Trabajo del que formaron parte el Ministerio de Justicia, el Ministerio de Economía y Hacienda, el Instituto Nacional de Consumo, Unespa y la Sección Española de AIDA, SEAIDA.

Para la redacción del nuevo texto se van a aprovechar las experiencias adquiridas a través de la consolidación de criterios jurisprudenciales y de sentencias de los Tribunales en materias aseguradoras, así como de los análisis obtenidos del recién creado servicio de reclamaciones de la DGSFP y del continuo análisis del mercado que este órgano supervisor viene realizando.

El planteamiento que se está llevando a cabo de la reforma de la actual LCS se basa en **la conservación de la estructura actual de la norma**. No obstante, las principales parámetros de cambio son los siguientes:

2

• En relación al ámbito de aplicación de la norma se pretende mantener los principios vigentes en la actualidad respecto al carácter imperativo o dispositivo de la LCS.

• Se pretende configurar la nueva LCS como una Ley de mínimos entendiendo como válidas las cláusulas contractuales más beneficiosas para el tomador o asegurado.

• Se vinculará en gran medida la nueva LCS con la Ley General de Consumidores y Usuarios, hasta el punto de que en lo no regulado expresamente por la LCS, le resultarán de aplicación las disposiciones de la LGDCU en aquellos contratos de seguros en los que el tomador o asegurado tengan la condición de consumidor.

• Para mejorar la protección de los clientes el regulador se ha planteado incluir normas más detalladas sobre redacción de las cláusulas del contrato.

• En la nueva configuración se pretende que la póliza incorpore obligatoriamente la totalidad de las cláusulas contractuales, ya se trate de condiciones generales, particulares o especiales. En caso de duda en la interpretación de las cláusulas oscuras, se hará siempre a favor del tomador.

• Un paso importante es que van a desaparecer las referencias a cláusulas lesivas y se va a desarrollar el concepto de "cláusula abusiva". Se mantiene la referencia a que las clausulas limitativas de los derechos del tomador deban estar destacadas y aceptadas por escrito.

• En el borrador de nueva LCS se reduce el plazo de 6 a 3 meses el plazo previsto para la extinción del contrato cuando el asegurador no reclama el pago.

• Se pretende reforzar la protección del asegurado mediante una redacción más adecuada de ciertas obligaciones de la entidad aseguradora tales como el deber general de diligencia del asegurador en la tramitación del siniestro o la información al tomador, asegurado o beneficiario en cuanto a la situación de los expedientes periciales.

• La reforma también pretende abordar aquellas cuestiones relativas a la extinción del contrato y del plazo para ejercitar las acciones que nacen del mismo.

• Se va a potenciar, en caso de infraseguro, el carácter dispositivo de la regla proporcional; asimismo se traslada la regulación del coaseguro al Título I, al poder afectar a seguros de daños o de personas.

• El nuevo texto pretende también sistematizar y ordenar la regulación del trámite pericial.

• Se pretende extender el alcance de las disposiciones del seguro de incendios a la categoría más amplia del seguro de daños.

• Se va a revisar y ajustar un buen número de cuestiones técnicas referentes al seguro de responsabilidad civil.

• Se van a exigir que los Seguros de Defensa Jurídica sean productos más flexibles y más protectores de los derechos de los asegurados.

• Igual se hará con el Seguro de Decesos en el que se van a regular, por primera vez, sus aspectos esenciales (concepto, obligaciones de información y duración).

• Se hace obligatorio que esta nueva LCS regule por primera vez el Seguro de Dependencia u así lo va a hacer.

Tiene especial interés, por tratarse de una asociación de reconocido prestigio internacional cuyo trabajo en la gestación de la Ley había tenido una gran relevancia, la opinión que manifestó SEAIDA, que se decantó por mantener la LCS abordando únicamente modificaciones en relación con los artículos que se habían mostrado más conflictivos hasta ahora, (régimen de las cláusulas limitativas, deber de declaración del riesgo, intereses de demora y profunda revisión de los seguros de responsabilidad civil y de vida, este último, con el fin de adecuarlo a la evolución que ha experimentado en los últimos treinta años, al entender que es una de las regulaciones más obsoletas de la Ley).

La DGSFP también cuenta con la opinión de los representantes de la mediación que forman parte de un Grupo de trabajo de apoyo a la Junta Consultiva para analizar las mejoras legislativas en curso, entre las que está la futura LCS. En este Grupo de Trabajo forman parte: FECOR, el Consejo general de los Colegios de mediadores de Seguros de España, AMAEF, AEMES y ADECOSE.

Entre las propuestas de modificación que desde los distintos grupos de trabajo se están pasando caben destacar:

• La modificación del artículo 3 para adecuarlo a la Ley de Condiciones Generales de la Contratación (LCGC).

• La incorporación de la regulación de los seguros de grupo -aunque reducida solo a una fusión de los artículos 7 y 81-.

- Es muy generalizada la propuesta de modificación y simplificación, y en algunos casos, la eliminación de la referencia al 20% en los intereses de demora.
- Reubicación de la regulación del coaseguro, los riesgos extraordinarios y los grandes riesgos en la parte general,
- Simplificación del procedimiento pericial del artículo 38 y la aclaración de algunos de los puntos más conflictivos del seguro de responsabilidad civil.
- La aclaración de la cobertura de los gastos de salvamento y los de defensa jurídica.
- La extensión general del régimen de la oferta y la respuesta motivada.
- La modificación de la acción directa para posibilitar que el asegurador pueda oponer al asegurado las excepciones derivadas del contrato de seguro.



## Sección 2. EL CONTRATO DE SEGURO

### 2-7 Definición de contrato de seguro

***"El contrato de seguro es aquel por el que el asegurador se obliga, mediante el cobro de una prima y para el caso de que se produzca el evento cuyo riesgo es objeto de cobertura, a indemnizar, dentro de los límites pactados, el daño producido al asegurado, o a satisfacer un capital, una renta u otras prestaciones convenidas"*** (art. 1 de la LCS).

**ATENCIÓN:** Las peculiaridades de cada tipo de seguro son tan acusadas que no se puede hablar de un contrato único, sino de una gran tipología de contratos diversos y sometidos a normas jurídicas radicalmente distintas. El contrato de seguro es un contrato de contenido heterogéneo, que presenta gran dificultad de reconducir a un concepto válido para todos los posibles tipos de seguro. La naturaleza extraordinariamente compleja del contrato de seguro cuyo contenido es tan sumamente diverso, induce a varios autores a renunciar a una definición concreta y específica.

Algunos autores como Brunetti, Planiol o Vivante nos han dejado diferentes definiciones de lo que, para ellos, es el Contrato de Seguro, todas diferentes pero con un nexo común en las partes básicas: El asegurador es siempre un profesional, éste debe percibir una prima y la eventualidad o hipótesis de acaecer un hecho incierto.

### 2-8 Carácter formal del contrato de seguro

El contrato de seguro y sus modificaciones o adiciones deberán ser formalizadas **por escrito**. El asegurador está obligado a entregar al tomador del seguro la póliza o, al menos, el documento de cobertura provisional. En las modalidades de seguro, en que por disposiciones especiales no se exija la emisión de la póliza, el asegurador estará obligado a entregar el documento que en ellas se establezca.

### 2-9 Carácter aleatorio del contrato de seguro

La realización del hecho previsto y en algunos casos la cantidad que pueda resultar debida por el asegurador, dependen de **causas fortuitas, ajenas a la voluntad de los contratantes**.

### 2-10 Carácter bilateral del contrato de seguro

En el Contrato de Seguro intervienen dos voluntades distintas, creando obligaciones mutuas entre las partes que manifestaron su voluntad, siendo inmediatas y constantes para el tomador del seguro -pago de la prima-, y siendo potenciales para el asegurador pues la indemnización se pagará cuando se produzca el siniestro previsto en la póliza.

### 2-11 Carácter oneroso del contrato de seguro

El contrato de seguro genera deberes de orden económico para cada uno de los contratantes (pago de la prima o aportación en el seguro mutuo y obligación asumida del pago de la indemnización o el capital convenidos).

## 2-12 Carácter de adhesión del contrato de seguro

Normalmente, salvo en los grandes riesgos, el seguro es un **contrato celebrado en masa** o de adhesión, en el que el contratante se subordina a las condiciones generales de contratación contenidas en el mismo. Las condiciones que rigen la existencia del contrato son fijadas unilateralmente por el asegurador en base a su política actuarial y aseguradora. El asegurado, al contratar un seguro, acepta o se adhiere a todas ellas, salvo en los puntos de detalle de cada caso concreto.

2

## 2-13 Carácter único del contrato de seguro

El contrato de seguro es único durante su vigencia pese a que se permita que con cierta periodicidad, determinada en cada caso periodos de tiempo, se aplace el pago de las primas, lo que en ningún caso afecta a la continuidad de la existencia única e insoluble del contrato.

## 2-14 Relevancia de la buena fe en el contrato de seguro

Todos los intervinientes en el contrato de seguro vienen obligados a observar un exquisito cuidado con la observancia de la buena fe. En el caso del asegurador su actitud es incompatible con el establecimiento de cláusulas oscuras o lesivas para el asegurado. Por el contrario, el tomador o asegurado, en su obligación de informar, ha de tener en todo momento una conducta activa y de buena fe. La iniciativa debe partir de él durante la vida del contrato.

La buena fe funciona en el contrato de seguro por una doble razón: por un lado, como en el resto de los contratos mercantiles, de acuerdo con lo establecido en el artículo 57 del Código de Comercio que determina que *"Los contratos de comercio se ejecutarán y cumplirán de buena fe, según los términos en que fueren hechos y redactados, sin tergiversar con interpretaciones arbitrarias el sentido recto, propio y usual de las palabras dichas y escritas, ni restringir los efectos que naturalmente se deriven del modo con que los contratantes hubieren explicado su voluntad y contraído sus obligaciones"* (véanse en este sentido los arts. 1.281 y 1.289 CC); y por otro lado, porque las especialidades propias del contrato de seguro requieren que se mantenga una actitud de buena fe antes de la celebración del contrato, durante su vigencia y cuando ocurre el siniestro.

Veamos algunos ejemplos:

- Antes de la contratación del riesgo: al imponer al asegurado la obligación de comunicar al asegurador los cambios y alteraciones que hayan sufrido los objetos asegurados y que aumenten los riesgos (arts. 11 y 12 LCS).
- Durante la ejecución del contrato: el artículo 19 de la LCS establece que el asegurador está obligado al pago de la prestación, salvo en el supuesto de que el siniestro haya sido causado por mala fe del asegurado.
- Después del siniestro: el artículo 76 de la LCS prevé la posibilidad de que el asegurador repita contra el asegurado en caso de que sea debido a conducta dolosa de éste, el daño o perjuicio causado a tercero.

## 2-15 La mala fe y el dolo en el contrato de seguro

Cualquier clase de mala fe probada anula el contrato de seguro; mientras que para que lo anule el dolo es necesario que sea grave (art. 1.270 CC) y causante (art. 1.269 CC), es decir, determinante del consentimiento del contratante.

La mala fe es un concepto que no implica dolo, pero que presupone siempre una culpa, ya que consiste en omitir aquello que se sabe y había el deber de decir. Las consecuencias de la mala fe en el contrato de seguro pueden dar lugar a su nulidad, **su rescisión o a la paralización de los derechos contractuales**.

La posible gravedad de un hecho hace imprescindible la existencia de un mecanismo para proteger al asegurador. El artículo 76 de la LCS consagra el derecho del asegurador a repetir contra el asegurado, en el caso de que el daño o perjuicio sea debido a conducta dolosa del asegurado. En este sentido, el artículo 10 LCS habla de la **rescisión del contrato** cuando el asegurado incurrió en **mala fe en su declaración del riesgo**, tal y como recogen los párrafos 2 y 3 del artículo 10 de la LCS. Si media dolo o culpa grave del tomador del seguro quedará el asegurador liberado del pago de la prestación.

El artículo 12 de la LCS trata de la **agravación del riesgo**, que rescinde el contrato cuando el asegurado ha incurrido en mala fe al no haberla notificado. El artículo 16 se refiere a la **pérdida del derecho a indemniza-**


© CISS

**ción** cuando el asegurado, al comunicar con el asegurador, omite por dolo o culpa grave la información sobre las circunstancias y consecuencias del siniestro. Y el artículo 32 habla de **dolo** cuando el asegurado omite la comunicación de los demás seguros pactados por el mismo tiempo y por el mismo interés.

**ATENCIÓN:** La mala práctica profesional, normalmente implica la concurrencia de culpa o negligencia profesional, pero no de dolo, dado que el comportamiento doloso conlleva siempre la intencionalidad maligna del causante del daño y es excepcional encontrar casos de dolo en la actuación médica. Como ejemplo ilustrativo: cuando un cirujano se deja por olvido involuntario una gasa en el interior del cuerpo del paciente, está incurriendo en culpa o negligencia profesional, pues, en suma, no tenía intención de producir ningún hecho dañoso; ahora bien, si el cirujano, consciente y deliberadamente dejó alojada la gasa en el cuerpo del paciente, en este caso, está incurriendo en dolo, porque intencionadamente ha querido causar un daño perfectamente previsible.

2

## 2-16 Clasificación de los contratos de seguro según la naturaleza de las garantías y de los riesgos

Según esta clasificación, la más extendida y común, los contratos de seguros se clasifican en tres grandes tipos:

a) **Seguros de daños, de cosas o reales**: cubren las consecuencias económicas adversas que pueden derivarse de determinados acontecimientos fortuitos relativos a los bienes muebles o inmuebles.

b) **Seguros personales o de personas**: garantizan el pago de un determinado capital o renta, o la prestación de una asistencia de producirse un hecho relativo a la vida o integridad física del asegurado.

c) **Seguros patrimoniales o abstractos**: garantizan la entrega de una cantidad cuando se produzca una situación determinada prevista en el contrato, que origine una necesidad dineraria al asegurado. Por ejemplo: seguro de responsabilidad civil frente a terceros, seguro de Crédito, etc.

## 2-17 Clasificación general en Vida y No vida

El artículo 6 del texto refundido de la Ley de Ordenación y Supervisión de los Seguros Privados **(TRLOSSP)** recoge una clasificación de los contratos de seguros **inspirada en la normativa comunitaria**. De esta clasificación se desprenden los términos que se utilizan en la actualidad en España a hablar de **Seguros (ó ramos) NO-Vida y de Seguros (o ramo) de Vida.**

Según esta clasificación, los **seguros NO- VIDA** comprenden:

- Accidentes
- Enfermedad (comprendida la asistencia sanitaria y la dependencia)
- Vehículos terrestres (no ferroviarios)
- Vehículos ferroviarios
- Vehículos aéreos
- Vehículos marítimos, lacustres y fluviales
- Mercancías transportadas (comprendidos los equipajes y demás bienes transportados)
- Incendio y elementos naturales
- Otros daños a los bienes
- Responsabilidad civil en vehículos terrestres automóviles (comprendida la responsabilidad del transportista)
- Responsabilidad civil en vehículos aéreos (comprendida la responsabilidad del transportista)
- Responsabilidad civil en vehículos marítimos, lacustres y fluviales (comprendida la responsabilidad civil del transportista)
- Responsabilidad civil en general
- Crédito
- Caución (directa e indirecta)
- Pérdidas pecuniarias diversas,
- Defensa jurídica
- Asistencia
- Decesos

Y los Seguros VIDA comprenden:

- El seguro sobre la vida, tanto para caso de muerte como de supervivencia, o ambos conjuntamente, incluido en el de supervivencia el seguro de renta.
- El seguro sobre la vida con contraseguro.
- El seguro de «nupcialidad».
- El seguro de «natalidad»
- El seguro de dependencia.
- Operaciones de capitalización.
- Operaciones de gestión de fondos colectivos de jubilación y de gestión de operaciones tontinas.



## Sección 3. EL RIESGO ASEGURABLE

### 2-18 El carácter económico del riesgo asegurable

El elemento económico es fundamental, pues de no existir perjuicio que sea valorable económicamente, no podría ser calificado como "riesgo". El asegurador no asume el mismo riesgo que pesa sobre el asegurado, sino que asume las consecuencias económicamente perjudiciales de tales hechos para el asegurado. Esta asunción del riesgo de tener que subvenir a una futura necesidad económica, concreta o abstracta, del asegurado, constituye la prestación esencial del asegurador.

Todo seguro tiende a satisfacer una futura necesidad económica. La diferencia está en que en el seguro sobre la vida, esta pretensión o deseo no asciende a causa del contrato, sino sólo a motivo económico, mientras que en el seguro contra daños la completa reparación del daño es la causa del contrato.

### 2-19 El riesgo como causa del contrato

El riesgo es un requisito esencial para la validez del contrato de seguro, tal y como se recoge en el artículo 4 de la LCS: "*El contrato de seguro será nulo, si en el momento de su conclusión no existía el riesgo o había ocurrido el siniestro*".

Por el contrato de seguro, el asegurado transfiere a la entidad aseguradora un daño eventual que amenaza su patrimonio, y lo hace mediante el pago de la correspondiente prima. Por ello, **el elemento causal de los contratos de seguro es el riesgo**. Se puede definir **riesgo** como "*la posibilidad de que, por azar, ocurra un hecho que produzca una necesidad patrimonial*".

Desde un punto de vista técnico, el riesgo es la posibilidad de que ocurra un suceso futuro, incierto, posible, ajeno a la voluntad de las partes, con consecuencias económicamente desfavorables. A tal efecto, para que el riesgo sea causa del contrato de seguros se deben dar **dos factores**:

- La posibilidad de que acontezca el hecho contemplado, y normalmente no deseado.
- Que exista un perjuicio económico para el asegurado.

### 2-20 El siniestro

El siniestro es la realización del riesgo, y la diferencia entre riesgo y siniestro se ve clara cuando se piensa que lo que provoca la prestación del asegurador no es el primero, sino el segundo.

- El siniestro es la condición para que el asegurado pueda reclamar el pago.

- El riesgo es la condición para que el asegurador pueda exigir el pago de la prima.

### 2-21 La importancia de la declaración del tomador

Con la declaración del tomador o asegurado se trata de conocer, no únicamente los datos objetivos, sino también los datos subjetivos, información que sería muy difícil conocer y valorar por el asegurador de no existir esta declaración, de ahí su gran importancia en el seguro. A esta dificultad en la obtención de datos, hay que

 © CISS

añadir el hecho de que el asegurador se dedica a asumir masivamente riesgos, lo cual complica el innecesario conocimiento de cada uno de ellos.

En el contrato de seguro se desplaza al tomador la obligación de facilitar la información adecuada sobre el riesgo, según se recoge en el artículo 10 de la LCS que determina que el tomador del seguro tiene el deber, antes de la conclusión del contrato, de declarar al asegurador, de acuerdo con el cuestionario que éste te someta, todas las circunstancias por él conocidas que puedan influir en la valoración del riesgo.

En la práctica, esta declaración del tomador se hace a través de la **solicitud de seguro**, documento que adquiere gran importancia ya que puede afectar al pleno disfrute de los derechos adquiridos por el asegurado, si el siniestro demuestra que se produjeron anomalías importantes en esta declaración.



## 2-22 La agravación del riesgo

Estando en vigor el contrato de seguro, pueden producirse cambios en las condiciones del riesgo que alteren su naturaleza (Por ejemplo, en un seguro de una nave industrial en la que se van a guardar durante un tiempo una partida de materiales peligrosos e inflamables). Según el artículo 11 LCS el tomador del seguro o el asegurado deberán, durante el curso del contrato, comunicar al asegurador, tan pronto como le sea posible, todas las circunstancias que agraven el riesgo y sean de tal naturaleza que si hubieran sido conocidas por éste en el momento de la perfección del contrato, no lo habría celebrado o lo habría concluido en condiciones más gravosas.

Por tanto, el asegurador se encuentra sometido a la buena fe del tomador del seguro, de forma que si éste no comunica e informa sobre estos cambios o lo hace de forma incompleta o dolosa estará causando un perjuicio.

**ATENCIÓN:** Si se produce un siniestro sin que el tomador del seguro o el asegurado no haya efectuado su declaración, el asegurador queda liberado de su prestación si el tomador o el asegurado han actuado con mala fe. En otro caso, la prestación del asegurador se reducirá proporcionalmente a la diferencia entre la prima convenida y la que se hubiera aplicado de haberse conocido la verdadera entidad del riesgo.

Cuando sí se le comunica al asegurador la agravación del riesgo, éste podrá rescindir el contrato comunicándolo por escrito al asegurado dentro de un mes, a partir del día en que tuvo conocimiento de la agravación del riesgo.

## 2-23 La disminución del riesgo

Cuando lo que ocurre es que se produce una disminución del riesgo, no existe obligación de comunicarlo según indica el artículo 13 LCS al establecer que *"el tomador del seguro o el asegurado* ***podrán****,* durante el curso del contrato, poner en conocimiento del asegurador todas las circunstancias que disminuyan el riesgo y sean de tal naturaleza que si hubieran sido conocidas por éste en el momento de la perfección del contrato, lo habría concluido en condiciones más favorables.

*En tal caso, al finalizar el período en curso cubierto por la prima, deberá reducirse el importe de la prima futura en la proporción correspondiente, teniendo derecho el tomador, en caso contrario, a la resolución del contrato y a la devolución de la diferencia entre la prima satisfecha y la que le hubiera correspondido pagar, desde el momento de la puesta en conocimiento de la disminución del riesgo".*

Puede ocurrir que el tomador o asegurado no esté preparado para saber cuándo hay cambios que son importantes en el riesgo, en el sentido de afectar a la opinión que de él se formó el asegurador. En estos casos la presencia del mediador puede aclarar cualquier duda del asegurado y aconsejarle sobre lo que debe hacer.

La Asociación de Peritos de Seguros y Comisarios de Averías -**APCAS**- aconseja tomar de forma activa las medidas que sean necesarias para aminorar los daños, siempre que sea posible. Por ejemplo, ante la tormenta con carga eléctrica, desconectar los electrodomésticos y otros aparatos eléctricos de las tomas y antenas para evitar daños por alteraciones de la corriente eléctrica. En este aspecto el sentido común y la sensatez son nuestros mejores aliados.

Tras sufrir los daños, redactar de forma ordenada y coherente una relación de pérdidas causadas por el siniestro.

Tener la póliza de seguros a mano y comunicar el siniestro por escrito y en menos de siete días, a su asegurador o a su mediador, indicando de forma clara y concisa los hechos y los daños sufridos.

Solicitar de nuestra entidad aseguradora que nos informe si el siniestro es susceptible de ser cubierto por el Consorcio de Compensación de Seguros, la justificación del hecho así como instrucciones al respecto de su tramitación.

Acreditar SIEMPRE, de forma documental los gastos en los que hemos incurrido como consecuencia del siniestro.

Conservar, siempre que sea posible, los restos de los bienes afectados. Si no es posible, documentar el alcance de las pérdidas: hacer fotografías claras y detalladas de los objetos de valor, y procurar documentar, en la medida de lo posible, su valor mediante facturas y garantías de compras. De esta manera podremos acreditar el valor de las pérdidas frente a nuestro asegurador.



A veces estos fenómenos meteorológicos se producen de forma muy localizada y no quedan registrados. Recopile la información publicada al respecto en los medios de comunicación locales y las Administraciones Públicas (sobre todo, los Ayuntamientos), ya que son fuentes de acreditación de los mismos.

No dude en solicitar el asesoramiento de un perito de seguros que le ayudará en la gestión del siniestro.

## 2-24 Requisitos para que un riesgo sea asegurable

Para que un determinado acontecimiento desfavorable o adverso que pueda afectarnos pueda ser cubierto a través de un seguro no es suficiente con la voluntad de las partes. Desde un punto de vista técnico un riesgo es asegurable si:

- Se conoce la probabilidad de ocurrencia del siniestro y se puede fijar por tanto una prima justa.
- Existe una masa de asegurados que experimenten la necesidad del seguro que les ampare de determinada clase de riesgo.

Pero, además, para que un riesgo sea asegurable, debe reunir los siguientes requisitos:

**a) Futuro**, respecto del momento en que se conviene el contrato. De haberse producido ya no existiría la incertidumbre, pasando de ser un hecho eventual a ser un hecho cierto y, por lo tanto, ineficaz para basar en él el contrato de seguro.

**b) Incierto**, debe ser incierta su realización o el tiempo en que haya de producirse. Debe existir la posibilidad de que ocurra un hecho dañoso o de que surja una necesidad patrimonial. En los seguros contra daños, la *incertidumbre absoluta*, por ejemplo: el incendio no se sabe si ocurrirá, ni cuando, ni como ocurrirá en caso de que suceda); o afecte sólo a alguno de esos datos (*incertidumbre relativa*, bastando que sea incierto el momento cuando ocurrirá el hecho previsto en el contrato).

**c) Posible**, ya que nadie busca un seguro contra acontecimientos imposibles. La imposibilidad no se pueden medir ni valorar una proyección hipotética ni tampoco a posteriori para analizar estadísticamente su siniestralidad.

**d) Independiente de la voluntad de las partes**, pues el contrato de seguro es aleatorio, por lo que, la realización del hecho temido ha de ser fortuita, debida al *azar*. En el contrato de seguro hay que entender por fortuito todo lo que no depende de la voluntad o de la intención de la persona amenazada por el hecho previsto como posible (azar relativo); no cabe entender por fortuito aquello que no tiene causa o cuya causa última se ignora (azar absoluto).

Si así fuera solamente serían asegurables los acontecimientos producidos por las fuerzas de la naturaleza. Según esto no son indemnizables aquellos hechos que se realizan directamente por voluntad del asegurado. En el otro extremo están los hechos totalmente ajenos a la voluntad humana (fuerza mayor en sentido estricto: rayo, granizo, lluvia, helada, etc.) que sí son asegurables.

**e) Que produzca una lesión económica (consecuencia patrimonial)**, o dicho de otra manera, que cause un perjuicio que sea valorable en dinero.

La necesidad pecuniaria en el contrato de seguro surge por consecuencia de un acontecimiento futuro e incierto, llamado **siniestro**. En este caso la reparación de esa lesión económica producida por el siniestro, el daño, se eleva a causa del contrato.

Sin embargo, en los seguros sobre vida, a diferencia de los seguros contra daños, la cobertura de una necesidad pecuniaria no asciende a causa del contrato, sino que se queda en simple motivo económico.


© CISS

El perjuicio o lesión económica o patrimonial puede derivarse a uno de los siguientes tres supuestos:

- Pérdida patrimonial directa. Derivada directamente de haberse producido el siniestro, como por ejemplo el incendio de la casa, el robo del cuadro, etc.

- Pérdida patrimonial indirecta. Como resultado de haberse producido un acontecimiento que obliga a realizar un gasto imprevisto, como la responsabilidad asumida derivada de un accidente de automóvil en el que hemos participado.

- Pérdida de adquisición. Tiene lugar cuando se produce una pérdida transitoria o permanente de la capacidad de trabajo, y por tanto, de ganancia, derivada de enfermedad o de accidente.

**f) Debe ser conocido en toda su extensión y alcance por el asegurado y el asegurador.**

**g) Ha de tratarse de un hecho lícito**, ya que los hechos ilícitos no pueden ser objeto de contrato, del cual es causa lícita el riesgo. Su cobertura debe estar permitida por la Ley.

**h) Que no suponga un beneficio para el asegurado.**

**i) Ha de afectar por igual a todas las personas o cosas sujetas al mismo riesgo.** Las posibilidades de que ocurra el acontecimiento previsto, han de existir en parecida proporción.

**ATENCIÓN:** En los partidos de básquet en EEUU es muy común que una marca patrocinadora invite en el descanso a algún espectador a que haga un tiro libre desde el centro de la cancha. Si encesta se lleva una importante suma de dinero - del orden de 100.000 $-. Esta acción está asegurada de forma que el patrocinador paga una prima previamente a la aseguradora que lo cubre de forma que le da igual si el concursante mete o no la canasta. Es la aseguradora la que asume el riesgo de ello y ha determinado el importe de la prima teniendo en cuenta el análisis estadístico de la probabilidad. En esta operación, el asegurado es el patrocinador.

Hasta en este caso, el riesgo que se está cubriendo es: futuro, incierto (relativo), posible, independiente de la voluntad de las partes, con perjuicio económico, conocido, lícito y sin beneficio para el asegurado.

## 2-25 Riesgo objetivo

Los datos sobre este tipo de riesgos se suelen solicitar a través del correspondiente **cuestionario** que figura en la solicitud, debido a la facilidad en la obtención de respuestas. Permite una valoración ajustada del precio a aplicar (prima), facilitando las decisiones sobre su aceptación o rechazo.

Es aquél que define a propio bien asegurado. Viene descrito en términos apropiados en cuanto a su composición, características, circunstancias intrínsecas o extrínsecas y otros aspectos básicos, lo que facilita una información satisfactoria sobre el riesgo a la entidad aseguradora.

Un ejemplo de riesgo objetivo es, por ejemplo, cualquiera que se desprenda de la información que recoge el cuestionario de las características de la vivienda en un seguro de hogar. Así, el que esté en un descampado, que no tenga rejas son riesgos objetivos porque afectan directamente a la valoración del propio riesgo y por tanto al precio de la prima.

En los seguros de automóvil, la propia marca y modelo del vehículo, así como la cilindrada y potencia son factores determinantes y objetivos del riesgo.

## 2-26 Riesgo subjetivo

El riesgo subjetivo incluye un conjunto de circunstancias relativas al asegurado que normalmente sólo conoce él, por lo que le convierte en difícilmente objetivable. Estas circunstancias tienen importancia para el asegurador en el sentido de poder medir la calidad del riesgo.

Son aspectos que se refieren a la moralidad del asegurado, seriedad en el cumplimiento de compromisos adquiridos, a sus costumbres, a su estado de salud, a su situación financiera, etc.

Al tratarse de hechos que sólo conoce y detecta el asegurado, son especialmente peligrosos a la hora de valorar el riesgo por parte de la entidad aseguradora, al ser igualmente problemáticos de evaluar por la diversidad de situaciones que pueden darse. Los datos de carácter subjetivo tienen incidencia sobre los resultados de la compañía en caso de siniestros de carácter irregular, que no se habrían indemnizado de haberse conocido la exacta realidad de los hechos.

Si hemos visto que en los seguros de automóvil, la propia marca y modelo del vehículo, así como la cilindrada y potencia son factores determinantes y objetivos del riesgo (riesgo objetivo) la experiencia del conductor, su pericia, o estar conduciendo bajo los síntomas de estupefacientes o bebidas alcohólicas, son claros ejemplos de riesgos subjetivos.

Otros casos pueden ser los referentes a la moralidad del asegurado, su estado de salud, su situación económica, su conducta más o menos despreocupada, etc.



## 2-27 Riesgos ordinarios

Es el tipo de riesgos que constituye la inmensa mayoría de los que se contratan diariamente en nuestro país.

Son los que responden en su planteamiento y efectos previsibles a las pautas habituales de contratación en el mercado. Si en este tipo de riesgos concurriera alguna circunstancia que los convierte en atípicos, como puede ser un riesgo agravado, pueden ser asumidos por el seguro privado mediante la aplicación de sobreprimas, recargos u otras medidas correctoras.

Son riesgos que no entrañan, por tanto, una peligrosidad en sus consecuencias que esté por encima del marco de posibilidades de las empresas de seguros para la aceptación por su parte, aun tratándose de riesgos inhabituales.

## 2-28 Riesgos extraordinarios

Son aquellos que, por la magnitud y naturaleza de sus causas y efectos, escapan a la posibilidad de cobertura del seguro normal, siendo preciso arbitrar fórmulas especiales o extraordinarias para su aseguramiento.

En algunos casos, se puede asimilar el concepto de riesgos extraordinarios al de riesgos catastróficos.

## 2-29 Riesgos personales

Son los riesgos que recaen o que afectan a las personas. Los seguros de riesgos personales son los que cubren, por ejemplo, la vida, accidentes y la salud.

## 2-30 Riesgos reales o sobre las cosas

Son los riesgos que recaen o que afectan a los bienes materiales, ya sean muebles o inmuebles. Los seguros de riesgos reales cubren, por ejemplo, el hogar y el automóvil.

## 2-31 Riesgos heterógrados

Son aquellos en los que el suceso previsto en la póliza, en caso de ocurrir, puede revestir diversos grados de afección al bien asegurado pudiendo afectarse solo a una parte o destruirlo por completo, por ejemplo, una inundación o un incendio.

Los incendios, cuando ocurren son claros ejemplos de riesgos heterógrados ya que nunca producen los mismos efectos en todos los bienes. Unas partes sufren mayor daño que otras.

Otro claro ejemplo son las inundaciones que aunque el nexo general es el daño por agua, la intensidad del daño causado es siempre diferente en una zonas que en otras, en unos bienes que en otros, aunque sean incluso dentro del mismo recinto o inmueble.

## 2-32 Riesgos homógrados

Partiendo del punto de vista de la intensidad que puede revestir el siniestro y de los efectos que pueden derivarse del mismo en el bien asegurado, los riesgos homógrados son aquellos que en caso de ocurrir el siniestro, éste tendrá una misma intensidad (seguro para caso de muerte).


© CISS

## 2-33 Selección de riesgos

Las entidades aseguradoras están obligadas a realizar, de manera permanente, una selección de los riesgos que admite en su cartera. Para detectar los que resulten sospechosos o francamente peligrosos, o en cualquier caso inadmisibles y decidir, de acuerdo con el cuadro de valores que por su parte haya establecido, si los acepta, o en qué condiciones especiales está dispuesta a hacerlo debe llevar a cabo una previa selección de los riesgos y posteriormente un seguimiento y control de los mismos.

La **selección de riesgos** abarca dos conceptos distintos y paralelos de una misma cosa:

- El mecanismo de filtraje de las solicitudes de cobertura que le llegan del exterior.

- El criterio o medida utilizados para decidir si por su naturaleza se acepta o no un riesgo.

Los métodos de selección varían para cada ramo de seguro. En el ramo de vida, la selección principal y que sirve además de filtro para la admisión o no de los mismos es el **reconocimiento médico** previo al asegurado o en el **cuestionario de salud**. En los demás ramos del seguro se basa no sólo en criterios objetivos, sino en los criterios propios que haya determinado cada entidad aseguradora.



## 2-34 La vigilancia o control del riesgo

Mientras la selección de riesgos se hace previamente a la aceptación del mismo, la vigilancia se practica en el transcurso del contrato a fin de conocer si las condiciones del riesgo siguen siendo las mismas que eran en el momento de la contratación de la póliza o, por el contrario, han sufrido una variación que exija modificar las condiciones del seguro para adaptarlas a las características actuales del riesgo objeto del contrato.

Esta adaptación, en la mayoría de los casos, consiste en una revisión de la prima que paga el asegurado.

Sin embargo, puede llegar el caso de que la variación que haya podido experimentar el riesgo ni siquiera quede cubierta con una variación en la prima y sea necesario también modificar las coberturas. Incluso puede originar que, en caso extremo, se tenga que rescindir el contrato de seguro.

Las aseguradoras llevan a cabo la vigilancia de riesgos desde dos perspectivas:

- Individualmente: póliza por póliza.

- De manera colectiva: mediante el análisis de la estadística de aquellos riesgos cuya siniestralidad sea anormal y regularmente superior a lo que cabría esperar de su clasificación previa. Esta vigilancia colectiva permite una acción preventiva de cara a la seguridad colectiva, para lo cual en muchas ocasiones, se hace necesaria la colaboración de la institución aseguradora o del Estado.

## 2-35 La gerencia de riesgos

Se entiende por gerencia de riesgos, la actividad profesional directiva que tiene por objetivo ***identificar, evaluar, intervenir, prevenir y proteger las situaciones de riesgo implícito y/o explícito*** en una organización, mediante una **metodología científica y directiva**.

La gerencia de riesgos es una actividad multidisciplinar, en la que diversas categorías profesionales y académicas tienen cabida así como cualquier tipo de empresa sea del sector que sea.

El denominador común de la gerencia de riesgos es velar por la prevención, la seguridad y la sostenibilidad de la empresa, pudiendo llevar la gerencia de riesgos a un nivel de mayor especialización en materias más concretas en función del tipo de empresas de que se trate.

La gerencia de riesgos parte de un **análisis** de todos los riesgos que gravitan sobre la empresa analizando de qué modo están cubiertos, cuáles son las técnicas, las pólizas, las coberturas que tienen para valorar hasta qué punto son eficaces y examinar hasta donde cubren.

Un Plan de Gerencia de Riesgos debe incluir, además de identificar los mismos, el establecimiento de **planes para intentar minimizarlos y reducirlos**. Un Plan de Gerencia de Riesgos no puede alcanzar el "riesgo cero", pero la base esencial de la gerencia de riesgos es tenerlos identificados e implementar las medidas para prevenir sus posible aparición y en caso de que ocurran, reducir al máximo sus consecuencias.

La tercera fase en la gerencia de riesgos es que, tras reducir el riesgo, tras haber tomado medidas para minimizarlo, transferirlo **financieramente a un tercero** contratando una póliza de seguros.

**ATENCIÓN:** En España existe la Asociación Española de Gerencia de Riesgos y Seguros -AGERS- que representa a los Gerentes de Riesgos españoles y trabaja por incorporar las técnicas más avanzadas en gerencia de riesgos para aportar valor a las empresas asociadas a fin de que puedan controlar sus riesgos empresariales de forma eficiente.

2

**Decálogo para la seguridad en hogares y lugares de trabajo:**

1. Cerrar las llaves generales de agua y gas para evitar fugas interiores y dejar libres de obstáculos los desagües de las terrazas para facilitar su misión en caso de tormentas con fuertes lluvias.

2. Activar todas las medidas de seguridad de que se disponga: cerraduras, pasadores interiores de ventanas, y si es posible instalar un sistema de alarma que no solo es disuasorio, sino que en caso de entrada reduce el tiempo de permanencia de los asaltantes.

3. No concentrar los objetos de valor en un solo punto a menos que se trate de cajas fuertes, en cuyo caso deben estar ocultas.

4. No dejar cantidades de dinero importante "escondidas". La experiencia de los peritos de seguros dedicados a este tipo de siniestros dice que la mayoría de los ciudadanos escondemos las cosas en los mismos lugares, lo que hace relativamente fácil su localización por parte de los asaltantes.

5. Desconectar los aparatos eléctricos y electrodomésticos de las tomas y antenas para evitar daños por alteraciones de corrientes y dejar conectada la luz para que funcionen los timbres y no se pueda detectar la ausencia.

6. No dejar equipos ofimáticos de uso profesional, puesto que en caso de robo, suponen no solo una pérdida material sino también la pérdida de la información contenida en los mismos. Realice copias de seguridad para su tranquilidad.

7. Haga fotografías claras y detalladas de los objetos de valor (joyas, objetos artísticos...) y procure documentar, en la medida de los posible, su valor mediante facturas y garantías de compras. De esta manera podremos acreditar el valor de las pérdidas frente a nuestro asegurador y la posible recuperación de los objetos.

**Prevención de incendios**

En España se producen más de 120.000 incendios domésticos anuales, que originan en torno a un centenar de muertes y que, una buena parte de estos siniestros, está asociada a la electricidad.

La Asociación de Peritos de Seguros y Comisarios de Averías (APCAS), recomienda las siguientes medidas de prevención, que incorporadas a nuestra conducta cotidiana, evitarían pérdidas humanas y costes económicos importantes:

1. Ejercer un control responsable sobre las fuentes directas de ignición: mecheros y cerillas no deben estar al alcance de los niños ni de personas con disminuciones psíquicas. Así mismo, debe evitarse su acceso a cocinas y calentadores. Preste especial atención al hecho de fumar: no fume en la cama y apague completamente cerillas y colillas de cigarrillos.

2. Utilice con racionalidad los electrodomésticos y tenga en cuenta su principal fuente de alimentación: la electricidad. No sobrecargue los enchufes con demasiados aparatos y no abuse del ladrón múltiple ya que puede provocar una sobre demanda de energía en un punto que el cable no pueda soportar. Desconecte los electrodomésticos que no requieran estar permanentemente encendidos y no deje aparatos de gran consumo eléctrico en marcha, cuando abandone su domicilio o empresa.

3. Tenga previstas soluciones rápidas para afrontar un incendio, como tener un extintor de fuego. Asegúrese de que compra el extintor adecuado a su circunstancia y consulte dónde instalarlo y, por supuesto, aprenda a manejarlo.

4. Proceda a subsanar las deficiencias de su instalación eléctrica: la ausencia del cuadro de corte de la energía ante una sobre-carga, la ausencia de limitadores de potencia en la acometida de la vivienda, la falta de toma de tierra son, entre otros, factores de riesgo para nuestra seguridad.

5. Controle el estado de enchufes, interruptores, lámparas, aparatos eléctricos, cables e hilos eléctricos. No improvise empalmes o use cinta adhesiva para reparar. Recuerde que su seguridad y la de los suyos no tienen precio. Haga revisar periódicamente por un profesional su instalación eléctrica y tenga al día la revisión de los extintores.

6. Permanezca atento a las chispas al conectarse los aparatos y a las manchas de quemaduras en los enchufes o en otros elementos de la instalación. Son indicios de anomalías que pueden originar un accidente.

 © CISS

7. Si finalmente, no ha podido evitar el siniestro, tenga la póliza de seguros a mano u comuníquelo a su asegurador, en menos de siete días, indicando los hechos y los daños sufridos.

8. Consulte a un profesional de la pericia aseguradora sobre los pasos a dar para ejercer sus derechos como asegurado. Ante cualquier conflicto en el proceso de resolución del siniestro recuerde que la ley le ampara y tiene derecho a nombrar su propio perito.



**Explosiones**

La Asociación de Peritos de Seguros y Comisarios de Averías (APCAS), tras la explosión ocurrida en la madrugada del miércoles 3 de diciembre de 2008 en Gavá (Barcelona), elaboró una serie de recomendaciones ante estos siniestros.

Hábitos cotidianos:

- En los lugares donde haya equipos de gas hay que mantener una ventilación adecuada.
- Nunca se deben obstruir las rejillas de ventilación (colocando objetos delante, anulándolas, etc.)
- No se distraiga cuando cocine, los líquidos puestos al fuego y las corrientes de aire pueden apagar las llamas originando bolsas de gas.
- Evite que las llamas sobresalgan del fondo de los utensilios de cocina (cazuelas, ollas, pucheros,...) puestos al fuego.
- Al terminar de cocinar cerciórese de que los mandos de la cocina y el horno quedan cerrados.
- Mantenga limpios los quemadores de cocina y horno utilizando productos no abrasivos.
- En caso de ausencias prolongadas de la vivienda debe cerrar la llave general de paso del gas.

Condiciones de las instalaciones: Si su instalación incumple cualquiera de estas condiciones, debe subsanar las deficiencias de forma inmediata:

- La llama de los equipos de gas debe ser estable, sin oscilaciones, crepitaciones ni ruidos. Su color debe ser azul intenso en el centro, aclarándose hacia las zonas externas.
- Si la combustión no es correcta se tiznarán las piezas de cocinar y aparecerá carbonilla.
- Los termotanques, calentadores, calefactores y calderas deben contar con la salida de humos adecuada.
- Recuerde que cada aparato de gas debe conectarse con un tubo flexible de seguridad adecuado.
- Los tubos flexibles de conexión de los aparatos de gas no deben estar en contacto con superficies calientes.
- No olvide que desde la acometida general hacía el interior de su vivienda todo la instalación es de su propiedad y, por lo tanto, de Vd. dependen el buen manejo, la conservación y el uso.
- Cerciórese de que los tubos flexibles de conexión de los aparatos de gas no están caducados. Cámbielos con anterioridad a su fecha de caducidad.
- Cerciórese de que las abrazaderas estén bien apretadas y que no hayan sobrepasado su fecha de caducidad.
- Revise que las chimeneas de salida de los humos de combustión se mantienen limpias y cumplen su función sin impedimentos ni obstáculos.
- Recuerde que las modificaciones, revisiones y reparaciones de las instalaciones de gas es obligatorio que sean realizadas por Instaladores Autorizados.

Ante un posible siniestro:

- Si detecta olor a gas, abra rápidamente las ventanas, cierre la llave general de paso del gas y no accione interruptores, ni para encender ni para apagar luces o aparatos eléctricos.
- Tampoco realice llamadas telefónicas: los actuales teléfonos electrónicos (móviles y fijos) tienen dispositivos que pueden generar pequeños arcos de corriente y chispas.
- Si sospecha de la posibilidad de fuga en su instalación cierre los mandos de todos los equipos y observe el contador del gas. Si en un tiempo de unos minutos el mismo corre, aunque sea de forma lenta, cierre la llave general de paso.
- Una vez ventilado avise de inmediato a un instalador autorizado.

## Sección 4. EL INTERÉS ASEGURABLE

### 2-36 El interés asegurable

En el seguro contra daños, el objeto del contrato no es propiamente la cosa asegurada, sino *el interés* que en ella tenga el contratante del seguro; dado que el interés es un concepto inseparable del daño patrimonial. A tal efecto, se considera *interés asegurado* la relación que debe mediar entre el asegurado y la cosa expuesta al riesgo de manera que, de tener lugar el siniestro, se le producirá al asegurado una lesión económica.

2

Para que sea asegurable, el interés debe ser *legítimo*, es decir, que no vaya en contra de lo dispuesto en la Ley, y además que sea *susceptible de ser estimado y cuantificado en dinero*. A este respecto el **artículo 25 de la LCS** establece la *nulidad del contrato de seguro contra daños* si en el momento de su conclusión no existe un interés del asegurado a la indemnización del daño.

### 2-37 Clases de interés asegurable

Según sea su extensión y la diversa naturaleza del riesgo al que esté vinculado el interés asegurado, éste puede ser diferente: Así:

- Cuando el riesgo, y por tanto, el interés asegurado se refieran *al daño de una cosa o un derecho determinado*, que engendrará una disminución patrimonial (por ejemplo, seguro de incendio, de transporte, de robo, de crédito), o a un conjunto de cosas (una biblioteca, un almacén de mercancías, el mobiliario de una casa, etc.).

- Cuando el riesgo se refiera *a un aumento del pasivo*, a causa del nacimiento de una deuda que lo grave (seguro de responsabilidad civil y reaseguro).

- Cuando el riesgo se refiera a una posible y futura falta de aumento patrimonial previsto (seguro de lucro cesante o de pérdida de beneficios).

Pueden ser asegurados otros intereses sobre la misma cosa, independientemente de los del propietario, pero de clase diversa. En este caso los intereses pueden ser coincidentes (cuando el hecho dañoso supone pérdida directa para unos y necesidad de reparar esa pérdida para otros; por ejemplo, un siniestro ferroviario), o concurrentes o complementarios (cuando el interés de uno está en oposición al interés del otro, pero se complementan mutuamente los intereses; por ejemplo, intereses del propietario y del acreedor hipotecario sobre la casa hipotecada), o independientes y separados.

**ATENCIÓN: Especialidad: El interés y la suma asegurada aplicables a seguros de daños**

Los primeros artículos del **Título II** de la LCS están dedicados al interés y a la suma asegurada en relación con los seguros contra daños.

Como vimos, en este tipo de seguros la prestación del asegurador en caso de siniestro consiste en la **reparación del daño** sufrido por el asegurado, entendiendo por daño *"la lesión que sufre el interés de aquél en que el siniestro no se produzca"*. Así pues, el interés que tiene el titular del bien en que el siniestro no llegue a producirse constituye el objeto del contrato de seguro. La Ley sanciona la ausencia de interés del asegurado a la indemnización del daño con la nulidad del contrato tal y como dispone el **artículo 25**: *"El contrato de seguro contra daños es nulo si en el momento de su conclusión no existe un interés del asegurado a la indemnización del daño."*

Otro aspecto importante de los seguros contra daños es que en ellos rige el **principio indemnizatorio**, por el cual se reparan las consecuencias económicas del siniestro pero sin colocar nunca al asegurado en una situación mejor que antes del siniestro. El **artículo 26** aclara que: *"Para la determinación del daño, se atenderá al valor del interés asegurado en el momento inmediatamente anterior al siniestro"*.

El valor del interés evoluciona a lo largo de la vida de un contrato de seguro de forma paralela a la evolución del valor de la cosa asegurada y, por lo tanto, se suelen distinguir cuatro tipos de valores del interés que se corresponden a cuatro momentos sucesivos:

- El valor inicial, que es el que existe en el momento del contrato.
- El valor sucesivo, que es el que existe a lo largo de la vida del contrato.
- El valor final, que es el inmediata/ anterior al siniestro.
- El valor de residuo, que es el posterior al siniestro.


© CISS

Por lo tanto, en principio el daño real será producto de restar al valor del interés final el valor de residuo o valor residual.

# Sección 5. EL PRECIO DEL SEGURO. LA PRIMA



## 2-38 La prima

Es la aportación económica que ha de satisfacer el asegurado a la aseguradora en concepto de contraprestación por la cobertura de riesgo que ésta le ofrece.

La prima es la prestación que corresponde al tomador a cambio de la obligación de cobertura del riesgo que corresponde al asegurador.

Desde un **punto de vista económico**, la prima es "*el precio de esa cobertura de riesgo*", es decir, "es el precio del seguro que recibe el asegurador y que paga el asegurado" y su **importe** se determina partiendo de la base de que, con el conjunto de primas pagadas por todos los tomadores de seguro en concepto de precio de las distintas coberturas de riesgos asumidas por el asegurador, ha de formar el **fondo necesario y suficiente** para que éste pueda hacer frente al pago de todos los siniestros que se produzcan en el colectivo asegurado.

La prima reviste la forma de una cantidad de dinero que el tomador debe abonar según las circunstancias convenidas en la póliza.

Para el asegurador, la prima es el equivalente en dinero de la garantía de indemnización que otorgue y constituye la base de los ingresos fundamentales de las compañías aseguradoras.

**Desde una visión jurídica**, se puede decir que la prima (Premium) es la parte más importante del contrato de seguro, porque su naturaleza, constitución y finalidad lo hacen ser esencial y típico de dicho contrato.

**Desde un punto de vista técnico**, la prima es el coste de la probabilidad media teórica de que haya siniestro de una determinada clase. Es el valor deducido de la probabilidad y del coste o importe medio del siniestro para un período determinado (suele tomarse el año) siendo:

$$\text{Probabilidad} = \frac{\text{nº de siniestros}}{\text{nº de objetos expuestos al riesgo}}$$

$$\text{Coste medio} = \frac{\text{Coste de todos los siniestros}}{\text{nº de siniestros}}$$

En cualquier caso, la prima debe ser proporcional a:

- La duración del contrato de seguro.
- Al mayor o menor grado de probabilidad del siniestro.
- A su posible intensidad o coste.
- A la suma asegurada.
- Y por supuesto, al riesgo. En su relación con el riesgo, la prima no puede ser equivalente al riesgo, sino proporcional, porque el pago de la indemnización debe depender del acaecimiento de un acontecimiento fortuito, que sucederá o no, y cuya cuantía se desconoce a priori.

**ATENCIÓN:** El artículo 25.3 de la LOSSP se refiere a las tarifas de las primas en los siguientes términos: "*Las tarifas de primas deberán ser suficientes, según hipótesis actuariales razonables, para permitir a la entidad aseguradora satisfacer el conjunto de las obligaciones derivadas del contrato de seguro y, en particular, constituir provisiones técnicas adecuadas. Asimismo, responderán al régimen de libertad de competencia en el mercado de seguros sin que, a estos efectos, tenga el carácter de práctica restrictiva de la competencia la utilización de tarifas de primas de riesgo basadas en estadísticas comunes*".

Conforme a lo anterior, cuando la Ley se refiere al importe de las primas, únicamente regula el importe mínimo, al establecer el principio de suficiencia de la prima, es decir, que las tarifas de primas a aplicar por las entidades aseguradoras han de ser suficientes, de tal modo que permitan a la entidad satisfacer el conjunto de las obligaciones derivadas de los contratos de seguro. Ello, sin duda, constituye una garantía de solvencia, necesaria para el ejercicio de la actividad aseguradora en aras del futuro cumplimiento de las obligaciones contraídas.

Conviene precisar además que las tarifas de primas no están sujetas a autorización administrativa ni deben ser objeto de remisión sistemática a la Dirección General de Seguros y Fondos de Pensiones, y ello con independencia de que este organismo pueda requerir a las entidades aseguradoras la presentación de las tarifas de primas aplicadas, con el fin de comprobar si respetan las disposiciones técnicas y sobre contrato de seguro.

En consecuencia, y en virtud del principio de libertad de competencia, no puede incidirse por parte de la Administración en la cuantía de las primas, siempre que las mismas se adecuen a lo previsto en la normativa reguladora a que anteriormente se ha hecho referencia.



## 2-39 La composición de la prima

Los componentes de la prima son esencialmente los siguientes:

a) Un precio teórico de la probabilidad de que ocurra el siniestro.

b) Recargos por gastos "internos" y "externos". El asegurador no se limita a cobrar del asegurado el precio medio teórico de una probabilidad sino que a "ese precio" las aseguradoras le gravan una serie de recargos tales como:

- Gastos de administración: cobro de primas, tramitación de siniestros, nóminas de los empleados...
- Gastos de adquisición: comisiones de primas, márketing...
- Gastos de redistribución de riesgos (coaseguro y reaseguro).
- Recargo comercial.

Todos estos recargos son los que convierten a una "prima pura" en una "*prima comercial*".

c) Pero, las aseguradoras, además, deben aplicar aún unos recargos más a esta "*prima comercial*", estos son los impuestos y accesorios los cuales dan origen a la "*prima total*" que es la que el asegurado debe pagar finalmente a la aseguradora.

## 2-40 Prima de riesgo ("Prima Pura")

Recibe este nombre la prima cuyo importe corresponde, únicamente, al precio de la cobertura de aquél. Representa la unidad más simple y básica del concepto de "prima", por eso se denomina también "Prima Pura" ya que significa el coste real del riesgo asumido por el asegurador, sin tener en cuenta sus gastos de gestión.

Por esta razón, el asegurador no obtiene ni pérdida ni ganancia con este tipo de prima, puesto que la prima percibida de cada tomador es el precio que corresponde exactamente a la cobertura de los riesgos asumidos.

Se corresponde con el importe que precisa cobrar el asegurador por aceptar las consecuencias del riesgo que le es transferido en cada caso. Teóricamente cubre el coste de la siniestralidad que va a ocurrir por unidad de riesgo.

**ATENCIÓN:** En los seguros de vida, para distinguir la prima de riesgo de la prima de ahorro, se da esta denominación a la parte de prima destinada exclusivamente a cubrir la posibilidad de muerte del asegurado.

## 2-41 Prima comercial ("Prima Bruta" o "Prima de Tarifa")

Es la prima que aplica el asegurador a un riesgo determinado y para una cobertura concreta y que está compuesta, como elemento base, por la "prima pura" más los recargos para ***gastos generales de administración***, ***gastos comerciales o de adquisición***, gastos de cobranza de las primas, gastos de liquidación de siniestros más, en cada caso, el coeficiente de seguridad y el beneficio industrial.

En la actividad propia de la aseguradora, para poder ofrecer una cobertura necesita el mantenimiento de una estructura administrativa y comercial, así como de unas garantías financieras en interés de sus asegurados. Los recargos que se añaden a la prima pura van destinados a hacer frente a los gastos de esas estructuras cuyo mantenimiento es lo que hace posible que esa cobertura sea efectiva.


© CISS

## 2-42 Gastos de adquisición

Es importante tener en cuenta qué se consideran **Gastos de adquisición**: El importe que abona el asegurador al productor asesor para adquirir el negocio, esto es, para acceder a los asegurados y poder otorgarle cobertura.

Los gastos de adquisición, también llamados "gastos de producción", son los derivados de manera directa o indirecta de la actividad comercial de la entidad asegurador, es decir, **retribución del personal productor** como comisiones, rapeles, incentivos, subvenciones, etc., pagados al mediador de la póliza, así como los **gastos de publicidad** y otros similares.

2

**ATENCIÓN:** En la elaboración del borrador de la Ley de Economía Sostenible (LES), la DGSFP incluyó la obligación de incluir los **gastos de adquisición** en el recibo del seguro. En la tramitación de ese texto, y antes de su presentación oficial, los distintos representantes de la mediación -Consejo General de los Colegios de Mediadores, AEMES, ADECOSE y FECOR- llevaron a cabo algunas negociaciones con el órgano supervisor encaminadas principalmente a eliminar dicha obligatoriedad del texto de la LES ya que se oponían a que los clientes pudieran tener información detallada en el recibo de cuáles eran las comisiones que la aseguradora le cede al mediador de la póliza.

Dichas negociaciones dieron sus frutos y se eliminó del texto definitivo del anteproyecto toda referencia a la obligación de reflejar los gastos de adquisición en el recibo. No obstante, no es definitivo, pues éste es un tema que es muy posible se vuelva a retomar pues así viene planteado de las disposiciones que llegarán en el futuro de Europa.

## 2-43 Gastos de gestión o administración y gastos de siniestros

Los gastos de gestión o administración lo constituye el conjunto de gastos generales y gastos de personal que soporta la entidad aseguradora. Son los denominados "gastos internos" de las aseguradoras.

Asimismo, las aseguradoras tienen una importante partida de gastos denominada "Gastos de Siniestros" que, en un sentido amplio, son los derivados de la acción indemnizatoria de una entidad aseguradora. En sentido estricto, los gastos de siniestros son los que, sin ser necesariamente indemnizaciones derivadas del pago de siniestros, son consecuencia de las actuaciones derivadas de la gestión de expedientes de siniestros tales como peritaciones, gastos judiciales, honorarios profesionales, etc.

## 2-44 Prima constante, prima creciente y prima decreciente

***Prima Constante*** es aquella que permanece invariable durante el tiempo que esté vigente el riesgo. También se conoce como "Prima Nivelada".

***Prima Creciente*** es aquella que se ve incrementada o aumentada cada año en función de diferentes variables, principalmente, a medida que va pasando el tiempo.

**ATENCIÓN:** Un ejemplo es el caso del seguro de vida en el que la prima es creciente porque crece a medida que el asegurado tiene más edad incrementándose el riesgo asumido por la entidad aseguradora ya que al tener el asegurado más edad cada año, va teniendo más probabilidad de que se produzca el riesgo de muerte.

***Prima Decreciente*** es aquélla que se ve reducida o disminuida cada año en función de diferentes variables, principalmente, a medida que va pasando el tiempo. El importe de lo que pagará la póliza se reduce en forma decreciente durante el tiempo de protección.

**ATENCIÓN:** Un ejemplo es el caso de determinadas modalidades de seguro de vida-ahorro (supervivencia) en el que la prima es decreciente porque a medida que el asegurado tiene más edad se reduce el riesgo de que sobreviva y, en consecuencia, disminuye la posibilidad de que se produzca la indemnización prevista en la póliza.

Otro ejemplo muy utilizado es en los contratos de seguro de amortización de préstamo por el que la aseguradora pagaría el saldo de una hipoteca de vivienda en caso de fallecimiento del asegurado. El capital garantizado va disminuyendo en función del paso de los años y, por tanto, el capital asegurado también.

## 2-45 Prima de inventario

Es la prima que resulta de sumar a la *prima pura o de riesgo*, el recargo por *gastos de administración.*

## 2-46 Prima fraccionada y prima fraccionaria

La **Prima Fraccionada** es aquella que, aunque está calculada en períodos anuales, es liquidada por el asegurado mediante pagos periódicos más reducidos, que se han pactado y que pueden calcularse en meses, trimestres, etc.

2

El fraccionamiento en el pago de la prima no supone el fraccionamiento del seguro, de forma que en una póliza concertada por anualidades prorrogables, aunque la liquidación de la prima se haga por semestres o trimestres, no puede ser rescindida libremente por el asegurado al finalizar uno de tales períodos, sino al vencimiento de cada anualidad, por lo que la obligación de pagar las primas pendientes persiste hasta que venza la anualidad completa.

La razón que justifica la indivisibilidad de la prima es que su cálculo se basa en la probabilidad de ocurrencia del riesgo para todo el período del contrato, no pudiéndose reducir su importe aun cuando cese la cobertura del riesgo.

La **Prima Fraccionaria** es aquella que está calculada estrictamente para un período de tiempo, menor de un año, durante el cual tiene vigencia el seguro.

## 2-47 Prima fija y prima variable

La **Prima Fija** es la que permanece constante durante toda la vigencia de la póliza de manera fija e inalterable.

Con carácter general, la **Prima Variable** es la que en virtud de determinadas circunstancias previstas puede variar su importe a lo largo de la vigencia del contrato de seguro.

**ATENCIÓN:** Un ejemplo es el caso de la aplicación de los factores "*bonus malus*" en las pólizas de seguros de autos por los cuales, de haber tenido baja o nula siniestralidad en el período (bonus) o por el contrario, de haber tenido una alta siniestralidad (malus), la prima siguiente variará a la baja o al alza respectivamente.

Asimismo, la **prima variable** es la que se paga en las sociedades mutuas, en las que el asegurado es partícipe de los resultados positivos o negativos de la entidad. Si hay excedentes, se distribuyen entre los mutualistas, con la consiguiente reducción de la prima inicialmente pagada. Si hay pérdidas, se pasa una derrama pasiva a los mutualistas, con el consiguiente aumento de la prima.

## 2-48 Prima única y prima periódica

**Prima Única** es la que representa el valor que, en el momento de emitirse la póliza, tiene el conjunto de las obligaciones futuras de la entidad aseguradora, de acuerdo con los términos de probabilidad de riesgos existentes.

Con el pago de la prima única que realiza el tomador, de una sola vez y por adelantado, éste se libera totalmente de la obligación de satisfacer nuevas cantidades por este concepto durante toda la duración del seguro. Es una situación que suele darse en los seguros de vida.

**Prima Periódica** es la que satisface periódicamente, normalmente por anualidades, el tomador del seguro durante la duración de éste. En seguros de vida-ahorro, es muy común la prima periódica mensual (Un Plan de Ahorro, un PPA por ejemplo o un Plan de Pensiones)

## 2-49 Prima natural

Se satisface como contraprestación del riesgo que el asegurador asume y se calcula con base en cálculos técnicos actuariales. En el seguro de vida es la prima que corresponde a un año de riesgo sin tener en cuenta la duración total de la operación de tal manera que presenta un crecimiento al aumentar la probabilidad de muerte del asegurado por su mayor edad al paso de los años.


© CISS

## 2-50 Sobreprima o prima complementaria

Es aquella que, en determinado momento de la vigencia de la póliza, y en base a un acuerdo entre las partes ante supuestos excepcionales, es preciso satisfacer para compensar un agravamiento en el riesgo, consecuencia de un cambio en el objeto asegurado o un aumento de su valor o por ampliación de nuevas contingencias.

Puede tener variantes según sea la prima principal. Así:

- **Sobreprima por Corto Plazo:** es la que está representada por un porcentaje que recarga la prima que correspondería pagar en un contrato de seguro suscrito por un periodo de tiempo inferior a un año. La prima resultante es, por tanto, superior a la que correspondería si se obtuviere a *prorrata*.

- **Sobreprima por Fraccionamiento:** pequeño porcentaje que recarga la prima total anual de un seguro, en función de su fraccionamiento en periodos de liquidación inferiores al año.

2

## 2-51 Particularidad de determinación de la prima en el seguro de decesos

En el ámbito de los seguros de decesos, la modificación de las primas puede estar generada por diversos factores:

- **La edad de los asegurados**: cuanto mayor es la edad del asegurado, mayor es el riesgo de fallecimiento asumido por la aseguradora, por lo que la prima de riesgo resulta mayor.

- **La elevación del coste del servicio prestado**: cuando se incrementa el coste del servicio, la cobertura contratada del seguro puede no resultar suficiente para atender el coste del servicio pactado. En estos casos resulta conveniente elevar el importe de la cobertura. Este incremento del coste del servicio (y de la suma asegurada), dará lugar a un ajuste en la tarifa.

El **artículo 79 del Reglamento de Ordenación y Supervisión del Seguro Privado, aprobado por Real Decreto 2486/1998, de 20 de noviembre**, exige que las tarifas de prima de los seguros de decesos reflejen las modificaciones en la cobertura del asegurador ante evoluciones del coste del servicio, así como la utilización de técnica análoga a la del seguro de vida; lo que supone, entre otros extremos, atender también a la edad del asegurado para calcular el importe de la prima.

En este contexto, y al objeto de mantener el equilibrio contractual en los contratos de seguro ya celebrados, al que se refiere el ***artículo 62.1 del texto refundido de la Ley de Ordenación y Supervisión de los Seguros Privados***, cuando la entidad aseguradora pretenda incrementar la prima en los seguros de decesos ha de ajustarse a los siguientes principios:

a) Respecto al momento en que se puede efectuar, los incrementos de prima han de respetar el vencimiento del contrato, de forma que no se puede exigir al asegurado una prima mayor sino a partir del siguiente vencimiento de la póliza. El incremento de la prima ha de comunicarse por el asegurador al asegurado por escrito y con dos meses de antelación al vencimiento, tal y como establece el artículo 22 de la LCS; en caso contrario la entidad debe respetar la prima del periodo anterior.

b) Respecto a las consecuencias de la no aceptación del incremento por el asegurado, las nuevas condiciones económicas del contrato deben ofrecerse al asegurado con carácter opcional para que sean aceptadas por éste libremente, de forma que si el asegurado no desea pagar el incremento de prima comunicado por la entidad, el contrato se mantiene con las condiciones inicialmente estipuladas y, en caso de que se produzca el siniestro, resulta a cargo del asegurado el exceso del coste de servicio no cubierto en la póliza.

## 2-52 La obligatoriedad del pago de la prima

El **artículo 14 LCS** determina que *"El tomador del seguro está obligado al pago de la prima en las condiciones estipuladas en la póliza. Si se han pactado primas periódicas, la primera de ellas será exigible una vez firmado el contrato. Si en la póliza no se determina ningún lugar para el pago de la prima, se entenderá que éste ha de hacerse en el domicilio del tomador del seguro"*.

El **artículo 15 LCS** establece: *"Si por culpa del tomador la primera prima no ha sido pagada, o la prima única no lo ha sido a su vencimiento, el asegurador tiene derecho a resolver el contrato o a exigir el pago de la prima debida en vía ejecutiva con base en la póliza. Salvo pacto en contrario, si la prima no ha sido pagada antes de que se produzca el siniestro, el asegurador quedará liberado de su obligación.*

*En caso de falta de pago de unas de las primas siguientes, la cobertura del asegurador queda suspendida un mes después del día de su vencimiento. Si el asegurador no reclama el pago dentro de los seis meses siguientes al vencimiento de la prima se entenderá que el contrato queda extinguido. En cualquier caso, el asegurador, cuando el contrato este suspenso, sólo podrá exigir el pago de la prima del período en curso.*

*Si el contrato no hubiere sido resuelto o extinguido conforme a los párrafos anteriores, la cobertura vuelve a tener efecto a las veinticuatro horas del día en que el tomador pagó su prima".*

2

De acuerdo con la legislación española en las pólizas contratadas por anualidades prorrogables, cuando el asegurado no avisa con antelación (no inferior a dos meses) al vencimiento de su intención de rescindir el seguro, queda obligado al pago de la prima de la siguiente anualidad.

**ATENCIÓN: Consulta a la DGSFP sobre devolución de primas. Indivisibilidad.**

**Planteamiento**

*Se consulta a la DGSFP si en caso de desaparición del objeto asegurado o extinción de un contrato de seguro con anterioridad a la finalización del periodo de cobertura, el asegurado tiene derecho a la devolución de la parte de prima no consumida.*

**Contestación de la DGSFP**

El contrato de seguro supone el traslado del riesgo del asegurado al asegurador, de forma que la prima se devenga al comienzo de la duración del contrato y cubre el riesgo de siniestro por el plazo estipulado.

La prima es **indivisible** puesto que el asegurador soporta el riesgo total en cada instante de duración del contrato, y no por fracciones de tiempo. Este principio implica que la prima se debe y corresponde al asegurador por entero durante todo el periodo convenido como duración del contrato, aunque el pago se realice de forma fraccionada por acuerdo entre las partes (ya sea mensual, trimestral, etc.). Así, si se da la circunstancia de que se produzca un siniestro total o una baja del objeto asegurado ya sea por transmisión o por cualquier otra causa con la consiguiente desaparición de éste, el tomador debe las primas fraccionadas pendientes de pago, y en el caso de haberlas pagado al inicio del período ningún derecho le asiste a recuperar determinada parte de la misma.

No obstante, se informa que lo anterior no es obstáculo para que en caso de acuerdo entre las partes se adopte una solución diferente, como la de aplicar la prima no consumida a un nuevo seguro. Así algunas entidades aseguradoras suelen insertar en sus pólizas una cláusula en la que en caso de desaparición o transmisión del objeto asegurado durante el período de cobertura, mantienen la prima no consumida durante un tiempo con la finalidad de que el asegurado aplique dicho importe al aseguramiento de un nuevo objeto.

La existencia de una cláusula contractual como la anterior en ningún caso supone una conducta ni abusiva ni limitativa de los derechos del asegurado por parte de la entidad asegurada.

En consecuencia, en caso de extinción del contrato con anterioridad a la finalización del periodo de duración del mismo, la parte de prima no consumida se debe al asegurador, salvo que en la póliza se disponga otra cosa.

## 2-53 El pago por anticipado de la prima

Tal y como señala el **artículo 14 de la LCS** la prima debe pagarse **por anticipado** al período objeto de cobertura. En concreto la primera prima debe pagarse a la firma del contrato, las primas siguientes deben pagarse a su vencimiento.

La razón del cobro anticipado de la prima se deriva de sus características técnicas, es decir, no se trata de cubrir con posterioridad los costes reales del asegurador, por siniestralidad y gastos incurridos, sino que es el producto de una estimación "a priori" de dichos costes, en base a la cual se fijan las primas de los diferentes riesgos.

Por tanto, nos encontramos con dos factores que aconsejan el cobro anticipado de la prima:

- El primero de ellos es la necesidad de constituir un fondo con el que atender a la siniestralidad prevista.

- El segundo es un factor de carácter psicológico que aconseja efectuar el pago cuando el riesgo todavía existe. Efectivamente, una vez transcurrido el período cubierto por el seguro, sin que haya ocurrido el siniestro, resultaría difícil hacer efectivo el cobro de la prima debida.


© CISS

## 2-54 El medio o forma de pago de la prima

La prima debe pagarse ***en dinero o en documento bancario equivalente*** (cheque, pagaré, etc.), siempre que sea aceptado por la entidad aseguradora. En ningún caso está permitido el abono de la prima en especie, objetos o prestación de servicio.

Hoy en día, el pago de la prima se efectúa a través de domiciliación bancaria en la gran mayoría de los casos, siendo reducidas excepciones muy justificadas, los casos en que no se pagan así.

**ATENCIÓN:** Según determina la **Ley 26/2006, de Mediación de Seguros y Reaseguros Privados**, los Corredores de Seguros deben disponer de una capacidad financiera que deberá en todo momento alcanzar el 4% del total de las primas anuales percibidas y no podrá ser inferior a 16.803 euros. La Ley permite que pueda acreditarse mediante la contratación de aval emitido por una entidad financiera o de un seguro de caución.

2

En cualquier caso, en cuanto a este requisito de la capacidad financiera la Ley exonera de esta obligación cuando contractualmente se haya pactado de forma expresa con las entidades aseguradoras que los importes abonados por la clientela se realizarán **directamente a través de domiciliación bancaria** -como se pagan hoy en día el 95% de los recibos-, y, en uno y otro caso, que las cantidades abonadas en concepto de indemnizaciones se entregarán directamente por las entidades aseguradoras a los tomadores de seguros, asegurados o beneficiarios.

El pago de la prima puede fraccionarse a su vez en pagos mensuales, trimestrales o semestrales; no obstante, hay que tener presente que aun cuando la prima pueda fraccionarse, jurídicamente **es indivisible**, es decir, el tomador del seguro está obligado al pago de la prima correspondiente a todo el período, desde el momento en el que se inicia su cobertura.

La base para el cálculo de la prima suele coincidir con el año, permitiéndose el fraccionamiento en el pago en períodos menores, con el fin de ofrecer facilidades en el desembolso de la prima.

## 2-55 El lugar del pago de la prima

Las partes pueden determinar un lugar concreto para el pago de la prima aunque, por regla general, se determina que se realice a través de la cuenta corriente del tomador. En caso de no determinar un lugar concreto para el pago de la prima en el contrato de seguro, tal y como establece el **artículo 14 de la LCS**, se entenderá que éste ha de hacerse en el domicilio del tomador del seguro.

## 2-56 Particularidad del pago de la prima por domiciliación bancaria

La ***Ley 16/2009, de 13 de noviembre, de Servicios de Pago*** incorpora al ordenamiento jurídico español la Directiva 2007/64/CE del Parlamento Europeo y del Consejo, de 13 de Noviembre de 2007, sobre servicios de pago en el mercado interior.

En cuanto al sector asegurador no existe ningún pronunciamiento de las entidades aseguradoras sobre la repercusión que puede tener esta norma en el cobro de los recibos de prima y las posibles consecuencias de una devolución en un plazo superior al previsto en la Ley de Contrato de Seguro.

El objetivo principal de esta Ley y de la Directiva es garantizar que los pagos realizados en el ámbito de la Unión Europea (UE) se efectúen con la misma facilidad, eficiencia y seguridad que los pagos nacionales de los estados miembros. Además, facilitará la aplicación operativa de los nuevos instrumentos de pago del proyecto SEPA (Single Euro Payments Area), que están desarrollando las entidades de crédito a través del Consejo Europeo de Pagos (EPC), con el impulso del Banco Central Europeo y de los bancos centrales nacionales. Otro aspecto importante es que pueden prestar servicios de pago tanto las entidades de crédito como las nuevas "entidades de pago" que crea la Ley.

Además quedan habilitadas para prestarlos las administraciones públicas y la Sociedad Estatal de Correos y Telégrafos. La Ley, en definitiva, abre la prestación de servicios de pago a la competencia. Permite que empresas dedicadas a otras actividades económicas, como grandes superficies, concesionarios, etc., soliciten autorización para operar como "entidades de pago". Además, se asegura mediante reglas no discriminatorias el acceso de estos nuevos operadores a los sistemas de pago, en la actualidad bajo control bancario.

La Ley contempla los siguientes servicios de pago:

- Transferencias, incluidas las órdenes permanentes.
- Adeudos domiciliados, incluidos los no recurrentes.
- Operaciones con tarjetas de débito o de crédito.
- Ingresos y retiradas de efectivo en cuenta.

Tras su publicación el aspecto que ha suscitado más comentarios ha sido el referido a los adeudos domiciliados y la ampliación de los plazos de su devolución por parte del cliente. En los artículos 29, 33 y 34 de la Ley se aborda esta cuestión distinguiéndose entre:

**- Operaciones de pago autorizadas**

2

En estos casos, hay un condicionante que limita la aplicación de la devolución.

Los plazos de devolución se modifican, pasando de los ordinarios 9 días hábiles o 30 días naturales en supuestos excepcionales, a ser de ***8 semanas desde la fecha de liquidación***.

Se podrá solicitar por el cliente al Banco la devolución de una operación de pago autorizada hasta un plazo máximo de ***8 semanas contadas desde la fecha del cargo en su cuenta, solo si al autorizar la operación no indicó el importe exacto de la operación de pago, y si además dicho importe supera lo que razonablemente se podría esperar atendiendo a sus anteriores pautas de gasto, las condiciones marco y las circunstancias pertinentes al caso***.

**- Operaciones de pago no autorizadas**

En el caso de operaciones no autorizadas **el plazo será de hasta 13 meses desde la fecha de liquidación**. Esta posibilidad será difícilmente aplicable si se tiene bien documentada la operación.

A efectos de la adaptación de los contratos, la ley permite a las entidades de crédito retrasar su adaptación, hasta transcurrido un **plazo de un año y de dieciocho meses en el caso de tarjetas**.

**ATENCIÓN:** En opinión de algunos juristas, esto afecta a domiciliaciones bancarias de recibos que presenten incrementos de primas no preavisadas de acuerdo con el artículo 22 LCS que argumentan que de acuerdo con el artículo 3.b) de la Ley, no se aplica a las operaciones de pago hechas a través de un mediador de seguros, que pueda negociar o concluir por cuenta del ordenante la contratación del servicio (en este caso, el seguro).

Por lo tanto, según su criterio, esta Ley y los supuestos y vencimientos de devolución anteriores, no se aplican a los propios recibos emitidos y domiciliados por el propio mediador, ni a aquellos que, emitidos por la aseguradora, sean ordenados al cobro bancario o no por el mediador, con destino a su propia cuenta corriente (supuesto infrecuente) o al de la aseguradora.

En resumen, argumentan que no se aplican los supuestos y vencimientos de devolución de cargos anteriormente explicados, siempre que se trate de un pago de prima intermediado como tal por un mediador de seguros, siempre según la interpretación más plausible de este artículo 3.b) de la Ley.

## 2-57 El impago de la prima del seguro

Las consecuencias de impago de la prima son las siguientes:

- Cuando la falta de pago se refiere a la primera prima o a la prima única según el caso, el asegurador puede optar entre resolver el contrato o exigir el pago en vía ejecutiva con base en la póliza, quedando asimismo, salvo pacto en contrario, liberado de la obligación de atender el siniestro producido antes del pago.
- Si la falta de pago se refiere a la segunda o sucesivas primas, el tomador tendrá para realizar el pago, el plazo de gracia de un mes computado desde la fecha de vencimiento, transcurrido el cual, si no efectuase el pago se producirán los siguientes efectos:

a) Suspensión de la cobertura por parte del asegurador.

b) Durante el plazo de seis meses contados desde el vencimiento, el asegurador podrá reclamar el pago de la prima, quedando extinguido el contrato si no se efectúa tal reclamación en dicho plazo.

- En el caso de que se abonen las primas antes de que el contrato se resuelva o se extinga, la cobertura reinicia su efecto a las 24 horas del día en que se produjo el pago.


© CISS

La culpa del tomador debe ser probada por el asegurador que quiera verse librado de su obligación. La jurisprudencia exige una especial diligencia a las aseguradoras a la hora de gestionar el cobro de los recibos de primas, sobre todo en los casos de domiciliación bancaria.

**ATENCIÓN:** Un problema que ha planteado diferentes interpretaciones es el **impago de una fracción de la prima, primera o sucesiva, que no sea la primera fracción**. En este caso, no opera lo dispuesto en el artículo 15 de la LCS, puesto que una de las características de la prima es su indivisibilidad por cada período de seguro: el fraccionamiento de una prima, por ejemplo anual, en fracciones trimestrales es una facilidad que se otorga al tomador del seguro pero que no afecta a la periodicidad de la prestación.

2

## 2-58 El aumento de las primas en los seguros

La DGSFP contesta una consulta sobre el aumento de prima en los seguros en general en la que señala:

*1. El artículo **25.3 del texto refundido de la Ley de Ordenación y Supervisión de los Seguros Privados**,* aprobado por Real Decreto Legislativo 6/2004, de 29 de octubre, se refiere a las tarifas de primas en los siguientes términos:

*Las tarifas de primas deberán ser suficientes, según hipótesis actuariales razonables, para permitir a la entidad aseguradora satisfacer el conjunto de las obligaciones derivadas de los contratos de seguros y, en particular, constituir las provisiones técnicas adecuadas. Asimismo, responderán al régimen de libertad de competencia en el mercado de seguros sin que, a estos efectos, tenga el carácter de práctica restrictiva de la competencia la utilización de tarifas de primas de riesgo basadas en estadísticas comunes.*

*Conforme a lo anterior, la Ley al referirse al importe de las primas únicamente regula el importe mínimo, al establecer el principio de **suficiencia de la prima**;* es decir, que las tarifas de primas a aplicar por las entidades aseguradoras han de ser suficientes, de tal modo que permitan a la entidad satisfacer el conjunto de las obligaciones derivadas de los contratos de seguro. Ello, sin duda, constituye una garantía de solvencia, necesaria para el ejercicio de la actividad aseguradora en aras del futuro cumplimiento de las obligaciones contraídas.

*Conviene precisar además que las tarifas de primas **no están sujetas a autorización administrativa*** ni deben ser objeto de remisión sistemática a la Dirección General de Seguros y Fondos de Pensiones, y ello con independencia de que este organismo pueda requerir a las entidades aseguradoras la presentación de las tarifas de primas aplicadas, con el fin de comprobar si respetan las disposiciones técnicas y sobre contrato de seguro.

*En consecuencia, y en virtud del principio de libertad de competencia, no puede incidirse por parte de la Administración en la cuantía de las primas, siempre que las mismas se adecuen a lo previsto en la normativa reguladora a que anteriormente se ha hecho referencia.*

*2. Ahora bien, no obstante lo anterior, el aumento de la prima de un seguro requiere una serie de formalidades que deben ser cumplidas por la entidad aseguradora en caso de aumentar el precio del seguro.*

*Conforme al **artículo 1 de la Ley 50/1980, de 8 de octubre, de Contrato de Seguro**,* la prima es un elemento esencial del contrato. Por ello, cualquier modificación de la misma constituye una modificación contractual conforme al artículo 1.203.1 del Código Civil, cuya validez requiere el concurso de la voluntad de ambos contratantes, con arreglo al artículo 1.262 del Código Civil.

*Por su parte, el **artículo 5 de la Ley de Contrato de Seguro**,* establece que el contrato de seguro y sus modificaciones o adiciones deberán ser formalizadas por escrito.

*Por consiguiente, la modificación del precio del seguro, siendo éste un elemento esencial del contrato, tendrá lugar a partir del momento en que las partes estén de acuerdo en que tal modificación se produzca y la formalización por escrito en la propia póliza o en documento complementario tiene una función probatoria de tal acuerdo.*

***3. En relación al aumento de la prima, pueden darse dos supuestos diferentes:***

- ***La modificación de la prima está prevista en el contrato**,* determinando su importe o, al menos, los medios automáticos para su cálculo. En estos casos se está ejecutando el mismo, y por tanto no requiere una nueva aceptación del tomador puesto que prestó su consentimiento al suscribir el seguro inicialmente.

- ***La modificación de primas no está prevista**.* En este caso debe ser aceptada por el tomador del seguro en virtud a lo dispuesto en el artículo 5 de la Ley de Contrato de Seguro. En el supuesto de que el aumento de prima se produzca para el nuevo periodo de cobertura, la entidad aseguradora deberá comunicar al tomador del seguro el incremento con **dos meses** de antelación a la finalización del contrato (plazo previsto en el artículo 22 de la Ley de Contrato de Seguro para la prórroga del contrato). En caso de que el asegurado no acepte la subida de la prima, la entidad podrá negarse a prorrogar el contrato para el siguiente periodo de cobertura.

*Si no se respeta el plazo de dos meses, la subida de primas no podrá aplicarse sin el consentimiento del tomador, y por tanto la entidad deberá respetar la prima del periodo anterior. Hasta el vencimiento del periodo en curso, la compañía no podrá rescindir el contrato ante un eventual rechazo del aumento de prima no previsto en el contrato, por parte del tomador.*

2

**Ejemplo 1:**

Respuesta de la DGSFP a consulta sobre aumento de prima de seguros de asistencia sanitaria.

***Planteamiento***

***Contestación***

*1. El artículo 25.3 del texto refundido de la Ley de ordenación y supervisión de los seguros privados, aprobado por Real Decreto Legislativo 6/2004, de 29 de octubre, se refiere a las tarifas de primas en los siguientes términos:*

*Las tarifas de primas deberán ser suficientes, según hipótesis actuariales razonables, para permitir a la entidad aseguradora satisfacer el conjunto de las obligaciones derivadas del contrato de seguro y, en particular, constituir provisiones técnicas adecuadas. Asimismo, responderán al régimen de libertad de competencia en el mercado de seguros sin que, a estos efectos, tenga el carácter de práctica restrictiva de la competencia la utilización de tarifas de primas de riesgo basadas en estadísticas comunes.*

*Conforme a lo anterior, cuando la Ley se refiere al importe de las primas, únicamente regula el importe mínimo, al establecer el principio de suficiencia de la prima; es decir, que las tarifas de primas a aplicar por las entidades aseguradoras han de ser suficientes, de tal modo que permitan a la entidad satisfacer el conjunto de las obligaciones derivadas de los contratos de seguro.*

*Ello, sin duda, constituye una garantía de solvencia, necesaria para el ejercicio de la actividad aseguradora en aras del futuro cumplimiento de las obligaciones contraídas.*

*Conviene precisar además que las tarifas de primas* ***no están sujetas a autorización administrativa*** *ni deben ser objeto de remisión sistemática a la Dirección General de Seguros y Fondos de Pensiones, y ello con independencia de que este organismo pueda requerir a las entidades aseguradoras la presentación de las tarifas de primas aplicadas, con el fin de comprobar si respetan las disposiciones técnicas y sobre contrato de seguro. En consecuencia, y en virtud del principio de libertad de competencia, no puede incidirse por parte de la Administración en la cuantía de las primas, siempre que las mismas se adecuen a lo previsto en la normativa reguladora a que anteriormente se ha hecho referencia.*

*2. De acuerdo con lo dispuesto en el artículo 22 de la Ley 50/1980, de 8 de octubre, de Contrato de Seguro, la duración del contrato será la determinada en la póliza, la cual no podrá fijar un plazo superior a diez años. Sin embargo, podrá establecerse que se prorrogue una o más veces por un periodo no superior a un año cada vez. Existe un derecho de las partes de oponerse a la prórroga mediante notificación enviada a la otra parte con un plazo de anticipación de dos meses a la conclusión del periodo en curso.*

*3. En el ámbito de los seguros de asistencia sanitaria es una práctica habitual establecer como periodo de duración del contrato un año; lo que supone que la prima calculada tiene en cuenta el riesgo de la persona asegurada durante el año de cobertura. Esta circunstancia supone que cuando se renuevan los contratos, las primas se modifican, ya que a medida que aumenta la edad, mayor es el riesgo de necesitar prestaciones de asistencia sanitaria, por lo que la prima de riesgo es mayor.*

*4. Conforme al artículo 1 de la Ley de Contrato de Seguro, la prima es un elemento esencial del contrato. Por ello, cualquier modificación de la misma constituye una modificación contractual conforme al artículo 1203.1 del Código Civil, cuya validez requiere el concurso de la voluntad de ambos contratantes, con arreglo al artículo 1262 del Código Civil.*

*Por su parte, el artículo 5 de la Ley de Contrato de Seguro, establece que el contrato de seguro y sus modificaciones o adiciones deberán ser formalizadas por escrito.*

*Por consiguiente, la modificación del precio del seguro, siendo éste un elemento esencial del contrato, tendrá lugar a partir del momento en que las partes estén de acuerdo en que tal modificación se produzca. La formalización por escrito de la modificación en la propia póliza o en documento complementario tiene una función probatoria de tal acuerdo.*

*5. Sin embargo, en el supuesto de que el aumento de prima se produzca para el nuevo periodo de cobertura, la entidad aseguradora deberá comunicar al tomador del seguro el incremento con dos meses de antelación a la finalización del contrato (plazo previsto en el artículo 22 de la Ley de Contrato de Seguro para la prórroga del contrato). En caso de que el asegurado no acepte la subida de la prima, la entidad podrá negarse a prorrogar el contrato para el siguiente periodo de cobertura.*

*Si no se respeta el plazo de dos meses, la subida de prima no podrá aplicarse sin el consentimiento del tomador, y por tanto la entidad deberá respetar la prima del periodo anterior.*

*Hasta el vencimiento del periodo en curso, la compañía no podrá rescindir el contrato ante un eventual rechazo del aumento de prima no previsto en el contrato, por parte del tomador.*

2

**Ejemplo 2:**

Respuesta de la DGSFP a consulta sobre aumento de prima en los seguros de decesos.

***Planteamiento***

*Se consulta sobre el aumento de prima en los seguros de decesos.*

***Contestación***

*1. El artículo 25.3 del texto refundido de la Ley de ordenación y supervisión de los seguros privados, aprobado por Real Decreto Legislativo 6/2004, de 29 de octubre, se refiere a las tarifas de las primas en los siguientes términos:*

*Las tarifas de primas deberán ser suficientes, según hipótesis actuariales razonables, para permitir a la entidad aseguradora satisfacer el conjunto de las obligaciones derivadas del contrato de seguro y, en particular, constituir provisiones técnicas adecuadas. Asimismo, responderán al régimen de libertad de competencia en el mercado de seguros sin que, a estos efectos, tenga el carácter de práctica restrictiva de la competencia la utilización de tarifas de primas de riesgo basadas en estadísticas comunes.*

*Conforme a lo anterior, cuando la Ley se refiere al importe de las primas, únicamente regula el importe mínimo, al establecer el principio de suficiencia de la prima; es decir, que las tarifas de primas a aplicar por las entidades aseguradoras han de ser suficientes, de tal modo que permitan a la entidad satisfacer el conjunto de las obligaciones derivadas de los contratos de seguro. Ello, sin duda, constituye una garantía de solvencia, necesaria para el ejercicio de la actividad aseguradora en aras del futuro cumplimiento de las obligaciones contraídas.*

*Conviene precisar además que las tarifas de primas no están sujetas a autorización administrativa ni deben ser objeto de remisión sistemática a la Dirección General de Seguros y Fondos de Pensiones, y ello con independencia de que este organismo pueda requerir a las entidades aseguradoras la presentación de las tarifas de primas aplicadas, con el fin de comprobar si respetan las disposiciones técnicas y sobre contrato de seguro. En consecuencia, y en virtud del principio de libertad de competencia, no puede incidirse por parte de la Administración en la cuantía de las primas, siempre que las mismas se adecuen a lo previsto en la normativa reguladora a que anteriormente se ha hecho referencia.*

*2. En el ámbito de los seguros de decesos, la modificación de las primas puede estar generada por diversos factores, de los cuáles cabe destacar los dos siguientes: la edad de los asegurados y la elevación del coste del servicio prestado.*

*Respecto al primer factor, cuanto mayor es la edad del asegurado, mayor es el riesgo de fallecimiento asumido por la aseguradora, por lo que la prima de riesgo resulta mayor. En cuanto al segundo factor, cuando se incrementa el coste del servicio, la cobertura contratada del seguro puede no resultar suficiente para atender el coste del servicio pactado. En estos casos resulta conveniente elevar el importe de la cobertura. Este incremento del coste del servicio (y de la suma asegurada), dará lugar a un ajuste en la tarifa.*

2

*Por eso, el artículo 79 del Reglamento de Ordenación y Supervisión del Seguro Privado, aprobado por Real Decreto 2486/1998, de 20 de noviembre, exige que las tarifas de prima de los seguros de decesos reflejen las modificaciones en la cobertura del asegurador ante evoluciones del coste del servicio, así como la utilización de técnica análoga a la del seguro de vida; lo que supone, entre otros extremos, atender también a la edad del asegurado para calcular el importe de la prima.*

*3. En este contexto, y al objeto de* ***mantener el equilibrio contractual en los contratos de seguro ya celebrados****, al que se refiere el artículo 62.1 del texto refundido de la Ley de ordenación y supervisión de los seguros privados, cuando la entidad aseguradora pretenda incrementar la prima en los seguros de decesos ha de ajustarse a los siguientes principios:*

*A) Respecto al* ***momento en que se puede efectuar****, los incrementos de prima han de respetar el vencimiento del contrato, de forma que no se puede exigir al asegurado una prima mayor sino a partir del siguiente vencimiento de la póliza. El incremento de la prima ha de comunicarse por el asegurador al asegurado por escrito y con dos meses de antelación al vencimiento, tal y como establece el artículo 22 de la Ley 50/1980, de 8 de octubre, de Contrato de Seguro; en caso contrario la entidad debe respetar la prima del periodo anterior.*

*B) Respecto a las consecuencias de la no aceptación del incremento por el asegurado, las nuevas condiciones económicas del contrato deben ofrecerse al asegurado con carácter opcional para que sean aceptadas por éste libremente, de forma que si el asegurado no desea pagar el incremento de prima comunicado por la entidad, el contrato se mantiene con las condiciones inicialmente estipuladas y, en caso de que se produzca el siniestro, resulta a cargo del asegurado el exceso del coste de servicio no cubierto en la póliza.*

# Capítulo II. LAS PARTES INTERVINIENTES EN EL CONTRATO DE SEGURO

## Sección 1. EL TOMADOR

### 2-59 El tomador del seguro

La peculiaridad del contrato de seguro, a diferencia de los demás tipos de contratos en los que hay siempre dos partes contratantes, sea en nombre propio, sea como representantes de otro, y esas partes contratantes, o sus representados, son las que adquieren los derechos y obligaciones derivados del contrato, es que el círculo personal del contrato de seguro se extiende a personas que no son contratantes ni representados por los contratantes.

La semejanza con los intervinientes en otros tipos de contratos se extrapola en el contrato de seguros a las figuras del asegurador, por un lado y del tomador del seguro, que será quien quiere traspasar el riesgo a la entidad aseguradora.

Además de estas dos personas fundamentales para el contrato de seguro, pueden aparecer otras personas influidas por el ámbito del contrato como son el asegurado -que no siempre coincide con la figura del tomador- y el beneficiario.

Según la LCS, en su **artículo 7**: *"El tomador del seguro puede contratar el seguro por cuenta propia o ajena. En caso de duda se presumirá que el tomador ha contratado por cuenta propia".*

*(...)*

*"Si el tomador del seguro y el asegurado son personas distintas, las obligaciones y los deberes que derivan del contrato corresponden al tomador del seguro, salvo aquellos que por su naturaleza deban ser cumplidos por el asegurado. No obstante, el asegurador no podrá rechazar el cumplimiento por parte del asegurado de las obligaciones y deberes que correspondan al tomador del seguro".*


© CISS

El tomador del seguro es la persona física o jurídica que pacta y suscribe el contrato de seguro con el asegurador, asumiendo las obligaciones que del contrato se derivan; en definitiva, es quien contrata y firma la póliza.

El tomador del seguro es el contratante; por tanto, debe tener capacidad legal para contratar. La incapacidad restringe el ejercicio del derecho a contratar, y según el artículo 1.263 del Código Civil no pueden prestar consentimiento, careciendo, por tanto de capacidad para obligarse contractualmente, los menores no emancipados así como los declarados incapaces por resolución judicial.

Existe la posibilidad de que se contrate el seguro por una persona que actúa en favor de otra tercera (contratación por cuenta ajena), siendo ésta la que realmente tiene interés en la conservación del bien expuesto al riesgo. La LCS tan sólo menciona esta forma de seguro en su artículo 7.

Esta operación (contratar por cuenta ajena) puede hacerse bien como mandatario o apoderado de una tercera persona concreta, conocida, o bien que el tomador del seguro (contratante) desconozca la identidad de aquella persona que se va a beneficiar de la garantía del seguro, por ejemplo, en el seguro de transportes, una mercancía ha de pasar a veces por distintas manos antes de llegar a su destinatario, y los sucesivos transportistas afrontarán el precio del seguro para cubrirse de los posibles riesgos; quedando, habitualmente, la póliza abierta y por cuenta de quien corresponda.



## 2-60 El deber del tomador de declarar el riesgo

El **artículo 10 de la LCS** contiene el deber de declaración del riesgo del tomador de todas las circunstancias por él conocidas que puedan influir en la valoración del riesgo.

Este deber se caracteriza por ser precontractual, tal y como señala la Ley al decir que debe hacerse antes de la conclusión del contrato.

Además, esta declaración se producirá a instancias del asegurador cuando éste le presente el cuestionario al tomador, de tal forma que si el asegurador no le presentase dicho cuestionario o, aún presentándoselo, se traten de circunstancias que puedan influir en la valoración del riesgo y que no estén comprendidas en él, el tomador quedará exonerado de tal deber.

La inexactitud, ocultamiento o falsedad de los datos aportados por el futuro tomador tendrán efecto sobre la validez del contrato. En el caso de reserva o inexactitud del asegurado, el asegurador puede rescindir el contrato, mediante comunicación previa al tomador en el **plazo de un mes**, a contar desde que tenga conocimiento de la reserva o inexactitud del tomador.

Este deber de comunicar las verdaderas circunstancias del riesgo al asegurador, que está basado en el principio de la buena fe que rige el contrato de seguro, se mantiene durante toda la vida del contrato, pues el **artículo 11 LCS** establece el deber de comunicar al asegurador cualquier circunstancia que pueda incidir en la valoración del riesgo (agravación y disminución del mismo) durante la vida del contrato.

**ATENCIÓN:** Se excepciona en la Ley el caso del seguro de vida **(art. 89 LCS)**, en el que establece que el asegurador no puede rescindir el contrato una vez transcurrido un año desde la fecha de su conclusión (indisputabilidad), a no ser que se apreciase dolo en la conducta del tomador.

**La Regla de la Equidad**: El artículo 10 de la LCS regula el caso de que ocurra el siniestro **antes** de que el asegurador haga la citada declaración. En tal situación, se aplica la llamada **regla de equidad** y la prestación del asegurador se reducirá proporcionalmente a la relación entre la prima convenida y la que habría correspondido de haberse producido una exacta declaración del riesgo. Si se demuestra que hubo **dolo o culpa grave** del tomador quedará liberado el asegurador del pago de la prestación.

# Sección 2. EL ASEGURADO

## 2-61 El asegurado

Es la persona que se halla expuesta al riesgo en su persona o bienes, que se cubren mediante la póliza.

La LCS, en su **artículo 7** establece que "*los derechos que derivan del contrato corresponderán al asegurado, o, en su caso, al beneficiario, salvo los especiales derechos del tomador en los seguros de vida*". El asegurado, además de las obligaciones del contrato, asume siempre los derechos, el tomador asume las obligaciones aunque puede que no asuma los derechos.

Los derechos se adquieren, lógicamente, por quien está interesado en que el siniestro no se produzca, y esta persona puede ser el mismo contratante (tomador) o un tercero, que sería el verdadero portador del interés, siendo el contratante (tomador) un mediador de ese interés ajeno perteneciente al asegurado.

En el seguro de cosas, generalmente coinciden el asegurado y el tomador del seguro, pues éste suele asegurar las cosas en cuya conservación tiene interés como propietario, arrendatario, depositario, etc.

2

En el seguro de personas, si se trata de un seguro sobre la propia vida, es inevitable que aparezca una tercera persona para reclamar el pago del capital, ya que no puede hacerlo el tomador (contratante) sobre cuya vida se pacta el seguro. Esta otra persona será la beneficiaria del seguro, es decir, la persona que haya sido designada por el contratante (tomador) en el seguro sobre su propia vida.

Es muy habitual que las empresas (tomador) realicen seguros de vida y/o accidentes sobre sus empleados (asegurados); incluso, en muchos casos, dependiendo del tipo de sector o actividad que realice la empresa, esto es obligatorio hacerlo y se les impone por su Convenio.

**ATENCIÓN:** En el seguro de vida, asegurador es la persona cuya vida se garantiza. En el ramo de incendios será la persona titular o dueña del inmueble cubierto por la póliza.

## 2-62 La declaración de agravación del riesgo

Los artículos 11, 12 y 13 de la LCS versan sobre el deber de declaración de la agravación del riesgo. Al ser el contrato de seguro un contrato de tracto sucesivo, necesita el asegurador conocer las circunstancias relativas al riesgo cuya cobertura asume no sólo en el momento de la conclusión, **sino en cualquier momento posterior**, pues solo así podrá comprobar la equivalencia entre la prima que ha percibido del tomador y la cobertura que él ofrece frente al mencionado riesgo.

Si la declaración del riesgo corresponde al tomador, la declaración de su agravación **corresponde tanto al tomador como al asegurado**, según señala el **artículo 11**, pues el asegurado, al ser el titular del interés protegido, está en mejores condiciones incluso que el tomador para conocer la evolución del riesgo.

El **artículo 12**, por su parte, establece dos opciones a las que puede acogerse el asegurador una vez conocida la agravación del riesgo, como son la **modificación** del contrato o su **rescisión**.

El problema surge de nuevo cuando el siniestro se produce **antes** de que se haya efectuado la declaración de la agravación. En tal caso, si la falta de declaración se debe a mala fe, el asegurador queda liberado de su prestación. Si se debe a otra causa, la prestación se reducirá proporcionalmente a la relación que exista entre la prima pagada y la que habría correspondido al riesgo agravado.

La Ley, por último, permite también al tomador o al asegurado la facultad (que no deber) de comunicar al asegurador las circunstancias modificativas que disminuyan el riesgo a fin de reducir en la proporción correspondiente el importe de las primas futuras, como indica el **artículo 13**.

**Ejemplo:**

Imaginemos una nave industrial que se destina a una empresa que fabrica muebles, por lo que está integrada básicamente por materiales de madera de todos los tipos.

Supongamos que el propietario cede temporalmente una parte de la nave a un familiar que tiene una empresa de productos químicos -altamente inflamables- mientras le rehabilitan su fábrica.

El tomador de la póliza que asegura la fábrica de maderas estará obligado a comunicar a la aseguradora la agravación del riesgo que supone tener dentro de la nave unos productos químicos durante un tiempo. A tal efecto, la aseguradora valorará esa ampliación del riesgo y emitirá una sobre prima.

En caso de no comunicarlo y de sobrevenir el riesgo, se podrá entender que el asegurado no obró de buena fe para así evitarse el pago de la sobreprima.


© CISS

# Sección 3. EL BENEFICIARIO

## 2-63 El beneficiario

Beneficiario es la persona designada para percibir la utilidad del seguro contratado, que normalmente se referirá a riesgos personales (seguro de vida e individual de accidentes) y que señala el tomador-contratante del seguro en el contrato, pudiendo modificarla tantas veces como estime oportuno **(art. 84 LCS)**, sin necesidad de consentimiento del asegurador y comunicándolo por escrito a éste o en testamento.

Su designación puede ser de forma expresa o tácita y generalmente de libre nombramiento, aunque es práctica habitual que el beneficiario tenga algún vínculo común de intereses personales, económicos o familiares con el asegurado o contratante.

Si en el momento del fallecimiento del asegurado no hubiera beneficiario concretamente designado, ni reglas para su determinación, el capital formará parte del patrimonio del tomador (art. 84, pfo. 3° LCS).



## 2-64 Beneficiarios herederos legales

El hecho de que en las pólizas de seguros se pueda designar un beneficiario, es una de las particularidades que caracterizan, a diferencia de otros, a los contratos de seguros (art. 85 LCS).

Los seguros no están constituidos como instrumento que sirva para resarcir del daño causado a los herederos de la persona que contrata la póliza, sino para que, a juicio de tomador, se resarza a aquélla persona que, de ocurrir el hecho que da origen al seguro, pudiera resultar perjudicado. Esta/s persona/s puede/n ser el propio tomador u otros, y dentro de estos, pueden ser los herederos legales o bien otras personas diferentes.

En la práctica, lo más habitual es señalar "cónyuge e hijos por partes iguales" o bien "cónyuge y herederos legales".

Veamos a continuación qué implicación es tiene esas designaciones tan genéricas:

Si el tomador opta por señalar a sus "hijos" de una manera genérica -sin especificar sus nombres- como beneficiarios en estos contratos, se tendrá que interpretar y considerar que se extenderá tal designación a todos sus descendientes que tengan derecho a herencia.

Si lo que refleja expresamente en la póliza como beneficiarios es el término "herederos", se deberá considerar que lo integran aquéllas personas que tengan dicha condición en el momento del fallecimiento del asegurado.

Cuando se designa como beneficiario al "cónyuge", sin especificar su nombre, se entenderá que es quién lo sea en el momento del fallecimiento del asegurado.

Estas matizaciones las contempla la LCS en su artículo 85 que también viene a determinar que "los beneficiarios que sean herederos conservarán dicha condición aunque renuncien a la herencia".

## 2-65 Beneficiarios no herederos legales

En caso de haber designado en la póliza como beneficiarios a personas distintas de los herederos legales del asegurado, llegado el momento en que el asegurador deba cumplir con la prestación convenida, ésta será entregada al beneficiario, aún contra las reclamaciones de los herederos legítimos y acreedores de cualquier clase del tomador del seguro; aunque éstos pueden exigir al beneficiario el reembolso del importe de las primas abonadas por el contratante en fraude de sus derechos (art. 88 LCS).

## 2-66 Designación de varios beneficiarios

Es muy habitual que la designación del beneficiario se realice a varias personas, incluso en muchos casos se añada la coletilla "por partes iguales" aunque no es necesario porque, tal y como establece el artículo 86 de la LCS cuando la designación se hace a favor de varios beneficiarios, la prestación convenida se distribuirá, salvo estipulación en contrario, por partes iguales.

Ahora bien, cuando se hace en favor de los herederos, la distribución tendrá lugar -como indica el citado art. 86 de la LCS- "en proporción a la cuota hereditaria, salvo pacto en contrario. La parte no adquirida por un beneficiario acrecerá a los demás" (art. 86).

## 2-67 Revocación de la designación de beneficiario

El tomador del seguro puede revocar la designación del beneficiario en cualquier momento, mientras no haya renunciado expresamente y por escrito a tal facultad, comunicándolo al asegurador por escrito o en testamento (art. 87). El tomador perderá los derechos de rescate, anticipo, reducción y pignoración de la póliza si renuncia a la facultad de revocación.

## 2-68 El Registro Único de Seguros de Vida

En el mes de junio de 2007 entró en vigor el Registro único para los seguros de Vida cuya gestión corresponde al Ministerio de Justicia a través de la Dirección General de los Registros y del Notariado creado para conocer la identidad de los beneficiarios en los seguros con cobertura de fallecimiento.

La finalidad de este Registro es, por un lado, conocer si una persona fallecida tenía contratada con alguna aseguradora una póliza de seguro de vida y por otro, permitir a los posibles beneficiarios dirigirse, con esa información, a la entidad aseguradora para constatar que efectivamente aparecen como beneficiarios.

El objetivo de este registro es dar a conocer si una persona fallecida estaba asegurada con un seguro de cobertura de fallecimiento, ya que en muchas ocasiones por desconocimiento de los beneficiarios de estos seguros se dejaban de percibir las cantidades correspondientes.

Este registro está unido al registro de actos de última voluntad, único para todo el territorio nacional. La persona que acuda hasta el registro para solicitar información deberá presentar el certificado de defunción de la persona sobre la que se quiere conocer información, y éste deberá emitir una certificación en la que consten los seguros que correspondan.

El interesado podrá acudir a las compañías aseguradoras correspondientes para conocer si es beneficiario o no del seguro y éstas estarán obligadas a comunicar los datos correspondientes a este Registro para su constancia en el mismo.

El registro regula los aspectos relativos a la comunicación y envío de información por parte de las entidades aseguradoras de los datos de los contratos de seguros que se encuentren en vigor y que estén dentro del ámbito de aplicación de la ley.

**Obligaciones de aseguradoras y Notarios**: Las entidades aseguradoras deberán comunicar al registro:

- Los datos de identidad de la persona asegurada.
- Su número de Documento Nacional de Identidad.
- Su Número de Identificación Fiscal o número del documento acreditativo de identidad que en casa caso corresponda.
- Así como el número del contrato o de referencia al reglamento de prestaciones de la mutualidad de previsión social y tipo de cobertura.

Por otro lado, en el proceso de adjudicación o partición de herencias los notarios estarán obligados a incorporar el certificado del registro de seguros del causante fallecido, de forma que los Notarios favorecerán el conocimiento de los seguros existentes y advertirán a los interesados de la presencia de alguno que cubriera dicho fallecimiento.


© CISS

## Sección 4. EL ASEGURADOR

### 2-69 El asegurador

Se puede definir al asegurador como la persona jurídica que, constituida y funcionando con arreglo a lo dispuesto en la legislación correspondiente, se dedica a asumir riesgos ajenos, cumpliendo lo que a tal efecto establece aquella legislación, mediante la percepción de un precio llamado prima.

La asunción de riesgos ajenos (actividad aseguradora) no está permitida a personas físicas. Solamente podrán ejercerla las que revistan la forma de Sociedad Anónima, Sociedad Mutua (a Prima Fija o Variable), Sociedad Cooperativa (a prima fija o variable) o Mutualidad de Previsión Social (a prima fija o variable).



También pueden realizar la actividad aseguradora las entidades que adopten cualquier forma de Derecho público, siempre que tengan por objeto la realización de operaciones de seguro en condiciones equivalentes a las de las aseguradoras privadas.

Asimismo, las entidades de seguros extranjeras también podrán ejercer la actividad en España, siempre que cumplan una serie de condiciones.

Las funciones del asegurador son varias. Desde el punto de vista operativo, como ya hemos mencionado, su principal función es asumir las consecuencias del evento cuyo riesgo es objeto de cobertura; es decir, cubrir la posibilidad de que se produzca un siniestro que produzca en el asegurado un daño en su esfera patrimonial. Para ello, los aseguradores constituyen una gran masa de riesgos homogéneos, en los que las aportaciones de todos los asegurados sirven para compensar las cantidades que hay que entregar a los que han sufrido un siniestro.

Adicionalmente, el asegurador se puede calificar como un verdadero intermediario financiero que, de manera simultánea, recibe fondos y los invierte en diferentes tipos de activos, principalmente de naturaleza financiera.

La actividad de las entidades aseguradoras debe estar sujeta a un cierto control por parte de los organismos públicos, función de control que en nuestro país es desempeñada por el Ministerio de Economía y Hacienda a través de la Dirección General de Seguros y Fondos de Pensiones (DGSFP).

# Capítulo III. INSTRUMENTACIÓN DEL SEGURO

## Sección 1. EL COMIENZO DEL CONTRATO DE SEGURO

### 2-70 El comienzo del contrato de seguro

Hay que distinguir entre comienzo formal y comienzo material:

***Comienzo formal* o perfección del contrato de seguro**

Es el momento en que el contrato comienza a obligar a cumplir lo pactado. En el seguro, la perfección supone el encuentro de dos declaraciones de voluntad: la del tomador y la del asegurador (arts. 1.258 y 1.262 C.C.).

La perfección del contrato de seguro se produce cuando se ha dado cumplimiento a todos los requisitos de forma necesarios, que hagan considerar que han quedado válidamente plasmadas las voluntades de obligarse del tomador y del asegurador, mediante la emisión, firma y entrega de la póliza **(art. 5 LCS)**. De ahí viene el término de "*formalización de la póliza*", cuando ésta está debidamente firmada por ambas partes, independientemente de que se haya pagado la prima o no.

***Comienzo material* del contrato de seguro**

Es cuando el contrato de seguro comienza a surtir efectos y éste coincide con el **momento en que se paga la prima**, surgiendo para el asegurador la obligación concreta de cubrir el riesgo y de indemnizar el posible siniestro.

El momento en que se da inicio a la garantía otorgada por el asegurador (toma de efecto) puede ser igual o distinto al instante en que el contrato se ha perfeccionado. Así, por ejemplo, puede firmarse el contrato de seguro, entregarse la póliza y pagarse la prima, aunque los efectos de la garantía van a comenzar más tarde, como sucede en un seguro de transportes, a partir del momento en que la mercancía inicie el viaje.

Puede también darse el supuesto de que una vez perfeccionado el contrato, no se abone la prima; en este caso, según el **artículo 15 LCS**, el asegurador no estará obligado a nada, y tiene derecho a resolver el contrato, o a exigir el pago de la prima debida en vía ejecutiva con base en la póliza. Si el asegurador no hubiera resuelto el contrato y el tomador pagó su prima, la cobertura comienza a tener efecto a las veinticuatro horas del día en que se abonó la prima.

2

Ahora bien, hay que tener en cuenta que la "Solicitud del Seguro" NO vincula al solicitante; sin embargo, la proposición de seguro por el asegurador SI vinculará al proponente durante un plazo de quince días. Por acuerdo de las partes, los efectos del seguro podrán retrotraerse al momento en que se presentó la solicitud o se formuló la proposición (art. 6 LCS).

Por regla general se indicará que la cobertura comenzará a las **24 horas del día en que se pague la primera prima**. No obstante, las partes, de común acuerdo pueden retrotraer los efectos del contrato al momento en que se presentó la solicitud o se formuló la proposición (art. 6° párrafo 2° LCS).

La fecha a partir de la cual comienzan los efectos del contrato, puede venir expresamente determinada o ser determinable en virtud de algún acontecimiento externo. Por ejemplo, en los seguros de transportes, la cobertura comenzará en el momento en que se inicie el viaje, aunque cuando se firme la póliza no se conozca con exactitud el día y la hora en que dicho evento ocurrirá.

**ATENCIÓN:** Especialidad de los contratos de seguro a distancia. Cuando el seguro es distinto al de vida, el tomador que lo haya contratado a distancia dispone del **plazo de 14 días** para resolverlo unilateralmente sin necesidad de justificar los motivos y sin penalización siempre que no haya acontecido el evento dañoso objeto del contrato. Esto no se aplicará a los seguros de viaje o equipaje de duración inferior a un mes.

## 2-71 La solicitud del seguro

**La solicitud de seguro** es el documento cumplimentado por el tomador del seguro -antes de serlo- mediante el cual solicita o pide de la entidad aseguradora las coberturas descritas en dicho documento, especificando simultáneamente las circunstancias del riesgo que pretende asegurar, y sobre el que habrá de recaer en su día el contrato y por tanto, la emisión de la correspondiente póliza.

Consiste en una declaración formal de la voluntad de contratar. Suele presentarse la solicitud en un impreso conteniendo un cuestionario, facilitado por el asegurador y que el solicitante deberá cumplimentar y firmar.

No está definida en la LCS, únicamente la menciona el artículo 6 para dejar claro que "La solicitud de seguro no vinculará al solicitante", por lo que su función es la de facilitar todos los elementos de juicio necesarios para que el asegurador pueda evaluar los riesgos.

**ATENCIÓN:** Este planteamiento de no vinculación de la solicitud de seguro hecha por el posible tomador, supone una protección hacia la que se considera la parte más débil del contrato de seguro, que tiene sus orígenes en los movimientos de protección y defensa del consumidor imperantes en toda Europa.

## 2-72 La proposición o "propuesta" de seguro

Mientras que la solicitud de seguro es la que dirige el futuro tomador a la aseguradora solicitando el seguro, la proposición de seguro, por el contrario, es la oferta escrita de una determinada garantía, que el asegurador realiza al posible tomador del seguro, precisando la cobertura que se ofrece y el precio de la misma.

La LCS no define la proposición de seguro, pero la menciona en el **artículo 6 de la LCS** y establece que *"la proposición de seguro por el asegurador**vinculará al proponente durante un plazo de quince días**"*.

## 2-73 El documento de "cobertura provisional"

La LCS, en su artículo 5, hace referencia al "***documento de cobertura provisional***", que aunque no lo define, es un ***anticipo de la futura póliza*** que, existiendo ya una concurrencia entre una oferta y una aceptación sobre todas las cuestiones fundamentales del contrato de seguro entre el tomador y la aseguradora, tiene el valor de ser un avance de la póliza no emitida todavía por razones materiales o de tiempo.


© CISS

Este documento de cobertura provisional anticipa los efectos del seguro a una fecha anterior a la de la póliza, obligando a ambas partes a cumplir lo pactado y cumplirlo efectivamente una vez pagada la prima correspondiente.

El documento de cobertura provisional coincide con el *comienzo formal* del contrato, pero no con el *comienzo material* del mismo, pues se emite antes del pago de la prima.



## Sección 2. **LA PÓLIZA**

### 2-74 La póliza

La póliza es el documento mediante el cual se perfecciona el contrato de seguro y en el que se reflejan las normas que, con carácter general, particular o especial van a regular las relaciones contractuales convenidas entre el asegurador y el tomador o asegurado sirviendo de prueba de la existencia del mismo. La póliza recoge de forma clara y precisa los derechos y obligaciones de ambas partes.

Según *el* ***artículo 5 de la LCS***: "El contrato de seguro y sus modificaciones o adiciones deberán ser formalizadas por escrito. El asegurador está obligado a entregar al tomador del seguro la póliza o, al menos, el documento de cobertura provisional".

El contrato de seguro debe entenderse como un **contrato consensual**, independientemente de que se formalice por escrito o no. En su segundo párrafo, el **artículo 5 de la LCS** establece: "*En las modalidades de seguro en que, por disposiciones especiales no se exija la emisión de la póliza, el asegurador estará obligado a entregar el documento que en ellas se establezca*".

Aunque la LCS da un tratamiento de uniformidad al documento de la póliza de seguro, en la práctica es habitual distinguir entre tres partes bien diferenciadas en ella: Las Condiciones Generales, las Condiciones Particulares y las Condiciones Especiales.

**ATENCIÓN:** Aunque la propia LCS parece dejar abierta la puerta a que las partes puedan acordar que para algunos tipos de seguros no sea necesario la emisión de una póliza, el contrato de seguro está dotado de un carácter formalista en el sentido de que en la realidad de la práctica aseguradora no se concibe un contrato de seguro que no se formule por escrito en una póliza firmada por ambos contratantes.

Igualmente, de no haber póliza, afectaría a la propia vida del seguro, ya que solo cuando ha sido emitido y aceptado por ambas partes se puede decir que han nacido los derechos y obligaciones que del mismo se derivan.

### 2-75 Condiciones generales

Son las que reflejan el conjunto de principios básicos que establece el asegurador para regular todos los contratos de seguro que emita en el mismo ramo o modalidad de garantía.

Las condiciones generales, que en ningún caso podrán tener carácter lesivo para los asegurados, habrán de incluirse por el asegurador en la proposición de seguro si la hubiere y necesariamente en la póliza de contrato o en un documento complementario, que se suscribirá por el asegurado y al que se entregará copia del mismo, según establece la **LCS en su artículo 3**.

En las condiciones generales se establecen las normas relativas a la extensión y objeto del seguro, se señalan las exclusiones con carácter general, se determina la forma de liquidación de los siniestros, y se fija todo lo relativo al pago de indemnizaciones, al cobro de recibos, comunicaciones mutuas entre asegurador y asegurado, jurisdicción, subrogación, etc.

Según **el artículo 2 de la LCS:** "*Las distintas modalidades del contrato de seguro, en defecto de Ley que les sea aplicable, se regirán por la presente Ley, cuyos preceptos tienen carácter imperativo, a no ser que en ellos se disponga otra cosa. No obstante, se entenderán válidas las cláusulas contractuales que sean más beneficiosas para el asegurado*".

Deberán incluirse por el asegurador en la proposición de seguro si la hubiera y en todo caso en la póliza. Estas condiciones además deberán ser redactadas con la suficiente **claridad** y **precisión** como para asegurar la realidad del consentimiento del tomador del seguro.

Con esa misma finalidad dicho artículo establece que las **cláusulas limitativas** de los derechos del asegurado deben destacar de modo especial, de tal forma que no se confundan fácilmente con el resto de disposiciones del contrato, y que, además, el tomador **acepte específicamente por escrito**.

**En las condiciones generales se incluye la siguiente información:**

2

- Sometimiento de las partes a la LCS y a las disposiciones legales concordantes.
- La definición del objeto del seguro con las coberturas incluidas y las excluidas.
- Especificación de la territorialidad de las coberturas objeto del contrato.
- Forma de pago de la prima y detalle del fraccionamiento, en su caso, acordados por las partes.
- Relación de los derechos y deberes de las partes intervinientes.
- Procedimiento de tramitación, comunicación y liquidación de los siniestros.
- Causas de extinción del contrato o de su nulidad.
- Cláusula referente a la protección de los datos de carácter personal.
- Cláusula de resolución de controversias que pudieran surgir entre las partes.

**ATENCIÓN:** Las condiciones generales son redactadas por el asegurador siendo, en principio, iguales para todas las pólizas contratadas con una determinada compañía y en un determinado ramo. Por ello, suelen estar previamente impresas en los modelos de pólizas de las entidades. Las condiciones generales del contrato estarán sometidas a la vigilancia de la Administración pública en los términos previstos por la ley.

En caso de que fuese declarada por el Tribunal Supremo la nulidad de alguna de las cláusulas de las condiciones generales de un contrato de seguro, la Administración pública competente obligará a los aseguradores a modificar las cláusulas idénticas contenidas en sus pólizas.

La aplicación de las cláusulas especiales de coberturas por daños en los seguros, negociadas en especial por el cliente y la empresa aseguradora e incluidas en el contrato, prevalecen sobre las cláusulas generales del mismo.

En noviembre de 2010, una sentencia de la Sala Primera de lo Civil del TS, concluyó un conflicto indemnizatorio entablado entre la aseguradora Unión Mutua Asistencial de Seguros (UMAS) y una parroquia de Tui (Pontevedra) por los daños sufridos debido a las lluvias y los fuertes viento registrados en la madrugada del 28 de enero de 2001.

El tribunal destacó que el asegurado suscribió un condicionado particular y especial, única parte del contrato que negoció, en el que se establecía que la aseguradora cubría el riesgo de daños materiales al continente y contenido del templo siniestrado hasta el límite cuantitativo de entre 240.400 euros y 90.100 euros, respectivamente. *"Un especificación de tal calibre que supone reducir la cobertura de riesgo básico garantizado para supuestos singulares, cuando escapa de lo que de forma razonable podía esperar el asegurado, no puede ser opuesta a éste en detrimento de un derecho indemnizatorio que quedó definido en el clausulado especial"*, según dice la propia sentencia.

La parroquia tenía una póliza de seguro combinado parroquial, modalidad de daños, suscrita con la UMAS. El TS consideró que la cláusula especial, recogida en las condiciones generales de la póliza, limitaba los derechos al asegurado respecto a la cobertura de daños materiales del continente y contenido del edificio siniestrado. La aseguradora pretendía limitar esta indemnización a la suma máxima 3.000 euros al considerar el supuesto de la producción de los riesgos debido a la lluvia o el viento de una determinada intensidad en los términos generales de la contratación.

La compañía se opuso a pagar el siniestro con el argumento de que la póliza cubría diferentes edificaciones y también diferentes riesgos, por lo que la cláusula general tenía por objeto delimitar un riesgo específico, diferente del riesgo ordinario de daños por agua a continente y contenido. La sentencia desestimó el recurso de casación presentado por la UMAS contra la sentencia dictada por la Audiencia Provincial de Pontevedra y obligó a la aseguradora a pagar al templo una indemnización de 172.840 euros.

## 2-76 Cláusulas lesivas del contrato de seguro

Respecto a las cláusulas lesivas la doctrina se inclina mayoritariamente por considerar que tienen tal condición las cláusulas identificadas como abusivas en el TRLGCU (RDLeg. 1/2007). Esta norma establece también un procedimiento judicial para la declaración de una cláusula como abusiva a través de la **acción de cesación** reconocida a las asociaciones de consumidores en el artículo 53.


© CISS

Aun cuando la LCS establece sólo la competencia del Tribunal Supremo en la declaración de una cláusula como lesiva (abusiva), que llevaría aparejada su eliminación de los contratos, la mayor parte de la doctrina está de acuerdo en la inoperancia de este procedimiento, a partir de la entrada en vigor de la legislación de consumidores y de condiciones generales, y en sus sustitución por el procedimiento establecido en estas normas.

A ello se une que en casi treinta años de la entrada en vigor de la actual LCS no ha habido prácticamente ningún pronunciamiento del Tribunal Supremo en relación con la declaración de nulidad de una cláusula.

**ATENCIÓN:** En relación con los contratos de seguros, hay una única **sentencia, de la AP Madrid (Sec. 19ª), de 29 de marzo de 2006,** rec. 833/2005, que resuelve una acción de cesación en relación a varias cláusulas insertas en diversos contratos de seguro de varias compañías. La sentencia consideró que son cláusulas abusivas, y por tanto nulas, las siguientes:

2

- Las cláusulas que establecen la entrega del original de la póliza por el asegurado para iniciar la tramitación del siniestro.

- Las cláusulas de revalorización, valor de rescate, sistemas de bonus-malus, cuando no se incluya en ellas información suficiente para que el asegurado pueda determinar por sí mismo conforme a qué índices se realizarán los cálculos.

- En relación con el seguro de defensa jurídica:

• Las cláusulas que otorgan únicamente a la aseguradora el poder de decisión sobre la continuación del proceso o la presentación de recursos.

• Las cláusulas que eliminan el pago directo de la prestación del asegurador en el caso de que el proceso se gane con costas para el asegurado.

Otro tipo de cláusulas también revisadas en este proceso, sobre las que no se determinó su condición de abusivas, fueron las cláusulas de valor venal y las cláusulas que refieren el límite de cobertura en el seguro de defensa jurídica a los baremos oficiales de los Colegios de Abogados.

## 2-77 Cláusulas limitativas y cláusulas delimitativas

Las **cláusulas limitativas** son las que en algún modo o momento restringen o limitan los derechos del asegurado y que deben ser conocidas y aceptadas por éste de manera específica y por escrito. Estas cláusulas que limitan los derechos del asegurado deben destacar de modo especial, de tal forma que no se confundan fácilmente con el resto de disposiciones del contrato.

La LCS no distingue entre estas y las **cláusulas delimitativas**, solo se refiere a las cláusulas limitativas de los derechos del asegurado, para las que establece un sistema de aceptación reforzado. Sin embargo la jurisprudencia sí lo ha hecho: **exigen la aceptación escrita del asegurado para las cláusulas limitativas de sus derechos, pero no para aquellas que definen o delimitan la cobertura del riesgo.**

El Tribunal Supremo ha elaborado una doctrina que se resume en la **Sentencia del Pleno, Sala Civil nº 853/2006, de 11 de septiembre de 2006 (rec. 3260/1999):**

• La **cláusula limitativa** opera para restringir, condicionar o modificar el derecho del asegurado a la indemnización una vez que el riesgo objeto del seguro se ha producido.

• Las **cláusulas delimitadoras del riesgo** son aquellas mediante las cuales se concreta el objeto del contrato: las que determinan qué riesgo se cubre, en qué cuantía, durante qué plazo y en qué ámbito espacial.

Esta Sentencia del Tribunal Supremo tiene especial importancia porque, además de definir los dos tipos de cláusulas, en su referencia a las condiciones generales y al hecho de que las **cláusulas delimitativas** puedan encontrarse en las condiciones generales y no en las particulares, introduce por primera vez el concepto del **"control de inclusión"** como presupuesto imprescindible.

El **control de inclusión** es la prueba de que el adherente tuvo un efectivo conocimiento de las condiciones generales y, por tanto, queda vinculado por su contenido. Para el Tribunal Supremo el *control de inclusión* se produce cuando en las condiciones particulares, suscritas por el asegurado, se exprese "*de forma clara y precisa que conoce y ha recibido y comprobado las condiciones generales, cuando no se trata de condiciones que restringen los derechos del asegurado*".

**Consulta a la DGSFP sobre el régimen y requisitos de las cláusulas limitativas contenidas en los seguros en general**

**Contestación de la DGSFP**

*1.* El **artículo 1 de la Ley 50/1980, de 8 de octubre, de Contrato de Seguro**, establece que el asegurador se obliga a indemnizar, **dentro de los límites pactados**, el daño causado al asegurado. Parece evidente que la prestación del asegurador depende de la delimitación del riesgo contenida en el contrato, que a su vez es la base de cálculo de la prestación del tomador, es decir, de la prima.

2 *En consecuencia, los contratos de seguro contienen cláusulas que definen o delimitan claramente el riesgo asumido por el asegurador. En este sentido son* ***cláusulas delimitativas*** aquellas que concretan el riesgo asegurado y que, por tanto, configuran y describen cual es el objeto de seguro y las garantías que quedan cubiertas o excluidas del contrato respecto a las cuales el asegurador queda obligado al pago de la indemnización, la reparación u otras prestaciones convenidas en caso de producirse el siniestro. Las cláusulas delimitativas no restringen derechos de los asegurados, ya que al tratarse de un supuesto no cubierto por el contrato, el derecho no llega a nacer.

*2.* Dichas cláusulas son distintas de las **cláusulas limitativas** de los derechos de los asegurados a que se refiere el artículo 3 de la Ley de Contrato de Seguro, que son aquellas que restringen o modifican los derechos de los asegurados a la indemnización una vez que se ha producido el siniestro. Estas cláusulas están sometidas a un régimen especial para dotar a los asegurados de una mayor protección.

*3.* El **artículo 3 de la Ley de Contrato de Seguro** establece que las condiciones generales y particulares del contrato "se redactarán de forma clara y precisa. Se destacarán de modo especial las cláusulas limitativas de los derechos de los asegurados, que deberán ser específicamente aceptadas por escrito".

*Las cláusulas limitativas se destacarán de modo especial, lo que exige que la constancia gráfica en la póliza debe hacerse de modo que se resalten dichas cláusulas limitativas sobre la forma común de redactar la póliza, bien porque se emplea una tipografía especial que llame la atención, bien porque se recojan en apartados especiales que las destaquen sobre la expresión general de la póliza.*

*Otro requisito de las cláusulas limitativas es que deberán ser específicamente aceptadas por escrito por el tomador, bien en la propia póliza en que se contienen las condiciones particulares y generales, bien en otro documento. En ambos casos, el tomador no sólo ha de firmar o suscribir la póliza, sino que también deberá constar una mención expresa a dichas limitaciones, indicando que reconoce haber leído y acepta expresamente con su firma las cláusulas limitativas de sus derechos contenidas en el contrato que suscribe.*

*4.* Además de lo indicado anteriormente, desde el punto de vista gramatical, todas las cláusulas del contrato, incluidas las limitativas de los derechos del asegurado, han de redactarse de forma clara y precisa, siguiendo el mandato legal contenido en el artículo 3 de la Ley de Contrato de Seguro y en el artículo 10 de la Ley 26/1984, de 19 de julio, General para la Defensa de los Consumidores y Usuarios, donde se establece la necesidad de que las cláusulas, condiciones o estipulaciones que se apliquen en los contratos celebrados con quienes tengan la consideración de consumidores cumplan los requisitos de concreción, claridad y sencillez.

*Asimismo, el artículo 1288 del Código Civil, y el artículo 10.2 de la Ley General para la Defensa de los Consumidores y Usuarios establecen que la interpretación de las cláusulas oscuras de un contrato no deberá favorecer a la parte que hubiese ocasionado oscuridad. En consecuencia, en caso de duda sobre el sentido de una cláusula habrá de prevalecer la interpretación más favorable para el consumidor.*

*5.* Finalmente, hay que señalar que el régimen de las cláusulas limitativas viene impuesto por una norma de carácter imperativo, salvo en contratos de seguro por grandes riesgos definidos en los artículos 107 a 109 de la Ley de Contrato de Seguro, por lo que, en el caso de ser contravenidas se producen los efectos del artículo 6.3 del Código Civil, que establece la nulidad de pleno derecho para los actos contrarios a normas imperativas.

*Esta nulidad no alcanza a todo el contrato de seguro, sino que se circunscribe exclusivamente a la cláusula limitativa de derechos. Esto se deriva del párrafo tercero del propio artículo 3 al dar por supuesta la posibilidad de declaración de nulidad de cláusulas concretas que no afecten a la totalidad del contrato de seguro.*

## 2-78 Condiciones particulares de la póliza

Son aquéllas que individualizan el contrato de seguro en concreto, y que convierten a cada contrato de seguro en diferente y "especial" respecto de otros.

Las condiciones particulares recogen aspectos concretamente relativos al riesgo individualizado que se asegura y en particular los siguientes:

- Referencia numérica de la póliza.
- Los datos personales del tomador: Nombre y apellidos/ razón social y domicilio de las partes contratantes.
- Designación del asegurado y beneficiario, en su caso.
- Naturaleza y descripción del riesgo cubierto y de las garantías contratadas.
- Designación de los objetos asegurados y de su situación.
- Suma asegurada o alcance de la cobertura para cada garantía.
- Importe de la prima, recargos e impuestos.
- Vencimiento de las primas, así como lugar y forma de pago.
- Duración del contrato, con expresión de cuando comienzan y terminan sus efectos detallando el día y la hora (a las 00.00h)
- En caso de que haya franquicias y/o periodos de carencia, se deberán detallar el importe de las primeras y la duración de las segundas.
- Justificación del conocimiento y aceptación expresa por el tomador respecto a las cláusulas limitativas de sus derechos.
- Cláusula referente a la protección de datos de carácter personal.
- Referencia al medidor (en el caso de que intervenga en el contrato)
- Firma de las partes contratantes y expresión de la fecha.



**ATENCIÓN: Consulta a la DGSFP nº 23/2007: Formato de la póliza.**

*Ha tenido entrada en esta Dirección General escrito por el que se formula consulta sobre diversas cuestiones relacionadas con el formato en el que se recoge el contrato de seguro.*

*La entidad plantea los siguientes aspectos:*

1. *Posibilidad de entregar a los tomadores de seguros y asegurados la póliza en un soporte duradero (CD-ROM, DVD u otro soporte informático similar) en sustitución del papel.*
2. *Adecuación de que las condiciones generales del contrato se presenten de forma aislada o puedan ir acompañadas de otra documentación.*
3. *Problemática en relación a las cláusulas limitativas del contrato de seguro.*
4. *Documentación que ha de conservarla entidad.*

*Una vez analizada la documentación remitida se concluye que.*

*1. Teniendo en cuenta que la disposición adicional primera de la Ley 50/1980, de 8 de octubre, de Contrato de Seguro, introducida por el artículo 2 .Tres de la Ley 34/2003, de 4 de noviembre, de modificación y adaptación a la normativa comunitaria de la legislación de seguros privados, establece que "siempre que esta ley exija que el contrato de seguro o cualquier otra información relacionada con el mismo conste por escrito, este requisito se entenderá cumplido si el contrato o la información se contienen en papel u otro soporte duradero que permita guardar, recuperar fácilmente y reproducir sin cambios el contrato o la información", por lo que el contrato de seguro se podrá entregar en un soporte duradero.*

*2. El artículo 1 de la Ley 50/1980, de 8 de octubre, de Contrato de Seguro, establece que "el contrato de seguro es aquel por el que el asegurador se obliga, mediante el cobro de una prima y para el caso de que se produzca el evento cuyo riesgo es objeto de cobertura a indemnizar, dentro de los límites pactados, el daño producido al asegurado o a satisfacer un capital, una renta u otra prestación convenida" y el artículo 3 de la misma Ley, dispone que "las disposiciones generales y particulares se redactarán de forma clara y precisa" .*

*Por lo tanto, las condiciones de dicho contrato deberán hacer referencia a los elementos que intervienen en la operación de seguro, no pudiendo incluir la oferta de prestaciones de servicios no cubiertos en la póliza, con el fin de ofrecer al tomador la Información referente a su contrato de la forma más clara y sencilla posible. En concreto, la documentación contractual y los servicios cubiertos en la póliza (como por ejemplo, el cuadro médico en los seguros de asistencia sanitaria) deberán incluirse en un CD-ROM, DVD u otro soporte similar diferente al CD-ROM, DVD, etc. que contenga cualquier otro tipo de información de la entidad que quiera ser proporcionada.*

*El artículo 3 de la Ley 50/1980 dispone que "las condiciones generales, que en ningún caso tendrán carácter lesivo, habrán de incluirse por el asegurador en la proposición del seguro si la hubiere y necesariamente en la póliza de contrato o en un documento complementario, que se suscribirá por el asegurado y al que se entregará copia del mismo", por lo que se deriva que las condiciones generales deben ser conocidas por el tomador del seguro con anterioridad a la perfección del contrato, es decir, en el momento de la deliberación, que incluso puede no finalizar en acuerdo contractual, y necesariamente deben estar en poder del tomador una vez que se ha perfeccionado el contrato.*

*3. El artículo 3 de la Ley 50/1980, recoge que "las condiciones generales y particulares se redactarán de forma clara y precisa. Se destacarán de modo especial las cláusulas limitativas de los derechos de los asegurados, que deberán ser específicamente aceptadas por escrito", quiere esto decir que para la incorporación de las cláusulas limitativas no es suficiente la aprobación general de todas las cláusulas contractuales, sino que es preciso que el tomador declare, por escrito, además que acepta específicamente las cláusulas limitativas.*

2

*El Tribunal Supremo tiene declarado que la cláusula limitativa no aceptada, ni firmada por el tomador del seguro "no puede estimarse lógicamente como vinculante, que no forma parte del contrato de referencia".*

*4. Tal y como se ha señalado antes, el artículo 3 de la Ley 50/1980 recoge que la póliza deberá estar suscrita por el asegurado y se le entregará una copia del mismo, por lo que se concluye que la ley quiere que quede constancia en la entidad aseguradora de que el tomador del seguro ha recibido ese documento, es decir, que conoce las condiciones generales y que le han sido entregadas, considerándose suficiente que se indique que un ejemplar igual al que posee la compañía le ha sido entregado al tomador del seguro . No obstante, la compañía deberá conservar las condiciones particulares y limitativas correspondientes a cada contrato de seguro.*

## 2-79 Condiciones especiales de la póliza

Junto a las condiciones generales y particulares se encuentran las condiciones especiales, cuya misión más frecuente es matizar o perfilar el contenido de algunas normas recogidas en aquellas.

Las condiciones especiales recogen las ampliaciones, modificaciones o derogaciones de las condiciones generales que hayan resultado de los acuerdos particulares. En esta línea, el establecimiento de franquicias a cargo del asegurado, la supresión de algunas exclusiones y la inclusión de otras nuevas, son condiciones de este tipo frecuentes en las pólizas.

**ATENCIÓN:** Cuando la póliza sea de un seguro de una mutua, es a través de la formalización de este contrato de seguro el instrumento a través del cual se adquiere la condición de mutualista. En ese caso, el artículo 25.1 del ROSSP establece que junto a la póliza, habrá que entregar al nuevo mutualista los estatutos de la sociedad.

## 2-80 Suplementos de las pólizas

Son aquellos documentos que, habiendo sido consensuados por las partes, se unen a una póliza de seguro y establecen ciertas modificaciones o declaraciones en el contenido anterior de ésta. Los suplementos, al igual que los contratos originales, sólo surten efecto cuando han sido suscritos por asegurador y asegurado.

En algunos casos, los suplementos se utilizan para suspender temporalmente la cobertura del seguro objeto del contrato o para modificar algún aspecto relativo a los bienes asegurados, como su cambio de ubicación o el cambio de su titularidad en el caso de que el nuevo titular quiera mantener vigente la póliza actual.

Asimismo, en los suplementos se expresan los cambios posteriores en los capitales asegurados iniciales o la ampliación o reducción del número de personas asegurados o en la naturaleza de los propios riesgos.

**ATENCIÓN:** Los suplementos son llamados coloquialmente "***apéndices***" y deben ir siempre anexados a la póliza a la que se refieren, debidamente numerados, con expresión clara de la fecha de efecto de dicho suplemento y firmadas por las mismas personas que firmaron la póliza.

Los suplementos, en cuanto sólo afectan normalmente a una parte específica del contrato, no suspenden la aplicación de las restantes condiciones de este, que permanecen vigentes en la medida en que no se opongan a las nuevas cláusulas estipuladas.

## 2-81 Disparidad entre el contenido de la póliza y la proposición de seguro

El artículo 8 de la LCS establece el contenido mínimo que debe contener la póliza de seguro, el cual, si fuese diferente de la proposición de seguro o de las cláusulas acordadas, otorga el derecho al tomador del seguro para poder reclamar a la entidad aseguradora para que subsanen la divergencia existente y formalicen una póliza con los acuerdos tal y como se habían pactado. En ese caso, el tomador contará con el plazo de un mes a contar desde la entrega de la póliza para reclamarlo. Si durante ese periodo de tiempo, el tomador no ejecutase su derecho, es decir, no reclamase a la aseguradora las discrepancias detectadas, entonces se estará, a partir de ese momento, a lo que esté estipulado en la póliza pues se considerará que ha aceptado dichas clausulas tácitamente.



## 2-82 La carta de garantía

La carta de garantía, también denominada **nota o resguardo provisional de garantía**, es un documento que el asegurador entrega al asegurado y tiene los mismos efectos que la póliza, pero con **carácter provisional**, en tanto no se expida ésta.

La carta de garantía suple provisionalmente la existencia de la póliza en aquellos casos en que se necesita urgentemente la cobertura, y el asegurador no pueda expedir la póliza por razones materiales de tiempo.

La emisión de este documento tiene que ir precedida del pago de la correspondiente prima, o del compromiso escrito por parte del tomador de pagarla.

**ATENCIÓN:** La carta de garantía, también denominada "nota de cobertura" o "carta de cobertura" no está contemplada como tal en la propia LCS pues no hace mención alguna expresa a la "carta de garantía". Ni siquiera cabe interpretar que cuando en el texto del **artículo 5** hace referencia a que "*será necesario entregar la póliza o el* ***documento de cobertura provisional*** como requisito necesario para la formalización del contrato" esté refiriéndose a la carta de garantía, sino más bien al Certificado Provisional de Cobertura que no es sino un documento justificativo de la existencia de una póliza pudiendo servir de anticipo de ésta.

*La carta de garantía no es un documento que sustituya a la póliza, sino que a todos sus efectos es una póliza en sí y que pude anteceder a la póliza definitiva.*

## 2-83 El idioma de las pólizas

Según el **artículo 8** de la LCS, *"La póliza del contrato deberá redactarse, a* ***elección del tomador del seguro****,* en cualquiera de las lenguas españolas oficiales en el lugar donde aquélla se formalice. Si el tomador lo solicita, deberá redactarse en otra lengua distinta, de conformidad con la **Directiva 92/96, del Consejo de la Unión Europea, de 10 de noviembre de 1992".**

Queda claro, por tanto, que es el tomador quién determina el idioma en el que desea tener plasmadas las condiciones de su contrato de seguros.

## 2-84 Pólizas nominativas, pólizas a la orden, pólizas al portador

Según sea la designación del titular de la póliza y tal y como dispone el **artículo 9 de la LCS:** *"La póliza de seguro puede ser nominativa, a la orden o al portador".*

**Póliza nominativa:** la que garantiza o cubre a la persona en ella designada a tal efecto.

**Póliza a la orden:** la que garantiza o cubre a la persona en cuyo favor se emite.

**Póliza al portador:** la que garantiza o cubre a la persona que legítimamente la posee.

## 2-85 Pólizas simples, pólizas combinadas

Según sea el número de riesgos que cubren, las pólizas pueden ser:

**Pólizas simples:** son las pólizas que cubren un solo riesgo o garantía concreta.

**Pólizas combinadas:** son las pólizas que, simultáneamente, cubren al asegurado para diferentes riesgos, pero siempre de un mismo y único titular.

**ATENCIÓN:** Las Pólizas combinadas son las que habitualmente se denominan Pólizas ***"Multirriesgo"***. Los riesgos que cubren estas pólizas combinadas deben tener un nexo común entre sí. Ejemplo: Una Póliza Combinada de Automóvil y seguro de ocupantes.

## 2-86 Pólizas individuales y pólizas colectivas

Según sea el número de personas aseguradas en la póliza, éstas pueden ser:

**Pólizas individuales:** cuando sólo hay un único asegurado en la póliza.

**Pólizas colectivas o acumulativas:** cuando son varias las personas aseguradas en la misma póliza.

Las pólizas colectivas tienen una doble variante según sea el tipo de colectivo:

- Colectivo cerrado:

2

Es aquél a cuyas personas integrantes se conoce previamente a la celebración del contrato de seguro de forma que para la determinación de la prima final y única de la póliza, se han analizado las características particulares y personales de cada uno.

En los colectivos cerrados, se tiene primero identificado el colectivo y posteriormente se diseña un seguro para ese colectivo concreto. En este caso se tratan como excepciones las posibles incorporaciones de nuevos individuos al colectivo. Por ejemplo, una empresa de veinte empleados que negocia una póliza colectiva para dar cobertura de seguro de asistencia sanitaria a dichos empleados.

- Colectivo abierto:

El colectivo abierto es aquél en el que no se conocen de antemano las características particulares de cada individuo, sino que lo que se analiza para la determinación de la tarifa o prima es una circunstancia similar para todos y se establece una tarifa que cubra un margen en el que se estime que van a estar integrados todos los asegurados que vayan entrando en dicho colectivo.

En los colectivos abiertos, a diferencia de los cerrados, se diseña primero la póliza y posteriormente se van incluyendo en ella a las personas que reúnan los requisitos que se han tenido en cuenta para establecer la póliza.

Un ejemplo de colectivo abierto es la póliza que se hace a una Federación Deportiva de Patinaje de manera que los individuos que se federan tienen ya un precio determinado especial en caso de querer contratar el seguro que ha sido diseñado en función de los riesgos propios de ese colectivo de patinadores.

El precio que se asigna a cada individuo de un colectivo cerrado o bien que asume cada asegurado en un colectivo abierto es siempre inferior al precio de la póliza individual que contrataría esa misma persona.

La póliza de colectivo abierto es, en realidad una **póliza flotante** para riesgos personales, mientras que ésta última se utiliza habitualmente para riesgos sobre las cosas o bienes.

La LCS dedica apenas un artículo (art. 81) a la contratación colectiva de seguros, a los que denomina **"de grupo"**, y referido únicamente al ramo de vida. Sin embargo, la contratación colectiva de seguros, en las que la póliza es contratada por un tomador para una multiplicidad de asegurados que pueden formar parte de un colectivo determinado o bien, simplemente, quedar relacionados entre sí por alguna circunstancia se ha incrementado exponencialmente en los últimos años.

La regulación actual se muestra insuficiente para hacer frente a las especificidades de este tipo de contratación. La LCS, con carácter general, establece la posibilidad de contratar el seguro por cuenta ajena, diferenciando entre la figuras del tomador y del asegurado y estableciendo que los deberes y obligaciones derivados del contrato corresponden al tomador, que se constituye en *dominus negotii* del contrato. Por su parte, la Dirección General de Seguros y Fondos de Pensiones ha tratado de aclarar, a través de los Criterios de su Servicio de Reclamaciones, concretamente este punto y entiende como elemento determinante de la naturaleza el del cumplimiento de las obligaciones del contrato, especialmente el pago de la prima, con la siguiente consecuencia: si el asegurado es quien paga la prima, corresponde a él el poder de disposición sobre el contrato.

La parquedad de esta regulación en la LCS se complementa con algunas normas referidas al deber de información en los seguros colectivos, en los que el asegurador debe ofrecer al asegurado en una póliza colectiva la información previa que establece la Ley, antes de la firma del boletín de adhesión, aunque se prevé que el tomador pueda asumir este deber.

**ATENCIÓN:** La naturaleza que da lugar al concepto "colectivo" es la de un grupo de personas que comparten unas características de riesgo o nexo común que es el que ha servido de base para el análisis actuarial y técnico de la póliza colectiva de referencia en la que están incluidos o bien, en la que pudieran incorporarse posteriormente.

Ahora bien, ya no nos enfrentamos únicamente a los denominados "seguros de grupo", ligados, en el ramo de vida, especialmente a la previsión social complementaria o de responsabilidad civil a través de colectivos (médicos, abogados...) sino que **cada vez es más habitual contratar seguros ligados a otros productos** (seguros de asistencia y reparación unidos a la compra de un electrodoméstico; de robo o pérdida para teléfonos móviles, de vida o accidentes en tarjetas bancarias...), **en los que los asegurados no están unidos entre sí por ninguna característica o nexo común, sino por la única condición que la de haber adquirido el producto al que se liga el seguro**. La incidencia de este tipo de contratación en la realidad del mercado hace que cualquier previsión de reforma de la Ley deba pasar por abordar esta forma de contratación con la debida profundidad, como lo están haciendo ya las últimas legislaciones de derecho de seguros (Suecia, Portugal), que distinguen entre la contratación de seguros de forma colectiva, según se trate de seguros de daños o de personas.

Es de destacar la opinión de la propia DGSFP expresada en la Circular 3/2001 de la Subdirección General de Inspección al respecto de los seguros colectivos de salud: *"Este tipo de acuerdos exige una adecuada formalización contractual, de tal manera que se evite la celebración de contratos de seguro de grupos que se definan única y exclusivamente por el propósito de asegurarse, pues ello podría devenir en la realización de operaciones cuya naturaleza es la de una actividad de mediación, lo cual queda prohibido expresamente por el artículo 5.1.c) de la Ley de Ordenación y Supervisión de Seguros Privados"* .

## 2-87 Pólizas ordinarias y pólizas flotantes o de abono

En función del objeto asegurado podemos hablar de:

**Póliza ordinaria:** Es aquélla póliza en la que se aseguran uno o varios objetos concretos y determinados.

**Póliza flotante o de abono:** es aquélla en la que, por las características particulares del riesgo y siempre dentro de ciertos límites, la garantía es "abierta" en la que podrán realizarse aumentos o reducciones posteriores y se determinará con precisión en caso de ocurrir el siniestro.

Por ejemplo, en los casos de almacenes donde la cantidad de la mercancía en ellos depositada varía de forma continua, lo que hace inviable las constantes notificaciones del asegurador.

La póliza flotante es en la que se documentan los seguros de tipo colectivo pues se puede decir que la póliza flotante es, para los riesgos sobre los bienes o las cosas, lo que la **póliza de colectivo abierto** es para los riesgos de daños en las personas.

**ATENCIÓN:** Normalmente las pólizas flotantes obedecen al deseo -o en muchos casos la complejidad- de simplificar administrativamente los trámites que serían necesarios ejecutar en caso de estar actualizando constantemente el objeto de una póliza sobre determinados bienes que están en una constante rotación (por ejemplo, las existencias de una empresa depositadas en una nave que se reciben y salen diariamente, si se tiene que incluir en una póliza de cobertura de incendio).

Este tipo de pólizas fueron originariamente utilizadas en el ámbito del seguro marítimo, extendiéndose su uso posteriormente a otros tipos de seguros, como el seguro de transportes.

## 2-88 Póliza a todo riesgo

Es aquella póliza en la que, respecto al objeto asegurado, se garantizan de manera conjunta y simultánea todos los riesgos posibles que puedan afectarle.

Es un tipo de póliza muy habitual en el seguro de automóviles; en este caso, una póliza a todo riesgo implica la cobertura de los riesgos frecuentes en el uso de vehículos a motor (responsabilidad civil, daños propios, daños a terceros, robo, lunas, asistencia, defensa criminal, etc.).

## 2-89 Póliza con periodo de carencia

Son las pólizas en las que asegurador y asegurado establecen un periodo durante el cual no surten efecto todas o sólo alguna de las garantías previstas en la póliza y que está generalmente comprendido entre el momento inicial en que se formaliza la póliza y una fecha posterior predeterminada. Una vez venza el periodo establecido como carencia, comenzarán automáticamente a entrar en vigor las coberturas referidas sin necesidad de firmar un nuevo contrato de seguro.

El plazo de carencia, que en general sólo se estipula en los contratos de riesgos personales (seguro de vida o enfermedad) supone una defensa del asegurador frente a quienes suscribiesen una póliza, conociendo a priori que el hecho determinante de la indemnización (muerte o enfermedad, en los casos anteriores) iba a producirse inexorablemente de forma casi inmediata.

**ATENCIÓN:** Es muy habitual en seguros de salud, por ejemplo, en el caso de intervenciones quirúrgicas, se establece un período de carencia a partir del cual están cubiertos los gastos médicos derivados de la intervención. Para las mujeres, se suele establecer una carencia de nueve meses en las pólizas nuevas respecto a la garantía de parto para asegurarse la aseguradora que no se contrata el riesgo estando ya embarazada.

2

## 2-90 Póliza con franquicia

Son las pólizas en las que asegurador y asegurado establecen un importe -o un porcentaje- hasta el cual, el asegurador queda libre de indemnizar en caso de siniestro. En las pólizas con franquicia, el asegurado es propio asegurador de sus riesgos hasta el límite de la franquicia.

Si el importe del siniestro es inferior a la cantidad estipulada como franquicia, su coste correrá por completo a cargo del asegurado. Por el contrario, si el siniestro fuese superior, la aseguradora sólo indemnizará por el exceso de aquella.

Por supuesto, la prima de un riesgo sometido a franquicia siempre será inferior que la que le correspondería si tal régimen no existiese, ya que en el primer caso, la repercusión económica de un siniestro a cargo del asegurador es más limitada.

**ATENCIÓN:** Las franquicias se fijan, normalmente, en dinero y se pueden determinar sobre la base de una **cantidad fija** (por ejemplo, los primeros 500 euros del siniestro) o bien en **un porcentaje** (por ejemplo, el 25% del importe del siniestro).

Aunque se fundamentan básicamente en la transmisión de responsabilidad sobre el riesgo contratado al propio asegurador, la realidad es que, en la mayoría de los casos, se opta por un seguro con franquicia por el abaratamiento que ello repercute en el coste de las primas. El tipo de seguros en el que más se contrata la franquicia es el seguro de automóvil.

# Sección 3. DURACIÓN, NULIDAD Y JURISDICCIÓN DEL CONTRATO DE SEGURO

## 2-91 La duración del contrato de seguro

La duración será determinada en la póliza ***y no podrá ser superior a 10 años*** (salvo lo establecido para el seguro de vida), aunque podrá prorrogarse una o más veces pero, por imperativo legal, estas prórrogas no podrán ser superiores a un año, aunque sí inferiores, aunque en realidad no es frecuente que se prorrogue el contrato por una duración inferior a un año.

Lo normal es que el contrato sea de duración anual y prorrogable tácitamente, a menos que una de las partes manifieste su oposición expresa antes de dos meses del vencimiento.

**La prórroga puede adoptar dos modalidades:**

a) **Expresa:** Cuando se determina en la póliza la manera y el tiempo en que se producirá.

b) **Tácita:** Es la más usual. Normalmente se inserta en la póliza una cláusula de prórroga tácita, de tal modo que si no hay oposición o denuncia de las partes, automáticamente se entiende que el contrato tiene validez durante un año más. Parece que a este tipo de prórroga es al que se refiere el **artículo 22 párr. 2° de la LCS**, cuando dispone que: "*Las partes pueden oponerse a la prórroga del contrato mediante una notificación escrita a la otra parte efectuada en un plazo de dos meses de anticipación a la conclusión del periodo de seguro en curso*".

El **artículo 8 de la LCS, párrafo 8°**, exige que en la póliza figure: "*La duración del contrato con expresión del día y la hora en que comienzan y terminan sus efectos*".

 © CISS

## 2-92 Jurisdicción del contrato de seguro

Según establece el ***artículo 24 de la LCS*** será juez competente para el conocimiento de las acciones derivadas del contrato de seguro el del domicilio del asegurado, siendo nulo cualquier pacto en contrario.

Asimismo, el ***artículo 6 de la Ley 21/1990 de 19 diciembre*** da una nueva redacción a algunos preceptos de la LCS, concretamente introduce los artículos 76.a a 76.g para adaptar el Derecho Español a la **Directiva 88/357/ CEE**, sobre libertad de servicios en seguros distintos al de vida, y de actualización de la legislación de seguros privados al establecer que ***el asegurado tendrá derecho a elegir libremente el Procurador y Abogado que hayan de representarle y defenderle en cualquier clase de procedimiento.***

2

El asegurado tendrá, asimismo, derecho a la libre elección de Abogado y Procurador en los casos en que se presente conflicto de intereses entre las partes del contrato. El Abogado y Procurador designados por el asegurado no estarán sujetos, en ningún caso, a las instrucciones del asegurador.

**ATENCIÓN:** En materia de seguros, los litigios que se suscitan en la práctica son muy diversos. Sin ánimo de exhaustividad pueden citarse, como más habituales, los conflictos derivados del incumplimiento de deberes precontractuales o contractuales por alguna de las partes (declaración del riesgo, pago de la prima, comunicación del siniestro, salvamento, pago de la indemnización, etc.); los derivados de la interpretación de la cobertura; los relacionados con la valoración de los daños; los derivados de los contratos de reaseguro; los conflictos en el seguro de responsabilidad civil, derivados de la incorporación del tercero perjudicado; los relacionados con recobros entre aseguradores, derivados de participación en coaseguros, subrogación y cúmulos de seguros; o los derivados de las relaciones entre las aseguradoras y los mediadores de seguros.

La complejidad del propio contrato de seguro implica una diversidad de relaciones jurídicas de las que se pueden derivar distintas acciones para la tutela de los intereses de los legitimados. Además del asegurador y asegurado, para exigirse recíprocamente el cumplimiento de las obligaciones derivadas del contrato, surgen otras formas como la que permite al perjudicado accionar directamente frente al asegurador o la acción del asegurador subrogado.

Junto a la relación entre asegurador y asegurado, se generan otras como la que puede surgir entre asegurador y el tercero perjudicado; o entre el asegurador y el reasegurador; entre aseguradores y entre asegurador y mediador.

Los litigios que versan sobre situaciones jurídicas internacionales, conectadas con dos o más Estados, requieren determinar, con carácter previo, la competencia judicial internacional de los tribunales españoles.

Este sistema, que excepciona la aplicación del sistema general, tiene como fundamento la necesidad de tutelar al asegurado en tanto que parte débil de la relación jurídica. Sin embargo, su ámbito de aplicación material se encuentra limitado a las demandas contra el asegurador y aquellas que se interponen frente al asegurado.

El sistema especial en materia de seguros permite accionar al asegurado, beneficiario o tomador frente al asegurador bien ante los tribunales del Estado miembro donde esté domiciliado el asegurador demandado, o bien ante los tribunales del Estado miembro donde él mismo esté domiciliado.

Si se trata de **un coaseguro**, los aseguradores que participan en el mismo también podrán ser demandados ante los tribunales del Estado miembro que conoce de la acción contra el primer firmante del coaseguro.

Y, en el caso del ejercicio de la acción directa por el perjudicado contra el asegurador en seguros de **responsabilidad civil**, éste podrá ser demandado ante el tribunal del Estado miembro que conociere de la acción directa cuando su ley interna lo permita.

Cuando se trate de demandas contra el tomador del seguro, el asegurado o beneficiario, el asegurador-demandante sólo podrá ejercitar la acción en el marco de seguros de responsabilidad civil, ante los tribunales del Estado miembro del domicilio de estos sujetos.

En los supuestos que no resulten aplicables las disposiciones de origen institucional o convencional, bien porque el demandado se encuentre domiciliado en un tercer Estado, bien porque materialmente no sea subsumible en sus respectivos ámbitos de aplicación, la determinación de la competencia judicial internacional de los tribunales españoles deberá efectuarse conforme a las disposiciones recogidas en el artículo 22 LOPJ y, junto a ellas, las previstas en legislaciones especiales sobre seguro.

Los tribunales españoles, en virtud de las disposiciones referidas, podrán ser competentes cuando el asegurado y el asegurador tengan su domicilio en España y, en su defecto, se podrá recurrir al artículo 22.3 LOPJ y a la sumisión que consagra el párrafo segundo del precepto citado.

**ATENCIÓN:** En este marco, a partir de las consideraciones efectuadas evidenciando no sólo la pluralidad de litigios que se plantean en materia de seguros, sino también las dificultades que los mismos suscitan, deben ser bien recibidas las iniciativas tendentes a instaurar mecanismos preventivos así como las que promueven métodos alternativos a la vía jurisdiccional.

2

## 2-93 El arbitraje en el seguro

Un mecanismo de solución extrajudicial de conflictos en materia de seguros es el arbitraje. La progresiva implantación del arbitraje (aunque escasa en comparación con el resto de la Comunidad Europea e Internacional) como método de resolución de conflictos alternativo a la vía judicial, se encamina a paliar y reducir los elevados costes y la prolongación en el tiempo que supone someter un litigio a los tribunales de justicia ordinarios, ofreciendo una solución alternativa, ágil, rápida, eficaz y económica de las controversias, interpretaciones, incumplimientos o ejecuciones que puedan surgir entre las partes en un contrato o vínculo jurídico-contractual y, consecuentemente, una mejora en el servicio a los ciudadanos que podrán disfrutar de una tutela judicial efectiva real.

En lo referente al Seguro de Defensa Jurídica, para adaptar el derecho español a la Directiva 88/357/CEE, sobre libertad de servicios en seguros distintos al de vida, y de actualización de la legislación de seguros privados, se añadió a la LCS el precepto recogido en su artículo 76.d y cuyo origen venía del artículo 6 de la Ley 21/1990, de 19 diciembre, según el cual, *"el asegurado tendrá derecho a someter a arbitraje cualquier diferencia que pueda surgir entre él y el asegurador sobre el contrato de seguro"*.

Ahora bien, este precepto establece que la designación de árbitros no podrá hacerse antes de que surja la cuestión disputada, de manera que tal y como está redactado, no da lugar a establecer una clausula de sometimiento a arbitraje con designación de una Corte concreta, sino que, una vez ocurrido, sean las partes las que deban ponerse de acuerdo en la designación del árbitro.

El retraso y la masificación de los Juzgados y Tribunales, y las consecuencias negativas que ello conlleva tanto a particulares como a los profesionales, por la tardanza e inseguridad en la resolución y los elevados costes que supone el simple hecho de presentar una demanda en un juzgado, pueden llegar a derivar en situaciones empresariales insostenibles y altamente perjudiciales para la continuidad de la sociedad, haciendo de la vía judicial más que una solución, un problema adicional.

El arbitraje pretende corregir estos fallos, como procedimiento extrajudicial y alternativo a los Juzgados por el que, la resolución de cualquier conflicto se produce de manera rápida, eficaz, profesional y económica. Las características más destacadas del sistema arbitral en comparación con la vía judicial podríamos resumirlas en las siguientes: celeridad en la resolución del conflicto; económico por la reducción de gastos y costes en comparación con la carestía de la vía judicial; es una vía eficaz de resolución de controversias; se desarrolla por la actuación de profesionales y expertos en la materia; se satisfacen los intereses personales y económicos y se evitan litigios futuros.

A través del arbitraje, sin formalidades especiales y con carácter vinculante y ejecutivo para ambas partes, se resuelven determinadas reclamaciones planteadas por los consumidores (asegurados o tomadores en el caso de los seguros) en relación a los derechos que tienen legal o contractualmente reconocidos. Este sistema se limita a materias que pueden ser objeto de libre disposición por las partes conforme a Derecho.

La sumisión al arbitraje es voluntaria, siendo necesario acuerdo previo por escrito de las partes, esto es, el **convenio arbitral**. En esta línea, la Ley 22/2007 sobre comercialización a distancia de servicios financieros destinados a los consumidores, prevé, en su artículo 16, que el consumidor y el proveedor puedan someter sus conflictos al arbitraje de consumo, mediante adhesión de aquéllos al Sistema Arbitral del Consumo, o a otros sistemas de resolución extrajudicial de conflictos alternativos que respeten los principios establecidos por la normativa comunitaria, así como a los mecanismos previstos en la legislación sobre protección de los clientes de servicios financieros.

En Derecho español, al arbitraje ordinario, regulado en virtud de la ***Ley 60/2003***, de 23 de diciembre, se añaden los arbitrajes especiales que gozan de una regulación propia en las legislaciones específicas. Entre estos últimos se incluye el **arbitraje de seguro**. La legislación en la materia prevé la aplicación de este medio extrajudicial de solución de conflictos aplicable con preferencia sobre la Ley de Arbitraje que actuaría como norma supletoria. Se prevé expresamente la posibilidad de que los conflictos que puedan surgir entre el tomador del seguro, asegurados, beneficiarios, terceros perjudicados o derechohabientes de cualquiera de ellos con entidades aseguradoras, se puedan someter voluntariamente a la decisión arbitral.

En sede de arbitraje, las partes pueden optar por dos cauces diferentes aunque complementarios, habida cuenta de la relación de supletoriedad que existe entre ambos: de un lado, se puede acudir al **arbitraje institucional de consumo**, en cuyo caso el arbitraje se constituiría como una modalidad de este último y, de otro, se puede optar por el **arbitraje general regulado en la ley de arbitraje**.

Los sistemas de resolución de conflictos con consumidores resultan adecuados en materia de seguros. Entre ellos, el nuevo sistema de mediación en consumo, recogido en el reciente **Real Decreto 231/2008, de 15 de febrero, del Sistema Arbitral de Consumo.** 2

En el marco del comercio electrónico, tanto la Ley 32/2003 como la Ley 59/2003 sobre firma electrónica consagran la posibilidad de recurrir, en sus respectivos ámbitos, al arbitraje de consumo.

Asimismo, el usuario de servicios de certificación de firma electrónica, en tanto que consumidor, podrá utilizar este instrumento para resolver los conflictos con el prestador de servicios. También la Ley 34/2002, en el marco de los servicios de la sociedad de la información, prevé en su artículo 32 la posibilidad de que el prestador y el destinatario de estos servicios puedan someter la resolución de sus conflictos al arbitraje de consumo mediante su adhesión al Sistema Arbitral de Consumo. En este marco, la Ley 11/2007, de 22 de junio, regula algunas especialidades respecto del arbitraje electrónico.

## 2-94 Especialidad de litigios entre asegurador y asegurador en pólizas de defensa jurídica

La póliza del contrato de seguro de defensa jurídica habrá de recoger expresamente los derechos reconocidos al asegurado en el artículo 76 de la LCS.

Estos preceptos no serán de aplicación:

1º) A la defensa jurídica realizada por el asegurador de la responsabilidad civil de conformidad con lo previsto en el artículo 74.

2º) A la defensa jurídica realizada por el asegurador de la asistencia en viaje.

En este caso, la no aplicación de las normas de la Sección Novena del Título II de la LCS en la que se desarrollan los preceptos correspondientes a la actividad propia de los seguros de Defensa Jurídica quedará subordinada a que esta actividad se ejerza en un Estado distinto del de la residencia habitual del asegurado; a que dicha actividad se halle contemplada en un contrato que tenga por objeto única y exclusivamente la asistencia a personas que se encuentren en dificultades con motivo de desplazamientos o de ausencias de su lugar de residencia habitual, y a que en el contrato se indique claramente que no se trata de un seguro de defensa jurídica, sino de una cobertura accesoria a la de asistencia en viaje.

3º) A la defensa jurídica que tenga por objeto litigios o riesgos que surjan o tengan relación con el uso de buques o embarcaciones marítimas.

## 2-95 Nulidad del contrato de seguro

Hay que añadir algunos casos de nulidad del contrato de seguro por disposición de la LCS; así, por ejemplo y de acuerdo con el artículo 4: será nulo si en el momento de su conclusión no existía el riesgo o había ocurrido el siniestro.

También se produce la nulidad, si en el momento de la conclusión del contrato no existe un interés del asegurado a la indemnización del daño **(art. 25 LCS)**.

Las causas de nulidad del contrato en cuanto a vicios del consentimiento son:

a) **Error.** Es el conocimiento falso de una cosa o de un hecho y puede afectar tanto a la declaración de la voluntad como a su formación o contenido. Para que el error sea determinante de la nulidad del contrato deberá recaer sobre la sustancia de la cosa objeto del contrato, o sobre aquellas condiciones de la misma que hubiesen dado motivo a la celebración del contrato. El error sobre la persona sólo anula o invalida el contrato cuando la consideración a ella hubiera sido la causa principal del mismo.

b) **Violencia.** Cuando para arrancar el consentimiento para obligarse por contrato se emplea una fuerza irresistible.

c) **Intimidación.** Cuando se inspira a uno de los contratantes el temor racional y fundado de sufrir un mal inminente y grave en su persona o bienes, o en la persona o bienes de su cónyuge, descendientes o ascendientes (art. 1.267 CC).

d) **Dolo.** Cuando mediante palabras o maquinaciones insidiosas de parte de uno de los contratantes, es inducido el otro a celebrar el contrato que, sin ellas, no lo hubiera hecho (art. 1.268 CC).

2

## Sección 4. LA VALORACIÓN Y EL CAPITAL A ASEGURAR

### 2-96 La adecuada valoración del interés y asignación de un capital a asegurar

En el establecimiento de los capitales a asegurar, el tomador actúa bajo su responsabilidad, utilizando su propia documentación y contabilidad, conociendo todas las circunstancias que influyen en el valor asegurable.

La cantidad a proponer por el tomador del seguro, según la Ley, debe responder al valor del interés que tiene para él la cosa sujeta a la eventualidad garantizada.

La **regla proporcional** debe ser evitada mediante una adecuada valoración del interés a asegurar y la fijación de la correcta suma asegurada. En la praxis aseguradora habitual existe la regla de no aplicar la regla proporcional en el caso de existir un siniestro total.

La LCS dedica los artículos 29 a 32 a la equivalencia o no entre el valor del interés (valor asegurable) y la suma asegurada (valor efectivamente asegurado) dando lugar a varias figuras, entre las más destacadas están el **infraseguro y el sobreseguro.**

Una característica propia de la valoración (tarificación) de los seguros de vida es la diferenciación del sexo como factor que afecta al riesgo. Así, diferenciación entre según se trate de hombres o de mujeres ha sido siempre base técnica para la medición de determinados riesgos y con ello de la correspondiente prima.

Es lógico que un hombre y una mujer de 50 años no paguen la misma prima en un seguro de vida por el mismo capital, pues la tasa de mortalidad de hombres es más alta que el de las mujeres, es decir, un hombre de 50 años tiene más cerca la probabilidad de fallecimiento que una mujer. Quizás no exista una gran y significativa diferencia pero sí existe.

En marzo de 2011 hemos conocido que el Tribunal de la UE ha declarado ilegal la diferenciación por sexo en los seguros al declarar ilegal la norma que permite a las compañías aseguradoras calcular el precio de sus pólizas en función del sexo del cliente.

Debates de igualdad aparte, realmente, esto no es una buena noticia para el seguro ni para los asegurados pues de llevarse finalmente a cabo, esto supondría un encarecimiento en algunos productos como autos, salud, vida o decesos, al variar la base técnica.

Según esta Sentencia del Tribunal de Justicia Europeo a partir del 21 de diciembre de 2012, las compañías aseguradoras no podrán tomar en cuenta el género a la hora de fijar el precio de sus servicios, una variable utilizada en casi toda Europa para diferenciar entre las primas que pagan hombres y mujeres por productos como el seguro del automóvil o el de vida.

De esta forma se anula la excepción que desde 2004 permite a las aseguradoras esquivar la prohibición de discriminación por sexo en el acceso a bienes y servicios. La directiva europea aprobada hace siete años permitió esa salvedad con carácter temporal.

El sexo o género del asegurado tiene especial repercusión en los cálculos actuariales realizados para fijar las primas de ciertos seguros. Es rotundamente claro que estadísticamente, las mujeres disfrutan de una expectativa de vida superior a la de los hombres o que estos últimos causan más accidentes de tráfico que las conductoras, es decir, "el género es un factor legítimo" en la evaluación de riesgos.

 © CISS

Esta Sentencia de Tribunal de Justicia Europeo va a obligar a explotar nuevos sistemas de tarificación y las aseguradoras deberán utilizar nuevas técnicas para determinar el riesgo y fijar sus tarifas analizando los hábitos de sus clientes o sus antecedentes biomédicos

Veamos cómo afectaría a algunos ramos concretos:

En autos, por ejemplo, las compañías analizan una batería de factores al fijar el precio de una póliza de coche, tales como la cilindrada y el color del vehículo, el lugar de residencia del cliente, su edad y, también, su sexo. Los varones jóvenes pueden pagar hasta un 50% más que conductoras de su edad. Las últimas suelen ser más prudentes y esto se refleja en un abaratamiento de la partida ligada a la responsabilidad civil.

En las pólizas de salud, por ejemplo, son más caras para las mujeres porque hacen un uso más intensivo de la sanidad, en especial las mujeres en edad fértil.



En el seguro de decesos, los contratos de decesos, un producto netamente español, se calculan con parámetros similares a los utilizados para las pólizas de vida riesgo. Al fallecer más tarde, las mujeres pagan menos.

En cuanto a seguros de vida riesgo en España, la esperanza de vida actualmente de los hombres roza los 79 años y la de las mujeres rebasa los 84. Las aseguradoras lo saben. Por eso, ellos pueden llegar a pagar un 50% más por el producto.

En lo que a los seguros de vida ahorro se refiere, la mayor esperanza de vida femenina también provoca que productos como las rentas vitalicias les resulten más onerosos.

## 2-97 El infraseguro

Existe **infraseguro** cuando el capital garantizado en la póliza es inferior al valor real del objeto asegurado.

El **artículo 30 de la LCS** determina la conocida como **"Regla Proporcional"**: *"Si en el momento de la producción del siniestro la suma asegurada es inferior al valor del interés, el asegurador indemnizará el daño causado en la misma proporción en la que aquélla cubre el interés asegurado. Las partes, de común acuerdo, podrán excluir en la póliza, o con posterioridad a la celebración del contrato, la aplicación de la regla proporcional prevista en el párrafo anterior".*

Para dar solución a estos casos se realizar la siguiente operación:

$$\frac{\text{(Suma asegurada) x (importe de los daños)}}{\text{Valor efectivo del interés}} = \text{Indemnización}$$

La **regla proporcional del artículo 30 de la LCS** es una fórmula que se aplica en la determinación de la cifra indemnizatoria que, en caso de siniestro parcial, debe satisfacer la entidad aseguradora, en virtud de la cual, cuando existe infraseguro el daño debe ser liquidado teniendo en cuenta la proporción que exista entre el capital asegurado y el valor real en el momento del siniestro.

**Ejemplo:**

Un apartamento, cuyo valor real es de 200.000 euros, está asegurado contra el riesgo de incendio por sólo 150.000 euros, en caso de siniestro que destruya sólo la mitad del apartamento, la indemnización de la aseguradora, en virtud de la regla proporcional, sólo será de 75.000 euros (el 50% de 150.000 euros) y NO el 50% de 200.000 de euros.

## 2-98 Seguro a primer riesgo

La **regla proporcional** del artículo 30 de la LCS puede no tener aplicación cuando, mediante pago de la correspondiente sobreprima, así se ha estipulado en la póliza. Se habla entonces de **seguro a primer riesgo** que es aquél por el que el asegurador renuncia de antemano a aplicar la regla proporcional y se compromete a pagar en caso de siniestro el **importe total de los daños**, hasta donde alcance el capital garantizado.

## 2-99 El sobreseguro

El artículo 31 de la LCS determina que *"Si la suma asegurada supera notablemente el valor del interés asegurado, cualquiera de las partes del contrato podrá exigir la reducción de la suma y de la prima, debiendo restituir el asegurador el exceso de las primas percibidas. Si se produjere el siniestro, el asegurador indemnizará el daño efectivamente causado".*

El sobreseguro se considera en general una situación peligrosa por cuanto puede incitar al tomador a causar el siniestro de manera dolosa para enriquecerse injustamente. En los seguros contra daños no es frecuente que los asegurados señalen valores a cubrir por encima del valor real de su interés.

2

No obstante, en el supuesto de producirse, la Ley de Contrato de Seguro, contempla los preceptos de los contratos de indemnización, estableciendo:

- Que de producirse el siniestro, el asegurador indemnizará solamente el daño efectivamente causado.
- Que si hay varios aseguradores, éstos contribuirán al abono de la indemnización en proporción a la propia suma asegurada, sin que pueda superar la cuantía del daño.
- Que el exceso de seguro, superando el valor del interés, no tiene efectividad. Cuando se produzca el sobreseguro por mala fe del asegurado, el contrato será ineficaz, si bien el asegurador de buena fe podrá retener para sí las primas vencidas y las del período en curso.
- Si la suma asegurada fuese notablemente superior al valor del interés asegurado, cualquiera de las partes podrá exigir la reducción de la suma y de la prima, con restitución por parte del asegurador del exceso de primas percibidas.

Cuando el sobreseguro se debiera a mala fe del asegurado, el contrato será ineficaz. El asegurador de buena fe podrá, no obstante, retener las primas vencidas y las del período en curso.

**Ejemplo:**

Un seguro sobre un apartamento valorado en 200.000 euros asegurado contra incendios por 420.000 euros. Se produce el siniestro y se origina un daño al apartamento de 240.000 euros. En este caso, cuando el tomador de la póliza reclama a la compañía, ésta le dice que es una situación de **sobreseguro** del 40% y que por lo tanto no le paga por entender que hay mala fe. El problema de la mala fe no se refiere al hecho causante del siniestro pues el tomador no ha incendiado el apartamento, sino que, siendo consciente de que había sobreseguro manifiesto la aseguradora puede pensar que hizo el seguro para lograr un enriquecimiento. Si se demuestra que no fue así, la compañía tiene que pagar.

## 2-100 Pólizas estimadas

Para evitar los problemas derivados de discrepancias entre las partes por situaciones de **infraseguro o sobreseguro**, en la práctica, se utilizan las denominadas **pólizas estimadas o valoradas**, -también llamada póliza valorada o tasada- que son aquéllas en las que se formaliza un contrato de seguro a valor estimado de manera que el asegurador acepta como cierto un determinado valor del interés limitándose sus posibles causas de impugnación de dicho valor al error o a la violencia, intimidación.

El **artículo 28 de la LCS** determina lo siguiente: *"No obstante lo dispuesto en el **artículo 26**,* las partes, **de común acuerdo**, podrán fijar en la póliza **o con posterioridad a la celebración del contrato** el valor del interés asegurado que habrá de tenerse en cuenta para el cálculo de la indemnización. Se entenderá que la **póliza es estimada** cuando el asegurador y el asegurado hayan aceptado expresamente en ella el valor asignado al interés asegurado.

*El asegurador únicamente podrá impugnar el valor estimado cuando su aceptación haya sido prestada por violencia, intimidación o dolo, o cuando por error la estimación sea notablemente superior al valor real, correspondiente al momento del acaecimiento del siniestro, fijado pericialmente."*


© CISS

## 2-101 Seguro pleno

Con gran semejanza a las pólizas estimadas, la LCS en su **artículo 29** contempla que asegurador y tomador puedan pactar que el valor del interés se cubrirá en su totalidad en el denominado **seguro pleno**.

*"Si por pacto expreso las partes convienen que la suma asegurada* ***cubra plenamente*** *el valor del interés durante la vigencia del contrato, la póliza deberá contener necesariamente los criterios y el procedimiento para adecuar la suma asegurada y las primas a las oscilaciones del valor de interés".*

## 2-102 Concurrencia de varios seguros sobre un mismo objeto. El seguro múltiple

2

Puede darse el caso de que, sobre un mismo objeto, existan varios seguros del mismo tipo con distintas aseguradoras. En esta situación, teóricamente, si se produjera la pérdida de dicho objeto a consecuencia de un siniestro, las indemnizaciones conjuntas debidas por las distintas aseguradoras sobrepasarían el valor real del objeto. En este caso, habría un evidente lucro para el tomador del seguro, por lo que, de alguna manera, la legislación aseguradora contempla y regula tal circunstancia para que no se produzca dicho enriquecimiento al tomador.

Esta situación sólo sería permisible en los seguros sobre la vida humana, por la propia indeterminación del valor del objeto asegurado, que no puede limitarse económicamente.

En el seguro de daños, por ejemplo, cada una de las aseguradoras concurrentes sólo pagaría la parte proporcional del capital asegurado en la respectiva póliza, sin que el conjunto de las indemnizaciones sobrepasara el valor real de los daños producidos por el siniestro. **La concurrencia de seguros es distinta del coaseguro**, ya que en este último, si bien existen varios contratos sobre el mismo objeto, el importe total asegurado no sobrepasa el valor de dicho objeto.

Tal y como recoge el artículo 32 LCS: "*Cuando en dos o más contratos estipulados por el* ***mismo tomador con distintos aseguradores*** se cubran los efectos que ***un mismo riesgo*** *puede producir sobre el mismo interés y durante idéntico período de tiempo el tomador del seguro o el asegurado deberán, salvo pacto en contrario, comunicar a cada asegurador los demás seguros que estipule. (...)*

*Una vez producido el siniestro, el tomador del seguro o el asegurado deberá comunicarlo, de acuerdo con lo previsto en el* ***artículo 16*** *a cada asegurador, con indicación del nombre de los demás".*

El propio **artículo 32**, en su **párrafo tercero**, dispone que *"los aseguradores, en caso de seguro múltiple, contribuirán al abono de la indemnización en proporción a la propia suma asegurada, sin que, entre el total de lo pagado por todos ellos, pueda superarse la cuantía del daño realmente sufrido por el asegurado"*, lo cual es, una vez más, consecuencia del ***principio indemnizatorio***.

Dentro de ese límite, añade el precepto citado, el **asegurado** puede pedir a cada asegurador la indemnización debida, según el respectivo contrato; pero el **asegurador** que haya pagado una indemnización superior a la que le correspondía, en proporción al riesgo cubierto, podrá repetir de los demás aseguradores en cuanto al exceso, lo cual requiere, como es lógico, el conocimiento de la existencia de una situación de seguro cumulativo; y esto se hace posible merced a la comunicación del tomador o del asegurado.

**Si por dolo se omitiera esta comunicación**, y en caso de sobreseguro se produjera el siniestro, los aseguradores, no están obligados a pagar la indemnización". La **Ley sanciona la falta de comunicación**, cuando media **dolo** por parte del obligado a hacerla, con la liberación del asegurador de su obligación de pagar la indemnización; si bien esta consecuencia tan rigurosa para el tomador o asegurado que ha incumplido su deber de comunicación, sólo se produce en caso de que haya **sobreseguro**.

## 2-103 La transmisión del objeto asegurado

Dispone el **artículo 34** de la LCS que, en caso de transmisión del objeto asegurado, el **adquiriente se subroga**, en el momento de la enajenación, en los derechos u obligaciones que correspondan en el contrato de seguro al anterior titular. Lo que la Ley persigue con esta regulación es la **conservación de la relación jurídica** creada por el contrato de seguro, aun cuando se haya producido un cambio en la titularidad del interés, en razón de que dicha conservación es conveniente para los intereses de las partes.

Exceptúa la Ley de esta transmisibilidad ex lege los supuestos de **pólizas nominativas** para **riesgos no obligatorios**, cuando en las condiciones generales existe **pacto en contrario**.

Para hacer efectiva esa subrogación del adquiriente en la posición jurídica del antiguo titular, la **Ley exige** que **el asegurado comunique** la existencia del contrato **al adquiriente, así como la transmisión** del objeto asegurado al **asegurador**. En ambos casos, la comunicación deberá hacerse **por escrito**, y, además, en cuanto a la comunicación al asegurador, dispone que ésta se haga en el plazo de **quince días** a contar desde la transmisión.

2

Conocido este hecho por el **asegurador**, el **artículo 35 LCS** le confiere la facultad de **rescindir** el contrato dentro de los quince días a aquél en que tenga conocimiento de la transmisión, siempre que los comunique por escrito al nuevo asegurado. Ejercitada esta facultad, se produce la extinción de la relación contractual un mes después de efectuada la notificación, lo que quiere decir que, durante este tiempo, el asegurador continúa obligado, con el fin de no privar bruscamente de protección al adquiriente y permitir buscar otro asegurador.

También **el adquiriente** de la cosa asegurada **puede rescindir** el contrato, si así lo comunica al asegurador en el plazo de quince días contados a partir de aquél en que conoció su existencia, en cuyo caso el asegurador no se halla obligado a devolver la porción de prima no consumida.

Por último, de conformidad con el **artículo 36 LCS**, las pólizas a la orden o al portador no se pueden rescindir por transmisión del objeto asegurado.

## Sección 5. EL SINIESTRO

### 2-104 El siniestro

Por siniestro hay que entender el acaecimiento del hecho previsto en el contrato y que desencadena la obligación de indemnizar por parte del asegurador. Implica la realización del evento dañoso que se asegura y debe reunir los siguientes requisitos:

- Que el acontecimiento que se produzca esté cubierto por el contrato.
- Que su ocurrencia tenga lugar durante la vigencia temporal del seguro.
- Que como consecuencia de la ocurrencia del evento se genere para el asegurado una necesidad económica.

La APCAS -La Asociación de Peritos de Seguros y Comisionarios de Averías- establece unas pautas a seguir en caso de acontecer un siniestro:

1. La Ley señala la obligación del asegurado de tomar de forma activa las medidas que sean necesarias para aminorar los daños, siempre que sea posible (es evidente que esto no es viable por ejemplo, en la mayoría de los siniestros por explosión). En este aspecto el sentido común y la sensatez son nuestros mejores aliados.

2. El tomador del seguro o el asegurado o el beneficiario deberán comunicar al asegurador el acaecimiento del siniestro dentro del plazo máximo de siete días de haberlo conocido, salvo que se haya fijado en la póliza un plazo más amplio. En caso de incumplimiento, el asegurador podrá reclamar los daños y perjuicios causados por la falta de declaración.

3. Una vez producido el siniestro, y en el plazo de cinco días, a partir de la notificación anteriormente referida, el asegurador o el tomador deberán comunicar por escrito al asegurador la relación de los objetos existentes al tiempo del siniestro, la de los salvados y la estimación de los daños. Es conveniente redactar de la forma más ordenada y coherente posible una relación de las pérdidas causadas por el siniestro.

Conservar, siempre que sea posible, los restos de los bienes afectados. Si no es posible, documentar el alcance de las pérdidas: hacer fotografías de los objetos de valor, y documentar, en la medida de lo posible, su valor mediante facturas y garantías de compras, de esta manera podremos acreditar el valor de las pérdidas.

4. Asimismo debemos acreditar SIEMPRE, de forma documental los gastos en los que hemos incurrido como consecuencia del siniestro.

5. Si las partes se pusiesen de acuerdo en cualquier momento sobre el importe y la forma de la indemnización, el asegurador deberá pagar la suma convenida o realizar las operaciones necesarias para reemplazar el objeto asegurado.


© CISS

6. En cualquier supuesto, el asegurador deberá efectuar, dentro del plazo de cuarenta días, a partir de la recepción de la declaración del siniestro, el pago del importe mínimo de lo que el asegurador pueda deber, según las circunstancias por él conocidas.

7. Si no lograse el acuerdo dentro del plazo de los cuarenta días, la Ley dice que cada parte designará un perito, debiendo constar por escrito la aceptación de éstos.

En todo caso APCAS recomienda la intervención de un perito de seguros de inmediato una vez acaecido el siniestro, es decir, la contratación de un perito de parte que profesionalmente les asesore en la tramitación del siniestro ante la Compañía aseguradora o en caso ante el causante responsable del siniestro. Este profesional les facilitará la reclamación ante la compañía aseguradora o en su caso, por ejemplo la empresa suministradora, así como la forma de realizar los trámites para ejercer sus derechos como asegurado o perjudicado.

2

8. Si una de las partes no hubiera hecho la designación, estará obligada a realizarla en los ocho días siguientes a la fecha en que sea requerida por la que hubiere designado el suyo, y de no hacerlo en este último plazo se entenderá que acepta el dictamen que emita el perito de la otra parte, quedando vinculada al mismo.

Vemos pues que es muy importante como asegurado saber que, si el asegurador ha hecho el nombramiento de su perito y en los ocho días siguientes a la recepción de la notificación del nombramiento no se ha hecho el nombramiento del perito del asegurado, se estará vinculado al dictamen del perito del asegurador que sólo se podrá impugnar por vía judicial.

## 2-105 Particularidades del siniestro en los seguros contra daños

Tal y como recoge el artículo 26 de la LCS, *"para la determinación del daño se atenderá al valor del interés asegurado en el momento inmediatamente anterior a la realización del siniestro, con objeto de evitar el enriquecimiento injusto del asegurado"*.

Ahora bien, de cara a la valoración de los daños y, por tanto, para establecer la indemnización que corresponda en cada caso, se deberá tener en cuenta, en el momento de la producción del siniestro:

- Si la suma asegurada es inferior al valor del interés asegurado (lo que se conoce técnicamente como "infraseguro"), el asegurador indemnizará los daños causados en la misma proporción en la que aquella cubra el interés asegurado (art. 30).
- Con esta disposición se consagra el mecanismo conocido como "regla proporcional", en virtud del cual en caso de infraseguro la indemnización a cargo del asegurador será el resultado de multiplicar el importe de los daños derivados del siniestro por el capital asegurado y dividir el resultado por el valor del conjunto de los bienes existentes en el riesgo en el momento del siniestro. La parte restante quedará a cargo del asegurado, que se considera propio asegurador de la fracción no amparada por la póliza, y como tal debe contribuir a la liquidación del siniestro.
- Ahora bien, si en el momento de producirse el siniestro la suma asegurada supera el valor del interés asegurado, el asegurador indemnizará el daño efectivamente causado tal y como recoge el artículo 31 de la LCS.
- Asimismo, hay casos en los que, bien por desconocimiento, bien por no ser conscientes de ello, o por no haber cancelado la póliza anterior, hay personas que tienen un bien asegurado con varias aseguradoras. Si esto ocurre, se entenderá que el tomador ha realizado él mismo un "coaseguro" al distribuir el riesgo entre varias aseguradora -aunque no se haya tenido en cuenta a la hora de proporcionar la prima- y en consecuencia, de ocurrir un siniestro, los aseguradores contribuirán al abono de la indemnización en proporción a la suma respectivamente asegurada, sin que pueda superarse la cuantía del daño, tal y como recoge el artículo 32 de la LCS.

## 2-106 Particularidades del siniestro en los seguros de incendios

La destrucción o deterioro de los objetos asegurados fuera del lugar descrito en la póliza excluirá la indemnización del asegurador, a menos que su traslado o cambio de ubicación le hubiera sido previamente comunicado por escrito y éste no hubiera manifestado su disconformidad en el plazo de **quince días** (art. 47 LCS).

El asegurador indemnizará no sólo todos los daños y pérdidas materiales causados por la acción directa del fuego, sino también los que ocasionen las medidas necesarias adoptadas por la autoridad o el asegurado para impedir, evitar o extinguir el incendio (art. 49 LCS).

## 2-107 Particularidades del siniestro en los seguros de transportes terrestres

En defecto de otra cuantificación específica, la indemnización cubrirá, en caso de pérdida total, el precio que tuvieran las mercancías en el lugar y en el momento en que se cargaron y, además, todos los gastos realizados para entregarlas al transportista y el precio del seguro, si el pago de éste recayese sobre el asegurado. No obstante, cuando el seguro cubra los riesgos de mercancías que se destinen a la venta, la indemnización se regulará por el valor que las mercancías tuvieran en su lugar de destino (art. 62).

2

Por otra parte, y aun cuando no se dispone al tomador y asegurado del deber de comunicar la agravación del riesgo, no se perderá el derecho a la indemnización cuando se hubiere alterado el medio de transporte, el itinerario, los plazos del viaje o éste se hubiera realizado en el tiempo distinto al previsto. Tales modificaciones, no obstante, no deben ser imputables al propio asegurado (art. 60). Sin embargo, los artículos 11 y 12, que prevén los casos de agravación del riesgo, mantienen su vigencia.

## 2-108 Particularidades del siniestro en los seguros de crédito

El objeto de la indemnización consistirá en las perdidas finales que experimente el asegurado a consecuencia de la insolvencia definitiva de sus deudores (art. 69 LCS).

## 2-109 Particularidades del siniestro en los seguros de responsabilidad civil

El asegurador asume el riesgo de que el asegurado se vea obligado a indemnizar a un tercero los daños y perjuicios derivados de un hecho previsto en el contrato, de cuyas consecuencias el asegurado sea civilmente responsable conforme a derecho (art. 73 LCS).

El perjudicado o sus herederos podrán emprender una acción directa contra el asegurador para exigirle el cumplimiento de la obligación de indemnizar, es decir, podrán reclamar directamente al asegurado, presunto responsable del daño (art. 76 LCS).

## 2-110 Particularidades del siniestro en los seguros de vida

La prestación del asegurador deberá ser abonada al beneficiario, en cumplimiento del contrato, aun contra las reclamaciones de los herederos legítimos y acreedores de cualquier clase del tomador del seguro (art. 88 LCS).

## 2-111 La calificación del siniestro como total

El siniestro total es la situación que se plantea cuando lo ocurrido produce la destrucción o desaparición completa del bien asegurado. Este calificativo puede utilizarse en los seguros de daños a cosas en los que el objeto del seguro es normalmente una cosa o bien material.

En caso de siniestro total la indemnización se satisface en dinero, no en especie (reparación).

Este hecho es determinante del pago de la indemnización más elevada por parte del asegurador, cuyo importe se establece, normalmente, por vía pericial, con el límite máximo del capital estipulado en el contrato.

En rigor podría aplicarse también a los seguros de personas, como el seguro de vida para caso de muerte, ya que, en este supuesto, la muerte del asegurado será siempre un siniestro total, mientras que si ésta no se produce no hay siniestro.

**ATENCIÓN:** El término "siniestro total" es comúnmente utilizado en los siniestros de los seguros de autos y viene a determinar que el importe de la reparación del daño es superior al valor venal del vehículo, por tanto, se opta por pagar la mayor indemnización pactada porque aun así, éste importe es inferior al de la reparación. En este caso, la deducción del valor de los restos del vehículo siniestrado implica que éstos quedan bajo propiedad del asegurado, que es libre de reconstruirlo o desguazarlo. En ambos casos tiene obligación de dar de baja el vehículo en la DGT.


© CISS

## 2-112 La calificación del siniestro como parcial

En los seguros de cosas o daños, el siniestro parcial es aquél en virtud del cual solo se destruye o pierde una parte del bien asegurado. Queda, por tanto, una parte no afectada o dañada, respecto de la cual el asegurado no sufre ningún perjuicio económico, por lo que no percibirá reparación económica. Este concepto es prácticamente de uso generalizado en los mencionados seguros de daños.

En los seguros de personas su aplicación se concreta para aquellos riesgos que pueden presentar distinta intensidad, tales como invalidez parcial, incapacidad temporal por accidente o enfermedad, seguros de prestación de servicios y/o reembolso de gastos, etc.

En esta clase de siniestros es posible en algún caso la aplicación de la regla proporcional, establecida en el artículo 30 de la LCS, si la suma asegurada es inferior al valor del interés expuesto al riesgo y no se ha convenido el contrato a primer riesgo.

**ATENCIÓN:** El siniestro parcial en automóviles es el supuesto habitual de indemnización en especie, siendo así que, además, la reparación se efectúa a valor de nuevo, es decir, que el vehículo se repara y se deja como nuevo; esta razón es la esgrimida por el asegurador para justificar la tarificación sobre el valor de nuevo del vehículo aunque el valor venal del mismo sea inferior.

## 2-113 La declaración del siniestro

Es el medio formal a través del cual el asegurado comunica a la entidad aseguradora la ocurrencia del siniestro. Puede ser oral o escrita.

En cuanto a los efectos plazo y datos de la declaración, nos remitimos al **artículo 16 de la LCS**.

La documentación a aportar por el asegurado viene especificada en la primera parte del **artículo 38 de la LCS:** *"Una vez producidos el siniestro y en el plazo de cinco días a partir de la notificación prevista en el artículo dieciséis, el asegurado o el tomador deberán comunicar por escrito al asegurador la relación de los objetos existentes al tiempo del siniestro, la de los salvados y la estimación de los daños.*

*Incumbe al asegurador la prueba de la preexistencia e los objetos. No obstante, el contenido de la póliza constituirá una presunción a favor del asegurado cuando razonablemente no puedan aportarse pruebas más eficaces".*

El asegurado debe, en el plazo indicado, entregar a la entidad su reclamación de daños indicando los objetos dañados, su valor estimado y los objetos salvados.

Este trámite es fundamental y sirve para que la entidad conozca las exigencias económicas del asegurado y será también un factor importante para la futura valoración.

En cuanto a la comprobación de la preexistencia de los objetos reclamados por el asegurado, que tantas complicaciones puede causar en otro tipo de siniestros (robo), no suele crear demasiados problemas en los siniestros de incendio, en los que, con mayor o menor dificultad, puede deducirse del examen de los restos.

## 2-114 El deber del tomador de comunicar el siniestro

El tomador, asegurado o beneficiario tienen el **deber de comunicar al asegurador el acaecimiento del siniestro** en el **plazo máximo de siete días**.

Además el tomador o el asegurado deben facilitar toda clase de **informaciones** sobre las circunstancias y consecuencias del siniestro, así como **aminorar** estas últimas empleando todos los medios a su alcance (salvamento). El incumplimiento de este deber de salvamento puede dar lugar a reducción proporcional en la indemnización e incluso si existe dolo o mala fe a no recibir ninguna prestación.

## 2-115 El deber del asegurador de tramitar con diligencia el siniestro

El asegurador debe satisfacer la indemnización al término de las investigaciones y peritaciones necesarias y, en cualquier caso, como prevé el **artículo 18 LCS**, el importe mínimo de la indemnización, según las circunstancias que conozca, en los **cuarenta días siguientes a la recepción de la declaración del siniestro**.

Durante la tramitación del siniestro, el asegurador puede recabar del asegurado cuanta información considere necesaria sobre las circunstancias y consecuencias del siniestro, según disponen los artículos 16 y 17.3 LCS.

La LCS penaliza duramente al asegurador que incumple la obligación de indemnizar en el plazo estipulado. El **artículo 20** establece la imposición de un **interés de demora** claramente penalizador transcurridos ***tres meses*** desde la fecha de producción del siniestro.

El asegurador quedará liberado sólo en el caso que pueda demostrar que el impago de la indemnización tiene su fundamento en una causa justificada o imputable al asegurado.

2

**ATENCIÓN:** Junto con los ***artículos 3 y 10 LCS***, el artículo 20 es uno de los preceptos de la LCS sobre los que se han producido más decisiones judiciales, tanto en su redacción original como tras la modificación sufrida en 1995, que no contribuyó a aclarar su significado, pese a lo prolijo de su redacción.

## 2-116 La peritación

La peritación es la actividad o función que desarrollan los peritos, que son los profesionales que, teniendo la cualificación necesaria para ello, realizan la tasación o determinación de las consecuencias económicas derivadas de un siniestro.

Los peritos emiten un informe con su valoración que envían a la aseguradora, a fin de que ésta determine el importe de la indemnización que corresponde al asegurado en caso.

**La Asociación de Peritos de Seguros y Comisionarios de Averías** -APCAS- establece las siguientes pautas:

Es muy importante como asegurado saber que si el asegurador ha hecho el nombramiento de su perito y en los ocho días siguientes a la recepción de la notificación del nombramiento no hemos hecho el nombramiento del perito del asegurado, estaremos vinculados al dictamen del perito del asegurador que sólo podremos impugnar por vía judicial.

En caso de que ambas partes hayan hecho el nombramiento de su perito se inicia un procedimiento cuyos elementos más importantes resumimos a continuación.

1. En caso de que los peritos lleguen a un acuerdo se reflejará en un acta conjunta, en la que entre los elementos periciales señalados por la Ley se realizará la propuesta del importe líquido de la indemnización.

2. En caso de que no haya acuerdo entre los peritos, ambas partes designarán un perito tercero de conformidad, y de no existir ésta, la designación se hará por el juez de primera instancia del lugar en que se hallaren los bienes.

3. En este caso, el dictamen pericial se emitirá en el plazo señalado por las partes o, en su defecto, en el de treinta días, a partir de la aceptación de su nombramiento por el perito tercero.

4. El dictamen de los tres peritos, perito del asegurador, perito del asegurado y tercer perito, se emite por unanimidad o por mayoría, y se notificará a las partes de manera fehaciente e inmediata. Dicho dictamen es vinculante para el asegurador y para el asegurado, y deviene inatacable salvo que se impugne judicialmente por alguna de las partes, dentro del plazo de treinta días, en el caso del asegurador y ciento ochenta en el del asegurado, computados ambos desde la fecha de su notificación.

5. Si el dictamen de los peritos fuera impugnado, el asegurador deberá abonar un importe mínimo designado en cada caso. Si no fuera impugnado abonará el importe de la indemnización señalado por los peritos en un plazo de cinco días.

6. Honorarios de los peritos: cada parte satisfará los de su perito. Los del perito tercero y demás gastos que ocasione la tasación pericial serán de cuenta y cargo por mitad del asegurado y del asegurador. No obstante, si cualquiera de las partes hubiera hecho necesaria la peritación por haber mantenido una valoración del daño manifiestamente desproporcionada, será ella la única responsable de dichos gastos.

## 2-117 El aviso de peritación

Se trata de un documento con el que se pretende suministrar al perito una serie de datos que le puedan facilitar el conocimiento de los daños, realizar una mejor tasación de los mismos y detectar posibles malas interpretaciones en la descripción de los hechos relativos al siniestro.


© CISS

Este aviso ha de recoger toda la información que pueda aportar alguna luz al perito a la hora de evaluar los daños. El sistema más práctico suele ser la preparación de un impreso que a través de papel copiativo reproduzca los datos que figuran en la declaración de siniestro, ya que de este modo queda recogida una versión íntegra de los hechos.

Este mismo documento, en la mayoría de los casos, va a servir además de informe pericial, donde se realizará una evaluación pormenorizada de los daños, así como los comentarios referentes al mismo.

El acto de peritación correrá a cargo de un experto (o de varios, según la importación del hecho) que en base a sus conocimientos y al análisis exhaustivo del siniestro y de sus circunstancias dictaminará sobre el importe a abonar por el siniestro. Estos expertos son los peritos.



## 2-118 Clases de peritos

Los peritos pueden ser clasificados de varias formas, siendo quizás la más primaria la que los agrupa por **especialidades**. Normalmente estas especialidades suelen ser coincidentes con los ramos existentes en el sector. Dentro de esta primera tipología, el tipo más conocido es el **"perito tasador de siniestros de automóviles"**.

Otra clasificación se puede realizar **atendiendo a la relación de los peritos con la entidad aseguradora**, por la que se pueden establecer dos tipos básicos:

a) Peritos propios: en nómina de la entidad.

b) Peritos externos: este grupo se puede a la vez subdividir en dos grupos:

• Dedicación intensiva a la entidad (o exclusiva). Son aquellos peritos que, situados en zonas donde existen sucursales importantes de la entidad en las cuales no hay un volumen suficiente para tener peritos propios, realizan labores casi diarias de peritación para la entidad.

• Dedicación esporádica a la entidad. Suelen ser peritos altamente cualificados en temas concretos y a los cuales solamente se acude en caso de siniestro de ramos muy específicos.

Una tercera clasificación se puede realizar **en base al sistema de organización de los peritos**, siendo los tres tipos más importantes los siguientes:

1. Peritos libres: son profesionales liberales que actúan a modo individual.

2. Gabinetes periciales: son empresas privadas que agrupan a una plantilla de peritos, que suelen abarcar todas las áreas de peritación. Funcionan de modo similar a cualquier otra empresa de servicios. Este sistema se suele utilizar en aquellos casos en que se necesita un perito especializado en un ramo poco común.

3. Organizaciones periciales aseguradoras: son empresas periciales creadas para funcionar exclusivamente a nivel del sector asegurador. En algunos casos funcionan a nivel de grupos cerrados de empresas.

## 2-119 Funciones del perito

Dentro del campo asegurador, los peritos tienen **diversas funciones**, pero entre todas ellas merece la pena resaltar:

**La tasación**, según la cual el perito va a evaluar los costes del siniestro. Esta función es básica y es la más conocida entre el público.

**La investigación**, por la cual el perito va a tratar de conocer todas las posibles circunstancias que rodean al siniestro. Esta función es mucho menos conocida, pero es de tanta importancia como la anterior por distintos motivos:

- Prevención de futuros siniestros.
- Detección de posibles circunstancias que sitúen al siniestro entre las exclusiones de la póliza.
- Detección de posibles siniestros fraudulentos.

## 2-120 Cuándo es necesario un perito

Tal y como informa APCAS, los ciudadanos estamos acostumbrados a que ante la ocurrencia de un siniestro habitualmente intervenga un perito de seguros a requerimiento de la compañía aseguradora. En muchísimos casos el perito se presenta al asegurado o al perjudicado por un siniestro y tras la realización de sus tareas de evaluación del siniestro y estudio de las coberturas de la póliza, realiza, en nombre de la compañía, la propuesta del importe líquido de la indemnización, o incluso rechaza el siniestro al entender que no tiene cobertura.

En muchos casos esto se produce con el acuerdo del asegurado o del perjudicado, expreso o tácito, y en muchos casos esta actitud no hace sino ocultar su desconocimiento del procedimiento pericial y de los derechos que la Ley de Contrato de Seguro le reconoce. En muchas ocasiones el asegurado ve disminuida la que considera que es la justa indemnización o no recibe indemnización por el siniestro ocurrido y no estando de acuerdo se conforma con lo dictaminado por el perito representante de la compañía aseguradora porque desconoce cómo puede defender sus intereses.



En la legislación española el contrato de seguro está regulado por la Ley 50/1980 que dictamina cuales son los deberes y derechos de las partes intervinientes en un contrato de seguro, fundamentalmente asegurador y asegurado o tomador del seguro. Esta Ley no sólo recoge los derechos sino que además implementa los mecanismos para garantizar la defensa de los legítimos intereses económicos de las partes: asegurador y también del asegurado.

Uno de los más destacados mecanismos para garantizar esos derechos es el procedimiento pericial recogido en el artículo 38 de dicha Ley.

En el devenir cotidiano del seguro en España, se da la paradoja de que el asegurador, que es quien ha redactado el clausulado -generalmente para el denominado "riesgo masa" en forma de un contrato de seguro estandarizado a que el consumidor se "adhiere"- ante la ocurrencia de un siniestro, defiende sus intereses a través de un profesional, con la intervención de un perito de seguros.

En cambio el asegurado, que desconoce la técnica aseguradora, que se ha adherido a un contrato en cuya redacción no ha intervenido y que en la mayoría de las ocasiones tampoco tendrá conocimientos de Derecho, acepta la propuesta del asegurador como algo inevitable porque desconoce las posibilidades que la Ley le ofrece.

¿Qué puede hacerse por tanto cuando un asegurado no se encuentra de acuerdo con la intervención y propuesta de indemnización realizada por un perito de seguros?

La respuesta es sencilla: nombrar su propio perito. Ante tal situación el asegurado es libre de nombrar un perito de seguros que le represente, que puede y sabe hablar el mismo idioma que el perito de la entidad aseguradora, en términos de seguro. A este perito de seguros le llamaremos **"perito del asegurado"** en contraste con el "perito del asegurador".

## 2-121 Especialidad de las funciones de los peritos en los siniestros de incendios

Los peritos ocupan un papel muy importante es la valoración de algunos siniestros como es el caso de los incendios en los que sus funciones son numerosas y diversas dependiendo de las circunstancias que concurran en el incendio. Como funciones básicas podemos señalar:

- Intervención en las labores de salvamento
- Descripción del riesgo. El perito debe incluir en su informe final una descripción detallada del riesgo asegurado incluyendo los medios de protección contra incendios e indicando si existe alguna diferencia respecto a lo recogido en la póliza.
- Determinación de la preexistencia. Muy importante de cara a la posible aplicación de la regla proporcional
- Determinación de la causa del siniestro. Especialmente, como es lógico, cuando se sospecha de que se trata de un incendio provocado
- Investigación de las circunstancias que rodean al siniestro, en su más amplio sentido, siempre y cuando no se cuente además con otros especialistas.

## 2-122 Valor de nuevo o de reposición

Es el valor que tienen los bienes en el mercado a la fecha de la ocurrencia del siniestro. También se llaman "de reposición" porque identifica el precio que habría que pagar al comprar nuevamente el bien tras el siniestro para reponerlo.


© CISS

Si se establece la reposición en la póliza se da la posibilidad a la aseguradora para que, en lugar de satisfacer al asegurado el valor en metálico de los bienes siniestrados, le haga entrega de otros objetos de calidad y estado semejante.

Cuando la póliza incluye la cláusula de valor de nuevo, siempre y cuando la diferencia entre este valor de nuevo y el valor real no exceda del 30% del valor del primero, no se tendrá en cuenta la posible depreciación por uso.

**ATENCIÓN:** En el caso los edificios se tasarán a valor de nueva construcción, mobiliario industrial, personal y maquinaria a precio de compra y los productos terminados o semiterminados al coste de fabricación (en este último caso no existe diferencia con cláusula de valor de nuevo o sin ella).



## 2-123 Valor venal

Un término muy utilizado en el argot asegurador es el de "valor venal" con el que se hace referencia al precio o coste que se pagaría en el mercado por los bienes asegurados en el caso de que fueran vendidos en el momento inmediatamente anterior a producirse el siniestro.

Es un término muy utilizado la valoración de los siniestros en el seguro de autos.

## 2-124 Valor de salvamento

Los siniestros de incendio, aunque en casos extremos puede ocurrir lo contrario, no suelen ser totales. Casi siempre queda una parte importante de objetos no alcanzados por el fuego o por las medidas de extinción o afectados sólo parcialmente.

Estos restos aprovechables, que evidentemente tienen un valor, se designan con el término de **salvamento**.

Existe obligación del asegurado de resguardar estas partes salvadas, según se desprende del **artículo 17 de la LCS** mientras que el **artículo 29** impone al asegurador la obligación de hacerse cargo del importe de los gastos que estas medidas conlleven.

Cuando el contrato de seguro se pacta, como es lo más corriente, a valor real, habrá que tener en cuenta la depreciación que, producida por el uso o por el paso del tiempo, han sufrido los bienes dañados en el siniestro.

Cuando se trata de edificios, máquinas o mobiliario, tendremos que partir del precio de un bien igual o similar en estado de nuevo y deducir la depreciación correspondiente.

En el caso de las edificaciones partiremos del valor de nueva construcción y estimaremos la depreciación teniendo en cuenta:

- Época de construcción y duración prevista del edificio.
- Estado de conservación.

En cuanto a la maquinaria y mobiliario industrial y personal, si bien existen también tablas de depreciación (por ejemplo las de amortizaciones autorizadas por el Ministerio de Economía y Hacienda), creemos que suele ser más acertado en este caso el propio criterio del tasador en base a las características concretas de los bienes asegurados.

## 2-125 El informe pericial

Se denomina ***informe pericial*** al conjunto de conclusiones emitidas por un perito o grupo de peritos, en las cuales se analizan las circunstancias que rodean al siniestro sobre el cual se informa. En dicho informe se ha de incluir, además, una tasación de los daños que dicho siniestro haya ocasionado.

El informe pericial debe reflejar al menos lo siguiente:

- Características del riesgo. Descripción detallada del mismo, medios de protección, especial referencia a cualquier anomalía respecto a la póliza.
- Naturaleza del siniestro. Su causa, hora de ocurrencia, testigos, alcance de los daños, reportaje documental.
- Valor de la preexistencia.

- Tasación de daños.
- Otros aspectos de interés.

## 2-126 El informe preliminar

Dado que este informe se envía a la entidad una vez concluida la peritación, es conveniente, cuando las circunstancias o la importancia del siniestro así lo aconsejen, que el perito recoja sus primeras impresiones sobre el siniestro en un informe preliminar que esté a disposición del tramitador a los pocos días de ocurrido el hecho.

2

## 2-127 El acta pericial

La gran mayoría de los siniestros se resuelven mediante acuerdo entre el perito de la entidad aseguradora y el asegurado o su perito, caso de que lo haya nombrado. Se levanta entonces la oportuna acta de peritación que, junto con el correspondiente informe pericial, se envía a la entidad aseguradora, para que proceda, si así lo estima oportuno, a la liquidación definitiva del siniestro.

El artículo 38 de la LCS establece que *"en caso de que los peritos lleguen a un acuerdo, se reflejará en un* ***acta conjunta****,* en la que harán constar las causas del siniestro, la valoración de los daños, las demás circunstancias que influyan en la determinación de la indemnización, según la naturaleza del seguro de que se trate y la propuesta del importe líquido de la indemnización".

El acta, una vez firmada se somete al asegurado y a la entidad. En esta acta debe recogerse, al menos, lo siguiente:

- Reconocimiento de los bienes descritos en la póliza.
- Naturaleza del siniestro.
- Tasación de los daños.
- Proposición de la cantidad a indemnizar.

No obstante, en algunas ocasiones, no es posible este acuerdo entre las partes, siguiéndose entonces el trámite previsto en el **artículo 38 de la LCS**. En él se establece que en estos casos se designará un tercer perito, bien de conformidad entre ambas partes, y si tampoco fuera posible, mediante designación judicial.

## 2-128 Discrepancias con la peritación

En ocasiones, el asegurado puede no estar de acuerdo con la tasación de los daños que haya efectuado el perito de la entidad aseguradora. Para estos casos, y en lo referente a seguros de daños, la Ley de Contrato de Seguro es bastante explícita.

Así, en su **artículo 38, párrafo 3° y siguientes**, la Ley dice: *"Si las partes se pusiesen de acuerdo en cualquier momento sobre el importe y la forma de indemnización, el asegurador deberá pagar la suma convenida o realizar las operaciones necesarias para reemplazar el objeto asegurado, si su naturaleza así lo permitiera.*

*"Si no se lograse el acuerdo en el plazo previsto en el artículo dieciocho, cada parte designará un perito, debiendo constar por escrito la aceptación de éstos. Si una de las partes no hubiera hecho la designación, estará obligada a realizada en los ocho días siguientes a la fecha en que sea requerida por la que hubiese designado el suyo, y de no hacerlo en este último plazo se entenderá que acepta el dictamen que emita el perito de la otra parte, quedando vinculado por el mismo.*

*(...)*

*Cuando no haya acuerdo entre los peritos, ambas partes designarán un tercer perito de conformidad, y de no existir ésta, la designación se hará por el Juez de Primera Instancia del lugar en el que se hallaren los bienes, en acto de jurisdicción voluntaria y por los trámites previstos para la insaculación de peritos en la Ley de Enjuiciamiento Civil. En este caso el dictamen pericial se emitirá en el plazo señalado por las partes, o, en su defecto, en el de treinta días, a partir de la aceptación de su nombramiento por el perito tercero".*

## 2-129 La oposición al dictamen pericial

Un desacuerdo entre ambas partes (asegurador y asegurado), aun después de la intervención del tercer perito, terminará generalmente en una impugnación judicial por la parte disconforme, ya que el proceso amistoso reglamentado termina aquí.

En el **artículo 38, párrafo 7°**, de la Ley de Contrato de Seguro, se establece: *"El dictamen de los peritos, por unanimidad o por mayoría, se notificará a las partes de manera inmediata y en forma indubitada siendo vinculante para éstos, salvo que se impugne judicialmente por alguna de las partes, dentro del plazo de* ***treinta días, en el caso del asegurador, y ciento ochenta en el del asegurado****,* computándose ambos desde la fecha de notificación. Si no se interpusiese en dicho plazo la correspondiente acción, el dictamen pericial devendrá inatacable".

2

Si el dictamen de los peritos fuera impugnado, el asegurador deberá abonar el importe mínimo a que se refiere **el artículo 18**, y si no lo fuera abonará el importe de la indemnización señalado por los peritos en un plazo de cinco días.

En el supuesto de que por demora del asegurador en el pago del importe de la indemnización devenida inatacable al asegurado se viera obligado a reclamarlo judicialmente, la indemnización correspondiente se verá incrementada con el interés previsto en el **artículo 20 LCS**, que, en este caso, empezará a devengarse desde que la valoración devino inatacable para el asegurador y, en todo caso, con el importe de los gastos originados al asegurado por el proceso, a cuya indemnización hará expresa condena la sentencia, cualquiera que fuera el procedimiento judicial aplicable.

## 2-130 El cierre del expediente del siniestro

El expediente concluye con el pago al asegurado de la indemnización correspondiente y la firma del oportuno recibo de finiquito, en el que se especifica que la cantidad cobrada lo es por todos los conceptos, renunciando el asegurado a cualquier reclamación posterior en relación con el siniestro.

Los plazos dentro de los que debe cerrarse el expediente se especifican en los **artículos 18 y 20 de la LCS**.

# Sección 6. LA INDEMNIZACIÓN

## 2-131 La indemnización

La indemnización es la compensación o resarcimiento económico por el menoscabo producido al perjudicado que se realiza por el causante del daño o por quien deba corresponder en su lugar.

Desde un punto de vista legal, es el importe que está obligado a pagar contractualmente la entidad aseguradora en caso de producirse un siniestro. Es, en consecuencia, la contraprestación que corresponde al asegurador frente a la obligación de pago de prima que tiene el asegurado.

El fin de la indemnización es conseguir una reposición económica en el patrimonio del asegurado afectado por un siniestro, bien a través de una sustitución de los objetos dañados o mediante la entrega de una cantidad en metálico equivalente a los bienes lesionados. Sin embargo, en cualquiera de ambos casos, es preciso que el valor de reposición no exceda del precio del objeto dañado inmediatamente antes de producirse el siniestro, pues de otra forma se produciría un enriquecimiento injusto para el asegurado, que incluso llegaría a tener interés en que el siniestro se realizase para obtener con ello un beneficio.

En la LCS podemos encontrar otros preceptos que establecen reglas concretas que consagran la aplicación de algunos principios relacionados con la indemnización o con su finalidad. Así, entre otros: el artículo 4 decreta la nulidad del contrato de seguro, salvo en los casos previstos por la ley, si en el momento de su conclusión no existía el riesgo o había ocurrido el siniestro; en el artículo 25 se produce igualmente aquella nulidad del contrato, si en el momento de su conclusión no existe un interés del asegurado a la indemnización del daño; el artículo 31, relativo al caso de sobreseguro; y el artículo 32 que se refiere al caso de seguros múltiples y coincidentes.

Se comprende entonces que las indemnizaciones que las entidades de seguros hayan de satisfacer a sus asegurados tengan una doble limitación: por un lado, el hecho de que la indemnización no puede ser superior al capital asegurado en la póliza para el riesgo afectado por el siniestro; y de otro, que no puede exceder del precio del objeto dañado inmediatamente antes de que se produzca el accidente.

Si el capital asegurado en la póliza lo es por un importe correcto, cuando se produce el siniestro no hay problemas prácticos en orden a la satisfacción de las indemnizaciones, ya que si el siniestro ha tenido carácter total, la indemnización equivaldría al 100% del capital asegurado y si el siniestro ha sido parcial, es decir, ha afectado a una parte determinada, se establece la correspondiente proporción.

Mucho más claros son los términos en que se expresa el legislador en la LCS, cuyo artículo 26 establece clara y taxativamente que *"el seguro no puede ser objeto de enriquecimiento injusto para el asegurado"*.



El principio indemnizatorio, como regla fundamental del seguro de cosas, actúa básicamente en las operaciones que dan lugar al establecimiento del importe de los daños, por un lado, y a la fijación y abono de la indemnización correspondiente, por otro.

Se establece un proceso mediante el cual se relacionan dos factores esenciales para conocer la situación real del asegurado: el **interés asegurable**, que es un dato objetivamente determinable y que representa el valor que realmente estaba en riesgo, y **suma asegurada**, que es un dato fijado a su voluntad por el asegurado; dato que, según es obvio, no puede servir como punto de partida para determinar la indemnización.

## 2-132 Consecuencias del principio de indemnización

• El asegurado puede reclamar una indemnización únicamente por los daños materiales sufridos; no comprende, por tanto, el valor afectivo.

• En caso de siniestro parcial, el asegurado no tiene derecho a reclamar una indemnización total, sino únicamente la compensación del daño sufrido.

• Cuando el asegurado ha sido totalmente indemnizado por los aseguradores de los daños sufridos, debe transferir todos sus derechos frente a terceros, no pudiendo obtener otra indemnización de esos terceros y correspondiendo al asegurador subrogarse en los derechos de aquel primero frente a ellos (art. 43 LCS), con las propias limitaciones que determina este artículo 43 con respecto a la imposibilidad de ejercitar este derecho en perjuicio del asegurado.

• Tampoco el asegurador tendrá derecho a la subrogación contra ninguna de las personas cuyos actos u omisiones den origen a responsabilidad del asegurado, pariente en línea directa o colateral dentro del tercer grado civil de consanguinidad, padre adoptante o hijo adoptivo, que convivan con el asegurado.

• El asegurado no tiene derecho a resarcirse de su pérdida más de una vez, con independencia del número de pólizas que tenga suscritas; no puede obtener, del conjunto de aseguradores, más el importe total de la pérdida.

## 2-133 Otros tipos de indemnización especiales

Son mucho menos corrientes y habituales, pero podemos encontrar otras variantes indemnizatorias.

• La **reconstrucción del interés siniestrado**. El asegurador se hace cargo de la reconstrucción del interés asegurado hasta situarlo en el mismo estado en que se hallaba antes de la producción del siniestro.

• **Prestación de servicios**. Se produce este supuesto en los casos de enfermedad, asistencia sanitaria y en las coberturas de asistencia relacionadas con pólizas de hogar y comercio, principalmente.

• La **reposición del interés siniestrado**. El asegurador se obliga a hacer entrega al asegurado de un objeto de igual valor y características del interés asegurado.

**ATENCIÓN:** En los seguros contra robo, además de contemplarse una exclusión aproximadamente análoga a la ya vista para el seguro de incendios cuando el objeto asegurado sea sustraído fuera del lugar descrito en la póliza (art. 52), es muy peculiar en esta modalidad la obligación del asegurado de aceptar la restitución del objeto sustraído en lugar de la indemnización correspondiente, si el mismo es recuperado antes del transcurso del plazo señalado en la póliza para esta eventualidad (art. 53).

**Derechos por averías producidas por apagones eléctricos. Consejos de La Asociación de Peritos de Seguros y Comisarios de Averías -APCAS- ante los apagones eléctricos:**

- Redactar de forma ordenada una relación de pérdidas causadas por el mismo: alimentos, averías en sistema eléctrico de alumbrado y fuerza, alarma, aparatos eléctricos, electrodomésticos, equipos informáticos, etc.



© CISS

- Conservar, siempre que sea posible, los restos de los bienes afectados. Si no es posible, documentar el alcance de las pérdidas: hacer fotografías de los objetos de valor, claros y detallados y documentar, en la medida de lo posible, su valor mediante facturas y garantías de compras, de esta manera podremos acreditar el valor de las pérdidas.

- Recopilar la información publicada al respecto en los medios de comunicación local o a través de otros vecinos afectados.

Es posible que nuestra propia compañía aseguradora cubra las pérdidas ocasionadas y se ocupe de la reclamación al suministrador.

En el caso de que nuestra compañía aseguradora no garantizase los daños eléctricos o bien el límite de esta garantía no cubriese todos los daños, debemos verificar si tenemos contratada con la compañía la garantía de la reclamación de daños, al objeto de que ésta proceda a la reclamación de la diferencia asegurada.

2

Si no dispusiéramos de seguro que nos garantice estos daños, con todos estos datos, debemos realizar una reclamación ante nuestra compañía de suministro eléctrico, ya que, el contrato suscrito con la misma cubre las irregularidades y la ausencia del servicio.

En cualquier caso, Apcas recomienda el asesoramiento de un perito de seguros, es decir, la contratación de un perito de parte que profesionalmente les asesore en la tramitación del siniestro ante la compañía aseguradora o el suministrador de la energía eléctrica, cuyo profesional les facilitará la reclamación ante la compañía aseguradora o la compañía de suministro eléctrico.

## 2-134 La mora en la indemnización

La indemnización, de acuerdo con el artículo 20 de la LCS, modificado a través de la disposición adicional sexta de la Ley 30/1995, de 8 de noviembre, sobre Ordenación y Supervisión de los Seguros Privados, establece que si el asegurador incurriere en mora en el cumplimiento de la prestación de indemnización, se deberán cumplir las siguientes reglas:

• La mora del asegurador afectará con respecto al tomador del seguro o asegurado y, con carácter particular, al tercero perjudicado en el seguro de responsabilidad civil y del beneficiario en el seguro de vida.

• La mora será aplicable cuando la prestación no se hubiera satisfecho en el plazo de tres meses desde la producción del siniestro o de no haberse procedido al pago del importe mínimo en el plazo de **cuarenta días**.

• De no producirse la liquidación en el plazo de estos tres meses desde la ocurrencia del siniestro, la indemnización se incrementará en un interés anual igual al del interés legal del dinero vigente en el momento en que se devengue, incrementando en su 50%, intereses que se considerarán producidos por días desde la ocurrencia del siniestro (no desde el inicio del cuarto mes, momento en que se genera el recargo), sin necesidad de reclamación judicial.

• No obstante, transcurridos dos años desde la producción del siniestro, el interés anual **no podrá ser inferior al 20%**.

• No habrá lugar a esta indemnización suplementaria por mora del asegurador cuando el retraso en la indemnización esté fundado en una causa justificada o que no fuera imputable al asegurador.

• Los intereses se empezarán a computar desde la fecha del siniestro, o bien desde la fecha de comunicación del siniestro a la entidad aseguradora. En caso de haberlo puesto en conocimiento de la misma, transcurridos siete días desde la fecha del conocimiento del siniestro por parte del tomador o asegurado.

• Cuando la falta de pago de la indemnización o del pago mínimo se encuentre justificada, no se dará lugar al pago de los intereses por mora.

## 2-135 El derecho de los acreedores privilegiados

El **artículo 40** de la LCS muestra su preocupación porque los derechos que **determinados acreedores** puedan ostentar sobre los bienes asegurados, en cuanto tienen un contenido de naturaleza económica, **no se vean perjudicados** por el acaecimiento del siniestro; a cuyo fin extiende el derecho de esos acreedores a las indemnizaciones que, por razón de tales bienes, correspondan a su propietario. A estos efectos, declara el citado artículo que "*el **derecho de los acreedores*** hipotecarios, pignoraticios o privilegiados sobre bienes especialmente afectos **se extenderá** a las indemnizaciones que correspondan al propietario por razón de los bienes hipotecados, pignorados o afectados de privilegio".

En todo caso, **se requiere** que el **siniestro se produzca después** de la constitución de la prenda, de la hipoteca o del privilegio; y, a efectos de conferir virtualidad a este precepto, dispone la Ley que "*el tomador del seguro o el asegurado deben* ***comunicar*** al asegurador la constitución de la hipoteca, de la prenda o del privilegio, cuando tuvieran conocimiento de su existencia", advirtiendo que, "*una vez notificada la existencia de estos derechos, el* ***asegurador no podrá pagar*** la indemnización debida sin consentimiento del titular del derecho real o del privilegio".

2

Para que los acreedores puedan **ejercitar** su facultad de oposición al pago de la indemnización, es necesario que aquéllos **tengan conocimiento del siniestro**, sin que la Ley precise a quién corresponde efectuarles esa notificación, si al asegurador o al asegurado. Lo único que la Ley establece con claridad es que "*si a partir de* ***tres meses*** desde la notificación del siniestro a los acreedores, éstos no se hubiesen presentado, el asegurador quedará liberado de su obligación", debiendo entenderse como liberación de su obligación, que podrá efectuar el pago de la indemnización al asegurado sin contar con los acreedores y sin que de esa conducta derive responsabilidad alguna frente a ellos.

En la misma línea de protección a los acreedores, dispone el **artículo 41 LCS** que "*la* ***extinción del contrato no será oponible*** al acreedor hipotecario, pignoraticio o privilegiado hasta que transcurra **un mes** desde que se la comunicó el hecho que motivó la extinción". Con ello se pretende que la garantía del acreedor no se vea menoscabada por la extinción de la relación contractual.

Como medio para evitar los efectos de esta extinción, el mismo artículo 41 añade, en su párrafo segundo, que "*los acreedores* ***podrán pagar la prima*** impagada por el tomador del seguro o el asegurado, aun cuando éstos se opusieran".

Por último, el **artículo 42 de la LCS** indica: "*En el caso de que la indemnización haya de emplearse en la reconstrucción de las cosas siniestradas, el asegurador no pagará la indemnización si el asegurado y los acreedores a que se refieren los artículos anteriores no se ponen de acuerdo sobre las garantías con las que aquéllas han de quedar afectadas a la reconstrucción. En caso de que no se llegue a un acuerdo se depositará la indemnización conforme a lo dispuesto en* ***el artículo 40.***"

## 2-136 El derecho de subrogación

De conformidad con el **artículo 43 LCS:** "*El asegurador, una vez pagada la indemnización, podrá ejercitar los derechos y las acciones que por razón del siniestro correspondieran al asegurado frente a las personas responsables del mismo, hasta el límite de la indemnización.*

*El asegurador no podrá ejercitar en perjuicio del asegurado los derechos en que se haya subrogado. El asegurado será responsable de los perjuicios que, con sus actos u omisiones, pueda causar al asegurador en su derecho a subrogarse.*

*El asegurador no tendrá derecho a la subrogación contra ninguna de las personas cuyos actos u omisiones den origen a responsabilidad del asegurado, de acuerdo con la Ley, ni contra el causante del siniestro que sea, respecto del asegurado, pariente en línea directa o colateral dentro del tercer grado civil de consanguinidad, padre adoptante o hijo adoptivo que convivan con el asegurado. Pero esta norma no tendrá efecto si la responsabilidad proviene de dolo o si la responsabilidad está amparada mediante un contrato de seguro. En este último supuesto, la subrogación estará limitada en su alcance de acuerdo con los términos de dicho contrato.*

*En caso de concurrencia de asegurador y asegurado frente a tercero responsable, el recobro obtenido se repartirá entre ambos en proporción a su respectivo interés.*"

La subrogación consiste en la transferencia hecha en favor de la entidad aseguradora, por parte del asegurado, de los derechos que le corresponden de reclamar al tercero responsable de los daños indemnizados por el seguro.

Aplicada normalmente en los seguros de daños, tiene por objeto salvaguardar el principio indemnizatorio que rige en este tipo de seguros, evitando el enriquecimiento injusto que se producirá si el asegurado, además de cobrar la indemnización, pudiese ejercitar la acción legal correspondiente contra quien causó los daños, al objeto de que los repare.

La Ley niega el derecho a subrogarse contra ninguna de las personas cuyos actos u omisiones den origen a responsabilidades del asegurado según los términos legales. Tampoco se acepta contra el causante del siniestro que sea, respecto del asegurado, pariente en línea directa o colateral dentro del tercer grado civil de consanguinidad, padre adoptante o hijo adoptivo que conviva con el asegurado.


© CISS

No obstante, el mismo **artículo 43 LCS** niega el efecto de la norma indicada en el párrafo anterior cuando la responsabilidad provenga del dolo o esté amparada por un contrato de seguro.

En caso de concurrencia de asegurador y asegurado frente a un tercero responsable, el recobro obtenido se repartirá entre ambos en proporción a su respectivo interés.

# 3.ª PARTE

## LA MEDIACIÓN DE SEGUROS Y REASEGUROS PRIVADOS



3

# Capítulo I. LA MEDIACIÓN DE SEGUROS Y REASEGUROS PRIVADOS

## Sección 1. LA LEY DE CONTRATO DE SEGURO (LCS)

### 3-1 Las fuentes de la Ley 26/2006 de Mediación de Seguros y Reaseguros Privados

La actual **Ley 26/2006, de 17 de julio, de Mediación de Seguros y Reaseguros Privados**, ha venido a establecer y a regular una serie de novedades frente a su predecesora, la **Ley 9/1992, de 30 de abril, de Mediación en Seguros Privados** en cuya redacción influyó de manera directa una Directiva Europea.

Este principio de libertad de la actividad de mediación europea y, concretamente, de facilitar y posibilitar la actividad en régimen de derecho de establecimiento y de libre prestación de servicios en toda Europa, encontrará su fortalecimiento en otra norma que también vendrá de Europa, **la Directiva 77/92/CEE, del Consejo de 13 de diciembre de 1976,** relativa a las medidas destinadas a facilitar el ejercicio efectivo de la libertad de establecimiento y de la libre prestación de servicios para las actividades de agente y corredor de seguros estableciendo una serie de medidas transitorias para estas actividades.

3

**La Directiva 2002/92/CE**

Nuestra actual Ley de Mediación también tiene una fundamentación en otra Directiva Europea: **la Directiva 2002/92/CE del Parlamento Europeo y del Consejo, de 9 de diciembre de 2002, sobre la mediación en los seguros**, que vino a establecer las bases para la armonización de la actividad de mediación de seguros en la Unión Europea a su vez está inspirada en el principio básico de facilitar a la propia actividad de mediación, la libertad de establecimiento y de prestación de servicios en todo el ámbito de la Unión Europea de la misma forma que se le otorga este principio a cualquier otro tipo de actividad empresarial. Esta Directiva responde a la necesidad de establecer un marco legal comunitario que permita a los mediadores de seguros ejercer libremente en toda la Unión, con la finalidad de contribuir al correcto funcionamiento del mercado único de seguros.

Igualmente, esta Directiva va a establecer, por primera vez, el principio de registro por la autoridad competente del Estado miembro de origen de todas las personas que accedan o ejerzan la actividad de mediación de seguros y reaseguros. Para poder estar registrado, la Directiva establece que se debe cumplir con unos requisitos profesionales mínimos referentes a la competencia profesional, a la honorabilidad, a la existencia de un seguro de responsabilidad civil profesional y a su capacidad financiera. Estos requisitos van a establecerse como básicos hasta el punto que hoy en día, según la actual Ley 26/2006, son propios de los corredores de seguros.

Es en esta Directiva 2002/92/CE donde se empiezan a establecer, de manera estructurada, los principio de protección de los consumidores en este ámbito. Así, aparecen reguladas como obligaciones propias de los mediadores de seguros: la de información previa a la suscripción del contrato de seguro, así como la necesidad de establecer mecanismos extrajudiciales de resolución de conflictos entre los intermediarios de seguros y su clientela. Además, esta norma va a dejar también identificadas las infracciones por conductas contrarias a la norma y sus correspondientes sanciones.

**La Ley 9/1992, de 30 de abril**

Esta Ley implicó que la actividad de mediación de seguros cobrase una importancia y un reconocimiento que no había tenido hasta entonces. Cuando la Directiva 2002/92/CE entra en vigor, en España estaba vigente la Ley 9/1992, de 30 de abril, lo que obliga a tener que llevar a cabo sobre ésta última una serie de importantes modificaciones para adaptarla a las nuevas regulaciones que contemplaba la Directiva.

Así, las novedades que ya introducía la Directiva Europea en lo referente a la calidad del servicio al cliente y a reconocer los derechos de los tomadores de seguros y asegurados, tuvieron unas implicaciones directas en esta Ley 9/1992, y se vieron ampliadas con otras enfocadas a conseguir una mayor liberalización en este sector.

### 3-2 El objeto de la Ley 26/2006 de Mediación de Seguros y Reaseguros Privados

Pese a que la Ley 9/1992 era una norma que introducía algunas novedades, aún era una norma no del todo completa ya que la mediación de seguros fue experimentando una serie de cambios muy importantes, lo que ha provocado la aparición de algunas prácticas que dicha norma no contemplaba.


© CISS

Por ello, se decidió abordar un nuevo texto legal que, sin perjuicio de inspirarse en la Ley 9/1992, de 30 de abril, le sustituyese para regular de forma unitaria la actividad de mediación de seguros en el ámbito de la Unión Europea y adaptar la nueva legislación a la situación real del mercado. Los rasgos principales, propios y característicos de la Ley 26/2006 son, sin duda, la regulación de la **transparencia en la mediación y la protección de los consumidores y usuarios.**

El artículo 1 de la Ley de Mediación define el objeto de la ley de manera similar a como lo hacía el artículo 1 de la Ley 9/1992, al disponer: "*Esta ley tiene por objeto regular las condiciones en las que deben ordenarse y desarrollarse las actividades mercantiles de mediación de seguros y reaseguros privados, establece las normas sobre el acceso y ejercicio por parte de las personas físicas y jurídicas que las realicen y el régimen de supervisión y disciplina administrativa que les resulte de aplicación*".

Igualmente hay que tener en cuenta que la Ley 26/2006, además de regular todo los relativo a la actividad de mediación de seguros y reaseguros privados, se reserva el sometimiento también a ella de las actividades mercantiles de distribución de seguros que las entidades aseguradoras realicen a través de otros canales distintos de los mediadores de seguros, tal y como establece en su artículo 2.

## 3-3 Novedades que introduce la Ley 26/2006 de Mediación de Seguros y Reaseguros Privados



a) La regulación de nuevas formas de mediación no contempladas hasta ahora. Esta ley crea dos nuevas figuras: el **agente de seguros vinculado a varias entidades aseguradoras y el corredor de reaseguros**. El legislador crea estas diferentes figuras de mediadores y les otorga el principio de igualdad de trato, para lo cual se prevén requisitos profesionales equivalentes para todos ellos atendiendo a su especial naturaleza.

b) Igualmente -tal y como reconoce expresamente el propio Preámbulo- esta ley viene a aclarar la confusión generada en el mercado en los últimos años por la actuación desarrollada por los denominados subagentes y colaboradores previstos en la Ley 9/1992. De esta manera, y aunque se [illegible] de garantía de la protección al asegurado puesto que para estar inscritos en el mismo, es necesario haber acreditado los requisitos profesionales requeridos.

d) Se establece el requisito de la **formación inicial** concreta así como de la superación de un curso o **prueba de aptitud** como aspecto necesario para que los mediadores de seguros puedan actuar en el mercado de la mediación. De esta manera, la Ley 26/2006 suprime el hasta entonces denominado diploma de "Mediador de Seguros Titulado", requisito que se sustituye por la acreditación de la formación previa que se concreta en la superación de un curso de formación o prueba de aptitud.

e) Se recoge un régimen de **infracciones y sanciones** administrativas específico de la actividad de mediación.

## 3-4 La importancia de la protección del consumidor en la Ley de Mediación

Un aspecto destacado por la Ley de Mediación es la protección permanente del consumidor. Así, entre las medidas que introduce está la obligación de informar al cliente (aún no es tomador) antes de la suscripción del contrato de seguro del tipo de mediador que es para que el cliente pueda tener en cuenta el grado de independencia en el asesoramiento que el mediador realice. Este permanente afán de otorgar la máxima protección al consumidor se refleja en la ley en varios preceptos:

a) Se da una enorme importancia a la independencia de aquéllas figuras que tiene que ser fieles a ella, como son los corredores de seguros y de reaseguros, hasta el punto de que viene a crear un concepto nuevo que denomina **"Análisis Objetivo".** Bajo esta denominación, el legislador establece el principio por el cual debe regirse todo asesoramiento independiente prestado al tomador para ayudarle a elegir el producto más apropiado e idóneo según sus circunstancias propias y estableciéndose, además, que el mediador debe especificar los motivos que le llevan a proponerle un determinado contrato de seguro.

b) Dentro de este marcado espíritu proteccionista que trae la Ley 26/2006, se integra la creación de procedimientos para atender y **resolver las quejas y reclamaciones** que la clientela de los mediadores pueda plantear. En este sentido, la Ley establece la obligación de disponer de un departamento o servicio de atención al cliente para todos los mediadores de seguros que operen en España. Voluntariamente, lo pueden sustituir por un defensor del asegurado.

c) El **sistema retributivo de los corredores de seguros** también es objeto de revisión y de regulación en esta Ley, para tratar de garantizar la necesaria independencia que debe presidir su actuación, así como la transparencia en las relaciones con sus clientes, al prohibirles tener ingresos que no sean en concepto de comisiones.

## 3-5 IMD 2: Proyecto de Nueva Directiva Europea de Mediación



Actualmente y por iniciativa de la Comisión Europea se han iniciado ya los debates preparatorios de una nueva Directiva de Mediación de Seguros, proyecto que denomina "IMD 2" y que se fundamenta en la revisión de la Directiva 2002/92 de Mediación

Para su elaboración, la CE ha solicitado al Comité de Supervisores Europeos de Seguros y Planes de Pensiones (CEIOPS) asesoramiento sobre una serie de cuestiones concretas, que van desde el marco jurídico de la nueva Directiva, el alcance de su aplicación; la dimensión internacional de la mediación de seguros; los requerimientos profesionales; los aspectos transfronterizos; la gestión de conflictos de intereses y la transparencia; y la reducción de las cargas administrativas.

Entre las novedades que posiblemente recoja la nueva Directiva europea de mediación esté la inclusión de la regulación de la figura de los **"comparadores de precios".** En este asunto, la opinión de CEIOPS es que si no hay apoyo alguno (del sitio web) para la venta de un contrato de seguros, la actividad debería ser excluida del ámbito de aplicación, salvo en el caso de que el consumidor, al final del proceso, pueda concluir el contrato de seguro, o si recibe una recomendación para comprar uno o varios contratos.

Dentro de la propuesta para revisar los requerimientos profesionales, la nueva Directiva abordará "una definición revisada de la intermediación de seguros". Según se desprende de su informe, los miembros del CEIOPS consideran que una redacción más precisa de las actividades dentro del ámbito de la Directiva de mediación debería abordar qué "profesiones" se caen de dicho ámbito de aplicación, coincidiendo en que el "outsourcing" de actividades de intermediación de seguros debería ser incluido dentro del ámbito de la Directiva de mediación 2 y sujeta a las mismas reglas aplicables a los intermediarios de seguros.

# Sección 2. LA ACTIVIDAD DE MEDIACIÓN DE SEGUROS EN ESPAÑA

## 3-6 La mediación de seguros en España

La Ley 26/2006 adopta la definición de mediación de seguros y reaseguros contemplada en la Directiva 2002/92/CE, siendo su redacción más amplia que la contemplada en la Ley de 1992. El artículo 2 de la Ley, al delimitar su ámbito de aplicación, incluye tanto la mediación de seguros como la de reaseguros al decir expresamente: "*Las actividades a que se refiere el artículo 1 comprenderán la mediación entre los tomadores de seguros o de reaseguros y asegurados, de una parte, y las entidades aseguradoras o reaseguradoras autorizadas para ejercer la actividad aseguradora o reaseguradora privadas, de otra*".

De esta manera, se considera la actividad de mediación también en el reaseguro y se regulan las figuras de los corredores de reaseguros.

En cuanto a lo que debe entenderse por mediación, la Ley lo define en su artículo 2: como "*aquellas actividades consistentes en la presentación, propuesta o realización de trabajos previos a la celebración de un contrato de seguro o de reaseguro, o de celebración de estos contratos, así como la asistencia en la gestión y ejecución de dichos contratos, en particular en caso de siniestro*".

 © CISS

Al establecer el legislador esta definición, se viene a confirmar que la actividad propia de mediación de seguros no solo se aplica a la fase anterior a la celebración del contrato, sino también en la fase de vigencia del mismo, reconociendo "mediación de seguros" a las gestiones y asesoramiento en la tramitación y asistencia en los siniestros.

Ahora bien, esta diferenciación de etapas anteriores y posteriores a la formalización del contrato de seguros no es necesario que concurran conjuntamente para que se entienda realizada la actividad de mediación; es decir, bastaría simplemente que se realizara una de ellas para que nos encontráramos en el ámbito de la actividad de intermediación de seguros

Para que no exista lugar a dudas de interpretación, la Ley 26/2006 deja claro qué otras actividades relacionadas con el seguro y con la distribución no se consideran mediación. A tal efecto, en su artículo 3 establece que no se considerarán mediación de seguros:

*" a) La actuación de las entidades aseguradoras como abridoras en las operaciones de coaseguro.*

*b) Las actividades de presentación, propuesta o realización de trabajo previo a la celebración de un contrato de seguro o de reaseguro, o de celebración de estos contratos, o bien la asistencia en gestión y ejecución de dichos contratos, en particular en caso de siniestro, cuando dichas actividades las lleve a cabo una entidad aseguradora o reaseguradora, o un empleado de estas que actúe bajo la responsabilidad de esa entidad, sin perjuicio de lo dispuesto en el artículo 2.1, párrafo segundo de esta ley.*

*c) La información prestada con carácter accesorio en el contexto de otra actividad profesional, siempre que esta actividad no tenga como objetivo ni ayudar al cliente a celebrar o a suscribir un contrato de seguro o de reaseguro, ni tenga como finalidad la gestión de siniestros de una entidad aseguradora o reaseguradora a título profesional, o la realización de actividades de peritaje y liquidación de siniestros".*

3

**ATENCIÓN:** En la respuesta vinculante 00002364/2010 de la DGSFP sobre una cuestión que se le planteó al respecto del **servicio de análisis de canales de distribución** [illegible]

[illegible] *búsqueda de cotizaciones de los diferentes productos ofertados por las entidades aseguradoras, etc.), las concernientes a la celebración (firma del contrato, entrega al cliente de la póliza, etc.) y finalmente las tareas posteriores a la celebración (asesoramiento durante la vigencia del contrato, tramitación y pago de siniestros, gestión y cobros de recibos, entre otras). Asimismo se recuerda que no es necesario la concurrencia de todas estas tareas para que se considere realizada la actividad de mediación,* ***basta simplemente*** *con que se realicen algunas de ellas para que nos encontremos dentro del ámbito de la actividad de intermediación de seguros.*

*Por otro lado, se hace preciso delimitar el ámbito subjetivo de aplicación de la Ley, delimitado en el apartado 2 del artículo 2, donde se establece que los preceptos de esta Ley se aplicarán "a las personas físicas y jurídicas que, a cambio de una remuneración, emprendan o realicen las actividades de mediación de seguros".*

*Por último, una vez aclarado el ámbito objetivo y subjetivo, por su parte el artículo 3 determina una serie de supuestos que no deben entenderse como actividad de mediación, concretamente en el apartado 1, letra c): "La información prestada con carácter accesorio en el contexto de otra actividad profesional, siempre que esta actividad no tenga como objetivo ni ayudar al cliente a celebrar o a suscribir un contrato de seguro o de reaseguro, ni tenga como finalidad la gestión de siniestros de una entidad aseguradora o reaseguradora a título profesional, o la realización de actividades de peritaje y liquidación de siniestros. ", que tiene por objeto eliminar del concepto de mediación de seguros aquellos supuestos en los que el asesoramiento encaminado a la contratación de un determinado seguro se enmarca dentro de un servicio amplio, pero cuyo fin último no es ni la contratación de un seguro por el cliente, ni facilitar a éste la gestión de un siniestro".*

## 3-7 Los mediadores de seguros

Teniendo claro qué entiende la Ley 26/2006 por actividad de mediación de seguros, se puede, igualmente, definir quiénes son las personas que desempeñan esta actividad, o dicho de otra manera, qué requisitos debe tener determinadas acciones que realizan algunas personas para que su actividad sea considerada mediación de seguros.

De esta manera y con carácter general, la ley establece que serán mediadores de seguros: *"las personas físicas y jurídicas que, a cambio de una remuneración, emprendan o realicen las actividades de mediación de seguros"*.

Sin embargo, la vigente normativa no circunscribe exclusivamente a este grupo de personas la obligatoriedad de sometimiento a las normas contempladas en la Ley de Mediación, sino que también lo amplia a quienes bajo cualquier título desempeñen cargos de administración o de dirección de personas jurídicas que desarrollen las actividades de mediación de seguros o de reaseguros; las entidades aseguradoras y reaseguradoras, las entidades que suscriban los documentos previstos en la ley de mediación y aquellas personas para quienes legalmente se establezca alguna **prohibición o mandato** en relación con el ámbito de aplicación de la ley de mediación.

Los tipos de mediadores que recoge la Ley 26/2006 son los siguientes:

**1. Agentes de seguros**

La Ley 26/2006 mantiene la vigencia de esta figura pero establece un régimen diferenciado atendiendo a su posible vinculación con una o con varias entidades aseguradoras.

3

a) Así, crea la denominación de **"agente de seguros exclusivo".** Serán las entidades aseguradoras para las que trabajen quiénes deban responder de su actuación, así como suministrarle la formación técnica necesaria y verificar su honorabilidad, debiendo comprobar el cumplimiento de estos requisitos con anterioridad a la celebración del contrato de agencia y a su inscripción en el registro de agentes de la compañía aseguradora.

b) Crea una figura que venía siendo reclamada por la realidad del mercado: el ***agente de seguros vinculado a varias entidades aseguradoras,*** al considerar el supervisor que había una figura identificada pero no regulada que no se adaptaba plenamente ni a la figura del corredor de seguros, por carecer de la necesaria independencia, ni al agente de seguros, por no estar permitida su vinculación con varias entidades aseguradoras.

A diferencia de los agentes exclusivos en los que es la aseguradora quién debe hacerlo, en el caso de los vinculados les corresponderá a éstos acreditar el cumplimiento de los requisitos exigidos y garantizar que disponen de los conocimientos necesarios para ejercer su actividad, así como de honorabilidad y de capacidad financiera cuando manejen fondos ajenos de la clientela.

Sin embargo, respecto a la responsabilidad civil derivada de su actuación, se establece la posibilidad de que ésta sea asumida por las entidades en cuyo nombre se haya mediado, o bien, alternativamente, se prevé la suscripción por parte del agente de un seguro de responsabilidad civil profesional u otra garantía financiera.

**2. Operador de Banca-Seguros**

La Ley de mediación crea una nueva figura de mediador para dar respuesta a una situación muy generalizada y extendida como era la distribución y venta de seguros por parte de las sucursales bancarias. Así, y dentro de los agentes de seguros, se crea la nueva figura de mediador de **operadores de banca-seguros.**

Para ellos se establece el mismo régimen previsto para los agentes de seguros, ya sean exclusivos o vinculados con varias entidades aseguradoras, y destaca, además, la obligación de formación de las redes de distribución, obligación que recae en las entidades aseguradoras con las que hayan concertado el contrato de agencia de seguros y, también, en las entidades de crédito a través de las que distribuyan los contratos de seguros.

No se debe olvidar que la naturaleza jurídica de los operadores de banca-seguros es la de **agente de seguros**, ya que la clasificación general que hace el propio artículo 7 de la Ley 26/2006 solo hace referencia a agentes y corredores y, al no tener los OBS la condición de corredores, es por ello, por lo que quedan englobados dentro de la categoría de agentes de seguros.

A tal efecto, igual que los agentes de seguros, los OBS pueden ser también exclusivos o vinculados.

**ATENCIÓN:** Este reconocimiento expreso del operador de banca-seguros fue objeto de crítica por cierto sector de la mediación, que no entendía la causa de que los operadores de banca-seguros, en la medida en que no vienen a ser más que agentes, exclusivos o vinculados, merecieran una mención expresa adicional a la de los propios agentes. Si bien el artículo 7 de la Ley 26/2006 dispone con carácter imperativo que las entidades de


© CISS

crédito o entidades participadas que ejerzan la actividad de agente de seguros deberán adoptar la denominación de operador de banca-seguros, se ha reconocido expresamente por el órgano supervisor la posibilidad de que este tipo de entidades decidan no adoptar esta forma jurídica y, si es el caso, puedan continuar actuando como agentes de seguros o como corredores de seguros.

**3. Corredores de seguros**

Se mantiene el régimen previsto para esta clase de mediadores en la legislación que se deroga, y destaca la necesaria independencia de éstos respecto de las entidades aseguradoras, principio que se concreta en la nueva Ley en la necesidad de prestar al cliente un asesoramiento objetivo sobre los productos disponibles en el mercado. Asimismo, se adaptan a las exigencias de la Directiva las garantías financieras requeridas, para lo que se prevé la necesidad de disponer de una capacidad financiera únicamente en el caso de aquellos corredores que manejen fondos de su clientela.

**4. Corredores de reaseguros**

Como última novedad en cuanto a las figuras de mediadores de seguros, la Ley 26/2006 regula igualmente esta modalidad de mediador no recogida en la legislación anterior, para quiénes se establecen iguales requisitos a los previstos para los corredores de seguros, excepto la exigencia de acreditar su infraestructura y disponer de capacidad financiera, por tratarse de mediadores que asesoran a entidades aseguradoras, que no requieren una especial protección.



Tanto los agentes de seguros como los corredores de seguros podrán ser **personas físicas o jurídicas,** en éste último caso, serán agencias de seguros o corredurías de seguros.

Cualquier mediador de seguros podrá cambiar su inscripción en el Registro administrativo especial de mediadores de seguros, de corredores de reaseguros y en el Registro administrativo especial de mediadores de seguros, de corredores de reaseguros y de sus altos cargos para ejercer otra clase de mediación de seguros si acredita previamente el cumplimiento de los [illegible]

[illegible]

*b) Realizar actividades de mediación para las sociedades mutuas y cooperativas a prima variable.*

*a) Realizar la actividad de mediación en favor de entidades que no cumplan los requisitos legalmente exigidos para operar en España, o que actúen transgrediendo los límites de la autorización concedida.*

*b) Utilizar en la denominación social y en la publicidad e identificación de sus operaciones mercantiles, expresiones que estén reservadas a las entidades aseguradoras o reaseguradoras que puedan inducir a confusión con ellas, sin perjuicio de lo previsto en el artículo 17.1., en el artículo 22, en el artículo 25.3 y en el artículo 33.3.*

*e) Imponer directa o indirectamente la celebración de un contrato de seguro.*

*f) Añadir recargos a los recibos de prima emitidos por las entidades aseguradoras, siendo nulo cualquier pacto en contrario.*

*g) Celebrar en nombre de su cliente un contrato de seguro sin el consentimiento de este".*

**ATENCIÓN:** Los mediadores deben identificar su nombre comercial obligatoriamente con el tipo de mediador que son, es decir, si se trata de un corredor de seguros, deberá añadir a su denominación comercial las palabras corredor de seguros y un agente de seguros deberá hacer lo propio con las palabras agente de seguros.

Los mediadores no podrán incorporar a su denominación solamente la palabra Seguros pues ésta queda solamente reservada para las aseguradoras ya que -según establece la Ley 26/2006- induciría a error y equivocación a los clientes.

## 3-9 Obligaciones de los mediadores de seguros

Independientemente de las obligaciones propias y características de cada tipo de mediador, la Ley 26/2006 establece un grupo de conductas comunes o generales a todos ellos y que se recogen el artículo 6 de la Ley.

Estas obligaciones tienen un nexo de unión entre ellas y es la protección de los derechos de los consumidores, se establecen para otorgar la máxima garantía de seguridad hacia ellos. Estas obligaciones comunes son las siguientes:

*"1. Los mediadores de seguros ofrecerán información veraz y suficiente en la promoción, oferta y suscripción de los contratos de seguro y, en general, en toda su actividad de asesoramiento.*

*2. El mediador de seguros se considerará, en todo caso, depositario de las cantidades recibidas de sus clientes en concepto de pago de las primas de seguro, así como de las cantidades entregadas por las entidades aseguradoras en concepto de indemnizaciones o reembolso de las primas destinadas a sus clientes.*

*3. En toda la publicidad y documentación mercantil de mediación de seguros privados, ya sea en papel, ya utilizando cualquier técnica de comunicación a distancia o contrato a distancia, deberán destacar las expresiones y menciones que se establecen en esta ley para cada clase de mediador de seguros, y en todo caso se deberá hacer constar el número de inscripción en el registro administrativo.*

*4. Los mediadores de seguros, antes de iniciar su actividad, deberán figurar inscritos en el Registro especial administrativo de mediadores de seguros, corredores de reaseguros y de sus altos cargos, a que se refiere el artículo 52".*

3

## 3-10 El requisito de la formación de los mediadores de seguros

La formación obligatoria de los mediadores de seguros es unos de los principales requisitos para poder ejercer la actividad propia de mediación. Su contenido y desarrollo está debidamente regulada en las siguientes normas:

- En el **Real Decreto 764/2010, de 11 de junio, por el que se desarrolla la Ley 26/2006, de 17 de julio**, de mediación de seguros y reaseguros privados en materia de información estadístico-contable y del negocio, y de competencia profesional. (En el Capítulo III y en la Disposición Transitoria Única).
- En la **Resolución de 18 de febrero de 2011**, de la Dirección General de Seguros y Fondos de Pensiones, por la que se establecen los requisitos y principios básicos de los programas de formación para los mediadores de seguros, corredores de reaseguros y demás personas que participen directamente en la mediación de los seguros y reaseguros privados.
- En la propia **Ley 26/2006 de Mediación de Seguros y Reaseguros Privados**.

Con carácter general, las personas físicas que accedan al ejercicio de la actividad de mediación como mediadores de seguros o corredores reaseguros residentes o domiciliados en España deberán acreditar, como requisito previo, conocimientos necesarios mediante la superación de cursos de formación o pruebas de aptitud en materias financieras y de seguros privados.

A efectos del nivel formativo que corresponda obligatoriamente según sea el tipo de mediador, la normativa en esta materia establece la división en tres grandes Grupos (A-B-C). Así:

a. **El GRUPO A:** Integrado por:

- Las personas físicas agentes de seguros vinculados.
- Los corredores de seguros y los corredores de reaseguros.
- Al menos, a la mitad de las personas que integran el órgano de dirección de las personas jurídicas agentes de seguros vinculados y de operadores de banca-seguros vinculados, corredurías de seguros y corredurías de reaseguros.
- Y, en todo caso, a las personas que ejerzan la dirección técnica de todos ellos.

b. **El GRUPO B:** Integrado por:

- Los agentes de seguros exclusivos, personas físicas.
- Al menos, a la mitad de las personas que integran la dirección de las personas jurídicas agentes de seguros exclusivos.
- Al menos, a la mitad de las personas que integran el órgano de dirección de los operadores de banca-seguros exclusivos.

 © CISS

- A quienes ejerzan la dirección técnica de todos ellos.
- A las personas que integran las redes de distribución de los operadores de banca-seguros.
- Y a los empleados de los mediadores de seguros y corredores de reaseguros, siempre que se les atribuyan funciones de asesoramiento y asistencia a los clientes y participen directamente en la mediación de los seguros o reaseguros.

c. **El GRUPO C**: Integrado por:

- Los auxiliares externos de los mediadores de seguros o corredores de reaseguros.
- A los empleados de cualquiera de las clases de mediadores de seguros o corredores de reaseguros que desempeñen funciones auxiliares de captación de clientes o de tramitación administrativa, sin prestar asesoramiento ni asistencia a los clientes en la gestión, ejecución o formalización de los contratos o en caso de siniestro.

Las personas físicas que deseen participar en los cursos de formación o pruebas de aptitud para ejercer como mediadores de seguros o corredores reaseguros residentes o domiciliados en España deberán estar en posesión del **título de bachiller o equivalente para los cursos de formación y pruebas de aptitud del grupo A, y título de graduado en educación secundaria o equivalente para los cursos de formación del grupo B.**

**Contenido de la formación obligatoria**

3

Para todas las personas integrantes del **Grupo A,** el curso de formación que les habilita como Mediadores de seguros de su categoría tendrá una duración mínima de **500 horas**, debiendo garantizarse, en todo caso, unos conocimientos adecuados de las personas formadas para el ejercicio de sus funciones.

Respecto a la formación para el **Grupo B,** el curso de formación inicial tendrá una duración de **200 horas**, salvo que en la memoria de ejecución se indique una duración distinta en función del tipo o tipos de seguro o reaseguro que sean objeto de mediación y de las concretas características de la actividad de mediación que deba desarrollar la persona formada.

En este caso, la duración [illegible] características de la actividad de mediación que deba desarrollar la persona formada.

Esta Resolución de 18 de febrero de 2011 la DGSPF presenta tres destacadas novedades frente a la de 28 de julio de 2006 que viene a derogar:

1. Por un lado, la asignación de las horas de cada programa por cada Módulo, de manera que la asignación de horas por cada módulo es la siguiente:

| | | GRUPO A | GRUPO B | GRUPO C |
|---|---|---|---|---|
| | MODULO | Horas | Horas | Horas |
| I | Módulo General | 125 | 83 | 50 |
| II | Módulo Específico por ramos | 175 | 117 | |
| III | Módulo de Régimen legal y distribución de seguros | 50 | | |
| IV | Módulo de la UE | 25 | | |
| V | Módulo de Dº Mercantil | 25 | | |
| VI | Módulo Financiero | 25 | | |

| | | GRUPO A | GRUPO B | GRUPO C |
|---|---|---|---|---|
| | MODULO | Horas | Horas | Horas |
| VII | Módulo de organización administrativa | 25 | | |
| VIII | Módulo de Reaseguro | 50 | | |
| | | **500** | **200** | **50** |

2. En segundo lugar, establece que en el módulo específico por ramos, se deba, al menos, estudiar de cada uno de ellos los siguientes puntos:

. La definición.

. Las características.

. El desarrollo.

3. En tercer lugar, establece las **'habilidades a adquirir'** por el alumno en cada uno de los módulos.

3

Tanto para el Grupo B como para el Grupo C, si la duración del curso de formación fuese inferior a la prevista, deberá justificarse esta circunstancia en la memoria de ejecución teniendo en consideración los criterios objetivos que se especifiquen por resolución de la DGSFP.

**Formación continua obligatoria**

Una vez acreditada la formación suficiente para el acceso a la actividad de los integrantes del Grupo B al igual que los del Grupo C, ambos deberán participar en programas de formación continua que podrán impartirse en presencia o a distancia, incluida la vía telemática y que encuentran su justificación en consideración de la necesaria actualización a través de los procedimientos de información establecidos para mantener al día los conocimientos adquiridos en cada momento.

Estos programas tendrán una duración mínima estimada de **60 horas para el Grupo B y de 30 horas para el Grupo C** a impartir en periodos máximos de tres años y su contenido y duración se establecerá en función del tipo o tipos de seguro que, en su caso, sean objeto de mediación, de las concretas características de la actividad que deba desarrollar la persona formada y de la necesidad de actualización de los conocimientos precisos para el desarrollo de su trabajo.

Para cada período trienal deberá elaborarse una memoria que estará a disposición de la DGSFP en la que se recoja el contenido de dichos programas, su duración y las personas que han recibido esta formación. Así, los mediadores obligados a elaborar la Documentación Estadístico-Contable (DEC) deben informar de las horas que han dado formación a sus empleados en esta línea.

**ATENCIÓN**: En relación con la homologación de cursos, a efectos de cómputo de horas de formación obligatoria, en Diciembre de 2007 se dirigió una pregunta vinculante a la DGSFP acerca de si las horas destinadas a la asistencia a las **presentaciones de nuevos productos** por parte de las Entidades Aseguradoras servirían a los oportunos efectos de poder solicitar las correspondientes certificaciones de asistencia a dichas Entidades Aseguradoras.

**Contestación de la DGSFP**: 'La DGSFP dicto la Resolución de fecha 28 de julio de 2006, recientemente derogada por la Resolución de 18 de febrero de 2011, de la Dirección General de Seguros y Fondos de Pensiones en la que se establecen las líneas generales y los principio básicos que habrán de cumplir los cursos y programas de formación exigidos en dicha Ley a fin de acreditar el requisito de conocimientos necesarios para el ejercicio de las funciones propias de los mediadores de seguros y reaseguros, de las personas que formen parte de las redes de distribución de los operadores de banca-seguros y de los empleados y auxiliares de los mediadores de Seguros que participen directamente en la mediación de Seguros o Reaseguros'.

**El programa de formación**

El programa del curso de formación y de las pruebas de aptitud en materias financieras y de seguros privados para las personas encuadradas en el **Grupo A** se compone de los siguientes módulos, en los que se contienen las materias formativas, de acuerdo con la siguiente estructura:

| | Breve descripción del contenido | Duración estimada (horas) |
|---|---|---|
| I. Módulo general: | | 125 |
| 1. El contrato de seguro. Protección de datos de carácter personal. | – Ley de Contrato de Seguro.<br>– Concepto de contrato de seguro.<br>– Características.<br>– Clasificación de los contratos de seguro y de reaseguro.<br>– Elementos esenciales, materiales, personales y formales del contrato de seguro.<br>– Disposiciones generales de la protección de datos de carácter personal.<br>– Principios de la protección de datos, derechos de las personas.<br>– La Agencia Española de Protección de Datos. | |
| 2. La institución aseguradora. | – La institución aseguradora: objetivo y principios.<br>[illegible] | |
| [illegible] | [illegible]<br>– La Gestión de marketing en la prestación de servicios.<br>– La orientación al cliente.<br>– La gestión de la relación con el cliente.<br>– Plan de marketing. | |
| 4. Informática y Ofimática. | – Informática.<br>– Ofimática: editor de textos, hoja de cálculo, gestión de bases de datos, registro de operaciones y elaboración de información económico-financiera, correo electrónico.<br>– Aplicaciones informáticas para el ejercicio de la actividad de mediación. | |

| | Breve descripción del contenido | Duración estimada (horas) |
|---|---|---|
| 5. Protección de los consumidores y usuarios de servicios financieros. | – Normativa, vías de reclamación.<br>– Resolución de conflictos. | |
| 6. Condiciones generales de contratación. | – Las condiciones generales de contratación.<br>– Derechos de los consumidores y mecanismos de resolución de conflictos vigentes. | |

Habilidades a adquirir:

Dominio de los conocimientos y las técnicas relacionadas con la formalización y ejecución del contrato de seguro o reaseguro. Normativa aplicable. Análisis del seguro y el contrato de seguro.

Conocimiento de los fundamentos de la gerencia de riesgos, coaseguro y reaseguro.

Dominio de los conocimientos y las técnicas relacionadas con la gestión comercial en al ámbito asegurador.

Conocimiento de la normativa aplicable en materia de protección de datos y derechos de los consumidores.

Conocimiento del manejo de aplicaciones ofimáticas específicas relacionadas con la gestión y el tratamiento informatizado de los documentos e información derivada de la actividad aseguradora.

Dominio de los conocimientos y las técnicas relacionadas con la atención al cliente, resolución de quejas, reclamaciones y consultas en el sector financiero.

| | Breve descripción del contenido | Duración estimada (horas) |
|---|---|---|
| II. Módulos específicos por ramos: | | 175 |
| 1. Módulo de seguro de vida. | – Características.<br>– Bases técnicas.<br>– Clases y combinaciones de seguros.<br>– Tipología.<br>– Reducción, Rescate y Anticipo. | |
| 2. Módulo de seguro de accidentes. | – Definición.<br>– Características.<br>– Desarrollo. | |
| 3. Módulo de seguro de enfermedad. | – Definición.<br>– Características.<br>– Desarrollo. | |
| 4. Módulo de seguros de asistencia sanitaria. | – Definición.<br>– Características.<br>– Desarrollo. | |

 © CISS

| | Breve descripción del contenido | Duración estimada (horas) |
|---|---|---|
| 5. Módulo de seguros de cascos (vehículos terrestres, ferroviarios, aéreos, marítimos, lacustres y fluviales). | – Definición.<br>– Características.<br>– Desarrollo. | |
| 6. Módulo de seguro de transportes de mercancías. | – Definición.<br>– Características.<br>– Desarrollo. | |
| 7. Módulo de seguro de incendios. | – Definición.<br>– Características.<br>– Desarrollo. | |
| 8. Módulo de seguro de otros daños a los bienes. | – Definición.<br>– Características.<br>– Desarrollo. | |
| 9. Módulo de seguro de automóviles. Responsabilidad Civil. Funciones del Consorcio de Compensación de Seguros. [illegible] | – Definición.<br>– Características.<br>– Desarrollo. [illegible] | |
| [illegible] | [illegible] | |
| 12. Módulo de seguro de crédito. | – Definición.<br>– Características.<br>– Desarrollo. | |
| 13. Módulo de seguro de caución. | – Definición.<br>– Características.<br>– Desarrollo. | |
| 14. Módulo de seguro de pérdidas pecuniarias diversas. Lucro cesante | – Definición.<br>– Características.<br>– Desarrollo. | |
| 15. Módulo de seguro de defensa jurídica. | – Definición.<br>– Características.<br>– Desarrollo. | |

| | Breve descripción del contenido | Duración estimada (horas) |
|---|---|---|
| 16. Módulo de seguro de asistencia. | – Definición.<br>– Características.<br>– Desarrollo. | |
| 17. Módulo de seguro de decesos. | – Definición.<br>– Características.<br>– Desarrollo. | |
| 18. Módulo de seguro de multirriesgos del hogar. | – Definición.<br>– Características.<br>– Desarrollo. | |
| 19. Módulo de seguro de multirriesgos del comercio. | – Definición.<br>– Características.<br>– Desarrollo. | |
| 20. Módulo de seguro de multirriesgos de comunidades. | – Definición.<br>– Características.<br>– Desarrollo. | |
| 21. Módulo de seguro de multirriesgos industriales. | – Definición.<br>– Características.<br>– Desarrollo. | |
| 22. Módulo de seguros de otros multirriesgos. | – Definición.<br>– Características.<br>– Desarrollo. | |
| 23. Módulo de seguro de riesgos extraordinarios. | – Definición.<br>– Características.<br>– Desarrollo. | |
| 24. Módulo de los seguros agrarios combinados. | – Definición.<br>– Características.<br>– Desarrollo. | |
| 25. Módulo de reaseguro | – Definición.<br>– Características.<br>– Desarrollo | |

Habilidades a adquirir:

Dominio en profundidad de los conocimientos relacionados con los ramos de seguros relacionados en el módulo.


© CISS

| | Breve descripción del contenido | Duración estimada (horas) |
|---|---|---|
| III. Módulo de Régimen legal de la empresa aseguradora y de la distribución de los seguros privados: | | 50 |
| 1. Características del régimen español de control y normativa aplicable. | – Principales normativas aplicables.<br>– Características.<br>– Órganos de control.<br>– Inspección.<br>– Medidas control especial. | |
| 2. Condiciones de acceso y de ejercicio de la actividad aseguradora privada. La actividad desarrollada por el Consorcio de Compensación de Seguros. | – El asegurador.<br>– Condiciones para el ejercicio de la actividad aseguradora.<br>– Las actividades del Consocio de Compensación de Seguros: aseguradora, reaseguradora, liquidadora y otras. | |
| 3. La mediación en seguros y reaseguros privados.<br>[illegible] | – Mediadores de seguros y corredores reaseguros: normativa y clasificación<br>[illegible] | |
| [illegible] de los mediadores de seguros y de corredores de reaseguros. | [illegible]<br>– Actividad en España de los mediadores residentes o domiciliados en otros estados miembros del Espacio Económico Europeo. | |

Habilidades a adquirir:

Dominio de los conocimientos y técnicas relacionadas con la dirección estratégica y gestión general de la organización.

Conocimiento de las empresas de mediación de seguros y reaseguros: formas jurídicas, constitución, tipos de mediación.

Dominio de los conocimientos necesarios en relación al deber de información aplicable.

| | Breve descripción del contenido | Duración estimada (horas) |
|---|---|---|
| IV. Módulo de Unión Europea: | | 25 |
| 1. El seguro español y la Unión Europea. | – Fundamentos generales.<br>– Funcionamiento de la Unión Europea. | |
| 2. Normativa europea de seguros privados. | – Legislación europea de seguros no vida.<br>– Legislación europea de seguros vida.<br>– Legislación europea de seguros de automóvil.<br>– Legislación europea sobre mediación.<br>– Legislación europea sobre reaseguro. | |
| 3. Contexto económico nacional e internacional. | – Características. | |
| 4. El mercado único de seguros. | – Características. | |

Habilidades a adquirir:

Dominio de la estructura y la organización de la Unión Europea.

| | Breve descripción del contenido | Duración estimada (horas) |
|---|---|---|
| V. Módulo de Derecho mercantil: | | 25 |
| 1. La empresa y el empresario mercantil. | – Concepto del Derecho Mercantil.<br>– Concepto: empresa y empresario. | |
| 2. Tipos de sociedades. | – Tipología | |
| 3. El contrato mercantil. | – Concepto y legislación.<br>– Tipología. | |

Habilidades a adquirir:

Dominio de los conceptos de Derecho Mercantil necesarios para el ejercicio de la actividad de mediación.

Identificar los distintos tipos de empresas de mediación de seguros y reaseguros, en función de sus características, formas jurídicas y normativa reguladora aplicable.

 © CISS

| | Breve descripción del contenido | Duración estimada (horas) |
|---|---|---|
| VI. Módulo financiero. Sistema y productos financieros. Cálculo, fiscalidad y contabilidad: | | 25 |
| 1. Nociones de cálculo mercantil. | – Definición.<br>– Alcance. | |
| 2. Nociones de cálculo financiero. | – Definición.<br>– Alcance. | |
| 3. Nociones de cálculo estadístico. | – Definición.<br>– Alcance. | |
| 4. Nociones de cálculo actuarial. | – Definición.<br>– Alcance. | |
| 5. Estructura del sistema financiero: principales mercados y activos. | – Sistema financiero español.<br>– Entidades de crédito.<br>– Mercados financieros. | |
| 6. Intermediarios financieros. | – Definición.<br>– Tipología.<br>[illegible] | |
| [illegible] contabilidad adaptada a la mediación en seguros y reaseguros privados. | [illegible] contabilidad de la mediación de seguros y corredores de reaseguro. | |

Habilidades a adquirir:

Dominio de los conocimientos y técnicas relacionadas con el cálculo mercantil, financiero, estadístico y actuarial.

Conocimiento del sistema financiero español y fiscalidad de las operaciones realizadas, que permita el correcto asesoramiento en relación con la actividad de mediación desarrollada.

Dominio de los conocimientos contables necesarios para la gestión de la actividad.

| | Breve descripción del contenido | Duración estimada (horas) |
|---|---|---|
| VII. Módulo de organización administrativa: | | 25 |

| | Breve descripción del contenido | Duración estimada (horas) |
|---|---|---|
| 1. Estructura y organización de empresas. | – Concepto.<br>– Estrategia: planes, programas y presupuestos.<br>– Control de la organización.<br>– Procesos de toma de decisión en la empresa. | |
| 2. Gestión de recursos humanos. | – Concepto.<br>– Gestión de los recursos humanos y materiales.<br>– Habilidades directivas: liderazgo y motivación. | |
| 3. Gestión de carteras. Riesgo y marco de rendimiento. | – Concepto.<br>– Modelos de gestión. | |

3

Habilidades a adquirir:

Dominio de los conocimientos y técnicas relacionadas con el plan estratégico, operativo y de formación de la empresa.

Conocimientos básicos sobre los perfiles de puesto de trabajo, objetivo de crecimiento de la organización, elaboración de los programas de formación, selección, contratación y motivación del personal de la plantilla.

| | Breve descripción del contenido | Duración estimada (horas) |
|---|---|---|
| VIII. Módulo de reaseguro: | | 50 |
| 1. Naturaleza y fines. | – Concepto.<br>– Funciones del reaseguro.<br>– Elementos del reaseguro | |
| 2. Clases de contratos. | – Tipología.<br>– Modalidades. | |
| 3. Cláusulas más habituales. | – Análisis de las comunes. | |
| 4. Especificidades de los corredores de reaseguro. | – En materia financiera.<br>– En materia de formación. | |

Habilidades a adquirir:

Dominio de los conocimientos y técnicas relacionadas con el reaseguro.

El programa de formación para el **grupo B** que establece la recién aprobada Resolución de 18 de febrero de 2011, de la Dirección General de Seguros y Fondos de Pensiones, por la que se establecen los requisitos y principios básicos de los programas de formación para los mediadores de seguros, corredores de reaseguros y demás personas que participen directamente en la mediación de los seguros y reaseguros privados tiene como objetivo dotar de las habilidades competenciales que permitan gestionar las actividades de mediación entre los


© CISS

tomadores de seguros o la entidad aseguradora cedente y asegurados de una parte, y las entidades aseguradoras o reaseguradoras privadas, de otra, presentando, proponiendo y realizando los trabajos previos a la celebración del contrato de seguro o reaseguro, o en la celebración del mismo, así como asistiendo en la ejecución de dichos contratos, en particular en caso de siniestro, con transparencia y calidad de servicio al cliente.

El programa de formación comprende conocimientos generales en materia de seguros, recogidos en el módulo general y conocimientos específicos por ramos de seguros que se impartirán dependiendo de los productos que se vayan a comercializar, conforme a la siguiente estructura y breve descripción del contenido.

| | Breve descripción del contenido | Duración estimada (horas) |
|---|---|---|
| I. Módulo general: | | 83 |
| 1. El contrato de seguro. Protección de datos de carácter personal. | – Ley de Contrato de Seguro.<br>– Concepto de contrato de seguro.<br>– Características.<br>– Clasificación de los contratos de seguro y reaseguro.<br>– Elementos esenciales, materiales, personales y formales del contrato de seguro.<br>– Disposiciones generales de la protec- [illegible] | |
| [illegible] | [illegible] ro: bases técnicas y provisiones.<br>– La distribución del riesgo entre aseguradores: coaseguro y reaseguro.<br>– Gerencia de riesgos.<br>– El Consorcio de Compensación de Seguros.<br>– Blanqueo de Capitales. | |
| 3. Marketing. | – Técnicas de marketing y comunicación.<br>– La Gestión de marketing en la prestación de servicios.<br>– La orientación al cliente.<br>– La gestión de la relación con el cliente.<br>– Plan de marketing. | |

| | Breve descripción del contenido | Duración estimada (horas) |
|---|---|---|
| 4. Informática y Ofimática | – Informática.<br>– Ofimática: editor de textos, hoja de cálculo, gestión de bases de datos, registro de operaciones y elaboración de información económico-financiera, correo electrónico.<br>– Aplicaciones informáticas para el ejercicio de la actividad de mediación. | |
| 5. Protección de los consumidores y usuarios de servicios financieros. | – Normativa, vías de reclamación.<br>– Resolución de conflictos. | |
| 6. Condiciones generales de contratación. | – Las condiciones generales de contratación.<br>– Derechos de los consumidores y mecanismos de resolución de conflictos vigentes. | |

3

Habilidades a adquirir:

Dominio de los conocimientos y las técnicas relacionadas con la formalización y ejecución del contrato de seguro o reaseguro. Normativa aplicable. Análisis del seguro y el contrato de seguro.

Conocimiento de los fundamentos de la gerencia de riesgos, coaseguro y reaseguro.

Dominio de los conocimientos y las técnicas relacionadas con la gestión comercial en al ámbito asegurador.

Conocimiento del manejo de aplicaciones ofimáticas especificas relacionadas con la gestión y el tratamiento informatizado de los documentos e información derivada de la actividad aseguradora.

Conocimiento de la normativa aplicable en materia de protección de datos y derechos de los consumidores.

Dominio de los conocimientos y las técnicas relacionadas con la atención al cliente, resolución de quejas, reclamaciones y consultas en el sector financiero.

| | Breve descripción del contenido | Duración estimada (horas) |
|---|---|---|
| II. Módulos específicos por ramos: | | 117 |
| 1. Módulo de seguro de vida. | – Características.<br>– Bases técnicas.<br>– Clases y combinaciones de seguros.<br>– Tipología.<br>– Reducción, Rescate y Anticipo. | |
| 2. Módulo de seguro de accidentes. | – Definición.<br>– Características.<br>– Desarrollo. | |


© CISS

| | Breve descripción del contenido | Duración estimada (horas) |
|---|---|---|
| 3. Módulo de seguro de enfermedad. | – Definición.<br>– Características.<br>– Desarrollo. | |
| 4. Módulo de seguros de asistencia sanitaria. | – Definición.<br>– Características.<br>– Desarrollo. | |
| 5. Módulo de seguros de cascos (vehículos terrestres, ferroviarios, aéreos, marítimos, lacustres y fluviales). | – Definición.<br>– Características.<br>– Desarrollo. | |
| 6. Módulo de seguro de transportes de mercancías. | – Definición.<br>– Características.<br>– Desarrollo. | |
| 7. Módulo de seguro de incendios. | – Definición.<br>– Características.<br>– Desarrollo. | |
| 8. Módulo de seguro de otros [illegible] | – Definición.<br>[illegible] | |
| [illegible] | [illegible]<br>– Desarrollo. | |
| 11. Módulo de seguro de responsabilidad civil. | – Definición.<br>– Características.<br>– Desarrollo. | |
| 12. Módulo de seguro de crédito. | – Definición.<br>– Características.<br>– Desarrollo. | |
| 13. Módulo de seguro de caución. | – Definición.<br>– Características.<br>– Desarrollo. | |
| 14. Módulo de seguro de pérdidas pecuniarias diversas. Lucro cesante | – Definición.<br>– Características.<br>– Desarrollo. | |

| | Breve descripción del contenido | Duración estimada (horas) |
|---|---|---|
| 15. Módulo de seguro de defensa jurídica. | – Definición.<br>– Características.<br>– Desarrollo. | |
| 16. Módulo de seguro de asistencia. | – Definición.<br>– Características.<br>– Desarrollo. | |
| 17. Módulo de seguro de decesos. | – Definición.<br>– Características.<br>– Desarrollo. | |
| 18. Módulo de seguro de multirriesgos del hogar. | – Definición.<br>– Características.<br>– Desarrollo. | |
| 19. Módulo de seguro de multirriesgos del comercio. | – Definición.<br>– Características.<br>– Desarrollo. | |
| 20. Módulo de seguro de multirriesgos de comunidades. | – Definición.<br>– Características.<br>– Desarrollo. | |
| 21. Módulo de seguro de multirriesgos industriales. | – Definición.<br>– Características.<br>– Desarrollo. | |
| 22. Módulo de seguros de otros multirriesgos. | – Definición.<br>– Características.<br>– Desarrollo. | |
| 23. Módulo de seguro de riesgos extraordinarios. | – Definición.<br>– Características.<br>– Desarrollo. | |
| 24. Módulo de los seguros agrarios combinados. | – Definición.<br>– Características.<br>– Desarrollo. | |
| 25. Módulo de reaseguro | – Definición.<br>– Características.<br>– Desarrollo. | |

Habilidades a adquirir:

Dominio de los conocimientos relacionados con los ramos de seguros relacionados en el módulo.

 © CISS

El programa de formación para el **grupo C** que establece la recién aprobada Resolución de 18 de febrero de 2011, de la Dirección General de Seguros y Fondos de Pensiones, tiene como objetivo dotar de las habilidades necesarias para prestar correctamente las funciones auxiliares de captación de clientes, así como las relativas a las tramitaciones administrativas correspondientes.

El programa de formación comprende conocimientos en materias generales necesarias para el desempeño de su trabajo, de acuerdo con la estructura y breve descripción del contenido que se indica a continuación:

| | Breve descripción del contenido | Duración estimada (horas) |
|---|---|---|
| Módulo general: | | 50 |
| 1. El contrato de seguro. Protección de datos de carácter personal. | – Ley de Contrato de Seguro.<br>– Concepto de contrato de seguro.<br>– Características.<br>– Clasificación de los contratos de seguro y reaseguro.<br>– Elementos esenciales, materiales, personales y formales del contrato de seguro.<br>– Disposiciones generales de la protección de datos de carácter personal.<br>– Principios de la protección de datos, derechos de las personas. | |
| [illegible] | [illegible] de mediación. | |
| 3. Marketing. | – Técnicas de marketing y comunicación.<br>– La gestión de marketing en la prestación de servicios. | |
| 4. Protección de los consumidores y usuarios de servicios financieros. | – Normativa, vías de reclamación.<br>– Resolución de conflictos. | |

Habilidades a adquirir:

Conocimiento de las técnicas relacionadas con la formalización y ejecución del contrato de seguro o reaseguro. Normativa aplicable. Análisis del seguro y el contrato de seguro.

Conocimiento del manejo de aplicaciones ofimáticas especificas.

Conocimiento de las técnicas relacionadas con la atención al cliente, resolución de quejas, reclamaciones y consultas en el sector financiero.

## 3-11 La tasa de Inscripción de los mediadores de seguros en el Registro de la DGSFP

La Orden EHA/1171/2007, de 24 de abril, es la que establece la forma y plazos de la autoliquidación y pago de la tasa de inscripción de los mediadores de seguros y corredores de reaseguros en el Registro de la DGSFP prevista en la disposición adicional 4ª de la Ley 26/2006, de 17 de julio, de mediación de seguros y reaseguros privados.

La recién aprobada LES ha venido a modificar la Disposición adicional 4ª de la Ley 26/2006 de Mediación de Seguros y Reaseguros Privados, relativa a la tasa por inscripción de mediadores de seguros y corredores de reaseguros en el Registro de la DGSFP. En base a esta modificación, constituye el hecho imponible de la tasa:

*"a) La inscripción en el Registro administrativo especial de mediadores de seguros, corredores de reaseguros y de sus altos cargos, de las personas que ejerzan como agentes de seguros u operadores de banca-seguros, ya sean exclusivos o vinculados, como corredores de seguros, como sus auxiliares-asesores o como corredores de reaseguros.*

*b) La inscripción de los cargos de administración y de dirección responsables de las actividades de mediación de seguros o de reaseguros de las personas jurídicas inscritas como mediadores de seguros, sus auxiliares-asesores o corredores de reaseguros que, con arreglo a esta ley y a sus disposiciones reglamentarias de desarrollo, deban ser inscritos.*

*c) La inscripción de los actos relacionados con los anteriores, siempre que deban ser inscritos de acuerdo con lo exigido en normas sobre mediación de seguros y de reaseguros privados.*

3 *d) La expedición de certificados relativa a la información incluida en el Registro a que se refiere el párrafo a)".*

Esta tasa de inscripción es la **"Tasa 070"** y se liquida en el Impreso-Modelo 790. De acuerdo con lo previsto en el apartado 10 de la Disposición adicional 4ª de la Ley 26/2006, sus importes podrán ser actualizados por la Ley de Presupuestos Generales del Estado; asimismo, determina cuales son los elementos estructurales de la tasa y las normas de liquidación y pago.

La tasa no solo es de aplicación por la inscripción de los mediadores en el registro, sino también por la inscripción de los actos relacionados con los anteriores, siempre que deban ser inscritos de acuerdo con lo exigido en normas sobre medicación de seguros y de reaseguros privados así como por la expedición de certificados relativa a la información incluida en el registro.

A tal efecto, los sujetos pasivos de la tasa no solo son las personas físicas o jurídicas a cuyo favor se practique la correspondiente inscripción en el registro administrativo especial de mediadores de seguros, corredores de reaseguros, sino también la persona física o jurídica solicitante de un certificado de dicho registro. La solicitud no se tramitara sin que se haya efectuado el pago de la tasa correspondiente con antelación. Hay que tener en cuenta que para solicitar la baja del registro no existe tasa.

En el caso de las inscripciones correspondientes a agentes de seguros exclusivos, de los operadores de bancaseguros exclusivos y de los cargos de administración y de dirección responsables de las actividades de mediación de seguros, la liquidación corresponde a la entidad aseguradora en cuyo registro de agentes figuren inscritos, y lo harán en calidad de sustituto del contribuyente.

Esta tasa, una vez cumplimentado el impreso Modelo 790 de autoliquidación, se puede pagar a través de las entidades colaboradoras, en las que no es necesario tener cuenta abierta, mediante la presentación de dicho impreso debidamente firmado.

La tasa se devengará cuando se presente la solicitud, que no se tramitará sin que se haya efectuado el pago correspondiente y la administración, liquidación y recaudación en periodo voluntario le corresponde a la DGSFP; sin embargo, la recaudación en periodo ejecutivo ya le corresponde a la Agencia Estatal de Administración Tributaria.

**Cuantía de la tasa**

Los importes de la tasa podrán actualizarse por la Ley de Presupuestos Generales del Estado y se podrá recaudar mediante autoliquidación, en la forma y plazos que se determinen por el Ministro de Economía y Hacienda.

Según la modificación que hace la recién aprobada LES a la Disposición adicional 4ª de la Ley 26/2006 de Mediación de Seguros y Reaseguros Privados, relativa a la tasa por inscripción de mediadores de seguros y corredores de reaseguros en el DGSFP, la cuantía de esta tasa es la siguiente:


© CISS

a) Por la inscripción de un agente de seguros exclusivo o de un auxiliar-asesor, persona física, una cuota fija de 11 euros.

b) Por la inscripción de un agente de seguros vinculado, de un corredor de seguros o de reaseguros, personas físicas, una cuota fija de 63 euros.

c) Por la inscripción de una sociedad de agencia de seguros o de un operador de bancaseguros, ya sean exclusivos o vinculados, de una sociedad de correduría de seguros o de reaseguros o de un auxiliar-asesor persona jurídica, una cuota fija de 147 euros.

d) Una cuota fija de 11 euros por cada alto cargo por la inscripción de cargos de administración y de dirección responsables de las actividades de mediación de seguros o de reaseguros de las sociedades de agencia de seguros o de los operadores de bancaseguros, ya sean exclusivos o vinculados, de correduría de seguros o de correduría de reaseguros, y por la inscripción de cargos de administración y de dirección de los auxiliares-asesores.

e) Por la inscripción de cualquier otro acto inscribible o por la modificación de los inscritos, una cuota fija de 11 euros por cada uno de ellos.

f) Por la expedición de certificados relativos a la información incluida en el mencionado registro, una cuota fija de 11 euros.

# Capítulo II. TIPOLOGÍA DE LOS MEDIADORES DE SEGUROS EN ESPAÑA

## Sección 1. AGENTES DE SEGUROS EXCLUSIVOS

[illegible] los importes abonados por el cliente al agente de seguros exclusivo se considerarán abonados a la entidad aseguradora.

Sin embargo, cuando es la aseguradora la que le entrega al agente de seguros exclusivos una cantidad que le corresponde al cliente, no se considerarán abonados a éste último hasta que este los reciba efectivamente.

El ser prolongación de la aseguradora implica que es ésta quién asume todas las obligaciones y responsabilidades propias del agente. Dos ejemplos muy claros están en el seguro de responsabilidad civil y en las obligaciones en materia de prevención de blanqueo de capitales.

Respecto a la **responsabilidad civil**, ésta recae en la aseguradora que es quién debe incluir al agente en cuestión en la cobertura no teniendo, pues, el agente de seguros exclusivo obligación alguna de contratar un seguro de responsabilidad civil.

Respecto a las obligaciones propias en materia de **prevención de blanqueo de capitales**, el sujeto obligado es la aseguradora -autorizada para el ramo de Vida- de manera que es ella la responsable de las actuaciones de sus agentes al tiempo que está obligada a agregarles en los correspondientes planes de formación que contempla la legislación vigente sobre esta materia.

Como queda claro en la definición vista de agente de seguros exclusivo, éstos pueden ser personas físicas -agentes de seguros- o personas jurídicas -agencias de seguros-.

Las personas que vayan a ejercer como agentes de seguros exclusivos deberán tener honorabilidad comercial y profesional a que se refiere el artículo 10.1 Ley 20/2006. En estos casos, son las entidades aseguradoras las que deberán verificarlos, siempre con anterioridad a la celebración del contrato de agencia con ellos, así como el cumplimiento de los demás requisitos propios de esta figura.

Respecto a la verificación y acreditación del requisito de los **conocimientos mínimos** necesarios para desempeñar la actividad de agente de seguros exclusivos, la aseguradora con la que vaya a trabajar expedirá una certificación que acredite que dicho agente posee los conocimientos necesarios para el ejercicio de su trabajo y la adjuntará al contrato de agencia de seguros y estará a disposición de la DGSFP.

**ATENCIÓN:** Según el Informe sobre mediación publicado en 2009 por la DGSFP, la actividad de los agentes exclusivos se centra fundamentalmente en No Vida, y en concreto en el ramo de autos, donde acumula el 38,83% de las primas que se distribuyen por este canal, lo que supone el 31,2% de las pólizas comercializadas por los agentes exclusivos.

En nueva producción el ramo autos sigue siendo en el que mayor presencia tiene. Respecto al ramo de vida, básicamente distribuyen seguros de vida individuales (el 95,86% de las pólizas de vida que coloca este canal), siendo prácticamente residual su actividad en los seguros colectivos.

## 3-13 Especialidad: actuación por cuenta de varias entidades aseguradoras

3

La propia naturaleza de la figura del agente de seguros exclusivo crea diferentes tipologías de los mismos en base al tipo de aseguradora para la que trabajen. Así, no será igual un agente de seguros que trabaje en exclusiva para una aseguradora multi-ramo que otro que trabaje para una aseguradora que opere tan sólo en un ramo, como son muchas de salud, por ejemplo.

De esta manera, el agente que trabaje con todos o varios ramos, podrá ofrecer a sus clientes respuestas integrales en portfolio de productos de su propia aseguradora. Sin embargo, quién trabaje solo con un ramo, no podrá dar respuesta a otras necesidades aseguradoras que tenga su cliente.

Esta situación le preocupó sobremanera al supervisor y más concretamente la posibilidad de que, en el segundo de los casos, se acudiese a dar soluciones no amparadas por la ley a las necesidades de los clientes.

Por ello, la Ley 26/2006 introduce una importante matización en su artículo 14 que da una excepcionalidad a los agentes de seguros exclusivos al disponer: "*La entidad aseguradora con la que el agente de seguro exclusivo tenga suscrito el contrato de agencia de seguros podrá autorizarle únicamente la celebración de otro contrato de agencia de seguros distinto con otra entidad aseguradora para operar en determinados ramos de seguros, riesgos o contratos en los que no opere la entidad autorizante*".

Esta excepcionalidad abre una puerta comercial muy importante a agentes que viene operando con aseguradoras de corte tradicionalmente mono-ramo (Salud, Decesos, Vida, responsabilidad civil...). Cuando esto se produce, la aseguradora que autoriza es la que debe informar por escrito a la entidad con la cual el agente de seguros pretenda celebrar otro contrato de agencia de los términos en que se otorga la autorización, y procederá a su anotación en el registro de agentes.

Esta excepción debe cumplir un trámite obligatorio en su formalización e instrumentación; así, se requiere información -autorización- por escrito de la entidad aseguradora inicial a la entidad autorizada de los términos de la autorización.

Esta excepcionalidad se deberá añadir al contrato de agencia, cobrando importancia la obligatoriedad de dejar constancia expresa de la duración de la autorización, de la entidad aseguradora a la que se refiere y de los ramos o contratos de seguro o clase de operaciones que comprende para que no exista ninguna duda a este respecto.

Asimismo, se deberá proceder a la inscripción, en el registro interno de la entidad aseguradora inicial, de la autorización concedida a favor de la segunda aseguradora.

**ATENCIÓN:** Según el Informe sobre mediación publicado en 2009 por la DGSFP, en relación con la actividad de los agentes exclusivos, de los 93.962 agentes inscritos, 17.736 tienen concedida autorización por parte de la entidad principal para que puedan realizar actividades de mediación para una segunda entidad aseguradora en virtud del artículo 14.1 de la Ley 26/2006.

Las autorizaciones presentan una clara concentración alrededor de cinco entidades, de tal forma que el 84% de las mismas han sido concedidas por estas cinco compañías de seguros, las cuales representan el 5,81% de las 86 entidades que han concedido autorizaciones


© CISS

## 3-14 El Registro de agentes de seguros exclusivos

Una vez celebrado el contrato de agencia, corresponde a las aseguradoras la obligación de inscribir a sus agentes exclusivos en el Registro de agentes de seguros exclusivos de la entidad aseguradora. Esta inscripción habilitará al agente a que pueda iniciar su actividad, estando imposibilitado en caso de no estar inscrito aún, aunque cumpla con todos los requisitos necesarios. Dicho registro quedará sometido al control de la DGSFP.

En dicho Registro se debe informar de los datos identificativos de los agentes —en el caso de agencias de seguros se indicarán los nombres de las personas físicas, que integren la dirección, responsables de la actividad de mediación—, el número de registro, las fechas de alta y de baja y las autorizaciones que, en su caso, tuvieran concedidas a favor de otra aseguradora.

Las aseguradoras están igualmente obligadas a actualizar dichos datos respecto de sus agentes exclusivos, así como a remitirlos a la DGSFP por vía telemática para su inscripción en el registro administrativo general de mediadores —hoy denominado Punto Único de Información (PUI) de mediadores—. Ambos Registros son diferentes, pues así como el primero es llevado con carácter interno por las compañías, el segundo es de carácter externo y su tramitación y llevanza corresponde a la DGSFP.

**ATENCIÓN:** Según el Informe sobre mediación en 2009, publicado por la DGSFP a 31 de diciembre de ese año, había inscritos en el Registro de la DGSFP un total de 87.586 agentes exclusivos personas físicas y 14.694 agencias de seguros exclusivas.

## 3-15 La responsabilidad civil y administrativa del agente



Al ser el agente de seguros exclusivo prolongación de la aseguradora con la que hubiera celebrado un contrato de agencia de seguros, será ésta a quién le será imputada la responsabilidad civil profesional derivada de la actuación del agente así como la de sus auxiliares externos si los tuviese.

## 3-16 Incompatibilidades de los agentes de seguros exclusivos

La particularidad del agente de seguros exclusivo referente a su dependencia clara de una entidad aseguradora otorga a esta figura unas incompatibilidades para realizar o ejercer otros tipos de actividades como agentes de seguros vinculados, ni como corredores de seguros, o como auxiliares externos de ellos o de otros agentes de seguros exclusivos.

Estas incompatibilidades están recogidas en el artículo 19 de la Ley 26/2006, el cual establece que los agentes de seguros exclusivos: "*tampoco podrán ejercer como tercer perito, ni como perito de seguros o comisario de averías a designación de los tomadores de seguros, asegurados, y beneficiarios de los contratos de seguro en los que hubiesen intervenido como agentes de seguros*".

En el caso de las sociedades de agencia, sus administradores ni el personal de dirección de la misma no podrán figurar como altos cargos de otras sociedades de mediación de seguros. Esto es así en base al principio de dependencia que marca la propia exclusividad característica de esta figura de manera que, en caso de que un agente de seguros exclusivo realizase al mismo tiempo, cualquier otra actividad ligada a la distribución o intermediación de seguros se vulneraría el principio de exclusividad que le caracteriza. La propia DGSFP así se manifiesta en una respuesta vinculante sobre este asunto de fecha abril de 2008.

**ATENCIÓN:** Un caso especial es el de la incompatibilidad con la figura del auxiliar externo. Como bien señala el artículo 19 de la Ley 26/2006, los agentes de seguros exclusivos tampoco pueden realizar funciones de auxiliares externos de otros mediadores aunque la propia ley, al tratar esta última figura, no establece ningún requisito de incompatibilidad de éstos. El no tratar sus incompatibilidades en la Ley lo justifica la propia DGSFP en una respuesta vinculante que dio en febrero de 2007 al respecto de una pregunta sobre esta cuestión, al alegar que los auxiliares externos no son mediadores de seguros.

La recién aprobada LES ha venido a modificar la redacción del artículo 13.4 de la Ley 26/2006, estableciendo que las causas de incompatibilidad previstas en el artículo 19 de dicha Ley también serán de aplicación a las personas que participen directamente en la mediación de los seguros bajo la dirección de los agentes exclusivos y deberán estar en posesión de los conocimientos necesarios para el ejercicio de su actividad.

En ese sentido, la propia LES ha venido a incorporar dos nuevos apartados 2 y 3 al artículo 19 de la Ley 26/2006 de Mediación de Seguros y Reaseguros Privados, en los siguientes términos:

*"2. Los agentes de seguros exclusivos, persona física o jurídica, no podrán desempeñar cargos de administración o dirección en sociedades que ejerzan la actividad de agencia de seguros exclusiva, salvo que se adopten los mecanismos necesarios para garantizar el respeto al pacto de exclusividad que les caracteriza y se admita por la entidades aseguradoras afectadas.*

*3. En las sociedades de agencia de seguros exclusivas, las personas que integren el órgano de dirección responsable de la mediación de seguros no podrán desempeñar cargos de dirección o de administración en otras sociedades de agencia exclusiva, en sociedades de agencia vinculada, en sociedades de correduría de seguros o en auxiliares externos de unos u otros, salvo que se adopten los mecanismos necesarios para garantizar el respeto al pacto de exclusividad y se admita por las entidades aseguradoras afectadas".*

3

## 3-17 Percepción de derechos económicos por parte de los agentes de seguros exclusivos

Una de las principales características diferenciadoras de los agentes de seguros frente a los corredores de seguros es la correspondiente a la clase de honorarios que ambas figuras pueden percibir. Así, mientras que los corredores -desde la entrada en vigor de la Ley 26/2206- tan solo pueden recibir ingresos en concepto de comisiones, los agentes de seguros no tienen esta limitación, por lo que sus ingresos pueden revestir diferentes formas: comisiones, extra-comisiones, rapeles, participación en beneficios, incentivos, premios, etc., incluso revestir la forma de ingresos en especie como: regalos, viajes...

Esta diferenciación viene determinada por la dependencia del agente de seguros exclusivo frente al rasgo característico de los corredores que es su independencia frente a las aseguradoras para las que distribuye.

Asimismo, tal y como recoge el artículo 11.2 de la Ley 26/2006, en el contrato de agencia que suscriban un agente y una aseguradora, se plasmarán los ingresos que éste recibirá durante la vigencia del contrato y, en su caso, a la finalización del mismo. Con esto se está reconociendo el derecho a poder pactar entre ambas partes libremente la existencia de derechos económicos del agente una vez finalizado el contrato de agencia.

**ATENCIÓN:** Una especialidad es el caso de un corredor de seguros que se da de baja como tal y se hace agente de seguros exclusivo. En este caso, si mantiene una cartera que generó cuando era corredor con la compañía con la que ahora mantiene un contrato como agente, se plantea la duda de si puede seguir percibiendo ingresos por la gestión de la cartera que generó anteriormente como corredor. En este caso, tal y como se recoge en la respuesta vinculante que sobre este tema dio la propia DGSFP en enero de 2010, esta persona podría percibir únicamente derechos económicos por la cartera de seguros mediada, si así se ha establecido en el contrato firmado con la entidad aseguradora lo que no impediría la realización de la actividad de mediación como agente de seguros exclusivo.

Y ello es así, porque el supervisor considera que la percepción de los derechos económicos por un agente de seguros exclusivo derivados de la cartera que intermedió cuando era corredor de seguros es perfectamente compatible con la figura de agente de seguros exclusivo, siempre que su percepción no esté ligada a la carta de condiciones que firmó cuando era corredor ni a cualquier otra cláusula que pudiera vulnerar el principio de exclusividad que ahora mantiene.

## 3-18 Cesión de redes de agentes exclusivos entre entidades aseguradoras

La recién aprobada Ley de Economía Sostenible en su Disposición final décimo cuarta ha venido a modificar un importante aspecto recogido en el artículo 4.1 de la Ley 26/2006, de 17 de julio, de Mediación de Seguros y Reaseguros Privados.


© CISS

Las entidades aseguradoras ya podían aceptar la cobertura de riesgos, sin intervención de mediador de seguros privados. No obstante, a raíz de esta modificación desde la entrada en vigor de la LES, las entidades aseguradoras que cumplan los requisitos legalmente exigidos para operar en España también podrán celebrar contratos consistentes en la prestación de servicios para la distribución, bajo su responsabilidad civil y administrativa, de sus pólizas de seguro por medio de las redes de distribución de agentes de seguros exclusivos de otras entidades aseguradoras.

En estos casos, estas redes de agentes exclusivos deberán garantizar que poseen los conocimientos necesarios para el ejercicio de su actividad, en función de los seguros que medien.

Las entidades aseguradoras afectadas que celebren estos contratos de cesión de red de agentes deberán presentarlos en la DGSFP para inscribirlos en el registro administrativo especial recogido en el artículo 52 de la Ley 26/2006. Las entidades aseguradoras afectadas al realizar dicha inscripción deberán indicar, al menos:

- La composición de la red cedida
- El ámbito.
- La duración.
- Los ramos o contratos de seguro o clase de operaciones que comprende.
- Las obligaciones de las partes.
- Los movimientos económicos y financieros de las operaciones.
- Las menciones que deben incluirse en los documentos contractuales y publicitarios.
- Por último, si se diese el caso de que las entidades aseguradoras cedente y cesionaria forman parte del mismo grupo consolidable de entidades aseguradoras, éstas deberán indicar en el contrato de distribución dicha circunstancia, e incluir la denominación del grupo al que pertenecen en toda la documentación mercantil y publicidad de mediación de seguros privados que realicen los agentes de seguros exclusivos.

3

## Sección 2. AGENTES DE SEGUROS VINCULADOS

### 3-19 Concepto del agente vinculado y diferencias con otras figuras de la mediación

Frente a las dos figuras básicas que tradicionalmente han desempeñado la actividad de mediación en seguros (agente de seguros y corredor de seguros), la Ley 26/2006 crea la nueva figura del agente de seguros vinculado, figura que se puede considerar un híbrido de las dos figuras tradicionales, principalmente porque el legislador le equipara con los corredores de seguros en unos aspectos (puede distribuir productos de cualquier aseguradora, está incluido en el Grupo A, tiene que hacer la documentación estadístico-contable...) y para otras con los agentes de seguros (puede tener ingresos diferentes a las comisiones, no tiene independencia obligatoria...)

Según se define en el artículo 20 de la Ley 26/2006, los agentes de seguros vinculados son: "*Las personas físicas o jurídicas que, mediante la celebración de un contrato de agencia de seguros con varias entidades aseguradoras y la inscripción en el Registro administrativo especial de mediadores de seguros, corredores de reaseguros y de sus altos cargos, se comprometen frente a estas a realizar la actividad de mediación de seguros definida en el artículo 2.1, en los términos acordados en el contrato de agencia de seguros*".

**ATENCIÓN:** Según datos del Informe de mediación 2010 de la DGSFP su actividad en los ramos no vida se centra en autos que acumula el 50,20% de las pólizas que se distribuyen por este canal, lo que supone el 55,80% de las primas comercializadas por los agentes vinculados. En nueva producción el ramo autos sigue siendo en el que mayor presencia tiene.

Respecto al ramo de vida, al igual que los exclusivos su actividad se centra en la distribución de pólizas individuales (96,70%) que representan el 50,05% de las primas de vida comercializadas por este canal.

En efecto, la figura del agente vinculado se acerca al agente de seguros exclusivo en la medida en que su relación con las entidades aseguradoras se materializa en virtud de un contrato de agencia. De igual forma, adolece de falta de independencia, pues el agente de seguros vinculado aparece ligado a las entidades con las que haya celebrado el contrato de agencia, sin que la norma establezca limitación en cuanto al número de compañías con las que puede existir vinculación pues como ha quedado claro en el texto del mencionado artículo, éste hace referencia a "varias entidades aseguradoras", sin especificar ni concretar más.

Al igual que para los agentes exclusivos, a los vinculados le son aplicables las normas del régimen general detalladas en los artículos 9 a 12 de la Ley 26/2006.

Por otro lado, como hemos comentado, en ciertos aspectos el agente vinculado se aproxima mucho al corredor de seguros. En primer lugar, porque ambos pueden actuar a favor de varias entidades aseguradoras, asimismo, hay determinados requisitos exigidos al agente vinculado que son igualmente exigidos al corredor de seguros, como por ejemplo, en materia de capacidad financiera y sobre la obligación de presentar los informes de la DEC. Por otro lado, ambas figuras tienen los mismos requisitos en materia de formación, ya que tanto corredores de seguros como agentes vinculados se integran en el Grupo A en relación a la formación.

**ATENCIÓN:** La figura de agente de seguros vinculado supuso uno de las mayores motivos de desacuerdo en la redacción de la Ley 26/2006 ya que no se entendía muy bien la necesidad de crear esta figura que, para unos aspectos era como un corredor y para otros como un agente. Esta dualidad provocaba rechazo entre ambas figuras que no le veían sentido ni utilidad. Esto originó que en el primer año de vida de esta nueva figura, no llegasen a diez los agentes vinculados inscritos y operando debidamente autorizados como tales.

Así, según datos del Informe de mediación de la DGSFP, durante el ejercicio 2008 se inscribió a 29 agentes de seguros vinculados, 20 de ellos agentes de seguros vinculados persona jurídica, y 9 agente de seguros vinculado persona física. Respecto a las 29 inscripciones anteriores cabe comentar que 6 de ellas son consecuencia de procesos de transformación de otro tipo de mediador (2 de corredor de seguros y 4 de agente exclusivo) a agente de seguros vinculados.

3

Sin embargo, poco a poco -y más concretamente con la crisis económica- esta figura está cobrando un protagonismo que no buscaba, y ello porque corredores de seguros de tamaño pequeño están planteándose, y en muchos casos llevando a cabo, el cambio a agente vinculado.

De esta manera, se liberan de las obligaciones propias de los corredores (responsabilidad civil, capacidad financiera, prevención de blanqueo de capitales, departamento de atención a cliente, protección de datos...) y las delegan en la aseguradora para las que trabajan, al tiempo que pueden empezar a recibir cantidades en otros conceptos diferentes a los de las comisiones.

No obstante, a cambio, sacrifican la denominada "cartera" pues si bien es sabido que los corredores son dueños de la que generan con el trascurso de los años, los agentes no lo son pues ésta pertenece a la aseguradora.

De la misma manera, agentes de seguros exclusivos están empezando a solicitar el cambio a agente vinculado pues así, amplían el portfolio de productos a los de otras aseguradoras. Ahora bien, en muchos de estos casos, se están encontrando con la oposición de las propias aseguradoras y ello porque, como señala el artículo 21 de la Ley 26/2006 "*el agente de seguros exclusivo que quiera operar como agente de seguros vinculado necesitará el consentimiento de la entidad aseguradora con la que primero hubiera celebrado contrato de agencia de seguros en exclusiva para suscribir otros contratos de agencia con otras entidades aseguradoras*", mientras que en el resto de los casos, bastará con que se haga constar en los contratos de agencia que se suscriban el carácter de agente vinculado con otras entidades aseguradoras.

## 3-20 Requisitos para ejercer como agente de seguros vinculado

La solicitud de inscripción como agente de seguros vinculado se dirigirá a la DGSFP y deberá ir acompañada de los documentos acreditativos del cumplimiento de los requisitos que deben cumplir para que les sea concedida la debida autorización.

El plazo máximo en que debe notificarse la resolución expresa de la solicitud será de seis meses a partir de la fecha de su presentación, en ningún caso se producirá la inscripción por silencio administrativo. La solicitud de inscripción será denegada cuando se considere que no se acredita el cumplimiento de los requisitos exigidos para su concesión.

Tal y como se recoge debidamente en el artículo 21 de la Ley 26/2006 para figurar inscrito en el correspondiente registro como agente de seguros vinculado será necesario cumplir y mantener en todo momento los siguientes requisitos:

**1. Requisitos personales:**

Como mediadores de seguros, los agentes de seguros vinculados, personas físicas, así como las personas que integren el órgano de dirección en las personas jurídicas, y todo el personal que participe directamente en la mediación de los seguros serán personas con honorabilidad comercial y profesional, conforme a lo previsto en el artículo 10.1.

**2. Requisitos de capacidad legal:**

Los agentes de seguros vinculados, personas físicas, deberán tener capacidad legal para ejercer el comercio y, en el caso de las personas jurídicas, deberán ser sociedades mercantiles inscritas en el Registro Mercantil previamente a la solicitud de inscripción administrativa.

Asimismo, su objeto social debe recoger expresamente la realización de actividades de mediación de seguros como agencia de seguros vinculada.

Cuando la sociedad sea por acciones, estas habrán de ser nominativas.

**3. Requisito de organización interna y estructura:**

En las sociedades de agencia de seguros vinculadas deberá designarse un órgano de dirección responsable de la mediación de seguros. A tal efecto, al menos, la mitad de las personas que lo compongan, y, en todo caso, las personas que ejerzan la dirección técnica o puesto asimilado deberán acreditar haber superado el nivel de formación establecido para el Grupo A en el que se integra a los agentes vinculados.

**4. Requisito de la memoria de actividades:**

Para que le sea concedida la autorización correspondiente como agente de seguros vinculado, deberán presentar una memoria en la que se indique:

- Los ramos de seguro y las entidades aseguradoras para las que se medien los seguros.
- El ámbito territorial de actuación.
- Los mecanismos adoptados para la solución de conflictos por quejas y reclamaciones de la clientela.
- Deberá, igualmente, incluir una mención expresa al programa de formación que va a desarrollar o que ha desarrollado.

**5. Requisito de capacidad financiera:**

Los agentes de seguros vinculados deberán disponer de una capacidad financiera que deberá en todo momento alcanzar el 4% del total de las primas anuales percibidas, en la forma que reglamentariamente se determine.

Este requisito de capacidad financiera no se exigirá cuando contractualmente se haya pactado de forma expresa con las entidades aseguradoras que los importes abonados por la clientela se realizarán directamente a través de domiciliación bancaria en cuentas abiertas a nombre de aquellas, o que, en su caso, el agente de seguros vinculado ofrezca al tomador una cobertura inmediata entregando el recibo emitido por la entidad aseguradora, y, en uno y otro caso, que las cantidades abonadas en concepto de indemnizaciones se entregarán directamente por las entidades aseguradoras a los tomadores de seguros, asegurados o beneficiarios.

Acreditar que las entidades aseguradoras con las que vaya a celebrar un contrato de agencia de seguros asumen la responsabilidad civil profesional derivada de su actuación como agente de seguros vinculado, o que dicho agente dispone de un seguro de responsabilidad civil profesional o cualquier otra garantía financiera que cubra en todo el territorio del Espacio Económico Europeo las responsabilidades que pudieran surgir por negligencia profesional, con la cuantía que reglamentariamente se determine.

**ATENCIÓN:** Según el Informe sobre mediación en 2009 publicado por la DGSFP a31 de diciembre de ese año había inscritos en el Registro de la DGSFP un total de 2.027 agentes vinculados personas físicas y 2.438 agencias de seguros vinculadas.

## 3-21 La formación y conocimientos necesarios para ser agente de seguros vinculado

Los agentes de seguros vinculados, personas físicas, deberán acreditar haber superado un curso de formación o una prueba de aptitud en materias financieras y de seguros privados propios del **Grupo A** que determina la ***Resolución de 18 de febrero de 2011, de la DGSFP***. Los agentes de seguros vinculados personas jurídicas dispondrán de un programa de formación para las personas que integren el órgano de dirección.

En ese sentido, para ejercer como agente de seguros vinculado se les exigirá un curso de formación o alternativamente, la superación de unas pruebas de aptitud en materias financieras y de seguros privados cuyo programa tendrá una duración estimada de 500 horas. A diferencia de los agentes de seguros exclusivos -mediadores integrados en el Grupo B-, los agentes vinculados **no tienen la obligación de realizar una formación continuada.**

Igualmente, las personas que participen directamente en la mediación bajo la dirección del agente de seguros vinculado, ya sean empleados o auxiliares externos, deberán estar en posesión de los conocimientos y aptitudes necesarios para el ejercicio de su trabajo.

Las entidades aseguradoras adoptarán las medidas necesarias para la formación de sus agentes de seguros vinculados en los productos de seguro mediados por éstos.

La documentación correspondiente a los programas de formación del agente vinculado y de sus empleados y auxiliares estará a disposición de la DGSFP, que establecerá las líneas generales y los principios básicos que habrán de cumplir los programas de formación de los agentes de seguros vinculados en cuanto a su contenido, organización y ejecución y podrá requerir que se efectúen las modificaciones que resulten necesarias a la vista de las acciones realizadas por éstos si consideran que no se adaptan a las requeridas para realizar dichas funciones.

## 3-22 Particularidad de la publicidad realizada por los agentes de seguros vinculados

3

Tal y como recoge el artículo 22 de la Ley 26/2006: "*En la documentación y publicidad mercantil de la actividad de mediación de seguros privados los agentes de seguros vinculados deberá figurar de forma destacada la expresión "agente de seguros vinculado" o "sociedad de agencia de seguros vinculada" según se trate de personas físicas o jurídicas*". En ningún caso, podrán añadir a su denominación comercial tan sólo la palabra "seguros", pues ésta está reservada únicamente a las aseguradoras ya que puede provocar confusión en la figura de mediación de que se trata a efectos del el consumidor.

Otras informaciones que los agentes de seguros vinculados deben incorporar y hacer mención expresa en sus publicidades son, por un lado, la circunstancia de estar inscrito en el registro de mediadores, por otro —si es su caso—, tener concertado un seguro de responsabilidad civil u otra garantía financiera y también informar de que dispone de la capacidad financiera obligatoria.

Si la publicidad la realiza a través de medios telemáticos, además de todo lo anterior, el agente de seguros vinculado deberá hacer mención a las entidades aseguradoras con las que haya celebrado contrato de agencia de seguros.

**ATENCIÓN:** Según el Informe sobre mediación en 2009 publicado por la DGSFP la actividad de los agentes vinculados en No Vida se centra en autos (50,2% de las pólizas que se distribuyen por este canal, y el 55,8% de las primas intermediadas por dichos agentes). Asimismo en Vida, al igual que los exclusivos, su actividad se centra en pólizas individuales (96,7%).

## 3-23 La responsabilidad de los agentes de seguros vinculados

Tal y como recoge el artículo 23 de la Ley 26/2006: "*Sin perjuicio de la responsabilidad penal o de otra índole, los agentes de seguros vinculados, las sociedades de agencia de seguros vinculadas, así como las personas que integran el órgano de dirección y de administración de las sociedades de agencia de éstas últimas, serán responsables frente a la Administración de las infracciones tipificadas en esta Ley que hubieran cometido en el ejercicio de la actividad de mediación de seguros privados. Los agentes de seguros vinculados que en el ejercicio de su actividad utilicen los servicios de los auxiliares externos a que se refiere el artículo 8 serán responsables frente a la Administración por la actuación de estos últimos*".

Este artículo 23 de la Ley 26/2006 analiza la responsabilidad del agente vinculado desde un punto de vista estrictamente administrativo, pues tal y como tuvimos ocasión de comprobar, a los efectos de la responsabilidad civil profesional debemos atender a lo establecido por el artículo 21.3.g).

La responsabilidad administrativa del agente vinculado se plantea desde una doble perspectiva:

a) Responsabilidad administrativa del propio agente vinculado, persona física o jurídica:

- Si se trata de agente vinculado persona física responderá frente a la Administración por las infracciones de la ley de mediación causadas por su propia actuación y la de sus auxiliares externos. Se incluirán dentro de este


© CISS

apartado las infracciones cometidas por empleados o apoderados que actúen por cuenta y en nombre del agente vinculado, al entenderse efectuadas por el propio agente.

- Si se trata de agente vinculado persona jurídica responderá frente a la Administración por las infracciones de la ley de mediación causadas por la actuación del agente vinculado y de sus auxiliares externos, así como de aquellas infracciones cometidas por aquellos empleados, independientemente de su relación laboral, que actúen por cuenta y en nombre del agente vinculado.

b) Responsabilidad administrativa de las personas que integran el órgano de dirección y de administración de las sociedades de agencia de seguros vinculada.

## 3-24 Incompatibilidades del agente de seguros vinculado

Esta figura también tiene una serie de incompatibilidades frente a los agentes de seguros exclusivos y a los corredores de seguros, principalmente. Así, el artículo 24 de la Ley 26/2006, en materia de incompatibilidades de los agentes vinculados, dispone que éstos, "*ya sean personas físicas o jurídicas, no podrán ejercer simultáneamente como agentes de seguros exclusivos ni como corredores de seguros o como auxiliares de unos u otros. Tampoco podrán ejercer como tercer perito, ni como perito de seguros o comisario de averías a designación de los tomadores de seguros, asegurados y beneficiarios de los contratos de seguro en los que hubiesen intervenido como agentes de seguros*".

Estas incompatibilidades se extienden -para el caso de sociedades de agencia- a las personas que integran el órgano de dirección responsable en la mediación de los seguros y se les añade que tampoco podrán desempeñar cargos de dirección o de administración en sociedades de agencia de seguros exclusivas o en sociedades de correduría de seguros.

3

La recién aprobada LES viene a modificar el artículo 24 de las Ley 26/2006, de Mediación de Seguros y Reaseguros privados, y le añade un nuevo apartado 2, de manera que se renumeran los apartados de dicho artículo pasando el anterior nº 2 a ser a partir de ahora el nº 3.

Con esta novedad se regula ahora en el artículo 24 de la Ley 26/2006 que los agentes de seguros vinculados que sean personas físicas, no podrán desempeñar cargos de administración o de dirección en las sociedades que ejerzan la actividad de agencia de seguros exclusiva o de correduría de seguros o de auxiliares externos de unos y otros; impedimento que antes estaba tan sólo para los que fuesen personas jurídicas.

# Sección 3. OPERADORES DE BANCA-SEGUROS (OBS)

## 3-25 Concepto y características de los operadores de banca-seguros

La aparición final en la Ley 26/2006 de un artículo único dedicado al operador de banca-seguros se debe, sin duda, al peso que el sector bancario desempeña en nuestro país y que el legislador, en este caso, no ha querido obviar, postura que desde luego, en el caso que estamos abordando, no deja de ser discutible, si bien otros autores consideran que la actividad mediadora a través de banca-seguros presenta ciertas particularidades que la hacen digna de una regulación aparte.

En general, se considera bancaseguros como "***aquel proceso por el cual entidades bancarias y aseguradoras, mediante un acuerdo previo entre ambas o toma de participaciones intersocietarias, llevan a la práctica una actividad integrada de cooperación con el fin de distribuir productos aseguradores***".

Teniendo en cuenta lo expresamente recogido en el artículo 25 de la Ley 26/2006: "*Tendrán la consideración de operadores de banca-seguros (OBS) las entidades de crédito y las sociedades mercantiles controladas o participadas por estas conforme a lo indicado en el artículo 28 de esta Ley que, mediante la celebración de un contrato de agencia de seguros con una o varias entidades aseguradoras y la inscripción en el Registro administrativo especial de mediadores de seguros, corredores de reaseguros y de sus altos cargos, realicen la actividad de mediación de seguros como agente de seguros utilizando las redes de distribución de las entidades de crédito. La entidad de crédito sólo podrá poner su red de distribución a disposición de un único operador de banca-seguros*".

A la vista de lo contenido en este artículo podemos identificar las características propias de los operadores de banca-seguros:

• Son agentes de seguros. El operador de banca-seguros en el ejercicio de la actividad de mediación de seguros se someterá al régimen general de los agentes de seguros, pudiendo ejercer como operador de banca-seguros exclusivo o como operador de banca-seguros vinculado.

• Deben inscribirse en el Registro administrativo de mediadores de seguros.

• Las entidades de crédito lo que ceden es su red de sucursales para la distribución y sólo la podrán poner a disposición de un único OBS. La particularidad principal es que las relaciones entre la entidad de crédito y la sociedad mercantil que va a operar como OBS se regularán por un **contrato de prestación de servicios** consistentes en la cesión de la red de distribución de la entidad de crédito al operador de banca-seguros para la mediación de los productos de seguro.

La recién aprobada LES ha venido a modificar el artículo 25.1 de la Ley 26/2006 para incluir una definición de lo que se debe entender por "Red de distribución de la Entidad de Crédito" a la que define como *"el conjunto de toda su estructura de la organización de medios personales, oficinas operativas y agentes de la entidad de crédito, de acuerdo con lo previsto en la normativa de creación y régimen jurídico de las entidades de crédito"*.

Asimismo, se establece, a partir de la LES, que una vez cedida a un operador de bancaseguros, la red de la entidad de crédito no podrá fragmentarse para que parte de ella participe en la mediación de los seguros como red de otro operador de bancaseguros o como auxiliar externo de otro mediador de seguros.

3

**ATENCIÓN:** Según el Informe de la DGSFP correspondiente al ejercicio 2009:

**OBS exclusivos:** En el ramo de vida su actividad se centra en la distribución de pólizas de seguros individuales ya que del total de pólizas distribuidas por este canal el 98,45% son de seguros individuales, que constituyen el 86,08% de las primas de seguros de vida de este canal.

En los ramos no vida, su actividad se centra en multirriesgo hogar, donde acumula el 49,94% de las pólizas que se distribuyen por este canal lo que supone el 39,65% de las primas de no vida comercializadas por los operadores banca-seguros exclusivos. En nueva producción las pólizas de multirriesgo de hogar son las que tienen mayor presencia.

**OBS vinculados:** en el ramo de vida al igual que los operadores de banca-seguros exclusivos, su actividad está centrada en la distribución de pólizas de seguros individuales (el 94,92%) que representa el 94,70% de las primas de seguros de vida distribuidas por los OBS vinculados.

En los ramos de no vida se centra su actividad en multirriesgo hogar, donde acumulan el 57,84% de las pólizas que se distribuyen por el canal de operadores de banca-seguros vinculados, lo que supone el 47,05% de las primas comercializadas por este canal. En nueva producción centran su actividad en multirriesgo de hogar y en automóviles

Por otro lado, a través de mediadores controlados por entidades financieras y de crédito han operado 92 entidades aseguradoras, que han firmado 901 acuerdos (contratos de agencia o cartas de condiciones) con algún tipo de mediador.

## 3-26 Requisitos de los operadores de banca-seguros

Para figurar inscrito como operador de banca-seguros en el Registro administrativo especial de mediadores de seguros, deberán cumplir los siguientes requisitos:

1. **Forma jurídica**: Debe ser entidad de crédito o ser sociedad mercantil controlada o participada por las entidades de crédito.

**Entidad de crédito**: Según el artículo 1 del Real Decreto Legislativo 1298/1986, de 28 de junio, sobre adaptación del derecho vigente en materia de entidades de crédito al de las Comunidades Europeas, se entiende por "entidad de crédito:

*"a) Toda empresa que tenga como actividad típica y habitual recibir fondos del público en forma de depósito, préstamo, cesión temporal de activos financieros u otras análogas que lleven aparejada la obligación de su restitución, aplicándolos por cuenta propia a la concesión de créditos u operaciones de análoga naturaleza.*


© CISS

*b) Toda empresa o cualquier otra persona jurídica, distinta de la recogida en el párrafo a) anterior que emita medios de pago en forma de dinero electrónico.*

*c) Se conceptúan entidades de crédito:*

*- El Instituto de Crédito Oficial.*

*- Los Bancos.*

*- Las Cajas de Ahorros y la Confederación Española de Cajas de Ahorros-CECA*

*- Las Cooperativas de Crédito.*

*- Los Establecimientos Financieros de Crédito.*

*- Las Entidades de Dinero Electrónico".*

**Sociedades mercantiles controladas o participadas por una o varias entidades de crédito:** La norma no define qué debe entenderse por entidad controlada: no obstante, parece que basta tener una participación en la sociedad mercantil para que ésta se pueda considerar operador de banca-seguros, lo que incluso haría innecesario exigir control, pues toda entidad controlada es participada. Al respecto, la DGSFP ha manifestado que, si la entidad financiera opta por instrumentar un operador de banca-seguros por medio de una participada, esa participación será como mínimo, y de acuerdo con el artículo 22 del TRLOSSP de un porcentaje igual o superior al 10%.

**2. Objeto social:** deberá prever la realización de la actividad de agente de seguros privados como operador de banca-seguros exclusivo o vinculado.

3

**3. Estructura interna:** deberá designarse un órgano de dirección responsable de la mediación de seguros.

**4. Memoria de actividades a presentar:** cuando ejerza como operador de banca-seguros vinculado, deberá indicar, además, la red o las redes de las entidades de crédito a través de las cuales el operador de banca-seguros mediará los seguros.

**5. Documentación y publicidad mercantil** de la actividad de mediación de seguros privados de los operadores de banca-seguros deberá figurar de forma destacada la expresión "operador de banca-seguros exclusivo" o, en su caso, la de "operador de banca-seguros vinculado". Igualmente, harán constar la circunstancia de estar inscrito en el Registro previsto en el artículo 52 de la Ley 26/2006.

En la publicidad que el operador de banca-seguros vinculado realice con carácter general o a través de medios telemáticos, además, deberá hacer mención a las entidades aseguradoras con las que hayan celebrado un contrato de agencia de seguros.

## 3-27 La formación del OBS

A efectos de formación para los operadores de banca-seguros, hay diferencias dependiendo si son OBS vinculados o bien OBS exclusivos.

En este sentido, si son OBS Vinculados, se encuentran integrados en el **Grupo A** que determina la ***Resolución de 18 de febrero de 2011, de la DGSFP*** y el Real Decreto 764/2010, de 11 de junio, por el que se desarrolla la Ley 26/2006, de 17 de julio, de mediación de seguros y reaseguros privados, por tanto, la mitad de las personas que integran el órgano de dirección del OBS vinculado y, en todo caso, a las personas que ejerzan la dirección técnica deberán acreditar la realización de un curso de 500 horas de duración según el programa establecido por la propia DGSFP para el grupo A.

En el caso de que se trate de OBS exclusivos, se encontrarán integrados, con carácter general, en el **Grupo B** que determina el ***Real Decreto 764/2010, de 11 de junio, por el que se desarrolla la Ley 26/2006, de 17 de julio, de mediación de seguros y reaseguros privados*** que determina que se exigirá un curso de formación de **200 horas**, al menos, *a la mitad de las personas que integran el órgano de dirección de los operadores de banca-seguros exclusivos y, en todo caso, a quienes ejerzan la dirección técnica de todos ellos; a las personas que integran las redes de distribución de los operadores de banca-seguros siempre que se les atribuyan funciones de asesoramiento y asistencia a los clientes y participen directamente en la mediación de los seguros o reaseguros.*

Para los integrantes del Grupo B también se les exigirá la formación continua obligatoria de 60 horas cada tres años ya vista para los agentes exclusivos.

En el contrato de prestación de servicios que se formalice entre la entidad de crédito y la sociedad mercantil, las entidades de crédito deberán asumir la obligación de formación adecuada de las personas que forman parte de la red y que participen directamente en la mediación de los seguros para el ejercicio de sus funciones.

## 3-28 Incompatibilidades de los OBS

Como queda rotundamente claro en el punto 4 del artículo 25 de la Ley 26/2006, las redes de distribución de las entidades de crédito que participan en la mediación de los seguros no podrán ejercer simultáneamente como auxiliar de otros mediadores de seguros.

Asimismo, hay que tener presente que la entidad de crédito solo podrá poner su red de distribución a disposición de un único OBS, lo que implica que, una vez que una entidad de crédito concreta haya decidido participar en la mediación de seguros para lo cual, deberá ceder su red de sucursales a un OBS para la distribución de los seguros, no podrá realizar simultáneamente otras actividades de mediación de otra clase ya sea como mediador de seguros propiamente dicho o como auxiliar de otro mediador.

## 3-29 Asociación de la Mediación Aseguradora de Entidades Financieras (AMAEF)

3

La Asociación de la Mediación Aseguradora de Entidades Financieras es una entidad independiente integrada por 43 entidades de mediación banco-aseguradora que sirve como plataforma para una interrelación y comunicación eficaz entre sus miembros, aglutinando todos los elementos y herramientas necesarias para ayudarles en su actividad.

AMAEF desempeña un papel esencial como catalizador de todas las iniciativas y propuestas surgidas en el ámbito de la mediación banco-aseguradora ante las instituciones públicas y otros actores en el entorno socioeconómico español, aportando valor a cada una de las entidades que la integran al ofrecerles la posibilidad de optimizar el conocimiento, posibilitando a sus miembros el intercambio de conocimiento e información especializada para así lograr importantes ventajas competitivas en el mercado y actuar como elemento dinamizador aportando nuevas perspectivas surgidas del debate sobre este canal y el mercado asegurador, al tiempo que las entidades miembros de AMAEF pueden lograr el máximo partido de los diferentes servicios especializados como estudios e informes, estadísticas, cursos de formación y asesoría legal, entre otros.

La Junta Directiva, que se reúne cada trimestre, así como cuando la actualidad de la mediación banco-aseguradora lo requiere, está compuesta por un presidente, un vicepresidente, un tesorero, un secretario, un gerente y cuatro vocales.

# Sección 4. LOS CORREDORES DE SEGUROS

## 3-30 Concepto y características principales

Según señala la propia Ley 26/2006 en su artículo 26, los corredores de seguros son: *"Las personas físicas o jurídicas que realizan la actividad mercantil de mediación de seguros privados sin mantener vínculos contractuales que supongan afección con entidades aseguradoras, y que ofrece asesoramiento independiente, profesional e imparcial a quienes demanden la cobertura de los riesgos a que se encuentren expuestos sus personas, sus patrimonios, sus intereses o responsabilidades"*.

A la vista de la definición que nos da la propia Ley se pueden analizar los principales rasgos o características de los corredores de seguros:

a) Pueden ser tanto personas físicas -corredores de seguros-, como personas jurídicas -corredurías de seguros-. A efectos de la mediación de seguros, corredores y corredurías de seguros son exactamente lo mismo.

La única diferencia entre ambos, radica en la modalidad de la figura jurídica que se ha elegido para desarrollar la actividad mercantil que realizan. Una correduría de seguros reviste la forma jurídica de sociedad mercantil, -ya sea anónima o limitada-, o de cooperativa, y un corredor de seguros realiza su actividad bajo la modalidad de empresario individual o autónomo.


© CISS

Sin embargo, todos los requisitos y cualificación exigida, las ventajas de contratar los seguros a través de ellos y los servicios que prestan a los consumidores son exactamente los mismos en el caso de los corredores y de las corredurías de seguros.

**ATENCIÓN:** Las sociedades de correduría de seguros deberán estar inscritas en el Registro Mercantil previamente a la solicitud de inscripción administrativa, cuyos estatutos prevean, dentro del apartado correspondiente al objeto social, la realización de actividades de correduría de seguros. Si la sociedad que se constituye para realizar actividades de correduría de seguros, es por acciones, éstas habrán de ser nominativas.

b) No mantienen (ni pueden mantener) vínculos contractuales que generen afección con aseguradoras. Esta obligatoriedad viene marcada por lo que es, sin duda, el principal rasgo diferenciador de los corredores de seguros: la independencia.

Los corredores no pueden establecer acuerdos, protocolos, cartas de condiciones ni cláusulas con ninguna aseguradora que puedan vulnerar la independencia del asesoramiento que deben realizar a los clientes (asegurados).

c) Consecuencia de lo anterior está la tercera característica de los corredores de seguros: ofrecer a los clientes un **asesoramiento independiente, profesional e imparcial.** En este sentido, hay que tener presente lo que establece la Ley 26/2006 en su artículo 26 que establece que se entenderá por tal el realizado conforme a la obligación de llevar a cabo un **análisis objetivo** de conformidad con lo previsto en el artículo 42.4.

La definición que del corredor de seguros recoge la actual Ley de Mediación 26/2006 coincide de manera idéntica a la que aparecía en el artículo 14 de la Ley 9/1992 (ahora derogada), concibiendo a este tipo de mediadores, a diferencia del agente, como un intermediario independiente entre dos partes que desean establecer un vínculo contractual: asegurador y tomador de seguro.

Sin embargo, en la definición que señala la ley no hace mención alguna a una de las actividades que más caracteriza la intervención de un corredor de seguros: la asistencia al asegurado y gestión en caso de siniestro. La casi totalidad del colectivo de corredores de seguros reconoce que es aquí donde queda manifiestamente demostrado el valor de su aportación al cliente frente a otros canales de distribución como las líneas directas o la banca-seguros, según manifiestan.

**ATENCIÓN:** Según el Informe sobre mediación de la DGSFP correspondiente al ejercicio 2009 la actividad principal de los corredores de seguros se centra en los ramos no vida, en el ramo autos que acumula el 49,90% de las pólizas que se distribuyen por este canal lo que supone el 37,73% de las primas comercializadas por los corredores. En nueva producción, el ramo de automóviles también es el más importante.

En el ramo de vida, su actividad se centra en la distribución de seguros de vida individuales (69,09% de las pólizas, que representan el 64,51% de las primas de vida que distribuye este canal), aunque su papel también es importante en la distribución de pólizas colectivas de vida teniendo como resultado que el 35,49% de las primas de vida distribuidas por corredores correspondan a este negocio (mayoritariamente correspondientes a pólizas de riesgo).

Del mismo Informe se desprende que los corredores personas físicas se han especializado en el negocio de no vida y continúan en esa línea, aunque la mediación en el ramo de vida se ha incrementado respecto al ejercicio anterior. Por otro lado las sociedades de corredurías actúan también mayoritariamente en el negocio de no vida, no obstante en el ramo de vida adquieren notable importancia ya que canalizan prácticamente el 91% del total de primas de vida intermediadas por los corredores de seguros y de reaseguros.

## 3-31 Competencia en materia supervisora sobre la actividad de los corredores de seguros

En la propia Constitución Española se reconoce en sus artículos 149.1.6ª, 11ª y 13ª que corresponde al Estado el alto control económico-financiero de los mediadores de seguros y de los corredores de reaseguros. Al tiempo, deja regulado que deberá mantenerse la necesaria colaboración entre la Administración General del Estado y la de la Comunidad Autónoma respectiva a los efectos de homogeneizar la información documental y coordinar, en su caso, las actividades de ordenación y supervisión de ambas Administraciones.

En base a ello, la propia Ley de Mediación 26/2206, en su artículo 48 referente a la distribución de competencias en relación al control de los mediadores de seguros y de los corredores de reaseguros establece que "*el*

*Ministerio de Economía y Hacienda, a través de la Dirección General de Seguros y Fondos de Pensiones, ejercerá el control regulado en esta Ley sobre los mediadores de seguros y los corredores de reaseguros residentes o domiciliados en España, incluidas las actividades que realicen en régimen de derecho de establecimiento y en régimen de libre prestación de servicios".*

No obstante, las Comunidades Autónomas también tienen competencia en esta materia, y así el artículo 47 de las Ley 26/2006 establece: *"Las Comunidades Autónomas que con arreglo a sus Estatutos de Autonomía hayan asumido competencia en la ordenación de seguros la tendrán respecto de los agentes de seguros vinculados, de los operadores de banca-seguros vinculados, de los corredores de seguros, de los corredores de reaseguros y de los colegios de mediadores de seguros, cuyo domicilio y ámbito de operaciones se limiten al territorio de la Comunidad Autónoma."*

Esta dualidad de competencias en materia supervisora ha venido produciendo una evolución al alza de las inscripciones de los corredores de seguros en sus correspondiente Comunidad Autónoma en detrimento del Registro de la DGSFP que ha ido perdiendo inscripciones. La consecuencia de la inscripción en el registro de la Comunidad implica que la actividad de mediación solo se puede circunscribir al ámbito territorial y geográfico de la propia Comunidad en la que se está inscrito, mientras que el estar inscrito en la DGSFP otorga un ámbito nacional.

3

**Modificación prevista en la futura Ley de Ordenación**

Este asunto, que tanta controversia está levantando, pues las Comunidades Autónomas, al tener competencia en algunos asuntos, como por ejemplo la DEC Semestral que está prevista que empiece a operar a los largo del año 2011, han manifestado que no la van a exigir a sus mediadores, de manera que la DGSFP se ha visto obligada a otorgarle al carácter de voluntaria para el 2011.

Por ello, el texto del borrador de la futura Ley de Ordenación ha querido abordar este asunto. Así, en la disposición final se establece una modificación de la Ley 26/2006, de 17 de julio, de mediación de seguros y reaseguros privados proponiendo introducir en el texto del 47 de la Ley 26/2007, de 17 de julio una importante novedad al marcar un criterio cuantitativo para la asignación de competencias en materia de corredores de seguros al proponer el siguiente texto:

*"2. Las Comunidades Autónomas que con arreglo a sus Estatutos de Autonomía hayan asumido competencia en la ordenación de seguros la tendrán respecto de los agentes de seguros vinculados, de los operadores de banca-seguros vinculados, de los corredores de seguros, de los corredores de reaseguros y de los colegios de mediadores de seguros, cuyo domicilio y ámbito de operaciones se limiten al territorio de la Comunidad Autónoma. Se entenderá que el ámbito de operaciones se limita al territorio de la Comunidad Autónoma* ***cuando estén domiciliados en ella al menos el 75% de los tomadores de los contratos intermediados en un ejercicio****. Se entenderá que el ámbito de operaciones se ha modificado cuando durante dos ejercicios consecutivos así se derive de la aplicación del criterio anterior".*

Esta nueva redacción que se propone para el artículo 47 de la Ley 26/2006 no cuenta con el apoyo de todos los representantes de los corredores.

**ATENCIÓN:** A fecha 31 de diciembre de 2009, del total de 4.178 corredores y corredurías de seguros inscritos en España, 3.015 de ellos (66%) lo estaban en la DGSFP y 1.563 (34%) en las correspondientes Comunidades Autónomas.

De los inscritos en la DGSFP, 942 eran corredores personas físicas y 2.073 eran sociedades de correduría. Asimismo, de los inscritos en las CCAA: 532 eran corredores personas físicas y 621 eran sociedades de correduría.

## 3-32 La solicitud de alta como corredor de seguros

La solicitud de inscripción como corredor de seguros se dirigirá a la DGSFP -o a la Dirección de Seguros de la CCAA correspondiente si se ha optado por inscribirse en la Comunidad-. A dicha solicitud habrá que acompañar un dossier completo con toda la información y los documentos acreditativos del cumplimiento de los requisitos que se requieren para la aceptación como corredor o correduría y que son los siguientes:

1. Capacidad legal para ejercer el comercio (personas físicas) o forma jurídica adecuada y objeto social adaptado y tener honorabilidad comercial y profesional.

2. En las sociedades de correduría, haber designado un órgano de administración, de cuyos integrantes al menos la mitad cuenten con la experiencia adecuada.


© CISS

3. Haber superado el curso de formación o la prueba de aptitud correspondiente programa establecido reglamentariamente para el Grupo A.

4. Tener cubiertas las responsabilidades que pudieran surgir por el ejercicio de su actividad en el ámbito territorial que haya elegido mediante una póliza de responsabilidad civil o bien otra garantía financiera.

5. Disponer de la capacidad financiera adecuada y exigida reglamentariamente.

6. Presentar un programa de actividades con la información comercial, empresarial y de proyección financiera requerida.

La DGSFP -o el organismo competente de la CCAA- una vez recibida la documentación realiza una análisis de la misma, debiendo notificar su resolución al efecto en el plazo máximo de seis meses a partir de la fecha de presentación de la solicitud de inscripción que será autorizada si cumple y se acredita debidamente el cumplimento de los requisitos anteriormente expuestos, denegándose la solicitud de inscripción en caso contrario. La DDGSFP o el organismo correspondiente de la CCAA siempre deberán dar la respuesta a la solicitud de manera expresa, no siendo válido para este caso el silencio administrativo.

MINISTERIO
DE ECONOMÍA Y
HACIENDA

Dirección General de Seguros
y Fondos de Pensiones

**SOLICITUD DE INSCRIPCIÓN DE CORREDOR DE SEGUROS, PERSONA FÍSICA**

| | | |
|---|---|---|
| D | | |
| con NIF/Pste/T.residencia | , de nacionalidad | |
| con domicilio profesional en | , provincia de | |
| CP ,Calle | | |
| | nº piso | puerta |
| y domicilio a efectos de notificaciones en | provincia de | CP |
| Calle | nº ,piso | ,puerta |
| nº teléfono , nº de fax | , correo electrónico | |
| y (en su caso) dominio en Internet: | | |

3

Primero: Conforme a lo establecido en la Ley 26/2006, de 17 de julio, de mediación de seguros y reaseguros privados, solicita su inscripción en el Registro administrativo especial de mediadores de seguros, corredores de reaseguros y de sus altos cargos, como **Corredor de seguros, persona física.**

Segundo: Acredita haber cumplido los requisitos establecidos en el artículo 27 y siguientes, y en los términos establecidos en la disposición transitoria tercera de la citada Ley 26/2006 mediante la aportación de los siguientes documentos:

1.- ________________________________________________
2.- ________________________________________________
3.- ________________________________________________
4.- ________________________________________________
5.- ________________________________________________
6.- ________________________________________________
7.- ________________________________________________
8.- ________________________________________________
9.- ........................

Tercero: Ha designado como titular del departamento o servicio de atención al cliente, o en su caso, defensor del cliente a D. ______________________________ de acuerdo con el reglamento de funcionamiento que se adjunta.

Cuarto: Se compromete a aportar con carácter inmediato ante la Dirección General de Seguros y Fondos de Pensiones la documentación acreditativa de las modificaciones que, en su caso, se produjeran en las circunstancias y documentos que se presenten para obtener la inscripción.

En________________ a, ___ de ______________ de 200_.

Fdo.__________________________

Sr. Director General de Seguros y Fondos de Pensiones

 © CISS

SOLICITUD DE INSCRIPCIÓN COMO CORREDOR DE SEGUROS, PERSONA FÍSICA

**ANEXO I**

**DECLARACIÓN DE ÁMBITO TERRITORIAL DE ACTUACIÓN ESTATAL**

D/Dª_______________________________________________

con D.N.I./NIF, Pasaporte/Tarjeta de Residencia número, ____________________
con domicilio en______________________Provincia de______________,

Calle__________________________________Código postal________:

**Declara** que a fin de determinar el órgano de control al que corresponde ejercer las competencias previstas en la Ley 26/2006, de 17 de julio, de mediación de seguros y reaseguros privados, el ámbito territorial de operaciones en el que pretende realizar la actividad como **corredor de seguros, persona física** **NO SE LIMITA** al espacio territorial de la Comunidad Autónoma de su domicilio.

En______________ a, ____ de ____________ de 200_.

Fdo.____________________

3

SOLICITUD DE INSCRIPCIÓN COMO CORREDOR DE SEGUROS, PERSONA FÍSICA

**ANEXO II**

**DECLARACIÓN DE HONORABILIDAD COMERCIAL Y PROFESIONAL**

D/Dª_____________________________________________________________________________

con D.N.I./NIF/Pasaporte/Tarjeta de Residencia número, __________________________,

a los efectos de acreditar el cumplimiento del requisito de honorabilidad comercial y profesional exigido en el artículo 27.1 letra d) de la Ley 26/2006, de 17 de julio, de mediación de seguros y reaseguros privados

**Declara** bajo su responsabilidad que:

1.- Ha realizado las siguientes actividades profesionales hasta el momento de la solicitud de inscripción:

- Previas y actuales vinculadas al sector financiero, asegurador y de la mediación de seguros y reaseguros privados:

- Previas y actuales distintas a las anteriores, pero que se encuentren sometidas a un régimen especifico de supervisión administrativa:

- Otras actividades profesionales:

- Relación detallada de las vinculaciones financieras o de dirección, si las hubiera, con entidades de seguros o de reaseguros, financieras y de crédito, agentes o sociedades de agencia, peritos o sociedades de peritación, u otras sociedades de correduría de seguros. En caso negativo, señalar que no existen:

2.- En el ejercicio de dichas actividades ha venido observando una trayectoria personal de respeto a las leyes mercantiles u otras que regulen la actividad económica y la vida de los negocios, así como a las buenas prácticas comerciales, financieras y de seguros.

3.- Carece de antecedentes penales por delitos de falsedad, violación de secretos, descubrimiento y revelación de secretos contra la Hacienda pública y contra la Seguridad Social, malversación de caudales públicos y cualesquiera otros delitos contra la propiedad; y no está inhabilitado para ejercer cargos públicos o de administración o dirección en entidades financieras, aseguradoras o de mediación de seguros o de reaseguros.

4.- No ha sido suspendido por sanción firme para el ejercicio de la actividad de mediación conforme a lo previsto en el artículo 56 de dicha Ley.

5.- No ha sido inhabilitado conforme a lo dispuesto en la Ley 22/2003, de 9 de julio Concursal.

6.- No incurre en incapacidad o prohibición conforme a la legislación vigente.

En___________________ a, ____ de _________________ de 200_.

Fdo.______________________________


© CISS

SOLICITUD DE INSCRIPCIÓN COMO CORREDOR DE SEGUROS, PERSONA FÍSICA

**ANEXO III**

**DECLARACIÓN DE HONORABILIDAD COMERCIAL Y PROFESIONAL DE LAS DEMÁS PERSONAS QUE PARTICIPARÁN EN LA MEDIACIÓN DE LOS SEGUROS**

D/Dª_______________________________________________
con D.N.I./NIF , Pasaporte/Tarjeta de Residencia número, ______________________
a los efectos de acreditar el cumplimiento del requisito de honorabilidad comercial y profesional exigido en el artículo 27.1 letra d) de la Ley 26/2006, de 17 de julio, de mediación de seguros y reaseguros privados

**Declara** bajo su responsabilidad que las demás personas que bajo su dirección participarán en la mediación de los seguros:

Han venido observando una trayectoria personal de respeto a las leyes mercantiles u otras que regulen la actividad económica y la vida de los negocios, así como a las buenas prácticas comerciales, financieras y de seguros.

Carecen de antecedentes penales por delitos de falsedad, violación de secretos, descubrimiento y revelación de secretos contra la Hacienda pública y contra la Seguridad Social, malversación de caudales públicos y cualesquiera otros delitos contra la propiedad.

No están inhabilitados para ejercer cargos públicos o de administración o dirección en entidades financieras, aseguradoras o de mediación de seguros o de reaseguros.

No han sido suspendidos por sanción firme para el ejercicio de la actividad de mediación conforme a lo previsto en el artículo 56 de dicha Ley.

No han sido inhabilitados conforme a lo dispuesto en la Ley 22/2003, de 9 de julio Concursal.

No incurren en incapacidad o prohibición conforme a la legislación vigente.

En _______________, a ______ de _______________de ________

Fdo: ________________________________________

3

SOLICITUD DE INSCRIPCIÓN COMO CORREDOR DE SEGUROS, PERSONA FÍSICA

**ANEXO IV**

**CÁLCULO DE LA CAPACIDAD FINANCIERA**

D/Dª_______________________________________________________________________

con D.N.I./NIF , Pasaporte/Tarjeta de Residencia número, ___________________________

**Declaro** que la acreditación del requisito de capacidad financiera para ejercer la actividad de mediación de seguros como **corredor de seguros, persona física,** conforme a lo exigido en el artículo 27 y en la disposición transitoria tercera de la Ley 26/2006, de mediación de seguros y reaseguros privados, se realiza con arreglo a las siguientes cantidades:

A) 4% de los Fondos percibidos de los clientes en concepto de pagos de recibos de primas de seguros correspondientes a los 12 meses anteriores a aquel en que se constituye la garantía, de acuerdo con el siguiente cálculo:

Importe total de los fondos percibidos _________________ euros

4% : ________________ euros

B) Importe mínimo = 16.803 euros

**Importe de la capacidad financiera**:

cifra mayor entre (A) y (B) : __________euros

A dichos efectos se contrata el aval con la entidad financiera, o en su caso el seguro de caución con la entidad____________________________________, cuyo original o copia legalizada o cotejada se adjunta a esta declaración.

Asimismo, declaro ante la Dirección General de Seguros y Fondos de Pensiones asumir el compromiso de actualizar el importe de la capacidad financiera, a fin de conservar la inscripción en el Registro administrativo especial de mediadores de seguros, corredores de seguros y sus altos cargos, de acuerdo con lo establecido en la ley 26/2006, de mediación de seguros y de reaseguros privados.

En ____________________,a_____de______________de 200__.

Fdo. ________________________________________



 © CISS

SOLICITUD DE INSCRIPCIÓN COMO CORREDOR DE SEGUROS, PERSONA FÍSICA

**ANEXO VII**

**DECLARACIÓN DEL SOLICITANTE A FIN DE ACREDITAR EL REQUISITO DE CAPACIDAD FINANCIERA**

D/Dª___________________________________________________________

con D.N.I./NIF , Pasaporte/Tarjeta de Residencia número, _______________________.

De acuerdo con lo establecido en el artículo 27.1 letra f), de la Ley 26/2006, y a fin de acreditar el cumplimiento del requisito de capacidad financiera,
**declaro** bajo mi responsabilidad que :

Asumo ante la Dirección General de Seguros y Fondos de Pensiones el compromiso de que, en todos los contratos de seguro por mi intermediados, ofreceré a los tomadores una cobertura inmediata entregándoles el recibo de prima emitido por la entidad aseguradora, y las cantidades abonadas en concepto de indemnizaciones se entregarán directamente por las entidades aseguradoras a los tomadores de seguros, asegurados o beneficiarios,

Asimismo, me comprometo a aportar con carácter inmediato ante la Dirección General de Seguros y Fondos de Pensiones la documentación acreditativa de las modificaciones que, en su caso, se produjeran en las circunstancias y documentos que se presentan a estos efectos para mantener la necesaria inscripción.

En ________________, a ______ de _____________de 200__.

Fdo: ____________________________________________

## 3-33 El programa de actividades de los corredores de seguros

Para conseguir la autorización correspondiente por el organismo competente, todo corredor debe presentar un **Programa de Actividades** en el que explicarán:

**A. Los ramos de seguro y la clase de riesgos en que se proyecte mediar.**

1. Deberá enumerar los ramos de seguro y la clase de riesgos en que se proyecte mediar, especificando, desde el punto de vista profesional de un corredor de seguros:

• Breve comentario de la gestión técnica y administrativa (gerencia de riesgos, tramitación de las solicitudes de seguro y suplementos de pólizas, gestión por el corredor del cobro de primas y del pago de siniestros).

• Los procedimientos y actuaciones profesionales a realizar para facilitar a los clientes la asistencia en los supuestos de siniestro.

2. Identificación de las entidades aseguradoras en las que estima factible colocar los riesgos en los que se medie, indicando los criterios profesionales seguidos para su elección.

**B. Los principios rectores y ámbito territorial de su actuación.**

Indicar el ámbito geográfico en el que se pretende desarrollar la actividad, especificando si dicha actividad se desarrollará fuera de los límites de la Comunidad Autónoma en la que se encuentre el domicilio mediante auxiliares externos. Éste debe coincidir con el ámbito de supervisión del organismo en el que se presenta la inscripción, de manera que si éste es una CCAA, el ámbito propuesto no debe exceder del propio de la CCAA en cuestión.

**C. La estructura de la organización**

En este apartado se debe incluir detalle y descripción de los sistemas de comercialización, los medios personales y materiales.

El formulario es el siguiente:





© CISS

**II.- ESTRUCTURA DE LA ORGANIZACIÓN:** Cumplimentar los siguientes cuadros de conformidad con las instrucciones a pie de cada cuadro.

**MEDIOS PERSONALES**

| NOMBRE Y APELLIDOS | CARGO/ CATEGORÍA (1) | Ejercicio de incorporación | Formación (3) |
|---|---|---|---|
| | | | |
| | | | |
| | | | |
| | | | |
| | | | |
| | | | |
| | | | |

(1) Empleados y auxiliares externos. En el caso de prever la contratación de auxiliares externos se deberá aportar copia del modelo de contrato mercantil de colaboración.

(2) Ejercicio de incorporación: indicar 1°, 2° 3°, según el ejercicio en que se prevea su incorporación a la estructura de la organización.

(3)Citar el curso de formación superado, de acuerdo con lo exigido en la resolución de 28 de julio de 2006 de la Dirección General de Seguros y Fondos de Pensiones.



**III.- MEDIOS MATERIALES**

| OFICINAS | REGIMEN DE USO (1) | BREVE DESCRIPCIÓN (2) |
|---|---|---|
| Oficina principal | | |
| Sucursal 1ª (3) | | |
| Sucursal 2ª (3) | | |
| | | |

(1) Régimen de uso: se indicará en función que se utilice en propiedad: propiedad, arrendamiento, cesión.
(2) Breve descripción: domicilio, $m^2$, nº de despachos, etc...
(3) Cumplimentar en el supuesto de que se prevea la apertura de sucursales durante los tres primeros ejercicios de actividad.

| INFORMATICA Y OTROS MEDIOS | Nº de ordenadores | Enumeración de otros medios (1) | Software especifico de mediación en seguros privados (2) |
|---|---|---|---|
| Oficina Principal | | | |
| Sucursal 1ª | | | |
| Sucursal 2ª | | | |
| | | | |

(1) Otros medios: indicar si se dispondrá de impresoras, Fax, fotocopiadora, modem, scanner, etc.....

(2) Software: En el supuesto de que se prevea utilizar, indicar la aplicación informática especifica para la gestión de la actividad de correduría de seguros.

**D. Los mecanismos adoptados para la solución de conflictos por quejas y reclamaciones de la clientela así como la identificación de la persona/departamento de atención al cliente/defensor del cliente.**

En cumplimiento de lo establecido en los artículos 44 y siguientes de la Ley 26/2006 deberá aportarse:

— Designación del titular del departamento o servicio de atención al cliente o, en su caso, del defensor del cliente.

— Currículum vitae del titular del departamento o servicio de atención al cliente o en su caso, del defensor del cliente, incorporando expresamente los detalles relativos a sus conocimientos y experiencia en funciones relacionadas con la actividad de mediación en seguros privados.

— Declaración relativa a la honorabilidad comercial y profesional, firmada por el titular del departamento o servicio de atención al cliente o, en su caso, del defensor del cliente, haciendo constar que ha venido observando una trayectoria personal de respeto a las leyes mercantiles u otras que regulan la actividad económica y la vida de los negocios, así como las buenas prácticas comerciales y financieras.

— Currículum vitae del defensor del cliente, de haber sido designado, exponiendo las circunstancias que concurren respecto a su reconocido prestigio en el ámbito jurídico, económico o financiero.

— Copia del documento que recoja la aprobación, por parte del órgano de administración de la sociedad, del Reglamento de Funcionamiento para la Defensa del Cliente.

— Copia del Reglamento de Funcionamiento para la Defensa del Cliente.

**E. Unas cuentas provisionales de ingresos y gastos a tres años, en particular los gastos generales corrientes, y las previsiones relativas a primas de seguro que se van a intermediar con la justificación de las previsiones que prevea y de la adecuación a éstas de los medios y recursos disponibles.**

Si fuera el caso concreto, informar respecto a la cartera de seguros que se pretenda incorporar al proyecto para el que se solicita autorización como corredor de seguros.

En este caso, se deberá acreditar documentalmente la titularidad de la mediación y el importe en primas de seguros de la misma, mediante las correspondientes certificaciones emitidas por las entidades aseguradoras en las que se encuentre colocada, y en el caso de haber venido ejerciendo como agente de seguros, el consentimiento expreso de la entidad aseguradora para modificar la posición mediadora en dicha cartera.

| Para los tres primeros ejercicios de actividad (cifras y justificación razonada de las mismas):**Previsiones de negocio** | **1 er Ejercicio** | **2º Ejercicio** | **3er Ejercicio** |
|---|---|---|---|
| Previsión de primas a intermediar | | | |
| **INGRESOS** | | | |
| Comisiones | | | |
| Honorarios profesionales | | | |
| Otros ingresos | | | |
| TOTAL INGRESOS | | | |

| Para los tres primeros ejercicios de actividad (cifras y justificación razonada de las mismas):**Previsiones de negocio** | **1 er Ejercicio** | **2º Ejercicio** | **3er Ejercicio** |
|---|---|---|---|
| **GASTOS** | | | |
| Sueldos y salarios | | | |
| Cuota patronal de la Seguridad Social | | | |
| Arrendamiento de bienes inmuebles | | | |
| Comisiones cedidas a colaboradores | | | |
| Formación continua | | | |
| Otros gastos | | | |
| TOTAL GASTOS | | | |
| **INGRESOS - GASTOS** | | | |

**F. Relación con las entidades aseguradoras**

Información acerca del contenido de las condiciones económicas, administrativas y comerciales que regularán las relaciones con las distintas aseguradoras en las que estima factible colocar los riesgos.

**G. Relación con la clientela**

Informar de la sistemática a seguir para garantizar que se va a:

1. Ofrecer a los clientes el asesoramiento independiente, profesional e imparcial realizado conforme a la obligación de llevar a cabo un análisis objetivo de conformidad a lo previsto en los artículos 26 y 42.4 de la Ley 26/2006.

2. Cumplir con las obligaciones de transparencia previstas en el artículo 29.2, de la Ley 26/2006, en cuanto al cobro de honorarios profesionales.

**H. Declaración de que no se incurre en incompatibilidad**

SOLICITUD DE INSCRIPCIÓN COMO CORREDOR DE SEGUROS, PERSONA FÍSICA

**ANEXO VI**

**DECLARACIÓN DEL SOLICITANTE DE NO INCURRIR EN INCOMPATIBILIDAD.**

D/Dª___________________________________________________________________________

con D.N.I./NIF , Pasaporte/Tarjeta de Residencia número, ________________________.

**Declaro** bajo mi responsabilidad que no ostento cargo ni desarrollo función alguna que pueda incurrir en los supuestos de incompatibilidad contemplados en el artículo 31 de la Ley 26/2006, de 17 de julio, de mediación de seguros y reaseguros privados.

En _________________, a ______ de ______________de 200__.

Fdo: __________________________________________

3

**I. Identificación y publicidad**

Dar una breve descripción de los sistemas de marketing y publicidad a emplear, y menciones a incluir en la publicidad y documentación del giro y tráfico mercantil de la actividad que se va a desarrollar.

**ATENCIÓN:** Hay que tener en cuenta a la hora de elegir la denominación que a continuación del nombre comercial debe añadir siempre la palabra "*Corredor o Correduría de Seguros*". Está prohibido poner solamente el término "*Seguros*" o"*Insurances*" (Ejemplo: "*Hermanos López Seguros*)" pues esto está reservado exclusivamente a aseguradoras y se considera que da lugar a equivocaciones al consumidor sobre la figura del tipo de mediador de que se trata (art. 5.2.d Ley 26/2006).

Su incumplimiento está considerado por la ley de mediación como Infracción **muy grave.**

**J. Actividades previas de mediación realizadas por el solicitante**

Exposición de la trayectoria profesional en el sector de los seguros privados y posible integración, en su caso, de la cartera de seguros que se haya venido mediando en la nueva estructura.

Se deberá aportar la documentación justificativa del desempeño de las actividades previas descritas.

**K. Otras actividades distintas a la de correduría de seguros** que se pretende iniciar o continuar desarrollando (con distinción entre actividad vinculada al seguro privado y actividad ajena al seguro privado): descripción detallada; explicación del modelo de gestión a aplicar para diferenciar actividades (ingresos y gastos, documentación mercantil, dirección y empleados).

**L. Información acerca de la existencia de los vínculos a que hace referencia el artículo 28 de la Ley 26/2006, de 17 de julio, de mediación de seguros y reaseguros privados.**


© CISS

En caso afirmativo, detallar los vínculos, directos o indirectos, existentes con entidades financieras, entidades aseguradoras, o con agentes y sociedades de agencia de seguros, y las formas concretas en que el solicitante de la inscripción como corredor de seguros se compromete a dar cumplimiento a lo dispuesto en el artículo 33.

**M. Posible Integración en colegios profesionales, asociaciones o agrupaciones. Información relativa a posibles relaciones comerciales con otros mediadores.**

**N. Sistemas de comercialización que se adoptarán.**

En particular deberá indicarse si actuará como corredor de seguros ejerciendo su actividad bajo la dirección de otro corredor o sociedad de correduría de seguros que asuma la total responsabilidad por sus actos, en cuyo caso deberá identificarse a dicho corredor o sociedad.

**O. Información sobre el programa de formación**

Explicar de manera detalla la **formación de empleados y de auxiliares externos** conforme a lo previsto en la Resolución de 18 de febrero de 2011 de la DGSFP.

En cada apartado se especificará:

- Medios: internos o externos (indicar los profesionales o centros que impartirán la formación).
- Clase: presencial o a distancia.
- Contenido de la formación a impartir.
- Programación, duración y periodicidad.

**ATENCIÓN:** En la práctica, los candidatos a corredores o corredurías suelen encargar la elaboración y gestión de estos dosieres y de todos los trámites de su inscripción a empresas consultoras o bien a otros corredores a cambio de unos honorarios correspondientes.

3

## 3-34 Obligaciones propias y exclusivas de los corredores y corredurías de seguros

Los corredores y corredurías de seguros tienen una serie de obligaciones propias que no se aplican a ningún otro tipo de mediador.

Estas son básicamente las siguientes:

1. Obligación de realizar un "**análisis objetivo**".
2. Obligaciones en materia de **prevención de blanqueo de capitales**.
3. Obligación de tener un **departamento y servicio de atención al cliente.**
4. Obligación de tener un **seguro de responsabilidad civil**.
5. Obligación de tener una **mínima capacidad financiera** para aquéllos corredores que manejen fondos de su clientela.
6. Obligación de percibir sus ingresos sólo por **comisiones**.
7. Obligación de cumplimentar y remitir anualmente a la DGSFP la **Documentación Estadístico-Contable (DEC)**.

## 3-35 Requisito de capacidad financiera de los corredores de seguros

Tal y como se recoge en el artículo 27 de la Ley 26/2006, para ejercer la actividad de corredor de seguros y la consecuente inscripción en el Registro administrativo especial de mediadores de seguros, corredores de reaseguros y de sus altos cargos, será requisitos necesarios disponer de una **capacidad financiera** que deberá en todo momento alcanzar el 4% del total de las primas anuales percibidas.

Según establece la disposición transitoria tercera de la Ley 26/2006, **no podrá ser inferior a 16.803 euros.** Podrá acreditarse mediante la contratación de **aval emitido por una entidad financiera o de un seguro de caución.**

**ATENCIÓN:** Estos importes se revisan teniendo en cuenta la evolución del índice europeo de precios de consumo, publicado por Eurostat, desde las establecidas el 15 de enero de 2008 y cada 5 años desde esa fecha, por lo que la próxima revisión corresponderá hacerla el 15 de enero de 2013.

Se exime de esta obligación en los casos en los que, contractualmente se haya pactado de forma expresa con las entidades aseguradoras, que los importes abonados por la clientela se realizarán directamente a través de domiciliación bancaria en cuentas abiertas a nombre de aquéllas.

Igualmente, no se exige el cumplimiento de este requisito de capacidad financiera cuando el corredor de seguros ofrezca al tomador una cobertura inmediata entregando el recibo emitido por la entidad aseguradora.

En estos dos casos, para que no sea obligatorio este requisito es preciso que las cantidades abonadas en concepto de indemnizaciones se entreguen directamente por las entidades aseguradoras a los tomadores de seguros, asegurados o beneficiarios.

## 3-36 Requisito de disponer de un seguro de responsabilidad civil

Los corredores de seguros deberán contratar un **seguro de responsabilidad civil profesional** u otra garantía financiera que cubra **todo el territorio del Espacio Económico Europeo**.

Según recoge la disposición transitoria tercera de la Ley 26/2006, el seguro de responsabilidad civil profesional debe cubrir al menos **1.120.200 euros por siniestro y, en suma, 1.680.300 euros para todos los siniestros correspondientes a un determinado año.**

**ATENCIÓN:** Estos importes se revisan teniendo en cuenta la evolución del índice europeo de precios de consumo, publicado por Eurostat, desde las establecidas el 15 de enero de 2008 y cada 5 años desde esa fecha, **por lo que la próxima revisión corresponderá hacerla el 15 de enero de 2013.**

3

## 3-37 El requisito de tener un Departamento de Atención al Cliente

Los corredores y corredurías de seguros deberán contar con un departamento o servicio de atención al cliente para atender y resolver las quejas y reclamaciones de sus clientes.

Este requisito se extiende tanto a los corredores y corredurías residentes como a los domiciliados en otros Estados del Espacio Económico Europeo y que ejerzan en España en régimen de derecho de establecimiento o en régimen de libre prestación de servicios.

Si lo prefieren, tanto de manera individual o agrupados, pueden sustituir este departamento de atención al cliente por un defensor del cliente según los términos establecidos en el artículo 45 de la Ley 26/2006.

La práctica habitual es que los corredores externalizan este servicio, encargando a profesionales especialistas (abogados, consultores, asesores...) el desempeño de las funciones del departamento o servicio de atención al cliente. Estos profesionales deberán reunir los requisitos exigidos en dicha normativa.

Asimismo, desde el Consejo General de los Colegios de Mediadores de Seguros, así como desde la mayoría de asociaciones de corredores y desde la Federación de Corredores y Corredurías de Seguros de España-FECOR se ofrece la posibilidad a sus miembros de acceder a estos servicios a precios y condiciones muy ventajosas ya negociadas para el colectivo con profesionales externos.

**ATENCIÓN:** Según las estadísticas que publica anualmente el **Servicio de Quejas y Reclamaciones de la DGSFP,** los corredores son el colectivo sobre el que menos quejas recibe la DGSFP.

**Durante 2009,** de un total de **9.396 expedientes recibidos** en la DGSFP **tan sólo 112 (1,19%), se referían a corredores,** siendo admitidas a trámite tan sólo **80 de éstas**. Pero además, hay que tener en cuenta que 53 de éstas **(66%) se concentran en tan sólo tres corredurías.**

Los principales motivos de reclamación contra corredores en 2009 fueron:

1. Asistencia inexistente o deficiente en caso de siniestro (43%).
2. Información sobre el condicionado incompleta, confusa o incorrecta (31%).
3. Mediadores que se extralimitan de sus funciones propias (10%).
4. Otros (16%).

(Ver comentario relacionado 1-207 y ss.).


© CISS

## 3-38 El corredor activo en seguros de vida, sujeto pasivo de las medidas de prevención de blanqueo de capitales

Ley 36/2006, de 29 de noviembre, de medidas para la prevención del fraude fiscal, en su disposición final 2ª ha venido a establecer en lo relativo a quiénes son los **sujetos pasivos**:

- *"...y los corredores de seguros cuando actúen en relación con seguros de vida u otros servicios relacionados con la inversión".*

- *"...Los sujetos obligados quedarán, asimismo, sometidos a las obligaciones establecidas en la presente Ley respecto de las operaciones realizadas a través de agentes u otras personas físicas o jurídicas que actúen como intermediarios de aquéllos" (Auxiliares).*

Así pues, el corredor de seguros **que sea activo en vida** debe cumplir determinadas obligaciones frente al Servicio Ejecutivo de Prevención del Blanqueo de Capitales (SEPBLAC) y particularmente frente a la Comisión de Prevención de Blanqueo de Capitales e Infracciones Monetarias.

Esta obligación provoca gran inquietud en los corredores ya que no queda cuantificada la frase "*cuando actúen con seguros de vida u otros servicios relacionados con la inversión*". En este sentido, se presupone que con una simple operación de vida ya deben cumplir todas las obligaciones propias de ello: informes periódicos, órgano de control interno, plan de formación de empleados y de auxiliares, procedimientos internos...

Este tipo de servicios -al igual que los de atención al cliente y de protección de datos-, en la práctica habitual se prestan externamente por empresas especializadas en el tema y son base de los servicios prestados por Asociaciones y Colegios a sus miembros. 3

**ATENCIÓN:** En este tema de la prevención de blanqueo de capitales, los sujetos obligados deben realizar un Informe anual (o trianual) encargado a un experto externo. La propia normativa sobre esta materia especifica que no se puede encargar la elaboración del Informe a un experto externo que haya realizado o vaya a realizar servicios remunerados al corredor durante los tres ejercicios anteriores o posteriores.

Esta matización es desconocida por la casi totalidad de los corredores y corredurías sujetos pasivos que han depositado o contratado los servicios de profesionales para que les gestionen "todo" lo relacionado con sus obligaciones de prevención de blanqueo y que no están cumpliendo claramente con este impedimento, pues estas personas son sus asesores jurídicos, abogados, consultores habituales, o bien les han prestado otros servicios remunerados recientemente.

(Ver comentario relacionado 1-246 y ss.).

## 3-39 Particularidades de la retribución del corredor

Tal y como se recoge expresamente en el artículo 29 de la Ley 26/2006, la retribución que perciba el corredor de seguros de la entidad aseguradora por su actividad de mediación de seguros revestirá la forma de **comisiones**. En consecuencia, el corredor de seguros no podrá percibir de las entidades aseguradoras cualquier retribución distinta a las comisiones.

No obstante, corredor y cliente podrán acordar por escrito que la retribución del corredor incluya **honorarios profesionales que se facturen directamente al cliente,** expidiendo en este caso una **factura independiente** por dichos honorarios, de forma separada al recibo de prima emitido por la entidad aseguradora. En estos casos, la comunicación del corredor de seguros a la entidad aseguradora deberá realizarse, en todo caso, antes de la emisión del recibo de prima correspondiente.

Si, además de los honorarios, parte de la retribución del corredor se satisface con ocasión del pago de la prima a la entidad aseguradora, deberá indicarse, sólo en este caso, **en el recibo de prima el importe de la misma y el nombre del corredor a quien corresponda.**

Este es, sin duda, el aspecto más polémico y característico hoy en día de los corredores de seguros. Una vez más, se ampara en **garantizar la independencia a la hora de asesorar al cliente**. Sin embargo, no está en línea con otros países.

Desde la entrada en vigor de la actual Ley de Mediación en 2006 los corredores **no pueden cobrar**: **subvenciones, rappeles, incentivos, bonus, extra-comisiones, participación en beneficios... Tampoco pueden cobrar**

**en especie**: viajes de incentivos, regalos promocionales... **ni por prestación de servicios** (ej: grabación de pólizas...).

Esta fue la principal causa de las numerosas peticiones de cambio de corredor a agente que se produjeron en 2007. Para poder subsistir sólo con comisiones, se debe tener una cartera muy importante que lo respalde. Con carteras pequeñas, esto no se puede sostener.

Actualmente son pocos los corredores que cobran además honorarios profesionales a los clientes.

De acuerdo con el criterio de la DGSFP, en la carta de condiciones se optará por una de las formas de remuneración establecidas en el artículo 29, indicándose que la remuneración del corredor por su actividad de mediación se percibirá de forma general por una de las siguientes opciones:

a) Exclusivamente mediante comisiones.

b) Exclusivamente mediante honorarios profesionales facturados por el corredor directamente al cliente en factura independiente al recibo de prima de la entidad.

c) De forma mixta: comisiones + honorarios.

Considerando que ambas formas de retribución (comisión y honorarios) lo son por la realización de la actividad de mediación, se puede concluir que el importe que el corredor obtenga o facture por tales conceptos estará exento de IVA.

3

Pero junto al servicio de mediación prestado por el corredor a favor de la entidad aseguradora, se encuentran igualmente los servicios de mediación y de otra naturaleza que puede prestar el corredor a favor del cliente del seguro. Así, en ocasiones, la actividad del corredor no se limita a poner a disposición del cliente diferentes ofertas de seguros facilitadas por la compañía, sino que en ocasiones su actuación se extiende más allá, diseñando un producto específico a favor de sus cliente u ofreciéndole un servicio de asesoramiento y consultoría que excede de los límites de la mediación.

Por todo lo anterior, se demandó por los corredores (y así quedó plasmado en numerosas enmiendas) la posibilidad de que el corredor percibiera una remuneración mixta, argumentándose que junto a la comisión que satisface la entidad aseguradora, pueden en ocasiones presentarse circunstancias que justifiquen el pago de cantidades por parte del cliente (por ejemplo la necesidad de que se diseñe a favor del cliente un seguro particularizado que suponga una carga adicional de trabajo a cargo del corredor).

Ciertamente son numerosas las interrogantes que surgen a la hora de analizar el precepto en cuestión, motivadas sin duda por la dudosa redacción del mismo. No obstante, del estudio de las diferentes enmiendas formuladas, se concluye que el verdadero significado de la Ley en este punto es que *"en aquellos casos de retribución mixta, y sólo en estos casos, deberá desglosarse en el recibo de prima el importe de la comisión que factura la entidad aseguradora y que, en última instancia, se liquidará al corredor por su actividad de mediación a favor de aquélla"*.

Se ha planteado igualmente el caso de que, si el corredor optase por cobrar únicamente vía honorarios, las compañías aseguradoras deberían reducir o no el importe de la comisión que en forma de recargo se incluye en el recibo de prima (es decir, el conocido como "neteo" de la prima). Al respecto, la DGSFP contestó lo siguiente:

*"A) Si el corredor de seguros, opta y pacta percibir únicamente honorarios, teniendo en cuenta que el artículo 77 del ROSSP aprobado por Real Decreto 2486/1998, de 20 de noviembre, establece que el recargo para gastos de adquisición incluirá entre otros los gastos de mantenimiento del negocio (es decir, en la base técnica deberían desglosarse las comisiones del resto de gastos de adquisición), entonces si el corredor de seguros opta y pacta no percibir comisiones de las primas intermediadas, estas comisiones habrán de deducirse del importe de la prima en cumplimiento de los principios de la tarificación de suficiencia y de equidad consagrados en el artículo 76 del ROSSP.*

*B) Si el corredor de seguros opta y pacta por percibir únicamente honorarios profesionales y la entidad aseguradora cuyo contrato es analizado (en cumplimiento del análisis objetivo consagrado en los artículos 26 y 42 de la Ley 26/2006) se niega a reducir el importe de la comisión de la prima correspondiente, entonces esta circunstancia deberá ser reflejada en dicho análisis objetivo para que pueda ser conocida por el tomador.*

*Por otro lado, las entidades aseguradoras deben respetar en sus estrategias de comercialización las bases técnicas que sustentan sus productos sea cual sea el canal a través del cual éstos se distribuyen".*

De igual forma y en relación a este asunto, la DGSFP ha manifestado lo siguiente:

*"En el supuesto de que el corredor de seguro declare no percibir honorarios profesionales u omita contestar a la entidad aseguradora a este respecto, será facultativo para la entidad aseguradora incluir en el recibo de prima la información correspondiente a la comisión abonada al corredor de seguros, teniendo en cuenta que la entidad aseguradora, en la emisión de los recibos de prima, es la responsable del cumplimiento de lo establecido en el último inciso del párrafo tercero del artículo 29.2 de la Ley 26/2006".*

**ATENCIÓN:** El espíritu de la norma es claro y se dirige principalmente a evitar que el corredor pueda percibir retribuciones en función del volumen de operaciones (los conocidos rappels), siniestralidad de la cartera intermediada u otras magnitudes. **La imposibilidad de cobrar rappels intenta preservar una vez más el principio de independencia del corredor** el hecho de que el corredor percibiera sobrecomisiones en función del volumen de primas intermediado a favor de una determinada entidad, provocaba situaciones en las cuales un corredor tenía porcentajes muy altos de su cartera intermediada con una determinada compañía, de manera que su actividad se asimilaba más a la de un mediador ligado que a la de un intermediario independiente.

## 3-40 La responsabilidad administrativa de los corredores

Tal y como dispone el artículo 30 de la Ley 26/2006: "*Los corredores de seguros, las sociedades de correduría de seguros, así como quienes ejerzan cargos de administración o dirección de estas últimas, cuando infrinjan normas sobre mediación en seguros privados, incurrirán en responsabilidad administrativa*"

Esta responsabilidad se extiende también a la actividad que puedan realizar para ellos auxiliares externos.

A diferencia de los agentes de carácter exclusivo, la responsabilidad administrativa no se imputa a la entidad aseguradora, sino al propio corredor, quien responde igualmente por la actuación de sus auxiliares externos. 3

## 3-41 El requisito de la formación de los corredores de seguros

A efectos de formación, los corredores de seguros se encuentran integrados en el **grupo A** que determina la **Resolución de 18 de febrero de 2011, de la DGSFP**, por la que se establecen los requisitos y principios básicos de los programas de formación para ellos junto con los agentes vinculados.

Se les exigirá a los corredores de seguros personas físicas, al menos a la mitad de las que constituyan el órgano de dirección de las corredurías de seguros y a las personas que ejerzan la dirección técnica, un curso de formación o alternativamente, la superación de unas pruebas de aptitud en materias financieras y de seguros privados.

El programa del curso de formación y de las pruebas de aptitud se adaptará al anexo I de dicha Resolución y el curso tendrá una duración estimada de 500 horas, debiendo garantizarse, en todo caso, unos conocimientos adecuados de las personas formadas para el ejercicio de sus funciones.

A diferencia de los mediadores integrados en el Grupo B, los corredores de seguros **no tienen la obligación de realizar una formación continuada**, pero sí tienen la obligación de **garantizar la formación tanto de sus empleados como de sus auxiliares externos** según determina la Resolución de la DGSFP en materia de formación.

(Ver comentario relacionado 3-10).

## 3-42 Incompatibilidades de los corredores de seguros

Tal y como señala el artículo 31 de la Ley 26/2006, queda imposibilitado para ejercer la actividad de corredor de seguros ni por sí ni por medio de persona interpuesta: "*Quien por razón de su cargo o función pueda tener limitada su capacidad para ofrecer un asesoramiento objetivo respecto a las entidades aseguradoras que concurren en el mercado y a los distintos tipos de pólizas, coberturas y precios ofrecidos por aquéllas a los mandantes*".

En este sentido, en la propia Ley de Mediación establece que trabajar en una entidad aseguradora como administrador, delegado, director, gerente, apoderado general o simplemente como empleado es incompatible con ejercer como corredor.

Tampoco pueden ejercer como corredores de seguros los peritos de seguros, comisarios de averías y liquidadores de averías, salvo que limiten su actividad como tales a prestar servicios a la clientela asegurada.

Trabajar para otro tipo de mediador distinto de un corredor, imposibilita poder ejercer como corredor de seguros. Así, no se puede compatibilizar con ser agente de seguros, ya sea exclusivo o vinculado, o bien ocupar algún cargo o simplemente ser empleado o auxiliar externo de una sociedad de agencia.

De igual modo, trabajar en banca, ya sea ocupando puestos de dirección o gerencia, o incluso siendo empleado, también incompatibiliza con poder ejercer como corredor de seguros.

El artículo 32 de la Ley 26/2006 redunda en esta lista de incompatibilidades pero redirigidas hacia las sociedades de correduría, incorporando, además, de las anteriores, la de no poder simultanearse con la actividad aseguradora o reaseguradora de una agencia de suscripción.

**ATENCIÓN:** Estas incompatibilidades para ejercer como corredor de seguros debidamente detalladas en los artículos 31 y 32 de la Ley 26/2006, en cierta medida, son del todo evidentes y lógicas pues, en caso contrario, se incurriría en un claro conflicto de intereses.

**Ejemplo:**

Pensemos, por ejemplo, en un corredor de seguros que simultáneamente desempeñase la actividad de agente de seguros exclusivo de una aseguradora: en este caso estarían a su cargo tanto la representación del cliente que solicita el seguro, y al cual debe proporcionar un asesoramiento independiente y objetivo, como la representación de la entidad aseguradora en su calidad de agente de la misma. Al estar vinculado por contrato de agencia a una entidad aseguradora, el corredor vería menoscabada su independencia a la hora de asesorar en la contratación del seguro.

3

## 3-43 La obligación de los corredores de presentar la Documentación Estadístico-Contable (DEC) y llevar libros registros

El **artículo 49 de la Ley 26/2006** establece las obligaciones contables y deber de información estadístico-contable de los corredores de seguros y de los de reaseguros al determinar que: "*Una vez iniciada la actividad de mediación de seguros o de reaseguros, los corredores de seguros y los de reaseguros deberán llevar los libros-registro contables y remitir a la Dirección General de Seguros y Fondos de Pensiones la información estadístico-contable con el contenido y la periodicidad que reglamentariamente se determine.*

**Libros-Registro**

Asimismo, el **Real Decreto 301/2004, de 20 de febrero,** por el que se regulan los libros registros -que podrán ser en soporte informático- y la información estadístico-contable de corredores de seguros y sociedades de correduría determina en su artículo 1: "*Los corredores de seguros y las sociedades de correduría de seguros autorizados para el ejercicio de la actividad llevarán y conservarán los libros, registros, correspondencia y justificantes concernientes a su negocio debidamente ordenados, en los términos establecidos en la legislación mercantil*".

Asimismo, y en particular, deberán llevar y conservar los siguientes libros registro, que no deberán tener un retraso en su información superior a tres meses:

a) De pólizas y suplementos intermediados.

b) De primas cobradas a través del corredor o sociedad de correduría de seguros.

c) De siniestros tramitados.

d) De colaboradores mercantiles.

Esta obligatoriedad de llevar los libros-registro recogida en el artículo 49 de la Ley de Mediación, es tan sumamente importante para el legislador que vemos que en su artículo 55, referente a las **Infracciones**, le otorga la consideración de **infracción muy grave a** "*carecer de la contabilidad y de los libros y registros exigidos en la legislación mercantil aplicable y en las normas sobre mediación de seguros y de reaseguros privado*" *sino también* a "*la llevanza de éstos con irregularidades esenciales que impidan conocer el alcance y naturaleza de las operaciones realizadas*".

Asimismo, el mismo precepto otorga la consideración de **Infracción grave** la ***"llevanza irregular** de los libros y registros exigidos en la legislación mercantil aplicable y en las normas sobre mediación de seguros y de reaseguros privados cuando no concurran las especiales circunstancias previstas en el párrafo anterior"*.

 © CISS

**ATENCIÓN:** A la vista de lo anterior, queda a la subjetividad total del inspector la calificación y valoración de la "llevanza irregular" de los libros registros de los corredores de seguros. Es importante tener en cuenta que ésta, aunque es una obligación propiamente empresarial y societaria, también se impone para el caso del corredor de seguros persona física.

**Documentación Estadístico-Contable (DEC)**

Actualmente, esta información (DEC) se envía por vía telemática a la DGSFP, siendo el 1 de julio de cada año la fecha tope para enviar la correspondiente al año anterior. La DEC incluye información como: datos de negocio de cartera y de nueva producción por ramos y por compañías, nº de empleados y nº de auxiliares, horas de formación, cifras de producción de los auxiliares, etc.

La DGSFP tiene habilitado una aplicación informática y unas plantillas encriptadas que son las que se deben utilizar para cumplimentar con la DEC y para remitirla a la propia DGSFP garantizando lo total confidencialidad de la información que contienen.

Por otro lado, en junio de 2010 se aprobó la el **Real Decreto 764/2010,** que viene a establecer la obligatoriedad de realizar una Documentación Estadística (no contable) semestral además de la DEC anual.

(Ver comentario relacionado 5-186 y ss.).

**ATENCIÓN:** Con la DEC el supervisor lo que persigue es tener información de la actividad y del volumen global del negocio de la mediación de seguros y concretamente de los colectivos obligados a presentarla. La de los agentes la obtienen de la DEC que realizan a su vez las aseguradoras, información en la que éstas también aportan el dato del negocio y de las comisiones que pagan anualmente a los corredores de seguros.



El problema surge porque al cruzar estas informaciones -las facilitadas por las aseguradoras y las facilitadas por los propios mediadores- los resultados nunca cuadran, habiendo diferencias considerables.

Otra problemática que plantea la depuración tan minuciosa que hace la DGSFP de esta información contenida en las DEC de mediadores y de aseguradoras es que cuando se publica la información ya está desfasada. La DGSFP publica sus conclusiones definitivas hacia los meses de abril de cada año sobre la información que le han presentado en el mes de julio del año anterior y que, en realidad corresponde al ejercicio anterior.

Por otro lado, aunque es obligatoria, y su incumplimiento está tipificado en la propia Ley 26/2006 como infracción muy grave, no la envían todos los corredores/corredurías, aspecto que indica la propia DGSFP en su informe anual.

Finalmente, no es del todo sencillo cumplimentarla y hay muchas dudas técnicas de cómo hacerlo en las corredurías más pequeñas que, a diferencia de las grandes, les supone una dedicación de tiempo y recursos, para ellos, importante. La DGSFP pone un servicio y un teléfono de atención al mediador para ayudarle a confeccionarla resolviendo las dudas y dando aclaraciones.

## 3-44 El análisis objetivo propio de la actividad de los corredores

La actividad de corredor de seguros, que tal y como reconoce el artículo 26 puede ser desempeñada tanto por personas físicas como jurídicas, presenta pues como característica principal y nota diferenciadora la cualidad de la **independencia** que debe presidir su actuación, si bien en algunas ocasiones tal característica puede aparecer distorsionada.

En este sentido, la Ley 26/2006 equipara lo que denomina expresamente en el artículo 26 como "*asesoramiento profesional, independiente e imparcial*" con lo que se denomina "***análisis objetivo***". De esta manera, la manifestación concreta en la Ley del análisis objetivo nos reenvía a su artículo 42.4, que establece que "*el asesoramiento con arreglo a la obligación de llevar a cabo un* ***análisis objetivo*** *a que están obligados los corredores de seguros se facilitará sobre la base del análisis de un número suficiente de contratos de seguro ofrecidos en el mercado en los riesgos objeto de cobertura, de modo que pueda formular una recomendación, ateniéndose a criterios profesionales, respecto del contrato de seguro que sería adecuado a las necesidades del cliente. En todo caso, se presumirá que ha existido análisis objetivo de un número suficiente de contratos de seguro en cualquiera de los siguientes casos:*

a) *Cuando se hayan analizado por el corredor de seguros de modo generalizado contratos de seguro ofrecidos* ***por al menos tres entidades aseguradoras*** *que operen en el mercado en los riesgos objeto de cobertura.*

b) *Cuando se haya diseñado específicamente el seguro por el corredor de seguros y negociado su contratación con, al menos,* ***tres entidades aseguradoras que operen en el mercado*** *en los riesgos objeto de cobertura para ofrecerlo en exclusiva a su cliente en función de las características o necesidades generales de éste, fundado en el criterio profesional del corredor de seguros".*

De la lectura de la norma, se observa que el legislador nacional ha considerado que se realiza un análisis objetivo cuando se efectúa la comparación con un mínimo de tres entidades aseguradoras, si bien nada obsta para que el número sea mayor.

La información anterior, al igual que el resto de la exigida en virtud del artículo 42, deberá facilitarse con carácter general por escrito. Así lo exige el artículo 43 de la Ley.

El concepto de **"análisis objetivo"** surge de la Directiva cuando señala, con carácter general para todo intermediario de seguros, que cuando éste informe a su cliente de que facilita asesoramiento basado en un análisis objetivo, debe facilitar ese asesoramiento sobre la base de un número suficiente de contratos ofrecidos en el mercado, de manera que pueda formular una recomendación con arreglo a criterios estrictamente profesionales.

Sin embargo, es interesante destacar el hecho de que la norma comunitaria se limita a permitir a los Estados miembros la facultad de concretar la generalidad que supone la expresión *"un número suficiente de contratos"*. En el caso español, como se observa de la lectura del artículo 42.4, la citada expresión se ha concretado, con carácter de presunción, en el estudio de contratos procedentes de, al menos, tres aseguradoras distintas.

3

**El uso de los Multitarificadores en el "análisis objetivo"**

El "análisis objetivo" es uno de los aspectos más conflictivos en la actividad de los corredores de seguros pues debe llevarse a cabo igual para un riesgo complejo de una planta fotovoltaica de miles de paneles solares, que para un seguro a terceros de un vehículo de segunda mano.

Para facilitar y agilizar la labor, los corredores en muchos casos se sirven de las ventajas que les reportan las nuevas tecnologías y de herramientas informáticas de comparación.

El legislador ha convertido al "análisis objetivo" en la mejor evidencia de la independencia del corredor. El problema es que en ningún sitio se determina que se deba elegir la opción más barata. Muchos corredores utilizan los **multitarificadores** como instrumento para justificar que se ha realizado un análisis objetivo.

Sin embargo los multitarificadores sólo utilizan como criterio de comparación y análisis **el precio**. Al respecto cabe señalar que, según la DGSFP, los multitarificadores no se puede considerar que reúnan los requisitos necesarios para considerar que se está realizando un análisis objetivo, al utilizar únicamente como criterio para elegir una aseguradora u otra el criterio del precio.

Por tanto, no se puede considerar que reúnan los requisitos exigidos por la Ley de Mediación para entender que a través de ellos se presta un asesoramiento objetivo. Únicamente, si habiendo utilizado multitarificadores, se opta finalmente por una opción que no aparece como la más barata en prima, entonces sí se podrá considerar válido.

**ATENCIÓN:** Según datos del Informe de la DGSFP sobre mediación del ejercicio 2009 se desprende que el 77,11% de los corredores y sociedades de correduría de seguros o corredores de reaseguros tienen colocado su negocio total en más de 7 aseguradoras, un 13,41% entre 4 y 6 aseguradoras, y un 8,35% tiene colocado su negocio en tres o menos aseguradoras.

Es especialmente significativo el dato del número de entidades situadas en el primer tramo "tres aseguradoras o menos", teniendo en cuenta la definición del análisis de sus funciones de asesoramiento que establece la Ley 26/2006, en el que se intuía se produciría una especial disminución no se ha producido, si no que, tras el descenso del primer año, se ha estabilizado y mantenido de forma continua.

No obstante, es un hecho objetivo que la distribución de la cartera de seguros intermediada en relación con el número de entidades aseguradoras permanece en términos relativos muy estable, sin que se aprecie de forma significativa una reducción de entidades aseguradoras en el primer tramo (3 aseguradoras o menos).

## 3-45 El cambio de posición de corredor en los contratos de seguro

Aunque tanto la LCS como la Ley de Mediación determinen que *"las comunicaciones efectuadas por un corredor de seguros al asegurador en nombre del tomador de la póliza surtirán los mismos efectos que si las realizase*


© CISS

*el propio tomador"*, será siempre necesario el **consentimiento expreso** del tomador para suscribir un nuevo contrato o para modificar o rescindir un contrato en vigor.

Asimismo, la LCS determina que es el tomador quién pueda decidir que su póliza sea gestionada a través de otro mediador de seguros. En consecuencia, el tomador puede optar por el cambio de corredor amparado en el propio Código de Comercio cuando se refiere a los preceptos de la comisión mercantil.

Algo que hay que tener en cuenta es que el corredor de seguros **no forma parte** del contrato de seguro suscrito entre su cliente y la aseguradora y **por él intermediado.**

El corredor mantiene dos relaciones mercantiles diferentes: por un lado con la aseguradora (que se regula por el Derecho Mercantil) y por otro con su cliente. Por ello, un cambio de posición mediadora en la póliza no tiene porqué afectar al contrato de seguros, pues son negocios jurídicos distintos e independientes.

Además, la ley reserva el derecho a la aseguradora a no aceptar si no quiere la gestión de la póliza por el nuevo corredor.

En el año 2001, UNESPA y el Consejo General de los Colegios de Mediadores de Seguros elaboraron conjuntamente un "Código de Usos" en el que en su punto nº 12 regulaban de manera muy breve el tema de la cesión de carteras entre corredores. Al respecto este Código de usos señalaba que "*si durante la vigencia de un contrato de seguro se produce una notificación formal del tomador de cambio de mediador, dicha solicitud tendrá efecto inmediato, excepción hecha de los derechos económicos, que corresponderán al antiguo mediador hasta el más inmediato vencimiento. Si esta solicitud se efectuara en los plazos y términos previstos en el artículo 22 de la Ley de Contrato de Seguro, los derechos económicos corresponderán al nuevo mediador a partir del vencimiento*". 3

Y en punto nº 13 del citado "Código de usos" se decía que *"en caso de cesión de la cartera de un corredor/correduría a otro, la entidad aseguradora tiene las mismas obligaciones respecto del cesionario que respecto del cedente. En el supuesto de que la entidad aseguradora no aceptara el cambio, lo comunicará formalmente al nuevo mediador, debiendo establecer las partes un acuerdo expreso respecto a los contratos de seguro en vigor en el momento de la cesión"*.

**ATENCIÓN:** En realidad, un corredor de seguros, antes de llevar a cabo un cambio de posición mediadora, intenta evitarlo y sólo lo realiza si es inevitable, pues los corredores tiene un "pacto de no agresión no escrito" que se respeta mucho.

## 3-46 La cartera: el valor del negocio de los corredores

Hay dos rasgos básicos que diferencian a los corredores de seguros de los agentes de seguros: uno es la Independencia de los primeros frente a la dependencia de los segundos y el otro rasgo es la propiedad sobre la cartera de clientes que es algo propio de los corredores mientras que en el caso de los agentes, ésta recae en la aseguradora.

La propiedad sobre la cartera de clientes otorga al corredor un estatus de privilegio que impide a la aseguradora realizar gestiones directamente con los asegurados ni enviarles comunicaciones comerciales. Tan solo se les permite enviarles informaciones relativas a sus pólizas y a sus renovaciones y, en todo caso, contactar con ellos con motivo de reclamación de impago de la prima.

Según se desprende del Informe de Mediación de la DGSFP relativo al ejercicio del 2009:

- El volumen de negocio de cartera media por corredor de seguros, persona física, fue de 96.466 euros en vida y 638.761 euros en no vida.
- En el caso de las sociedades de correduría de seguros, la cartera media fue de 853.806 euros en vida y de 4.298.204 euros en no vida, cifras inferiores a las correspondientes al año anterior.
- En el caso de las corredurías de reaseguros, la cartera media fue de 4.068.585 euros en vida y de 40.780.061 euros en no vida.
- Los colaboradores han distribuido el 9,45% del volumen total de cartera de los corredores de seguros, personas físicas, el 26,94% de las sociedades de correduría de seguros, el 4,23% en las corredurías de reaseguro.
- En cuanto a la nueva producción, la cartera media por corredor de seguros, persona física, fue de 42.259 euros en vida y de 137.689 euros en no vida.

- En el caso de las sociedades de correduría, la cartera media de nueva producción ascendió a 270.799 euros en vida y 1.147.663 euros en no vida, cifras inferiores a las correspondientes de 2007, al igual que sucede con la cartera total.

- En el caso de corredurías de reaseguro, la cartera media de nueva producción ascendió a 278.178 euros en vida y 4.555.254 euros en no vida.

- Los colaboradores han distribuido el 10,73% de la nueva producción de los corredores, el 31,75% de la nueva producción de las sociedades y 9,35 en las corredurías de reaseguro.

**ATENCIÓN**: El término "**Cartera**" se refiere al conjunto de pólizas en vigor que gestiona un corredor o correduría de seguros. De igual forma, se entiende por "**Volumen de cartera**" el "importe de las primas correspondientes al conjunto de pólizas, netas de anulaciones, que están o han estado en vigor en el ejercicio, incluida la nueva producción". Y finalmente, la **nueva producción** es "el importe de las primas correspondientes al conjunto de pólizas nuevas que se han emitido en el ejercicio".

## 3-47 Compra-venta de carteras de seguros

3

Hay un clima general de inquietud, los corredores son conscientes de que tiene que establecer estrategias claras de futuro y que la dimensión, tamaño y fortaleza es uno de los parámetros relevantes. Sin embargo, los negocios de las corredurías, se han defendido razonablemente bien ante la crisis económica. El problema es que existe una percepción de amenaza por el aumento de la competencia, la falta de dimensión, y una profesionalidad aún mejorable.

La productividad y la rentabilidad de las corredurías aumenta con el tamaño, por eso, crecer es un objetivo estratégico. Una manera rápida es la compra de carteras o corredurías.

Tener la propiedad sobre la cartera, permite a los corredores vender ese derecho a un tercero. Esta operación viene cobrando fuerza desde hace algunos años por lo que las compra-ventas de carteras se están dando cada día más.

Según el destino que se le de a la compra, éstas pueden ser de **dos tipos:**

1. **Compra por adquisición**: Es la compra por parte de una correduría del paquete accionarial de control de otra (al menos el 51%), sin realizar la fusión de sus patrimonios, es decir, sin integrarla en el Grupo.
2. **Compra por absorción**: Es cuando posteriormente a la compra del 100% de las acciones, el negocio y su patrimonio se integra en la primera.

**El precio en las compra-ventas de carteras**

En las compra-ventas el factor determinante es **el precio**. No obstante, el que no exista un mercado oficial de cotización o valoración de las carteras de seguros, a diferencia de otros activos (acciones, materias primas, metales preciosos, etc.), implica que juegue un papel muy importante en su determinación la subjetividad.

En este sentido, es muy habitual tener una percepción de los precios del propio negocio desenfocada de la realidad al considerar -principalmente por parte del vendedor- que su cartera vale más de lo que realmente se está pagando actualmente en el mercado.

**¿Qué se está pagando actualmente?**

Para determinar el **precio** de una operación hay que diferenciar, en primer lugar:

- Si lo que se compra o vende es simplemente la cartera.
- O si lo que se compra o vende es la sociedad.

Dependiendo de una u otra, se tendrán en cuenta dos referencias para determinar el precio:

- Los ingresos por comisiones que genera la cartera (para compra-venta de cartera)
- El resultado o beneficio que obtiene el negocio en cuestión -BAI (junto a la anterior, en las compras-ventas de sociedades de corredurías).

En base a ello las referencias medias que se están pagando actualmente es un resultado medio obtenido entre:

- 2,3 y 2,5 veces comisiones brutas (o comisiones de 30 meses) y
- 5 y 7 veces resultados antes de impuestos (BAI).


© CISS

No obstante, como se ha indicado antes, sociedades muy saneadas pueden llegar a conseguir hasta 2,7 - 2,8 veces comisiones y hasta 8 veces resultados.

Las corredurías de nicho muy protegido pueden llegar a venderse tres veces por encima de estas comisiones.

En cualquier caso, al realizar una valoración minuciosa de una cartera de seguros, es imprescindible tener en cuenta los aspectos que ponderarán en el precio definitivo y que son:

- El análisis de la cartera en venta: volumen por ramos y compañías.
- Siniestralidad.
- Condiciones con las compañías.
- El estudio del mercado del seguro en la zona.
- El modelo de negocio.
- El peso de los gastos.
- La competencia.
- La calidad del personal, incluidos los auxiliares externos.
- La permanencia del vendedor en el negocio, al menos durante 15 meses (media).
- Los activos inmobiliarios.
- El nivel de endeudamiento.
- La herramienta tecnológica.

**Aspectos de importancia para el comprador**

A la hora de elegir una cartera para adquirir, el comprador no sólo tiene en cuenta el precio, sino que tiene en cuenta también una serie de criterios y valoraciones que son muy importantes, como por ejemplo, la especialización, ya que si la cartera está centrada en un nicho que es bueno, rentable y bien posicionado y aporta un rasgo diferenciador, aporta valor al negocio. Por el contrario, si el nicho de la correduría a comprar es malo y/o está en recesión, es una desventaja.

Se valora de manera positiva la claridad de los ingresos de las corredurías justificados a través de sus declaraciones fiscales que vienen directamente de las comisiones declaradas por las compañías, pues esto les da mayor seguridad y transparencia.

También se valora positivamente la escasa o nula deuda que tenga la correduría con las aseguradoras y, en muchos casos, el no tener una amplia y extensa red de colaboradores o auxiliares pues esto resta valor a la cartera que hace que no sea propiamente del corredor.

Se valora positivamente que el vendedor no sólo pueda permitir la continuidad del negocio, sino que además se involucre en conseguirlo; en este sentido, el comprador intentará garantizar la permanencia en el negocio del vendedor al menos durante 15 meses aproximadamente o como mínimo un año.

**La importancia de la rentabilidad de la inversión en la operación de compra-venta de una sociedad de correduría para el comprador**

Cuando lo que se compra es la sociedad de correduría en general, no la cartera únicamente, la diversidad de gastos de estructura que pueda tener la sociedad, condiciona fuertemente los precios de compra y la rentabilidad de la adquisición.

Así, como criterio óptimo, la rentabilidad establecida en una operación de compra debe tener la referencia del 15%. Esto se determina sobre el BAI (Beneficio Antes de Impuestos) de la sociedad adquirida de forma que:

- Cuanto más pague (10-12 veces BAI): menos rentabilidad se marca obtener: 10%-8%.
- Cuanto menos pague: (5-7 veces BAI): más rentabilidad se marca obtener 20%-14%

El ratio de gastos sobre ingresos puede variar entre el 30% y el 70%, excluyendo el salario del profesional.

**La forma de pago**

Además del precio, la forma de pago y su condicionamiento a la evolución futura de la correduría son elementos básicos en la transacción. El precio y la forma de pago van directamente ligados, por ello, lo habitual es establecer **tres bloques de pagos** en las transacciones de compra-venta:

1. **Arras:** entrega de un 5 a 10% de la operación en el momento de la firma del contrato privado de compraventa. Se fija una condición suspensiva hasta el momento en que se obtenga la autorización de la DGSFP.

3

2. **Contado:** una vez obtenida la autorización de la DGSFP (para el caso de transmisión de participaciones), se lleva a cabo la Escritura Pública. En este momento se paga el 50 ó 60% de la operación.

3. **Aplazado:** finalmente, el resto que es un 35/40% aproximadamente, se aplaza a un periodo entre 12 y 24 meses. Este pago es habitual hacerlo depender de la consolidación alcanzada en ese periodo.

Como regla general, no son aconsejables los plazos largos, salvo cuando se pacta que el vendedor se involucre con una permanencia de manera remunerada (Ideal: 12-15 meses).

**ATENCIÓN:** Una cuestión que se plantean mucho los corredores es si es mejor vender la cartera o vender la sociedad. En este sentido hay que precisar que:

- Adquirir la **cartera** es siempre una operación más **sencilla** y limpia que comprar la sociedad. Cuando lo que se compra es **la cartera** (operación entre dos corredores autorizados por la DGSFP) no es necesaria la autorización preceptiva de la DGSFP.

- Sin embargo, la **transmisión de la sociedad** es **más barata fiscalmente** para el **vendedor**: la plusvalía obtenida (rentas de capital) tributan al **19% o al 21%,** mientras que la en **venta de la cartera,** la plusvalía obtenida se integra en la base del resultado (beneficio) y por consiguiente tributa en **Impuesto sobre Sociedades al tipo del 25%.**

3

## 3-48 Integración y agrupación de corredurías. Modelos de éxito

Cada día es más frecuente ver que varias corredurías constituyen una Agrupación de Interés Económico (AIE) o incluso, dan un paso más y se fusionan. Estos movimientos de producen básicamente en épocas de extremos: cuando la economía está en pleno auge o bien en el momento contrario -como es el actual- cuando la economía está sufriendo una crisis importante.

Igualmente, una forma de crecimiento empresarial rápida es la adquisición e integración de pequeñas corredurías, estrategia que están siguiendo algunos grupos empresariales.

**Principales modelos empresariales de agrupación que se están llevando a cabo actualmente:**

**Modelo nº 1: Unión de varias corredurías manteniendo sus claves y sus carteras.**

• Cada una de ellas mantiene su estructura jurídica.

• Las corredurías operan con su propia clave y mantienen íntegra su cartera y su producción obteniendo el 100% de sus ingresos.

• Se crea una marca común que comparten todas las corredurías agrupadas.

• Pueden o no, constituir una correduría común participada por todas ellas. A través de esta nueva correduría común, tramitarían los riesgos complejos, especiales o bien la nueva producción, según el modelo que se opte. Esta nueva correduría se inscribe en la DGSFP para tener ámbito nacional.

• Se puede optar por ser accionista o no. La diferencia estriba en el derecho de asistencia a la junta de los que sí son accionistas.

• No existen diferencias, ni condiciones especiales preferentes entre los que son accionistas y los que no.

• Es necesario un pequeño staff que gestione la agrupación, haga de central de Compras, negocie condiciones, gerencia de la nueva correduría conjunta...

• La posible salida es muy sencilla.

**Modelo nº 2: Unión de varias corredurías perdiendo sus claves, cediendo su cartera en gestión y la nueva producción.**

• Las corredurías se unifican bajo una misma marca y una única clave. Las corredurías integradas pierden su clave y ceden su cartera y nueva producción a una nueva sociedad de correduría que se crea con participaciones iguales de cada socio.

• Los socios (antiguos corredores) actúan como auxiliares o como directores técnicos de la nueva correduría conjunta y le ceden sus carteras en su totalidad para que se la gestionen por lo que reciben un 70% de los ingresos derivados de la misma, reteniéndose para sí la nueva correduría el otro 30% para los gastos de gestión (retención a cuenta ya que posteriormente se realiza la liquidación correspondiente devolviendo el exceso si existe como dividendo).


© CISS

- La estructura común incluye: un equipo directivo y gestor que se ocupa de las relaciones con compañías y negociación, administración, siniestros, informática, asesoría jurídica, marketing, etc., es decir, los socios solo mantienen la estructura comercial.
- Los socios son dueños de su cartera. En una posible salida y/o venta de la cartera individual de un socio hay un derecho de tanteo a favor de los otros socios o de la nueva correduría.

**Principales modelos empresariales de integración/adquisición que se están llevando a cabo actualmente:**

**Modelo nº 1: Inversión de control asegurado y gestión compartida**

- Modalidad: Grupo Empresarial de Corredurías de Seguros Asociadas (sociedad anónima).
- El grupo compra corredurías medianas/pequeñas: la mayoría accionarial (al menos el 51% para tener el control) dejando una parte importante en manos del anterior corredor que se convierte en socio.
- El anterior corredor obtiene una importante fuente de liquidez y el apoyo de un grupo consolidado que le aporta también el nombre y la imagen de marca.
- Se busca que el vendedor sea joven para que tenga proyección y permanencia en el negocio al que se le mantiene como socio-director de la correduría.
- El grupo actúa como una central de compras para las corredurías que adquiere.
- La selección de las corredurías integradas se realiza sobre la base de elegir preferentemente corredurías especialistas en nichos de mercado o ramos concretos, siendo éstos posteriormente una vez integrados en el Grupo, los representantes o asesores especialistas del resto en ese área o especialidad. (flotas, construcción, vida...).

**Modelo nº 2: Inversión Integral: Compra del 100% de la sociedad y posterior fusión por absorción disolviendo la sociedad adquirida.**

- Modalidad: Sociedad Anónima.
- En esta modalidad, la adquisición es de la sociedad de correduría y es al 100%.
- Una vez adquirida, la integra en el grupo manteniendo las oficinas como delegaciones o sucursales el mismo.
- Durante un periodo inicial se mantiene la sociedad adquirida de forma independiente (uno/dos años) hasta que se adecuan los sistema y estructuras al grupo, para después fusionarse.
- Se mantiene normalmente al equipo de empleados pero no al antiguo equipo gestor y directivo que en la mayoría de los casos vende por jubilación.

## 3-49 Autorización de la DGSFP a las fusiones entre corredurías

Debido a la proliferación de operaciones de fusión entre sociedades de correduría, la Ley 5/2009 de 29 junio vino a dar una nueva redacción al artículo 28 de la Ley 26/2006 para articular claramente la debida autorización que de estas operaciones se reserva al Director General de Seguros de manera que si no se cuenta con la autorización previa de éste no se podrá realizar la operación. El mencionado precepto cita textualmente: *"Será necesaria la falta de oposición previa de la Dirección General de Seguros y Fondos de Pensiones para llevar a cabo estas operaciones"*.

En base a ello, las sociedades de correduría de seguros deberán informar a la DGSFP de cualquier relación que pretendan establecer tanto con corredores individuales que pueda implicar la existencia de **vínculos estrechos**, así como de la proyectada transmisión de acciones o participaciones que pudiera dar lugar a un régimen de **participaciones significativas.**

Una vez realizada la comunicación a la DGSFP, ésta dispondrá de un plazo de tres meses para oponerse. Si este fuera el caso y se opone a la operación, deberá fundarse en que quien pretenda adquirirla no sea la persona idónea para garantizar una gestión sana y prudente de la sociedad.

Si transcurrido el plazo de tres meses, la DGSFP no ha emitido una respuesta, se entenderá autorizada por silencio administrativo y podrá procederse a la adquisición o incremento de participación como se había informado.

**"Participación", "Participación Significativa", "Vínculo Estrecho" y "Vínculo de Control"**

Cuando se vaya a plantear llevar a cabo una operación de adquisición o ampliación de las acciones de una sociedad de correduría, hay que tener en cuenta que el porcentaje del que se vaya a ser titular tras la operación dará lugar a un tipo concreto de titularidad a efectos de la regulación.

Así, a los efectos del artículo 22 del texto refundido de la Ley de ordenación y supervisión de los seguros privados, aprobado por el Real Decreto Legislativo 6/2004, de 29 de octubre, se entiende por **participación significativa** en una entidad aseguradora "*aquella que alcance, de forma directa o indirecta, al menos un 10% del capital social o de los derechos de voto. También tiene la consideración de participación significativa, aquella que, sin llegar al porcentaje señalado, permita ejercer una influencia notable en la gestión de la entidad aseguradora. Reglamentariamente se determinará cuando se deba presumir que una persona física o jurídica puede ejercer dicha influencia notable, teniendo en cuenta a estos efectos, entre otras, la posibilidad de nombrar o destituir algún miembro de su consejo de administración*"

Asimismo, de acuerdo con lo dispuesto en artículo 8 del TRLOSSP, se entiende por ***vínculo estrecho*** "*toda relación entre dos o más personas físicas o jurídicas si están unidas a través de una participación o mediante un vínculo de control.*

*Es **participación**, a estos efectos, el hecho de poseer, de manera directa o indirecta, el 20% o más de los derechos de voto o del capital de una entidad aseguradora; y es **vínculo de control** el existente entre una sociedad dominante y una dominada en todos los casos contemplados en el artículo 42.1 y 2 del Código de Comercio.*

*Asimismo, se entenderá constitutiva de vínculo estrecho entre dos o varias personas físicas o jurídicas entre las que se encuentre una entidad aseguradora la situación en la que tales personas estén vinculadas, de forma duradera, a una misma persona física o jurídica por un vínculo de control*".

3

Se prohíbe la posibilidad de llegar a tener **vínculos estrechos o participación significativa** en las sociedades de correduría de seguros a las personas físicas o jurídicas que hubieren sido suspendidas en sus funciones de dirección de entidades aseguradoras, de sociedades de mediación en seguros o como corredores de seguros o separadas de dichas funciones.

**ATENCIÓN:** Cuando se realizan fusiones de corredurías es habitual dejar durante un tiempo las claves de las sociedades de corredurías fusionadas sin actividad, aunque quedará totalmente justificada y no se debería aplicar la cancelación por inactividad del artículo 53 de la Ley 26/2006. No obstante, ello no implica que aunque no tenga actividad se libere de las obligaciones propias de cumplir con todos los requisitos (DEC, responsabilidad civil...) mientras esté activa.

## 3-50 Las sociedades de correduría por internet

Las nuevas tecnologías y, sobre todo, el desarrollo de Internet, ha provocado la aparición de un nuevo canal distribución de seguros. Hoy en día, todas las aseguradoras distribuyen, además de por el canal o canales tradicionales, a través de Internet, lo que ha catalogado a nuestro mercado actualmente como multicanal.

Esta multicanalidad se ha trasladado también a las empresas de mediación, principalmente a las corredurías que han abierto también la posibilidad de llegar a un cliente que busca una respuesta rápida y que se basa principalmente en el precio.

Pero además, esto ha provocado la aparición de un nuevo modelo de correduría: **las corredurías por internet**, en las que las acciones propias que realizan en la mediación y asesoramiento al cliente se realizan por internet. Sin embargo, la realidad dice que no hay actualmente ninguna correduría puramente por internet y ello porque, aunque la estructura y oferta de productos sea a través de la red, se hace necesario para realizar la contratación efectiva de las pólizas un contacto directo con el cliente/tomador vía teléfono lo que convierte a estas corredurías casi más en unas corredurías telefónicas que por Internet. En cualquier caso, estas corredurías hoy por hoy están reguladas igualmente por la Ley 26/006 y son consideradas a todos los efectos mediadores de seguros con las obligaciones propias de las corredurías normales.

Este tipo de corredurías tiene unas enormes **ventajas estratégicas** que les aporta Internet:

- Para el cliente: en unos minutos se conoce la oferta completa del mercado.
- Para los vendedores: se detectan rápidamente la clientela potencial consiguiendo una enorme eficacia en las ventas y evitando la dispersión de las inversiones.
- Internet es un instrumento mucho más adaptado al mediador y al comparador que la compañía con productos únicos.

Sin embargo, Internet ofrece un enorme inconveniente: la elevada inversión que necesita ya que, por un lado, es preciso invertir altas cantidades en tecnología y por otro lado, la alta inversión en e-márketing pues para


© CISS

distribuir por internet es preciso estar en todo momento posicionado en los primeros puestos de los principales buscadores (google...) y esto es enormemente caro hoy por hoy, pudiendo llegar a pagar importantes cantidades por cada "click" (cada vez que un internauta clica sobre el enlace de la correduría se pueden pagar hasta 3,5 euros).

Esto provoca un efecto de "negocio exclusivo" y reservado tan sólo a unos pocos grupos con gran tesorería y con un importante "músculo financiero" que les permita aguantar en el tiempo invirtiendo altas cantidades en posicionamiento de la correduría hasta conseguir rentabilizar la inversión, para lo cual es preciso hacer un elevadísimo número de pólizas de manera regular.

**ATENCIÓN:** Aún es meramente residual el volumen negociado por este canal pues **Internet** aporta tan solo el **0,51%** del volumen total del **seguro**, **0,95%** en **No Vida**, porcentaje que en **Autos** llega al **2,16%**.

Ahora bien, lo que ven en este canal los analistas es el enorme margen de crecimiento que tiene. Así, alguna aseguradora como **Mutua Madrileña** ha pasado en 2010 del 34% al 42,4% en pólizas, y en Autos ha pasado del 6,8% al 17%. **Mapfre** han duplicado las tarificaciones on-line y el número de personas que, tras solicitar precio, contratan el seguro. **Fénix Directo** ha crecido el 11,5% en Internet, que supone para **Génesis** y **Regal** el 30% del canal directo. **Direct** hace en Internet casi la mitad de sus 110.000 pólizas del año 2010. El 35% de los clientes de **Línea Directa** contrata las pólizas por Internet, que ha pasado del 27% de al 32% en 2010.

# Capítulo III. OTRAS FIGURAS. INSTITUCIONES Y ORGANISMOS DE REPRESENTACIÓN DE LA MEDIACIÓN DE SEGUROS

3

## Sección 1. AUXILIARES EXTERNOS Y AUXILIARES-ASESORES DE LOS MEDIADORES DE SEGUROS

### 3-51 Precedentes de la figura del auxiliar externo

La figura del "auxiliar externo", que viene regulada en el artículo 8 de la Ley 26/2206, tiene su fundamento de ser, como indica el Preámbulo de dicha Ley, en un intento de aclarar la confusión generada en el mercado en años anteriores por la actuación desarrollada por los denominados subagentes y colaboradores previstos en la anterior Ley.

La actual Ley de Mediación unifica en esta figura lo que antes se conocía como subagentes (colaboradores de los agentes, reconocidos en el art. 7.3 Ley 9/1992) y colaboradores mercantiles (colaboradores de los corredores, reconocidos en el art. 21 de la Ley 9/1992).

Ya el artículo 7.3 de su predecesora, la Ley 9/1992, señalaba la posibilidad de que los agentes de seguros utilizasen los servicios de subagentes en la promoción y mediación de seguros, no ostentando estos últimos la calidad de agentes de seguros, pero estando sujetos, sin embargo, a las mismas incompatibilidades.

Asimismo, el artículo 21 de la Ley 9/1992 recogía la posibilidad de que los corredores de seguros, personas físicas o jurídicas, pudieran celebrar contratos mercantiles de colaboración con personas físicas o jurídicas de cuya actuación responderían administrativamente, utilizando con este fin las redes de distribución de estos colaboradores.

### 3-52 Concepto y características del auxiliar externo

Según la Ley 26/2006 los "auxiliares externos" son aquéllas personas o empresas que colaboran con los mediadores de seguros -actuando bajo la responsabilidad de éstos- y que tienen limitadas sus funciones a la mera captación de clientela para dichos mediadores.

De esta definición podemos destacar sus principales **características**:

- No son mediadores de seguros.

- Pueden ser tanto personas físicas como personas jurídicas.
- Deben actuar por cuenta de un mediador.
- Sólo pueden realizar trabajos de captación de clientes.

Tal y como está definida esta figura de "auxiliar externo" pueden realizar funciones o tareas auxiliares de tramitación administrativa sin que supongan asumir obligaciones, imposibilitando, por tanto, su actuación en tareas como: prestar asistencia en la gestión, ejecución y formalización de los contratos de seguro, ni tampoco en caso de siniestro.

**ATENCIÓN:** Este ha sido el principal motivo por el que, hasta ahora, no ha proliferado el modelo empresarial de la "franquicia" en los corredores de seguros. No tiene mucho sentido para un empresario-emprendedor (franquiciado) ni para un corredor o grupo de corredurías (franquiciador) poner una franquicia de la correduría en cuestión en una esquina de una calle si no se van a poder realizar en ella acciones se asesoramiento a clientes antes de la formalización del contrato y tampoco gestionar los siniestros.

## 3-53 Funciones del auxiliar externo

3

Entre las funciones que se pueden entender como competencia del auxiliar podemos incluir las siguientes:

- Recogida de datos en la solicitud del seguro para la posterior valoración del riesgo y tarificación por el agente o corredor.

- Entrega a quien se interese por la suscripción de un seguro de la documentación que recoja la información preparada a esos efectos por el mediador por cuenta del que actúa. En particular, en el caso de seguros de vida, la nota informativa previa a la suscripción del contrato sólo podrá ser entregada después de que se haya realizado el correspondiente asesoramiento y, en su caso, el análisis objetivo.

- Entrega al tomador del seguro de las condiciones generales, particulares y especiales del contrato de seguro, recepción de su consentimiento en soporte duradero y entrega posterior de los documentos contractuales suscritos al mediador de seguros, con el fin de que éste los verifique, examine y remita a la entidad aseguradora.

- Recepción de la información necesaria para la actualización de las condiciones de las pólizas y traslado al mediador para que los verifique, analice y tramite a la entidad aseguradora.

- Cobro de los recibos de prima de los contratos de seguro y traslado de los fondos al mediador de seguros siempre que la entidad aseguradora lo haya autorizado contractualmente. En este caso, el requisito de capacidad financiera del mediador de seguros deberá contemplar expresamente que la garantía también comprende estos fondos cobrados por los auxiliares externos del mediador.

- Traslado de las declaraciones de siniestros de los asegurados al mediador para su posterior remisión a la entidad aseguradora.

- Información sobre los trámites a seguir ante el mediador o la entidad en caso de siniestro, a fin de atender las quejas y reclamaciones que pudiera presentar en relación con los servicios de mediación prestados.

- Entrega a los asegurados de la documentación correspondiente a las liquidaciones de los siniestros, recogiendo sus firmas y entregándoles la indemnización correspondiente mediante cheque nominativo, siempre que la entidad aseguradora lo haya autorizado contractualmente.

## 3-54 La nueva figura del "Auxiliar Asesor"

La Ley de Economía Sostenible (LES) le viene a otorgar a esta figura una mayor implicación en la actividad de asesoramiento a clientes y no tanto de meros interlocutores sin capacidad de asesorar.

De esta manera, la LES modificará el "artículo 8" de la Ley 26/2006 de mediación creando la figura del **auxiliar asesor** al que le otorga la posibilidad de, además de las tareas administrativas propias del auxiliar externo, *prestar asistencia en la gestión, ejecución y formalización de los contratos de seguro, o en caso de siniestro en el supuesto de que acrediten, el auxiliar-asesor persona física, y al menos la mitad del las personas que integran el órgano de dirección de las personas jurídicas, estar en posesión de los conocimientos adecuados, y de no incurrir en ninguna de las incompatibilidades establecidas.*

En la nueva redacción del artículo 8 de la Ley 26/2006 que le da la LES se traslada la carga de la prueba de la comprobación de que, con anterioridad a la celebración del contrato con el auxiliar-asesor, se poseen efectivamente los conocimientos adecuados para prestar asesoramiento a los clientes y de que no incurren en ninguna de las incompatibilidades establecidas.


© CISS

**ATENCIÓN:** Desde la DGSFP se ha elaborado una propuesta de borrador de Modificación del Real Decreto 764/2010, de 11 de junio, por el que se desarrolla la Ley 26/2006, de 17 de julio, de mediación de seguros y reaseguros privados en materia de información estadístico-contable y del negocio, y de competencia profesional con el fin de modificar el apartado b) del artículo 10 que regula los integrantes del Grupo B a efectos de la formación obligatoria con el fin de incluir en dicho Grupo la nueva figura del **auxiliar asesor persona física; al menos una de las personas que integran el órgano de administración de las personas jurídicas auxiliares asesores así como también a los empleados de los auxiliares asesores que presten asistencia en la gestión, ejecución y formalización de los contratos de seguro o en caso de siniestro.** Esta propuesta de la DGSFP no es refrendada por todo el colectivo de corredores.

Al igual que ocurre con los auxiliares externos, esta nueva figura de auxiliares-asesores, tampoco están calificados como "mediadores de seguros", por lo que en ningún caso podrán asumir funciones reservadas por la Ley 26/2006 a los referidos mediadores, sino que siempre desarrollarán su actividad bajo la dirección, responsabilidad y régimen de capacidad financiera del mediador de seguros para el que actúen.

Un auxiliar-asesor deberá siempre identificarse como tal e indicar al cliente con el que trate también la identidad del mediador por cuenta del que esté actuando. Además, porque que esta figura no sea "mediador de seguros", el tomador no tiene que dejar de recibir toda la información establecida en el artículo 42 de la ley 26/2006.

Estos auxiliares podrán colaborar con varios mediadores de seguros, pero siempre que sean mediadores de la misma clase a la de aquél que le contrató en primer lugar. En el caso de los auxiliares de un agente exclusivo, éstos sólo podrán colaborar con otros agentes exclusivos de la misma entidad aseguradora.

3

**ATENCIÓN**: La LES, tal y como se ha aprobado, suaviza el requisito relativo a la formación del órgano de administración de los auxiliares asesores que sean persona jurídica, que en el anteproyecto de LES estaba definido de una manera más rigurosa. A tal efecto, finalmente será obligatoria para la mitad de los miembros del órgano de dirección y no del de administración como estaba recogido en el anteproyecto, entendido como tal aquél cuyas funciones se circunscriban al ámbito asegurador.

### Registro de los nuevos auxiliares-asesores

Con la creación por la LES de esta nueva figura de auxiliar-asesor también se crea un nuevo Registro Administrativo de Auxiliares-Asesores donde éstos deben ser inscritos de manera que el auxiliar-asesor no podrá iniciar su actividad hasta que la DGSFP le haya inscrito en dicho Registro.

Para realizar dicha inscripción o actualización (todos estos datos deberán estar actualizados permanentemente) se remitirán por vía telemática a la DGSFP. Los responsables de estos envíos serán:

a) Cada entidad aseguradora en relación con los auxiliares-asesores de sus agentes exclusivos.
b) Los agentes vinculados y los corredores de seguros en relación con los suyos respectivamente.

En el envío de datos a la DGSFP para su inscripción en el Registro se hará constar la siguiente información:

- Sus datos identificativos.
- El número de registro.
- Las fechas de alta y de baja.
- La identificación de los mediadores a quienes auxilian.
- En el caso de personas jurídicas, además se indicarán los nombres de las personas físicas que integren el órgano de administración.

Independientemente de este Registro de Auxiliares-asesores de la DGSFP, los mediadores de seguros llevarán un libro registro en el que anotarán los datos personales identificativos de sus auxiliares externos, con indicación de la fecha de alta y, en su caso, la de baja. Este libro-registro quedará sometido al control de la DGSFP.

### Auxiliar-asesor: Una fuente de nuevas oportunidades

Esta nueva figura de auxiliar-asesor no distingue entre corredores, agentes u operadores de Banca Seguros, ni siquiera entre grandes y pequeños, y tampoco entre los que están asociados o los que están colegiados; llega para ponerse a disposición de todos por igual, sin distinciones. A diferencia de su predecesor auxiliar-externo (que se mantiene en vigor), éste sí puede vender, asistir a los clientes y gestionar siniestros. Con estas credenciales, el nuevo auxiliar-asesor va a marcar un antes y un después en el desarrollo y crecimiento comercial del canal de mediadores en España.

El auxiliar-asesor trae oportunidades estratégicas para todos. Vamos a analizarlas:

a) Para los corredores de seguros se abre una nueva vía de crecimiento y expansión a través de verdaderos e integrales comerciales que ahora sí pueden tener su propia delegación o sucursal. De esta menara, las corredurías van a poder ampliar su cuota de mercado y su ámbito territorial nombrando auxiliares en otras localidades y siendo operativas totalmente.

Pero esta figura también abre una oportunidad de salida para aquellos pequeños corredores individuales que estén pasando por una delicada y difícil situación. Hacerse auxiliares-asesor de otros corredores más grandes y cederles las responsabilidades y cargas como el blanqueo, la LOPD, el departamento de atención al cliente, la DEC -semestral y anual- el seguro de responsabilidad civil..., sin duda, se convierte en una alternativa más que interesante.

b) Para los agentes exclusivos pequeños -todos esos miles que las estadísticas dicen que intermedian menos de 30.000 euros-, no puede ser mejor oportunidad para hacerse auxiliar-asesor. Esto vendría muy bien a los propios agentes, a la mediación y al sector en general. Lo que ocurre es que hay que reconocer que para un agente exclusivo lo verdaderamente interesante no es hacerse auxiliar de otro agente, ¿para qué?, sino de una correduría, eso sí, le aporta un enorme valor, y al corredor, ni digamos, ya está formado, tiene experiencia, viene motivado por vender más productos y más compañías... Ahora bien, siendo fieles a los preceptos de nuestra ley de mediación, quién decidiese dar el paso debería hacerlo sacrificando la cartera que pudiera tener, claro está.

3

Por eso, volviendo a resaltar las ventajas para los corredores- , para éstos también se abre un campo interesantísimo de captación de agentes pequeños como auxiliares-asesores, con la imposibilidad de acceder además a su cartera comentada anteriormente.

c) Pero también puede ser interesante la nueva figura para las compañías.

Con la modificación que la LES ha venido a hacer de la Ley 26/2006 se permite que un auxiliar-asesor pueda serlo de un agente exclusivo. Las aseguradoras podrían ayudar a que agentes con poca actividad se hiciesen auxiliares de otros agentes exclusivos más grandes -sólo de agentes de dicha compañía-. Con esta medida, se reduciría el número de esas numerosas claves improductivas que desvirtúan las estadísticas.

d) Para universitarios, desempleados, autónomos, pequeños empresarios... Esta figura abre una interesante oportunidad profesional para todos. Dinamiza el mercado de empleo del seguro, demostrando que este sector sigue creando empleo y oportunidades profesionales. Ahora, sí es motivador dirigirse a un candidato ofreciéndole una carrera profesional como auxiliar-asesor de una correduría pues ya sí que es un asesor integral, puede asesorar en la venta, gestionar clientes y tramitar y gestionar siniestros.

A partir de ahora, un corredor se puede dirigir dignamente a una importante asesoría fiscal de su localidad, o a una importante gestoría y proponerle ser su auxiliar-asesor, ahora es un rasgo diferenciador, antes era mejor casi ni hacerlo.

e) Y, por último, las asociaciones de corredores y las AIE que están surgiendo de ámbito territorial pueden perfectamente fomentar la creación de redes de auxiliares-asesores de manera compartida por varios corredores del mismo ámbito territorial, optimizando gastos y recursos, con un único jefe de equipo o coordinador para todos. Corredurías especialistas en responsabilidad civil, otras en flotas, otras en salud y otras en Vida, por ejemplo, pueden tener la misma estructura compartida de asesores-auxiliares.

## Sección 2. AGENCIAS DE SUSCRIPCIÓN

### 3-55 Las agencias de suscripción en España

Las agencias de suscripción fueron introducidas por la Ley 26/2006, y están reguladas en su disposición adicional tercera. Son oficinas que, legalmente establecidas en España, actúan suscribiendo riesgos en representación de una entidad aseguradora o reaseguradora, no considerándose sus operaciones como actividades de mediación en los seguros privados o reaseguros.

Las agencias de suscripción son entidades independientes y especializadas a las que una aseguradora, normalmente actuando bajo el régimen de libre prestación de servicios, le otorga poderes para que suscriban riesgos en su nombre y según una serie de criterios previamente establecidos.

 © CISS

El acuerdo se establece a través de un contrato de suscripción o, en su término anglosajón, "Binding Authority", que debe ser otorgado por una entidad aseguradora española o extranjera que cumpla los requisitos para operar legalmente en España.

Así, las actividades que lleven a cabo las agencias de suscripción de riesgos por cuenta y representación de las entidades aseguradoras o reaseguradoras que cumplan los requisitos para operar legalmente en España, se entenderán realizadas directamente por dichas entidades aseguradoras o reaseguradoras, y no podrá considerarse que constituyen las actividades de mediación definidas por la Ley.

En este sentido, el supervisor español ha venido a considerar a las agencias de suscripción como *"apoderados generales de las entidades aseguradoras por cuenta de las que actúan"*.

## 3-56 Marco de actuación de las agencias de suscripción en España

Las agencias de suscripción podrán suscribir riesgos, emitir pólizas y suplementos, así como gestionar y liquidar siniestros, dentro de los acuerdos y límites que al efecto hayan concertado con el asegurador.

Ahora bien, a este respecto, debe recordarse que una agencia de suscripción no es un mediador de seguros.

Es importante destacar que las agencias de suscripción, en tanto que suscriben riesgos en nombre y representación de una entidad aseguradora, no podrán suscribir diferentes riesgos o compromisos situados en España con más de una entidad aseguradora.

La actividad desarrollada por una agencia de suscripción se entenderá realizada directamente por las entidades aseguradoras y no podrá considerarse que constituyen actividades de mediación.

3

## 3-57 Obligaciones de las agencias de suscripción

En toda la documentación mercantil de las agencias de suscripción deberán identificarse como tales y destacarse, además, la denominación de la entidad aseguradora o reaseguradora por cuenta de la que suscriben los contratos de seguro y en cuyo nombre y representación ejercen la actividad aseguradora.

Las entidades aseguradoras o reaseguradoras serán responsables frente a la Administración de las infracciones de la legislación de mediación y de seguros privados que hubieran cometido dichas agencias de suscripción en el ejercicio de sus actividades.

## 3-58 Aspectos destacados de las agencias de suscripción en España

### 1. Los poderes de representación de las agencias de suscripción

Las agencias de suscripción que pretendan suscribir riesgos o compromisos situados en España deberán comunicar a la Dirección General de Seguros y Fondos de Pensiones, con carácter previo al inicio de su actividad en España, los poderes de representación otorgados por las entidades aseguradoras para la suscripción de los contratos de seguro en nombre y por cuenta de las mismas, especificando además las actividades que dichas agencias van a realizar.

También deberán comunicar la revocación de dicho apoderamiento.

### 2. Requisitos mínimos de capacidad financiera y técnica de las agencias de suscripción

La capacidad financiera y técnica es la misma exigida a la entidad aseguradora en su país de origen. Por este motivo, no se van a exigir requisitos mínimos a las agencias de suscripción.

### 3. Incompatibilidades de la actividad de agencia de suscripción

En el resto de países de la Unión Europea se permite a los corredores actuar en nombre de la aseguradora, aceptando riesgos y emitiendo pólizas. Esto no es posible en España, debiendo diferenciarse ente la actividad de correduría y la de agencia de suscripción.

El punto 1 del artículo 32 de la Ley 26/2006 declara incompatible la actividad de agencia de suscripción con la actividad de correduría de seguros, pero no con la de correduría de reaseguros.

Asimismo, tampoco es compatible como objeto social de una agencia de suscripción ejercer la actividad de agencia de seguros exclusivo, regulada en el artículo 13 y siguientes de la citada Ley de Mediación. Cuestión distinta es la posibilidad de que una entidad aseguradora suscriba un contrato de agencia en el que se establezca que todos los derechos y obligaciones del agente exclusivo o vinculado en relación con la actividad de mediación sean a favor de la entidad y, al mismo tiempo, el compromiso del agente de que la suscripción de riesgos y otras tareas relacionadas con la cobertura de los mismos se realizará a través de una determinada agencia de suscripción, que no es mediador de seguros. En este caso la agencia de suscripción deberá prestar su consentimiento por escrito en el contrato de agencia.

Igualmente, de acuerdo con la normativa vigente, no existen incompatibilidades entre las agencias de suscripción. En cuanto a la posibilidad de que las agencias de suscripción tengan los mismos administradores, aunque no haya una incompatibilidad expresa, se estima que dicha circunstancia podría derivar en un conflicto de intereses, al pertenecer a sociedades de análogo género de actividad que constituye su objeto social.

En consecuencia no parece adecuado que un administrador ostente el cargo en más de una agencia de suscripción.

**4. Forma jurídica de las agencias de suscripción**

La disposición adicional tercera de la Ley 26/2006 no regula la forma jurídica que deben revestir las agencias de suscripción, por lo que podrá ser desempeñada esta actividad por aquellas personas que tengan capacidad legal para el ejercicio del comercio y no hayan sido suspendidas inhabilitadas para la actividad aseguradora, dado que una agencia de suscripción es un apoderado general de la entidad aseguradora por cuenta de la que actúa y, en consecuencia deberá cumplir los requisitos que se exigen a dichas personas en el Texto Refundido de la Ley de Ordenación y Supervisión de los Seguros Privados, aprobado por Real Decreto Legislativo 6/2006, de 29 de octubre.

**5. Objeto social de las agencias de suscripción**

En cuanto al objeto social de las agencias de suscripción y la posibilidad de que ejerzan también la actividad de agente de seguros, se considera que la limitación viene impuesta por el hecho de que ambas figuras deben realizar actividades diferenciadas.

La agencia de suscripción realiza sus actividades en los términos establecidos en el poder que le concede la entidad aseguradora, el cual suele permitirle tarificar riesgos, admitir o no la suscripción de los mismos, emitir pólizas, cobrar primas y pagar siniestros hasta determinada cuantía.

Toda esta actividad se realiza en el marco de esa relación mercantil y, por tanto, con las consecuencias en términos de responsabilidad que las normas mercantiles establecen al efecto. No obstante, en todo caso el riesgo es siempre asumido por la entidad aseguradora pues es ella quien tiene autorización administrativa para cubrirlo.

**6. Las agencias de suscripción en la Ley de Economía Sostenible (LES)**

La recién aprobada Ley de Economía Sostenible (LES) viene a regular con mayor amplitud a las agencias de suscripción, figura que desde su entrada en nuestro panorama asegurador a raíz de la Ley 26/2006, de Mediación de Seguros y Reaseguros Privados, tenían una regulación muy somera y escasa.

En este sentido, la LES añade en el Capítulo I del Título III del Texto Refundido de la Ley de Ordenación y Supervisión de los Seguros privados (TRLOSSP) una nueva sección 4ª, "Régimen de las agencias de suscripción", integrada por los artículos 86 bis y 86 ter reguladores de las Agencias de Suscripción.

El nuevo artículo 86.bis establecería la base general de dicha figura al determinar en sus dos primeros puntos:

1. *Las entidades aseguradoras domiciliadas en Estados miembros del Espacio Económico Europeo distintos de España y que ejerzan sus actividades en España en régimen de derecho de establecimiento o en régimen de libre prestación de servicios podrán suscribir contratos de apoderamiento con personas jurídicas españolas para la suscripción de riesgos en nombre y por cuenta de aquellas.*

2. *Una agencia de suscripción en España de una entidad aseguradora domiciliada en otro Estado miembro del Espacio Económico Europeo accederá a su actividad previa obtención de la autorización administrativa de la Dirección General de Seguros y Fondos de Pensiones.*

Asimismo, la LES viene a establecer que les serán de aplicación también a las agencias de suscripción las normas sobre participaciones significativas establecidas para las entidades aseguradoras.

Por otro lado, se establece la obligación a las agencias de suscripción a que en la documentación mercantil de suscripción de seguros y publicidad que realicen con carácter general o a través de medios telemáticos deberán mencionar su naturaleza de agencia de suscripción y a la o las entidades aseguradoras con quienes hayan celebrado contrato de apoderamiento.

En cuanto a las quejas y reclamaciones que se presenten en relación con la actuación de las agencias de suscripción, serán los departamentos y servicios de atención al cliente de las entidades aseguradoras con quienes hayan celebrado contrato de apoderamiento las que atenderán y resolverán en los términos que establezca la normativa sobre protección del cliente de servicios financieros.

## 3-59 Requisitos y solicitud de inscripción de las agencias de suscripción

El nuevo artículo 86 bis del TRLOSSP que crea la LES, establece también en su punto nº 3 los requisitos necesarios que se deben reunir para obtener y conservar la autorización administrativa como agencias de suscripción. A tal efecto, estos serán los siguientes:

1. Ser sociedad mercantil y tener debidamente previsto en su objeto social la "realización de actividades como agencia de suscripción".
2. Presentar y atenerse a un "Programa de Actividades" en el que se indiquen los riesgos que se van a suscribir, para qué entidades aseguradoras y en qué términos adjuntando los poderes otorgados; su estructura organizativa y procedimientos de control interno.
3. Indicar las aportaciones y participaciones en el capital social de los socios quienes habrán de reunir expresamente los requisitos expresados en el artículo 14 del TRLOSSP.
4. Estar dirigidas efectivamente por personas que reúnan las condiciones necesarias de honorabilidad y de cualificación o experiencia profesionales.
5. Disponer de una cuenta separada del resto de recursos económicos de la sociedad en la que únicamente se gestionen recursos económicos en nombre y por cuenta de cada una de las entidades aseguradoras que han suscrito cada poder.
6. Disponer de un seguro de responsabilidad civil profesional o cualquier otra garantía financiera que cubra en todo el territorio del Espacio Económico Europeo las responsabilidades que pudieran surgir por negligencia profesional con la cuantía que se determine reglamentariamente y que según establece la Disposición transitoria segunda de la LES, en tanto que el Ministerio de Economía y Hacienda no fije normas sobre el seguro de responsabilidad civil profesional para ejercer como agencia de suscripción, el seguro de responsabilidad civil profesional que cubra todo el territorio del Espacio Económico Europeo u otra garantía financiera, para las responsabilidades que pudieran surgir por negligencia profesional, será de al menos un millón y medio de euros por siniestro y, en suma, dos millones de euros para todos los siniestros correspondientes a un determinado año.

**ATENCIÓN**: De acuerdo con la Disposición transitoria segunda de la LES, las cuantías establecidas en el apartado 1 de la misma disposición referentes al Seguro de responsabilidad civil de las agencias de suscripción se actualizarán con efectos 1 de enero de 2015 y cada 5 años desde esa fecha, para tener en cuenta la evolución del índice europeo de precios de consumo publicado por Eurostat. A dichos efectos, para facilitar su conocimiento y aplicación, se harán públicas dichas actualizaciones por resolución de la DGSFP.

En caso de que una agencia de suscripción quiera operar para otras entidades aseguradoras distintas de las autorizadas y en el caso de que quiera suscribir negocios en otros ramos distintos de los inicialmente solicitados y autorizados con una determinada entidad con la que ya esté autorizada, necesitará la correspondiente autorización administrativa para ello.

La ampliación de esta autorización administrativa estará sujeta a que la agencia se suscripción cumpla el requisito de presentar y atenerse a un programa de actividades en el que se indiquen los riesgos que se van a suscribir, para qué entidades aseguradoras y en qué términos adjuntando los poderes otorgados.

Quienes reúnan los requisitos anteriores y quieran operar como Agencia de Suscripción, deberán presentar su solicitud para inscribirse en la DGSFP a la que deberán acompañar los documentos acreditativos del cumplimiento de dichos requisitos. Se denegará la solicitud de inscripción en el caso de que no se acredite el cumplimiento de los requisitos exigidos para su concesión.

La DGSFP deberá resolver dicha petición en el plazo de los tres meses siguientes a la fecha de su presentación. La inscripción especificará las entidades aseguradoras que hayan otorgado poderes a la agencia de suscripción.

En ningún caso se entenderá autorizada una agencia de suscripción en virtud de actos presuntos por el transcurso del plazo referido.

La autorización determinará la inscripción a que se refiere el artículo 74, en el que se hará constar el nombre de las entidades aseguradoras que le hayan otorgado poderes de suscripción, su vigencia, los ramos a los que se refieren y sus renovaciones.

**ATENCION**: A tal efecto, la LES establece también, en su Disposición transitoria primera, que las agencias de suscripción que, a la entrada en vigor de la LES hubieran comunicado sus poderes a la DGSFP conforme a la disposición adicional tercera de la Ley 26/2006, de 17 de julio, de Mediación de Seguros y Reaseguros Privados, deberán adaptarse a lo dispuesto en el nuevo artículo 86 bis del texto refundido de la Ley de Ordenación y Supervisión de los Seguros Privados, según la redacción dada por esta ley, en el plazo de un año a partir de la entrada en vigor de la misma. Transcurrido este plazo, las agencias de suscripción que no hubiesen acreditado haberse adaptado a los dispuesto en la LES se les revocará su autorización y no podrán ejercer las actividades de agencia de suscripción de seguros privados.

## 3-60 Intervención y supervisión de agencias de suscripción. Revocación de la autorización

El nuevo artículo 86bis del TRLOSSP, que crea la LES, establece también en su punto 3 los criterios para la intervención y supervisión de agencias de suscripción estableciendo, con carácter general, que éstas quedan sujetas al control de su actividad por el Ministerio de Economía y Hacienda en los términos recogidos en los artículos 70, 71, 72, 74, 75 y 77 del TRLOSSP.

3

Especialmente, serán de aplicación a las agencias de suscripción las medidas de control especial contenidas en el artículo 39 del TRLOSSP, entendiendo que las menciones allí realizadas a las entidades aseguradoras se entiende a partir de ahora también a las agencias de suscripción, con excepción de lo contenido en las letras a) a d) del párrafo 1, las letras a) a c) del párrafo 2, y los párrafos 3, 4, y 8.

En cuanto a la posible revocación de la autorización administrativa de las agencias de suscripción, la DGSFP la llevará a efecto -en los términos establecidos en el artículo 26.1.a), b), c) y e) y 26.3 y 4, del TRLOSSP- entendiendo que las referencias allí contenidas a las entidades aseguradoras se extienden también a las agencias de suscripción. En este aspecto, es de destacar que la causa de revocación de la autorización administrativa recogida en el artículo 26.1.b), debida a la falta efectiva de actividad, se referirá a que todos los poderes concedidos a la agencia de suscripción hayan sido revocados.

# Sección 3. INSTITUCIONES Y ÓRGANOS REPRESENTATIVOS DE LA MEDIACIÓN DE SEGUROS

## 3-61 El Consejo General de los Colegios de Medidores de Seguros de España

Actualmente, la colegiación en materia de mediación no es imperativa, sino de carácter voluntario, de manera que los profesionales de la mediación que lo desean, se colegian en el colegio de mediadores que le corresponde por su provincia y no es requisito para el ejercicio de la actividad de mediador de seguros la incorporación a cualquiera de los Colegios de mediadores de seguros.

La colegiación en esta profesión se mantiene sin perjuicio del derecho de asociación consagrado en la Constitución, y la defensa de los intereses corporativos de los colegiados. No en vano, existen un buen número de asociaciones de mediadores que coexisten con los colegios provinciales.

El Consejo General, es el organismo que integra y coordina a los 52 Colegios de Agentes y Corredores de Seguros provinciales y sus funciones están debidamente reguladas por la propia Ley de Mediación de Seguros Privados (Capítulo VII).

Hoy por hoy, el Consejo General tiene atribuidas, por la legislación vigente, las función de organizar las pruebas de admisión para mediadores de seguros previstas en el artículo 39 de la Ley 26/2006.

En la actualidad el Consejo General representa a más de 12.000 agentes y corredores de seguros de todo el territorio español. En el Consejo General existe una representación democrática y proporcional de todos los


© CISS

Colegios, representados fundamentalmente por sus presidentes respectivos, de entre los cuales se elige al Presidente del Consejo y los demás cargos de gobierno.

El Presidente del Consejo General es elegido democráticamente entre los distintos Presidentes de los Colegios de mediadores provinciales y que hayan presentado voluntaria y previamente su candidatura.

**Los Colegios de Mediadores de Seguros**

La Ley 26/2006 establece en su artículo 64 que los Colegios de mediadores de seguros son *"corporaciones de derecho público, con personalidad jurídica y plena capacidad de obrar para el cumplimiento de sus fines, a los que se incorporarán las personas que voluntariamente lo deseen"*.

No obstante, para poder colegiarse será necesario reunir las condiciones señaladas estatutariamente y estar debidamente inscrito en el Registro administrativo especial de mediadores de seguros, corredores de reaseguros y de sus altos cargos.

Los Colegios de mediadores de seguros principales están agrupados a su vez en siete consejos autonómicos.

La principal característica de los Colegios de mediadores es que aglutinan conjuntamente a corredores de seguros y a agentes de seguros. Los Colegios de Medidores tienen un Presidente que es elegido democráticamente de entre las diferentes candidaturas que se presentes y que deben ser miembros colegiados del mismo.

Entre sus funciones podemos destacar la de solucionar los conflictos que puedan suscitarse entre los distintos Colegios, establecer los Estatutos Generales de los Colegios y resolver los recursos que se interpongan contra los actos de los distintos Colegios.

También organizará pruebas selectivas de aptitud para la obtención del diploma de Mediador de Seguros Titulado, emitir informes previos y supervisar los cursos de formación en materias financieras y de seguros privados que organicen las instituciones privadas. Posee un Centro de Estudios (CECAS), una revista y proporcional una serie de servicios a los Colegios y sus colegiados.

3

## 3-62 El asociacionismo en el colectivo de corredores de seguros

La legislación actual permite el asociacionismo profesional. En el colectivo de corredores es algo muy extendido y más en los últimos años, en los que la integración en un grupo o asociación ha permitido beneficiarse de servicios y de mejores condiciones.

La base fundamental de las asociaciones de corredores es la de aunar volumen de representatividad frente a las aseguradoras con el fin de tener mejor posición negociadora frente a ellas y conseguir así mejores condiciones económicas de las que se puedan beneficiar los corredores a título individual.

Hoy en día, las principales razones o motivos que promueven el asociacionismo en el colectivo de corredores de seguros son las siguientes:

- Para fortalecerse: para protegerse de la competencia y juntos representar mayor fortaleza.
- Destacarse como verdaderos "líderes locales" y dominar el mercado del área de influencia antes de la llegada de los "grandes" (no solo de banca-seguros)
- Tener una mejor posición negociadora frente a las aseguradoras: obtención de algunos puntos más de comisiones.
- Acceder a especializaciones o nichos nuevos: vincular e integrar más al cliente.
- Intercambiar experiencias de éxito.
- Compartir gastos y optimizar recursos.
- Compartir servicios comunes.
- En definitiva, evitar "la soledad del corredor".

**ATENCIÓN:** Actualmente no existe ninguna asociación u organización exclusivamente formada e integrada por agentes de seguros. Ha habido algún proyecto e intento de creación de este tipo de asociaciones, pero no han prosperado. Ello tiene su lógica puesto que lo que buscan los corredores al asociarse lo encuentran los agentes en la propia aseguradora para la que trabajan. Evidentemente, las aseguradoras no apoyan ni promueven el asociacionismo entre sus redes de agentes.

Hay diferentes tipos de asociaciones de corredores actualmente. Así podemos encontrar asociaciones que se caracterizan por el volumen de negocio de sus miembros, como por ejemplo ADECOSE, cuyas corredurías son las mayores por volumen en de España y, por tanto, las que mayores ingresos perciben; hay otras que son de ámbito nacional como: E-2000, APROMES, ESPABROK, etc.; otras de ámbito territorialidad: AMS, ACSA, ANACOSE, ACS-CV, COJEBRO, ASOCCEX, RED MEDIARIA, INTERCOR, AGACOSE, ACCA, CLUB CATALA, etc.

## 3-63 La Federación de Corredores y Corredurías de Seguros de España (FECOR)

FECOR, como federación empresarial representativa del colectivo de corredores de seguros está integrada por las diferentes asociaciones, sea cual sea su tipología (nacionales, territoriales...). Pueden incorporarse aquellas organizaciones profesionales que bajo cualquier forma jurídica (asociaciones, agrupaciones, sociedades, etc.) agrupen en su seno, en calidad de asociados, socios o miembros única y exclusivamente a corredores o sociedades de correduría legalmente autorizados.

En ningún caso podrán ser miembros de la Federación corredores o sociedades de correduría individuales.

La Federación desarrollará su actividad en el ámbito del Estado español, sin perjuicio de que asuma funciones en otros ámbitos de nivel territorial superior.

FECOR no negocia condiciones económicas con las aseguradoras sino que tiene entre sus fines: la defensa de los intereses de los corredores, su representación en todos los foros, el fomento de la figura del corredor de seguros y la mejora y cualificación de la actividad propia de los corredores de seguros.

Actualmente, FECOR forma, junto al Consejo General y a ADECOSE el eje de representación de la mediación.



Entre los fines de la Federación están:

a) Representar, gestionar y defender los intereses generales de sus miembros.

b) Representar y gestionar los intereses comunes de sus asociados ante sus trabajadores y representantes sindicales, fomentando las tareas necesarias para la ordenación de la actividad socio-laboral.

c) Intervenir en la negociación de los convenios colectivos con los sindicatos.

d) Promover las iniciativas necesarias para la consecución de las mejores condiciones de trabajo que garanticen la paz laboral.

e) Promover la defensa de la profesión del corredor y de su ámbito competencial, exigiendo el cumplimiento de lo estipulado en las Leyes vigentes a todos los niveles.

f) Asumir la relación, coordinación y representación de sus miembros, con las instituciones y organismos competentes.

g) Promover el desarrollo y perfeccionamiento del régimen jurídico aplicable a la actividad de correduría de seguros, y de la profesión como tal.

h) Proponer y desarrollar la organización de servicios de interés común.

i) Potenciar las relaciones entre las distintas organizaciones miembros.

j) Coordinar la actividad común de las organizaciones profesionales de corredores y corredurías federadas.

k) Desarrollar aquellas otras actividades acordes con su naturaleza, que el pleno pueda en cada momento determinar por mayoría.

## 3-64 Asociación Empresarial de Mediadores de Seguros (AEMES)

AEMES es la Institución representativa de la patronal del sector de la mediación de seguros. Esta asociación se constituyó en 1978 fundamentalmente para conseguir un convenio colectivo propio para el sector.

Entre sus funciones está la negociación de los convenios colectivos de la profesión de mediador de seguros así como las negociaciones con las centrales sindicales y asesorar a sus asociados acerca de toda la normativa socio-laboral que rige el sector.

Pueden hacerse socios de AEMES todos aquellos mediadores de seguros empresarios que desarrollan su actividad en cualquier punto del territorio estatal.

En los últimos años AEMES gestiona el fondo de subvenciones para la formación continua obligatoria del sector por la Fundación Tripartita para la Formación Continua.

AEMES es miembro de CEOE y forma parte de la Junta Consultiva de la DGSFP.



© CISS

## 3-65 Federación Europea de Intermediarios de Seguros (BIPAR)

El BIPAR es una institución sin ánimo de lucro, fundada en París en 1937 y establecida en Bruselas desde 1989.

Agrupa a gran parte de las asociaciones y federaciones profesionales de los mediadores de seguros europeas. Cuenta en la actualidad 46 asociaciones nacionales, establecidas en 31 países, y representa a unos 80.000 agentes y corredores de seguros.

Su principal misión es la de promover un marco regulador europeo en el que los intermediarios puedan prosperar y que, al mismo tiempo, garantice la competencia leal, un nivel adecuado de protección de los consumidores y un mercado de seguros de sonido.

Actualmente, BIPAR es reconocido como el único órgano representativo de los mediadores de seguros europeos por todas las organizaciones europeas e internacionales y las autoridades. En particular, es regularmente consultado por la Comisión Europea sobre todas las cuestiones relativas al sector asegurador.

BIPAR supervisa las actividades de estos organismos e interviene siempre que sea necesario para promover y defender los intereses legítimos de los intermediarios de seguros. En este sentido, BIPAR, con su estructura permanente, en los últimos años ha demostrado ser una plataforma eficiente y eficaz para desarrollar acciones coordinadas en el interés de la comunidad europea de los intermediarios de seguros.

**Federación Mundial de Intermediarios de Seguros (WFII)**

En 1999, debido a la globalización y a la creciente importancia de los asuntos de la UE para cualquier el sector asegurador, BIPAR decidió enfocar su estrategia únicamente a los asuntos de ámbito europeo y establecer, en cooperación con las estructuras regionales de los otros continentes, una nueva federación llamada la Federación Mundial de Intermediarios de Seguros (WFII).

Como resultado, BIPAR ha externalizado sus actividades internacionales (en relación a la OMC, la OCDE, la Asociación Internacional de Supervisores de Seguros,...) para WFII.

Esto permite a BIPAR centrarse más directamente en temas relacionados con la Europa geográfica, mientras que continúa la defensa de los intereses de sus miembros europeos en los asuntos internacionales a través de WFII.

BIPAR se estructura por:

- Una Asamblea General formada por los presidentes y miembros de las asociaciones integrantes,
- Un Comité Directivo formado por un número de 14 a 17 miembros y que implementa las decisiones de la Junta General de Accionistas organiza actividades de BIPAR
- Un Comité de Gestión formado por el Presidente, Presidente entrante y Presidente saliente, Secretario General, Secretario General Adjunto y Tesorero.
- Una Secretaría Permanente que lleva la administración diaria y que tiene su sede central en Bruselas.
- Unas comisiones permanentes:

- Comité de la Unión Europea
- Comité de agentes
- Agentes de comisión
- Vida y comité de Inversiones
- Social Affairs Committee Asuntos sociales

Además del personal BIPAR en la Secretaría Permanente, todos los presidentes y miembros de comités y grupos de trabajo prestan sus servicios sobre una base voluntaria y no reciben remuneración por BIPAR.

Todas las decisiones estratégicas más importantes son sometidas a votación a su órgano supremo de toma de decisiones, la Asamblea General, que tradicionalmente se reúne anualmente en uno de los países donde está domiciliada una asociación miembro BIPAR.

BIPAR se financia con las cuotas de afiliación de las asociaciones nacionales. Actualmente forman parte de BIPAR en representación de España, el Consejo General de los Mediadores de Seguros y Adecose, que se afrontan en conjunto, a partes iguales, la cuota que pagan a BIPAR como miembro-país.

# Capítulo IV. ASPECTOS IMPORTANTES EN LA MEDIACIÓN DE SEGUROS

## Sección 1. LAS OBLIGACIONES DE INFORMACIÓN DE LOS MEDIADORES DE SEGUROS

### 3-66 Información obligatoria para todos los tipos de mediadores

Tal y como se recoge en el artículo 42 de la Ley 26/2006, con antelación a la celebración de un contrato de seguro, el mediador de seguros deberá facilitar al cliente una información mínima que está debidamente regulada.

Así, además de datos básicos como su identidad e identificación, la referencia al registro en el que está inscrito y el tratamiento de sus datos de carácter personal, debe informar de algunos aspectos que van a garantizar la transparencia de la operación y la no existencia de conflictos de interés en el mediador con esa operación.

De esta manera tiene el deber de informar al cliente si posee una participación directa o indirecta superior al 10% en el capital social o en los derechos de voto en una entidad aseguradora determinada, y de si una entidad aseguradora determinada o una empresa matriz de una entidad de dicho tipo posee una participación directa o indirecta superior al 10% de los derechos de voto o del capital del intermediario de seguros.

3

También se debe facilitar al cliente-tomador antes de celebrar la póliza, los datos del defensor del cliente y del procedimiento para presentar quejas o reclamaciones.

### 3-67 Información obligatoria para cada tipo de mediador

También con anterioridad a la celebración de un contrato de seguro -tanto nueva producción como si se trata de una modificación o prórroga del contrato por haberse producido alteraciones en la información inicialmente suministrada- hay algunas obligaciones de información que son propias de cada tipo de mediador, con el fin de que el cliente tomador sepa valorar cuál es el tipo de servicio que le deben prestar.

**Si contrata la póliza a través de un agente de seguros:**

a) Si éste es exclusivo le deberán informar de que están contractualmente obligados a realizar actividades de mediación en seguros exclusivamente con una entidad aseguradora y darle el nombre de la misma o, en el caso de estar debidamente autorizados, con otra entidad aseguradora.

b) Si éste es vinculado, deberá informarle de que no están contractualmente obligado a realizar actividades de mediación en seguros exclusivamente con una o varias entidades aseguradoras y de que no facilitan asesoramiento con arreglo a la obligación de llevar a cabo un análisis objetivo que se impone a los corredores de seguros. En ese caso, a petición de la clientela, deberán informar de los nombres de las entidades aseguradoras con las que puedan realizar o, de hecho, realicen la actividad de mediación en el producto de seguro ofertado.

**Si contrata sus seguros a través de una entidad de crédito:**

Es decir, a través de un operador de banca-seguros, éstos, como agentes, deberán informar al cliente de lo contenido en los párrafos anteriores según se trate de un OBS exclusivo o de un OBS vinculado.

Pero especialmente, los OBS deben informarle de que el asesoramiento prestado se facilita con la finalidad de contratar un seguro y no cualquier otro producto que pudiera comercializar la entidad de crédito.

**Si contrata sus seguros a través de un corredor de seguros:**

En este caso, éste deberá informarle de que facilitan asesoramiento con arreglo a la obligación de llevar a cabo un análisis objetivo.

De estas obligaciones de información se exceptúan la mediación de un gran riesgo; en estos casos, los corredores de reaseguros tampoco tendrán la obligación de facilitar la información prevista en los apartados anteriores.

## 3-68 Modalidades de transmisión de la información

Esta información que deben facilitar los mediadores de seguros a los clientes-tomadores con antelación a la celebración de los contratos de seguros, deberá realizarse con arreglo a los siguientes requisitos, según recoge el artículo 43 de la Ley 26/2006:

*"a) En papel o en otro soporte duradero que permita guardar, recuperar fácilmente y reproducir sin cambios la información.*

*b) De forma clara y precisa, comprensible para el cliente.*

*c) A elección del tomador del seguro, en cualquiera de las lenguas españolas oficiales en el lugar donde aquélla se facilite o, si el cliente lo solicita, en cualquier otra lengua acordada por las partes".*

Cabe la excepción de presentar esta información de palabra si el cliente así lo solicita o cuando sea necesaria una cobertura inmediata. En tales casos, la información no será imprescindible facilitársela con antelación a la celebración del contrato sino inmediatamente después.

Cuando la contratación se realiza por teléfono a través *call-centers* o líneas directas la información previa facilitada al cliente, se ajustará a las normas aplicables a la contratación a distancia de seguros y, al igual de lo contemplado para los riesgos y coberturas urgentes la información, se facilitará al cliente inmediatamente después de celebrarse el contrato.

3

# Sección 2. EL REGISTRO ADMINISTRATIVO DE MEDIADORES DE SEGUROS, CORREDORES DE REASEGUROS Y DE SUS ALTOS CARGOS

## 3-69 El requisito del registro obligatorio para ejercer la actividad de corredor de seguros

Con la entrada en vigor de la Ley 26/2006, la inscripción en el registro administrativo se convierte en requisito imprescindible para el ejercicio de la actividad de mediación, de manera que toda aquella persona física o jurídica que pretenda actuar como mediador de seguros (en sus diferentes formas jurídicas) está obligado a estar previamente inscrito en el registro administrativo regulado en el artículo 52 de la Ley.

Así lo corroboran un buen número de preceptos y referencias a lo largo de toda la ley de mediación como son:

- El **artículo 5.1**: "*No podrán ejercer la actividad de mediador de seguros y de reaseguros privados las personas que no figuren inscritas en el Registro previsto en el artículo 52 de esta Ley*".
- El **artículo 6.4** cuando señala: "*Los mediadores de seguros, antes de iniciar su actividad, deberán figurar inscritos en el Registro especial administrativo de mediadores de seguros, corredores de reaseguros y de sus altos cargos, a que se refiere el artículo 52*".
- Y el **artículo 27,** al decir que "*para ejercer la actividad de corredor de seguros, será precisa la previa inscripción en el Registro administrativo especial de mediadores de seguros, corredores de reaseguros y de sus altos cargos*".

**ATENCIÓN**: La recién aprobada LES ha venido a modificar la redacción del artículo 52.1 de la Ley 26/2006, de Mediación de Seguros y Reaseguros Privados, sobre el registro administrativo especial de mediadores de seguros. Así:

*"1. La Dirección General de Seguros y Fondos de Pensiones llevará el Registro administrativo especial de mediadores de seguros, corredores de reaseguros y de sus altos cargos, en el que deberán inscribirse, con carácter previo al inicio de sus actividades, los mediadores de seguros, sus auxiliares-asesores y los corredores de reaseguros residentes o domiciliados en España sometidos a esta ley. En el caso de las personas jurídicas, además, se inscribirá a los administradores y a las personas que formen parte de la dirección, responsables de las actividades de mediación.*

*También se tomará razón de los mediadores de seguros y de reaseguros domiciliados en otros Estados miembros del Espacio Económico Europeo que actúen en régimen de derecho de establecimiento o en régimen de libre prestación de servicios.*

*En dicho Registro se tomará razón igualmente de los contratos de distribución a que se refiere el artículo 4.1 de esta ley. Este Registro administrativo expresará las circunstancias que reglamentariamente se determinen y el acceso a su contenido será general y gratuito".*

## 3-70 El Punto Único de Información de la DGSFP (PUI)

**(http://www.dgsfp.meh.es/regpublicos/pui/pui.aspx)**

La Sección Tercera de la Ley 26/2006 está dedicada a este registro administrativo especial de mediadores de seguros, corredores de reaseguros y de sus altos cargos, y en su artículo 52 recoge que "*la Dirección General de Seguros y Fondos de Pensiones establecerá un punto único de información que permitirá un acceso fácil y rápido*".

A través del punto único de información (PUI) de la DGSFP se accede a la información procedente de los registros de mediadores de seguros, corredores de reaseguros y de sus altos cargos de todas las Administraciones públicas con competencias en materia de mediación de seguros y de reaseguros, de acuerdo con la Ley 26/2006, de 17 de julio, de mediación de seguros y reaseguros privados

Por la inscripción, los corredores personas físicas pagarán en el año 2011 una tasa de **63,67 euros**, y en el caso de las corredurías de seguros la tasa es de **148,59 euros.** La información recogida en el PUI procede del Registro de la DGSFP de ámbito estatal y de los Registros de las Comunidades Autónomas que han asumido estas competencias.

3

En el caso de las personas jurídicas, el PUI recoge además la identificación de los administradores y de las personas que forman parte de la dirección, responsables de las actividades de mediación y de los datos de los mediadores de seguros y de reaseguros domiciliados en otros Estados miembros del Espacio Económico Europeo que actúen en régimen de derecho de establecimiento o en régimen de libre prestación de servicios.

(Ver comentario relacionado 3-11).

## 3-71 La baja de la inscripción en el registro

Debido a que la inscripción en el registro administrativo de mediadores es requisito para poder ejercer como mediador de seguros, la baja del registro implica la imposibilidad para poder seguir realizando la actividad de mediación.

A tal efecto, las causas de baja del registro están debidamente reguladas en el artículo 53 de la Ley 26/2006

La DGSFP dará de baja de oficio a los corredores de seguros cuando no hayan iniciado su actividad en el plazo de un año desde su inscripción o dejen de ejercerla durante un periodo superior a un año.

La cancelación de la inscripción —que al contrario que la inscripción, no implicará pago alguno en concepto de Tasa— dará lugar a la exclusión del Registro administrativo especial de mediadores de seguros, corredores de reaseguros y de sus altos cargos. La DGSFP se reserva el derecho a poder podrá dar publicidad a la resolución que acuerde la cancelación de la inscripción cuando aprecie que existe peligro de que continúe el ejercicio de la actividad de mediación de seguros o de reaseguros.

**ATENCIÓN**: La recién aprobada LES ha venido a modificar la redacción del artículo 53.1 de la Ley 26/2006, de Mediación de Seguros y Reaseguros Privados, sobre el registro administrativo especial de mediadores de seguros y aunque, la nueva figura de "auxiliar-asesor" no es mediador de seguros, deberá al igual que éstos, estar debidamente inscrito en su correspondiente registro. A tal efecto, también estará esta nueva figura incluida en las causas de cancelación o baja del registro; por ello, con la modificación que viene a realizar la LES a este artículo lo que establece es que:

*" (...) la cancelación de la inscripción de los auxiliares-asesores, de los mediadores de seguros y de los corredores de reaseguros inscritos en el Registro administrativo especial de mediadores de seguros, corredores de reaseguros y de sus altos cargos será acordada por la Dirección General de Seguros y Fondos de Pensiones cuando concurra alguna de las siguientes causas:"*

*a. Cuando la entidad aseguradora haya rescindido el contrato de agencia de seguros y comunique la baja del agente de seguros exclusivo u operador de banca-seguros exclusivo en su registro.*

 © CISS

*b. Cuando el mediador de seguros o el corredor de reaseguros deje de cumplir alguno de los requisitos exigidos para figurar inscrito en el Registro administrativo especial de mediadores de seguros, corredores de reaseguros y de sus altos cargos.*

*c. Cuando las sociedades de agencia de seguros vinculadas, las de correduría de seguros o las de correduría de reaseguros incurran en causa de disolución.*

*d. Cuando los corredores de seguros o los de reaseguros a que se refiere esta Ley no hayan iniciado su actividad en el plazo de un año desde su inscripción o dejen de ejercerla durante un periodo superior a un año.*

*A esta inactividad, por falta de iniciación o cese en el ejercicio, se equiparará la falta de efectiva actividad de los corredores de seguros y los de reaseguros, y se entenderá que se produce cuando se aprecie durante dos ejercicios consecutivos que el volumen anual de negocio sea inferior a 30.000 euros al año en primas de seguros intermediadas.*

*No será de aplicación lo dispuesto en esta letra d cuando se justifiquen fundadamente a la Dirección General de Seguros y Fondos de Pensiones las razones de esa falta de actividad, así como las medidas adoptadas para superar dicha situación.*

*e. Como sanción.*

*f. Cuando el agente de seguros vinculado, el operador de banca-seguros vinculado, el corredor de seguros o el corredor de reaseguros soliciten expresamente la cancelación de su inscripción.*

Asimismo, la LES modifica la redacción del párrafo b) del artículo 53.1 de la Ley 26/2006 de Mediación de Seguros y Reaseguros Privados, y añade un nuevo párrafo g) referentes a las cusas de baja. A tal efecto:

Nueva redacción: *"b) Cuando el auxiliar-asesor, el mediador de seguros o el corredor de reaseguros deje de cumplir alguno de los requisitos exigidos para figurar inscrito en el Registro administrativo especial de mediadores de seguros, corredores de reaseguros y de sus altos cargos".*

Nuevo apartado g): *"Cuando el mediador de seguros haya rescindido el contrato con su auxiliar-asesor y se comunique la baja del mismo en su registro".*

## 3-72 La inactividad como causa de cancelación de la inscripción administrativa

Una de las causas de cancelación de la inscripción administrativa es la **inactividad**.

En este sentido, se considerará **inactivo** al corredor de seguros o los de reaseguros que no hayan iniciado su actividad en el plazo de un año desde su inscripción o dejen de ejercerla durante un periodo superior a un año.

Igualmente, se considerará **inactivo** al corredor que no haya iniciado su actividad o que haya cesado en el ejercicio y cuando tenga una falta de efectiva actividad que se produce cuando se aprecie durante dos ejercicios consecutivos que el volumen anual de negocio sea inferior a 30.000 euros al año en primas de seguros intermediadas, salvo que se justifiquen fundadamente a la DGSFP las razones de esa falta de actividad, así como las medidas adoptadas para superar dicha situación.

**ATENCIÓN:** Cuando se realizan fusiones de corredurías es habitual dejar durante un tiempo las claves de las sociedades de corredurías fusionadas sin actividad, aunque quedará totalmente justificada y no se debería aplicar la cancelación por inactividad del artículo 53 de la Ley 26/2006. No obstante, ello no implica que aunque no tenga actividad se libere de las obligaciones propias de cumplir con todos los requisitos (DEC, responsabilidad civil...) mientras esté activa.

## 3-73 Otras causas de cancelación de la inscripción

La cancelación de la inscripción de los mediadores de seguros y de los corredores de reaseguros inscritos en el Registro administrativo especial de mediadores de seguros, corredores de reaseguros y de sus altos cargos será acordada por la Dirección General de Seguros y Fondos de Pensiones cuando concurra alguna de las siguientes causas:

a) Cuando la entidad aseguradora haya rescindido el contrato de agencia de seguros y comunique la baja del agente de seguros exclusivo u operador de banca-seguros exclusivo en su registro.

b) Cuando el mediador de seguros o el corredor de reaseguros deje de cumplir alguno de los requisitos exigidos para figurar inscrito en el Registro administrativo especial de mediadores de seguros, corredores de reaseguros y de sus altos cargos.

c) Cuando las sociedades de agencia de seguros vinculadas, las de correduría de seguros o las de correduría de reaseguros incurran en causa de disolución.

d) Como sanción.

e) Cuando el agente de seguros vinculado, el operador de banca-seguros vinculado, el corredor de seguros o el corredor de reaseguros soliciten expresamente la cancelación de su inscripción.

## Sección 3. EL RÉGIMEN DE INFRACCIONES Y SANCIONES DE LOS MEDIADORES DE SEGUROS

### 3-74 Infracciones y sanciones

3

El régimen jurídico que la Ley 26/2006 establece en materia de infracciones y sanciones es muy claro y no deja lugar a interpretaciones de ningún tipo. Tal y como se informa en su Preámbulo, esta Ley recoge el régimen de infracciones y sanciones administrativas específico de la actividad de mediación en seguros y establece nuevas infracciones de acuerdo con la Directiva 2002/92/CEE, y con las exigencias previstas en los artículos 55 y siguientes de la ley.

Este ordenamiento agrupa las **infracciones** que pueden cometer los mediadores de seguros en tres categorías dependiendo de su gravedad; así pueden ser: **muy graves, graves y leves.**

En cuanto a las **sanciones**, se establecen dependiendo del tipo de infracción que se haya cometido. Respecto a las aplicables cuando el mediador infractor ha sido una sociedad, se establecen igualmente un régimen de sanciones a las personas que ocupen cargos de administradores o cargos de dirección en la misma.

La propia Ley, en su artículo 58, también recoge la **prescripción** de infracciones y sanciones, señalando los siguientes plazos de prescripción:

- Infracciones muy graves y sus correspondientes sanciones: cinco años.
- Infracciones graves y sus correspondientes sanciones: tres años.
- Infracciones leves y sus correspondientes sanciones: dos años.

### 3-75 Infracciones muy graves

**A. Relacionadas con la falta de autorización correspondiente:**

- Estar ejerciendo como alguna de las figuras de mediador y no estar inscrito como tal en el registro.
- Excederse de las funciones a que le habilita la inscripción, así como el ejercicio de dicha actividad por persona interpuesta.
- La falta de autorización del cliente para la celebración de un contrato de seguro en cuya mediación hubiera intervenido un mediador de seguros.

**B. Relacionadas con el incumplimiento de obligaciones:**

- No cumplir con sus obligaciones propias de someter sus cuentas anuales a una auditoría de cuentas conforme a la legislación vigente en la materia.
- Negarse o resistirse a la actuación inspectora, siempre que medie requerimiento expreso y por escrito al respecto.
- El reiterado incumplimiento de los acuerdos o resoluciones emanados de la DGSFP
- Carecer de la contabilidad y de los libros y registros exigidos en la legislación mercantil aplicable y en las normas sobre mediación de seguros y de reaseguros privados o la llevanza de éstos con irregularidades esenciales que impidan conocer el alcance y naturaleza de las operaciones realizadas.
- La falta de remisión a la Dirección General de Seguros y Fondos de Pensiones de cuantos datos o documentos deban remitirse, mediante su presentación permanente o periódica, o mediante la atención de requerimientos

individualizados, así como su falta de veracidad cuando con ello se dificulte la apreciación del alcance y naturaleza de las operaciones realizadas.

• El incumplimiento de las medidas de control especial adoptadas por la Dirección General de Seguros y Fondos de Pensiones conforme al artículo 61 de la Ley 26/2006.

**C. Relacionadas con hábitos o prácticas indebidas:**

• Venir realizando reiteradamente actos u operaciones prohibidas por normas sobre mediación de seguros y de reaseguros privados con rango de ley o con incumplimiento de los requisitos establecidos en ellas.

• La realización de actos fraudulentos o la utilización de personas físicas o jurídicas interpuestas para conseguir un resultado cuya obtención directa implicaría la comisión de, al menos, una infracción grave.

• La comisión de infracción grave, cuando durante los cinco años anteriores a ésta hubiera sido impuesta una sanción firme por el mismo tipo de infracción.

• La mediación de seguros o de reaseguros a favor de entidades no autorizadas legalmente para operar en España, o excediéndose de los términos para los que están autorizadas.

• La delegación de los mediadores de seguros a favor de sus auxiliares externos de funciones que la ley reserva para los mediadores de seguros.

**D. Relacionadas con las incompatibilidades:**

• La adquisición o el incremento de participación significativa en una sociedad de correduría de seguros o de reaseguros incumpliendo lo dispuesto en el artículo 28.1 de la Ley 26/2006.

**E. Relacionadas con la falta de información a los tomadores:**

• La coacción en la mediación de seguros o de reaseguros, así como la información inexacta o inadecuada a los tomadores de seguro, a los asegurados, a los beneficiarios de las pólizas de seguro o a los aseguradores, siempre que por el número de afectados o por la importancia de la información tal incumplimiento pueda estimarse especialmente relevante.

• El incumplimiento reiterado del deber de información previa a la suscripción de un contrato de seguro a la clientela del mediador, así como la información inexacta sin cumplir con los requisitos previstos en el artículo 29.2 y en el Capítulo V del Título II de la Ley 26/2006, cuando por la importancia de la información tal incumplimiento pueda estimarse especialmente relevante.

**F. Exclusivas de los corredores de seguros:**

• En el caso de los corredores de seguros la pérdida reiterada de independencia que, conforme al artículo 26 de la Ley, es requisito de la condición de corredor de seguros.

• El retraso o la falta de remisión por el corredor de seguros al asegurador de las cantidades entregadas por el tomador del seguro en concepto de pago de la prima cuando, con arreglo a lo previsto en el artículo 26.4 de la Ley 26/2006, dicha conducta deje al asegurado sin cobertura del seguro o le cause un perjuicio.

**G. Exclusivas de los agentes de seguros:**

• La actuación de varios agentes de seguros exclusivos de distintas entidades aseguradoras en condiciones tales que el resultado conjunto de sus actividades suponga el ejercicio de hecho de una actividad que aparezca como correduría de seguros.

**ATENCIÓN**: La nueva LES viene también a modificar la redacción del párrafo r) del artículo 55.2 respecto a qué acciones se consideran "infracciones muy graves" añadiendo a éstas *"la actuación de varios agentes de seguros exclusivos de distintas entidades aseguradoras en condiciones tales que el resultado conjunto de sus actuaciones suponga el ejercicio de hecho de una actividad que aparezca como correduría de seguros o agencia vinculada"*.

**H. Relacionadas con actuaciones en perjuicio del cliente-tomador:**

• La utilización de denominaciones propias de los agentes de seguros y operadores de banca-seguros u otras que puedan inducir a confusión con ellas por personas físicas o jurídicas que no hayan celebrado un contrato de agencia de seguros, las de los corredores de seguros y las de corredores de reaseguros, u otras que puedan inducir a confusión por personas físicas o jurídicas que no se encuentren habilitadas legalmente para ejercer dichas actividades.

• La utilización por mediadores de seguros o de corredores de reaseguros privados de denominaciones y expresiones que estén reservadas a las entidades aseguradoras o reaseguradoras privadas o que puedan inducir a confusión con ellas, sin perjuicio de lo establecido en los artículos 17.1, 22 y 25.3 de la Ley 26/2006.

• La realización de prácticas abusivas que perjudiquen el derecho de los tomadores de seguros, de los asegurados, de los beneficiarios de pólizas o de los aseguradores, salvo que tales actos tengan un carácter meramente ocasional o aislado.

## 3-76 Infracciones graves

**A. Relacionadas con el incumplimiento de obligaciones:**

• La falta de remisión a la Dirección General de Seguros y Fondos de Pensiones de cuantos datos o documentos deban remitírsele, ya mediante su presentación permanente o periódica, ya mediante la atención de requerimientos individualizados, o la falta de veracidad en ellos, salvo que ello suponga la comisión de una infracción muy grave con arreglo al artículo 55.2.q) de la Ley 26/2006.

• La llevanza irregular de los libros y registros exigidos en la legislación mercantil aplicable y en las normas sobre mediación de seguros y de reaseguros privados cuando no concurran las especiales circunstancias previstas en el artículo 55.2.p) de la Ley 26/2006.

3

**B. Relacionadas con hábitos o prácticas indebidas:**

• La realización meramente ocasional o aislada de actos u operaciones prohibidas por normas sobre mediación de seguros y reaseguros privados con rango de ley, o con incumplimiento de los requisitos establecidos en ellas.

• La realización reiterada de actos u operaciones prohibidas por normas reglamentarias sobre mediación de seguros y de reaseguros privados o con incumplimiento de los requisitos establecidos en ellas.

• La realización de actos fraudulentos o la utilización de personas físicas o jurídicas interpuestas con la finalidad de conseguir un resultado contrario a las normas de ordenación y disciplina, siempre que tal conducta no esté comprendida en el artículo 55.2.f) de la Ley 26/2006.

• La comisión de infracción leve cuando, durante los dos años anteriores a ella, hubiera sido impuesta una sanción firme no prescrita por el mismo tipo de infracción.

**C. Relacionadas con la falta de información a los tomadores:**

• El incumplimiento del deber de veracidad informativa, cuando no concurran las circunstancias a que se refiere el artículo 55.2.k) de la Ley 26/2006.

**D. Exclusivas de los corredores de seguros:**

• La pérdida de la independencia exigible a los corredores de seguros conforme al artículo 26 de esta Ley que tenga un carácter meramente ocasional o aislado.

**E. Relacionadas con actuaciones en perjuicio del cliente-tomador:**

• La realización meramente ocasional o aislada de prácticas abusivas que perjudiquen el derecho de los tomadores del seguro, de los asegurados, de los beneficiarios de las pólizas o de los aseguradores o reaseguradores.

## 3-77 Infracciones leves

La ley 26/2006 establece como infracciones leves, los incumplimientos ocasionales o aislados de normas reglamentarias sobre mediación de seguros y reaseguros privados o con incumplimiento de los requisitos establecidos en ellas.


© CISS

## 3-78 Sanciones por la comisión de infracciones muy graves

Por la comisión de infracciones consideradas como muy graves, la Ley 26/2006 recoge en su artículo 56.1 las posibles sanciones que por estas se pueden imponer al mediador de seguros:

a) Cancelación de su inscripción en el Registro administrativo especial de mediadores de seguros, corredores de reaseguros y de sus altos cargos.

b) Suspensión por un plazo máximo de 10 años para el ejercicio de la actividad de agente de seguros vinculado, operador de banca-seguros vinculado, corredor de seguros o de reaseguros.

c) Dar publicidad a la conducta constitutiva de la infracción muy grave. Esta sanción podrá imponerse simultáneamente a las sanciones previstas en las letras a, b y d.

d) Multa por importe desde 15.001 hasta 30.000 euros.

## 3-79 Sanciones por la comisión de infracciones graves

Por la comisión de infracciones consideradas como graves, la Ley 26/2006 recoge en su artículo 56.2 las posibles sanciones que por estas se pueden imponer al mediador de seguros:

a) Suspensión por un plazo máximo de un año para el ejercicio de la actividad de agente de seguros vinculado, operador de banca-seguros vinculado, corredor de seguros o de reaseguros.

b) Dar publicidad a la conducta constitutiva de infracción grave. Esta sanción podrá imponerse simultáneamente a las sanciones previstas en las letras a, c y d.

c) Amonestación pública.

d) Multa por un importe desde 6.001 hasta 15.000 euros.



## 3-80 Sanciones por la comisión de infracciones leves

Por la comisión de infracciones consideradas como leves, la Ley 26/2006 recoge en su artículo 56.3 las posibles sanciones que por estas se pueden imponer al mediador de seguros. Estas son:

a) Amonestación privada.

b) Multa por importe de hasta 6.000 euros.

## 3-81 Responsabilidad de los administradores y miembros de los órganos de dirección en las sociedades de mediación

### Infracciones

Con carácter general, los administradores y miembros de los órganos de dirección en las sociedades de mediación serán igualmente responsables de las infracciones muy graves o graves cometidas por las sociedades de mediación a la que pertenecen cuando éstas sean imputables a su conducta dolosa o negligente. No obstante, se aplicaran las siguientes excepciones:

a) Cuando no hubieran asistido por causa justificada a las reuniones correspondientes o hubiesen votado en contra o salvado su voto en relación con las decisiones o acuerdos que hubiesen dado lugar a las infracciones.

b) Cuando dichas infracciones sean exclusivamente imputables a comisiones ejecutivas, consejeros delegados, directores generales u órganos asimilados, u otras personas con funciones directivas en la sociedad.

### Sanciones

Se impondrá una de las siguientes sanciones a quienes, ejerciendo cargos de administración, de hecho o de derecho, o de dirección en la sociedad, sean responsables de dichas infracciones:

a) Separación del cargo con inhabilitación para ejercer cargos de administración o dirección en cualquier sociedad de mediación de seguros o de correduría de reaseguros, por un plazo máximo de 10 años.

b) Suspensión temporal en el ejercicio del cargo por un plazo no inferior a un año ni superior a cinco años.

c) Multa, a cada uno de ellos, por un importe entre 30.001 y 60.000 euros. Esta se podrá imponer simultáneamente a la prevista en la letra a).

# 4.ª PARTE

## LOS RAMOS DEL SEGURO



4

4


© CISS

# Capítulo I. EL SEGURO DE VIDA

## Sección 1. INTRODUCCIÓN AL SEGURO DE VIDA

### 4-1 Introducción a los seguros personales

Los seguros personales son aquellos en los que el riesgo afecta a la persona humana, y la prestación consiste en el pago del capital o suma asegurada convenida si se produce el evento que afecta a la existencia, la integridad corporal o la salud del asegurado.

Se caracterizan porque proporcionan una cobertura abstracta de necesidad, pues no se ajusta la prestación o suma asegurada normalmente con el perjuicio económico real sufrido por el asegurado, salvo en los seguros que cubren los gastos de asistencia sanitaria.

Las tres categorías de seguros personales más importantes, son:

1) Seguro de accidentes corporales (muerte, invalidez).
2) Seguro de enfermedad (gastos médicos, hospitalarios, de intervenciones quirúrgicas).
3) Seguro sobre la vida humana (de muerte, de supervivencia, o ambas).

En los seguros sobre personas el asegurador, aun después de pagada la indemnización, no puede subrogarse en los derechos que en su caso correspondan al asegurado contra un tercero como consecuencia del siniestro, a excepción de lo relativo a los gastos de asistencia sanitaria.

Esquema general de los tipos de seguros:

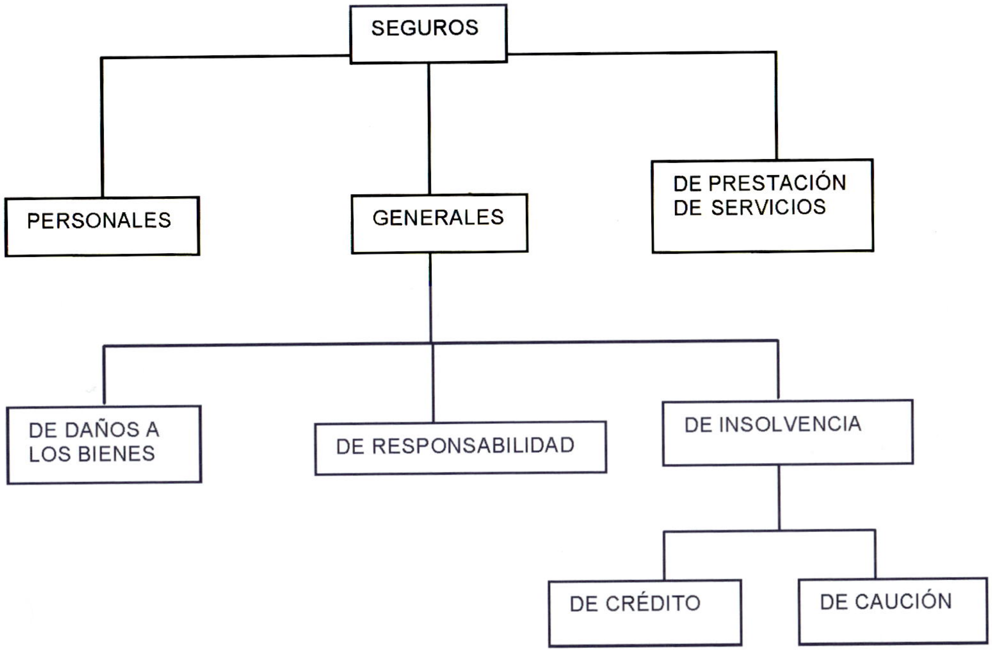


4

Esquema de los seguros personales:

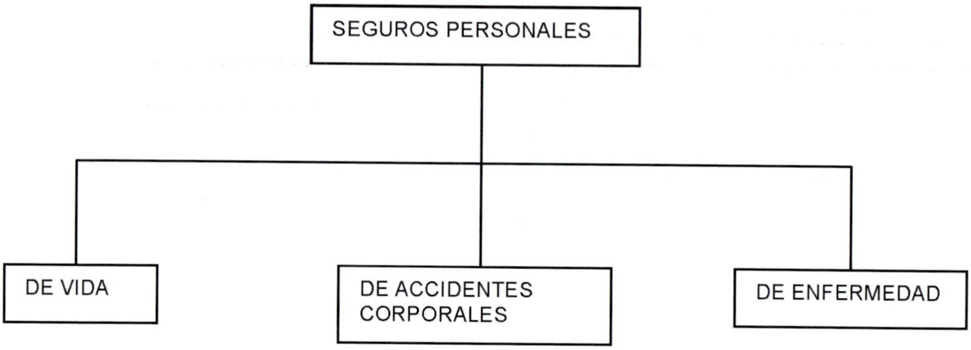


## 4-2 Concepto de seguro de vida

El seguro de vida, o sobre la vida humana, es aquél que garantiza el pago de un capital o una renta, en sus respectivos vencimientos, al beneficiario libremente designado, en caso de fallecimiento del asegurado por cualquier causa, o de su supervivencia, o en ambos casos.

El seguro de vida puede estipularlo el tomador del seguro sobre la vida propia o la de un tercero (asegurado), en cuyo caso se requiere el consentimiento de éste si se trata de un seguro para caso de muerte.

El tomador del seguro puede designar beneficiario o modificarlo, señalando en la póliza, en una posterior declaración escrita comunicada al asegurador o en testamento. La revocación de beneficiarios parece lógica que debe ser hecha en la misma en que se estableció la designación, a fin de evitar dudas en el momento del pago de siniestros.

La póliza no se puede impugnar por el asegurador una vez transcurrido un año (o el plazo más breve fijado en la póliza), salvo que el tomador del seguro haya actuado con dolo.



Tal y como establece el artículo 90 de la LCS, en caso de inexactitud en la declaración de la edad del asegurado, el asegurador podrá impugnar el contrato si la verdadera edad en el momento de entrada en vigor del mismo excede de los límites de admisión establecidos en las normas de selección En otro caso, si como consecuencia de este error de edad, la prima pagada es inferior a la que hubiera correspondido, la prestación del asegurador se reducirá proporcionalmente. Si por el contrario la prima pagada es superior a la que debería haberse abonado, el asegurador debe restituir el exceso de prima sin intereses.

Salvo pacto en contrario, y tal y como establece al artículo 93 de la LCS, el riesgo de suicidio queda cubierto a partir del transcurso de un año del momento de la conclusión del contrato.

En la Ley 50/1980, de 8 de octubre, de Contrato de Seguros, se regula el contrato de seguro de vida en los artículos 83 a 99 y le define así el artículo 83:

*"Por el seguro de vida el asegurador se obliga, mediante el cobro de la prima estipulada y dentro de los límites establecidos en la Ley y en el contrato, a satisfacer al beneficiario un capital, una renta u otras prestaciones convenidas, en el caso de muerte o bien de supervivencia del asegurado, o de ambos eventos conjuntamente".*

## 4-3 Modalidades generales del seguro de vida

Los seguros de vida **pueden clasificarse**, según el criterio que se utilice, en:

a) Seguros principales y complementarios.

b) Seguros individuales y colectivos o de grupo.

c) Seguros de capital en caso de fallecimiento (o también llamados seguros de vida riesgo), de capital en caso de supervivencia (o también llamados de seguros de vida ahorro), y seguros mixtos o combinados.

d) Seguros de rentas o de pensiones.

e) Seguros sobre una persona o sobre varias.

f) Seguros de capital o renta constantes, crecientes o decrecientes.

 © CISS

g) Seguros a prima única, a prima periódica constante o creciente.

h) Seguros a primas fraccionarias o a primas fraccionadas anuales, semestrales, trimestrales o mensuales.

## 4-4 Modalidades básicas del seguro de vida

Las modalidades básicas de seguros de vida son:

1) El **seguro temporal**: Es un seguro de capital en caso de fallecimiento, de duración limitada. Este es el seguro más habitual, y se le conoce coloquialmente como TAR que significa "Temporal Anual Renovable".

2) **El seguro vida entera**: También es un seguro de capital en caso de fallecimiento, pero su vigencia coincide con la duración de la vida del asegurado.

3) **El seguro capital diferido**: Por este seguro, de duración limitada, se paga el capital al asegurado si vive en la fecha o a la edad pactada.

4) **Los seguros de rentas**: Garantizan el pago de una pensión o renta en sus respectivos vencimientos, inmediatamente (pensión inmediata, por ejemplo, por fallecimiento o invalidez del asegurado, o por ser una renta vitalicia inmediata contratada como fuente de ingresos) o a partir de una fecha o edad determinada (pensión de jubilación), mientras viva el asegurado.

Si se pagan al cónyuge superviviente en caso de fallecimiento de aquél, se trata de una pensión de viudedad; y si se pagan al hijo, normalmente hasta que éste cumpla la mayoría de edad o la que se pacte, es una pensión de orfandad.

Existen, sin embargo, muchas más modalidades de seguros de vida por combinación de las anteriores, como el **seguro mixto** (que es un seguro temporal y un seguro capital diferido tratados conjuntamente).

En función del número de asegurados, los seguros de vida se clasifican en seguros **individuales** y seguros **colectivos** o de grupo, según sea uno o un grupo de asegurados los componentes del seguro. Para que se consideren seguros colectivos deben reunir un número mínimo de asegurados (normalmente diez) y estar unidos o asociados bajo un vínculo o interés común distinto del seguro, por ejemplo, el seguro de vida de una empresa para sus trabajadores, que realiza por obligación, por convenio colectivo o por obligación legal o bien de forma voluntaria como un beneficio social. La modalidad más característica de seguro colectivo es el temporal anual renovable, por sus siglas TAR (de un año de duración).

**ATENCIÓN:** Es muy habitual encontrar seguros colectivos en los que sus componentes no mantienen ningún vínculo entre sí, sino que se realizan por razones comerciales para poder dar una tarifa más ventajosa a las personas que se vayan incorporando. Realmente, estas estructuras no son colectivos puros tal y como los define la LCS, pero son en muchos casos aceptados por las aseguradoras pues permite a algunos mediadores tener a su disposición un instrumento comercial muy competitivo en tarifa.

4

## 4-5 Elementos personales del seguro

En cualquier operación de seguro de vida aparecen los siguientes elementos personales:

- **Tomador**: persona física o jurídica que contrata el seguro.
- **Asegurado**: persona sobre la que recae el riesgo.
- **Asegurador**: entidad que asume el riesgo a cambio de una prima.
- **Beneficiario**: persona que tiene derecho al cobro de la prestación en caso de ocurrencia del fallecimiento o supervivencia (dependiendo del tipo de seguro contratado) del asegurado.

## 4-6 Características generales del seguro vida-riesgo

l seguro de vida-riesgo o seguro de vida para el caso de muerte, es aquél que garantiza el pago de un capital o una renta, en sus respectivos vencimientos, al beneficiario libremente designado, en caso de fallecimiento del asegurado por cualquier causa.

**Modalidades:**

Pueden ser:

- En función de la duración de la cobertura: temporales o vitalicios.

• En función de la forma de cobro: en forma de capital, en forma de renta, mixto.

• En función de la devolución o no de las primas: seguro temporal puro o sin reembolso de primas, que supone que si no ocurre el fallecimiento en el periodo de cobertura al vencimiento no se devuelven las primas pagadas al tomador; o bien temporal con reembolso de primas (también llamada a esta modalidad "con contraseguro"), en el que si no ocurre el fallecimiento en el periodo de cobertura al vencimiento se devuelven las primas pagadas al tomador (esta última modalidad, lógicamente, es más cara).

## 4-7 Características generales del seguro vida-ahorro (supervivencia)

El seguro de vida, o sobre la vida humana, es aquél que garantiza el pago de un capital o una renta, en sus respectivos vencimientos, al beneficiario libremente designado en caso de su supervivencia a una determinada edad. Ejemplos de este tipo de seguros son los planes de jubilación y los planes de previsión asegurados.

## 4-8 Características generales del seguro vida mixto

El seguro de vida mixto es aquél que garantiza el pago de un capital o una renta, en sus respectivos vencimientos, al beneficiario libremente designado en caso de su supervivencia a una determinada edad o de fallecimiento en cualquier momento. Al cubrir más contingencias, es más caro.

## 4-9 Las garantías complementarias del seguro de vida

Los **seguros complementarios** otorgan una o varias garantías adicionales a la principal de muerte o de supervivencia, de ahí su nombre. Las modalidades más usuales de seguros complementarios son:

a) Anticipo del capital en caso de invalidez absoluta y permanente.

b) Exención del pago de primas en caso de invalidez total y permanente.

c) Doble capital en caso de muerte por accidente.

d) Triple capital en caso de muerte por accidente de circulación.

Aunque las más básicas son las expuestas, podemos encontrar productos que dan una cuádruple garantía en caso de muerte por alguna causa concreta. Entre éstos, la más extendida es la garantía de muerte por accidente de aviación.

4

**ATENCIÓN:** En general, cuanto más amplio es un seguro de vida, en cuanto a coberturas, más garantías complementarias incorporan. Este tipo de garantías no se pueden contratar separadamente sino que deben ser contratadas junto con la garantía principal.

Las primas por estas garantías son a fondo perdido y si se produce la rescisión, anulación o reducción de la garantía principal las coberturas quedan anuladas.

Las modalidades más usuales de seguros complementarios son:

a) **Anticipo del capital asegurado en caso de invalidez absoluta y permanente**. En este caso el seguro finaliza ya que la garantía principal ya no sigue vigente. Normalmente tiene vigencia hasta los 65 años.

b) **Exención del pago de primas en caso de invalidez total y permanente.** El asegurado debe ser también tomador del seguro. Puede contemplar distintos tipos de invalidez. Normalmente tiene vigencia hasta los 65 años.

c) **Pago de una renta por invalidez.** Si el asegurado queda inválido durante el periodo de vigencia del seguro, o como máximo y generalmente hasta los 65 años el asegurador garantiza el pago de una renta, a partir del reconocimiento de la invalidez, y hasta la finalización del seguro o el fallecimiento del asegurado, si este ocurre antes

d) **Doble capital e igual al del seguro principal en caso de muerte por accidente.**

e) **Triple capital e igual al del seguro principal en caso de muerte por accidente de circulación.**

f) **Enfermedad grave.** se garantiza un capital adicional o un anticipo del capital de la garantía principal en caso de que se le diagnostique una enfermedad grave especificada en la póliza, normalmente la cobertura es hasta la finalización del seguro principal y como máximo hasta los 65 años.


© CISS

## 4-10 Las provisiones técnicas del seguro de vida

Existen una serie de provisiones que las entidades aseguradoras deben conservar de ejercicio en ejercicio, con el fin de poder afrontar los compromisos económicos que se van a presentar en el futuro y que deben haber previsto con anterioridad.

Las provisiones técnicas no son un concepto exclusivo de los seguros de vida, sino que son comunes a todos los ramos del seguro, aunque, como veremos seguidamente, existen tipos de provisiones técnicas exclusivos del seguro de vida.

Por tanto, es necesario administrar y conservar correctamente estas provisiones para poder afrontar los siniestros cuando se presenten.

Como consecuencia lógica de todo lo anterior, podemos clasificar las provisiones técnicas en dos tipos.

a) **Provisiones vinculadas a la prima.**

Existen dos clases de provisiones vinculadas a la prima: la provisión matemática exclusiva o genuina del ramo de vida y la provisión de riesgos en curso, que es común a todos los ramos.

b) **Provisiones vinculadas a los siniestros.**

En general, sería más acertado hablar de provisiones que tienen relación con los pagos en general, ya sean siniestros, vencimientos, rentas, rescates, etc.

Las provisiones técnicas debemos distinguirlas de las provisiones libre que también aparecen en los estados contables de las entidades y que no están constituidas para afrontar ningún tipo de compromiso concreto, sino que, contribuyen, junto con el capital social, a determinar la solvencia y bondad de la entidad, ya que son los recursos propios de la misma.

Las entidades aseguradoras tendrán la obligación de calcular y contabilizar, en la forma que reglamentariamente se establezca, las siguientes provisiones técnicas: matemáticas, de riesgos en curso, para siniestros, capitales vencidos, rentas o beneficios de los asegurados pendientes de declaración, de liquidación o de pago, de desviación de siniestralidad, y para primas pendientes de cobros.

## 4-11 Provisión de seguros de vida o provisión matemática

4

Deberá representar el valor de las obligaciones del asegurador neto y de las del tomador por razón de seguros sobre la vida a la fecha de cierre del ejercicio. Comprenderá:

a) En los seguros de vida cuyo periodo de cobertura sea igual o inferior al año, la provisión de primas no consumidas y, en su caso la provisión de riesgos en curso.

b) La diferencia entre el valor actual actuarial de las obligaciones futuras del asegurador y las del tomador o, en su caso, del asegurado para los demás seguros.

**ATENCIÓN:** El valor actual actuarial es el importe de las prestaciones futuras ciertas multiplicadas por la probabilidad de supervivencia en cada uno de los cobros aplicando la tabla de supervivencia-mortalidad- y actualizadas al tipo de interés técnico (se desarrolla este concepto más adelante).

c) En los productos o modalidades de seguros de vida ligados a inversión, es decir, en los que se haya pactado que el riesgo de inversión será asumido íntegramente por el tomador, la provisión se determinará en función de los activos específicamente afectos o de los índices o activos que fijados como referencia para determinar el valor económico de sus derechos. En estos casos, se efectuarán las dotaciones a la provisión de seguros de vida que procedan para reflejar los riesgos derivados de estas operaciones que no sean efectivamente asumidos por el tomador.

El acusado carácter financiero de las operaciones de seguro de vida hace que el régimen de la provisión de seguros de vida sea especialmente complejo y se preste una atención especial a dicha provisión cuando el tomador asume el riesgo de la inversión.

El segundo aspecto de las provisiones técnicas es el de su **cobertura**. En este sentido, una vez determinadas las provisiones técnicas a cubrir y su respectiva cuantía, procede invertirlas en los activos previstos reglamentariamente con arreglo a los principios generales de congruencia, rentabilidad, seguridad, liquidez, dispersión y diversificación.

El artículo 32 del ROSSP regula la provisión de seguros de vida:

1. *"La provisión de seguros de vida deberá representar el valor de las obligaciones del asegurador neto de las obligaciones del tomador por razón de seguros sobre la vida a la fecha de cierre del ejercicio.*

*La provisión de seguros de vida comprenderá:*

a) *En los seguros cuyo período de cobertura sea igual o inferior al año, la provisión de primas no consumidas y, en su caso, la provisión de riesgos en curso.*

b) *En los demás seguros, la provisión matemática.*

2. *La provisión matemática, que en ningún momento podrá ser negativa, se calculará como la diferencia entre el valor actual actuarial de las obligaciones futuras del asegurador y las del tomador o, en su caso, del asegurado.*

*La base de cálculo de esta provisión será la prima de inventario devengada en el ejercicio, entendiendo por tal la prima pura incrementada en el recargo para gastos de administración previsto en la base técnica.*

*El cálculo se realizará póliza a póliza, por un sistema de capitalización individual y aplicando un método prospectivo, salvo que no fuera posible por las características del contrato considerado o se demuestre que las provisiones obtenidas sobre la base de un método retrospectivo no son inferiores a las que resultarían de la utilización de un método prospectivo. En las pólizas colectivas este cálculo se efectuará separadamente por cada asegurado.*

3. *El importe de la provisión matemática que ha de figurar en el balance podrá determinarse mediante interpolación lineal de las provisiones correspondientes a los vencimientos anterior y posterior a la fecha de cierre de aquél, e incluirá la periodificación de la prima devengada, teniendo en cuenta el carácter liberatorio o no de dicha prima".*

La provisión matemática es una provisión de prima propia del ramo de vida y que debe su nombre a que su determinación cuantitativa obedece a sistemas matemáticos relativamente complejos.

Las provisiones matemáticas, a diferencia de las restantes provisiones técnicas, son un proceso que tiene una duración igual a la vida de la póliza de vida de que se trate, y no una simple provisión de un ejercicio contable para el ejercicio siguiente como son, en general las otras provisiones.

Aunque tienen una definición única, su constitución obedece a procesos y necesidades distintas según nos hallamos ante un seguro en caso de muerte o ante un seguro en caso de vida. Veamos por tanto esos procesos o necesidades:

4

a) **Por nivelación de prima**

Al ser las primas niveladas, es necesario reservar las cantidades que se cobran de más durante la primera parte del seguro para hacer frente a las cantidades que se cobran de menos durante la segunda parte.

Las sucesivas provisiones anuales que se van consiguiendo por acumulación positiva o negativa de las diferencias entre la prima nivelada y la prima natural, se capitalizan al tipo de interés técnico y que es la rentabilidad que el asegurado otorga al tomador por el hecho de tener su dinero.

Si tomamos como ejemplo un seguro temporal constante con una duración de 20 años, en base a una persona de 40 años de edad, al inicio del seguro, tendremos el siguiente desarrollo de las primas naturales, niveladas y de los excesos:

| Año de seguro | Prima nivelada | Prima natural | Diferencia |
|---|---|---|---|
| 1 | 5,94 | 2,55 | + 3,39 |
| 2 | 5,94 | 2,79 | + 3,15 |
| 3 | 5,94 | 3,06 | + 2,88 |
| 4 | 5,94 | 3,36 | + 2,58 |
| 5 | 5,94 | 3,70 | + 2,24 |
| 6 | 5,94 | 4,08 | + 1,86 |


© CISS

| Año de seguro | Prima nivelada | Prima natural | Diferencia |
|---|---|---|---|
| 7 | 5,94 | 4,50 | + 1,44 |
| 8 | 5,94 | 4,96 | + 0,98 |
| 9 | 5,94 | 5,46 | + 0,48 |
| 10 | 5,94 | 6,01 | - 0,07 |
| 11 | 5,94 | 6,61 | - 0,67 |
| 12 | 5,94 | 7,26 | - 1,32 |
| 13 | 5,94 | 7,97 | - 2,03 |
| 14 | 5,94 | 8,76 | - 2,82 |
| 15 | 5,94 | 9,63 | - 3,69 |
| 16 | 5,94 | 10,58 | - 4,64 |
| 17 | 5,94 | 11,63 | - 5,69 |
| 18 | 5,94 | 12,79 | - 6,85 |
| 19 | 5,94 | 14,05 | - 8,11 |
| 20 | 5,94 | 15,45 | - 9,51 |

Vemos que durante los primeros años las diferencias son positivas y que a partir del año 10, las diferencias son negativas.

La acumulación capitalizada al tipo de interés técnico de estas diferencias, nos daría la provisión matemática de este seguro durante cada año, que en este caso concreto, y por tratarse de un temporal donde únicamente juega el concepto de nivelación de prima, la provisión matemática se hace cero al final del seguro, como veremos en un próximo punto de este mismo apartado.

b) **Por formación de capitales**

El segundo proceso de constitución de provisiones matemáticas lo podríamos denominar "de constitución de capitales", lo propio de los seguros en caso de vida en los cuales, al alcanzarse una fecha determinada, el asegurador debe satisfacer al beneficiario el capital asegurado o una renta, mientras el asegurado permanezca con vida.

4

Mientras en los seguros en caso de muerte, la provisión matemática se constituye con el excedente de primas no consumidas por el riesgo de muerte, en los seguros en caso de vida, la totalidad de la prima satisfecha se destina a la constitución de la provisión matemática, ya que en este tipo de seguros no existe ninguna garantía para caso de fallecimiento.

Cada año se acumula a la provisión matemática del año anterior la nueva prima satisfecha. Ello hace que, en los seguros en caso de vida, el importe de la provisión matemática sea creciente con el tiempo hasta alcanzar en el último año el valor del capital asegurado o bien del capital representativo en el caso de las rentas. De ahí que este proceso acumulativo lo denominemos de formación de capitales.

**Capital en riesgo, prima de riesgo y prima de ahorro**

Las provisiones matemáticas se determinan póliza a póliza, siendo lógicamente la provisión matemática total la correspondiente a la suma de las provisiones de cada contrato. Lo visto hasta aquí nos permite establecer una definición de provisión matemática como aquella parte de las primas que no siendo absorbidas por el riesgo de muerte, la entidad aseguradora conserva y capitaliza, al tipo de interés técnico, para poder afrontar el pago de futuras obligaciones.

- **Capital en riesgo** es el capital que en cada momento tiene realmente en riesgo el asegurador y viene determinado por la diferencia existente, en un momento determinado, entre el capital asegurado y el importe de la provisión matemática.
- **Prima de riesgo** es la parte de la prima que el asegurador necesita para cubrir el riesgo de fallecimiento de cada año. Lógicamente, esta prima de riesgo se calcula en base a multiplicar la prima natural de la edad alcanzada

por el asegurado en cada año de seguro por el capital en riesgo del mismo año. Por tanto, la prima de riesgo es la que el asegurador consume cada año.

• **Prima de ahorro** es igual a la prima total anual menos la prima de riesgo, es decir, aquella parte de prima que el asegurador consume en el año y que, por tanto, retiene y capitaliza. En consecuencia, la acumulación capitalizada de las sucesivas primas de ahorro nos da la provisión matemática de cada año.

**Cálculos de la provisión matemática**

Antes hemos indicado que el nombre de provisiones matemáticas se debía a procesos de cálculo. En efecto, éstos deben ser totalmente exactos y pertenecen a la ciencia actuarial. Existen dos procedimientos actuariales básicos para determinar la provisión matemática de un seguro:

a) El **método retrospectivo** se basa en las obligaciones pasadas y la provisión matemática se obtiene por diferencia entre la acumulación de primas e intereses y la acumulación de probabilidades de siniestro con sus intereses.

b) **El método prospectivo** se basa en las obligaciones futuras y se obtiene por diferencias entre el valor actual de las obligaciones futuras y el valor actual de las primas futuras.

## 4-12 Provisiones para riesgos en curso

Es una provisión técnica de prima que es común a todos los ramos de seguro por contraposición a la provisión matemática, que es genuina del ramo de vida y complementará a la provisión de primas no consumidas en la medida en que su importe no sea suficiente para reflejar la valoración de todos los riesgos y gastos a cubrir por la entidad aseguradora que se correspondan con el periodo de cobertura no transcurrido a la fecha de cierre del ejercicio.

La provisión para riesgos en curso expresa de forma genérica la proporción de prima emitida pero no consumida durante el ejercicio corriente que debe, por tanto, conservarse para afrontar los riesgos que puedan ocurrir en el ejercicio siguiente. A tal efecto, su importe se calculará separadamente para el seguro directo y para el reaseguro aceptado, por cada ramo o producto comercial.

4

La necesidad de construcción de esta provisión se debe a que los ejercicios contables se cierran a 31 de diciembre de cada año y, en cambio, las pólizas pueden tener como vencimiento anual cualquier fecha. En otras palabras, si todos los contratos se celebrasen el día 1 de enero, no sería necesaria la constitución de la provisión de riesgos en curso.

El periodo de referencia será, con carácter general, de dos años, el ejercicio al que se refiere el cálculo y el inmediato anterior a excepción de los siguientes ramos:

- Responsabilidad civil en vehículos terrestres automóviles (comprendida la responsabilidad del transportista).
- Responsabilidad civil en vehículos aéreos (comprendida la responsabilidad del transportista).
- Responsabilidad civil en vehículos marítimos, lacustres y fluviales (comprendida la responsabilidad civil del transportista).
- Responsabilidad civil en general.
- Crédito: Comprende insolvencia general, venta a plazos, crédito a la exportación, crédito hipotecario y crédito agrícola.
- Caución (directa e indirecta).

También se exceptúan aquellos productos que cubran alguna garantía de las correspondientes a estos ramos. En todos estos casos, el periodo considerado será de cuatro años, el ejercicio al que se refiere el cálculo y los tres inmediatamente anteriores a él.

Existen diversos sistemas de cálculo de esta provisión en función de que se tomen mayores o menores hipótesis simplificadoras. Los más importantes son tres:

- Hipótesis de distribución uniforme a lo largo del año.
- Hipótesis de distribución uniforme dentro de cada mes.
- Cálculo de la provisión póliza a póliza.

**Normas de cálculo**

 © CISS

Se calculará la diferencia entre las siguientes magnitudes correspondientes al seguro directo, netas de reaseguro cedido:

1. Sumando:

- Las primas devengadas en el periodo de referencia, reducidas, en su caso, en sus correspondientes recargos de seguridad, corregidas por la variación de la provisión de primas no consumidas y por la provisión para primas pendientes de cobro constituida al cierre del último ejercicio por razón de las primas devengadas en dicho periodo de referencia.

- Los ingresos de las inversiones generados por los activos afectos a las provisiones técnicas del ramo o producto de que se trate y otros ingresos técnicos de acuerdo con la imputación realizada en la contabilidad.

2. Restando:

- Respecto a los siniestros ocurridos en el periodo de referencia, el importe de los siniestros pagados, los gastos imputables a las prestaciones y la provisión de prestaciones al término de dicho periodo.

- Los gastos de gestión y otros gastos técnicos, así como los gastos de inversiones generados por las inversiones afectas a las provisiones técnicas del ramo o producto de que se trate de acuerdo con la imputación realizada en la contabilidad.

Si el resultado obtenido fuese negativo, se calculará el porcentaje que represente dicha diferencia respecto del volumen, en el periodo de referencia, de las primas, devengadas por el seguro directo, netas de reaseguro cedido, reducidas, en su caso, en sus correspondientes recargos de seguridad, corregidas por la variación de la provisión de primas no consumidas y por la provisión para primas pendientes de cobro constituida al cierre del último ejercicio por razón de las primas devengadas en dicho periodo de referencia.

**Dotación de provisión**

La cuantía por la que se dotará la provisión será igual al valor absoluto resultante del producto de los siguientes factores:

- El porcentaje obtenido de acuerdo con el apartado c) del artículo 31.2 del ROSSP.

- La provisión para primas no consumidas del seguro directo, netas de la misma provisión correspondiente al reaseguro cedido correspondiente al ejercicio de cálculo.

**Provisiones para prestaciones**

Tal y como recoge la nueva redacción del artículo 39 del ROSSP, modificado por el Real Decreto 239/2007, de 16 de febrero, la provisión de prestaciones será igual a la diferencia entre su coste total estimado o cierto y el conjunto de los importes ya pagados por razón de tales siniestros, incluyendo siempre los gastos tanto externos como internos de gestión y tramitación de los expedientes, cualquiera que sea su origen, producidos y por producir hasta la total liquidación y pago del siniestro.

4

Los requisitos básicos de la provisión de prestaciones son:

1. La provisión tendrá que ser suficiente para hacer frente a las obligaciones pendientes a las fechas en que hayan de realizarse los pagos.

2. Deberá representar el importe total de las obligaciones pendientes del asegurador derivadas de los siniestros ocurridos con anterioridad a la fecha de cierre del ejercicio.

3. Deberá tener en cuenta todos los factores y circunstancias que influyan en su coste final.

**Los recobros**

Con carácter general, las cantidades a recuperar por el ejercicio de las acciones que correspondan al asegurador frente a las personas responsables del siniestro no podrán deducirse del importe de la provisión.

Excepcionalmente, los pagos podrán computarse netos de recobros cuando la provisión para prestaciones se calcule utilizando métodos estadísticos.

**Cálculo de la provisión de prestaciones**

Para determinar el importe de la provisión, los siniestros se clasificarán por años de ocurrencia, y su cálculo se realizará, al menos, por ramos de seguro.

Cada siniestro será objeto de una valoración individual con independencia de que, adicionalmente, la entidad pueda utilizar métodos estadísticos para el cálculo de la provisión de prestaciones.

**Aplicación en el reaseguro**

Según establece la nueva redacción del artículo 39 del ROSSP, modificado por el Real Decreto 239/2007, de 16 de febrero, podrá calcularse una única provisión de prestaciones de carácter global tanto para el seguro directo y en su caso el reaseguro aceptado por un lado, como para el reaseguro cedido por otro lado, por la parte cuyo riesgo y siniestralidad se ceda, en los ramos en los que la entidad aseguradora garantice la prestación de una asistencia mediante la celebración de un contrato de reaseguro de prestación de servicios por el que se cede tanto el riesgo como el coste de la siniestralidad al reasegurador.

En los casos en los que no se tenga información suficiente, el cálculo de la provisión podrá basarse bien en la información suministrada por el reasegurador, bien en costes medios sectoriales o bien en métodos propios de la entidad aseguradora.

Si la información sobre los siniestros no permite una estimación adecuada del importe de la provisión, ésta deberá dotarse, como mínimo, y sin perjuicio de posteriores correcciones, por la diferencia entre las primas de riesgo devengadas en el ejercicio, en la parte imputable al mismo, y los pagos por siniestros ocurridos en el ejercicio.

Hay que tener en cuenta que para las operaciones de reaseguro aceptado, se podrá calcular una única provisión de prestaciones de carácter global.

Veamos a continuación los conceptos por los que puede estar integrada la provisión de prestaciones. Estos son:

- Por la provisión de prestaciones pendientes de liquidación o pago.
- Por la provisión de siniestros pendientes de declaración y la provisión de gastos internos de liquidación de siniestros.

**Supuesto 1. Provisiones para siniestros o prestaciones pendientes de liquidación**

**A) Cálculo de las provisiones para siniestros o prestaciones pendientes de liquidación o de pago.**

El cálculo de estas provisiones se efectuará separadamente, por años de ocurrencia de los siniestros y para cada modalidad de seguro e incluirá el importe de todos aquellos siniestros ocurridos y declarados antes del cierre del ejercicio.

4

Con carácter general, formarán parte de ella los gastos de carácter externo inherentes a la liquidación de siniestros y, en su caso, los intereses de demora y las penalizaciones legalmente establecidas en las que haya incurrido la entidad. En el ramo de vida, incluirá los capitales, rentas o pensiones vencidas, gastos pendientes de pago derivados de tales prestaciones, así como las participaciones en beneficios que hayan de hacerse efectivas.

Además estas provisiones incluirán los importes estipulados o definitivos de todos aquellos siniestros que habiendo ocurrido en el ejercicio que se cierra hayan sido comunicados con posterioridad a la terminación de dicho período, pero antes de efectuarse el cierre de las cuentas.

**B) Cálculo de las provisiones para siniestros pendientes de declaración**

La provisión de siniestros pendientes de declaración deberá recoger el importe estimado de los siniestros ocurridos antes del cierre del ejercicio y no declarados en esa fecha. Se dotará separadamente para cada modalidad de seguro, por el importe estipulado de acuerdo con la experiencia de cada entidad, en cuanto a los siniestros ocurridos en cada ejercicio que no le hayan sido declarados antes del cierre de las cuentas del mismo.

Para cifrar su cuantía, al importe de la provisión para siniestros pendientes de liquidación del ejercicio de que se trate, se aplicará la proporción que, en base a la citada experiencia, representan los siniestros ocurridos y no declarados sobre las respectivas provisiones de siniestros pendientes de liquidación.

Cuando la entidad carezca de la necesaria experiencia, dotará esta provisión aplicando un porcentaje del 5% a la provisión de prestaciones pendientes de liquidación o pago del seguro directo. El porcentaje se elevará al 10% para el coaseguro y el reaseguro aceptado.

En el caso de que la entidad no disponga de métodos estadísticos para el cálculo de la provisión o los disponibles no sean adecuados, se calculará multiplicando el número de siniestros pendientes de declaración por el coste medio de los mismos.

**Supuesto 2. Rendimientos de las inversiones de provisiones matemáticas**

La inversión de las provisiones matemáticas deberá producir un rendimiento que no sea inferior al interés técnico computado en las bases técnicas.

Si por el contrario no se alcanza dicho rendimiento, deberán revisarse las bases técnicas, y las nuevas bases se aplicarán a los seguros que se contraten a partir de la fecha en que las mismas deban tener aplicación, no a los mismos.

Además deberá constituirse una provisión matemática complementaria, que vendrá dada por la diferencia entre la provisión matemática calculada al tipo de interés real y la obtenida al tipo de interés previsto en las bases técnicas. Esta provisión complementaria se constituirá con cargo a los recursos propios de la entidad y tendrá el mismo tratamiento de las provisiones técnicas a efectos de inversión.

## 4-13 Los valores garantizados del seguro de vida

Una característica de los seguros de vida con componente de ahorro (modalidades en caso de supervivencia y combinadas, como el seguro mixto, la pensión de jubilación, y el seguro vida entera) es que otorgan los llamados **valores garantizados**, debido a que se genera en ellos ***provisión matemática***, que es el capital generado procedente de las primas y de los retornos de los activos en donde están invertidas.

Esta provisión es un componente propio y exclusivo de la base actuarial de los seguros de vida, y que representa una cantidad equivalente al valor de las obligaciones del asegurador neto de las obligaciones del tomador a la fecha de cierre del ejercicio.

Los valores garantizados son:

a) El **valor de rescate.**
b) El **capital reducido.**
c) Los **préstamos o anticipos sobre pólizas.**
d) Otros valores garantizados son la prórroga del seguro.

Por último, otra característica de los seguros de vida para el caso de fallecimiento es la **participación en los beneficios.**

## 4-14 Valor de rescate

4

El **valor de rescate** es el valor de la póliza representado por su importe determinado en función de la reserva o provisión matemática. Los rescates vienen regulados en los artículos 36 y 37 del ROSSP.

Normalmente no se puede rescatar durante los dos primeros años. Aunque el valor de rescate debe ser como mínimo igual a la provisión matemática, en la práctica no suele ser así ya que existen una serie de gastos para la entidad aseguradora generados por la cancelación anticipada del contrato (comisiones y gastos de gestión no amortizados, gastos por desinversión de los activos afectos a la póliza), la antiselección que se genera al terminar una operación antes de lo previsto (es decir, se marchan los buenos asegurados y se quedan los asegurados más problemáticos) y la compensación por el beneficio que el asegurador espera obtener por la inversión de las provisiones matemáticas y que no va a obtener al producirse el rescate. De ahí que las entidades están autorizadas a penalizar los rescates a través de comisiones.

No tienen derecho de rescate los seguros temporales y los de amortización de préstamos, los primeros porque en los seguros temporales (generalmente a un año) no da tiempo a que se genere provisión matemática, y en los de amortización de préstamos, cuando el beneficiario es el prestamista (por ejemplo, la entidad financiera), porque en todo caso quien tendría derecho a ejercer este valor sería éste y no el asegurado.

En cualquier caso, el valor de rescate, de existir, será el valor de realización de las inversiones asignadas, considerando las comisiones que en su caso hayan por desinversión, teniendo como tope el valor de la provisión matemática afecta.

**Ejemplo:**

Supongamos un asegurado que en varios periodos ha realizado quince aportaciones (primas) a su seguro de vida ahorro para su jubilación. Se trata de una póliza de vida que garantiza rentas vitalicias a la jubilación, pero el beneficiario (que coincide con el asegurado) al jubilarse, cambia de opinión y decide cobrar en capital, de una vez todo el fondo acumulado. En tal caso, al aplicar el artículo 36 del ROSSP, la compañía de seguros procede a determinar el valor de mercado de los activos afectos a la póliza para cada una de las quince compras realizadas y a compararlo con su provisión matemática correspondiente, y el resultado es el siguiente:

| Provisión Matemática | fecha de curva de tipos de interés | Diferencial sobre la curva | TIR de desinversión | fecha fin TIR | Tipo de interés de la cola | PRESTACIÓN (valor de mercado) |
|---|---|---|---|---|---|---|
| 899,41 | | | | | | 899,41 |
| 41,67 | | | | | | 41,67 |
| 25,13 | | | | | | 25,13 |
| 48,56 | | | | | | 48,56 |
| 26,15 | | | | | | 26,15 |
| 27,34 | | | | | | 27,34 |
| 19,66 | | | | | | 19,66 |
| 4,19 | | | | | | 4,19 |
| 1.319,80 | | | | | | 1.319,80 |
| 225.682,30 | 03/03/2009 | 100 ptos | 5,83 | 01/08/2042 | 3,00 | 222.423,21 |
| 7.803,76 | 03/03/2008 | 100 ptos | 5,84 | 01/01/2035 | 2,50 | 6.282,16 |
| 11.963,98 | 03/03/2008 | 100 ptos | 5,84 | 01/12/2033 | 2,50 | 10.389,14 |
| 15.692,75 | 03/03/2008 | 100 ptos | 5,84 | 01/01/2036 | 2,00 | 12.121,10 |
| 8.008,26 | 03/03/2008 | 100 ptos | 5,84 | 01/12/2036 | 2,42 | 6.502,54 |
| 8.371,62 | 03/03/2008 | 100 ptos | 5,84 | 01/12/2036 | 2,42 | 6.816,98 |
| 5.589,10 | 03/03/2008 | 100 ptos | 5,84 | 01/12/2037 | 2,42 | 4.882,24 |
| 285.523,68 | | | | | | 271.829,28 |

Podemos observar como en las nueve primeras compras de seguro, la prestación ofrecida por la entidad aseguradora (última columna) coincide con la provisión matemática del momento (primera columna), pero en las siete siguientes se le ofrece al beneficiario el valor de realización de los activos (porque es menor que la provisión matemática afecta si el beneficiario cobrara en renta vitalicia y no en capital). En definitiva, que la prestación será el menor de la provisión matemática o el valor de realización de los activos afectos.

4

**ATENCIÓN:** El valor de mercado de la póliza se obtiene actualizando los flujos de caja probables (prestaciones previstas) a la curva de tipos de interés -de la misma solvencia o rating de los activos que la soportan- del día del rescate, o bien valorando los activos que la soportan (los bonos en que están invertidas las primas pagadas por el tomador). Los dos métodos deben converger, a menos que haya bonos o estructura de activos con problemas de iliquidez y que, por tanto, estén penalizados en su valor de desinversión. A esa curva de tipos (generalmente se toma la curva sin riesgo de crédito) se le podrá adicionar un recargo (lo que en el cuadro se llama "diferencial") para reflejar el riesgo de los bonos que soportan la provisión matemática. La TIR es el tipo medio ponderado de la curva de tipos, y el tipo de "interés de la cola" es el que se aplica para los pagos probables a partir de cierto vencimiento, a partir del cual no existen referencias en el mercado de tipos de interés.

Generalmente, en el condicionado de las pólizas se indica un periodo de carencia para poder realizar los rescates. Según el artículo 96 LCS:

*"El tomador que haya pagado las dos primeras anualidades de la prima a la que corresponda el plazo inferior previsto en la póliza podrá ejercitar el derecho de rescate mediante a la oportuna solicitud, conforme a las tablas de valores fijadas en la póliza".*

Según la nueva redacción del artículo 36 del ROSSP sobre los Rescates:

1. *"El importe de las provisiones de seguros de vida para cada contrato deberá ser en todo momento, y como mínimo, igual al valor de rescate garantizado.*

2. *Para que la provisión de seguros de vida se pueda calcular conforme a lo previsto en el artículo 33.2 será necesario que el valor de rescate, de existir, no supere al valor de mercado de los activos asignados. En todo caso, al valor de rescate de estas operaciones le será de aplicación, como importe máximo, el previsto en el apartado siguiente.*


© CISS

*La Dirección General de Seguros y Fondos de Pensiones podrá establecer otras formas de limitar el riesgo de mercado asociado a la evolución del valor de mercado de los activos que determinan el valor de rescate en pólizas cuya provisión de seguros de vida se calcule conforme al artículo 33.2.*

3. *En aquellos contratos en los que el valor de rescate se hubiera establecido en función de la provisión de seguros de vida correspondiente a los mismos, se entenderá que el importe de ésta será, a estos efectos, el resultante de aplicar las bases técnicas utilizadas para el cálculo de la prima".*

## 4-15 Valor de reducción

El **capital reducido**, también llamado "valor de reducción", es la suma asegurada equivalente a las primas pagadas hasta el momento de su cálculo respecto a las primas inicialmente convenidas o estipuladas en el contrato. Por tanto, es menor que el capital o prestaciones aseguradas al suscribir el seguro.

El valor de reducción teórico se obtiene aplicando la provisión matemática de la póliza (deducidas las comisiones de adquisición que falten por amortizar y otros gastos que deben compensarse) como prima única de un nuevo seguro de la misma combinación pero con prestaciones reducidas.

Según el artículo 95 LCS:

*"Una vez transcurrido el plazo previsto en la póliza, que no podrá ser superior a dos años desde la vigencia del contrato, no se aplicará el párrafo dos del artículo 15 sobre falta de pago de la prima. A partir de dicho plazo, la falta de pago de la prima producirá la reducción del seguro conforme a la tabla de valores inserta en la póliza.*

*La reducción del seguro se producirá igualmente cuando lo solicite el tomador, una vez transcurrido aquel plazo.*

*El tomador tiene derecho a la rehabilitación de la póliza, en cualquier momento, antes del fallecimiento del asegurado, debiendo cumplir para ello las condiciones establecidas en la póliza".*

La razón de esta exclusión del régimen general del artículo 15 estriba, precisamente, en el hecho de la existencia de la reserva o provisión matemática.

Al cabo de dos años, esa provisión es lo suficientemente alta como para que el **impago de prima no le cause el asegurador el perjuicio de dejar de percibir el ingreso consistente en aquella**, ya que la provisión matemática que se encuentra en su poder podrá aplicarse a remediar los efectos de tal impago, de suerte que una parte de aquella, el denominado "valor de reducción", dejará de considerarse como un pasivo del asegurador, y su importe se considerará como la prima única de un nuevo seguro, idéntico al que estaba en vigor, pero con su **capital reducido** y liberado del pago de primas para lo sucesivo.

No obstante, aunque el seguro quede reducido, el tomador tiene derecho a su **rehabilitación** en cualquier momento, debiendo para ello cumplir con las condiciones establecidas en la póliza.

**Ejemplo:**

Supongamos un seguro de capital diferido, el asegurador se compromete a pagar un capital de 12.000 € si el tomador paga primas de 43 € mensuales durante 15 años. Supongamos que el 6° año interrumpe el pago de primas, la nueva prestación sería de 4.000 €, siendo la fecha de vencimiento la misma del seguro inicial.

## 4-16 Anticipo

El tomador de un seguro que tenga derecho a valor de rescate, tiene la posibilidad de obtener un préstamo o anticipo de la suma asegurada.

La empresa aseguradora otorgará un préstamo o anticipo sobre las pólizas, que siempre será por un importe máximo equivalente al valor de rescate. En estos casos, se aplicará por parte de la compañía de seguros un tipo de interés, conforme a las condiciones fijadas en la póliza, y por una duración hasta el vencimiento de la póliza.

Pueden cancelarse total o parcialmente, mediante el pago de primas sucesivas, según desee el asegurado, y en caso de llegar al vencimiento del seguro o bien en caso de siniestro sin haberse cancelado, la aseguradora deducirá de la prestación el importe del préstamo concedido

Según el artículo 97 LCS:

*"El asegurador deberá conceder al tomador anticipos sobre la prestación asegurada, conforme a las condiciones fijadas en la póliza, una vez pagadas las anualidades a que se refiere el artículo anterior".*

## 4-17 Prórroga

Otro valor garantizado es la **prórroga del seguro** (que consiste en la conversión del capital al vencimiento de la póliza en una renta) y la transformación (o cambio de la modalidad de seguro contratada en otra modalidad de seguro de vida con prima superior).

**Ejemplo:**

Supongamos que una persona tiene contratado un seguro de vida ahorro para su jubilación que le garantiza un capital de 500.000 € y que llegada ésta decide convertir el capital que le corresponde en una renta mensual, o bien convertir el seguro que acaba de vencer utilizando el capital de 500.000 € como prima de un nuevo seguro de vida para el caso de su fallecimiento, que tenga como beneficiaría a su esposa, otorgándole un capital de 1.000.000 €.

## 4-18 La participación en beneficios (PB)

Otra característica de los seguros de vida es la **participación en los beneficios** que se suele conceder en las modalidades de seguro con componente de ahorro.

Consiste en hacer partícipes a los asegurados o beneficiarios, de los excedentes en la mortalidad, menores gastos de gestión o mayor rentabilidad, producidos en virtud del contrato suscrito. Se calculan sobre los contratos de una misma modalidad o un grupo de ellas, e incluso considerando únicamente el propio contrato, como en los seguros colectivos o de grupo.

4

**ATENCIÓN:** En lo que se refiere a la participación en beneficios por mortalidad, supone participar de la menor mortalidad real del año frente a la prevista en la póliza. Al igual ocurre con los gastos de gestión. En el caso de la rentabilidad supone participar en la diferencia entre la rentabilidad real sobre la mínima garantizada. La base técnica del seguro detallará el sistema que se decida y detallarán los criterios de asignación que permitan el cálculo y clara comprobación de los resultados.

La práctica más usual es la de determinar la participación sobre los excedentes que se produzcan en la rentabilidad, es decir, repartir el exceso de los rendimientos netos reales obtenidos en el ejercicio, respecto al tipo de interés técnico aplicado en el cálculo de las primas.

También en los seguros colectivos es normal conceder la participación sobre el remanente de la cuenta de resultado técnico elaborada con Esta finalidad, con las partidas de ingresos y gastos que corresponden a ese contrato.

La aplicación de los remanentes o beneficios, una vez asignados en proporción a la reserva matemática de cada contrato (cuando se determinan sobre los de una o varias modalidades de seguro) puede realizarse:

a. Pago en efectivo o reducción de la prima sucesiva. Este sistema se utiliza generalmente en los seguros colectivos, pero no es usual en las pólizas individuales

b. Constitución de un depósito a pagar al fallecimiento o al final del seguro. Los beneficios, una vez calculada la participación de cada póliza, quedan en poder de la entidad en forma de depósito, al que se van acumulando intereses. El saldo del depósito se entrega íntegro a los beneficiarios si fallece el asegurado o se paga al final del contrato.

c. Aumento de las garantías para caso de muerte. La participación, que anualmente corresponde a cada póliza, se aplica como prima única de un seguro temporal. De esta forma, mientras las garantías para caso de vida permanecen invariables, los capitales asegurados para caso de muerte se hacen superiores.

 © CISS

d. Aumento de los capitales asegurados, sin pago de mayor prima.

La fórmula de la participación en beneficios debe estar especificada en la póliza que se contrata.

El reparto de participación en beneficios es discrecional por parte de la entidad aseguradora, aunque lo normal es que ésta tenga una política estable en el tiempo sobre la misma.

Con periodicidad anual el tomador del seguro deberá recibir la información relativa a la situación de su participación en beneficios.

**Ejemplo:**

Un caso típico de condiciones sería el siguiente: supongamos una póliza que tiene un 3% como tipo de interés garantizado (ig), más una participación en beneficios calculada de la siguiente manera: 95% (R-ig), donde R sería la rentabilidad realmente obtenida por la entidad aseguradora en el año en cuestión. Así si la aseguradora ha obtenido un 5%, el seguro acreditará (3% + 95% (5%-3%))= 4,9%. En este tipo de seguro la aseguradora tiene más o menos libertad en las inversiones, según se indica en el plan de contabilidad de seguros, aunque es importante entender que los criterios de valoración de las carteras son el valor de mercado para todos los activos.

## 4-19 Garantías del seguro de vida

A las entidades que, para poder acceder al ejercicio de la actividad aseguradora, se les exigen determinadas garantías para sus asegurados y para el mercado de seguros en general.

La primera de las manifestaciones de estas condiciones de ejercicio de la actividad aseguradora son las **garantías financieras** (reguladas en la Sección 1ª del Capítulo II del Título II de la LOSSP -arts. 16 a 19- y en las tres primeras secciones del Capítulo II del ROSSP -arts. 29 a 63).

En lo que afecta al seguro de vida tenemos:

- Provisión de seguros de vida.
- Margen de solvencia.
- Interés técnico garantizado.

4

## 4-20 Margen de solvencia de las entidades aseguradoras

Las segundas garantías financieras que deben ofrecer las entidades aseguradoras consisten en disponer, en todo momento, como **margen de solvencia** (arts. 17 del LOSSP y 58 del ROSSP), de un patrimonio no comprometido suficiente respecto al conjunto de sus actividades en España y fuera de ella:

El artículo 17 de la LOSSP indica acerca del Margen de solvencia que:

1. *"Las entidades aseguradoras deberán disponer en todo momento de un margen de solvencia suficiente respecto al conjunto de sus actividades.*

2. *El margen de solvencia estará constituido por el patrimonio de la entidad aseguradora libre de todo compromiso previsible y con deducción de los elementos inmateriales.*

3. *Los grupos consolidables de entidades aseguradoras deberán disponer en todo momento, como margen de solvencia, de un patrimonio consolidado no comprometido, que se sujetará a lo dispuesto en el apartado 2 del artículo 20, suficiente para cubrir la suma de las exigencias legales de solvencia aplicables a cada una de las entidades del grupo.*

*Si forman parte del grupo entidades de otra naturaleza, podrán establecerse reglamentariamente exigencias específicas de suficiencia de recursos propios consolidados.*

4. *El cumplimiento por el grupo de lo dispuesto en el apartado anterior no exonerará a las entidades financieras que formen parte de él de cumplir individual o subconsolidadamente las exigencias de recursos propios.*

*A tal efecto, dichas entidades serán supervisadas individualmente por el órgano o ente público que corresponda según su legislación específica.*

5. *Reglamentariamente se determinarán la cuantía y los elementos constitutivos del margen de solvencia exigible a las entidades aseguradoras y a los grupos consolidables de entidades aseguradoras, los requisitos que han de reunir dichos elementos, los límites aplicables a ellos y se fijará la definición de elementos inmateriales a efectos del margen de solvencia.*

6. *Serán aplicables a los subgrupos consolidables de entidades aseguradoras las normas contenidas en este artículo sobre margen de solvencia consolidado y ordenación y supervisión de los grupos consolidados en los términos que se fijen reglamentariamente".*

## 4-21 Fondo de garantía

Adicionalmente las entidades que operan en el ramo de vida deben disponer de un **Fondo de garantía**, que será la tercera parte de la cuantía mínima del margen de solvencia y que no podrá ser inferior a tres millones de euros para las entidades que operen en alguno de los ramos de vida. Está regulado en los artículos 18 de la LOSSP y 63 del ROSSP.

En el artículo 18 de la LOSSP se establece que:

1. *"La tercera parte de la cuantía mínima del margen de solvencia constituye el fondo de garantía, que no podrá ser inferior a tres millones de euros para las entidades que operen en alguno de los ramos de vida, caución, crédito y cualquiera de los que cubran el riesgo de responsabilidad civil, así como para las que realicen actividad exclusivamente reaseguradora, y a dos millones de euros para las restantes.*

2. *Para las mutuas con régimen de derrama pasiva y las cooperativas, el fondo de garantía mínimo será de tres cuartas partes del exigido para las restantes entidades.*

*Cuando las citadas entidades no operen en los ramos de responsabilidad civil, crédito, caución ni realicen actividad exclusivamente reaseguradora, y su importe anual de primas o cuotas no supere los cinco millones de euros durante tres años consecutivos, el fondo de garantía no podrá ser inferior a 800.000 euros si operan en el ramo de vida, a 200.000 euros si operan en los ramos de otros daños a los bienes, defensa jurídica o decesos, y a 300.000 euros si operan en los restantes. En caso de que la entidad supere el importe de cinco millones de euros durante tres años consecutivos, con efectos a partir del cuarto año se aplicará el importe mínimo previsto en el párrafo anterior".*

4

La propia Ley establece una excepción y libera de la sujeción al mínimo de fondo de garantía a las mutuas que no operen en los ramos de vida, responsabilidad civil, crédito o caución ni realicen actividad exclusivamente reaseguradora y su importe anual de primas o cuotas no exceda de 750.000 euros.

## 4-22 Tipología de los seguros de vida en función de las inversiones

Dependiendo del tipo de garantías de rentabilidad de la entidad aseguradora existen los siguientes productos de seguro de vida:

1) Seguros de tipo de interés básico publicado anualmente por la DGSFP.

2) Seguros que garantizan una rentabilidad superior al tipo básico publicado anualmente por la DGSFP. Sus estrategias de inversión están restringidas a dos:

a. Casamiento de cobros y pagos durante la vida del compromiso o también conocida como *"cash-flow Matching"* .

b. Inmunización por duraciones de las obligaciones y del activo que lo soporta.

3) Seguros de tipo de interés básico más participación en beneficios.

4) Seguros en los que el tomador asume el riesgo de la inversión, más conocidos como *"Unit-Linked"* .

## 4-23 Seguros de tipo de interés básico publicado anualmente por la DGSFP y seguros que garantizan una rentabilidad superior al tipo básico publicado anualmente por la DGSFP

Para analizar estos dos tipos de seguros previamente explicamos el concepto de **interés técnico garantizado:**

 © CISS

Las primas son la principal fuente de fondos de las compañías de seguros. En general, al no producirse los siniestros inmediatamente a la contratación de las pólizas de vida, estas primas pueden ser invertidas por el asegurador al periodo establecido en el seguro.

Los beneficios de estas inversiones hacen posible, entre otros, que las entidades cobren primas más bajas y, lo más importante, a garantizar las rentabilidades ofertadas al tomador.

Los seguros de vida con garantía de rentabilidad tienen un régimen de inversiones totalmente regulado por la Dirección General de Seguros y diferente dependiendo de las garantías ofrecidas. Concretamente la forma de cálculo de la rentabilidad garantizada, o **interés técnico garantizado**, está recogida en el artículo 33 del ROSSP. En resumen, se indica que la rentabilidad que una entidad aseguradora puede otorgar no podrá ser superior al tipo de interés publicado anualmente, a principios de enero, en el BOE por la DGS de acuerdo a un cálculo totalmente transparente indicado en el apartado 1 del artículo 33 del ROSSP, o bien en el caso de que la entidad aseguradora decida otorgar una rentabilidad superior a la publicada anualmente por la DGS, deberá asignar inversiones específicas que la soporte -según el apartado 2 del artículo 33 del ROSSP- calculada o bien en base a la técnica de casamiento de los cobros -procedente de las inversiones en las que se materializa la provisión matemática- y los pagos -compromisos adquiridos de la entidad aseguradora con el beneficiario-, técnica también llamada cash flow matching, o bien mediante la técnica de inmunización por duraciones, consistente en formar una cartera de activos por parte de la entidad aseguradora que soporten los compromisos adquiridos y que tenga la misma duración financiera (o vencimiento medio de los cobros) que la de los pagos previstos en la póliza.

El tipo de interés aplicable para el cálculo de la provisión de seguros de vida está regulado en el artículo 33 del ROSSP:

"1. *El tipo de interés aplicable para el cálculo de la provisión de seguros de vida no podrá ser superior a los siguientes límites:*

a) *En los seguros expresados en euros se podrá optar entre:*

*1º. El 60 por 100 de los tipos de interés medios del último trimestre del ejercicio anterior al ejercicio en el que resulte de aplicación de los empréstitos materializados en bonos y obligaciones del Estado. La Dirección General de Seguros y Fondos de Pensiones publicará anualmente el tipo de interés resultante de la aplicación del criterio anterior.*

*El tipo de interés publicado por la Dirección General de Seguros y Fondos de Pensiones para el cálculo de la provisión de seguros de vida referente al ejercicio que corresponda a la fecha de efecto de la póliza, siempre que la duración financiera estimada al tipo de interés de mercado de los cobros específicamente asignados a los contratos, resulte superior o igual a la duración financiera de los pagos derivados de los mismos atendiendo a sus flujos probabilizados y estimada al tipo de interés de mercado. Si no se cumpliera esta condición, el tipo de interés máximo aplicable a la provisión de seguros de vida individual correspondiente al periodo que excede de la duración financiera de los activos, será el previsto en el párrafo 1.º anterior.*

*Para la determinación de la duración financiera de los cobros a la que se refiere el párrafo anterior, se considerarán únicamente los flujos de los activos específicamente asignados que dispongan de vencimiento cierto y cuantía fija, o vencimiento cierto y cuantía determinable si su importe se referencia a variables financieras, así como, en caso de seguros a prima periódica, los flujos de cobro probabilizados por primas futuras. El valor de mercado de los activos no considerados en el cálculo de la duración financiera que hayan sido asignados específicamente a los compromisos cuya provisión de seguros de vida se calcule conforme a lo dispuesto en este apartado, no podrá exceder en más de un 20 por ciento del valor de mercado de la totalidad de los activos asignados. Las referencias hechas al valor de mercado de los activos han de entenderse comprensivas de dicho valor tal y como queda definido en el Plan de contabilidad de las entidades aseguradoras.*

b) *En los seguros expresados en moneda distinta al euro se podrá optar entre:*

*1º. El 60 por 100 de los tipos de interés medios del último trimestre del ejercicio anterior al ejercicio en el que resulte de aplicación de los empréstitos materializados en bonos y obligaciones del respectivo Estado.*

*2º. El tipo de interés correspondiente al ejercicio de fecha de efecto de la póliza que resulte de la aplicación del párrafo 1.º anterior siempre que se cumpla la condición prevista en el apartado a.2.º anterior.*

c) *En los seguros en los que el tipo de interés garantizado haya sido fijado para un periodo no superior al año, al tipo de interés garantizado en cada periodo.*

*Si la rentabilidad real obtenida en un ejercicio de las inversiones específicamente asignadas a los compromisos asumidos en virtud de operaciones de seguros de vida a las que se refieren los apartados a), b) y c) anteriores, excluidas las específicamente asignadas a las operaciones a las que se refiere el apartado 2 de este artículo, fuera inferior al tipo de interés técnico medio utilizado en operaciones sin la citada asignación específica, la provisión de seguros de vida correspondiente se calculará aplicando un tipo de interés igual a la rentabilidad realmente obtenida. Lo anterior no resultará de aplicación cuando la entidad haya acreditado previamente ante la Dirección General de Seguros y Fondos de Pensiones que el rendimiento a obtener en el ejercicio en curso y sucesivos será suficiente para garantizar los compromisos de pagos asumidos.*

*El cálculo del párrafo anterior se realizará separadamente para las pólizas incluidas en los párrafos a.1.º, a.2.º, b.1.º, b.2.º y c de este apartado. Asimismo se realizará de forma separada para las pólizas incluidas en la disposición transitoria segunda de este reglamento.*

2. *No obstante lo anterior, siempre que se recoja en la base técnica, las entidades que hayan asignado inversiones a determinadas operaciones de seguro, siempre que aquéllas resulten adecuadas a éstas, podrán determinar la provisión de seguros de vida por aplicación de un tipo de interés determinado en función de la tasa interna de rentabilidad de dichas inversiones, en tanto se cumplan los márgenes y requisitos que establezca el Ministro de Economía y Hacienda y se verifique la bondad de la situación con la periodicidad que la norma de desarrollo de este reglamento establezca. De todo ello y, en su caso, de los cambios que se produzcan en la asignación inicial, deberá quedar constancia en el registro de inversiones.*

*En particular, la adecuación de las inversiones será objeto de desarrollo por el Ministro de Economía y Hacienda atendiendo, según los casos, a:*

a) *Que exista coincidencia suficiente, en tiempo y cuantía, de los flujos de cobro para atender al cumplimiento de las obligaciones derivadas de una póliza o un grupo homogéneo de pólizas, de acuerdo con su escenario previsto.*

b) *Que las relaciones entre los valores actuales de las inversiones y de las obligaciones derivadas de las operaciones a las que aquéllas están asignadas, así como los riesgos inherentes a la operación financiera, incluido el de rescate y su cobertura, estén dentro de los márgenes establecidos al efecto.*

3. *En seguros con participación en beneficios y en aquéllos en los que la provisión de seguros de vida se haya determinado de acuerdo con lo establecido en el párrafo b) del apartado 2 anterior, esta provisión no podrá calcularse a un tipo de interés superior al utilizado para el cálculo de la prima.*

4. *De incumplirse los requisitos que permiten la aplicación de lo dispuesto en el apartado 2 anterior, el interés técnico a utilizar en el cálculo de la provisión de seguros de vida será el establecido en el apartado 1 del presente artículo".*

4

**ATENCIÓN**: El tipo máximo publicado por la DGS para 2011 es del 2,89%, según la Resolución de 11 de enero de 2011, de la DGSFP, por la que se publica el tipo de interés máximo a utilizar en el cálculo de la provisión de seguros de vida, de aplicación al ejercicio 2011

## 4-24 Seguros de tipo básico más participación en beneficios

Este tipo de producto garantiza una rentabilidad fija, cuyo máximo viene establecida por la Dirección General de Seguros, y que como máximo para 2011 es de un 2,89%.

Además se acredita cada final de año un beneficio adicional sobre el exceso de rentabilidad entre la rentabilidad realmente obtenida y el tipo básico.

**Ejemplo:**

Un ejemplo típico de condiciones sería el siguiente: 1% tipo de interés garantizado (Ig) más una participación en beneficios calculada de la siguiente manera 90% (R-Ig), donde R sería la rentabilidad realmente obtenida en el año.

Así, si la entidad aseguradora ha obtenido un 5%, el seguro acreditará [1% + 90% (5%-1%)] = 4,6%. En este tipo de seguro la aseguradora tiene más o menos libertad en las inversiones, aunque es importante entender que los criterios de valoración de las carteras son el valor de mercado, excepto que se trate de valores asignados a operaciones realizadas conforme a lo previsto en el apartado 2, del artículo 33, en cuyo caso se valorarán por el valor que figure en contabilidad.

 © CISS

## 4-25 Seguros en los que el tomador asume el riesgo de la inversión

También llamados "Unit Linked", son seguros de vida en el que el tomador asume el riesgo de las inversiones que se realizan con su o sus primas pero, al mismo tiempo, tiene la capacidad de decidir dónde se realizarán esas inversiones dentro de un abanico de posibilidades que le ofrece la entidad aseguradora.

Al no asumir el riesgo de las inversiones, implican menores requisitos de solvencia para los aseguradores.

Son seguros caracterizados por tener un fuerte componente de ahorro. El tomador adquiere unidades de cuenta como parte alícuota del la cartera total del seguro, que se valoran diariamente como el valor de mercado de los activos afectos. De esta forma el funcionamiento es similar a los fondos de pensiones.

El componente de riesgo es un seguro de fallecimiento de un capital asegurado, normalmente pequeño en relación con el capital de ahorro, que se cubriría con el resto de la prima no destinada a ahorro. En la base técnica del seguro se consideran que las tablas de mortalidad y las inversiones deben ser aptas para la cobertura de reservas matemáticas.

Puede instrumentarse como un seguro vida entera en el que la prestación será el fondo acumulado más un pequeño capital adicional en caso de fallecimiento o invalidez, o como seguro mixto en el que la prestación, en caso de muerte, será el fondo acumulado más el capital de fallecimiento y en caso de supervivencia el fondo acumulado.

Las carteras posibles de inversión ("cestas"), entre las que se puede mover el tomador, deben de estar preestablecidas por la entidad aseguradora en la póliza (como máximo 10), en cuanto al porcentaje en renta fija y variable y composición de las carteras, así como el número de cambios entre cestas al año. Se pueden mostrar cómo:

- Cestas de fondos de inversión, exclusivamente, con composición preestablecida por la entidad aseguradora.
- Cestas de activos directos cotizados en mercados regulados: bonos, acciones, derivados, etc., con composición preestablecida por la entidad aseguradora.
- Cestas mixtas de fondos de inversión y de activos directos, con composición preestablecida por la entidad aseguradora.

(Ver comentario relacionado 4-55 y ss.)

**Ejemplo:**

Seguro de vida a prima única cuyas provisiones se invierten en activos vinculados con devengo de cupón periódico. La selección de activos la efectúa inicialmente el tomador según su perfil de riesgo.

En caso de fallecimiento durante el período de duración del contrato, la prestación a cargo del asegurador será igual al 110% del valor liquidativo (o valor de mercado) de las participaciones consolidadas en la póliza.

En caso de supervivencia al término del período de duración de la póliza, el importe de la prestación del seguro se abonará en forma de capital equivalente a la provisión matemática existente en dicho momento.

Adicionalmente, existen prestaciones periódicas en caso de supervivencia del asegurado en cada una de las fechas en las que el activo vinculado devengue un cupón periódico, en función del número de participaciones consolidadas en el saldo de la póliza en las fechas prefijadas según características del activo. Estas prestaciones se liquidarán en las fechas en las que se liquiden los cupones del activo vinculado.

El beneficiario para el supuesto de supervivencia es el propio tomador del seguro. Se prevé el derecho de rescate, total y parcial, por el valor de la provisión matemática con deducción de gastos de gestión repercutibles al contrato y de la prima de riesgo imputable a la cobertura de fallecimiento. El tomador no posee la facultad de modificar los activos afectos a la póliza.

**Se trata de un contrato de seguro de vida mixto con coberturas de fallecimiento y supervivencia, en el que el tomador asume el riesgo de la inversión (Unit linked) y el asegurador el riesgo actuarial.**

## 4-26 Seguros de vida sobre depósitos estructurados

En este tipo de seguros, la provisión matemática constituida con las primas se invierte en un depósito que vincula su rendimiento, y por tanto, el importe de la prestación del seguro, a la evolución de uno o más índices de referencia o de una cesta de valores. Puede garantizar la devolución del 100% del principal, a cambio de un interés variable, o bien puede garantizar una rentabilidad determinada (60%, etc.), siempre bajo ciertas condiciones, por lo que el tomador asume el riesgo de la inversión. Actualmente es frecuente que incorporen autocancelación, es decir, el seguro vence si el índice de referencia, o los activos a los que se referencia la rentabilidad, alcanza la rentabilidad esperada.

Fiscalmente les es de aplicación el régimen general sin tener que cumplir los requisitos exigidos a los Unit-Linked ya que Hacienda considera que no hay traslación completa del riesgo financiero al tomador (Consulta Vinculante 0029/2003 de 14/04/2003 de la Dirección General de Tributos).

**Ejemplo:**

Consideramos un seguro de ahorro-inversión a prima única con el capital no asegurado. El plazo del producto está fijado en 3 años si bien es autocancelable anualmente, en función del comportamiento de las acciones a las que está referenciada su rentabilidad: Deutsche Telekom y Telefónica, SA (Corresponde al producto Inverplus Exclusivo 14 de Bankinter Seguros de Vida, SA).

Si el precio de cierre de los dos subyacentes es igual o superior al 90% de su precio inicial el primer año, o igual o superior al 85% el segundo año, el seguro se autocancela y el cliente recibe el 100% de la prima invertida más una rentabilidad añadida del 14% el primer año, o del 28% el segundo año.

De no cumplirse la condición, el seguro no se autocancela y continúa hasta su vencimiento. A esa fecha, si el precio final de todos los subyacentes es igual o superior al 80% de su precio inicial, el tomador recibirá el 100% de la prima invertida más una rentabilidad del 42%. Si el precio final de algún subyacente es menor al 80%, pero el precio final de todos los subyacentes es superior o igual al 50% de su precio inicial, el tomador recibirá únicamente el 100% de la prima invertida. Por último, si el precio final de algún subyacente es menor al 50% de su precio inicial, el tomador sólo recibirá un determinado porcentaje de la prima invertida.

El seguro cuenta también con cobertura en caso de fallecimiento del asegurado. Si ocurriera, el beneficiario recibiría una prestación adicional al valor del activo equivalente al 1% de la prima única inicial (con límites según edad), que aumentaría un 50% más en caso de fallecimiento por accidente.

**Se trata de un contrato de seguro de vida mixto con coberturas de fallecimiento y supervivencia, sobre un estructurado del que el tomador asume el riesgo. El asegurador asume el riesgo actuarial.**

4

# Sección 2. BASES TÉCNICAS DEL SEGURO DE VIDA

## 4-27 Base técnica del seguro de vida

La base técnica de un seguro incluye todos aquellos aspectos que influyen en las características económicas del mismo: cálculo de prima, de provisiones, de gastos, etc. Están reguladas en el artículo 77 del ROSSP y de forma específica para el seguro de vida en el artículo 78.

Según el artículo 77 del ROSSP:

"1. *Las bases técnicas, que deberán ser suscritas por un actuario de seguros, comprenderán, en cuanto proceda según la estructura administrativa y organización comercial de la entidad, los siguientes apartados:*

a) *Información genérica. En ella se dará explicación del riesgo asegurable conforme a la póliza respectiva, los factores de riesgo considerados en la tarifa y los sistemas de tarifación utilizados.*

b) *Información estadística sobre el riesgo. Se aportará información sobre la estadística que se haya utilizado, indicando el tamaño de la muestra, las fuentes y método de obtención de la misma y el período a que se refiera.*


© CISS

c) *Recargo de seguridad. Se destinará a cubrir las desviaciones aleatorias desfavorables de la siniestralidad esperada, y deberá calcularse sobre la prima pura. Se determinará, de acuerdo con las características de la información estadística utilizada, atendiendo al tipo, composición y tamaño de la cartera, al patrimonio propio no comprometido y al volumen de cesiones al reaseguro, así como al período que se haya considerado para el planteamiento de la solvencia, que no podrá ser inferior a tres años, debiendo especificarse la probabilidad de insolvencia que, en relación con dicho período, se haya tenido en cuenta.*

d) *Recargos para gastos de gestión. Se detallará cuantía, suficiencia y adecuación de los recargos para gastos de administración y de adquisición, incluidos entre estos últimos los de mantenimiento del negocio, justificados en función de la organización administrativa y comercial, actual y prevista en la entidad interesada, teniendo en cuenta si se trata de seguros individuales o de grupo. En el ramo de vida, los gastos de adquisición activados no podrán superar para cada póliza el valor de la provisión matemática a prima de inventario del primer ejercicio contabilizada en el pasivo del balance.*

e) *Recargo para beneficio o excedente. Se destinará a remunerar los recursos financieros e incrementar la solvencia dinámica de la empresa.*

f) *Cálculo de la prima. En función de las bases estadísticas y financieras si procede, se establecerá la equivalencia actuarial para fijar la prima pura que corresponda al riesgo a cubrir y a los gastos de gestión de los siniestros. Tomando como base la prima pura y los recargos, se obtendrá la prima de tarifa o comercial.*

*(...)".*

Si se admiten primas fraccionadas y fraccionarias, también llamadas con poder liberatorio, en tanto en cuanto si ocurre un siniestro entre el pago de las fracciones de prima, se libera al tomador de pagar las restantes sin quita en la prestación. Esta modalidad es más cara que la prima fraccionada que no tiene poder liberatorio en caso de siniestro se ajusta la prestación con las fracciones de primas no pagadas), se justificará la base y el recargo para calcularlas, concretando que estas últimas son liberatorias por el período de seguro a que correspondan.

*"(...)*

g) *Cálculo de las provisiones técnicas. Las bases técnicas reflejarán el método elegido para el cálculo de las provisiones técnicas.*

2. *Si, incumpliendo las previsiones de la base técnica, durante dos ejercicios consecutivos los recargos para gastos de gestión son insuficientes para atender los gastos reales de administración y adquisición definidos conforme al Plan de Contabilidad de las Entidades Aseguradoras, deberá procederse a la adecuación de las bases técnicas.*

3. *No será de aplicación lo previsto en el apartado anterior cuando el exceso de gastos sea debido a circunstancias excepcionales y que previsiblemente no vayan a seguir produciéndose en el futuro y así se acredite ante la Dirección General de Seguros y Fondos de Pensiones".*

4

**ATENCIÓN:** Si tenemos en cuenta que la prima se calcula como la esperanza matemática de ocurrencia de un siniestro y de su coste, para ello intervienen:

- La probabilidad de ocurrencia del siniestro.
- La intensidad del riesgo.
- El capital asegurado.
- La duración del seguro.

La estructura de desglose del cálculo de la prima del seguro es la siguiente:

Se inicia con la estimación de la prima pura o prima de riesgo, que es la cuantificación monetaria de la esperanza matemática de la ocurrencia del siniestro; a ésta se le añade el recargo de seguridad I que es un porcentaje que se añade sobre la prima de riesgo para cubrir eventuales desviaciones entre la estimación del coste del siniestro y el coste real, generando el coste técnico del seguro. A continuación se le añaden los gastos de administración de la compañía (que contienen alquileres, pago de suministros, sueldos y salarios, y en definitiva todos los gastos necesarios para el funcionamiento de la aseguradora), obteniendo la prima de inventario. Seguidamente se suman los gastos de adquisición, también llamados de gestión externa, que son los que proceden de remunerar a los agentes o corredores de seguros que han captado al tomador para firmar la póliza, obteniendo el coste para la empresa de seguros (también se llama prima azimut). A continuación al coste de la empresa se le agrega el margen de explotación y se obtiene la prima comercial (o prima de tarifa o coste total para el tomador procedente de la entidad aseguradora). Veamos en el siguiente cuadro la secuencia de forma escalonada y de izquierda a derecha:

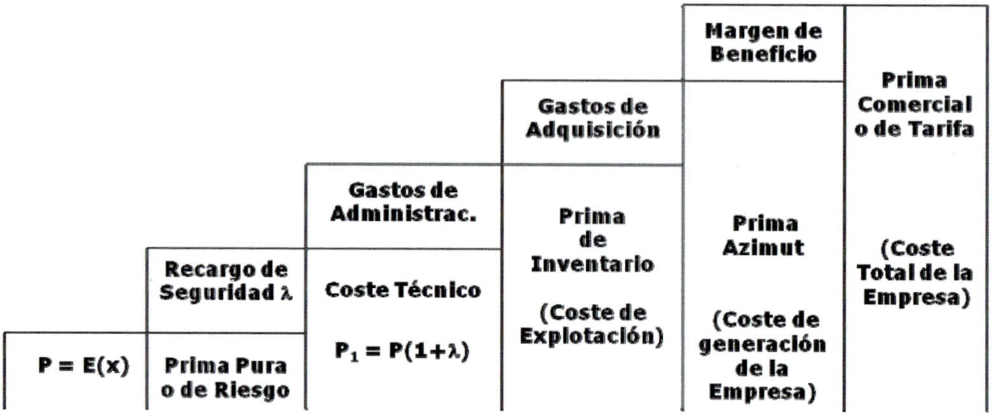


A la prima comercial, o también llamada "prima de tarifa", habrá que sumarle los recargos externos, como es el recargo del Consorcio de Compensación de Seguros, recargos por fraccionamiento, e impuesto de seguros. Todos suman el importe del recibo que paga el tomador para que se active el seguro. Lo podemos ver en la siguiente secuencia:

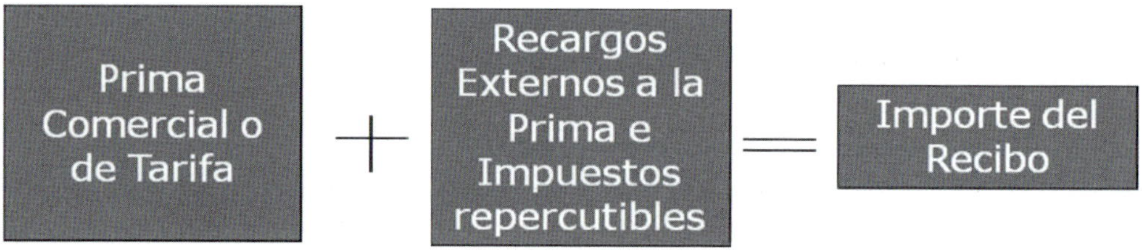


Siendo P=E(x) la prima pura o de riesgo, que es el coste técnico del seguro, de forma que su cálculo procede del producto de la probabilidad de ocurrencia del siniestro (de acuerdo a los datos de siniestralidad histórica de la compañía) por el coste medio del siniestro (o intensidad media considerada por la compañía en base a su experiencia). Veamos la secuencia:



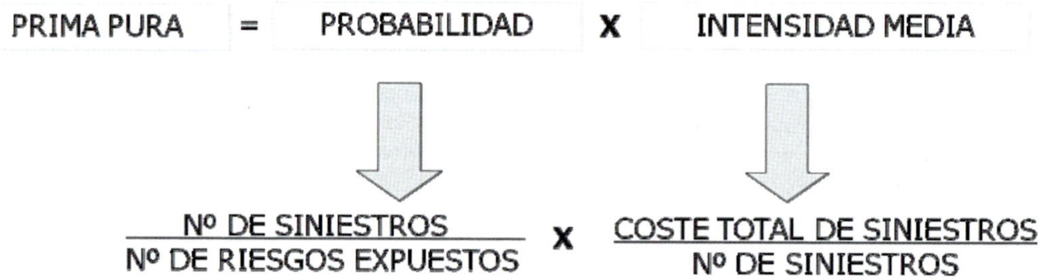


De forma complementaria, la prima pagada puede ser fraccionada o fraccionaria, si se paga la misma en varias veces, o prima única si se paga de una vez al inicio de la operación.

## 4-28 Particularidades de las bases técnicas del seguro de vida

La base técnica especificará el método de determinación del interés técnico a efectos del cálculo de la provisión de seguros de vida, así como el utilizado en el cálculo de la prima. En el caso de que alguno de los recargos de gestión no exista por hallarse implícito en el tipo de interés garantizado, dicha circunstancia deberá explicitarse y cuantificarse.

La utilización de tipos de interés para el cálculo de las primas, superiores a los máximos establecidos reglamentariamente relativas al cálculo de la provisión de seguros de vida no podrá tener carácter sistemático y permanente.

En los supuestos contemplados en el apartado 2 del artículo 33 de este ROSSP, el interés técnico a utilizar en el cálculo de las primas deberá adecuarse a lo previsto en el mencionado artículo para el aplicable al cálculo de la provisión de seguros de vida.

En cualquier caso, las entidades aseguradoras que, en la parte relativa al ramo de vida, no tengan suficiencia del fondo de garantía, no tengan adecuadamente cubiertas las provisiones técnicas, no dispongan del margen de solvencia legalmente exigible o respecto de las cuales se hayan adoptado medidas de control especial, no podrán aplicar al cálculo de las primas de los nuevos compromisos un tipo de interés técnico superior al regulado en el apartado 1 del artículo 33 del ROSSP.

La entidad aseguradora deberá poner a disposición del público las bases y los métodos utilizados para el cálculo de las provisiones técnicas.

## 4-29 Contenido de las bases técnicas del seguro de vida

Las bases técnicas de los seguros de vida deberán contener:

a) Los criterios de selección de riesgos que haya decidido aplicar cada entidad, determinando, entre otros, las edades de admisión, períodos de carencia, supuestos de exigencia de reconocimiento médico previo, número mínimo de personas para la aplicación de las tarifas de primas de los seguros colectivos o de grupo y módulos de fijación de capitales asegurados en estos seguros, en su caso.

b) Las fórmulas para determinar los valores garantizados para los casos de rescate, reducción de capital asegurado y anticipos. Los valores resultantes han de ser concordantes con los que figuran en las pólizas.

c) El sistema de cálculo utilizado y los criterios de imputación de la participación en beneficios a los asegurados, cuando se conceda, teniendo en cuenta los siguientes elementos:

1. Las entidades aseguradoras podrán conceder a sus asegurados participación en los beneficios obtenidos, mediante el sistema que deseen, referido a los resultados técnicos, a los financieros o a la combinación de ambos.

2. En las bases técnicas habrán de detallar el sistema que decidan y precisarán el modelo de cuenta y los criterios de imputación que permitan el cálculo y clara comprobación de tales resultados.

# Sección 3. LAS TABLAS DE MORTALIDAD Y SUPERVIVENCIA

4

## 4-30 Las tablas de mortalidad y supervivencia. Concepto

Son "calendarios" del comportamiento de la mortalidad de la población en el tiempo, que se utilizarán por las compañías de seguros para tarificar el precio del seguro de vida -la prima-. Consideremos que la diferencia principal entre el negocio asegurador y el bancario es que en el negocio asegurador los pagos son probables, y no ciertos como ocurre en el negocio bancario, de ahí que habrá que estimar esa probabilidad de forma correcta.

Básicamente son estadísticas realizadas sobre una muestra poblacional amplia durante varios años sobre la cadencia en la mortalidad, que realizado con criterios estadísticos, finalmente se extrapola al comportamiento de la mortalidad del resto de la población.

En España históricamente las compañías de seguros habían tomado como base las tablas suizas (GK-R/M-F, según sea para mortalidad (GK) o supervivencia (GR) y según sean para asegurados masculinos (M) o femeninos (F). Pero en 2000 desde un grupo de trabajo impulsado por UNESPA se crearon las tablas generacionales españolas cuya particularidad principal es que no sólo se basan en población española sino que además son dinámicas, es decir, que la probabilidad de mortalidad y supervivencia se adapta según pasan los años (cosa que podemos entender todos como lógica), lo cual es un gran avance en relación con las tablas suizas que son estáticas.

## 4-31 Regulación de las tablas de mortalidad, supervivencia e invalidez

El artículo 34 del ROSSP establece los requisitos que deben cumplir las tablas de mortalidad, de supervivencia y de invalidez, entre otros (apartado 1.c). Así mismo, en el tiempo se ha ido desarrollando la regulación de las tablas:

• La DGSFP aprobó las tablas de mortalidad a utilizar por las entidades aseguradoras a la hora de tarificar sus seguros, recogida en la Circular 1/2000 de la dirección general de seguros relativa a la elección de las tablas de mortalidad y supervivencia.

• La Resolución de 3 de octubre de 2000 de la Dirección General de Seguros y Fondos de Pensiones por la que se da cumplimiento a lo previsto en el número 5 de la disposición transitoria segunda del Reglamento de Ordenación y supervisión de los seguros privados, aprobado por Real Decreto 2486/1998, de 20 de noviembre, en relación con las tablas de mortalidad y supervivencia a utilizar por las entidades aseguradoras.

• La Resolución de 23 de abril de 2008, de la Dirección General de Seguros y Fondos de Pensiones, por la que se da cumplimiento a lo previsto en el apartado 5 de la disposición transitoria segunda del Reglamento de Ordenación y supervisión de los seguros privados, aprobado por Real Decreto 2486/1998, de 20 de noviembre, en relación con las tablas de mortalidad, supervivencia, invalidez y morbilidad a utilizar por las entidades aseguradoras.

## 4-32 Requisitos de las tablas de mortalidad, supervivencia y de invalidez

De acuerdo con la **Circular 1/2000 de la DGSFP**, una característica del seguro de vida a la hora de calcular la prima es la consideración de las probabilidades de fallecimiento-supervivencia para cada edad.

Tal y como recoge el artículo 34 del ROSSP, de acuerdo con la nueva redacción dada por el Real Decreto 1361/2007, de 19 de octubre, por el que se modifica el Reglamento de ordenación y supervisión de los seguros privados, en materia de supervisión del reaseguro, las tablas de mortalidad de supervivencia y de invalidez deberán cumplir los siguientes requisitos:

1. *"Las tablas de mortalidad, de supervivencia, de invalidez y de morbilidad deberán cumplir los siguientes requisitos:*

a) *Estar basadas en experiencia nacional o extranjera, ajustada a tratamientos estadístico-actuariales generalmente aceptados.*

b) *La mortalidad, supervivencia, invalidez y morbilidad reflejadas en las mismas deberán encontrarse dentro de los intervalos de confianza generalmente admitidos para la experiencia española. En caso de que contengan probabilidades diferentes para cada sexo, deberán justificarse estadísticamente, sin que en ningún caso puedan incorporar el efecto del riesgo por embarazo y parto.*

c) *El final del período de observación considerado para la elaboración de las tablas no podrá ser anterior en más de veinte años a la fecha de cálculo de la provisión.*

4

d) *Cuando se utilicen tablas basadas en la experiencia propia del colectivo asegurado, la información estadística en la que se basen deberá cumplir los requisitos de homogeneidad y representatividad del riesgo, incluyendo sobre el mismo información suficiente que permita una inferencia estadística e indicando el tamaño de la muestra, su método de obtención y el período a que se refiere, el cual deberá adecuarse a lo previsto en el párrafo c) anterior.*

e) *En los seguros de supervivencia, deberán incorporar el efecto del tanto de disminución de la mortalidad considerando una evolución desfavorable de la misma, salvo que ya haya sido tenido en cuenta en el cómputo del período de observación a que se refiere el párrafo c) anterior.*

*No obstante lo anterior, en el cálculo de la provisión podrán utilizarse tablas más prudentes que, sin cumplir alguno de los requisitos anteriores, tengan un margen de seguridad superior al que resulta de éstos.*

2. *Si en la fecha de cálculo de la provisión se constatara la inadecuación de las tablas inicialmente utilizadas al comportamiento real del colectivo asegurado, siempre que sobre la evolución real del riesgo exista información suficiente como para permitir una inferencia estadística, se efectuará si procede una sobredotación de la provisión de seguros de vida para reflejar las nuevas probabilidades".*

Vemos, pues, que se exige que las tablas que se apliquen deberán estar basadas en experiencia nacional o extranjera ajustada a tratamientos estadístico-actuariales, que la mortalidad reflejada en las mismas se encuentre dentro de los intervalos de confianza generalmente admitidos para la experiencia española.

Tal y como exige el párrafo c) del apartado 1del precepto citado, habrá que tener muy presente que el final del período de observación considerado para la elaboración de la tabla no sea anterior en más de veinte años a la fecha de cálculo de los correspondientes compromisos.

Solamente en el caso del cálculo de la provisión podrán utilizarse tablas más prudentes que, sin cumplir alguno de los requisitos anteriores, tengan un margen de seguridad superior al que resulta de éstos. Con este requisito,


© CISS

se elimina la posibilidad de utilizar tablas más prudentes para el cálculo de las primas, al objeto de que las primas pagadas por los tomadores de seguro se adecuen en la mayor medida posible al verdadero riesgo soportado, al incremento de la esperanza de vida de la población y a la mejora de la mortalidad.

**ATENCIÓN:** Esta nueva redacción del artículo 34 del ROSSP se fundamentó también por el de desarrollo de la Ley Orgánica 3/2007, de 22 de marzo, para la igualdad efectiva de mujeres y hombres que también se consideró aplicar en materia de factores actuariales a las tablas de mortalidad a utilizar por las entidades aseguradoras.

## 4-33 El límite del periodo de observación en las tablas de mortalidad, supervivencia y de invalidez

El final del periodo de observación considerado para la elaboración de las tablas no podrá ser anterior en más de veinte años a la fecha de cálculo de la provisión, según establece la Circular 1/2000 de la DGSFP.

Esta previsión es especialmente importante, por cuanto el fenómeno de mejora de la supervivencia marca diferencias muy notables entre dos tablas con periodos de observación muy separados en el tiempo, de forma que el cálculo de los compromisos de una entidad aseguradora, con aplicación de unas previsiones de supervivencia que no contemplen, incluso prospectivamente, el aludido fenómeno, puede llegar a generar serios problemas financieros e incluso de solvencia, y obligar a la entidad a afrontar las insuficiencias con recursos propios si la tarificación de sus coberturas no es, de la misma manera, igualmente prudente.

Lo anterior tiene una destacable repercusión cuando se trata de compromisos en forma de rentas de supervivencia, tanto más cuanto a mayor plazo se asuman los citados compromisos.

**ATENCIÓN:** Consciente el ROSSP de la dificultad de valorar adecuadamente el repetido fenómeno, así como de la generalidad con que venían utilizándose unas determinadas tablas (las denominadas GKM-80 y GRM-80, para mortalidad y supervivencia -masculina y femenina-, respectivamente, de experiencia suiza), su Disposición Transitoria segunda, número 5, estableció que, no obstante lo dispuesto en el artículo 34.1.c), hasta tanto así se declarase por la DGSFP, podrían utilizarse las tablas antes citadas, si bien corregidas con dos años menos de edad actuarial para el caso de las aplicables a garantías de supervivencia.

No obstante, la DGSFP en su Resolución de 23 de abril de 2008 vino a declarar la no admisibilidad de la utilización de las tablas GKM-80 y GKF-80 para el cálculo de primas de fallecimiento de nueva suscripción justificando su decisión en "*se considera adecuado impulsar la utilización de tablas de mortalidad modernas que reflejen la evolución de las variables demográficas experimentada en los últimos años de forma que se ajusten mejor al riego efectivamente cubierto por las entidades aseguradoras y con todo ello propiciar que se apliquen los principios de la tarificación tanto de suficiencia como de equidad*".

En aplicación, por otra parte, de lo dispuesto en el último párrafo del número 1 del artículo 34, podrán utilizarse otras que sean más prudentes, lo que quiere decir que no es admisible, para garantías de fallecimiento, efectuar la misma corrección de dos años en la edad actuarial.

En 1998 la DGSFP suscribió el "Protocolo de colaboración para el estudio continuado de la mortalidad", juntamente con UNESPA, el Instituto de Actuarios Españoles, Investigación Cooperativa entre Entidades Aseguradoras (ICEA) y la Dirección General de Ordenación de la Seguridad Social, mediante el cual se creó una Comisión Técnica para el estudio continuado de la mortalidad, a la que con posterioridad se incorporó el Instituto Nacional de Estadística.

Fruto de ese grupo de trabajo se obtuvieron unas tablas de supervivencia denominadas PERM/F-2000, mediante ajuste de la tabla de población española, y su extrapolación para edades superiores a los 90 años, y considerando márgenes de seguridad distintos, por razones de orden práctico, para la cartera de pólizas en vigor y para la nueva producción.

La DGSFP hizo públicas estas nuevas Tablas en la Resolución de 3 de octubre de 2000:

**Anexo: Tablas generacionales de supervivencia Aplicables a las coberturas de supervivencia otorgadas por las entidades aseguradoras sometidas al artículo 34 del ROSSP**

*La tabla a aplicar a cada asegurado dependerá de su año de nacimiento y se calculará a partir de la tabla base que corresponda.*

4

*Una vez determinada la tabla de cada asegurado, es decir, la de su generación, los cálculos se efectuarán tomando su edad actuarial exacta en cada momento*

| **Para los contratos en cartera** | | | *Tablas PERM/F2000C* | |
|---|---|---|---|---|
| | ***Tabla Base. qx (en tanto por mil )*** | | ***Factor de mejora de qx ( )*** | |
| **Año de Nacimiento** | **Hombres** | **Mujeres** | **Hombres** | **Mujeres** |
| 2000 | 6,487 | 3,633 | 0,0000 | 0,0400 |
| 1999 | 0,638 | 0,298 | 0,0000 | 0,0400 |
| 1998 | 0,339 | 0,221 | 0,0000 | 0,0400 |
| 1997 | 0,300 | 0,149 | 0,0000 | 0,0400 |
| 1996 | 0,254 | 0,144 | 0,0000 | 0,0400 |
| 1995 | 0,247 | 0,119 | 0,0000 | 0,0400 |
| 1994 | 0,223 | 0,108 | 0,0000 | 0,0400 |
| 1993 | 0,216 | 0,098 | 0,0000 | 0,0400 |
| 1992 | 0,200 | 0,083 | 0,0000 | 0,0400 |
| 1991 | 0,193 | 0,077 | 0,0000 | 0,0400 |
| 1990 | 0,185 | 0,083 | 0,0000 | 0,0400 |
| 1989 | 0,201 | 0,103 | 0,0000 | 0,0300 |
| 1988 | 0,208 | 0,120 | 0,0000 | 0,0300 |
| 1987 | 0,247 | 0,135 | 0,0000 | 0,0270 |
| 1986 | 0,301 | 0,141 | 0,0000 | 0,0270 |
| 1985 | 0,410 | 0,153 | 0,0000 | 0,0270 |
| 1984 | 0,572 | 0,177 | 0,0000 | 0,0270 |
| 1983 | 0,743 | 0,206 | 0,0000 | 0,0270 |
| 1982 | 0,875 | 0,224 | 0,0000 | 0,0270 |
| 1981 | 0,985 | 0,241 | 0,0000 | 0,0270 |
| 1980 | 1,102 | 0,242 | 0,0000 | 0,0270 |
| 1979 | 1,143 | 0,253 | 0,0000 | 0,0270 |
| 1978 | 1,222 | 0,242 | 0,0000 | 0,0270 |
| 1977 | 1,287 | 0,254 | 0,0000 | 0,0270 |
| 1976 | 1,336 | 0,266 | 0,0000 | 0,0270 |
| 1975 | 1,322 | 0,272 | 0,0000 | 0,0270 |
| 1974 | 1,348 | 0,295 | 0,0000 | 0,0270 |
| 1973 | 1,398 | 0,325 | 0,0000 | 0,0270 |
| 1972 | 1,448 | 0,337 | 0,0000 | 0,0270 |
| 1971 | 1,466 | 0,367 | 0,0000 | 0,0270 |
| 1970 | 1,429 | 0,367 | 0,0000 | 0,0270 |
| 1969 | 1,387 | 0,373 | 0,0010 | 0,0270 |
| 1968 | 1,414 | 0,356 | 0,0020 | 0,0270 |




© CISS

| Para los contratos en cartera | | | *Tablas PERM/F2000C* | |
|---|---|---|---|---|
| | **Tabla Base. qx (en tanto por mil )** | | **Factor de mejora de qx ( )** | |
| **Año de Nacimiento** | **Hombres** | **Mujeres** | **Hombres** | **Mujeres** |
| 1967 | 1,418 | 0,344 | 0,0030 | 0,0270 |
| 1966 | 1,407 | 0,374 | 0,0040 | 0,0270 |
| 1965 | 1,380 | 0,440 | 0,0050 | 0,0270 |
| 1964 | 1,347 | 0,458 | 0,0060 | 0,0270 |
| 1963 | 1,336 | 0,464 | 0,0070 | 0,0270 |
| 1962 | 1,436 | 0,488 | 0,0080 | 0,0270 |
| 1961 | 1,571 | 0,495 | 0,0090 | 0,0270 |
| 1960 | 1,667 | 0,584 | 0,0092 | 0,0270 |
| 1959 | 1,793 | 0,561 | 0,0094 | 0,0260 |
| 1958 | 1,919 | 0,658 | 0,0096 | 0,0260 |
| 1957 | 2,016 | 0,707 | 0,0098 | 0,0260 |
| 1956 | 2,158 | 0,762 | 0,0100 | 0,0260 |
| 1955 | 2,334 | 0,850 | 0,0100 | 0,0250 |
| 1954 | 2,565 | 0,870 | 0,0100 | 0,0250 |
| 1953 | 2,693 | 0,957 | 0,0100 | 0,0250 |
| 1952 | 2,823 | 0,996 | 0,0100 | 0,0250 |
| 1951 | 3,292 | 1,200 | 0,0100 | 0,0240 |
| 1950 | 3,708 | 1,378 | 0,0100 | 0,0230 |
| 1949 | 4,134 | 1,558 | 0,0100 | 0,0230 |
| 1948 | 4,502 | 1,631 | 0,0100 | 0,0230 |
| 1947 | 5,372 | 1,918 | 0,0100 | 0,0230 |
| 1946 | 5,695 | 2,037 | 0,0100 | 0,0230 |
| 1945 | 6,106 | 2,195 | 0,0100 | 0,0230 |
| 1944 | 6,518 | 2,286 | 0,0100 | 0,0230 |
| 1943 | 7,079 | 2,566 | 0,0100 | 0,0230 |
| 1942 | 7,703 | 2,827 | 0,0110 | 0,0230 |
| 1941 | 8,183 | 3,058 | 0,0120 | 0,0230 |
| 1940 | 9,184 | 3,424 | 0,0130 | 0,0240 |
| 1939 | 10,070 | 3,727 | 0,0130 | 0,0240 |
| 1938 | 10,876 | 4,133 | 0,0130 | 0,0240 |
| 1937 | 11,748 | 4,395 | 0,0130 | 0,0250 |
| 1936 | 13,045 | 4,828 | 0,0130 | 0,0250 |
| 1935 | 14,533 | 5,451 | 0,0130 | 0,0250 |
| 1934 | 15,690 | 6,053 | 0,0130 | 0,0250 |
| 1933 | 17,221 | 6,698 | 0,0130 | 0,0250 |
| 1932 | 18,968 | 7,433 | 0,0130 | 0,0250 |

| Para los contratos en cartera | | | Tablas PERM/F2000C | |
|---|---|---|---|---|
| | Tabla Base. qx (en tanto por mil ) | | Factor de mejora de qx ( ) | |
| Año de Nacimiento | Hombres | Mujeres | Hombres | Mujeres |
| 1931 | 20,645 | 8,403 | 0,0130 | 0,0250 |
| 1930 | 22,270 | 9,330 | 0,0130 | 0,0250 |
| 1929 | 24,429 | 10,684 | 0,0130 | 0,0250 |
| 1928 | 27,259 | 12,013 | 0,0130 | 0,0250 |
| 1927 | 30,296 | 13,893 | 0,0130 | 0,0250 |
| 1926 | 33,690 | 15,897 | 0,0127 | 0,0240 |
| 1925 | 37,286 | 18,249 | 0,0124 | 0,0230 |
| 1924 | 40,934 | 21,049 | 0,0121 | 0,0220 |
| 1923 | 44,857 | 24,341 | 0,0118 | 0,0210 |
| 1922 | 49,256 | 27,849 | 0,0115 | 0,0200 |
| 1921 | 54,411 | 32,056 | 0,0112 | 0,0190 |
| 1920 | 59,678 | 37,498 | 0,0109 | 0,0180 |
| 1919 | 66,056 | 43,054 | 0,0106 | 0,0170 |
| 1918 | 72,769 | 48,100 | 0,0103 | 0,0160 |
| 1917 | 78,957 | 54,719 | 0,0100 | 0,0150 |
| 1916 | 84,610 | 62,984 | 0,0100 | 0,0140 |
| 1915 | 92,859 | 71,238 | 0,0100 | 0,0130 |
| 1914 | 102,503 | 79,092 | 0,0100 | 0,0120 |
| 1913 | 110,684 | 88,704 | 0,0100 | 0,0110 |
| 1912 | 120,763 | 98,128 | 0,0100 | 0,0100 |
| 1911 | 132,697 | 109,289 | 0,0100 | 0,0100 |
| 1910 | 145,575 | 121,868 | 0,0100 | 0,0090 |
| 1909 | 158,966 | 135,539 | 0,0100 | 0,0080 |
| 1908 | 174,313 | 150,147 | 0,0090 | 0,0070 |
| 1907 | 189,886 | 165,612 | 0,0080 | 0,0060 |
| 1906 | 206,827 | 183,671 | 0,0070 | 0,0050 |
| 1905 | 223,026 | 202,810 | 0,0060 | 0,0040 |
| 1904 | 240,493 | 223,010 | 0,0050 | 0,0030 |
| 1903 | 259,327 | 244,252 | 0,0040 | 0,0020 |
| 1902 | 279,634 | 266,510 | 0,0030 | 0,0010 |
| 1901 | 302,162 | 290,369 | 0,0020 | 0,0000 |
| 1900 | 326,505 | 312,166 | 0,0010 | 0,0000 |
| 1899 | 361,190 | 342,489 | 0,0000 | 0,0000 |
| 1898 | 386,405 | 365,956 | 0,0000 | 0,0000 |
| 1897 | 413,380 | 389,957 | 0,0000 | 0,0000 |
| 1896 | 442,239 | 414,475 | 0,0000 | 0,0000 |

| Para los contratos en cartera | | | Tablas PERM/F2000C | |
|---|---|---|---|---|
| | Tabla Base. qx (en tanto por mil) | | Factor de mejora de qx ( ) | |
| Año de Nacimiento | Hombres | Mujeres | Hombres | Mujeres |
| 1895 | 473,112 | 439,502 | 0,0000 | 0,0000 |
| 1894 | 506,141 | 465,043 | 0,0000 | 0,0000 |
| 1893 | 541,475 | 491,114 | 0,0000 | 0,0000 |
| 1892 | 579,276 | 518,648 | 0,0000 | 0,0000 |
| 1891 | 619,716 | 547,724 | 0,0000 | 0,0000 |
| 1890 | 662,979 | 578,431 | 0,0000 | 0,0000 |
| 1889 | 709,262 | 610,859 | 0,0000 | 0,0000 |
| 1888 | 758,776 | 645,106 | 0,0000 | 0,0000 |
| 1887 | 1000,000 | 1000,000 | 0,0000 | 0,0000 |

Tablas generacionales de supervivencia

**Aplicables a las coberturas de supervivencia otorgadas por las entidades aseguradoras sometidas al artículo 34 del ROSSP**

*La tabla a aplicar a cada asegurado dependerá de su año de nacimiento y se calculará a partir de la tabla base que corresponda.*

*Una vez determinada la tabla de cada asegurado, es decir, la de su generación, los cálculos se efectuarán tomando su edad actuarial exacta en cada momento*

| Para los contratos de nueva producción | | | Tablas PERM/F2000P | |
|---|---|---|---|---|
| | Tabla Base. qx (en tanto por mil) | | Factor de mejora de qx ( ) | |
| Año de Nacimiento | Hombres | Mujeres | Hombres | Mujeres |
| 2000 | 5,742 | 3,215 | 0,0150 | 0,0400 |
| 1999 | 0,565 | 0,264 | 0,0150 | 0,0400 |
| 1998 | 0,300 | 0,196 | 0,0150 | 0,0400 |
| 1997 | 0,266 | 0,132 | 0,0150 | 0,0400 |
| 1996 | 0,225 | 0,128 | 0,0150 | 0,0400 |
| 1995 | 0,218 | 0,105 | 0,0150 | 0,0400 |
| 1994 | 0,198 | 0,096 | 0,0150 | 0,0400 |
| 1993 | 0,191 | 0,087 | 0,0150 | 0,0400 |
| 1992 | 0,177 | 0,073 | 0,0150 | 0,0400 |
| 1991 | 0,171 | 0,068 | 0,0150 | 0,0400 |
| 1990 | 0,164 | 0,073 | 0,0150 | 0,0400 |
| 1989 | 0,178 | 0,091 | 0,0150 | 0,0300 |
| 1988 | 0,184 | 0,106 | 0,0150 | 0,0300 |
| 1987 | 0,219 | 0,120 | 0,0150 | 0,0270 |
| 1986 | 0,267 | 0,125 | 0,0150 | 0,0270 |

4

| Para los contratos de nueva producción | | | Tablas PERM/F2000P | |
|---|---|---|---|---|
| | Tabla Base. qx (en tanto por mil ) | | Factor de mejora de qx ( ) | |
| Año de Nacimiento | Hombres | Mujeres | Hombres | Mujeres |
| 1985 | 0,362 | 0,135 | 0,0150 | 0,0270 |
| 1984 | 0,506 | 0,156 | 0,0150 | 0,0270 |
| 1983 | 0,657 | 0,182 | 0,0150 | 0,0270 |
| 1982 | 0,774 | 0,198 | 0,0150 | 0,0270 |
| 1981 | 0,871 | 0,214 | 0,0150 | 0,0270 |
| 1980 | 0,976 | 0,214 | 0,0150 | 0,0270 |
| 1979 | 1,011 | 0,224 | 0,0150 | 0,0270 |
| 1978 | 1,082 | 0,214 | 0,0150 | 0,0270 |
| 1977 | 1,139 | 0,225 | 0,0150 | 0,0270 |
| 1976 | 1,182 | 0,235 | 0,0150 | 0,0270 |
| 1975 | 1,170 | 0,240 | 0,0150 | 0,0270 |
| 1974 | 1,193 | 0,261 | 0,0150 | 0,0270 |
| 1973 | 1,237 | 0,288 | 0,0150 | 0,0270 |
| 1972 | 1,281 | 0,298 | 0,0150 | 0,0270 |
| 1971 | 1,298 | 0,325 | 0,0150 | 0,0270 |
| 1970 | 1,265 | 0,325 | 0,0150 | 0,0270 |
| 1969 | 1,227 | 0,330 | 0,0150 | 0,0270 |
| 1968 | 1,252 | 0,315 | 0,0150 | 0,0270 |
| 1967 | 1,255 | 0,305 | 0,0150 | 0,0270 |
| 1966 | 1,245 | 0,331 | 0,0150 | 0,0270 |
| 1965 | 1,222 | 0,389 | 0,0150 | 0,0270 |
| 1964 | 1,192 | 0,405 | 0,0150 | 0,0270 |
| 1963 | 1,182 | 0,411 | 0,0150 | 0,0270 |
| 1962 | 1,271 | 0,432 | 0,0150 | 0,0270 |
| 1961 | 1,391 | 0,438 | 0,0150 | 0,0270 |
| 1960 | 1,476 | 0,517 | 0,0150 | 0,0270 |
| 1959 | 1,587 | 0,496 | 0,0150 | 0,0260 |
| 1958 | 1,698 | 0,582 | 0,0150 | 0,0260 |
| 1957 | 1,784 | 0,626 | 0,0150 | 0,0260 |
| 1956 | 1,910 | 0,675 | 0,0150 | 0,0260 |
| 1955 | 2,066 | 0,753 | 0,0150 | 0,0250 |
| 1954 | 2,270 | 0,770 | 0,0150 | 0,0250 |
| 1953 | 2,384 | 0,847 | 0,0150 | 0,0250 |
| 1952 | 2,499 | 0,881 | 0,0150 | 0,0250 |
| 1951 | 2,914 | 1,062 | 0,0150 | 0,0250 |
| 1950 | 3,281 | 1,220 | 0,0150 | 0,0250 |

4


© CISS

| Para los contratos de nueva producción | | | Tablas PERM/F2000P | |
|---|---|---|---|---|
| | Tabla Base. qx (en tanto por mil) | | Factor de mejora de qx ( ) | |
| Año de Nacimiento | Hombres | Mujeres | Hombres | Mujeres |
| 1949 | 3,673 | 1,385 | 0,0150 | 0,0250 |
| 1948 | 4,001 | 1,449 | 0,0150 | 0,0250 |
| 1947 | 4,773 | 1,704 | 0,0150 | 0,0250 |
| 1946 | 5,061 | 1,810 | 0,0150 | 0,0250 |
| 1945 | 5,445 | 1,957 | 0,0150 | 0,0250 |
| 1944 | 5,812 | 2,038 | 0,0150 | 0,0250 |
| 1943 | 6,313 | 2,288 | 0,0150 | 0,0250 |
| 1942 | 6,869 | 2,521 | 0,0150 | 0,0250 |
| 1941 | 7,298 | 2,727 | 0,0150 | 0,0250 |
| 1940 | 8,220 | 3,064 | 0,0150 | 0,0250 |
| 1939 | 9,014 | 3,336 | 0,0150 | 0,0250 |
| 1938 | 9,735 | 3,699 | 0,0150 | 0,0250 |
| 1937 | 10,516 | 3,934 | 0,0150 | 0,0250 |
| 1936 | 11,676 | 4,322 | 0,0150 | 0,0250 |
| 1935 | 13,030 | 4,887 | 0,0150 | 0,0250 |
| 1934 | 14,067 | 5,427 | 0,0150 | 0,0250 |
| 1933 | 15,440 | 6,005 | 0,0150 | 0,0250 |
| 1932 | 17,005 | 6,664 | 0,0150 | 0,0250 |
| 1931 | 18,509 | 7,533 | 0,0150 | 0,0250 |
| 1930 | 19,978 | 8,370 | 0,0150 | 0,0250 |
| 1929 | 21,915 | 9,584 | 0,0150 | 0,0250 |
| 1928 | 24,454 | 10,777 | 0,0150 | 0,0250 |
| 1927 | 27,179 | 12,463 | 0,0150 | 0,0250 |
| 1926 | 30,224 | 14,262 | 0,0150 | 0,0250 |
| 1925 | 33,450 | 16,372 | 0,0150 | 0,0250 |
| 1924 | 36,722 | 18,883 | 0,0150 | 0,0250 |
| 1923 | 40,242 | 21,837 | 0,0150 | 0,0250 |
| 1922 | 44,188 | 24,984 | 0,0150 | 0,0250 |
| 1921 | 48,813 | 28,758 | 0,0150 | 0,0250 |
| 1920 | 53,538 | 33,640 | 0,0150 | 0,0250 |
| 1919 | 59,260 | 38,624 | 0,0150 | 0,0240 |
| 1918 | 65,282 | 43,151 | 0,0150 | 0,0230 |
| 1917 | 70,833 | 49,089 | 0,0150 | 0,0220 |
| 1916 | 75,905 | 56,504 | 0,0150 | 0,0210 |
| 1915 | 83,305 | 63,908 | 0,0150 | 0,0200 |
| 1914 | 91,956 | 70,955 | 0,0150 | 0,0190 |

| *Para los contratos de nueva producción* | | | *Tablas PERM/F2000P* | |
|---|---|---|---|---|
| | *Tabla Base. qx (en tanto por mil )* | | *Factor de mejora de qx ( )* | |
| *Año de Nacimiento* | *Hombres* | *Mujeres* | *Hombres* | *Mujeres* |
| 1913 | 99,296 | 79,577 | 0,0150 | 0,0180 |
| 1912 | 108,338 | 88,031 | 0,0150 | 0,0170 |
| 1911 | 119,043 | 98,045 | 0,0150 | 0,0160 |
| 1910 | 130,597 | 109,329 | 0,0150 | 0,0150 |
| 1909 | 142,610 | 121,594 | 0,0150 | 0,0150 |
| 1908 | 156,378 | 134,699 | 0,0135 | 0,0135 |
| 1907 | 170,348 | 148,572 | 0,0120 | 0,0120 |
| 1906 | 185,547 | 164,773 | 0,0105 | 0,0105 |
| 1905 | 200,079 | 181,943 | 0,0090 | 0,0090 |
| 1904 | 215,749 | 200,065 | 0,0075 | 0,0075 |
| 1903 | 232,644 | 219,121 | 0,0060 | 0,0060 |
| 1902 | 250,862 | 239,089 | 0,0045 | 0,0045 |
| 1901 | 271,072 | 260,493 | 0,0030 | 0,0030 |
| 1900 | 292,911 | 280,047 | 0,0015 | 0,0015 |
| 1899 | 324,890 | 308,068 | 0,0000 | 0,0000 |
| 1898 | 347,570 | 329,176 | 0,0000 | 0,0000 |
| 1897 | 371,835 | 350,765 | 0,0000 | 0,0000 |
| 1896 | 397,793 | 372,819 | 0,0000 | 0,0000 |
| 1895 | 425,563 | 395,331 | 0,0000 | 0,0000 |
| 1894 | 455,272 | 418,305 | 0,0000 | 0,0000 |
| 1893 | 487,055 | 441,756 | 0,0000 | 0,0000 |
| 1892 | 510,801 | 468,981 | 0,0000 | 0,0000 |
| 1891 | 535,704 | 497,884 | 0,0000 | 0,0000 |
| 1890 | 561,821 | 528,568 | 0,0000 | 0,0000 |
| 1889 | 589,211 | 561,143 | 0,0000 | 0,0000 |
| 1888 | 617,937 | 595,725 | 0,0000 | 0,0000 |
| 1887 | 648,064 | 632,439 | 0,0000 | 0,0000 |
| 1886 | 679,659 | 671,416 | 0,0000 | 0,0000 |
| 1885 | 1.000,000 | 1.000,000 | 0,0000 | 0,0000 |

CÁLCULO DE LA TABLA DE CADA GENERACIÓN

Dada una persona asegurada que ha cumplido x años en el ejercicio 2.000 (nacida por tanto en el año A = 2000 - x), corresponde generar la tabla a aplicar, es decir, deben calcularse las diferentes q (x+t; A) para todos los valores enteros necesarios de t. Para ello se aplicará la siguiente fórmula:

q (x+t ; A) = q (x+t ; tabla Base) * $e^{[-\,'\ x+t * t]}$

donde q (x+t ; tabla Base) es el tanto anual de mortalidad consignado en la tabla base para el año de nacimiento = 2000 - (x + t), siendo $_{x+t}$ el factor de mejora de la supervivencia reflejado para el citado año, y pudiendo aproximarse el número e con el valor 2,718281828.

**Ejemplo 1:**

El tanto anual de mortalidad a los 70 años de la tabla a aplicar a un hombre que cumplió 40 años en el ejercicio 2.000 (por tanto, nacido en 1.960) se calculará, en el caso de nueva producción:

$q\ (70\ ;\ 1960) = q\ (70\ ;\ \text{tabla base}) * e^{[-\ \ _{70} * (70-40)]}$

donde q (70 ; tabla base) es el consignado para el año 1.930 (2000 - 70)

y $_{70}$ es el factor de mejora consignado también para el año 1.930

$q\ (70\ ;\ 1960) = 0{,}019978 * e^{(-\ 0{,}015\ *\ 40)} = 0{,}0127388$

**Ejemplo 2:**

El tanto anual de mortalidad a los 55 años de la tabla a aplicar a una mujer que ha cumplido 30 años en el 2.000 (nacida por tanto en 1.970) se calculará, en el caso de cartera antigua:

$q\ (55\ ;\ 1970) = q\ (55\ ;\ \text{tabla Base}) * e^{[-'\ \ _{55} * (55-30)]}$

donde q (55 ; tabla base) es el consignado para el año 1.945 (2000 - 55)

y $_{55}$ es el consignado también para el año 1.945

$q\ (55\ ;\ 1970) = 0{,}002195 * e^{(-\ 0{,}0230\ *\ 25)} = 0{,}0012351$

Una vez desarrollada la tabla a aplicar a un asegurado, los cálculos actuariales se efectuarán atendiendo a su edad actuarial en cada momento.

**Ejemplo 3:**

Sean dos asegurados, uno nacido en enero de 1.960 y el segundo nacido en diciembre de 1.960. Al tener ambos el mismo año de nacimiento, la tabla a aplicar será la misma: la tabla de generación 1.960.

Una vez determinada la tabla, los cálculos atenderán a la edad actuarial en cada momento. Así, la probabilidad de sobrevivir a 31-12-2010 para el asegurado nacido en enero de 1.960 vendrá dada por $l_{51}$, mientras que para el asegurado nacido en diciembre de 1.960 vendrá dada por $l_{50}$, obteniéndose ambas magnitudes de la misma tabla (generación 1.960).

En el caso de que los cálculos se efectúen sobre edades interanuales (p.e. mensualizadas), la interpolación de la tabla se efectuará siguiendo análogos criterios.

Por tanto, las coberturas de supervivencia de asegurados nacidos en distinto año cronológico se regirán por tablas distintas, si bien cada asegurado tendrá una sola tabla para todas las edades y sucesivos ejercicios económicos (hasta tanto no se declare la falta de adecuación de las tablas que ahora se aprueban). Por su parte las coberturas de fallecimiento pueden regirse por tablas diferentes de las de supervivencia que aporten el oportuno margen de seguridad.

**Tablas de supervivencia aplicables a las coberturas de supervivencia otorgadas por las entidades aseguradoras sometidas al artículo 34 del ROSSP**

**Ejemplo 1:**

Generación de hombres nacidos en 1960. Para los contratos de nueva producción: A los asegurados varones nacidos en 1960 se les aplicará la siguiente tabla tanto para los cálculos a 31-12-2000 de las

4

provisiones de seguros de vida por la nueva producción, definida conforme a la presente resolución, como para los siguientes ejercicios mientras se mantenga la validez de esta tabla:

| ***Año de Generación*** | ***qx tabla Base (tanto por mil)*** | ***Factor de mejora de qx*** | ***Conversión*** $e^{[-\ (a)*t]}$ *t = 1960 - (a )* | ***Tabla de la generación de hombres nacidos en 1960*** | | |
|---|---|---|---|---|---|---|
| | | | | ***Edad*** | ***qx*** | ***lx*** |
| *(a )* | *(b )* | | *(c )* | *2000 - (a )* | *(d ) = (b ) * (c )* | |
| 2000 | 5,742 | 0,0150 | 1,8221 | 0 | 10,4626 | 1.000.000,00 0 |
| 1999 | 0,565 | 0,0150 | 1,7950 | 1 | 1,0142 | 989.537,394 |
| 1998 | 0,300 | 0,0150 | 1,7683 | 2 | 0,5305 | 988.533,835 |
| 1997 | 0,266 | 0,0150 | 1,7419 | 3 | 0,4634 | 988.009,437 |
| 1996 | 0,225 | 0,0150 | 1,7160 | 4 | 0,3861 | 987.551,637 |
| 1995 | 0,218 | 0,0150 | 1,6905 | 5 | 0,3685 | 987.170,342 |
| 1994 | 0,198 | 0,0150 | 1,6653 | 6 | 0,3297 | 986.806,550 |
| 1993 | 0,191 | 0,0150 | 1,6405 | 7 | 0,3133 | 986.481,172 |
| 1992 | 0,177 | 0,0150 | 1,6161 | 8 | 0,2860 | 986.172,073 |
| 1991 | 0,171 | 0,0150 | 1,5920 | 9 | 0,2722 | 985.889,983 |
| 1990 | 0,164 | 0,0150 | 1,5683 | 10 | 0,2572 | 985.621,590 |
| 1989 | 0,178 | 0,0150 | 1,5450 | 11 | 0,2750 | 985.368,085 |
| 1988 | 0,184 | 0,0150 | 1,5220 | 12 | 0,2800 | 985.097,105 |
| 1987 | 0,219 | 0,0150 | 1,4993 | 13 | 0,3283 | 984.821,238 |
| 1986 | 0,267 | 0,0150 | 1,4770 | 14 | 0,3944 | 984.497,875 |
| 1985 | 0,362 | 0,0150 | 1,4550 | 15 | 0,5267 | 984.109,634 |
| 1984 | 0,506 | 0,0150 | 1,4333 | 16 | 0,7253 | 983.591,297 |
| 1983 | 0,657 | 0,0150 | 1,4120 | 17 | 0,9277 | 982.877,933 |
| 1982 | 0,774 | 0,0150 | 1,3910 | 18 | 1,0766 | 981.966,139 |
| 1981 | 0,871 | 0,0150 | 1,3703 | 19 | 1,1935 | 980.908,945 |
| 1980 | 0,976 | 0,0150 | 1,3499 | 20 | 1,3169 | 979.738,234 |
| 1979 | 1,011 | 0,0150 | 1,3298 | 21 | 1,3450 | 978.447,979 |
| 1978 | 1,082 | 0,0150 | 1,3100 | 22 | 1,4172 | 977.132,009 |
| 1977 | 1,139 | 0,0150 | 1,2905 | 23 | 1,4696 | 975.747,227 |
| 1976 | 1,182 | 0,0150 | 1,2712 | 24 | 1,5029 | 974.313,284 |
| 1975 | 1,170 | 0,0150 | 1,2523 | 25 | 1,4658 | 972.849,001 |
| 1974 | 1,193 | 0,0150 | 1,2337 | 26 | 1,4721 | 971.423,034 |
| 1973 | 1,237 | 0,0150 | 1,2153 | 27 | 1,5035 | 969.992,976 |
| 1972 | 1,281 | 0,0150 | 1,1972 | 28 | 1,5338 | 968.534,632 |
| 1971 | 1,298 | 0,0150 | 1,1794 | 29 | 1,5303 | 967.049,083 |
| 1970 | 1,265 | 0,0150 | 1,1618 | 30 | 1,4698 | 965.569,203 |
| 1969 | 1,227 | 0,0150 | 1,1445 | 31 | 1,4045 | 964.149,986 |





© CISS

| Año de Generación | qx tabla Base (tanto por mil) | Factor de mejora de qx | Conversión $e^{[-\ (a)*t]}$ $t$ = 1960 - (a) | Tabla de la generación de hombres nacidos en 1960 | | |
|---|---|---|---|---|---|---|
| | | | | Edad | qx | lx |
| (a) | (b) | | (c) | 2000 - (a) | (d) = (b) * (c) | |
| 1968 | 1,252 | 0,0150 | 1,1275 | 32 | 1,4111 | 962.795,850 |
| 1967 | 1,255 | 0,0150 | 1,1107 | 33 | 1,3940 | 961.437,251 |
| 1966 | 1,245 | 0,0150 | 1,0942 | 34 | 1,3622 | 960.096,989 |
| 1965 | 1,222 | 0,0150 | 1,0779 | 35 | 1,3167 | 958.789,133 |
| 1964 | 1,192 | 0,0150 | 1,0618 | 36 | 1,2654 | 957.526,727 |
| 1963 | 1,182 | 0,0150 | 1,0460 | 37 | 1,2365 | 956.315,074 |
| 1962 | 1,271 | 0,0150 | 1,0305 | 38 | 1,3095 | 955.132,614 |
| 1961 | 1,391 | 0,0150 | 1,0151 | 39 | 1,4117 | 953.881,902 |
| 1960 | 1,476 | 0,0150 | 1,0000 | 40 | 1,4755 | 952.535,328 |
| 1959 | 1,587 | 0,0150 | 0,9851 | 41 | 1,5630 | 951.129,844 |
| 1958 | 1,698 | 0,0150 | 0,9704 | 42 | 1,6480 | 949.643,195 |
| 1957 | 1,784 | 0,0150 | 0,9560 | 43 | 1,7057 | 948.078,174 |
| 1956 | 1,910 | 0,0150 | 0,9418 | 44 | 1,7984 | 946.461,078 |
| 1955 | 2,066 | 0,0150 | 0,9277 | 45 | 1,9167 | 944.758,930 |
| 1954 | 2,270 | 0,0150 | 0,9139 | 46 | 2,0745 | 942.948,086 |
| 1953 | 2,384 | 0,0150 | 0,9003 | 47 | 2,1461 | 940.991,970 |
| 1952 | 2,499 | 0,0150 | 0,8869 | 48 | 2,2162 | 938.972,540 |
| 1951 | 2,914 | 0,0150 | 0,8737 | 49 | 2,5460 | 936.891,581 |
| 1950 | 3,281 | 0,0150 | 0,8607 | 50 | 2,8243 | 934.506,300 |
| 1949 | 3,673 | 0,0150 | 0,8479 | 51 | 3,1143 | 931.866,952 |
| 1948 | 4,001 | 0,0150 | 0,8353 | 52 | 3,3415 | 928.964,867 |
| 1947 | 4,773 | 0,0150 | 0,8228 | 53 | 3,9275 | 925.860,729 |
| 1946 | 5,061 | 0,0150 | 0,8106 | 54 | 4,1020 | 922.224,389 |
| 1945 | 5,445 | 0,0150 | 0,7985 | 55 | 4,3482 | 918.441,420 |
| 1944 | 5,812 | 0,0150 | 0,7866 | 56 | 4,5720 | 914.447,845 |
| 1943 | 6,313 | 0,0150 | 0,7749 | 57 | 4,8921 | 910.267,022 |
| 1942 | 6,869 | 0,0150 | 0,7634 | 58 | 5,2438 | 905.813,947 |
| 1941 | 7,298 | 0,0150 | 0,7520 | 59 | 5,4878 | 901.064,030 |
| 1940 | 8,220 | 0,0150 | 0,7408 | 60 | 6,0896 | 896.119,141 |
| 1939 | 9,014 | 0,0150 | 0,7298 | 61 | 6,5781 | 890.662,133 |
| 1938 | 9,735 | 0,0150 | 0,7189 | 62 | 6,9984 | 884.803,262 |
| 1937 | 10,516 | 0,0150 | 0,7082 | 63 | 7,4473 | 878.611,072 |
| 1936 | 11,676 | 0,0150 | 0,6977 | 64 | 8,1462 | 872.067,759 |
| 1935 | 13,030 | 0,0150 | 0,6873 | 65 | 8,9553 | 864.963,724 |
| 1934 | 14,067 | 0,0150 | 0,6771 | 66 | 9,5241 | 857.217,678 |

| *Año de Generación* | *qx tabla Base (tanto por mil)* | *Factor de mejora de qx* | *Conversión* $e^{[-(a)*t]}$ *t = 1960 - (a)* | *Tabla de la generación de hombres nacidos en 1960* | | |
|---|---|---|---|---|---|---|
| | | | | *Edad* | *qx* | *lx* |
| *(a)* | *(b)* | | *(c)* | *2000 - (a)* | *(d) = (b) * (c)* | |
| 1933 | 15,440 | 0,0150 | 0,6670 | 67 | 10,2979 | 849.053,419 |
| 1932 | 17,005 | 0,0150 | 0,6570 | 68 | 11,1734 | 840.309,968 |
| 1931 | 18,509 | 0,0150 | 0,6473 | 69 | 11,9804 | 830.920,857 |
| 1930 | 19,978 | 0,0150 | 0,6376 | 70 | 12,7388 | 820.966,061 |
| 1929 | 21,915 | 0,0150 | 0,6281 | 71 | 13,7658 | 810.507,954 |
| 1928 | 24,454 | 0,0150 | 0,6188 | 72 | 15,1320 | 799.350,645 |
| 1927 | 27,179 | 0,0150 | 0,6096 | 73 | 16,5674 | 787.254,844 |
| 1926 | 30,224 | 0,0150 | 0,6005 | 74 | 18,1493 | 774.212,058 |
| 1925 | 33,450 | 0,0150 | 0,5916 | 75 | 19,7873 | 760.160,683 |
| 1924 | 36,722 | 0,0150 | 0,5827 | 76 | 21,3998 | 745.119,148 |
| 1923 | 40,242 | 0,0150 | 0,5741 | 77 | 23,1018 | 729.173,761 |
| 1922 | 44,188 | 0,0150 | 0,5655 | 78 | 24,9893 | 712.328,519 |
| 1921 | 48,813 | 0,0150 | 0,5571 | 79 | 27,1940 | 694.527,913 |
| 1920 | 53,538 | 0,0150 | 0,5488 | 80 | 29,3821 | 675.640,909 |
| 1919 | 59,260 | 0,0150 | 0,5406 | 81 | 32,0381 | 655.789,150 |
| 1918 | 65,282 | 0,0150 | 0,5326 | 82 | 34,7685 | 634.778,894 |
| 1917 | 70,833 | 0,0150 | 0,5251 | 83 | 37,1956 | 612.708,596 |
| 1916 | 75,905 | 0,0150 | 0,5159 | 84 | 39,1625 | 589.918,545 |
| 1915 | 83,305 | 0,0150 | 0,5082 | 85 | 42,3390 | 566.815,856 |
| 1914 | 91,956 | 0,0150 | 0,5007 | 86 | 46,0382 | 542.817,467 |
| 1913 | 99,296 | 0,0150 | 0,4932 | 87 | 48,9708 | 517.827,144 |
| 1912 | 108,338 | 0,0150 | 0,4858 | 88 | 52,6326 | 492.468,758 |
| 1911 | 119,043 | 0,0150 | 0,4786 | 89 | 56,9702 | 466.548,843 |
| 1910 | 130,597 | 0,0150 | 0,4714 | 90 | 61,5665 | 439.969,450 |
| 1909 | 142,610 | 0,0150 | 0,4644 | 91 | 66,2262 | 412.882,089 |
| 1908 | 156,378 | 0,0135 | 0,4947 | 92 | 77,3550 | 385.538,479 |
| 1907 | 170,348 | 0,0120 | 0,5285 | 93 | 90,0305 | 355.715,141 |
| 1906 | 185,547 | 0,0105 | 0,5664 | 94 | 105,0875 | 323.689,915 |
| 1905 | 200,079 | 0,0090 | 0,6088 | 95 | 121,8014 | 289.674,140 |
| 1904 | 215,749 | 0,0075 | 0,6563 | 96 | 141,5982 | 254.391,426 |
| 1903 | 232,644 | 0,0060 | 0,7097 | 97 | 165,1079 | 218.370,059 |
| 1902 | 250,862 | 0,0045 | 0,7697 | 98 | 193,1000 | 182.315,438 |
| 1901 | 271,072 | 0,0030 | 0,8374 | 99 | 226,9919 | 147.110,325 |
| 1900 | 292,911 | 0,0015 | 0,9137 | 100 | 267,6361 | 113.717,474 |
| 1899 | 324,890 | 0,0000 | 1,0000 | 101 | 324,8896 | 83.282,573 |



© CISS

| *Año de Generación* | *qx tabla Base (tanto por mil)* | *Factor de mejora de qx* | *Conversión* $e^{[-(a)*t]}$ *t = 1960 - (a)* | *Tabla de la generación de hombres nacidos en 1960* | | |
|---|---|---|---|---|---|---|
| | | | | *Edad* | *qx* | *lx* |
| *(a)* | *(b)* | | *(c)* | *2000 - (a)* | *(d) = (b) * (c)* | |
| 1898 | 347,570 | 0,0000 | 1,0000 | 102 | 347,5704 | 56.224,934 |
| 1897 | 371,835 | 0,0000 | 1,0000 | 103 | 371,8346 | 36.682,812 |
| 1896 | 397,793 | 0,0000 | 1,0000 | 104 | 397,7928 | 23.042,872 |
| 1895 | 425,563 | 0,0000 | 1,0000 | 105 | 425,5631 | 13.876,583 |
| 1894 | 455,272 | 0,0000 | 1,0000 | 106 | 455,2721 | 7.971,221 |
| 1893 | 487,055 | 0,0000 | 1,0000 | 107 | 487,0552 | 4.342,146 |
| 1892 | 510,801 | 0,0000 | 1,0000 | 108 | 510,8006 | 2.227,282 |
| 1891 | 535,704 | 0,0000 | 1,0000 | 109 | 535,7037 | 1.089,585 |
| 1890 | 561,821 | 0,0000 | 1,0000 | 110 | 561,8210 | 505,890 |
| 1889 | 589,211 | 0,0000 | 1,0000 | 111 | 589,2115 | 221,670 |
| 1888 | 617,937 | 0,0000 | 1,0000 | 112 | 617,9373 | 91,060 |
| 1887 | 648,064 | 0,0000 | 1,0000 | 113 | 648,0637 | 34,791 |
| 1886 | 679,659 | 0,0000 | 1,0000 | 114 | 679,6588 | 12,244 |
| 1885 | 1.000,000 | 0,0000 | 1,0000 | 115 | 1000,0000 | 3,922 |

**Ejemplo 2:**

Un **ejemplo de base técnica** que recoge la cotización para un seguro de vida para la jubilación mixto es la siguiente:

Supongamos un varón de 45 años que desea saber la prima única que debe pagar para jubilarse con una pensión que represente el 70% de su último salario y que sea creciente con el IPC anual.

Fecha de valoración actuarial: 01.02.2011

- Fecha de situación de los mercados financieros para la determinación del tipo de interés: 01.02.2011 a las 16:30 h
- Fecha considerada para el pago de la prima única: 29.04.2011
- Tipo de interés técnico: 4,73% hasta 01.02.2051 y 2,68% a partir de 01.02.2051
- Tablas de supervivencia: PERMF2000P
- Gastos de gestión y administración: 1%
- Prima única total: 270.910 €

Este sería el esquema de la operación: la prima se calcula como el valor actual actuarial en el momento de la cotización del seguro, es decir, el importe de las rentas de jubilación ciertas multiplicadas por la probabilidad de supervivencia en cada uno de los cobros aplicando la tabla de supervivencia PERMF2000P- y actualizadas al tipo de interés técnico:

4

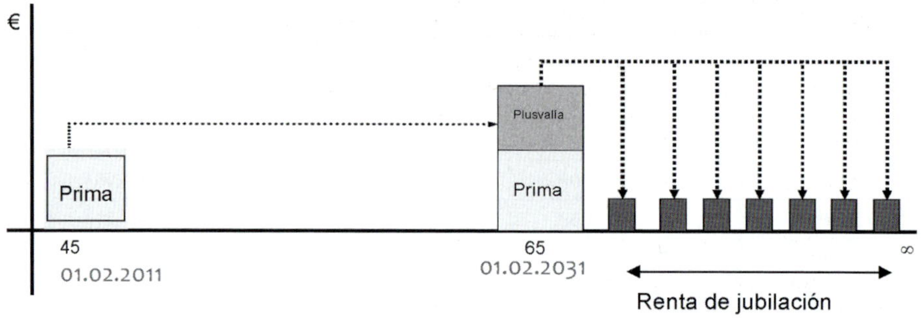


La prima única total de 270.910 € a pagar el 01.02.2011, se calcula mediante la actualización de los flujos probables de pago a partir de los 65 años (o renta de jubilación) con la curva de tipos de interés (habitualmente conocida como curva *euro swap,* que es la estructura de tipos de interés que cotiza cada día en el mercado de capitales, y que relaciona tipos de interés con plazos, así podemos encontrar cotización de tipos a 1 día, 1 semana, 1 mes, 3 meses, 6 meses, 1 año, 2 años, ...., 40 años), y en aquel tramo temporal en donde el mercado no cotiza tipos de interés, lo que habitualmente se llama "cola", que suele ser desde 40 años en adelante, se pone un tipo de interés mínimo, que en el ejemplo ha sido del 2,68%.

Es decir, que el primer pago, que sería el 01.02.2031, se actualiza en el punto 01.02.2011 al tipo de 20 años, el siguiente pago al tipo de 20 años y un mes, y así sucesivamente. En el caso de que no tengamos referencias de tipos intermedios, se interpolará para encontrarlos.

Una vez calculada la prima, y conocidos los pagos probables, se igualan y se calcula la tasa de retorno equivalente, o TIR, de la operación, que en este ejemplo es del 4,73%, que es a lo que llamamos "interés técnico".

Una vez hechos estos cálculos, el departamento financiero de la compañía de seguros deberá encontrar activos, principalmente bonos, que aseguren ese tipo de interés técnico.

El problema que nos encontramos en estos casos, en donde hay que garantizar rentas mensuales con activos que pagan cupones anuales, es el de financiar los déficits temporales de tesorería. La forma habitual de hacerlo en las compañías de seguros es a través de bancos, que son los que proveen de liquidez mensual a la aseguradora para que pague las rentas mensuales, y a cambio éstos se quedan con los cupones anuales y el principal procedente de la amortización de los bonos en que está materializada la provisión matemática del seguro. Eso sí, el riesgo de crédito de los bonos lo corre la entidad aseguradora. La rentabilidad del banco procedente de la diferencia entre la el tipo de interés técnico que se ofrece al inversor y el coste que el dinero prestado a la aseguradora para pagar las rentas al beneficiario tiene para el banco.



## Sección 4. LA SELECCIÓN DE RIESGOS

### 4-34 La selección de riesgos en el ramo vida

La selección de riesgo se efectúa de forma diversa según se trate de seguros para caso de muerte o mixtos, o de seguros sobre caso de vida.

El artículo 10 LCS refrenda la selección de riesgos:

*"El tomador del seguro tiene el deber, antes de la conclusión del contrato, de declarar al asegurador, de acuerdo con el cuestionario que éste le someta, todas las circunstancias por él conocidas que puedan influir en la valoración del riesgo. Quedará exonerado de tal deber si el asegurador no le somete cuestionario o cuando, aun sometiéndoselo, se trate de circunstancias que puedan influir en la valoración del riesgo y que no estén comprendidas en él.*

*El asegurador podrá rescindir el contrato mediante declaración dirigida al tomador del seguro en el plazo de un mes, a contar del conocimiento de la reserva o inexactitud del tomador del seguro. Corresponderán al ase-*


© CISS

*gurador, salvo que concurra dolo o culpa grave por su parte, las primas relativas al período en curso en el momento que haga esta declaración.*

*Si el siniestro sobreviene antes de que el asegurador haga la declaración a la que se refiere el párrafo anterior, la prestación de éste se reducirá proporcionalmente a la diferencia entre la prima convenida y la que se hubiese aplicado de haberse conocido la verdadera entidad del riesgo. Si medió dolo o culpa grave del tomador del seguro quedará el asegurador liberado del pago de la prestación".*

La selección se realiza básicamente, a través de un reconocimiento médico a determinar si el riesgo a asegurar es apto, o si es para capitales asegurados no muy elevados mediante una declaración (o cuestionario de salud) efectuada por el propio asegurado sobre su estado de salud, con el mismo fin.

En los **seguros con reconocimiento médico,** se efectúa una exploración del candidato por un médico designado por la entidad aseguradora. La profundidad del reconocimiento médico varía según la edad y capitales a asegurar. Normalmente al asegurado le practicarán análisis de sangre, orina, tendrá que realizar prueba de esfuerzo, escáner, etc. En definitiva, pruebas para determinar su estado real de salud, para poder añadir información valiosa a la hora de tarificar la prima la compañía de seguros.

El médico seleccionador pone en relación dicho informe médico con los antecedentes familiares y personales del asegurado, sus enfermedades pasadas y presentes, su constitución física, su sexo y edad, profesión y costumbres o anormalidad del riesgo y en base a esos antecedentes de enfermedades pasadas y presentes, se determina la asegurabilidad del riesgo.

En los seguros sin reconocimiento médico, por hallarse dentro de los límites de capitales a asegurar establecidos por el asegurador, se sustituye el reconocimiento por un cuestionario, bastante extenso normalmente, que debe cumplimentar sobre su estado de salud, antecedentes familiares, historia clínica, etc.

Así, como principio general, a presencia de cualquier enfermedad en su período agudo, hace que la aseguradora aplace el estudio del riesgo. En cuanto a las enfermedades padecidas con anterioridad, depende de su importancia, de su peligro de repetición y de si tiene carácter crónico o no, que el candidato sea calificado por el médico selector de una u otra forma.

La constitución física, la normalidad de peso en su relación a la altura, la tensión arterial, y otros análisis y antecedentes familiares, serán también factores a considerar.

También son factores a tener en cuenta la profesión del candidato, su peligrosidad, contacto con sustancias nocivas, la práctica de deportes violentos, así como sus costumbres.

Todo ello, junto con los demás análisis y exploraciones que, según la importancia de los capitales a asegurar, pueden consistir en análisis de sangre, orina, electrocardiograma, radiografías, etc., que tienen por finalidad la determinación de si el candidato al seguro es una persona de salud normal o anormal.

Si se trata de un riesgo anormal o agravado, la entidad aseguradora exige determinadas condiciones para su aseguramiento, por ejemplo, aplicando temporalmente sobreprimas, y pudiendo incluso llegar a rechazar el riesgo.

## 4-35 Cuestionarios de salud

Normalmente, dependiendo del capital a asegurar, se distinguen dos tipos de cuestionarios de salud, en función del capital asegurado:

- Normales, habitualmente hasta 150.000 euros, aunque dependerá de la entidad aseguradora. Las preguntas son más generales.
- Ampliados, para capitales superiores. En este caso las preguntas son más concisas y numerosas con el fin de acotar mejor el riesgo.

A continuación se adjuntan dos ejemplos de cuestionario de salud, en los que se pueden observar cómo se realizan al asegurado una serie de preguntas detalladas sobre:

- Datos del solicitante.
- Antecedentes personales.
- Preguntas específicas para la mujer, puesto que es habitual que las entidades no aseguren determinados riesgos en fase de embarazo.

• Antecedentes familiares.

## CUESTIONARIO DE SALUD (normal)

**Datos personales** — Nº de propuesta de póliza:

| | | |
|---|---|---|
| Nombre y apellidos: | | |
| Edad: | Nº de hijos: | DNI: |

**Defina su actual estado de salud**

| | |
|---|---|
| | Muy bueno |
| | Bueno |
| | Regular |
| | Malo |
| | Muy malo |

| Defina sus hábitos | SÍ | NO |
|---|---|---|
| Fuma | | |
| Bebe alcohol | | |
| Hace deporte | | |
| Toma medicación | | |
| | Kg | cm |
| Peso actual / Altura | | |

| Prevención | SÍ | NO |
|---|---|---|
| ¿Visita al dentista con regularidad? | | |
| ¿Se ha hecho revisiones urológicas o ginecológicas? | | |
| ¿Se hace chequeos médicos anuales? | | |

| Intervenciones quirúrgicas | SÍ | NO | |
|---|---|---|---|
| ¿Ha sido operado alguna vez? | | | Declárelas |

| Fecha | Operación | Secuelas |
|---|---|---|
| | | |
| | | |
| | | |

| Ingresos médicos | SÍ | NO |
|---|---|---|
| ¿Ha sido ingresado en algún centro hospitalario, por cualquier causa? | | |

| Fecha | Motivo del ingreso | Días de ingreso |
|---|---|---|
| | | |
| | | |
| | | |

**Declare sus últimas dos visitas al médico**

| Fecha | Motivo de la visita | Especialista de |
|---|---|---|
| | | |
| | | |

**Padece alguno/s de los siguientes procesos o enfermedades**

| | SÍ | NO | | SÍ | NO | | SÍ | NO | | SÍ | NO |
|---|---|---|---|---|---|---|---|---|---|---|---|
| Diabetes | | | Reumatismo | | | Varices | | | Enfermedades crónicas | | |
| Hipertensión | | | Psoriasis | | | Hernias | | | Otras | | |
| Hepatitis | | | Angina de pecho | | | Lumbago | | | Patología de Próstata | | |
| Virus HIV | | | Infarto miocardio | | | Bronquitis | | | Vasectomía | | |
| Depresión | | | Miopía | | | Artrosis cervical | | | Ligadura de Trompas | | |
| Parkinson | | | Alergias | | | Meniscopatía | | | Patología de la mama | | |
| Cancer | | | Asma | | | Litiasis (*piedras*) | | | Problemas de fertilidad | | |

**Describa las afirmaciones positivas que ha declarado**

**Intervenciones quirúrgicas pendientes**

| | SÍ | NO |
|---|---|---|
| ¿Tiene pendiente de realizarse alguna intervenci | | |

**Indique cuál/es**

El solicitante declara, bajo su responsabilidad, que las respuestas y datos aportados a este Cuestionario de Salud son veraces y completos. Igualmente, el solicitante y el candidato autorizan a cualquier médico que en el ejercicio de su profesión haya adquirido conocimientos o antecedentes de su estado de salud, a informar de los mismos a la Compañía, siempre que ésta lo requiera. El solicitante reconoce que no serán cubiertas aquellas enfermedades existentes con anterioridad al primer día de vigencia de la póliza.

De acuerdo con el Artículo 10º de la Ley de Contrato de Seguro, en caso de reserva o inexactitud al cumplimentar la presente declaración, el Asegurado perderá el derecho a la prestación garantizada, reservándose la Compañía la facultad de rescindir automáticamente la póliza.

Hecho y firmado en ________ a ____ de ________ de ________.

FIRMA DEL **SOLICITANTE**

☐ En nombre propio

☐ Como contratante de la póliza, o familiar mayor

DNI: ________

**Espacio reservado para Asesoría Médica**

Informes que debe presentar

**Aceptada**

Fecha:

**Rechazada**

**Exclusiones**

**Fecha petición:**

**Sobreprima** | **Sí** | **No**

**Médico valorador**

4

# Cuestionario de Salud (ampliado)

## Datos del solicitante

Las preguntas contenidas en el siguiente cuestionario, deben ser contestadas en su totalidad por el proponente (Vida Grupo y Colectivo), y por cada dependiente económico que se desee incluir (Gastos Médicos Mayores).

Nombre

Fecha de nacimiento (Día | Mes | Año) — Edad — Sexo — Estado civil

Domicilio

Calle y número — Colonia — Delegación o municipio — C.P.

Ramo y no. de Póliza

Ocupación (Detalle sus actividades habituales)

¿Tiene previsto viajar o vivir en algún lugar fuera de México? Si No ¿A dónde y por cuánto tiempo?

¿Tiene algún seguro vigente o en trámite? Si No ¿Cuál?

¿Ha sido rechazado o agravado en algún seguro de vida, accidente, invalidez o enfermedad? Si No ¿Cuál?

## Antecedentes

¿Padece o ha padecido alguna de las siguientes enfermedades?
(En caso afirmativo favor de ampliar la respuesta con fecha, diagnóstico, tratamiento y estado actual).

Enfermedades del corazón o sistema circulatorio (infarto, angina, presión alta, insuficiencia cardiaca, soplos, várices, etc.) Si No — Día | Mes | Año — Estado Actual

Diagnóstico — Tratamiento

Enfermedades del aparato digestivo (esófago, estómago, hígado, intestino, páncreas, vesícula biliar). Si No — Día | Mes | Año — Estado Actual

Diagnóstico — Tratamiento

Transtornos de la función digestiva (reflujo, hernia hiatal, úlcera, colitis, hepatitis). Si No — Día | Mes | Año — Estado Actual

Diagnóstico — Tratamiento

Enfermedades del aparato respiratorio (asma, bronquitis, enfisema, embolia pulmonar, tos crónica, etc. Si No — Día | Mes | Año — Estado Actual

Diagnóstico — Tratamiento

Diabetes mellitus, enfermedades de la tiroides, aumento de colesterol o triglicéridos. Si No — Día | Mes | Año — Estado Actual

Diagnóstico — Tratamiento

4


© CISS

| | | | |
|---|---|---|---|
| Cáncer o tumores malignos. | Sí / No | Día / Mes / Año | Estado Actual |
| Diagnóstico | Tratamiento | | |
| Enfermedades de oídos, ojos, nariz, boca o garganta. | Sí / No | Día / Mes / Año | Estado Actual |
| Diagnóstico | Tratamiento | | |
| Enfermedades mentales (depresión, ansiedad, pánico, insomnio etc). | Sí / No | Día / Mes / Año | Estado Actual |
| Diagnóstico | Tratamiento | | |
| Enfermedades inmunológicas o infecciosas incluyendo VIH o SIDA, enfermedades de transmisión sexual. | Sí / No | Día / Mes / Año | Estado Actual |
| Diagnóstico | Tratamiento | | |
| Enfermedades de huesos y articulaciones (reumatismo, fracturas, hernia de disco, problemas musculares, etc.) | Sí / No | Día / Mes / Año | Estado Actual |
| Diagnóstico | Tratamiento | | |
| Enfermedades de la piel. | Sí / No | Día / Mes / Año | Estado Actual |
| Diagnóstico | Tratamiento | | |
| Enfermedades del sistema nervioso (epilepsia, parkinson, esclerosis múltiple, padecimientos cerebro-vasculares, dolores de cabeza, desmayos, etc.) | Sí / No | Día / Mes / Año | |
| Diagnóstico | Tratamiento | | |
| Alguna otra enfermedad o afección no mencionada. | Sí / No | Día / Mes / Año | Estado Actual |
| Diagnóstico | Tratamiento | | |

| | | |
|---|---|---|
| ¿Ha estado o está actualmente bajo algún tratamiento médico? | Sí / No | ¿Cuál? |
| ¿Ha sido intervenido quirúrgicamente o tiene programada alguna operación o tratamiento médico? | Sí / No | ¿Cuál? |

4

¿Ha sufrido algún accidente? Si No ¿Cuál?

¿Cuándo visitó a su médico? Fecha y motivo. Si No ¿Cuál?

**Cuestionario adicional para mujeres**

Enfermedades del sistema ginecológico (útero, trompas de falopio, glándula mamaria)

Ultima mamografía, fecha y resultado

Ultimo papanicolau, fecha y resultado

¿Está embarazada actualmente? Si No ¿Qué mes cursa su embarazo?

**Antecedentes familiares**

Causa y edad de fallecimiento de padres y hermanos

¿Han padecido sus padres o hermanos enfermedades cardiovasculares, diabetes, hipertensión arterial, cáncer, esclerosis multiple, derrames cerebrales, pólipos de colon u otras enfermedades hereditarias?

Estatura Peso Fuma Si No Cantidad ¿Desde cuándo?

¿Consume alcohol? Si No Cantidad Tipo Frecuencia

¿Alguna vez ha usado marihuana, barbitúricos, anfetaminas o cualquier otro tipo de drogas psico-activas? (En caso afirmativo señalar fecha inicial, tipo de droga, frecuencia y última ocasión). Si No

¿Toma algún tipo de medicamento actualmente? Si No ¿Cuál?

Ampliar respuestas afirmativas

Si practica algún deporte como sky, motociclismo, alpinismo, etc., favor de llenar el cuestionario correspondiente.

Si realiza vuelos en aviones que no pertenezcan a líneas comerciales favor de llenar el cuestionario de aviación.

Firma del asegurado Lugar y fecha



Como prueba de veracidad de las respuestas, se exige la firma del cuestionario de riesgo por parte del asegurado, puesto que recordemos que uno de los principios del seguro, para que se haga efectivo el pago de prestaciones, es la no existencia de dolo en el contrato (que se produciría al mentir de forma consciente en las preguntas que se hacen con el fin de aminorar el riesgo, cuando es todo lo contrario, para cobrar la prestación pagando una prima menor a la que realmente le hubiese correspondido pagar de haber sabido el asegurador de la existencia de esos riesgos).

## Sección 5. LA FISCALIDAD DEL SEGURO DE VIDA

### 4-36 Generalidades fiscales

Con carácter general, los impuestos que gravan las percepciones procedentes de un contrato de seguro sobre la vida son el IRPF y el ISD. Así, a la hora de determinar el tratamiento fiscal que van a tener los seguros de vida, la primera cuestión debe ser determinar cuándo el rendimiento generado está gravado por el IRPF y cuándo queda grabado por el ISD.

La regla general es que cuando la condición de tomador del seguro de vida individual y la de beneficiario coincida en una misma persona, las cantidades que perciba el beneficiario tributarán por el IRPF, mientras que si no se produce dicha coincidencia, entonces las cantidades que perciba el beneficiario tributarán, como regla general, por el ISD.

La percepción de cantidades procedentes de estos seguros de vida puede hacerse básicamente de dos formas, **en forma de renta o en forma de capital**, aunque también pueden percibirse las cantidades de una forma mixta, parte en forma de renta y parte como capital.

## 4-37 Fiscalidad de los seguros vida-riesgo. Tributación en caso de fallecimiento

La principal particularidad es que a la muerte del asegurado, la prestación que se perciba como indemnización por el seguro de vida no se integrará en el caudal hereditario del mismo salvo en el único caso de que no se hubiera designado beneficiario en la póliza, en el cual, la prestación sí se integraría en el patrimonio del fallecido.

**Diferentes tratamientos según las características de los herederos y beneficiarios**

a) **Cuando los herederos con personas físicas:** Cuando fallece el asegurado de un seguro de vida, la parte de la prestación que vaya a recibir cada uno de sus herederos, siempre que sean personas físicas, tributará en el ISD, debiendo hacer una declaración individual cada uno de ellos ya que si hay varios beneficiarios, cada uno tributará por separado por su parte de capital.

b) **Según quién sea el beneficiario:** Se darán las siguientes circunstancias:

- Cuando el beneficiario sea también heredero legal, deberá sumar ambas partes en su liquidación del impuesto.

- Cuando el beneficiario es el cónyuge, lo normal es tributar por la totalidad, salvo en el caso de que se hubiese reflejado expresamente en el boletín de adhesión del seguro que el pago de las primas del seguro lo realizaba la sociedad gananciales del matrimonio.

- El cónyuge, que además fuese beneficiario del seguro, podrá tributar de la siguiente manera:

• En el IRPF por la diferencia entre la mitad del capital percibido y la mitad de la primas pagadas.

• En el impuesto de Sucesiones y Donaciones por la otra mitad.

**Reducciones a la base imponible del ISD**

**1) Reducción general**

Existen reducciones en la base imponible del ISD en función del grado de parentesco existente entre el causante y el sujeto pasivo. Dichas reducciones son:

a) Adquisiciones por descendientes y adoptados menores de 21 años: 15.956,87 euros más 3.990,72 euros por cada año menor de 21 que tenga el sujeto pasivo, sin que la reducción pueda exceder de 47.858,59 euros.

b) Adquisiciones por descendientes y adoptados de 21 o más años, cónyuges, ascendientes y adoptantes: 15.956,87 euros.

c) Adquisiciones por colaterales de segundo y tercer grado, ascendientes y descendientes por afinidad: 7.993,46 euros.

d) En las adquisiciones por colaterales de cuarto grado, grados más distantes y extraños, no habrá lugar a reducción. e) Además de las reducciones generales, por parentesco, en la Base Imponible del Impuesto sobre Sucesiones, existe una reducción adicional de 9.195,49 euros para cada beneficiario de contratos de seguro, siempre que el parentesco con el contratante sea cónyuge, ascendiente o descendiente.

**2) Reducciones específicas**

Se aplicará, además de las que pudieran corresponder en función del grado de parentesco con el causante, una reducción de 47.858,59 euros, a las personas que tengan la consideración legal de minusválidos, con un grado de discapacidad igual o superior al 33% e inferior al 65%. La reducción será de 150.253,02 euros para aquellas personas que acrediten un grado de minusvalía igual o superior al 65%.

Con independencia de las reducciones por parentesco y por minusvalía anteriormente expuestas para las adquisiciones mortis causa, los perceptores de cantidades de contratos de seguro sobre la vida, cuando su pa-

4

rentesco con el contratante fallecido fuese el de cónyuge, ascendiente, descendiente, adoptante o adoptado, podrán reducir un importe equivalente al 100% de las cantidades percibidas por los beneficiarios, con el límite cuantitativo de 9.195,49 euros. En los seguros colectivos o contratados por las empresas, ha de estarse al grado de parentesco entre el asegurado fallecido y el beneficiario.

La reducción será única por sujeto pasivo cualquiera que sea el número de contratos de los que se perciban prestaciones. De modo particular, cuando la percepción de cantidades tenga su causa en el fallecimiento por actos de terrorismo o por participación en misiones internacionales de paz o humanitarias de carácter público, el referido límite de 9.195,49 euros no resultará de aplicación y no será exigible el requisito de parentesco con el contratante fallecido, anteriormente expuesto.

De forma especial, la Ley 29/1987, de 18 de diciembre, del Impuesto sobre Sucesiones y Donaciones reconoce, en su disposición transitoria Tercera, determinadas reducciones para las percepciones de determinados contratos de seguro formalizados antes de 19 de enero de 1987. Ambas reducciones son incompatibles entre sí.

## 4-38 Fiscalidad de los seguros vida-riesgo. Tributación en caso de invalidez. IRPF

En caso de prestaciones por invalidez percibidas en forma de capital por quienes tengan un grado de minusvalía igual o superior al 65%, el beneficiario de esta cobertura tributará en el impuesto como rendimiento de capital que estará sujeto a una retención del 19%, con la excepción de los residentes en Navarra a los que se aplica el tipo de retención del 18%.

En IRPF la renta formará parte de la base del ahorro por la que se tributará al tipo del 19% por los primeros 6.000€, y al 21% en adelante (desde el pasado 1 de enero de 2010).

En Navarra la anterior escala aplicará los tipos del 18% y del 21% respectivamente. En el País Vasco la base del ahorro tributará a un tipo fijo del 20%. El anticipo de graves enfermedades tributará como rendimiento de capital practicando la reducción, en función del tiempo transcurrido entre la contratación de la garantía y la percepción de la prestación.

Cuando en la póliza del contrato de seguro se establezca que el beneficiario de la indemnización a satisfacer por la aseguradora es la entidad de crédito, para destinarla a la amortización del préstamo hipotecario, será la propia persona física, tomador del seguro, la que deba tributar por dicha indemnización por cuanto la misma se destina a la liberalización o reducción de su deuda hipotecaria. Así pues, en estas condiciones, el hecho de que el beneficiario sea la entidad financiera acreedora no alteraría la calificación y tributación de la indemnización en la medida que se destinaría a la amortización del préstamo.



El importe a integrar en la base imponible de la persona física vendrá determinado por el importe de la prestación satisfecha a la entidad financiera.

Por otro lado, la indemnización destinada a la amortización del préstamo se incluiría en la base de la deducción por adquisición de vivienda habitual, que podría aplicar la persona física deudora en la cuota de su declaración del IRPF, siempre que se cumplieran los requisitos exigidos por la normativa vigente.

## 4-39 Particularidad de cesión de derechos a favor de entidad de crédito

Ya sabemos que hoy en día es muy común que una gran parte de la gran mayoría de la contratación de los seguros de vida-riesgo es para vincularlo a un préstamo hipotecario o cualquier otra modalidad crediticia, de manera que se establece una cláusula de cesión de derechos en el contrato de seguro a favor de la entidad financiera acreedora *"por el importe pendiente del préstamo en el momento del siniestro"* (es decir, en el momento de la muerte o accidente del asegurado-prestatario).

Ahora bien, un aspecto fiscal muy importante a tener en cuenta en estos casos y que se desconoce en la gran parte de los casos es que cuando se haya establecido en la póliza de seguro que el beneficiario de la indemnización a satisfacer por la aseguradora será la entidad de crédito para destinarla a la amortización del préstamo hipotecario (es decir, la indemnización le llega directamente a la entidad de crédito desde la aseguradora sin pasar por el beneficiario), será la propia persona física, tomador del seguro o beneficiario, aunque no haya pasado por su cuenta en ningún momento, quién deba tributar por dicha indemnización por cuanto la misma se destina a la liberalización o reducción de su deuda hipotecaria.

El hecho de que sea la entidad financiera acreedora a quién se "cede el derecho de de cobro" no le otorga la condición de beneficiario puro de la póliza y no altera la calificación y tributación de la indemnización en la


© CISS

medida que se entiende que el titular del préstamo lo destina a la amortización del préstamo. El importe a integrar en la base imponible de la persona física vendrá determinado por el importe de la prestación satisfecha a la entidad financiera.

Ahora bien, el tomador o beneficiario podrá incluir el importe de la indemnización destinada a la amortización del préstamo en su base de la deducción por adquisición de vivienda habitual que podría aplicar en la cuota de su declaración del IRPF, siempre que se cumplieran los requisitos exigidos por la normativa vigente para ello.

A continuación vamos a ver varios casos sobre respuesta de la DGSFP a consultas formuladas sobre este asunto.

**Ejemplo 1:**

Seguros de vida a prima única para la amortización de préstamos.

***Planteamiento***

*Se consulta sobre las características de los seguros de vida a prima única vinculados a préstamos, concretamente sobre:*

*1° Las modalidades de estos seguros.*

*2°. La posibilidad y las consecuencias jurídicas de su resolución una vez cancelado el préstamo hipotecario.*

3°. En caso de siniestro, ¿cómo se calcula la indemnización cuando la suma asegurada se fije en función del capital pendiente de desembolso?

*4°. El establecimiento de cláusulas o condiciones más favorables en la póliza de seguro.*

*5°. La inclusión de otras coberturas.*

***Contestación de la DGSFP***

*1°. Los seguros de vida a prima única para la amortización de préstamos son seguros para caso de muerte o invalidez. Se comercializan básicamente dos modalidades.*

*En la primera, se estipula como suma asegurada el importe del préstamo recibido y se designa como beneficiaria a la entidad de crédito que concedió el préstamo, por el importe pendiente de amortizar, y al asegurado u otros beneficiarios, por la diferencia entre la suma asegurada y dicho importe.*

*En la segunda modalidad se establece que la suma asegurada será igual al capital pendiente de desembolso del préstamo (o a un porcentaje del mismo), durante toda la vida de la operación, y que el beneficiario con carácter irrevocable será el banco. Para realizar el cálculo de la prima que corresponde pagar al tomador por este seguro, se toma como hipótesis que el capital pendiente de amortizar cada año será el previsto en el plan de amortización del préstamo. En estos seguros si no se adjunta dicho plan de amortización, el asegurado desconoce el importe por el que realmente está asegurado cada año.*

*2°. Los seguros de amortización de préstamos son exigidos por algunas entidades de crédito como garantía adicional para la concesión de préstamos hipotecarios con determinadas características, ya que el seguro protege a la entidad de crédito ante el posible impago del prestatario debido a su muerte o invalidez. Además, no es infrecuente que la misma entidad de crédito que exige el seguro, actúe como agente de la entidad aseguradora con la que se contrata. En ocasiones, al prestatario se le exige, para la concesión del préstamo, la contratación de un seguro a prima única cuyo importe supone una carga financiera considerable, debido al dilatado periodo de aseguramiento (cobertura plurianual).*

*Cuando se cancela el préstamo anticipadamente, el interés de la entidad de crédito en el seguro decae; sin embargo, si el asegurado resuelve el contrato y no se le devuelve la parte de prima única no consumida o la provisión matemática, se produciría un perjuicio injustificado, que supone una actuación contraria a las exigencias del equilibrio y de la buena fe contractual, y a lo dispuesto en el artículo 1258 del Código Civil: "Los contratos se perfeccionan por el mero consentimiento, y desde entonces obligan, no sólo al cumplimiento de lo expresamente pactado, sino también a todas las consecuencias que, según su naturaleza, sean conformes a la buena fe, al uso y la ley".*

*Con base en lo que antecede, el Servicio de Reclamaciones de la Dirección General de Seguros y Fondos de Pensiones considera esta actuación inadecuada y contraria a las buenas prácticas y usos en el ámbito* de los seguros privados, de acuerdo con la competencia reconocida por el artículo 62 Texto Refundido de la Ley de Ordenación y Supervisión de los Seguros Privados, y en el artículo 6 del Reglamento de los Comisionados para la Defensa del Cliente de Servicios Financieros.

De acuerdo con las buenas prácticas y usos en el ámbito de los seguros privados, cuando el asegurado decida resolver un seguro de vida a prima única por haber cancelado el préstamo hipotecario al que iba ligado y no existir ya riesgo de impago para la entidad de crédito, la aseguradora, en el caso de que en el contrato no se establezca qué es lo que sucede cuando se produzca cancelación anticipada del préstamo, deberá devolverle la prima correspondiente al tiempo de cobertura no transcurrido o la provisión matemática.

Sobre este aspecto cabe recordar que la "Guía de buenas prácticas de transparencia en el Seguro" editada por la Asociación Empresarial del Seguro (UNESPA), señala, dentro del anexo sobre prácticas de transparencia en el canal bancoasegurador que "En Seguros de Vida vinculados a operaciones de financiación hipotecaria, el Tomador tendrá derecho a solicitar, en el caso de haberse producido una cancelación total y anticipada del préstamo, la devolución de la parte de la prima o provisión que proceda".

3°. En la segunda de las modalidades expuestas en el apartado 1° pueden darse tres supuestos:

a) En el primero, habiéndose producido el siniestro, el asegurado ha seguido el plan de amortización previsto por la entidad de crédito, por lo que la aseguradora paga a la entidad de crédito el capital pendiente.

b) En el segundo supuesto, el asegurado no ha seguido el plan de amortización de deuda previsto por el banco y ha amortizado anticipadamente parte del préstamo. En este caso, la entidad aseguradora deberá devolver al tomador la parte de prima proporcional al riesgo no corrido, puesto que al disminuir el capital pendiente de amortizar, disminuye el riesgo asumido por la entidad aseguradora.

c) En el tercer supuesto, el asegurado ha amortizado anticipadamente todo el préstamo; en este caso, la entidad aseguradora debe devolverle al tomador la parte de prima no consumida a la fecha de cancelación del préstamo.



No obstante, es frecuente que las pólizas de estos seguros incluyan cláusulas que determinen qué sucede en caso de cancelación anticipada del préstamo, por lo que habrá que estar a lo que fijen estas cláusulas. Las dos más frecuentes son: la que determina que en caso de cancelación anticipada del préstamo se devolverá la parte de la prima no consumida, y la que establece que en caso de cancelación anticipada del préstamo el seguro seguirá otorgando cobertura por los riesgos de fallecimiento e invalidez, pero el beneficiario dejará de ser la entidad de crédito y será designado libremente por el tomador.

Con base en cuanto antecede, el Servicio de Reclamaciones de la Dirección General de Seguros y Fondos de Pensiones considera conveniente, para que el tomador de seguro disponga de una información suficiente y veraz, que no le induzca a error, que en la póliza de este tipo de seguros debe mencionarse qué sucede en caso de amortización anticipada, ya sea total o parcial, del préstamo.

4°. Los derechos a los que se ha hecho referencia en los apartados anteriores son los que deberían corresponder en todo caso a los tomadores y asegurados. Pero para conocer con precisión todos los derechos y obligaciones de un determinado contrato de seguro hay que remitirse a las estipulaciones pactadas en la póliza ya que éstas pueden regular otras condiciones más beneficiosas de conformidad con lo dispuesto en el artículo 2 de la Ley de Contrato de Seguro.

5°. En el mercado asegurador también se comercializan seguros cuyo objetivo es permitir cumplir las obligaciones del deudor con respecto al préstamo hipotecario, con una garantía temporal. Se conocen con el nombre comercial de "seguros de protección de pagos/préstamos", y se suelen comercializar de forma independiente o como coberturas adicionales en un seguro de amortización de préstamos de los tratados en el apartado primero de este criterio.

Estos seguros cubren la contingencia de desempleo del asegurado (deudor del préstamo), o, en caso de que no pueda producirse dicha situación, la incapacidad temporal del asegurado.

Es conveniente señalar que las coberturas de desempleo e incapacidad temporal se conciben como alternativas, es decir, que el asegurado sólo puede hacer uso de una de ellas; no se concede una facultad *de elección al asegurado sobre el tipo de siniestro objeto de cobertura, sino que es la póliza, en función de la situación laboral del asegurado en el momento del siniestro, la que establece la garantía que opera.*

*En estas coberturas se suele establecer como suma asegurada un número máximo de cuotas del préstamo y hasta un importe máximo por cuota, y como beneficiaria con carácter irrevocable la entidad de crédito que concedió el préstamo. En caso de siniestro, desempleo o incapacidad temporal según el caso, la entidad aseguradora abonará las cuotas del préstamo a la entidad de crédito acreedora mientras dure la citada situación y con los límites temporales y cuantitativos pactados en la póliza.*

**Ejemplo 2:**

Efectos jurídicos de las cláusulas que autorizan a las entidades de crédito a suscribir un seguro en defecto del deudor, insertas en la escritura del préstamo.

***Planteamiento***

*Se consulta sobre las cláusulas incluidas en la escritura de los préstamos hipotecarios que autorizan a las entidades de crédito a suscribir un seguro en defecto del deudor.*

***Contestación de la DGSFP***

*La inclusión en las escrituras de préstamo hipotecario de cláusulas en las que el deudor se obliga a mantener vigente durante su duración un seguro de daños sobre el inmueble objeto de la garantía hipotecaria, concediendo al acreedor la facultad de contratarlo en su nombre en caso de no hacerlo el deudor, plantea la duda de si existe consentimiento pleno por parte del tomador del seguro a todas las consecuencias que supone la contratación del seguro.*

*En este caso, aunque el tomador consiente en que se suscriba un seguro por su cuenta en caso de no hacerlo él, puede no conocer características esenciales del mismo, como son la prima, los riesgos cubiertos y la sumas aseguradas. Ahora bien, para saber si el consentimiento prestado por el tomador lo fue por error y, por tanto, adolece del vicio de nulidad habrá que estudiar cada supuesto concreto, cuestión que, en cuanto a la validez de la cláusula, excede del ámbito de competencias de la Dirección General de Seguros y Fondos de Pensiones.*

*Por lo que se refiere a la forma de contratación del seguro, cuestión que sí está en el ámbito de las competencias de protección administrativa al asegurado de la Dirección General de Seguros y Fondos de Pensiones, hay que señalar que deberían definirse, en todo caso, los elementos esenciales del seguro e informar de ellos al tomador, antes de la suscripción, para que el tomador o asegurado pueda conocer los derechos y obligaciones que derivan del contrato de seguro. De lo contrario, podría producirse una comercialización inadecuada, no ajustada a las buenas prácticas y usos en el ámbito de los seguros privados.*

*En la aplicación de las citadas cláusulas por parte del acreedor hipotecario es conveniente diferenciar dos supuestos en función de las circunstancias y el momento en que la entidad de crédito suscribe el seguro en defecto del deudor.*

*En el momento inicial de la contratación del préstamo resulta sencillo, para el mediador o para la aseguradora, tener constancia de que el tomador conoce los elementos esenciales del contrato, por ejemplo, haciendo referencia a ellos en la escritura o en otro documento entregado con anterioridad o simultáneamente a la firma del préstamo.*

*En momentos posteriores, durante la vida del préstamo, si el deudor dejase de tener vigente un seguro sobre el inmueble objeto del préstamo hipotecario, la garantía de la deuda quedaría desprotegida y se activaría la contratación del seguro en nombre del prestatario. En esta circunstancia, como las condiciones ofertadas en el mercado asegurador son cambiantes, puede resultar imposible reflejar en un documento simultáneo o anterior a la fecha de concesión del préstamo los elementos esenciales del seguro. Por tanto, la Dirección General de Seguros y Fondos de Pensiones considera que, en este supuesto, se realizaría una correcta comercialización del contrato de seguro si con anterioridad a la suscripción del citado seguro de daños se informase por el mediador o la entidad aseguradora al tomador, en la medida de lo posible, sobre los elementos esenciales del contrato.*

4

## 4-40 Fiscalidad seguro de vida ahorro

El régimen fiscal del ejercicio del derecho de rescate y de las prestaciones percibidas por el beneficiario cuando éste sea el propio tomador del seguro es por el IRPF:

**Seguros de vida de capital diferido**

Los rendimientos que, en su caso, se deriven del ejercicio del derecho de rescate, total o parcial, o del cobro de prestaciones de la póliza de un seguro de vida estarán sujetos al IRPF del tomador-beneficiario del seguro, bajo la calificación de rendimientos del capital mobiliario.

A los rendimientos de capital mobiliario, también se les denomina "rentas de capital", cuya última modificación legislativa fue con fecha 01 de enero de 2010 en la que se introdujeron unos nuevos tipos para las rentas de capital, que antes tenían un único tipo común para todos los productos en el 18%. Estos rendimientos se cuantificarán por diferencia entre el importe percibido y la prima o primas satisfechas, y se integrarán, con signo positivo o negativo, en la base imponible del ahorro, donde tributarán actualmente en función de los siguientes tipos de gravamen:

- Los primeros 6.000 euros, al 19%.
- Los rendimientos, a partir de los primeros 6.001 euros, al 21%.

**Ejemplo:**

Una persona obtiene unos rendimientos de 7.600 €. A tal efecto tributará por esa ganancia un total de 1.476 € según detalle:

- Por los 6.000 € primeros, el 19 %: 1.140 €.
- Por los 1.600 € restantes, el 21%: 336 €.

Estos rendimientos estarán sometidos a una retención a cuenta del 19%.

4

Aunque actualmente la Ley 35/2006 de IRPF no regula esta cuestión, si el seguro tuviera primas periódicas o extraordinarias, a efectos de determinar la parte del rendimiento total obtenido que corresponde a cada prima, habría que multiplicar el rendimiento total obtenido por el coeficiente de ponderación que resulte de la siguiente operación (sistema vigente hasta 31-12-2006):

$$\frac{\text{Prima x nº años transcurridos hasta el cobro}}{\Sigma \text{ (Cada prima x nº años transcurridos hasta el cobro)}}$$

Para calcular el rendimiento obtenido en el caso rescates parciales, se aplica la regla FIFO ("First In, Firt Out") de manera que se considera que la cantidad recuperada procede de las primas satisfechas en primer lugar, con su correspondiente rentabilidad.

Asimismo, la Ley del IRPF contempla la posibilidad de que, siempre que esté debidamente previsto en el contrato de seguro de vida o invalidez, las prestaciones en forma de capital se puedan convertir en pagos en forma de rentas, aplicándose posteriormente las reglas de tributación de las prestaciones en forma de renta diferida, temporal o vitalicia.

**Régimen de compensaciones fiscales**

A partir de la entrada en vigor de la Ley 35/2006, del IRPF, los seguros de vida de capital diferido pierden el beneficio fiscal de las reducciones porcentuales del 40% y del 75% previstas por la normativa anterior.

No obstante ello, el apartado a) de la Disposición transitoria decimotercera de la Ley 35/2006 del IRPF contempla un régimen transitorio específico que prevé compensaciones fiscales para aquellos contribuyentes que perciban capitales diferidos procedentes de seguros de vida o de invalidez suscritos con anterioridad a 20 de enero de 2006, cuando el régimen fiscal previsto por la Ley 35/2006 les resulte más gravoso que el actual.

A efectos de la aplicación de este régimen de compensaciones, se tendrán en cuenta solamente las primas satisfechas hasta el 19 de enero de 2006, así como las primas ordinarias previstas en la póliza original del contrato

 © CISS

satisfechas con posterioridad a dicha fecha. El alcance y la mecánica de estas compensaciones se regularán en la Ley de Presupuestos Generales del Estado.

**ATENCIÓN:** A modo de recordatorio, las reducciones fiscales que contemplaba la normativa anterior eran las siguientes:

1. Como regla general:

a) Una reducción del 40% para las primas satisfechas con más de dos años de antigüedad.

b) Una reducción del 75% para las primas satisfechas con más de 5 años de antigüedad.

c) Una reducción del 75% sobre la totalidad del rendimiento para aquellos contratos suscritos desde el 31/12/1994 y que hayan transcurrido más de ocho años desde el pago de la primera prima siendo éstas periódicas y regulares, entendiéndose que se cumple este requisito cuando hayan transcurrido más de ocho años desde el pago de la primera prima y el período medio de permanencia de las primas haya sido superior a cuatro años.

A estos efectos, el período medio de permanencia de las primas será el resultado de calcular el sumatorio de las primas multiplicadas por su número de años de permanencia y dividirlo entre la suma total de las primas satisfechas. No obstante, en el caso de percepciones derivadas del ejercicio del derecho de rescate parcial, sólo eran aplicables las citadas reducciones a los rendimientos derivados de la primera de cada año natural y dicha reducción era compatible con la que procediera como consecuencia de la extinción del contrato.

2. En el caso de prestaciones por invalidez:

a) Una reducción del 75% cuando se trate de beneficiarios con un grado de minusvalía igual o superior al 65%.

b) Una reducción del 40% en los restantes casos de minusvalía o invalidez.

## 4-41 Tributación del seguro de vida de rentas

### Rentas inmediatas

Cuando la condición de tomador y beneficiario coincida en la misma persona y se trate de rentas que no se hayan adquirido por herencia, legado o cualquier otro título sucesorio, las prestaciones de un seguro de vida de rentas estarán sujetas al IRPF del tomador-beneficiario bajo la calificación fiscal de rendimientos del capital mobiliario.

A efectos de cuantificación del rendimiento, se considera que cada una de las prestaciones contendría una parte que es recuperación de la inversión y otra que es rendimiento del capital. La parte que debe tributar como rendimiento del capital se calcula en función de unos porcentajes que se aplican a cada anualidad, de acuerdo con unas reglas en función del tipo de renta que se perciba: temporales o vitalicias. Veámoslas a continuación:

4

### Rentas temporales inmediatas

Se considera rendimiento el importe resultante de aplicar sobre la anualidad percibida el porcentaje fijo que resulte según la siguiente tabla, en función de la duración de la renta:

| Duración de la renta | Porcentaje |
|---|---|
| Inferior o igual a 5 años | 12,00% |
| Entre 5 y 10 años | 16,00% |
| Entre 10 y 15 años | 20,00% |
| Superior a 15 años | 25,00% |

En el importe de rescate se realiza una regularización tal que se tributa por:

+ (Rentas satisfechas hasta el rescate) - (Primas satisfechas) - (Cuantías que hayan tributado como rendimiento del capital mobiliario)

Hay posibilidad de aplicar los porcentajes de integración del rendimiento del capital mobiliario a las rentas constituidas antes del 1 de enero de 2007 según sea la fecha de contratación.

Cuando se ha establecido el diferimiento del cobro, se puede aplicar el mismo tratamiento que las rentas inmediatas, teniendo en cuenta la rentabilidad del período de diferimiento distribuida entre las distintas anualidades de la renta pero siempre con un máximo de diez años.

**Rentas vitalicias inmediatas**

Se considera rendimiento el importe resultante de aplicar sobre la anualidad percibida, el porcentaje fijo que resulte en función de la edad del rentista en el momento de la constitución de la renta:

| Edad del rentista | Porcentaje |
|---|---|
| Menos de 40 años | 40,00% |
| Entre 40 y 49 años | 35,00% |
| Entre 50 y 59 años | 28,00% |
| Entre 60 y 65 años | 24,00% |
| Entre 66 y 69 años | 20,00% |
| Más de 70 años | 8,00% |

Los rendimientos así cuantificados se integran en la base imponible del ahorro, donde tributarán a los siguientes tipos de gravamen:

- Los primeros 6.000 euros, al 19%.
- Desde 6.001 euros, al 21%.

Y estando sometidos a una retención a cuenta del 19%.

Los porcentajes anteriormente expuestos también resultarán aplicables a las rentas (temporales o vitalicias) constituidas entre 1 de enero de 1999 y 31 de diciembre de 2006 que generen rendimientos a partir de 1 de enero de 2007. Esto supone una ventaja por ser más reducidos que los que establecía la normativa derogada.

**Renta vitalicia diferida**

4

Si la renta es vitalicia, el rendimiento se determina por la aplicación sobre cada anualidad del porcentaje fijo que resulte según la tabla 1 anterior en base a su edad, incrementado en la rentabilidad obtenida hasta la constitución de la renta durante los diez primeros años del cobro de la misma. La rentabilidad obtenida se determina a través de la siguiente operación:

$$\text{Rentabilidad} = \frac{\text{Valor actual financiero/actuarial de la renta - Primas satisfechas}}{10}$$

**Renta temporal diferida**

Si la renta es temporal, el rendimiento se determina por la aplicación sobre cada anualidad del porcentaje fijo que resulte según la tabla 2 anterior en base a su edad, incrementado en la rentabilidad obtenida hasta la constitución de la renta, cuyo importe se repartirá linealmente durante el periodo de duración de la renta con el límite máximo de diez años.

De esta manera, la rentabilidad se determinará conforme a la siguiente operación:

$$\text{Rentabilidad} = \frac{\text{Valor actual financiero/actuarial de la renta - Primas satisfechas}}{\text{Número años de duración de la renta, con un máximo de 10}}$$

**Extinción de rentas temporales o vitalicias**

En la Ley del IRPF también se regula el rendimiento del capital mobiliario derivado de la extinción de rentas que no hayan sido adquiridas por herencia u otro título sucesorio, por un rescate total del seguro. El rendimiento a integrar en la base imponible será el que resulte de la siguiente operación:


© CISS

= Importe del rescate

\+ Rentas satisfechas hasta el momento de rescate

\- Primas satisfechas

\- Cuantías que hayan tributado como rendimientos del capital

## 4-42 Tributación de sucesiones y donaciones en caso de fallecimiento del asegurado

Cuando el contratante y beneficiario sean personas distintas, las percepciones se someten al ISD de manera que las prestaciones que perciba el beneficiario por causa de muerte deberán acumularse al resto de las cantidades que integren su porción hereditaria.

Para fijar la cantidad que debe ser imputada en la base imponible se tomará como día de devengo el de la muerte del asegurado. Primero hay que distinguir si se trata de una renta o de una percepción en forma de capital de manera que si se trata de una única percepción en forma de capital se imputará en la base imponible el importe cobrado. Por el contrario, cuando la percepción del seguro sea una renta se deberá incluir en la base imponible el valor actual actuarial de la misma.

**Reducciones**

Además de las reducciones generales por parentesco, existe una reducción específica del 100% con un límite de 9.195,49 euros, -única por sujeto pasivo- aplicable a las cantidades percibidas por los beneficiarios de contratos de seguros sobre la vida, cuando su parentesco con el contratante fallecido sea el de cónyuge, ascendiente, descendiente, adoptante o adoptado.

En las adquisiciones mortis causa, la base liquidable se calcula aplicando sobre la base imponible determinadas reducciones, en función del parentesco entre el causante y los causahabientes, según los siguientes grupos de parentesco:

| Grupo de adquirentes | Reducciones |
|---|---|
| GRUPO I – Descendientes y adoptados menores de 21 años | 15.956,87 euros, más 3.990,72 euros por cada año menos de 21 que tenga el causahabiente, sin que la reducción pueda exceder de 47.858,59 euros. |
| GRUPO II – Descendientes y adoptados de 21 o más años, cónyuges, ascendientes y adoptantes | 15.956,87 euros |
| GRUPO III – Colaterales de segundo y tercer grado, ascendientes y descendientes por afinidad | 7.993,46 euros |
| GRUPO IV – Colaterales de cuarto grado, grados más distantes y extraños | --- |

**Competencia de las comunidades autónomas en materia de sucesiones y donaciones**

De acuerdo con lo dispuesto en el artículo 48 de la Ley 22/2009, de 18 de diciembre, por la que se regula el sistema de financiación de las Comunidades Autónomas de régimen común y Ciudades con Estatuto de Autonomía y se modifican determinadas normas tributarias, adicionalmente a estas reducciones, las comunidades autónomas tienen delegadas determinadas competencias normativas en materia tributaria de Sucesiones y Donaciones.

A tal efecto, cabe la posibilidad de que se aplique, además de las reducciones anteriores, unas reducciones en la base imponible o deducciones y bonificaciones de la cuota en aquellas comunidades autónomas que hayan ejercitado dichas competencias normativas.

## 4-43 Tributación de los Unit Linked

En los seguros unit linked los rendimientos obtenidos pueden tributar de dos maneras:

**a) Por el régimen general**

Tributarán por el régimen general previsto para los seguros de vida siempre que concurra, durante toda la vigencia del contrato, alguna de las siguientes circunstancias:

1. Que no se otorgue al tomador la facultad de modificar las inversiones afectas a la póliza.
2. Que las provisiones matemáticas se encuentren invertidas en acciones o participaciones de instituciones de inversión colectiva, predeterminadas en los contratos, siempre que se trate de instituciones de inversión colectiva adaptadas a la Ley de Instituciones de Inversión Colectiva.

**b) Régimen especial**

Cuando no se cumplan los dos requisitos anteriores previstos para el régimen general, la Ley prevé la imputación anual de los rendimientos de manera que se imputará como rendimiento de capital mobiliario de cada período impositivo la diferencia entre el valor liquidativo de los activos afectos a la póliza al final y al comienzo del período impositivo. En cualquier caso, el importe que se impute finalmente reducirá el rendimiento derivado de la percepción de cantidades en estos contratos.

## 4-44 Particularidad de la fiscalidad del seguro de vida cuyo tomador sea la empresa

**Fiscalidad para la empresa**

Cuando es la empresa la que aporta para los seguros de vida de sus empleados, ésta podrá deducirse en el IS las primas del Seguro de Vida imputadas al trabajador como rendimiento del trabajo en especie siempre que se den los siguientes requisitos:

- Que las contribuciones sean obligatorias para la empresa.
- Que se imputen a los trabajadores.

Ahora bien, si no se las deduce, podrá hacerlo cuando el trabajador empiece a percibir la prestación. Asimismo, la empresa se deduce un 10% de la externalización de servicios pasados correspondientes a pasivos y activos con imputación de primas.

4

**Fiscalidad para el empleado**

Las primas correspondientes al seguro vida colectivo aportado por la empresa a los trabajadores suponen un rendimiento de trabajo en especie en el IRPF de éstos.

Con carácter general, entendemos que la empresa se deduce las primas satisfechas en el IS, de manera que las rentas o capitales procedentes de seguros de vida ahorro cuyo tomador sea una empresa, se integrarán en la base imponible del IRPF y tributarán como rendimientos del trabajo en su base general. Cuando el trabajador empiece a percibir la prestación, ésta se incluirá como renta del trabajo.

Ahora bien, si por la razón que fuere, la empresa no se ha deducido las primas del seguro de vida en el IS, entonces éstas no se integran en la base imponible del IRPF del empleado.

# Sección 6. EL REGISTRO GENERAL DE SEGUROS DE VIDA

## 4-45 Regulación

Mediante la Ley 20/2005, de 24 de noviembre, se crea un Registro de carácter público en el que deben inscribirse los contratos de seguro de cobertura de vida que se celebren en el Reino de España. El Registro está actualmente regulado en Real Decreto 398/2007, de 23 de marzo, por el que se desarrolla la Ley 20/2005, de 14 de noviembre, sobre la creación del Registro de contratos de seguro de cobertura de fallecimiento.

El Registro depende del Ministerio de Justicia, llevándose la gestión centralizada en el Registro General de Actos de Última Voluntad de la Dirección General de los Registros y del Notariado.


© CISS

## 4-46 Finalidad del Registro

Muchas personas tienen contratado un seguro de vida en cualquiera de sus modalidades (muerte, invalidez, supervivencia) que cubren una sola o varias contingencias (seguro puro o mixto), y tienen una duración variable (a toda la vida o temporales).

La razón de crearse este nuevo Registro radica en que sucede con demasiada frecuencia que, en caso de fallecimiento del tomador del seguro o del asegurado, sus posibles beneficiarios, precisamente por desconocer la existencia del contrato de seguro, no están en condiciones de reclamar su cobro, perdiendo unos derechos económicos a los que tienen derecho, pudiéndose generar un lucro indebido en las compañías de seguros.

Sea en la forma de seguros de vida individuales o colectivos de diverso origen que sea (en seguros de vehículos a todo riesgo, contratación de seguros de vida ligados a préstamos hipotecarios, suscripción de seguros de accidente, adhesión a seguros adjuntos a paquetes de viajes turísticos, seguros de vida anexos a tarjetas de crédito, etc.) hoy en día, aparecen inscritos en el Registro General de Seguros de Vida.

La obligación de comunicación de los datos al Registro recae plenamente sobre las entidades aseguradoras, constituyendo infracción administrativa el incumplimiento de las obligaciones establecidas en la Ley y Reglamento que lo desarrolla.

La información contenida en el Registro gozará de presunción de veracidad, a efectos informativos, en cuanto a la existencia del contrato, salvo prueba en contrario.

Es importante tener en cuenta que no presupone la existencia de cobertura o el derecho al cobro de la prestación, para lo cual habrá de estarse a lo estipulado en el contrato en cuestión.

## 4-47 Información que facilita el Registro

El Registro contiene información sobre todos los contratos de seguro de vida con cobertura de fallecimiento y los seguros de accidentes en los que se cubra la contingencia de la muerte del asegurado, ya se trate de pólizas individuales o colectivas.

Con la finalidad de que el Registro sea operativo, se excluyen de esta obligación los seguros celebrados en el ámbito de las relaciones laborales y empresariales, regulados mediante Real Decreto 1588/1999, de 15 de octubre, por el que se aprueba el Reglamento sobre la Instrumentación de los compromisos de las empresas con los trabajadores y beneficiarios, en el que ya se prevén mecanismos de información y protección suficientes.

Asimismo, tampoco recoge información sobre los seguros en los que, en caso de fallecimiento del asegurado, coincidan el tomador y el beneficiario ni los contratos suscritos por mutualidades de previsión social que actúen como instrumento de previsión social empresarial, mutualidades de profesionales colegiados y mutualidades cuyo objeto exclusivo sea otorgar prestaciones o subsidios de docencia o educación.

**ATENCIÓN:** El Registro emitirá, al respecto, el correspondiente certificado que será hecho imponible de una tasa al efecto actualizable. Para no invadir el derecho a la intimidad, el Registro se limita a comunicar la condición de persona asegurada del fallecido, así como a señalar la existencia de los contratos y las entidades aseguradoras con que se hubieran suscrito dichos contratos.

## 4-48 Naturaleza jurídica y acceso a los datos del Registro

El Registro general de Seguros de Vida es de naturaleza pública, de forma que podrá tener acceso al Registro cualquier persona interesada en obtener información.

Cualquier persona interesada deberá presentar el certificado de defunción de la persona respecto de la que se quiere conocer la información.

El Registro emitirá una certificación donde consten, en su caso, los seguros que correspondan.

De esta manera, el interesado podrá acudir a las compañías aseguradoras correspondientes para conocer si es beneficiario o no del seguro.

El acceso al Registro sólo podrá realizarse transcurridos quince días desde el fallecimiento del asegurado, presentando el correspondiente certificado de defunción. Durará cinco años desde que se pueda consultar y siempre que todavía no haya sido pagada la prestación.

## 4-49 Más que un Registro General de "beneficiarios" de seguros de vida

El Registro, que actúa únicamente a solicitud de la persona interesada, facilita información solamente de los datos de la persona asegurada, pues es la muerte de ésta la que genera la prestación. Por ello, más bien se le puede considerar como un Registro de Beneficiarios de Seguros de Vida.

No es, pues, objeto del Registro dar información sobre la muerte de la persona tomadora, ello puede inducir a error en caso de que ésta no coincida con la persona asegurada, ni tampoco de las personas beneficiarias, pues ello invadiría el derecho a la intimidad de éstas y de la persona tomadora o asegurada, además de que también podrían darse errores en caso de que la designación de beneficiarios se realizase al margen del contrato de seguro o de forma genérica o innominada.

Así pues, el Registro se limita a comunicar la condición de persona asegurada del fallecido, así como a señalar la existencia de los contratos y las entidades aseguradoras con que se hubieran suscrito dichos contratos. Con estas medidas se facilita sustancialmente que los posibles beneficiarios puedan reclamar el cobro de sus derechos que es, en definitiva, el objetivo perseguido por este Registro.

## 4-50 Obligaciones de entidades aseguradoras y de los notarios

Las entidades aseguradoras deberán comunicar al registro:

- Los datos de identidad de la persona asegurada.
- Número de Documento Nacional de Identidad.
- Número de Identificación Fiscal o número del documento acreditativo de identidad que en casa caso corresponda.
- Número del contrato o de referencia al Reglamento de prestaciones de la mutualidad de previsión social y tipo de cobertura.

Asimismo, la obligación de comunicación al Registro de los datos -de constitución y de pago- recae sobre las entidades aseguradoras, constituyendo infracción administrativa el incumplimiento de las obligaciones establecidas en la Ley 20/2005, de 14 de noviembre..

Por otro lado, en el proceso de adjudicación o partición de herencias los notarios estarán obligados a incorporar el certificado del registro de seguros del causante fallecido, de forma que los notarios favorecerán el conocimiento de los seguros existentes y advertirán a los interesados de la presencia de alguno que cubriera dicho fallecimiento. En el supuesto de que exista algún seguro con cobertura de fallecimiento, los notarios advertirán a los interesados de la trascendencia jurídica de ello.

En el caso de que del certificado del Registro se desprenda la existencia de algún seguro con cobertura de fallecimiento, el Notario hará las advertencias legales correspondientes y, en particular, informará a los interesados de lo dispuesto por la normativa reguladora del contrato de seguro en relación a la designación de beneficiario y, en particular, en el primer párrafo del artículo 88 de la Ley 50/1980, de 8 de octubre, de Contrato de Seguro, en el que se dice que: *"La prestación del asegurador deberá ser entregada al beneficiario, en cumplimiento del contrato, aun contra las reclamaciones de los herederos legítimos y acreedores de cualquier clase del tomador del seguro"*.

## 4-51 Especialidad de la consulta por vía notarial

Los notariosque son requeridos para autorizar actos de adjudicación o partición de bienes adquiridos por herencia, salvo que los interesados aporten el certificado correspondiente del Registro, deberán solicitarlo telemáticamente.

En el Real Decreto 398/2007 se desarrolla la siguiente obligación impuesta porla Ley20/2005 a los notarios:

*"(...) Los notarios que vayan autorizar una escritura de adjudicación o partición de herencia, deben incorporar en la misma el certificado del Registro de Seguros del causante fallecido, para así favorecer el conocimiento que*

*pretende la ley de los seguros existentes. Si existe algún seguro con cobertura de fallecimiento, los notarios deberán advertir a los interesados de la trascendencia jurídica de ello".*

**Procedimiento telemáticode la solicitud vía notarial**

1º) El notario realizará la *solicitud* a través del sistema informático, que estará conectado con el Registro de Contratos de Seguros de cobertura de fallecimiento. El notario exigirá a los interesados la presentación del preceptivo certificado de defunción antes de realizar la solicitud y, a los efectos del Registro, una vez realizada ésta, se entenderá ya cumplido dicho requisito.

2º) La *identificación del notario* se realizará utilizando el certificado electrónico.

3º) El *certificado del Registro* se expedirá mediante la utilización de medios electrónicos, informáticos y telemáticos, y en él la firma manuscrita del titular del Registro, o funcionario encargado que corresponda, se sustituye por un código de verificación o firma electrónica.

4º) Obtenido el certificado del Registro, el notario procederá, bajo su fe pública, conforme a la legislación notarial, a su *traslado a soporte papel* para incorporarlo a la correspondiente escritura pública. En aquellos supuestos en que no fuera posible su incorporación a la correspondiente escritura pública, por no llegar ésta a otorgarse, el notario entregará a los interesados el soporte papel en que se haya trasladado bajo su fe pública la certificación electrónica del Registro.

5º) Producido el devengo de la *tasa* por la solicitud del certificado del Registro prevista en la disposición adicional séptima de la Ley 20/2005, de 14 de noviembre, el notario procederá a efectuar el cargo correspondiente en la cuenta identificada por el solicitante y el correlativo abono para la Administración, generando el justificante acreditativo de su pago, sin perjuicio de su pago anticipado a través de la institución notarial correspondiente.

El notario incorporará a la escritura el traslado a soporte papel del certificado electrónico de pago, en caso de haber sido emitido, que tendrá efectos de carta de pago. Cuando por motivos técnicos el pago sólo pudiera realizarse de forma presencial, el notario incorporará en la escritura la correspondiente carta de pago.

Unos y otros podrán, sin embargo, exigir al beneficiario el reembolso del importe de las primas abonadas por el contratante en fraude de sus derechos, a fin de que los interesados conozcan que la existencia del contrato de seguro no presupone la existencia de ningún derecho a favor de los herederos ni implica la obligación de integrar las prestaciones que pudieran derivarse del contrato seguro en el caudal hereditario.

## 4-52 Formularios oficiales de acreditación como beneficiarios de seguros de vida ante el Registro General de Seguros de Fallecimiento

### ANEXO V

### MODELO DE AUTOLIQUIDACIÓN Y DE SOLICITUD E INSTRUCCIONES

MINISTERIO DE JUSTICIA

| CENTRO GESTOR | TASAS | Modelo |
|---|---|---|
| SUBSECRETARÍA DE JUSTICIA | ADMINISTRATIVAS<br>CÓDIGO 0 0 6 | 790 |

**Identificación (1)**

Espacio reservado para la etiqueta identificativa del sujeto pasivo
Si no dispone de etiquetas, consigne los datos que se solicitan en las líneas inferiores

Devengo: Ejercicio.............

**Nº de Justificante**

**7900060000000**

1. N.I.F. | 2. PRIMER APELLIDO | 3. SEGUNDO APELLIDO | 4. NOMBRE

5. DOMICILIO: NOMBRE CALLE/PLAZA/AVENIDA | 6. NÚMERO | 7. ESCALERA | 8. PISO | 9. PUERTA | 10. TELEFONO CON PREFIJO

11. DOMICILIO: MUNICIPIO | 12. DOMICILIO: PROVINCIA | 13. DOMICILIO: PAÍS | 14. CODIGO POSTAL

15. Código de la oficina pública notarial (código a efectos catastrales)
(a cumplimentar exclusivamente por los notarios en los certificados solicitados por éstos)

**Autoliquidación (2)**

**CERTIFICADO QUE SE SOLICITA (márquese con una X uno sólo de ellos)**

☐ **16. Antecedentes penales** (cumplimente los datos del apartado A)
☐ **17. Últimas voluntades** (cumplimente los datos del apartado B)
☐ **18. Contratos de seguros de cobertura de fallecimiento** (cumplimente los datos del apartado B)

**19. Marque una X si desea recibir el certificado por correo** ☐

**A. DATOS DE LA PERSONA CUYO CERTIFICADO DE ANTECEDENTES PENALES SE SOLICITA**

20. N.I.F. | 21. PRIMER APELLIDO | 22. SEGUNDO APELLIDO | 23. NOMBRE

24. FECHA DE NACIMIENTO (dd/mm/aaaa) | 25. NATURAL DE | 26. PROVINCIA DE

27. PAIS DE ORIGEN | 28. PAIS DE NACIONALIDAD | 29. ORGANO O AUTORIDAD ANTE QUIEN DEBE SURTIR EFECTO EL CERTIFICADO

30. FINALIDAD A LA QUE SE DESTINARÁ EL CERTIFICADO DE ANTECENDENTES PENALES

**B. DATOS DEL CAUSANTE O ASEGURADO (PERSONA FALLECIDA) PARA SOLICITAR LOS CERTIFICADOS DE ÚLTIMAS VOLUNTADES O DE CONTRATOS DE SEGUROS DE COBERTURA DE FALLECIMIENTO**
**(imprescindible aportar el certificado de defunción)**

31. PRIMER APELLIDO DE LA PERSONA FALLECIDA | 32. SEGUNDO APELLIDO DE LA PERSONA FALLECIDA | 33. NOMBRE DE LA PERSONA FALLECIDA

34. N.I.F. Ó N.I.E. DE LA PERSONA FALLECIDA | 35. FECHA DEFUNCIÓN (dd/mm/aaaa) | 36. **SOLO PARA EL CERTIFICADO DE ÚLTIMAS VOLUNTADES:** APELLIDOS Y NOMBRE DEL CÓNYUGE Ó CÓNYUGES ANTERIORES

37. **SOLO PARA EL CERTIFICADO DE ÚLTIMAS VOLUNTADES:** SI SE SABE O PRESUME QUE EL DIFUNTO OTORGÓ TESTAMENTO, CONSÍGNENSE AQUÍ LOS DATOS (FECHA, NOTARIO Y LUGAR DE OTORGAMIENTO)

**DECLARANTE (3)**

........................., a ......... de ............................. de 20........

**Firma:**

**INGRESO (4)**

Ingreso efectuado a favor del Tesoro Público, cuenta restringida de la A.E.A.T. para la recaudación de TASAS

IMPORTE euros: I

Forma de pago: en efectivo ☐ E.C. adeudo en cuenta ☐

Código cuenta cliente (CCC)

| Entidad | Oficina | DC | Número de cuenta |
|---|---|---|---|
| | | | |

VALIDACIÓN POR LA ENTIDAD COLABORADORA: este documento no será válido sin la certificación mecánica o, en su defecto, firma autorizada

**NOTA: ANTES DE CUMPLIMENTAR LOS DATOS, LEA LAS INSTRUCCIONES AL DORSO DEL DOCUMENTO**

**Ejemplar para la Administración**

4


© CISS

MINISTERIO DE JUSTICIA

**CENTRO GESTOR**

**SUBSECRETARÍA DE JUSTICIA**

**TASAS ADMINISTRATIVAS**

**CÓDIGO** 0 0 6

**Modelo 790**

Devengo — Ejercicio.............

**Nº de Justificante**

**7900060000000**

**Identificación (1)**

Espacio reservado para la etiqueta identificativa del sujeto pasivo
Si no dispone de etiquetas, consigne los datos que se solicitan en las líneas inferiores

| 1. N.I.F. | 2. PRIMER APELLIDO | 3. SEGUNDO APELLIDO | 4. NOMBRE |
|---|---|---|---|
| | | | |

| 5. DOMICILIO: NOMBRE CALLE/PLAZA/AVENIDA | 6. NÚMERO | 7. ESCALERA | 8. PISO | 9. PUERTA | 10. TELÉFONO CON PREFIJO |
|---|---|---|---|---|---|
| | | | | | |

| 11. DOMICILIO: MUNICIPIO | 12. DOMICILIO: PROVINCIA | 13. DOMICILIO: PAÍS | 14. CÓDIGO POSTAL |
|---|---|---|---|
| | | | |

15. Código de la oficina pública notarial (código a efectos catastrales)
(a cumplimentar exclusivamente por los notarios en los certificados solicitados por éstos)

**Autoliquidación (2)**

**CERTIFICADO QUE SE SOLICITA (márquese con una X uno sólo de ellos)**

☐ **16. Antecedentes penales** (cumplimente los datos del apartado A)

☐ **17. Últimas voluntades** (cumplimente los datos del apartado B)

☐ **18. Contratos de seguros de cobertura de fallecimiento** (cumplimente los datos del apartado B)

**19. Marque una X si desea recibir el certificado por correo** ☐

**A. DATOS DE LA PERSONA CUYO CERTIFICADO DE ANTECEDENTES PENALES SE SOLICITA**

| 20. N.I.F. | 21. PRIMER APELLIDO | 22. SEGUNDO APELLIDO | 23. NOMBRE |
|---|---|---|---|
| | | | |

| 24. FECHA DE NACIMIENTO (dd/mm/aaaa) | 25. NATURAL DE | 26. PROVINCIA DE |
|---|---|---|
| | | |

| 27. PAÍS DE ORIGEN | 28. PAÍS DE NACIONALIDAD | 29. ÓRGANO O AUTORIDAD ANTE QUIEN DEBE SURTIR EFECTO EL CERTIFICADO |
|---|---|---|
| | | |

30. FINALIDAD A LA QUE SE DESTINARÁ EL CERTIFICADO DE ANTECEDENTES PENALES

**B. DATOS DEL CAUSANTE O ASEGURADO (PERSONA FALLECIDA) PARA SOLICITAR LOS CERTIFICADOS DE ÚLTIMAS VOLUNTADES O DE CONTRATOS DE SEGUROS DE COBERTURA DE FALLECIMIENTO**

| 31. PRIMER APELLIDO DE LA PERSONA FALLECIDA | 32. SEGUNDO APELLIDO DE LA PERSONA FALLECIDA | 33. NOMBRE DE LA PERSONA FALLECIDA |
|---|---|---|
| | | |

| 34. N.I.F. Ó N.I.E. DE LA PERSONA FALLECIDA | 35. FECHA DEFUNCIÓN (dd/mm/aaaa) | 36. **SOLO PARA EL CERTIFICADO DE ÚLTIMAS VOLUNTADES:** APELLIDOS Y NOMBRE DEL CÓNYUGE Ó CÓNYUGES ANTERIORES |
|---|---|---|
| | | |

37. **SOLO PARA EL CERTIFICADO DE ÚLTIMAS VOLUNTADES:** SI SE SABE O PRESUME QUE EL DIFUNTO OTORGÓ TESTAMENTO, CONSÍGNENSE AQUÍ LOS DATOS (FECHA, NOTARIO Y LUGAR DE OTORGAMIENTO)

**DECLARANTE (3)**

.........................., a ......... de ............................ de 20........

**Firma:**

**INGRESO (4)**

Ingreso efectuado a favor del Tesoro Público, cuenta restringida de la A.E.A.T. para la recaudación de TASAS

IMPORTE euros: I

Forma de pago: en efectivo ☐ E.C. adeudo en cuenta ☐

Código cuenta cliente (CCC)

| Entidad | Oficina | DC | Número de cuenta |
|---|---|---|---|
| | | | |

VALIDACIÓN POR LA ENTIDAD COLABORADORA: este documento no será válido sin la certificación mecánica o, en su defecto, firma autorizada

**NOTA: ANTES DE CUMPLIMENTAR LOS DATOS, LEA LAS INSTRUCCIONES AL DORSO DEL DOCUMENTO**

**Ejemplar para el interesado**

4

MINISTERIO DE JUSTICIA

**CENTRO GESTOR**

**SUBSECRETARÍA DE JUSTICIA**

**TASAS ADMINISTRATIVAS**

**CÓDIGO** 0 0 6

**Modelo 790**

**Identificación (1)**

Espacio reservado para la etiqueta identificativa del sujeto pasivo
Si no dispone de etiquetas, consigne los datos que se solicitan en las líneas inferiores

Devengo — Ejercicio............

**Nº de Justificante**

**7900060000000**

| 1. N.I.F. | 2. PRIMER APELLIDO | 3. SEGUNDO APELLIDO | 4. NOMBRE |
|---|---|---|---|
| | | | |

| 5. DOMICILIO: NOMBRE CALLE/PLAZA/AVENIDA | 6. NÚMERO | 7. ESCALERA | 8. PISO | 9. PUERTA | 10. TELÉFONO CON PREFIJO |
|---|---|---|---|---|---|
| | | | | | |

| 11. DOMICILIO: MUNICIPIO | 12. DOMICILIO: PROVINCIA | 13. DOMICILIO: PAÍS | 14. CÓDIGO POSTAL |
|---|---|---|---|
| | | | |

15. Código de la oficina pública notarial (código a efectos catastrales)
(a cumplimentar exclusivamente por los notarios en los certificados solicitados por éstos)

**Autoliquidación (2)**

**CERTIFICADO QUE SE SOLICITA (márquese con una X uno sólo de ellos)**

☐ **16. Antecedentes penales** (cumplimente los datos del apartado A)

☐ **17. Últimas voluntades** (cumplimente los datos del apartado B)

☐ **18. Contratos de seguros de cobertura de fallecimiento** (cumplimente los datos del apartado B)

**19. Marque una X si desea recibir el certificado por correo** ☐

**DECLARANTE (3)**

.........................., a ......... de ............................ de 20........

**Firma:**

**INGRESO (4)**

Ingreso efectuado a favor del Tesoro Público, cuenta restringida de la A.E.A.T. para la recaudación de TASAS

IMPORTE euros:

Forma de pago: en efectivo ☐ E.C. adeudo en cuenta ☐

Código cuenta cliente (CCC)

| Entidad | Oficina | DC | Número de cuenta |
|---|---|---|---|
| | | | |

VALIDACIÓN POR LA ENTIDAD COLABORADORA: este documento no será válido sin la certificación mecánica o, en su defecto, firma autorizada

**NOTA: ANTES DE CUMPLIMENTAR LOS DATOS, LEA LAS INSTRUCCIONES AL DORSO DEL DOCUMENTO**

**Ejemplar colaboradora**

# INSTRUCCIONES DE CUMPLIMENTACIÓN DEL IMPRESO 790 DE SOLICITUD Y AUTOLIQUIDACIÓN DE CERTIFICADOS DE ANTECEDENTES PENALES, ÚLTIMAS VOLUNTADES Y CONTRATOS DE SEGUROS DE COBERTURA DE FALLECIMIENTO

## I. INSTRUCCIONES GENERALES

a. El presente impreso sirve para efectuar la autoliquidación (pago) de la tasa así como para tramitar la solicitud de los certificados de Antecedentes Penales, Últimas Voluntades y Contratos de Seguros de cobertura de fallecimiento. A través de un mismo impreso solamente se podrá autoliquidar y solicitar uno de los anteriores certificados. Utilícense tantos impresos como distintos certificados se deseen solicitar.
b. Una vez cumplimentado el impreso, en primer lugar se deberá liquidar la tasa, acudiendo a cualquier banco, caja de ahorros o cooperativa de crédito de las que actúan como entidades colaboradoras en la recaudación tributaria (la práctica totalidad de las mismas). A continuación se procederá a solicitar el correspondiente certificado presentando el Ejemplar para la Administración en la forma y lugares indicados en el apartado III de estas instrucciones.
c. Escriba únicamente a máquina o con bolígrafo sobre superficie dura, utilizando mayúsculas de tipo de imprenta, asegurándose que los datos resultan claramente legibles en todos los ejemplares.
d. No realice correcciones, enmiendas o tachaduras y evite doblar el papel.
e. No olvide firmar el impreso.

## II. INSTRUCCIONES PARA LA AUTOLIQUIDACIÓN (PAGO) DE LA TASA

**1. CUMPLIMENTACIÓN DEL APARTADO *IDENTIFICACIÓN* (1)**

a. Se cumplimentarán obligatoriamente los recuadros números 1 a 14 incluyendo los siguientes datos del solicitante:
   i. Para el CERTIFICADO DE ANTECEDENTES PENALES, serán los del interesado cuando sea éste quién solicite la expedición del certificado, o los de la persona que le represente cuando actúe en su nombre.
   ii. Para los CERTIFICADOS DE ÚLTIMAS VOLUNTADES Y CONTRATOS DE SEGUROS DE COBERTURA DE FALLECIMIENTO, serán los de la persona que solicita la expedición del certificado y no los del causante o asegurado (persona fallecida), consignándose éstos últimos datos en el apartado 2, AUTOLIQUIDACIÓN, del impreso.
   iii. La dirección que figure en los recuadros 5 a 14 determinará el domicilio a efectos de notificaciones así como para la remisión del certificado cuando sea solicitado por correo.
b. El recuadro nº 15 únicamente será cumplimentado para el certificado de Contratos de Seguros con cobertura de fallecimiento cuando éste se solicite por un NOTARIO, conforme a la D.a. Quinta de la Ley 20/2005, de 14 de noviembre, el cuál hará constar en el mismo el código de la oficina pública notarial.

**2. CUMPLIMENTACIÓN DEL ENCABEZADO DEL APARTADO *AUTOLIQUIDACIÓN* (2):**

a. En el encabezado de este apartado se señalará con una X el certificado que se autoliquida y se solicita a través del impreso, que será uno sólo de los correspondientes a las siguientes casillas:
   i. Nº 16: Certificado de Antecedentes Penales, debiendo además cumplimentarse las casillas nº 20 a 30 del apartado A.
   ii. Nº 17: Certificado de Últimas Voluntades, debiendo además cumplimentarse las casillas nº 31 a 37 del apartado B.
   iii. Nº 18: Contratos de seguros de cobertura de fallecimiento, debiendo además cumplimentarse las casillas nº 31 a 35 del apartado B.
b. Si se desea recibir el certificado por correo, se deberá marcar la correspondiente X en la casilla nº 19 (lea el epígrafe *2. POR CORREO*, del Apartado III de las presentes instrucciones).

**3. CUMPLIMENTACIÓN DEL APARTADO A, *"DATOS DE LA PERSONA CUYO CERTIFICADO DE ANTECEDENTES PENALES SE SOLICITA"*:**

Los datos de este apartado, casillas nº 20 a 30, únicamente se cumplimentarán para la autoliquidación y solicitud del certificado de antecedentes penales, correspondiendo los DATOS EXCLUSIVAMENTE A LA PERSONA CUYOS ANTECEDENTES PENALES SE SOLICITAN.

**4. CUMPLIMENTACIÓN DEL APARTADO B, *"DATOS DEL CAUSANTE O SEGURADO (PERSONA FALLECIDA) PARA SOLICITAR LOS CERTIFICADOS DE ÚLTIMAS VOLUNTADES O DE CONTRATOS DE SEGUROS DE COBERTURA DE FALLECIMIENTO"*:**

Solamente se consignarán en este apartado los datos de la persona fallecida respecto de la cual se solicita el certificado de Últimas Voluntades o el de Contratos de seguros de cobertura de fallecimiento:
a. Para la autoliquidación y solicitud del CERTIFICADO DE ÚLTIMAS VOLUNTADES deberán cumplimentarse las casillas nº 31 a 37.
b. **Para la autoliquidación y solicitud del CERTIFICADO DE CONTRATOS DE SEGUROS DE COBERTURA DE FALLECIMIENTO solamente deberán cumplimentarse las casillas nº 31 a 35.**

**5. APARTADO *DECLARANTE* (3)**

**Este apartado será firmado por el solicitante del certificado o por su representante (en caso de solicitud del certificado de antecedentes penales por medio de representante), cuyos datos constan en el apartado *IDENTIFICACIÓN* ( 1), del impreso.**

**6. APARTADO *INGRESO* (4)**

**En este apartado se consignará en el recuadro "IMPORTE euros" el correspondiente a la tasa cuyo certificado se desea solicitar, ya que es un impreso autoliquidativo.**
**Para practicar la autoliquidación, deberá presentar el impreso cumplimentado en cualquier banco, caja de ahorros o cooperativa de crédito de las que actúan como entidades colaboradoras en la recaudación tributaria (la práctica totalidad de las mismas). Practicada la autoliquidación, la entidad financiera entregará al solicitante las copias *EJEMPLAR PARA LA ADMINISTRACIÓN Y EJEMPLAR PARA EL INTERESADO* con la correspondiente certificación mecánica.**

## III. INSTRUCCIONES PARA PRESENTAR LA SOLICITUD DEL CERTIFICADO

Una vez efectuada la autoliquidación de la tasa, la solicitud del certificado se hará presentando la copia EJEMPLAR PARA LA ADMINISTRACIÓN, en la que conste la correspondiente certificación mecánica de haberse practicado la autoliquidación, a través de alguna de las siguientes modalidades:

**1. EN PERSONA:**

a. En MADRID (horario: lunes a viernes, de 9 a 17:30 h., ininterrumpidamente, y los sábados, de 9 a 14 h. Durante la jornada de verano, comprendida entre el 16 de junio y al 15 de septiembre, el horario será de 8 a 15 h. de lunes a viernes y de 8 a 14 h. los sábados) en las siguientes direcciones:
   i. Las solicitudes de CERTIFICADOS DE ANTECEDENTES PENALES se presentarán en el Registro Central de Penados y Rebeldes (C/ San Bernardo, 45, entrada por la C/ de la Manzana, nº 2) adjuntando en todo caso los siguientes documentos:
      - Si el certificado lo solicita DIRECTAMENTE EL INTERESADO: su D.N.I. en vigor, cuando se trate de españoles o el PASAPORTE O TARJETA DE RESIDENCIA en vigor para los extranjeros.
      - Si el certificado se solicita en REPRESENTACIÓN DEL INTERESADO: el representante deberá presentar su D.N.I. en vigor cuando se trate de españoles o su PASAPORTE O TARJETA DE RESIDENCIA en vigor si es extranjero, fotocopia compulsada del D.N.I. o del PASAPORTE O TARJETA DE RESIDENCIA en vigor del interesado al que se representa y la documentación acreditativa de dicha representación.
   ii. Las solicitudes de certificados de Últimas Voluntades y de Contratos de seguros de cobertura de fallecimiento se presentarán en el Registro General de Actos de Última Voluntad (Plaza de Jacinto Benavente, 3, 28012 Madrid. Planta Baja). Para la tramitación de cualquiera de estos dos certificados ES IMPRESCINDIBLE ACOMPAÑAR A LA SOLICITUD EL CERTIFICADO DE DEFUNCIÓN LITERAL. La solicitud no podrá presentarse hasta transcurridos 15 días hábiles desde la fecha del fallecimiento.
b. En las GERENCIAS TERRITORIALES DEL MINISTERIO DE JUSTICIA, adjuntando los documentos señalados en el anterior epígrafe a).

**2. POR CORREO:**

a. El certificado también podrá solicitarse por correo, debiendo remitirse la copia EJEMPLAR PARA LA ADMINISTRACIÓN en la que conste la correspondiente certificación mecánica de haberse practicado la autoliquidación, acompañada de los documentos que se señalan a continuación:
   i. Para el CERTIFICADO DE ANTECEDENTES PENALES:
      - Si el certificado se solicita DIRECTAMENTE POR EL INTERESADO: FOTOCOPIA COMPULSADA del D.N.I. en vigor cuando se trate de españoles o del PASAPORTE O TARJETA DE RESIDENCIA en vigor para los extranjeros.
      - Si el certificado se solicita en REPRESENTACIÓN DEL INTERESADO: el representante deberá adjuntar fotocopia compulsada de su D.N.I. en vigor cuando se trate de españoles o su PASAPORTE O TARJETA DE RESIDENCIA en vigor si es extranjero, fotocopia compulsada del D.N.I. o del PASAPORTE O TARJETA DE RESIDENCIA en vigor del interesado al que se representa y la documentación acreditativa de dicha representación.
   ii. Para los certificados de ÚLTIMAS VOLUNTADES y de CONTRATOS DE SEGUROS DE COBERTURA DE FALLECIMIENTO será imprescindible adjuntar el CERTIFICADO DE DEFUNCIÓN LITERAL. La solicitud no podrá presentarse hasta transcurridos 15 días hábiles desde la fecha del fallecimiento.
b. Las solicitudes, junto a la anterior documentación, se remitirán a las siguientes direcciones:
   i. Para el certificado de Antecedentes Penales: *Registro Central de Penados y Rebeldes, Ministerio de Justicia, C/ San Bernardo, 45, 28015 - Madrid.*
   ii. Para los certificados de Últimas Voluntades y Contratos de seguros de cobertura de fallecimiento: *Registro General de Actos de Última Voluntad, Ministerio de Justicia, Plaza de Jacinto Benavente, 3, 28012 Madrid.*
c. El certificado le será enviado posteriormente al solicitante a la dirección consignada en las casillas 5 a 14.

## IV. FORMAS DE RECOGER EL CERTIFICADO

Por la misma modalidad por la que se solicitó: en persona o por correo.

4

# Capítulo II. PRODUCTOS DE SEGUROS DE VIDA AHORRO (SUPERVIVENCIA)

## Sección 1. EL PLAN DE JUBILACIÓN

### 4-53 Concepto de plan de jubilación

Los planes de jubilación son seguros de vida ahorro dirigidos a la cobertura de la contingencia de jubilación, aunque la fecha de causar prestación no tiene por qué ser la edad legal de jubilación, sino la que se pacte en la póliza.

Junto con el Plan de Pensiones, el Plan de Previsión Asegurado y los Unit Linked, son los cuatro vehículos propios dirigidos al ahorro destinado a la jubilación.

Las coberturas más frecuentes son: jubilación, fallecimiento e invalidez, aunque la principal es la de jubilación.

### 4-54 Diferencias con el plan de pensiones

A veces se le confunde, tal vez por la denominación, con el plan de pensiones. No obstante las diferencias con el plan de pensiones son:

- Son seguros de vida.
- Existe derecho de rescate y por tanto liquidez anticipada, a diferencia de los planes de pensiones que sólo se pueden liquidar anticipadamente por causas de paro de larga duración o enfermedad grave.
- Deben tener un tipo de interés mínimo garantizado para que sean seguros.
- Pueden tener participación en beneficios, en función de cómo se gestionen las inversiones.
- Tratamientos fiscales diferentes. El plan de jubilación tiene el tratamiento fiscal propio del seguro de vida (ver comentario relacionado 4-36 yss.). Esta es la diferencia principal entre el seguro de jubilación y el plan de pensiones, la fiscalidad, que en este caso las primas no son deducibles en el IRPF, mientras que las aportaciones al plan de pensiones sí lo son, y las prestaciones que en el seguro de jubilación sí se cobra en forma de renta y se contrató de forma privada (si tiene origen empresarial como beneficio social la prestación tributa como rendimientos del trabajo sin coeficientes reductores) tiene coeficientes reductores importantes que reducen la tributación, mientras que la prestación del plan de pensiones tributará como rentas del trabajo sin reducción alguna (excepto si se cobra en capital para las aportaciones realizadas antes de 31 de diciembre de 2006 que mantiene una reducción del 40%).

4

## Sección 2. EL UNIT LINKED

### 4-55 Concepto y elementos personales

**Seguros unit linked** son seguros de vida ahorro en los que el tomador asume el riesgo de la inversión.

Se trata de seguros de vida en los que las provisiones matemáticas se invierten en participaciones de instituciones de inversión colectiva (básicamente, fondos de inversión) y otros activos financieros elegidos por el tomador del seguro, que es quien soporta el riesgo de la inversión, si bien la entidad aseguradora posee la titularidad y la libre disposición sobre los bienes y derechos en que se materializan tales inversiones, de ahí que las movilizaciones de las provisiones de unos activos a otros o de unos fondos de inversión a otros no tengan trascendencia fiscal para el tomador del seguro, sino para la entidad aseguradora.

Estos activos están agrupados en "cestas" no pudiendo haber más de diez en cada seguro, y teniendo que ser éstas de perfil inversor y tipología distinta en cuanto a la familia de los fondos.

Los **elementos personales** del producto son:

- **Tomador**: Persona física o jurídica que contrata el seguro.


© CISS

- **Asegurado**: Persona sobre la que recae el riesgo.
- **Asegurador**: Entidad que asume el riesgo a cambio de la prima.
- **Beneficiario**: Persona que tiene derecho al cobro de la prestación en caso de ocurrencia del riesgo.

## 4-56 Regulación de los Unit Linked

La normativa reguladora de la actividad aseguradora en tales supuestos efectúa una flexibilización de los requisitos generales en materia de tipos de interés garantizados, inversión de las provisiones técnicas y cobertura del margen de solvencia. Sin embargo, pese a dicha flexibilización, tales operaciones se configuran como operaciones de seguros y, de hecho, no cuentan con un régimen normativo especial sino que les resulta aplicable la normativa general de los seguros privados.

La regulación específica de este tipo de seguros se centra en el artículo 37 del ROSSP, según la nueva redacción dada por el número uno del artículo único del RD 1318/2008, de 24 de julio, que indica que la provisión de seguros de vida cuando el tomador asume el riesgo de la inversión:

*"1. La provisión de los seguros de vida en los que contractualmente se haya estipulado que el riesgo de inversión será soportado íntegramente por el tomador se determinará en función de los activos específicamente afectos o de los índices o activos que se hayan fijado como referencia para determinar el valor económico de sus derechos. No serán aplicables al cálculo de esta provisión las disposiciones establecidas en el artículo 33 de este Reglamento.*

*2. Se efectuarán las dotaciones a la provisión de seguros de vida que procedan para reflejar los riesgos derivados de estas operaciones que no sean efectivamente asumidos por el tomador. En particular, podrán considerarse coberturas estáticas o dinámicas bajo escenarios prudentes de variación de las hipótesis involucradas, en los términos que establezca el Ministerio de Economía y Hacienda".*

## 4-57 Especialidad: No tributación por los traspasos internos

La regulación más amplia de estas operaciones de seguros se contiene en la normativa fiscal, en concreto en la LIRPF y, en menor medida, en la LIS. Ello, con la finalidad de delimitar claramente a cuáles de estas operaciones les resulta de aplicación el beneficioso régimen fiscal de los contratos de seguro, que se caracteriza porque el rendimiento no tributa hasta la percepción de la prestación o de cualquier cantidad derivada del seguro, con la posibilidad de minorar el rendimiento obtenido por aplicación de unos coeficientes de reducción definidos en función de la antigüedad de las primas o del contrato de seguro.

Además, hay que tener en cuenta que los seguros unit linked se benefician de la posibilidad de movilizar las provisiones del contrato de seguro de un activo a otro (ya se trate de acciones, activos fijos, participaciones en fondos de inversión, etc.) -dentro del propio producto- sin que dicha movilización determine un rendimiento fiscal para el tomador del seguro, pues la titularidad de las inversiones corresponde a la entidad aseguradora hasta que se realice (se cobre) el mismo.

La regulación fiscal, con la finalidad de incentivar el ahorro, ha limitado el anterior régimen fiscal a aquellas operaciones de seguro unit linked que, por su naturaleza y características, se entienda que consistan en **instrumentos de gestión colectiva de inversiones** o, por el contrario que no respondan a una gestión privada de carteras, donde el ánimo especulativo puede primar en gran medida.

## 4-58 Requisitos y características propias de los Unit linked

Los **requisitos** que han de cumplir los contratos de seguro para acceder al régimen fiscal general de los contratos de seguro en el IRPF son:

I. Que se trate de seguros que no otorguen al tomador la facultad de modificar las inversiones afectas a la póliza. En este caso, la gestión del riesgo de inversión se realiza por la entidad aseguradora. Es el caso de un contrato de seguro que invierta en fondos de inversión, por ejemplo, de renta fija, pero la posible desinversión y reinversión en uno u otro fondo es decisión de la entidad aseguradora.

II. En caso de seguros que otorguen al tomador la facultad de modificar las inversiones afectas a la póliza, se exige que cumplan los siguientes requisitos:

a) Que las provisiones matemáticas del seguro se inviertan en acciones o participaciones de instituciones de Inversión colectiva (IIC) españolas o comunitarias que cuenten con el denominado «pasaporte comunitario». Se excluye la inversión en instituciones de inversión colectiva de naturaleza inmobiliaria que no son objeto de regulación en la Directiva que regula el pasaporte comunitario.

La inversión en acciones o participaciones de instituciones de inversión colectiva no se sujeta a la aplicación de los límites de diversificación y dispersión de activos de las provisiones técnicas de los seguros (art.50 ROSSP).

b) Que las provisiones matemáticas del seguro se inviertan en activos o conjunto separados de activos, reflejados de forma separada en el balance de la entidad aseguradora siempre que cada uno de dichos conjuntos de activos cumpla, además, los siguientes requisitos:

- La determinación de los activos integrantes de cada uno de los distintos conjuntos de activos separados debe corresponder, en todo momento, a la entidad aseguradora, a estos efectos, goza de plena libertad para elegir los activos con sujeción, únicamente a criterios generales predeterminados relativos al perfil de riesgo del conjunto de activos u otras circunstancias objetivas.
- Que constituyan activos aptos para la inversión de las provisiones técnicas de los seguros, con excepción de los bienes inmuebles y derechos reales inmobiliarios.
- Que cumplan los requisitos de diversificación y dispersión de las inversiones que establece la normativa aseguradora. Se entiende que cumplen tales requisitos aquellos conjuntos de activos que traten de desarrollar una política de inversión caracterizada por reproducir un determinado índice bursátil (ej: IBEX 35) o de renta fija correspondiente a algún mercado secundario oficial de valores de la Unión Europea.

En el supuesto a), la gestión del riesgo corre a cargo del tomador del seguro y en el supuesto b) a cargo de la entidad aseguradora que, en todo caso, tendrá la facultad para determinar los activos integrantes de cada cesta o conjunto de activos, mientras que el tomador o asegurado tendrá únicamente la facultad de elegir entre las distintas cestas de activos en los que invierte la entidad aseguradora.

Como requisito adicional para los contratos de seguro incluidos en las letras a) y b) se exige que las instituciones de inversión colectiva o los conjuntos de activos estén predeterminados en el contrato de seguro, en un número que no exceda de 10, es decir, que si se trata de seguros que invierten en instituciones de inversión colectiva, el número máximo de estas instituciones que han de estar predeterminadas en el condicionado de la póliza no puede exceder de 10 y si se trata de seguros que invierten en cestas de activos, el número máximo de estas cestas o agrupaciones no puede exceder de 10.

En este sentido, si la inversión fuera mixta, parte en instituciones de inversión colectiva y parte en conjuntos de activos, lo que parece permitir la normativa, el número total y conjunto de instituciones y de cestas de activos no puede exceder de diez.

4

**ATENCIÓN:** La utilización del unit linked es creciente también en banca privada, como alternativa a otros vehículos de gestión patrimonial (SICAVs) por su mayor sencillez, menor coste, mayor confidencialidad e inclusión de instrucciones de transmisión patrimonial en el propio vehículo, puesto que como seguro que es, no entra dentro del caudal hereditario.

## 4-59 Fiscalidad propia de los Unit Linked

Para que el beneficiario del seguro de vida unit linked acceda a la fiscalidad favorable del mismo, el tomador o el asegurado no podrá cambiar las inversiones en que materializa la póliza y sólo podrá elegir entre las cestas de fondos de inversión o conjuntos separados de activos, expresamente establecidos en los contratos de antemano, sin que puedan producirse singularidades en este sentido para cada tomador o asegurado

Desde el punto de vista fiscal, los unit-linked tienen que cumplir los requisitos exigidos por el artículo 14.2.h) de la Ley 35/2006 del IRPF para beneficiarse del diferimiento fiscal aplicado en general a los seguros de vida. Dicho artículo recoge que:

*"Se imputará como rendimiento de capital mobiliario a que se refiere el artículo 25.3 de esta Ley, de cada período impositivo, la diferencia entre el valor liquidativo de los activos afectos a la póliza al final y al comienzo del período impositivo en aquellos contratos de seguros de vida en los que el tomador asuma el riesgo de la inversión. El importe imputado minorará el rendimiento derivado de la percepción de cantidades en estos contratos.*

*No resultará de aplicación esta regla especial de imputación temporal en aquellos contratos en los que concurra alguna de las siguientes circunstancias:*

A. *No se otorgue al tomador la facultad de modificar las inversiones afectas a la póliza.*

 © CISS

B. *Las provisiones matemáticas se encuentren invertidas en:*

a. *Acciones o participaciones de instituciones de inversión colectiva, predeterminadas en los contratos, siempre que se trate de instituciones de inversión colectiva adaptadas a la Ley 35/2003, de 4 de noviembre, de instituciones de inversión colectiva, o amparadas por la Directiva 85/611/CEE del Consejo, de 20 de diciembre de 1985.*

b. *Conjuntos de activos reflejados de forma separada en el balance de la entidad aseguradora, siempre que se cumplan los siguientes requisitos:*

- *La determinación de los activos integrantes de cada uno de los distintos conjuntos de activos separados deberá corresponder, en todo momento, a la entidad aseguradora quien, a estos efectos, gozará de plena libertad para elegir los activos con sujeción, únicamente, a criterios generales predeterminados relativos al perfil de riesgo del conjunto de activos o a otras circunstancias objetivas.*
- *La inversión de las provisiones deberá efectuarse en los activos aptos para la inversión de las provisiones técnicas, recogidos en el artículo 50 del Reglamento de ordenación y supervisión de los seguros privados, aprobado por el Real Decreto 2486/1998, de 20 de noviembre, con excepción de los bienes inmuebles y derechos reales inmobiliarios.*
- *Las inversiones de cada conjunto de activos deberán cumplir los límites de diversificación y dispersión establecidos, con carácter general, para los contratos de seguro por el texto refundido de la Ley de ordenación y supervisión de los seguros privados aprobado por el Real Decreto Legislativo 6/2004, de 5 de marzo, su Reglamento, aprobado por el Real Decreto 2486/1998, de 20 de noviembre, y demás normas que se dicten en desarrollo de aquélla.*

*No obstante, se entenderá que cumplen tales requisitos aquellos conjuntos de activos que traten de desarrollar una política de inversión caracterizada por reproducir un determinado índice bursátil o de renta fija representativo de algunos de los mercados secundarios oficiales de valores de la Unión Europea.*

*El tomador únicamente tendrá la facultad de elegir, entre los distintos conjuntos separados de activos, en cuáles debe invertir la entidad aseguradora la provisión matemática del seguro, pero en ningún caso podrá intervenir en la determinación de los activos concretos en los que, dentro de cada conjunto separado, se invierten tales provisiones.*

*En estos contratos, el tomador o el asegurado podrán elegir, de acuerdo con las especificaciones de la póliza, entre las distintas instituciones de inversión colectiva o conjuntos separados de activos, expresamente designados en los contratos, sin que puedan producirse especificaciones singulares para cada tomador o asegurado.*

*Las condiciones a que se refiere este párrafo h deberán cumplirse durante toda la vigencia del contrato".*

4

## Sección 3. EL PLAN DE PREVISIÓN ASEGURADO (PPA)

### 4-60 Concepto y elementos personales

Comúnmente denominados PPA, los planes de previsión asegurados fueron lanzados al mercado a principios de 2003, con las modificaciones al IRPF que permitió la creación de esos planes.

Desde su creación, los planes de previsión asegurados se configuran como seguros individuales de ahorro a largo plazo que cuentan con el mismo régimen financiero y fiscal que los planes de pensiones individuales.

El PPA surgió para ser un producto de ahorro cuya finalidad principal sea la de complementar los ingresos que se reciben de la Seguridad Social cuando se alcanza la jubilación. Es un seguro de vida destinado a generar un ahorro con el que mantener el poder adquisitivo llegado el momento de la jubilación, sin olvidarse de garantizar un capital en caso de fallecimiento o invalidez absoluta y permanente antes de alcanzar la jubilación.

El ahorro para la jubilación se constituye a través de las aportaciones del asegurado, garantizando un interés mínimo y con la participación en beneficios por la que podrá obtener un interés adicional.

Además de las prestaciones por fallecimiento e invalidez absoluta y permanente, también se puede optar por las coberturas complementarias de doble indemnización en caso de fallecimiento en accidente y triple si es en accidente de circulación.

Los Planes de Previsión Asegurados, al igual que los Planes de Pensiones se pueden contratar estando jubilado para obtener las ventajas fiscales en la deducción del IRPF, pudiendo hacerse efectivo únicamente por los beneficiarios en caso de fallecimiento.

Los **elementos personales** de este seguro son:

- **Tomador:** Persona física o jurídica que contrata el seguro.
- **Asegurado:** Persona sobre la que recae el riesgo.
- **Asegurador:** Entidad que asume el riesgo a cambio de una prima
- **Beneficiario:** Persona que tiene derecho al cobro de la prestación en caso de ocurrencia de los riesgos asegurados (jubilación, fallecimiento, invalidez y gran dependencia).

## 4-61 Contingencias cubiertas por los PPA

Las contingencias cubiertas deberán ser, únicamente, las previstas en el artículo 8.6 del texto refundido de la Ley de Regulación de los Planes y Fondos de Pensiones, y deberán tener como cobertura principal la de jubilación.

Las contingencias previstas, vienen recogidas en la modificación tres del Real Decreto 439/2007, de 30 de marzo, por el que se aprueba el Reglamento del Impuesto sobre la Renta de las Personas Físicas y se modifica el Reglamento de Planes y Fondos de Pensiones, aprobado por Real Decreto 304/2004, de 20 de febrero (art. 7. Contingencias).

Su enumeración es la siguiente:

- Jubilación.
- Supervivencia.
- Invalidez en cualquiera de sus grados.
- Fallecimiento del partícipe (viudedad y orfandad de activos).
- Fallecimiento del beneficiario (viudedad y orfandad de pasivos).
- Dependencia severa o gran dependencia.

4

Sólo se permitirá la disposición anticipada, total o parcial, en estos contratos en los supuestos previstos en el artículo 8.8 del citado Texto Refundido. En dichos contratos no será de aplicación lo dispuesto en los artículos 97 y 99 LCS.

**1) Jubilación**

Se entenderá que un contrato de seguro cumple el requisito de que la cobertura principal sea la de jubilación cuando se verifique la condición de que el valor de la provisión matemática para jubilación alcanzada al final de cada anualidad represente al menos el triple de la suma de las primas pagadas desde el inicio del plan para el capital de fallecimiento e invalidez.

Para la determinación de la contingencia de jubilación se estará a lo previsto en el régimen de la Seguridad Social correspondiente.

Por tanto, la contingencia de jubilación se entenderá producida cuando el partícipe acceda efectivamente a la jubilación en el régimen de la Seguridad Social correspondiente, sea a la edad ordinaria, anticipada o posteriormente.

Las personas que, conforme a la normativa de la Seguridad Social, se encuentren en la situación de jubilación parcial tendrán como condición preferente en los planes de pensiones la de partícipe para la cobertura de las contingencias susceptibles de acaecer, pudiendo realizar aportaciones para la jubilación total. No obstante, las especificaciones de los planes de pensiones podrán prever el pago de prestaciones con motivo del acceso a la jubilación parcial.

Cuando no sea posible el acceso de un partícipe a la jubilación, la contingencia se entenderá producida a partir de la edad ordinaria de jubilación en el Régimen General de la Seguridad Social, en el momento en el que el partícipe no ejerza o haya cesado en la actividad laboral o profesional, y no se encuentre cotizando para la contingencia de jubilación para ningún Régimen de la Seguridad Social.

 © CISS

No obstante, podrá anticiparse la percepción de la prestación correspondiente a partir de los 60 años de edad, en los términos que se establezcan reglamentariamente.

A partir del acceso a la jubilación, las aportaciones a planes de pensiones sólo podrán destinarse a la contingencia de fallecimiento. El mismo régimen se aplicará, cuando no sea posible el acceso a la jubilación, a las aportaciones que se realicen a partir de la edad ordinaria de jubilación o a partir del cobro anticipado de la prestación correspondiente. Reglamentariamente podrán establecerse las condiciones bajo las cuales podrán reanudarse las aportaciones para jubilación con motivo del alta posterior en un Régimen de Seguridad Social por ejercicio o reanudación de actividad.

**2) Incapacidad laboral total y permanente para la profesión habitual o absoluta y permanente para todo trabajo, y la gran invalidez, determinadas conforme al Régimen correspondiente de Seguridad Social.**

Reglamentariamente podrá regularse el destino de las aportaciones para contingencias susceptibles de acaecer en las personas incursas en dichas situaciones.

**3) Muerte del partícipe o beneficiario, que puede generar derecho a prestaciones de viudedad, orfandad o a favor de otros herederos o personas designadas.**

**4) Gran dependencia.** Según lo estipulado por la Ley 39/2006, de 14 de diciembre, de Promoción de la Autonomía Personal y Atención a las Personas en Situación de Dependencia, todas las personas que puedan acreditar un grado de dependencia severa o gran dependencia podrán recuperar las aportaciones realizadas a su plan de pensiones o instrumento de ahorro similar -como es el PPA-.

## 4-62 Requisitos de los PPA

Según la Ley 35/2006, de 28 de noviembre, del IRPF, en su artículo 51.3 lo define como los planes de previsión asegurados se definen como contratos de seguro" y viene a establecer cuáles son sus principales requisitos:

a) El contribuyente deberá ser el tomador, asegurado y beneficiario. No obstante, en el caso de fallecimiento, podrá generar derecho a prestaciones en los términos previstos en el Texto Refundido de la Ley de Regulación de los Planes y Fondos de Pensiones.

b) Es un Seguro de Vida (ahorro), individual, y a largo plazo que tendrá obligatoriamente que ofrecer una garantía de interés y utilizar técnicas actuariales.

c) La contingencia básica y principal es la jubilación. Este requisito se entiende cumplido cuando se verifique la condición de que el valor de la provisión matemática para la jubilación alcanzada al final de cada anualidad represente al menos el triple de la suma de las primas pagadas desde el inicio del plan para el capital de fallecimiento e invalidez.

d) En el condicionado de la póliza se hará constar de forma expresa y destacada que se trata de un plan de previsión asegurado. La denominación "Plan de Previsión Asegurado" y sus siglas quedan reservadas a los contratos de seguro que cumplan los requisitos previstos en esta Ley.

e) No tiene rescate: Sólo se permitirá la disposición anticipada, total o parcial, en los casos de enfermedad grave o desempleo de larga duración -supuestos previstos en el artículo 8.8 del citado texto refundido y que son los mismos que están previstos para el caso de los Planes de Pensiones-.

f) Es un producto exclusivamente asegurador quedando, por tanto, reservado a entidades aseguradoras.

## 4-63 Obligaciones de información de las entidades aseguradoras que comercialicen Planes de Previsión Asegurados a los tomadores antes de contratarlos

Tal y como establece la **Resolución de la DGSFP Resolución de 20 de octubre de 2008, de la Dirección General de Seguros y Fondos de Pensiones, sobre obligaciones de información de las entidades aseguradoras que comercialicen Planes de Previsión Asegurados** (BOE de 28 de octubre), todas las entidades aseguradoras que comercialicen Planes de Previsión Asegurados deberán, antes de la celebración del contrato, informar al Tomador sobre los siguientes puntos:

- El **tipo de interés técnico garantizado** y de la **tasa positiva** en que consista cada garantía, calculada también con **base anual**. Deberán incorporar un ejemplo en la Información.
- Sobre los plazos de cada **garantía**.
- Sobre los **gastos** previstos, expresados en % sobre las primas o sobre la **provisión matemática.**



4

- Sobre la **rentabilidad** y su **fórmula del cálculo**.
- Sobre los criterios de **valoración** y métodos de cálculo del **derecho de disposición anticipada**.
- Sobre la **participación en beneficios**: Métodos de Cálculo y de asignación.
- Sobre las **inversiones afectas**, si las hay: Aplicación de su **posible riesgo**.
- Sobre el **tratamiento fiscal** de las aportaciones y de las prestaciones del PPA.
- Semestralmente deberán informar sobre la rentabilidad obtenida por el conjunto de pólizas del PPA en el último ejercicio, la **rentabilidad anualizada**, y la **rentabilidad media** calculada de los últimos 3, 5, 10 y 15 años.
- Sobre los **derechos** de los tomadores de PPA.

Esta obligación se dirige, con carácter general y según determina el la Resolución de la DGSFP de 20 de octubre de 2008 "*a quiénes comercialicen Planes de Previsión Asegurados*", es decir, a aquéllas Compañías, mutuas y operadores de banca seguros con especialización en el ramo de VIDA y dentro de éstos, a **quiénes están en contacto directo con los Clientes**, es decir, los responsables comerciales y empleados de las sucursales, operadores de los call-center, agentes y corredores y a los empleados y auxiliares externos de éstos últimos.

**ATENCIÓN:** Es de destacar que la única prueba que pide el legislador para comprobar que el tomador ha recibido esta información es mediante una mención, fechada y firmada por el tomador insertada al pie de la póliza, en la que reconozca haberla recibido con anterioridad y se precise su naturaleza y fecha de recepción. De esta manera, realmente no se está comprobando que se ha explicado pormenorizadamente estos aspectos al tomador, sino que éste ha firmado una cláusula que dice que ha recibido toda esa información.

## 4-64 Otras informaciones obligatorias de la aseguradora

Además de la obligación que hay de suministrar obligatoriamente al tomador con anterioridad a la contratación de la póliza, durante todo el período de vigencia del contrato, la entidad aseguradora deberá informar por escrito al tomador del seguro y en su caso al beneficiario de las modificaciones de la información inicialmente suministrada, y especialmente en los casos de emisión de suplementos de la póliza o de modificaciones de la legislación aplicable. Tal información deberá comunicarse en un plazo máximo de tres meses.

**Información anual**

4

Asimismo, anualmente, la entidad aseguradora remitirá a cada tomador de los planes de previsión asegurados una certificación sobre las primas pagadas en cada año natural y el valor, al final del año natural, de la participación en beneficios que se le haya asignado en su caso y de su provisión matemática.

**Información semestral**

El tomador y en su caso el beneficiario del seguro deberá recibir la información relativa al importe y a la evolución de la provisión matemática de que es titular. Asimismo, se incluirá información referente a la totalidad de los gastos previstos, incluidos los de administración y adquisición, expresados en porcentaje sobre las primas, sobre la provisión matemática o ambos sistemas.

En caso de que el contrato cuente con inversiones afectas, se deberá advertir expresamente y de forma destacada que pudiera existir una eventual diferencia entre el valor de mercado de los activos correspondientes y el importe de la provisión matemática para el caso de movilización o disposición anticipada, si es que ésta se ha previsto en el contrato.

Esta información semestral deberá incluir, en su caso, la participación en beneficios que se haya asignado.

En materia de rentabilidad, esta información semestral incluirá información sobre la obtenida por el conjunto de pólizas del plan de previsión asegurado en el último ejercicio económico, la acumulada en el ejercicio hasta la fecha a la que se refiere dicha información y la rentabilidad media anual de los tres, cinco, diez y quince últimos ejercicios económicos.

## 4-65 Diferencias con los planes de pensiones y con otros seguros de vida

Las principales diferencias entre una PPA y un plan de pensiones son las siguientes.

- La Rentabilidad:

En el PPA existe una garantía mínima de tipo de interés. En el Plan de pensiones individual, dicha rentabilidad es variable y depende de los resultados de las inversiones que realice la gestora del fondo de pensiones y la situación de los mercados.

- Las garantías adicionales de fallecimiento e invalidez:

• En el PPA se pueden contratar estas garantías complementarias que, en ese caso, se calculan mediante métodos actuariales y suponen, por lo tanto, el compromiso de pago de una determinada indemnización adicional al ahorro que se ha consolidado. El dinero dedicado a la cobertura de fallecimiento/invalidez se deduce fiscalmente en los PPA.

• En los planes de pensiones individuales, el dinero que se recibe en caso de fallecimiento e invalidez depende del ahorro que se haya acumulado hasta el momento de producirse el evento sin otras cantidades adicionales.

Las diferencias del PPA con cualquier otro seguro de vida son las siguientes:

- El tomador, el asegurado y el beneficiario (para el caso de jubilación e invalidez) debe ser una misma persona. En otro tipo de seguro pueden coincidir; en el PPA es obligatorio que coincidan.

- Tiene limitado el derecho de rescate. No se admite ningún tipo de penalización.

- Permite la movilización del valor del seguro a otro PPA o bien a un plan de pensiones (a partir de 1 de enero de 2008).

- Tratamiento fiscal que hace deducibles de la base imponible las cantidades aportadas a los PPA.

## 4-66 La garantía de un tipo de interés mínimo en los PPA

Tendrán obligatoriamente que ofrecer una garantía de tipo de interés, con las limitaciones habituales para los seguros de vida, como se ha comentado anteriormente.

Los PPA se pueden catalogar, desde un punto de vista actuarial, como **contratos de seguro de vida individual de tipo mixto**, que cubren como riesgo principal una forma peculiar de supervivencia, y como riesgos complementarios el **fallecimiento y la incapacidad**.

Como tales **contratos de seguro mixtos**, la prima total se forma mediante la agregación de las primas que financian la cobertura de cada uno de los riesgos. De esta manera, y suponiendo que el diseño de los productos se realiza sobre una base con un elevado componente financiero, **una pequeña parte de la prima irá destinada a cubrir el riesgo de fallecimiento, otra pequeña parte cubrirá el riesgo de incapacidad, y el resto irá destinada a cubrir el riesgo de la jubilación.**

4

El artículo 51.3.c) de la Ley 35/2006, del IRPF exige a los planes de previsión asegurados **la garantía de tipos de interés** conforme a lo establecido en la Resolución de la DGSFP de 20 octubre 2008, sobre obligaciones de información de las entidades aseguradoras que comercialicen Planes de Previsión Asegurados.

Este aspecto es la existencia de una **garantía de interés,** sin duda, el aspecto más destacable de los PPA como producto de ahorro a largo plazo. Aunque ese interés pueda variar a lo largo del tiempo, lo cierto es que **es una tasa positiva de interés que garantiza al tomador que las cantidades que se destinan a la jubilación (después de cubrir gastos y riesgos) siempre se van incrementando**.

De hecho, en la información trimestral que las entidades aseguradoras tienen que remitir a los tomadores se incluye el **importe de la provisión matemática del producto,** que previsiblemente será un **importe creciente**, lo que contrasta con la fluctuación continua del valor del derecho consolidado en el caso de los planes de pensiones.

Como contrapunto, **hay dos ocasiones en las que el plan de previsión asegurado rompe ese principio general de garantía del tipo de interés.** Esto se producirá en aquellos casos en los que el contrato cuenta con **inversiones expresamente afectas** al mismo y se hace líquido por uno de los dos motivos permitidos por la norma: la movilización unilateral por parte del tomador, y los supuestos de liquidez permitidos (desempleo de larga duración y enfermedad grave).

En estos casos, y contando con inversiones afectas, el importe que se moviliza o se puede hacer líquido es el **valor de mercado** de los activos correspondientes que, en el momento de esa movilización o liquidez, **podrá estar por encima o por debajo del valor de la provisión matemática del contrato de seguro**. Esto implica en cierto modo trasladar al tomador del PPA el riesgo financiero en el caso de la movilización unilateral o en el caso de hacerlo líquido.

## 4-67 Combinación de tipos de interés

Otra posibilidad permitida es fijar un tipo de interés garantizado durante toda la duración del contrato, inferior al tipo de interés máximo establecido en el artículo 33.1 del ROSSP y, **adicionalmente, conceder al tomador del seguro un tipo de interés adicional que se le comunica anticipadamente por periodos de tiempo determinado.**

En relación con la cuestión planteada, hay que tener en cuenta las siguientes consideraciones:

• Los planes de previsión asegurados, como contratos de seguros que son, quedan sujetos al régimen de tipos de interés máximos a los efectos del cálculo de la provisión matemática previsto en el ROSSP, de forma que, con independencia de la amplitud del periodo en el que se garantice un tipo de interés superior al que derive de la aplicación del artículo 33.1 del ROSSP y que por tanto, exceda o no de un año, habrá que dar cumplimiento a los requisitos formales previstos en la Orden EHA/3241/2010, de 13 de diciembre, por la que se aprueba la lista de información a remitir en supuestos de adquisición o incremento de participaciones significativas y por quienes pretendan desempeñar cargos de administración y dirección en entidades aseguradoras, reaseguradoras y en sociedades cuya actividad principal consista en tener participaciones en dichas entidades, al resultar de aplicación el régimen de inmunización financiera previsto en el artículo 33.2 del ROSSP.

• La aplicación en un periodo, para el cálculo de la provisión matemática, de lo dispuesto en el artículo 33.2 del ROSSP, no impide, cuando la garantía de tipo de interés vuelva a quedar fijada dentro del límite máximo del artículo 33.1 del ROSSP, que la entidad aplique para el nuevo cálculo de la provisión matemática la normativa recogida en el artículo 33.1 del ROSSP.

Ahora bien, para que el tránsito del régimen del artículo 33.2 del ROSSP al artículo 33.1 del mismo texto reglamentario sea posible, y sin perjuicio de las consideraciones contables que pudieran derivarse de la inclusión de los activos asignados a estos contratos en la cartera de inversión a vencimiento al no poder ser reclasificados como inversión ordinaria, resulta necesario que la entidad tenga en todo caso inversiones asignadas a estos contratos, para poder aplicar el valor de mercado de los activos asignados en los supuestos de disposición anticipada y de movilización a otro plan de previsión asegurado.

Debe advertirse que en todos los casos en que el contrato de seguro prevea la aplicación del valor de mercado de los activos asignados en los supuestos de disposición anticipada y de movilización a otro plan de previsión asegurado, son requisitos necesarios e imprescindibles que conste dicha asignación en el libro de inversiones y que se haya comunicado previamente al tomador del seguro la existencia de inversiones asignadas, en cumplimiento de la Resolución de 20 octubre 2008, de la Dirección General de Seguros y Fondos de Pensiones, sobre obligaciones de información de las entidades aseguradoras que comercialicen Planes de Previsión Asegurados.



## 4-68 Sujetos también al régimen de tipos de interés máximos para seguros de vida

Los planes de previsión asegurados, como contratos de seguros que son, quedan **sujetos al régimen de tipos de interés máximos a los efectos del cálculo de la provisión matemática previsto en el ROSSP**.

De esta forma, con independencia de la amplitud del periodo en el que se garantice un tipo de interés superior al que derive de la aplicación del artículo 33.1 del ROSSP y que por tanto, exceda o no de un año, habrá que dar cumplimiento a los requisitos formales previstos la Orden EHA/3241/2010, de 13 de diciembre, por la que se aprueba la lista de información a remitir en supuestos de adquisición o incremento de participaciones significativas y por quienes pretendan desempeñar cargos de administración y dirección en entidades aseguradoras, reaseguradoras y en sociedades cuya actividad principal consista en tener participaciones en dichas entidades.

El **Real Decreto 239/2007, de 16 de febrero**, por el que se modifica el Reglamento de Ordenación y Supervisión de los Seguros Privados, aprobado por el Real Decreto 2486/1998, de 20 de noviembre, ha introducido en la letra a) del artículo 33.1 -en forma de puntos 1º y 2º- **dos alternativas de tipo de interés a utilizar en el cálculo de la provisión de seguros de vida cuando los seguros estén expresados en euros. Estas son:**

1. **El punto 1º del 33.1.a**) viene a ser el equivalente a la antigua letra a) si bien teniendo en cuenta que se modifica la sistemática para estimar el tipo de interés: **se toma ahora como referencia sólo el último trimestre del ejercicio anterior y no la media de los tres ejercicios anteriores.** Con ello se posibilita la utilización de tipos más ajustados a las condiciones de mercado existentes en cada momento. **Se mantiene el coeficiente del 60% y la referencia a empréstitos materializados en bonos y obligaciones del Estado**.

2. **El punto 2º del 33.1.a)** admite -como novedad y alternativamente al punto 1º- que **se pueda utilizar el tipo de interés publicado por la Dirección General de Seguros y Fondos de Pensiones para el cálculo de la provisión**

**de seguros de vida** referente al ejercicio que corresponda a la fecha de efecto de la póliza, siempre que la duración financiera de los cobros específicamente asignados a los contratos cumplan ciertos requisitos que allí se expresan.

La aplicación en un periodo, para el cálculo de la provisión matemática, de lo dispuesto en el artículo 33.2 del ROSSP, **no impide**, cuando la garantía de tipo de interés vuelva a quedar fijada dentro del límite máximo del artículo 33.1 del ROSSP, **que la entidad aplique para el nuevo cálculo de la provisión matemática la normativa recogida en el artículo 33.1 del ROSSP.**

Ahora bien, para que el tránsito del régimen del artículo 33.2 del ROSSP al artículo 33.1 del mismo texto reglamentario sea posible, (y sin perjuicio de las consideraciones contables que pudieran derivarse de la inclusión de los activos asignados a estos contratos en la cartera de inversión a vencimiento al no poder ser reclasificados como inversión ordinaria), resulta necesario que la entidad tenga en todo caso **inversiones asignadas a estos contratos**, para poder aplicar en los términos del artículo 50 del RIRPF, **el valor de mercado de los activos asignados en los supuestos de disposición anticipada y de movilización a otro plan de previsión asegurado.**

## 4-69 Sistema de capitalización aplicable a los PPA

### Capitalización actuarial

Se utiliza la capitalización actuarial (teniendo en cuenta la probabilidad de fallecer) a la totalidad del producto para cualquiera de las contingencias que cubre (jubilación, fallecimiento e invalidez).

**ATENCIÓN:** La capitalización financiera supone que las aportaciones —primas— que aporta el tomador se invierten en activos financieros aptos, de forma que en el tiempo van generando plusvalías o minusvalías procedentes de los intereses generados por las inversiones realizadas: cupones (si son activos de renta fija), dividendos (si son activos de renta variable), etc. y del mayor o menor valor, en su caso, de los activos (ya que se valoran a valor de mercado). Es decir, que el capital generado —provisión matemática— son el valor de los activos en donde se materializan las primas más los intereses de los activos.

La capitalización actuarial es igual que la financiera, pero en este caso existe una rentabilidad garantizada por parte de la entidad aseguradora, por lo que se aplican las tablas de mortalidad-supervivencia (que son probabilidades) a la hora de determinar la prima que tiene que aportar el tomador para alcanzar una prestación determinada.

### Capitalización individual o colectiva

En principio equivale a decir que se utilizara la capitalización individual, ya que la colectiva no se permite.

4

## 4-70 Iliquidez de los PPA. Casos posibles de rescates

Como regla general, no se permite el rescate. Los PPA, al igual que ocurre con los planes de pensiones, no podrán cobrarse hasta el acaecimiento de la contingencia (momento de la jubilación o invalidez del asegurado o a su fallecimiento si así se contempla).

No existe derecho de rescate y por tanto liquidez, excepto por los motivos legales de **paro de larga duración, enfermedad grave e invalidez,** de acuerdo con el artículo 9 del Real Decreto 304/2004, de 20 de febrero, por el que se aprueba el Reglamento de planes y fondos de pensiones que establece que :

*"1. Excepcionalmente, los derechos consolidados en los planes de pensiones podrán hacerse efectivos en su totalidad o en parte en los supuestos de enfermedad grave o desempleo de larga duración de acuerdo con lo previsto en este artículo, siempre que lo contemplen expresamente las especificaciones del plan de pensiones y con las condiciones y limitaciones que éstas establezcan.*

*2. Las especificaciones de planes de pensiones podrán prever la facultad del partícipe de hacer efectivos sus derechos consolidados en el caso de que se vea afectado por una enfermedad grave bien su cónyuge, bien alguno de los ascendientes o descendientes de aquéllos en primer grado o persona que, en régimen de tutela o acogimiento, conviva con el partícipe o de él dependa.*

*(...)".*

**Enfermedad grave**

Es muy importante delimitar qué se considera como tal a los efectos de poder ser motivo de rescate de los derechos consolidados de los PPA.

En este sentido, será considerada una enfermedad como "grave", siempre que pueda acreditarse mediante certificado médico de la Seguridad Social o entidades concertadas que atiendan al afectado:

a) Cualquier dolencia o lesión que incapacite temporalmente para la ocupación o actividad habitual de la persona durante un período continuado mínimo de tres meses, y que requiera intervención clínica de cirugía mayor o tratamiento en un centro hospitalario.

b) Cualquier dolencia o lesión con secuelas permanentes que limiten parcialmente o impidan totalmente la ocupación o actividad habitual de la persona afectada, o la incapaciten para la realización de cualquier ocupación o actividad, requiera o no, en este caso, asistencia de otras personas para las actividades más esenciales de la vida humana.

Igualmente, para que se considere "enfermedad grave" a efectos del rescate del PPA no debe dar lugar a la percepción por el partícipe de una prestación por incapacidad permanente en cualquiera de sus grados, conforme al régimen de la Seguridad Social, y siempre que supongan para el partícipe una disminución de su renta disponible por aumento de gastos o reducción de sus ingresos.

**Desempleo de larga duración**

Los derechos consolidados en los planes de pensiones podrán hacerse efectivos en el supuesto de desempleo de larga duración siempre que los partícipes desempleados reúnan las siguientes condiciones:

a) Hallarse en situación legal de desempleo

Se consideran situaciones legales de desempleo los supuestos de extinción de la relación laboral o administrativa y suspensión del contrato de trabajo contemplados como tales situaciones legales de desempleo en el artículo 208.1.1 y 2 del LGSS.

b) No tener derecho a las prestaciones por desempleo en su nivel contributivo o haber agotado dichas prestaciones.

**ATENCIÓN**: El Real Decreto 1299/2009, de 31 de julio, modifica el apartado 3 del Artículo 9 del El Reglamento de planes y fondos de pensiones, aprobado por el Real Decreto 304/2004, de 20 de febrero. Se elimina el requisito de la antigüedad mínima de 12 meses en el desempleo para cobrar el capital consolidado. Por tanto, basta con no tener derecho a prestación por desempleo para hacer líquido el plan de pensiones — o el PPA-.

4

c) Estar inscrito en el Servicio Público de Empleo Estatal u organismo público competente como demandante de empleo en el momento de la solicitud.

d) En el caso de los trabajadores por cuenta propia que hubieran estado previamente integrados en un régimen de la Seguridad Social como tales y hayan cesado en su actividad, también podrán hacerse efectivos los derechos consolidados si concurren los requisitos establecidos en los párrafos b) y c) anteriores.

## 4-71 Movilización o traspaso de los PPA

El capital acumulado en un PPA puede ser traspasado a otro PPA o a un plan de pensiones.

El tomador del PPA podrá movilizar su provisión matemática a uno o varios PPAs (es decir, entre entidades aseguradoras), o bien de Plan de Pensiones Individual (PPI) a uno o varios PPAs y viceversa. La movilización podrá ser total o parcial.

Asimismo, los PPA pueden recibir traspasos provenientes de Planes de Pensiones como recoge la disposición adicional vigesimosegunda de la Ley 35/2006 del IRPF.

Para producirse la movilización, el tomador habrá de solicitarlo a la entidad en donde esté el PPA o PPI de destino, y ellos se encargan de reclamar el capital a la entidad del producto de origen.

En el plazo máximo para la movilización será de dos días hábiles desde que la entidad aseguradora o entidad gestora de destino disponga de la totalidad de la documentación necesaria. Ésta deberá, además de comprobar el cumplimiento de los requisitos establecidos reglamentariamente para la movilización de tales derechos, comunicar la solicitud a la gestora del fondo de origen, con indicación, al menos, del plan y fondo de pensiones de destino, el depositario de éste y los datos de la cuenta del fondo de pensiones de destino a la que debe efectuarse la transferencia, o, en el caso de movilización a un plan de previsión asegurado, indicación, al menos, del plan de previsión asegurado, entidad aseguradora de destino y los datos de la cuenta de destino a la que debe efectuarse la transferencia.

En un plazo máximo de cinco días hábiles a contar desde la recepción por parte de la entidad gestora de origen de la solicitud con la documentación correspondiente, esta entidad deberá ordenar la transferencia bancaria y remitir a la gestora o aseguradora de destino toda la información financiera y fiscal necesaria para el traspaso.

**ATENCIÓN:** Con la reforma introducida por el REAL DECRETO 439/2007, de 30 de marzo, por el que se aprueba el Reglamento del Impuesto sobre la Renta de las Personas Físicas y se modifica el Reglamento de Planes y Fondos de Pensiones, aprobado por Real Decreto 304/2004, de 20 de febrero, se permite la movilización total o parcial de los derechos consolidados de un plan de pensiones individual a un plan-es de previsión asegurado-s, y viceversa, puesto que son instrumentos de ahorro con la misma fiscalidad. También se permite la movilización de derechos entre planes de previsión asegurados.

Para la valoración de la provisión matemática a efectos del traspaso, se tomará la fecha en que la aseguradora de origen reciba la documentación referida. En el caso de que la entidad cuente con inversiones afectas, el valor de la provisión matemática a movilizar será el valor de mercado de los activos asignados.

En ningún caso, se podrán aplicar penalizaciones, gastos o descuentos al importe de las movilizaciones o traspasos de PPA.

## 4-72 Criterios de valoración en los PPA

Los derechos de los tomadores se valorarán en función de si tiene afectas inversiones o no. Así, podemos distinguir:

- En los casos en que no tenga inversiones afectas, los derechos de los tomadores se valorarán por el importe de la provisión matemática a la que no se podrán aplicar penalizaciones, gastos o descuentos, es decir, por la provisión matemática de la cobertura principal de jubilación (y de otras coberturas si las hubiese), establecida en base al interés técnico mínimo garantizado y la correspondiente a la participación en beneficios si la hubiera y estuviera acordada en el contrato.
- En los casos en que sí haya inversiones afectas, los derechos de los tomadores se valorará por el valor de mercado de los activos asignados. La asignación estará efectuada a nivel global de la modalidad o modalidades de PPA, que integren el fondo exteriorizado o no de la compañía, y del que el contrato tendrá una participación determinada.

Valorado el fondo se asignará proporcionalmente el valor de la participación que corresponda al contrato.

Por lo tanto el valor de los derechos del tomador estará constituido por:

- La provisión matemática constituida para la cobertura principal de jubilación con el límite del valor de realización de las inversiones afectas.
- La provisión matemática constituida para otras coberturas no principales, distintas a la de jubilación con el límite del valor de realización de las inversiones afectas.
- La provisión matemática constituida con la participación en beneficios asignada si la hubiera y estuviera acordada en el contrato.

El sistema utilizado por la entidad aseguradora para la asignación del valor de los activos afectos dentro de la correspondiente cartera, en los supuestos de movilización o de disposición anticipada, debe ser un sistema que permita su aplicación de manera proporcional, ajustada y simétrica, sobre el conjunto de los activos que conforman la cartera global. En ningún caso debe permitir una asignación asimétrica entre tomadores / asegurados / beneficiarios de los distintos productos.

Además, el sistema debe ser aplicado en todos los casos en que deba realizarse esa asignación de activos, a efectos de una movilización o de una disposición anticipada dentro de la correspondiente cartera.

El sistema elegido por la entidad deberá aplicarse a lo largo del tiempo, sin que se permita con carácter general el cambio del sistema aplicado.

El sistema elegido por la entidad debe impedir el cambio de asignaciones entre distintas carteras.

4

## 4-73 Inversiones afectas a la estructura del PPA

En la práctica, lo más habitual es que, para garantizar un tipo de interés superior al máximo permitido, la entidad cuente con inversiones afectas. Esto deberá estar previsto en la base técnica. Además, en este caso, el derecho de disposición anticipada se valorará por el valor de mercado de los activos correspondientes.

**¿Qué clase de activos tendrán la consideración de bienes y derechos aptos para la cobertura de las provisiones técnicas?**

a) Valores y derechos negociables de renta fija o variable de cualquier tipo. En ningún caso se admitirán valores y derechos emitidos por la propia entidad aseguradora.

b) Activos financieros estructurados. Se entiende por activos financieros estructurados los compuestos por combinación de dos o más activos, instrumentos derivados o combinación de ambos que se instrumenten a través de un único negocio jurídico, en los términos y condiciones que se establezcan por el Ministerio de Economía y Hacienda.

c) Acciones y participaciones de instituciones de inversión colectiva establecidas (IIC-Fondos de Inversión), incluidas las inmobiliarias.

d) Instrumentos derivados: Opciones y Futuros.

e) Activos y derechos del mercado hipotecario, incluidas las titulizaciones hipotecarias.

f) Letras de cambio y pagarés, cuando estén librados, aceptados o avalados por entidades de crédito autorizadas para operar por medio de establecimiento en algún Estado miembro del Espacio Económico Europeo.

g) Acciones de entidades de crédito, empresas de servicios de inversión y entidades aseguradoras y reaseguradoras en la medida que estén sujetas a autorización y supervisión de una autoridad de control de cualquier Estado miembro del Espacio Económico Europeo.

h) Acciones nominativas y participaciones (preferentes) de sociedades cuya actividad exclusiva consista en la gestión de activos por cuenta de entidades aseguradoras y fondos de pensiones, cuando al menos el 90% del capital pertenezca a una o varias entidades aseguradoras o fondos de pensiones.

i) Bienes inmuebles y derechos reales inmobiliarios. Los bienes inmuebles deberán reunir los siguientes requisitos:

- Deberá tratarse de suelo rústico o suelo que, conforme a la legislación urbanística española, se defina como urbano o urbanizable, edificios terminados, o pisos o locales que, formando parte de aquéllos, constituyan fincas registrales independientes.
- Estar situados en el territorio de un Estado miembro del Espacio Económico Europeo.
- Estar inscritos en el Registro de la Propiedad a nombre de la entidad aseguradora.
- Haber sido tasados por una entidad tasadora autorizada para la valoración de bienes en el mercado hipotecario, con arreglo a las normas específicas para la valoración de inmuebles aptos para la cobertura de provisiones técnicas de las entidades aseguradoras aprobadas por el Ministro de Economía y Hacienda.
- En el caso de cuotas o participaciones proindiviso, deberán estar registralmente identificadas y ser libremente transmisibles. Cuando se trate de plazas de aparcamiento de automóviles, deberán ser anejas a la propiedad principal o, si no lo fuesen, habrán de estar registralmente identificadas y ser libremente transmisibles.
- Estar asegurados contra el riesgo de incendio y otros daños al continente, por entidad distinta del titular del inmueble y por importe no inferior al valor de construcción fijado en la última tasación que se hubiese realizado.

j) Créditos :

- Hipotecarios, siempre que se trate de primera hipoteca y esté constituida sobre inmuebles que reúnan los requisitos establecidos en el apartado anterior.
- Créditos pignoraticios, siempre que el objeto de la garantía fuese, a su vez, apto para la cobertura de provisiones técnicas.
- Créditos o cuotas-partes de los mismos concedidos a sociedades domiciliadas en algún Estado miembro del Espacio Económico Europeo.
- Créditos garantizados por entidad de crédito o aseguradora, o concedidos a las mismas.
- Créditos frente a los reaseguradores por su participación en la provisión de prestaciones, en la parte en que no se hubiesen recibido depósitos por razón de las mismas.
- Créditos contra la Hacienda Pública por liquidaciones del Impuesto sobre Sociedades y por retenciones a cuenta del mismo impuesto correspondientes a rendimientos de inversiones afectas a la cobertura de provisiones técnicas y por otros tributos debidamente liquidados, netos de las obligaciones devengadas de la entidad con la misma Hacienda Pública.


© CISS

- Créditos por intereses, rentas y dividendos devengados y no vencidos, así como los que estando vencidos y pendientes de cobro no estén afectados por probable incobro, siempre que en todos los casos procedan de activos aptos.

## 4-74 Provisión matemática en los PPA

Se corresponde a las **primas pagadas por el tomador** del seguro, netas de gastos y de la prima del seguro de fallecimiento y en su caso de los seguros complementarios, más las primas netas de gastos que pudieran corresponder por la participación en beneficios, capitalizadas al interés técnico garantizado.

Es la diferencia entre el valor actual de las prestaciones futuras y el valor actual de las aportaciones futuras, sin incluir en éstas los costes suplementarios.

El **valor acumulado** es la provisión matemática del plan, que resulta de la capitalización diaria de las primas en función del correspondiente tipo de interés técnico, incorporando el coste de la prestación por defunción del 1% de la provisión matemática.

El **importe medio de la provisión matemática** es la media aritmética de los valores de la provisión matemática a la fecha a que se refiere el cálculo, al 31 de diciembre anterior y al final de cada uno de los trimestres intermedios.

## 4-75 Participación en beneficios (PB)

En el ámbito asegurador, la participación en beneficios se materializa en un porcentaje (%) que, en ciertos tipos de pólizas de vida, el asegurador ofrece al tomador de las mismas sobre los beneficios obtenidos en el período. La PB se puede considerar como una **rentabilidad extra** obtenida mediante:

1) La más común y generalizada es determinar que un porcentaje de los rendimientos obtenidos por la inversión de las aportaciones revierte al Asegurado.

2) Otra variante es determinar que la PB se determina por un determinado porcentaje respecto a la sobre-rentabilidad obtenida por encima del interés técnico bruto mínimo garantizado.

Este beneficio se distribuirá entre las pólizas acogidas a esta modalidad de seguro que se encuentren en vigor a 31 de diciembre del año de imputación, en proporción a la provisión matemática media de cada póliza calculada en el ejercicio al cual se imputa este beneficio.

En caso de pólizas pertenecientes a un colectivo determinado, se puede determinar que un porcentaje sobre el beneficio derivado de la no-siniestralidad del colectivo revierte proporcionalmente a cada asegurado:

1) Anualmente, al cierre de cada ejercicio económico, se determinará el valor medio de las inversiones afectas a la póliza como media de los valores medios de cada uno de los doce meses del año. La valoración de los activos se realiza con arreglo a la normativa contable aseguradora.

2) Se comparará la totalidad de los rendimientos financieros obtenidos, netos de gastos necesarios para obtenerlos, con el valor medio de los activos obtenido mediante el procedimiento indicado en el apartado anterior. El ratio así obtenido es la rentabilidad obtenida por las inversiones afectas a la póliza durante el ejercicio natural cerrado.

3) El porcentaje de PB a asignar al cada certificado de seguro lo obtenemos mediante la siguiente operación:
El ratio de rentabilidad obtenida se deduce en el interés técnico bruto garantizado y multiplicamos dicha diferencia por un % que fija cada entidad (0,95; 0,80...). En caso de que fuese el 0,75%:

| **PB** = (rentabilidad del año – interés técnico bruto) x 0,75 |
|---|

Es decir, se garantiza el 75% de la sobre-rentabilidad obtenida por encima del interés técnico bruto mínimo garantizado.

4) El porcentaje de participación en beneficios así obtenido se multiplica por la provisión matemática media del año cerrado de cada certificado y obtenemos la cantidad en euros a asignar a cada asegurado.

4

5) Dicha cantidad se aplica como prima única de un seguro de las mismas características del certificado, obteniendo así el incremento de pensión correspondiente. Es importante tener en cuenta que la reinversión de los beneficios, al no ser percibidos no dan lugar a retenciones fiscales.

6) Los cálculos se realizan habitualmente a 31 de diciembre de cada año, por lo que dicho incremento entra en vigor normalmente en enero de cada año.

7) Anualmente, tras el cálculo de la PB, se comunicará a cada asegurado la nueva pensión garantizada para el año en curso.

## 4-76 Fiscalidad de los PPA

La Ley 35/2006, de 28 de noviembre, del IRPF, viene a introducir importantes novedades en relación con la tributación de los productos canalizadores del ahorro privado, y muy en particular, todas las relativas a los seguros de vida, planes de pensiones y PPA.

Una de las principales novedades que introduce la Ley es la unificación de la tributación de todos los productos de ahorro a un tipo único **a un tipo de gravamen fijo del 18%, aunque posteriormente se ha modificado al 19% para los 6.000 primeros euros y al 21% para el resto.**

La renta del contribuyente pasa a clasificarse como renta general o como renta del ahorro. El **régimen financiero y fiscal** de los PPA se aparta del tradicional de los seguros de vida y se equipara al de **los planes de pensiones**. Para poder beneficiarse de este régimen los PPA son ilíquidos, por lo tanto, como norma general, no se pueden recuperar hasta el momento de la jubilación aunque también será posible el rescate en los mismos términos exigidos para los planes de pensiones.

**ATENCIÓN:** Como principal novedad, cabe destacar que la Ley 35/2006 elimina las reducciones del 40% y 75% para los rendimientos derivados de las prestaciones percibidas en forma de capital de estos seguros colectivos.

**Régimen fiscal de las aportaciones**

El límite anual de reducción será **el menor de:**

- **El 30%** de la suma de los rendimientos netos del trabajo y actividades económicas percibidos individualmente en el ejercicio. Este porcentaje será del **50%** para contribuyente **mayores de 50 años.**
- **10.000 euros anuales**. No obstante, en el caso de contribuyentes **mayores de 50 años** la cuantía anterior será de **12.500 euros** anuales.



Se mantiene la posibilidad de que el contribuyente reduzca en su base imponible las aportaciones realizadas a los sistemas de previsión social de los que sea partícipe o titular su cónyuge, con el límite de 2.000 euros anuales, y siempre que este último no obtenga rendimientos del trabajo ni de actividades económicas, o los obtenga en cuantía inferior a 8.000 euros anuales.

El importe máximo de aportaciones y contribuciones empresariales a sistemas de previsión social será conjunto. Se establece **un límite anual conjunto de reducción en la base imponible**, tanto por lo que se refiere a aportaciones como a contribuciones empresariales, para los siguientes sistemas de previsión social:

- Planes de pensiones (individuales y de empleo).
- Mutualidades de previsión social.
- Planes de previsión asegurados (PPAs individuales).
- Planes de previsión social empresarial (PPAs colectivos). De nueva creación.
- Seguros privados que cubran exclusivamente el riesgo de dependencia severa o de gran dependencia. De nueva creación.

Existen casos especiales para aquellas personas con minusvalía igual o superior al 65%, que podrán aportar hasta un límite de 24.250 euros. En caso de que familiares de un minusválido en línea directa, colateral hasta el tercer grado o cónyuge, hagan aportaciones a favor de éste, se podrán hacer de forma complementaria, siempre con el límite de 10.000 euros anuales. En ningún caso podrá superarse conjuntamente el límite de 24.250 €.

Es preciso subrayar que estos límites son individuales y, que en caso de declaración conjunta, hay que tener en cuenta las aportaciones de cada cónyuge que sea titular de un plan de pensiones, así como sus respectivos límites para cada uno de ellos. Esto significa que se consideran las rentas generadas por cada cónyuge por se-


© CISS

parado, y por tanto, si alguno de ellos no obtiene rentas del trabajo y/o de actividades económicas, no puede reducirse las aportaciones realizadas.

Los excesos de aportaciones, realizadas dentro de los límites legales, que no se hayan podido reducir por generar bases liquidables negativas en el IRPF de un ejercicio, se podrán reducir en los 5 ejercicios siguientes.

**ATENCIÓN**: El desarrollo legislativo de los límites de las primas ha ido modificándose en el tiempo y la última actualización se encuentra en la Disposición Final Quinta de la Ley 35/2006, de 28 de noviembre, del Impuesto sobre la Renta de las Personas Físicas y de modificación parcial de las leyes de los Impuestos sobre Sociedades, sobre la Renta de no Residentes y sobre el Patrimonio, y por el que se modifica Ley de regulación de los Planes y Fondos de Pensiones, aprobado por el Real Decreto Legislativo 1/2002.

**Excesos de aportaciones a los sistemas de previsión social**

Hay que considerar que, aún aportando dentro de los límites previstos, al realizar la reducción por las aportaciones realizadas a sistemas de previsión social -entre ellos los PPAs- en la base imponible del IRPF, ésta no puede generar bases liquidables negativas, por lo que los excesos habrá que aplicarlos reduciendo la base imponible hasta en los 5 años siguientes. Este extremo está regulado en el artículo 51 del Real Decreto 439/2007, de 30 de marzo, por el que se aprueba el Reglamento del Impuesto sobre la Renta de las Personas Físicas y se modifica el Reglamento de Planes y Fondos de Pensiones, aprobado por Real Decreto 304/2004, de 20 de febrero:

*"Los partícipes, mutualistas o asegurados podrán solicitar que las cantidades aportadas que no hubieran podido ser objeto de reducción en la base imponible, según lo previsto en los artículos 52.2 y 53.1.c) y en la disposición adicional undécima. Uno.5.b) de la Ley del Impuesto, lo sean en los cinco ejercicios siguientes.*

*La solicitud deberá realizarse en la declaración del Impuesto sobre la Renta de las Personas Físicas correspondiente al ejercicio en que las aportaciones realizadas no hubieran podido ser objeto de reducción por insuficiencia de base imponible o por exceder del límite porcentual establecido en el artículo 52.1 de la Ley del Impuesto.*

*La imputación del exceso se realizará respetando los límites establecidos en los artículos 51, 52 y 53 y en la disposición adicional undécima de la Ley del Impuesto. Cuando concurran aportaciones realizadas en el ejercicio con aportaciones de ejercicios anteriores que no hayan podido ser objeto de reducción por insuficiencia de base imponible o por exceder del límite porcentual establecido en el artículo 52.1 de la Ley del Impuesto, se entenderán reducidas, en primer lugar, las aportaciones correspondientes a años anteriores".*

**Ejemplo 1:**

María del Pilar, de 58 años y sin hijos, ha satisfecho en 2010 las siguientes cantidades a instrumentos de previsión social.

- 2.000 € a un plan de pensiones a favor de su esposo, que lleva más de 2 años en el paro y tiene ingresos anuales de 5.000 euros.
- 2.500 € en concepto de prima a un seguro privado que cubre su gran dependencia.
- 10.000 € a un plan de previsión asegurado.

¿Qué cantidad máxima puede reducir de la base imponible del IRPF que haga en 2011 si tenemos en cuenta que en 2010 percibe unos rendimientos netos del trabajo de 32.000 € ?

**Solución 1:**

La base de reducción estaría formada por 10.000 € del plan de pensiones individual más 2.500 € del seguro privado (que cubre su gran dependencia) más los 2.000 € de la aportación a favor del cónyuge, considerando que el cónyuge tiene rentas inferiores a 8.000 € anuales.

**Ejemplo 2:**

El Sr. Sánchez, que tiene 65 años, aporta a un plan de previsión asegurado 12.000 euros. Su base liquidable durante el ejercicio 2010 es de 72.121,45 euros. Ha obtenido un importe neto de 50.000 euros en concepto de rendimientos de trabajo. ¿Qué cantidad puede reducir de su Base Imponible?

**Solución 2:**

El Sr. Sánchez puede reducir de su base imponible 12.000 euros porque es la cantidad efectivamente aportada al plan (con el límite de 12.500 euros por tener más de 50 años) y es menor que el 50% de sus rendimientos netos del trabajo (25.000 euros, es decir, el 50% de 50.000).

**Ejemplo 3:**

El Sr. López, que tiene 54 años, aporta a un plan de previsión asegurado 8.000 euros. Su base liquidable durante el ejercicio 2010 es 30.000 euros y ha obtenido un rendimiento neto del trabajo de 24.000 euros. ¿Qué cantidad puede reducir de su Base Imponible del IRPF de 2011?

**Solución 3:**

El Sr. López puede reducir de la parte de su base Imponible 8.000 euros porque es la cantidad efectivamente aportada al plan (con el límite de 12.500 euros por tener más de 50 años) y es menor que la cantidad resultante del 50% de los rendimientos netos del trabajo (12.000 euros).

**Ejemplo 4:**

El Sr. Mínguez, de 48 años, aporta en el ejercicio 2010 un total de 4.810 euros a un plan de pensiones. Su base liquidable es de 50.000 euros, siendo sus rendimientos netos del trabajo de 36.000 euros. En declaración conjunta, el Sr. Mínguez puede reducir de la base imponible general de su IRPF de 2011.

**Solución 4:**

Será 4.810 euros porque es la cantidad efectivamente aportada (con el límite de 10.000 euros por tener menos de 50 años) y es inferior al 30% de sus rendimientos netos del trabajo (10.800 euros).

4

**Ejemplo 5:**

En mayo de 2010, el Sr. Aranda aportó a un plan de previsión asegurado 1.000 euros y la empresa en la que trabaja le aportó 3.600 euros en su plan de pensiones de empleo. Su base liquidable es de 46.000 euros y sus rendimientos netos del trabajo de 30.000 euros. El Sr. Aranda podrá reducir de su base imponible en:

**Solución 5:**

4.600 euros (1.000 + 3.600), porque es la cantidad efectivamente aportada y no excede del límite de 10.000 euros y es menor al 30% de sus rendimientos netos del trabajo.

**Rendimientos imputados como aportaciones en determinados casos de planes de previsión asegurados**

Determinadas entidades aseguradoras y las entidades bancarias que los comercializan, ofrecen a los nuevos partícipes una rentabilidad consistente en un determinado porcentaje sobre el importe de las participaciones realizadas en el ejercicio (por ejemplo, un 4% sobre el capital aportado al Plan).

La cuantía resultante de dicho rendimiento (minorada por la retención fiscal) es automáticamente invertida por la entidad en el PPA que el tomador acaba de suscribir, como una aportación más, bien del ejercicio o bien del ejercicio siguiente (esto último en el supuesto de que el contribuyente haya aportado el límite máximo establecido legalmente o por decisión del mismo por su política de inversión o rentabilidad fiscal). El tratamiento que recibe esta rentabilidad es el de rendimiento de capital mobiliario, sujeto a un tipo de retención del 19%.

**Ejemplo:**

El Sr. Sánchez suscribe un PPA, en diciembre de 2010, con una aportación de 6.000 euros. La entidad comercializadora le ofrece un 5% de la cantidad aportada como forma inmediata de rentabilidad.


© CISS

Por tanto, el Sr. Sánchez tendrá ahora en su plan de pensiones los 6.000 euros aportados, además de 246 euros; es decir, 6.246 será su aportación anual a ese plan, según el cálculo siguiente:

- Rendimiento bruto inmediato: 6.000 x 0,05 = 300 euros.
- Retención practicada: 300 x 19% = 57 euros (Retención del 19% desde 1-1-2010).
- Importe neto de la rendimiento inmediato: 300 - 57 = 243 euros.
- Aportación total al plan de pensiones: 6.000 + 243 = 6.243 euros.

Si la aportación realizada, junto con el rendimiento inmediato aportado por la entidad, superase el límite que correspondiese al partícipe, dicha rentabilidad inmediata se podría asignar como aportación del ejercicio siguiente.

**Régimen fiscal de las prestaciones**

Las prestaciones recibidas fruto de los PPA serán consideradas rendimientos del trabajo y, al igual que ocurre con las de los planes de pensiones se elimina la reducción del 40% para las prestaciones percibidas de los anteriores sistemas de previsión social en forma de capital, siempre que hubieran transcurrido más de 2 años desde la primera aportación. Sin embargo, esta reducción se mantiene para todo lo aportado con anterioridad al 1 de enero de 2008.

La fiscalidad de las prestaciones del PPA opera de forma similar a de los Planes y fondos de pensiones. En resumen, operan como se indica a continuación:

**Fiscalidad del cobro del Plan**: Cuando llega el momento del cobro del plan (por las contingencias normales de jubilación, fallecimiento, invalidez y gran dependencia o por disposición anticipada debida a desempleo de larga duración o por enfermedad grave), las prestaciones son siempre **rendimientos del trabajo** y se les aplica la retención correspondiente. De esta forma, pasan a integrar la **base imponible general del impuesto del IRPF.**

Igualmente, según la forma del cobro de las prestaciones, va a variar el monto imponible. Por tal caso, si se efectúa en forma de renta, ya sea temporal o vitalicia, el 100% de la misma estará gravada como rendimiento del trabajo.

Pero si se efectúa un rescate del capital, se les aplica una reducción del 40% en la parte que corresponda a las aportaciones realizadas antes de 31-12-06, siempre que hayan transcurrido más de dos años entre la fecha de la primera aportación y el 31-12-06. Para las aportaciones realizadas después de 31-12-06 no existirá tal reducción.



Con carácter general, no se podrá simultanear la condición de partícipe y la de beneficiario por una misma contingencia en un plan de pensiones o en razón de la pertenencia a varios planes de pensiones, siendo incompatible la realización de aportaciones y el cobro de prestaciones por la misma contingencia simultáneamente.

A partir del acceso a la jubilación, el partícipe podrá seguir realizando aportaciones al plan de pensiones. No obstante, las aportaciones sólo podrán destinarse a las contingencias de fallecimiento y dependencia.

El pago se deberá hacer efectivo por parte de la entidad aseguradora al beneficiario, una vez recibida la documentación oportuna que acredite el poder cobrar la prestación, en 7 días hábiles como máximo.

**Ejemplo 1:**

Aportaciones a plan de previsión asegurado de jubilado que reanuda su actividad laboral.

El Sr. Sánchez se jubila en la empresa en la que ha trabajado, y después de ello, decide trabajar como profesional independiente, causando alta en la seguridad y suspendiendo la prestación de la pensión de jubilación que le corresponde. Además, no percibe la prestación correspondiente a su plan de previsión asegurado. ¿Qué efecto tendrían las aportaciones que decide seguir realizando a su plan de previsión asegurado durante su nueva actividad laboral?

**Solución 1:**

Estas aportaciones cubren la contingencia de jubilación, al entenderse que no se ha producido cese de la actividad laboral, por tanto, recibirá la prestación cuando cese definitivamente su actividad laboral o profesional y acceda a la situación de jubilación.

**Ejemplo 2:**

Aportaciones a planes previsión asegurado con posterioridad a la jubilación.

El Sr. Sánchez, partícipe de un plan de previsión asegurado, alcanzó su edad de jubilación en enero de 2008 y desde entonces recibe la prestación del plan de pensiones y una pensión pública de la Seguridad Social con la que su base imponible se sitúa en un importe de 12.000 euros anuales, con unos rendimientos netos del trabajo de 10.000 euros.

Pretende seguir realizando aportaciones a dicho plan durante los próximos años, por importe estimado de 1.800 euros cada año.

a) ¿Puede recuperar el Sr. Sánchez la prestación generada por estas aportaciones realizadas con posterioridad a su jubilación?

b) ¿Es posible la reducción de la Base Imponible del IRPF del Sr. Sánchez durante los años que realiza tales aportaciones?

**Solución 2:**

a) El Sr. Sánchez no puede recuperar la prestación correspondiente a estas aportaciones que ha realizado después de jubilarse porque se encuentra percibiendo el plan de previsión asegurado y estas aportaciones sólo se pueden destinar a cubrir las contingencias de fallecimiento y dependencia.

b) El Sr. Sánchez puede reducir en 1.800 euros la parte de su base imponible del IRPF, pues en este caso, 1.800 euros es la cantidad efectivamente aportada al plan (límite 12.500 euros) y no excede del 50% de los rendimientos netos del trabajo ni del importe de la base liquidable.

## 4-77 Particularidad de la inembargabilidad de los derechos

El capital consolidado en un plan de previsión asegurado, al igual que los planes de pensiones, no podrán ser objeto de embargo, traba judicial o administrativa hasta el momento en que se cause el derecho a la prestación (por jubilación, fallecimiento, invalidez o gran dependencia) o en que se hagan efectivos en los supuestos de enfermedad grave o desempleo de larga duración.

4

En referencia a la inembargabilidad del seguro de vida, el artículo 84 LCS incluye el siguiente párrafo: "*Si en el momento del fallecimiento del asegurado no hubiere beneficiario concretamente designado, ni reglas para su determinación, el capital formará parte del patrimonio del tomador*".

Y más claro resulta el artículo 88: "*La prestación del asegurador deberá ser entregada al beneficiario, en cumplimiento del contrato, aun contra las reclamaciones de los herederos legítimos y acreedores de cualquier clase del tomador del seguro. Unos y otros podrán, sin embargo, exigir al beneficiario el reembolso del importe de las primas abonadas por el contratante en fraude de sus derechos.*

*Cuando el tomador del seguro sea declarado en concurso o quiebra, los órganos de representación de los acreedores podrán exigir al asegurador la reducción del seguro*".

Por otro lado, en los planes de pensiones, por similitud al PPA, que son una relación contractual en que cada interviniente tiene unos derechos y obligaciones, los partícipes no adquieren sus derechos hasta que se produce el evento cuyo riesgo es objeto de cobertura, lo que implica que la contraparte no tiene obligación de satisfacerlos hasta que ello no ocurra.

De acuerdo con el Real Decreto Legislativo 1/2002 de 29 de noviembre que regula las pensiones, en su artículo 8.8 dice que los derechos consolidados son inembargables: no pueden ser objeto de embargo, traba judicial o administrativa hasta el momento en que se reciba la prestación o rija algún supuesto de liquidez anticipada desempleo de larga duración o enfermedad grave.

## 4-78 Derecho de reducción y de rehabilitación

La falta del pago de primas por un periodo determinado (según cada Compañía) dará lugar a la reducción del contrato. El PPA reducido por suspensión de pago de primas puede ser rehabilitado en las mismas condiciones


© CISS

en que se contrató, mediante el pago de nuevas primas a las que les será de aplicación el tipo de interés anual que establezca la entidad aseguradora, debiendo presentar el tomador-asegurado las pruebas que a juicio de la Entidad Aseguradora sean suficientes y satisfactorias para demostrar que, en el momento de la rehabilitación, el asegurado se halla en las condiciones de salud exigidas para contratar esa modalidad de seguro.

## 4-79 Los gastos en el PPA

**Los gastos aplicables en los PPA son los siguientes:**

- Gastos de administración.
- Gastos de adquisición.
- Otros previstos para la cobertura de jubilación.

Hay que informar de la totalidad de los gastos previstos, incluidos los de administración y adquisición, expresados en porcentaje (%) sobre las primas, sobre la provisión matemática o ambos sistemas.

No existe por el momento limitación en los gastos, pero es posible que pueda haberla, no obstante, la transparencia junto con el carácter de "clónicos de los planes de pensiones", con que aparecen, y teniendo en cuenta que en los planes de pensiones si están limitados los gastos de gestión (2,6%, con el desglose de 2% por gestión y 0,6% por depósito) hacen suponer que los gastos de que se pueden cargar a estos productos son mínimos.

Lo más habitual es que se establezcan unos gastos de gestión fijos para toda la duración del seguro (por ejemplo, del 1% anual). Estos gastos se detraerán en su equivalente mensual del capital consolidado en cada mensualidad.

Para la movilización de la provisión matemática, no se aplicarán en ningún caso penalizaciones, gastos o descuentos.

**Ejemplo:**

El PPA aquí analizado se comercializa en la actualidad y pertenece a una de las primeras aseguradoras del Sector Asegurador. Pueden existir, no obstante, variaciones con respecto a otros PPA comercializados en el mercado. No se ha tenido en cuenta ni la fiscalidad ni los rendimientos es decir como si estos fuesen "0".

Datos: PPA:

- Gestora una Entidad Aseguradora XX. Gastos de Gestión según la duración:

Menos de 5 años: 2,00%

De 6 a 10 años: 3,00%

Más de 11 años: 4,00%

- Depositaria una Entidad Bancaria XX. Gastos Comisión Depositaria: 0,10%

Las comisiones en ESTE Plan de Previsión Asegurado (PPA), se aplican como sigue:

GESTION: sobre la prima de la anualidad.

DEPÓSITO: sobre el capital garantizado al vencimiento.

Estableciendo inicialmente una aportación o prima anual de 1.440 €

Revaloración de las aportaciones o primas: 3%

Duración 35 años

GASTOS ACUMULADOS

| | |
|---|---|
| ANUALIDAD 10 | 1.831,00 € |
| ANUALIDAD 15 | 2.827,46 € |

4

| | |
|---|---|
| ANUALIDAD 20 | 3.889,49 € |
| ANUALIDAD 25 | 5.027,52 € |
| ANUALIDAD 30 | 6.253,68 € |
| ANUALIDAD 35 | 7.581,98 € |

# Sección 4. EL PLAN INDIVIDUAL DE AHORRO SISTEMATIVO (PIAS)

## 4-80 Concepto y características de plan individual de ahorro sistemático (PIAS)

Conocidos con las siglas PIAS, son seguros de vida ahorro, alternativa a otros productos de inversión a largo plazo.

Los **elementos personales** del PIAS son:

- **Tomador**: Persona física o jurídica que contrata el seguro.
- **Asegurado**: Persona sobre la que recae el riesgo. Debe coincidir con el Tomador.
- **Asegurador**: Entidad que asume el riesgo a cambio de una prima.
- **Beneficiario**: Persona que tiene derecho al cobro de la prestación en caso de ocurrencia del riesgo. Debe coincidir el beneficiario con el tomador y con el asegurado

Entre sus **principales características** encontramos las siguientes:

4

- Sólo se podrán aportar hasta 8.000 euros anuales (igual que las aportaciones a los planes de pensiones, e independientemente de las aportaciones realizadas a otros productos de previsión), pero no podremos practicar reducciones por estas aportaciones en nuestra declaración de la renta.
- A cambio, en el futuro, cuando cobremos esta pensión, quedará exenta la parte de plusvalía generada si han pasado al menos 10 años desde la primera prima y si cobra en forma de renta vitalicia. En tal caso, a la renta se le aplicarán los coeficientes reductores normales de rentas vitalicias de los seguros de vida.
- El volumen máximo de primas alcanzado por este plan a lo largo de los años no puede superar 240.000 euros, que equivalen 30 años de aportación máxima anual de 8.000 euros.
- El dinero que los particulares depositen en los nuevos fondos podrá invertirse en activos del mercado monetario, títulos de renta fija, acciones, participaciones en instituciones de inversión colectiva, opciones sobre renta variable, en función de que se elija uno u otro instrumento como cartera de inversión por parte del asegurado. El asegurador garantizará una determinada rentabilidad (asociada a la prestación de riesgo por fallecimiento e invalidez) y el resto (prestación de ahorro) correrá por cuenta del asegurado en función del riesgo que asuma de acuerdo con la composición de inversiones elegida de entre las establecidas por la entidad aseguradora.
- En cuanto a la liquidez del producto, la duración mínima del Plan es 10 años, antes de empezar a pagar rentas vitalicias con plusvalías exentas. No obstante, se pueden rescatar antes tributando la plusvalía como rendimientos del ahorro en la base imponible del ahorro al 19% los primeros 6.000 euros y 21% el resto.
- Cada persona sólo podrá contratar un único plan de este tipo.
- Incluye un capital adicional garantizado en caso de fallecimiento e invalidez del asegurado.

Este tipo de instrumentos de ahorro se desarrollan en la Disposición Adicional tercera y en la Disposición Transitoria decimocuarta de la Ley 35/2006, de 28 de noviembre, del IRPF.

## 4-81 Particularidades de los PIAS

- El dinero que los particulares depositen podrá invertirse en activos del mercado monetario, títulos de renta fija, acciones, participaciones en instituciones de inversión colectiva, opciones sobre renta variable, en función de que se elija uno u otro instrumento como cartera de inversión por parte del asegurado.
- El asegurador garantizará una determinada rentabilidad y el resto correrá por cuenta del asegurado en función del riesgo que asuma.

 © CISS

- Cada persona sólo podrá contratar un único plan de este tipo.
- Incluye un capital adicional garantizado en caso de fallecimiento del titular.

## 4-82 Posibilidad de transformación de un seguro de vida en un PIAS

La Disposición transitoria decimocuarta de la Ley 35/2006, del IRPF, indica la posibilidad de transformación de los contratos de seguro de vida formalizados con anterioridad al 1 de enero de 2007 y en los que el contratante, asegurado y beneficiario sea el propio contribuyente, en planes individuales de ahorro sistemático.

Para ello será necesario que:

- Las aportaciones satisfechas en concepto de primas durante los años de vigencia del contrato de seguro no haya superado los 8.000 euros al año.
- El importe total de las primas acumuladas no haya superado la cuantía de 240.000 euros por contribuyente.
- Y que hubieran transcurrido más de diez años desde la fecha de pago de la primera prima.

Asimismo, la Disposición transitoria decimocuarta de la Ley 35/2006 establece que no podrán transformarse en planes individuales de ahorro sistemático los seguros colectivos que instrumenten compromisos por pensiones conforme a la disposición adicional primera del texto refundido de la Ley de Regulación de los Planes y Fondos de Pensiones, ni los instrumentos de previsión social que reducen la base imponible.

Hay que tener en cuenta que, en caso de llevar a cabo la transformación, una vez realizada, en el caso de que el titular realice una disposición anticipada total o parcial de los derechos económicos derivados de la renta vitalicia constituida, deberá integrar, en el periodo impositivo en el que se produzca la anticipación, la renta que estuvo exenta, sin que resulte aplicable la disposición transitoria decimotercera de la Ley 35/2006.

**Ejemplo:**

Una persona con 50 años decide contratar un plan individual de ahorro sistemático e ir haciendo aportaciones de 1.000 euros al año. Al cabo de 15 años (a los 65, edad de jubilación), habría acumulado un capital de 15.000 euros, a los que habría que sumar la rentabilidad correspondiente. Presuponiendo una rentabilidad del 4% anual, el capital acumulado pasados 15 años sería de 20.820,45 euros.

Si cada año se fueran incrementando las aportaciones un 2,5% (previsible inflación), el ahorro final sería de 24.450,10 euros. Con este capital, podría conseguir una renta mensual de unos 100 euros.

¿Cuál es su fiscalidad si se rescatan como rentas vitalicias?

**Solución:**

La parte de plusvalía generada quedará exenta de la fiscalidad de los planes individuales de ahorro sistemático, si se hace en forma de renta vitalicia, y a la renta se le aplicarán los coeficientes reductores normales de rentas vitalicias de los seguros de vida, puesto que han pasado más de diez años desde que lo contrató.

Si no hubiesen transcurridos 10 años, la renta mensual obtenida tributa en el IRPF como una pensión vitalicia inmediata, es decir, disfruta de significativas reducciones fiscales, en función de la edad del cliente en el momento de contratar dicha pensión. Se integrará el 24% de la renta como rendimiento del ahorro, cuando el perceptor tenga entre 60 y 65 años. En todos los casos, las rentas mensuales que cobre el asegurado tributan en el IRPF como rendimiento de capital mobiliario, al igual que si cobra en capital (en este caso no tendría reducciones y tributaría toda la plusvalía generada).

## 4-83 Ventaja fiscal de los PIAS

Las aportaciones a estos productos no pueden reducirse en la base imponible (como sucede en los sistemas de previsión social tales como planes de pensiones y PPAs, entre otros).

Sin embargo, gozan de un importante beneficio fiscal a la salida consistente en la exención total de los rendimientos generados en la fase de acumulación que quedarán exentos en el momento en el que se constituya la renta vitalicia. Esta exención se aplicará únicamente si se recupera sólo en forma de renta vitalicia, no siendo así si se opta por cobrarlo en forma de capital.

La **renta vitalicia** asegurada tendrá la consideración **rendimiento del capital mobiliario**, integrándose en la base imponible del ahorro, multiplicada por un determinado porcentaje en función de la edad del rentista en el momento de la constitución de la renta. Dicho rendimiento a integrar en la base imponible del ahorro estará sometido a una retención del 19%.

Los porcentajes de integración son los mismos a los utilizados en el caso de los seguros de ahorro en la modalidad de disposición a través de rentas vitalicias.

## Sección 5. LOS SEGUROS DE DEPENDENCIA

### 4-84 Concepto y objetivo

Los seguros de dependencia surgen con la finalidad de promocionar el ahorro dirigido a la previsión de situaciones en donde el individuo sea dependiente.

Ante el envejecimiento constante de la población en España, debido al aumento de la esperanza de vida por la mejora de la calidad de la misma y la posibilidad de que en un futuro el número de dependientes se multiplique a tasas preocupantes, el Gobierno ha activado con fuerza el debate por crear un Sistema Nacional de Dependencia.

Su objetivo es proporcionar, de la misma forma que ofrece pensiones, servicios sanitarios y educativos, un seguro de dependencia que cubra las necesidades de ese colectivo, cada vez más amplio.

Lo habitual es que la cobertura de dependencia se instrumente a través de un contrato de seguro, ya sea a través de pólizas individuales como colectivas. En estos casos, se obliga al asegurador, para el caso de que se produzca la situación de dependencia, al cumplimiento de la prestación convenida con la finalidad de atender, total o parcialmente, directa o indirectamente, las consecuencias perjudiciales para el asegurado que se deriven de dicha situación.

4

No obstante, la cobertura de dependencia se puede instrumentar también a través un Plan de pensiones tal y como recoge la Disposición adicional segunda, apartado 1 de la Ley 41/2007, de 7 de diciembre, que regula el seguro de dependencia al decir que *"la cobertura de dependencia podrá instrumentarse bien a través de un contrato de seguro suscrito con entidades aseguradoras, incluidas las mutualidades de previsión social, o bien a través de un plan de pensiones"*.

La disposición final segunda de la Ley 41/2007 modifica el artículo 6 del texto refundido de la Ley de Ordenación y Supervisión de los Seguros Privados, aprobado por el Real Decreto Legislativo 6/2004, de 29 de octubre (BOE de 5 de noviembre). Dicha modificación tiene por objeto incluir la dependencia en los casos de enfermedad y de vida. Así, en cuanto a los seguros distintos del seguro de vida y al clasificar los riesgos por ramos, respecto al riesgo de enfermedad, el artículo 6.1.a).2 dispone:

*"2. Enfermedad (comprendida la asistencia sanitaria y la dependencia).*

*Las prestaciones de este ramo pueden ser a tanto alzado, de reparación y mixta de ambos"*.

Y en el ámbito del ramo de vida, el artículo 6.2.A.a) determina que este ramo comprenderá:

*"a) El seguro sobre la vida, tanto para caso de muerte como de supervivencia, o ambos conjuntamente, incluido en el de supervivencia el seguro de renta; el seguro sobre la vida con contraseguro; el seguro de nupcialidad, y el seguro de natalidad. Asimismo, comprende cualquiera de estos seguros cuanto estén vinculados con fondos de inversión. Igualmente, podrá comprender el seguro de dependencia"*.

### 4-85 La dependencia

Forman el grupo de los llamados "dependientes", es decir, las personas que no pueden desarrollar por sí mismas un cierto número de las actividades básicas de la vida diaria como son el comer, vestirse, desplazarse, bañarse, asearse y la continencia. Además será dependiente en el caso de que padezca un deterioro cognitivo.

 © CISS

La Ley 39/2006, de 14 de diciembre, de Promoción de la Autonomía Personal y Atención a las personas en situación de dependencia, distingue tres grados de dependencia (art. 26):

- **Dependencia moderada** (Grado I): Situación en la que la persona necesita ayuda para la realización de varias actividades básicas de su vida diaria, al menos una vez al día.
- **Dependencia severa** (Grado II): Situación en la que la persona necesita ayuda para la realización de varias actividades básicas de la vida diaria dos o tres veces al día, pero no requiere un cuidador permanente.
- **Gran dependencia** (Grado III): situación que supone la pérdida total de la autonomía física, mental, intelectual o sensorial, por lo que la persona necesita el apoyo indispensable y contínuo de otra.

Los seguros de dependencia se desarrollan como acompañamiento a la Ley 39/2006, de 14 de diciembre, de Promoción de la Autonomía Personal y Atención a las personas en situación de dependencia, en la disposición adicional segunda de la Ley 41/2007, de 7 de diciembre, que lo regula. No obstante, en defecto de norma expresa que se refiera al seguro de dependencia, resultará de aplicación al mismo la normativa reguladora del contrato de seguro y la de ordenación y supervisión de los seguros privados.

Las **principales causas** de dependencia son:

- En el 50% de los casos es la vejez o la edad avanzada la principal causa de este estado.
- Seguido de las enfermedades físicas (42%).
- Las enfermedades psíquicas (34%).
- Los accidentes (8%).

**ATENCIÓN:** Según el Informe "Ayudas a la Dependencia en España. Situación actual . Noviembre 2009, **sólo el 26% de dependientes recibe ayudas del Servicio de Ayuda a la Dependencia-SAAD.**

En cuanto a la ayuda de la Administración hacia el cuidador familiar, llama la atención que tan sólo un **10,2%** confirma recibir algún tipo de ayuda.

Además, **una de cada tres familias españolas** (29,5%) cuenta con un miembro dependiente, siendo el perfil más habitual de la persona dependiente el de **mujer (64%) con una edad superior a los 65 años** (70%).

## 4-86 Ventajas fiscales de los seguros de dependencia

4

Por otro lado, la Ley del IRPF ha otorgado una especial atención al problema de la dependencia en España, incentivando, por primera vez desde el punto de vista fiscal, la cobertura privada de esta contingencia. La normativa configura dos tipos de beneficios fiscales:

1) Los dirigidos a aquellas personas que sean ya dependientes (también los mayores de 65 años), para las que se prevé la posibilidad de movilizar su patrimonio inmobiliario con vistas a obtener unos flujos de renta que les permita disponer de recursos para paliar las necesidades económicas.

2) Los dirigidos a aquellas personas que quieran cubrir un eventual riesgo de incurrir en una situación de dependencia severa o de gran dependencia: Creación de una nueva figura: El seguro de dependencia.

El seguro de dependencia es un seguro privado que cubre exclusivamente las contingencias de dependencia severa o gran dependencia y en el que el tomador, asegurado y beneficiario son la misma persona. Otras características deben ser:

- Garantía de interés.
- Utilizar técnicas actuariales.

Se aplica de forma subsidiaria la normativa sobre planes y fondos de pensiones.

**Régimen fiscal**

Es similar al de otros productos de previsión social como los planes de pensiones, PPAs, etc.:

- Las primas pagadas por el contribuyente dependiente reducen su base imponible con el límite individual del menor de 10.000 euros hasta los 50 años o el 30% de los rendimientos netos del trabajo, y el menor de 12.500 euros o el 50% de los rendimientos netos del trabajo, para más de 50 años.
- Existe la posibilidad de que parientes del dependiente en línea directa o colateral hasta el tercer grado inclusive, su cónyuge, o los que le tengan a su cargo en régimen de tutela o acogimiento, efectúen aportaciones

(sujetas individualmente al límite general conjunto expuesto de 10.000 hasta los 50 años y 12.500 euros para más de 50 años) con mismo beneficio fiscal, en cuanto a reducciones, para los aportantes en su IRPF. Las aportaciones no están sujetas al Impuesto sobre Sucesiones y Donaciones (ISD).

No obstante, el límite global de aportación a todos los sistemas de previsión social (incluyendo planes de pensiones, PPAs y PPSEs) es de 10.000 hasta los 50 años y 12.500 euros para más de 50 años.

Por su parte, las prestaciones tributan como rentas del trabajo para el dependiente.

Para la aplicación de este tratamiento fiscal será necesario que los seguros cumplan los siguientes requisitos:

- El contribuyente será el tomador, asegurado y beneficiario. No obstante, en caso de fallecimiento podrá generar derecho a prestaciones en los términos de la normativa de planes y fondos de pensiones.
- El seguro ofrecerá obligatoriamente una garantía de tipo de interés y utilizará técnicas actuariales.

## Sección 6. LOS COMPROMISOS POR PENSIONES

### 4-87 Compromiso por pensiones

Tienen tal consideración los compromisos derivados de obligaciones legales o contractuales de la empresa con el personal de la misma, recogidas en convenio colectivo o disposición equivalente, que tengan por objeto realizar aportaciones u otorgar prestaciones vinculadas a las contingencias recogidas en el Real Decreto Legislativo 1/2002, de 29 de noviembre, por el que se aprueba el texto refundido de la Ley de Regulación de de los Planes y Fondos de Pensiones.

Comprenderán toda prestación que se destine a la cobertura de tales compromisos cualquiera que sea su denominación y se deberá realizar aun cuando la adquisición o mantenimiento de los derechos derivados del compromiso se condicione al cumplimiento de determinados requisitos.

Tendrán la misma validez a estos efectos que los convenios colectivos, los pactos entre las empresas y todo o parte de su personal u otros acuerdos o decisiones, cuya existencia o efectos se hallen documentados de forma admitida en derecho y en los que las empresas asuman compromisos por pensiones.



También tendrán idéntica validez a estos efectos, las actas de constitución, estatutos o reglamentos de mutualidades de previsión social, fundaciones laborales y cualquier otra fórmula o institución de previsión del personal, siempre que en los documentos enumerados las empresas asuman compromisos por pensiones.

Dentro de la consideración de compromisos por pensiones se incluyen también aquellos que la empresa no haya suspendido unilateralmente, aun cuando el convenio colectivo o disposición equivalente le atribuya esta facultad.

Los compromisos por pensiones que asumen las empresas, incluyendo las prestaciones causadas, deberán instrumentarse en todo caso, desde el momento en que se inicie el devengo de su coste, mediante contratos de seguros, a través de la formalización de un plan de pensiones o de ambos.

El seguro colectivo de vida es junto con el plan de pensiones del sistema de empleo, uno de los vehículos aptos para la cobertura de riesgos para los trabajadores de una empresa respecto a los compromisos por pensiones.

Está regulado por el Real Decreto 1588/1999, de 15 de octubre por el que se aprueba el Reglamento sobre la instrumentación de los compromisos por pensiones de las Empresas con los Trabajadores y Beneficiarios, —Capítulos I y III— en donde se indica la obligación de las empresas que tengan compromisos por pensiones con sus trabajadores, exceptuando las empresas del sector financiero —bancos, cajas de ahorros, compañías de seguros, sociedades de bolsa, etc.— de externalizarlos del balance utilizando el seguro colectivo de vida o el plan de pensiones de empleo.

Las empresas que mantengan compromisos por pensiones con sus trabajadores, deberán formalizar un plan de pensiones del sistema de empleo, de uno o varios contratos de seguro o de ambos instrumentos. La adaptación se considerará realizada cuando el plan de pensiones o los contratos de seguro instrumenten todos los compromisos por pensiones de la empresa en las condiciones que se determina reglamentariamente.

No obstante, cabe la posibilidad de mantenerse los compromisos por pensiones asumidos mediante fondos internos por las entidades de crédito, las entidades aseguradoras y las sociedades y agencias de valores, siempre que estos estén dotados con criterios, al menos, tan rigurosos como los aplicables a los asumidos mediante planes de pensiones y habrán de ser autorizados por el Ministerio de Economía y Hacienda, previo informe del órgano o ente a quien corresponda el control de los recursos afectos, el cual supervisará el funcionamiento de los fondos internos y podrá proponer al Ministerio de Economía y Hacienda la adopción, en su caso, de las medidas correctoras pertinentes, e incluso la revocación de la autorización administrativa concedida.

Una vez instrumentados los compromisos por pensiones la obligación y responsabilidad de las empresas se circunscribirán, exclusivamente, a los asumidos en dichos contratos de seguro y planes de pensiones.

Las especificaciones del plan de pensiones o el condicionado del contrato de seguro deberán incorporar, expresamente, todos y cada uno de los elementos que determinan los compromisos por pensiones vigentes en cada momento, objeto de cobertura por dichos instrumentos, sin que sea admisible la mera remisión a convenios colectivos o disposición equivalente.

Las especificaciones de un plan de pensiones podrán prever la obligación de la comisión de control del mismo de modificar dichas especificaciones, conforme a la normativa aplicable, adaptándolas de inmediato a modificaciones de los compromisos acordadas mediante acuerdo colectivo de eficacia general con posterioridad a la formalización del plan. La fecha de efecto para el plan de pensiones de las referidas modificaciones se determinará según lo previsto en las especificaciones del plan con carácter general o, en su defecto, en el acuerdo colectivo.

El incumplimiento por la empresa de la obligación de instrumentar los compromisos por pensiones asumidos constituirá infracción en materia laboral de carácter muy grave, en los términos previstos en en el Real Decreto 5/2000, de 4 de agosto, por el que se aprueba el texto refundido de la Ley sobre Infracciones y Sanciones en el Orden Social.

## 4-88 Elementos personales y características

Los **elementos personales** son:

**Tomador:** Exclusivamente la empresa que tiene el compromiso, por ejemplo un compromiso por pensiones, o un seguro de accidentes con sus trabajadores; legalmente es el obligado a pagar las primas.

A efectos de lo establecido en la disposición adicional primera de la Ley 8/1987, de 8 de junio, de Regulación de los planes y fondos de pensiones, se considerará empresa a las personas jurídicas, cualquiera que sea su naturaleza, que tengan nacionalidad española, domicilio en territorio nacional o cuyo principal establecimiento o explotación radique en el mismo, así como a las personas físicas, en cuanto asuman con sus trabajadores compromisos por pensiones.

Tendrán igualmente esta consideración las comunidades de bienes y demás entidades que, aun carentes de personalidad jurídica, sean susceptibles de asumir con sus trabajadores compromisos por pensiones, así como, con idénticos requisitos, las entidades extranjeras con agencias, sucursales y establecimientos en territorio nacional.

En el ámbito del sector público se considerarán empresas a las entidades públicas empresariales y a las sociedades mercantiles en cuyo capital participen, directa o indirectamente, las Administraciones públicas o entidades u organismos vinculados o dependientes de las mismas.

Como tomador del seguro figurará exclusivamente la empresa que tenga asumidos compromisos por pensiones con su personal y se obligue al pago de las primas. No será admisible la cobertura de compromisos por pensiones de distintas empresas a través de un mismo contrato de seguro.

En el caso de compromisos por pensiones de la empresa instrumentados mediante contrato de seguro que contemplen la aportación de los trabajadores para la financiación de las primas, como tomador del seguro figurará la empresa por cuenta de los trabajadores, en la parte correspondiente a las contribuciones de éstos.

**Grupo asegurable:** Conjunto de personas unidas por el vínculo que cumple las condiciones para ser asegurado, y que en este tipo de seguros son los trabajadores de la empresa.

**Asegurado:** Cada una de las personas del grupo asegurable que figura en la relación de personas incluidas en la póliza, que en este caso son los trabajadores de la empresa. Es el considerado como "personal activo".

Conforme a lo dispuesto Real Decreto Legislativo 1/2002, de 29 de noviembre, por el que se aprueba el texto refundido de la Ley de Regulación de los Planes y Fondos de Pensiones, la instrumentación de los compromisos por pensiones, afectará a los compromisos asumidos por la empresa con su personal activo que es el que abarca a toda persona física que voluntariamente presta sus servicios retribuidos por cuenta de la empresa en virtud de relación laboral comprendida en el ámbito de aplicación del Estatuto de los Trabajadores, incluidas las relaciones de carácter especial, siempre que dicha relación laboral esté sometida a la legislación española.

Asimismo, se incluirán dentro de este concepto de personal activo:

a) Los trabajadores de una empresa en situación de excedencia o suspensión de contrato cuando la empresa haya asumido compromisos con dicho personal.

b) Los trabajadores con los que la empresa mantenga compromisos por pensiones, aun cuando se haya extinguido la relación laboral con los mismos.

Pese a que se instrumenta a través de una póliza de seguro colectiva, será admisible que la póliza de seguro colectivo incorpore a un único trabajador asegurado en tanto la empresa mantenga única y exclusivamente con el mismo compromisos por pensiones y no tengan asumidos con el resto de los trabajadores ningún otro compromiso susceptible de aseguramiento.

Pero además, la instrumentación de los compromisos por pensiones afectará, igualmente, a las obligaciones asumidas por la empresa respecto a jubilados y beneficiarios.

**Beneficiario:** En este instrumento es el propio trabajador en caso de jubilación, invalidez y dependencia y gran dependencia, y familiares u otras personas designadas por el trabajador en caso de muerte. Nunca podrá ser la propia empresa.

**Aseguradora:** Las empresas podrán contratar la cobertura con mutualidades de previsión social que actúen como instrumento de previsión social empresarial, entendiéndose por tales aquellas en que todos sus mutualistas sean empleados, concurriendo como socios protectores o promotores las empresas, instituciones o empresarios individuales en las que presten sus servicios, y las prestaciones que se otorguen sean únicamente consecuencia de acuerdos de previsión entre éstas y aquéllos.

Cuando se trate de acuerdos de previsión establecidos en acuerdos colectivos de ámbito superior al de empresa, podrán también concurrir como socios protectores o promotores las organizaciones legalmente constituidas que representen a las empresas y trabajadores en el ámbito supra-empresarial.



Las mutualidades de previsión social de carácter no empresarial que instrumenten compromisos por pensiones a las empresas atribuirán necesariamente la condición de mutualistas a los trabajadores asegurados y emitirán la correspondiente póliza de seguro.

Las **contingencias** que puede cubrir un seguro colectivo de empresa son:

- Fallecimiento e invalidez, que da lugar al seguro colectivo de accidente.
- Jubilación, que da lugar al seguro colectivo de vida- ahorro o al plan de previsión social empresarial.

En cuanto a las **características técnicas** del seguro colectivo de vida, son las mismas que el seguro de vida individual visto en apartados anteriores.

- Utiliza técnicas de capitalización actuarial.
- Tiene valores garantizados.
- Puede tener anexos seguros complementarios.
- Puede tener participación en beneficios.
- Asignación individual de la provisión matemática a cada trabajador (aunque se trate de una póliza colectiva).
- Obligaciones de información por parte de la entidad aseguradora a cierre de ejercicio de la provisión matemática y de emisión de certificado fiscal para la imputación de las aportaciones del empresario al trabajador como salario en el IRPF del trabajador.
- La fiscalidad de las aportaciones realizadas por el empresario a favor del trabajador, se imputan a éste como rendimientos del trabajo y las prestaciones (la parte de la plusvalía generada) también como rendimientos del trabajo incrementando la base imponible general de su IRPF.

 © CISS

## 4-89 Derecho de rescate

**Rescate por cese o extinción de la relación laboral**

Además de cuando se produce el cese o extinción de la relación laboral del asegurado, que es el supuesto más habitual para el rescate, también se podrá ejercer en los otros supuestos que vamos a analizar a continuación.

Los contratos de seguros de compromisos por pensiones deberán especificar siempre la existencia o no de derechos económicos derivados del mismo y reconocidos en favor de los trabajadores, en el supuesto de que se produzca el cese de la relación laboral previa al acaecimiento de las contingencias previstas, o se modifique o suprima el compromiso por pensiones vinculado a dichos sujetos.

Si se produce el cese o extinción de la relación laboral, los derechos económicos no podrán ser inferiores a los derechos de rescate, reducción o, en su caso, extorno, derivados de las primas pagadas e imputadas fiscalmente al trabajador, así como de las aportaciones del trabajador para la financiación de las primas.

Sin embargo, respecto a las primas de fallecimiento e invalidez sí podrá pactarse el mantenimiento de la cobertura en curso hasta el final de la misma.

**Rescate para mantener en la póliza la adecuada cobertura de los compromisos por pensiones vigentes en cada momento.**

En el caso de rescate por variación de los compromisos, el ejercicio del derecho de rescate por el tomador requerirá que tal variación conste en convenio colectivo o disposición equivalente o que se derive de lo dispuesto en los mismos.

**Rescate para integración en otro contrato de seguro**

También se podrá realizar el rescate para la integración de todos o parte de los compromisos instrumentados en la póliza en otro contrato de seguro o en un plan de pensiones promovido por la empresa, en los términos y con los límites establecidos en la legislación aplicable. En ambos casos la nueva aseguradora o el plan de pensiones asumirá la cobertura total de los compromisos por pensiones transferidos.

En estos dos casos, en el caso de que el valor de mercado de los activos fuera inferior al de la provisión matemática correspondiente las partes podrán pactar un descuento que, en ningún caso, podrá ser superior la diferencia entre ambos valores. En estos dos casos corresponderá a la empresa tomadora, sin perjuicio de los derechos que pudiesen corresponder a los trabajadores.

Si se produjese el rescate por minoración o supresión de los compromisos, y por la parte correspondiente a las primas que no hubieran sido imputadas fiscalmente a los trabajadores, el importe del derecho de rescate se podrá, en su caso, abonar directamente a la empresa tomadora.

Al igual que en los casos de PPA y PPI, se tendrá derecho de rescate en los casos de desempleo de larga duración y enfermedad grave en los mismos términos establecidos para aquéllos. En este caso, el pago se realizará directamente al trabajador.

Para cuantificar el derecho de rescate de los contratos de seguro de compromisos por pensiones, se aplicarán las siguientes normas:

- La cuantía del derecho de rescate no podrá ser inferior al valor de realización de los activos que representen la inversión de las provisiones técnicas correspondientes cuando para un determinado contrato el asegurador garantice un tipo de interés técnico basado en lo dispuesto en el apartado 2, párrafo a), del artículo 33 del Reglamento de Ordenación y supervisión de los seguros privados, aprobado por Real Decreto 2486/1998, de 20 de noviembre.
- El importe del derecho de rescate nunca será inferior a las provisiones técnicas correspondientes a la póliza, o las correspondientes a los compromisos minorados o suprimidos, según se trate.
- En el caso de que exista déficit en la cobertura de las provisiones correspondientes, tal déficit no será repercutible en el derecho de rescate.
- En ningún caso se podrán aplicar penalizaciones o descuentos de ningún tipo al importe del rescate.

En todos los demás casos no analizados, el importe del derecho de rescate deberá ser abonado directamente a la nueva aseguradora o al fondo de pensiones en el que se integre el nuevo plan de pensiones, en los términos y con los límites establecidos en la normativa aplicable.

Por último, es posible el pago del valor de rescate se realice mediante el traspaso de los activos, habiendo descontado los gastos que haya sido necesario incurrir para efectuar los correspondientes cambios de titularidad.

## 4-90 Derecho de reducción

Siempre que quede garantizada la adecuada cobertura de los compromisos por pensiones vigentes en cada momento integrados en la póliza, los tomadores podrá suprimir las primas futuras, algunas de ellas o parte de su importe, en base al derecho de reducción de la suma asegurada que pueden ejercer.

Si la reducción es por variación de los compromisos, en tal caso, la reducción por el tomador requerirá que tal variación conste expresamente en el convenio colectivo o disposición equivalente o que se derive de lo dispuesto en los mismos.

Si la reducción de la suma asegurada la realiza la aseguradora por impago de todo o parte de las primas, estará obligada la empresa a restablecer su cobertura a través de contrato de seguro o plan de pensiones en los términos exigidos en las disposiciones legales y reglamentarias y no implicará, en ningún caso, la minoración del compromiso por pensiones del tomador.

Por un lado, tampoco se podrá conceder anticipos sobre la prestación asegurada por parte del asegurador y, por otro, el tomador no podrá en ningún caso ceder o pignorar la póliza.

## 4-91 Participación en beneficios en los compromisos por pensiones

La PB en estos casos sólo podrá destinarse al aumento de las prestaciones aseguradas de la póliza, al pago de las primas futuras o abonarse en efectivo al tomador por la parte correspondiente a las primas a cargo de la empresa no imputadas fiscalmente.

Para ello, será necesario que el contrato de seguro garantice la total cobertura de los compromisos integrados en el mismo, devengados hasta ese momento.

No es posible establecer una PB sobre resultados técnicos o financieros cuyo saldo pueda ser negativo, sin perjuicio de la posibilidad de computarlos en el cálculo de la participación en beneficios en ejercicios posteriores, dentro de períodos no superiores a cinco años.



## 4-92 Bases técnicas de los contratos que instrumentan compromisos por pensiones

Las aseguradoras deberán mantener identificadas en todo momento las inversiones correspondientes a cada una de las pólizas que instrumenten compromisos por pensiones en el conjunto de sus activos.

En cualquier caso, será admisible la agrupación de carteras de inversiones para pólizas que cubran contingencias homogéneas con una duración similar.

Las inversiones correspondientes a un mismo contrato de seguro deberán ser gestionadas colectivamente, sin que sin que se pueda llevar a cabo la asignación o afectación individual de activos a los asegurados o beneficiarios.

El tipo de interés técnico aplicable a los seguros que instrumentan compromisos por pensiones será el que resulte de la aplicación de las normas contenidas en el ROSSP, salvo el supuesto contemplado en el apartado 2, párrafo b), del artículo 33 del citado Reglamento.

Cuando se considere conveniente en función de la evolución de los mercados y de las técnicas financieras disponibles, el Ministro de Economía y Hacienda podrá establecer la información que sobre los contratos de seguro se habrá de remitir por las entidades aseguradoras a la DGSFP así como determinar la posibilidad de aplicar lo previsto en el apartado 2, párrafo b), del artículo 33 del ROSSP.

## 4-93 Obligación de información a asegurados y beneficiarios

Anualmente el trabajador adherido al contrato de seguro y los beneficiarios que ya perciban sus prestaciones con cargo al contrato deberán recibir una certificación de la entidad aseguradora con información referente a su póliza que contendrá: el número de póliza, situación individualizada del pago de primas, sobre los rescates y


© CISS

reducciones efectuados en el año y que le afecten, y sobre las coberturas concretas que tiene individualmente garantizadas el trabajador o las prestaciones del beneficiario.

Con carácter general, también se les deberá facilitar la información propia de los contratos de seguro de vida contenidas en el artículo 106 del ROSSP.

Anualmente también se informará al asegurado de la prima imputada en cada año natural y de las provisiones técnicas acumuladas individualmente al término de cada año.

Cuando el asegurado se incorpore al colectivo o cuando renueve la póliza en el caso de seguros temporales, recibirá de la aseguradora un certificado de seguro. En el plazo de un mes desde su fecha de efecto, en el caso de rescate por cambio de entidad aseguradora, tanto la nueva entidad aseguradora como el tomador del seguro vendrán obligados a comunicar esta circunstancia. Cuando esto se produce, la nueva aseguradora remitirá el correspondiente certificado del nuevo seguro a los asegurados y a los beneficiarios que ya estén percibiendo prestaciones con cargo a la póliza en este plazo.

## 4-94 Financiación de las primas de contratos de seguro colectivo que instrumenten compromisos por pensiones

Los compromisos por pensiones de las empresas instrumentados a través de contrato de seguro formalizados mediante póliza de seguro o, en su caso, mediante reglamento de prestaciones de una mutualidad de previsión social, podrán ser objeto de un plan de financiación que consistirá en la financiación de la prima única que represente el coste del compromiso correspondiente a beneficiarios por prestaciones causadas con anterioridad a la formalización del contrato o el coste del compromiso devengado con anterioridad a la formalización del contrato correspondiente a trabajadores en activo.

En estos casos, la financiación deberá tener una duración inferior a diez años contados desde la fecha de formalización del contrato.

La financiación deberá estar recargada financieramente con un tipo de interés, al menos, igual al utilizado para el cálculo de la prima durante la duración del plan de financiación.

Podrán pagar los términos amortizativos mediante la transferencia de distintos elementos patrimoniales cuya valoración será la del valor de mercado en el momento de su transferencia efectiva. En lo que al calendario de pagos se refiere, deberá ser suficiente, a efectos de que al comienzo de cada ejercicio se halle desembolsado el coste necesario para atender los pagos por prestaciones previstos dentro del mismo.



No se podrá reconocer el derecho de rescate por variación de los compromisos en la medida en que el compromiso remanente no hubiera sido totalmente financiado, aplicándose el exceso que pudiera resultar al plan de financiación reducido que resulte de la variación.

En el caso de impago al vencimiento de los términos del plan de financiación, para calcular la reducción de la suma asegurada se deducirá, del importe de la provisión matemática, el valor actual de los términos del plan de financiación pendientes de pago. En el caso de rehabilitación de la póliza dentro del plazo de diez años, podrá acordarse la financiación del coste correspondiente hasta el término de dicho plazo contado desde la formalización inicial.

Los planes de financiación deberán ser remitidos por las entidades aseguradoras a la DGSFP en el plazo de un mes desde la formalización del contrato que lo contenga. Asimismo, deberán comunicar a la DGSFP la extinción del plan de financiación.

# Sección 7. LOS PLANES DE PREVISIÓN SOCIAL EMPRESARIAL (PPSE)

## 4-95 Concepto y requisitos

El plan de previsión social empresarial (PPSE) es un tipo de seguro colectivo de vida-ahorro de empresa que se desarrolló para atender a una demanda existente que complementó al plan de previsión asegurado, dirigido a individuos exclusivamente.

El PPSE permite a las empresas instrumentar compromisos por pensiones con sus empleados en condiciones muy parecidas a las que ofrecería un plan de pensiones. Formalmente, un plan de pensiones está gestionado por una entidad gestora y el PPSE lo comercializa una compañía aseguradora. Por tanto, es una póliza de seguro colectivo, con el tratamiento fiscal de un plan de pensiones.

Tienen su origen normativo en la Ley 35/2006, de 28 de noviembre, del IRPF. Por un lado, se regulan de manera muy somera en el artículo 51 ("Reducciones por aportaciones y contribuciones a sistemas de previsión social").

Todo PPSE debe cumplir los siguientes **requisitos:**

a) Deben serle aplicables los principios de no discriminación, capitalización, irrevocabilidad de aportaciones y atribución de derechos establecidos en el número 1 del artículo 5 del Texto Refundido de la Ley de Regulación de los Planes y Fondos de Pensiones, aprobado por Real Decreto Legislativo 1/2002, de 29 de noviembre.

b) Las primas deberán ser pagadas por el tomador objeto de imputación a los asegurados.

c) En el condicionado de la póliza se reflejará expresamente que se trata de un plan de previsión social empresarial. Se reserva exclusivamente esta denominación a los productos de seguro que cumplan los requisitos previstos reglamentariamente para los PPSE.

d) Se podrán traspasar las provisiones matemáticas a otros PPSE.

## 4-96 Características de los PPSE

Los **elementos personales** son:

- **Tomador**, exclusivamente la empresa que tiene, por ejemplo, un compromiso por pensiones, o un seguro de accidentes con sus trabajadores. Legalmente es el obligado a pagar las primas.
- **Asegurados**, que en este tipo de seguros son los trabajadores de la empresa.
- **Beneficiarios**, en este instrumento es el propio trabajador en caso de jubilación, invalidez, dependencia y gran dependencia, y familiares u otras personas designadas por el trabajador en caso de muerte. Nunca podrá ser la propia empresa.

4

Este vehículo a pesar de tener la naturaleza de seguro, mantiene las características o principios básicos de los planes de pensiones como son:

- **No discriminación:** La empresa debe garantizar que podrá incorporarse al PPSE cualquier empleado, aunque podrá exigirse una antigüedad superior a dos años para formalizar dicha incorporación, y podrán existir diferentes regímenes y condiciones de aportaciones conforme a criterios derivados de la negociación colectiva.
- **Capitalización:** Se instrumentarán mediante sistemas financieros y actuariales de capitalización.
- **Irrevocabilidad de aportaciones:** Las aportaciones realizadas no pueden "deshacerse" para ser devueltas a la empresa.
- **Atribución de derechos:** La titularidad de los recursos patrimoniales afectos a cada plan corresponderá a los empleados y sus beneficiarios, y se generará derecho a prestaciones económicas en caso de que se produzca la contingencia de jubilación, fallecimiento, o invalidez en sus diferentes modalidades.
- **Inembargabilidad:** Los derechos en un PPSE no podrán ser objeto de embargo, traba judicial o administrativa hasta el momento en que se cause el derecho a la prestación. Hasta tal punto comparten régimen jurídico ambos instrumentos, que la propia ley establece una remisión genérica al régimen de los plan de pensiones para todos los aspectos no específicamente regulados en el mencionado artículo 51 de la Ley 35/2006.

Comparte también el mismo tratamiento fiscal que los Planes de Pensiones, para los PPAs y para el seguro de dependencia vistos anteriormente, así como los límites anuales conjuntos de aportación (de 10.000 euros para menores de 50 años ó 12.500 euros para mayores de 50 años) aplicable en cada momento a la totalidad de sistemas de previsión social -a planes de pensiones y a PPAs- y de imputación como salario y a la vez reducción en la base imponible general del IRPF del asegurado (hasta 50 años el menor de 10.000 euros o el 30% de los rendimientos netos del trabajo, y para mayores de 50 años el menor de 12.500 euros o el 50% de los rendimientos netos del trabajo); de esta forma el efecto de las aportaciones del empresario al PPSE del trabajador son neutras para este último. Las prestaciones tributan como rentas del trabajo en la base general del IRPF del perceptor.

Sin embargo presenta dos características diferenciadoras y propias de los Planes de Pensiones, que resultan fundamentales para las compañías que decidan implantar este tipo de compromisos con sus empleados, como


© CISS

son la garantía de interés para las aportaciones realizadas y la eliminación de las comisiones de control (habituales en los planes de pensiones de empleo):

- La primera de estas características supone que confía la estrategia de inversión a las aseguradoras, lo que eliminará los riesgos tanto en la elección del fondo de pensiones como en la estrategia de inversión, decididas habitualmente por la comisión de control en los planes de pensiones del sistema de empleo. Sin embargo, limitará las posibles estrategias atrevidas y con escasa aversión al riesgo que buscan objetivos de rentabilidad mayor que las que podrían obtenerse en carteras conservadoras.

- La segunda de las características, supone que al eliminar a la comisión de control (con representación del promotor y de los sindicatos a partes iguales), el promotor-tomador del sistema de previsión (el empresario) puede tomar decisiones de forma unilateral y sin el consenso del colectivo. También se eliminan todas las servidumbres que supone mantener una comisión de control, como es la celebración trimestral de reuniones para dar cuentas de la evolución del sistema, celebración de elecciones cada cuatro años para elegir a los miembros de la misma, envío semestral de información sobre la evolución del sistema de previsión a los asegurados, etc.

# Sección 8. SEGUROS DE VIDA VINCULADOS A PRÉSTAMOS

## 4-97 Concepto y características de los seguros de vida vinculados a préstamos

Los seguros de vida para la amortización de préstamos son seguros para caso de muerte o invalidez que permiten pagar el préstamo bancario al que están asociados. Estos productos son conocidos como seguros de amortización de préstamos.

Los seguros de amortización de préstamos son exigidos por algunas entidades de crédito como garantía adicional para la concesión de préstamos hipotecarios con determinadas características, ya que el seguro protege a la entidad de crédito ante el posible impago del prestatario debido a su muerte o invalidez. Además, es frecuente y normal que la misma entidad de crédito, que exige el seguro, actúe como agente de la entidad aseguradora con la que se contrata.

Las **características generales** de este producto son:

a) **Elementos personales**:

- **Tomador**: persona física o jurídica que contrata el seguro.
- **Asegurado**: persona sobre la que recae el riesgo.
- **Asegurador**: entidad que asume el riesgo a cambio de una prima.
- **Beneficiario**: persona, que tiene derecho a recibir la prestación en caso de ocurrencia del riesgo: en este caso es la entidad financiera o de crédito que concedió el préstamo.

b) Se comercializan básicamente **dos modalidades**:

1) Se estipula como suma asegurada el importe del préstamo recibido y se designa como beneficiaria a la entidad de crédito que concedió el préstamo, por el importe pendiente de amortizar, y al asegurado u otros beneficiarios, por la diferencia entre la suma asegurada y dicho importe.

2) Se establece que la suma asegurada será igual al capital pendiente de desembolso del préstamo (o a un porcentaje del mismo), durante toda la vida de la operación, y que el beneficiario con carácter irrevocable será el banco.

Para realizar el cálculo de la prima que corresponde pagar al tomador por este seguro, se toma como hipótesis que el capital pendiente de amortizar cada año será el previsto en el plan de amortización del préstamo. En estos seguros si no se adjunta dicho plan de amortización, el asegurado desconoce el importe por el que realmente está asegurado cada año.

c) Se pueden comercializar a **prima única o a prima periódica**: En este segundo caso, la prima se actualiza anualmente considerando la edad, condiciones del asegurado y el capital vivo del préstamo.

4

## 4-98 Problemática de la modalidad de seguro de amortización de préstamo a prima única

En ocasiones, al prestatario se le exige, para la concesión del préstamo, la contratación de un seguro a prima única cuyo importe supone una carga financiera considerable, debido al dilatado periodo de aseguramiento (cobertura plurianual).

Los seguros de vida vinculados a préstamos, cuando se instrumentan en prima única, están teniendo muy mala prensa entre los profesionales de la mediación ya que el asegurado debe pagar una importante cantidad por adelantado que, normalmente se incrementa en el importe del préstamos que le concede la entidad. De esta manera, el tomador está pagando intereses por el importe de la prima del seguro que le adelanta el banco o entidad financiera.

Por otro lado, otro importante problema es cuando se cancela la hipoteca anticipadamente o se amortiza parcialmente. Cuando se cancela el préstamo anticipadamente, el interés de la entidad de crédito en el seguro decae; sin embargo, si el asegurado resuelve el contrato y no se le devuelve la parte de prima única no consumida o la provisión matemática, se produciría un perjuicio injustificado, que supone una actuación contraria a las exigencias del equilibrio y de la buena fe contractual, y a lo dispuesto en el artículo 1258 del Código Civil: *"Los contratos se perfeccionan por el mero consentimiento, y desde entonces obligan, no sólo al cumplimiento de lo expresamente pactado, sino también a todas las consecuencias que, según su naturaleza, sean conformes a la buena fe, al uso y la ley"*.

El Servicio de Reclamaciones de la DGSFP considera esta actuación inadecuada y contraria a las buenas prácticas y usos en el ámbito de los seguros privados, de acuerdo con la competencia reconocida por el artículo 62 Texto Refundido de la Ley de Ordenación y Supervisión de los Seguros Privados, y en el artículo 6 del Reglamento de los Comisionados para la Defensa del Cliente de Servicios Financieros.

De acuerdo con las buenas prácticas y usos en el ámbito de los seguros privados, cuando el asegurado decida resolver un seguro de vida a prima única por haber cancelado el préstamo hipotecario al que iba ligado y al no existir ya riesgo de impago para la entidad de crédito, la aseguradora, en el caso de que en el contrato no se establezca qué es lo que sucede cuando se produzca cancelación anticipada del préstamo, deberá devolverle la prima correspondiente al tiempo de cobertura no transcurrido o la provisión matemática.

4

Sobre este aspecto cabe recordar que la "Guía de buenas prácticas de transparencia en el Seguro" editada por la Asociación Empresarial del Seguro (UNESPA), señala, dentro del anexo sobre prácticas de transparencia en el canal bancoasegurador que *"En Seguros de Vida vinculados a operaciones de financiación hipotecaria, el tomador tendrá derecho a solicitar, en el caso de haberse producido una cancelación total y anticipada del préstamo, la devolución de la parte de la prima o provisión que proceda"*.

## 4-99 Supuestos básicos de seguros de amortización de préstamos

La modalidad más extendida en este tipo de seguros es en la que la suma asegurada será igual al capital pendiente de desembolso del préstamo (o a un porcentaje del mismo), durante toda la vida de la operación, y que el beneficiario con carácter irrevocable será el banco.

En esta modalidad pueden darse **tres supuestos**:

a) Habiéndose producido el siniestro, el asegurado ha seguido el plan de amortización previsto por la entidad de crédito, por lo que la aseguradora paga a la entidad de crédito el capital pendiente.

b) El asegurado no ha seguido el plan de amortización de deuda previsto por el banco y ha amortizado anticipadamente parte del préstamo. En este caso, la entidad aseguradora deberá devolver al tomador la parte de prima proporcional al riesgo no corrido, puesto que al disminuir el capital pendiente de amortizar, disminuye el riesgo asumido por la entidad aseguradora.

c) El asegurado ha amortizado anticipadamente todo el préstamo; en este caso, la entidad aseguradora debe devolverle al tomador la parte de prima no consumida a la fecha de cancelación del préstamo.

No obstante, es frecuente que las pólizas de estos seguros incluyan cláusulas que determinen qué sucede en caso de cancelación anticipada del préstamo, por lo que habrá que estar a lo que fijen estas cláusulas. Las dos más frecuentes son:

- La que determina que en caso de cancelación anticipada del préstamo se devolverá la parte de la prima no consumida.

- La que establece que en caso de cancelación anticipada del préstamo el seguro seguirá otorgando cobertura por los riesgos de fallecimiento e invalidez, pero el beneficiario dejará de ser la entidad de crédito y será designado libremente por el tomador.

El Servicio de Reclamaciones de la DGSFP considera conveniente que, para que el tomador de seguro disponga de una información suficiente y veraz, que no le induzca a error, en la póliza de este tipo de seguros debe mencionarse qué sucede en caso de amortización anticipada, ya sea total o parcial, del préstamo.

## 4-100 Seguros de protección de pagos

En el mercado asegurador también se comercializan seguros cuyo objetivo es permitir cumplir las obligaciones del deudor con respecto al préstamo hipotecario, con una garantía temporal. Se conocen con el nombre comercial de **"seguros de protección de pagos/préstamos"**, y se suelen comercializar de forma independiente o como coberturas adicionales en un seguro de amortización de préstamos.

Estos seguros cubren la contingencia de desempleo del asegurado (deudor del préstamo), o, en caso de que no pueda producirse dicha situación, la incapacidad temporal del asegurado., de manera que el seguro se hará cargo de las cuotas de sus préstamos durante el tiempo que se haya pactado en la póliza.

Algunos, aunque más infrecuentes, también cubren los impagos de préstamos por situación de desempleo. En estos casos, sólo se harán cargo de las cuotas ya impagadas.

Es conveniente señalar que las coberturas de desempleo e incapacidad temporal se conciben como alternativas, es decir, que el asegurado sólo puede hacer uso de una de ellas. No se concede una facultad de elección al asegurado sobre el tipo de siniestro objeto de cobertura, sino que es la póliza, en función de la situación laboral del asegurado en el momento del siniestro, la que establece la garantía que opera.

En estas coberturas se suele establecer como suma asegurada un número máximo de cuotas del préstamo y hasta un importe máximo por cuota, y como beneficiaria con carácter irrevocable la entidad de crédito que concedió el préstamo. En caso de siniestro, desempleo o incapacidad temporal según el caso, la entidad aseguradora abonará las cuotas del préstamo a la entidad de crédito acreedora mientras dure la citada situación y con los límites temporales y cuantitativos pactados en la póliza.

4

## 4-101 Particularidad fiscal de la cesión de derechos del seguro de vida a favor de la entidad de crédito

Cuando se ha establecido en la póliza del contrato de seguro que el beneficiario de la indemnización a satisfacer por la aseguradora es la entidad de crédito, para destinarla a la amortización del préstamo hipotecario, será la propia persona física, tomador del seguro, la que deba tributar por dicha indemnización por cuanto la misma se destina a la liberalización o reducción de su deuda hipotecaria.

El hecho de que el beneficiario sea la entidad financiera acreedora no altera la calificación y tributación de la indemnización en la medida que se entiende que el titular del préstamo lo destina a la amortización del préstamo. El importe a integrar en la base imponible de la persona física vendrá determinado por el importe de la prestación satisfecha a la entidad financiera.

Ahora bien, el importe de la indemnización destinada a la amortización del préstamo se pude incluir en la base de la deducción por adquisición de vivienda habitual que podría aplicar la persona física deudora en la cuota de su declaración del IRPF, siempre que se cumplieran los requisitos exigidos por la normativa vigente para ello.

**ATENCIÓN:** Este importante aspecto se pasa por alto en la mayoría de los casos. Cuando se produce el fallecimiento del asegurado prestatario y se materializa el seguro de vida de manera que estaba estipulada la cesión de derechos a favor de la entidad de crédito, y por tanto, la aseguradora liquida la indemnización a aquélla directamente por el importe del préstamo pendiente, los herederos del fallecido no suelen tener en consideración que a todos los efectos es como si dicho pago se lo hubiesen realizado ellos, es decir, como si lo hubiesen recibido ellos antes, por lo que -aunque no ha sido así- deberán tributar como si lo hubiese sido.

## Sección 9. EL PLAN DE PENSIONES

### 4-102 Regulación básica de los planes y fondos de pensiones

En materia de Fondos y Planes de pensiones hay una extensa y variada normativa reguladora que abarca desde reales decretos, leyes, reglamentos y órdenes ministeriales. Asimismo, al ser la DGSFP el órgano regulador competente sobre los Fondos y Planes de pensiones -tal y como indica su propio nombre- también hay un buen número de "circulares" que emite este organismo en relación a la regulación de estos producto.

A continuación podemos destacar las siguientes:

- Ley 2/2011, de 4 de marzo, de Economía Sostenible.

- Ley 11/2006, de 16 de mayo, de adaptación de la legislación española al Régimen de Actividades Transfronterizas regulado en la Directiva 2003/41/CE del Parlamento Europeo y del Consejo, de 3 de junio de 2003, relativa a las actividades y supervisión de los fondos de pensiones de empleo.

- Real Decreto Legislativo 1/2002, de 29 de noviembre, por el que se aprueba el texto refundido de la Ley de Regulación de los Planes y fondos de pensiones (Última reforma de la presente disposición realizada por Ley 35/2006 de 28 noviembre).

- Real Decreto-Ley, 16/2005 de 30 de diciembre, por el que se modifica el régimen transitorio de adaptación de las comisiones de control y se regula la adaptación de determinados compromisos por pensiones.

- Real Decreto 1299/2009, de 31 de julio, por el que se modifica el Reglamento de planes y fondos de pensiones, aprobado por el Real Decreto 304/2004, de 20 de febrero.

- Real Decreto 1684/2007 de 14 de diciembre, por el que se modifican el Reglamento de planes y fondos de pensiones aprobado por el Real Decreto 304/2004, de 20 de febrero y el Reglamento sobre la instrumentación de los compromisos por pensiones de las empresas con los trabajadores y beneficiarios, aprobado por Real Decreto 1588/1999, de 15 de octubre.

- Real Decreto 439/2007, de 30 de marzo, por el que se aprueba el Reglamento del Impuesto sobre la Renta de las Personas Físicas y se modifica el Reglamento de Planes y fondos de pensiones, aprobado por Real Decreto 304/2004, de 20 de febrero.

- Real Decreto 304/2004, de 20 de febrero, por el que se aprueba el Reglamento de planes y fondos de pensiones (Última reforma realizada por RD 1299/2009 de 31 julio, por el que se modifica el Reglamento de planes y fondos de pensiones).

4

- Real Decreto 1588/1999, de 15 de octubre, por el que se aprueba el reglamento sobre la instrumentación de los compromisos por pensiones de las empresas con los trabajadores y beneficiarios.

- Orden Ministerial EHA/251/2009, de 6 de febrero, por la que se aprueba el sistema de documentación estadístico contable de las entidades gestoras de fondos de pensiones.

- Orden Ministerial EHA/407/2008, de 7 de febrero, por la que se desarrolla la normativa de planes y fondos de pensiones en materia financiero-actuarial, del régimen de inversiones y de procedimientos registrales

-

Orden Ministerial EHA/339/2007, de 16 de febrero, por la que se desarrollan determinados preceptos de la normativa reguladora de los seguros privados, sociedades cuya actividad principal consista en tener participaciones en dichas entidades, modificada por:

- Orden EHA/1928/2009, de 10 de julio, por la que se aprueban los modelos de la documentación estadístico-contable anual, trimestral y consolidada a remitir por las entidades aseguradoras.

- Orden EHA/3247/2007, de 31 de octubre, por la que se modifica la Orden EHA/339/2007, de 16 de febrero, por la que se desarrollan determinados preceptos de la normativa reguladora de los seguros privados, en materia de activos financieros estructurados que tengan como subyacentes o colaterales riesgos derivados de los contratos de seguros.

Orden Ministerial de 24 de julio de 2001.

- Orden Ministerial EHA/3433/2006 de 2 de noviembre, sobre condiciones técnicas especiales aplicables a contratos de seguro y planes de pensiones que instrumenten determinados compromisos por pensiones vinculados a la jubilación.

- Resolución de 4 de enero de 2010, de la Dirección General de Seguros y fondos de pensiones, en la que se fija el tipo de interés técnico para planes de pensiones aplicable en el año 2010.


© CISS

## 4-103 Concepto de plan y de fondo de pensiones. Introducción

Los **planes de pensiones** (PP) definen en sus especificaciones (también llamadas reglamento del plan) el derecho de las personas físicas a cuyo favor se constituyen (partícipes) a percibir rentas o capitales por jubilación, tales como invalidez permanente, además del fallecimiento y de la gran dependencia u otras contingencias como la enfermedad grave o desempleo de larga duración. Del mismo modo, definen las obligaciones de contribución a los mismos y las reglas de constitución y funcionamiento del patrimonio. Es decir, cada Plan de Pensiones es un modelo de previsión en sí mismo, donde se establece quién lo promueve, para quién lo promueve, cómo lo financia, qué es lo que se garantiza, quién lo gestiona y cómo lo controla.

Por otro lado, el **fondo de pensiones** es un patrimonio separado sin personalidad jurídica en donde se materializan las aportaciones realizadas al Plan. Está creado al exclusivo objeto de dar cumplimiento a las obligaciones de los planes de pensiones. Tendrá, igual que el Plan, un reglamento (llamado especificaciones del Fondo) en el que se articula su funcionamiento.

Aunque se suelen utilizar como términos sinónimos, un Plan de Pensiones y un Fondo de Pensiones son dos instrumentos diferentes, si bien uno no puede existir sin el otro.

Ni el Plan ni el Fondo tienen personalidad jurídica, por eso es necesario de una **entidad gestora fondos de pensiones** (EGFP) que le de esa forma jurídica, por ejemplo, a la hora de celebrar contratos, a la que ceden su gestión. Las entidades gestoras de fondos de pensiones son las únicas sociedades mercantiles, sociedades anónimas, con el objeto exclusivo de gestionar y administrar fondos de pensiones. Su creación y actividad está supervisada, en el caso de planes de pensiones del sistema de empleo y asociados por la comisión de control del plan y la comisión de control del Fondo de pensiones, por la entidad promotora del plan (en el caso de planes de pensiones individuales al no existir la figura de la comisión de control del Plan y del Fondo), por la entidad depositaria del fondo y por Dirección General de Seguros y Fondos de Pensiones.

**ATENCIÓN:** Las compañías de seguros que están autorizadas a operar en el ramo de vida y cumplan una serie de requisitos contemplados en la normativa de desembolso de capitales y de criterios de dirección, según se desarrolla más adelante, no necesitan crear una EGFP separada para administrar fondos de pensiones.

Los planes de pensiones se constituyen voluntariamente, de manera que sus prestaciones tienen carácter privado y nunca son sustitutivas de las preceptivas en el régimen de la Seguridad Social, es decir, son instrumentos complementarios del sistema público de previsión social.

La denominación de "Planes de Pensiones", así como sus siglas, queda reservada a los planes ajustados al Real Decreto Legislativo 1/2002, de 29 de noviembre, por el que se aprueba el texto refundido de la Ley de Regulación de los Planes y fondos de pensiones, y al Reglamento que la desarrolla, cuya regulación se encuentra en el Real Decreto 304/2004 de 20 de febrero.

4

## 4-104 Elementos personales de los planes de pensiones

Son los siguientes:

1. **El Promotor del plan:** Cualquier entidad, corporación, sociedad, empresa, asociación, sindicato o colectivo de cualquier clase que insten a su creación o participen en su desenvolvimiento.
2. **Los Partícipes del plan:** Tienen esta consideración las personas físicas en cuyo interés se crea el plan, con independencia de que realicen o no aportaciones. En cualquier caso, adquirirán la titularidad de las contribuciones o aportaciones realizadas por el promotor, de acuerdo con los criterios de imputación previstos en la formulación del plan.

Un caso particular de partícipes es la figura del **Partícipe en Suspenso:** Tendrán consideración de Partícipes en suspenso aquellos que habiendo dejado de realizar aportaciones, por si mismos o por terceros a su favor, mantengan sus derechos consolidados en el Plan.

En concreto se considerarán partícipes en suspenso quienes, al término de cada año natural, no tengan computadas en el transcurso de dicho año ninguna aportación a su favor.

El partícipe en suspenso mantendrá todos sus derechos en el plan considerándose anulada la suspensión a partir del momento en que se realice una nueva aportación al plan.

Promotor y partícipes son los elementos constituyentes del plan de pensiones.

3. **Beneficiarios:** las personas físicas con derecho a la percepción de prestaciones, hayan sido o no partícipes. Se incluyen igualmente a los partícipes en suspenso, entendiéndose por tales a los partícipes que han cesado en la realización de aportaciones, directas o imputadas, pero mantienen sus derechos consolidados dentro del plan, de acuerdo con las previsiones de éste.

El nombramiento del beneficiario por parte del partícipe lo podrá realizar en vida cuando desee, y modificarlo cuantas veces estime oportuno, bien por escrito dirigido a la entidad gestora o en testamento. En el caso de que el beneficiario sean los herederos legales, se actuará de acuerdo a las reglas de reparto del Ordenamiento Civil y Sucesorio.

**ATENCIÓN:** Una característica de los planes de pensiones, al igual que ocurre con los seguros de vida, es que quedan fuera de la masa testamentaria (es decir, que el partícipe puede designar como beneficiario a la-s persona-s que desee sin tener por qué ser sus herederos legales) y que son patrimonios inembargables hasta el momento en el que el partícipe causa prestación.

## 4-105 Modalidades de planes de pensiones

Se establecen distintas modalidades de planes de pensiones en razón de los sujetos que constituyen los planes y las obligaciones estipuladas.

En razón de los **sujetos** que constituyen los planes se distinguen tres modalidades posibles:

a) **Los planes de sistema de empleo:** Corresponde a los planes cuyo promotor es cualquier entidad, corporación, sociedad o empresa, y cuyos partícipes son sus empleados.

Hay un tipo de planes de pensiones de empleo que son los Planes de pensiones de empleo de Promoción Conjunta: el Promotor son varias empresas o entidades (por ejemplo, varias pymes que se unen para crear un solo plan, o un grupo empresarial que crea un solo plan para todas sus empresas). Esta modalidad se crea, entre otros motivos, para facilitar el acceso a formar planes de pensiones con patrimonios iniciales bajos, que de otra forma sería antieconómico promoverlos. Se desarrollan más adelante.

El plan de pensiones del sistema de empleo es uno de los vehículos permitidos para instrumentar los compromisos por pensiones de las empresas con sus trabajadores, junto con la póliza de seguro colectivo.

b) **Planes de sistema asociado:** Corresponde a planes cuyo promotor es cualquier asociación, sindicato, gremio o colectivo, siendo los partícipes sus asociados, miembros o afiliados. Estos entes asociativos deberán estar delimitados por alguna característica común diferente al propósito de configurar un Plan de Pensiones.

c) **Planes de sistema individual:** Corresponde a planes cuyo promotor son una o varias entidades de carácter financiero y cuyos partícipes son cualesquiera persona física. A estos efectos, tienen la consideración de entidades de carácter financiero los bancos, cajas de ahorros, cooperativas de crédito, entidades oficiales de crédito, entidades aseguradoras, sociedades mediadoras en el mercado de dinero y las empresas de tal carácter inscritas en los registros especiales dependientes del Ministerio de Economía y Hacienda.

En razón de las **obligaciones estipuladas** por los planes, se distingue entre:

a) **Planes de prestación definida:** Se define como magnitud predeterminada o estimada, la cuantía de todas las prestaciones a percibir por los beneficiarios. Fijada o estimada la prestación, de la aplicación del sistema financiero actuarial que sea utilizado en el Plan resultará la aportación precisa. La definición de la prestación podrá realizarse en términos absolutos o en función de alguna magnitud, tal como salarios, cotizaciones a la Seguridad Social, antigüedad en la empresa, percepciones complementarias u otras variables susceptibles de servir de referencia.

b) **Planes de aportación definida:** La magnitud predeterminada es la cuantía de las contribuciones de los promotores y, en su caso, las aportaciones de los partícipes al plan. La aportación podrá fijarse en términos absolutos o en función de otras magnitudes como salarios, flujos empresariales, cotizaciones a la Seguridad Social u otras variables susceptibles de servir de referencia. En esta modalidad de planes, las prestaciones se cuantificarán en el momento de producirse la contingencia, como resultado del proceso de capitalización desarrollado por el plan en el tiempo.

La garantía de interés mínimo es incompatible con la modalidad de aportación definida. Ha de quedar claro en la publicidad de los mismos que el plan no es garantizado, porque no es posible que un plan de aportación definida sea garantizado, sino que será una entidad externa (distinta de la entidad gestora del fondo donde se integra el plan) la que otorgue la garantía publicitada.

c) **Planes mixtos:** Cuyo objeto es, simultánea o separadamente, la cuantía de la prestación y la cuantía de la contribución. En particular, se entienden incluidos en esta modalidad:

- Aquellos planes en los que, estando definida la cuantía de las aportaciones, queda definido el importe de las prestaciones correspondientes a todas o a algunas de las contingencias previstas.

- Aquellos planes que combinan la aportación definida para alguna contingencia (habitualmente la jubilación) con la prestación definida para otra u otras de las contingencias cubiertas por tales planes (habitualmente el fallecimiento y la invalidez).

**ATENCIÓN:** Los planes de los sistemas de empleo y asociado podrán ser de cualquiera de las tres modalidades anteriores mientras que los de sistema individual sólo podrán ser de la modalidad de aportación definida.

## 4-106 Principios básicos de los planes de pensiones

Los planes de pensiones deberán cumplir los principios de no discriminación, capitalización, irrevocabilidad de las aportaciones, atribución de derechos, integración obligatoria:

a) **No discriminación:** Debe garantizarse el acceso como partícipe de un plan a cualquier persona física que reúna las condiciones de vinculación o de capacidad de contratación con el promotor que se definen en el propio plan.

b) **Capitalización:** Los planes de pensiones se instrumentarán mediante sistemas financieros y actuariales de capitalización individual. En consecuencia, las prestaciones se ajustarán estrictamente al cálculo derivado de tales sistemas.

c) **Irrevocabilidad de aportaciones:** Las aportaciones del promotor a los planes de pensiones tendrán el carácter de irrevocables.

d) **Atribución de derechos:** Las aportaciones de los partícipes a los planes de pensiones determinan para los citados partícipes unos derechos económicos que definen las prestaciones en los términos previstos en el Reglamento de planes de pensiones.

e) **Integración obligatoria:** Integración obligatoria en un fondo de pensiones, en los términos fijados por la ley, de las aportaciones económicas a que los promotores y partícipes estuvieran obligados y cualesquiera otros bienes adscritos a un plan.

Veamos de forma más desarrollada estos principios:

### No discriminación

En el caso de los planes de empleo, debe garantizarse el acceso a los empleados con una antigüedad inferior a los 2 años en la empresa (art. 26 RPP). En los planes asociados, cualquier miembro de la asociación con capacidad para contratar es elegible, mientras que en los planes de sistema individual, la elegibilidad de los partícipes se extiende a cualquier persona física. En estas dos últimas modalidades, no existirá aportación del promotor.

4

### Irrevocabilidad

Las aportaciones realizadas por los promotores a los partícipes de planes de pensiones del sistema de empleo, no serán recuperables por éstos, ya que se trata de derechos adquiridos en el marco de una negociación entre empresa y empleados que están ligados a una remuneración en especie, por lo que forma parte del salario del trabajador.

### Sistema de capitalización

El sistema financiero actuarial en que se basan los planes de pensiones es la capitalización individual, que supone que todas las aportaciones se invertirán en los activos aptos que posteriormente se desarrollan, de forma que el valor monetario de la posición de cada partícipe será sus aportaciones más los rendimientos (positivos o negativos) netos de gastos de las inversiones en la cuota parte que ocupa, puesto que se valora dicha posición a valor de mercado cada día. Es decir, que cada partícipe tendrá su propia "hucha".

Además, los planes que cubran o garanticen un riesgo (habitualmente el fallecimiento y la invalidez en los planes de pensiones de empleo o en los asociados) exigirán la constitución de las provisiones matemáticas o fondos de capitalización correspondientes en razón de las prestaciones ofertadas y atendiendo al sistema de capitalización utilizado. También, podrán prever la contratación de seguros, avales y otras garantías con las correspondientes entidades financieras para la cobertura de riesgos o el aseguramiento o garantía de las prestaciones.

**Atribución de derechos**

De forma general, los elementos patrimoniales de un plan de pensiones son titularidad de sus partícipes y de sus beneficiarios. Constituyen derechos consolidados de un partícipe, y en última instancia prestaciones de los beneficiarios, los derechos económicos derivados de sus aportaciones, directas e imputadas, y del régimen financiero actuarial de capitalización que aplique su correspondiente Plan de Pensiones.

**ATENCIÓN:** Los recursos patrimoniales -activos en que está invertido- de un Plan de Pensiones corresponden a los partícipes y beneficiarios. Esta es una diferencia importante con los seguros de jubilación: el asegurado es titular de un derecho frente a una compañía de seguros, pero los activos en que estén invertidas las primas de seguros corresponden a la entidad aseguradora que es la que debe garantizar la prestación del contrato de seguro cuando suceda la contingencia prevista en el mismo.

**Integración obligatoria**

Cualquier plan de pensiones se integrará obligatoriamente en un fondo de pensiones. Las contribuciones económicas a que los promotores y los partícipes del plan estuvieran obligados se incorporarán inmediata y necesariamente en un fondo de pensiones. Las aportaciones corrientes y, en su caso, los bienes y derechos del correspondiente plan se recogerán en la cuenta de posición del Plan en el Fondo de Pensiones.

En el procedimiento de aprobación de un plan de pensiones se precisa la intervención del Fondo de Pensiones en que pretende integrarse el Plan en trámite de aprobación, consistente en el examen del proyecto de Plan presentado y comunicación, en su caso, a la Comisión promotora de la admisión del proyecto, por entender, bajo su responsabilidad, que se cumplen los requisitos exigidos por esta regulación y se atiende al procedimiento previsto en el artículo 27 del RPP. El funcionamiento contable de la cuenta de posición de un Plan en un Fondo de Pensiones se ajustará a los criterios que establezca el Ministerio de Economía y Hacienda. En cualquier caso, se regirá según las normas del Plan General Contable.

4

## 4-107 Cuenta de posición y valoración del plan

La cuenta de posición del plan es la unidad autónoma de igual valor monetario del plan, representativa de la cuenta de posición del plan en el fondo de pensiones, de tal forma que, el saldo de la cuenta de posición del plan coincide con el número de unidades de cuenta multiplicado por el valor liquidativo de las mismas (o también llamado valor de la unidad de cuenta del plan).

La unidad de cuenta, también llamada **participación del plan**, es la unidad mínima en que se divide el valor de la cuenta de posición o patrimonio del plan de pensiones, y que se valora diariamente a los precios de mercado de los activos en que se invierte la masa monetaria del plan. Al valorar la cartera a precios de mercado se obtiene el valor total de la cuenta de posición, que dividida entre el número de unidades de cuenta da lugar a la obtención del valor liquidativo del plan. De esta forma, las aportaciones, prestaciones o movilizaciones que se produzcan en el plan se valorarán al valor liquidativo del día que se produce el movimiento monetario en el plan.

El valor liquidativo del plan se calcula diariamente de la siguiente forma:

$$\text{Valor liquidativo (VL)} = \frac{\text{Valor coste cartera + Aportaciones y Traspasos de entrada – Prestaciones y Traspasos de salida – Gastos + Plusvalía}}{\text{nº de participaciones}}$$

Es decir, que cuando se realizan aportaciones al plan se crean participaciones nuevas (al valor liquidativo del día de entrada) y cuando el plan realiza prestaciones se destruyen participaciones (al valor liquidativo del día de la salida). De esta forma, el valor liquidativo del plan sólo varía por los gastos imputados al mismo (gastos de gestión, de depósito, de intermediación de las órdenes de compra y venta de títulos, de abogados, consultores, actuarios, notarios, registros y cualquier gasto imputado al plan) y, lo más importante, por la plusvalía o minusvalía procedente de la diferencia entre el valor de mercado de la cartera y el valor de coste de compra de los activos que la componen y que están asignados al plan dentro del fondo de pensiones en el que se integra.

La rentabilidad de la cuenta de posición para un periodo determinado se calculará según la siguiente fórmula, por indicación de la DGSFP a las entidades gestoras de planes y fondos de pensiones (Resolución de 26 de febrero de 2008, de la Dirección General de Seguros y fondos de pensiones), sobre el método de cálculo de la rentabilidad de los planes de pensiones:

Rentabilidad acumulada = [(VL final de la u.c. - VL inicial de la u.c.)/ VL inicial] * 100

y la tasa de rentabilidad anualizada (TAE), para periodos superiores al año:

TAE = (VL final de la u.c. / VL inicial de la u.c.) $^{1/\text{número de años}}$ - 1) * 100

Recordamos que la tasa anualizada de rentabilidad incorpora la hipótesis de reinversión de los retornos del plan obtenidos en periodos inferiores al año.

**Ejemplo:**

Consideramos un partícipe que aportó 10.000 euros hace tres años a un plan de pensiones cuyo valor liquidativo era de 2 euros. Supongamos que hoy el valor liquidativo es de 6 euros.

-Calcular la rentabilidad acumulada del plan:

Rentabilidad acumulada = [(VL final - VL inicial)/ VL inicial - 1] * 100=(6-2)/2)*100=200%

- Calcular la rentabilidad anualizada o TAE:

TAE= (VL final / VL inicial) $^{1/\text{número de años}}$ - 1) * 100=(6/2) $^{1/3}$- 1) * 100=44, $^{22\%/\text{año}}$

Hay que considerar que la rentabilidad de los partícipes de un mismo plan será distinta en función del momento en que realizan sus movimientos. El problema de la TAE es que no considera si el partícipe ha realizado aportaciones o reembolsos entre la fecha de inicio de cálculo y de fin. Es decir, para calcular la rentabilidad real del plan de pensiones para un partícipe concreto debemos utilizar el concepto de **tasa interna de retorno** (TIR), que es la rentabilidad que pondera las aportaciones y los reembolsos considerando el tiempo exacto que han estado en el plan.

**Ejemplo:**

Consideramos dos inversores, que invierten en un plan de pensiones:

El inversor 1 invierte en el plan A y el inversor 2 en el plan B. Los planes se integran en el mismo fondo de pensiones, por lo que ambos planes invierten exactamente los mismos valores y ponderación entre ellos, y además suponemos que los planes y el fondo no tienen gastos de gestión -para no alterar los resultados por este motivo-. Los activos de inicio del fondo que integra los dos planes son de 10 millones de euros. Los activos bajan un 50% durante el primer año y doblan durante el segundo año. El inversor 1 realiza suscripciones por valor de 1 millón de euros al finalizar el primer año. El inversor 2 realiza un traspaso por valor de 1 millón de euros en la misma fecha.

a) Cuál es la rentabilidad de cada uno de los inversores durante ese periodo?

b) ¿Cuál es la rentabilidad de cada plan calculada según la valoración que realizaría la entidad gestora según el valor liquidativo?

**Solución:**

Inversor A:

Fórmula de la TIR: 0 = - Valor inicial + 1er flujo de caja / (1+TIR) + valor final de la inversión / (1 +TIR) $^2$

0 = -10,000.000 + (-1,000.000) / (1+$TIR_A$) + 12,000.000 / (1+$TIR_A$) $^2$

despejando se tiene que la $TIR_A$ = 4,65%

Inversor B:

4

0 = -10,000.000 + 1,000.000/ (1 + $TIR_B$) + 8,000.000 / (1 + $TIR_B)^2$; despejando se tiene que la $TIR_B$ = - 5,41%

Según observamos, la medida TIR nos dice que la rentabilidad de los dos partícipes es distinta. Esto se debe al momento elegido por que cada partícipe para mover su dinero.

a) Para resolver la pregunta b. nos dan un dato: ambos planes comienzan con 10.000 participaciones cada uno:

Plan A

En el momento inicial: Valor liquidativo = 10,000.000 € / 10.000 participaciones = 1.000 € / participación

En el año 1: - 50 % Patrimonio al final de año 1: 10,000.000 - 5,000.000 que cae el mercado / 10.000 participaciones = 500 euros/participación, a lo que hay que sumarle que en ese momento el inversor 1 aporta 1,000.000 € (al valor liquidativo de 500, por lo que se crean 1.000.000/500=2000 participaciones nuevas), esto totaliza un Valor Liquidativo = 6,000.000 / (10.000+2000) = 500 € / participación, es decir, el valor liquidativo de la participación no cambia por la entrada o salida de partícipes.

En el año 2: como dobla el mercado el patrimonio al final del año 2 = 6,000.000 x 2 = 12,000.000 € y 12.000 participaciones, luego el Valor Liquidativo = 12,000.000 / 12.000 = 1.000 € / participación. Es decir, que el valor liquidativo cambia sólo por cambios en la valoración de los activos en que invierte el fondo (y los gastos en su caso).

Plan B

En el momento inicial: Valor liquidativo = 10,000.000 € / 10.000 participaciones = 1.000 € / participación

En el año 1: - 50 % 5,000.000 €, 10.000 participaciones. Valor Liquidativo = 5,000.000 / 10.000 = 500 €/ participación. Reembolsa 1,000.000 € que suponen / 500 € = 2.000 participaciones. Al final de año 1 quedan 4,000.000 € y 8.000 participaciones, es decir, no porque los partícipes realicen aportaciones el valor liquidativo cambia.

En el año 2: Como dobla el mercado el patrimonio al final de año 2 = 8,000.000 € y 8.000 participaciones, luego el valor liquidativo es = 1.000 € / participación, es decir, que el valor liquidativo cambia sólo por cambios en la valoración de los activos en que invierte el fondo (y los gastos en su caso).

Luego, la rentabilidad acumulada en los dos años en ambos planes será = (Valor liquidativo final/valor liquidativo inicial) -1)*100= (1.000 / 1.000 - 1)* 100 = 0 %

Podemos concluir que la rentabilidad de los dos planes es la misma por valor liquidativo y diferente según TIR, porque esta última medida considerara la cuantía y el momento del movimiento de los flujos intermedios de caja. Es decir, que nos podemos encontrar que un partícipe tenga dos rentabilidades en su cuenta de posición: la que le comunica la entidad gestora calculada a través del valor liquidativo y de la TAE, en donde sólo se considera el VL final sobre el VL inicial, y por otro lado la rentabilidad real del partícipe considerando el cuándo y el cuánto a aportado o movilizado del plan (esta última métrica es más precisa desde el punto de vista del partícipe).

Además del valor liquidativo del plan las entidades gestoras calculan el valor liquidativo del fondo, puesto que si es un fondo uniplan normalmente ambos valores coinciden -a menos que se imputen distintos gastos al plan que al fondo-, pero si es multiplan, lo normal es que no coincidan, porque las comisiones negociadas por cada plan que integra el fondo no tienen por qué coincidir.

4

## 4-108 Supervisión de los Planes y fondos de pensiones

Todos los planes y fondos de pensiones estarán supervisados por la Dirección General de Seguros y planes de pensiones.

Además, el funcionamiento y ejecución los planes de pensiones de la modalidad de empleo y asociados deberán ser supervisados por una **comisión de control del plan de pensiones**.

Dicha comisión estará formada por el 50% representantes del promotor o promotores, y por el 50% de los partícipes y beneficiarios, de forma que se garantice la presencia de todos los intereses, manteniéndose como mínimo la mayoría absoluta de la representación de los partícipes.

La supervisión particular de los planes de pensiones del sistema individual recaerá sobre la figura del **defensor del partícipe**, lo que ocurre es que no es comparable la supervisión de esta figura con la de la comisión de control (ver comentario relacionado 4-119).

## 4-109 Régimen de aportaciones y derechos económicos del plan de pensiones

Cada Plan de Pensiones implica unas aportaciones y unas prestaciones, de acuerdo con el sistema y la modalidad en que se inscriba el plan, y en función de las cantidades previstas en éste. De acuerdo con las aportaciones realizadas por cada partícipe, directas o imputadas, y con el régimen financiero - actuarial aplicable en el plan, se cuantificarán los derechos consolidados del partícipe (que se llaman derechos económicos en el caso del beneficiario). Únicamente pueden realizar aportaciones los siguientes sujetos constituyentes de los planes de pensiones:

- El **promotor** de un plan sistema de empleo, en favor de sus empleados partícipes que asumirán la titularidad sobre la aportación imputada
- Los **partícipes**, cualquiera que sea el sistema del plan.

**Limites en las aportaciones anuales**

Las aportaciones anuales máximas a los planes de pensiones realizadas a favor del partícipe por él mismo y por el promotor, en el caso de planes de empleo, son las siguientes:

- Hasta los 50 años: 10.000 euros.
- Más de 50 años: 12.500 euros.

En estos límites se consideran como máximos, totalizando las aportaciones, a los siguientes vehículos de previsión social:

- Plan de pensiones de empleo.
- Plan de pensiones individual.
- Plan de pensiones asociado.
- Plan de previsión asegurado.
- Seguro que cubre la gran dependencia del asegurado.
- Aportaciones a mutualidades de previsión social.

¿Qué ocurre si un partícipe supera los límites de aportación?

En ese caso, la regulación de planes de pensiones indica que el partícipe tendrá hasta el 30 de junio del siguiente año para retirar el exceso, de lo contrario, el partícipe será sancionado con una multa equivalente al 50 por 100 de dicho exceso, sin perjuicio de la inmediata retirada del citado exceso del plan o planes de pensiones correspondientes. Dicha sanción será impuesta, en todo caso, a quien realice la aportación, sea o no partícipe, si bien el partícipe quedará exonerado cuando se hubiera realizado sin su conocimiento.

Lo anterior se entiende sin perjuicio de la obligación de las entidades gestoras y depositarias de no aceptar aportaciones superiores a los límites establecidos, y de la responsabilidad administrativa sancionable.

La devolución de las aportaciones realizadas por encima de los límites establecidos se realizará siguiendo el siguiente procedimiento:

- La devolución se realizará por el importe efectivamente aportado en exceso, con cargo al derecho consolidado del partícipe. La rentabilidad imputable al exceso de aportación acrecerá al patrimonio del fondo de pensiones si fuese positiva, y será de cuenta del partícipe si resultase negativa.
- Tratándose de exceso de aportaciones de promotores de planes de pensiones del sistema de empleo, procederá igualmente la devolución por el importe efectivamente aportado en exceso acreciendo al patrimonio del fondo la rentabilidad positiva imputable a éste, siendo de cuenta del promotor si resultase negativa.
- En el supuesto de excesos por concurrencia de aportaciones del promotor y del partícipe a un plan de empleo, se devolverán en primer lugar las aportaciones del partícipe.

4

- En el caso de que confluyan en un mismo ejercicio aportaciones a un plan de empleo, con aportaciones del partícipe a planes individuales o asociados, habrán de ser retiradas en primer lugar las aportaciones realizadas al plan individual o asociado.

De forma extraordinaria, el promotor podrá realizar aportaciones a favor de los partícipes que suponga superar los límites anteriores, en el caso de planes de pensiones de prestación definida para la contingencia de jubilación que tengan déficit, es decir, que la prestación garantizada supere el patrimonio consolidado.

Necesariamente, las aportaciones directas del partícipe serán realizadas por éste, sin que la mediación en el pago de un tercero pueda alterar la naturaleza de la renta destinada a tal aportación y su tratamiento a efectos de retenciones u otro tipo de extracción. En las especificaciones del Plan de Pensiones debe preverse las causas y circunstancias que faculten a los partícipes para modificar o suspender sus aportaciones, así como su incidencia en la cuantificación de los derechos consolidados y de las prestaciones. En el caso de suspensión de las aportaciones, tanto directas como imputadas, el sujeto constituyente pasa a considerarse como partícipe en suspenso, hasta que reactive las aportaciones o bien hasta que cause prestación en el plan.

## 4-110 Régimen de prestaciones del plan de pensiones

Las prestaciones consisten en el reconocimiento de un derecho económico en favor de los beneficiarios de un Plan de Pensiones, como resultado del acaecimiento de una contingencia cubierta por el citado plan. Las contingencias susceptibles de cobertura en un Plan de Pensiones podrán ser:

- **Jubilación o situación asimilable:** Para la determinación de la contingencia de jubilación se estará a lo previsto en el régimen de la Seguridad Social correspondiente. Por tanto, la contingencia de jubilación se entenderá producida cuando el partícipe acceda efectivamente a la jubilación en el régimen de la Seguridad Social correspondiente, sea la edad ordinaria marcada legalmente según las circunstancias de la vida laboral de cada individuo, en base al nuevo cuadro de edades para la jubilación de la reciente aprobación de la reforma del sistema de pensiones por el Gobierno, en enero de 2011, que entrará en vigor en 2013 y que eleva la edad de jubilación a los **67 años en un horizonte de 15 años hasta 2027**.

4

**ATENCIÓN**: La reforma de las pensiones, aprobada en enero 2011 por el Gobierno, viene a establecer el cambio de la edad de jubilación a los 67 años lo que se llevará a cabo tras un proceso de adaptación paulatino y flexible de 15 años, de manera que entrará en vigor de manera efectiva y completa en 2027 adaptándose esta medida a un ritmo cabo de un mes por año durante los seis primeros y de dos meses por año durante los nueve últimos.

De esta manera, en 2013 la edad de jubilación se situará en 65 años y un mes y medio; en 2014, en 65 años y algo más de tres meses; y así sucesivamente hasta que en 2027 se alcance el objetivo final de 2027.

Sin embargo, seguirá siendo posible jubilarse a los 65 años, aunque para ello es preciso tener cotizados un mínimo de 41 años.

No obstante, siempre que los trabajadores afectados estén de alta en la Seguridad Social y cumplan los requisitos estipulados en cuanto al periodo de cotización y a las causas que dan ese derecho, existen **casos excepcionales en los que la edad de jubilación puede ser rebajada o anticipada**. Vamos a verlos:

1. Jubilación anticipada a partir de los 60 años por tener la condición de mutualista:

- Trabajadores que hubiesen sido cotizantes en alguna de las mutualidades laborales de trabajadores por cuenta ajena con anterioridad al 1 de enero de 1967.
- Trabajadores de la RENFE desde antes del 14 de abril de 1967 o en FEVE desde antes del 19 de diciembre de 1969.
- Estar incluidos en el Régimen Especial de Trabajadores del Mar antes del 1 de agosto de 1970.
- Trabajadores que pertenecen al Régimen Especial de la Minería del Carbón desde antes del 1 de abril de 1969 o antes del 31 de diciembre de ese mismo año si se tiene condición de mutualista.

En estos casos se aplicará un coeficiente reductor del 8% por cada año de anticipo.

2. Jubilación anticipada para desempleados a partir de los 61 años sin tener la condición de mutualista.

Los trabajadores desempleados pueden optar en forma voluntaria por jubilarse a los 61 años si cumplen los requisitos siguientes:

 © CISS

- Tener cumplidos los 61 años.
- Haber cotizado a la Seguridad Social durante al menos 30 años.
- Estar inscritos en las oficinas del INEM durante los 6 meses previos a la solicitud de pensión por jubilación.
- Demostrar que la finalización del último contrato laboral no se produjo por voluntad del trabajador.

El coeficiente reductor que se aplicará es del 7,50% por cada año de anticipo.

3. Jubilación anticipada voluntaria sin causa a los 63 años con 33 años cotizados.

A partir de esta reforma, un trabajador tendrá la posibilidad de jubilarse a los 63 años de forma voluntaria sin causa, para lo cual deberá tener cotizados 33 años, en vez de 30 como se exige ahora. En este caso el coeficiente reductor será del 7,5% por cada año de anticipo.

4. Jubilación anticipada en determinadas profesiones.

Se establecen determinadas profesiones calificadas como excepcionalmente penosas, peligrosas o tóxicas pueden rebajar o anticipar la edad de jubilación. Son casos como los trabajadores incluidos en el Estatuto del Minero, el personal de vuelo de trabajos aéreos, los trabajadores ferroviarios, los artistas (60 años) y los profesionales taurinos (55 años).

5. Jubilación de trabajadores afectados por una discapacidad igual o superior al 45% o al 65%.

Asimismo, se podrá reducir la edad ordinaria de jubilación mediante la aplicación de coeficientes reductores, en el caso de trabajadores afectados por una discapacidad igual o superior al 65% o, también, con un grado de discapacidad igual o superior al 45%, siempre que, en este último supuesto, se trate de discapacidades reglamentariamente determinadas en las que concurran evidencias que determinan de forma generalizada y apreciable una reducción de su esperanza de vida, marcándose la edad de jubilación para este último caso a partir de los 58 años.

Por otro lado, las personas que, conforme a la normativa de la Seguridad Social, se encuentren en la situación de jubilación parcial tienen como condición preferente en los planes de pensiones para la cobertura de las contingencias previstas susceptibles de acaecer, pudiendo realizar aportaciones para la jubilación total. No obstante, las especificaciones de los planes de pensiones podrán prever el pago de prestaciones con motivo del acceso a la jubilación parcial. En todo caso será aplicable el régimen de incompatibilidades previsto en el artículo 11 del RPP, que posteriormente se analiza.

- **Invalidez laboral total y permanente para la profesión habitual, o absoluta y permanente para todo trabajo, y la gran invalidez:** Para la determinación de estas situaciones se estará a lo previsto en el régimen de la Seguridad Social correspondiente. El certificado médico de incapacidad permanente deberá ser emitido por un médico.

4

La Seguridad Social define la incapacidad permanente así:

La incapacidad permanente (IP) es la situación del trabajador que, después de haber estado sometido al tratamiento prescrito y de haber sido dado de alta médicamente, presenta reducciones anatómicas o funcionales graves, susceptibles de determinación objetiva y previsiblemente definitivas, que disminuyan o anulen su capacidad laboral. No impedirá tal calificación la posibilidad de recuperación de la capacidad laboral del incapacitado, si dicha posibilidad se estima médicamente como incierta o a largo plazo.

Las reducciones anatómicas o funcionales existentes, en la fecha de afiliación del interesado en la Seguridad Social, no impedirán la calificación de la situación de IP, cuando se trate de personas discapacitadas y, con posterioridad a la afiliación, tales reducciones se hayan agravado provocando, por sí mismas o por concurrencia con nuevas lesiones o patologías, una disminución o anulación de la capacidad laboral que tenía el interesado en el momento de su afiliación.

No será necesaria el alta médica para la valoración de la IP en los casos en que concurran secuelas definitivas.

También tendrá la consideración de IP, en el grado que se califique, la situación de incapacidad que subsista después de extinguida la incapacidad temporal (IT) por el transcurso del plazo máximo de duración de la misma, salvo en el supuesto en que, continuando la necesidad de tratamiento médico por la expectativa de recuperación o la mejora del estado del trabajador con vistas a su reincorporación laboral, la situación clínica del interesado hiciera aconsejable demorar la citada calificación (no podrá rebasar los 24 meses siguientes a la fecha en que se haya iniciado la IT), en cuyo caso no se accederá a la situación de IP hasta que no se proceda a la correspondiente calificación.

La IP habrá de derivarse de la situación de IT, salvo que afecte a quienes carezcan de protección en cuanto a dicha IT, bien por encontrarse en una situación asimilada a la de alta que no la comprenda, bien en los supuestos de asimilación a trabajadores por cuenta ajena en los que se dé la misma circunstancia, o bien en los casos de acceso a la IP desde la situación de no alta.

Por otro lado, los grados de incapacidad permanente son los siguientes:

- *Incapacidad permanente parcial para la profesión habitual:*

Aquella que, sin alcanzar el grado de total, ocasiona al trabajador una disminución no inferior al 33% en su rendimiento normal para dicha profesión, sin impedirle la realización de las tareas fundamentales de la misma. Este grado de invalidez no da lugar al cobro del plan de pensiones.

- *Incapacidad permanente total para la profesión habitual:*

La que inhabilita al trabajador para la realización de todas o de las fundamentales tareas de dicha profesión, siempre que pueda dedicarse a otra distinta.

- *Incapacidad permanente absoluta para todo trabajo:*

La que inhabilita por completo al trabajador para toda profesión u oficio.

- *Gran invalidez:*

La situación del trabajador afecto de IP y que, por consecuencia de pérdidas anatómicas o funcionales, necesite la asistencia de otra persona para los actos más esenciales de la vida, tales como vestirse, desplazarse, comer o análogos.

Cada uno de estos grados en que se clasifica la incapacidad permanente dará derecho, en su caso, a la correspondiente prestación económica por incapacidad permanente, según sea la cobertura del plan de pensiones.

- **Muerte del partícipe**, que puede generar derecho a prestaciones de viudedad u orfandad, o a favor de otros herederos o personas designadas en el boletín de adhesión del plan de pensiones, en declaración posterior o bien en testamento.

- **Muerte del beneficiario**, que puede generar derecho a prestación a sus herederos. No obstante, en el caso de muerte del beneficiario que no haya sido previamente partícipe del plan, únicamente se podrán generar prestaciones de viudedad u orfandad.

4

- **Dependencia severa o gran dependencia del partícipe** regulada en la Ley 39/2006, de 14 de diciembre, de Promoción de la Autonomía Personal y Atención a las personas en situación de dependencia, de forma que todas las persona que puedan acreditar un grado de dependencia severa o gran dependencia podrán recuperar las aportaciones realizadas a su plan de pensiones o instrumento de ahorro similar (por ejemplo, el Plan de Previsión Asegurado, Plan de Previsión Social Empresarial).

De acuerdo con lo previsto en las especificaciones de cada Plan de Pensiones las prestaciones podrán ser:

a) **Prestación en forma de capital**, consistente en una percepción de pago único. El pago de esta prestación podrá ser inmediato a la fecha de la contingencia o diferido a un momento posterior. En razón de una misma contingencia, un beneficiario sólo podrá obtener de cada Plan de Pensiones una única prestación de esta modalidad, salvo en el caso de que resulte beneficiario de dos o más sub-planes que prevean respectivamente dicha forma de prestación dentro de un plan del sistema de empleo.

b) **Prestación en forma de renta**, consistente en la percepción de dos o más pagos sucesivos con periodicidad regular, incluyendo al menos un pago en cada anualidad. Las rentas podrán ser inmediatas a la fecha de la contingencia o diferidas a un momento posterior, constantes, crecientes o decrecientes o variables en función de algún índice predeterminado (por ejemplo, revalorizable con el IPC). En razón de la misma contingencia, un beneficiario podrá percibir de cada Plan de Pensiones dos o más prestaciones en forma de renta de distintas modalidades, según lo previsto en las especificaciones.

La renta puede ser financiera o actuarial. La renta financiera supone que el beneficiario le indica a la entidad gestora del plan cuanto y con qué frecuencia desea cobrar (siempre que esté dentro de los límites de su capital consolidado), de forma que el resto no cobrado queda en el fondo y se valora diariamente, generando plusvalías o minusvalías, es decir, que el beneficiario sufre las oscilaciones, positivas o negativas, de los activos en donde está invertido el fondo. La renta actuarial supone que el beneficiario indica a la gestora que desea cambiar su capital acumulado hasta la ocurrencia de la contingencia en una renta garantizada (o también llamada actuarial) ya sea temporal, vitalicia, etc., de forma que el plan suscribe una póliza de seguros de vida con una entidad aseguradora, en su caso, que será la que le pague, pero desde la cuenta del fondo, por lo que la fiscalidad de la prestación seguirá siendo la de los planes de pensiones y no la del seguro de vida. La ventaja que tendría el beneficiario en cobrar en forma de renta actuarial es que no sufriría las potenciales oscilaciones negativas de los mercados financieros en donde está invertido el plan. Además, esta renta actuarial podrá contratarse con reversión a otros beneficiarios previstos en la póliza para que éstos perciban la prestación en el caso del fallecimiento del beneficiario.

c) **Prestaciones mixtas**, que combinen rentas de cualquier tipo (financiera, actuarial, inmediata o diferida) con un único pago en forma de capital, debiendo ajustarse a lo previsto en los párrafos a) y b) anteriores.

d) Prestaciones distintas de las anteriores en forma de pagos con sin periodicidad regular.

## 4-111 Régimen de incompatibilidades entre el régimen de aportaciones y de prestaciones

Una vez que se causa prestación, no se podrá simultanear la condición de partícipe con la de beneficiario del plan de pensiones, es decir que si se cobra prestación por cualquiera de las contingencias previstas en el plan, no se podrán realizar aportaciones por esa contingencia a ese plan y a otros planes de pensiones, hasta que cese dicha prestación.

En el caso de la percepción de prestación por jubilación, el partícipe podrá seguir realizando aportaciones al plan de pensiones, pero sólo podrán destinarse a las contingencias de fallecimiento y dependencia, es decir, que él no podrá cobrar los derechos económicos (fondo acumulado) derivados en el tiempo de las aportaciones que realice.

De igual modo, si en el momento de acceder a la jubilación el partícipe continua de alta en otro régimen de la Seguridad Social por ejercicio de una segunda actividad, podrá igualmente seguir realizando aportaciones al plan de pensiones, si bien, una vez que inicie el cobro de la prestación de jubilación, las aportaciones sólo podrán destinarse a las contingencias de fallecimiento y dependencia. También será aplicable el mismo régimen a los partícipes que accedan a la situación de jubilación parcial.

No obstante, en relación con lo dicho anteriormente, si una vez cobrada la prestación o iniciado el cobro, el beneficiario causa alta posterior en un régimen de Seguridad Social por ejercicio o reanudación de actividad, podrá reiniciar sus aportaciones para jubilación una vez que hubiere percibido la prestación íntegramente o suspendido el cobro asignando expresamente los derechos económicos remanentes a la posterior jubilación.

4

En el caso de que prevean las especificaciones técnicas del plan de pensiones el pago anticipado de la prestación para el caso de jubilación anticipada a los 60 años reconocida por la Seguridad Social (ver comentario relacionado 4-111), o bien en el caso de un expediente de regulación de empleo, el beneficiario podrá reanudar las aportaciones para cualesquiera contingencias susceptibles de acaecer, una vez que hubiere percibido aquella íntegramente o suspendido el cobro asignando expresamente el remanente a otras contingencias.

Una vez acaecida una contingencia de incapacidad laboral, el partícipe podrá seguir realizando aportaciones al plan de pensiones, pudiendo solicitar el cobro de la prestación de incapacidad posteriormente.

El beneficiario de la prestación de un plan de pensiones por incapacidad permanente podrá reanudar las aportaciones a planes de pensiones para cualesquiera otras contingencias susceptibles de acaecer, una vez que hubiere percibido aquella íntegramente o suspendido el cobro asignando expresamente el remanente a otras contingencias susceptibles de acaecer.

La continuidad en el cobro de las prestaciones a que se refieren los apartados anteriores será compatible con el alta posterior del beneficiario en un Régimen de Seguridad Social por ejercicio de actividad, salvo disposición contraria en las especificaciones.

La percepción de los derechos consolidados por enfermedad grave o desempleo de larga duración será incompatible con la realización de aportaciones a cualquier plan de pensiones, salvo las que resulten obligatorias o vinculadas a las del promotor de un plan de empleo. Podrá reanudar las aportaciones para cualquier contingencia futura, de las previstas, una vez haya recibido íntegramente los derechos consolidados o suspendido el cobro asignando expresamente el remanente a dichas contingencias.

Lo dispuesto en los párrafos anteriores se entenderá sin perjuicio del régimen de instrumentación de los compromisos por pensiones de las empresas con los trabajadores y beneficiarios previsto en la disposición adicional primera de la Ley de Regulación de los Planes y Fondos de pensiones (RDLeg 1/2002, de 29 nov.), que supone que la percepción de las prestaciones será compatible con las aportaciones realizadas por el promotor del plan de pensiones del sistema de empleo a favor de:

1. Beneficiarios del plan de pensiones de empleo de prestación definida cuando exista déficit actuarial entre la prestación garantizada y el valor de mercado de los activos.

2. Beneficiarios del plan de pensiones de empleo por incapacidad permanente.

3. Personal afectado por el expediente de regulación de empleo, que pertenecen al plan de pensiones de empleo, en orden a instrumentar los compromisos por pensiones referidos a dicho personal.

4. Beneficiarios de un plan de pensiones de empleo en caso de enfermedad grave o desempleo de larga duración. El mismo régimen se aplicará respecto de las aportaciones de los perceptores que sean obligatorias o vinculadas a las del promotor de un plan de empleo.

## 4-112 Liquidez de los derechos consolidados y supuestos excepcionales

El Reglamento de planes y fondos de pensiones desarrolla los supuestos excepcionales (diferentes de la jubilación, invalidez, fallecimiento y gran dependencia) en los que un partícipe de un Plan de Pensiones podría liquidar, en parte o en su totalidad, sus derechos consolidados. Se trata de los supuestos de enfermedad grave y desempleo de larga duración.

### Enfermedad grave

Las especificaciones de planes de pensiones podrán prever la facultad del partícipe de hacer efectivos sus derechos consolidados en el caso de que se vea afectado por una enfermedad grave, o bien su cónyuge, o alguno de los ascendientes o descendientes de aquellos en primer grado, o persona que, en régimen de tutela o acogimiento, conviva con el partícipe o de él dependa. Se considera enfermedad grave a estos efectos, siempre que pueda acreditarse mediante certificado médico de los servicios competentes de las entidades sanitarias de la Seguridad Social (o entidades concertadas) (art. 9.2 RD 304/2004):

*"a) Cualquier dolencia o lesión física o psíquica que incapacite temporalmente para la ocupación o actividad habitual de la persona durante un período continuado mínimo de tres meses, y que requiera intervención clínica de cirugía mayor en un centro hospitalario o tratamiento en el mismo.*

4 *b) Cualquier dolencia o lesión física o psíquica con secuelas permanentes que limiten parcialmente o impidan totalmente la ocupación o actividad habitual de la persona afectada, o la incapaciten para la realización de cualquier ocupación o actividad, requiera o no, en este caso, asistencia de otras personas para las actividades más esenciales de la vida humana.*

*Los supuestos anteriores se reputarán enfermedad grave en tanto no den lugar a la percepción por el partícipe de una prestación por incapacidad permanente en cualquiera de sus grados, conforme al Régimen de la Seguridad Social y, siempre que supongan para el partícipe una disminución de su renta disponible por aumento de gastos o reducción de ingresos".*

### Desempleo de larga duración

Tendrá la consideración de desempleo de larga duración la situación legal de desempleo del partícipe, siempre que, estando inscrito en el Instituto Nacional de Empleo u organismo público competente como demandante de empleo, no perciba prestaciones por desempleo en su nivel contributivo, salvo que deba calificarse como situación asimilable a jubilación.

En el caso de trabajadores por cuenta propia, se aplica similares requisitos: haber estado cotizando en algún régimen de la Seguridad Social y haber cesado en su actividad, siempre que no perciba prestaciones por desempleo en su nivel contributivo y esté inscrito en el Instituto Nacional de Empleo u organismo público competente como demandante de empleo.

De acuerdo a lo previsto en las especificaciones y, con las condiciones o limitaciones que éstas establezcan, en las situaciones previstas en los apartados anteriores, los derechos consolidados podrán hacerse efectivos mediante un pago o en pagos sucesivos en tanto se mantengan dichas situaciones debidamente acreditadas. Recordamos, que la percepción de los derechos consolidados por enfermedad grave o desempleo de larga duración es incompatible con la realización de aportaciones a cualquier plan de pensiones, mientras se mantengan dichas circunstancias.


© CISS

## 4-113 Operativa a seguir para la solicitud y pago de las prestaciones del plan de pensiones

El beneficiario del plan de pensiones o su representante legal, conforme a lo previsto en las especificaciones del plan, deberá solicitar la prestación, señalando en su caso la forma elegida para el cobro de la misma y presentar la documentación acreditativa que proceda según lo previsto en las especificaciones del plan.

Según lo previsto en las especificaciones del plan, la comunicación y acreditación documental necesaria para poder cobrar la prestación, podrá presentarse ante la entidad gestora o depositaria o promotora del plan de pensiones o ante la comisión de control del plan en el caso de los planes de empleo y asociados, viniendo obligado el receptor a realizar las actuaciones necesarias encaminadas al reconocimiento y efectividad de la prestación.

Generalmente, los documentos básicos solicitados por la entidad gestora del plan de pensiones al beneficiario para el cobro de la prestación son:

Para el caso de jubilación:

- DNI del solicitante.
- Certificado de jubilación por parte de la Seguridad Social.

En caso de fallecimiento:

- DNI del solicitante.
- Libro de familia del solicitante o del partícipe.
- En su caso, acta de defunción y testamento del partícipe.

En caso de invalidez o gran dependencia:

- DNI del solicitante.
- Certificado de invalidez o de dependencia emitido por la Seguridad Social del partícipe.

Una vez solicitado, el reconocimiento del derecho a la prestación deberá ser notificado al beneficiario mediante escrito firmado por la entidad gestora, dentro del plazo máximo de quince días hábiles desde la presentación de la documentación correspondiente, indicándole la forma, modalidad y cuantía de la prestación, periodicidad y vencimientos, formas de revalorización, posibles reversiones, y grado de aseguramiento o garantía, informando en su caso del riesgo a cargo del beneficiario, y demás elementos definitorios de la prestación, según lo previsto en las especificaciones o de acuerdo a la opción señalada por aquél. Si se tratase de un capital inmediato, deberá ser abonado al beneficiario dentro del plazo máximo de siete días hábiles desde que éste presentase la documentación correspondiente.



## 4-114 Aspectos financieros y actuariales del plan de pensiones

Se constituirá un fondo de capitalización, integrado por las aportaciones y los resultados de las inversiones atribuibles a las mismas, deducidos los gastos que le sean imputables, en la parte en que el Plan no asuma la cobertura del riesgo, salvo que garantice exclusivamente un interés mínimo en la capitalización de las aportaciones. Las correspondientes provisiones matemáticas se constituirán cuando el plan de pensiones asuma la cobertura de un riesgo derivado de las contingencias previstas en el mismo. Tanto el coste de la cobertura de un riesgo como el cálculo de las provisiones matemáticas se realizarán en base a las tablas de supervivencia, mortalidad o invalidez y a los tipos de interés especificados en la base técnica del plan de pensiones y ajustados a los criterios fijados por el Ministerio de Economía y Hacienda.

Cuando la provisión matemática se calcule antes de que ocurra la contingencia a la que va dirigida, estará constituida por la diferencia positiva entre el valor actual actuarial (es decir, considerando la probabilidad de acontecimiento de la contingencia a la que van dirigidas) de las prestaciones futuras y de las aportaciones futuras de los partícipes. En el caso de que la provisión matemática se calcule una vez devengada la prestación, su valor será el valor actual actuarial (es decir, el valor actualizado a la tasa de interés garantizada y aplicándoles la probabilidad de supervivencia indicada en las tablas de supervivencia de la base técnica) de los pagos futuros que la completen.

**ATENCIÓN:** La base técnica del plan de pensiones comprenderá, en el caso de los planes de prestación definida, los siguientes apartados:

a) Información genérica: Contendrá la descripción detallada de las prestaciones, devengo y forma de determinación de las mismas conforme a las especificaciones del plan, incluyendo, en su caso, definición y composición de las magnitudes, tales como salario, antigüedad, base de cotización u otras variables de referencia.

b) Tablas de supervivencia, mortalidad e invalidez.

c) Tipo de interés aplicado.

d) Evolución prevista de los parámetros y variable de contenido económico que puedan afectar a la cuantificación de las aportaciones o prestaciones contenidas en el plan.

e) Sistema de capitalización y método de valoración actuarial.

f) Fórmulas aplicadas para la determinación del coste del plan y de las provisiones matemáticas, incluyendo, en su caso, la previsión relativa a la constitución de las reservas patrimoniales que integren el margen de solvencia.

g) Destino y aplicación de los excedentes generados por las desviaciones positivas registradas entre las hipótesis utilizadas en el plan y la experiencia real obtenida, así como su posible incidencia en la cuantía de las aportaciones futuras o de las prestaciones.

h) Procedimiento de determinación de los derechos consolidados con carácter general y en el caso de movilización de los mismos.

Los planes de pensiones que asuman la cobertura de un riesgo, es decir que garantizan el pago de alguna prestación (jubilación, fallecimiento, invalidez, gran dependencia), deberán constituir reservas patrimoniales que se destinarán a la cobertura del margen de solvencia en la cuantía exigida por el RPP. De esta misma normativa se derivan los criterios de valoración aplicables para la cuantificación de tales reservas.

La cuantía mínima del margen de solvencia será la suma de los importes que resulten de:

a) El 2% de las provisiones matemáticas.

b) El 2% del fondo de capitalización mínimo garantizado correspondiente a las operaciones en que el plan garantice un interés mínimo o determinado en la capitalización de las aportaciones o garantice prestaciones causadas en forma de renta financiera o capital financiero diferido.

c) El 0,3% de los capitales en riesgo asociado a las operaciones en que el plan cubra las contingencias de invalidez o fallecimiento, siempre que dichos capitales en riesgo sean positivos.

4

El coeficiente anterior se reducirá al 0,1% cuando la cobertura de las contingencias citadas se defina para un período no superior a tres años, y al 0,15% cuando dicho período sea de duración superior a tres e inferior a cinco años.

No será exigible el margen de solvencia cuando el plan se encuentre asegurado al 100% por una entidad aseguradora.

La cuantía mínima del margen de solvencia no será inferior a 225.000 euros.

## 4-115 Derechos consolidados. Movilización o traspaso

Constituyen derechos consolidados por los partícipes de un Plan de Pensiones los siguientes:

- En los planes de aportación definida, la parte del fondo de capitalización que corresponde al partícipe, determinada en función de las aportaciones, directas e imputadas, y las rentas generadas por los recursos invertidos, atendiendo, en su caso, a los quebrantos y gastos que se hayan producido.
- En los planes de prestación definida y en los planes mixtos la parte de provisiones matemáticas y, en su caso, del fondo de capitalización que le corresponda, atendiendo a la valoración a precios de mercado de la correspondiente cuenta de posición.

La titularidad de los activos en que se materializan las aportaciones del plan corresponde a los partícipes y beneficiarios, cada uno en su parte alícuota.

**Movilización**

La Ley 2/2011, de 4 de marzo, de Economía Sostenible, ha venido a introducir algunas novedades en cuanto a la movilización de planes de pensiones individual. Así, los derechos consolidados en los planes de pensiones del **sistema asociado e individual** podrán movilizarse:

1. A uno o varios planes de previsión asegurados o a un plan de previsión social empresarial, por decisión unilateral del partícipe o por pérdida de la condición de asociado del promotor en un plan de pensiones del sistema asociado o por terminación del plan. La movilización por decisión unilateral podrá ser total o parcial.

2. A petición del beneficiario, siempre y cuando las condiciones de garantía y aseguramiento de la prestación así lo permitan y en las condiciones previstas en las especificaciones de los planes de pensiones correspondientes.

. El tomador de un plan de previsión asegurado podrá movilizar la totalidad o parte de su provisión matemática a otro u otros planes de previsión asegurados de los que sea tomador, o a uno o varios planes de pensiones de los que sea partícipe, o a un plan de previsión social empresarial en el que tenga la condición de asegurado.

4. Los asegurados de los planes de previsión social empresarial podrán movilizar sus derechos económicos a otros planes de previsión social empresarial, a planes de previsión asegurados o a planes de pensiones en el supuesto de cese de la relación laboral y sólo si estuviere previsto en las condiciones generales, especiales o particulares de la póliza.

Por el contrario, los derechos consolidados de los partícipes en los planes de pensiones del sistema de empleo no podrán movilizarse a otros planes de pensiones, salvo en el supuesto de extinción de la relación laboral y en las condiciones que reglamentariamente se establezcan, y sólo si estuviese previsto en las especificaciones del plan o por terminación del plan de pensiones.

Los derechos económicos de los beneficiarios en los planes de empleo no podrán movilizarse, salvo por terminación del plan de pensiones.

No obstante, a instancia del individuo, que ha dejado de ser sujeto constituyente y si así lo prevé las especificaciones técnicas del Plan, podrán mantenerse dentro del mismo los referidos derechos consolidados, asumiendo aquél la categoría de partícipe en suspenso.

En los planes de pensiones individuales y asociados el partícipe o el beneficiario del mismo puede movilizar toda o parte de su cuenta de posición a otro plan de pensiones, a un plan de previsión asegurado, o bien a un plan de previsión social empresarial (a la inversa también). No ocurre así con los planes de pensiones de empleo, donde el partícipe podrá movilizar sólo si esto se prevé en las especificaciones técnicas del plan, y el beneficiario no podrá movilizar a otro plan.

De igual forma, los derechos económicos de los beneficiarios en los planes de pensiones del sistema individual y asociados también podrán movilizarse total o parcialmente a otros planes de pensiones o a planes de previsión asegurados a petición del beneficiario, siempre y cuando las condiciones de garantía y aseguramiento de la prestación así lo permitan y en las condiciones previstas en las especificaciones de los planes de pensiones correspondientes.

4

**Procedimiento para la movilización del Plan de Pensiones Individual**

El procedimiento que introduce la nueva LES para la movilización de los derechos consolidados de los Planes de Pensiones se resume en los siguientes puntos:

1. El **partícipe o beneficiario** de un plan de pensiones que decida movilizar sus derechos deberá dirigirse a la entidad gestora del fondo de destino, a la que ordenará por un medio fehaciente la realización de las gestiones necesarias.

2. Esta **entidad gestora de destino** deberá comprobar el cumplimiento de los requisitos establecidos en la normativa de desarrollo para la movilización de tales derechos, y solicitar a la gestora del fondo de origen el traspaso de los derechos indicándole, al menos, el plan y fondo de pensiones de destino, el depositario de éste y los datos de la cuenta del fondo de pensiones de destino a la que debe efectuarse el traspaso.

3. La **entidad gestora de origen**, una vez realizadas las comprobaciones que estime necesarias, deberá ordenar la transferencia bancaria correspondiente y remitir a la gestora de destino toda la información financiera y fiscal necesaria para el traspaso.

4. La **entidad gestora de destino** conservará la documentación derivada de las movilizaciones entre planes de pensiones a disposición de la entidad gestora de origen, de las entidades depositarias de los fondos de origen y de destino, así como a disposición de las autoridades competentes.

**Plazos en trámite del traspaso**

En el plazo máximo de dos días hábiles desde que la entidad aseguradora o entidad gestora de destino disponga de la totalidad de la documentación necesaria, ésta deberá, además de comprobar el cumplimiento de los requisitos establecidos reglamentariamente para la movilización de tales derechos, comunicar la solicitud a la gestora del fondo de origen, con indicación, al menos, del plan y fondo de pensiones de destino, el depositario de éste y los datos de la cuenta del fondo de pensiones de destino a la que debe efectuarse la transferencia, o, en el caso de movilización a un plan de previsión asegurado o a un plan de previsión social empresarial, indicación, al menos, del plan de previsión asegurado o del plan de previsión social empresarial, entidad aseguradora de destino y los datos de la cuenta de destino a la que debe efectuarse la transferencia.

En un plazo máximo de cinco días hábiles a contar desde la recepción por parte de la entidad gestora de origen de la solicitud con la documentación correspondiente, esta entidad deberá ordenar la transferencia bancaria y remitir a la gestora o aseguradora de destino toda la información financiera y fiscal necesaria para el traspaso.

En caso de que la entidad gestora de origen sea, a su vez, la gestora del fondo de destino o la aseguradora del plan de previsión asegurado o del plan de previsión social empresarial de destino, el partícipe deberá indicar en su solicitud el importe que desea movilizar, en su caso, el plan de pensiones destinatario y el fondo de pensiones de destino al que esté adscrito o, en otro caso, el plan de previsión asegurado o el plan de previsión social empresarial destinatario.

La gestora deberá emitir la orden de transferencia en el plazo máximo de tres días hábiles desde la fecha de presentación de la solicitud por el partícipe.

Está prohibida la aplicación de gastos o comisiones al partícipe o beneficiario por la movilización.

## 4-116 Estructura y funcionamiento de los planes de pensiones

Las especificaciones de los planes de pensiones deberán precisar necesariamente los aspectos siguientes:

- Determinación del ámbito personal del plan, así como su modalidad.
- Normas para la constitución y funcionamiento de la comisión de control del plan de pensiones, para el caso de planes de empleo y asociados.
- Sistema de financiación, con información precisa sobre la cobertura de las magnitudes financieras y actuariales requeridas por el sistema de capitalización empleado, así como de los parámetros y variables utilizados actuarialmente para determinar las aportaciones y las prestaciones.
- Adscripción a un fondo de pensiones, constituido o a constituir, según lo regulado en la normativa de planes y fondos de pensiones.
- Definición de las prestaciones y normas para determinar su cuantía, con indicación de si las prestaciones son o no revalorizables y, en su caso, la forma de revalorización. Si el plan incluye alguna prestación definida para alguna contingencia, deberá incluir en un anexo la base técnica elaborada por un actuario que determina las prestaciones.
- Derechos y obligaciones de los partícipes y edad y circunstancias que originan el devengo de las prestaciones.
- La documentación a recibir el partícipe en el momento de adherirse al plan, así como la información periódica que deberá recibir.
- Causas y circunstancias que faculten a los partícipes a modificar o suspender sus aportaciones y sus derechos y obligaciones en cada caso.
- Normas relativas a las altas y bajas de los partícipes y, en particular, movilidad de los derechos consolidados.
- Requisitos para la modificación del plan y procedimientos a seguir para la adopción de acuerdos al respecto.
- Causas de determinación del plan y normas para su liquidación.
- Deberá prever el procedimiento de transferencia de los derechos consolidados correspondientes al partícipe que, por cambio de colectivo laboral o de otra índole, altere su adscripción al mismo.

4

## 4-117 Comisión de control del plan de pensiones

La comisión de control existe en los planes de pensiones de empleo y asociados. Tendrá las siguientes funciones (art. 29 RPP):

1. Supervisar el cumplimiento de las cláusulas del plan en todo lo que se refiere a los derechos de sus partícipes y beneficiarios.
2. Seleccionar el actuario que deba certificar la situación y dinámica del plan.
3. Proponer y, en su caso, acordar las modificaciones que estime pertinentes sobre aportaciones, prestaciones u otras variables o aspectos del plan de pensiones, teniendo en cuenta lo previsto en el artículo 23 del RPP.

4. La composición de la comisión de control será: 50% representando al promotor y 50% como representantes de los partícipes y beneficiarios.

5. Nombrar los representantes de la comisión de control del plan en la comisión de control del fondo de pensiones al que esté adscrito.

6. Proponer las modificaciones que estime pertinentes sobre aportaciones, prestaciones u otras variables, derivadas de las revisiones actuariales requeridas por la presente normativa. Deberá seguirse el procedimiento establecido en las especificaciones del propio plan.

7. Supervisar la adecuación del saldo de la cuenta de posición del plan, en su respectivo fondo de pensiones, a los requerimientos del régimen financiero del propio plan.

8. Proponer y, en su caso, decidir en las demás cuestiones sobre las que la presente regulación le atribuye competencia.

9. Representar judicial y extrajudicialmente los intereses de los partícipes y beneficiarios del plan ante la entidad Gestora del Fondo de Pensiones.

## 4-118 Presentación de quejas y reclamaciones por la comercialización de Planes de Pensiones

Las reclamaciones que formulen los partícipes y beneficiarios o sus derechohabientes contra comercializadores de planes de pensiones individuales se someterán al defensor del partícipe conforme a lo previsto en el artículo 7.5 del texto refundido de la Ley de Regulación de los Planes y Fondos de Pensiones, entendiéndose realizadas al comercializador las referencias a las entidades gestoras y depositarias o promotores de los planes.

La recién aprobada LES ha venido a modificar -en su Disposición final decimotercera- el Real Decreto Legislativo 1/2002, de 29 de noviembre, por el que se aprueba el texto refundido de la Ley de regulación de los planes y fondos de pensiones, en lo que a los supuestos para hacer efectivos los derechos consolidados de los planes de pensiones se refiere.

Así, se modifica el artículo 8.8 del mencionado Real Decreto Legislativo estableciendo que a partir de ahora, los partícipes sólo podrán hacer efectivos sus derechos consolidados en los supuestos de **desempleo de larga duración o de enfermedad grave**.

Es una figura designada por las entidades gestoras de planes de pensiones para tramitar y arbitrar entre los partícipes y beneficiarios y la entidad gestora, promotora o depositaria, las quejas, reclamaciones, etc. de cada uno de los planes. Deberán ser entidades o expertos independientes de reconocido prestigio.

La decisión del defensor del partícipe favorable a la reclamación realizada por éste vinculará a entidades reclamadas. Esta vinculación no será obstáculo para que las partes puedan pleitear ante tribunales.

El promotor del plan de pensiones individual, o la entidad gestora del fondo de pensiones en el que se integre, deberán comunicar a la DGSFP la designación del defensor del partícipe y su aceptación, así como las normas de procedimiento y plazo establecido para la resolución de las reclamaciones que, en ningún caso, podrá exceder de dos meses desde la presentación de aquellas.

Los gastos de designación, funcionamiento y remuneración del defensor del partícipe en ningún caso serán asumidos por los reclamantes ni por los planes y fondos de pensiones correspondientes.

## 4-119 Revisión periódica del plan de pensiones

De acuerdo con el artículo 23 del RPP, el sistema financiero y actuarial de los planes deberá ser revisado, al menos cada tres años, con el concurso necesario de un actuario independiente y en su caso de los profesionales necesarios independientes para realizar un análisis completo del desenvolvimiento actuarial y financiero del plan de pensiones. A continuación se enumeran los aspectos a revisar:

- Los aspectos financieros de la revisión a que hace referencia el artículo se referirán a los principios de la política de inversión del fondo (que será obligatoria que la tengan por escrito los fondos de pensiones de acuerdo al artículo 69 del RPP) llevada a cabo, con relación a los objetivos y características de los planes de pensiones a los que se refiera.

La parte financiera recogerá al menos los siguientes aspectos:

a) Criterios básicos de la política de inversiones fijada por la comisión de control.

b) Características de los activos que integran la cartera.

c) Establecimiento de índices de referencia que reflejen la política y la estrategia de inversión.

d) Análisis de las posibles desviaciones respecto de los índices de referencia.

e) Políticas de gestión y distribución de activos según criterios de rentabilidad y riesgo. Adecuación de estas políticas a los objetivos y características de cada plan.

f) Análisis de sensibilidad de las inversiones.

g) Análisis de la duración de las carteras y de la congruencia de plazos respecto de las obligaciones de cada plan.

- La parte actuarial de la revisión analizará el cumplimiento de los aspectos recogidos en las especificaciones del plan:

• Que las aportaciones, prestaciones y movilizaciones realizadas en el periodo se hayan realizado dentro del marco de las especificaciones del plan.

• Análisis de la solvencia del plan en el tiempo mediante proyecciones de las variables en que se sustenta el mismo.

Con carácter general, la revisión de los planes de pensiones tendrá el siguiente contenido mínimo para los aspectos actuariales:

a) Descripción de los aspectos fundamentales del plan.

b) Datos del colectivo valorado.

c) Metodología actuarial.

d) Hipótesis utilizadas.

e) Análisis de las aportaciones, prestaciones y derechos consolidados y económicos.

f) Resultados y análisis de las valoraciones actuariales.

g) Análisis de la cuenta de posición del plan.

h) Análisis de la solvencia del plan.

i) Proyecciones efectuadas hasta la próxima revisión actuarial.

j) Conclusiones y recomendaciones.



En los planes de pensiones que conlleven la constitución del margen de solvencia, es decir, los planes de prestación definida que no estén totalmente asegurados, la citada revisión se realizará anualmente.

En los planes individuales y asociados de aportación definida la anterior revisión podrá sustituirse por un informe económico-financiero emitido por la entidad gestora del plan que contenga:

a) Descripción de los aspectos fundamentales del plan.

b) Datos del colectivo del plan de pensiones.

c) Evolución y distribución de la cuenta de posición del plan de pensiones.

d) Programa de inversiones aplicado en el fondo de pensiones en el que se integra el plan.

e) Evolución de los ingresos y gastos, distintos de las aportaciones y prestaciones.

f) Rentabilidad global del plan de pensiones, especificando el método de cálculo de tal rentabilidad.

g) Imputación de resultados del fondo de pensiones a los distintos planes de pensiones.

h) Información sobre las pólizas de seguro o contratos de garantía de prestaciones que, en su caso, se hubieran contratado correspondientes a las prestaciones causadas.

i) Previsiones para los siguientes ejercicios: se incluirá una previsión temporal de los rendimientos, vencimientos o enajenaciones de activos y un calendario de pagos por prestaciones ya causadas.

El informe de revisión financiero actuarial se deberá registrar en la Dirección General de Seguros.

## 4-120 Fondos de pensiones

### Naturaleza de los fondos de pensiones

Los fondos de pensiones son patrimonios creados al exclusivo objeto de dar cumplimiento a planes de pensiones, cuya gestión, custodia y control se realizarán de acuerdo con las indicaciones que se resumen más adelante.


© CISS

Queda reservada la denominación de fondos de pensiones, así como sus siglas, a los constituidos de acuerdos a las indicaciones del RPP.

Los fondos de pensiones carecerán de personalidad jurídica y serán administrados necesariamente por una entidad gestora con el concurso de una entidad depositaria que cumplan los requisitos detallados a continuación.

Podrán constituirse fondos de pensiones para la instrumentación de varios planes de pensiones o de un único plan. En función de las modalidades de planes de pensiones que integren, los fondos de pensiones se clasifican en:

a) **Fondos de pensiones de empleo**. Los planes de pensiones del sistema de empleo se integrarán necesariamente en fondos de pensiones cuyo ámbito de actuación se limite al desarrollo de planes de pensiones de dicho sistema.

b) **Fondos de pensiones personales**. Ámbito de actuación se limitará al desarrollo de los planes del sistema individual o asociado.

Además, y en razón del número de planes integrados, también se distingue entre:

1. Fondos uniplan: En el fondo se integra un solo plan.
2. Fondos multiplan: En el fondo se integran varios planes.

Si consideramos los procesos de inversión desarrollados, los fondos de pensiones pueden ser:

a) **Cerrados**: Los que sólo sirven para desarrollar las inversiones de los planes que están integrados en él.

b) **Abiertos**: Los que pueden canalizar las inversiones de los planes en él integrados y las aportaciones de otros fondos de pensiones de su misma categoría. Para que un fondo de pensiones tenga la categoría de fondo abierto, deberá tener un patrimonio mínimo de 12 millones de euros y la entidad gestora del fondo deberá comunicar dicha característica a la Dirección General de Seguros.

**ATENCIÓN:** En los fondos de pensiones que integran planes de pensiones de Prestación Definida y en los fondos de pensiones abiertos podrá requerirse la constitución de un patrimonio inicial mínimo, en razón de las garantías exigidas para su correcto desenvolvimiento financiero.

En los fondos de pensiones de empleo y asociados se constituirá una comisión de control del fondo, representativa de los planes de pensiones adscritos. La constitución de esta comisión de control no será precisa cuando el fondo de pensiones integre exclusivamente planes del sistema individual promovidos por la misma entidad.

Los acreedores de los fondos de pensiones no podrán hacer efectivos sus créditos sobre los patrimonios de los promotores de los planes y de los partícipes, cuya responsabilidad está limitada a sus respectivos compromisos de aportación a sus planes de pensiones adscritos.

El patrimonio de los fondos de pensiones no responderá por las deudas de las entidades promotora, gestora y depositaria.

**Fondo de pensiones de empleo**

Las funciones de la comisión de control del fondo de pensiones de empleo serán:

- Observancia del cumplimiento de las especificaciones de los planes en él adscritos y del propio fondo.
- Nombrar a los profesionales oportunos, sin perjuicio de las facultadas en este sentido previstas en cada plan.
- Análisis y aprobación de las cuentas anuales del fondo.
- Nombramiento y decisión de cambio de la entidad gestora y depositaria.
- Aprobación de la integración de planes en el fondo.
- Establecer el documento de principios de política de inversión del fondo sobre el que la entidad gestora gestionará las inversiones y en su caso proponer cambios en el mismo.
- Realizar seguimiento periódico de la gestión realizada por la entidad gestora y depositaria, aunque se deberá reunir al menos una vez al año.
- La duración del mandato de los miembros de la comisión de control será por 4 años, renovables si son reelegidos.
- Entre los miembros de la comisión de control se deberá designar al presidente y al secretario.
- La composición de la comisión de control será: 50% representando al promotor y 50% como representantes de los partícipes y beneficiarios.

4

- Se podrán crear subcomisiones dentro de la comisión de control del fondo para poder garantizar los requisitos para adoptar acuerdos que afecten a la política de inversión.

- Los gastos que genere la comisión de control, por ejemplo, por desplazamientos de los miembros para poder reunirse y realizar su misión, serán soportados por el fondo o en su caso por el promotor según se acuerde.

- En los fondos de pensiones de empleo uniplan, la comisión de control del fondo coincide con la comisión de control del plan.

- En el caso de los fondos de pensiones de empleo multiplan y los que integran planes de pensiones de empleo de promoción conjunta, los representantes de la comisión de control del fondo procederán de las comisiones de control de los planes adscritos a él representando al promotor, participes y beneficiarios de cada plan, aunque después el voto de cada plan pondere en función del porcentaje que represente la cuenta de posición del plan que representan en el fondo.

**Fondo de pensiones personal**

En los fondos de pensiones personales, es decir individuales y asociados, se constituirá una comisión de control del fondo formada con representantes de cada uno de los planes adscritos al fondo y con las funciones previstas para los planes de empleo.

En el caso de los planes del sistema individual, los representantes en la comisión de control del fondo serán designados por las respectivas entidades promotoras de los planes, de forma que, si entre los planes adscritos al fondo hubiese dos o más planes del sistema individual promovidos por la misma entidad promotora, ésta podrá designar una representación conjunta de dichos planes en la comisión de control del fondo.

Si el fondo integra exclusivamente uno o varios planes del sistema individual promovidos por la misma entidad, no será precisa la constitución de una comisión de control del fondo, correspondiendo, en tal caso, al promotor del plan o planes las funciones y responsabilidades asignadas por esta normativa a dicha comisión.

**Adscripción de un plan de pensiones de empleo a varios fondos de pensiones de empleo**

Dentro de un plan de empleo de aportación definida para la contingencia de jubilación se pueden crear dos subplanes diferenciados por criterios objetivos, como por ejemplo colectivo de prestación definida y el colectivo de aportación definida.

La reforma del Reglamento de Planes y fondos de pensiones realizada en diciembre de 2007, introduce la posibilidad de que para la contingencia de jubilación y para el colectivo de partícipes del plan de empleo, se creen dos subplanes a los que el partícipe pueda estar adscrito (a uno, a otro, o a ambos simultáneamente) atendiendo al criterio de la edad del mismo, de forma que podrá reasignar sus derechos consolidados entre ellos. El criterio de edad de resignación deberá estar recogido en las especificaciones del plan y no podrá ser objeto de elección personal por parte del partícipe. El importe a reasignar de un subplan a otro, según se alcancen las edades previstas comunes a todos los participes, no pueda ser superior, en cada reasignación, al 20% de los derechos consolidados que en suma tiene el partícipe en los dos subplanes creados conforme al criterio delimitador de la edad.



Una vez que se adquiere la condición de beneficiario, y atendiendo a lo indicado en las especificaciones, se podrá permanecer en los subplanes a los que se pertenecía en el momento de acceder a la condición de beneficiario, o integrarse -si se indica en las especificaciones del plan- en un subplan de beneficiarios que cobren en forma de renta actuarial vitalicia independiente de los anteriores.

Cada subplan deberá adscribirse a un fondo de pensiones, que tendrá una política de inversiones diferenciada. Se deberá realizar la revisión financiero actuarial para cada subplan.

La idea de esta posibilidad abierta para los planes de pensiones de empleo es que el partícipe pueda ajustar el perfil de riesgo del las inversiones del fondo en la que se adscribe su plan de pensiones de empleo a medida que se acerca su edad de jubilación.

**Disolución y liquidación de los fondos de pensiones**

Procederá la disolución de los fondos de pensiones por las causas señaladas en sus normas de funcionamiento, y en los supuestos previstos para la sustitución de entidades gestoras y depositarias.

En todo caso, será requisito previo para la disolución de los fondos de pensiones la garantía individualizada de las prestaciones causadas y, si no media acuerdo en contrario de los Promotores y partícipes, la continuación de los planes vigentes a través de otro Fondo de Pensiones ya constituido o a constituir.

 © CISS

Una vez disuelto un fondo de pensiones, se abrirá el período de liquidación, realizándose las correspondientes operaciones conjuntamente por la comisión de control del fondo y la entidad gestora.

## 4-121 Integración y segregación de planes de pensiones

La integración de un plan de pensiones en un fondo de pensiones exigirá que se especifiquen las siguientes circunstancias:

- Cuantificación de la cuenta de posición, con especial referencia a los criterios de imputación de los resultados obtenidos de las inversiones realizadas por el Fondo, así como de los gastos de funcionamiento del mismo.

- Condiciones para el traspaso de la cuenta de posición de un plan al fondo de pensiones que éste designe. Deberá preverse la fórmula de instrumentar la transmisión de bienes y derechos y, en su caso, el coste y la periodicidad que conllevará la operación.

- Procedimiento en el caso de liquidación del plan.

Las normas de funcionamiento de cada Fondo de Pensiones deberán prever la movilidad de la cuenta de posición de un Plan en las siguientes situaciones:

- En los casos contemplados para la sustitución de entidad gestora o depositaria.

- En el caso de que libremente lo decida cualquier plan.

Las mismas previsiones afectarán, necesariamente, a los fondos de pensiones abiertos, en orden a posibilitar la movilidad de las inversiones que en ellos realicen otros fondos de pensiones. Recordemos que el patrimonio de los fondos no responderá por deudas de las entidades promotora, gestora y depositaria.

## 4-122 Inversiones de los fondos de pensiones

El activo de los fondos de pensiones, con exclusión de las dotaciones para el pago de primas de seguros o coste de las garantías en virtud de planes total o parcialmente asegurados o garantizados, estará invertido de acuerdo con criterios de seguridad, rentabilidad, diversificación y congruencia de plazos adecuados a sus finalidades, atendiendo a las siguientes indicaciones:

- La comisión de control del fondo de pensiones de empleo o asociado o en su caso la entidad promotora para los fondos individuales, con la participación de la entidad gestora, elaborarán por escrito una declaración comprensiva de los principios de su política de inversión, es decir, las normas generales de inversión sobre las que se desarrollará el fondo y que servirán a la comisión de control para medir la gestión realizada por la entidad gestora en el tiempo. A dicha declaración se le dará suficiente publicidad.

- Dicha declaración se referirá, al menos, a cuestiones tales como los métodos de medición de los riesgos inherentes a las inversiones y los procesos de gestión del control de dichos riesgos, así como la colocación estratégica de activos (es decir, la distribución geográfica de las inversiones, incluyendo la distribución por tipo de activo) con respecto a la naturaleza y duración de sus compromisos, y deberá ser revisada cuando se produzcan cambios significativos en ella y, en todo caso, como consecuencia de las modificaciones que deban realizarse en función de las conclusiones de la revisión financiero actuarial. También podrá incluir otros asuntos como:

• Los índices de referencia por tipo de activo que servirán para medir la gestión realizada por el gestor.
• Los rangos de inversión en que ser podrá mover el gestor por tipo de activo.
• El objetivo, en su caso, de extrarentabilidad deseada (alfa) sobre los índices de referencia.
• El estilo de gestión de las inversiones:
• Gestión activa: Trata de batir a los índices de referencia establecidos previamente.
• Gestión indexada: Trata de replicar los índices de referencia.

• La periodicidad en la medición de la labor del gestor.
• Cualquier otro tipo de asunto que se desee incluir.

- Los activos de los fondos de pensiones se invertirán mayoritariamente en valores e instrumentos financieros admitidos a negociación en mercados regulados. Las inversiones en activos que no puedan negociarse en mercados regulados deberán, en todo caso, mantenerse dentro de niveles prudenciales.

- Los activos afectos a la cobertura de las provisiones técnicas se invertirán de manera adecuada a la naturaleza y duración de las futuras prestaciones previstas de los planes de pensiones. A estos efectos, se consideran mer-

4

cados regulados aquellos establecidos dentro del ámbito de la Organización para la Cooperación y el Desarrollo Económico (OCDE).

**Inversiones aptas para invertir y sistemas de control de los fondos de pensiones**

Se consideran inversiones aptas para invertir los recursos de los fondos de pensiones aquellas que se negocian con frecuencia en mercados regulados internacionales de países de la OCDE.

Concretamente:

- Activos de renta fija y de renta variable cotizados en mercados regulados.
- Valores financieros estructurados: Son aquellos compuestos por activos de renta fija y derivados (opciones), cuyo valor se determina considerando el valor combinado de sus componentes.
- Acciones y participaciones en Instituciones de Inversión Colectiva, ya sean mobiliarias o inmobiliarias, que estén reguladas.
- Depósitos en entidades de crédito
- Bienes inmuebles y derechos reales inmobiliarios que cumplan con el artículo 50.10 del ROSSP.
- Créditos hipotecarios.
- Instrumentos derivados que cumplan con las indicaciones del RPP. Se podrán utilizar tanto el objeto de cobertura como de inversión, pero en ningún caso podrán dar lugar al endeudamiento del fondo por encima del 100% del patrimonio existente en cada momento. Además desde 2007 las entidades gestoras de planes y fondos de pensiones que utilicen los derivados con motivo de inversión, deberán establecer, de acuerdo a las indicaciones que desarrolle al respecto la DGSFP, modelos internos para estimar la máxima pérdida en que podría incurrir el fondo debido a estos instrumentos derivados. De forma alternativa la DGSFP podrá establecer métodos estándar para medir esta pérdida máxima potencial.

No obstante, en el artículo 80 del RPP se indica cómo deben desarrollar el control interno las entidades gestoras de planes y fondos de pensiones, que en resumen dice que:

1. Las entidades gestoras deberán documentar los procedimientos de control interno, siendo el consejo de administración de la misma quien será el responsable último de los mismos.

2. Las entidades gestoras establecerán sistemas de gestión de riesgos, adecuados a su organización y a las características de los fondos de pensiones gestionados, que les permitan identificar y evaluar, con regularidad, los riesgos internos y externos a los que están expuestos.

3. De la misma forma, las entidades gestoras deberán tener establecidos planes de contingencia que permitan anticipar situaciones adversas que puedan poner en peligro su viabilidad como entidad y la de los fondos de pensiones gestionados.

Anualmente los consejos de administración de las entidades gestoras deberán emitir un informe a la DGSFP en la que se justifiquen estas medidas.

- Acciones y participaciones en entidades de capital riesgo reguladas.
- Activos de renta fija no cotizados que cumplan con las indicaciones del RPP (art. 70.9).
- Las provisiones matemáticas en poder de entidades aseguradoras, en los casos en que el fondo de pensiones tenga integrados uno o varios planes de pensiones total o parcialmente asegurados.
- Participaciones en fondos de pensiones abiertos.
- Deudas de promotores de los planes de pensiones integrados en el fondo de pensiones correspondientes a fondos pendientes de trasvase o a un déficit pendiente de amortizar en virtud de planes de reequilibrio.

**ATENCIÓN:** Un plan de reequilibrio es un acuerdo que se produce entre el promotor y los partícipes y beneficiarios del plan de pensiones, de forma que el primero reconoce una deuda (o déficit) con los miembros del plan y unos plazos de amortización de la misma. Esta situación corriente en el momento de la exteriorización de los compromisos por pensiones de empleo, finalizó el 16 de noviembre de 2002, debido a que los compromisos adquiridos por el promotor con sus trabajadores, en algunos casos, eran mayores que la liquidez que el promotor disponía en el momento de la exteriorización para trasvasar al plan de pensiones, de forma que entre promotor y comisión de control del plan se acordaba un calendario de pagos para devolver ese crédito que tenía el promotor con los participes del plan y la remuneración del dinero por el coste de oportunidad del mismo.

- Diariamente se calculará el valor de la cuenta de posición del plan en el fondo, y el valor de la cuenta de posición del fondo (como ya se ha comentado, la diferencia entre ambos valores se produce principalmente en

 © CISS

los fondos de pensiones multiplan, debido a que cada plan puede tener acordadas unas comisiones de gestión y depósito distintas) siguiendo estas pautas:

• La valoración de las inversiones en activos cotizados en mercados regulados se realizará diariamente a precios de cierre de mercado, o al último precio publicado.

• Los instrumentos financieros de renta fija no negociados en mercados regulados, el valor de realización se determinará calculando el valor actual de los flujos futuros de caja descontados a los tipos de interés de la deuda pública más similar en plazo y en calidad crediticia a los activos valorados.

• En el caso de las inversiones en inmuebles se valorarán por su valor de tasación que deberá realizarse al menos una vez al año por una entidad tasadora autorizada independiente.

• Los créditos se valorarán por su valor actual con el límite de la garantía.

**Limitaciones cuantitativas de inversión**

Existen limitaciones cuantitativas de inversión de los fondos de pensiones que se exponen. Con ellas el regulador pretende que los fondos de pensiones estén diversificados en cuanto a las inversiones que realizan:

Al menos el 70% del activo del fondo estará invertido en:

- Activos financieros contratados en mercados organizados y de funcionamiento regular abierto al público o al menos a las entidades financieras.
- Depósitos bancarios y créditos con garantía hipotecaria.
- Inmuebles.
- Instituciones de inversión colectiva.
- Derivados.

Las limitaciones cuantitativas son las siguientes:

- El coeficiente mínimo de liquidez. Dependerá de las necesidades de cada fondo. Deberá estar invertido en depósitos a la vista y en activos del mercado monetario con vencimiento no superior a 3 meses.
- Inversión máxima del 5% del activo del fondo en los títulos en circulación emitidos o avalados por una misma entidad. En cualquier caso el límite anterior se eleva al 10% por cada entidad emisora, prestataria o garante, siempre que el fondo no invierta más del 40% del activo en entidades en las que se supere el 5% del activo del fondo.

El porcentaje máximo del 5% del activo del fondo en un solo valor podrá alcanzar un máximo del 20% cuanto se trate de un fondo de pensiones, cuya política de inversión sea replicar un índice de acciones o de renta fija (a su vez, y en determinadas circunstancias excepcionales -por ejemplo, de gran variación de los mercados bursátiles-, se podría alcanzar hasta el 35%).

- La inversión del fondo de pensiones en activos de un mismo grupo de empresas no podrá superar el 10% del activo del fondo.
- La inversión del fondo de pensiones en activos no cotizados en mercados regulados será como máximo del 2% del activo del fondo, y podrá ser del 4% cuando se trate de valores emitidos o avalados por entidades de un mismo grupo de empresas.
- Depósitos en entidades de crédito, con el límite del 20% del activo del fondo.
- La inversión en una sola institución de inversión colectiva (IIC) no podrá exceder del 20% del activo del fondo. Este límite se reduce al 5% cuando se trata de IICs cuyos activos no cotizan en mercados regulados.
- Los fondos de pensiones no podrán invertir más del 5% de su activo en valores o instrumentos financieros emitidos por entidades del grupo al que pertenezca el promotor o promotores de los planes de empleo en él integrados.
- Además existe un límite doble, porque a su vez, la inversión de los fondos de pensiones en valores o instrumentos financieros emitidos o avalados por una misma entidad no podrá exceder del 5%, en valor nominal, del total de los valores e instrumentos financieros en circulación de aquélla. Este límite se amplía al 20% para acciones y participaciones de IICs negociadas en mercados organizados y para sociedades y fondos de capital riesgo.

**ATENCIÓN:** El capital riesgo son entidades, con forma de sociedad o de fondo de inversión, cuya actividad es la inversión temporal en el capital de empresas no cotizadas. Se dice que es temporal la inversión porque una vez que el valor de la empresa se ha incrementado lo suficiente, los fondos de riesgo se retiran del negocio consolidando su rentabilidad

4

Se llama capital riesgo, porque invierte en proyectos menos maduros que otro tipo de inversiones, por lo que los inversores deben conocer las características de los mismos, que en general se pueden resumir en:

- Mayor retorno que los activos tradicionales de renta fija y variable.
- Mayor riesgo por la, probable, mayor incertidumbre del proyecto.
- Suelen invertir en activos no cotizados, luego con menor liquidez.
- Etc.

El objetivo de esta actividad es que con la ayuda del capital de riesgo, la empresa aumente su valor y una vez madurada la inversión, el capitalista se retire obteniendo un beneficio.

El inversor en capital riesgo busca tomar participación en empresas que pertenezcan a sectores dinámicos de la economía, de los que se espera que tengan un crecimiento superior a la media de activos tradicionales.

• La inversión en inmuebles, créditos hipotecarios, derechos reales inmobiliarios, acciones y participaciones en instituciones de inversión colectiva inmobiliaria y en aquellas participaciones en el capital social de sociedades que tengan como objeto social exclusivo la tenencia y gestión de inmuebles y cuyos valores no estén admitidos a cotización en mercados regulados no podrá exceder del 30% del activo del fondo de pensiones. En un solo activo de los enumerados en este párrafo no se podrá invertir más del 10% del activo del fondo. No obstante, la inversión en una sola IIC de carácter inmobiliario podrá ser de hasta el 20% del activo del fondo de pensiones (si se trata de inversiones de varias IIC inmobiliarias gestionadas por la misma entidad gestora, el límite total será también del 20% del activo del fondo).

• En el caso de los fondos de pensiones abiertos, la inversión de otros fondos de pensiones -de la misma categoría que el fondo de pensiones abierto-, se considerará como un activo más del fondo, no asignado a ninguno de los planes en él integrados. La comisión de control de los fondos de pensiones inversores podrán designar representantes en la comisión de control del fondo de pensiones abierto para asistir, con voz pero sin voto, a las reuniones de la comisión de control del fondo abierto. En todo caso el fondo abierto deberá informar a cada uno de los fondos inversores de los cambios que realice en la política de inversión y en las normas de funcionamiento y como mínimo anualmente del estado y movimientos de la cuenta de participación y sobre las inversiones del fondo abierto. Además, diariamente la gestora del fondo abierto deberá informar de lo anterior a la entidad gestora de los fondos inversores.

• Estas limitaciones no serán de aplicación a los activos emitidos o avalados por el Estado o sus organismos autónomos, las comunidades autónomas, las entidades públicas extranjeras, los organismos financieros internacionales de los que España sea miembro y por aquellos otros que así resulte de compromisos internacionales que España pueda asumir.



## 4-123 Cuentas anuales de los planes de pensiones

El ejercicio económico de los fondos de pensiones y de sus entidades gestoras coincidirá con el año natural. Dentro del primer cuatrimestre de cada ejercicio económico, las entidades gestoras de fondos de pensiones deberán:

- Formular y someter a la aprobación de sus órganos competentes las cuentas anuales de la entidad gestora.
- Formular el balance, la cuenta de resultados y la Memoria explicativa del ejercicio anterior del Fondo o Fondos administrados y someter dichos documentos a la aprobación de la comisión de control del Fondo respectivo.
- Obtener los informes de auditoría.
- Presentar la información citada en los puntos anteriores al Ministerio de Economía y Hacienda y a las comisiones de control del fondo y de los planes de pensiones adscritos al Fondo, quienes podrán dar a la misma la difusión que estimen pertinente.
- Dentro del primer semestre de cada ejercicio económico, las entidades gestoras deberán publicar, para su difusión general, los documentos antes indicados.

## 4-124 La entidad gestora y la depositaria de fondos de pensiones

### Entidades gestoras de fondos de pensiones

Podrán ser entidades gestoras de fondos de pensiones las sociedades anónimas que, habiendo obtenido au-

 © CISS

torización administrativa previa, reúnan los siguientes requisitos (art. 78 RPP):

a) Tener un capital desembolsado por el siguiente importe:

• En todo caso 601.012 euros.

• Adicionalmente:

- El 1% del exceso del activo total del Fondo sobre 6.010.121€.

- El 0,3% para los excesos sobre 901.518.157 hasta 3.305.566.574 euros.

- El 0,1% para los excesos sobre 3.305.566.574 euros.

b) Sus acciones serán nominativas.

c) Tener como objeto social y actividad exclusivos la administración de fondos de pensiones.

d) No podrán emitir obligaciones ni acudir al crédito y tendrán materializado su patrimonio de acuerdo a lo previsto en el artículo 78.3 RPP.

e) Deberán estar domiciliadas en España.

f) Deberán inscribirse en el Registro Administrativo que la Dirección General de Seguros tiene dispuesto a tal efecto.

g) Los recursos propios deberán estar invertidos en activos financieros contratados en mercados organizados, reconocidos oficialmente y de funcionamiento regular abierto al público o, al menos, a las entidades financieras, en inmuebles, mobiliario, tesorería o cualquier otro activo adecuado al objeto social exclusivo que caracteriza a estas Entidades.

Cada fondo de pensiones deberá tener una sola entidad gestora, con independencia de que después ésta invierta todo o parte del patrimonio en otros fondos de pensiones gestionados por otras entidades gestoras.

En ningún caso la entidad gestora del fondo de pensiones podrá emitir obligaciones, pagarés, efectos o títulos análogos, ni dar garantía o pignorar sus activos. También podrán ser entidades gestoras de fondos de pensiones las entidades aseguradoras autorizadas para operar en España en los seguros de vida, siempre que cumplan los requisitos previstos en los apartados a), e) y f) anteriores. El requisito contenido en la letra e) antes citado, se entenderá cumplido con la existencia de establecimiento permanente en España de la entidad extranjera autorizada.

El límite previsto en el apartado a) se entenderá aplicable, en su caso, al fondo mutual de las entidades de previsión social y al de las mutuas de seguros. Asimismo, se entenderá aplicable dicho límite al fondo permanente con la casa central de las delegaciones de entidades extranjeras, en los términos previstos en la legislación específica de seguros. El acceso de las entidades de previsión social a la gestión de fondos de pensiones se hará previa notificación al Ministerio de Economía y Hacienda. La denominación de "entidad gestora de fondos de pensiones" queda reservada exclusivamente a las entidades que cumplan los requisitos previstos en el artículo 78.1 RPP.



Las entidades gestoras de fondos de pensiones tendrán como funciones:

a) Intervención en el otorgamiento de la correspondiente escritura pública de constitución del fondo como, en su día, las de modificación o liquidación del mismo. En su caso, podrá colaborar o realizar otras tareas relacionadas con la elaboración de tales documentos.

b) Llevar la contabilidad del fondo de pensiones al día y efectuar la rendición de cuentas en la forma prevista en el RPP.

c) Determinación de los saldos de las cuentas de posición y de los derechos y obligaciones derivados de cada Plan de Pensiones integrado. Cursará las instrucciones pertinentes para los traspasos de las cuentas y de los derechos implicados.

d) Emisión, en unión del depositario, de los certificados de pertenencia a los planes de pensiones, requeridos por los partícipes cuyos planes se integren en el Fondo. Se remitirá anualmente certificación sobre las aportaciones realizadas e imputadas a cada partícipe, así como del valor, a fin de ejercicio de sus derechos consolidados.

e) Determinación del valor de la cuenta de posición movilizable a otro Fondo de Pensiones, cuando así lo solicite el correspondiente plan.

f) Control de la entidad depositaria del fondo de pensiones, en cuanto al estricto cumplimiento de las obligaciones de ésta, a tenor del principio de responsabilidad estipulado en la normativa de pensiones.

Serán funciones de las mencionadas entidades gestoras en la medida en que expresamente lo decida la comisión de control de Fondo de Pensiones y con las limitaciones que ésta estime pertinente:

a) Ejercicio de los derechos derivados de los títulos y demás bienes integrantes del fondo.

b) Autorización para el traspaso de cuentas de posición a otros Fondos.

c) Selección de las inversiones a realizar por el Fondo de Pensiones, de acuerdo con las normas de funcionamiento y de la declaración de los principios de inversión del fondo y las prescripciones administrativas aplicables sobre tal materia.

d) Ordenar al depositario la compra y venta de valores para el fondo de pensiones.

Del control de la política de inversiones de los fondos gestionados por una entidad gestora deberá responder el consejo de administración de la misma, quien dispondrá de una política de utilización de los instrumentos derivados, instrumentos estructurados, modelos internos de control del riesgo o en su caso una fórmula estándar que permita calcular la pérdida máxima probable del fondo.

Además y desde 2009, de acuerdo con la Orden Ministerial EHA/251/2009, de 6 de febrero, por la que se aprueba el sistema de documentación estadístico contable de las entidades gestoras de fondos de pensiones, las entidades gestoras de planes y fondos de pensiones para dar cumplimiento al requisito de información, según se indica en el artículo 99 del RPP y que dispone que la Dirección General de Seguros y fondos de pensiones podrá recabar de las entidades gestoras y de las depositarias cuantos datos contables y estadísticos, públicos o reservados, referentes a éstas y a los fondos de pensiones administrados por ellas, estén relacionados con sus funciones de inspección y tutela, y señalará la periodicidad con que dicha información deberá elaborarse y los plazos máximos para su entrega. La Orden Ministerial indica que la periodicidad en la entrega de esta documentación será trimestral y anual, además de detallar la información que, a nivel de fondo y de plan las entidades gestoras, deben informar a la DGSFP.

La recién aprobada LES ha venido a establecer una obligación especial de la gestora del fondo de manera que tanto en el momento de formalización del acuerdo de comercialización, como durante toda la vigencia del mismo, la entidad gestora del fondo de pensiones velará para que las actuaciones de las personas o entidades comercializadoras se ajusten a lo establecido en dicho acuerdo y en la legislación vigente.

Por ello, los acuerdos de comercialización deberán prever procedimientos que permitan comprobar el cumplimiento por el comercializador de las obligaciones derivadas del acuerdo y de las establecidas en la Ley y en sus normas de desarrollo. Las entidades gestoras de fondos de pensiones deberán comunicar a la DGSFP la celebración de los acuerdos de comercialización de planes individuales.

4

Reglamentariamente podrán establecerse condiciones específicas a las que hayan de ajustarse los citados procedimientos.

Asimismo, la LES establece como responsabilidad de la gestora para los casos de: movilización de derechos consolidados, abono de prestaciones y reembolso de derechos consolidados en los supuestos excepcionales de liquidez, las entidades gestoras serán responsables de los retrasos que se produzcan en exceso de los plazos previstos para tramitar y hacer efectivas las solicitudes de los partícipes y beneficiarios, sin perjuicio de la posibilidad de la entidad gestora de repetir contra quien hubiera causado el retraso.

La presentación de las citadas solicitudes en cualquier establecimiento del comercializador o de su red comercial, se entenderá realizada en la entidad gestora.

**Entidades depositarias de fondos de pensiones**

La custodia y depósito de los valores mobiliarios y demás activos financieros integrados en los fondos de pensiones corresponderá a un depositario, que ha de ser entidad de crédito domiciliada en España. Además de la función de custodia, ejercerán la de vigilancia de la entidad gestora ante las entidades promotoras, partícipes y beneficiarios, debiendo efectuar únicamente aquellas operaciones acordadas por las entidades gestoras que se ajusten a las disposiciones legales y reglamentarias.

Cada fondo de pensiones tendrá un solo depositario, sin perjuicio de la existencia de diferentes depósitos de valores o efectivo. Nadie podrá ser al mismo tiempo gestor y depositario de un fondo de pensiones, salvo en los supuestos contemplados para la sustitución de entidad gestora y/o depositaria.

La entidad depositaria de un fondo de pensiones tendrá las siguientes funciones:

a) Intervención en el otorgamiento de las escrituras de constitución y, en su caso, de modificación o liquidación del fondo de pensiones, y en tareas relacionadas con la elaboración de tales documentos.

 © CISS

b) Control de la sociedad gestora del fondo de pensiones, en cuanto al estricto cumplimiento de las obligaciones de ésta, a tenor del principio de responsabilidad estipulado en la normativa de planes de pensiones.

c) Emisión, junto a la entidad gestora, de los certificados de pertenencia de los partícipes de los planes de pensiones, que se integran en el fondo.

d) Instrumentación, que puede realizarse junto a la entidad gestora, de los cobros y pagos derivados de los planes de pensiones, en su doble vertiente de aportaciones y prestaciones, así como del traspaso de derechos consolidados entre planes, cuando proceda.

e) Ejercicio, por cuenta del fondo, de las operaciones de compra y venta de valores, el cobro de los rendimientos de las inversiones y la materialización de otra rentas, vía transmisión de activos y cuantas operaciones se deriven del propio depósito de valores.

f) Canalización del traspaso de la cuenta de posición de un Plan de Pensiones a otro fondo.

g) Recepción de los valores propiedad del fondo de pensiones, constitución en depósitos garantizando su custodia y expidiendo los documentos justificativos.

h) Recepción y custodia de los activos líquidos de los fondos de pensiones.

Las entidades gestora y depositaria actuarán en interés de los fondos que administren o custodien, siendo responsables frente a las entidades promotoras, partícipes y beneficiarios de todos los perjuicios que se les causaren por el incumplimiento de sus respectivas obligaciones. Ambas están obligadas a exigirse recíprocamente esta responsabilidad en interés de aquéllos.

**Retribución de las entidades gestora y depositaria de planes y fondos de pensiones**

Las sociedades gestoras percibirán, por la realización de las funciones contempladas en esta regulación, una comisión de gestión de acuerdo con lo previsto en las normas de funcionamiento del fondo. La totalidad de esta comisión no podrá superar anualmente el 2% del patrimonio del plan de pensiones. Resultarán admisibles comisiones en función de los resultados siempre que éstas no superen el 2% del patrimonio del fondo.

No está permitido cobrar comisiones por movilización de la cuenta de posición del plan en el fondo, ya sea total o parcial, a otro fondo, ni a nivel individual de un partícipe que quiera movilizar su cuenta de posición, total o parcialmente, a otro plan de pensiones -ya sea gestionado por la misma gestora que el que se quiere movilizar o de otra gestora-. Tampoco se podrán cobrar comisiones de suscripción.

En remuneración de sus servicios, los depositarios percibirán de los fondos las retribuciones que libremente pacten con las entidades gestoras, con la previa conformidad de la comisión de control del fondo, sin que pueda rebasar el 0,5% anual del patrimonio custodiado.

Estas comisiones y sus cambios deben ser comunicadas por las entidades gestoras de los fondos a la Dirección General de Seguros para cada uno de los fondos que gestionan.

**Política de conflictos de interés entre entidad gestora y entidad depositaria de fondos de pensiones**

Ninguna entidad podrá ser depositaria de fondos de pensiones gestionados por una entidad perteneciente a su mismo grupo, salvo que la entidad gestora disponga y se supedite a un procedimiento específico establecido al efecto y debidamente documentado, recogido en su reglamento interno de conducta que permita evitar conflictos de interés, y que deberá ser anualmente remitido a la DGSFP.

En particular recogerá lo siguiente:

- No podrá haber consejeros o administradores comunes en las entidades gestoras y depositarias y que la dirección efectiva de la entidad gestora sea llevada por personas independientes de la entidad depositaria.
- Ambas entidades deberán tener diferentes domicilios sociales y centros de trabajo.

De esta separación la entidad gestora debe también informar a los partícipes y beneficiarios en la información periódica que se les remite o se les pone a disposición por parte de la entidad gestora.

**Sustitución de las entidades gestora o depositaria**

La sustitución de las entidades gestora o depositaria procederá:

- A instancia de la propia entidad, previa presentación de la que haya de sustituirla. En tal caso será precisa la aprobación por la comisión de control del fondo y por la entidad gestora o depositaria que continúe con sus funciones, y la correspondiente autorización por parte de la DGSFP.

- Por decisión de la comisión de control o entidad promotora del fondo de pensiones, que deberá designar simultáneamente una entidad dispuesta a hacerse cargo de la gestión o el depósito.

La sustitución de la sociedad gestora o de la depositaria de un fondo de pensiones, así como los cambios que se produzcan en el control de las mismas, en cuantía superior al 50% del capital de aquéllas, conferirá a los planes de pensiones integrados en ese fondo el derecho a movilizar su cuenta de posición trasladándola a otro fondo de pensiones.

## 4-125 Obligaciones de información a partícipes y beneficiarios de planes de pensiones

### La "transparencia" en los planes de pensiones

Cabe destacar que la recién aprobada Ley de Economía Sostenible, centra básicamente estas modificaciones introducidas en la comercialización de Planes de pensiones en la "**transparencia**" con el objetivo de aumentar la protección de los ahorradores y los tomadores de seguros y los demás usuarios de los servicios prestados por las entidades aseguradoras.

Por otro lado, la LES viene a reforzar la seguridad jurídica en la comercialización de los planes de pensiones, de acuerdo con lo contemplado en el TRLOSSP y del TRLRPFP.

Así, la LES, en su artículo 30 "Mercados de seguros y fondos de pensiones", establece que las administraciones competentes velarán por la aplicación de una regulación más transparente y eficaz de los mercados de seguros y fondos de pensiones, lo que persigue - y deja claramente reflejado en este artículo- , y asegura una mayor transparencia y eficiencia en la gestión de las entidades aseguradoras e imponer un mayor desarrollo y transparencia en la mediación de seguros y reaseguros, de acuerdo con la Ley 26/2006, de 17 de julio, de Mediación de Seguros y Reaseguros Privados, en los términos de la disposición final décimo cuarta de la propia LES.

### Obligaciones de información a partícipes y beneficiarios de planes de pensiones del sistema de empleo

Para los partícipes que lo soliciten, la entidad gestora les entregará un certificado de pertenencia al plan (que se puede sustituir por el boletín de adhesión al plan), un ejemplar de las especificaciones del plan y del fondo, un ejemplar de los principios de política de inversión del fondo. Existe la posibilidad de poner a disposición del partícipe y del beneficiario en lugar y forma estos documentos.

Con periodicidad, al menos, anual (se podrán establecer plazos de envío de información inferiores al año) la entidad gestora del fondo de pensiones, en el que el plan se encuentre integrado, remitirá a cada partícipe y beneficiario de los planes de empleo una certificación sobre las aportaciones, directas o imputadas, realizadas en cada año natural y el valor, al final del año natural, de sus derechos consolidados en el plan.

Con periodicidad semestral, las entidades gestoras deberán remitir, a los partícipes y beneficiarios de los planes de pensiones de empleo, información sobre la evolución y situación de sus derechos económicos en el plan, un resumen de la evolución y situación de los activos del fondo, los costes y la rentabilidad obtenida en el ejercicio y la anualizada (TAE) en los últimos 3, 5 10 y 15 años, así como extremos que pudieran afectarles, especialmente las modificaciones normativas, cambios en las especificaciones del plan, de las normas de funcionamiento del fondo de pensiones o de su política de inversiones, y de las comisiones de gestión y depósito.

En cualquier caso, las entidades gestoras deberán poner a disposición de los partícipes y beneficiarios de los planes de pensiones de empleo, al menos con carácter trimestral, la información periódica prevista en el párrafo anterior, y si éstos la solicitan, se les enviará físicamente a su domicilio.

Además, para a los beneficiarios de los planes de pensiones de empleo de prestación definida, una vez comunicada la contingencia, deberán recibir la información apropiada sobre la prestación y posibles reversiones, respecto al grado de garantía o del riesgo por cuenta del beneficiario. Se les entregará un certificado de seguro o garantía de prestación, emitido por la entidad correspondiente. Al menos con carácter anual la entidad gestora del fondo emitirá un certificado del importe de los derechos económicos del beneficiario.

### Información a partícipes de planes de pensiones individuales y asociados

Antes de la adhesión del partícipe al plan, la entidad promotora del plan, la entidad gestora o la entidad depositaria deberá informar adecuadamente a los partícipes sobre las características de los planes que desee contratar de acuerdo con su perfil de riesgo, los gastos a incurrir, etc.

El partícipe del plan de pensiones individual deberá obtener de la entidad gestora o depositaria del fondo de pensiones en el que está integrado el plan, con motivo de la adhesión, un certificado de pertenencia al plan y, en su caso, de la aportación inicial realizada, así como un ejemplar de las presentes especificaciones del plan, teniendo a su disposición, en las oficinas de la entidad gestora, la declaración de los principios de la política de inversión del fondo de pensiones. La información incluirá los datos del defensor del partícipe del plan, así como las comisiones de gestión y depósito.

El partícipe y el beneficiario del plan deberán recibir de la entidad gestora del fondo de pensiones en el que está integrado el plan, con periodicidad semestral, información sobre la evolución y situación de sus derechos consolidados en el plan, un resumen de la evolución y situación de los activos del fondo, la rentabilidad obtenida en el ejercicio y la anualizada (TAE) en los últimos 3, 5 10 y 15 años, y de en su caso contratación con terceras entidades, así como los extremos que pudieran afectarle, especialmente las modificaciones normativas o de las Normas de Funcionamiento del Fondo de Pensiones, todo ello en los términos previstos en el artículo 48 del RPP.

Con la misma periodicidad tendrá asimismo a su disposición, en las oficinas de la entidad gestora, la totalidad de los gastos del fondo de pensiones, en la parte que sean imputables al plan, expresados en porcentaje sobre la cuenta de posición. Toda la información anterior estará a disposición del partícipe en la entidad gestora al menos con carácter trimestral o le será remitida con dicho carácter trimestral si expresamente lo solicita.

Deberán recibir de la entidad gestora del fondo de pensiones en el que está integrado el plan, con periodicidad anual, una certificación sobre las aportaciones realizadas en cada año natural y el valor, al final del año natural, de sus derechos consolidados, la cual contendrá un resumen sobre la determinación de las contingencias cubiertas, el destino de las aportaciones y las reglas de incompatibilidad sobre aquéllas, así como, en su caso, indicación de la cuantía de los excesos de aportación advertidos y el deber de comunicar el medio para el abono de la devolución.

Además, para los beneficiarios de los planes de pensiones asociados de prestación definida, una vez comunicada la contingencia deberán recibir la información apropiada sobre la prestación y posibles reversiones, respecto al grado de garantía o del riesgo por cuenta del beneficiario. Se les entregará un certificado de seguro o garantía de prestación, emitido por la entidad correspondiente. Al menos con carácter anual, la entidad gestora del fondo emitirá un certificado del importe de los derechos económicos del beneficiario.

## 4-126 Planes de pensiones familiares



Las personas con rendimientos netos del trabajo o profesionales inferiores a 8.000 euros anuales, o incluso sin rendimientos, pueden contratar planes de pensiones de tal manera que sean sus cónyuges quienes puedan deducirse de las aportaciones realizadas en la base imponible del IRPF (con un máximo de 2.000€ por año). Esta deducción se sumará a la que, en su caso, tuviese derecho el aportante por sus propias aportaciones a planes de pensiones. Para acogerse a esta fórmula, no es necesario contratar un plan especial. Cualquier plan de pensiones individual sirve sin que tampoco tenga que coincidir con el que pudiera tener contratado el cónyuge.

En todo caso, la única peculiaridad de este tipo de planes podría radicar en definir el momento de la jubilación del partícipe. Habitualmente, se trata de personas con ingresos bajos e irregulares, para las que no es sencillo definir cuándo tiene lugar el momento de la jubilación. En este caso, y según el Real Decreto Ley 1589/1999 que regula las situaciones asimilables a la jubilación, el partícipe podría acceder a la suma acumulada en su plan cuando cumpla la edad de 60 años.

## 4-127 Planes de pensiones para minusválidos

Las aportaciones a favor de minusválidos podrán realizarse a planes de pensiones del sistema individual, así como a planes de pensiones de sistema asociado en el caso de que el propio minusválido, o la persona que realice la aportación a su favor, sea socio, miembro o afiliado de la entidad promotora.

Las aportaciones a planes de pensiones realizadas por partícipes con un grado de minusvalía física o sensorial igual o superior al 65 %, y psíquica igual o superior al 33%, así como de discapacitados que tengan una incapacidad declarada judicialmente, independientemente de su grado, así como las realizadas a su favor por parientes, hasta el tercer grado de parentesco inclusive, así como el cónyuge o aquellos que les tuviesen a su cargo en régimen de tutela o acogimiento, podrán destinarse a la cobertura de las siguientes contingencias:

- Jubilación o situación asimilable de la persona con minusvalía. De no ser posible el acceso a estas situaciones, podrán percibir una prestación equivalente a la edad que se señale de acuerdo a las especificaciones del plan a partir de que cumpla los 45 años, siempre que carezca de empleo u ocupación profesional.

- Incapacidad y dependencia del discapacitado o del cónyuge del discapacitado, o de uno de los parientes en línea directa o colateral hasta el tercer grado inclusive de parentesco, de los cuales dependa o de quien le tuviese a su cargo en régimen de tutela o acogimiento.

- Agravamiento del grado de minusvalía que le incapacite de forma permanente para el empleo u ocupación que viniera ejerciendo, o para todo trabajo, incluida la gran invalidez sobrevenida cuando no sea posible la prestación según el Régimen de la Seguridad Social en donde esté encuadrado.

- Fallecimiento del cónyuge del minusválido, o de uno de los parientes hasta el tercer grado, inclusive de los cuales dependa o de quien le tuviese a su cargo en régimen de tutela o acogimiento.

- Fallecimiento del minusválido, que puede generar prestaciones de viudedad, orfandad o a favor de otros herederos o personas designadas. No obstante, las aportaciones realizadas por parientes a favor del minusválido, sólo podrán generar, en caso de muerte del minusválido, prestaciones de viudedad, orfandad o a favor de quienes las hubiesen realizado, en proporción a la aportación de éstos.

- Jubilación o situación asimilable del cónyuge o de uno de los parientes del minusválido en línea directa o colateral hasta el tercer grado inclusive, del cual dependa económicamente o le tenga a su cargo en razón de tutela o acogimiento.

Las prestaciones derivadas de las aportaciones realizadas a favor de minusválidos por los parientes en línea directa o colateral hasta el tercer grado inclusive, cuyo beneficiario sea el propio minusválido, deberán ser en forma de renta. No obstante, podrán percibirse en forma de capital o mixta en los siguientes casos:

- En el caso de que la cuantía del derecho consolidado al acaecimiento de la contingencia sea inferior a un importe de dos veces el salario mínimo interprofesional anual.

- En el supuesto de que el beneficiario minusválido se vea afectado de gran invalidez, requiriendo la asistencia de terceras personas para las actividades más esenciales de la vida.

Los derechos consolidados en los planes de pensiones de los partícipes con minusvalía en los términos comentados anteriormente, podrán hacerse efectivos a los efectos de su integración en otro Plan de Pensiones y en los supuestos de enfermedad grave y desempleo de larga duración con las siguientes especialidades:

Tratándose de partícipes minusválidos, los supuestos de enfermedad grave que le afecten conforme a las situaciones comentadas anteriormente, serán de aplicación cuando no puedan calificarse como contingencia. Además de los supuestos previstos anteriormente, en el caso de partícipes minusválidos se considerarán también enfermedad grave las situaciones que requieran, de forma continuada durante un período mínimo de tres meses, su internamiento en residencia o centro especializado, o tratamiento y asistencia domiciliaria.

El supuesto de desempleo de larga duración será de aplicación cuando dicha situación afecte al partícipe minusválido o a uno de sus parientes en línea directa o colateral hasta el tercer grado inclusive, de los cuales dependa económicamente, o de quien le tenga a su cargo en razón de tutela o acogimiento.

Asimismo, lo visto anteriormente será de aplicación también a las aportaciones a Mutualidades de Previsión Social realizadas a partir de 1 de enero de 1999 y prestaciones de las mismas a favor de minusválidos que cumplan los requisitos previstos en los anteriores apartados.

La aportación máxima anual de las personas minusválidas (24.250 euros) incluyendo las aportaciones realizadas a su favor por terceras personas, que no pueden exceder de 10.000 euros anuales.

## 4-128 Planes de pensiones del sistema de empleo de promoción conjunta

Los planes de pensiones de empleo de promoción conjunta son aquellos que se promueven por varias empresas o entidades, incluidos los empresarios individuales y los organismos de la Administraciones Públicas para dar cobertura a las mismas contingencias que los planes de pensiones de empleo normales comentados en los apartados anteriores.

Estos planes podrán limitar su ámbito a las empresas que inicialmente lo promovieron o bien pueden quedar abiertos a que se anexen nuevas empresas en el futuro.

Los factores que podrán delimitar la creación de un plan de pensiones de promoción conjunta son:



 © CISS

- Un acuerdo de negociación colectiva supraempresarial.
- Empresas de un mismo grupo empresarial, incluidas las Administraciones Públicas.
- Las pequeñas y medianas empresas.

Sin perjuicio de que cada empresa, si lo desea, puede promover su propio plan de pensiones.

Estos planes han de ser de aportación definida para la contingencia de jubilación. Las prestaciones por invalidez permanente, fallecimiento y dependencia si se prevén en prestación definida, deberán estar aseguradas mediante una póliza de seguros a un plazo máximo de un año. La excepción a esta norma está en los planes de pensiones de empleo de promoción conjunta promovidos por empresas con motivo de un convenio colectivo y que planteen prestaciones definidas para la jubilación, que cumpliendo una serie de requisitos -similares a la empresa que promueve un plan de empleo de prestación definida-, el plan podrá otorgar dichas prestaciones definidas directamente, de lo contrario será obligatorio asegurarlas a través de una póliza de seguros.

Otra característica de los planes de empleo de pensiones de promoción conjunta es que las especificaciones del plan deberán incorporar un anexo por cada empresa promotora que contendrá todas las características particulares relativas a cada empresa y a sus trabajadores partícipes, indicando las aportaciones a realizar, y sin que contradigan o limiten las cláusulas generales de las especificaciones del plan.

Una vez promovido el plan de promoción conjunta -al menos por dos empresas-, se deberá integrar en un fondo de pensiones de empleo y constituir comisión de control del plan en un periodo máximo de un año, que se regirá por las reglas generales de las comisiones de control de los planes de empleo, donde el voto de cada empresa -con representación de promotor, trabajadores y beneficiarios elegidos internamente dentro de cada empresa por sistema de designación directa o bien por proceso electoral, cada cuatro años- estará ponderado por el capital que aporte.

Una vez formalizado el plan de pensiones, podrán incorporarse, en su caso, otras empresas mediante la suscripción voluntaria de los anexos correspondientes. Todas las adscripciones se deberán comunicar a la Dirección General de Seguros.

La incorporación de nuevas empresas requerirá la aprobación de la comisión promotora o de control del plan, si bien podrán delegar tal función en un miembro de éstas o en la entidad gestora.

De igual forma, los planes de empleo de promoción conjunta serán revisados al menos cada tres años por un actuario independiente, que efectuará la revisión del plan de forma individual para cada empresa promotora y del plan en global.



## 4-129 La selección del plan de pensiones en la planificación de la jubilación

La selección del plan de pensiones entra dentro de un marco más global que es la planificación de la previsión social del individuo, que se puede definir como el proceso que tiene por objeto proveer de ingresos a aquella parte de la población que, habiendo prestado sus servicios a la sociedad, ya no puede hacerlo por circunstancias que lo inhabilitan, como pueden ser la edad, la incapacidad física, etc., y que pretende complementar a las pensiones públicas.

Para entender mejor lo que es la planificación de la jubilación, previamente definimos el proceso de inversión, como el marco de actuación lógico, ordenado y dinámico en el que cualquier inversor debe tomar sus decisiones de inversión/financiación. El objetivo es buscar la composición óptima de cartera que permita conseguir los objetivos planteados, cumpliendo las restricciones impuestas por el inversor y por los mercados financieros. Un caso particular de este proceso sería la planificación de la jubilación. De forma esquemática:

Los principales pasos lógicos de la planificación de la jubilación son los siguientes:

1. *Recoger datos y analizar situación actual del ahorrador:* Edad actual, estado civil, nivel de ingresos, ahorro inicial que se pretende destinar a la jubilación y las aportaciones periódicas que se estén realizando (si es el caso). Habrá que considerar el perfil de riesgo del partícipe, es decir, el umbral de tolerancia a las pérdidas del mismo, la liquidez que precisa el inversor para vivir, el ahorro que puede generar, todo ello para centrar la combinación de activos que le permitirán encontrar el patrimonio final deseado con el riesgo acomodado a su perfil.

2. *Establecer objetivo de capital o de pensión a constituir para el momento de la jubilación:* Habrá que estimar una edad de jubilación, una edad hasta la que se desea seguir percibiendo las rentas, el tipo de rentas a percibir, el porcentaje de ingresos que se desea percibir después de la jubilación (también llamado ratio de cobertura, considerando el porcentaje de los ingresos que supondrán las prestaciones públicas de la Seguridad Social), etc.

4

La diferencia entre la edad estimada de jubilación y la edad de inicio de las aportaciones, definen el horizonte temporal del inversor, que será decisivo a la hora de elegir el plan; en términos generales, a mayor horizonte de inversión, menor riesgo y mayor rentabilidad. Así a horizontes temporales cortos asociamos planes de pensiones integrados en fondos con una política de inversión conservadora (renta fija a corto plazo) y para horizontes temporales largos les asociamos inversiones más dinámicas (carteras mixtas de renta fija y variable o carteras de renta variable).

3. *Determinar aportaciones:* En función a la capacidad de ahorro, cuantificar las aportaciones que se desean realizar, junto a su periodicidad y tipo (constantes o crecientes, etc.).

4. *Concretar estrategia de inversión:* Analizar el perfil de inversión del ahorrador para determinar en qué activos y mercados invertir sus ahorros, que entendemos van a permitir la consecución del objetivo planteado.

5. *Calcular el valor del patrimonio estimado en el momento de la jubilación, teniendo en cuenta los parámetros establecidos junto al nivel de ingresos del que se desea disfrutar.*De esta manera identificamos posibles incongruencias existentes en los parámetros del plan, o si es necesario dedicar más recursos para constituir el patrimonio para la jubilación que se desea. Además, debemos realizar una estimación de la pensión pública, puesto que no todo el esfuerzo será privado.

6. *Ajustar parámetros o proponer la cantidad adicional necesaria para alcanzar el patrimonio requerido para la jubilación.*

7. *Seleccionar el/los vehículos de inversión apropiados:* De cada categoría de activos a utilizar en cada caso concreto.

8. *Revisar periódicamente el plan de ahorro,* por ejemplo, una vez al año, y en su caso proponer ajustes. Generalmente los ajustes vienen producidos por cambios en las circunstancias particulares del inversor y de los mercados financieros (aunque deben ser más importantes las primeras que las segundas).

A la hora de elegir un plan de pensiones, en este caso individual porque el inversor podría elegir -no así en el de empleo o en el asociado donde la elección individual está limitada a los intereses del colectivo puesto que la distribución de activos del fondo debe ser única para todos los partícipes y beneficiarios del plan, o como máximo tener dos políticas de inversión como se comentó en apartados anteriores en alusión al artículo 66 del RPP-, debemos considerar los siguientes factores generales:

- Son instrumentos de ahorro a largo plazo, por lo que son ilíquidos (excepto por los supuestos de paro de larga duración y enfermedad grave).
- La rentabilidad histórica del plan sería otro factor, pero cuidado porque rentabilidades pasadas no son garantía de rentabilidades futuras, no obstante dan una idea de la consistencia de los resultados obtenidos por el gestor del plan en el tiempo, que es más importante que las rentabilidades puntuales.
- También se deberá considerar la fiscalidad específica del plan de pensiones, y el impacto que pueda tener en los impuestos que paga como partícipe y como beneficiario.
- Otras circunstancias particulares del inversor, pueden ser la pensión esperada de la Seguridad Social y otros vehículos de previsión social que tenga contratados.

Otro factor a considerar es la fase del ciclo de vida en la que se encuentra el inversor, puesto que habrá que enmarcar la inversión en los planes de pensiones, como en otros productos de ahorro, dentro de la estructura económico-fiscal, y del perfil de riesgo que quiera asumir el inversor. Es decir, que la estructura de inversión del fondo en que se integra el plan de pensiones que contrate el inversor sea propia de una estrategia más conservadora (lo que en el siguiente cuadro llamamos estrategia "explícitos"), intemedia ("mixta") o dinámica ("crecimiento"), dependerá -en general- de la edad y del perfil de riesgo que quiera asumir el inversor. Así se distinguen, en general, tres fases en el ciclo vital del inversor:

| *FASE* | *EDAD* | *INGRESOS* | *AHORRO* | *PASIVOS* | *RIESGOS* | *ESTRATEGIA* |
|---|---|---|---|---|---|---|
| **ACUMULACIÓN** | hasta 45-50 | empleo | bajo | hipoteca | IPC | crecimiento |
| **CONSOLIDACIÓN** | hasta jubilación | empleo | alto | | IPC R | mixta |
| **PRESTACIÓN** | jubilación | rentas | Nada | | IPC, R', LON | explícitos |

Siendo R la rentabilidad objetivo buscada con el vehículo de ahorro para el horizonte temporal fijado de la jubilación, R la rentabilidad objetivo buscada una vez jubilado el partícipe -generalmente R será menor que R, y LON que es el riesgo de longevidad (riesgo alargamiento de la edad de fallecimiento que puede tener impacto en los recursos necesarios para financiar la jubilación).

En cualquier caso, a continuación se desarrollan las características de cada fase del ciclo vital expresadas en el cuadro anterior:

En la fase de acumulación, que en general y dependiendo de cada individuo y sus circunstancias podemos situarla en la fase hasta los 45-50 años, cuando los ingresos provienen mayoritariamente del salario, la capacidad de ahorro es baja y nuestro pasivo o deuda más importante es la hipoteca. Nuestro riesgo más importante es no batir a la inflación. La estrategia de inversión más adecuada en esta situación es de crecimiento (en general se podría asumir riesgo, siempre respetando el perfil del cliente), es decir, lo importante son conseguir plusvalías y no son necesarios ingresos recurrentes de nuestras inversiones. En esta fase debería predominar la estrategia de invertir en renta variable y activos similares, siempre que el perfil de riesgo del inversor lo tolere.

En la fase de consolidación, que va desde los 45-50 años hasta la jubilación, tenemos una capacidad de ahorro alta, ya se ha terminado de pagar la hipoteca (que es el principal gasto de las familias). La estrategia de inversión en esta fase debería ser mixta, es decir, combinando inversiones con rentabilidad explícita y rentabilidad implícita, así los activos más adecuados como estrategia de inversión en esta fase serían principalmente bonos y también renta variable pero en proporciones menores.

En la fase de prestación, estamos en la jubilación y nuestros ingresos provienen de las rentas de nuestras inversiones y las pensiones. En general, se debe seguir una estrategia de inversión conservadora porque una vez jubilado el individuo es más vulnerable puesto que ya no tiene otros recursos que la pensión pública y sus ahorros privados generados en la época de activo, por lo que se debe ser prudente a la hora de seleccionar la cartera de inversión y no correr riesgos excesivos. Aparece un riesgo adicional en esta fase del ciclo vital que es el aumento de la esperanza de vida o longevidad ("LON" en el cuadro) del individuo que encarece la prestación pública, y hace más necesaria la previsión u ahorro complementario. En cuanto a objetivo de rentabilidad buscado en esta fase, en principio sería mantener el poder del dinero (IPC) y si a caso buscar una rentabilidad algo superior (R ) pero con cautela -generalmente R será menor que R-, puesto que con esa edad la capacidad de generar ingresos vía trabajo es limitada o nula.

De hecho estamos viendo como los poderes públicos se están preocupando por el asunto del alargamiento de la esperanza de vida en relación con el impacto en los recursos de la Seguridad Social, tomando medidas como el alargamiento progresivo de la edad de jubilación, aumentando el número de años de cómputo para calcular la pensión pública, etc., puesto que al ser sistemas de reparto, son las personas cotizantes las que financian las pensiones de las personas jubiladas o que han causado otra prestación, por lo que si observamos en el caso español el descenso continuado de la natalidad -actualmente, la media de nacimientos por mujer está por debajo de los 1,4-, junto con el alargamiento de la vida de las personas, y el impacto de los ciclos económicos-financieros que de forma periódica generan desempleo -luego mayor gasto social y menores ingresos por cotizaciones sociales que son las que financian el sistema público de pensiones-, todo esto puede suponer a futuro un déficit en el sistema público de pensiones si no se tomaran distintas medidas estructurales en el tiempo.

No obstante la inversión en un plan de pensiones no debe ser estática, puesto que a medida que el inversor se aproxime a la fecha de la jubilación deberá ir reajustando los porcentajes de renta fija -aumentándolos- y renta variable -reduciéndolos- para bajar el riesgo asumido e ir consolidando la rentabilidad obtenida en años anteriores. Recordamos que los fondos de pensiones se valoran diariamente a precios de mercado de la cartera de inversión en que están materializados, por lo que no se garantizan los retornos (exceptuando los planes de pensiones de rentabilidad garantizada). Este reajuste a realizar en el tiempo lo puede realizar el partícipe de planes individuales y asociados movilizando sus derechos consolidados a otros planes con políticas de inversión más conservadoras. En el caso de los planes de empleo este reajuste se limitaría a la política de inversión única (o como máximo dos) que tenga el fondo de pensiones en donde se integra el plan.

Para darnos una idea de las tipologías de planes de pensiones según la distribución de las inversiones, mostramos los criterios de clasificación de los Planes del Sistema Individual son los siguientes (Fuente INVERCO):

1) RENTA FIJA A CORTO PLAZO

- No incluye activos de renta variable en su cartera de contado, ni derivados cuyo subyacente no sea de renta fija.

- La duración media de la cartera será inferior o igual a dos años.

2) RENTA FIJA A LARGO PLAZO

- No incluye activos de renta variable en su cartera de contado, ni derivados cuyo subyacente no sea de renta fija.

4

- La duración media de la cartera será superior a dos años.

3) RENTA FIJA MIXTA

- Menos del 30% de la cartera en activos de renta variable.

4) RENTA VARIABLE MIXTA

- Entre el 30% y el 75% de la cartera en activos de renta variable.

5) RENTA VARIABLE

- Más del 75% de la cartera en activos de renta variable.

6) GARANTIZADOS

- Planes para los que exista garantía externa de un determinado rendimiento, otorgada por un tercero.

A continuación ofrecemos algunos datos históricos sobre las rentabilidades, estructura de cartera, patrimonio invertido y número de partícipes de los planes de pensiones según su política de inversión a 31 de diciembre de 2010 (Fuente Inverco, nota de prensa):

1. **Datos generales**

- *Activos*: Su volumen alcanzó 84.757 millones de euros, lo que supone un aumento de 80 millones de euros (un 1% más) con respecto a septiembre de 2010. Con respecto a 2009, a pesar de la volatilidad de los mercados, especialmente los de renta fija, y la influencia de la crisis económica y financiera, durante 2010 los activos se mantuvieron prácticamente estables, frente a los 84.920 millones de euros del año 2009.

- *Aportaciones y prestaciones*: Las aportaciones brutas de 2010 (5.755 millones) han sido prácticamente similares a las de 2009, al igual que sucede con las prestaciones (4.232 millones).



© CISS

El 50% de las aportaciones brutas al sistema individual se han dirigido a planes con exposición a los mercados (renta variable, mixtos y renta fija a largo plazo). Finalmente las aportaciones netas (1.523 millones) se mantuvieron también prácticamente estables con respecto a las del año del 2009.

- *Cuentas de partícipes*: Se han elevado a 10.847.484, con un crecimiento de 311.022 en 2010 (un 3% más). El número de partícipes estimado se sitúa en ocho millones y medio, al existir partícipes con más de un plan.

2. **Datos por sistemas**

- *Sistema individual*: Su patrimonio se elevó hasta 52.547 millones de euros. El número de cuentas de partícipes ascendió hasta 8.596.336, un 0,8% más. El número de beneficiarios se sitúo en 116.750.

- Sistema de empleo: Alcanzó un volumen de activos de 31.238 millones de euros, con un incremento del 1,7% con relación a diciembre del pasado ejercicio. El número de cuentas de partícipes totalizó 2.171.021, con un crecimiento interanual del 12,7%. El número de beneficiarios se situó en 62.264.

- *Sistema asociado*: El volumen de activos se situó en 971 millones de euros. El número de cuentas de partícipes fue de 80.127. El número de beneficiarios se sitúo en 1.717.

3. **Rentabilidades**

La rentabilidad media anual ponderada de durante los últimos doce meses ha sido del -0,13%. Ello ha sido motivado principalmente por los resultados en la categoría de garantizados, que invierten en activos de renta fija a muy largo plazo, y en los que los partícipes no van a sufrir ningún quebranto al vencimiento de la garantía. Sin tener en consideración esta categoría, la rentabilidad sería del 0,5%.

Conviene poner de relieve que las rentabilidades anuales ponderadas en los últimos veinte años han sido del 5,3% y las de los últimos quince años, del 3,9%. Este dato es mucho más relevante que las rentabilidades a corto plazo, ya que es el período medio de aportación a los planes de pensiones.

| RENTABILIDADES ANUALES MEDIAS PONDERADAS (%) | | | | | | |
|---|---|---|---|---|---|---|
| | 20 AÑOS | 15 AÑOS | 10 AÑOS | 5 AÑOS | 3 AÑOS | 1 AÑO |
| SISTEMA INDIVIDUAL | **4,97** | **3,35** | **0,83** | **0,32** | **-1,28** | **-1,43** |
| **Renta foja corto plazo** | 4,68 | 2,94 | 1,59 | 1,27 | 1,04 | -0,64 |
| **Renta fija largo plazo** | 4,94 | 3,72 | 1,87 | 1,38 | 1,64 | -0,47 |
| **Renta fija mixta** | 4,97 | 3,17 | 0,93 | 0,11 | -1,40 | -1,54 |
| **Renta variable mixta** | 5,80 | 3,84 | 0,15 | -0,59 | -4,98 | -0,82 |
| **Renta variable** | 2,69 | 6,69 | -1,55 | -0,95 | -7,60 | 1,63 |
| **Garantizados** | -- | 6,82 | 3,25 | 0,02 | -0,65 | -3,96 |
| SISTEMA DE EMPLEO | **6,26** | **4,93** | **2,28** | **1,41** | **-0,21** | **2,01** |
| SISTEMA ASOCIADO | **6,29** | **4,60** | **2,38** | **1,66** | **-0,78** | **0,95** |
| TOTAL PLANES | **5,28** | **3,87** | **1,47** | **0,75** | **-0,87** | **-0,13** |

**Estructura de la cartera de los fondos de pensiones desglosada**

| | Diciembre 2006 | Diciembre 2007 | Diciembre 2008 | Diciembre 2009 | Diciembre 2010 |
|---|---|---|---|---|---|
| CARTERA INTERIOR | **41%** | **51%** | **51%** | **62%** | **64%** |
| Renta fija pública | 10% | 11% | 13% | 20% | 27% |
| Renta fija privada | 18% | 25% | 27% | 30% | 27% |

4

| | Diciembre 2006 | Diciembre 2007 | Diciembre 2008 | Diciembre 2009 | Diciembre 2010 |
|---|---|---|---|---|---|
| Renta variable | 12% | 14% | 10% | 11% | 10% |
| Otras inversiones | 1% | 1% | 1% | 1% | 0% |
| **CARTERA EXTERIOR** | **29%** | **21%** | **26%** | **17%** | **25%** |
| Renta fija | 18% | 11% | 19% | 9% | 7% |
| Renta variable | 11% | 10% | 7% | 8% | 8% |
| **TESORERÍA** | **20%** | **19%** | **15%** | **11%** | **11%** |
| **OTROS ACTIVOS** | **10%** | **9%** | **8%** | **10%** | **10%** |

## 4-130 Fiscalidad de los planes de pensiones

En la fiscalidad del plan de pensiones debemos distinguir entre:

**a) Fiscalidad de las aportaciones del plan de pensiones:**

Como se ha comentado en los apartados anteriores, los límites de aportación oscilan en función de la edad del aportante:

- Si el asegurado tiene hasta 50 años, el límite anual de aportación es 10.000 €.
- Si tiene más de 50 años, el límite es de 12.500 €.

**ATENCIÓN:** Las aportaciones operarán en conjunto para todas las figuras análogas desde el punto de vista fiscal: planes de pensiones de empleo, individuales, asociados, PPA, PPSE, seguros de gran dependencia y aportaciones a mutualidades de previsión social.

Estos límites podrán superarse ya que, con independencia de las aportaciones anteriores si el cónyuge percibe rentas inferiores a 8.000 euros anuales podrá aportarle al cónyuge y reducirse hasta 2.000 euros.

4

Existen casos especiales, como son las aportaciones a planes de pensiones realizadas por partícipes con un grado de minusvalía física o sensorial igual o superior al 65 %, y psíquica igual o superior al 33%, así como de discapacitados que tengan una incapacidad declarada judicialmente, independientemente de su grado, así como las realizadas a su favor por parientes, hasta el tercer grado de parentesco inclusive, así como el cónyuge o aquellos que les tuviesen a su cargo en régimen de tutela o acogimiento. Estos podrán aportarse o, que les aporten, hasta un límite de 24.250 euros, siempre con el límite de 10.000 euros anuales de aportaciones de cónyuge y parientes hasta el tercer grado de parentesco. En ningún caso podrá superarse conjuntamente el límite de 24.250 € por discapacitado.

La reducción por aportaciones en la base imponible general del IRPF será:

- Si el asegurado tiene hasta 50 años, el menor de 10.000 euros o el 30% de los rendimientos netos del trabajo.
- Si el asegurado tiene más de 50 años, el menor de 12.500 euros o el 50% de los rendimientos netos del trabajo.
- Si se aporta a favor de cónyuge con ingresos anuales inferiores a los 8.000 euros, la reducción será de hasta 2.000 euros.
- Se considerará la especialidad de los importes comentados para las personas con discapacidad.
- Si se aporta a favor de minusválido, hasta otros 10.000 euros más.

Estas reducciones son posibles siempre que no haga negativa la base liquidable del IRPF. De lo contrario, se podrán deducir los excesos no reducidos en los cinco años siguientes.

**ATENCIÓN:** En el caso de las aportaciones del promotor a planes de pensiones del sistema de empleo, para el trabajador son salario, por lo que se suman y se restan en la base imponible de forma que el efecto en el IRPF es neutro.

Es preciso subrayar que estos límites son individuales y, que en caso de declaración conjunta, hay que tener en cuenta las aportaciones de cada cónyuge que sea titular de un plan de pensiones, así como sus respectivos


© CISS

límites para cada uno de ellos. Esto significa que se consideran las rentas generadas por cada cónyuge por separado, y por tanto, si alguno de ellos no obtiene rentas del trabajo y/o de actividades económicas, no puede reducirse las aportaciones realizadas.

**ATENCIÓN:** El desarrollo legislativo de los límites de las aportaciones y reducciones, ha ido modificándose en el tiempo y la última actualización se encuentra en la Disposición Final Quinta de la Ley 35/2006, de 28 de noviembre, del Impuesto sobre la Renta de las Personas Físicas y de modificación parcial de las leyes de los Impuestos sobre Sociedades, sobre la Renta de no Residentes y sobre el Patrimonio, y por el que se modifica Ley de regulación de los Planes y fondos de pensiones, aprobado por el Real Decreto Legislativo 1/2002.

Por otro lado, es importante saber que el partícipe y beneficiarios de los planes de pensiones, considerando las limitaciones comentadas en apartados anteriores en función de si son planes personales o planes empleo, podrán movilizar sus derechos consolidados/económicos a otros planes, PPAs, PPSEs, sin tributación alguna por ello.

**b) Fiscalidad de las prestaciones del plan de pensiones:**

Cuando llega el momento del cobro del plan (por las contingencias normales de jubilación, fallecimiento, invalidez y gran dependencia o por disposición anticipada debida a desempleo de larga duración o por enfermedad grave), las prestaciones son siempre rendimientos del trabajo y se les aplica la retención correspondiente. De esta forma, pasan a integrar la base imponible general del impuesto del IRPF.

Igualmente, según la forma del cobro de las prestaciones, va a variar el monto imponible. Por tal caso, si se efectúa en forma de renta, financiera o actuarial, ya sea temporal o vitalicia, inmediata o diferida, el 100% de la misma estará gravada como rendimiento del trabajo. Pero si se efectúa un rescate del capital, se les aplica una reducción del 40% en la parte del capital cobrado que corresponda a las aportaciones realizadas antes de 31 de diciembre de 2006, siempre que hayan transcurrido más de dos años entre la fecha de la primera aportación y el 31 de diciembre de 2006. Para la parte del capital cobrado correspondiente a las aportaciones realizadas después de 31-12-06 no existirá tal reducción.

## 4-131 Premios por jubilación

Los premios por jubilación son aquellos compromisos establecidos en convenios colectivos supraempresariales, vinculados a la permanencia del trabajador en la empresa o sector hasta la jubilación, y consistentes en una prestación pagadera por una sola vez en el momento del cese por jubilación. Este tipo de compromisos está extendido en diversos sectores de la actividad económica, que comprenden numerosas empresas de pequeña y mediana dimensión.

4

La Ley 44/2002 que los regula, señala la posibilidad de instrumentar tales compromisos en planes de pensiones de empleo de promoción conjunta, habilitando expresamente a los representantes de empresas y trabajadores en el ámbito supraempresarial para la promoción de dichos planes, a los que podrán incorporarse las empresas afectadas por los respectivos convenios, y sin perjuicio de la alternativa de instrumentar el compromiso a través de cualquiera de los instrumentos aptos, esto es, mediante plan de pensiones propio de la empresa o mediante contrato de seguro colectivo de vida.

Para el cálculo de las primas o aportaciones al premio por jubilación se aplicarán la hipótesis de permanencia en la plantilla utilizando métodos actuariales basados en la edad alcanzada en la empresa por el trabajador.

Concretamente:

- Los cálculos se realizarán anualmente según la edad alcanzada por cada trabajador en la empresa.
- Se procederá al recálculo anual de la obligación pendiente de financiar en cada año. Dicha obligación se obtiene como diferencia entre el valor actual actuarial del premio de jubilación en cada ejercicio y el importe ya financiado del mismo.
- A la obligación ya recalculada anualmente, pendiente de financiar, dividida por el número de años que restan hasta la primera edad de posible acceso a la jubilación, se le aplicará un porcentaje (también llamado rotación) como hipótesis de permanencia correspondiente a la edad del trabajador en dicho ejercicio y al código de la Clasificación Nacional de Actividades Económicas del Instituto Nacional de Estadística en que se encuadra el sector al que afecta el convenio, y que está recogida en el anexo de la Orden EHA/3433/2006, de 2 de noviembre.

También podrán utilizarse a estos efectos métodos de asignación de costes, aplicando de forma similar las referidas hipótesis de permanencia en plantilla.

**ANEXO: Resumen de los vehículos de previsión social dirigidos al ahorro**

| Criterio | Planes de Pensiones | Planes de Previsión Asegurados | Planes de Jubilación | Unit Linked | PIAS (planes de ahorro sistemático) | PPSE (planes de previsión social empresarial) |
|---|---|---|---|---|---|---|
| **Rentabilidad** | No asegurada, excepto en los garantizados. En ese caso, el compromiso es asumido por un tercero (no por plan de pensiones). | Interés mínimo garantizado durante la vida del producto más, en su caso, participación en beneficios. | Interés mínimo garantizado durante la vida del producto más, en su caso, participación en beneficios. | No asegurada. Depende de la cesta de activos incluidos en el unit linked en donde podrá moverse el tomador del seguro. | Rentabilidad mínima asegurada. El resto corre por cuenta del cliente en función del riesgo de la cartera que elija. | No asegurada, excepto en los Garantizados. En ese caso, el compromiso es asumido por un tercero (no plan de pensiones). |
| **Liquidez** | No tiene liquidez, salvo en caso de enfermedad grave o desempleo de larga duración. | No tiene liquidez, salvo en caso de enfermedad grave o desempleo de larga duración. | En cualquier momento, pero con posibles penalizaciones por rescate anticipado. | En cualquier momento, aunque suele existir penalización durante primeros año. | En cualquier momento. | No tiene liquidez, salvo en caso de enfermedad grave o desempleo de larga duración. |
| **Fiscalidad** | Las aportaciones se deducen de la base imponible.<br><br>Con los límites de: hasta los 50 años el menor de 30% de los RNT o 10.000 euros y más de 50 años el menor de 50% de los RNT o 12.500 euros.<br><br>Las prestaciones tributan como rendimientos del trabajo en el IRPF. | Tienen la misma fiscalidad que los planes de pensiones. | Las aportaciones no desgravan en el IRPF. La ventaja fiscal depende de la forma de percibir la prestación por jubilación el individuo:<br>En capital: la plusvalía generada tributa al 19% los primeros 6.000 euros y 21% el resto.<br>En renta: la renta recibida tributa al 19% los primeros 6.000 euros y 21% el resto, la renta tiene reducciones dependiendo de si la renta es temporal o vitalicia momento en que se percibe.<br>La prestación se integra en la base del ahorro como rendimientos del capital mobiliario. | Las aportaciones no desgravan. La ventaja fiscal depende de la forma de percibir la prestación: En capital: 19% los primeros 6.000 euros y 21% el resto de la renta reducida conforme a los porcentajes reductos del IRPF, dependiendo de si la renta es temporal o vitalicia momento en que se percibe la prestación.<br><br>La prestación se integra en la base del ahorro como rendimientos del capital mobiliario. | Si se recibe la prestación en forma de renta vitalicia (aplicando reducciones del seguro de vida) después de, al menos, 10 años desde la constitución, la plusvalía está exenta. De lo contrario tributa al 19% los primeros 6.000 euros y 21% el resto como rendimientos del capital mobiliario.<br><br>Aportación máx. anual de 8.000 euros, no deducibles.<br><br>Aportación máx. total en un periodo de 30 años: 240.000 euros. | Las aportaciones se deducen de la base imponible general.<br><br>Las prestaciones tributan como rendimientos del trabajo, como los planes de pensiones. |

4

| Criterio | Planes de Pensiones | Planes de Previsión Asegurados | Planes de Jubilación | Unit Linked | PIAS (planes de ahorro sistemático) | PPSE (planes de previsión social empresarial) |
|---|---|---|---|---|---|---|
| **Gastos y Comisiones** | Máximo legal de un 2,50% (2% en comisión de gestión, 0,50% en comisión de depósito). | No tiene máximo legal, pero suelen ser menores que las comisiones de los planes de pensiones. | No tiene máximo legal, pero suelen ser menores que las comisiones de los planes de pensiones. | Comisiones por lo general más altas (seguro más fondos de inversión, si es que se instrumenta a través de fondos de inversión). | No tiene máximo legal. | No tiene máximo legal, pero suelen ser menores que las comisiones de los planes de pensiones. |
| **Protección** | No tiene protección adicional (excepto garantizados). | Protección adicional en caso de fallecimiento y/o invalidez, pues se trata de un seguro y debe tener alguna cobertura para fallecimiento. | Protección adicional en caso de fallecimiento y/o invalidez. | Protección adicional en caso de fallecimiento y/o invalidez. | Protección adicional en caso de fallecimiento y/o invalidez. | Protección adicional en caso de fallecimiento y/o invalidez. |
| **Gestión inversiones** | Por cuenta de la gestora, según la política de inversión del fondo. | Por cuenta de la compañía de seguros. | Por cuenta de la compañía de seguros. | Por cuenta del asegurado a partir de las combinaciones de activos propuestas de antemano por la entidad aseguradora. | Por cuenta de la compañía de seguros. El asegurado puede elegir nivel de riesgo de la cartera de inversión. | Por cuenta de la gestora, según la política de inversión del plan de previsión determinada por el empresario. |

4

## 4-132 Las tablas de GR y GK ( para planes de pensiones)

Las tablas del tipo GR ("Gruppen Rentenversicherung) que pueden ser M-para hombres (Männer) ó F-para mujeres (Fraüen), son tablas de supervivencia, mientras que las tablas del tipo GR ("Gruppen Kapitalversicherung) que pueden ser M-para hombres (Männer) ó F-para mujeres (Fraüen), son tablas de fallecimiento.

**Tablas GRM/95- GRF/95 y GKM/95 - GKF/95**

Al amparo de la habilitación concedida por el artículo 19.3 del RPP, la Orden EHA/69/2011, de 21 de enero, ha venido a prorrogar la utilización de las tablas de supervivencia GRM/95 y GRF/95 y las tablas de fallecimiento GKM/95 y GKF/95 en el sistema de planes de pensiones a partir del 1 de enero de 2011.

El artículo 4 de la Orden EHA/407/2008, de 7 de febrero, por la que se desarrolla la normativa de planes y fondos de pensiones en materia financiero-actuarial, del régimen de inversiones y de procedimientos registrales, establece que se considerarán aplicables en el sistema de planes de pensiones las tablas de experiencia nacional o extranjera no particulares, ajustadas según tratamientos estadísticos de general aceptación, siempre que el final del periodo de observación de las tablas no sea anterior en más de veinte años a la fecha de cálculo de la provisión.

Ambas tablas actuariales tienen un periodo de observación de referencia hasta el año 1990, por lo que, de conformidad con lo dispuesto en el mencionado artículo 4 de la Orden EHA/407/2008, no podrían utilizarse a partir del ejercicio 2011 al haber trascurrido a esa fecha más de 20 años desde el final de su periodo de observación.

**ATENCIÓN**: El sector asegurador está abordando actualmente la elaboración de unas tablas específicas de la población asegurada española, que no estarán terminadas en el plazo al que se refiere la orden, por lo que se hace preciso una prórroga, de forma que puedan seguir utilizándose, en tanto no se declaren aplicables nuevas tablas, las tablas de supervivencia GRM/95 y GRF/95 y las tablas de fallecimiento GKM/95 y GKF/95 en el sistema de planes de pensiones.

## 4-133 Comercialización de planes de pensiones

La recién aprobada LES ha venido a introducir importantes novedades en la cuanto a la comercialización de los planes de pensiones que pasamos a analizar.

**Acuerdos de comercialización de Planes de Pensiones**

Según viene a establecer la recién aprobada LES, las personas y entidades que se encuentren realizando labores de comercialización de planes de pensiones individuales, así como los acuerdos de comercialización formalizados con anterioridad a la entrada en vigor de dicha Ley,, deberán adaptarse a lo dispuesto en el nuevo artículo 26 bis del TRLRPFP, en la redacción dada por la disposición final décimo quinta de la propia LES, básicamente en lo relativo al establecimiento de "**acuerdos de comercialización**".

Este **acuerdo de comercialización**, suscrito por el comercializador con la entidad gestora, deberá delimitar las competencias y obligaciones del comercializador, incluidas, en su caso, las relativas a la realización de acciones publicitarias, los medios y redes de distribución, y las personas o entidades que van a efectuar la actividad por cuenta del comercializador.

Asimismo, las entidades gestoras de fondos de pensiones deberán comunicar a la DGSFP las entidades o personas con las que hayan establecido los citados acuerdos de comercialización.

**Entidades y personas que podrán realizar la actividad de comercialización de los planes de pensiones del sistema individual**

La LES introduce un nuevo artículo 26bis al TRLRPFP, relativo a la actividad de comercialización de planes de pensiones individuales en el que establece las entidades y personas que podrán realizar la actividad de comercialización de los planes de pensiones del sistema individual:

4

a) Entidades de crédito que tengan como actividad típica y habitual recibir fondos del público en forma de depósito, préstamo, cesión temporal de activos financieros u otras análogas que lleven aparejada la obligación de su restitución, aplicándolos por cuenta propia a la concesión de créditos u operaciones de análoga naturaleza.

b) Entidades aseguradoras.

c) Empresas de servicios de inversión.

d) Sociedades gestoras de instituciones de inversión colectiva.

e) Entidades gestoras de fondos de pensiones.

f) Agentes de seguros vinculados.

g) Operadores de banca-seguros vinculados.

h) Corredores de seguros.

**Requisitos de los comercializadores de planes de pensiones individuales**

Para poder comercializar planes de pensiones individuales la entidad o persona física comercializadora deberá:

1. Disponer de una estructura y medios humanos y materiales adecuados a la actividad.

2. Garantizar la capacidad y formación de las personas que realicen la comercialización por cuenta del comercializador.

3. Contar con un reglamento de conducta o documento análogo sobre política de comercialización que asegure un servicio e información en interés de los partícipes y beneficiarios.

4. Acreditar un sistema de control del ejercicio de la actividad.

**Obligaciones del comercializador de planes de pensiones individuales**

Son obligaciones propias del comercializador de planes de pensiones individuales las siguientes:

 © CISS

1. Suministrar información sobre los planes de pensiones y sobre la adecuación de los mismos a las características y necesidades de los partícipes, en los términos que se establezcan reglamentariamente.

2. Tramitar las solicitudes de aportaciones, de movilización de derechos consolidados, de cobro de prestaciones y reembolso de derechos consolidados en los supuestos excepcionales de liquidez que se produzcan con posterioridad a la contratación en la que intervenga.

**ATENCIÓN**: Toda entrega o recepción de fondos por aportaciones, prestaciones o supuestos excepcionales de liquidez deberá realizarse directamente entre el partícipe o beneficiario y el fondo de pensiones, mediante, en su caso, efectos nominativos, ingreso en cuenta u órdenes de transferencia a favor del fondo de pensiones o del partícipe o beneficiario según corresponda.

La comercialización no implicará en ningún caso la instrumentación de cobros y pagos, los cuales deberán realizarse a través de la entidad depositaria del fondo de pensiones.

**Gastos de comercialización del plan de pensiones individuales**

Los gastos inherentes a la comercialización del plan y las remuneraciones o comisiones establecidas por los servicios de comercialización en ningún caso serán a cargo del partícipe o beneficiario ni del plan o fondo de pensiones correspondiente.

**Responsabilidad de los comercializadores**

Las personas o entidades comercializadoras serán responsables, ante los partícipes y beneficiarios, de todos los perjuicios que les causaren por incumplimiento de sus obligaciones.

Tendrá la consideración de **infracción muy grave** la señalada en la nueva redacción del apartado q) del artículo 35 "Infracciones administrativas" del TRLRPFP, apartado 3, que viene a establecer:

*"La prestación de servicios de comercialización de planes de pensiones por personas o entidades distintas de las enumeradas en el apartado 1 del artículo 26 bis de esta Ley, o la prestación de tales servicios sin el preceptivo acuerdo de comercialización".*

Tendrá la consideración de **infracción grave** la señalada en la nueva redacción del apartado ñ) del artículo 35.4:

*"El incumplimiento del deber de información o suministrar información insuficiente, inexacta o inadecuada a los partícipes, beneficiarios o al público en general, así como la realización de cualesquiera actos u operaciones con incumplimiento de las normas reguladoras de la publicidad y deber de información de los planes y fondos de pensiones".*

4

## Sección 10. LA ESPECIALIDAD DEL BENEFICIARIO EN EL SEGURO DE VIDA

### 4-134 Introducción

El beneficiario de una póliza de seguros de vida es la persona o personas que tienen derecho a recibir las prestaciones en forma de capital, rentas, etc. La LCS regula la figura del beneficiario en los artículos 84 a 88.

El tomador-asegurado o estipulante de la póliza -en función de quien es el que ha pagado la prima que es el que tiene derecho a designar al beneficiario- es quién podrá indicar la figura del beneficiario en la propia póliza o en una declaración posterior dirigida al asegurador, o bien en testamento. Esta asignación la puede modificar tantas veces como desee. Lo que importa es la última declaración de beneficiario.

El seguro de vida es inembargable, y queda fuera de la masa legal hereditaria, por lo que no se puede embargar la suma asegurada del beneficiario.

Si la designación se hace en favor de varios beneficiarios, la prestación convenida se distribuirá, salvo estipulación en contrario, por partes iguales.

Si la designación de beneficiario no se hace a título nominativo, sino que se hace de forma genérica a favor de herederos, intervendrá el Derecho Civil y Sucesorio común de reparto de herencias, siguiendo el orden de prelación testamentario. La parte no adquirida por un beneficiario acrecerá a los demás. Los beneficiarios que sean herederos conservarán dicha condición aunque renuncien a la herencia.

Si aún así no hubiese herederos, la prestación irá al tomador del seguro, si vive. De lo contrario, si no hay beneficiario alguno, quedará a favor de la entidad aseguradora.

En la actualidad la existencia del Registro de Beneficiarios de Seguros de Vida ayuda a contrastar a quien crea que es beneficiario de un seguro de vida.

El tomador podrá, cuando quiera y sin necesidad de consentimiento, si lo permite la modalidad de póliza contratada, revocar al beneficiario nombrado y nombrar, o no, a otros beneficiarios. En tal caso, el seguro de vida pierde los seguros complementarios (doble capital por accidente, triple capital por accidente de tráfico, etc.). Si el tomador del seguro de vida renuncia a su derecho de revocar al beneficiario perderá los valores garantizados de la póliza de seguro de vida (valor de rescate, anticipo, reducción y pignoración).

La prestación del asegurador deberá ser entregada al beneficiario, en cumplimiento del contrato, aun contra las reclamaciones de los herederos legítimos y acreedores de cualquier clase del tomador del seguro. Unos y otros podrán, sin embargo, exigir al beneficiario el reembolso del importe de las primas abonadas por el contratante en fraude de sus derechos.

La indicación de beneficiario realizada por el artículo 84 de la LCS no se limita a una modalidad concreta del seguro de vida para el caso de muerte propia del asegurado, en el que coinciden tomador y asegurado, sino también para el caso de muerte de un tercero (art. 83 de la LCS). También existe la posibilidad de nombramiento de beneficiario del seguro de vida en el seguro de vida para el caso de supervivencia y para los seguros de vida mixtos que cubren tanto el fallecimiento como la supervivencia.

En el caso del seguro de accidentes y de asistencia sanitaria, también se puede designar al beneficiario que se desee por parte del tomador o en su caso por parte del asegurado (el tomador tiene el derecho de nombrar al beneficiario si es el que paga la prima del seguro en calidad de propietario del negocio, de lo contrario, es un mero intermediario que actúa por cuenta ajena).

La misma casuística existe para el seguro colectivo, aunque en este caso la relación entre tomador y asegurados debe ser extraña a la operación de seguro en sí misma.

## 4-135 La aceptación del beneficiario y estipulación a favor de tercero



La LCS no hace indicación alguna sobre la acción que pueda realizar la figura del beneficiario antes de reclamar la prestación (art. 88 LCS), y al mismo tiempo, reconoce el derecho de la persona que lo nombró a cambiarlo tantas veces como desee hasta la ocurrencia del siniestro que da lugar a la prestación, y no considera la aceptación del beneficiario -como receptor de la prestación- dentro del mecanismo de la estipulación a favor de tercero reconocido en el artículo 1257 del Código Civil:

*"Los contratos sólo producen efecto entre las partes que los otorgan y sus herederos; salvo, en cuanto a éstos, el caso en que los derechos y obligaciones que proceden del contrato no sean transmisibles, o por su naturaleza, o por pacto, o por disposición de la ley.*

*Si el contrato contuviere alguna estipulación en favor de un tercero, éste podrá exigir su cumplimiento, siempre que hubiese hecho saber su aceptación al obligado antes de que haya sido aquélla revocada".*

Esta configuración autónoma de la estipulación a favor de tercero es normal en el seguro de vida pero distinta del tratamiento en el marco del Derecho Civil, en donde es necesario que el obligado y el receptor del derecho conozcan de tal relación.

Esta forma de interpretar la estipulación a favor de tercero del seguro de vida se confirma cuando en un seguro de vida se designa a un beneficiario con carácter irrevocable, sin su aceptación, como sí sería precisa en cualquier otro negocio donde se estipulan derechos a favor de tercero.

Ante esta situación, será fundamental que el beneficiario conozca que lo es, porque de lo contrario se dificulta el ejercicio de su derecho de cobro de la prestación en caso de fallecimiento o supervivencia del asegurado, y aunque como se ha comentado en el capítulo del seguro de vida, desde 2006 con la creación del Registro de Beneficiarios de Seguros de Vida se facilitó la acción de reclamación de los beneficiarios, lo mejor es informar de forma explícita al beneficiario que lo es y una forma práctica de conseguirlo es asignarlo en testamento o bien decírselo a la persona de forma explícita por algún otro medio, para que cobre la suma asegurada cuando se produzca la contingencia al asegurado. Recordemos que según el artículo 23 de la LCS *las acciones que se deriven del contrato de seguro prescribirán en el término de dos años si se trata de seguros de daños y de cinco, si el seguro es de personas.*

 © CISS

## 4-136 La inexistencia de beneficiario en el seguro para caso de muerte. Supuestos

Según el párrafo 3 del artículo 84 de la LCS:

*"Si en el momento del fallecimiento del asegurado no hubiere beneficiario concretamente designado, ni reglas para su determinación, el capital formará parte del patrimonio del tomador".*

En tal supuesto se hace alusión a los seguros de vida en caso de supervivencia y de los seguros mixtos. Es estos tipos de seguros de vida, el titular de la suma asegurada será el tomador del seguro según el artículo 7 párrafo 3 de la LCS: "*Los derechos que derivan del contrato corresponderán al asegurado o, en su caso, al beneficiario, salvo los especiales derechos del tomador en los seguros de vida*", salvo en el caso de que el tomador y asegurado coincidan -según indica el artículo 83 párrafo 2: "*El seguro sobre la vida puede estipularse sobre la vida propia o la de un tercero, tanto para caso de muerte como para caso de supervivencia o ambos conjuntamente, así como sobre una o varias cabezas-* en cuyo caso será el *tomador del seguro el beneficiario de prestación*".

Será preciso que no exista beneficiario concretamente designado ni reglas para su determinación.

La integración en el patrimonio del tomador cuando en el momento del fallecimiento del asegurado no se hubiera designado al beneficiario, según indica el artículo 84, párrafo 3° de la LCS dice que. *"Si en el momento del fallecimiento del asegurado no hubiere beneficiario concretamente designado, ni reglas para su determinación, el capital formará parte del patrimonio del tomador".*

En el caso de fallecimiento simultáneo del asegurado y del beneficiario, habría dos posiciones a analizar: una dar prevalencia al beneficiario de forma que sean sus herederos los que reciban la prestación, y la otra es suponer que el beneficiario no sobrevivió al asegurado por lo que la suma asegurada iría al tomador del seguro.

El artículo 33 del Código Civil establece que *"Si se duda, entre dos o más personas llamadas a sucederse, quién de ellas ha muerto primero, el que sostenga la muerte anterior de una o de otra, debe probarla; a falta de prueba, se presumen muertas al mismo tiempo y no tiene lugar la transmisión de derechos de uno a otro"*, lo que supone que el beneficiario será el que conserve la titularidad de la suma asegurada y por tanto al fallecer pasaría a sus herederos.

Cuando no existe estipulación válida a favor de tercero beneficiario, el legislador dice que la suma asegurada deberá recabar en la persona que pagó las primas. De forma que si el estipulante vive recibirá la suma asegurada, que podrá ser mayor o menor que las primas pagadas, y si éste coincide con la figura del asegurado la suma asegurada se integrará en su herencia.

4

**ATENCIÓN:** Si la suma asegura la recibe quien pagó las primas y ésta es superior aquellas, deberá tributar por la plusvalía generada en el IRPF como rendimientos del capital mobiliario en la base del ahorro.

## 4-137 Los derechos del beneficiario de un seguro de vida

**1. Derechos del beneficiario del seguro de vida antes y después de la muerte.**

El beneficiario no tiene ningún derecho hasta el acaecimiento de la contingencia que activa la prestación del seguro de vida por fallecimiento, supervivencia o mixto, por lo que hasta ese momento no podrá exigir nada al tomador ni al asegurado. Una vez ocurrida la contingencia prevista en el seguro de vida podrá solicitar a la entidad aseguradora el cobro de la prestación prevista. Recordemos que la LCS no hace indicación alguna sobre la acción que pueda realizar la figura del beneficiario antes de reclamar la prestación de acuerdo con el artículo 88 de la LCS, que es cuando se hace visible desde el punto de vista de derechos, ante el asegurador, la figura del beneficiario.

**2. El derecho del beneficiario de un seguro de vida como propio e independiente del patrimonio del tomador del seguro.**

El artículo 88 de la LCS establece que: "*La prestación del asegurador deberá ser entregada al beneficiario, en cumplimiento del contrato, aun contra las reclamaciones de los herederos legítimos y acreedores de cualquier clase del tomador del seguro. Unos y otros podrán, sin embargo, exigir al beneficiario el reembolso del importe de las primas abonadas por el contratante en fraude de sus derechos.*

*Cuando el tomador del seguro sea declarado en concurso o quiebra, los órganos de representación de los acreedores podrán exigir al asegurador la reducción del seguro*".

Es decir, que la suma asegurada, a la que tiene derecho el beneficiario, queda fuera de la masa hereditaria, y del alcance de los acreedores del tomador.

**3. Independencia del derecho del seguro frente al Derecho Sucesorio, en lo que afecta al beneficiario del seguro de vida.**

Por otro lado, será ineficaz la renuncia a la herencia realizada por el beneficiario del seguro de vida. Según indica al final del artículo 85 de la LCS: *"En caso de designación genérica de los hijos de una persona como beneficiarios, se entenderán como hijos todos sus descendientes con derecho a herencia. Si la designación se hace en favor de los herederos del tomador, del asegurado o de otra persona, se considerarán como tales los que tengan dicha condición en el momento del fallecimiento del asegurado. Si la designación se hace en favor de los herederos sin mayor especificación, se considerarán como tales los del tomador del seguro que tengan dicha condición en el momento del fallecimiento del asegurado. La designación del cónyuge como beneficiario atribuirá tal condición igualmente al que lo sea en el momento del fallecimiento del asegurado. Los beneficiarios que sean herederos conservarán dicha condición aunque renuncien a la herencia"*.

De esta forma queda clara la independencia del derecho del seguro frente al Derecho Sucesorio, lo cual supone el derecho a recibir la suma asegurada el beneficiario y no el asegurador, con independencia de que el beneficiario acepte o no la herencia. Distinto sería el caso de una desheredación justificada legalmente y en testamento del beneficiario, porque de esa forma sí perdería el beneficiario el derecho a recibir la prestación del seguro de vida.

En resumen, queda completamente separada la prestación del seguro de vida de la herencia, en cuanto a que los criterios de asignación de una y de la otra no tienen por qué ser coincidentes.

## 4-138 La distribución de la suma asegurada entre varios beneficiarios

Estaremos ante cobeneficiarios, cuando el tomador-asegurador estipulante del seguro de vida designe a varias personas, físicas, o morales; o incluso de ambos tipos, como acreedores del derecho a la prestación del seguro, de forma conjunta y coincidente temporalmente.

El artículo 86 de la LCS dice que: *"Si la designación se hace en favor de varios beneficiarios, la prestación convenida se distribuirá, salvo estipulación en contrario, por partes iguales. Cuando se haga en favor de los herederos, la distribución tendrá lugar en proporción a la cuota hereditaria, salvo pacto en contrario. La parte no adquirida por un beneficiario acrecerá a los demás"*.

4

Luego, en el caso de designación conjunta si no existe estipulación en contrario, el reparto de la suma asegurada entre los diferentes cobeneficiarios se hará en partes iguales, de forma que el asegurador pagará a cada uno su parte.

En el caso de los beneficiarios coherederos, la distribución de la suma asegurada tendrá lugar en proporción a la cuota hereditaria, a menos que el estipulante indique por los medios establecidos, otra forma de distribución de la suma asegurada como, por ejemplo, distribución en partes iguales o en proporción inversa a la cantidad recibida en herencia.

En caso de renuncia a la herencia del coheredero, no afectará a la figura del beneficiario, según indica el artículo 85 de la LCS: *"Los beneficiarios que sean herederos conservarán dicha condición aunque renuncien a la herencia"*.

## 4-139 Formas de revocación de la designación del beneficiario del seguro de vida

Unido a las formas explícitas ya comentadas de designación -y que también son de revocación- de beneficiario (en póliza, en comunicado posterior al asegurado, o en testamento), a continuación se analizan otras formas de revocación de dicha designación, que no siendo explícitas como las anteriores pueden causar los mismos efectos.

Concretamente nos referimos a las posibilidades tácitas de finalización o cancelación de las expectativas del beneficiario de recibir la suma asegurada en caso de ocurrencia de la contingencia, la cual se cubre, realizada por parte del estipulante. Veámoslas:

**1. El impago de las primas al asegurador**

El impago de las primas periódicas al asegurador supone la suspensión de la cobertura del seguro si han transcurrido más de seis meses desde que debieron ser pagadas; así lo indica el artículo 15 de la LCS:

*"Si por culpa del tomador la primera prima no ha sido pagada, o la prima única no lo ha sido a su vencimiento, el asegurador tiene derecho a resolver el contrato o a exigir el pago de la prima debida en vía ejecutiva con base en la póliza. Salvo pacto en contrario, si la prima no ha sido pagada antes de que se produzca el siniestro, el asegurador quedará liberado de su obligación.*

*En caso de falta de pago de una de las primas siguientes, la cobertura del asegurador queda suspendida un mes después del día de su vencimiento. Si el asegurador no reclama el pago dentro de los seis meses siguientes al vencimiento de la prima se entenderá que el contrato queda extinguido. En cualquier caso, el asegurador, cuando el contrato esté en suspenso, sólo podrá exigir el pago de la prima del período en curso.*

*Si el contrato no hubiere sido resuelto o extinguido conforme a los párrafos anteriores, la cobertura vuelve a tener efecto a las veinticuatro horas del día en que el tomador pagó su prima".*

La pregunta que nos hacemos en este momento es si esta hipotética situación de impago de primas periódicas puede intervenir el beneficiario realizando el pago: la respuesta es no puede, porque estaría limitando los derechos del pagador de las primas (tomador o asegurado en su caso) y estipulante del beneficiario, que por las razones que sean, ha decidido poner fin al seguro de vida dejando de pagar las primas sucesivas.

### 2. El rescate de la póliza por el estipulante

El derecho de rescate del seguro de vida sobre la provisión matemática es un derecho del estipulante del seguro establecido en el artículo 96 de la LCS:

*"El tomador que haya pagado las dos primeras anualidades de la prima a la que corresponda el plazo inferior previsto en la póliza podrá ejercitar el derecho de rescate mediante la oportuna solicitud, conforme a las tablas de valores fijadas en la póliza".*

Esto supone la revocación tácita del derecho del beneficiario a sus expectativas del cobro de la prestación, puesto que el estipulante ha cancelado el contrato de seguro. No obstante, tendrá derecho a ejercer acciones de reclamación contra el estipulante en virtud de las relaciones que existiesen entre ellos.

### 3. Anticipo de la suma asegurada

El derecho a ejercer el derecho de préstamo o anticipo de la suma asegurada por parte del estipulante del seguro de vida, supone una alteración de las relaciones contractuales en el sentido de que, en función del importe anticipado por el estipulante y de si se repone o no, la póliza modifica sus prestaciones y, por tanto, las expectativas del beneficiario.

Es un derecho establecido en el artículo 97 de la LCS:

*"El asegurador deberá conceder al tomador anticipos sobre la prestación asegurada, conforme a las condiciones fijadas en la póliza, una vez pagadas las anualidades a que se refiere el artículo anterior".*

### 4. El derecho de pignoración de la póliza de seguros de vida

De acuerdo con el artículo 99 de la LCS: "*El tomador podrá, en cualquier momento, ceder o pignorar la póliza, siempre que no haya sido designado beneficiario con carácter irrevocable. La cesión o pignoración de la póliza implica la revocación del beneficiario.*

*Si la póliza se emite a la orden, la cesión o pignoración se realizarán mediante endoso.*

*El tomador deberá comunicar por escrito fehacientemente al asegurador la cesión o pignoración realizada".*

Es decir, que si no se ha señalado que el beneficiario/s indicado/s en la póliza de seguro de vida por el estipulante (tomador o asegurado) es irrevocable, éste podrá utilizar la suma asegurada como prenda o garantía para el cumplimiento de una obligación determinada, ya sea propia del estipulante o de un tercero.

La pignoración de la póliza supone su afectación a un fin distinto al inicial, que supone la revocación del beneficiario. Para evitar esta situación de doble designación de beneficiario -el originario y el acreedor-, el primero si quiere mantener intactos su posición y expectativas, deberá cancelar la deuda con el acreedor pignoraticio antes de formalizar la pignoración de la póliza de seguro de vida.

### 5. El derecho de reducción

4

El estipulante del contrato de seguro de vida, según la modalidad contratada, tendrá el derecho a reducir el pago de primas futuras y, por tanto, se le aplicará una reducción proporcional en la suma asegurada, y, por tanto, de las expectativas de percepción del beneficiario. Siempre, y antes de que suceda la muerte del asegurado, el estipulante podrá rehabilitar la póliza en los términos inicialmente pactados mediante el pago de las cantidades debidas al asegurador; de esa forma también se rehabilitarían las expectativas del beneficiario.

Aunque el ejercicio del derecho de reducción supone una merma de las expectativas del beneficiario, a diferencia de otras formas de revocación vistas anteriormente, ésta no supone la revocación tácita del beneficiario, que sigue teniendo expectativas de recibir prestación, aunque de forma temporal -y tal vez definitiva- estén mermadas.

Este derecho del estipulante está regulado en el artículo 95 de la LCS:

*"Una vez transcurrido el plazo previsto en la póliza, que no podrá ser superior a dos años desde la vigencia del contrato, no se aplicará el párrafo 2º del artículo 15 sobre falta de pago de la prima. A partir de dicho plazo, la falta de pago de la prima producirá la reducción del seguro conforme a la tabla de valores inserta en la póliza.*

*La reducción del seguro se producirá igualmente cuando lo solicite el tomador, una vez transcurrido aquel plazo.*

*El tomador tiene derecho a la rehabilitación de la póliza, en cualquier momento, antes del fallecimiento del asegurado, debiendo cumplir para ello las condiciones establecidas en la póliza".*

## 4-140 La irrevocabilidad en la designación del beneficiario

El artículo 87 de la LCS se indica que la designación irrevocable del beneficiario es unilateral por parte del estipulante, y exige la renuncia expresa y por escrito al derecho de revocación del beneficiario por parte del estipulante, por lo que no cobra sentido la aceptación del beneficiario al ser un derecho del estipulante.

*"El tomador del seguro puede revocar la designación del beneficiario en cualquier momento, mientras no haya renunciado expresamente y por escrito a tal facultad. La revocación deberá hacerse en la misma forma establecida para la designación.*

*El tomador perderá los derechos de rescate, anticipo, reducción y pignoración de la póliza si renuncia a la facultad de revocación".*

4

La consecuencia de la irrevocabilidad en el nombramiento del beneficiario por parte del estipulante, es que una vez comunicada por éste al asegurador la renuncia a la revocabilidad del derecho de designación de beneficiario, la expectativa que tiene el beneficiario se convierte en una realidad, condicionada a la ocurrencia del siniestro previsto en la póliza del seguro de vida. Esto supone que en caso de fallecimiento del beneficiario antes del asegurado o de llegar a término el contrato de seguro, la prestación pasará a los herederos del beneficiario.

Recordamos que al designar de forma irrevocable al beneficiario, el estipulante pierde -salvo pacto expreso con el beneficiario- los derechos de rescate, reducción, anticipo y pignoración.

Por otro lado, la irrevocabilidad del beneficiario supone que éste podrá transmitir su derecho de cobro de la suma asegurada mediante el mecanismo de la cesión de créditos, conforme a los artículos 347 y 348 del Código de Comercio, salvo los supuestos de póliza emitida a la orden y al portador (dada la fungibilidad de la posición del beneficiario).

La finalidad de esta prescripción legal es evitar la revocación tácita del beneficio irrevocable del seguro eliminando patrimonial o formalmente el derecho del beneficiario, por lo que no resulta aplicable el párrafo segundo del artículo 87 de la LCS al seguro de accidentes, como reconoce el propio artículo 100 de la LCS:

*"Sin perjuicio de la delimitación del riesgo que las partes efectúen en el contrato, se entiende por accidente la lesión corporal que deriva de una causa violenta súbita, externa y ajena a la intencionalidad del asegurado, que produzca invalidez temporal o permanente o muerte".*

*Las disposiciones contenidas en los artículos 83 a 86 del seguro de vida y en el párrafo 1º del artículo 87 son aplicables a los seguros de accidentes".*

Además, al designar de forma irrevocable al beneficiario, éste tiene un derecho actual -y no expectativa como ocurre cuando se designa con carácter revocable- de cobro de la prestación pactada en el contrato de seguro,


© CISS

por lo que en caso de impago de primas sucesivas por parte del estipulante, y tras el aviso del asegurador -puesto que el beneficiario irrevocable conoce de tal derecho ante el asegurador y no se quebranta la protección de datos por parte del asegurador al dirigirse al beneficiario- al beneficiario de tal situación que podrá tener consecuencias negativas para él -o para sus herederos si éste fallece-, podrá pagarlas para que el seguro siga activo, con independencia del posible ejercicio de acciones contra el tomador del seguro en devolución de las cantidades satisfechas por el beneficiario sobre la base del vínculo jurídico que generó la irrevocabilidad de la designación.

Un caso particular de la designación irrevocable de beneficiario son los seguros de vida sobre prestatarios de hipotecas ante entidades de crédito, donde en caso de fallecimiento del prestatario el importe de la suma asegurada iría de forma exclusiva a amortizar el capital vivo de la hipoteca ante la entidad de crédito. Luego en este caso el beneficiario irrevocable es la entidad de crédito.

Además fiscalmente cuando en la póliza del contrato de seguro se establezca que el beneficiario de la indemnización a satisfacer por la aseguradora es la entidad de crédito, para destinarla a la amortización del préstamo hipotecario, será la propia persona física, tomador del seguro, la que deba tributar por dicha indemnización por cuanto la misma se destina a la liberalización o reducción de su deuda hipotecaria.

Así pues, en estas condiciones, el hecho de que el beneficiario sea la entidad financiera acreedora no alteraría la calificación y tributación de la indemnización en la medida que se destinaría a la amortización del préstamo.

El importe a integrar en la base imponible de la persona física vendrá determinado por el importe de la prestación satisfecha a la entidad financiera.

Por otro lado, la indemnización destinada a la amortización del préstamo se incluiría en la base de la deducción por adquisición de vivienda habitual, que podría aplicar la persona física deudora en la cuota de su declaración del IRPF, siempre que se cumplieran los requisitos exigidos por la normativa vigente.

Llegados a este punto, nos podríamos preguntar si es revocable la irrevocabilidad de la designación del beneficiario:

La Ley de Contrato de Seguro guarda silencio sobre este extremo, salvo por la muerte del asegurado causada por el beneficiario dolosamente, y más claro aún cuando el asegurado es el estipulante del beneficiario; según el artículo 92 de la LCS:

*"La muerte del asegurado, causada dolosamente por el beneficiario, privará a éste del derecho a la prestación establecida en el contrato, quedando ésta integrada en el patrimonio del tomador".*

4

# Capítulo III. SEGUROS DE ACCIDENTES

## Sección 1. LOS SEGUROS DE ACCIDENTES

### 4-141 Accidente. Definición y alcance

El seguro de accidentes cubre el hecho aleatorio de que una persona determinada sufra un accidente corporal en un momento dado. Para seguir introduciéndonos en esta modalidad de seguro, es conveniente definir muy claramente lo que se entiende por accidente, y para ello nada mejor que acudir a la definición que establece el artículo 100 de la LCS donde dice:

*"(...) se entiende por accidente la lesión corporal que deriva de una causa súbita, violenta, externa y ajena a la intencionalidad del asegurado, que produzca invalidez permanente, temporal o la muerte".*

El seguro de accidentes tiene como función fundamental el resarcir a los beneficiarios, ya sea el propio asegurado o sus herederos, según el caso, de las consecuencias económicas que todo accidente, que causa lesiones, comporta. Por ello se incluye como un seguro de personas, pero enfocado a la indemnización y no a la previsión -como si va dirigido el seguro de vida-.

**El accidente provocado**

En relación con la provocación del accidente de forma intencionada el artículo 102 de la LCS dice que:

*"Si el asegurado provoca intencionadamente el accidente, el asegurador se libera del cumplimiento de su obligación.*

*En el supuesto de que el beneficiario cause dolosamente el siniestro quedará nula la designación hecha a su favor. La indemnización corresponderá al tomador o, en su caso, a los herederos de éste".*

Es decir, que para verificar la intencionalidad en la causa del accidente deben concurrir dos elementos:

1. Que el siniestro este causado por la acción humana, y no sea fortuito o accidente natural. Esto a veces no es fácil de determinar, por ejemplo, el asegurado que se dispara en tareas de limpieza de su escopeta, caída de la techumbre del recinto del espectáculo sobre los asistentes a un concierto, etc.

2. Que exista intencionalidad por parte del asegurado, es decir, voluntad en el acto realizado que ha causado el siniestro. Es decir, que estaba en su ánimo producir el siniestro.

3. Que el accidente esté provocado por el asegurado, para ello hay que encontrar el nexo de causalidad entre el acto del asegurado y el accidente producido para romper con la definición de accidente del artículo 100 de la LCS: "...) *se entiende por accidente la lesión corporal que deriva de una causa violenta súbita, externa y ajena a la intencionalidad del asegurado, que produzca invalidez temporal o permanente o muerte".*

El caso particular del suicidio provocado por el asegurado queda fuera de cobertura de los seguros de accidentes. De la simple observación de la cobertura del suicidio que hace el artículo 93 de la LCS para el seguro de vida que no aplica al seguro de accidentes: "*Salvo pacto en contrario, el riesgo de suicidio del asegurado quedará cubierto a partir del transcurso de un año del momento de la conclusión del contrato. A estos efectos se entiende por suicidio la muerte causada consciente y voluntariamente por el propio asegurado".* Es decir, se puede observar en la definición de suicidio la voluntariedad e intencionalidad en la generación del acto, que anularía la cobertura del seguro de accidentes.

Los efectos de la provocación de forma intencionada del accidente por parte del asegurado son que el asegurador queda liberado del pago de la prestación, porque el derecho del asegurado no ha surgido.

No obstante, existen situaciones en donde estaría justificada la provocación del accidente y habría cobertura del seguro, por ejemplo, para evitar un mal mayor cuando ocurre un incendio y la persona se tiene que lanzar al vacío para intentar salvar su vida. En este caso los daños producidos por el accidente sufrido tendrían cobertura, o por ejemplo, cuando un padre o una madre fallecen ahogados o sufren daños en el mar por intentar salvar a su hijo. En definitiva, situaciones en donde no existe la intención consciente del asegurado de autolesionarse si no es para intentar evitar un mal mayor.

4

En cuanto a los siniestros provocados por el beneficiario del seguro de accidentes de forma dolosa, cuando es persona distinta del asegurado y del tomador, según se indica en el artículo 102 de la LCS, se hace alusión al artículo 92 del fallecimiento del asegurado causado conscientemente por el beneficiario del seguro de vida, pero además de la muerte, en la lesión corporal se incluyen la invalidez temporal o permanente, con la intención de recibir la prestación de la que sería acreedor.

Los efectos de la provocación del siniestro por parte del beneficiario son que resultará nula la designación hecha a su favor, pero el asegurador deberá indemnizar a otra persona distinta a al beneficiario que causó el accidente de forma dolosa, de forma que la indemnización corresponderá al asegurado -en caso de invalidez del asegurado- o, en su caso, a los herederos de éste -en caso de fallecimiento del asegurado-.

El caso último de concurrencia en la intencionalidad del accidente es cuando éste está provocado por el beneficiario pero con colaboración del asegurado. En tal caso el seguro es nulo de pleno derecho y el asegurador quedaría liberado de pago de cualquier tipo de prestación.

En cualquier caso, el concepto de accidente es ambiguo y presenta algunas indeterminaciones que la misma Ley prevé que se especifiquen en las pólizas. Así, no se especifica el ámbito temporal en que hayan de presentarse las consecuencias garantizadas por la póliza con respecto a la fecha del accidente.

## 4-142 Diferencias con el seguro de vida y seguro de daños

Otra diferencia del seguro de accidentes en relación con el seguro de vida es que en el seguro de vida existe un componente de ahorro en la gestión del riesgo de forma que han de financiarse mediante un sistema de capitalización, en el seguro de accidentes la gestión es más propia del seguro en sentido de que se gestionan repartiendo el riesgo entre un colectivo de asegurados mediante la aplicación de la ley de los grandes números, mediante la aplicación de provisiones técnicas específicas de este ramo (arts. 27 y ss. del ROSSP), pudiendo observar diferencias inmediatas como que por el seguro de accidentes no tiene derecho de rescate y reducción asociados al seguro de vida (art. 100 LCS).

También podemos encontrar otra nota que caracteriza y diferencia al seguro de accidentes con respecto del seguro de daños, y es que en el seguro de accidentes de antemano se conoce la indemnización -cuando ocurra el accidente- mientras que en el seguro de daños sólo se conoce cuando ocurre el daño en función del importe de la reparación del objeto asegurado -y considerando como máximo el valor de la suma asegurada aplicando el valor venal en su caso-. En cualquier caso, aunque haya seguros de vida contratados, se podrá contratar seguros de accidentes complementarios al de vida.

Son varios los artículos de la LCS referidos al seguro de vida que también son de aplicación al seguro de accidentes, artículos 82 a 86 y primer párrafo del artículo 87, cuya explicación se encuentra en que el regulador entiende que el seguro de accidentes está más cerca del seguro de personas que del seguro de daños, situándolo al lado del seguro de vida. Así se explica cómo en el seguro de accidentes y en el seguro de vida, se aplican normas comunes de la LCS (arts. 80 a 82) como es la exclusión de la subrogación del asegurador de los derechos del asegurado, que pudiera tener derecho como consecuencia de un siniestro.

Un elemento esencial en el seguro de accidentes es la comunicación del cúmulo de seguros de accidentes sobre la misma persona, por las consecuencias que de ésta se derivan. Así se indica en el artículo 101 de la LCS: *"El tomador debe comunicar al asegurador la celebración de cualquier otro seguro de accidentes que se refiera a la misma persona. El incumplimiento de este deber sólo puede dar lugar a una reclamación por los daños y perjuicios que origine, sin que el asegurador pueda deducir de la suma asegurada cantidad alguna por este concepto".*

En relación con lo anterior, el seguro de accidentes, como el seguro de vida, son seguros de personas, por lo que no existe posibilidad de sobreseguro, a diferencia del seguro de daños, puesto que en los seguros de personas el concepto de "reparación del daño" asociado al seguro de daños, no existe, al ser difícil poder valorar el daño físico y moral que sufre la persona accidentada. En tal caso, el deber de comunicación de la acumulación de seguros se debe a que el asegurador quiere conocer de la existencia de los mismos, principalmente para evitar el pago duplicativo de los gastos por asistencia sanitaria o la cobertura que supone la indemnización por pérdida de salarios asociados a una situación de invalidez temporal, que suelen ir incluidos como cobertura en muchas pólizas de seguros de accidentes.

El seguro de accidentes está regulado de forma específica en el los artículos 100 a 104 de la LCS.



## 4-143 Elementos personales del seguro de accidentes

- **Tomador:** persona física o jurídica* que contrata el seguro de accidentes y paga la prima.

Existen los seguros de accidentes colectivos, en donde el empresario, como tomador del seguro, contrata un seguro de cobertura de accidentes para sus trabajadores, que son los asegurados, por obligación legal, por convenio colectivo afecto, o de forma voluntaria.

- **Asegurado:** persona sobre la que recae el riesgo de accidente.
- **Asegurador:** entidad que asume el riesgo a cambio del cobro de una prima.
- **Beneficiario:** persona que tiene derecho al cobro de la prestación en caso de ocurrencia del accidente.

## 4-144 Garantías cubiertas en el seguro de accidentes

Las garantías del seguro pueden comprender el pago del capital o suma asegurada prevista si ocurre alguno de los casos siguientes, según se pacte: muerte, invalidez permanente total o parcial, gran invalidez e invalidez temporal. Además suelen incluir la prestación de asistencia sanitaria, según el tipo de seguro de accidentes contratado, asumiendo la entidad aseguradora los gastos médicos, farmacéuticos y sanitarios surgidos como consecuencia de un accidente.

**Parámetros y coberturas del seguro de accidentes**

**a) Muerte**

Si como consecuencia de un accidente el asegurado fallece, el asegurador pagará a los beneficiarios designados en la póliza el capital asegurado.

Los aseguradores fijarán un plazo máximo entre la fecha del accidente y la fecha del fallecimiento, generalmente un año. Superado este plazo no se asumirá el siniestro.

Si como consecuencia del mismo accidente y en el mismo período se hubiese satisfecho al asegurado indemnización en concepto de invalidez total o parcial, las mismas se deducirán de la indemnización en caso de muerte.

Esta garantía se indemniza en base a un capital que fija el tomador en el momento de solicitar la póliza.

**b) Invalidez permanente**

Si como consecuencia de un accidente, el asegurado adquiere una invalidez permanente, el asegurador le satisfará total o parcialmente el capital asegurado para esta garantía.

Entendemos por invalidez permanente las pérdidas anatómicas o funcionales que originen al asegurado secuelas físicas irreversibles, que impidan realizar al asegurado su trabajo habitual.

Las entidades aseguradoras tienen a su disposición unos baremos en los que se detallan los miembros y órganos más importantes del cuerpo humano con la indicación del tanto por ciento de la suma asegurada que se indemniza en caso de pérdida corporal o funcional de cada uno de ellos.

Las limitaciones físicas o funcionales que se indemnizan al 100%, algunas entidades las califican de permanente total, e invalideces inferiores al 100%, permanente parcial.

Veamos a continuación alguna de las cláusulas que las entidades incluyen para complementar el tratamiento de esta garantía, además del baremo:

- La pérdida o incapacidad funcional parcial se valorará de forma proporcional a lo establecido en el baremo para la totalidad del miembro u órgano (la pérdida de una falange de un dedo).
- Las lesiones no especificadas en el baremo se valorarán por analogía.
- La suma de varias invalideces parciales originadas por el mismo accidente, no podrá exceder del 100% del capital principal.
- Las alteraciones psíquicas o nerviosas sólo son computables cuando sean consecuencia directa de lesiones físicas del sistema nervioso.
- Cuando el asegurado tenga una invalidez preexistente, no se tendrá en cuenta para la valoración de una invalidez posterior.
- Tampoco se toman en consideración las agravaciones que una enfermedad previa pueda ocasionar sobre las consecuencias definitivas de un accidente.



Como podemos observar, de todo lo anterior se deduce un doble objetivo:

a) Aislar e independizar el accidente de cualquier circunstancia previa.

b) Objetivizar al máximo la garantía de forma que, por ejemplo, tenga la misma consideración la pérdida de la mano derecha para un cirujano que para un conserje.

También algunas compañías han establecido baremos específicos para determinadas profesiones; por ejemplo, un baremo especial para los asegurados de profesión médica, aunque en este caso el riesgo sigue siendo objetivo pero basado en un baremo distinto del general y más acorde con la profesión de que se trata.

Según indica el artículo 104 de la LCS:

*"La determinación del grado de invalidez que derive del accidente se efectuará después de la presentación del certificado médico de incapacidad. El asegurador notificará por escrito al asegurado la cuantía de la indemnización que le corresponde, de acuerdo con el grado de invalidez que deriva del certificado médico y de los baremos fijados en la póliza. Si el asegurado no aceptase la proposición del asegurador en lo referente al grado de invalidez, las partes se someterán a la decisión de peritos médicos (...)".*

Las pólizas suelen distinguir **dos clases de incapacidad: completa o parcial**. En el primer caso el asegurado tendrá derecho a las indemnizaciones establecidas en la póliza, y en el segundo caso la indemnización se fijará de acuerdo a determinados porcentajes establecidos en las condiciones generales del contrato de seguros, y cuando no esté previsto, se determinará de acuerdo a casos similares que hayan ocurrido antes. Además nor-

 © CISS

malmente las pólizas de seguros de accidentes suelen indicar que las prestaciones por incapacidad temporal son independientes de las de invalidez permanente o muerte.

Es habitual, sobre todo en los seguros de accidentes que nacen de una relación laboral entre tomador y asegurado, considerar a la hora de determinar el grado de invalidez lo indicado en la normativa de Seguridad Social. La Seguridad Social define la incapacidad permanente como sigue:

La incapacidad permanente (IP) es la situación del trabajador que, después de haber estado sometido al tratamiento prescrito y de haber sido dado de alta médicamente, presenta reducciones anatómicas o funcionales graves, susceptibles de determinación objetiva y previsiblemente definitivas, que disminuyan o anulen su capacidad laboral. No impedirá tal calificación la posibilidad de recuperación de la capacidad laboral del incapacitado, si dicha posibilidad se estima médicamente como incierta o a largo plazo.

Las reducciones anatómicas o funcionales existentes, en la fecha de afiliación del interesado en la Seguridad Social, no impedirán la calificación de la situación de IP, cuando se trate de personas discapacitadas y, con posterioridad a la afiliación, tales reducciones se hayan agravado provocando, por sí mismas o por concurrencia con nuevas lesiones o patologías, una disminución o anulación de la capacidad laboral que tenía el interesado en el momento de su afiliación.

No será necesaria el alta médica para la valoración de la IP en los casos en que concurran secuelas definitivas.

También tendrá la consideración de IP, en el grado que se califique, la situación de incapacidad que subsista después de extinguida la incapacidad temporal (IT) por el transcurso del plazo máximo de duración de la misma, salvo en el supuesto en que, continuando la necesidad de tratamiento médico por la expectativa de recuperación o la mejora del estado del trabajador con vistas a su reincorporación laboral, la situación clínica del interesado hiciera aconsejable demorar la citada calificación (no podrá rebasar los 24 meses siguientes a la fecha en que se haya iniciado la IT), en cuyo caso no se accederá a la situación de IP hasta que no se proceda a la correspondiente calificación.

La IP habrá de derivarse de la situación de IT, salvo que afecte a quienes carezcan de protección en cuanto a dicha IT, bien por encontrarse en una situación asimilada a la de alta que no la comprenda, bien en los supuestos de asimilación a trabajadores por cuenta ajena en los que se dé la misma circunstancia, o bien en los casos de acceso a la IP desde la situación de no alta.

Por otro lado, los grados de incapacidad permanente son los siguientes:

- *Incapacidad permanente parcial para la profesión habitual:*

Aquella que, sin alcanzar el grado de total, ocasiona al trabajador una disminución no inferior al 33% en su rendimiento normal para dicha profesión, sin impedirle la realización de las tareas fundamentales de la misma.

- *Incapacidad permanente total para la profesión habitual:*

La que inhabilita al trabajador para la realización de todas o de las fundamentales tareas de dicha profesión, siempre que pueda dedicarse a otra distinta.

- *Incapacidad permanente absoluta para todo trabajo:*

La que inhabilita por completo al trabajador para toda profesión u oficio.

- *Gran invalidez:*

La situación del trabajador afecto de incapacidad permanente y que, por consecuencia de pérdidas anatómicas o funcionales, necesite la asistencia de otra persona para los actos más esenciales de la vida, tales como vestirse, desplazarse, comer o análogos.

Cada uno de estos grados en que se clasifica la incapacidad permanente dará derecho, en su caso, a la correspondiente prestación económica por incapacidad permanente, según sea la cobertura de la póliza.

**c) Invalidez temporal**

Se entiende por invalidez temporal toda lesión que imposibilite transitoriamente al asegurado para el desempeño de su profesión habitual.

Como en el caso de la invalidez permanente, la determinación del grado de invalidez que derive del accidente se efectuará después de la presentación del certificado médico de incapacidad. La definición de incapacidad temporal que hace la Seguridad Social es: la prestación económica por incapacidad temporal trata de cubrir la falta de ingresos que se produce cuando el trabajador, debido a una enfermedad o accidente, está imposibilitado temporalmente para trabajar.

La indemnización que satisface el asegurador por esa garantía es una cantidad diaria mientras dure la citada invalidez, con un límite máximo que acostumbra a ser un año.

El tomador del seguro debe de fijar esa cantidad diaria, que debe estar acorde con los ingresos que deje de percibir el asegurado al no poder ejercer su profesión o, en su caso, con los que deba satisfacer a otra persona para que le supla en su trabajo.

Algunas entidades aseguradoras establecen una indemnización intermedia para los casos en que el asegurado se está recuperando y pueda atender parcialmente sus obligaciones profesionales.

Esta garantía es muy delicada y las aseguradoras hacen una selección muy cuidadosa tomando para la misma, como criterio rector, el que esta garantía no pueda representar lucro para el asegurado; en este sentido, evitan las indemnizaciones diarias de cuantía muy elevada y evitan esta garantía para aquellas personas cuya profesión les permita seguir percibiendo ingresos normales aún en caso de accidente, o bien aquéllas en que la empresa donde ejercen su profesión les abona el 100% del salario, incluso estando de baja. Si no se puede evitar la contratación de esta garantía, la limitan a los gastos extraordinarios que un accidente pueda ocasionar.

Otra medida precautoria importante que adoptan las compañías es ofrecer la posibilidad de contratar la garantía con una franquicia cifrada en días, de forma que los primeros días, por ejemplo siete, no se indemnizan, y es a partir del, en este caso octavo día, cuando empieza la indemnización diaria.

La indemnización por invalidez temporal se abona independientemente de la que corresponda por muerte o invalidez permanente y cesa en el momento en que se produzca aquélla o se fije esta última.

**d) Gastos de asistencia sanitaria**

Mediante la contratación de esta garantía, el asegurador garantiza el pago de los gastos de asistencia sanitaria ocasionada al asegurado como consecuencia de un accidente. Existe un plazo máximo que actúa como límite temporal de la indemnización y que generalmente es de un año, entre la fecha del accidente y la última fecha en que el asegurador acepta la indemnización de un gasto derivado del mismo accidente, según se indica el artículo 103 de la LCS:

*"Los gastos de asistencia sanitaria serán por cuenta del asegurador, siempre que se haya establecido su cobertura expresamente en la póliza y que tal asistencia se haya efectuado en las condiciones previstas en el contrato. En todo caso, estas condiciones no podrán excluir las necesarias asistencias de carácter urgente".*

En cualquier caso, como ocurre con el resto de seguros, a esta cobertura le será de aplicación el artículo 17 de la LCS que dice: "*E l asegurado o el tomador del seguro deberán emplear los medios a su alcance para aminorar las consecuencias del siniestro. El incumplimiento de este deber dará derecho al asegurador a reducir su prestación en la proporción oportuna, teniendo en cuenta la importancia de los daños derivados del mismo y el grado de culpa del asegurado*". Es decir, que el asegurado intentará reducir las consecuencias del siniestro en la medida de lo posible. En cualquier caso los gastos por asistencia sanitaria y salvamento estarán limitados a la suma asegurada prevista en la póliza de accidentes por este motivo.

Un elemento de conflictividad en el seguro de asistencia sanitaria es el carácter de la urgencia de la misma, sobre todo cuando la atención al accidentado se presta fuera de los servicios propios de la entidad aseguradora o concertados con el Sistema Nacional de Salud. Por eso, es importante determinar en la póliza la temporalidad y la urgencia de la atención sanitaria, para saber qué tipo de urgencias están cubiertas por la entidad aseguradora y cuáles quedan fuera de su cobertura.

También será importante que en la póliza que da cobertura a los gastos por asistencia sanitaria, se determine en qué centros de salud se dará la prestación del servicio y cuáles quedan fuera, y en tal caso será el tomador, o en su caso, el asegurado quien deberá reembolsar esos gastos a la entidad aseguradora que, en su caso los pagó.

A continuación, detallamos una relación de los diferentes conceptos de gastos que quedan encuadrados dentro de la asistencia sanitaria y, por tanto, cubiertos por esta garantía:

- Gastos de hospitalización.
- Gastos de curación.



 © CISS

- Gastos de asistencia clínica. Incluyendo manutención.
- Gastos de traslado y de asistencia urgentes.
- Gastos de desplazamiento. Siempre prescritos por el médico.
- Gastos de asistencia domiciliaria.
- Gastos de adquisición e implantación de la primera prótesis ortopédica, dental, óptica o acústica que necesite el asegurado por prescripción facultativa.
- Gastos de alquiler de elementos auxiliares, tales como muletas, sillas de ruedas y análogos que debe de utilizar el asegurado por prescripción facultativa.
- Gastos de rehabilitación física, fisioterapia y similares.
- Gastos farmacéuticos.
- Gastos por servicios complementarios, tales como análisis, radiografías y similares.

Otros gastos no sanitarios, como pueden ser los gastos de desplazamiento de familiares para atender al accidentado, no están incluidos en este apartado, si bien el tomador puede de forma opcional -según qué póliza- contratar su cobertura. No obstante, ciertos gastos de salvamento, como puede ser la búsqueda de un naufrago, podrán ser cargados al asegurador según se indica en el artículo 17 de la LCS.

Los aseguradores acostumbran a presentar varias combinaciones en las que, por un lado, se fija el tope máximo de indemnización por todo concepto y, por otro lado, se limita el máximo diario por gastos de hospitalización y asistencia clínica (por ejemplo, una combinación puede ser, tope máximo de 1.500 euros por siniestro, con un límite diario de 30 euros por gastos de hospitalización y asistencia clínica). En este tipo de combinaciones, el asegurado puede ir a médicos y clínicas de libre elección.

La indemnización por la presente garantía se produce con total independencia de la que puede corresponder por muerte o invalidez permanente.

La garantía de asistencia sanitaria tiene un comportamiento propio de un seguro de daños, produciéndose el pago por parte de la entidad aseguradora únicamente cuando se ha producido efectivamente un gasto generado por el asegurado como consecuencia del accidente.

Los gastos de asistencia sanitaria serán por cuenta del asegurador, siempre que se haya establecido su cobertura expresamente en la póliza y que tal asistencia se haya efectuado en las condiciones previstas en el contrato. En todo caso, estas condiciones no podrán excluir las necesarias asistencias de carácter urgente.



## 4-145 Exclusiones en el seguro de accidentes

Entendemos que únicamente deben figurar como riesgos excluidos aquellos riesgos o circunstancias que no son detectables a través de la solicitud de seguro, ya que las que lo son deberán ser objeto en todo caso, de un rechazo de la solicitud.

Son riesgos excluidos:

- Los deportes que se practiquen de forma no profesional y que el asegurado no cubra, por ejemplo el automovilismo, motociclismo, paracaidismo, vuelo sin motor y esquí de competición.
- Los accidentes provocados intencionadamente por el asegurado (art. 102 LCS).
- Las enfermedades de cualquier naturaleza, las hernias y esfuerzos en general, las infecciones que no sean causa directa de un accidente indemnizable.
- Los accidentes provocados dolosamente por los beneficiarios, que excluyen a éste de la indemnización (art. 102 LCS).
- En general, los accidentes originados con ocasión o a consecuencia de situaciones de carácter extraordinario o catastrófico. Algunos de estos riesgos estarán garantizados a través del Consorcio de Compensación de Seguros.

## 4-146 Ámbitos del seguro de accidentes

Distinguimos tres tipos de ámbitos que analizaremos por separado:

### Ámbito territorial

Se refiere a la delimitación del territorio en el cual está cubierto el riesgo de accidente. Hoy en día las pólizas más avanzadas acostumbran a extender el ámbito al mundo entero, excepto para la garantía de incapacidad temporal que, generalmente se circunscribe a España.

También existe alguna limitación en cuanto a la asistencia sanitaria en el sentido de restringir o cancelar la garantía cuando el asegurado permanezca un largo período en el extranjero.

### Ámbito temporal

Nos referimos a las edades máximas mínimas que deben tener los asegurados para poder estar integrados en una póliza de accidentes. Con respecto a la edad mínima, no hay limitación para ninguna garantía, con excepción de la muerte que, como ya hemos visto anteriormente, tiene una limitación legal común a los seguros de vida y accidentes en el sentido de que no está permitido contratar un seguro de muerte sobre la cabeza de menores de catorce años de edad (art. 83 de la LCS).

En la práctica, en el ramo de accidentes, se acostumbran a ofrecer garantías para estos casos, pero únicamente en montantes muy reducidos y cuyo destino es el de sufragar los gastos de sepelio.

En cuanto a la edad máxima no existe limitación legal alguna.

### Ámbito de actividad

En este sentido, el seguro puede tener, a solicitud del tomador, cobertura profesional, extraprofesional o ambas, es decir, 24 horas al día.

Se entiende por **cobertura profesional** si el accidente acontece:

- En el recinto habitual de trabajo.
- En el camino de ida y vuelta del trabajo.
- En cualquier lugar, con ocasión de la realización de actividades inherentes a la ocupación profesional.

Se entiende por **cobertura extraprofesional** si el accidente ocurre:

- En el propio domicilio.
- En cualquier lugar, con ocasión de la realización de todo tipo de actividades no profesionales.



## 4-147 Modalidades de seguros de accidentes

### a) Seguro individual

Incluimos dentro de esta modalidad los seguros de accidentes contratados sobre la cabeza de una sola persona.

Aunque el caso más habitual es que el tomador del seguro y el asegurado sean una misma persona, pueden ser también personas diferentes, en cuyo caso, y siempre que existan en la póliza unas garantías para caso de muerte, el asegurado deberá dar su conformidad por escrito, salvo que pueda presumirse de otra forma su interés por la existencia del seguro (art. 83 de la LCS). Si el asegurado es menor de edad, será necesaria, además, la autorización por escrito de sus representantes legales.

### b) Seguro familiar

Podemos circunscribir en esta modalidad aquellos seguros que quedan reducidos a las personas del ámbito familiar o doméstico y que, aunque en muchos casos exista más de un asegurado en cada póliza, entendemos que no pueden integrarse dentro de los seguros de grupo.

### c) Seguro colectivo o de grupo propiamente dicho

Esta modalidad tiene por objeto asegurar a diversas personas, mediante la contratación de una sola póliza, con la consiguiente economía de gastos y simplificación por parte del tomador del seguro.

Constituyen grupos asegurables los integrados por personas dependientes de una empresa o conjunto de empresas o vinculados por una misma relación funcionarial; los formados por personas que pertenezcan a agrupaciones profesionales; entidades deportivos o culturales, asociaciones y poseedores de acciones, de obligaciones, de bonos o participaciones y, en general, cualquier colectivo de personas vinculadas entre sí por un interés común.

En el momento de suscribir una póliza debe de definirse claramente el grupo asegurable que, concretamente, va a quedar amparado por la misma póliza.

En el tratamiento de las pólizas de grupo o colectivos, existen **dos modalidades:**

- **Colectivo abierto:** Es cuando se formaliza para una colectividad en la que los integrantes pueden ir adhiriéndose o cambiando. La aseguradora, para determinar la tarifa, deberá realizar un análisis previo de los riesgos estimando las posibles nuevas adhesiones al colectivo.
- **Colectivo cerrado:** Es el más habitual y el que prefieren las aseguradoras pues conocen de antemano a la emisión de la póliza la composición de tod0 el colectivo y las particularidades de todos sus integrantes. En los colectivos cerrados no puede integrarse nadie posteriormente -salvo excepciones- por lo que determinar la tarifa es mucho más sencillo.

Existen básicamente **dos formas de adhesión:**

- **Voluntaria:** Una vez definido el grupo asegurable concreto de una póliza de seguro de grupo, las personas que reúnen estos requisitos tiene la opción de integrarse en el grupo asegurado. Normalmente son de adhesión voluntaria aquellas pólizas en que la prima la paga cada asegurado.
- **Obligatoria:** Una vea definido el grupo asegurable, todos los integrantes del grupo pasan a formar parte de la póliza de forma automática. Se trata de seguros en que la prima la paga el tomador, normalmente la empresa, siendo por tanto gratuitos para el asegurado.

**d) Seguros crecientes**

Entendemos por seguros crecientes una modalidad que consiste en fijar una suma asegurada inicial que luego cada año se incrementa en un porcentaje fijo de esta suma inicial, por ejemplo, el 10%. La póliza tiene un vencimiento fijo, por ejemplo, diez años, de forma que alcanzando el vencimiento se anula. La prima es constante y nivelada, es decir que durante los primeros años es superior a la que correspondería por el capital que se aseguró y durante los últimos años es inferior.

**e) Seguros de convenios colectivos**

Hay algunos sectores profesionales -transportistas, hostelería, minería, etc.-, que por sus particularidades, el Convenio Colectivo, que lo regula, recoge la obligatoriedad de que sus integrantes cuenten con un seguro.

Por ser un seguro complementario al de la Seguridad Social, y por las implicaciones que conlleva la tramitación de los siniestros, no son asegurables las personas que no estén dadas de alta en la Seguridad Social.

Las pólizas de estas modalidades se emiten normalmente en forma innominada. La prima es promediada y uniforme para todo el personal, así como las garantías, y estará en función del tipo de actividad de la empresa, así como de las garantías y coberturas a efectuar.

En el seguro de convenios colectivos es necesario analizar profundamente el texto del convenio, de forma que la póliza que se construya se ajuste perfectamente a las exigencias del convenio, ya que ésa es su razón de ser, y todo ello a pesar de que existen coberturas y formas de indemnización que no son propias del ramo de accidentes clásico.

La mayoría de estos seguros que establecen los Convenios Colectivos profesionales suelen ser de accidentes; pero hay bastantes casos que establecen otras dos modalidades: compromisos por pensiones y/o premios de jubilación.

Las coberturas más comunes en los convenios son las siguientes:

- Accidentes de trabajo.
- Accidentes de trabajo y vida privada.
- Enfermedad profesional.
- Gastos de traslado de cadáver.

Estas coberturas se aplican a las garantías clásicas de muerte, invalidez permanente, temporal y asistencia sanitaria.

Por otra parte, y por lo que respecta a la garantía de invalidez, es necesario destacar los grados de invalidez exigidos por los convenios y Seguridad Social, los cuales difieren notablemente de la invalidez permanente clásica de las pólizas de seguro privado.

Los grados de invalidez que establecen los convenios colectivos son los siguientes:

- Incapacidad permanente total para la profesión habitual.
- Incapacidad permanente absoluta para todo tipo de trabajo.
- Gran invalidez.

**f) Seguro escolar**

Esta modalidad de seguro cubre los accidentes que ocurran a los alumnos mientras estén bajo la tutela del personal de la escuela, durante su permanencia en el colegio, así como en los traslados de su domicilio al colegio y viceversa, viajes y excursiones.

Es contratado por la escuela y en base al número de alumnos matriculados. Al terminar el curso escolar, la prima será liquidada en función del número de alumnos matriculados realmente.

**g) Seguros de ocupantes**

El más habitual es el Seguro de Ocupantes de Vehículos desarrollado por el Reglamento del Seguro Obligatorio de Viajeros, aprobado por el Real Decreto 1575/1989, de 22 de diciembre.

Se trata de una modalidad de seguro de accidentes que debe suscribir de forma obligatoria todo transportista de personas para la cobertura de daños que puedan sufrir los ocupantes que viajen en un transporte público. Este seguro es compatible con el seguro de responsabilidad civil de vehículos a motor, con otros seguros de accidentes que el asegurado tenga contratados sobre él -ya sean de forma individual o colectivos-, con las prestaciones por accidente de la Seguridad Social, de la derivada de la responsabilidad civil del propio transportista, o de las que se deriven de la responsabilidad de un tercero. En cualquier caso, debemos separar el seguro de accidentes en el que la prestación surge del contrato de seguros a favor del asegurado, del contrato de seguro de responsabilidad civil en el que la compensación surge de la obligación de indemnizar del que ha generado el daño.

Para contratar esta modalidad de seguro no es preciso que se viaje en transporte público, si no que de forma complementaria se puede contratar al contratar el seguro de responsabilidad civil de vehículos a motor. En tal caso, una definición más general sería: por esta modalidad de seguro la entidad aseguradora cubre al conductor y a los ocupantes transportados en el vehículo asegurado, contra los accidentes que puedan sufrir yendo en el vehículo y subiendo/bajando del mismo.



A continuación reflejamos algunas de las exclusiones habituales de una póliza de este tipo:

- Los accidentes que resulten en el caso de que el vehículo vaya conducido por una persona no autorizada para ello por el tomador, o que no posea la correspondiente licencia para hacerlo.
- Respecto al número de plazas aseguradas, es conveniente hacer las siguientes consideraciones: deberán asegurarse tantas plazas como número de ellas figuren autorizadas en la documentación del vehículo, incluido el conductor. Si en el momento de la ocurrencia de un accidente se comprueba que el número de ocupantes es superior al número de plazas aseguradas, se liquidará el siniestro aplicando a cada una de ellas la regla proporcional entre el número de ocupantes asegurados y el que realmente hubiere en el momento del accidente.

Es conveniente resaltar una serie de cuestiones con respecto al seguro de ocupantes de vehículos a motor:

- Existen aseguradoras, la gran mayoría, que obligan a la contratación de este seguro al contratar el seguro de automóvil.
- Existen aseguradoras que emiten una póliza independiente del ramo de accidentes y existen otras que lo tratan como una garantía más del ramo del automóvil.

El seguro de ocupantes de vehículos tiene, por todo lo dicho anteriormente, una importancia cuantitativa muy fuerte y, en muchos casos, el volumen de primas de esta modalidad es muy superior al resto del ramo de accidentes.

**h) Seguro temporal y de viaje**

El seguro temporal es aquél que tiene una duración inferior a un año y se contrata para una cuestión puntual y concreta.

El seguro de viaje es una modalidad de seguro que cubre precisamente los accidentes que ocurran a los asegurados cuando realicen un viaje cuya época y duración se haya comunicado previamente a la aseguradora.

 © CISS

En definitiva, el seguro de viaje es un caso particular del seguro temporal, y dicho de otra forma, dentro de los seguros temporales, el de viaje es el más importante y de contratación más frecuente.

No obstante, existen muchos seguros temporales que no son de viajes, por ejemplo, el seguro personal contratado durante un congreso o feria, el seguro de los participantes de una prueba deportiva, etc. Uno de los seguros más típicos dentro de esta modalidad es el seguro de esquí que se puede llegar a contratar por un solo día.

Los seguros de viaje no incluyen el riesgo profesional o si por el contrario lo incluyen, es porque éste es inferior al riesgo del viaje en sí.

## 4-148 La selección de riesgos en el seguro de accidentes

Podemos estudiar la selección del seguro de accidentes en base los siguientes criterios básicos:

- El riesgo subjetivo.
- La profesión.
- La salud.
- La edad.
- Otros, principalmente la práctica de deporte o actividades de riesgo.

Cuando se contrata un seguro de accidentes, el tomador debe comunicar al asegurado la existencia de otros seguros de accidentes que existan sobre el asegurado. El incumplimiento de este deber sólo puede dar lugar a una reclamación por los daños y perjuicios que origine, sin que el asegurador pueda deducir de la suma asegurada cantidad alguna por este concepto.

**a) El riesgo subjetivo**

En el terreno del riesgo subjetivo no se suelen aceptar:

- Las personas que soliciten sumas aseguradas muy elevadas.

Estas pólizas no son sencillas de formalizar finalmente. El tomador/asegurado debe justificar los motivos que le hacen solicitar un seguro con un capital muy alto (más de 1 MM €). Entre la documentación que se les solicita están sus declaraciones de la renta y una declaración de bienes. En estas operaciones siempre interviene el reaseguro.

- Las que tienen otras pólizas en la misma u otra entidad de forma que la suma total sea muy elevada.
- Las personas de situación económica desfavorable.
- Los individuos que hayan sufrido varios accidentes en un período reciente.

**b) La profesión**

La profesión es un criterio de selección importantísimo en el seguro de accidentes, sin duda el más decisivo.

Habitualmente están excluidas de origen las siguientes profesiones: trabajos con explosivos, artistas de circo, toreros, buzos, criadores de reses bravas, mineros, etc., en definitiva, profesiones que están en contacto directo con el riesgo.

En este sentido los Cuerpos de Seguridad del Estado (policía, ejército, bomberos, etc.) tienen grandes problemas para hacerse pólizas de vida y/o accidentes de manera individual, teniendo éstas unas tarifas mucho más elevadas que para el resto de profesiones. Otro colectivo con particularidades especiales son los deportistas profesionales pues su actividad profesional está expuesta constantemente a posibles lesiones. En estos casos, las pólizas son especiales y con unas primas más altas que para otro tipo de asegurado.

**c) La salud**

Aunque no tiene la importancia decisiva que tiene en el seguro de vida, la salud es un componente importante de la selección en el ramo de accidentes, llegando incluso a solicitar informes médicos en casos dudosos o confusos.

Deben tenerse en cuenta aquellas enfermedades o defectos físicos que:

- Contribuyan a la ocurrencia de un accidente.

- Alarguen el período de curación.
- Aumenten los gastos de curación.
- Compliquen el ajuste del siniestro ante la dificultad de discernir hasta dónde es enfermedad y hasta dónde es accidente un caso concreto.

**d) La edad**

El riesgo de accidente aumenta con la edad debido, principalmente, a la pérdida de los reflejos y de la agilidad, y lo que es más importante, a que una vez ocurrido el accidente el proceso de recuperación es mayor, aunque hay un factor que juega de forma inversa, en el sentido de que a mayor edad corresponda mayor prudencia y menor exposición al riesgo.

Los aseguradores fijan como requisito de aceptación no sobrepasar una edad determinada (65 años), matizando la cuestión en el sentido de que si una persona ya está asegurada desde una edad más joven, se le prorroga el seguro hasta edades más avanzadas a la citada (generalmente 70 ó 75 años).

**e) Otros: Práctica de deportes**

Hay que hacer una consideración específica en torno a un tema concreto: la práctica de deportes.

Si el deporte se practica de forma profesional, se detectará cuando se pregunte en la solicitud por la profesión.

Si el deporte se practica como amateur, debemos citar en las condiciones generales aquellos que no cubren: si la práctica de algún deporte amateur se puede cubrir mediante sobreprima, debemos de preguntar específicamente por esos deportes en la solicitud de seguro.

## 4-149 La tarificación del seguro de accidentes

**Criterios de tarificación en el seguro de accidentes**

El criterio tradicional de tarificación básico en el ramo de accidentes es la profesión.

Existen otros criterios de tarificación que usan muchas entidades, pero se trata de criterios adicionales al de la profesión, que es el básico (son criterios tales como la práctica de determinados deportes o la conducción de motocicleta).

4

La profesión es el elemento diferenciador más importante, aún cuando su importancia real ha disminuido enormemente en los últimos tiempos. Es decir, que el riesgo profesional es menos importante dentro del total del riesgo, lo cual no impide que siga siendo la profesión el mejor criterio de tarificación.

Sin embargo, hoy en día, este aspecto de "la profesión" está perdiendo importancia en la tarificación y ello por dos razones:

- La mejora de la protección y prevención de los accidentes de trabajo, así como la mejora general de las condiciones de trabajo.
- El incremento del riesgo extraprofesional, centrado fundamentalmente en el riesgo de la circulación y la práctica de deportes peligrosos.

**Tarifa y nomenclátor de riesgos**

Cada entidad agrupa las profesiones en función de su peligrosidad frente al riesgo de accidentes; estas agrupaciones constituyen una clase de riesgo, siendo las profesiones de clase de riesgo número 1 las de menor riesgo, por ejemplo, los administrativos.

Las entidades acostumbran a relacionar exhaustivamente las profesiones. Esta relación se denomina "nomenclátor de riesgos o de profesiones".

Para determinar por el nomenclátor la clase de riesgo a la que pertenece un candidato al seguro, éste debe precisar claramente la profesión y sus peculiaridades, ya que una misma profesión genérica puede dar lugar a diferentes clases de riesgos.

Cuando una persona ejerce más de una profesión se toma la clase de riesgo más alta a efectos de tarificación.


© CISS

## 4-150 El siniestro en el seguro de accidentes

En cuanto a la gestión del siniestro, si el asegurado provoca intencionadamente el accidente, el asegurador se libera del cumplimiento de su obligación.

En el supuesto de que el beneficiario cause dolosamente el siniestro resultará nula la designación hecha a su favor. La indemnización corresponderá al tomador o, en su caso, a la los herederos de éste.

**Documentos del siniestro**

Existen dos tipos de documentos en un siniestro de accidentes:

- Los documentos propiamente diseñados para el seguro de accidente.
- Otros documentos que, interviniendo en el siniestro son de uso común para muchas otras cuestiones.

Entre estos últimos podemos citar:

- Certificado literal de defunción, expedido por el registro civil correspondiente.
- Libro de Familia.
- Carta de pago del impuesto sobre sucesiones.
- Certificado médico oficial emitido por un médico colegiado y en ejercicio.
- Testamento.
- Certificado del Registro de últimas voluntades.
- Declaración judicial o notarial de herederos "ab instestato".

El otro tipo de documentos que hemos citado anteriormente son los propios del seguro de accidentes y deben conocerse con detalle. Los más importantes son:

- **El parte de alta:** Se trata de un documento que debe cumplimentar el médico que ha asistido al asegurado. Este documento debe ir firmado por el médico que lo ha cumplimentado y con la conformidad del lesionado.
- **El recibo de indemnización:** En el ramo de accidentes se debe emitir, al finalizar el siniestro, un documento denominado "recibo de indemnización", emitido a favor de la persona que reciba la indemnización, que especifique el montante percibido y que contenga una declaración del firmante relevando a la entidad de cualquier otra reclamación con respecto al accidente, sean cuales fueren las consecuencias, presentes o futuras, previstas o imprevistas.

Se trata, en definitiva, de un finiquito sensiblemente igual al que existe para cualquier otro ramo de seguro.

4

- **La declaración de accidente:** Este documento es de una importancia capital, ya que constituye la base sobre la que se desarrolla el siniestro. En él se especifican las circunstancias del mismo y contiene la información necesaria para iniciar la tramitación. Es un documento de doble cumplimentación, ya que existen preguntas y apartados a cumplimentar por el asegurado y preguntas y apartados a cumplimentar por el médico que ha asistido al lesionado en primera instancia.

Veamos seguidamente cuáles son las cuestiones que debe contener, en general, todo tipo de declaración de accidente:

- Número de póliza.
- Nombre del asegurado y del tomador, si son distintos.
- Nombre del lesionado y fecha de nacimiento.
- Domicilio del lesionado.
- Fecha del accidente, con el máximo detalle, es decir, especificando hora, día, mes y año.
- Lugar del accidente, especificando lo más exacta posible utilizando el máximo de referencias.
- Profesión del lesionado
- Actividad u ocupación a que estaba dedicado el lesionado en el momento del accidente
- Causas y circunstancias del accidente: Este es uno de los puntos fundamentales del documento y debe dejarse suficiente espacio para que la contestación sea lo más precisa y detallada posible.
- Especificación de las consecuencias que, por el momento, el accidente ha causado al asegurado. Se trata de la versión de los daños desde el punto de vista del lesionado.
- Nombre de las personas que presenciaron el accidente.

- En el caso de que el lesionado esté asegurado de accidentes en otra entidad, debe indicar el nombre de la entidad y las garantías que tiene suscritas.
- Si se tratase de la modalidad de ocupantes, ya seas de automóviles o de embarcaciones, la declaración de accidente debe prever cuestiones tales como la identificación del vehículo o embarcación, el nombre del conductor, el de los ocupantes, etc.

A continuación se detallan las cuestiones que debe cumplimentar el médico que haya asistido al asegurado:

- Datos de identificación del médico que cumplimenta las cuestiones.
- Fecha y hora en que atendió al lesionado por primera vez. Es importante la relación de esa fecha y la del accidente.
- Lesiones y disfunciones que tiene el lesionado
- Síntomas objetivos observados en el primer examen.
- Diagnóstico.

## 4-151 Las tablas de invalidez PEAIM

Estas son las tablas de aplicación para invalidez en base a la población española. Son diferentes para el caso de negocio individual y de negocio colectivo

| TABLA IAP | | |
|---|---|---|
| NEGOCIO INDIVIDUAL | | |
| Edad | ix (Hombres) | iy (Mujeres) |
| 18 | 0,000064 | 0,000054 |
| 19 | 0,000071 | 0,000060 |
| 20 | 0,000080 | 0,000065 |
| 21 | 0,000088 | 0,000072 |
| 22 | 0,000099 | 0,000080 |
| 23 | 0,000110 | 0,000088 |
| 24 | 0,000122 | 0,000098 |
| 25 | 0,000137 | 0,000108 |
| 26 | 0,000151 | 0,000119 |
| 27 | 0,000169 | 0,000132 |
| 28 | 0,000188 | 0,000145 |
| 29 | 0,000209 | 0,000160 |
| 30 | 0,000233 | 0,000178 |
| 31 | 0,000260 | 0,000196 |
| 32 | 0,000289 | 0,000217 |
| 33 | 0,000322 | 0,000240 |
| 34 | 0,000359 | 0,000264 |
| 35 | 0,000399 | 0,000293 |
| 36 | 0,000445 | 0,000324 |

 © CISS

| TABLA IAP | | |
|---|---|---|
| NEGOCIO INDIVIDUAL | | |
| Edad | ix (Hombres) | iy (Mujeres) |
| 37 | 0,000494 | 0,000358 |
| 38 | 0,000551 | 0,000395 |
| 39 | 0,000614 | 0,000436 |
| 40 | 0,000682 | 0,000483 |
| 41 | 0,000760 | 0,000534 |
| 42 | 0,000846 | 0,000589 |
| 43 | 0,000942 | 0,000652 |
| 44 | 0,001049 | 0,000720 |
| 45 | 0,001167 | 0,000797 |
| 46 | 0,001300 | 0,000880 |
| 47 | 0,001447 | 0,000973 |
| 48 | 0,001611 | 0,001075 |
| 49 | 0,001794 | 0,001189 |
| 50 | 0,001997 | 0,001314 |
| 51 | 0,002223 | 0,001451 |
| 52 | 0,002475 | 0,001605 |
| 53 | 0,002756 | 0,001774 |
| 54 | 0,003069 | 0,001960 |
| 55 | 0,003416 | 0,002166 |
| 56 | 0,003803 | 0,002394 |
| 57 | 0,004234 | 0,002645 |
| 58 | 0,004714 | 0,002924 |
| 59 | 0,005247 | 0,003232 |
| 60 | 0,005842 | 0,003573 |
| 61 | 0,006504 | 0,003949 |
| 62 | 0,007241 | 0,004364 |
| 63 | 0,008063 | 0,004824 |
| 64 | 0,008977 | 0,005332 |

| TABLA IAP | | |
|---|---|---|
| NEGOCIO COLECTIVO | | |
| Edad | ix (Hombres) | iy (Mujeres) |
| 18 | 0,0001051 | 0,00009 |
| 19 | 0,0001164 | 0,00010 |
| 20 | 0,0001292 | 0,00010 |
| 21 | 0,0001448 | 0,00012 |
| 22 | 0,0001605 | 0,00013 |
| 23 | 0,0001789 | 0,00014 |
| 24 | 0,0002002 | 0,00016 |
| 25 | 0,0002215 | 0,00017 |
| 26 | 0,0002471 | 0,00019 |
| 27 | 0,0002755 | 0,00021 |
| 28 | 0,0003067 | 0,00023 |
| 29 | 0,0003408 | 0,00026 |
| 30 | 0,0003806 | 0,00029 |
| 31 | 0,0004232 | 0,00031 |
| 32 | 0,0004714 | 0,00035 |
| 33 | 0,0005240 | 0,00039 |
| 34 | 0,0005836 | 0,00042 |
| 35 | 0,0006504 | 0,00047 |
| 36 | 0,0007242 | 0,00052 |
| 37 | 0,0008051 | 0,00057 |
| 38 | 0,0008974 | 0,00063 |
| 39 | 0,0009983 | 0,00070 |
| 40 | 0,0011119 | 0,00077 |
| 41 | 0,0012382 | 0,00086 |
| 42 | 0,0013774 | 0,00095 |
| 43 | 0,0015336 | 0,00105 |
| 44 | 0,0017083 | 0,00116 |
| 45 | 0,0019014 | 0,00128 |
| 46 | 0,0021172 | 0,00141 |
| 47 | 0,0023572 | 0,00156 |
| 48 | 0,0026242 | 0,00173 |
| 49 | 0,0029209 | 0,00191 |
| 50 | 0,0032518 | 0,00211 |
| 51 | 0,0036210 | 0,00233 |


© CISS

| TABLA IAP | | |
|---|---|---|
| NEGOCIO COLECTIVO | | |
| Edad | ix (Hombres) | iy (Mujeres) |
| 52 | 0,0040314 | 0,00257 |
| 53 | 0,0044872 | 0,00285 |
| 54 | 0,0049956 | 0,00315 |
| 55 | 0,0055621 | 0,00348 |
| 56 | 0,0061926 | 0,00384 |
| 57 | 0,0068941 | 0,00425 |
| 58 | 0,0076751 | 0,00469 |
| 59 | 0,0085456 | 0,00519 |
| 60 | 0,0095140 | 0,00573 |
| 61 | 0,0105918 | 0,00634 |
| 62 | 0,0117917 | 0,00701 |
| 63 | 0,0131293 | 0,00774 |
| 64 | 0,0146161 | 0,00856 |

4

# Capítulo IV. SEGURO DE ENFERMEDAD Y SEGURO DE ASISTENCIA SANITARIA

## Sección 1. EL SEGURO DE ENFERMEDAD

### 4-152 Objeto y características del seguro de enfermedad

El seguro de enfermedad está concebido para prevenir las consecuencias económicas que para el asegurado pueden derivarse de hechos fortuitos y previsibles que le ocurran relacionados con su estado de salud, principalmente, la pérdida o disminución de ingresos durante el tiempo en que la misma retiene al asegurado alejado de sus ocupaciones habituales y el consiguiente incremento en los gastos por el costo que origina la atención al enfermo.

La principal característica de este tipo de seguro y que le diferencia del seguro de asistencia sanitaria es que con el seguro de enfermedad siempre se aporta una compensación económica y nunca la prestación de un servicio asistencial. No obstante, la prestación puede ser sólo de tipo económico (importe diario, indemnización por los gastos médicos y farmacéuticos...), o de tipo económico y de servicios (con asistencia sanitaria).

Su particularidad le hace ser un tipo de seguro de gran aceptación entre los profesionales autónomos, porque cubre los días de baja laboral a aquellas personas que trabajan por cuenta propia y reciben una indemnización diaria por la pérdida de ingresos al estar imposibilitados para realizar su trabajo.

Este seguro funciona como un subsidio por baja y se hace cargo de los gastos por asistencia médica ocasionados para subsanar la salud del asegurado. También se incluye la hospitalización si fuera necesario. Esto hace que en el mercado se encuentre en muchos casos bajo la denominación comercial de "Seguro de baja diaria" o "Seguro de subsidio por enfermedad".

Este tipo de seguro está teniendo cada día un mayor auge entre las empresas por la contratación de pólizas colectivas para sus trabajadores como salario en especie y como forma de fidelización. La prima es anual renovable.

## 4-153 Régimen legal del seguro de enfermedad

La Ley 50/1980, de 8 de octubre, de Contrato de Seguro, destina el artículo 105 a la normativa específica del seguro de enfermedad el cual establece que *"cuando el riesgo asegurado sea la enfermedad, el asegurador podrá obligarse, dentro de los límites de la póliza, en caso de siniestro, al pago de ciertas sumas y de los gastos de asistencia médica y farmacéutica. Si el asegurador asume directamente la prestación de los servicios médicos y quirúrgicos, la realización de tales servicios se efectuará dentro de los límites y condiciones que las disposiciones reglamentarias determinan@.*

Las entidades aseguradoras que operen en el ramo de enfermedad podrán utilizar **tablas de morbilidad** que definan el riesgo en función del sexo, de la edad y de la profesión, al analizar el número de individuos para cada edad y profesión expuestos al riesgo de indisposición, enfermedad o dolencia, así como el número real de individuos que las han sufrido en el último año. A través de estas tablas también pueden conocer la estadística actuarial que muestra la incidencia y la duración de las enfermedades.

Con toda esta información, deberán utilizar en la determinación de la prima, una técnica análoga a la del seguro de vida, pudiéndose aplicar los principios de la capitalización colectiva.

A diferencia con el seguro de asistencia sanitaria, en el seguro de enfermedad, los riesgos y costes relacionados con el embarazo y el parto no podrán suponer diferencias ni en el importe de las primas ni en las prestaciones.

## 4-154 Garantías del seguro de enfermedad

Padecer una enfermedad acarrea una serie de gastos y perjuicios de carácter económico para la persona, que serán mayores o menores según sean los tratamientos y los periodos de inactividad que se vaya a tener.

El seguro de enfermedad tiene coberturas contra enfermedades e indemnizará a la persona asegurada por los daños económicos sufridos como resultado de la asistencia sanitaria. Entre las diferentes coberturas en los seguros de enfermedad podemos encontrar principalmente dos tipos.

4

- Incapacidad temporal
- Hospitalización

No obstante, las garantías básicas del seguro de enfermedad son las siguientes:

**1. Subsidio o indemnización diaria por enfermedad**

El subsidio de enfermedad es la cantidad de indemnización diaria que el asegurado percibirá durante el tiempo que la enfermedad o accidente no profesional que haya sufrido le implique permanecer apartado de sus ocupaciones habituales.

El asegurador indemnizará por el período comprendido entre la baja y el alta médica, contando los días transcurridos en dicho tiempo. Existe un límite temporal para la duración de las prestaciones que suele ser de 30, 60 o 180 días, dependiendo del tipo de enfermedad y sus consecuencias.

El precio del seguro estará en función del tipo de profesión del asegurado. También influirá en el precio si éste realiza asiduamente algún tipo de deporte de riesgo (lo que en muchas pólizas es motivo de exclusión, sobre todo si el asegurado está federado y compite en competiciones aunque sea profesional), además del capital que se quiera asegurar.

Asimismo, es habitual que se aplique una franquicia para reducir el precio del seguro. En este sentido, lo normal es establecer un periodo inicial de días durante los cuales, el asegurador no estaría obligado a pagar el subsidio. Sería a partir del periodo establecido como franquicia cuando se empezaría a pagar la indemnización.

Estos plazos de franquicias son habitualmente de 7, 15 o 30 días.

**ATENCIÓN:** En la mayoría de los casos, la tarificación de este tipo de seguro se realiza a la inversa, es decir, se determina el importe de la indemnización diaria que el asegurado quisiera (o necesite) obtener en caso de estar impedido para trabajar y, en función de ella, se determina la tarifa a pagar.


© CISS

**2. Subsidio diario por convalecencia extraordinaria**

Se suele contratar conjuntamente con la cobertura de indemnización diaria, principalmente para prevenir largas convalecencias.

La contratación de esta garantía otorga al asegurado el derecho a seguir percibiendo subsidio una vez agotado el período de convalecencia reglamentaria para los casos en que esté sometido a un tratamiento de recuperación física o reposo relativo que le impida el trabajo o sus ocupaciones habituales.

La duración máxima del devengo de subsidios por esta garantía suele establecerse en 180 días, con independencia de que se hayan agotado o no los plazos máximos de subsidio contratados en las garantías anteriores y sólo podrá ser de aplicación en aquellas dolencias cuyo período agudo no haya sido de 30 días como mínimo.

**3. Subsidio o indemnización por intervención quirúrgica**

Hay que tener en cuenta que mediante esta garantía el segurador abonará al asegurado la indemnización única que figure en el baremo de indemnizaciones que forme parte de la póliza, por la clase de intervención quirúrgica a la que haya sido sometido.

**4. Indemnización por maternidad**

Se indemniza con una cantidad fija por parto. Esta garantía se otorga conjuntamente con la cobertura del subsidio por enfermedad para el primer período, y tiene por objeto conceder una única prestación económica.

**5. Indemnización por invalidez permanente**

Podrá incluirse en la póliza de enfermedad el riesgo de invalidez total y permanente, cuya garantía tiene por objeto otorgar al asegurado una indemnización única en el caso de que quede inválido total y permanente para todo tipo de trabajo.

La invalidez puede sobrevenir a consecuencia de enfermedad o accidente, y sólo será devengable la indemnización cuando dicha invalidez tenga una duración superior a seis meses.

## 4-155 Carencia en el seguro de enfermedad

Las garantías cubiertas en el seguro de enfermedad están sujetas a determinados plazos de carencia. Hay que tener en cuenta que no se realiza examen médico previamente a la contratación de este seguro, por lo que la aplicación de una carencia se hace necesaria pues, en caso contrario, la contratación de este seguro resultaría antieconómico para el asegurador por la cantidad de personas enfermas que se podrían asegurar para beneficiarse de inmediato de las prestaciones que se otorgan y, por consiguiente, se produciría una antiselección del riesgo al haberse calculado las primas para una muestra normal y no agravada de la población.

Todos los plazos de carencia se contarán a partir de la fecha de efecto de la póliza.



## 4-156 Riesgos cubiertos y riesgos excluidos

Se encuentran incluidas en el ámbito del seguro de enfermedad todas las enfermedades de medicina o cirugía que obliguen al asegurado a guardar reposo absoluto, recibir asistencia facultativa y, por consiguiente, no dedicarse a sus ocupaciones profesionales, habituales o domésticas.

Igualmente se entienden garantizados los accidentes cuando éstos se produzcan de forma casual, fortuita y extraprofesional, es decir, que no hayan sido ocasionados en el desarrollo de un trabajo profesional por cuenta propia o ajena.

Por el contrario se entienden expresamente excluidos de la cobertura que otorga este seguro:

- Las enfermedades, lesiones o defectos constitucionales y físicos de origen anterior a la fecha de contratación de la póliza.
- Las enfermedades o lesiones originadas o producidas por embriaguez, toxicomanía y el intento de suicidio.
- Las enfermedades consecutivas o derivadas del embarazo, aborto o parto.

Asimismo suelen aparecer excluidas:

- Las lesiones producidas por la práctica deportiva, cuando el asegurado estuviera federado o practicara competiciones, aun sin carácter profesional.
- Enfermedades cuya única manifestación fuera el dolor.
- Lesiones o procesos producidos por altercados del orden público riñas y/o peleas.

## 4-157 Ventajas sociales del seguro de enfermedad para las empresas

A las empresas que contraten seguros de enfermedad a favor de sus trabajadores les serán aplicables una serie de ventajas en cuanto a la cotización en la Seguridad Social.

El artículo 23.F), b) 5º del RD 2064/1995, de 22 de diciembre, Reglamento General sobre cotización y liquidación de otros derechos de la Seguridad Social, modificado por el RD 1890/1999, de 10 de diciembre, establece que lo siguiente:

*"b) En las asignaciones asistenciales a que se refiere este apartado se considerarán incluidas las siguientes:*

*(...)*

*5.º Las primas o cuotas satisfechas por el empresario en virtud de contrato de seguro de accidente laboral, enfermedad profesional o de responsabilidad civil del trabajador así como las primas o cuotas satisfechas por el mismo a entidades aseguradoras para la cobertura de enfermedad común del trabajador y, para este último caso, en los términos y con los límites establecidos en el artículo 45 del citado Reglamento del Impuesto sobre la Renta de las Personas Físicas, de 5 de febrero de 1999".*

En esta importante ventaja se puede incluir además del trabajador, al cónyuge y sus descendientes, con el límite establecido en dicho artículo de 500,00 € anuales por cada una de estas personas.

## 4-158 Ventajas fiscales del seguro de enfermedad para las empresas

Las empresas que contraten seguros de enfermedad a favor de sus trabajadores les serán aplicables una serie de ventajas fiscales, ya que se considera un gasto deducible para la empresa y no es salario en especie para el trabajador (art. 43.2F de la Ley del IRPF).

4

El límite establecido en dicho artículo es el de 500,00 € anuales por persona cuando el seguro sea a favor del trabajador, cónyuge y descendientes.

Para empresarios individuales y profesionales que tributen por actividades económicas en el IRPF por estimación directa, únicamente tienen ventaja fiscal (no de Seguridad Social). Para éstos, es gasto deducible de su actividad económica hasta 500,00 € por persona para aquellos seguros que den cobertura a éste, a su cónyuge o a sus descendientes.

# Sección 2. EL SEGURO DE ASISTENCIA SANITARIA

## 4-159 Objeto del seguro de asistencia sanitaria

Dentro de los límites y condiciones estipulados en cada póliza, y mediante el pago de la prima y franquicias que en cada caso corresponda, la aseguradora se compromete a facilitar al asegurado la cobertura económica que le supongan los servicios y atención médica que precise así como la quirúrgica y atención hospitalaria que proceda en toda clase de enfermedades o lesiones que se encuentren comprendidas en el listado de prestaciones sanitarias cubiertas en cada caso.

Los seguros de asistencia sanitaria no contemplan las indemnizaciones en metálico en sustitución de la prestación de la asistencia sanitaria que son el objeto habitual y normal de este tipo de seguro.

Aspecto diferente es la modalidad de reembolso, en el que lo que se paga al asegurado es un porcentaje sobre los gastos que le han ocasionado -y que ha adelantado- la asistencia sanitaria en el caso de libre elección de médico.


© CISS

El seguro de asistencia sanitaria proporciona al asegurado la prestación de unos servicios médico-quirúrgicos en los casos de enfermedad o lesiones comprendidas en las especialidades y modalidades que figuran en la descripción que de dichos servicios se hace en la póliza.

Cabe señalar como hecho relevante que éste es un seguro asistencial y, por lo tanto, en ningún caso pueden concederse indemnizaciones económicas optativas para sustituir la prestación de los servicios de asistencia sanitaria propiamente dichos.

## 4-160 Régimen legal del seguro de asistencia sanitaria

La **Ley 50/1980, de 8 de octubre, de Contrato de Seguro** destina el mismo **artículo** 105 a la normativa específica del seguro de asistencia sanitaria que para el Seguro de Enfermedad: *"Cuando el riesgo asegurado sea la enfermedad, el asegurador podrá obligarse, dentro de los límites de la póliza, en caso de siniestro, al pago de ciertas sumas y de los gastos de asistencia médica y farmacéutica"*.

## 4-161 Obligaciones principales del asegurado/tomador

En los seguros de asistencia sanitaria, el tomador del seguro y, en su caso el asegurado, tienen las siguientes obligaciones básicas:

a) Declarar a la aseguradora todas las circunstancias por él conocidas que puedan influir en la valoración del riesgo.

Esta declaración la realizará el tomador o el asegurador en el "Cuestionario de Salud" que le presente la aseguradora para su cumplimentación.

En el caso de que el asegurador no le someta ningún cuestionario o cuando, aun sometiéndoselo, se trate de circunstancias que, pudiendo influir en la valoración del riesgo, no estén comprendidas en él, el tomador o el asegurado quedará exonerado de esta obligación.

A tal efecto, el asegurador podrá rescindir el contrato mediante declaración dirigida al tomador del seguro en el plazo de un mes, a contar desde la fecha en que ésta tuviera conocimiento de la reserva o inexactitud del tomador del seguro o asegurado.

Si esto se produce, y el asegurador dirige dicha declaración al tomador, corresponderán al asegurador, salvo que concurra dolo o culpa grave por su parte, las primas relativas al período en curso en el momento en que haga esta declaración.

En el caso de que sobreviniese el siniestro antes de que el asegurador hiciese esta declaración, la prestación de éste se reducirá proporcionalmente a la diferencia entre la prima convenida y la que se hubiera aplicado de haberse conocido la verdadera entidad del riesgo.

Si medió dolo o culpa grave del tomador del seguro, el asegurador quedará liberado del pago de la prestación.

b) Declaración de agravación del riesgo.

Durante la vigencia del seguro, el tomador o asegurado deberá comunicar al asegurador y tan pronto como le sea posible, todas las circunstancias que, de acuerdo con el cuestionario de salud del asegurado presentado previamente, agraven el riesgo y sean de tal naturaleza que si hubieran sido conocidas por el asegurador en el momento de la contratación, no lo habría formalizado o lo habría hecho con una tarifa superior.

c) Aminorar las consecuencias del siniestro.

El tomador o asegurador deberán emplear todos los medios a su alcance para aminorar las posibles consecuencias del siniestro de cara a conseguir un pronto restablecimiento.

El incumplimiento de este deber se considerará conducta de mala fe del tomador o asegurador y podrá liberar al asegurador de toda prestación derivada del siniestro.

d) Facilitar información al asegurador.

Durante la vigencia del seguro, el tomador o asegurado deberá facilitar al Asegurador toda la documentación e información médica que, o bien considere que sea necesaria y procedente, o bien le sea requerida para valorar la cobertura del coste de las prestaciones que solicite.

4

Si la información es requerida al tomador o asegurado por el asegurador, el proceso de otorgamiento de cobertura quedará en suspenso hasta la entrega de dicha información.

e) Utilizar los servicios y centros del cuadro médico.

En los casos de pólizas sujetas a cuadro médico (no de libre elección) el asegurado deberá utilizar exclusivamente los médicos y centros de asistencia médica y hospitalaria que se encuentren en alta en la fecha de solicitud de la asistencia.

## 4-162 El cuestionario de salud

El cuestionario de salud es la declaración realizada y firmada por el tomador y/o asegurado antes de la formalización de la póliza y que sirve al asegurador para la valoración del riesgo que es objeto del seguro.

## 4-163 La comunicación del nacimiento del recién nacido

En la mayoría de las pólizas de tipo familiar, es muy frecuente que esté incluida la asistencia de la madre en el parto. En estos casos, los hijos recién nacidos tendrán derecho a ser incluidos en la póliza de la madre desde el momento de su nacimiento.

En todo caso, la aseguradora cubrirá la asistencia sanitaria al recién nacido durante sus primeros día de vida -cada aseguradora marca un plazo que suele ser de 30 días naturales-. Cuando se produzca el parto, el tomador deberá comunicar al asegurador tal circunstancia dentro del plazo que establezca la propia póliza.

En estos casos, retrotraerán sus efectos a la fecha del nacimiento, no aplicándose período de carencia superior al que -en caso de que hubiese existido- le faltase por consumir a la madre.

La comunicación del nacimiento del recién nacido en plazo es muy importante ya que de no hacerlo, será necesario cumplimentar el cuestionario de salud, pudiendo incluso la aseguradora denegar la admisión del mismo.

## 4-164 Obligaciones básicas del asegurador

4

Son obligaciones básicas del asegurador en las pólizas de asistencia sanitaria las siguientes:

- Facilitar al tomador o asegurado el cuestionario de salud para su cumplimentación.
- Abono de la prestación de asistencia sanitaria.
- Entrega del documento de cobertura provisional.
- En caso de ser una póliza con tarjeta sanitaria, el asegurador está obligado a hacerle entrega de las correspondientes a cada uno de los asegurados incluidos en la póliza.
- Facilitar un ejemplar del cuadro médico completo correspondiente a la provincia de residencia del tomador o asegurado.

## 4-165 Manejo confidencial de los datos sobre la salud del asegurado

Los datos relativos a la salud tienen la consideración de datos especialmente protegidos debido a que forman parte de la intimidad y privacidad del individuo, derecho reconocido y protegido por la Constitución Española en los puntos 1 y 4 del artículo 18. Con carácter general, sólo son los profesionales sanitarios o los individuos u órganos que trabajen en representación de los mismos los únicos legitimados para recoger y procesar datos médicos.

Ahora bien, una Compañía de Seguros de Salud, debe manejar durante varias fases -antes de celebrar el contrato y durante la vigencia de la póliza- una información muy delicada sobre el estado de salud de sus clientes así como informes médicos, resultados clínicos y pruebas médicas realizadas sobre los que deberá llevar a cabo en todo momento las medidas que garanticen la seguridad y confidencialidad de dicha información.

El tratamiento que hará la aseguradora sobre estos datos se considera totalmente reglamentario siempre que se realice con fines de dar cobertura a su asistencia y con el expreso consentimiento del afectado o autorización legal basada en razones de interés general.

**ATENCIÓN:** Es muy habitual que los análisis médicos previos -también requeridos en los seguros de vida de un cierto capital- se envíen desde la clínica que los ha realizado a la aseguradora "en mano" y no por correo. Asimismo, una vez recibidos en la aseguradora, estos estarán siempre cerrados debidamente y tan sólo tendrán acceso al archivo de los mismos personas debidamente autorizadas e identificadas, en ningún caso miembros del departamento comercial, de la aseguradora y por supuesto en ningún caso, el mediador que haya intervenido en la póliza.

De la misma manera, cuando la aseguradora le debe hacer llegar al asegurado dicha analítica, no lo hará normalmente por correo, sino entregándosela en mano al propio interesado.

En cualquier caso, siempre será preciso el consentimiento expreso de los titulares de los datos para que la aseguradora pueda tener acceso a ellos. Esta autorización, habitualmente, queda ya expresamente reconocida en la solicitud de seguros así como en el propio cuestionario médico pues la cumplimentación de ambos documentos no implica la formalización de la póliza.

Ni la Ley Orgánica 15/1999, de 13 de diciembre, de Protección de Datos de Carácter Personal (LOPD), ni el Real Decreto 1332/1994, de 20 de Junio por el que se desarrollan determinados aspectos de la LORTAD dan una definición concreta de los que se considera "Datos de Salud", sino que se limitan, tal y como recoge el artículo 8 de la LOPD, a establecer su tratamiento al determinar que *"sin perjuicio de lo que se dispone en el artículo 11 respecto de la cesión, las instituciones y los centros sanitarios públicos y privados y los profesionales correspondientes podrán proceder al tratamiento de los datos de carácter personal relativos a la salud de las personas que a ellos acudan o hayan de ser tratados en los mismos, de acuerdo con lo dispuesto en la legislación estatal o autonómica sobre sanidad"*.

En las recomendaciones del Comité de Ministros del Consejo de Europa a los Estados miembros sobre Protección de Datos Médicos de 13 de Febrero de 1997, se da una definición general de "dato médico" definiéndolo como *"todo dato personal relativo a la salud de un individuo, incluyendo aquellos que tienen una clara y estrecha relación con la salud y los datos genéticos"*.

En este sentido, la Ley a la que se sujetan las aseguradoras en el tratamiento de la información de salud y datos médicos de sus asegurados es la LOPD.

## 4-166 Derechos del asegurador

Cuando la asistencia prestada al asegurado sea como consecuencia de lesiones producidas o agravadas por accidentes cubiertos por cualquier otro seguro, o siempre que el coste de la misma deba ser satisfecho por terceros causantes o responsables de las lesiones, la aseguradora, si hubiere cubierto la asistencia, podrá ejercitar las acciones que procedan para reintegrarse el coste que tales asistencias le hubieren supuesto.

En este caso, el asegurado o el tomador vendrán obligados a facilitar al asegurador los datos y la colaboración necesarios para ello.

El asegurador también podrá reclamar al asegurado el coste de la cobertura de cualquier prestación cuya improcedencia haya quedado manifestada "a posteriori" por la información médica facilitada por el asegurado.

## 4-167 La tarjeta sanitaria

La tarjeta sanitaria es un documento de uso personal e intransferible por cada asegurado pero que es propiedad de la aseguradora y ésta le cede su uso al asegurado. Por ello, en todas las pólizas se establece que tomador y asegurado se obligan a devolver a la aseguradora la tarjeta correspondiente al asegurado cuando éste cause baja en la póliza.

Por el contrario, los aseguradores no se responsabilizan de la utilización indebida o fraudulenta de la tarjeta sanitaria, lo que dejan claramente constancia en los contratos de seguro.

Las tarjetas de salud contendrán los siguientes datos:

- Número de tarjeta.
- Nombre y apellidos del asegurado.
- Fecha de nacimiento.
- Sexo.

- Fecha de alta.
- Fecha de caducidad.

## 4-168 El cuadro médico

Se conoce como "cuadro médico" a la relación editada de profesionales y establecimientos sanitarios propios o concertados por la aseguradora.

Las aseguradoras editan normalmente los cuadros médicos por el ámbito territorial y geográfico del asegurado. Así, normalmente hay de dos tipos:

- Nacional: En los cuadros médicos nacionales se relacionan todos los profesionales y establecimientos sanitarios concertados en todo el territorio nacional.
- Provinciales: En los cuadros médicos provinciales se relacionan los profesionales y establecimientos sanitarios de la provincia en cuestión.

El tipo de seguro que se haya contratado, va a determinar la modalidad de asistencia sanitaria gratuita en cualquiera de los centros médicos, hospitales y por cualquier facultativo que esté incluido dentro del cuadro médico de la Compañía.

La aseguradora se encarga de mantener en todo momento un cuadro médico con el mayor número de centros hospitalarios, el mejor nombre de especialistas facultativos y las más modernas pruebas médicas para hacerlo más competitivo.

**ATENCIÓN:** La edición de los cuadros médicos está suponiendo un serio replanteamiento por parte de las aseguradoras actualmente ya que implican un gasto considerable de papel (son libros en algunos casos de gran volumen) y el consecuente gasto económico. Por otro lado, los cuadros médicos al ser tan extensos al tiempo de que constantemente desde las aseguradoras se están actualizando mediante la entrada de nuevas especialidades, facultativos y centros implica que todas las ediciones en papel nunca se puedan considerar que estén actualizadas. Las aseguradoras los actualizan anualmente para no incurrir en excesivo coste.

Por ello, cada día está cobrando más fuerza el "Cuadro médico tecnológico" de manara que tenerlo actualizado en la web de la aseguradora es más rápido, sencillo y por supuesto, barato. Sólo queda que las aseguradoras eduquen a los asegurados de este tipo de pólizas a consultar el cuadro médico por internet.

4

## 4-169 Conceptos importantes en los seguros de salud

**Carencia**

Es el tiempo comprendido entre la fecha de efecto de la póliza y el momento en que entran en vigor ciertas coberturas, intervalo de tiempo durante el cual no son efectivas algunas de las coberturas incluidas dentro de las garantías de la póliza. Dicho plazo se computa por meses contados desde la fecha de entrada en vigor de la póliza para cada uno de los asegurados incluidos en ella.

Con carácter general, todas las prestaciones que en virtud de la póliza asume el asegurador son otorgadas desde la fecha de efecto del seguro, es decir, que en el seguro de asistencia sanitaria no se aplica el ordinario plazo de carencia. En consecuencia, el asegurado puede ir a la consulta médica desde el momento en que firme su póliza y abone el primer recibo de la prima.

Se exceptúan del anterior principio general las intervenciones quirúrgicas de cualquier clase que exijan la hospitalización y los servicios de radioterapia, radiumterapia, cobaltoterapia e isótopos radioactivos, a los cuales no tendrá derecho el asegurado hasta que haya transcurrido un período de carencia que normalmente se fija en 6 meses. No obstante, se excluyen de la excepción y se aplicará el principio general de no carencia en los casos de intervenciones quirúrgicas consideradas de urgencia vital y en los partos prematuros.

**ATENCION:** La carencia más habitual en estas pólizas es la correspondiente a las mujeres en edad fértil, a las que se las suele imponer una carencia de 9-10 meses para la cobertura de embarazo y parto, si bien criterios recientes de la DGSFP han reducido este plazo a 8 meses.


© CISS

**Enfermedad**

Toda alteración de la salud del asegurado no causada por un accidente, diagnosticada por un médico, que haga precisa la prestación de asistencia sanitaria y cuyas primeras manifestaciones se presenten durante la vigencia de la póliza.

**Enfermedad, lesión, defecto o deformación congénita**

Es aquella que existe en el momento del nacimiento, como consecuencia de factores hereditarios o afecciones adquiridas durante la gestación hasta el mismo momento del nacimiento. Una afección congénita puede manifestarse y ser reconocida inmediatamente después del nacimiento, o bien ser descubierta más tarde, en cualquier período de la vida del asegurado.

**Preexistencia**

Es la enfermedad padecida por el asegurado con anterioridad a la fecha de su efectiva incorporación o alta en la póliza. Algunas preexistencias se aceptan en nuevas pólizas -normalmente con una sobreprima-, pero otras son causa de rechazo de nueva póliza.

En los seguros de colectivos o grupos es habitual que se acepten de antemano una serie de preexistencias muy amplias.

**Hospitalización**

El hecho de que una persona figure registrada como paciente en un hospital y pernocte o realice una comida principal en el mismo.

**Intervención quirúrgica**

Toda operación mediante incisión u otra vía de abordaje interno efectuada por un cirujano y que requiere normalmente la utilización de una sala de operaciones.

**Urgencia**

Situación del asegurado que hace necesaria la asistencia médica con carácter inmediato a fin de evitar un daño irreparable en su salud.

## 4-170 Garantías

4

Los servicios prestados por el seguro de asistencia sanitaria como patrón general tienen las siguientes coberturas:

- Medicina general y pediatría.
- Especialidades: ginecología, oftalmología, dermatología, traumatología, cardiología, oncología, etc.
- Medios de diagnóstico, incluidos los de alta tecnología: análisis clínicos, todo tipo de estudios radiográficos, PET-TAC , mamografía, pruebas genéticas cuyo fin sea el diagnóstico de una enfermedad, etc.
- Hospitalización con y sin intervención quirúrgica: habitación individual con cama de acompañante, ambulancia, prótesis (prótesis mamaria tras masectomía, válvulas cardíacas, marcapasos, prótesis internas traumatológicas, lentes intraoculares multifocales, etc.).
- Hospitalización en UVI.
- Hospitalización psiquiátrica.
- Parto y todo lo relacionado con él: pruebas prenatales (analíticas, ecografías, curva de tolerancia oral a la glucosa, amniocentesis), preparación al parto, Habitación individual con cama de acompañante, anestesia epidural e incubadora.
- Trasplantes: Córnea y médula ósea.
- Tratamientos especiales. Psicoterapia, incluso para trastornos alimentarios, quimioterapia, diálisis, oxigenoterapia ambulatoria y a domicilio, etc.
- Urgencias ambulatorias y hospitalarias.
- Asistencia sanitaria en el extranjero, hasta un límite de importe anual.
- Asistencia dental.

## 4-171 Modalidad de reembolso

A diferencia de la modalidad de cuadro médico, la modalidad de reembolso posibilita al asegurado a acudir a cualquier facultativo, especialista o centro hospitalario privado que desee -al suyo de siempre, por ejemplo, haciendo frente la aseguradora a una parte -normalmente un porcentaje- de los gastos que origine el servicio de esa asistencia sanitaria.

El funcionamiento consiste en que es el asegurado el que abona directamente los gastos al centro o al facultativo -lo anticipa- y posteriormente solicita con la factura y justificante correspondiente, a la aseguradora "el reembolso" de dicho gasto en los términos pactados en la póliza.

**ATENCIÓN:** La modalidad de reembolso la prefiere un perfil muy concreto de cliente que quiere seguir teniendo su médico, especialista u hospital de toda la vida, y que sin embargo, no están en el cuadro médico de la aseguradora con la que tiene la póliza o bien deja de estar en el cuadro médico y el cliente quiere seguir siendo su paciente sin dejar la póliza.

La modalidad de reembolso requiere por parte de las aseguradoras un exhaustivo y riguroso control permanente para evitar el fraude que esta modalidad puede originar.

## 4-172 Modalidad de copago

El copago es una modalidad que se está imponiendo cada día más y consiste en que el asegurado hace frente a una pequeña cantidad de dinero por "pase de tarjeta" o "por atención en consulta" cada vez que éste acude a la consulta de un especialista o bien a urgencias.

Las aseguradoras consiguen con esta medida evitar el consumo innecesario de servicios de asistencia sanitaria por parte de los asegurados y reducen así el "consumo" del servicio y por tanto la siniestralidad de las pólizas, reduciendo por consiguiente los gastos.

Esta cantidad suele ser pequeña y diferente según cada aseguradora, pero ronda entre los 3 y 10 € por consulta.

Las pólizas con copago tienen una tarifa más reducida que las que no lo tienen.

4

## 4-173 Aspectos fiscales de las pólizas de empresa

Un rasgo muy característico de este tipo de seguros es que se contrata en muchos casos a nivel colectivo por las empresas para sus empleados. Esta modalidad tiene un particular tratamiento fiscal.

En concreto y en lo que se refiere a la contratación por parte de la empresa de seguros de salud a favor de sus empleados y familiares directos -cónyuge y/o descendientes-, la legislación considera que dichas prestaciones no tienen la consideración de retribución en especie a efectos fiscales, siempre que se cumplan los requisitos exigidos reglamentariamente.

En los casos que sean las empresas las que paquen las aportaciones a los seguros de asistencia sanitaria de sus empleados, no se considera retribución en especie para el trabajador la prima de seguro de salud que la empresa le pague a él, a su cónyuge o a sus hijos siempre que no supere los 500 euros anuales para cada uno de ellos tal y como establece el 42.2.f de la Ley de IRPF que señala lo siguiente:

*"No tendrán la consideración de rendimientos del trabajo en especie:*

*f) las primas o cuotas satisfechas a entidades aseguradoras para la cobertura de enfermedad, cuando se cumplan los siguientes requisitos y límites:*

*1. Que la cobertura de enfermedad alcance al propio trabajador, pudiendo además alcanzar a su cónyuge, o descendientes.*

*2. Que las primas o cuotas satisfechas no excedan de 500 euros anuales por cada una de las personas señaladas en el apartado anterior. El exceso sobre dichas cuantías constituirá retribución en especie".*

Lo que busca el legislador con esta norma es fomentar e incentivar la contratación de seguros colectivos a través de la empresa, fortaleciendo el concepto de beneficio social para el empleado, al tiempo de mantener las


© CISS

ventajas fiscales para las empresas ya que pueden deducirse el gasto de las primas abonadas en concepto de seguro médico para los propios empleados en el Impuesto de Sociedades.

# Capítulo V. SEGUROS DE DAÑOS EN LAS COSAS O SEGUROS REALES

## Sección 1. LOS SEGUROS DE DAÑOS EN LAS COSAS

### 4-174 Seguros sobre cosas

Los seguros sobre cosas son aquellos que cubren los posibles daños o pérdidas que pueden sufrir las cosas, de manera que se caracterizan porque la indemnización de la aseguradora, en caso de ocurrir el siniestro, se destina a reparar el daño, pérdida o deterioro sufrido en la cosa.

A tal efecto, se considera "cosa" los bienes materiales que son propiedad del asegurado. Este dato es importante ya que el asegurado debe tener un título de propiedad o uso sobre el bien (material) objeto del seguro. De esta manera, el término anglosajón con el que se conoce a este tipo de seguros es el de "*property insurance*".

### 4-175 Seguros de daños

Si bien es verdad que en todo seguro, sea del tipo o ramo que sea, hay dos elementos que se consideran comunes: la cobertura de un riesgo determinado por un lado, y el compromiso del asegurador a pagar la indemnización en caso de que se produzca el siniestro.

Sin embargo, los seguros de personas y los seguros de daños en las cosas, aunque igualmente convergen en estos dos aspectos, se diferencian en el objeto expuesto al riesgo que se asegura, de manera que en los primeros el riesgo recae sobre una persona concreta y en los seguros de daños recaen en bienes o cosas materiales.

Igualmente, en los seguros de daños hay siempre dos elementos básicos:

1. El **principio indemnizatorio**. Es la base reguladora de la indemnización a pagar por el asegurador, de manera que, no pudiendo en ningún caso, enriquecer al asegurador, deberá tomar siempre el valor que tenía el interés asegurado en el momento inmediatamente anterior a la concurrencia del siniestro.
2. El **interés asegurable**. Supone la existencia de un valor que quiere proteger el asegurado y que se traduce en el interés que éste o el tomador tiene en que no se produzca el siniestro.

Los seguros de daños son de "concreta cobertura de necesidad" o de "indemnización efectiva", lo que queda claro pues en la indemnización de estos tipos de seguros se tiende a reparar un daño causado en el patrimonio del asegurado, independientemente de que se trate de la pérdida de algo material concreto o de otro tipo de perjuicio patrimonial. De esa manera, en los seguros de daños, la indemnización tiene por objeto la reparación de las consecuencias perjudiciales que se hayan derivado de la producción del siniestro. Así, la aseguradora restituirá el estado de las cosas al momento anterior al siniestro, ya sea reparando el objeto dañado, sustituyéndolo por otro o bien entregando al asegurador una cantidad de dinero para que ponga solución él mismo a dicha situación.

Entre los primeros casos, podemos encontrar los seguros "de cosas", como por ejemplo, un inmueble incendiado, o un vehículo que ha sido robado. En los segundos supuestos podemos encontrar los denominados "seguros de responsabilidad", como por ejemplo, el pago de una indemnización por responsabilidad civil por el daño causado a un tercero.

Hay que tener presente que las indemnizaciones propias de los seguros de daños se encuentran con un límite doble:

- La indemnización no puede producir un enriquecimiento injusto para el asegurado, tal y como se recoge en el artículo 26 de la LCS, razón por la cual, es reiterado que el valor debe ser el inmediatamente anterior al acaecimiento del siniestro como ya hemos visto.

- El límite máximo de la indemnización a pagar es el propio importe de la suma asegurada, de manera que ésta no podrá exceder del valor asegurado ni del valor real que el objeto asegurado tiene en el momento del siniestro tal y como señala el artículo 27 de la LCS.

Sin embargo, los seguros de personas son, a diferencia de los de daños en las cosas como hemos visto, de "abstracta cobertura de necesidad" o de "indemnización presunta".

## 4-176 Regulación de los seguros de daños

Esta modalidad de seguro se encuentra ampliamente regulada en el Título II de la LCS que abarca los artículos del 25 al 76, lo que demuestra la gran importancia de esta modalidad de seguro dentro del ámbito asegurador.

Así, la LCS regula los seguros de daños en base a la siguiente estructura:

- Las generalidades de los seguros de daños (arts. 25 a 44).
- El seguro de incendios (arts. 45 a 49).
- El seguro de robo (arts. 50 a53).
- El seguro de transportes terrestres (arts. 54 a 62).
- El seguro de lucro cesante (arts. 63 a 67).
- Los seguros de caución y de crédito (arts. 68 a 72).
- El seguro de Responsabilidad Civil (arts. 73 a 76).
- El seguro de defensa jurídica (art. 76, letras a a g).

# Sección 2. LOS SEGUROS DE CASCOS Y SEGUROS DE TRANSPORTES

## 4-177 Seguro de cascos

4

Aunque el seguro de cascos y el seguro de transportes son dos modalidades bien diferentes, ambas se encuentran interrelacionadas entre sí ya que, con el término "Seguro de Cascos" se hace referencia a aquellas modalidades de seguros que recaen sobre los medios de transportes, de manera que el término "casco" es la palabra que se utiliza para designar el medio de transporte concreto, ya sean vehículos terrestres, ferroviarios, aéreos, marítimos, lacustres o fluviales.

**Modalidades**

Las modalidades de pólizas en el seguro de cascos se categorizan en tres grandes grupos:

1. Seguros de cascos marítimos.
2. Seguros de cascos terrestres.
3. Seguros de cascos aéreos.

**Coberturas**

Con carácter general, las coberturas principales de los seguros de cascos son:

a) Los daños materiales, la destrucción y la pérdida del medio de transporte.

b) Las responsabilidades que el medio de transporte pueda ocasionar a terceros.

c) Otros intereses de armadores, constructores, reparadores o particulares, que posean medios de transportes, como pueda ser la pérdida de alquileres.

Al igual que en el seguro de mercancías, en todas las modalidades de pólizas del seguro de cascos se recogen:

- Las coberturas básicas, que son las coberturas mínimas que se contratan.
- Las coberturas complementarias, que son opcionales y se pueden contratar en las condiciones especiales de la póliza. Si no se contratan, están excluidas.
- Exclusiones que enumeran aquellos riesgos que no pueden ser objeto de cobertura.


© CISS

**Duración**

Lo habitual es que el seguro de cascos se contrate por periodos anuales, sin embargo, también se puede contratar con otras duraciones diferentes principalmente cuando:

- Se trata de garantizar un buque en construcción que se contrata por un período que coincida con la duración de los trabajos.
- Se va a realizar un viaje o travesía determinada.

## 4-178 Seguro de transportes

El seguro de transportes es aquél por el cual el asegurador asume la cobertura de los riesgos que se derivan de cualquier tipo de transporte, incluyendo principalmente al propio medio en el que se realiza el transporte así como a los bienes, objeto o personas transportadas. El asegurador se compromete, mediante el cobro de una prima, a indemnizar al asegurado las posibles pérdidas que se produzcan como consecuencia de un accidente durante el transporte.

Existen varias clasificaciones de seguros de transportes atendiendo al riesgo que se cubra, ya sean daños puros y bien modalidades de riesgos combinados ya que en el seguro de transportes es una modalidad propiamente de seguro de daños en el que la indemnización se destina a la reparación de los daños causados. También se contemplan en esta modalidad otras variantes como el seguro de lucro cesante, la responsabilidad civil, el seguro de beneficio esperado o los propios seguros de daños personales.

Están legitimados para contratar este tipo de seguros, además del propietario del vehículo o de las mercancías transportadas, el comisionista de transporte y las agencias de transporte así como todos los que tengan interés en la conservación de las mercancías, expresando en la póliza el concepto en que se contrata el seguro.

El seguro de transportes ofrece protección frente a los daños que pudieran sufrir tanto los medios de transporte como el contenido que transportan, así como las responsabilidades frente a terceros derivadas de los contratos de transporte o del uso de los medios para el mismo.

En el seguro de transportes, las pérdidas pueden afectar a:

- El medio de transporte (buques, trenes, aviones, camines, etc.), cubierto mediante el seguro de cascos.
- Los bienes transportados (mercancías, valores, etc.) cubiertos mediante el seguro de mercancías.
- Otros intereses ligados a unos o a otros (fletes, desembolsos, responsabilidades, beneficio comercial, etc.).

**Características**

Son varias las características que definen la complejidad de este seguro y que, de alguna manera, marcan diferencias respecto a otros seguros materiales. Así, el seguro de transportes se caracteriza básicamente por:

- Movilidad, ya que se trata de vehículos y mercancías casi siempre en movimiento.
- Flexibilidad, dado que se cubren gran cantidad y variedad de riesgos (robo, reclamaciones, naufragio, choque, incendio, etc.).
- Extensión, porque los riesgos se soportan en cualquier parte del mundo.

Es muy frecuente que al transportar una mercancía de un punto a otro, sea preciso utilizar diferentes medios de transporte. En estos casos, cuando la mercancía llega a destino y ha sufrido un deterioro es muy difícil determinar con exactitud en qué punto o momento se ha producido el siniestro. En estos casos, se aplicarán las normas del seguro de transporte terrestre si el viaje por este medio ha constituido la parte más importante del mismo. En caso de que el transporte terrestre haya sido accesorio de uno marítimo o aéreo, se aplicarán a todo el transporte las normas del seguro marítimo o aéreo.

**Duración**

Los seguros de transporte terrestre pueden estipularse por el viaje concreto o por un tiempo determinado. En cualquier caso, la cobertura comienza en el momento en que se entregan las mercancías al porteador para su transporte en el punto de partida del viaje asegurado.

Asimismo, finalizarán cuando se entreguen al destinatario en el punto de destino, siempre que la entrega se realice dentro del plazo previsto en la póliza. En algunos casos excepcionales, el seguro puede extenderse desde que las mercancías salen del almacén o domicilio del cargador para su entrega al transportista hasta que entran para su entrega en el domicilio o almacén del destinatario.

La obligación del asegurador de indemnizar al asegurado se extiende incluso a los posibles efectos que se manifiesten con posterioridad al viaje, pero siempre dentro de los seis meses siguientes a la fecha de su expiración, a excepción de los casos en los que el daño haya sido debido a la naturaleza intrínseca o vicios propios de las mercancías transportadas.

En caso de ocurrir un siniestro que implique la pérdida total y no habiendo realizado una estimación concreta y determinada de la mercancía perdida, la indemnización cubrirá el precio que tuviera en el lugar y en el momento en que se cargaron más los gastos realizados para entregarlas al transportista y el precio del seguro si recayera sobre el asegurado, salvo en los casos en los que la mercancía perdida se hubiera destinado para la venta en los que la indemnización se valorará en función del valor que las mercancías tendrían en el lugar de destino.

## 4-179 Seguro de mercancías

Mercancía es todo género susceptible de ser transportado. Partiendo de este concepto, el seguro de mercancías cubre:

- Los daños materiales, la destrucción y la desaparición de las mercancías aseguradas durante su transporte, las estancias efectuadas en relación a éste, y/o las operaciones de carga y descarga.
- Los intereses del que contrata el seguro, como los gastos de transporte, los gastos de embarque y flete, los derechos de aduana o el beneficio esperado.

Por el contrario, dado que el seguro de mercancías es un seguro de daños, donde no se cubren los riesgos comerciales, no se garantizan:

- La cancelación de pedidos.
- El impago del comprador de las mercancías.
- El riesgo de cambio en las operaciones con el exterior, es decir, si la mercancía se ha de pagar en una moneda extranjera y el tipo de cambio en euros sufre oscilaciones, la pérdida por la posible depreciación no estaría cubierta por el seguro.
- Los riesgos políticos y comerciales en los países de destino de las exportaciones.

4

Tenemos que distinguir **tres modalidades de seguros** con sus condicionados específicos en función del medio de transporte utilizado:

- Para el transporte de mercancías por mar está el **seguro marítimo de mercancías**.
- Para el transporte de mercancías por tierra está el **seguro terrestre de mercancías**.
- Para el transporte de mercancías por aire está el **seguro aéreo de mercancías**.

Las mercancías, objeto del seguro, han de ser analizadas cuidadosamente, tanto en sí mismas (su naturaleza) como en función del medio de transporte y del viaje a realizar.

Para ello, debemos conocer su naturaleza, estado físico, su peso y volumen, la forma en que se transportan, su grado de afección o reacción ante elementos externos, etc.

A continuación, exponemos algunas de las **características** que han de ser conocidas, para determinar el grado de riesgo a que se ven expuestas:

- Según su estado físico, podremos determinar qué riesgos les pueden afectar.
- Según su naturaleza, conoceremos el grado de afección de las mercancías ante determinadas circunstancias, las posibilidades de salvamento de las mismas, etc.
- Según su peso específico y/o volumen, conoceremos si necesitará de buques o medios especiales para su transporte y manejo seguro.
- Según su protección, las mercancías pueden ser transportadas sin embalaje, con embalaje o a granel.
- Según su comercio, la valoración de los riesgos tendrá distinta consideración por el suscriptor.
- Según su grado de afección por agentes externos, las mercancías estarán expuestas a mayor o menor riesgo.

 © CISS

## 4-180 Seguro de cascos marítimos

Es el seguro que tiene por objeto la cobertura de los posibles riesgos que le pudieran ocurrir al casco del buque. Está regulado de manera extensa en la Sección III del C. de C., en los artículos 737 a 805.

El seguro marítimo es aquél por el que el asegurador se obliga a indemnizar hasta el límite de una suma determinada al asegurado que le paga la prima pactada, los daños de tipo patrimoniales que sufran los intereses o bienes asegurados en una expedición marítima o en los momentos anteriores o posteriores a la misma.

El seguro marítimo se constituye como una de las primeras coberturas aseguradoras aparecidas históricamente. Este tipo de seguro representa una modalidad mucho más extensa o completa que la de un simple seguro de transportes ya que la cobertura que presta es más amplia al incluir también el incendio y el robo de las mercaderías, así como los daños y posibles accidentes sufridos en las maniobras de carga y descarga, la pérdida de mercancías por caída al mar y algunos más propios de este tipo de seguro.

En cuanto a los seguros de cascos marítimos es el que más modalidades diferentes presenta, entre las que podemos diferenciar las siguientes:

- Seguro de buques mercantes de carga y/o pasaje.
- Seguro de pesqueros.
- Seguro de embarcaciones de recreo.
- Seguro de construcción de buques.

Así, tal y como se recoge en el artículo 745 de C. de C., el seguro sobre el buque se entenderá comprendido sobre las máquinas, aparejo, pertrechos, y cuanto esté adscrito al mismo, pero no su cargamento, aunque pertenezca al mismo naviero. De esta manera, el seguro marítimo de cascos cubre los daños o pérdidas que se producen en el buque asegurado, su armazón, sus máquinas, sus aparatos de navegación, etc. así como las responsabilidades, gastos y perjuicios resultantes.

**La Póliza**

El seguro marítimo de cascos, al igual que el seguro marítimo de mercancías, se puede contratar de acuerdo con las condiciones de la póliza española o con las condiciones inglesas. Normalmente se solicita la aplicación de las condiciones inglesas ya que estas proporcionan la cobertura más amplia que hay en seguro de cascos.

Además de las condiciones que libremente establezcan las partes y de la información básica de cualquier póliza de seguro, la póliza del contrato de seguro marítimo contendrá la siguiente información:

1. Nombre, puerto, pabellón y matrícula del buque asegurado o del que conduzca los efectos asegurados.
2. Nombre, apellidos y domicilio del Capitán.
3. Puerto o rada en que han sido o deberán ser cargadas las mercaderías aseguradas.
4. Puerto de donde el buque haya zarpado o desde el que deba zarpar.
5. Puerto o radas en que el buque debe cargar, descargar o hacer escalas por cualquier motivo.
6. Naturaleza y calidad de los objetos asegurados.
7. Número de los fardos o bultos de cualquier clase, y sus marcas, si las tuvieren.
8. Época en que deberá comenzar y terminar el riesgo.

En caso de reclamación procedente del contrato de seguro marítimo ésta deberá acompañarse de los siguientes documentos:

- Informe sobre el viaje del buque, con la protesta del Capitán o copia certificada del Libro de Navegación.
- El embarque de los objetos asegurados, con el conocimiento y documentos de expedición de Aduanas.
- El contrato del seguro con la póliza correspondiente.
- La pérdida de las cosas aseguradas y una declaración de la tripulación, si fuere preciso.

Los aseguradores podrán contradecir la reclamación y se les admitirá sobre ello prueba en juicio.

4

## 4-181 Seguro de transportes marítimo

Podrán ser objeto de este seguro:

— **El casco del buque en lastre o cargado, en puerto o en viaje así como la máquina, siendo el buque de vapor.**

— **Aparatos de navegación:** Aparatos eléctricos o electrónicos que sirven de ayuda para la navegación.

— **Aparejos, pertrechos y objetos que constituyan en su caso, el armamento.**

— **Flete:** Es el precio que se paga por el alquiler de una nave (asociado al seguro de casco), o por el transporte de mercancías en ella (asociado al seguro de mercancías) para la pesca (artes de pesca, redes, etc.). Asimismo, también es asegurable el beneficio probable del flete. El seguro sobre flete podrá hacerse por el cargador, o por el fletante o el Capitán; pero éstos no podrán asegurar el anticipo que hubieren recibido a cuenta de su flete sino cuando hayan pactado expresamente que, en caso de no devengarse aquél por naufragio o pérdida de la carga, devolverán la cantidad recibida.

— **Desembolsos:** Gastos que realiza el armador y que son necesarios para un viaje y su preparación, como los víveres, carburantes, provisiones, prima del seguro, etc. Son los denominados "cantidades dadas a la gruesa" por el C. de C.

— **Medios de transporte accesorios.**

— **Equipaje de la tripulación**: Indemnización que se liquida a la tripulación en caso de pérdida total, atendiendo a una cantidad fija.

— **Responsabilidad:** Responsabilidad que puede recaer sobre el armador por daños a terceros como por ejemplo, abordaje culpable a otro buque, colisión con objetos fijos, daños personales, etc.

— **Todos los objetos comerciales sujetos al riesgo de navegación cuyo valor pueda fijarse en cantidad determinada,** los cuales, se podrán asegurar total o parcialmente de manera conjunta o de forma separada para cada uno de ellos, ya que en un mismo contrato y en una misma póliza podrán comprenderse el seguro del buque y el de la carga, señalando el valor de cada cosa, y distinguiendo las cantidades aseguradas sobre cada uno de los objetos, sin cuya expresión será ineficaz el seguro.

4

Al igual que en el seguro de mercancías, donde el valor asegurable se determina sumando una serie de elementos al valor de la mercancía, en el seguro de cascos hay que sumarle al valor de mercado del buque lo siguiente:

**Valor del buque (casco, máquina, aparatos, aparejos, enseres y pertrechos)**

+

**Desembolsos (10% del valor del buque)**

+

**Fletes (15% del valor del buque)**

Una de las particularidades propias de este tipo de seguros es que en caso de ocurrir el siniestro por accidente de mar en el buque, corresponde al asegurado la carga de la prueba de, además de la pérdida del buque, su salida del puerto de carga, el embarque por su cuenta de los efecto perdidos, y su valor, para reclamar la indemnización.

Tal y como recoge el artículo 755 del C. de C., los aseguradores indemnizarán los daños y perjuicios que los objetos asegurados experimenten por alguna de las causas siguientes:

1. Varada o empeño del buque, con rotura o sin ella.
2. Temporal.
3. Naufragio.
4. Abordaje fortuito.
5. Cambio de derrota durante el viaje, o de buque.
6. Echazón.
7. Fuego o explosión, si aconteciere en mercaderías, tanto a bordo como si estuviesen depositadas en tierra, siempre que se hayan alijado por orden de la autoridad competente para reparar el buque o beneficiar el cargamento o fuego por combustión espontánea en las carboneras de los buques de vapor.

8. Apresamiento.
9. Saqueo.
10. Declaración de guerra.
11. Embargo por orden del Gobierno.
12. Retención por orden de potencia extranjera.
13. Represalias.
14. Cualesquiera otros accidentes o riesgos de mar.

**Intervinientes**

En cuanto a los posibles tomadores y asegurados, el seguro de mercancías va dirigido a compradores, vendedores, consignatarios, empresas de importación y exportación, empresas de transporte en general y a propietarios de vehículos dedicados al transporte.

El asegurado está obligado, en todos los casos, a tomar las medidas razonables con el propósito de prevenir o minimizar las pérdidas y asegurarse de que todos los derechos contra porteadores, depositarios u otras terceras personas que partes, se ejercitan y preservan adecuadamente.

En particular, el asegurado está obligado a:

1. Reclamar inmediatamente a los porteadores, autoridades portuarias u otros terceros depositarios por cualquier falta o pérdida en las mercancías.

2. Cuando las mercancías vengan en contenedor, debe asegurarse de que éste y sus precintos son examinados convenientemente antes de la entrega.

3. Requerir inmediatamente a los porteadores u otros depositarios para la comprobación de las pérdidas o daños invitándoles a peritar contradictoriamente los mismos.

En el transporte marítimo hay tres personas o entidades básicas e imprescindibles:

1. El **remitente**, también llamado fabricante, vendedor, exportador, cargador, etc., es quien entrega las mercancías para su transporte.

2. El **transportista** es el encargado de realizar el transporte de la mercancía de un lugar a otro.

3. El **receptor**, también llamado destinatario, consignatario de la carga, comprador o importador, etc., es a quién van destinadas las mercancías.

Aparte de estas tres personas o entidades básicas, también podríamos hacer mención, dentro de las estructuras que intervienen en el tráfico marítimo, a las siguientes:

— Armador. Propietario del buque.

— Capitán. Persona en posesión del correspondiente título profesional que, debidamente contratado por el Armador, dirige la navegación del buque. Su función tiene dos aspectos básicos:

• Técnicos. Dirige la navegación, las operaciones de carga y descarga, el avituallamiento, etc., y toma bajo su exclusiva responsabilidad las decisiones que cree más convenientes para la seguridad del buque y de la carga.

• Jurídicos. Tiene el carácter de funcionario público, y durante la navegación actúa como notario, juez, jefe de policía, etc., para cualesquiera acaecimientos a bordo.

— Fletador. Comprador o vendedor de la mercancía o comerciante que contrata el transporte.

— Fletante. Puede ser el Armador o el gestor naval.

— Gestor naval. Se designa al representante o factor que el naviero coloca al frente de su empresa para la explotación de la misma (operador del buque sin la propiedad del mismo).

— Consignatario:

• Consignatario del buque. Auxilia al capitán en las distintas gestiones ante los respectivos organismos.

• Consignatario de las mercancías. Relacionado con la carga, representante del cargador o receptor en el puerto de carga o descarga.

— Agente de Aduanas. Son aquellas personas que, con capacidad legal y habilitadas al efecto, intervienen por cuenta de los cargadores y consignatarios en el despacho de las mercancías ante la Aduana.

— Transitarios. Firmas especializadas, generalmente de ámbito internacional, en el tránsito de mercancías entre diversos países, facilitando precios globales para el conjunto del transporte y coordinando las diversas operaciones involucradas, técnicas, comerciales y oficiales.

— Corredores intérpretes marítimos. Son agentes mediadores del comercio marítimo que intervienen en la contratación referente al mismo y prestan su asistencia a los capitanes, representándolos, sirviéndoles de intérpretes y traduciendo los documentos relacionados con dicho tráfico.

— Intérpretes jurados. Son aquellas personas que previo examen por la Oficina de Interpretación de Lenguas del Ministerio de Asuntos Exteriores, del idioma de que se trate, son nombrados por dicho Ministerio para una determinada provincia.

— Cargador: quien aparece en el conocimiento de embarque como propietario de la mercancía a su embarque.

— Agente de fletamentos. Persona o sociedad especializada en el mercado de fletamentos, que gestiona buques y cargas.

— Provisionista. El que se encarga del avituallamiento del buque.

— Estibador. Persona u organización que coloca las mercancías en las bodegas del buque, bajo la dirección del capitán o primer oficial.

— Naviero. Es la persona que, siendo o no propietario del buque, asume su explotación en la navegación.

**Siniestro**

En caso de siniestro, incluido dentro de las garantías de póliza, el asegurado deberá cumplir unas normas, así como aportar una documentación imprescindible:

a) Dirigir carta de reclamación a la empresa porteadora o a sus representantes dentro de los siguientes plazos:

— Para el transporte nacional:

• En el caso de daños manifiestos exteriormente, en el mismo momento de la entrega.

• En el caso de daños no manifiestos exteriormente, dentro de las veinticuatro horas siguientes a la entrega.

— Para el transporte internacional:

• En el caso de daños manifiestos exteriormente, en el mismo momento de retirar la mercancía.

• Si las pérdidas o daños no son aparentes, el aviso deberá efectuarse dentro de los tres días siguientes a la entrega de las mercancías.

b) Notificar inmediatamente el siniestro a la compañía aseguradora.

Es necesario que el asegurado curse a la compañía aseguradora aviso inmediato, cuando tenga conocimiento de un hecho garantizado en la póliza, y su derecho a tal cobertura se subordina al cumplimiento de esta obligación.



En el caso de daños o pérdidas que puedan resultar cubiertos por la póliza, será condición indispensable que el asegurado requiera la intervención de un organismo de peritaciones cualificado, a fin de elevar informe sobre la causa de los daños o pérdidas, extensión de los mismos, y demás circunstancias influyentes en el caso.

## 4-182 Seguro de beneficio esperado en el transporte marítimo

En los seguros de transporte marítimo hay una modalidad especial de seguro de lucro cesante que se denomina "seguro de beneficio esperado" por el cual, el asegurador asume el compromiso de indemnizar al cargador o transportista en caso de ocurrir un siniestro, accidente o naufragio por el importe o cuantía que hubieses correspondido por los beneficios o ganancias que el asegurado hubiera obtenido de haber llegado las mercancías a su destino.

El artículo 748 del C. de C. regula esta modalidad de seguro al establecer que se regirá por los pactos en que convengan los contratantes y que éstos deberán recoger en la póliza:

1. La cantidad determinada en que fija el asegurado el beneficio, una vez llegado felizmente y vendido el cargamento en el puerto de destino.

2. La obligación de reducir el seguro, si, comparado el valor obtenido en la venta, descontados gastos y fletes, con el valor de compra, resultare menor que el valuado en el seguro.

## 4-183 Seguro de cascos terrestres

Esta modalidad de seguro cubre los daños y perjuicios producidos por un riesgo cubierto al medio de transporte utilizado para el desplazamiento de personas y mercancías por tierra, básicamente por camión y ferrocarril.

**ATENCIÓN:** En realidad, el seguro terrestre de cascos está vacío de contenido porque los medios de transporte que podrían asegurarse en él son asegurados por otros ramos del seguro.

**Camiones**

En la mayoría de los casos, los camiones, como medio de transporte, no se aseguran a través de esta modalidad de seguro, sino del seguro obligatorio de automóviles.

No obstante, las mercancías transportadas por medios terrestres sí están recogidas en el seguro de transporte de mercancías.

**Ferrocarril**

En cuanto al ferrocarril, hay que diferenciar el tratamiento que reciben los vagones del que se aplica a las locomotoras.

El seguro que da cobertura a los vagones de los trenes se denomina "seguro de vagones en tráfico" y al igual ocurre con los camiones, los trenes, a pesar de ser un medio de transporte terrestre, siempre se han considerado una modalidad de transporte terrestre de mercancías y es a través de esa modalidad por la que se regulan sus coberturas de seguro.

Distinto es el caso de las locomotoras, respecto a las cuales, han sido tradicionalmente cubiertas por el seguro de avería de maquinaria, que es una de las modalidades del seguro de ingeniería y, por tanto, aún siendo un medio de transporte, su cobertura no se realiza a través el seguro de transportes.

## 4-184 Seguro de transporte terrestre

Esta modalidad de seguro se encuentra regulada en la LCS en los artículos 54 a 62. Así, en el artículo54 se encuentra la definición al establecer que es aquél por el que *"(...) el asegurador se obliga, dentro de los límites establecidos por la ley y en el contrato, a indemnizar los daños materiales que puedan sufrir con ocasión o consecuencia del transporte las mercancías porteadas, el medio utilizado u otros objetos asegurados"*.

De esta definición se puede apreciar que el legislador deja ya previstas las distintas modalidades de seguros de transportes abarcando a los seguros de mercancías, los seguros de cascos y los seguros sobre otros objetos utilizados en los que se pueden inc uir los seguros sobre lucro cesante, seguro de beneficios, seguro de viajeros y hasta el seguro de responsabilidad civil.

**Marco legal**

Las normas que regulan el seguro de transportes son muy variadas; unas son comunes a todas las modalidades de transporte y otras son específicas según se trate del seguro de transportes por mar, tierra o aire.

En cuanto a la legislación, las normas que con más frecuencia se aplican al seguro de transportes terrestre son las siguientes:

— Código Civil.

— Código de Comercio.

— Ley de Ordenación y Supervisión de los Seguros Privados (TRLOSSP).

— Ley 16/1987, de 30 de julio, de ordenación de los transportes terrestres.

— Ley de Contrato de Seguro (arts. 54 a 62, en relación al seguro de transporte terrestre).

En el ámbito del seguro de transportes, una especialidad la va a marcar el tipo de mercancía o carga que se transporte. Así, en las pólizas de transportes se deben dejar bien claros cuáles son los objetos asegurados y cuáles son los riesgos excluidos que normalmente coincidirán con las mercancías consideradas como peligrosas que son las inflamables, explosivas o radiactivas. Este tipo de riesgos especiales serán objeto de pólizas independientes.

En este seguro se cubren las mercancías transportadas por tierra. Son personas interesadas en contratar este tipo de seguro:

a) El propietario.

b) El cliente.

c) El transportista y sus intermediarios.

4

**Coberturas**

Asegura la destrucción de los daños materiales y la desaparición de las mercancías producidas por una serie de causas, las cuales vienen recogidas en las coberturas básicas de la póliza española, y éstas son:

— Vuelco del vehículo que transporta la mercancía.

— Choque del vehículo contra otro objeto.

— Incendio, caída de rayo y explosión.

— Accidentes fortuitos:

- Caída de vehículo por barrancos, cunetas, precipicios y al mar.
- Corrimientos y desprendimiento de tierras.
- Rotura de puentes y derrumbamiento de edificios, puentes o túneles.
- Hundimiento de la vía o carretera.
- Por agua de mar debida a temporal, en trayectos terrestres.
- Robo.

A estas coberturas básicas se le pueden añadir una serie de coberturas adicionales que deben contratarse de forma expresa, las cuales son:

— Gastos de salvamento.

— Gatos de adquisición de documentos.

— Pérdidas y daños que, total o parcialmente, directa o indirectamente sean causadas a consecuencia de:

- Falta de entrega de bultos completos.
- Robo total o parcial, hurto o extravío.
- Derrames, roturas, oxidaciones, mojaduras, moho y vaho.
- Carga y descarga.
- Contacto con otros cargamentos.
- Golpe, choque o roce de las mercancías transportadas en vehículos descubiertos.
- Caídas de bultos enteros.

Tenemos que destacar dos cosas dentro de las coberturas complementarias:

4

— Para que el robo y el hurto estén cubiertos hay que contratar esta cobertura ya que el robo en las coberturas básicas exige que se den dos requisitos para estar cubierto:

- Que sean en cuadrilla (dos o más personas).
- Que sea a mano armada.

— Que al contratar las coberturas complementarias se cubren las mercancías no sólo durante el transporte terrestre sino también durante los viajes complementarios que se realicen por mar o aire.

Las **exclusiones** son:

— Infidelidad del personal dependiente.

— Retraso en el transporte.

— Demoras por causas imputables al asegurado o al tomador.

— Infracciones legales.

— Combustión espontánea.

— Vicio propio.

— Defecto o insuficiencia de envase.

— Materias radiactivas.

— Fusión o fisión nuclear.

— Diferencias de cambio.

— Ventas no realizadas.

— Fenómenos extraordinarios de la naturaleza.

— Guerras y huelgas.

 © CISS

En el transporte terrestre de mercancías, existen mercancías con ciertas particularidades, para las que se ha creado una póliza específica que las contempla. Los seguros especiales principales del transporte de mercancía son:

- **Seguro de muestrarios:** Se aseguran los muestrarios que llevan consigo los representantes de empresas, siempre y cuando estos viajen en coche turismo o furgoneta.
- **Seguros de obras de arte:** Asegura el transporte de cuadros y objetos de arte con destino a exposiciones, su estancia en la exposición y el transporte de vuelta a su lugar de origen.
- **Seguro de valores:** Asegura determinados bienes como dinero, joyas alhajas, billetes de loterías, letras de cambio, pagarés y valores inmobiliarios en general.
- **Seguro de vagones en tráfico.**
- **Seguro de Contenedores:** Se asegura las mercancías transportadas en estos contenedores.

## 4-185 Seguro aéreo y de aeronaves

Este tipo de seguros encuentran su regulación en la Ley 48/1960, de 21 de julio, de navegación aérea, que le dedica todo el Capítulo XIV (arts. 126 a 129) en los que se establece que el objeto de los seguros aéreos es "(...) *garantizar los riesgos propios de la navegación que afectan a la aeronave, mercancías, pasajeros y flete, así como las responsabilidades derivadas de los daños causados a tercero por la aeronave en tierra, agua o vuelo*".

Este tipo de seguros es de los considerados como obligatorios hasta el punto de que no se autorizará la circulación por el espacio aéreo nacional de ninguna aeronave extranjera que no justifique tener asegurados los daños que pueda producir a las personas o cosas transportadas o a terceros en la superficie.

Dentro de esta obligatoriedad se incluyen las coberturas del seguro de pasajeros, el de daños causados a terceros, el de aeronaves destinadas al servicio de líneas aéreas como recoge el artículo 128 de la mencionada Ley 48/1960.

Asimismo, es obligatoria la cobertura del seguro de las que sean objeto de hipoteca y ello con el objetivo de facilitar al acreedor hipotecario el ejercicio de sus derechos.

En caso de ocurrir un siniestro en la aeronave o de la pérdida de la misma, la indemnización se consignará judicialmente, para su entrega a quien corresponda ya que en estos casos es habitual que aparezcan titulares de derechos indemnizatorios.

Debido a la elevada cuantía económica que puede suponer el siniestro de un avión, es habitual la creación de Pools, que son asociaciones de entidades de seguros que distribuyen el riesgo entre ellos.

4

**Coberturas**

- Los daños y pérdidas que sufren las aeronaves por:

- Reposición, reparación o compensación.
- Pérdida de la aeronave debido a accidente cualquier que sea la causa que lo produce tanto en vuelo, marchando por tierra, estacionada y/o amarrada.

- Responsabilidad civil frente a terceros siempre que las lesiones o daños sean causados por contacto directo con la aeronave. Con pasajeros incluye las acciones de subir y bajar de la aeronave.

Las **exclusiones** del seguro de aeronaves son:

- A menos que sea debido a fuerza mayor:

- Utilización de la nave para fin distinto al declarado.
- Piloto distinto al indicado.
- Aterrizajes en superficies no autorizadas.
- Utilización para competiciones.
- Vuelos de prueba.
- Abandono sin vigilancia.
- Guerra, invasión rebelión, huelgas.
- Número de pasajeros superior a las plazas declaradas.
- Peso total de la carga que exceda a la declarada.

**ATENCIÓN:** Es importante tener en cuenta que en el seguro aéreo, tal y como recoge la Disposición Final tercera de la Ley 48/1960, de 21 de julio, quedan excluidas de la obligación del seguro obligatorio de viajeros - ampliado por Ley de 26 de septiembre de 1941- aquellas empresas de transporte aéreo que acrediten tener constituido el correspondiente Seguro de Viajeros conforme al propio artículo 127 de la Ley 48/1960.

En el transporte aéreo nacional en estos casos, se deducirá del precio del billete el importe de la prima del indicado seguro obligatorio. En todo caso la indemnización se hará efectiva en el plazo máximo de treinta días.

## 4-186 Seguro aéreo de mercancías

Este seguro cubre las mercancías que son transportadas por el aire. Las **coberturas básicas** del seguro aéreo de mercancías son:

- Caída.
- Colisión/choque.
- Incendio.
- Accidentes fortuitos.

Las **coberturas complementarias** (póliza a todo riesgo) son:

- Rotura, robo, derrames.
- Extravío y/o falta de entrega de bultos.
- Daños durante carga y descarga.
- Estancia en aduanas y aeropuertos.
- Viajes complementarios.

Las **exclusiones** son:

- Dolo o negligencia grave del asegurado, dependientes o representantes.
- Retraso en el transporte.
- Mala estiba, embalaje insuficiente, merma natural o vicio propio.
- Comercio prohibido.
- Terremotos y erupciones volcánicas.
- Guerra y huelgas.



# Sección 3. EL SEGURO DE INCENDIOS

## 4-187 El incendio como riesgo

El seguro de incendio es una de los seguros tradicionalmente más característico, principalmente por las particularidad de los siniestros cuando ocurren pues los daños que puede éste originar son diferentes según sea la intensidad del incendio, el tiempo que dure, el tipo de bien que haya sufrido el incendio, etc.

Este tipo de riesgo se caracteriza porque normalmente el daño que provoca es de destrucción total, al tiempo que los medios que se utilizan para sufragarlo también provocan un daño indirecto al bien. Veamos, por ejemplo, el caso de un incendio en un almacén de alimentación, cuando los bomberos realicen sus funciones para apagar el mismo, lo normal es que destruyan con el agua, espuma y otros medios para apagarlo también todo el género que no haya sido afectado con el fuego.

Lo mismo pasa con el humo que provoca el incendio, puede provocar daños indirectos muy importantes en las cosas y en las personas. La inhalación del humo es la principal causa de muerte o de lesiones graves en las víctimas de los incendios incluso por encima de las quemaduras. El monóxido de carbono que contiene el humo es mortal y las pequeñas partículas sólidas que lleva el humo pueden taponar los alveolos pulmonares de quienes los inhalan y pueden llegar a asfixiarles en poco tiempo.

Por otro lado, la valoración de los daños provocados por los incendios nunca es sencilla. Todos los incendios son diferentes y, por tanto, la valoración de sus siniestros también lo son. Requieren de unos análisis especiales


© CISS

y minuciosos. Como en la mayoría de los casos implica destrucción total del bien incendiado, lo más común es que se aplique el 100% del capital asegurado. Es aquí donde surgen muchos casos en que los tomadores se dan cuenta que tenían mal valorado en bien pues descubren que estaban en "infraseguro" (Ver comentario relacionado 2-96 y ss.) cuando les tienen que aplicar la "regla proporcional".

El definitiva, el incendio es uno de los riesgos tradicionales y más característicos de los Seguros. Según el artículo 45 de la LCS, se considera incendio *"(...) la combustión y el abrasamiento con llama, capaz de propagarse, de un objeto u objetos que no estaban destinados a ser quemados en el lugar y momento en que se produce"*.

Para poder analizar bien esta definición, debemos profundizar en algunos términos que importantes para poder delimitar bien el incendio y su asegurabilidad. Así, el término "combustión" a que se refiere el legislador nos hace referencia a la *"reacción con desprendimiento de calor que afecta a un combustible casi siempre en fase gaseosa y que implica, generalmente, la oxidación del mismo por el oxígeno atmosférico así como la emisión de luz"*.

Igualmente importante es el efecto provocador del incendio de los bienes que, como indica la definición que nos da la LCS, éstos no deben estar destinados a ser quemados en el lugar y en el momento en que se produce.

**ATENCIÓN:** El no estar destinados a ser quemados en el lugar y momento en que se produce el incendio es importante. Veamos, por ejemplo, un caso que ha ocurrido en numerosas ocasiones: la Fallas valencianas que son guardadas en naves mientras se fabrican o una vez terminadas, a la espera de ser quemadas en las calles de la ciudad. Su destino es ser quemadas, pero no en ese lugar ni en ese momento. No por el hecho de que pudiera sufrir un incendio la nave en la que se guardan y queme la Falla destruyéndose, no deba ser considerado riesgo de incendio, sino todo lo contrario, pues ese caso provoca un daño irreparable y un perjuicio económico valorable.

Por tanto, la "ignición" o fenómeno que origina la combustión, que su vez da lugar al incendio, es muy importante también en estos casos y sobre todo, la determinación de que se trate de una ignición provocada, de una auto-ignición o de una ignición espontánea.

Caso diferente y desgraciadamente muy habitual en los siniestros de incendios es la "explosión" que es un caso particular de la combustión que surge únicamente cuando el combustible y el oxidante están íntimamente mezclados antes de la ignición. Cuando se produce una explosión, la reacción de combustión avanza rápidamente al no haber necesidad de poner en contacto previamente al combustible y al oxidante y todo ello provoca que los daños originados, cuando el incendio está provocado por una explosión, son aún mucho mayores y más destructivos que si no ha precedido explosión. La "explosión", por estas posibles consecuencias que puede provocar, normalmente se contemplan como cobertura complementaria al seguro de incendios.



El incendio como riesgo asegurable tiene también sus particularidades. El artículo 48 de la LCS determina cuáles son los requisitos o condicionantes que debe cumplir un incendio para que sea asegurable. De esta manera, el incendio está cubierto únicamente si se origina:

- Fortuitamente.
- Por malquerencia de extraños.
- Por negligencia.

Por el contrario, un incendio no estará cubierto:

- Cuando se origine por dolo o culpa grave del asegurado.
- Cuando la cobertura corresponda al Consorcio de Compensación de Seguros.

## 4-188 Seguro de incendios

La Ley de Contrato de Seguro dedica, específicamente al seguro de incendios, la Sección Segunda del Título II, referente a Seguros contra Daños y los desarrolla concretamente en los artículos 45 a 49, en los que el legislador deja claro desde lo que se entiende legalmente por incendio hasta las coberturas que una póliza de incendios debe otorgar como mínimo, las exclusiones más normales, así como otros aspectos importantes desde el punto de vista contractual referente al seguro de incendios.

Así en el artículo 45 de la LCS encontramos que el Contrato de seguro de incendios es aquél por el que "(...) *el asegurador se obliga dentro de los límites establecidos en la ley y en el contrato a indemnizar los daños producidos por incendio en el objeto asegurado"*.

Vemos, por tanto, que el objeto de este tipo de seguros es el resarcimiento de los daños sufridos en los objetos que estaban asegurados, a causa del fuego. Se incluirán en dicho resarcimiento los gastos que originen el "salvamento" de dichos bienes o los daños que se puedan producir en dichos bienes al intentar salvarlos.

En este sentido hay que tener en cuenta que el "salvamento" incluye los daños que se puedan producir, no a consecuencia directa del fuego, sino provocados necesariamente para evitar su propagación y para conseguir que se apague.

El seguro de incendios es un tipo de seguro que cuenta con una de las tarificaciones más complejas pues cuando ocurren estos siniestros se producen habitualmente otros riesgos que, siendo independientes del propio riesgo de incendio está en contacto directo de éste o bien es consecuencia directa del mismo, de manera que el siniestro de incendio que afecte al bien puede provocar la aparición del siniestro en otro bien (riesgos contiguos). Por eso, al tarificar estos riesgos se tendrán en cuenta determinados elementos que puedan alterar el mismo, como por ejemplo, que el edificio contiguo sea una fábrica de productos inflamables.

**ATENCIÓN:** Quizás un riesgo tan complejo y usual está demasiado poco tratado en la LCS si lo comparamos con otros menos importantes como, por ejemplo, el seguro de defensa jurídica que si bien, se regula en menos artículos, sólo se trata en el artículo 76; este precepto desarrolla siete epígrafes que en su conjunto sobrepasan al tratamiento del seguro de incendios.

**Coberturas del seguro de incendios**

La cobertura básica, es decir, la que debe figurar en cualquier póliza de incendios según lo establecido en art. 49 de la LCS es la propia de incendios.

## 4-189 Coberturas complementarias en el seguro de incendios

Las pólizas de incendios solamente cubren el incendio. Por eso, no se comercializan hoy en día por sí solas. Raramente, una persona solicita una póliza sobre un bien con la única cobertura de incendios. Las pólizas, en las mayorías de los casos, añaden algunas categorías de riesgos accesorios o complementarios que, en principio, son exclusiones de la cobertura principal, de incendio y por lo que necesitan, o bien de una ampliación de la póliza principal o de una sobreprima. Las garantías complementarias se pactan mediante declaración expresa, que debe figurar en la póliza.

Lo habitual es que se añadan otras complementarias como son:

4

- Pérdidas económicas derivadas del incendio. Entre éstas, las más habituales son:

- La propia cobertura de pérdida de beneficios que le garantiza una indemnización por los beneficios que pudiera dejar de obtener al tener que paralizar la actividad de su local o negocio en caso de incendios, así como por el beneficio que podría haber obtenido con la venta del bien quemado.

- Otro caso muy habitual es en los pisos alquilados, la pérdida de alquileres. Muchos arrendadores incluyen esta cobertura en sus seguros para garantizarse que en caso de sufrir un incendio -que supondría necesariamente la pérdida del alquiler- estén cubiertos por las rentas que van a dejar de percibir por el alquiler.

- Los gastos de desescombro posterior al incendio así como los provocados por los bomberos para paliar el fuego.

Los gastos de desescombro se cubrirán hasta el límite de la suma que se haya pactado expresamente en la póliza.

Además, de los gastos por desescombro, los bomberos liquidan una tasa al propietario del edificio incendiado al que asisten por los gastos personales y materiales de su intervención. El pago de esta tasa -que se llama "Tasa de arbitrio de bomberos"- es obligatorio para el propietario y lo más habitual es que se incluya en la cobertura complementaria de del seguro de incendios lo que implicaría el pago de una sobreprima a la tarifa correspondiente.

- La Responsabilidad Civil del propietario del inmueble incendiado en que pudiera incurrir por los daños que dicho incendio haya podido ocasionar indirectamente a terceras personas o a otros bienes. En este caso se incluye la responsabilidad del arrendatario de un local de negocio frente al propietario del mismo o arrendador por los casos sufridos en el local objeto del arrendamiento por el incendio sufrido.

En cualquier caso, será necesario que el asegurado sea declarado civilmente responsable del siniestro.

En algunos casos, también se incluyen los daños que puedan haberse producido por circunstancias, sino exactamente de fuego o incendio, sí similares como pudiera ser la caída del rayo o la explosión, independientemente de que a consecuencia de los mismo, se derive posteriormente un incendio o no.

Asimismo, algunas otras circunstancias que puedan provocar el incendio como choque de vehículos, daños en instalaciones eléctricas y hasta el lucro cesante:

- Daños ocasionados en los aparatos eléctricos. Mediante esta cobertura se garantizan los daños ocasionados en los aparatos eléctricos y sus accesorios por corrientes anormales, cortocircuitos o causas inherentes a su funcionamiento siempre que dichos daños sean producidos por la electricidad o por la caída del rayo aun cuando no se produzca incendio
- Daños ocasionados en la maquinaria eléctrica de producción, distribución y transformación. Cobertura similar a la anterior referida a los bienes indicados.
- Daños ocasionados en los ordenadores y computadoras electrónicas. Cobertura también similar a la primera, referida a los bienes indicados.
- Desalojamiento forzoso de los locales de negocio o la inhabilidad de la vivienda. Se garantizan hasta el límite de la suma pactada, los desembolsos que se originen por el desalojamiento provisional del piso o local a consecuencia de un siniestro amparado por la póliza, durante el tiempo que se invierta en la reparación de los daños ocasionados por el siniestro (máximo 1 año).
- Gastos de reposición de archivos, títulos, valores, moldes, modelos, matrices y planos.

Se garantizan los desembolsos que se originen por la reposición material de los archivos, títulos, valores, moldes, modelos, matrices y planos, citados en las condiciones particulares que pudieran desaparecer o deteriorarse a causa de un siniestro amparado por la póliza.

## 4-190 Extensión de garantías en los seguros de incendios

Al igual que ocurría con las garantías complementarias, es decir, mediante declaración expresa en la póliza y pago de la correspondiente sobreprima, se incluyen en las pólizas de incendios, cada vez con más frecuencia, una serie de coberturas bajo el epígrafe general de "Extensión de Garantías". Estas coberturas se contratan habitualmente como un solo paquete y su inclusión convierte a las pólizas de este ramo en un auténtico seguro combinado o multirriesgo.

Veamos a continuación, las diferentes coberturas que componen la "Extensión de Garantías", haciendo especial referencia a las exclusiones en cada caso. Son:

- Daños materiales producidos por el humo: Los daños causados a consecuencia de flujos o escapes repentinos y anormales en hogares de combustión o sistemas de calefacción o de cocción, siempre que formen parte de los bienes asegurados y se encuentren conectados a chimeneas por medio de conducciones adecuadas.
- Daños materiales producidos por choque o pacto de vehículos terrestres: Los producidos por vehículos o por las mercancías en ellos transportadas sobre los bienes asegurados.
- Daños materiales producidos por caída de astronaves o aeronaves: Se incluyen los daños causados por los objetos en ellas transportadas.
- Daños materiales producidos por derrame de material fundido: Se cubren los daños a consecuencia de escape o derrame accidental de material fundido.
- Daños materiales producidos por derrame o escape accidental de las instalaciones automáticas de extinción de incendios: Daños causados como consecuencia de escapes, fugas, roturas, caídas o fallos en general de cualquiera de los elementos de dichas instalaciones automáticas de extinción, ya sean por agua o cualquier otro agente extintor.

## 4-191 Exclusiones habituales del seguro de incendios

Las exclusiones más comunes en los condicionados generales de las pólizas de incendios son las siguientes:

- Los daños producidos cuando el siniestro se origine por dolo o culpa grave del asegurado.
- Los daños causados por la sola acción del calor, por el contacto directo o indirecto con aparatos de calefacción de acondicionamiento de aire, de alumbrado, hogares por accidentes del fumador o domésticos, o cuando los objetos asegurados caigan aisladamente al fuego, a no ser que tales hechos ocurran con ocasión de un incendio propiamente dicho o que éste se produzca por las causas expresadas.



4

- La destrucción o deterioro de los objetos asegurados fuera del lugar descrito en la póliza, a menos que su traslado o cambio hubiera sido previamente comunicado por escrito al asegurador y este no hubiese manifestado en el plazo de quince días su disconformidad.

- Los perjuicios o pérdidas indirectas de cualquier clase que se produzcan con ocasión del siniestro.

- Los décimos de lotería y efectos timbrados.

- Los daños por fermentación u oxidación, vicio propio o defecto de fabricación de la cosa asegurada pero sí los que sean consecuencia inmediata de un incendio originado por dichas causas.

- Los siniestros producidos con motivo o a consecuencia de:

• Actos políticos o sociales sobrevenidos con ocasión de alborotos populares, motines huelgas disturbios internos y sabotaje.

• Guerra civil o internacional donde haya o no mediado declaración oficial, levantamientos populares o militares, insurrección, rebelión, revolución u operaciones bélicas de cualquier clase.

• Erupciones volcánicas, huracanes, trombas, terremotos, temblores de tierra, maremotos, embates del mar en las costas, inundaciones y hundimientos.

- Los daños producidos en los aparatos y líneas eléctricas, así como en sus instalaciones y accesorios como consecuencia de la caída del rayo.

- Cualquiera de los riesgos cuya cobertura corresponda al Consorcio de Compensación de Seguros, según las disposiciones vigentes en el momento del siniestro.

Asimismo, hay otro grupo de exclusiones habituales en las pólizas de incendios derivados de los mismos o producidos a consecuencia de los mismos como son:

- Los daños producidos por contaminación, polución o corrosión.

- Los daños producidos a las mercancías depositadas al aire libre.

- Los daños sufridos por mercancías y productos asegurados, debidos a cambios de temperatura, interrupción de la energía eléctrica, calor o acondicionamiento de aire, aunque sean a consecuencia de un siniestro amparado por estas garantías.

- Los daños producidos a consecuencia de siniestros que, teniendo carácter extraordinario, no sean admitidos por el Consorcio de Compensación de Seguros por incumplimiento de alguna norma.

4

## 4-192 Bienes objeto de cobertura en el seguro de incendios

La cobertura del seguro de incendios se extiende a los objetos asegurados, es decir, a los expresamente descritos en la póliza. Como indica el artículo 46 de la LCS, "*Si se tratare de seguro sobre mobiliario, la cobertura incluirá los daños por el incendio en las cosas de uso ordinario o común del asegurado, de sus familiares, dependientes y de las personas que con él convivan*".

Por otro lado, salvo que expresamente se haya pactado lo contrario en la póliza, en el caso de mobiliario quedan excluidos, aún cuando se pruebe su preexistencia y su consecuente destrucción o deterioro a consecuencia del siniestro, los siguientes:

- Valores mobiliarios.
- Efectos de comercio.
- Billetes de Banco.
- Piedras y metales preciosos.
- Objetos artísticos o de valor.

A la vista de lo anterior, cobra especial importancia en el seguro de incendios, pues, la declaración previa del asegurado y principalmente cuando se trate de bienes mueble de un especial valor como colecciones, bibliotecas, numismática, etc. que precisarán una inclusión y descripción expresa en la póliza para estar debidamente cubiertas.

Asimismo, la cobertura se extiende sobre los bienes en tanto éstos se encuentren en el lugar determinado en la póliza, quedando pues exonerado de la obligación de indemnizar el asegurador cuando estos bienes sean trasladados sin su previo consentimiento.


© CISS

En este sentido, el artículo 47 de la LCS determina que *"(...) los objetos asegurados fuera del lugar descrito en la póliza no están incluidos, a no ser que el traslado se comunique al asegurador por escrito y éste no manifieste su disconformidad antes de 15 días".*

El asegurador está obligado a pago de la indemnización en caso de ocurrir el siniestro del incendio siempre que se haya producido por caso fortuito o malquerencia de extraños. Es de señalar que, a diferencia de lo que ocurre en otros tipos de seguros, en el seguro de incendios también quedará obligado el asegurador al pago de la indemnización en caso de que el siniestro de haya producido por negligencia del asegurador o de las personas de quiénes responsa civilmente. Es importante diferenciar claramente la negligencia de la mala fe, dolo o culpa grave del asegurado, en cuyos casos quedará exonerado el asegurador del pago de la indemnización.

Tal y como desarrolla el artículo 49 de la LCS, la indemnización que debe afrontar el asegurador abarcará, además de los daños y pérdidas materiales causados por la acción directa del fuego, -lo que constituye la garantía principal del seguro- los producidos por las consecuencias inevitables del incendio y en particular:

*"1º) Los daños que ocasionen las medidas necesarias adoptadas por la autoridad o el asegurado para impedir, cortar o extinguir el incendio, con exclusión de los gastos que ocasione la aplicación de tales medidas, salvo pacto en contrario.*

*2º) Los gastos que ocasione al asegurado el transporte de los efectos asegurados o cualesquiera otras medidas adoptadas con el fin de salvarlos del incendio.*

*3º) Los menoscabos que sufran los objetos salvados por las circunstancias descritas en los dos números anteriores.*

*4º) El valor de los objetos desaparecidos, siempre que el asegurado acredite su preexistencia y salvo que el asegurador pruebe que fueron robados o hurtados.* 7. Objetos desaparecidos

*5º) Cualesquiera otros que se consignen en la póliza".*

En referencia a los objetos desaparecidos, se garantiza su valor siempre que el asegurado acredite su existencia y salvo que el asegurador pruebe que fueron robados o hurtados.

Las pólizas de incendios incluyen además en todos los casos, la garantía de Riesgos Extraordinarios cuya cobertura corresponde al Consorcio de compensación de Seguros.

## 4-193 Modalidades de contratos de seguros de incendios

Según el tipo de riesgo asegurado, se distinguen, dentro del ramo de incendios, dos modalidades diferentes:

- Industriales.
- Sencillos.

**Riesgos sencillos**

Son los riesgos que afectan a edificios o inmuebles que por su propia naturaleza no presentan circunstancias especiales de probabilidad de ocurrir el siniestro de incendio. Son los referidos a casas, habitación, oficinas, locales de negocios, pequeños comercios, etc., y se denominan así para diferenciarlos de los de los "riesgos industriales". A tal efecto, son riesgos sencillos por ejemplo:

- Viviendas.
- Oficinas.
- Comercios y otros establecimientos, siempre que en los mismos no se desarrolle una actividad industrial (ya sea proceso o manipulación) o que, por sus particulares características, a efectos de tarificación se incluyan en la Tarifa de Riesgos Industriales.

**Riesgos industriales**

Son los riesgos a los que pueden afectar a una empresa de naturaleza industrial. Los riesgos industriales son los opuestos a los denominados "Riesgos Sencillos". Esta modalidad de riesgos está en auge en las aseguradoras que están creando, incluso, departamentos o unidades especialistas en Grandes Riesgos o Global Risk.

Por ejemplo, se consideran riesgos industriales:

- Fábricas, talleres y almacenes.



4

- Establecimientos donde se lleven a cabo actividades de proceso o manipulación.
- Salas de espectáculos, museos, hoteles y comercios que superen los 601.012,10 euros de capital asegurado.

Las pólizas que cubren el riesgo de incendio pueden admitir, a la hora de la contratación, diferentes modalidades que repercutirán por una parte en la mayor o menor cuantía del capital asegurado y de la prima a pagar y, también, lógicamente, en el importe de la indemnización en caso de siniestro.

Según el tipo de bienes de que se trate y el grado de cobertura que se pretenda alcanzar con el seguro, las modalidades de contratación más utilizadas son las siguientes:

- Seguro a valor real.
- Seguro a valor de nuevo.
- Seguro a primer riesgo.
- Seguro con capital flotante.
- Seguro temporal.
- Seguro con aceptación de franquicia.

Estas modalidades pueden, a su vez, combinarse entre sí, dando lugar a buen número de casos diferentes.

**Seguro a valor real**

Es el que habitualmente se contrata en caso de que no se especifique lo contrario en la póliza, teniéndose entonces en cuenta la depreciación de nuevo a viejo de los bienes, tanto para establecer el capital a asegurar, como la indemnización por siniestro.

Así viene indicado en el artículo 26 de la L.C.S, al señalar que para la determinación del daño se atenderá al valor del interés asegurado en el momento inmediatamente anterior a la ocurrencia del siniestro, reiterándose en otros artículos que el seguro no puede ser motivo de lucro o beneficio para el asegurado.

El tomador del seguro, el asegurado o el posible beneficiario, solamente pueden pretender, si no se ha pactado lo contrario, que se abonen las pérdidas reales sufridas valorando los objetos dañados teniendo en cuenta el demérito, depreciación o desgaste que han sufrido por el uso y el paso del tiempo.

**Seguro a valor de nuevo**



En los casos de seguro a valor de nuevo que son, por otro parte, los más frecuentes, el asegurador debe de asumir las diferencias entre el valor de nuevo y el valor real, ya que lo más usual es que después de un siniestro los bienes se repongan de nuevo.

Con el objeto de evitar este desembolso (que en realidad es una inversión, no existiendo disminución del patrimonio del asegurado), algunas pólizas introducen la cláusula de valor de nuevo, que conlleva normalmente un recargo del 10% sobre la prima comercial y que presenta las siguientes características principales:

- La indemnización total a percibir por el asegurado por la diferencia existente entre el valor real de los bienes siniestrados y su valor de nuevo, no podrá exceder del 30% del citado valor de nuevo, siendo la posible diferencia a cargo del asegurado. Es decir:

Valor de nuevo - Valor Real << 30% valor de nuevo

En esta modalidad, por consiguiente, sólo se paga todo el valor de nuevo cuando la depreciación por uso o por el paso del tiempo no excede en los bienes asegurados de un determinado límite.

- Para inmuebles, se indemnizará el coste de la reconstrucción.
- Para maquinaria y mobiliario industrial, el de su reposición en estado de nuevo.
- Los edificios deben ser reconstruidos o la maquinaria reemplazada en un plazo máximo de dos años desde la ocurrencia del siniestro.
- La diferencia entre el valor de nuevo y el valor real sólo se pagará después de la reconstrucción o reemplazo de los bienes en cuestión.

**Seguro a primer riesgo**

Se conoce como seguro a primer riesgo aquél en el que se garantiza una cantidad determinada, hasta la cual queda cubierto el riesgo. En este caso no hay aplicación de regla proporcional. Existen tres clases de seguro a primer riesgo:


© CISS

- A valor convenido. Se utiliza para grandes riesgos, en los casos en que se supone que un posible siniestro no afectará a la totalidad del riesgo en cuestión, especificándose en la póliza la cantidad asegurada, que es inferior al valor real.

- A valor parcial. Se utiliza para coberturas opcionales, que quedan limitadas a un determinado porcentaje del capital asegurado para las coberturas básicas (por lo general un 10 ó un 20%).

- A primer riesgo absoluto. También se utiliza para coberturas opcionales, garantizándose una cantidad alzada.

**Seguro con capital flotante**

La cláusula de capital flotante se aplica generalmente a los almacenamientos importantes, con grandes existencias de mercancías y una acusada variación del volumen de las mismas durante los diferentes meses del año. Este sistema permite al asegurado declarar capitales para períodos, normalmente, de un mes satisfaciendo la prima en la proporción correspondiente.

Existen dos modalidades diferentes:

- Declaración vencida: El asegurado comunicará a la entidad aseguradora, dentro de los quince primeros días de cada mes, el valor de las mercancías durante cada día del mes precedente o bien el valor correspondiente al día de mayores existencias, correspondiendo a cada uno de estos casos diferentes cálculos de la prima a pagar.

- Declaración anticipada: El asegurado comunicará a la entidad aseguradora dentro de los quince últimos días de cada mes, la previsión de existencias para el mes siguiente, que debe corresponder al valor del día del mes en que puedan ser superiores.

## 4-194 La tarificación del seguro de incendios

La tarificación del seguro de incendios es una de las más complejas y ello debido a la importancia de la verificación e inspección del bien antes de la tarificación del riesgo.

Una de las funciones de la inspección, quizá la más importante, es la toma de decisiones cara a la suscripción.

**ATENCIÓN:** Uno de los mayores problemas en el seguro de incendios es la comercialización estandarizada del mismo, de manera que no se realiza la previa inspección del bien para ajustar la valoración del riesgo al capital a asegurar y por tanto a la fijación de la correspondiente tarifa. Es muy habitual que el seguro de incendios se incluya dentro de un multirriesgos del hogar y tan solo se faciliten de manera conceptual dos valores: contenido y continente y éstos, a su vez, sean fijados de una manera no analizada ni sujeta a unos criterios claros y, por supuesto, sin la correspondiente visita e inspección por parte de un profesional que lo valore.

Si se considera que, con carácter general, la verificación es recomendable hacerla -que no obligatoria- procederá hacerla en los casos siguientes, siempre dependiendo de la política de suscripción de la entidad:

- En riesgos con capitales superiores a una cifra determinada y superior a la media para ese tipo de bien.

- Cuando en la descripción del bien se informe que hay riesgos especialmente peligrosos (papel, plásticos, madera, textiles, químicas, etc.).

- Cuando se trate de riesgos con capitales por encima de las capacidades de los contratos obligatorios de reaseguro.

- Cuando se trate riesgos situados en zonas geográficas específicas o concretas que puedan hacer valorar que tiene más propensión al riesgo que otros.

- Cuando se trate de riesgos con coberturas no estándar.

En base a los datos reflejados en el informe de inspección o solamente en base a la solicitud de seguro si no se realiza la citada inspección, se procederá a elaborar la oportuna propuesta de seguro, que se hará llegar al cliente.

**ATENCIÓN:** Es habitual que la propuesta de seguro se elabore por el propio inspector que ha visitado el riesgo, lo que no quiere decir que sea el inspector el que haga las veces de comercial o mediador, sino que es el mediador o comercial de compañía el que realiza, habitualmente la inspección, salvo en los casos muy especiales (importes muy altos).

Cuando, el asegurado acepte la propuesta de seguro, que vinculará a la entidad durante quince días según el artículo 6 de LCS, se procederá a la emisión de la correspondiente póliza y recibo. Se presupone que, habiendo realizado la correspondiente inspección, la valoración del bien y por consiguiente la tarificación sea la correcta.

4

Para determinar la tarifa exacta y concreta en los riesgos de incendios será diferente el cálculo dependiendo del tipo de riesgo de que se trate. Así, habiendo visto ya la diferencia entre riesgos sencillos y riesgos industriales, veamos a continuación su tarificación.

**A) Tarificación de los riesgos sencillos**

Los pasos a seguir para el cálculo de la prima total que figurará en el recibo son:

1º Tasa de prima básica: Se expresa en tanto por mil el capital asegurado, aplicándose valores distintos para el continente y el contenido.

2º Tasa de prima propia: Se obtiene a partir de la tasa de prima básica, sumando y restando, respectivamente, los posibles recargos y descuentos.

3º Tasa de prima neta: Se expresa en tanto por mil sobre el capital asegurado y se obtiene a partir de la anterior, después de tener en cuenta la posible relación entre riesgos.

4º Prima neta: Se obtiene mediante la suma de las dos cantidades siguientes:

- La que resulte de aplicar a los capitales asegurados para incendio, explosión y caída de rayo, la tasa de prima neta.
- La que resulte de aplicar a las garantías complementarias las tasas correspondientes a cada una de ellas.

5º Prima técnica: Se obtiene aplicando a la prima neta los posibles descuentos por contratación de seguro a primer riesgo y por aceptación de franquicia.

6º Prima total: Se obtiene a partir de la prima técnica deduciendo el posible descuento por dispersión de riesgos y aplicando los recargos e impuestos legales.

**B) Tarificación de los riesgos industriales**

En el cálculo de la prima en los riesgos industriales el sistema a seguir es similar al de los riesgos sencillos encontrándose las únicas diferencias fundamentales en la determinación de la tasa básica del riesgo.

1º Tasa de prima básica: Se expresa en tanto por mil sobre el capital asegurado y es la misma para el continente y el contenido. Viene determinada por el tipo de actividad, teniendo en cuenta la naturaleza de las materias o productos utilizados, la existencia o no de aporte externo de calor y la presión máxima de trabajo.

2º Tasa de prima propia: Se obtiene a partir de la tasa de prima básica, sumando y restando, respectivamente, los posibles recargos y descuentos aplicables.



## 4-195 Consecuencias de una incorrecta valoración y tarificación del bien en el seguro de incendios. La regla proporcional

La cantidad a asegurar debe responder al valor del interés que tiene la cosa sujeta a la eventualidad garantizada. De no hacerlo correctamente, podremos incurrir en infraseguro o en sobreseguro que son dos figuras perfectamente reguladas en la propia LCS y que se dan en un buen número de casos.

De ellos, el más perjudicial para el asegurador es el **infraseguro**, que se produce cuando el capital garantizado en la póliza es inferior al valor real del objeto asegurado (Ver comentario relacionado 2-96 y ss.).

Cuando se produce un siniestro estando en infraseguro se aplicará, en la determinación de su valoración y, por ende, de la indemnización que corresponda, la "**regla proporcional**" regulada en el artículo 30 de la LCS que viene a establecer que cuando se da infraseguro y ocurre el siniestro, el daño debe ser liquidado teniendo en cuenta la proporción que exista entre el capital asegurado y el valor real en el momento del siniestro.

En este sentido, si la suma asegurada es inferior al valor del interés, el asegurador indemnizará el daño causado en la misma proporción en la que aquella cubre el interés asegurado.

Si las partes de común acuerdo lo pactan expresamente en la póliza, se podrá excluir en la misma o con posterioridad a la celebración del contrato, la aplicación de la regla proporcional.

La regla proporcional debe ser evitada mediante una adecuada valoración del interés a asegurar y la fijación de la correcta suma asegurada. En la praxis aseguradora habitual existe la regla de no aplicar la regla proporcional en el caso de existir un siniestro total.


© CISS

**Seguro a primer riesgo**

Ahora bien, estando en infraseguro, la *regla proporcional* puede no tener aplicación cuando así hay estipulado en la póliza el pago de la correspondiente sobreprima de adaptación. Se habla entonces de *seguro a primer riesgo* que es aquél por el que el asegurador renuncia de antemano a aplicar la regla proporcional y se compromete a pagar, en caso de siniestro, el importe total de los daños, hasta donde alcance el capital garantizado.

Caso contrario al infraseguro y también consecuencia de una inadecuada valoración previa del bien o de una inexistente inspección sobre el mismo es el *sobreseguro* recogido en el artículo 31 de la LCS que viene a determinar que "*Si la suma asegurada supera notablemente el valor del interés asegurado, cualquiera de las partes del contrato podrá exigir la reducción de la suma y de la prima, debiendo restituir el asegurador el exceso de las primas percibidas. Si se produjere el siniestro, el asegurador indemnizará el daño efectivamente causado*".

Aunque en la realidad, son menos los casos de sobreseguro que de infraseguro ya que la tendencia generalizada es que en los seguros contra daños los asegurados no señalen valores a cubrir por encima del valor real de su interés, el caso contrario podría incitar al tomador a causar el siniestro de manera dolosa para enriquecerse injustamente, teniendo en cuenta, además, que si el sobreseguro se debe a mala fe del asegurado, el contrato será ineficaz. El asegurador de buena fe podrá, no obstante, retener las primas vencidas y las del período en curso.

Para que no haya lugar a duda si se produce una errónea valoración del bien y se realiza por encima del correcto, si se produce:

- Al producirse el siniestro, el asegurador indemnizará solamente el daño efectivamente causado.
- Si hay varios aseguradores, éstos contribuirán al abono de la indemnización en proporción a la propia suma asegurada, sin que pueda superar la cuantía del daño.
- El exceso de seguro, superando el valor del interés, no tiene efectividad. Cuando se produzca el sobreseguro por mala fe del asegurado, el contrato será ineficaz, si bien el asegurador de buena fe podrá retener para sí las primas vencidas y las del período en curso.
- Cualquiera de las partes podrá exigir la reducción de la suma y de la prima, con restitución por parte del asegurador del exceso de primas percibidas.

**Pólizas estimadas**

Para evitar los problemas derivados de discrepancias entre las partes por situaciones de *infraseguro o sobreseguro*, en la práctica, se utilizan las denominadas "pólizas estimadas o valoradas", que son aquellas en las que se formaliza un contrato de seguro a valor estimado de manera que el asegurador acepta como cierto un determinado valor del interés limitándose sus posibles causas de impugnación de dicho valor al error o a la violencia, intimidación.

4

El artículo 28 de la LCS determina que "(...) *las partes, de común acuerdo, podrán fijar en la póliza o con posterioridad a la celebración del contrato el valor del interés asegurado que habrá de tenerse en cuenta para el cálculo de la indemnización. Se entenderá que la póliza es estimada cuando el asegurador y el asegurado hayan aceptado expresamente en ella el valor asignado al interés asegurado*".

Ahora bien, si la aceptación por parte del asegurador del valor estimado haya sido prestada por violencia, intimidación o dolo, o cuando por error la estimación sea notablemente superior al valor real, correspondiente al momento del acaecimiento del siniestro, fijado pericialmente, entonces el asegurador podrá impugnar el valor estimado.

**Seguro pleno**

Aunque guarda gran similitud con las pólizas estimadas, el seguro pleno, recogido en la LCS en su artículo 29, es aquél po0r el que asegurador y tomador pacten que *la suma asegurada cubra plenamente el valor del interés durante la vigencia del contrato.*

En este caso es necesario que la póliza recoja expresamente los criterios y el procedimiento para adecuar la suma asegurada y las primas a las oscilaciones del valor de interés.

Una adecuada prevención entra dentro de una adecuada gestión de riesgos, y que a su vez, puede ayudar a reducir considerablemente los riesgos son la consecuente disminución de la probabilidad de sufrir pérdidas y daños. La gestión de riesgos cobra especial importancia cuando se trata de riesgos industriales por las posibles consecuencias patrimoniales que de un siniestro se puede derivar para la continuidad del negocio o industria.

En ese sentido, una gestión de riesgos adecuada incluye tanto medidas de prevención como de protección. Ahora bien, no hay que confundir *prevención* con *protección*. Aunque los dos aspectos son muy importantes en el ámbito asegurador, son conceptos diferentes. Así, **prevención** es el conjunto de medidas destinadas a evitar o dificultar la ocurrencia de un siniestro, y por otro lado, **protección** es el conjunto de medias llevadas a cabo para que, cuando el accidente se produce, sus consecuencias en daños sean las menores posibles.

**Sistemas de prevención**

En lo que a prevenir los riesgos de incendios de un inmueble se refiere, las medidas de prevención deben plantearse con antelación o durante la construcción del mismo, tanto si es para uso industrial como si va a dedicarse a otra actividad. Los principales sistemas que se viene utilizando son:

- Compartimentación adecuada mediante muros cortafuegos, elementos metálicos, etc.
- Vías de evacuación adecuadas, puertas antipánico, etc.
- Estructuras resistentes al fuego en edificios (hormigón, metálica protegida, etc.).
- Separación adecuada de los distintos riesgos, mediante espacios libres.
- Instalaciones eléctricas protegidas y sistemas antideflagrantes.
- Iluminación de emergencia.
- Instalaciones automáticas de absorción serrín, polvo, etc.
- Normas para fumadores.

**Sistemas de protección**

La sola existencia de medios de prevención es, en general, insuficiente. Son también necesarios los sistemas de protección destinados, en su mayoría, a actuar directamente sobre el fuego. Se analizan, seguidamente, los comúnmente utilizados:

- Extintores portátiles, bien par uso manual o montados sobre dispositivos con ruedas. Es muy importante que están bien ubicados, debidamente señalizados y que se inspecciones periódicamente.
- Redes de agua contra incendios.
- Rociadores automáticos.
- Detectores de incendio.
- Instalaciones fijas de espuma.

4

## Sección 4. EL SEGURO DE ROBO

### 4-196 El seguro de robo

El seguro de robo es un tipo de seguro integrado en el grupo de seguros de daños y que se define en la Ley de Contrato de Seguro en su **artículo 50**, como aquél por el cual *"(...) el asegurador se obliga, dentro de los límites establecidos en la Ley y en el contrato, a indemnizar los daños derivados de la sustracción ilegítima por parte de terceros de las cosas aseguradas"*.

La garantía de este seguro y, por lo tanto, la indemnización que debe pagar el asegurador, comprenderá necesariamente:

- El valor del interés asegurado cuando el objeto asegurado sea substraído y no fuera hallado en el plazo señalado en el contrato.
- El daño que la comisión del delito en cualquiera de sus formas, cause en el objeto asegurado (mercancías, muebles, instalaciones, etc.).

La cobertura del seguro de robo se extiende a cualquiera de las formas en que pueda revestirse el robo. De esta manera, no sólo se incluye el robo en su sentido jurídico-penal, sino cualquier tipo de sustracción de los bienes asegurados, ya conlleve intimidación o violencia o no, y ya sea el bien sustraído de un valor o de otro.

A tal efecto, se incluirán en las garantías del seguro contra robo también la expoliación, el hurto, apropiación indebida y sustracción y uso ilegítimos.

Las principales formas del delito son:

- **Robo:** Sustracción ilegítima de los objetos garantizados, contra la voluntad del asegurado mediante el empleo de fuerza o violencia sobre las cosas o utilizando ganzúas, llaves falsas u otros instrumentos no destinados ordinariamente a abrir las puertas mediante la penetración secreta o clandestina en los locales, ocultándose y cometiendo el delito cuando el local se hallase cerrado.
- **Expoliación o atraco:** Sustracción de los bienes garantizados, contra la voluntad del asegurado, empleando intimidación o violencia sobre las personas que los custodian o vigilan.
- **Hurto:** Sustracción de los bienes garantizados, contra la voluntad del asegurado, sin empleo de fuerza o violencia sobre las cosas, ni intimidación, ni violencia sobre las personas.

La póliza alcanza a garantizar dentro de los límites establecidos en las condiciones particulares, la desaparición o destrucción (total o parcial), de los bienes asegurados cuando tales hechos se produzcan por algunos de los riesgos que se determinan en el apartado de garantías. Por eso, en este tipo de seguros, al igual que ocurre en otros muchos, cobra especial importancia la declaración del asegurado, debiendo incorporar a la póliza una declaración lo más detallada posible de las características de los objetos asegurados, de su estado y de su valoración.

El seguro de robo está regulado en los artículos 50 a 53 de la LCS.

## 4-197 Garantías del seguro de robo y exclusiones

### Coberturas básicas

Una póliza ordinaria de robo tendrá las siguientes coberturas básicas:

Riesgo de robo:

Bajo esta denominación se comprenden las pérdidas ocasionadas por la desaparición, destrucción o deterioro de los bienes asegurados a consecuencia de robo o tentativa de robo cometido por personas extrañas a la familia del asegurado y que no convivan ni tengan dependencia del mismo, siempre que el autor o autores hubieran penetrado en el local que contiene los bienes asegurados de alguna de las formas siguientes:

- Escalamiento de paredes, fachadas, techos, etc.
- Fractura, rompimiento o fractura de paredes, techos, suelos, puertas, ventanas, escaparates, etc.
- Falsa apertura mediante ganzúa u otros instrumentos no destinados a abrir las puertas.
- Clandestinidad, introducción secreta o clandestina en el local asegurado cometiendo el delito cuando se encuentre cerrado.

4

Riesgo de expoliación:

Se encuentran dentro de este epígrafe las pérdidas ocasionadas por la desaparición, destrucción o deterioro de los bienes asegurados, mediante actos que impliquen fuerza o violencia en las personas que custodian los objetos asegurados.

Daños y desperfectos a los bienes asegurados:

La póliza de seguro de robo y expoliación abarca su cobertura a los daños y desperfectos que los bienes asegurados sufran con motivo de un siniestro amparado por cualquiera de las dos coberturas anteriores, aunque tales bienes dañados no queden en poder de los autores.

### Coberturas complementarias

Además de las coberturas básicas, el seguro puede ampliarse a determinados riesgos opcionales, bajo pacto expreso mediante estipulación de las condiciones particulares de la póliza y pago de la prima correspondiente. Entre ellas se pueden destacar:

- Desperfectos que, a consecuencia de robo o intento de robo, sufran las paredes, techos, suelos, puertas, ventanas, etc. del local, con exclusión de las lunas de puertas y escaparates. Esta cobertura es en exceso de la otorgada en el apartado desperfectos en locales. Se pacta a primer riesgo.
- El robo o expoliación de los objetos asegurados, cuando éstos se encuentren fuera del lugar descrito en la póliza, o con motivo de su transporte. Se pacta a primer riesgo.

En cuanto a los objetos, el seguro puede ampliarse a:

- Escrituras, manuscritos, documentos y planos en general.
- Joyas, alhajas, pedrerías, metales preciosos, colecciones, cuadros y muebles artísticos, y en general, a todos los objetos de especial valor.
- Mercancías o productos propiedad de terceros.
- Títulos, valores, metálico y billetes de banco.

**Exclusiones**

Los riesgos excluidos del contrato de seguro de robo más habituales son los siguientes:

- Los siniestros causados por mala fe o negligencia grave del asegurado, tomador del seguro o de las personas que de ellos dependan o con ellos convivan cuando estas personas hayan cometido el robo o expoliación como autores, cómplices o encubridores.
- Los robos o expoliaciones cometidos no estando los bienes asegurados depositados en el lugar descrito en la póliza.
- Los robos y expoliaciones cometidos en los locales asegurados cuando, en el momento de la comisión no tuvieran las seguridades y protecciones declaradas.
- Los desperfectos a las lunas y escaparates.
- Hurtos, infidelidades de empleados y simples pérdidas y extravíos.
- Perjuicios y pérdidas indirectas de cualquier clase que se ocasionan por siniestros aparados por la póliza.
- Cuando la sustracción se haya producido con ocasión de siniestros derivados de riesgos extraordinarios o en actos de tipo socio-político (motines, huelgas, alborotos, sabotajes, etc.), guerra civil o internacional, levantamientos populares o militares, insurrección, rebelión, etc., o hechos de la naturaleza (terremotos, erupciones volcánicas, inundaciones, huracanes, maremotos, embates de mar y trombas).

En caso de que ambas partes pacten expresamente la inclusión en la póliza de alguna de estas coberturas, ello conllevará la aplicación de una sobreprima calculada en base a la cobertura de que se trate.

## 4-198 Formas de aseguramiento y tarificación del seguro de robo

4

El seguro de robo se estipulará por el valor total de las mercancías y del mobiliario y ajuar industrial de los establecimientos, sin que éste último pueda ser excluido del seguro. Para las mercancías, mobiliario y ajuar industrial, podrá pactarse la modalidad de seguro a valor parcial.

Así, dentro del seguro de robo existen diversas posibilidades de aseguramiento:

**Seguro a valor total**

Esta modalidad que es la más común y generalizada, requiere asegurar un capital que cubra totalmente el valor de los objetos asegurados.

**Seguro a valor parcial**

Pero también se puede pactar por ambas partes que, una vez determinado el valor total, se asegure únicamente una parte porcentual de dicho valor total, por lo que la responsabilidad de la compañía aseguradora en caso de acontecer el robo del objeto, se limitará al porcentaje determinado en condiciones particulares.

En el caso del seguro a valor parcial, la prima se calcula sobre el valor total, aplicándose una serie de descuentos en función del porcentaje de valor asegurado, que oscilan entre el 5% y el 20%.

**Seguro a primer riesgo**

El seguro a primer riesgo consiste en asegurar una cantidad determinada, sobre la cual se calcula la prima con independencia del valor total de los objetos asegurados y sin que, por tanto, haya aplicación de regla proporcional. Este tipo de seguros solo puede contratarse en los casos específicamente previstos en la tarifa, y solo es de aplicación a comercios, fábricas y almacenes.

Se contratan siempre a primer riesgo las coberturas siguientes:

- Garantía de daños y desperfectos en los locales (puertas, ventanas, etc.) por robo e intento de robo.

 © CISS

- Mercancías propiedad de terceras personas, si bien limitadas exclusivamente a almacenes públicos y generales, agencias de aduanas, agencias de transporte, guardamuebles, conservación de alfombras, pieles y tintorerías.
- Mercancías expuestas en escaparates.
- Riesgo de expoliación de dinero en efectivo, ya sean muebles, cajas de caudales y/o en poder de cobradores o transportadores de fondos.
- Riesgo de expoliación en comercios de joyería y/o relojería.

Asimismo, podrá estipularse la garantía "a primer riesgo" de forma opcional en los riesgos de:

- Robo de dinero en muebles o cajas de caudales.
- Robo en comercios de joyería y filatelia.

**Seguros flotantes**

Esta forma de seguro afecta exclusivamente a mercancías y existencias. Consiste en establecer dos valores en póliza, uno garantizando el mínimo de productos existentes (capital fijo) por el que se cobra prima total anual y el otro (capital flotante), que será "n" veces el capital fijo por el que no se cobra prima al inicio del seguro. La responsabilidad máxima de la compañía no excede de la suma de ambos capitales.

Se utilizan en aquellos casos en los que las características propias y especiales del riesgo a asegurar presentan una manifiesta variabilidad del objeto asegurado de forma que su valoración resulta difícil de determinar en cada momento. Por eso, se utilizan en las existencias, que se van reponiendo constantemente. De esta manera, la garantía se deja "abierta" para que puedan irse realizando incorporaciones, ampliaciones o reducciones simplificando los trámites administrativos y la complejidad que supondría tener que valorar cada vez que se produjesen estas situaciones.

Con la periodicidad que se determine en la póliza, ya sea mensual o trimestral, el asegurado comunicará a la compañía las existencias habidas de manera que la liquidación se efectúa deduciendo de la cifra declarada, el capital fijo y sobre el excedente se aplicará la prima mensual o trimestral.

Existen diferentes variantes, en base a la forma de declarar sus existencias el asegurado:

- Declaración anticipada. El asegurado notificará, dentro de la segunda quincena de cada mes, las existencias que tendrá el mes siguiente.
- Declaración vencida. Dentro de la primera quincena de cada mes el asegurado comunicará las existencias habidas durante el mes anterior.

Al constituir la propia naturaleza de los bienes asegurados la base inicial de tarificación en el seguro de robo, el valor asegurado total deberá distribuirse por partidas independientes en las que se agruparán los bienes de características análogas. A tal efecto, la agrupación más común es la siguiente:

Las diferentes actividades comerciales e industriales se encuentran clasificadas en diferentes grupos de tarificación en base al grado de peligrosidad de las mercancías y tal clasificación determina diferentes tipos de prima a cada grupo de tarificación.

Puede darse la circunstancia de que en un mismo local existan mercancías de diversas categorías o grupos sin indicarse el valor de cada una de éstas. En este caso, se aplicará a la totalidad de los bienes la prima que corresponda a la categoría más elevada.

Si por el contrario, los valores de cada categoría estuvieran definidos, se aplicará a cada una su tipo de prima. La prima inicial mínima de la póliza, si procediera su aplicación, será la prima mínima que corresponda al mayor capital asegurado sin que pueda ser superior a la prima mínima considerando el total capital asegurado y la categoría mayor.

Las primas de robo y expoliación se calcularán en función del tipo de bien de que se trate y de la naturaleza de los distintos bienes. Así influirán en la prima aspectos como:

- Las características de la vivienda: ya sean pisos de vecindad, como unifamiliares, o chalets y casas de campo o de labranza.

Muy importante a la hora de determinar el importe de la prima es si cuentan o no con medidas o elementos de protección y de prevención que aminoren el riesgo como:

4

• Elementos metálicos, rejas, cierres, etc. siendo a su vez:

• Fijos.

• Móviles.

• Electrónicos. Están formados por los sistemas de alarma: Cámaras, detectores, acústicos, placas disuasorias, etc.

• Elementos de seguridad personales: que pueden ser:

• Vigilante.

• Guardas jurados.

• Rondas por empresas especializadas.

- La ubicación física de la vivienda: Si está en dentro del casco urbano de la población o por el contrario se encuentra en una zona despoblada, es decir, a más de un kilómetro de un grupo urbano.

- También en función del tipo de objeto asegurado como:

• Mobiliario y ajuar doméstico.

• Objetos, que no sean muebles ni alhajas, de valor superior a 300 euros por unidad, con detalle de piezas y valor unitario.

• Objetos de plata y plata labrada, detallándose individualmente los que tengan valor unitario superior a 300 euros.

• Joyas, alhajas y objetos preciosos de oro, con detalle de aquellos que superen los 300 euros por unidad.

• Metálico y valores.

• Mercancías depositadas en las habitaciones.

• Colecciones filatélicas y numismáticas.

- Para las joyas, alhajas y dinero en efectivo, la tarifa estará en función, además de los factores expuestos anteriormente, de las circunstancias siguientes:

• Condiciones de seguridad en que se guarden y garanticen:

• Cajas de caudales de 100 Kg. de peso empotradas.

• Muebles cerrados con llave y que no sean de fácil transporte.

- Porcentaje que represente el valor de los objetos codiciables de que se trate, con respecto al valor total del mobiliario.

- Para el caso de comercios, industrias, oficinas, etc.:

• Mobiliario industrial, maquinaria y mercancías.

• Cuadros y objetos de arte de valor unitario superior a 600 euros

• Mercancías en escaparates.

• Máquinas de escribir, calcular, ordenadores y otras máquinas de oficina.

• Metálico, billetes de Banco y valores, distinguiéndose a la vez:

• Depositados en muebles cerrados con llave.

• Depositados en cajas de caudales.

• Desperfectos en locales.



## 4-199 La indemnización en el seguro de robo

Para determinar cuál es la indemnización que corresponde en los seguros de robo cuando se ha producido el siniestro habrá que tener en cuenta si se recupera el objeto asegurado o no.

En los seguros de robo se marca un plazo de tiempo razonable para llevar a cabo las investigaciones policiales de cara a la recuperación de los bienes sustraídos. Este plazo depende de cada seguro y del tipo de bien asegurado. Por ejemplo, el seguro de robo de automóviles, el plazo es de un mes. En cualquier caso, para tramitar un siniestro por robo será necesario acreditar a la aseguradora la preceptiva denuncia del robo interpuesta ante la policía por parte del propietario que a su vez es el asegurado.

Una vez transcurrido dicho periodo sin que hubiese sido hallado o recuperado el bien robado, la indemnización deberá respetar siempre el límite máximo de la suma asegurada y deberá comprender obligatoriamente el valor del interés asegurado.

En caso de que el bien sea recuperado antes del plazo señalado, el asegurado -según determina el artículo 53 de la LCS- vendrá obligado a recibirlo salvo que se hubiera pactado expresamente en la póliza que en dicho caso se reserve el derecho de abandonarlo al asegurador.

En caso de que se recupere, la indemnización incluirá también el daño que la comisión del delito haya podido causar en el objeto asegurado.

En caso de que el bien asegurado sea recuperado una vez transcurrido el plazo marcado y una vez que ya se ha pagado la indemnización al asegurado, éste podrá optar por una de estas dos opciones:

a) No devolver la indemnización recibida, en cuyo caso estará "abandonando tácitamente" la propiedad del bien recuperado a favor del asegurador, quién podrá disponer de él.

b) Readquirirlo, para lo cual será necesario restituir al asegurador la indemnización percibida.

En cualquier caso, la decisión de una u otra alternativa la tendrá el asegurado.

# Sección 5. EL SEGURO DE AUTOMÓVILES

## 4-200 Seguro de automóviles

El seguro de automóviles es aquél que ofrece cobertura por los riesgos derivados de la tenencia y de la circulación de vehículos de motor. El ser propietario de un vehículo a motor conlleva la obligación de contratar y mantener en vigor una póliza de seguro que cubra la responsabilidad civil del conductor que se derive de los daños, tanto personales como materiales que pudiera ocasionar a terceras personas como consecuencia de un accidente de circulación hasta la cuantía que en cada momento se determine.

Esta obligación legal es del propietario del vehículo y no del conductor que es designado como sujeto responsable. Debido a que lo que se cubre es la responsabilidad del conductor y no la del propietario, aunque el propietario del vehículo sea el tomador del seguro, el sujeto asegurado deberá ser el conductor del mismo. En este sentido, es en base a las características de quién vaya a ser el conductor (edad, antigüedad del carnet, etc.) en base a las que se analizará la hipótesis de siniestralidad y en base, por tanto, a las que se marcará el importe de la tarifa del seguro independientemente de quién sea el propietario del vehículo.

Por esta razón, deberían figurar en la póliza todos los posibles conductores que vayan a conducir el vehículo, aunque sea ocasionalmente. En todo caso, deberá figurar aquel que represente el mayor riesgo, es decir, el de menor edad, el que menos años de carnet de conducir tenga o el que peor historial tenga al volante.



Desde el 1 de enero de 2008, el seguro obligatorio responde por una cantidad de hasta 70 millones de euros por siniestro, para atender los daños personales de un accidente, y hasta 15 millones para indemnizar los daños a los bienes.

La conducción de vehículos automóviles lleva implícita una serie de peligros posibles, entre los que se pueden destacar:

- Producir daños en cosas ajenas.
- Producir daños a personas.
- Producir daños a nuestro propio vehículo.

Los hechos anteriores pueden causar graves daños a nuestro patrimonio como conductores o propietarios de un vehículo. Para hacer frente a las posibles contingencias que pueden surgir en este sentido, está el seguro de automóviles.

El seguro de automóviles es uno de los primeros productos aseguradores que nace bajo la modalidad de "paquete", es decir, una única póliza nos va a permitir asegurar varias garantías diferentes. Esta práctica, muy común en nuestros días en los denominados "seguros multirriesgo", no lo era tanto hace 30 años, cuando se empezó a utilizar para el automóvil.

Con este sistema, se consigue que en una única póliza se puedan recoger coberturas tan variadas como:

- Responsabilidad civil por daños a cosas y a personas.
- Daños por robo.

- Daños por incendio.
- Daños a nuestro vehículo por colisión, vuelco, etc.
- Lunas y cristales.
- Asistencia en viajes.
- Retirada de carnet de conducir.
- Vehículo de sustitución.
- Prestamos para reparaciones.
- Defensa jurídica.

## 4-201 Antecedentes y regulación del seguro de automóviles

Como el resto de los seguros que existen en el mercado, el seguro del automóvil surge como respuestas a una necesidad latente: cubrir al propietario de un vehículo automóvil (y en cierta medida a las terceras personas que deambulan por las proximidades de dicho vehículo) de los riesgos que la conducción del mismo pudiera ocasionar.

En 1962 surge la primera ley que va a regular algunos aspectos del seguro del automóvil. Se trataba de la Ley 122/1962 de 24 de diciembre sobre Uso y Circulación de Vehículos de Motor. Esta ley, que no entró en vigor hasta 1965, regulaba la obligatoriedad de la contratación de un seguro de responsabilidad civil que, aunque en un principio fue muy ambicioso, luego quedó reducido a los daños o lesiones producidos a las personas.

Posteriormente, se aprobó por Decreto 632/1968, de 21 de marzo, el Texto Refundido de la Ley de Uso y Circulación de Vehículos de Motor, cuyos planteamientos siguen la Ley de 1962, que quedó derogado por el Real Decreto Legislativo 8/2004.

Así, el resto de las coberturas (responsabilidad civil sobre cosas dañadas, daños al propio vehículo) no eran obligatorias y se contrataban, con carácter voluntario, si la economía del asegurado y sus intereses en salvaguardar su patrimonio lo justificaban.

Existían tres modalidades básicas que aún hoy conservan tal denominación, popularmente conocidas como:

4

• El **"seguro obligatorio":** era el aseguramiento mínimo legal para un vehículo automóvil y cubría la responsabilidad civil por daños a las personas hasta un límite marcada por la ley.

• El **"seguro de terceros":** cubría las garantías del obligatorio más una nueva modalidad, la responsabilidad civil complementaria del anterior, que cubría el exceso de los daños causados a propiedades o bienes de terceras personas.

• El **"seguro de todo riesgo":** cubría las dos anteriores más otras coberturas que afectaban al propio vehículo asegurado, entre las cuales se encontraban el robo del vehículo, el incendio, los daños provocados por vuelco, colisión, etc. la defensa judicial y la reclamación de daños.

En 1987, intentando adecuarnos a la normativa comunitaria se produce un nuevo cambio que implica modificaciones de tipo más legal que práctico, por las cuales el seguro obligatorio va a abarcar no sólo la responsabilidad civil por daños a las personas, sino también la de daños a las cosas; tanto en un caso como en otro, con unos límites que se analizarán en el apartado correspondiente a la situación actual del seguro obligatorio.

### Normativa sobre el Seguro de Automóviles

La normativa reguladora más reciente en materia del seguro de vehículos es la siguiente:

- LEY 21/2007, de 11 de julio, por la que se modifica el texto refundido de la Ley sobre responsabilidad civil y seguro en la circulación de vehículos a motor, aprobado por el Real Decreto Legislativo 8/2004, de 29 de octubre, y el texto refundido de la Ley de ordenación y supervisión de los seguros privados, aprobado por el Real Decreto Legislativo 6/2004, de 29 de octubre.

- Real Decreto 1507/2008, de 12 de septiembre, por el que se aprueba el Reglamento del seguro obligatorio de responsabilidad civil en la circulación de vehículos a motor.

- La Ley 18/2009, de 23 noviembre por la que se modifica el texto articulado de la Ley sobre Tráfico, Circulación de Vehículos a Motor y Seguridad Vial, aprobado por el Real Decreto Legislativo 339/1990, de 2 de marzo, en materia sancionadora vino a modificar al anterior reglamento.

- Resolución de 31 de enero de 2010, de la Dirección General de Seguros y Fondos de Pensiones, por la que se da publicidad a las cuantías de las indemnizaciones por muerte, lesiones permanentes e incapacidad temporal que resultarán de aplicar durante 2010 el sistema para la valoración de los daños y perjuicios causados a las personas en accidentes de circulación.

- Texto Refundido de la Ley sobre Responsabilidad civil y seguro en la circulación de vehículos a motor, aprobado por el Real Decreto Legislativo 8/2004, de 29 de octubre.

## 4-202 Terminología propia del seguro de automóvil

**Conductor habitual**

Es la persona designada como tal en el cuestionario, solicitud, o proposición de seguro y cuyas circunstancias determinan el cálculo de la prima, al ser un factor esencial de riesgo.

Un factor determinante es la antigüedad del carnet de conducir, afectando directamente a la selección de riesgos y a la tarificación del seguro.

**Suma asegurada**

Es la que se establezca en las condiciones particulares para cada tipo de coberturas.

En coberturas de incendio y robo, la suma asegurada varía en caso de pérdida parcial (valor de nuevo normalmente) o total (valor de nuevo hasta que el vehículo tiene cierta antigüedad).

**Valor de nuevo**

El valor de nuevo del vehículo es el precio de adquisición de ese automóvil, o de uno análogo si hubiera dejado de fabricarse a su precio actual en primera adquisición.

**Valor venal del vehículo**

El valor venal es el precio de venta del vehículo en el mercado en las condiciones en que se hallaba inmediatamente antes de producirse el siniestro.

**Siniestro parcial**

El siniestro parcial en automóviles es el supuesto habitual de indemnización en especie, siendo así que, además, la reparación se efectúa a valor de nuevo, es decir, que el vehículo se repara y se deja como nuevo. Esta razón es la esgrimida por el asegurador para justificar la tarificación sobre el valor de nuevo del vehículo aunque el valor venal del mismo sea inferior. Conviene advertir que cuando el elemento dañado son los neumáticos sí se practica una deducción por uso. 4

**Siniestro total**

Si el siniestro es la concreción del riesgo en un hecho económicamente dañoso, el siniestro total es aquél cuyas consecuencias afectan a la totalidad del vehículo asegurado quedando éste totalmente destruido e inutilizado sin necesidad de reparación o de reconstrucción.

Existe siniestro total cuando la cuantía de los daños es igual o superior al valor venal de vehículo asegurado. En caso de siniestro total la indemnización se satisface en dinero, no en especie (reparación). En la práctica, no es necesario que el vehículo quede inutilizado totalmente para dotar al siniestro de la condición de "total", sino que basta con que el importe de la reparación que se deba llevar a cabo sea superior al propio valor del vehículo.

La cuantía de la indemnización debería corresponderse con el valor venal del vehículo antes del accidente deduciendo el valor de los restos; no obstante, suelen existir pactos como los siguientes:

1) Durante el primer año (e incluso el segundo) de vida del vehículo se indemniza por el 100% del valor de nuevo del mismo.

2) Durante el segundo y tercer año de vida del vehículo se indemniza por el valor venal del mismo más el 50% de la diferencia entre éste y su valor de nuevo.

Estos sistemas sólo se entienden referidos a aquél asegurado que es primer propietario del vehículo; a los sucesivos adquirientes generalmente se les indemniza por el valor venal del vehículo deduciendo los restos.

La deducción del valor de los restos del vehículo siniestrado implica que éstos quedan bajo propiedad del asegurado, que es libre de reconstruirlo o desguazarlo. En ambos casos tiene obligación de dar de baja el vehículo en la Dirección General de Tráfico.

**Franquicia**

La franquicia siempre representa una cantidad pactada por ambas partes por la cual el asegurado se convierte en asegurador de sí mismo, es decir, es la cantidad que va a asumir el propio asegurador en cualquier siniestro.

El sentido de su aplicación viene marcado por el abaratamiento de la tarifa del seguro, pues la prima de un seguro con franquicia siempre es inferior a la de un seguro sin franquicia, ya que al llevar franquicia, la repercusión económica de un siniestro a cargo del asegurador se verá reducida en la cantidad que se haya marcado como franquicia.

Asimismo, en los seguro a todo riesgo, la franquicia sirve para disuadir al asegurador de usar o consumir el seguro por cualquier pequeña anomalía que le ocurra al vehículo y encarezca así el gasto de la aseguradora.

## 4-203 Seguro obligatorio de automóviles (SOA)

Tal y como establece el artículo 2 del Texto Refundido de la Ley sobre Responsabilidad civil y seguro en la circulación de vehículos a motor, aprobado por el Real Decreto Legislativo 8/2004, de 29 de octubre, "*Todo propietario de vehículos a motor que tenga su estacionamiento habitual en España estará obligado a suscribir y mantener en vigor un contrato de seguro por cada vehículo de que sea titular, que cubra, hasta la cuantía de los límites del aseguramiento obligatorio, la responsabilidad civil a que se refiere el artículo 1*".

De esta definición se desprende la obligatoriedad del seguro de responsabilidad civil de automóviles. A la vista de este precepto, se puede determinar que estarán obligados a tener en vigor una póliza de SOA todos los vehículos:

a) Que tengan matrícula española, independientemente de si dicha matrícula es definitiva o temporal.

b) Para los que no teniendo matrícula, lleven placa de seguro o signo distintivo análogo a la matrícula habiendo sido expedida ésta en España, o en los casos en que España sea el Estado del domicilio del usuario del vehículo.

c) Importados desde otro Estado miembro del Espacio Económico Europeo, durante un período máximo de 30 días, a contar desde que el comprador aceptó la entrega del vehículo, aunque éste no ostente matrícula española. Estos vehículos podrán ser asegurados temporalmente mediante un seguro denominado "seguro de frontera".

Solamente quedará exonerado de tal obligación el propietario de un vehículo cuando el seguro sea concertado por cualquier persona que tenga interés en el aseguramiento, quien deberá expresar el concepto en que contrata.

El seguro obligatorio de automóviles cubre la responsabilidad civil del conductor frente a los daños a terceros perjudicados, a otro vehículo o los que sufran los ocupantes del vehículo asegurado, pero no los daños personales ni materiales que el conductor o su coche sufran en todo el territorio del Espacio Económico Europeo y de los Estados adheridos al Acuerdo entre las oficinas nacionales de seguros de los Estados miembros del Espacio Económico Europeo y de otros Estados asociados. Asimismo, dicha cobertura incluirá cualquier tipo de estancia del vehículo asegurado en el territorio de otro Estado miembro del Espacio Económico Europeo durante la vigencia del contrato.

El SOA no cubre los daños sufridos ni por el vehículo asegurado, ni por el conductor del mismo, pero sí lo hace con el resto de ocupantes, ya que éstos son "terceros". Por este motivo, esta modalidad de seguro es el conocido como "seguro a terceros".

Por este motivo y aunque no es obligatorio, es habitual contratar un seguro complementario específico para el conductor.

En el caso de que el vehículo hubiera sido robado y provocara un accidente, los daños personales y materiales producidos con motivo de su circulación serán indemnizados por el Consorcio de Compensación de Seguros quien, una vez identificado legalmente el culpable, podrá exigirle que asuma estos daños.

**Exclusiones**

Si se contrata tan sólo el seguro obligatorio, evidentemente se paga una tarifa más reducida que si se contratan otras coberturas complementarias también o incluso el seguro a todo riesgo. No obstante, si en este caso el asegurado resulta culpable del accidente y no se tiene ninguna cobertura adicional de daños propios, los daños personales y los del vehículo propio no estarán cubiertos.

A tal efecto, se excluyen de la cobertura del SOA las siguientes:

1. Los daños y perjuicios ocasionados por las lesiones o fallecimiento del conductor del vehículo causante del accidente.

2. Los daños en los bienes sufridos por el vehículo asegurado, por las cosas en él transportadas ni por los bienes de los que resulten titulares el tomador, el asegurado, el propietario o el conductor, así como los del cónyuge o los parientes hasta el tercer grado de consanguinidad o afinidad de los anteriores.

3. Las personas que sufrieran daños con motivo de la circulación del vehículo causante, si éste hubiera sido robado.

**Indemnización**

Se considera una obligación del asegurador el satisfacer al perjudicado el importe de los daños sufridos en su persona y en sus bienes.

El perjudicado o sus herederos tendrán acción directa para exigir al asegurador la satisfacción del importe de los daños sufridos por éste en su persona y en sus bienes, derecho que prescribe por el transcurso de un año.

La cuantía de la indemnización en los seguros obligatorios por los daños corporales, materiales y los gastos de asistencia sanitaria serán acordes a los límites cuantitativos fijados reglamentariamente en todo momento.

En cualquier caso, si no se tiene contratada una póliza de Seguro Obligatorio de Automóvil, además de la correspondiente sanción económica de 601 a 3.005 euros de multa recogida en el artículo 3.1.c del Real Decreto Legislativo 8/2004, graduada según que el vehículo circulase o no, las autoridades podrán poner además el vehículo en depósito o precinto público o domiciliario con cargo a su propietario y ello porque está prohibida la circulación en territorio español de vehículos no asegurados.

El propietario no conductor de un vehículo sin el seguro de suscripción obligatoria responderá civilmente, con el conductor del mismo, de los daños a las personas y en los bienes ocasionados por éste, salvo que pruebe que el vehículo le hubiera sido sustraído.

Los daños y perjuicios causados a las personas se calcularán según los criterios e importes que recojan expresamente las tablas o baremos vigentes en cada momento

Podrá consignarse para pago la cantidad ofrecida tanto en dinero efectivo, mediante un aval solidario de duración indefinida y pagadero a primer requerimiento emitido por entidad de crédito o sociedad de garantía recíproca o por cualquier otro medio que, a juicio del órgano jurisdiccional correspondiente, garantice la inmediata disponibilidad, de la cantidad consignada.

4

**Procedimiento. La oferta motivada**

Desde la recepción de la reclamación del perjudicado, el asegurador tendrá un plazo de tres meses para presentar una *oferta motivada* de indemnización al asegurado o a sus herederos. Esta oferta motivada, tal y como se recoge en el artículo 7.3 del Real Decreto Legislativo 8/2004, de 29 de octubre, por el que se aprueba el texto refundido de la Ley sobre responsabilidad civil y seguro en la circulación de vehículos a motor deberá contener la siguiente información:

a. Una propuesta de indemnización. En caso de que concurran daños a las personas y en los bienes, figurará de forma separada la valoración y la indemnización ofertada para unos y otros.

b. De forma desglosada y detallada, los documentos, informes o cualquier otra información de que se disponga para la valoración de los daños, identificándose aquellos en que se ha basado para cuantificar de forma precisa la indemnización ofertada, de manera que el perjudicado tenga los elementos de juicio necesarios para decidir su aceptación o rechazo.

c. Mención expresa a que el pago del importe que se ofrece no limita la renuncia por el perjudicado realizar futuras acciones de reclamación en el caso de que la indemnización percibida fuera inferior a la que en derecho pueda corresponderle.

En caso de que no considere suficientemente acreditada la responsabilidad, o bien porque no se haya podido cuantificar el daño, o bien porque existe alguna otra causa que justifique el rechazo de la reclamación dará una respuesta motivada que cumpla los requisitos:

a. Indicará el motivo que impide efectuar la oferta de indemnización.

b. Contendrá, de forma desglosada y detallada, los documentos, informes o cualquier otra información de que se disponga, que acrediten las razones de la entidad aseguradora para no dar una oferta motivada.

c. Incluirá una mención a que no requiere aceptación o rechazo expreso por el perjudicado, ni afecta al ejercicio de cualesquiera acciones que puedan corresponderle para hacer valer sus derechos.

En caso de que la aseguradora no cumpla con estos requisitos referentes a la oferta motivada, ello constituirá infracción administrativa grave o leve, de acuerdo con lo dispuesto en los artículos 40.4.t y 40.5.d del TRLOSSP.

Trascurrido el plazo de tres meses sin que se haya presentado una oferta motivada de indemnización por una causa no justificada o que le fuera imputable al asegurador, se devengarán intereses de demora, de acuerdo con lo previsto en el artículo 9 del Real Decreto Legislativo 8/2004. Igualmente se devengarán intereses de demora en el caso de que, habiendo sido aceptada la oferta por el perjudicado, ésta no haya sido satisfecha en el plazo de cinco días, o no se haya consignado para pago la cantidad ofrecida.

**Aspectos formales en la contratación del seguro de suscripción obligatoria**

La contratación de este tipo de seguro, por su característica de obligatoria, reúne una serie de condiciones que no son comunes al resto de los ramos. Veamos algunas de ellas:

1. Solicitud y proposición del Seguro

La solicitud de seguro dirigida por el tomador a la entidad aseguradora, o la proposición de seguro hecha por el asegurador al tomador deberá contener, como mínimo, los datos siguientes:

a. Identificación del propietario del vehículo, del conductor habitual y del tomador del seguro, debiendo constar su domicilio a efectos de notificaciones. Si el tomador no fuese el propietario del vehículo, habrá de indicarse el concepto en que contrata.

b. Identificación del vehículo, marca, modelo, características y matrícula o signo distintivo análogo.

c. Garantías solicitadas u ofrecidas, que en ningún caso podrán ser inferiores a las del seguro obligatorio.

d. Identificación clara y destacada de que se trata de una proposición o de una solicitud de seguro.

e. Período de cobertura mínimo, con indicación del día y hora de su cómputo inicial.

La solicitud del seguro obligatorio, a partir del momento en que esté diligenciada por la entidad aseguradora o agente de ésta, produce los efectos de la cobertura del riesgo durante el plazo de **quince días**.

Se entenderá que está diligenciada cuando se entregue al solicitante copia de la solicitud sellada por la entidad aseguradora o por su agente.

4

El asegurador podrá rechazar la solicitud en el plazo máximo de diez días desde el diligenciamiento, mediante escrito dirigido al tomador por cualquier medio que asegure la constancia de su recepción, especificando las causas, y tendrá derecho a la percepción de la prima que le corresponda por la cobertura de los quince días previstos. Si transcurrido el plazo de diez días el asegurador no hubiera rechazado la contratación, se entenderá que la misma ha sido admitida.

Diligenciada la solicitud y transcurrido el plazo de diez días, el asegurador deberá remitir la póliza de seguro en un plazo de **diez días**.

La proposición del seguro obligatorio hecha por la entidad aseguradora o su mediador vinculará a la aseguradora por el plazo de **quince días**.

Una vez aceptada la proposición por el tomador, se entenderá perfeccionado el contrato. En caso de impago de la primera prima por culpa del tomador, el asegurador podrá resolver el contrato, mediante escrito dirigido al tomador por correo certificado con acuse de recibo o por cualquier otro medio admitido en derecho que permita tener constancia de la recepción, o podrá exigir el pago de la prima en los términos del artículo 15 de la LCS.

Aceptada la proposición por el tomador, el asegurador deberá entregar la póliza de seguro en el plazo de diez días.

2. Prueba de la existencia del seguro

La existencia y vigencia del seguro se prueba por el tomador o por el conductor, mediante el justificante (recibo) del pago de la prima del período del seguro en curso.

Lo anterior se entiende sin perjuicio de la obligación de entregar la póliza al tomador que, con carácter general, impone el artículo 5 LCS.

 © CISS

Todo vehículo a motor deberá ir provisto de la documentación acreditativa de la vigencia del seguro obligatorio.

La vigencia del seguro obligatorio se constatará por los agentes de la autoridad mediante la consulta al Fichero Informativo de Vehículos Asegurados.

En su defecto, quedará acreditada la vigencia del seguro mediante el justificante de pago de la prima del periodo de seguro en curso, siempre que contenga, al menos, la identificación de la entidad aseguradora, la matrícula, placa de seguro o signo distintivo del vehículo, el periodo de cobertura y la indicación de la cobertura del seguro obligatorio.

Tratándose de vehículos dedicados al alquiler sin conductor, se considerará documentación acreditativa de la vigencia del seguro la copia cotejada del justificante de pago de la prima, en la forma que determine la Dirección General de Tráfico.

**Importes de la cobertura del seguro obligatorio**

Según se establece en el artículo 4.2 del Real Decreto Legislativo 8/2004, de 29 de octubre, por el que se aprueba el texto refundido de la Ley sobre responsabilidad civil y seguro en la circulación de vehículos a motor, la cuantía de los importes del seguro obligatorio de automóviles se fija en:

a. En los daños a las personas: 70 millones de euros por siniestro, cualquiera que sea el número de víctimas.

b. En los daños en los bienes: 15 millones de euros por siniestro.

Estos importes serán actualizados en función del IPC Europeo, en el mismo porcentaje que comunique la Comisión Europea para la revisión de los importes mínimos recogidos en el apartado 2 del artículo 9 de la Directiva 2009/103/CE, de 16 de septiembre de 2009 relativa al seguro de la responsabilidad civil que resulta de la circulación de vehículos automóviles, así como al control de la obligación de asegurar esta responsabilidad.

**Valoración de los Daños a las Personas**

Los daños y perjuicios causados a las personas comprenden:

- El valor de la pérdida sufrida.
- La ganancia que hayan dejado de obtener.
- Los daños morales.

La **cuantificación** de estos daños y perjuicios se hará, en todo caso, con arreglo a los criterios y dentro de los límites indemnizatorios fijados en el **Sistema para la Valoración de los Daños y Perjuicios Causados a las Persona en Accidentes de Circulación**, incorporado al Real Decreto Legislativo 8/2004 por Anexo, (denominado Baremo).

Si la cuantía así fijada resultara superior al importe máximo de la cobertura del aseguramiento obligatorio, se satisfará, con cargo al citado seguro obligatorio, dicho importe máximo, quedando el resto hasta el montante total de la indemnización a cargo del seguro voluntario o del responsable del siniestro, según proceda.

Por tanto, además, la póliza del seguro obligatorio de responsabilidad civil podrá incluir, con carácter voluntario, las coberturas que libremente se pacten entre el tomador y la entidad aseguradora, con arreglo a la legislación vigente.

El límite de la cuantía del seguro obligatorio respecto a los daños personales está destinada a cubrir las indemnizaciones a las propias víctimas o a sus herederos perjudicados, como consecuencia de:

- Muerte.
- Invalidez permanente.
- Incapacidad temporal (días de baja).
- Gastos de asistencia médica y sanitaria.



## 4-204 Seguro voluntario automóviles (SVA)

El seguro voluntario de automóviles es el que contrata libre y voluntariamente el propietario del vehículo para ampliar la cobertura mínima que se le exige con el seguro obligatorio de manera que aumente las garantías a otros riesgos no cubiertos. Para la circulación de un automóvil en España es obligatoria la contratación de un seguro de responsabilidad civil, pero el seguro del automóvil es un seguro del tipo de los multirriesgo donde se pueden contratar diversas garantías de forma conjunta. En las pólizas de autos, además de la cobertura obligatoria se puede incluir cualquier otra cobertura del seguro del automóvil que haya sido libremente pactada.

Los seguros voluntarios complementan a los seguros obligatorios y no pueden contratarse en sustitución de ellos.

Cuando la indemnización que corresponde al tercero o perjudicado exceda a los capitales fijados para el seguro obligatorio de automóviles, entonces el conductor responsable será quien, con su patrimonio, deba hacer frente al exceso de indemnización fijada. Con el seguro voluntario, se evita esta situación.

Por eso, las entidades aseguradoras ofrecen la posibilidad de contratar un seguro de responsabilidad civil que amplíe la cobertura indemnizatoria del seguro obligatorio y que cubra, dentro de los límites pactados en el contrato de seguro, las indemnizaciones que excedan del límite de la responsabilidad civil de suscripción obligatoria para que no tenga que hacer frente a ellas el asegurado.

Entre las garantías más comunes que se contratan con el seguro voluntario están:

- Responsabilidad civil, voluntaria o complementaria, de la mínima legal suscrita por el seguro de suscripción obligatoria.
- Daños ocasionados al propio vehículo asegurado.
- Robo del vehículo, o de sus accesorios y daños causados al mismo por consecuencia del robo.
- Defensa penal.
- Reclamación de daños.
- Asistencia en viajes.
- Accidentes individuales (ocupantes).
- Otras.

**Exclusiones aplicables a todas las modalidades del seguro voluntario**

Sin perjuicio de la acción directa de las víctimas contra el asegurador y del derecho de repetición de aquél, las exclusiones que son aplicables a toda cobertura voluntaria son:

4

a. Siniestros causados por mala fe del asegurado o el conductor: Es una exclusión general aplicable a cualquier tipo de seguro.

b. Los producidos por hechos cuya cobertura pueda corresponder al Consorcio de Compensación de Seguros: los causados por fenómenos naturales extraordinarios (inundaciones, terremotos, erupciones volcánicas, tempestad ciclónica atípica, meteoritos y aerolitos, etc.), los causados por terrorismo, motín o tumulto popular y los causados por fuerzas armadas o de seguridad pública en tiempos de paz.

c. Los hechos derivados de la fusión o fisión del núcleo atómico. Esta exclusión es tradicional en casi todo tipo de pólizas por la propia naturaleza y gravedad que dicho riesgo podría revestir.

d. Los siniestros ocurridos cuando se trate de vehículos especiales (tractores, excavadoras, grúas, etc.) que se hallen realizando tareas agrícolas o industriales.

e. Cuando el conductor del vehículo se halle en alguna de estas situaciones sancionables:

- En caso de conducción bajo la influencia de bebidas alcohólicas o estupefacientes que hayan influido en el accidente.
- En caso de conducción sin el permiso de conducir correspondiente al vehículo, excepto en caso de robo de éste.
- Condena por omisión del deber de socorro hacia la víctima del siniestro.

f. Los daños ocasionales hallándose el vehículo substraído ilegítimamente.

g. Daños causados por la participación del vehículo en apuestas, desafíos, o en pruebas y competiciones deportivas o en sus pruebas preparatorias. No obstante, cabe la cobertura de pruebas deportivas suscribiendo un seguro especial.

h. Daños causados por vehículos que operen habitualmente en recintos de aeropuertos mientras se hallen en el interior de los mismos.

i. En función de las personas o cosas transportadas las exclusiones son las siguientes:

- Por infracción de los requisitos del número de personas transportadas, de peso, medida o situación de cosas o animales transportados, siempre y cuando dichos incumplimientos sean la causa del accidente.
- Causados por carburantes, esencias minerales y otros productos tóxicos, explosivos o inflamables transportados.

**La indemnización en el seguro voluntario**

Las indemnizaciones del asegurador a los terceros perjudicados por hechos cubiertos por el SVA pueden estar limitadas a un capital fijado en la póliza o ser ilimitadas, es decir, sin límite económico prefijado (responsabilidad civil ilimitada).

Ya dijimos que el SVA es complementario del seguro obligatorio, pues éste cubre la responsabilidad civil hasta unas sumas establecidas por ley.

El asegurador está obligado a satisfacer la indemnización de forma inmediata, al término de las investigaciones y peritaciones necesarias para establecer la existencia del siniestro y, en su caso, el importe de los daños que resulten del mismo (art. 18 LCS).

En cualquier supuesto, el asegurador deberá efectuar, dentro de los cuarenta días a partir de la recepción de la declaración del siniestro, el pago del importe mínimo de lo que el asegurador puede deber, según las circunstancias por él conocidas (art. 18 LCS).

Si el asegurador incurre en mora en el cumplimiento de la prestación, el artículo 20 de la LCS, prevé una indemnización por daños y perjuicios para el tercero perjudicado en el seguro de responsabilidad civil.

SI el asegurador incurre en mora se impondrán de oficio por los Tribunales intereses de demora y consistirán en el pago de un interés anual igual al del interés legal del dinero vigente en el momento en que se devengue, incrementado en el 50%.

Esta indemnización por mora del asegurador es de aplicación general a cualquier modalidad de seguro, aunque en el ámbito del seguro de responsabilidad civil del automóvil presenta algunas peculiaridades, sobre todo cuando la responsabilidad nace de daños personales causados a terceros, dado que la suma a indemnizar es de difícil determinación.

En todo caso, el asegurador asume dentro de los límites pactados en la póliza, las siguientes responsabilidades:

- El abono a los perjudicados o a sus derecho-habientes (herederos) de las indemnizaciones a que diera lugar la responsabilidad civil del asegurado o del conductor, de acuerdo con las coberturas acordadas.
- La prestación de las fianzas que por responsabilidad civil pueden ser exigidas por los Tribunales al asegurado o al conductor, hasta la suma fijada en las condiciones particulares en la póliza.

**Coberturas propias del seguro voluntario**

**Daños propios**

4

Es posible suscribir cada una de las garantías siguientes por separado, aunque muchas entidades las ofrezcan juntas:

1. La garantía propiamente dicha de daños en el propio vehículo asegurado cubre siempre hasta los límites fijados en las condiciones particulares:

a. Los daños que pueda sufrir el vehículo asegurado como consecuencia de un accidente producido por una causa exterior, violenta o instantánea, con independencia de la voluntad del conductor, hallándose el vehículo tanto en circulación como en reposo, o en el curso de su transporte terrestre, marítimo o aéreo.

b. Los gastos indispensables que se ocasionen por el transporte del vehículo al taller más cercano, si a consecuencia de los daños sufridos no puede circular por sus propios medios.

Dichos daños y gastos deben haberse producido a raíz de alguna de las siguientes causas:

- Vuelco o caída del vehículo o choque del mismo con otros vehículos o con cualquier otro objeto móvil o inmóvil.
- Hundimiento de terrenos, puentes y carreteras.
- Falta o hecho malintencionado de terceros, siempre que el asegurado haya hecho lo posible para evitar su realización y no tengan carácter político-social.
- Accidentes producidos por vicio de material, defecto de construcción o mala conservación, entendiéndose que las prestaciones en tales casos se limitan a la reparación del daño producido por el accidente y no a la de las partes defectuosas o mal conservadas.

2. La garantía de daños propios en el vehículo asegurado por incendio, explosión y rayo cubre hasta los límites fijados en las condiciones particulares de la póliza:

- Los daños que pueda sufrir el vehículo como consecuencia de incendio, explosión y caída del rayo, tanto en circulación como en reposo o en el curso de su transporte.

- Esta cobertura incluye los daños que se produzcan por malquerencia de extraños, por negligencia propia o de las personas de quienes se responda civilmente. También se incluyen, como en otros ramos, los daños y gastos ocasionados por los bomberos u otras actividades para el salvamento de los objetos siniestrados o reducción de los daños.

3. Rotura de cristales, también conocida como "rotura de lunas": cubre la rotura de parabrisas, cristales laterales y techo solar del vehículo.

En cuanto a las **exclusiones** a los daños propios se pueden señalar las siguientes:

* Causados por los objetos transportados o con motivo de la carga y descarga de los mismos.

* Causados por fenómenos sísmicos o térmicos, incluso los debidos a la congelación del agua del radiador.

* La reparación o sustitución de neumáticos por simples pinchazos, reventones o desgaste natural y aquellos siniestros en los que lo único afectado sean los neumáticos.

* Que afecten a los accesorios.

* Como consecuencia de la circulación por vías no aptas para ello.

* Los que afecten a los remolques y/o caravanas que eventualmente pudiera remolcar el vehículo.

* No queda garantizada la eventual depreciación que pueda sufrir el vehículo como consecuencia de su reparación después de un siniestro.

Cobertura de lunas y cristales

Es una modalidad muy común del seguro de vehículos a motor por la que el asegurador se compromete reparar o sustituir el cristal o la luna. Para ello se atenderá a lo estipulado en la póliza ya sea por rotura accidental, intencionada, rotura parcial, etc.

En cualquier caso, se incluyen en servicios de asistencia que prestan talleres especializados en lunas y cristales del automóvil que ya tienen acuerdos con las aseguradoras.

Responsabilidad civil subsidiaria

4

La responsabilidad civil subsidiaria es la que tiene o asume una persona por los actos cometidos por otra persona. Siempre que en las condiciones particulares de la póliza figure expresamente incluida la garantía voluntaria de responsabilidad, el asegurador garantiza el pago de las indemnizaciones de las que pudiera resultar civilmente responsable el asegurado o el conductor autorizado y legalmente habilitado, a consecuencia de los daños causados a terceros con motivo de la circulación, uso y reposo del vehículo asegurado.

Esta garantía cubrirá, dentro de los límites pactados, o ilimitadamente, las indemnizaciones que excedan de las coberturas fijadas por la Ley para el seguro de responsabilidad civil de suscripción obligatoria.

En los seguros de vehículos a motor ésta es una cobertura muy demandada por los padres respecto a la posible responsabilidad civil derivada del uso del vehículo por sus hijos.

Con carácter general, siempre que medie un contrato o cobertura de responsabilidad civil, el asegurador será responsable civil subsidiario respecto de su asegurado.

En el seguro voluntario que ahora tratamos, la cobertura, tanto para daños a personas como a cosas, está basada en el sistema de responsabilidad civil subjetivo, es decir, es necesario un elemento subjetivo (culpa del autor) para que exista responsabilidad, aunque dicha culpabilidad se presume.

Debido a que el asegurador ve comprometido su patrimonio por los actos del asegurado, la Ley de Contrato de Seguro (art. 74) concede al asegurador la dirección jurídica de aquél frente a las reclamaciones de terceros perjudicados.

Otras coberturas que pueden aparecer en las pólizas del automóvil, dentro del seguro voluntario y siempre con la aplicación de las correspondientes sobreprimas, son algunas de las siguientes:

- La responsabilidad civil en que incurra el conductor cuando se halle con un grado determinado de alcoholemia.

- La responsabilidad civil en que incurra el conductor del vehículo asegurado cuando sea una persona que carezca del correspondiente permiso o que haya quebrantado la condena de anulación o retirada del mismo, siempre que el tomador del seguro y/o asegurado desconocieran esta circunstancia.

- La responsabilidad civil en que incurra el conductor del vehículo asegurado cuando el conductor carente de permiso de conducir fuere cónyuge, descendiente o ascendiente directo del asegurado y la conducción se realizase con el fin de enseñarle a conducir, siempre que aquélla se realizase con la necesaria prudencia.

- La responsabilidad del conductor por daños corporales sufridos por terceros mientras prestan su ayuda en caso de accidente o avería del vehículo.

- La responsabilidad civil por daños causados a terceros:

• Por la carga, descarga y transporte de equipajes y otros bienes en el vehículo, con la excepción, para esta cobertura, de que el vehículo asegurado tenga como fin principal el transporte de mercancías.

• Por la actuación de los pasajeros del vehículo mientras ocupan plaza en él.

• Cuando el conductor designado utilice la vía pública como peatón y por ello ocasione un accidente de circulación.

• Con ocasión del remolcaje circunstancial y gratuito de otro vehículo, accidentado o averiado, con exclusión de los daños que al mismo se produzcan.

En cuanto a las exclusiones propias y más comunes de esta modalidad de seguro voluntario de responsabilidad civil de automóviles son las siguientes:

- La responsabilidad por daños causados a las cosas transportadas por el vehículo o que se hallen en poder, por cualquier título y en cualquier situación, del propietario, el conductor, el tomador del seguro y de aquellas personas de las que éstos deban responder.

- La responsabilidad por daños causados por las cosas transportadas excepto si el transporte se realiza según las normas del Código de Circulación.

- La responsabilidad derivada de los daños o lesiones causados a personas transportadas, cuando se trate de un vehículo no autorizado oficialmente para el transporte de personas, excepto si el transporte se produjo en cumplimiento del "deber de socorro" o en estado de necesidad.

- Las multas, sanciones económicas y costas impuestas por los tribunales y autoridades competentes, y las consecuencias de su impago.

Además de estas exclusiones, existen otras que privan de la cobertura a ciertas personas que no tienen la consideración de tercero, aún cuando pudieran resultar perjudicados. Son las siguientes:

- Aquéllas cuya responsabilidad civil quede cubierta por la póliza.

- El cónyuge, los ascendientes o descendientes ya sean matrimoniales, extramatrimoniales o adoptivos de las personas señaladas en el punto anterior.

- Los que sin ser cónyuges, ascendientes y descendientes matrimoniales, naturales o adoptivos de las personas cuya responsabilidad civil quede cubierta por la póliza, se encuentren vinculados con las mismas hasta el tercer grado de consanguinidad o afinidad, siempre y cuando convivan habitualmente con ellos a sus expensas.

- Cuando el asegurado sea una persona jurídica, sus representantes legítimos, así como el cónyuge y los miembros de las familias de dichos representantes que se encuentran respecto a ello sean alguno de los supuestos previstos en los dos apartados anteriores.

- Los empleados o asalariados de las personas cuya responsabilidad civil quede cubierta en aquellos siniestros que se reconozcan como accidentes de trabajo.

**Cobertura de asistencia en carretera**

Por esta modalidad de cobertura el asegurador se compromete a prestar al asegurado -concretamente respecto al vehículo objeto del seguro para el que se contrata la cobertura- una serie de servicios de ayuda y de resolución de las incidencias que le puedan ocurrir a él y/o a quiénes les acompañen en el transcurso de un viaje.

Aunque la cobertura se denomina "asistencia en viaje" hoy en día es muy común que no sea necesariamente en un viaje, sino en cualquier circunstancia que se utilice el vehículo. Antes era muy común marcar una distancia mínima del domicilio para entender que se consideraba "viaje" (100 Km, 50 Km...). Actualmente, lo más normal es ofrecer este servicio de asistencia dese "el Km cero", es decir, desde la puerta de casa o en cualquier lugar que ocurra la incidencia o avería al vehículo.

Estas coberturas de asistencia incluyen determinados servicios, según se haya contratado la misma en la póliza, desde servicio de grúa (recogida del vehículo y entrega en el taller que se designe o en el domicilio del asegurado), hasta coche de sustitución, hotel y manutención, gastos para volver, etc.

**Retirada de carnet**

Con la aparición del carnet por puntos, ésta es una cobertura muy demandada principalmente por los conductores profesionales o por los transportistas.

Al contratar esta cobertura, la aseguradora se obliga a indemnizar al asegurado en el caso de privación temporal del permiso de conducir o si le privan de todos los puntos a raíz de una sanción o multa y decretada por una resolución administrativa o sentencia judicial firme.

Se requiere en estos seguros que los hechos que hayan dado lugar a la retirada del carnet o de los puntos se haya producido durante el período de vigencia de la póliza; en caso contrario, no estaría cubierto.

Las principales coberturas de esta modalidad son:

- Subsidio por privación del permiso de conducir mediante una cantidad para medios de transporte. Esta cantidad se limita temporalmente. El pago de la indemnización mensual se limita al período de tiempo que dure la retención o retirada del permiso siempre que esta sea superior a un mes y con un límite máximo generalmente de tres meses, aunque hay entidades que llegan a veinticuatro.
- Orientación jurídica frente a las denuncias y sanciones por hechos de la circulación.
- Recuperación del permiso de conducir.
- Traslado de vehículo desde el lugar de la infracción o a cualquier otro lugar que sea necesario llevarlo y que el usuario no puede hacerlo, como por ejemplo, llevarlo a pasar la ITV.

La sobreprima correspondiente a la contratación de esta cobertura dependerá de las coberturas que se contraten, de si se trata de un conductor profesional o no y del capital y duración que se haya pactado para el subsidio, siendo éste último factor el que más pondera en el importe de la tarifa.

Las **exclusiones** propias de esta cobertura son:

- Cuando la retención o retirada del permiso se origine por decisión judicial, aunque algunas entidades cubren las sentencias por imprudencia temeraria en la conducción.
- Por hechos acaecidos con anterioridad a la entrada en vigor de la póliza.
- Por conducir bajo influencia de bebidas alcohólica, drogas, tóxicos o estupefacientes.
- Por hechos ocurridos durante la conducción quebrantando una orden de retirada anterior
- Por hechos ocurridos durante la huida de un siniestro o la omisión de socorro a personas accidentadas.
- Al ser retirada de carnet o de puntos, no se contemplan coberturas a personas menores de edad o a personas que, aun siendo mayores de edad, no tengan carnet de conducir o, incluso teniéndolo, no lo tengan en vigor.



**Defensa del asegurado**

Cuando se produce un siniestro cubierto por un seguro de responsabilidad civil, el perjudicado reclamará (excepto si renuncia a ser indemnizado) a la persona causante del daño o a la entidad aseguradora vía acción directa, el importe en que valore las consecuencias del daño sufrido.

El asegurado está obligado a comunicar al tercero perjudicado o a sus herederos la existencia del contrato de seguro de responsabilidad civil.

Una vez que el perjudicado conoce la existencia del seguro podrá llegar a un acuerdo, o bien podrá reclamar por vía judicial la indemnización que considere ajustada. Por esto, las pólizas de seguro de automóviles, y respecto a sus coberturas de responsabilidad civil, obligatoria y voluntaria, cubren, salvo pacto en contrario, los gastos de la dirección jurídica por defensa del asegurado.

El asegurador designará los abogados y procuradores que defenderán y representarán al asegurado en las actuaciones judiciales que se sigan por el perjudicado o sus herederos en reclamación de la responsabilidad civil cubierta por la póliza, incluso cuando la reclamación carezca de fundamento.

El asegurado deberá prestar la colaboración necesaria a dicha defensa, comprometiéndose a otorgar los poderes y la asistencia personal que fuera precisa.

La prestación de defensa y representación en causas penales podrá asumirse por el asegurador, con el consentimiento del defendido.

Como es lógico, la mayoría de las pólizas de seguro de automóviles incluyen la prestación de defensa del asegurado en los términos aquí expuestos y es lógico porque, en definitiva, la defensa que realiza el asegurador del asegurado, es su propia defensa, como responsable último del pago de las indemnizaciones al tercer perjudicado.

No obstante, puede darse algún caso en el cual exista un conflicto de intereses entre asegurado y asegurador. Existe un conflicto de intereses entre asegurado y asegurador cuando, por ejemplo, en un accidente entre dos vehículos resulta que ambos conductores tienen cubierta su responsabilidad civil por la misma entidad aseguradora.

En este caso y en cualquier otro en el que el asegurador tenga que mantener en el siniestro intereses contrarios a la defensa del asegurado, este podrá optar entre el mantenimiento de la dirección jurídica por el asegurador o confiar su propia defensa a otra persona. En este último caso, el asegurador queda obligado a pagar los gastos de tal dirección jurídica hasta el límite pactado en la póliza.

El tomador del seguro o el asegurado deberán comunicar al asegurador, a la mayor brevedad, cualquier notificación judicial, extrajudicial o administrativa que llegue a su conocimiento relacionada con el siniestro, así como cualquier clase de información sobre sus circunstancias. En caso de violación de este deber, la pérdida del derecho a la indemnización sólo se producirá en el supuesto de que hubiese concurrido dolo o culpa grave, en cuyo, caso, si el asegurador hubiese efectuado pagos o se viera obligado a efectuarlos, podrá reclamar el reembolso de los mismos al tomador del seguro o al asegurado.

**Robo del vehículo y/o de accesorios**

Mediante esta cobertura el asegurador indemnizará al asegurado, dentro de los límites establecidos en la póliza:

- Por sustracción del vehículo completo.
- Por sustracción de piezas o partes fijas del vehículo.
- Por sustracción de los accesorios que figuren indicados en las condiciones particulares.
- Por sustracción de los aparatos reproductores de sonido que figuren indicados en las condiciones particulares.
- Los daños que se produzcan al vehículo durante el tiempo que, como consecuencia de la sustracción del mismo se hallase en poder de otras personas, así como los ocasionados con motivo de cometer la sustracción o tentativa de ella.

4

Las exclusiones de la cobertura de robo son, por regla general:

- Los remolques y caravanas.
- La sustracción que tenga su origen en negligencia grave del asegurado o del tomador del seguro o de las personas que de ellos dependan o que con ellos convivan.
- Las sustracciones en las que fueran autores, cómplices o encubridores los familiares del asegurado o del tomador del seguro, hasta el tercer grado de consanguinidad o afinidad, o de los dependientes o asalariados de cualquier de ellos.

Por otra parte, el asegurado está obligado a poner en conocimiento de las autoridades la sustracción del vehículo, entregando al asegurador copia de la denuncia, poniendo de su parte cuantos medios tenga a su alcance para descubrir a los autores y recuperar el vehículo.

La determinación de la indemnización también merece un comentario especial dada la práctica de la indemnización a valor de nuevo. En efecto, si la sustracción del vehículo se produce en el primer o en los dos primeros años (depende de las entidades) desde su primera adquisición, se indemniza por un importe igual al valor de nuevo de ese vehículo. De producirse el robo posteriormente se satisface el valor venal del vehículo (excepto neumáticos y batería en los que se deduce alrededor del 20% de su valor venal).

Si el asegurado fuese el segundo o sucesivo titular del vehículo, hay también un plazo de uno o dos años en el que se indemniza su valor de compra, y pasado ese plazo se indemniza por el valor venal en el momento anterior al siniestro (igual deducción para batería y neumáticos que la vista antes).

En caso de recuperación del vehículo substraído, hay que distinguir según el momento en que se produzca:

a. Si se recupera antes del plazo pactado en la póliza (normalmente 30 ó 40 días), el asegurador opta entre quedarse con el vehículo o exigir la devolución de la indemnización y entregar el vehículo asegurado.

b. Si se recupera después de dicho plazo, es el asegurado quien opta entre retener la indemnización o abandonar el vehículo al asegurador.

**Accidentes o daños personales**

La cobertura de accidentes personales incluida en las pólizas del seguro de automóviles es una garantía de seguro colectivo contra accidentes corporales, referida exclusivamente a los ocupantes del vehículo asegurado.

En su origen, la incorporación de esta garantía fue discutida ya que los daños personales pueden quedar suficientemente reparados a través de la cobertura responsabilidad civil. No obstante, tiene sentido para procurar una indemnización a aquellos ocupantes que no la obtienen a través de la garantía de R.C. por estar excluidos.

El artículo 100 LCS considera como accidente *"(...) la lesión corporal que deriva de una causa violenta, súbita, externa y ajena a la intencionalidad del asegurado, que produzca invalidez temporal o permanente o muerte"*. En este caso, dicho accidente debe producirse con ocasión de ocupar plaza el asegurado en el vehículo designado en la póliza. Dado el carácter indeterminado del asegurado, por esta cobertura se hace abstracción de sus circunstancias personales, razón por la cual el asegurador no efectúa reconocimientos médicos, ni puede alegar agravaciones por actividad profesional arriesgada del asegurado.

En caso de fallecimiento, salvo declaración expresa en condiciones particulares que habitualmente no se practica, los beneficiarios de la indemnización serán por este orden:

1. El cónyuge.
2. Los hijos habidos en el matrimonio, por partes iguales.
3. Los padres.
4. Los hermanos.
5. Los herederos legales

Además, conviene aclarar la solución que se adopta cuando se da, en caso de siniestro, alguna de estas circunstancias:

- Si la pérdida anatómica o funcional afecta a un órgano o miembro ya afectado por una tara anterior, el porcentaje señalado en las tablas se reducirá en lo que corresponda.
- Si se pagase una indemnización por invalidez y sobreviniese después la muerte se deducirá de la indemnización por ésta la satisfecha por aquella.
- Si circulase el vehículo siniestrado transportando mayor número de pasajeros de los permitidos, deben reducirse las indemnizaciones en la misma proporción en que se hallen los pasajeros transportados y el número máximo autorizado.

4

Esta cobertura tiene una serie de exclusiones, de entre las cuales deben destacarse las siguientes:

- Accidente causado dolosamente por los asegurados.
- Cuando el hecho dañoso no se responda a la definición de accidente antes descrita.
- Cuando corresponda satisfacer la indemnización al Consorcio de Compensación de Seguros.
- Cuando el accidente se produzca con ocasión de la participación del conductor en apuestas, desafíos o competiciones deportivas.
- Cuando el conductor se halle desprovisto de carné o bajo la influencia de alcohol, drogas o estupefacientes, al momento del accidente.

**Otras coberturas "menores"**

Este último bloque de coberturas complementarias del seguro de automóviles está formado por una serie de garantías que podríamos considerar "menores". A continuación, describiremos algunas de las más conocidas:

a. La cobertura de **privación del uso del vehículo** asegurado garantiza el pago de una indemnización diaria y durante un máximo de "n" días con motivo de la paralización del vehículo asegurado como consecuencia de un accidente cubierto por la póliza.

Las entidades suelen fijar un período de carencia antes de iniciar el pago de la indemnización, a fin de evitar asumir la cobertura de pequeñas averías sin importancia y disuadir de los abusos de esta garantía.

Cuando el siniestro fuese declarado como total por el perito de la entidad, cesará desde entonces esta cobertura.

En caso de sustracción se satisface indemnización mientras ésta dure y con el límite temporal pactado; además se establece un período de carencia de 3 días desde la denuncia antes las autoridades.

b. Otra cobertura es la de **equipajes.** Mediante esta garantía, y hasta el límite fijado en las condiciones particulares, el asegurador garantiza una indemnización como consecuencia de que, con ocasión de un accidente, incendio, explosión, caída de rayo o sustracción del vehículo completo, quedasen destruidos, dañados o desaparecidos los efectos personales o equipajes de los ocupantes del vehículo asegurado.

Esta garantía se amplía a la sustracción de los efectos personales o equipajes ocurrida con ocasión de hallarse el vehículo asegurado en el interior de un garaje o parking cerrado, siempre y cuando se demuestre que para efectuar la sustracción se han fracturado las puertas o ventanas del vehículo, se han utilizado ganzúas, se ha amenazado la integridad física del personal de vigilancia del lugar, si lo hubiera, o se hayan forzado las entradas o aberturas del local donde estuviese depositado.

En esta cobertura quedan excluidos del concepto de objetos personales y equipajes: el dinero, los títulos y documentos, las joyas u objetos compuestos por materiales preciosos, aparatos de visión y sonido, muestrarios e instrumental de trabajo.

c. La cobertura de **gastos de limpieza** y reacondicionamiento garantiza el pago de los gastos necesarios para asear el interior del vehículo asegurado cuando se hayan transportado circunstancialmente heridos en un accidente de circulación en el que intervenga el vehículo asegurado o por cumplimiento del deber de socorro sin haber intervenido.

## 4-205 Seguro a "todo riesgo"

La denominación "todo riesgo" significa que en dicho contrato se han contratado todas las garantías habitualmente aplicables al seguro de vehículos y por tanto las coberturas se extienden a todos los riesgos a que pueda estar expuesto el vehículo asegurado. No obstante, hay que tener en cuenta que cada aseguradora tiene modelos diferentes de garantías, lo que implica que un todo riesgo en una aseguradora no tiene por qué ser igual que el de otra.

Al cubrir la totalidad de las garantías, el "todo riego" es la modalidad de seguro con la tarifa más elevada de la gama de productos de seguros de vehículos. Por ello, es muy habitual que la contratación de este tipo de seguro se haga con "franquicia" de manera que al establecer una cantidad mínima que hará siempre frente el asegurado respecto a la cobertura de daños propios, esto abarata bastante la prima.

El asegurador lo que busca también con esta franquicia es evitar un uso desmedido del seguro de manera que al estar "todo cubierto" cualquier pequeña incidencia que pueda sufrir el vehículo, un simple arañazo, por ejemplo, sea objeto de reparación.

Realmente no hay un modelo estándar. Se llama "todo riesgo" porque además de los daños a terceros, cuyo seguro es obligatorio, incluye también los daños propios, es decir, el coche. Cada compañía tiene sus propios productos comerciales pero, en general, además de los daños producidos a nuestro coche, es habitual ofrecer algún complemento como asistencia mecánica, cobertura por la pérdida de puntos, acceso a otros seguros en condiciones preferentes, etc.

## 4-206 Funciones del Consorcio de Compensación de Seguros en materia del Seguro Obligatorio de automóviles

En el ámbito del seguro de responsabilidad civil de automóviles, el Consorcio de Compensación de Seguros, en su actividad aseguradora, tiene encomendada, con carácter general, la misión de fomentar del aseguramiento de suscripción obligatoria de los vehículos a motor. Asimismo, en su actividad aseguradora, el Consorcio asume la cobertura obligatoria de los vehículos en los siguientes supuestos:

1. Sobre los vehículos a motor no aceptados por las entidades aseguradoras.
2. Sobre los vehículos a motor del Estado, Comunidades Autónomas, Corporaciones Locales y Organismos Públicos que lo soliciten.

En estos casos, el Consorcio puede asumir la cobertura por encima de los límites del seguro obligatorio.

4

De manera subsidiaria el Consorcio de Compensación de Seguros indemnizará los daños en los siguientes supuestos:

**Cuando el causante es un vehículo desconocido**

En este caso sólo se hace cargo de los daños a las personas por siniestros ocurridos en España en los que el vehículo causante fuera desconocido.

Si se hubieran derivado daños personales significativos como consecuencia de un accidente causado por un vehículo desconocido, el CCS tendrá que indemnizar también los eventuales daños en los bienes derivados del mismo accidente pudiéndose fijar reglamentariamente una franquicia no superior a 500 euros.

A estos efectos, se consideran como "daños significativos": la muerte, la incapacidad permanente o la incapacidad temporal que requiera, al menos, una estancia hospitalaria superior a siete días.

**- Cuando el causante es un vehículo sin seguro**

El CCS deberá hacerse cargo de los daños a las personas y en los bienes ocasionados por un vehículo que no esté asegurado con otro vehículo que tenga su estacionamiento habitual en España, así como los ocasionados dentro del territorio español a personas con residencia habitual en España o a bienes de su propiedad situados en España con un vehículo con estacionamiento habitual en un tercer país no firmante del Acuerdo entre las oficinas nacionales de seguros de los Estados miembros del Espacio Económico y de otros Estados asociados.

Asimismo, cuando se trate de un vehículo importado a España desde otro Estado miembro del EEE, de manera que el Consorcio se hará cargo de la indemnización por los daños a las personas y en los bienes, siempre que el vehículo no esté asegurado y el accidente haya ocurrido dentro del plazo de 30 días a contar desde que el comprador aceptó la entrega del vehículo.

**- Cuando el causante es un vehículo robado**

El CCS se hará cargo de los daños a las personas y en los bienes ocasionados por un vehículo con estacionamiento habitual en España que esté asegurado y haya sido objeto de robo o robo de uso.

Se excluyen de la indemnización por el CCS los daños a las personas y en los bienes sufridos por quienes ocuparan voluntariamente el vehículo causante del siniestro, siempre que el CCS probase que aquellos conocían que éste no estaba asegurado o que había sido robado.

**- Cuando exista controversia entre el CCS y la entidad aseguradora**

El CCS se hará cargo de la indemnización por los daños a las personas y en los bienes en los supuestos incluidos dentro del ámbito de aseguramiento obligatorio o en los contemplados en los casos anteriores, cuando surgiera controversia entre el CCS y la entidad aseguradora acerca de quién debe indemnizar al perjudicado.

Si posteriormente se resolviese o acordase que es a la aseguradora a quién le correspondía indemnizar, ésta reembolsará al CCS la cantidad indemnizada más los intereses legales, incrementados en un 25% de la misma, desde la fecha en que se adelantó dicha indemnización.

**- Cuando la entidad aseguradora del vehículo está en insolvencia o liquidación**

El CCS asumirá la indemnización de los daños a las personas y en los bienes cuando la entidad aseguradora del vehículo hubiera sido declarada en quiebra, suspensión de pagos o, habiendo sido disuelta y encontrándose en situación de insolvencia estuviese sujeta a un procedimiento de liquidación intervenida o ésta hubiera sido asumida por el propio CCS.

Estos supuestos exclusivamente serán cuando dicha aseguradora sea española y con estacionamiento habitual en España.

**- Cuando haya perjudicados residentes en otros Estados del Espacio Económico Europeo**

El CCS se hará cargo del reembolso de las indemnizaciones satisfechas a estos perjudicados residentes en otros Estados del Espacio Económico Europeo por los organismos de indemnización correspondientes, en los siguientes supuestos:

- Cuando el vehículo causante del accidente tenga su estacionamiento. habitual en España, en el caso de que no pueda identificarse a la entidad aseguradora.
- Cuando el accidente haya ocurrido en España, en el caso de que no pueda identificarse el vehículo causante.

- Cuando el accidente haya ocurrido en España, en el caso de vehículos con estacionamiento habitual en terceros países adheridos al sistema de la Carta Verde, siempre que no pueda identificarse a la entidad aseguradora o el vehículo causante no esté asegurado.

Se exonerará al CCS del pago de la indemnización por los daños a las personas y en los bienes sufridos por quienes ocuparan voluntariamente el vehículo causante del siniestro, conociendo que éste no estaba asegurado o que había sido robado, siempre que el CCS probase que aquellos conocían tales circunstancias.

En todos los casos señalados anteriormente, el perjudicado tendrá acción directa contra el CCS y éste podrá repetir contra el propietario y el responsable del accidente cuando se trate de vehículo no asegurado, o contra los autores, cómplices o encubridores del robo o robo de uso del vehículo causante del siniestro, así como contra el responsable del accidente que conoció de la sustracción de aquel.

El CCS no podrá condicionar en ningún caso el pago de la indemnización a la prueba, por parte del perjudicado, de que la persona responsable no pueda pagar o se niegue a hacerlo.

**Fichero Informativo de Vehículos - FIVA**

Por otro lado, dentro de las funciones encomendadas al CCS, además de actuar como Organismo de Información en los supuestos de siniestros ocurridos en un Estado distinto al de residencia del perjudicado, está la gestión del FIVA-Fichero Informativo de Vehículos Asegurados.

La finalidad por la que el Consorcio tiene encomendada, en el marco del seguro de responsabilidad civil de Automóviles de Suscripción Obligatoria, la gestión del Fichero Informativo de Vehículos Asegurados (FIVA), es doble:

1. Para que las personas implicadas en un accidente de circulación puedan averiguar, a la mayor brevedad posible, la entidad aseguradora que cubre la responsabilidad civil de cada uno de los vehículos implicados en el accidente.

2. Para facilitar el control de la obligación que tiene todo propietario de vehículo a motor con estacionamiento habitual en España de suscribir y mantener en vigor un contrato de seguro que cubra, en los ámbitos y hasta los límites fijados para el aseguramiento de suscripción obligatoria, la responsabilidad civil del conductor. Para ello, el CCS colaborará estrechamente con la Dirección General de Tráfico, pudiendo cederse entre sí los datos que figuren en sus ficheros automatizados que expresamente prevean esta cesión.

Los datos del FIVA se podrán ceder a:

- Implicados en accidentes de circulación (perjudicados en accidentes por daños en su persona o en sus bienes).
- Al Ministerio del Interior (a efectos de realizar el control de la obligación del aseguramiento de los vehículos por la Dirección General de Tráfico).
- Al Ministerio Fiscal, a los Jueces y Tribunales.
- OFESAUTO.
- Organismos de Indemnización de otros Estados miembros del Espacio Económico Europeo.
- Organismos de Información de otros Estados miembros del Espacio Económico Europeo.
- Fondos de Garantía de otros Estados miembros del Espacio Económico Europeo.
- Centros sanitarios y Servicios de Emergencias Médicas que suscriban convenios con el CCS y las entidades aseguradoras para la asistencia a lesionados de tráfico.



## 4-207 El precio del seguro de automóvil

El precio del seguro del automóvil debe basarse en una serie de elementos que racionalmente garanticen el cumplimiento de los principios de "equidad y suficiencia". Veremos a continuación cuáles son dichos elementos, diferentes en función de la garantía que se trate:

A) **Responsabilidad Civil:** aunque es una cuestión en evolución constante, los factores básicos utilizados son:

- La categoría del vehículo.
- La zona de circulación: Nos da una idea aproximada del riesgo que representa un vehículo en función de la geografía, clima, densidad varia, etc. de la zona por la que habitualmente se desenvuelve.
- El uso del vehículo: Hay usos que implican un mayor riesgo de accidente o una mayor gravedad en sus consecuencias e implican un recargo para el vehículo que los realiza, así como los vehículos de alquiler, camiones, autobuses, etc.

- Las circunstancias personales del conductor: La consideración de estas circunstancias es la razón por la que el asegurador necesita conocer el conductor habitual del vehículo a fin de decidir si acepta celebrar el contrato y, en caso afirmativo, la prima que cobra.

B) **Daños al propio vehículo**

El elemento básico para hallar el precio de esta garantía es el valor del vehículo a asegurar. El valor que se utiliza es el valor de nuevo. No obstante, no faltan voces que aprecian un desequilibrio en las prestaciones ya que el asegurador en caso de siniestro total indemniza sólo el valor venal (no el de nuevo) del vehículo; a esto el asegurador opone que, en caso de siniestro parcial, la reparación sí se efectúa a valor de nuevo.

Al igual que las franquicias, también se utilizan como elementos modificativos de la prima básica la edad del conductor, la antigüedad del permiso de conducir, el uso del vehículo, etc., circunstancias todas ellas que pueden influir en el riesgo que supone ese vehículo. Pese a todo no faltan críticas al sistema de tarificación expuesto, que se basan en que, siendo igual el valor de dos vehículos, no es idéntico el coste de su reparación ni el de sus piezas de recambio, del mismo modo que no sufren los mismos daños con una colisión idéntica. Por estas razones algunas entidades empiezan a utilizar el criterio de la reparabilidad y dañabilidad de los vehículos a la hora de calcular las primas a aplicarles.

El precio del seguro del automóvil no sólo lo integra la prima que requiere el asegurador para asumir el riesgo; a ella se añaden otros conceptos, algunos peculiares de este ramo y otros de aplicación también en otros productos, a saber:

a) **Recargos para el Consorcio de Compensación de Seguros:** en el seguro del automóvil, este organismo público realiza dos grandes grupos de funciones. De un lado, hace funciones de cobertura de riesgos extraordinarios (como en otros ramos) para lo cual recibe una prima que depende del tipo de vehículo al que se refiera. Por otra parte, en el ramo de automóviles el consorcio ejerce funciones de Fondo de Garantía de Riesgos de la Circulación, funciones que vimos con anterioridad y por las cuales el CCS percibe un porcentaje de la prima del seguro de responsabilidad obligatoria.

b) **Recargo para OFESAUTO:**

OFESAUTO es la Oficina Española de Aseguradores de Automóviles. Es una Asociación constituida en 1953 y participada por todas las entidades aseguradoras autorizadas para trabajar en España el ramo del Seguro de Automóvil y el Consorcio de Compensación de Seguros. No tiene ánimo de lucro.

Sus normas de funcionamiento fueron fijadas por primera vez mediante Ordenes del Ministerio de Hacienda de 13 y 26 de mayo de 1965. En 1987, tras la entrada de España en el Mercado común, se dictó la Orden de 25 de septiembre por la que se establecen sus funciones, las cuales han sido trasladadas al nuevo Reglamento sobre Responsabilidad Civil y Seguro en la Circulación de Vehículos a motor.

Recibe un recargo por cada póliza de automóviles para sufragar el desempeño de sus funciones y que básicamente consisten en responsabilizarse, hasta el límite del seguro obligatorio (salvo si reciben autorización expresa para responder por encima de la entidad aseguradora extranjera) de los accidentes causados en España por vehículos matriculados en Estados adheridos al Sistema del Certificado Internacional de Seguro (CARTA VERDE).

Hay oficinas similares en el extranjero y a través de ellas recupera la oficina española las indemnizaciones pagadas. Debe recordarse que OFESAUTO no es un asegurador, en ningún caso asume riesgos por cuenta propia y no puede, por lo tanto, percibir primas de ninguna clase; el recargo que recauda sirve solamente para sufragar sus gastos de gestión.

c) **Recargo por funciones liquidadoras:** el CCS recibe un recargo del 1,5 por mil de las primas para sufragar los gastos en que incurre en el ejercicio de sus funciones de liquidación.

## 4-208 El sistema "bonus-malus" y su incidencia en el precio del seguro de automóvil

Reiteradamente se ha comprobado que la fuerte siniestralidad del ramo de autos respondía en buena medida a la conducta especialmente propensa al siniestro de un grupo de asegurados, siendo así que los gastos que ocasionan suponen un aumento de las primas que debe ser soportado por los asegurados que no causan siniestros.

Para intentar solucionar el problema se ideó el sistema BONUS-MALUS a fin de premiar con primas menores a los asegurados con baja siniestralidad, y hacer soportar al asegurado proclive al siniestro, parte de las pérdidas que produce.

Las tablas de bonus-malus no son uniformes. Cada entidad es libre de aplicar los recargos que estime oportunos y de emplear unos u otros criterios para incluir a sus asegurados en un nivel determinado. Así, por ejemplo, hay entidades que requieren dos siniestros de los que el asegurado sea culpable para aumentar su nivel de MALUS; a otras entidades les basta con un solo siniestro; otras incluso ni requieren culpabilidad del asegurado.

## 4-209 Declaración amistosa de accidente o "Parte Europeo de Accidentes"

El constante crecimiento de los parques automovilísticos y el paralelo aumento de la siniestralidad han forzado a las distintas instituciones aseguradoras europeas a buscar soluciones encaminadas a conseguir una tramitación rápida y eficaz de los siniestros, que dé satisfacción a los automovilistas y preserve la buena imagen de las entidades de seguros.

Una prueba de esas medidas ha sido la declaración uniforme de siniestro y los distintos convenios de liquidación directa.

La denominada **declaración amistosa de accidente de Automóvil** está llamada a sustituir en todos los casos a las declaraciones de accidente convencionales, ya que contiene todos los elementos necesarios para ofrecer una información completa al asegurador. Su aplicación más efectiva se refiere a los accidentes ocurridos con intervención de dos vehículos y en lo que concierne a los daños a los mismos.

Esta Declaración es válida y común en toda Europa y por eso se le conoce también como "Parte Europeo de Accidente". Es una **"declaración amistosa de siniestro"**, y es llamado comúnmente como "parte amistoso". Es un modelo único e igual para toda la Unión Europea, igual y **único** para todas las compañías, con lo cual, da igual quien facilite el parte. Si usted tiene un siniestro con un vehículo extranjero que pertenezca a un país dentro del Convenio Multilateral de Garantía, da igual rellenar uno u otro, ya que aunque no comprenda el idioma, fijándose en su parte, sabrá qué quiere decir y qué se pide en cada casilla.

Siempre que se produce un siniestro, si es preciso recurrir a la compañía para que indemnice las consecuencias del mismo, hay que acreditarlo, es decir, que debe existir un documento donde se refleje el hecho acaecido. El documento más habitual para hacerlo es el "Parte Europeo de Accidente".

No es preciso que la declaración amistosa de siniestro se realice obligatoriamente en el modelo oficial, pero sí muy conveniente, ya que en dicho parte se contempla todos los datos precisos, todas las situaciones, por lo tanto, utilice siempre dicho parte, y evite el uso de documentos alternativos.

4

Un "parte" es la declaración amistosa de un siniestro, y será probablemente el único documento acreditativo de lo ocurrido, es decir, es de vital importancia rellenarlo bien, puesto que es la prueba de lo ocurrido. Si no se hace así, luego se producirán retrasos, bien por falta de datos, bien por diferentes juicios de valor al interpretar lo ocurrido.

Para agilizar las indemnizaciones en el ámbito de los daños materiales originados con ocasión del uso y circulación de vehículos de motor, el asegurador facilitará ejemplares de la denominada *declaración amistosa de accidente* que deberá utilizar el conductor para la declaración de los siniestros a su aseguradora.

**Convenio entre aseguradoras**

A partir de la declaración uniforme de siniestro descrita se puede acelerar el proceso de indemnización; a tal fin se hizo necesaria la elaboración e implantación de un convenio entre entidades aseguradoras de automóviles para indemnización directa (Convenio de Indemnización Directa Español - CIDE) de daños materiales a vehículos que empezó a utilizarse desde el 1 de enero de 1988.

La aplicación de dicho convenio supone, en síntesis, que los daños sufridos por los vehículos serán satisfechos por su propio asegurador, sin necesidad de reclamación al asegurador del responsable. Para la aplicación del convenio son requisitos necesarios:

a. Que exista colisión directa.

b. Que intervengan dos vehículos en el siniestro.

c. Que ambos vehículos estén al menos cubiertos por el seguro obligatorio de responsabilidad civil, aunque nada impide que exista alguna otra cobertura.

d. Que el accidente ocurra en España o Andorra, o en algún Estado adherido al sistema del Certificado Internacional de Seguro y los vehículos dispongan de pólizas españolas emitidas por aseguradoras adheridas al Convenio.

e. Que se cumplimente debidamente la Declaración Amistosa. Aunque para el caso de que fuese defectuosa exista el convenio ASCIDE (Acuerdo Suplementario al CIDE).

f. Que los daños materiales, más transporte de vehículos e impuestos no excedan de los 6.000 euros.

Estos convenios sólo sirven para agilizar las liquidaciones de siniestros con daños materiales causados a los vehículos. No obstante, es posible encauzar siniestros con daños personales, pero únicamente en lo referido a los daños materiales causados a los vehículos.

La consecuencia de la aplicación de estos convenios es la adjudicación de responsabilidades a partir de unas tablas que describen diversas situaciones. El asegurador del vehículo responsable (denominada entidad deudora) deberá satisfacer al asegurador del contrario (denominada entidad acreedora) un módulo. Por su parte, el asegurador del no culpable satisface a su asegurado el importe de los daños sufridos.

La Entidad deudora sólo puede negarse a satisfacer el módulo, en el plazo de 72 horas, por alguna de estas causas:

- No existe en su cartera la póliza del responsable del siniestro.
- El siniestro queda excluido totalmente de cobertura de aplicarse las condiciones generales de la póliza.

La peritación y valoración de los daños del vehículo no culpable la efectúa su propio asegurador, que por otra parte, es quien habrá de satisfacer el importe de los daños.

**Estructura del parte o declaración amistosa de accidentes**

La declaración solicita los datos relativos al suceso, tales como fecha, lugar, si ha habido víctimas y/o daños materiales distintos de los dos vehículos y si ha sido presenciado por testigos, los datos relativos a cada uno de los vehículos intervinientes, a sus propietarios, a sus conductores y a sus respectivas aseguradoras.

La información más importante es la relativa a la descripción del accidente y a las circunstancias del hecho. El propio parte, detalla hasta 17 supuestos para cada vehículo, debiendo únicamente señalar con un aspa, aquella descripción que coincida con el suceso.

Seguidamente unos gráficos permiten señalar el punto de choque inicial de cada automóvil y después los daños apreciados y las observaciones que cada conductor considere oportuno consignar.

Un croquis del lugar del accidente completa los elementos para poder enjuiciar el siniestro.

El factor que da verdadera validez al parte es la firma de los dos conductores. Ello constituye una aportación importantísima al trámite del siniestro, puesto que la firma conjunta en una sola declaración da lugar a una versión única, descartando el grave problema de los partes de accidente clásicos en que las versiones no coinciden en muchos casos. Las partes implicadas tienen que firmar obligatoriamente el parte. Para ello tenéis el apartado 15. Esto no implica reconocimiento de responsabilidad, pero facilita la tramitación del siniestro.

**Modelo de Parte Amistoso de Accidentes**

 © CISS

## DECLARACIÓN AMISTOSA DE ACCIDENTE

1/2

**1 Fecha del Accidente** | **Hora**

**2 Localización** País ........ Lugar ........

**3 Víctima(s) incluso leve(s)** no ☐ sí ☐

**4 Daños materiales**
Vehículos distintos de A y B no ☐ sí ☐
objetos distintos al vehículo no ☐ sí ☐

**5 Testigos: nombre, dirección, tel.**

### Vehículo A

**6 Asegurado** (véase póliza de seguro)
NOMBRE:
Apellidos:
Dirección:
Código Postal: ........ País:
Tel. o E-mail:

**7 Vehículo**

| VEHÍCULO A MOTOR | REMOLQUE |
|---|---|
| Marca, modelo | |
| Matrícula (o bastidor) | Matrícula (o bastidor) |
| País de matrícula | País de matrícula |

**8 Aseguradora** (véase póliza de seguro)
NOMBRE:
N.º de póliza:
N.º de Carta Verde:
Certificado:
o Carta Verde válida desde ........ hasta ........
Agencia (oficina o corredor):
Nombre:
Dirección:
........ País:
Tel. o E-mail:
*¿Los daños propios del vehículo están asegurados?* *no* ☐ *sí* ☐

**9 Conductor** (ver permiso de conducir)
NOMBRE:
Apellidos:
Fecha de nacimiento:
Dirección:
........ País:
Tel. o E-mail:
Permiso de conducir n.º
Categoría (A, B, ........):
Permiso válido hasta:

**10 Indicar el punto de choque inicial con una flecha →**

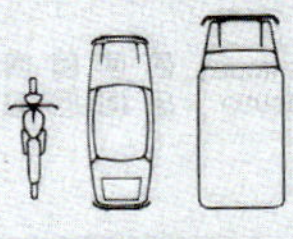

**11 Daños apreciados al vehículo A:**

**14 Observaciones:**

### 12. CIRCUNSTANCIAS

**Poner un aspa(x) en cada casilla que proceda para precisar el croquis**
*tachar las circunstancias no válidas*

| A | | Circunstancia | | B |
|---|---|---|---|---|
| ☐ | 1 | *Estaba estacionado/parado | 1 | ☐ |
| ☐ | 2 | *Salía de un estacionamiento/ abriendo puerta | 2 | ☐ |
| ☐ | 3 | Iba a estacionar | 3 | ☐ |
| ☐ | 4 | Salía de un aparcamiento, de un lugar privado, de un camino de tierra | 4 | ☐ |
| ☐ | 5 | Entraba a un aparcamiento, a un lugar privado, a un camino de tierra | 5 | ☐ |
| ☐ | 6 | Entraba a una plaza de sentido giratorio | 6 | ☐ |
| ☐ | 7 | Circulaba por una plaza de sentido giratorio | 7 | ☐ |
| ☐ | 8 | Colisionó en la parte de atrás al otro vehículo que circulaba en el mismo sentido y en el mismo carril | 8 | ☐ |
| ☐ | 9 | Circulaba en el mismo sentido y en carril diferente | 9 | ☐ |
| ☐ | 10 | Cambiaba de carril | 10 | ☐ |
| ☐ | 11 | Adelantaba | 11 | ☐ |
| ☐ | 12 | Giraba a la derecha | 12 | ☐ |
| ☐ | 13 | Giraba a la izquierda | 13 | ☐ |
| ☐ | 14 | Daba marcha atrás | 14 | ☐ |
| ☐ | 15 | Invadía la parte reservada a la circulación en sentido inverso | 15 | ☐ |
| ☐ | 16 | Venía de la derecha (en un cruce) | 16 | ☐ |
| ☐ | 17 | No respetó la señal de preferencia o semáforo en rojo | 17 | ☐ |
| ☐ ← | | **Indicar número de casillas marcadas** | | → ☐ |

**La firma de ambos conductores es obligatoria**
*No implica reconocimiento de responsabilidad, pero una correcta consignación de todos los datos facilita la tramitación*

**13 Croquis del Accidente (en el momento de la colisión) 13**
*Precisar: 1. situación - 2. dirección por flechas de los vehículos A, B - 3. su posición en el momento de la colisión - 4. señales de tráfico - 5. nombre de las calles (o carreteras)*

**15 Firma de los conductores 15**

**A** **B**

### Vehículo B

**6 Asegurado** (véase póliza de seguro)
NOMBRE:
Apellidos:
Dirección:
Código Postal: ........ País:
Tel. o E-mail:

**7 Vehículo**

| VEHÍCULO A MOTOR | REMOLQUE |
|---|---|
| Marca, modelo | |
| Matrícula (o bastidor) | Matrícula (o bastidor) |
| País de matrícula | País de matrícula |

**8 Aseguradora** (véase póliza de seguro)
NOMBRE:
N.º de póliza:
N.º de Carta Verde:
Certificado:
o Carta Verde válida desde ........ hasta ........
Agencia (oficina o corredor):
Nombre:
Dirección:
........ País:
Tel. o E-mail:
*¿Los daños propios del vehículo están asegurados?* *no* ☐ *sí* ☐

**9 Conductor** (ver permiso de conducir)
NOMBRE:
Apellidos:
Fecha de nacimiento:
Dirección:
........ País:
Tel. o E-mail:
Permiso de conducir n.º
Categoría (A, B, ........):
Permiso válido hasta:

**10 Indicar el punto de choque inicial con una flecha →**

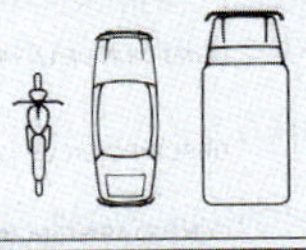

**11 Daños apreciados al vehículo B:**

**14 Observaciones:**

Los datos personales suministrados serán objeto de tratamiento y se utilizarán por las respectivas entidades aseguradas con la exclusiva finalidad de tramitar la reclamación que pueda tener lugar como consecuencia del siniestro que motiva la Declaración, ante las cuales, de conformidad con la Ley Orgánica 15/1999, de Protección de Datos de Carácter Personal, pueden ejercitar los derechos de acceso, rectificación y cancelación.

- En el campo 1: la fecha y hora del accidente.
- En el campo 2 indica la localización (país y lugar donde ha tenido lugar el siniestro).
- En el campo 3 señala si ha habido víctimas (incluso leves). Es una respuesta cerrada de sí o no.
- El campo 4 está reservado a los daños materiales que se hayan podido causar a otros vehículos o a objetos de cualquier otra naturaleza. Por ejemplo, si el accidente afecta a un vehículo estacionado, se debe reflejar. Al igual que en el campo 3, las respuestas únicamente admiten sí o no.

- En el campo 5 se indica si hay testigos. En caso afirmativo, escribir sus datos de contacto (nombre, dirección y teléfono), de forma que se les pueda localizar más adelante.

- Los campos 6, 7, 8, 9, 10, 11, 13 y 14, corresponden a los datos de los conductores, vehículos implicados y detalles del accidente (A y B). Pon tus datos en la columna A y deja la B para los del otro conductor (asegúrate de que son correctos y no ha olvidado nada).

- El campo 6 está reservado para los datos del tomador (que puedes encontrar en la póliza de seguros). Éstos son el nombre, los apellidos, la dirección del domicilio, el código postal, el país de residencia y el teléfono o e-mail.

- El campo 7: los datos del vehículo y remolque (si llevases). Marca y modelo del automóvil, matrícula o número de bastidor y país de matriculación. Del remolque indicar solamente la matrícula o número de bastidor y el país de matriculación.

- El campo 8 es el referente a la compañía de seguros. En la póliza se encontrarán todos los datos requeridos: nombre de la aseguradora, el número de póliza y el número y periodo de validez de la carta verde (si ha sido en el extranjero). Hay que contestar también a la pregunta de si los daños propios del vehículo están asegurados

- En el campo 9 deberán figurar los datos del conductor: nombre y apellidos, fecha de nacimiento, domicilio, país, teléfono o e-mail, número de carné de conducir, categoría del permiso y fecha de vencimiento.

- En el campo 10 hay tres dibujos esquemáticos (moto, turismo y camión). Hay que señalar con una flecha el punto de choque inicial.

- En el campo 11 hay que enumerar los daños que aprecien en el vehículo propio (consecuencia del accidente).

- El apartado 12 se refiere a las circunstancias del accidente. Hay un total de 17 casillas que describen diversas situaciones. Hay que marca tantas como identifiquen la maniobra propia y situación en el momento del accidente e indicar, en las dos últimas, el número de recuadros señalados.

- En el campo 13 hay que realizar un dibujo esquemático de la colisión para explicar, de forma gráfica, de qué forma se ha producido el accidente. Lo mejor es que se representen los automóviles implicados como rectángulos (identificados con su letra correspondiente A y B). Además, hay que precisar: situación de los coches, dirección de los mismos en el momento del impacto (con una flecha), posición en el momento del choque, señales de tráfico presentes y nombre de las calles o carreteras.

- El campo 14 está reservado a las observaciones. Indicar todo aquello que se considere relevante (si no se está de acuerdo en algo, si hay algo que ha llamado la atención sobre las circunstancias del siniestro, etc.).

4

## 4-210 Cuantías de las indemnizaciones por muerte, lesiones permanentes e incapacidad temporal que resultarán de aplicar durante 2011

De acuerdo con la Resolución de 20 de enero de 2011, de la Dirección General de Seguros y Fondos de Pensiones, por la que se publican las cuantías de las indemnizaciones por muerte, lesiones permanentes e incapacidad temporal que resultarán de aplicar durante 2011 el sistema para valoración de los daños y perjuicios causados a las personas en accidentes de circulación, las tablas de indemnizaciones son las siguientes:

**TABLA I**

**Indemnizaciones básicas por muerte (incluidos daños morales)**

| Perjudicados/beneficiarios (1) de la indemnización (por grupos excluyentes) | Edad de la víctima | | |
|---|---|---|---|
| | Hasta 65 años<br>–<br>Euros | De 66 a 80 años<br>–<br>Euros | Más de 80 años<br>–<br>Euros |
| Grupo I | | | |

(1) Con carácter general:

a) Cuando se trate de hijos, se incluirán también los adoptivos.

b) Cuando se fijen cuantías distintas según la edad del perjudicado o beneficiario se aplicará la edad que tuviese éste en la fecha en que se produjo el accidente de la víctima.


© CISS

| Perjudicados/beneficiarios (1) de la indemnización (por grupos excluyentes) | Edad de la víctima | | |
|---|---|---|---|
| | Hasta 65 años<br>–<br>Euros | De 66 a 80 años<br>–<br>Euros | Más de 80 años<br>–<br>Euros |
| Víctima con cónyuge (2) | | | |
| Al cónyuge | 108.846,51 | 81.634,87 | 54.423,25 |
| A cada hijo menor | 45.352,71 | 45.352,71 | 45.352,71 |
| A cada hijo mayor: | | | |
| Si es menor de veinticinco años | 18.141,08 | 18.141,08 | 6.802,91 |
| Si es mayor de veinticinco años | 9.070,54 | 9.070,54 | 4.535,27 |
| A cada padre con o sin convivencia con la víctima | 9.070,54 | 9.070,54 | – |
| A cada hermano menor huérfano y dependiente de la víctima | 45.352,71 | 45.352,71 | – |
| Grupo II | | | |
| Víctima sin cónyuge (3) y con hijos menores | | | |
| Sólo un hijo | 163.269,75 | 163.269,75 | 163.269,75 |
| Sólo un hijo, de víctima separada legalmente | 126.987,59 | 126.987,59 | 126.987,59 |
| Por cada hijo menor más (4) | 45.352,71 | 45.352,71 | 45.352,71 |
| A cada hijo mayor que concurra con menores | 18.141,08 | 18.141,08 | 6.802,91 |
| A cada padre con o sin convivencia con la victima | 9.070,54 | 9.070,54 | – |
| A cada hermano menor huérfano y dependiente de la víctima | 45.352,71 | 45.352,71 | – |
| Grupo III | | | |
| Víctima sin cónyuge (3) y con todos sus hijos mayores | | | |
| III.1 Hasta veinticinco años: | | | |
| A un solo hijo | 117.917,05 | 117.917,05 | 68.029,06 |
| A un solo hijo, de víctima separada legalmente | 90.705,42 | 90.705,42 | 54.423,25 |
| Por cada otro hijo menor de veinticinco años (4) | 27.211,62 | 27.211,62 | 13.605,81 |
| A cada hijo mayor de veinticinco años que concurra con menores de veinticinco años | 9.070,54 | 9.070,54 | 4.535,27 |
| A cada padre con o sin convivencia con la víctima | 9.070,54 | 9.070,54 | – |
| A cada hermano menor huérfano y dependiente de la víctima | 45.352,71 | 45.352,71 | – |
| III.2 Más de veinticinco años: | | | |

(2) Cónyuge no separado legalmente al tiempo del accidente.

Las uniones conyugales de hecho consolidadas se asimilarán a las situaciones de derecho.

(3) Se equiparan a la ausencia de cónyuge la separación legal y el divorcio. No obstante, si el cónyuge separado o divorciado tiene derecho a la pensión regulada en el artículo 97 de Código Civil, le corresponderá una indemnización igual al 50 por 100 de las fijadas para el cónyuge en el grupo I.

En los supuestos de concurrencia con uniones conyugales de hecho o, en su caso, de aquéllos o éstos con cónyuges no separados legalmente, la indemnización fijada para el cónyuge en el grupo I se distribuirá entre los concurrentes en proporción a la cuantía que les hubiera correspondido de no haber concurrencia.

(4) La cuantía total de la indemnización que corresponda según el número de hijos se asignará entre ellos a partes iguales.

| Perjudicados/beneficiarios [1] de la indemnización (por grupos excluyentes) | Edad de la víctima | | |
|---|---|---|---|
| | Hasta 65 años<br>–<br>Euros | De 66 a 80 años<br>–<br>Euros | Más de 80 años<br>–<br>Euros |
| A un solo hijo | 54.423,25 | 54.423,25 | 36.282,17 |
| Por cada otro hijo mayor de veinticinco años más [4] | 9.070,54 | 9.070,54 | 4.535,27 |
| A cada padre con o sin convivencia con la víctima | 9.070,54 | 9.070,54 | – |
| A cada hermano menor huérfano y dependiente de la víctima | 45.352,71 | 45.352,71 | – |
| Grupo IV | | | |
| Víctima sin cónyuge [3] ni hijos y con ascendientes | | | |
| Padres [5]: | | | |
| Convivencia con la víctima | 99.775,96 | 72.564,33 | – |
| Sin convivencia con la víctima | 72.564,33 | 54.423,25 | – |
| Abuelo sin padres [6]: | | | |
| A cada uno | 27.211,62 | – | – |
| A cada hermano menor de edad en convivencia con la víctima en los dos casos anteriores . | 18.141,08 | – | – |
| Grupo V | | | |
| Víctima con hermanos solamente | | | |
| V.1 Con hermanos menores de veinticinco años: | | | |
| A un solo hermano | 72.564,33 | 54.423,25 | 36.282,17 |
| Por cada otro hermano menor de veinticinco años [7] | 18.141,08 | 18.141,08 | 9.070,54 |
| A cada hermano mayor de veinticinco años que concurra con hermanos menores de veinticinco años | 9.070,54 | 9.070,54 | 9.070,54 |
| V.2 Sin hermanos menores de veinticinco años: | | | |
| A un solo hermano | 45.352,71 | 27.211,62 | 18.141,08 |
| Por cada otro hermano [7] | 9.070,54 | 9.070,54 | 9.070,54 |

**TABLA II**

**Factores de corrección para las indemnizaciones básicas por muerte**

---

(4) La cuantía total de la indemnización que corresponda según el número de hijos se asignará entre ellos a partes iguales.

(3) Se equiparan a la ausencia de cónyuge la separación legal y el divorcio. No obstante, si el cónyuge separado o divorciado tiene derecho a la pensión regulada en el artículo 97 de Código Civil, le corresponderá una indemnización igual al 50 por 100 de las fijadas para el cónyuge en el grupo I.

En los supuestos de concurrencia con uniones conyugales de hecho o, en su caso, de aquéllos o éstos con cónyuges no separados legalmente, la indemnización fijada para el cónyuge en el grupo I se distribuirá entre los concurrentes en proporción a la cuantía que les hubiera correspondido de no haber concurrencia.

(5) Si concurriesen uno que conviviera y otro que no conviviera con la víctima se asignará a cada uno el 50 por 100 de la cuantía que figura en su respectivo concepto.

(6) La cuantía total de la indemnización se distribuirá al 50 por 100 entre los abuelos paternos y maternos.

(7) La cuantía total de la indemnización que corresponda según el número de hermanos se asignará entre ellos a partes iguales.


© CISS

| Descripción | Aumento (en porcentaje o en euros) | Porcentaje de reducción |
|---|---|---|
| Perjuicios económicos | | |
| Ingresos netos anuales de la víctima por trabajo personal: | | |
| Hasta 27.211,63 euros [8] | Hasta el 10. | – |
| De 27.211,64 a 54.423,25 euros | Del 11 al 25. | – |
| De 54.423,26 hasta 90.705,42 euros | Del 26 al 50. | – |
| Más de 90.705,42 euros | Del 51 al 75. | – |
| Circunstancias familiares especiales | | |
| Discapacidad física o psíquica acusada (anterior al accidente) del perjudicado/beneficiario: | | |
| Si es cónyuge o hijo menor | Del 75 al 100 [9]. | – |
| Si es hijo mayor con menos de veinticinco años | Del 50 al 75 [9]. | – |
| Cualquier otro perjudicado/beneficiario | Del 25 al 50 [9]. | – |
| Víctima hijo único | | |
| Si es menor | Del 30 al 50. | – |
| Si es mayor, con menos de veinticinco años | Del 20 al 40. | – |
| Si es mayor, con más de veinticinco años | Del 10 al 25. | – |
| Fallecimiento de ambos padres en el accidente | | |
| Con hijos menores | Del 75 al 100 [10]. | – |
| Sin hijos menores: | | |
| Con hijos menores de veinticinco años | Del 25 al 75 [10]. | – |
| Sin hijos menores de veinticinco años | Del 10 al 25 [10]. | – |
| Víctima embarazada con pérdida de feto a consecuencia del accidente | | |
| Si el concebido fuera el primer hijo: | | |
| Hasta el tercer mes de embarazo | 13.605,81 | – |
| A partir del tercer mes | 36.282,17 | – |
| Si el concebido fuera el segundo hijo o posteriores: | | |
| Hasta el tercer mes | 9.070,54 | – |
| A partir del tercer mes | 18.141,08 | – |
| Elementos correctores del apartado primero.7 de este anexo | | Hasta el 75. |

**TABLA III**

**Indemnizaciones básicas por lesiones permanentes (incluidos daños morales)**

*Valores del punto en euros*

(8) Se incluirá en este apartado cualquier víctima en edad laboral, aunque no se justifiquen ingresos.

(9) Sobre la indemnización que corresponda al beneficiario discapacitado.

(10) Sobre la indemnización básica que corresponda a cada perjudicado.

| Puntos | Hasta 20 años<br>–<br>Euros 2011 | De 21 a 40 años<br>–<br>Euros 2011 | De 41 a 55 años<br>–<br>Euros 2011 | De 56 a 65 años<br>–<br>Euros 2011 | Más de 65 años<br>–<br>Euros 2011 |
|---|---|---|---|---|---|
| 1 | 806,54 | 746,69 | 686,82 | 632,28 | 565,92 |
| 2 | 831,43 | 768,01 | 704,59 | 649,78 | 574,89 |
| 3 | 853,77 | 787,10 | 720,39 | 665,40 | 583,95 |
| 4 | 873,57 | 803,91 | 734,20 | 679,14 | 588,85 |
| 5 | 890,83 | 818,45 | 746,04 | 691,01 | 593,86 |
| 6 | 905,56 | 830,73 | 755,90 | 700,97 | 597,56 |
| 7 | 925,02 | 847,44 | 769,84 | 714,69 | 604,70 |
| 8 | 942,55 | 862,46 | 782,31 | 727,00 | 610,85 |
| 9 | 958,21 | 875,76 | 793,29 | 737,89 | 616,00 |
| 10-14 | 971,96 | 887,37 | 802,80 | 747,38 | 620,18 |
| 15-19 | 1.142,31 | 1.045,59 | 948,84 | 879,95 | 692,08 |
| 20-24 | 1.298,77 | 1.190,90 | 1.083,01 | 1.001,73 | 757,75 |
| 25-29 | 1.454,92 | 1.335,80 | 1.216,70 | 1.123,21 | 824,82 |
| 30-34 | 1.601,10 | 1.471,49 | 1.341,88 | 1.236,94 | 887,39 |
| 35-39 | 1.737,55 | 1.598,16 | 1.458,77 | 1.343,13 | 945,61 |
| 40-44 | 1.864,55 | 1.716,07 | 1.567,60 | 1.441,95 | 999,59 |
| 45-49 | 1.982,31 | 1.825,43 | 1.668,55 | 1.533,60 | 1.049,41 |
| 50-54 | 2.091,13 | 1.926,48 | 1.761,84 | 1.618,30 | 1.095,20 |
| 55-59 | 2.235,90 | 2.060,63 | 1.885,35 | 1.730,79 | 1.160,27 |
| 60-64 | 2.377,82 | 2.192,15 | 2.006,48 | 1.841,08 | 1.224,05 |
| 65-69 | 2.516,99 | 2.321,09 | 2.125,21 | 1.949,23 | 1.286,60 |
| 70-74 | 2.653,41 | 2.447,51 | 2.241,63 | 2.055,23 | 1.347,91 |
| 75-79 | 2.787,14 | 2.571,44 | 2.355,76 | 2.159,17 | 1.408,02 |
| 80-84 | 2.918,28 | 2.692,95 | 2.467,65 | 2.261,08 | 1.466,95 |
| 85-89 | 3.046,81 | 2.812,08 | 2.577,35 | 2.360,97 | 1.524,74 |
| 90-99 | 3.172,86 | 2.928,88 | 2.684,89 | 2.458,92 | 1.581,39 |
| 100 | 3.296,42 | 3.043,37 | 2.790,33 | 2.554,98 | 1.636,92 |

**TABLA IV**

**Factores de corrección para las indemnizaciones básicas por lesiones permanentes**

| Descripción | Aumento (en porcentaje o en euros) | Porcentaje de reducción |
|---|---|---|
| Perjuicios económicos | | |

| Descripción | Aumento (en porcentaje o en euros) | Porcentaje de reducción |
|---|---|---|
| Ingresos netos de la víctima por trabajo personal: | | |
| Hasta 27.211,63 euros [11] | Hasta el 10. | – |
| De 27.211,64 a 54.423,25 euros | Del 11 al 25. | – |
| De 54.423,26 hasta 90.705,42 euros | Del 26 al 50. | – |
| Más de 90.705,42 euros | Del 51 al 75. | – |
| Daños morales complementarios | | |
| Se entenderán ocasionados cuando una sola secuela exceda de 75 puntos o las concurrentes superen los 90 puntos. Sólo en estos casos será aplicable | Hasta 90.705,42. | – |
| Lesiones permanentes que constituyan una incapacidad para la ocupación o actividad habitual de la víctima | | |
| Permanente parcial: | | |
| Con secuelas permanentes que limiten parcialmente la ocupación o actividad habitual, sin impedir la realización de las tareas fundamentales de la misma | Hasta 18.141,08. | – |
| Permanente total: | | |
| Con secuelas permanentes que impidan totalmente la realización de las tareas de la ocupación o actividad habitual del incapacitado | De 18.141,09 a 90.705,42. | – |
| Permanente absoluta: | | |
| Con secuelas que inhabiliten al incapacitado para la realización de cualquier ocupación o actividad | De 90.705,43 a 181.410,84. | – |
| Grandes inválidos | | |
| Personas afectadas con secuelas permanentes que requieren la ayuda de otras personas para realizar las actividades más esenciales de la vida diaria, como vestirse, desplazarse, comer o análogas (tetraplejías, paraplejías, estados de coma vigil o vegetativos crónicos, importantes secuelas neurológicas o neuropsiquiátricas con graves alteraciones mentales o psíquicas, ceguera completa, etc.): | | |
| Necesidad de ayuda de otra persona: | | |
| Ponderando la edad de la víctima y grado de incapacidad para realizar las actividades más esenciales de la vida. Se asimilan a esta prestación el coste de la asistencia en los casos de estados de coma vigil o vegetativos crónicos | Hasta 362.821,67. | – |
| Adecuación de la vivienda | | |
| Según características de la vivienda y circunstancias del incapacitado, en función de sus necesidades | Hasta 90.705,42. | – |
| Perjuicios morales de familiares: | | |
| Destinados a familiares próximos al incapacitado en atención a la sustancial alteración de la vida y convivencia derivada de los cuidados y atención continuada, según circunstancias | Hasta 136.058,13. | – |
| Embarazada con pérdida de feto a consecuencia del accidente [12] | | |
| Si el concebido fuera el primer hijo: | | |

(11) Se incluirá en este apartado cualquier víctima en edad laboral, aunque no se justifiquen ingresos.
(12) Habrá lugar a la percepción de esta indemnización, aunque la embarazada no haya sufrido lesiones.

4

| Descripción | Aumento (en porcentaje o en euros) | Porcentaje de reducción |
|---|---|---|
| Hasta el tercer mes de embarazo | Hasta 13.605,82. | – |
| A partir del tercer mes | Hasta 36.282,17. | – |
| Si el concebido fuera el segundo hijo o posteriores: | | |
| Hasta el tercer mes de embarazo | Hasta 9.070,54. | – |
| A partir del tercer mes | Hasta 18.141,08. | – |
| Elementos correctores del apartado primero.7 de este anexo | Según circunstancias. | Según circunstancias. |
| Adecuación del vehículo propio | | |
| Según características del vehículo y circunstancias del incapacitado permanente, en función de sus necesidades | Hasta 27.211,62. | – |

**TABLA V**

**Indemnizaciones por incapacidad temporal (compatibles con otras indemnizaciones)**

A) Indemnización básica (incluidos daños morales):

| Día de baja | Indemnización diaria<br>–<br>Euros |
|---|---|
| Durante la estancia hospitalaria | 67,98 |
| Sin estancia hospitalaria: | |
| Impeditivo (13) | 55,27 |
| No Impeditivo | 29,75 |

B) Factores de corrección:

| Descripción | Porcentajes aumento | Porcentajes disminución |
|---|---|---|
| Perjuicios económicos | | |
| Ingresos netos anuales de la víctima por trabajo personal: | | |
| Hasta 27.211,63 euros | Hasta el 10. | – |
| De 27.211,64 a 54.423,25 euros | Del 11 al 25. | – |
| De 54.423,26 hasta 90.705,42 euros | Del 26 al 50. | – |
| Más de 90.705,42 euros | Del 51 al 75. | – |
| Elementos correctores de disminución del apartado primero.7 de este anexo | – | Hasta el 75. |

(13) Se entiende por día de baja impeditivo aquél en que la víctima está incapacitada para desarrollar su ocupación o actividad habitual.


© CISS

# Capítulo VI. OTROS SEGUROS

## Sección 1. LOS MULTIRRIESGO

### 4-211 Concepto y razón de ser de los seguros multirriesgo

Las pólizas multirriesgo engloban en sus garantías diferentes coberturas, que consideradas de forma aislada, pueden ser también objeto de cobertura propia y por tanto, de seguro propio y específico independientemente del resto de los riesgos garantizados e incluidos en el seguro multirriesgo.

Los seguros multirriesgo son una modalidad de contrato de seguro en los que se han reunido las garantías de distintas pólizas, procedentes de los diferentes ramos tradicionales, cubriendo diversos riesgos en un único documento contractual, en una sola póliza y, por tanto, con una única prima. Por su propia estructura, también recibe el nombre de **seguro combinado**.

En los seguros multirriesgos debe haber una pluralidad de coberturas distintas pero un único bien o "interés asegurado". A través de una póliza de seguro multirriesgo se garantiza o puede garantizar al mismo tiempo coberturas tan diferentes como las de incendio, robo, responsabilidad civil, rotura de cristales, avería de maquinaria, etc.

**ATENCIÓN:** Hoy en día, esta modalidad de seguro es la más contratada para cubrir los riesgos de hogar. De estas coberturas, la más cara es, lógicamente, la de incendio pues puede implicar la destrucción total del bien. Por eso, la prima de un seguro multirriesgo de hogar puede ser, apenas algo más alta que la prima de un seguro, tan solo de incendios. Esa es la principal razón por la que la comercialización de este tipo de pólizas se extiende más a la estructura multirriesgo.

### 4-212 Modalidades de los seguros multirriesgos

Los seguros multirriesgos se clasifican en dos grandes grupos según sean los riesgos y que se vayan a cubrir: **Multirriesgos sencillos y Multirriesgos industriales**.

Las diferencias básicas entre ambos grupos o tipos de multirriesgos se centran en que en los sencillos no se efectúan actividades tales como fabricación, elaboración, transformación o manipulación, mientras que en los Industriales, sí.

4

**Multirriesgos sencillos**

Los más habituales y comunes son:

- Seguro multirriesgo de Hogar:

Tiene por objeto proporcionar una seguridad financiera al inquilino o propietario ante las consecuencias económicas que puedan derivarse de un daño que afecte a sus bienes o de las responsabilidades civiles que le puedan incumbir.

El multirriesgo de hogar abarca una cobertura general sobre robo, incendio, destrozos en la vivienda, accidentes que pudieran ocurrir en el hogar, daños por agua como inundaciones, posibles reclamaciones de vecinos, responsabilidad civil frente a terceros, etc.

En los multirriesgo del hogar, el aseguramiento se estructura en dos partes: *Contenido* (muebles, enseres, ajuar, joyas, alhajas, objetos de valor, aparatos electrónicos, etc.) y *Continente* (valor de reconstrucción a nuevo del edificio, piso o vivienda objeto del seguro).

- Seguro multirriesgo de comunidades de propietarios:

Tienen una estructura similar al seguro multirriesgo del hogar, pero en este caso referido a inmuebles o edificios, generalmente en régimen de comunidad de copropietarios.

El seguro multirriesgo de comunidades cubre una pluralidad de riesgos que afectan "conjuntamente" a las comunidades de vecinos de inmuebles divididos en régimen de propiedad horizontal, conjugando las coberturas sobre los elementos que son comunes y las zonas privativas.

Las coberturas incluyen: incendio, explosión, rayo, daños por terremotos e inundaciones, robo y expoliación, rotura de cristales, accidentes individuales, responsabilidad civil de los porteros y empleados, jardines y piscinas, parques infantiles, etc.

- Seguro Multirriesgo de comercios y oficinas:

El seguro multirriesgo de comercios u oficinas son muy similares a los de hogar. Su principal finalidad es garantizar la continuidad del negocio o actividad comercial propia de la empresa aunque acontezca un siniestro.

Esta modalidad tiene como objeto garantizar al asegurado la compensación de las pérdidas por perjuicios económicos derivados de los principales riesgos que afectan al sector del mercado al cual se dirige.

Las garantías propias de los seguros multirriesgos de comercio u oficina son: incendio, robo, expoliación, daños por efectos de tipo meteorológicos, actos vandálicos, cerramientos, lunas y cristales, etc., Asimismo, incluyen otro tipo de coberturas propias del negocio como pérdida de beneficios, avería de maquinaria, responsabilidad civil por los productos, pérdida y reconstrucción de documentos, etc.

**ATENCIÓN:** En este grupo de multirriesgos sencillo, también se pueden incluir otras pólizas concretas de un sector o una actividad específica como multirriesgo de oficinas, multirriesgo de Estancos, multirriesgo de Farmacias, etc. y que se diseñan en base a cubrir unas necesidades globales y propias de un sector o tipo de negocio. Este tipo de pólizas, constituyen básicamente un subproducto de los multirriesgo de Comercios.

**Multirriesgos industriales**

Los multirriesgos Industriales van dirigidos fundamentalmente a sectores específicos o tipos de industrias globales que presentan sumas aseguradas elevadas y a establecimientos donde se realiza algún tipo de actividad industrial o almacenamientos de elevada suma asegurada y que están sometidas a un conjunto común de riesgos.

**ATENCIÓN:** En este grupo de multirriesgos industriales, también se pueden incluir otras pólizas concretas de un sector o una actividad específica como multirriesgo para industrias vitivinícolas, multirriesgo para Industrias Oleícolas, multirriesgo para industrias hoteleras, colegios, hospitales, alimentación, etc.



## 4-213 Multirriesgo de Hogar. Contenido y continente

El éxito de este tipo de seguro, su expansión y su necesidad, dada la actual forma de vida y su fácil venta, radica en que en una sola póliza se pueden incluir todas estas coberturas:

- Incendio.
- Explosión.
- Caída de rayo.
- Gastos de extinción.
- Gastos de salvamento.
- Extensión de garantías.
- Robo.
- Desperfectos por robo.
- Rotura de cristales.
- Daños por agua.
- Responsabilidad civil.
- Fianzas judiciales.
- Defensa jurídica.
- Gastos de desescombro.
- Inhabitabilidad / pérdida de alquileres.

**ATENCIÓN:** Esto tiene enormes ventajas, principalmente de tipo comercial pues presentan un importante atractivo para el asegurado que puede tener cubiertos todos estos riesgos sólo contratando una única póliza. Sin embargo, al igual que ocurre con todas las composiciones mixtas o combinadas (como por ejemplo los fondos de inversión mixtos), al vincular riesgos de diferente naturaleza y origen, como puede ser los daños por agua con la defensa jurídica, o la responsabilidad civil por perro peligroso con la caída del rayo, deja al asegurado sujeto a las posibles variaciones que tengan en el marcado todos y cada uno de los diferentes riesgos que se incluyen en su póliza, de manera que si alguno de ellos se encarece en el mercado, le afecta a toda la póliza.

La estructura de estos seguros de hogar es, en su base fundamental, uniforme para todas las compañías. Se constituyen sobre una garantía básica de Incendio y Riesgos complementarios al de incendios a la que se añade también como básica la cobertura de robo y expoliación.

A partir de esta especie de columna vertebral se suman las restantes garantías, que completan el paquete de coberturas ofertadas. En el contrato de seguros de multirriesgos, el tipo de póliza más común es la denominada "Póliza en bloques estándar" en la que se suelen distribuir los bienes a asegurar en dos bloques:

- Continente (Edificio).
- Contenido (Mobiliario).

**1. Continente**

Se considerará "continente" todas las partes del inmueble asegurado que sean fijas y/o que no se muevan y que se consideren parte integrante de la construcción.

En el seguro de hogar, es el conjunto o parte del edificio destinado a vivienda. Incluye el conjunto de construcciones principales y/o accesorios, incluidas cimentaciones (Cimientos, muros, vigas, pilares, paredes, techos, suelos, cubiertas, fachadas, etc.), e instalaciones fijas (agua, gas, electricidad, calefacción, refrigeración y otras propias del edificio como tal) así como las puertas y ventanas, Armarios empotrados, chimeneas, cerramientos acristalados.

También se considerarán continente las partes adheridas a:

- Techos: como los falsos techos, por ejemplo.
- Paredes: papeles pintados, pintura, maderas, etc.
- Suelo: tarimas, parquets, maderas y moquetas adheridas. (no alfombras).
- Ventanas y persianas.
- Vallas y muros de cerramiento, sean o no independientes del edificio.

En función de lo anterior, las coberturas de continente que habitualmente podemos encontramos en una póliza de multirriesgo de hogar son:

- Incendio, rayo y explosión.
- Gastos de salvamento.
- Gastos de extinción.
- Gastos de desescombro.
- Robo de instalaciones fijas.
- Desperfectos por robo o intento de robo.
- Rotura de cristales.
- Responsabilidad civil.
- Daños por agua.
- Extensión de las garantías.
- Otros.

4

**2. Contenido**

Se incluirán en "contenido" todos aquellos artículos patrimoniales que son movibles, es decir, no unidos a la estructura de un edificio y, por tanto, que no se consideran parte integrante de la construcción.

Son los muebles, aparatos electrónicos (televisión, música, electrodomésticos, etc.), la ropa y otros bienes familiares.

No se considerarán "contenido" ni animales, ni automóviles, ni embarcaciones de recreo que pudieran estar dentro del inmueble.

El contenido se asegura de manera que se sobreentiende su categoría de tipo estandarizada. Así, por ejemplo, sin necesidad de declarar, la mayoría de las pólizas incluyen ya una cantidad general (suele ser 600 €) para joyas y objetos de valor sin especificar cuáles son.

No obstante, si se desea incorporar expresamente a la póliza las joyas u objetos de valor concretos y ampliar a ellos la cobertura de daños o robo, es preciso hacer una declaración individualizada y detallada de las mismas, incluso adjuntar una fotografía, recibos o facturas acreditativas de la titularidad. Esta particularidad puede hacer que la prima de dicho seguro se encarezca de manera considerable, por esa circunstancia.

Los **bienes de valor especial** son todos aquellos que tengan un precio unitario superior a lo detallado por cada compañía, y que, además, posean un valor especial en el mercado dadas sus características. También deben ser declarados individualmente.

En el contenido también se incluirán los alimentos, víveres y otras provisiones, así como la antena individual de televisión y demás cosas que se hallen dentro de la vivienda y en dependencias anexas, siempre que los bienes sean propiedad del asegurado, de sus familiares o de las personas que con él convivan o del personal a su servicio.

En función de lo anterior, las coberturas de contenido que habitualmente podemos encontramos en una póliza de multirriesgo de hogar son:

- Incendio, rayo y explosión.
- Gastos de salvamento
- Gastos de extinción.
- Gastos de desescombro.
- Robo y expoliación.
- Rotura de cristales.
- Responsabilidad civil.
- Daños por agua.
- Extensión de garantías.
- Otros.

**ATENCIÓN:** Los seguros multirriesgos son una creación de marketing de las aseguradoras para competir en el mercado ofreciendo los seguros de daños más completos. Así, no son más que muchos seguros diferentes sobre el mismo bien con una única póliza y con una sola prima.

Hay que tener en cuenta que no existe un tipo estándar de seguro multirriesgo, por tratarse de pólizas que engloban en sus garantías diferentes coberturas. Tampoco existe una póliza uniforme para todas las compañías, como sucedía con los ramos de incendio o robo, en donde a nivel, al menos, de "Teoría General", prácticamente todas las aseguradoras operan con idénticas condiciones generales y tarifas de primas.

4

Por eso, las diferentes modalidades que se pueden encontrar en el mercado de seguros multirriesgo responden a criterios generales en los que parece moverse el mercado asegurador español, pero que por las razones apuntadas, de que los seguros multirriesgo son productos propios y específicos de cada compañía, puede haber notorias diferencias entre distintas aseguradoras.

Existe otra modalidad o variante de póliza multirriesgo, menos extendida que la anterior, con la cual, sólo se exige la contratación de uno o dos riesgos básicos (incendio y otro, generalmente) siendo optativas las demás garantías y que se denomina **"póliza flexible o multirriesgo a opciones"**. Este es un tipo de póliza a medida.

**Ejemplo:**

Es muy habitual que los inmuebles estén hipotecados. En este asunto siempre ha existido la duda de si es necesario un seguro de daños que cubra a estas viviendas hipotecadas. Vamos a ver la respuesta de la DGSFP a varias consultas sobre este asunto, seguro de daños sobre inmuebles vinculados a préstamos hipotecarios.

***Planteamiento***

*Se consulta sobre las características de los seguros de daños sobre inmuebles vinculados a la concesión de préstamos hipotecarios, concretamente sobre:*

*1°. La obligatoriedad de contratar un seguro de daños sobre inmuebles cuando se suscribe un préstamo hipotecario.*

*2°. La posibilidad, por parte de la entidad de crédito concedente del préstamo, de fijar la suma asegurada del contrato de seguro.*


© CISS

*3º. Los derechos de los acreedores hipotecarios sobre las indemnizaciones que correspondan al propietario por razón de los bienes hipotecados.*

***Contestación de la DGSFP***

*1º. Cuando se suscribe un préstamo con garantía hipotecaria no existe obligación legal para el prestatario de contratar un seguro. Sin embargo, las entidades de crédito muy frecuentemente supeditan la concesión del préstamo a la contratación de un seguro de daños o, con carácter más general, de un seguro multirriesgo del hogar. Esto es debido a que si el inmueble que actúa como garantía de cobro para la entidad prestamista se destruyese, dicha garantía desaparecería. La existencia de un seguro de daños sobre el bien evita esta situación y permite a la entidad de crédito ofrecer condiciones económicas más ventajosas en sus préstamos.*

*En este sentido, el artículo 1877 del Código Civil dispone que la hipoteca se extiende, entre otros supuestos, al importe de las indemnizaciones concedidas o debidas al propietario por los aseguradores de los bienes hipotecados. Igualmente el artículo 110.2 de la Ley Hipotecaria extiende la hipoteca, aunque no se mencione en el contrato, a las indemnizaciones concedidas o debidas al propietario de los inmuebles hipotecados por razón de éstos, siempre que el siniestro o hecho que las motivare haya tenido lugar después de la constitución de la hipoteca.*

*Además, las condiciones económicas que una entidad de crédito puede ofrecer en un préstamo concreto están en función del riesgo que soporte con la operación, y dicho riesgo depende tanto de las características del deudor y de la garantía, como de las condiciones en que los préstamos se pueden transmitir o financiar por parte de la entidad de crédito.*

*En relación con esta última cuestión, la Ley 2/1981, de 25 de marzo, de Regulación del Mercado Hipotecario, dispone en su artículo 8 que "Los bienes hipotecados habrán de estar asegurados contra daños por el valor de tasación, en las condiciones que reglamentariamente se determinen".*

*El vigente reglamento de desarrollo de esta Ley, aprobado por el Real Decreto 685/1982, de 17 de marzo, concreta en su artículo 30 que "Los bienes sobre los que se constituya la hipoteca deberán contar con un seguro contra daños adecuado a la naturaleza de los mismos, y en el que la suma asegurada coincida con el valor de tasación del bien asegurado excluidos los elementos no asegurables por naturaleza."*

*Ahora bien, estas disposiciones son de aplicación, tal como dispone el artículo 1 de la Ley 2/1981 a "todos los títulos que en ella se regulan y que se emitan en territorio español", lo que significa que únicamente se aplica a los títulos hipotecarios que se hayan emitido de conformidad con la normativa del mercado hipotecario.*

*Con base en lo expuesto, cabe concluir que la legislación vigente no impone con carácter general y de forma directa al deudor de un préstamo hipotecario la obligación de contratar seguros sobre el inmueble hipotecado. La normativa reguladora del mercado hipotecario establece determinados requisitos para que las entidades financieras puedan emitir títulos en el citado mercado. Por tanto, si una entidad de crédito desea emitir cédulas o bonos hipotecarios con base en los préstamos con garantía hipotecaria concedidos a propietarios de inmuebles hipotecados puede condicionar la concesión del préstamo a que el deudor se comprometa a suscribir un seguro de daños para el citado inmueble, pero, en todo caso, la obligación para el deudor tendrá siempre carácter contractual y no legal.*

*2º. Las entidades de crédito pueden supeditar la concesión de un préstamo tanto a la contratación, por parte del deudor, de un seguro contra daños sobre el bien hipotecado, como a que la suma asegurada del mismo coincida con el valor de tasación del bien asegurado, excluidos los elementos no asegurables. En relación con esta última cuestión, el valor del suelo no debe formar parte de la suma asegurada, puesto que es un elemento no asegurable por naturaleza, dado que no se destruye ni pierde valor por la ocurrencia de los siniestros que se cubren en las pólizas de daños.*

*3º. Los seguros de daños sobre inmuebles y, en general, los seguros multirriesgos del hogar tienen un carácter plenamente indemnizatorio, es decir, solamente tiene derecho a percibir la indemnización el propietario del bien asegurado, como titular del interés, debido a que si la entidad aseguradora pagase la indemnización a cualquier otra persona se produciría un enriquecimiento injusto puesto que dicha persona no ha sufrido menoscabo o quebranto económico. En un seguro de daños no se puede decir estrictamente que exista la figura del beneficiario como elemento personal totalmente independiente del asegurado; no*

4

*obstante, se puede admitir que en un seguro de daños aparezca la figura del beneficiario, siempre y cuando coincida con el asegurado, en el sentido de que es la persona a la que se abonaría la indemnización en caso de siniestro.*

*Cuestión diferente es la que se refiere a los especiales derechos que la Ley de Contrato de Seguro1, reconoce al acreedor hipotecario (por lo que aquí se refiere, la entidad bancaria que concede el préstamo) sobre la indemnización que corresponda al propietario por razón de los bienes hipotecados. Estos derechos del acreedor hipotecario se regulan en los artículos 40 a 42 de la Ley de Contrato de Seguro. El artículo 40 indica el alcance del derecho del acreedor sobre la indemnización, el artículo 41 prevé las consecuencias para el acreedor hipotecario de la extinción del contrato de seguro, y el artículo 42 regula el derecho del acreedor en el caso de la reconstrucción del bien siniestrado.*

*Del contenido de esos artículos se deduce lo siguiente:*

*Los acreedores hipotecarios tienen un derecho sobre la indemnización en caso de destrucción del bien hipotecado, puesto que de no ser así el acreedor no podría hacer efectivo su derecho de garantía en caso de siniestro. Por eso, la ley obliga al tomador o al asegurado a comunicar a la aseguradora la existencia o la constitución de la hipoteca sobre dicho bien.*

*En caso de siniestro, la aseguradora tendrá que solicitar el consentimiento del acreedor hipotecario para poder pagar la indemnización al asegurado. Pasados tres meses de dicha solicitud sin oposición por parte del mismo, se presume dicho consentimiento. En caso de que no se llegue a un acuerdo entre el titular de la garantía hipotecaria y el asegurado, la indemnización habrá de ser consignada.*

*El asegurador debe comunicar al acreedor hipotecario la extinción del contrato de seguro o el impago de la prima. La extinción del contrato de seguro no es oponible frente al acreedor hipotecario hasta que transcurra un mes desde que se le comunicó el hecho que motivó la extinción; además, el acreedor hipotecario, para proteger su derecho, puede abonar la prima impagada, aún frente a la oposición del tomador o del asegurado.*

*Por tanto, de estas previsiones legales se deduce que el acreedor hipotecario no tiene la condición de un "beneficiario" con derecho propio a cobrar la indemnización correspondiente al siniestro del bien inmueble. Lo que le reconoce la Ley es el derecho a que la garantía real que pesa sobre el inmueble se extienda a la indemnización, pero dicha indemnización únicamente debe ser entregada al titular del bien asegurado, es decir, a su propietario.*

*No obstante lo anterior, en la práctica hay contratos de seguro de daños en los que se estipula que el acreedor hipotecario es beneficiario del seguro o que el propietario del bien cede sus derechos sobre la indemnización a la entidad de crédito, o cualquier otra cláusula que implique la concesión de derechos al acreedor hipotecario superiores a los que les atribuye la Ley de Contrato de Seguro.*

*Este tipo de actuaciones puede ser contrario al carácter indemnizatorio de los seguros de daños y al equilibrio contractual por lo que el Servicio de Reclamaciones de la Dirección General de Seguros y Fondos de Pensiones las considera inadecuadas y contrarias a las buenas prácticas y usos en el ámbito de los seguros privados, de acuerdo con la competencia reconocida por el artículo 62 Texto Refundido de la Ley de Ordenación y Supervisión de los Seguros Privados, y en el artículo 6 del Reglamento de los Comisionados para la Defensa del Cliente de Servicios Financieros.*



## 4-214 Multirriesgo de comercio

En esta modalidad de multirriesgo también se distingue entre contenido y continente, de manera que en seguro de daños materiales de empresa, será considerado como "*contenido*" todos aquellos artículos patrimoniales de la empresa que son movibles, es decir, no unidos a la estructura de un edificio, como por ejemplo, existencias, maquinarias, equipamientos, muebles e instalaciones, así como enseres profesionales, de oficina, comercio o de industrial, maquinaria e instalaciones, utillajes, herramientas de trabajo que sean propios por razón de la actividad o profesión asegurada.

Especial atención requieren las "existencias", conjunto de materias primas, productos en proceso de fabricación y acabados, repuestos, accesorios, productos para la venta, y materias auxiliares que sean propias y necesarias por razón de la actividad, que se consideraran también como "contenido".


© CISS

"Continente" será el edificio o locales en propiedad así como las obras de reforma (como arrendatario): Obras de reforma o adiciones constructivas efectuadas por el asegurado en los locales ocupados en régimen de arrendamiento.

El seguro multirriesgo de comercios está especialmente diseñado para cubrir las necesidades de aquellos establecimientos comerciales cuya actividad principal sea la de venta de bienes o productos "al por menor", aunque en ellos exista un pequeño taller auxiliar o un almacén dependiente (nunca principal o más importante), de uso propio.

La flexibilidad del producto permite adaptarse a las medidas de cada cliente, proporcionando una eficaz protección a los riesgos que de una manera directa o indirecta puedan afectar a estas actividades, tanto en sus bienes (continente y contenido) como en su patrimonio (responsabilidad civil e interrupción del negocio).

La póliza multirriesgo de comercio cubre las siguientes **garantías**:

- **Garantías básicas**, que son de contratación obligatoria y garantizan las pérdidas o daños materiales al continente y/o contenido.
- **Garantías optativas**, de contratación voluntaria y sólo se garantizan si se contratan de forma expresa.

La solicitud de seguro deberá estar cumplimentada en su totalidad y firmada siempre por el tomador del seguro o asegurado.

## 4-215 Multirriesgo de comunidades de propietarios

Es un tipo de seguro por el cual el asegurador se compromete a indemnizar al asegurado -comunidad de propietarios- en caso de sufrir, durante el período de seguro, un siniestro amparado por cualquiera de las garantías de la póliza. Los riesgos que cubre son los que afectan "conjuntamente" a las comunidades de vecinos de inmuebles divididos en régimen de propiedad horizontal, conjugando las coberturas sobre los elementos que son comunes y las zonas privativas.

El multirriesgo de comunidades es un tipo de seguro con una estructura similar al seguro multirriesgo del hogar, pero en este caso referido a inmuebles o edificios, generalmente en régimen de comunidad de copropietarios.

Se cubren de conformidad con las condiciones de cobertura de la póliza y con el límite de la suma asegurada fijada en las condiciones particulares, los daños y/o pérdidas materiales como consecuencia de:



### Incendio

Se garantizan los daños materiales y directos causados a la vivienda asegurada por incendio y las pérdidas materiales ocasionadas como consecuencia inevitable del incendio cuanto éste se origine fortuitamente, por acción de extraños o por negligencia propia del asegurado o de las personas de quienes responda civilmente.

### Explosión

Se garantizan los daños materiales y directos causados a la vivienda asegurada por explosión, aunque no vaya seguida de incendio, tanto si se origina dentro de la vivienda asegurada como en sus proximidades. Asimismo, se incluye la autoexplosión de calderas, termos, instalaciones fijas y conducciones.

### Caída del rayo

Se garantizan los daños materiales y directos causados a la vivienda asegurada por la acción directa de la caída del rayo, aún cuando no vaya seguida de incendio.

Aún cuando no se produzca incendio, se entienden incluidos en esta garantía los daños sufridos por los aparatos de vapor y sus accesorios a causa de autoexplosión.

Asimismo, están incluidos:

- Los daños en los bienes asegurados que ocasionen las medidas necesarias adoptadas por el asegurado o la autoridad para cortar o extinguir el incendio o impedir su propagación.
- Los gastos que ocasione al asegurado el transporte de los efectos asegurados o cualesquiera otras medidas adoptadas con el fin de salvarlos del incendio.
- Los daños que sufran los objetos salvados por las circunstancias descritas en los dos párrafos anteriores.

- El valor de los objetos desaparecidos, con ocasión del siniestro, siempre que el asegurado acredite su preexistencia y salvo que el asegurador pruebe que fueron robados o hurtados.

- Los gastos de reconstrucción del jardín del edificio que hubiera sido dañado por los trabajos de extinción, de protección o de salvamento.

- Los daños producidos en calderas y conducciones de calefacción debidos a su explosión.

- Los daños producidos por sobretensiones o inducciones sobrevenidos de la caída y/o explosión del rayo.

**Actos malintencionados o vandálicos**

Se garantizan los daños materiales y directos producidos en los bienes asegurados como consecuencia de actos de vandalismo o malintencionados:

- Cometidos individual o colectivamente por personas distintas al tomador, asegurado, sus familiares, empleados o personas que convivan con ellos.

- Derivados de acciones tumultuarias producidas en el curso de reuniones y manifestaciones efectuadas conforme a lo dispuesto en la legislación en vigor, así como durante el transcurso de huelgas legales, salvo que las citadas actuaciones tuvieran el carácter de motín o tumulto popular.

**Daños eléctricos**

Se garantizan normalmente los daños materiales y directos que sufra la instalación eléctrica, así como los aparatos o equipos a ella conectados, cuando éstos sean propiedad de la comunidad de propietarios asegurada, a consecuencia de corrientes anormales o cortocircuitos en la red y de la caída del rayo.

**Daños derivados de la Naturaleza**

Se garantizan los daños materiales causados directamente por la acción de la lluvia, viento, pedrisco, nieve, huracán, tempestad y tromba, siempre que los siniestros causados por estos riesgos, por no revestir naturaleza extraordinaria, no estén amparados por el Consorcio de Compensación de Seguros y se produzcan de forma anormal, pudiéndose considerar que la perturbación atmosférica, por su aparición o intensidad, no es propia de determinadas épocas del año o situaciones geográficas que favorezcan su manifestación.

El carácter anormal de estos fenómenos atmosféricos se acreditará, fundamentalmente, con los informes expedidos por los Organismos Oficiales competentes o en su defecto, mediante aportación de pruebas por el asegurado.



**Humo**

Se garantizan los daños materiales y directos causados en los bienes asegurados por la acción directa del humo y hollín, cualquiera que sea su origen, tanto si el siniestro se ha originado en el edificio asegurado como en sus proximidades.

**Impactos**

Se garantizan los daños materiales ocasionados por:

- El choque o impacto de vehículos terrestres y/o animales, así como de las mercancías por ellos transportadas, contra los bienes asegurados.

- La caída de aeronaves, astronaves, satélites o partes u objetos que de las mismas se desprendan, árboles, mástiles y antenas de radio y televisión.

**Detonaciones sónicas**

Se garantizan los daños materiales producidos por aeronaves, astronaves y/o satélites que traspasen la barrera del sonido.

**Derrame o escape accidental de las instalaciones automáticas de extinción de incendios**

Se garantizan los daños materiales producidos por derrame, falta de estanqueidad, fuga, rotura, caída, fallo o escape accidental de agua o cualquier otra sustancia como elemento extintor.

**Daños a conducciones subterráneas (subsuelo)**

Se garantiza el coste de reparar los daños accidentales a conducciones de gas y de electricidad, que se extienden del edificio a la toma pública general, siempre que el asegurado resulte responsable de la reparación de tales daños.



© CISS

### Robo, expoliación y desperfectos

Se garantizan los daños y pérdidas materiales que sufra el asegurado por la destrucción, desaparición, deterioros y desperfectos del mobiliario comunitario, producidos a consecuencia de robo o intento de robo y expoliación.

Asimismo, quedan cubiertos los desperfectos o deterioros que, a consecuencia de robo o intento de robo, sufran las puertas, incluidas las de entrada a las viviendas de uso privativo, ventanas, paredes, techos o suelos de las zonas comunes del edificio asegurado.

### Coparticipación de la comunidad

En aquellos casos en que el/los edificio/s asegurado/s formen parte de alguna mancomunidad, asociación de vecinos o similares, constituidas para el uso y disfrute de jardines, piscinas, zonas de recreo y/o deportivas, servicios e instalaciones comunes, se cubrirá también con la póliza de multirriesgo de comunidades la posible indemnización que se exija a la comunidad asegurada en su calidad de copartícipe en dichas asociaciones, en aquellos siniestros cuyos riesgos estén cubiertos por las garantías incluidas en las pólizas, entendiéndose ampliado y adaptado el ámbito de la cobertura, a los elementos y personas que correspondan a la expresada mancomunidad o asociación.

### Exclusiones habituales del multirriesgo de comunidades

Normalmente se excluyen de las pólizas estándar de multirriesgo de comunidades los siguientes riesgos:

- Los daños a los aparatos y maquinaria eléctricos y sus accesorios por cualquier causa inherente a su funcionamiento, cortocircuito o propia combustión, siempre que no se produzca incendio.
- Los daños causados por la sola acción del calor, por contacto directo o indirecto con aparatos de calefacción, de acondicionamiento de aire, de alumbrado, hogares, por accidentes de fumador o domésticos, o cuando los objetos asegurados caigan aisladamente al fuego, salvo que estos hechos ocurran con ocasión de un incendio propiamente dicho, o cuando éste se produzca por las causas expresadas.
- Explosiones de aparatos, instalaciones o sustancias distintas a los conocidos y habitualmente utilizados en servicios domésticos.
- Las pérdidas por robo, daños por robo, expoliación, hurto o apropiación indebida de los objetos asegurados.
- Las roturas de lunas, cristales, espejos y rótulos, salvo que estuviesen contratados mediante la garantía opcional.
- Los daños o gastos de cualquier naturaleza ocasionados a los bienes asegurados como consecuencia de pintadas, inscripciones, fijación de carteles y hechos análogos.
- Las acciones que tuvieran carácter de motín o tumulto popular, disturbios internos, sabotaje o terrorismo.
- Los daños producidos por los inquilinos u ocupantes legales o ilegales del edificio.
- Los daños que puedan sufrir tales aparatos o equipos como consecuencia de defectos de funcionamiento de los mismos.
- Los daños ocasionados a los bienes asegurados por agua, goteras, filtraciones, oxidaciones o humedades y los producidos por nieve, arena o polvo que penetre por puertas, ventanas y otras aberturas que hayan quedado sin cerrar o cuyo cierre fuera defectuoso.
- Los daños producidos por heladas, frío, hielo, olas o mareas, incluso cuando estos fenómenos hayan sido causados por el viento.
- Las pérdidas o daños a cualquier parte del contenido que se encuentre al descubierto.
- Los daños debidos a defectos y/o vicios de construcción o que tengan su origen en la falta de mantenimiento o reparación del continente y de sus instalaciones.
- Los costes de desatascar o reparar desagües, conducciones y similares.
- Los daños producidos a los bienes asegurados por la acción continuada del humo.
- Los daños producidos cuando los vehículos, naves, animales o aeronaves, sean propiedad de, o fuesen conducidos o pilotados por el tomador, asegurado, empleados o personas que convivan con ellos.
- La rotura de lunas, cristales y espejos, salvo que estuviesen contratados mediante esta garantía opcional.
- Daños producidos en el propio sistema de extinción o en sus partes.
- Daños producidos por la utilización del sistema para fines distintos al de la extinción de incendios.
- Siniestros causados por mala fe o negligencia del asegurado, de los copropietarios o de las personas que de ellos dependan o con ellos convivan o cuando estas mismas personas hayan cometido el robo o atraco en concepto de autores, cómplices o encubridores.

- Hurtos y las simples pérdidas o extravíos.
- Dinero en efectivo, cheques o talones bancarios, títulos, valores, efectos timbrados, décimos de lotería, metales preciosos, libros, escrituras, documentos y planos para el caso de robo.
- Igualmente quedan excluidos los objetos de valor tales como cuadros, tapices, alfombras y obras de arte cuyo valor unitario sea superior a 300 euros, salvo que éstos hayan sido designados expresamente en las condiciones particulares de la póliza para el caso de robo.
- Los daños producidos por roturas de cristales, lunas, espejos, vidrios, escaparates y sistemas de seguridad fijados a los mismos.
- Los daños a cualquier parte del contenido que se encuentre al descubierto.
- Los desperfectos causados a puertas, ventanas y escaparates de establecimientos comerciales.
- Robo o daños por robo a instalaciones de energía solar.

## 4-216 Multirriesgo industrial

Los multirriesgos industriales son propios de industrias o establecimientos donde se realiza algún tipo de actividad industrial o almacenamientos de elevada suma asegurada y que están sometidas a un conjunto común de riesgos.

Las modalidades de seguros industriales son:

- El seguro de ingeniería.
- El seguro de construcción y montaje.
- El seguro de maquinaria.
- El seguro de equipos electrónicos.

## 4-217 Seguro de ingeniería

También llamado **seguro de "ramos técnicos"**. Esta es una modalidad del seguro de daños que se instrumentaliza normalmente en una póliza combinada para agrupar así una pluralidad de coberturas sobre los diferentes riesgos que afectan a la industria en cuestión sobre sus aspectos técnicos.

El estudio de los seguros de ingeniería o ramos técnicos lo extenderemos a las siguientes modalidades:



- Construcción.
- Obra civil terminada.
- Equipos electrónicos.
- Montaje.
- Rotura de maquinaria.
- Equipos electrónicos.

Estos representan la casi práctica totalidad de los seguros de ingeniería en nuestro país.

## 4-218 Seguro de construcción y seguro de montaje

Es aquél que tiene por objeto la cobertura de los riesgos que se puedan originar con ocasión de las obras de construcción que lleve a cabo la empresa asegurada. Los seguros de construcción y montaje se encuentran entre los más recientes del Sector, lo que no impide que en algunos países alcancen unos volúmenes de primas verdaderamente importantes.

Existen una serie de circunstancias en la industria de la construcción que hacen necesaria la contratación de esta clase de pólizas, las cuales cubren los daños y pérdidas materiales sufridos en la maquinaria, en los equipos y materiales, ya sea por incendio, robo, pérdida, sustracción, desperfectos o daños sufridos a consecuencia de los agentes meteorológicos o bien por fenómenos naturales.

Con la contratación de este tipo de seguros multirriesgo de la construcción, el contratista transfiere los riesgos de su obra o construcción a una compañía de seguros quien le ofrece una protección prácticamente contra todos los riesgos posibles, con un precio fijo y conocido de antemano que puede ser incluido en el presupuesto de obra como un factor más del mismo.


© CISS

El contratista debe protegerse no solamente de los daños que pudieran sufrir los equipos y máquinas empleados en la construcción, sino que también a través de sus contratos es directamente responsable de los daños a los trabajos y materiales hasta el momento de la recepción de la obra por el promotor.

Por lo tanto, es comprensible que en la actualidad, algunos promotores y entidades de crédito adjudiquen sus encargos de obras o hagan depender sus créditos de la previa contratación del seguro de construcción.

Básicamente los seguros de construcción y montaje están concebidos para cubrir toda clase de obras (edificios, carreteras, aeropuertos, canales, túneles, etc.), desde los preparativos realizados en el lugar de construcción hasta la entrega al propietario de la obra.

Como es lógico, este seguro puede incorporar también la cobertura de responsabilidad civil frente a terceros por los daños derivados de posibles accidentes. Esta cobertura es distinta de la de daños que pudieran sufrir por accidente los propios obreros o empleados de la obra o demás personas que trabajen en la construcción que se asegura.

Algunas de las razones que nos hacen considerar este seguro como un servicio necesario para las empresas de construcción son las siguientes:

- El rápido y constante progreso de las técnicas de construcción, con la presencia de proyectos cada vez más audaces.
- La aparición de nuevos materiales todavía no refrendados por el tiempo y solamente avalados por cortas experiencias y ensayos.
- La tendencia a acortar lo máximo posible el tiempo de ejecución, con el fin de reducir costes de mano de obra y obtener una mejor amortización de la maquinaria empleada.
- La ejecución de trabajos de construcción o montaje en diferentes localizaciones, que hace que el contratista tenga que adaptarse a circunstancias desconocidas de cada zona geográfica.
- La contratación de obreros auxiliares "in situ" por lo que resulta muy difícil juzgar la cualificación del personal contratado.

Las **garantías principales** correspondientes a estos seguros son las siguientes:

- Daños materiales:
  • Daños a la obra.
  • Equipo de construcción o montaje.
  • Maquinaria de construcción o montaje.
- Mantenimiento o conservación.
- Responsabilidad civil extracontractual.

4

**Daños a la obra**

Por esta cobertura se garantiza el conjunto de los trabajos de obra civil e instalaciones, de los daños materiales directos que tengan su origen en un hecho accidental, imprevisto y súbito que no esté expresamente excluido.

En este tipo de póliza no se enumera los riesgos que cubre, sino que tácitamente expresa que está cubierto todo hecho accidental, de aquí que algunas compañías de seguros utilicen la denominación de **Todo Riesgo Construcción** ("All Risk").

Alguno de los riesgos típicos de esta cobertura o por lo menos aquellos que son la causa más frecuente de siniestro son:

- Riesgos de la Naturaleza:

a) Viento, tempestad, huracán, ciclón.

b) Inundaciones.

c) Terremotos.

d) Hundimientos, corrimientos de terrenos.

- Riesgos convencionales:

a) Incendio, Caída de Rayo y Explosión. El peligro de incendio permanece siempre latente en cualquier construcción y además está agravado en obras en curso de realización, ya que generalmente todavía no existen medidas preventivas contra el fuego como extintores, bocas de incendio equipadas, sprinklers, etc.

b) Robo: El Seguro de Construcción se limita a cubrir las pérdidas o daños sufridos por robo cuando se produce con fractura o violencia de los medios preventivos, tales como candados, puertas, ventanas, etc. Esta garantía, que no era tenida en cuenta hace algunos años, ha elevado últimamente la siniestralidad en general debido principalmente a los siguientes factores.

- Situación económica y social
- Conflictividad laboral en el sector de la construcción
- La no existencia de vigilantes en algunas obras.

c) Riesgos inherentes a la realización de la obra: Errores de diseño, planos, defectos del material o mano de obra.

**Daños al equipo de construcción o montaje**

Se considera equipo de construcción el conjunto de elementos que auxilian los trabajos de la obra citada, tales como andamiajes, puentes auxiliares, armaduras, entibación, herramientas, instalaciones provisionales de fuerza motriz y de abastecimientos y demás bienes propios análogos. En toda obra existen otros elementos que si bien no forman parte de la misma y por tanto no se encuentran incluidos en los presupuestos de manera expresa, son necesarios para su ejecución.

Mediante esta cobertura se garantizan los daños materiales producidos en el equipo de construcción a consecuencia de un hecho accidental súbito e imprevisto con las mismas exclusiones que la garantía anterior de daños a la obra.

**Daños en la maquinaria de construcción o montaje**

Se prevé mediante esta garantía la posibilidad de extender la cobertura a las máquinas utilizadas en el lugar de la construcción y que son necesarias para su realización. Generalmente se trata de excavadoras, hormigoneras, grúas, compresores y demás maquinaria análoga.

La cobertura para esta maquinaria se refiere únicamente a daños producidos por una causa exterior, por lo tanto, los daños mecánicos y eléctricos que sufra la maquinaria y sus accesorios debidos a una causa interna, no están cubiertos por esta garantía.

**Cobertura del periodo de mantenimiento**

Los contratistas, en las especificaciones del contrato de obra, suelen aceptar la inserción de una cláusula por la que adquieren el compromiso de mantener en buen estado las obras realizadas y efectuar las reparaciones o ajustes necesarios para que la construcción se mantenga en buenas condiciones de utilización durante un tiempo determinado.



Por eso, las entidades aseguradoras, tratando de ofertar una cobertura lo más amplia posible, ofrecen al contratista la posibilidad de asegurar este período de mantenimiento.

La garantía asegura toda pérdida o daño proveniente de una causa que tuvo su origen en el período de construcción, así como toda pérdida o daño ocasionado por el contratista durante la ejecución de los trabajos llevado a cabo con el propósito de cumplir con las obligaciones estipuladas en el contrato de obra. Su duración es, generalmente, de doce meses.

Especialmente en los seguros de montaje, mediante esta garantía se pueden cubrir los daños que se produzcan a la maquinaria montada durante el período de pruebas operacionales posterior al montaje.

**Cobertura de responsabilidad civil**

La cobertura de responsabilidad civil es complementaria de las coberturas básicas en las pólizas de seguros de construcción o de seguro de montaje y, por supuesto, su contratación es opcional.

El fin de esta cobertura es el de dar el mayor amparo posible al asegurado, es decir, si por el seguro de bienes se le da la cobertura para tener a salvo su patrimonio (obra), mediante la garantía complementaria de responsabilidad civil, se consigue que las posibles reclamaciones de terceros no afecten al resto de su patrimonio.

Esta cobertura garantiza la responsabilidad civil del asegurado dimanante de los artículos 1.902 y siguientes del Código Civil, con las limitaciones propias de la misma, siempre y cuando el daño sea causado por la obra asegurada y en el lugar de la obra.

**Exclusiones**

Las exclusiones típicas de este seguro son las siguientes:

- Mala fe del asegurado.

- Guerra, invasión, hostilidades y terrorismo.

- Hechos de carácter político-social y fuerzas o medidas militares en tiempo de paz.

- Los prejuicios por apremios, detenciones, expropiación, nacionalización, paralizaciones o pérdida de beneficios.

- Los daños intencionados causados o provocados por el asegurado o persona responsable del proyecto y de la dirección de la obra que estén en contra de las reglas, normas y descripciones usuales reconocidas por la arquitectura e ingeniería que, por su naturaleza, constituyan culpa grave o imprudencia delictiva así reconocida por la autoridad competente.

- Los deterioros debidos a vicio propio, desgaste, influencias normales del clima, corrosión, oxidación.

- Los costes de rectificación de defectos en los materiales, diseños o planos o en la mano de obra. Esta exclusión no se extenderá a otra parte de la de obra o bienes que hayan sufrido daños a consecuencia de accidentes causados por tales circunstancias.

**Indemnizaciones**

En caso de producirse un siniestro, las indemnizaciones se ajustan a los siguientes conceptos:

- Cuando los daños o pérdidas sufridos por los bienes asegurados pueden ser reparados, la Compañía indemnizará el importe de los gastos necesarios para dejar el objeto dañado en las condiciones existentes inmediatamente antes de ocurrir el siniestro, considerando como tales gastos el valor de las piezas de recambio, el coste de la mano de obra, los gastos de montaje y desmontaje, los de transporte y derechos de aduana si los hubiera, siempre que dichos conceptos estén incluidos a la hora de determinar la suma asegurada.

- Si en el momento de la producción del siniestro la suma asegurada es inferior al valor del interés, la Compañía indemnizará el daño causado en la misma proporción en que dicha suma cubra el interés asegurado.

## 4-219 Seguro de maquinaria



Hay tres modalidades de Seguro de Maquinaria que se encuentran normalmente en el mercado español:

- Seguro de rotura de maquinaria.

- Seguro de equipo y maquinaria de contratistas.

- Seguro de todo riesgo para maquinaria.

Se trata, en todos los casos, de **seguros consorciables**, por lo que los daños originados por causas extraordinarias están cubiertos por el Consorcio de Compensación de Seguros.

**Seguro de rotura de maquinaria**

Es el seguro de maquinaria propiamente dicho. El alcance de sus garantías es el de "daño interno" debido a su funcionamiento, a la energía eléctrica, error de diseño o montaje, defectos de engrase, esfuerzos anormales, cuerpos extraños, impericia, negligencia y actos malintencionados del personal del asegurado o de extraños.

También cubre la modalidad de lucro cesante por la interrupción de la empresa a causa de la avería de la maquinaria.

El interés asegurado en este tipo de seguro corresponde con el interés económico de estos bienes de equipo como bienes de producción y de obtención de riqueza para la empresa que obliga al empresario o industrial a garantizar su perfecto estado para que puedan cumplir perfectamente su función económica.

Se indemnizarán los daños y pérdidas materiales sufridos por los bienes asegurados como consecuencia de cualquier causa accidental, súbita e imprevisible, no clasificada como riesgo excluido. Los objetos asegurados son generalmente máquinas estáticas, y pueden ser tanto máquinas como herramientas de producción o auxiliares y de servicios (energía). Los riesgos más comúnmente contratados son:

- Defectos de fabricación y funcionamiento de la maquinaria.

- Vicios ocultos o errores en la instalación o montaje de la maquinaria. Errores de diseños, cálculo o montaje, defectos de fundición, de material, de construcción, de mano de obra y empleo de materiales defectuosos.

- Fallos en su utilización y manejo por impericia, negligencia y actos malintencionados del personal del asegurado o de extraños.
- Negligencia e incluso actos malintencionados.
- Recalentamiento y auto-combustión.
- Fenómenos eléctricos. La acción directa de la energía eléctrica como resultado de cortocircuitos, arcos voltaicos, sobretensiones y otros efectos similares, así como la debida a las perturbaciones eléctricas consecuentes a la caída del rayo.
- Errores por causas ajenas a sus manipuladores habituales.
- Falta de agua en calderas y otros aparatos productores de vapor.
- Fuerza centrífuga, pero solamente la pérdida o daño sufrido por desgarramiento en la máquina misma.
- Caídas, impacto, colisión, así como obstrucción o entrada de cuerpos extraños.
- Fallo en los dispositivos de regulación.

**Exclusiones**

Pese a la amplitud de estas coberturas como hemos visto, quedan excluidos riesgos tales como el robo, el incendio o la depreciación de la maquinaria. En detalle, se excluyen normalmente:

1. Los daños producidos cuando el siniestro se origine por dolo o culpa grave del asegurado.
2. Los siniestros producidos con motivo o a consecuencia de:

- Actos políticos o sociales, o sobrevenidos con ocasión de alborotos populares, motines, huelgas, disturbios, sabotajes y terrorismo.
- Guerra civil o internacional, haya o no mediado declaración oficial, levantamientos populares o militares, insurrección, rebelión, revolución u operaciones bélicas de cualquier clase.
- Erupciones volcánicas, huracanes, trombas, movimientos sísmicos, desprendimientos de tierra, inundaciones, marejadas, hundimientos y tempestades.
- Incendio, extinción, desescombro, desmontaje, explosión, caída del rayo, robo, hurto.
- Defectos o vicios ya existentes al contratar el seguro.
- Desgaste o deterioro paulatino como consecuencia del uso o funcionamiento normal, erosión, corrosión, oxidación, cavitación, herrumbre o incrustaciones.
- Experimentos, ensayos o pruebas, en cuyo transcurso sean sometidos los bienes asegurados intencionadamente, a un esfuerzo superior al normal.
- Los daños de los que sea responsable legal o contractualmente el fabricante o proveedor de los bienes asegurados.
- Pérdidas indirectas de cualquier clase: suspensión o paralización de trabajo, incumplimiento o rescisión de contratos, multas contractuales y, en general, cualquier perjuicio o pérdida de beneficios.
- Las pérdidas o daños en correas, cables, cadenas, etc. y, en general, en cualquier objeto de rápido desgaste.
- Combustibles, lubricantes, medios refrigerantes, etc.



**Seguro de equipo y Maquinaria de Contratistas**

Bajo esta modalidad se aseguran de daños externos como incendio, robo, choque, vuelco, colisión, avenida, inundación, malquerencia de personal propio y de extraños, todo tipo de máquinas que se utilizan en la construcción o en la manutención industrial, como grúas o elevadores, etc.

Generalmente son máquinas auto-transportadas o automóviles, o fácilmente transportables e instalables en cualquier lugar de trabajo.

**Seguro de Todo Riesgo para Maquinaria**

Bajo esta modalidad se garantizan todo tipo de máquinas y equipos, tanto de daños de origen interno como externo, proporcionando una cobertura prácticamente total.

Se utiliza esta modalidad para asegurar máquinas aisladas, independientemente de otras máquinas o instalaciones que puedan encontrarse en las mismas fábricas, debido principalmente a la existencia de interese económicos distintos (préstamos, ventas a plazos, leasing, etc.).

**ATENCIÓN:** Este tipo de seguro de maquinaria tiene un bajo nivel de contratación. Esto puede venir originado por varios motivos entre los que podemos destacar un gran desconocimiento del seguro por parte de la red comercial de las aseguradoras, una baja comisión relativa para el gestor, un costo elevado del seguro, una elevada siniestralidad y unas dificultades propias de la contratación.

Pero además, requieren unas particularidades técnicas como el hecho de que en estos seguros el capital asegurado debe coincidir con el del valor de nuevo en cada momento, incluyendo portes, aduanas, etc. La fluctuación del cambio de divisas para máquinas importadas, así como la relativa dificultad en conocer los precios actuales vigentes lleva a casos de infraseguro, con los consiguientes problemas en caso de siniestro.

Por otro lado, no es sencilla su tarificación; se necesita disponer de un mínimo básico de información para poder tarificar estos riesgos, obliga a que la misma no pueda ser hecha fácilmente sobre la marcha por los elementos de la red gestora, como otro tipo de seguros.

## 4-220 Seguro de equipos electrónicos

Esta es una modalidad de seguros de daños por el que el asegurador se compromete a indemnizar al asegurado por el perjuicio patrimonial sufrido a consecuencia de los daños sufridos por los equipos electrónicos de su empresa.

Al igual que el seguro de avería de maquinaria, se encuadra como una variante del seguro de lucro cesante en su modalidad de por pérdida de beneficios por paralización de la empresa, especialmente causada por la avería de los ordenadores o de los equipos informáticos principalmente.

Es importante detallar claramente en la póliza qué riesgos se encuentran cubiertos y qué aparatos o equipos electrónicos son los que se integran en la póliza.

El desarrollo de la tecnología electrónica, que se inicia en la década de los años 30, plantea la necesidad de un producto que sea capaz de dar cobertura a aquellos equipos mucho más frágiles y sensibles que las máquinas convencionales que se instalaban en los diferentes tipos de industrias y que requerían un tratamiento especial.

La filosofía aseguradora de la modalidad de equipos electrónicos es hoy la misma que en su origen. Se trata de corresponder a todas estas delicadas instalaciones con un seguro integral o un seguro de todo riesgo puro, en donde, con las exclusiones comunes a todos los seguros, se de cobertura a los equipos asegurados por cualquier daño que sufrieran, tanto si el mismo era inherente a su funcionamiento, como si la causa era ajena al mismo y procedente del exterior.

Debida al auge e importancia que están cobrando cada día los equipos informáticos en las empresas y debido a la cantidad de información de vital importancia para la empresa que se guardan y se tratan en ellos, este tipo de seguro cobra cada día más una gran importancia y cuenta con gran demanda

Esta modalidad de seguro de daños se dirige a dar cobertura completa al equipo que se desea garantizar, no a asegurarle contra incendios, contra robo o contra roturas, sino a asegurar el equipo contra cualquier eventualidad. Se puede afirmar que el objetivo del seguro es la máquina, y no la causa por la que la máquina puede verse afectada.

Se indemnizarán todos los daños físicos que sobrevengan a la instalación de forma súbita e imprevista, y que obliguen a la reparación o reposición de todo o parte.

Las coberturas típicas de este tipo de seguro son:

- Impericia, negligencia y actos malintencionados del personal del asegurado o de extraños.
- La acción directa de la energía eléctrica como resultado de cortocircuitos, arcos voltaicos, sobretensiones y otros efectos similares, así como la debida a perturbaciones eléctricas consecuentes a la caída del rayo.
- Errores de diseño, cálculo, montaje, defectos de fundición, de material, de construcción de mano de obra y empleo de materiales defectuosos.
- Incendio, humo, hollín, caída del rayo, explosión o implosión, así como los producidos con motivo de la extinción de incendios, derribos, evacuaciones o traslados, incluida la desaparición de los objetos asegurados como consecuencia de dichos hechos.
- Acción del agua.
- Robo, hurto y expoliación, incluidos los desperfectos causados para cometerlos o como consecuencia de los mismos.
- Caídas, impacto, colisión, así como obstrucción o entrada de cuerpos extraños.

- Defectos de engrase, aflojamiento de piezas, esfuerzos anormales y calentamiento.
- Fallo en los dispositivos de regulación.

En cuanto a las exclusiones típicas de este tipo de seguro podemos señalar las siguientes:

- Los daños producidos cuando el siniestro se origine por dolo o culpa grave del asegurado.
- Los daños producidos con motivo o a consecuencia de:

• Actos políticos o sociales o sobrevenidos con ocasión de alborotos populares, motines, huelgas, disturbios internos, sabotajes y terrorismo.

• Guerra civil o internacional haya o no mediado declaración oficial, levantamientos populares o militares, insurrección, rebelión, revolución u operaciones bélicas de cualquier clase.

• Erupciones volcánicas, huracanes, trombas, terremotos, temblores de tierras, maremotos, embates del mar en las cosas, inundaciones y hundimientos.

- Defectos o vicios ya existentes al contratar el seguro
- Desgaste o deterioro paulatino como consecuencia del uso o funcionamiento normal, rasguños y defectos estéticos, erosión, corrosión, oxidación, herrumbre o incrustaciones.
- Experimentos, ensayos o pruebas, en cuyo transcurso sean sometidos los bienes asegurados, intencionadamente, a un esfuerzo superior al normal.
- Los daños de los que sea responsable legal o contractualmente el fabricante o proveedor de los bienes asegurados, o la empresa encargada del mantenimiento.
- Los daños producidos a consecuencia del mantenimiento deficiente o insuficiente de los objetos asegurados.
- Pérdidas indirectas de cualquier clase: suspensión o paralización del trabajo, incumplimiento o rescisión de contratos, multas contractuales y, en general, cualquier perjuicio o pérdida de beneficios.
- Pérdidas o daños en tubos o válvulas electrónicas, fusibles, correas y, en general, en cualquier objeto de rápido desgaste.
- Materiales de consumo, líquidos, cintas, papeles, etc.

Esta modalidad de seguro de daños, al versar sobre objetos tan técnicos y equipos informáticos, puede ampliarse con unas especiales **garantías opcionales** propias a los propios bienes asegurados como son:

**a. Seguro de portadores externos de datos y costo de reconstrucción la de información**

Esta garantía opcional, que siempre se contrata a primer riesgo, trata de dar cobertura a tarjetas, cintas perforadas, cintas magnéticas, discos magnéticos, etc., en donde se archiva información que luego se procesará en el ordenador.

4

Si como consecuencia de un siniestro cubierto por la póliza, se dañan estos portadores de datos, la Compañía indemnizará hasta el límite pactado el costo de reposición de los elementos materiales dañados más el costo que nos supone el reponer la información allí guardada.

La cobertura no se extiende a los programas informáticos, sino solamente a la información de la operativa diaria: datos contables, de archivo, de almacén, etc.

El capital que se debe asignar a esta garantía viene dado por el valor de los portadores que, en el peor de los casos, se vieran afectados, más el costo que, también en el peor de los casos, nos puede suponer el reconstruir la información.

**b. Seguro de incremento del Costo de Operación**

Cubre el costo que supone para una empresa el tener que alquilar o disponer de un equipo de parecidas características al existente cuando por avería ha quedado fuera de servicio.

Esta garantía no es a primer riesgo, sino a valor total, y por tanto, en caso de infraseguro es de aplicación una regla proporcional.

El capital que debe asignar para esta cobertura es el que, presumiblemente, nos costaría el alquiler, o la disposición anual de un equipo igual o de parecidas características al asegurado.

Este tipo de garantía adicional cubriría:

- Los daños y pérdidas que sufran los portadores externos de datos al servicio del equipo garantizado (tales como discos magnéticos, fichas magnéticas y perforadas) etc. Esta obligación de indemnizar comprende:

• La reparación de los daños sufridos, o bien la reposición del portador externo de datos.

• El coste que represente la reproducción de los datos e informaciones contenidas en el portador externo de datos, perdidos a consecuencia del siniestro.

- Los gastos adicionales que deban realizarse por la utilización de una instalación o equipos ajenos, a causa de una interrupción total o parcial de las operaciones de la instalación o equipo garantizado en la póliza.

Sin embargo, esta garantía adicional no se extenderá a:

- Los gastos causados por el hecho de que el asegurado carezca de los fondos necesarios para sustituir o reparar los equipos dañados o destruidos.

- Los que tengan su origen en un fallo del sistema de climatización o en una falta de suministro de energía eléctrica.

- Los gastos en que se incurra por demoras o restricciones causadas por la Autoridad o Administración Pública, que impidan la puntal reconstrucción o reposición del equipo siniestrado.

## Sección 2. EL SEGURO DE DEFENSA JURÍDICA

### 4-221 Concepto y regulación del seguro de defensa jurídica

Por el seguro de defensa jurídica el asegurador se obliga, dentro de los límites establecidos en la Ley y en el contrato, a hacerse cargo de los gastos en que pueda incurrir el asegurado como consecuencia de su intervención en un procedimiento administrativo, judicial o arbitral, y a prestarle los servicios de asistencia jurídica judicial y extrajudicial derivados de la cobertura del seguro.

A tal efecto, el seguro de defensa jurídica tiene un doble sentido:

a) Un sentido económico -al hacerse cargo la aseguradora de los gastos y costas del asegurador por algún procedimiento de cualquier tipo- salvo el pago de multas y la indemnización de cualquier gasto originado por sanciones impuestas al asegurado por las autoridades administrativas o judiciales que quedan excluidas de la cobertura de estos seguros.

b) De servicio jurídico al asegurado.

Al ciudadano le preocupa tener que afrontar los altos costes y gastos procesales de cualquier procedimiento en el que se pudiera ver inmerso. Esto genera una sensación de indefensión en ellos por no disponer de los medios económicos que les permitan tener una defensa y asistencia jurídica de nivel garantizada. Por ello, esta modalidad de seguro tiene una enorme repercusión social ya que permite acceder sin grandes y elevadas primas, a la protección de la mayoría de los litigios siempre que éstos no respondan a la voluntad del asegurado de manera que este seguro hace realidad el precepto de "igualdad de los hombres ante la Ley" al poner a su alcance los medios necesarios para la defensa de sus intereses con la particularidad de evitar exponer bienes patrimoniales.

Como señalan algunos analistas jurídicos, la "suma asegurada" del artículo 3 de la LCS según venga estipulada en el contrato de seguro, puede ser ilimitada, limitada o puede contener una fórmula "mixta", que estará "limitada" en la libre elección e ilimitada en prestación de. La cláusula de límite cuantitativo plantea en la práctica dualidad en las interpretaciones acerca de si dicha cláusula constituye una delimitación de cobertura o una limitación de derecho del asegurado a la tutela jurídica, en cuyo caso se exigiría para su validez la aceptación expresa por escrito por el asegurado.

**ATENCIÓN:** En un juicio de faltas, en el que el asegurado designa un abogado particular para su defensa y la aseguradora es parte en calidad de presunta responsable civil directa, ante una sola petición indemnizatoria frente al asegurado y frente a la aseguradora de forma solidaria, convergen dos tipos de defensa: por un lado la del letrado del conductor asegurado, y por otro, la del letrado de la Entidad.

En caso de que se le condene al asegurado, será la aseguradora la que debe abonar la indemnización y a continuación, sin perjuicio de cubrir los honorarios por la defensa penal, deberá también afrontar los honorarios de ambos letrados por la defensa de la responsabilidad civil, teniendo en cuenta, además, que ésta es la más costosa.

El seguro de defensa jurídica es objeto de regulación en la Sección Novena de la LCS, artículos 76.a a 76.g. Todos estos apartados del artículo 76 de la LCS se crean al efecto por la redacción del artículo 6 de la Ley 21/1990

4

de 19 diciembre, para adaptar el Derecho Español a la Directiva 88/357/CEE, sobre Libertad de servicios en seguros distintos al de Vida, y de actualización de la Legislación de Seguros Privados. De esta manera la anterior Sección Novena pasa a ser la actual Sección Décima en la LCS.

El seguro de defensa jurídica deberá ser objeto de un contrato independiente, el cual podrá incluirse en capítulo aparte dentro de una póliza única, en cuyo caso habrán de especificarse el contenido de la defensa jurídica garantizada y la prima que le corresponde.

## 4-222 Garantías y coberturas del seguro de defensa jurídica

**En cuanto a las coberturas de gastos, los más habituales que quedan cubiertos con este tipo de seguros son:**

- Tasas, derechos y costas judiciales derivadas de la tramitación de los siniestros cubiertos.
- Honorarios de abogados y peritos necesarios.
- Derechos y suplidos de procurador, cuando sea necesaria su intervención.
- Gastos notariales y de otorgamiento de poderes, así como actas, requerimientos y demás actos necesarios en la defensa de los intereses del asegurado
- Constitución de fianzas en procesos penales para conseguir la libertad provisional del asegurado, así como para responder del pago de las costas judiciales.
- Las costas de la parte contraria, siempre y cuando le sean impuestas por sentencia.
- Los costes de conciliación del Tribunal de Arbitraje.

Los servicios que incluyen normalmente estas pólizas de defensa jurídica son los siguientes:

- Asesoramiento jurídico telefónico sobre asuntos de índoles doméstico, familiar y personal como: vivienda, familia, consumo, automóvil, asuntos penales, temas laborales, incluso pueden llegar a incluir asesoramiento sobre asuntos fiscales vinculados con la declaración de la renta.
- Reclamación de daños corporales así como en los bienes del asegurador, incluidos animales de compañía y vehículos terrestres sin motor. También se incluyen en muchos casos, los posibles perjuicios patrimoniales derivados de los daños corporales o materiales antes indicados.

**La defensa del asegurado en procesos tanto en responsabilidad civil como penalmente**

4

Asimismo, es habitual que los contratos de seguros de defensa jurídica incorporen hoy en día innovadoras coberturas para atraer a los clientes. Así podemos encontrar algunas como los siguientes:

**La defensa de los derechos del asegurado vinculados con su vivienda como:**

- Reclamaciones de daños y perjuicios ocasionados por emanaciones de humos o gases, ruidos persistentes y actividades molestas, nocivas o peligrosas.
- Reclamaciones ante la prestación defectuosa de servicios de reparación o reformas.
- Defensa y reclamaciones de los intereses patrimoniales del asegurado frente a la comunidad de propietarios a la que pertenece.
- Defensa y responsabilidad penal del asegurado como miembro de la junta de copropietarios.
- Reclamaciones de los daños que haya sufrido la vivienda del asegurado, así como la reparación de la causa que los produzca.
- Reclamaciones por conflictos de servidumbres, lindes y medianerías.
- Defensa y reclamaciones de los intereses del asegurado en los conflictos por contrato de alquiler tanto si éste es arrendador como arrendatario.

**Defectos de construcción:**

Reclamaciones al promotor, constructor o dirección facultativa por los defectos de construcción que presente la vivienda del asegurado.

**Defensa del asegurado como "consumidor":**

- Reclamaciones por incumplimiento de terceros de contratos de compraventa, depósito y similares que afecten a mobiliario y demás bienes domésticos, incluidos animales de compañía.


© CISS

- Reclamaciones por el incumplimiento que pudiera surgir en los servicios que contrate el asegurado con ocasión de: servicios médicos, enseñanza y transporte escolar, limpieza, mudanzas, servicios técnicos de reparación de electrodomésticos, suministros de agua, gas, electricidad y teléfono.

- Defensa o asistencia jurídica en otras modalidades jurídicas: asuntos laborales, fiscales, reclamación a otras compañías de seguros, defensa en infracciones administrativas y hasta prestación por separación o divorcio.

## 4-223 Exclusiones a la aplicabilidad de la ley en el seguro de defensa jurídica

Los preceptos contenidos en los artículos 76.a a 76.f de la LCS, que regulan los aspectos relacionados con el seguro de Defensa Jurídica, no serán de aplicación (art. 76.g LCS):

1. A la defensa jurídica realizada por el asegurador de la responsabilidad civil.

El artículo 74 de la LCS, que regula el seguro de responsabilidad civil, ya determina la función del asegurador de llevar la dirección jurídica frente a la reclamación del perjudicado al tiempo que establece que son por su cuenta los gastos de defensa que se ocasionen. Este precepto también obligaba al asegurado a prestar toda la colaboración que fuera necesaria al asegurador en la dirección jurídica asumida por éste.

Una particularidad importante a tener en cuenta es cuando el que reclama con el asegurado sea también asegurador de la misma compañía. En este caso, el asegurador deberá comunicar tal circunstancia inmediatamente al asegurado, pudiendo éste último optar por mantener su dirección jurídica al asegurador o bien confiar su defensa para este caso en otra persona, caso si fuese éste por el que optase, el asegurador deberá correr con los gastos que ello origine.

2. A la defensa jurídica que tenga por objeto litigios o riesgos que surjan o tengan relación con el uso de buques o embarcaciones marítimas.

3. A la defensa jurídica de asistencia en viaje.

Dentro de la faceta del asegurado como consumidor, ha venido a establecer la necesidad de que esta última variante de defensa jurídica -asistencia en viaje- se utilice mucho hoy en día y se incluya en la mayoría de las pólizas de defensa jurídica.

No obstante, como señala el artículo 76.g LCS, los preceptos que establecen la regulación del seguro de defensa jurídica no serán de aplicación en la defensa jurídica realizada por el asegurador de la asistencia en viaje de su asegurado.

Según determina el mencionado precepto, la no aplicación de las normas de esta sección "*quedará subordinada a que la actividad de defensa jurídica se ejerza en un Estado distinto del de la residencia habitual del asegurado; a que dicha actividad se halle contemplada en un contrato que tenga por objeto única y exclusivamente la asistencia a personas que se encuentren en dificultades con motivo de desplazamientos o de ausencias de su lugar de residencia habitual, y a que en el contrato se indique claramente que no se trata de un seguro de defensa jurídica, sino de una cobertura accesoria a la de asistencia en viaje*".

4

## 4-224 Particularidades del seguro de defensa jurídica

a) **Derecho de libre elección de abogado y procurador**

El asegurado tendrá derecho a la libre elección de abogado y procurador en los casos en que se presente conflicto de intereses entre las partes del contrato como ya hemos visto y según queda recogido en el artículo 76.d de la LCS.

En este caso, el asegurado puede elegir libremente el procurador y abogado que hayan de representarle y defenderle. Estos profesionales, en caso de ser designados por el asegurado, no vendrán sujetos, en ningún caso, a las instrucciones del asegurador.

b) **Arbitraje**

Tal y como recoge el artículo 76.e de la LCS el asegurado tendrá derecho a someter a arbitraje cualquier diferencia que pueda surgir entre él y el asegurador sobre el contrato de seguro.

**ATENCIÓN:** Este es el único caso en que la actual LCS reconoce la posibilidad de aplicar el arbitraje como sistema para dirimir conflictos entre el asegurado y la compañía. Para el caso del seguro de defensa jurídica, la

LCS determina que si se establece arbitraje, la designación de árbitros no podrá hacerse antes de que surja la cuestión disputada. Sin embargo, en los sistemas de arbitraje que se aplican con más regularidad hoy en día - arbitraje de equidad- la designación del árbitro se debe realizar con antelación y ambas partes plasmar este sometimiento en el contrato de seguro.

c) **Conflicto de intereses**

Tal y como se recoge en el artículo 76.f de la LCS: "*la póliza del contrato de seguro de defensa jurídica habrá de recoger expresamente los derechos reconocidos al asegurado por los dos apartados anteriores, es decir, en lo referente al arbitraje y a la libre designación de abogado y procurador.*

*En caso de conflicto de intereses o de desavenencia sobre el modo de tratar una cuestión litigiosa, el asegurador deberá informar inmediatamente al asegurado de la facultad que le compete de ejercitar los derechos de arbitraje y de libre elección de abogado*".

**Ejemplo:**

Vamos a ver la respuesta de la DGSFP a una consulta sobre la limitación de gastos de defensa jurídica.

"*Planteamiento*

*En los seguros de defensa jurídica se están insertando cláusulas en los condicionados generales que restringen el alcance de la cobertura inicialmente descrita. Se consulta la naturaleza y requisitos que deben reunir estas cláusulas para ser válidamente aplicadas por las entidades aseguradoras.*

***Contestación de la DGSFP***

*1. El seguro de defensa jurídica se regula en los artículos 76 a) a 76 f) de la Ley 50/1980, de 8 de octubre, de Contrato de Seguro. En el artículo 76 a) se define el seguro de defensa jurídica como aquella cobertura en la que el asegurador se obliga, dentro de los límites establecidos en la Ley y en el contrato, a hacerse cargo de los gastos en que pueda incurrir el asegurado como consecuencia de su intervención en un procedimiento administrativo, judicial o arbitral, y a prestarle los servicios de asistencia jurídica, judicial y extrajudicial, derivados de la cobertura del seguro.*

*La cláusula que se suele insertar por algunas entidades aseguradoras establece que la entidad no vendrá obligada a asumir los gastos de defensa jurídica cuando se trate de reclamaciones injustificadas en función de la responsabilidad del accidente o manifiestamente desproporcionadas con la valoración de los daños y perjuicios. No obstante, se suele indicar que se asumirá el pago de dichos gastos si el asegurado ejerciera las acciones judiciales y obtuviese una resolución favorable o una indemnización en cuantía similar a su pretensión inicial.*

*Las reclamaciones injustificadas o manifiestamente desproporcionadas suelen ser aquellas que las entidades consideran poco fundamentadas o inviables judicialmente, por carecer de medios de prueba suficientes sobre las causas del siniestro o respecto al responsable de su realización.*

*La cláusula descrita anteriormente establece una limitación al alcance de la cobertura de defensa jurídica establecido en el artículo 76 a) de la Ley de Contrato de Seguro; esta circunstancia determina su consideración como una cláusula limitativa de los derechos del asegurado.*

*2. El artículo 3 de la Ley de Contrato de Seguro establece que las condiciones generales y particulares del contrato, se redactarán de forma clara y precisa y se destacarán de modo especial las cláusulas limitativas de los derechos de los asegurados, que deberán ser específicamente aceptadas por escrito.*

*El régimen de las cláusulas limitativas viene impuesto por una norma de carácter imperativo por lo que, en el caso de ser contravenida, se producen los efectos del artículo 6.3 del Código Civil, que establece la nulidad de pleno derecho de los actos contrarios a normas imperativas.*

*Como ni en la Ley de Contrato de Seguro ni en ninguna otra norma se establece un efecto distinto del de la nulidad de pleno derecho, la inclusión de una cláusula limitativa de derechos de los asegurados vulnerando el mandato específico contenido en el artículo 3 de la Ley de Contrato de Seguro tiene el efecto indudable de la nulidad. Esta nulidad no alcanza a todo el contrato de seguro, sino que se circunscribe exclusivamente a la cláusula limitativa de derechos. Esto se deriva del párrafo tercero del propio artículo 3 al dar por supuesta la posibilidad de declaración de nulidad de cláusulas concretas que no afecten al total del contrato de seguro.*

*Las cláusulas limitativas se destacarán de modo especial. Ello exige que la constancia gráfica en la póliza debe hacerse de modo que se resalten dichas cláusulas limitativas sobre la forma común de redactar la póliza tanto porque se emplee una tipografía especial que llame la atención, o porque se dediquen apartados especiales que recojan las cláusulas limitativas sobre la expresión general de la póliza.*

*Otro requisito es que las cláusulas limitativas deberán ser específicamente aceptadas por escrito por el tomador, bien en la propia póliza, en que se contienen las condiciones particulares y generales, bien en otro documento. En ambos casos, el tomador no sólo ha de firmar o suscribir la póliza, sino que también deberá constar una mención expresa a dichas limitaciones, indicando que reconoce haber leído y acepta expresamente con su firma las cláusulas limitativas de sus derechos contenidas en el contrato que suscribe.*

*3. Además de lo indicado anteriormente, desde el punto de vista gramatical, todas las cláusulas del contrato, incluidas las limitativas de los derechos del asegurado, han de redactarse de forma clara y precisa, siguiendo el mandato legal contenido en el artículo3 de la Ley de Contrato de Seguro y en el artículo 10 de la Ley 26/1984, de 19 de julio, General para la Defensa de los Consumidores y Usuarios, donde se establece la necesidad de que las cláusulas, condiciones o estipulaciones que se apliquen en los contratos cumplan los requisitos de concreción, claridad y sencillez.*

*Asimismo, el artículo 1288 del Código Civil, y el apartado dos del artículo 10 de la Ley General para la Defensa de los Consumidores y Usuarios, dispone que la interpretación de las cláusulas oscuras de un contrato no deberá favorecer a la parte que hubiese ocasionado oscuridad; en consecuencia en caso de duda sobre el sentido de una cláusula prevalecerá la interpretación más favorable para el consumidor.*

## 4-225 Diferencias entre seguro de asistencia jurídica y la cobertura de defensa jurídica de otros seguros

Un seguro de asistencia jurídica no es lo mismo que la cobertura de defensa jurídica del asegurado que incluyen algunos seguros y por la cual la aseguradora asume la reclamación y defensa por daños y perjuicios del asegurado.

La defensa jurídica es una cobertura de asistencia -también denominada reembolso de gastos- y es aquella cobertura que puede contratar un asegurado en otros seguros, como por ejemplo, el propietario de una vivienda en su seguro de hogar o de multirriesgo, o también el propietario, conductor u ocupante del vehículo en su seguro de autos, para estar cubierto ante una reclamación administrativa, judicial o arbitral.

El caso más habitual es el del seguro de vehículo. Es este caso, la cobertura de asistencia jurídica que se contrata con este seguro es más bien una cobertura de reclamación por los daños sufridos al ser un asegurado, propietario, conductor u ocupantes del vehículo en un accidente de coche, y asimismo incluye la defensa por los daños que el propio asegurado haya podido causar a un tercero también en un accidente con el coche. Algunas veces, determinadas compañías incluyen también dentro de esta cobertura los daños sufridos como peatón o ciclista.

Además, en estos casos existe una particularidad y es que la aseguradora no se encuentra obligada a cubrir todos los gastos de reclamación excepto a pedido del asegurado. Ello requiere además que la acreditación documental del atestado, presente la declaración amistosa de accidentes así como declaraciones de testigos presenciales como pruebas de inocencia y con derecho a reclamo. La aseguradora puede negarse a prestar la cobertura por reclamo judicial en caso de no existir pruebas o que éstas sean desfavorables lo que se producirá cuando no existan pruebas que puedan demostrar la inocencia, o que pueda haber en contra y indicando ser culpables del accidente.

Pero además, la cobertura de defensa jurídica incluida en otros seguros presenta un límite económico, pese a que ciertas aseguradoras señalan que prestan una "cobertura ilimitada", cubriendo todos los gastos que se generen.

## Sección 3. EL SEGURO DE ASISTENCIA EN VIAJE

### 4-226 Antecedentes y concepto

Ya en el año 1964, en pleno despliegue del fenómeno turístico en España, cuando nuestro país empezaba ser reclamo importante en el resto de países principalmente europeos, se implantó esta modalidad o ramo de seguro a raíz del Decreto 3404/1964 de 22 de octubre que regulaba una figura que se llamó "seguro turístico" y que garantizaba los riesgos que pudieran surgir a los turistas extranjeros cuando están en España.

Esta cobertura ha tenido un fuerte incremento en los últimos años debido al buen resultado que aún produce para los aseguradores y a la buena imagen que genera, sobre todo en un ramo tan necesitado de ella como el de automóviles. Además, la afición por viajes se ha visto notablemente desarrollada y el público ha experimentado la necesidad de contar con este tipo de coberturas. Por eso, con el paso de los años se ha ido extendiendo la cobertura a los riesgos que pudiera tener el asegurado y sus acompañantes sobre unas garantías, que se han estructurado principalmente como supletorias de otras modalidades de seguros como el antes mencionado del automóvil.

Esta modalidad de seguro incluye la cobertura de una serie de garantías que le pueden ocurrir al viajero: accidentes individuales, enfermedad y asistencia sanitaria, defensa jurídica, pérdida de equipajes...hasta la ampliación de la responsabilidad civil obligatoria en caso de conducir vehículos.

Unos años más tarde, ya en 1982, se estableció la Orden Ministerial de 29 de julio que reconocía por primera vez la asistencia en viaje como un ramo de seguro propiamente dicho, aspecto que ya se recogió íntegramente en las Leyes de Ordenación de 1984 y de Supervisión de 1985.

Y ya fue en 1988 cuando el seguro de asistencia en viaje cobró su total madurez en el Ordenamiento Jurídico asegurador cuando la Orden de 27 de enero de ese año -derogada por el Real Decreto 2486/1988, de 20 de noviembre- calificó las coberturas de la asistencia en viaje como operaciones de "seguro privado" determinando que lo serán siempre que vengan a prestar al viajero una ayuda inmediata, ya sea en forma de prestación económica o de servicios, cuando éste se encuentre en dificultades como consecuencia de una evento fortuito en el transcurso de un viaje que le haga estar fuera de su domicilio.

Dada la especialización y la amplia red de servicios y profesionales que requiere esta modalidad de seguro, la mayoría de las entidades han optado por crecer en solitario o en colaboración con otras compañías especializadas de asistencia, o por celebrar conciertos con compañías independientes.

4

### 4-227 Principales prestaciones del seguro de asistencia en viaje

A través del seguro de asistencia en viaje, el compromiso que asume el asegurador es la prestación de una serie de servicios en caso de ocurrir alguno de los hechos descritos en la póliza y que no necesariamente son siniestros cubiertos por la misma, pues cabe reclamar esa asistencia en caso de siniestros no cubiertos o por mera avería mecánica del vehículo:

**a) Prestaciones relativas a las personas:**

En primer lugar debe puntualizarse qué personas se entienden habitualmente como aseguradas a los efectos de esta garantía:

- El tomador del seguro y el conductor habitual.
- Cónyuge, hijos y padres de los anteriores.
- Cualesquiera otros ocupantes del vehículo pero sólo en caso de accidente de circulación.

Las prestaciones que se ofrecen para esas personas, generalmente a partir del kilómetro cero, son las siguientes:

- Transporte o repatriación sanitaria de asegurados, heridos y enfermos.
- Transporte o repatriación de los demás asegurados cuando se aplique la cobertura anterior.
- Transporte o repatriación de hijos menores del asegurado bajo la custodia de una persona siempre que se aplique la primera de las coberturas.
- Desplazamiento de un familiar en caso de hospitalización del asegurado.
- Asistencia médica y sanitaria del asegurado.

- Convalecencia del asegurado en hotel.
- Repatriación o traslado del asegurado fallecido.
- Regreso anticipado del asegurado por fallecimiento de su cónyuge, ascendientes o descendientes en primer grado o hermano.
- Búsqueda y envío de equipajes del asegurado extraviados
- Transmisión de mensajes urgentes de los asegurados.

**b) Prestaciones relativas al vehículo:**

Estos servicios suelen prestarse también desde el kilómetro cero y generalmente son los siguientes:

- Remolcaje en caso de avería o accidente hasta el taller más próximo.
- Ayuda técnica en carretera, excepto el coste de las piezas a sustituir.
- Rescate o salvamento del vehículo por vuelco o caída en desnivel.
- Servicios a los asegurados en caso de inmovilización del vehículo por avería o accidente.
- Gastos de hotel.
- Transporte o repatriación de los asegurados.
- Servicios a los asegurados en caso de robo del vehículo iguales a las del punto anterior.
- Transporte o repatriación del vehículo averiado o robado.
- Traslado del asegurado para recoger su vehículo averiado.
- Envío de un conductor profesional para el transporte del vehículo y sus ocupantes.
- Envío de piezas de recambio si no pudieran obtenerse en la zona, siempre que existan en España.
- Obtención y envío de duplicado de llaves al extranjero.

Las **exclusiones** que habitualmente afectan a esta modalidad son las siguientes:

- Cuando el vehículo participe en pruebas o competiciones deportivas.
- Recaídas y agravamientos de enfermedades preexistentes susceptibles de empeorar durante el viaje.
- Gastos de asistencia por embarazo o enfermedad mental preexistente.
- Gafas y aparatos ortopédicos.
- Tratamientos por enfermedades causados por ingestión de alcohol, narcóticos o tóxicos sin prescripción facultativa.
- Suicidio o muertes causadas dolosamente por el asegurado.



## Sección 4. EL SEGURO DE DECESOS

### 4-228 Concepto y características

El seguro de decesos surge como respuesta a una necesidad que incide especialmente en los segmentos medios y bajos de la sociedad española de principios de siglo: tener resuelto el problema de su enterramiento y el de sus allegados en condiciones dignas. Ya en los años 20 surgieron las primeras aseguradoras de este ramo que, progresivamente, van separando su actividad de la mantenida por las funerarias. Es una tipo de seguro enormemente arraigado que cuenta con más de 20 millones de asegurados.

Aunque son más de sesenta las aseguradoras que tienen actualmente autorizado el ramo de decesos, la gran parte del volumen del negocio se concentra en no más de seis o siete que son las principales en este ramo. No obstante, podemos encontrar gran variedad de modelos de comercialización en los que, en su primer momento, se confundía la figura del agente con la del funerario. Esta modalidad de seguro tenía una particularidad muy característica que era el cobro "puerta por puerta". El agente era el que cobraba los recibos mes a mes y lo hacía a domicilio, incluso llegando a financiar y fraccionar el pago de las primas.

Durante los años setenta, el ramo va configurándose netamente como un seguro de servicios, y a finales de esta década se incorporan al seguro prestaciones de asistencia (traslado internacional en caso de fallecimiento, repatriación sanitaria, ambulancia, gastos sanitarios, etc.) que modernizan y perfeccionan esa prestación que los seguros genéricos de asistencia no ofrecen: la cobertura de enterramiento en toda su amplitud.

Ya en los 80, el ramo se presenta bajo denominaciones como "seguro combinado de asistencia familiar" o integrado junto con coberturas de asistencia en pólizas multirriesgo del hogar.

En cuanto a la duración, el contrato generalmente se estipula por períodos anuales prorrogables tácitamente. El tomador podrá rescindir el seguro en cualquier anualidad si media preaviso de dos meses de antelación a la fecha de vencimiento del contrato. El asegurador, en ningún caso, podrá oponerse a la prórroga del contrato para la cobertura de decesos. Esta cláusula significa una salvaguardia para el asegurado que, en ningún caso, podrá ser privado de cobertura por motivos de edad avanzada o de deficiente estado de salud.

Respecto a las carencias, las condiciones generales de las pólizas prevén en muchos casos períodos de carencia, de veinte días a tres meses, en lo que se refiere a la garantía de prestación del servicio fúnebre contratado. Sin embargo, existen aseguradores que han prescindido del citado período de carencia y otros lo suprimen, haciéndolo constar en las condiciones particulares.

## 4-229 Principales coberturas del seguro de decesos

Es bien conocido que el fallecimiento en nuestra sociedad, además de una carga económica, lleva implícito un conjunto de trámites y procesos para llevar a cabo la inhumación -por enterramiento o incineración- de la persona fallecida que, en general, son complejos, molestos y costosos, mucho más en momentos como el indicado. Es en estas circunstancias, cuando se aprecia lo que puede significar que mediante una simple llamada telefónica alguien lleve a cabo todas las gestiones, coordine los servicios necesarios y se haga cargo del coste de todo el proceso.

Este es el auténtico sentido de la cobertura del seguro de decesos que, en el contrato, queda descrita como garantía de prestación del servicio fúnebre contratado al fallecimiento de cada uno de los asegurados que figuran en dicho contrato, cualquiera que sea la causa de la defunción.

Si la prestación del citado servicio no fuese posible, el asegurador se compromete a resarcir los gastos ocasionados como consecuencia de tal servicio, abonando el importe del valor contratado.

En resumen, el seguro cubre:

- La prestación de un servicio fúnebre o resarcimiento de gastos en caso de imposibilidad de prestación de dicho servicio.
- Gastos de sepultura, derivados de la compra o alquiler de una sepultura o nicho, o de incineración.
- Lápidas.
- Otros gastos, como derechos parroquiales, registro, recordatorios, coronas, automóviles de acompañamiento, etc.

4

Además, y en función del asegurador de que se trate y de la póliza en concreto:

- Indemnización única por fallecimiento o invalidez por accidente del asegurado.
- Subsidio diario por hospitalización derivada de una intervención quirúrgica.
- Servicio de ambulancia.
- Traslado nacional en caso de fallecimiento fuera del domicilio donde reside habitualmente el asegurado fallecido.
- Traslado a cementerio situado en localidad diferente del lugar de residencia habitual del asegurado.
- Asistencia y traslado internacional, que incluye las garantías siguientes:
  - Traslado internacional.
  - Acompañante en caso de traslado internacional.
  - Traslado en ambulancia.
  - Repatriación sanitaria.
  - Gastos médicos de urgencia.

Desde el punto de vista de la supervisión administrativa, señalar como novedad importante la modificación del ROSSP recogida en el RD 1298/2009, de 31 de julio, en virtud de la cual se ha añadido un artículo 105 bis al ROSSP que indica lo siguiente:

*"Artículo 105 bis. Deber particular de información en el caso de seguros de decesos.*


© CISS

*Además de las obligaciones establecidas en el artículo 60 del texto refundido de la Ley de Ordenación y Supervisión de los Seguros Privados y en el artículo 104 de este Reglamento, antes de la celebración de un contrato de seguro de decesos, en cualquiera de sus modalidades de cobertura, se deberá hacer entrega al tomador del seguro de una nota informativa redactada de forma clara y precisa, con el siguiente contenido:*

*1. En función de cuál sea la modalidad del seguro de decesos que se está ofertando:*

*a) Identificación de la modalidad conforme a la siguiente tipificación: a prima nivelada, natural o seminatural.*

*b) Definición de la modalidad que se está ofertando, características y método de cálculo de la prima inicial.*

*2. Para cualquiera de las modalidades del seguro de decesos que se está ofertando:*

*a) Identificación de los factores de riesgo objetivos a considerar en la tasa de prima a aplicar en las sucesivas renovaciones de la póliza: edad del asegurado, variaciones en el capital asegurado, evolución en los costes de los servicios funerarios u otros.*

*b) Cuadro evolutivo estimado de las primas comerciales anuales hasta que el asegurado alcance la edad de noventa años, elaborado conforme a las siguientes especificaciones:*

*1.º Detalle de la evolución previsible de las primas comerciales anuales a partir de la edad del asegurado en el momento de la contratación de la póliza, expresadas en tasas sobre 1.000 euros de capital asegurado inicial.*

*2.º Detalle de la evolución de los capitales asegurados.*

*c) Información sobre las actualizaciones de capitales asegurados y de primas a aplicar en las renovaciones y plazo previo al vencimiento y forma en la que se van a realizar las comunicaciones al tomador del seguro.*

*d) Garantías accesorias opcionales a la cobertura de decesos que se ofrecen en la misma póliza, con indicación del importe de la prima correspondiente a cada una de ellas cuando correspondan a otro ramo de seguro.*

*e) Condiciones de resolución del contrato.*

*f) Supuestos de renuncia, por parte de la entidad aseguradora, a oponerse a la renovación de la póliza a su vencimiento.*

*g) Existencia, o no, del derecho de rehabilitación de la póliza y normas por las que se rige, en su caso".*

## 4-230 Particularidad del servicio en el seguro de decesos

4

### La suma asegurada

En principio, la prestación de los servicios amparados por la garantía de decesos está limitada en su cuantía a la suma asegurada que se establece en el contrato. Por esta razón, es necesario que dicha suma sea suficiente para prestar un servicio digno y de calidad. Además, es importante tener en cuenta que la valoración económica del servicio de enterramiento varía según el municipio del que se trate.

A título enunciativo, las prestaciones mínimas que debe incluir un servicio básico suelen ser las siguientes:

- Arca cuadrada forrada interiormente y con herrajes.
- Coche fúnebre para el traslado del difunto hasta el lugar de inhumación o incineración.
- Capilla ardiente en domicilio.
- Velatorio o tanatosala.
- Personal para montaje del servicio y salida del féretro.
- Dos coches de acompañamiento.
- Asistencia eclesiástica.
- Corona de flores naturales.
- Derechos de inscripción de Registro Civil y gastos médicos.
- Gastos de inhumación y sepultura -de alquiler o perpetua- o de incineración.
- Recordatorios y esquela mortuoria en periódico local.

En caso de incineración, el arca deberá ser la adecuada al efecto y en el servicio se incluye una urna destinada a recoger las cenizas del finado. La descripción del servicio generalmente se incluye en las condiciones del contrato.

**Variaciones en el coste del servicio**

En caso de que se produzca la variación citada, la aseguradora está obligada a ponerlo en conocimiento del tomador del seguro, proponiéndole la consiguiente modificación del contrato.

Si la rechaza, el contrato se mantendrá en igual situación y si ocurre el siniestro, el límite máximo de la prestación será el valor del servicio que figure en el contrato. Si la acepta, expresa o tácitamente, la aseguradora procederá a reajustar la suma asegurada y la prima.

**Ejemplo:**

Vamos a ver la respuesta de la DGSFP a una consulta sobre el mantenimiento de los derechos adquiridos en el seguro de decesos.

***Planteamiento***

*Se consulta si en caso de suscripción de una nueva póliza de seguro de decesos se han de mantener los derechos adquiridos por una póliza anterior suscrita con una entidad aseguradora distinta.*

***Contestación***

*1. Para la determinación del importe de la prima en los seguros de decesos se atiende tanto al coste de los servicios funerarios, como a la edad del asegurado. El artículo 79 del Reglamento de ordenación y supervisión del seguro privado, aprobado por Real Decreto 2486/1998, de 20 de noviembre, exige que las tarifas de prima de los seguros de decesos reflejen las modificaciones en la cobertura del asegurador ante evoluciones del coste del servicio, así como la utilización de técnica análoga a la del seguro de vida, lo que supone, entre otros extremos, atender a la edad del asegurado para calcular el importe de la prima.*

*2. La determinación de la prima en este seguro puede realizarse a prima de riesgo; es decir el asegurador cobra una prima proporcional al riesgo soportado. En este caso, si se trata de un seguro anual renovable, la prima se modificará de año en año en función de la edad del asegurado, así como por la elevación del coste del servicio prestado.*

*Esto se explica porque actuarialmente, cuanto mayor es la edad del asegurado, mayor es el riesgo de fallecimiento asumido por la aseguradora, por lo que la prima de riesgo ha de ser mayor.*

*Asimismo, cuando se incrementa el coste de los servicios funerarios, la cobertura del seguro no resulta suficiente para atender el coste del servicio pactado. En estos casos resulta conveniente elevar el importe de la cobertura. Este incremento del coste del servicio (y de la suma asegurada), dará lugar a un ajuste en la prima.*

*Si en vez de determinarse la prima proporcional al riesgo, se calculan primas medias, constantes durante toda la vida del contrato o con un leve aumento de año en año, se hace preciso constituir por la entidad aseguradora un capital acumulado, denominado provisión matemática, ya que en los primeros años de vida del contrato la prima será superior al riesgo realmente soportado. En este caso, si se produce la rescisión del contrato durante la vida del mismo el asegurado tendría derecho a la diferencia entre las primas pagadas y la prima de riesgo consumida. Esto únicamente ocurrirá en aquellos seguros con una duración superior a un año en los que se hayan constituido provisiones matemáticas.*

*3. En consecuencia, en el supuesto de suscripción de un nuevo contrato de seguros, en principio, los derechos adquiridos o las condiciones estipuladas en su póliza anterior se perderían, ya que la normativa reguladora de la actividad aseguradora privada no establece la obligación del asegurador de mantener las condiciones estipuladas en una póliza anterior suscrita con una entidad aseguradora distinta.*

*No obstante, las entidades aseguradoras por razones de política comercial pueden comprometerse a respetar los derechos adquiridos por una póliza anterior, si así se establece en el contrato.*

## 4-231 Particularidad de la tarificación del seguro de decesos

Las tarifas aplicadas en el ramo de decesos, al ser éste un riesgo creciente dependiente de la edad del asegurado, tienen un punto de contacto con las bases técnicas y actuariales del seguro de vida. Las primas de decesos se elaboran dependiendo también de la edad y, por tanto, también se apoyan en tablas de mortalidad.


© CISS

A fin de conseguir primas estables, las tarifas que se aplican mayoritariamente están elaboradas sobre la base de "nivelación de primas". Así, la prima calculada en el momento de la contratación se mantiene a lo largo del seguro (salvo actualizaciones o revalorizaciones).

Conviene, sin embargo, tener en cuenta que existen algunos aseguradores que utilizan una fórmula diferente: la denominada "**prima seminatural**".

Este sistema de cálculo de la tarifa se traduce en incrementos automáticos de las primas cada cinco años, con independencia del costo del servicio, en función de la edad real de los asegurados, es decir, cada cinco años el costo del seguro se incrementa para cada asegurado, aun en el caso de que la suma asegurada no varíe. Esto significa que aunque se parta de una prima más reducida, ésta progresivamente se va incrementando hasta cotas muy altas, precisamente en los tramos de edades más avanzadas donde se da una doble circunstancia: menor disponibilidad económica y mayor necesidad del seguro por parte de los asegurados.

Por estas razones, entre otras, los aseguradores con más peso en el ramo consideran esta forma de construir las primas poco adecuadas para el cliente.

Las tarifas suelen construirse siguiendo dos criterios:

- Por módulos de capitales asegurados y su correspondiente prima en función de las edades de contratación.
- Por tantos por mil en función también de las edades.

La prima conjunta del seguro será el resultado de sumar las primas individuales de cada persona que esté cubierta por el contrato, más las coberturas opcionales que se contraten.

**Tipos de primas en el seguro de decesos**

Sin perjuicio de las denominaciones comerciales que utilicen las aseguradoras, se definen las siguientes categorías de productos de seguros de decesos en función de sus estructuras tarifarías:

**a) Con prima nivelada:**

Este tipo de prima también es denominado "prima constante" por su inalterabilidad durante toda la vida del contrato, independientemente de que el riesgo sufra variaciones.

Por eso, los productos con prima nivelada son los que su tarifa permanece constante en función de la edad del asegurado en el momento de la contratación inicial de la póliza y, por ello, la prima no varía a lo largo de toda la duración de la póliza salvo que se modifiquen los capitales asegurados.

La variación de la prima, para reajustarla o actualizarla anualmente de la prima, se determina mediante la aplicación de la tasa correspondiente a la edad del asegurado en la contratación inicial del la póliza sobre el incremento de los capitales asegurados.

En los productos a prima nivelada es habitual incluir en los condicionados de las pólizas la facultad unilateral del tomador o del asegurado de rescindir la póliza a su vencimiento anual, permitiéndose un plazo de preaviso en muchos casos inferior a los dos meses y fijando la renuncia del asegurador al derecho a oponerse a la renovación de la póliza.

**ATENCIÓN:** En cuanto a la posibilidad de rehabilitar una póliza a prima nivelada no hay un mismo criterio en el sector. Así, una gran parte considera que no debería admitirse alegando una posible percepción discriminatoria por los asegurados que permanecieron fieles a la entidad, por motivos de desequilibrios técnicos y deficiencia de provisiones técnicas. Por el contrario, otro sector considera que sí se pueden rehabilitar pero siempre bajo determinados supuestos claramente identificados en el condicionado, en especial un plazo máximo de suspensión, que sería de un año.

**b) Con prima natural:**

Aquellos en los que la tasa varía en cada anualidad de renovación de la póliza en función de la mayor edad del asegurado y, por ello, la prima anual varía de forma creciente independientemente de la modificación que se aplique a los capitales asegurados.

La prima natural es la correspondiente a cada anualidad natural, de manera que es la más utilizada en la estructura de los seguros de vida, ya que en base a la propia esencia de esta modalidad de prima, en base al aumento del riesgo con el paso de los años y al aumento de edad del asegurado, se va aumentando el riesgo (muerte) y por tanto, las primas van aumentando con cada anualidad.

A tal efecto, el reajuste o actualización, que se lleve a cabo anualmente de la prima, se determinará por la aplicación de la tasa correspondiente a la mayor edad del asegurado sobre la totalidad de los capitales asegurados en ese año concreto.

**c) Con prima seminatural:**

Aquellos en los que la tasa varía cada cierto número de años en función de la edad que tenga en ese momento el asegurado hasta alcanzar la edad de 60 años y, por ello, la prima varía de forma creciente al final de cada uno de los periodos de años considerados independientemente de la modificación que se aplique a los capitales asegurados.

Es un producto a prima nivelada que se tarifica con un horizonte temporal limitado (normalmente cinco años) en lugar de tomar como horizonte temporal toda la vida del asegurado como se hace en los productos a prima nivelada puros.

En consecuencia, el reajuste o actualización anual de la prima se determina cada cinco años, mediante la aplicación de la tasa correspondiente a la mayor edad del asegurado sobre los nuevos capitales asegurados.

**ATENCION:** Esta relativa complejidad a la hora de establecer un tipo de prima u otro en esta modalidad de seguro es lo que lleva a que una gran parte de las aseguradoras consideren que este ramo, aunque afirman que es objeto de la misma cantidad y calidad de información que el resto de los ramos, reconocen -y entendemos que a la vista de las dudas y consultas planteadas posteriormente por sus asegurados- en el caso de aquellos productos de decesos basados en primas naturales o seminaturales, puede que no tengan los asegurados del todo claro la particularidad de la evolución de las primas a lo largo del tiempo lo que permite concluir que es posible que esta modalidad de seguro requiera un mayor nivel de formación a los agentes y de información a los asegurados.

Por eso, existe un compromiso por parte de las aseguradoras más activas en seguros de decesos de llevar a cabo algunas medidas como: mejora de los niveles de formación de la red de comercialización de los productos, el establecimiento por parte de la entidad, de controles internos que permitan valorar la calidad de la información transmitida y el grado de comprensión por los asegurados de los términos y condiciones de la póliza de seguro, implantar un servicio de atención al cliente permanente que permita aclarar las dudas o reclamaciones que puedan presentarse, el envío de comunicaciones informativas periódicas y la modificación de todos aquellos términos de difícil interpretación del contrato de seguro.

4

## Sección 5. EL SEGURO DE RIESGOS EXTRAORDINARIOS

### 4-232 Concepto y regulación

En determinadas pólizas viene incluida una cláusula de indemnización por el CCS de los daños producidos a las personas y en los bienes por determinados fenómenos de la naturaleza así como por algunos acontecimientos extraordinarios acaecidos en España derivados de hechos políticos o sociales y de las pérdidas que pudieran derivarse a consecuencia de los mismos.

De conformidad con lo establecido en los artículos 6 y 8 del Estatuto legal del CCS (RDLeg 7/2004, de 29 oct.), el tomador de un contrato de seguro de los que deben obligatoriamente incorporar recargo a favor del CCS, mencionados en el artículo 7 del mismo Estatuto legal, tiene la facultad de convenir la cobertura de los riesgos extraordinarios con cualquier entidad aseguradora que reúna las condiciones exigidas por la legislación vigente.

La determinación de "riesgo extraordinario" viene establecida por su especial consideración de ser debido a circunstancias nada comunes ni habituales como es propio de los demás riesgos. El carácter de "extraordinario" también se lo ofrece la excepcionalidad del alto importe al que pueden llegar las posibles pérdidas que son susceptibles de generar, siendo indiferente el número de asegurados al que pueda afectar para ser considerados como "riesgos extraordinarios" y pudiendo darse perfectamente el caso de que, aun habiendo causado daños a un único asegurador, un riesgo pudiera ser considerado como "extraordinario".

Muchos casos de acaecimiento de riesgos extraordinarios pueden llevar aparejada la declaración de "zona catastrófica" al espacio territorial en el que se produce el mismo. Pero, incluso en estos casos, no es necesario que dicha extensión territorial tenga que ser muy amplia, ni que los daños ocasionados deban ser muy cuantiosos

 © CISS

para tener que calificarlo como "catástrofe". En cualquier caso, para que un riesgo sea considerado como "extraordinario" no es necesario que los poderes públicos emitan una declaración oficial de "catástrofe" o de "zona catastrófica" en la zona e territorio en la que sucede.

Los "riesgos extraordinarios" en España están recogidos por el Estatuto Legal del Consorcio, aprobado por la Ley 21/1990, de 19 de diciembre, y que, tras sucesivas modificaciones, ha quedado recogido en el texto refundido aprobado por el Real Decreto Legislativo 7/2004, de 29 de octubre, con modificaciones introducidas por la Ley 12/2006, de 16 de mayo.

Una particularidad para que los riesgos extraordinarios sean cubiertos por el CCS es que su ámbito territorial sea España. Así, para los efectos exclusivamente de la cobertura del CCS, se entiende por riesgos situados en España los que afecten a:

a) Los vehículos con matrícula española.

b) Los bienes inmuebles situados en el territorio nacional.

c) Los bienes muebles que se encuentren en un inmueble situado en España, estén o no cubiertos por la misma póliza de seguro, excepto aquellos que se encuentren en tránsito comercial.

d) En el caso de seguros de personas, cuando el asegurado tenga su residencia habitual en España.

e) En los demás casos, cuando el tomador del seguro tenga su residencia habitual en España o, si fuera una persona jurídica, tenga en España su domicilio social o la sucursal a que se refiere el contrato.

Todo lo relativo a las coberturas de los riesgos extraordinarios asumidas por el CCS, así como la especificación detallada de cada uno de los riesgos cubiertos, los daños indemnizables y el alcance de la cobertura de los mismos, vienen desarrollados en el Reglamento del Seguro de riesgos extraordinarios, aprobado por Real Decreto 300/2004, de 20 de febrero, modificado por Real Decreto 1265/2006, de 8 de noviembre, normativa que, en definitiva, representa la garantía de protección que, como mínimo, debe tener el asegurado al ser tratada realmente como "condiciones generales" que se deben aplicar en la cobertura de estos riesgos por el CCS.

## 4-233 Derechos y obligaciones del CCS en el seguro de riesgos extraordinarios. El recargo

El papel del CCS en relación a los riesgos extraordinarios es muy importante y su principal obligación al respecto se basa en satisfacer a los asegurados las indemnizaciones derivadas de siniestros producidos por acontecimientos extraordinarios.



Ahora bien, sólo afrontará el CCS estas indemnizaciones en los casos de asegurados que hayan satisfecho los correspondientes recargos en favor de aquél y que además - tal y como recoge el artículo 8 del RD 300/2004, de 20 de febrero, por el que se aprueba el Reglamento del seguro de riesgos extraordinarios-, se encuentren en alguna de las situaciones siguientes:

a) Que el riesgo extraordinario cubierto por el CCS no esté amparado por póliza de seguro.

b) Que, aun estando amparado por póliza de seguro, las obligaciones de la entidad aseguradora no pudieran ser cumplidas por haber sido declarada judicialmente en concurso o que, hallándose en una situación de insolvencia, estuviese sujeta a un procedimiento de liquidación intervenida o ésta hubiera sido asumida por el propio Consorcio.

c) Las tarifas de recargos del seguro de riesgos extraordinarios que deben satisfacer obligatoriamente los asegurados al CCS, que deberán ser individualizadas para la cobertura de los daños directos y para la de la pérdida de beneficios, serán aprobadas por la DGSFP a propuesta del CCS y se publicarán en el BOE.

d) Las citadas tarifas deberán respetar los principios de equidad y suficiencia fundados en las reglas de la técnica aseguradora, y estar basadas en principios de compensación entre tipos de bienes o de riesgos, zonas geográficas y grados de exposición.

La cobertura de los riesgos extraordinarios alcanzará a los mismos bienes o personas, así como las mismas sumas aseguradas que se hayan establecido en las pólizas de seguro a efectos de la cobertura de los riesgos ordinarios.

No obstante lo dispuesto, en las pólizas que cubran daños propios a los vehículos a motor, la cobertura de riesgos extraordinarios por el CCS garantizará la totalidad del interés asegurable aunque la póliza ordinaria sólo lo haga parcialmente.

Quedan admitidos para la cobertura de riesgos extraordinarios los pactos de inclusión facultativa que incorporan los siguientes tipos de seguro, siempre que éstos se apliquen a la cobertura de los riesgos ordinarios, y en sus mismos términos:

a) Seguros a primer riesgo, entendiéndose incluidas las siguientes modalidades:

- Seguros a valor parcial.
- Seguros con límite de indemnización.
- Seguros a valor convenido.
- Otros seguros con derogación de la regla proporcional.

b) Seguros a valor de nuevo o a valor de reposición.

c) Seguros de capital flotante.

d) Seguros con revalorización automática de capitales.

e) Seguros con cláusula de margen.

f) Seguros con cláusula de compensación de capitales entre distintos apartados de la misma póliza, o entre contenido y continente.

Asimismo, en los seguros de vida que, de acuerdo con lo previsto en el contrato, y de conformidad con la normativa reguladora de los seguros privados, generen provisión matemática, la cobertura de riesgos extraordinarios por el CCS se referirá a los capitales en riesgo para cada asegurado, es decir, a la diferencia entre las sumas aseguradas y las provisiones matemáticas que, de conformidad con la normativa citada, la entidad aseguradora que hubiera emitido la póliza deba tener constituidas.

En estos contratos, el importe correspondiente a dichas provisiones matemáticas deberá ser satisfecho, en caso de siniestro de carácter extraordinario, por la mencionada entidad aseguradora.

## 4-234 Coberturas de los riesgos extraordinarios y exclusiones

Para poder tener derecho a la indemnización del CCS deben darse las siguientes condiciones:

4

a) Que la cobertura esté supeditada a un contrato de un seguro de daños, de vida o de accidentes personales. La protección frente a los riesgos extraordinarios está obligatoriamente vinculada a la suscripción de una póliza de seguro en ciertos ramos, de manera que por suscribir una cobertura de seguro en alguno de esos ramos implica la obligación de tener cubiertos los mismos bienes, y al menos por las mismas sumas aseguradas, contra los citados riesgos.

b) Que el ramo contratado sean alguno de los siguientes:

- En los seguros contra daños: incendios y eventos naturales, vehículos terrestres (daños al vehículo, no responsabilidad civil), vehículos ferroviarios, otros daños a los bienes (robo, rotura de cristales, daños a maquinaria, equipos electrónicos y ordenadores) y pérdidas pecuniarias diversas.
- En los seguros de personas: vida y accidentes (aunque estas coberturas se contraten de forma complementaria a otro tipo de seguro o en el marco de un plan de pensiones).

Las coberturas se recogen debidamente en el artículo 1 del RD 300/2004, de 20 de febrero, por el que se aprueba el Reglamento del seguro de riesgos extraordinarios y que viene a establecer los siguientes:

a) Fenómenos de la naturaleza: inundaciones extraordinarias, terremotos, maremotos, erupciones volcánicas, tempestad ciclónica atípica y caídas de cuerpos siderales y aerolitos.

En la tempestad ciclónica atípica quedan incluidos, entre otros, los tornados y los vientos extraordinarios (rachas superiores a los 135 Km/h), de acuerdo con el Reglamento del Seguro de riesgos extraordinarios.

b) Los ocasionados violentamente como consecuencia de terrorismo, rebelión, sedición, motín y tumulto popular.

c) Hechos o actuaciones de las Fuerzas Armadas o de las Fuerzas y Cuerpos de Seguridad en tiempo de paz.

**ATENCIÓN:** Sin duda alguna, el riesgo que más daños produce en España es el de "inundación", y, a efectos de cobertura de seguro, se entiende por tal "*el anegamiento del terreno producido por lluvias o deshielo; por aguas procedentes de lagos con salida natural, de rías o ríos, o de cursos naturales de agua en superficie cuando se desborden de sus cauces normales*". Asimismo se incluye el embate de mar en la costa, aunque no haya anegamiento. Sin embargo, no quedan comprendidos bajo este concepto de inundación la lluvia caída directamente sobre el riesgo asegurado, o la recogida por su cubierta o azotea, su red de desagüe o sus patios, como tampoco la inundación ocasionada por rotura de presas, canales, alcantarillas, colectores y otros cauces subterráneos artificiales, salvo que la rotura se haya producido como consecuencia directa de evento extraordinario cubierto por el Consorcio.

Igualmente, el artículo 6 del RD 300/2004, de 20 de febrero, por el que se aprueba el Reglamento del seguro de riesgos extraordinarios, establece los riesgos que se excluyen de la cobertura por el CCS y que, a tal efecto, no serán amparados por éste.

Estos daños o siniestros que se excluyen son los siguientes:

a) Los que no den lugar a indemnización según la Ley 50/1980, de 8 de octubre, de Contrato de Seguro.

b) Los ocasionados en personas o bienes asegurados por contrato de seguro no incluido entre los mencionados en el artículo 4 del RD 300/2004, de 20 de febrero.

c) Los debidos a vicio o defecto propio de la cosa asegurada, o a su manifiesta falta de mantenimiento.

d) Los producidos por conflictos armados, aunque no haya precedido la declaración oficial de guerra.

e) Los derivados de la energía nuclear, sin perjuicio de lo establecido en la Ley 25/1964, de 29 de abril, reguladora de energía nuclear. No obstante lo anterior, sí se entenderán incluidos todos los daños directos ocasionados en una instalación nuclear asegurada, cuando sean consecuencia de un acontecimiento extraordinario que afecte a la propia instalación.

f) Los debidos a la mera acción del tiempo y, en el caso de bienes total o parcialmente sumergidos de forma permanente, los imputables a la mera acción del oleaje o corrientes ordinarios.

g) Los producidos por fenómenos de la naturaleza distintos a los señalados en el artículo 1 y, en particular, los producidos por elevación del nivel freático, movimiento de laderas, deslizamiento o asentamiento de terrenos, desprendimiento de rocas y fenómenos similares, salvo que estos fueran ocasionados manifiestamente por la acción del agua de lluvia que, a su vez, hubiera provocado en la zona una situación de inundación extraordinaria y se produjeran con carácter simultáneo a dicha inundación.

h) Los causados por actuaciones tumultuarias producidas en el curso de reuniones y manifestaciones llevadas a cabo conforme a lo dispuesto en la Ley Orgánica 9/1983, de 15 de julio, reguladora del Derecho de Reunión, así como durante el transcurso de huelgas legales, salvo que las citadas actuaciones pudieran ser calificadas como acontecimientos extraordinarios conforme al artículo 1.

i) Los causados por mala fe del asegurado.

j) Los derivados de siniestros cuya ocurrencia haya tenido lugar en el plazo de carencia establecido en el artículo 8.

k) Los correspondientes a siniestros producidos antes del pago de la primera prima o cuando, de conformidad con lo establecido en la Ley 50/1980, de 8 de octubre, de Contrato de Seguro, la cobertura del CCS se halle suspendida o el seguro quede extinguido por falta de pago de las primas.

l) Los indirectos o pérdidas derivadas de daños directos o indirectos, distintos de la pérdida de beneficios delimitada en este reglamento. En particular, no quedan comprendidos en esta cobertura los daños o pérdidas sufridas como consecuencia de corte o alteración en el suministro exterior de energía eléctrica, gases combustibles, fuel-oil, gas-oil u otros fluidos, ni cualesquiera otros daños o pérdidas indirectas distintas de las citadas en el párrafo anterior, aunque estas alteraciones se deriven de una causa incluida en la cobertura de riesgos extraordinarios.

m) Los siniestros que por su magnitud y gravedad sean calificados por el Gobierno como de *catástrofe o calamidad nacional.*



## 4-235 La indemnización del CCS en los riesgos extraordinarios

La indemnización a efectuar por el CCS comprenderá el importe de los gastos de reparación o reposición de lo dañado en función del importe que como suma asegurada, figure en el seguro contratado. Hay que tener en cuenta que en automóviles, si hay siniestro total, será el importe correspondiente al *valor de mercado* en el momento anterior al siniestro salvo que se hayan incluido expresamente en la póliza pactos de "valor de nuevo", "seguro a primer riesgo" o "con límite de indemnización".

En los casos de daños directos, el CCS aplicará la compensación de capitales dentro de una misma póliza entre los correspondientes a contenido y a continente y aplicará, en caso de infraseguro, la regla proporcional.

Se deben dar dos condiciones básicas para que el CCS efectúe la indemnización por riesgos extraordinarios:

a) Que el asegurado se encuentre al corriente del pago del recibo de prima de la póliza de seguros que pertenezca a alguno de los ramos incluidos. En dicha prima se deberá incluir el correspondiente recargo a favor del CCS y en el recibo deberá aparecer éste significado expresamente.

b) La valoración de los daños por parte de los Peritos que designe el Consorcio

**Carencia**

Asimismo, cuando se trata de indemnizaciones por pérdidas derivadas de eventos de la naturaleza, para tener derecho a la indemnización del CCS es necesario que transcurra un plazo de siete días desde la fecha de emisión de la póliza, o desde la de su efecto, si fuera posterior, salvo que se demuestre la inexistencia de interés asegurable con antelación a esa fecha, de manera que no quedarán cubiertos por el seguro de riesgos extraordinarios los daños y pérdidas derivadas de los fenómenos de la naturaleza que afecten a bienes asegurados por pólizas cuya fecha de emisión o de efecto, si fuera posterior, no preceda en siete días naturales a aquel en que ha ocurrido el siniestro.

Este período de carencia no regirá en los siguientes casos (art. 8 RD 300/2004):

— En los supuestos de seguros de duración igual o inferior a siete días, el período de carencia comenzará a contarse desde la fecha de contratación de la póliza.

— En los seguros de personas no será de aplicación el período de carencia.

En los supuestos a los que no resulte de aplicación el período de carencia, los efectos de la cobertura de los riesgos extraordinarios comenzarán en la fecha de emisión de la póliza, o en la de su efecto, si fuera posterior.

En cuanto a los gastos, el CCS incluirá en su indemnización los correspondientes a desembarre, extracción de lodos, demolición, desescombro y transporte a vertedero o planta de residuos autorizados, con el límite conjunto del 4% de la suma asegurada.

Por el contrario, no se tendrán en cuenta los gastos indemnizables. Se excluyen los de limpieza y desembarre de cauces públicos, canales, vasos de embalses o cunetas, dragados de fondos marinos, los de obras de drenaje de infraestructuras y los derivados de los honorarios de los profesionales designados por el asegurado para efectuar la peritación de los daños.

4

## Sección 6. LOS SEGUROS AGRARIOS COMBINADOS

### 4-236 Concepto y regulación

El seguro agrario combinado es un sistema especial de cobertura sobre riesgos múltiples sobre las producciones agrícolas, pecuarias y forestales que se implantó en todo el territorio nacional bajo la competencia de las comunidades autónomas por la Ley 87/1978, de 28 de diciembre de seguros agrarios combinados desarrollada posteriormente por el RD 2329/1979 de 14 de septiembre por el que se aprueba el reglamento de aplicación. De conformidad con esta ley, la Administración General del Estado concederá subvenciones al pago de las primas a los asegurados que suscriban seguros de los incluidos en los Planes Anuales de Seguros Agrarios Combinados.

Es un seguro de suscripción voluntaria para el agricultor, aunque si opta por asegurar, debe asegurar todas las producciones de igual clase que posea.

El seguro agrario, como seguro de daños, es, sin duda, un instrumento de especial importancia en el desarrollo de la política de ordenación y mejora de la producción agraria, ya que constituye un sistema equitativo y justo de compensación al sector agrario, en caso de imprevistos, estabilizando los ingresos de los asegurados a través de las indemnizaciones correspondientes, y hace posible el desarrollo de cultivos y aprovechamientos ganaderos que no serían viables sin una producción mínima asegurada. Los seguros agrarios combinados han experimentado desde su creación un paulatino desarrollo y se han ido introduciendo mejoras en el sistema que han conllevado una reducción general de los costes para el asegurado y, de igual modo, una mayor adecuación del seguro a las necesidades de los productores agrarios.

Esta modalidad de seguros que podrán ser de suscripción individual o colectiva, es hoy en día y según cifras del Informe anual de la DGSFP, el segundo de mayor producción en España después del seguro de automóviles.

Las pólizas y tarifas correspondientes a estos seguros únicamente podrán suscribirse a través de las entidades integradas en el cuadro de coaseguro de la Agrupación Española de Entidades Aseguradoras de los Seguros Agrarios Combinados, S.A.

Tal y como establece la nueva redacción del artículo 3 de la ley 87/1978, los riesgos cuya cobertura atenderán los Seguros Agrarios Combinados abarcarán" *los daños ocasionados en las producciones agrícolas, ganaderas, forestales y acuícolas a causa de variaciones anormales de agentes naturales, siempre y cuando los medios técnicos de lucha preventiva normales no hayan podido ser utilizados por los afectados por causas no imputables a ellos o hayan resultado ineficaces, y serán: pedrisco, incendio, sequía, heladas, inundaciones, viento huracanado o viento cálido, nevadas, escarchas, exceso de humedad, plagas y enfermedades y otras adversidades climáticas.*

*Podrán atenderse, asimismo, las consecuencias de dichos fenómenos sobre instalaciones y elementos productivos establecidos en la parcela afectada por el siniestro y que resultasen necesarios para el desarrollo de la producción asegurada".*

La denominación de "combinados" en el nombre del tipo de seguro es debido a que estos riegos - como señala el apartados dos de la nueva redacción del mencionado artículo 3, se pueden asegurar de forma combinada o, excepcionalmente, aislada.

Esta modalidad de seguro, por sus propias particularidades especiales, tiene sujeción a una serie de principios bien establecidos que están recogidos en el artículo 2 de la citada Ley 87/1978 y son los siguientes:

- Su ámbito de aplicación comprenderá todo el territorio del Estado español, y la gestión y administración se realizará con criterios de descentralización de la administración de la agricultura, sin perjuicio de lo que sobre las mismas dispongan los estatutos de las Comunidades Autónomas.
- Su suscripción será voluntaria por parte de los agricultores, excepto en los supuestos que la propia Ley contempla.
- Las pólizas acogidas al régimen de la presente Ley podrán ser individuales y colectivas, en la forma que más adelante se indica.
- El Estado velará por el control. extensión y aplicación del seguro, disponiendo para este fin de los medios e instrumentos a que se refiere esta Ley.
- Se buscará la mayor participación de los agricultores a través de sus propias asociaciones y organizaciones profesionales, sindicales, o de cualquier otra forma de agrupación legalmente reconocida.
- El Estado fomentará prioritariamente la constitución de entidades mutuales de los agricultores para este tipo de seguro y procurará la colaboración de las demás entidades aseguradoras y de las cooperativas del campo.
- El Estado potenciará la investigación estadística y actuarial, la prevención de riesgos y prestará asesoramiento en estos temas a los asegurados en colaboración con los organismos competentes.
- El Estado orientará la aplicación de los planes de seguros agrarios como instrumento de una política de ordenación agraria.



## 4-237 Agroseguro

Las Entidades Aseguradoras que cubren este tipo de seguros se agrupan en un "pool": la **Agrupación de Entidades Aseguradoras de Seguros Agrarios Combinados SA**, conocida por sus siglas de AGROSEGURO y que es la sociedad encargada de la gestión del sistema de seguros agrarios, integrada por entidades aseguradoras nacionales y extranjeras.

Entre las principales funciones de esta institución están:

- Elaborar los estudios técnico-actuariales.
- Tramitar la peritación y pago de los siniestros cubiertos por el sistema de seguros agrarios.
- Representar al sector asegurador privado ante las administraciones públicas y los organismos internacionales en el ámbito del seguro agrario.

Y, todo ello, desarrollando métodos de análisis específicos de gran complejidad técnica.

## 4-238 Participación del Estado en el seguro agrario combinado

El seguro agrario combinado se ha configurado como un instrumento de ordenación agraria. Por eso, el Estado tiene una fuerte intervención en este ramo: apoya, controla, fomenta este seguro y fija anualmente las producciones a asegurar así como los riesgos a cubrir.

Aunque este seguro es de carácter voluntario, el Gobierno se reserva el derecho para poder decretar su obligatoriedad para determinadas clases de riesgos según determinadas zonas y producciones para lo cual, el Gobierno establecerá anualmente a propuesta de la Entidad Estatal de Seguros Agrarios, un plan de seguros combinados en el que participarán las cámaras agrarias y las organizaciones y asociaciones, tanto profesionales como sindicales, de los agricultores, concretando la aplicación progresiva de la misma en cuanto a clases de riesgos, zonas de producción y ramas del seguro, así como las aportaciones del Estado de acuerdo con las disponibilidades presupuestarias, pudiendo, en su caso, ampliar la relación de los riesgos previstos.

Asimismo, para que puedan ser amparados por el seguro, el Gobierno a través del Ministerio de Agricultura y de acuerdo con el plan establecido a propuesta de la Entidad Estatal de Seguros Agrarios, determinará reglamentariamente las fechas de suscripción del seguro para las distintas producciones, así como las condiciones técnicas mínimas de cultivo o explotación exigibles en cada zona o comarca.

En este tipo de seguro, los modelos de pólizas, bases técnicas y tarifas de primas de los seguros comprendidos en los planes anuales de seguros agrarios combinados que apruebe el Gobierno, se deberán ajustar al régimen previsto en el TRLOSSP. Así, en la declaración del tomador del seguro y que deberá acompañar a las pólizas, se especificarán las cosechas estimadas a obtener por cada agricultor en todas y cada una de sus explotaciones aseguradas. Para ello, se deberá asignar una valoración a las mismas que se realizará en función a los precios unitarios que determine el Ministerio de Agricultura, oídas las organizaciones y asociaciones de agricultores, para cada campaña.

Para la fijación de las aportaciones que realice el Estado al importe global de las primas a satisfacer por los agricultores, que en ningún caso podrá ser superior al 50%, ni inferior al 20%, del total anual de las primas, se fijará por escalones según el valor de la producción y excluyéndose aquellas que no requieran por su suficiencia económica- y en su establecimiento se tendrán en cuenta las circunstancias de cada zona y cultivo, protegiéndose en todo caso a los agricultores de economía más modesta y primándose las pólizas colectivas.

4

**ATENCIÓN:** La Resolución de 28 de diciembre de 2010, del Ministerio de Medio Ambiente y Medio Rural y Marino, recoge el Acuerdo del Consejo de Ministros que aprueba el Plan de Seguros Agrarios Combinados para el ejercicio 2011. Las líneas de actuación que integran este Plan están orientadas al logro de los siguientes objetivos básicos:

- Completar el proceso de incorporación del sector ganadero y del sector forestal al sistema de seguros agrarios, alcanzando el objetivo de universalizar la protección de dichas producciones ante los principales riesgos que les afectan.
- Avanzar en las garantías contempladas en el sistema para las producciones agrícolas, de tal forma que las producciones herbáceas dispondrán de protección ante cualquier adversidad natural no controlable y en las producciones leñosas dicha protección se establecerá a partir del fruto visto.
- Implantar los procedimientos precisos para la aplicación de un nuevo sistema de gestión y contratación del seguro.
- Comenzar el desarrollo de las coberturas, previstas en la Ley 87/1978, de 28 de diciembre, relativas a daños sobre instalaciones y elementos productivos en las parcelas.
- Avanzar en el diseño de modelos de gestión de crisis agrarias, en el marco del seguro agrario.

El Plan de Seguros Agrarios para 2011 cuenta con una dotación presupuestaria de 274,1 millones de euros, cantidad que se destinará a subvencionar a los cerca de 500.000 agricultores, ganaderos, propietarios forestales y acuicultores que aseguren su producción en alguna de las diferentes líneas de aplicación durante este año.

Actualmente, más del 55% de la producción agrícola española está asegurada, con un montante total de producciones garantizadas por valor de 11.000 millones de euros.

## 4-239 El importante papel del CCS en el seguro agrario combinado

Respecto a las funciones que desempeña el CCS en relación al seguro agrario combinado, podemos señalar las siguientes:


© CISS

- El CCS participa en el cuadro de coaseguro que integra en Agroseguro a todas las entidades aseguradoras que cubren el seguro agrario combinado, asumiendo actualmente el 10% del riesgo.

- El CCS actúa como reasegurador obligatorio de los seguros agrarios combinados en los términos fijados por el Ministerio de Economía y Hacienda.

- Los recursos para atender la función reaseguradora se obtienen a través de recargos sobre primas, recargos diferenciados por grupos de líneas de seguros atendiendo a su distinto nivel de riesgo. Si como consecuencia de la gestión de estos recursos se generan beneficios, éstos pasan a integrar la reserva de estabilización, cuya misión es la de hacer frente a eventuales futuras pérdidas.

- Por último, el CCS controla las peritaciones de los siniestros, con lo que se garantiza el más eficaz cumplimiento de la función reaseguradora.

## 4-240 Las indemnizaciones en el seguro agrario combinado

Cuando se produzca un siniestro en este tipo de seguros, las indemnizaciones serán evaluadas en base a un porcentaje sobre el valor total de la cosecha y que, según se haya especificado en cada póliza, podrá llegar al total de la cosecha estimada.

Las indemnizaciones por los siniestros ocurridos serán abonadas a los agricultores al finalizar la recolección de sus cosechas, a los tres meses en los siniestros ocurridos a la ganadería y a los seis meses en el caso de producciones forestales, no pudiendo percibir cada asegurado más que una sola indemnización por todos los siniestros ocurridos en su cultivo o explotación, como suma de los correspondientes daños sufridos.

Será el Gobierno quién, a propuesta de los Ministerios de Agricultura y de Hacienda, establecerá las normas que han de regir los sistemas de peritación, así como las condiciones que han de reunir los peritos tasadores que intervengan en la valoración.

## 4-241 Riesgos forestales

El CCS asumirá la cobertura del riesgo de incendios forestales en los términos de su legislación específica entre la que se encuentra el artículo 8 del RD 2329/1979 de 14 de septiembre que, al tratar el seguro agrario combinado determina en cuanto a los seguros de producciones forestales que se encuentra incluido tanto el riesgo de incendio de la masa forestal, como los gastos y deterioros ocasionados por los trabajos de extinción y las indemnizaciones que correspondan a las personas que resulten accidentadas al colaborar en esos trabajos.

Es importante el aspecto de que se incluye la cobertura de accidentes para las personas participantes en la extinción de incendios forestales. En este sentido, en cuanto a la reclamación de la indemnización por daños personales en incendios forestales, si se produjeran daños en las personas como consecuencia de su colaboración en la extinción de incendios forestales, el accidentado, el beneficiario o su representante deberá formular tan pronto como le sea posible, de acuerdo con lo previsto en la LCS, la oportuna reclamación al CCS.



En dicha reclamación, deberán aportar:

Por lesiones:

- Reclamación del propio accidentado o su representante.
- Certificación de la autoridad competente sobre las causas del siniestro y la extensión aproximada (certificado médico de lesiones).
- Alta médica definitiva.
- Datos bancarios del perceptor.
- Fotocopia del DNI del accidentado y del perceptor si es persona distinta.

Por defunción:

- Reclamación del perceptor.
- Certificación de la autoridad competente sobre las causas del siniestro y la extensión aproximada.
- Fotocopia del DNI del fallecido.
- Certificado de defunción.
- Testamento o declaración de herederos.
- Fotocopia del DNI del perceptor o perceptores.

- Datos bancarios del perceptor/es.
- En su caso, y previa remisión por nuestra parte del oportuno certificado: justificante de liquidación del impuesto de sucesiones y donaciones.

# Capítulo VII. SEGUROS PATRIMONIALES

## Sección 1. EL SEGURO DE RESPONSABILIDAD CIVIL

### 4-242 Concepto y clasificación de responsabilidad civil

La responsabilidad civil es la obligación que el Ordenamiento marca a una persona para reparar los daños e indemnizar los perjuicios económicos que le haya producido a otra persona o a sus bienes como consecuencia de una acción u omisión, propia o de tercero sobre el que exista obligación de responder, en que intervenga culpa o negligencia.

La responsabilidad civil queda manifiestamente recogida en el Código Civil que en su artículo 1902 establece que *"El que por acción u omisión causa daño a otro, interviniendo culpa o negligencia, está obligado a reparar el daño causado"*.

Se asegura el resarcimiento de la víctima que ha causado un daño por la actuación de un tercero, pasando a ser el que ha causado el daño el deudor del que ha salido perjudicado que se convierte al mismo tiempo en acreedor de aquél.

Los factores propios de la responsabilidad civil son:

1. **Responsabilidad personal y directa**. La persona que produce el daño responde directamente frente a quién sale perjudicado. Esto se debe hacer extensivo a los supuestos en que unas personas deben responder por otra como, por ejemplo, los empresarios sobre los actos de sus empleados, los padres sobre los actos de sus hijos, o sin ser personas, los dueños de animales sobre los actos cometidos por éstos.
2. **Responsabilidad patrimonial y responsabilidad material**. Se concretan en una indemnización económica que incluirá los daños y perjuicios, así como el daño emergente y el lucro cesante. Asimismo, se deberá incluir el posible daño moral que se pueda haber causado también.
3. **Responsabilidad causal**. La que se deriva de una relación de causalidad entre el daño producido y la conducta de quién lo ha producido. En este sentido, se tiende a una responsabilidad objetiva, sin vinculación con el dolo, culpa o negligencia.

Para ser responsable civilmente no es necesario que ésta se derive de una actividad o relación profesional, ya que toda persona, cualquiera que sea su actividad (vida privada, familiar, laboral, profesional, industrial, etc.) es un factor potencial generador de riesgos que, de producirse, pueden afectar a terceras personas originando la responsabilidad civil de quien deba responder de los daños causados.

Pueden encontrarse distintas definiciones de responsabilidad civil según los países, las situaciones o el momento. Ha sido una constante en todas las épocas la idea de que quien causa de forma directa o indirecta un daño (actos negligentes causados por personas que se encuentran con él en una determinada relación de parentesco o dependencia), debe responder de él, es decir, está sujeto a responsabilidad.

Igualmente, podemos encontrar una extensa variedad y tipología de responsabildad civil, ya sea la derivada de una actividad profesional, entre las que destaca la de los médicos para con sus pacientes, la responsabildad civil del arquitecto y del constructor, la responsabildad civil de directivos y administradores, la responsabildad civil del fabricante de productos, la responsabildad civil de quién produce daños al medioambiente, etc.

Pero a pesar de esta variada tipología, como punto de partida podemos clasificar la responsabildad civil es dos grandes grupos centrándonos en el criterio de si ésta parte de una relación contractual o no. Así, podemos diferenciar entre la responsabildad civil contractual y la responsabildad civil extracontractual.

**Responsabilidad civil contractual**

Este tipo de responsabildad civil es la que nace de la infracción o incumplimiento de una obligación derivada de un contrato celebrado válidamente entre las partes. Su principal característica es que esta responsabildad civil viene voluntariamente determinada por las partes a diferencia de la responsabildad civil extracontractual que, como veremos, viene impuesta por la ley.

El artículo 1101 del Código Civil establece que *"quedan sujetos a la indemnización de los daños y perjuicios causados los que en el cumplimiento de sus obligaciones incurrieren en dolo, negligencia o morosidad, y los que de cualquier modo contravinieren al tenor de aquéllas"*.

Si la responsabilidad se ha causado por dolo, operará en todo caso sin que quepa renuncia por parte del titular. Si la responsabilidad deriva de culpa o negligencia, esto es, porque el deudor en el cumplimiento de su obligación no actuó con la diligencia propia del vínculo obligacional o la que hubiese correspondido según el vínculo de las personas, del tiempo o del lugar, las consecuencias civiles serán exigibles en todo tipo.

Es importante tener en cuenta que, tal y como recoge el propio Código Civil en el artículo 1105, al margen de los casos expresamente recogidos en la Ley y de los que así lo declare la propia obligación, no se puede responder de los sucesos que no se hubiesen podido prever o que, aún habiéndolos previsto, hayan resultado inevitables, es decir, no se puede hacer responsable a nadie de los daños producidos por casos fortuitos o por fuerza mayor.

Un aspecto de gran importancia es que cuando se produce un daño, no sólo se produce una pérdida concreta, sino que se puede dejar de obtener una ganancia. Esto lo recoge el artículo 1106 del Código Civil que determina que se debe también tener en cuenta este aspecto en la indemnización.

La responsabilidad civil contractual supone una acción u omisión involuntaria realizada sin malicia, que impide el normal cumplimiento de una obligación y genera un daño causado dentro del marco de una relación jurídica preexistente (generalmente un contrato) entre el autor del daño y el que lo sufre.

**ATENCIÓN:** Las aseguradoras no están muy por la labor de asegurar este tipo de responsabilidad civil, pues consideran que estuvo en el ámbito de dominio de las partes el alcanzar ese acuerdo y que el cumplimiento o no del mismo, depende de la voluntad de las mismas, pudiendo llegar el caso, que si hubiese un seguro, a una de las partes o a ambas les interesase más su no cumplimiento. Por esta razón, a las compañías de seguros lo que prefieren asegurar son los daños causados por un hecho súbito, accidental e imprevisto, es decir, un siniestro que en el caso de responsabildad civil se trataría de aquellas acciones, omisiones o negligencias, propias o de quienes somos responsables, que producen un daño, no querido ni previsible y que están fuera del ámbito de voluntad de las partes son las que las compañías están en disposición de cubrir.

4

#### Responsabilidad civil extracontractual

Si la responsabildad civil contractual es la que nace de una obligación derivada de un contrato, por el contrario, la responsabildad civil extracontractual es la que nace de una obligación legal que no tiene por qué estar recogida en un contrato para que surta efecto. Es decir, la responsabildad civil extracontractual se establece voluntariamente y de común acuerdo por las partes, sino que le viene impuesta a una de ellas por imperativo legal en función de su actividad o de la condición en la que actúe frente a la otra parte. Por ese motivo, también se le denomina a este tipo "**responsabilidad civil legal**".

La responsabilidad civil extracontractual presupone un daño a un tercero con el que no tiene relación jurídica (contractual) previa. No obstante, hay que tener en cuenta que también puede producirse responsabilidad civil extracontractual frente a personas con las que nos une un vínculo contractual, siempre que el daño causado no provenga del incumplimiento de ese contrato.

#### Diferencias entre responsabildad civil contractual y responsabildad civil extracontractual

El régimen de la responsabilidad civil contractual comporta determinadas variantes respecto al de la extracontractual:

- En cuanto al deber de la indemnización, la obligación contractual presupone una relación jurídica previa mientras que en la extracontractual la vinculación anterior entre causante y perjudicado es inexistente.
- Desde el punto de vista de la capacidad para ser sujeto de obligaciones, se requiere ésta para contratar, mientras que extracontractualmente pueden ser responsables incapaces y menores.
- El plazo para el ejercicio de la acción civil en el ámbito de las obligaciones contractuales es de quince años, mientras que el de las extracontractuales es un año.
- El juez competente, ante el que deben ejercitarse las respectivas acciones legales, también varía, en función de cada una de ambas responsabilidades.

- En cuanto a la carga probatoria, en el ámbito contractual incumbe al acreedor la prueba de la existencia de la obligación y al deudor, la inexistencia de la culpa o a concurrencia del caso fortuito o la fuerza mayor. En la esfera de la relación extracontractual corresponde al demandante perjudicado probar la culpa del demandado.

- Finalmente en la relación contractual el tercero está perfectamente definido (la otra parte contratante), mientras esta determinación no existe en la extracontractual.

La diferenciación entre responsabilidad civil contractual y responsabilidad civil extracontractual, aunque clara en su definición, puede complicarse en aquellas situaciones en las que una misma persona puede ser considerada responsable civil por incumplimiento de un contrato o por la realización de un ilícito extracontractual.

**Ejemplo:**

Una persona tiene en su poder, como depositario con el correspondiente contrato, un vestido antiguo muy valioso que le ha sido confiado para su custodia -por ejemplo una tintorería-. Esta persona, por descuido, mancha el vestido causándole graves desperfectos. El propietario del vestido podrá solicitar la reparación de los daños en base:

- Al contrato de depósito, pues el depositario está obligado a guardar y conservar los objetos depositados.

- A la responsabilidad civil extracontractual, ya que debido a su negligencia el depositario ha causado unos daños al propietario del vestido.

## 4-243 Normativa y regulación

A la hora de analizar y estudiar la responsabilidad civil en todos sus ámbitos, es importante partir del concepto de que se trata de "reparar el daño causado". Por esta razón, incluso a la hora de determinar la normativa reguladora de la responsabilidad civil es necesario abarcar la mirada a la normativa que regula o determina *"el deber que toda persona tiene de reparar los daños y perjuicios causados a un tercero"*.

4

De esta manera, veremos que puede derivarse de comportamientos ilícitos que sólo producen la obligación de indemnizar al perjudicado por el daño que se le ha causado, y de otros que merecen ser sancionados con una pena.

Así, se pueden distinguir **dos clases de fuentes**, según el comportamiento, de la obligación de reparar los daños y perjuicios causados a un tercero:

- El **comportamiento ilícito civil**, que es la conducta de la persona que produce un daño no previsto en las leyes penales, es decir, aquellos comportamientos dañosos que, según el legislador, no son merecedores de pena criminal, aunque sí obliguen a la reparación del daño causado.

- El **comportamiento ilícito penal**, que es la conducta prevista como delito o falta en las leyes penales, ya sean de carácter doloso (con intencionalidad) o culposo (por imprudencia). De este tipo de conductas se deriva la conocida como **"responsabilidad civil derivada de delito".**

En cualquier caso, es muy extensa la normativa que hoy en día podemos encontrar y que regula, de una u otra manera, los diferentes tipos de responsabilidad civil. Así, además del propio Código Civil, que recoge en numerosos preceptos la obligación de responder de los daños causados, podemos destacar la siguiente normativa específica de algunas modalidades de responsabilidad civil:

a) **Responsabilidad civil de Seguro de automóviles:**

- Texto refundido de la Ley sobre responsabilidad civil y seguro en la circulación de vehículos a motor, aprobado por Real Decreto Legislativo 8/2004, de 29 de octubre.

- Real Decreto 1507/2008, de 12 de septiembre, por el que se aprueba el Reglamento del seguro obligatorio de responsabilidad civil en la circulación de vehículos a motor.

b) **Seguro de responsabilidad civil del cazador:**

- Ley 1/1970, de 4 de abril, de caza (art. 52 y disp. adic.).

- Real Decreto 63/1994, de 21 de enero por el que se aprueba el Reglamento del seguro de responsabilidad civil del cazador de suscripción obligatoria.

c) **Seguro de responsabilidad civil por daños nucleares:**

- Ley 25/1964, de 29 de abril, sobre energía nuclear (arts. 45 a 68).

- Decreto 2177/1967, de 22 de julio, por el que se aprueba el reglamento sobre cobertura de riesgos nucleares.

d) **Responsabilidad civil medioambiental:**

- Ley 26/2007, de 23 de octubre, de responsabilidad medioambiental.

- Real Decreto 2090/2008, de 22 de diciembre, por el que se aprueba el Reglamento de desarrollo parcial de la Ley 26/2007, de 23 de octubre, de responsabilidad medioambiental.

e) **Responsabilidad civil por contaminación de Hidrocarburos:**

- Real Decreto 1892/2004, de 10 de septiembre, por el que se dictan normas para la ejecución del Convenio Internacional sobre la responsabilidad civil derivada de daños debidos a la contaminación de las aguas del mar por hidrocarburos.

- Real Decreto 1795/2008, de 3 de noviembre, por el que se dictan normas sobre la cobertura de la responsabilidad civil por daños causados por la contaminación de los hidrocarburos para combustible de los buques.

- Convenio internacional sobre responsabilidad civil por daños debidos a la contaminación por hidrocarburos, hecho en Londres el 27 de Noviembre de 1992. El texto originario es el "Convenio internacional sobre responsabilidad civil por daños debidos a la contaminación por hidrocarburos, hecho en Bruselas el 29 de noviembre de 1969".

- Convenio internacional sobre la constitución de un fondo internacional de indemnización de daños debidos a contaminación por hidrocarburos, 1992 (Convenio del Fondo, 1992). El texto originario es el "Convenio internacional de constitución de un fondo internacional de indemnización de daños causados por la contaminación de hidrocarburos, hecho en Bruselas el 18 de diciembre de 1971", que ha sido sucesivamente modificado, incluida su denominación.

- Convenio Internacional sobre responsabilidad civil nacida de daños debidos a contaminación por los hidrocarburos para combustible de los buques, hecho en Londres el 23 de marzo de 2001.

f) **Responsabilidad civil de dueños de animales potencialmente peligrosos:**

- Ley 50/1999, de 23 de diciembre, sobre el régimen jurídico de la tenencia de animales potencialmente peligrosos (art. 3).

- Real Decreto 287/2002, de 22 de marzo, por el que se desarrolla la Ley 50/1999, de 23 de diciembre, sobre el régimen jurídico de la tenencia de animales potencialmente peligrosos (art. 3 y disp. final segunda).



## 4-244 Factores a tener en cuenta en responsabilidad civil

Analizada la responsabilidad civil extracontractual que formula el artículo 1.902 del Código Civil, mediante el principio general de la reparación de un daño cuando interviene culpa o negligencia, se pueden identificar algunos factores o elementos que intervienen de alguna manera en la propia responsabilidad civil. Veamos a continuación algunos de los factores más importantes.

**Acción y omisión**

Si *"acción"* es un comportamiento humano del cual debe responder quién la realiza, *"omisión"* es la no ejecución de un hecho positivo que se tiene el deber de realizar.

En la omisión se contienen tres elementos fundamentales:

- Un acto de voluntad.
- Una conducta inactiva.
- Un deber jurídico de obrar.

Desde el punto de vista doctrinal, la *"omisión"* se sostiene como la manifestación de voluntad mediante la inactividad con un resultado o cambio en el mundo exterior, unidos por la **relación de causalidad**, aunque sin fuerza motriz que provoque el resultado, proviniendo de una norma jurídica el deber de obrar.

Desde un punto de vista jurídico, el autor del daño causado responde:

- De la acción "strictu sensu" en su sentido positivo, es decir, por hacer algo que debió, en todo caso, omitirse.

- De la omisión (dejación de deberes), de tal forma que el incumplimiento puede traducirse en la omisión de lo que se debía haber hecho.

**La antijuricidad de la acción**

Una acción es antijurídica porque contraviene el Ordenamiento Jurídico, considerado éste en sentido amplio (Ley, precepto reglamentario, etc.) y además porque no concurran en ella causas que la justifiquen.

Toda acción o comportamiento antijurídico supone:

- La violación de un mandato o prohibición de la norma.
- La lesión de unos intereses protegidos por dicha norma.

No obstante, no toda conducta que vaya en contra del ordenamiento jurídico debe considerarse antijurídica. Ciertas conductas productoras de daños, en base a la concurrencia de ciertas circunstancias, se encuentran justificadas por el Derecho, cuando concurre alguna de las siguientes circunstancias:

- Consentimiento de la víctima: La anuencia de la víctima exonera de responsabilidad civil al sujeto causante del daño
- Ejercicio del propio derecho: Los límites del ejercicio del propio derecho no son absolutos. La Ley prohíbe la acción u omisión que sobrepase los límites normales del ejercicio de un derecho.
- Estado de necesidad y legítima defensa: Ambas circunstancias se contemplan en el Código Penal como eximentes de responsabilidad penal. Asimismo, la doctrina mayoritaria también las considera eximentes de la posible responsabilidad generada en el ámbito meramente civil.

**La culpabilidad**

La culpabilidad es la valoración de una determinada acción u omisión para establecer si es o no reprochable a su autor. Esta acción u omisión puede ser producto de:

- Una voluntad de causar daño (dolo).
- La omisión por parte del agente de la diligencia y previsiones exigidas (negligencia, imprudencia o culpa).

En este sentido, para diferenciarlos, hay que tener en cuenta los presupuestos necesarios que deben concurrir para que exista dolo o culpa. Son presupuestos del dolo:

a) Existe voluntad de cometer un acto, por ejemplo, golpear a una persona

b) Al acto corresponde la producción concreta de un resultado dañoso; en el ejemplo, la producción de una lesión corporal.

4

c) Ese resultado es querido por el agente.

En cuanto a los presupuestos de culpa son:

a) La ausencia de malicia.

b) La previsibilidad del resultado.

c) La omisión de las diligencias exigidas.

Distingamos ahora las **clases de culpa:**

- **Culpa consciente.** El agente considera la posibilidad de causación de un daño, pero estima que, en las circunstancias concurrentes, éste no se va a producir.
- **Culpa inconsciente.** El agente no considera la posibilidad de causar un resultado dañoso, pero pudo y debió hacerlo, evitando el daño mediante el cumplimiento de la diligencia exigible.

Cualquier género de culpa o negligencia es apto para generar responsabilidad, es decir, según esto, bastaría la culpa levísima. Ésta parece la tendencia actual del Tribunal Supremo: la implantación de un criterio cada vez más riguroso con nuestro comportamiento. La concurrencia de determinadas causas especiales determina, asimismo, la exclusión de la culpabilidad. Así, no serían culpables los dementes, los sordomudos que no saben leer ni escribir, y los menores, según el Código Civil.

**El daño**

Se puede definir el daño como el menoscabo material o moral ocasionado, mediante la infracción de una norma jurídica, a una persona y por el que debe responder otra.

Las características que deben reunirse en el daño, para que el perjudicado pueda reclamar su reparación, son:

- Debe ser real, es decir, que pueda probarse la existencia de un perjuicio, menoscabo o pérdida.

- Debe ser susceptible de resarcimiento, es decir, evaluable económicamente.
- Debe ser consecuencia directa de la acción causante.

En base al Código Civil, se puede establecer la siguiente clasificación de daños:

- **Daños materiales:** Los causados a las cosas, los bienes o los animales.
- **Daños personales:** Los causados a la personas. Producen resultados diferentes: muerte, lesión o menoscabo a la salud de las personas
- **Perjuicios patrimoniales:** Pérdidas económicas derivadas directamente o no de los daños personales o materiales sufridos por el reclamante de dicha pérdida
- **Daños morales:** No tienen susceptibilidad de evaluación económica por afectar a elementos de difícil valoración (el dolor que produce la rotura o el extravío de una joya). El concepto de daños morales no es nítido ni único (se les denomina morales, extrapatrimoniales, no económicos, inmateriales, etc.), en el que no coincide la doctrina y en el que se engloban los daños más dispares que puedan inferirse a una persona. Dentro del concepto de daños morales se pueden distinguir:
- **Daños propiamente morales:** No afectan en nada al patrimonio: aquellos que afectan a los bienes inmateriales de la personalidad (libertad, salud, humor, etc.).
- **Daños morales impropios:** Aquellos que, a través de una lesión de intereses inmateriales, transcienden a valores del patrimonio (por ejemplo, el interés de afección).

**El tercero**

El tercero no es un concepto inamovible sino que está condicionado por ciertas circunstancias como las relaciones de propiedad, tenencia o uso con respecto a las cosas; o las relaciones de parentesco, dependencia o subordinación en lo que a las personas se refiere.

Cuando nos referimos al tercero queremos denominar al sujeto pasivo de la relación contractual o extracontractual, es decir, aquella persona o cosa perjudicados en su persona o intereses por la acción del agente.

En definitiva, el tercero es el "otro" distinto de quién causa el daño cuya acción dañosa debe soportar.

El trabajador por cuenta ajena o empleado no es en principio tercero perjudicado frente a su empresario o empleador. Sin embargo, tendría tal posición, desde el punto de vista del seguro privado si el empresario hubiera suscrito una cobertura de responsabilidad civil patronal, con la delimitación contractual y prima habituales para este tipo de modalidades.

Siguiendo el condicionado de una póliza estándar de responsabilidad civil no son considerados, en principio, terceros:

- Las personas cuya responsabilidad queda cubierta por la póliza de seguros, básicamente, el asegurado.
- El cónyuge, ascendientes o descendientes legítimos, naturales o adoptivos del asegurado.
- Aquellas personas que, no teniendo el grado de parentesco señalado en el punto anterior, se encuentran vinculadas con el asegurado hasta un grado determinado usualmente el tercero- de consanguinidad o afinidad, siempre y cuando convivan con él habitualmente o a sus expensas.
- Aquellas cosas ajenas que el asegurado o las personas por las que éste debe responder tengan en su poder por razón de depósito, alquiler, préstamo o cualquier otro título para su custodia, su reparación, montaje, transporte u otro fin.
- Aquellas personas ligadas al asegurado por una relación de subordinación o dependencia, es decir, sus dependientes, asalariados y empleados por los cuales debe responder el asegurado, tanto en el ámbito privado como en el de la empresa.

Como conclusión, el concepto de tercero se determina por exclusión y podríamos definirlo como aquella persona, cosa o animal que, dentro de los límites del contrato y los de la Ley, puede ser receptora de un daño quedando su reclamación amparada por la cobertura de la póliza. El tercero, pues, admite un doble enfoque:

- **Personal:** personas afectadas por la acción u omisión del asegurado.
- **Material:** cosas y animales afectados por la acción u omisión dañosa del asegurado.

**La causalidad**

El nexo de causalidad es la relación de causa - efecto entre la conducta del agente y el daño producido. Es decir, para que pueda exigirse responsabilidad a un determinado agente es necesario que entre la acción de éste y el daño causado medie una relación de causa - efecto.

Sin embargo, es posible que esta relación de causa - efecto quede interrumpida por la aparición de uno o varios factores que podrían determinar la exoneración total o parcial de responsabilidad del agente.

Tradicionalmente, se consideran como factores de interrupción del nexo:

- La intervención de terceros, dentro del curso de acontecimientos directamente productores de daños, exime de culpabilidad al agente cuando la actuación de dicho tercero implique un accidente extraño a la acción.

- La propia intervención del perjudicado cuando el resultado dañoso es provocado por la conducta del perjudicado, es decir, la conducta de la víctima es la causa eficiente del resultado.

- Caso fortuito o fuerza mayor, figuras ambas de difícil distinción entre sí y que la doctrina tiende a equiparar tradicionalmente. Se dice que estamos ante caso fortuito o fuerza mayor cuando los daños son causados por un acontecimiento:

• Inevitable.
• Imprevisible.
• Ajeno al presunto responsable.
• Que constituye un obstáculo invencible.

Se suelen citar como ejemplos: las fuerzas de la naturaleza, el acto de la autoridad pública, la guerra, etc. No obstante, la jurisprudencia suele distinguir:

- Fuerza Mayor: Aquellos sucesos extraños a la explotación de una empresa, es decir, producidos por las fuerzas primarias de la naturaleza que no podrían haber sido evitados ni con el empleo de la mayor diligencia posible.

- Caso Fortuito: Aquel acontecimiento de procedencia interna no imputable al empresario que no se podía prever, o que pudiendo preverse, es inevitable, y de tal naturaleza que impide el cumplimiento de obligación.

En todo caso, el efecto de la interrupción del nexo de casualidad, por uno o varios de los factores enunciados, es la exoneración de responsabilidad civil del agente productor del daño.

4

## 4-245 El contrato de seguro de responsabilidad civil

El Seguro de responsabilidad civil es una modalidad del seguro de daños cuyo objeto consiste en la cobertura del riesgo de nacimiento de una deuda de responsabilidad civil en el patrimonio del asegurado.

Con el siniestro se produce el nacimiento efectivo de dicha deuda que implica la obligación del asegurado de satisfacer la indemnización por responsabilidad civil.

Tal como se recoge en el artículo 73 de la LCS, la cobertura de responsabilidad civil implica una obligación al asegurador, *"dentro de los límites establecidos en la ley y en el contrato, a cubrir el riesgo del nacimiento a cargo del asegurado de la obligación de indemnizar a un tercero los daños y perjuicios causados por un hecho previsto en el contrato de cuyas consecuencias sea civilmente responsable el asegurado, conforme a derecho"*. Es necesario, por tanto, que el hecho ocurrido esté debidamente previsto en el contrato de seguro.

Este tipo de contratos de seguros presentan dos particularidades propias respecto a los límites del contrato:

1. Una particularidad de este tipo de seguros es que se admiten como límites establecidos en el contrato, aquellas **cláusulas limitativas de los derechos de los asegurados** ajustadas al artículo 3 de la LCS que circunscriban la cobertura de la aseguradora a los supuestos en que la reclamación del perjudicado haya tenido lugar dentro de un período de tiempo, no inferior a un año, desde la terminación de la última de las prórrogas del contrato o, en su defecto, de su período de duración.

2. Otra particularidad es la **admisión,** con el mismo carácter de cláusulas limitativas conforme a dicho artículo 3, como límites establecidos en el contrato, aquéllas que circunscriban la cobertura del asegurador a los supuestos en que la reclamación del perjudicado tenga lugar durante el período de vigencia de la póliza siempre que, en este caso, tal cobertura se extienda a los supuestos en los que el nacimiento de la obligación de indemnizar a cargo del asegurado haya podido tener lugar con anterioridad, al menos, de un año desde el comienzo de efectos del contrato, y ello aunque dicho contrato sea prorrogado.

 © CISS

Esta última particularidad fue incorporada la disposición adicional 6ª Ley 30/1995, de 8 noviembre, de Ordenación y supervisión de los Seguros Privados.

Visto lo anterior, la cobertura de una póliza de responsabilidad civil se extiende, dentro de los límites pactados en el contrato y bajo el cumplimiento de lo establecido en la Ley de Contrato de Seguro:

- Al abono de a los terceros perjudicados o a sus herederos de las indemnizaciones a que diera lugar la responsabilidad del asegurado.
- A la constitución de las fianzas exigidas al asegurado por la autoridad judicial para garantizar su responsabilidad.
- A la defensa jurídica del asegurado, por medio de los abogados y procuradores que la aseguradora designe, como consecuencia de siniestros cubiertos por las garantías de la póliza. En cuanto a la defensa jurídica del asegurado, hay que considerar la posibilidad de que se produzca el denominado "conflicto de intereses", cuando tanto el que reclama como el que produjo el daño sean ambos asegurados de la misma entidad. Ante esta situación, el artículo 74 de la LCS otorga al causante del daño la posibilidad de elegir entre mantener la dirección jurídica del asegurador, o bien, confiar su propia defensa a otra persona, en cuyo caso la entidad está obliga al pago de los gastos que ello suponga, hasta el límite pactado en la póliza.
- Al pago de las costas y gastos judiciales y extrajudiciales inherentes al siniestro.

**La reparación del daño**

En cuanto a las indemnizaciones, el responsable civil y, por tanto, la aseguradora pueden hacer frente a su obligación de reparar el daño de dos formas: en dinero, como pago del precio del daño causado, o "in natura" reponiendo las cosas dañadas a su estado anterior, siempre que sea posible.

En cualquier caso, la reparación del daño ha de hacerse siempre de la manera más satisfactoria para el perjudicado. Esto viene justificado por el fin que se persigue mediante el establecimiento de la cuantificación del daño causado: conseguir que el patrimonio del perjudicado quede en situación equivalente a la que tenía antes de haber sufrido el daño.

No obstante, la reparación íntegra es relativamente posible de alcanzar en los daños materiales y perjuicios económicos presentes. Sin embargo, es mucho más complicado lograrla cuando hablamos de daños personales, de perjuicios económicos futuros (beneficios que se dejarán de obtener, gastos de rehabilitación, etc.) o de daños morales.

**Exclusiones**



Las coberturas indicadas en el epígrafe anterior están casi siempre matizadas por una serie de exclusiones que delimitan el alcance de las coberturas. A modo de resumen, las exclusiones básicas más frecuentes que aparecen en las condiciones generales de las pólizas de seguro de responsabilidad civil son las relativas a los daños:

- Causados a bienes propiedad del asegurado o de personas que de él dependan.
- Sufridos por bienes que, por cualquier motivo (depósito, uso, manipulación, etc.) se encuentren en poder del asegurado o de personas de quien deba responder.
- Que tengan su origen en la infracción o incumplimiento de las normas que regulan la actividad asegurada.
- Que deban ser objeto de cobertura por un seguro obligatorio (automóviles, riesgos nucleares, etc.).
- Causados por contaminación u otras variaciones perjudiciales del agua, aire o suelo, o por ruidos.

**ATENCIÓN:** Para que se tenga que utilizar una póliza de responsabilidad civil debe haber una reclamación en firme por parte de un perjudicado. Sólo por recibir una reclamación no quiere decir necesariamente que tenga razón o que el daño nos sea imputable, pero lo que es seguro es que deberemos defendernos de la reclamación.

En este caso, puede haber dos situaciones: Que tengamos una póliza de responsabildad civil o que no la tengamos. Si no tenemos póliza, la respuesta inicial la podremos hacer nosotros mismos o en su caso, contrataremos a un abogado para que nos asesore y conteste en nuestro nombre a dicha reclamación.

Si nuestra responsabilidad es manifiesta, deberemos negociar y acordar una indemnización a la que deberemos hacer frente con todo nuestro patrimonio, presente y futuro. Si no llegamos a un acuerdo, estaremos expuestos a que la persona que nos reclama acuda a sistemas o mecanismos arbitrales o judiciales.

Si estamos cubiertos por una póliza de responsabilidad civil, entrará en funcionamiento la primera función de la póliza de responsabilidad civil que es la de defensa jurídica, -bien a través de abogado de la compañía o en su caso de libre elección-, nuestros intereses frente a la pretensión de un tercero, cubriendo el coste que ello conlleva.

Si se llega a dar el caso de que reconozcamos nuestra culpa o bien que seamos condenados por sentencia judicial firme o por una instancia arbitral, la póliza cubrirá la indemnización hasta el límite contratado.

## 4-246 La cobertura en los seguros de responsabilidad civil

Es importante tener en cuenta que a la hora de contratar una póliza de responsabilidad civil nunca se sabe qué daños podemos producir a terceros y la importancia de la indemnización a la que podemos llegar a ser condenados por ellos. Por eso, la estadística impera de manera que una mayor actividad lleva aparejada un mayor riesgo y eso las aseguradoras lo saben muy bien pues es normal que la peligrosidad no es la misma si se trata de un médico de familia en comparación de un anestesista, por ejemplo, de manera que éste último deberá tener una cobertura más amplia y con más capital que el médico de familia, pero incluso en ninguno de ambos casos se puede saber con exactitud cuál es el importe de cobertura que necesita exactamente para garantizar una total cobertura por los daños y perjuicios que pudiera ocasionar.

Teniendo en cuenta el sentido de "cobertura", en términos aseguradores como "el límite de indemnización que el cliente contrata para determinada garantía", podemos establecer que los estándares habituales en el mercado actualmente respecto a responsabilidad civil, son coberturas que se encuentran entre 150.000 €, 300.000 € y 600.000 €. El asegurado es quién determina la cuantía que quiere contratar, salvo en los casos en los que por su actividad o por el destino que se va a dar a la póliza de responsabilidad civil, ésta se deba ajustar a un capital mínimo de cobertura.

Por supuesto, se pueden contratar capitales superiores a los anteriores, incluso, a los que nos puedan venir marcados obligatoriamente como hemos visto; evidentemente, a mayor cobertura, mayor es el coste de la prima, por lo que deberemos ajustar una cobertura razonable a la potencial peligrosidad de nuestra actividad y a su volumen.

Lo normal y habitual en las pólizas de responsabilidad civil es asignar un capital máximo "por siniestro y año". A la hora de escoger una cobertura deberemos fijarnos muy especialmente en las limitaciones que se establecen a cada siniestro en dicho periodo (Por ejemplo 600.000 € por siniestro y año).

4

Otro aspecto a tener en cuenta en los seguros de responsabilidad civil es que el coste de la cobertura no es proporcional, es decir, si para tener una cobertura de 250.000 € por ejemplo, la prima resultante es de 200 €, no por contratar una del doble (500.000 €), el coste será también el doble (400 €).

Este incremento de la cobertura puede suponer tan sólo un aumento del 20% 0 30% más, por eso, es normal ver muchos casos en que se opta por contratar de coberturas de responsabilidad civil más amplias que las estrictamente necesarias, ya que pagando una prima de 300 € por ejemplo, en lugar de 250 €, el asegurado puede acceder a tener el doble de capital en su cobertura. Esto viene motivado porque estadísticamente las probabilidades de que el siniestro llegue hasta los 500.000 € son muy bajas, mientras que las aseguradoras dan por asumido que los primeros 6.000 € o 12.000 € sí se van a gastar, aunque solo sea en gastos de defensa.

Si lo que se contrata -una cifra muy habitual actualmente- es una cobertura de 600.000 € por ejemplo y en ese año se tienen varios siniestros, una vez "gastados" esos 600.000 € habremos agotado la cobertura.

**Límites y sublímites de la cobertura de responsabilidad civil**

La responsabilidad del asegurador queda limitada por los **límites de indemnización** que se hayan establecido en las condiciones particulares del contrato de seguro de responsabilidad civil. En cuanto a estos límites se diferencian y especifica por separado los siguientes:

1. Límite agregado anual:

Con este límite se determina la cuantía máxima de la responsabilidad el asegurador por anualidad de seguro, excluyendo los gastos de defensa. Se determina con independencia del número de reclamaciones notificadas durante el período de seguro, del límite por reclamación y de los sublímites que sean aplicables, que se entenderán en todos los casos como parte integrante del límite agregado anual -de ahí su nombre- y nunca en adición al mismo.

2. Límite por reclamación:

Este límite marca la cuantía de responsabilidad máxima del asegurador en relación con una misma reclamación, por todos los conceptos, exceptuando los Gastos de Defensa. Y ello, independientemente del número de reclamantes y de partes contra las que la misma haya sido formulada. El límite por reclamación es parte integrante del límite agregado anual, y no podrá entenderse en adición al mismo. En caso de que existan reclamaciones atribuibles a una misma causa o hecho generador se entenderá que es de aplicación un único límite por reclamación.

3. Sublímites:

Otro aspecto importante a tener en cuenta son los sublímites establecidos en las coberturas de los seguros de responsabilidad civil por cada por víctima pues es muy habitual en este tipo de pólizas que, independientemente de la cobertura que se haya contratado, existan limites específicos para los siniestros que afecten a las personas.

Los sublímites representan límites máximos asumidos por el asegurador respecto de las garantías especificadas en el contrato de seguro suscrito. Cualquier sublímite se considera como parte integrante del límite por reclamación y el límite agregado por anualidad, y no podrá entenderse en adición a los mismos.

Las aseguradoras se cubren limitando el máximo de indemnización a que están dispuestas a llegar en estos casos mediante el establecimiento de sublímites, pues a diferencia de los daños materiales, que son fácilmente evaluables, en los daños personales influyen muchas variables para la determinación de la indemnización como la edad del afectado, su situación familiar, su situación socioeconómica, etc., lo cual dificulta enormemente la estimación a priori de las posibles indemnizaciones. Así, por ejemplo, en una cobertura contratada por responsabilidad civil de 250.000 €, lo normal es que el sublímite por victima sea entre 75.000 € y 80.000 € aproximadamente.

Aunque estos importes asignados a los sublímites van incrementándose en función de que se contrate un mayor capital, sin embargo, aumentar el capital de la cobertura no concede de forma automática un incremento del sublímite por víctima, que como mucho suele tener un límite, habitualmente a un máximo de 180.000 €.

Si lo que interesa al asegurador es precisamente esa posible cobertura que ofrece el sublímite por víctima, entonces se puede contratar una "segunda capa", es decir, otra póliza de responsabilidad civil con idénticas garantías y coberturas pero que solo actuara en caso de que el capital de la primera se agote.

En cuanto al ámbito geográfico de la cobertura, por regla general, y sin perjuicio de las condiciones de determinadas modalidades de seguro de responsabilidad civil, se limita a los siniestros ocurridos y reclamados en territorio español, excluyéndose, por tanto, los sucedidos en el extranjero. Algunas pólizas matizan, incluso, la anterior regla general, estableciendo que las indemnizaciones derivadas de los daños sean reclamadas en los tribunales españoles.



No obstante, siempre es posible ampliar la cobertura geográfica del seguro de responsabilidad civil al extranjero, previo estudio detallado por la entidad aseguradora del riesgo asumido.

En cuanto al ámbito temporal de la cobertura de la póliza de responsabilidad civil hay que tener en cuenta que en el siniestro de responsabilidad civil se dan tres elementos: la causa, el daño y la reclamación del perjudicado. Estos tres elementos no siempre coinciden en el tiempo, por lo que la duda está en cuándo se produce el siniestro de responsabilidad civil.

Lo normal es que el seguro de v cubra las reclamaciones formuladas contra el asegurado por vez primera durante el periodo de seguro. A veces se otorga un plazo superior, como por ejemplo, 24 meses a partir de la fecha de extinción del contrato, por razón de un evento que pudiera ser susceptible de cobertura según el objeto del contrato de seguro, cometido o supuestamente cometido por el asegurado durante el periodo de seguro. Esto es habitual si lo efectos pueden verse en esa fecha, por ejemplo, en los seguros de responsabilidad civil de construcción.

Hay tres opciones diferentes en función al ámbito temporal de la cobertura de este seguro. Así, el tratamiento será diferente:

- En función de la acción, quedan cubiertos los siniestros cuya causa se haya originado durante la vigencia de la póliza, cualquiera que sea la fecha de manifestación de los daños.
- En función del daño, quedan cubiertos los daños sobrevenidos durante la vigencia de la póliza con independencia de que en el momento de la causa o de la reclamación el seguro no estuviera en vigor.
- En función de la reclamación, quedan cubiertas las reclamaciones realizadas durante la vigencia de la póliza, con independencia de la fecha de la causa o de la manifestación del daño.

La más comúnmente utilizada en las pólizas de responsabilidad civil es la "teoría del daño". No obstante, cada modalidad de seguro seguirá el criterio que se adapte mejor a la cobertura otorgada.

La mayoría de los "objetos de cobertura" que se describen en las pólizas de seguros de responsabilidad civil versan de la siguiente manera: "*En los términos, limites y condiciones que se hayan pactados en el contrato de seguro de responsabilidad civil, el asegurador toma a su cargo las indemnizaciones por responsabilidad civil extracontractual que en virtud de las disposiciones legales vigentes pudieran resultar a cargo del asegurado como consecuencia de daños materiales, personales y sus perjuicios directamente consecuenciales ocasionados a terceros durante la vigencia de la póliza, y que tengan su origen en su actividad descrita en las condiciones particulares de la Póliza*".

En base a las técnicas estadístico-actuariales que implementan las compañías, éstas determinan, a efectos de la responsabilidad civil, una frecuencia media de siniestros y un coste medio de los mismos para cada actividad o profesión, lo cual les lleva a determinar la prima pura del riesgo, a la cual añaden los gastos internos, los gastos externos y el beneficio. El resultado es la **tasa de riesgo** que aplicarán los seguros de responsabilidad civil para cada actividad o profesión. Como es evidente, cuando de seguros se trata, a mayor frecuencia de siniestros y/o mayor coste medio de los mismos, mayor será la tasa y viceversa.

A la vista de esto, el cálculo se basa en la observación de lo que ha ocurrido en el pasado, número de siniestros que se han producido en un determinado periodo de tiempo y su coste medio. Si a este factor se le añade la responsabilidad civil contractual, por la cual una de las partes incumple sus compromisos "voluntariamente" bien porque se comprometió a algo temerariamente o bien porque le han surgido otras oportunidades que le hacen que sea más rentable no cumplir, el resultado se convertiría en un riesgo prácticamente imposible de cubrir y el coste del seguro sería imposible de asumir.

**La acción directa**

La LCS, en su artículo 76, reconoce al tercero perjudicado el derecho a reclamar directamente al asegurador, por la responsabilidad civil de la acción u omisión del asegurado, la indemnización que le sea debida por daños y perjuicios. Este derecho es lo que se conoce como **acción directa.**

La acción directa permite al perjudicado o a sus herederos exigir a la entidad aseguradora de la responsabilidad civil el cumplimiento de la obligación de indemnizar el daño que aquél sufrió. De esta forma, el contrato de seguro expande sus efectos sobre el perjudicado, además de sobre el asegurado y el asegurador.

4

La acción directa se fundamenta en el hecho de que en el contrato de seguro de responsabilidad civil no sólo entran en juego los intereses propios de asegurado y asegurador, sino también el interés del tercero perjudicado que desea ver reparado el daño sufrido.

Así, el perjudicado puede optar por reclamar a la persona que le causó el daño, o por reclamar directamente al asegurador de ésta, o bien, por hacerlo simultáneamente a ambos. Para facilitar la acción directa, la LCS obliga al asegurado a comunicar al tercero perjudicado la existencia del seguro de responsabilidad civil y su contenido, aunque no se prevea en dicha Ley sanción alguna si este deber se incumple.

**Obligatoriedad de la suscripción de un seguro de responsabilidad civil**

El artículo 75 de la LCS señala la obligatoriedad de la suscripción de una póliza de v al establecer que "*Será obligatorio el seguro de responsabilidad civil para el ejercicio de aquellas actividades que por el Gobierno se determinen. La Administración no autorizará el ejercicio de tales actividades sin que previamente se acredite por el interesado la existencia del seguro. La falta de seguro, en los casos en que sea obligatorio, será sancionada administrativamente*".

Son considerados como "**eguros de suscripción obligatoria**" aquéllos que su contratación viene obligada por ley según sea la propia condición del asegurado. Estos son, por ejemplo, seguro de responsabilidad civil por el uso y circulación de vehículos a motor, seguro de responsabilidad civil del cazador, responsabilidad civil por uso de energía nuclear, incluso el seguro de responsabilidad civil del corredor de seguros.

Al igual que se aplica en otras modalidades de contratos de seguro, en el seguro de v se refuerza el derecho de crédito, en este caso del perjudicado frente al asegurado, posibilitando la acción directa de aquél frente al asegurador tal y como recoge el artículo 76 de la LCS al establecer que "*El perjudicado o sus herederos tendrán acción directa contra el asegurador para exigirle el cumplimiento de la obligación de indemnizar, sin perjuicio del derecho del asegurador a repetir contra el asegurado, en el caso de que sea debido a conducta dolosa de éste, el daño o perjuicio causado a tercero*".


© CISS

Esta acción directa es inmune a las excepciones que puedan corresponderle en todo caso al asegurador contra el asegurado, el cuál vendrá obligado a manifestar al tercero perjudicado o a sus herederos la existencia del contrato de seguro y su contenido. Para oponerse, el asegurador puede alegar la culpa exclusiva del perjudicado así como las excepciones personales que tenga contra éste.

**Aspectos relacionados con la reclamación**

Una de las principales características comunes en cuanto a las reclamaciones en los seguros de responsabilidad civil es que la mayoría de éstos marcan la "**unidad de reclamación**", de manera que todas las reclamaciones que deriven de, o sean atribuibles a, una misma causa o hecho generador, tendrán la consideración de una única reclamación. En consecuencia de esto, se aplica un único límite por reclamación y una única franquicia -en caso de estar estipulada- para todas ellas.

Otro aspecto de gran importancia es la obligación del tomador o asegurado de notificar al asegurador cualquier reclamación formulada contra él y/o la recepción de cualquier comunicación de cualquier tercero en la que declare la intención de formular una reclamación contra el asegurado.

Esto deberá comunicarlo a la aseguradora siempre por escrito y dentro de un plazo de siete días desde que hubiere tenido conocimiento de ello.

Se entenderá por "reclamación":

- Cualquier requerimiento, demanda, escrito o emplazamiento o cualquier otra pretensión formulada por escrito al asegurado.
- Cualquier procedimiento judicial seguido contra el asegurado, o contra el asegurador en ejercicio de la acción directa.
- Cualquier comunicación fehaciente recibida por el asegurado, en las que se alegue un evento susceptible de cobertura según el objeto del presente contrato.

El tomador o asegurado no sólo está obligado a notificar la reclamación recibida, sino que también está obligado a notificar inmediatamente al asegurador cualquier hecho o circunstancia de la que tenga conocimiento y que considera que hay razones motivadas que puedan dar lugar a una reclamación.

En todas sus notificaciones el tomador o asegurador deberá aportar todos los detalles sobre el hecho o circunstancia que pueda anticipar la reclamación junto con datos particularizados de las fechas y personas relacionadas con tal hecho o circunstancia. Además, el asegurado deberá facilitar al asegurador toda la información que éste le requiera expresamente y que considere necesaria para la investigación de sus circunstancias, incluyendo toda la asistencia razonable para identificar lugares y asegurar la cooperación de cualquier persona que pueda prestar una declaración formal.



Es muy habitual que, sólo si el tomador o asegurado ha comunicado a la aseguradora debidamente estos hechos o circunstancias y ha facilitado todos los detalles e informes que haya creído necesarios y si la reclamación se presentara efectivamente contra él, pero incluso una vez vencido el periodo de cobertura del seguro, muchas aseguradoras considerarán incluida la misma y le darán el tratamiento debido como si ésta hubiese sido presentada en periodo de vigencia de la póliza.

Por ello, la colaboración del tomador o asegurador con las aseguradoras es muy importante y muy valorada positivamente por éstas en todo tipo de seguros, pero aún mucho más cuando se trata de seguros de responsabilidad civil y ello porque el asegurado deberá usar todos los medios a su alcance y cooperar con el asegurador para minimizar las consecuencias de una reclamación, o de una queja, anuncio o amenaza de formular una reclamación contra el asegurado.

**Dirección jurídica en el seguro de responsabilidad civil o defensa de la reclamación por parte de la aseguradora**

Como regla general, la dirección jurídica de cualquier reclamación amparada corresponde al asegurador quién designará los abogados y procuradores que defenderán y representarán a su asegurado en los procedimientos judiciales que contra él se sigan, y quien dirigirá cualquier negociación tendente a la liquidación extrajudicial de la reclamación.

Con el seguro de responsabilidad civil, el asegurador se convierte en "asesor jurídico" del asegurado y ello, al amparo de lo recogido en el artículo 74 de la LCS que determina que "*Salvo pacto en contrario, el asegurador asumirá la dirección jurídica frente a la reclamación del perjudicado, y serán de su cuenta los gastos de defensa que se ocasionen. El asegurado deberá prestar la colaboración necesaria en orden a la dirección jurídica asumida por el asegurador".*

Ahora bien, el asegurado podrá optar por llevar el mantenimiento de la dirección jurídica del asegurador o encomendarle su propia defensa a otra persona, en cuyo caso deberá contar con el consentimiento del asegurador quién quedará obligado a abonar los gastos de tal dirección jurídica hasta el límite que se haya pactado en la póliza. Este derecho que ampara al asegurador para elegir libremente abogado y procurador, adquiere especial importancia cuando se trata de procedimiento de ámbito penal.

En estos casos que el asegurado designe a otra persona para defenderle, éste no deberá admitir responsabilidad para gestionar ni tramitar la reclamación ni incurrir ningún gasto de defensa en conexión con ella sin contar, a su vez, con el previo consentimiento por escrito del la aseguradora de manera que ésta en ningún caso quedará vinculado por los términos de cualquier acuerdo que haya alcanzado el asegurado sin su consentimiento.

De ello se desprende que el asegurador asumirá directamente la dirección jurídica en los procedimientos en que pueda ser parte el asegurado, teniendo esta representación un carácter "automático", según se desprenda de las propias condiciones pactadas en la póliza de seguro.

En relación con la negociación extrajudicial, y sin perjuicio de lo establecido en el párrafo anterior, el asegurador no transará ninguna reclamación sin el consentimiento del asegurado. Esto no obstante, si el asegurado rehúsa prestar su consentimiento a una transacción formalmente recomendada por el asegurador y, por contra, elija litigar dicha reclamación, entonces la responsabilidad del asegurador quedará limitada a la suma en la que la reclamación se hubiese transado si el asegurado hubiese consentido, incluyendo los gastos de defensa incurridos y autorizados por el asegurador hasta la fecha en que el asegurado rehusó la transacción, y en todo caso siempre dentro de los límites de indemnización establecidos en las condiciones particulares.

## 4-247 Responsabilidad civil profesional

La responsabilidad civil profesional es aquella que incumbe a una determinada persona por los daños causados a un tercero como consecuencia de una acción u omisión negligente en el ejercicio de su actividad profesional.

A través de una póliza de seguro de responsabilidad civil profesional, que es suscrita por un profesional y una aseguradora, esta último se compromete a mantener al primero indemne frente a las reclamaciones presentadas por sus clientes u otras personas que se puedan ver afectadas por un error en su actividad profesional.



La aseguradora tendrá que indemnizar al profesional los daños causados, los costes legales en los que haya incurrido en la defensa de la reclamación y el pago de las costas que le corresponda.

El alcance de lo que se entiende por actividad profesional plantea interesantes matizaciones desde el punto de vista asegurador. Tradicionalmente sólo se consideraba "profesionales" a determinadas profesiones como contables, ingenieros, arquitectos, peritos, abogados, médicos y similares.

Hoy en día, la denominación de profesionales se asigna también a casi cualquier persona que reivindique un conocimiento específico o experiencia en una materia determinada y que ofrezca un servicio relacionado con la misma.

Un profesional puede, de manera independiente, o adoptar la forma de una asociación profesional o cualquier otro tipo de entidad corporativa. Además, los servicios que presta pueden o no estar remunerados, aspecto éste que no es relevante para que cubra la responsabilidad civil por un daño que pudiera causar con su servicio.

La realidad actual ha desbordado los esquemas tradicionales. La aparición de nuevas profesiones determinadas por el avance tecnológico y la diversificación de la actividad humana, la irrupción de los profesionales "intelectuales" en el campo de la empresa en términos reales de dependencia, son datos que el asegurador ha sabido captar con evidente pragmatismo. Y así, desde esta perspectiva aseguradora, el término profesional ha ido experimentando una ampliación paralela a la real, y junto a la profesional en sentido estricto (identificado tradicionalmente con el profesional de élite), son objeto de aseguramiento otros de índole muy diversa y no siempre de carácter nítidamente intelectual.

La responsabilidad civil profesional es compleja y susceptible de diversos enfoques. La enumeración de un conjunto de notas o categorías propias de la responsabilidad civil de los profesionales es claro que no nos aporta una visión completa de la misma, pero puede aproximarnos a cuestiones tan atractivas como la indeterminación y amplitud de su contenido, su naturaleza, la peculiaridad de ciertos daños, etc.

 © CISS

**Actividades profesionales asegurables. Clasificación**

Una clasificación que recoge los criterios apuntados integrando profesiones "clásicas" y novedosas, profesiones estrictamente intelectuales y de carácter manual, podría ser la siguiente:

1. Médico-sanitarias: Médicos, asistentes técnicos sanitarios, practicantes, enfermeros y responsabilidad civil de hospitales.
2. Relacionadas con la técnica de la construcción: arquitectos, aparejadores, etc.
3. De la ingeniería: Industrial, aeronáutica, minas, etc.
4. Legales: Notarios, registradores, jueces, abogados, procuradores, agentes de bolsa, corredores de comercio.
5. Económico-financieras: Economistas, censores jurados de cuentas, auditores financieros y contables.
6. Informáticas: Operadores, analistas de aplicaciones, auditores informáticos.
7. Técnico-comerciales: Agentes de negocios en general, de seguros, de la propiedad inmobiliaria, gestores administrativos, asesores fiscales, graduados sociales.
8. Artístico-literarias: Periodistas, escritores, autores.
9. Mecánicas: Reparación autos, garajistas, reparaciones mecánicas en general.
10. Deportistas.

Lo cierto es que los profesionales, sea cual sea la actividad o servicio que presten, vienen obligados a observar el **deber legal de prudencia** frente a cualquier persona que confíe de manera razonable en su servicio o en las recomendaciones prestadas.

En el escenario comercial actual, los consumidores recurren cada vez con mayor frecuencia a los tribunales para reclamar sus derechos. Todos los proveedores de servicios tienen responsabilidades legales frente a sus clientes y, en muchos casos, frente a terceros. Por ello, ahora que lo habitual es recurrir a la justicia para exigir dichas responsabilidades legales, cada vez son más los profesionales que se dirigen a los aseguradores especialistas en responsabilidad civil profesional en busca de asesoramiento, asistencia y seguridad.

Como es habitual en este tipo de seguros, la cobertura abarca a cualquier reclamación de terceros formulada por vez primera contra el asegurado durante el periodo de seguro. Lo normal es que la póliza se emita con sujeción a una "fecha de retroactividad" que variará dependiendo de las circunstancias particulares del asegurado en cada caso, de manera que se excluyan aquellas reclamaciones basadas en actos, errores u omisiones que tuvieran lugar con anterioridad a dicha fecha, independientemente de cuándo se formule la reclamación contra el asegurado.



## 4-248 Responsabilidad civil de profesionales de carácter jurídico

Las reclamaciones a profesionales, inicialmente circunscritas al campo de la construcción o de la medicina, se van extendiendo progresivamente a otros ámbitos, como es el que nos ocupa, en el que se ha generado una toma de conciencia de los riesgos que comporta la propia profesión y desembocado en una tendencia creciente al aseguramiento de las posibles responsabilidades que puedan derivarse frente a terceros.

Dos características significativas señalaríamos en estas profesiones:

1) Desde el punto de vista jurídico la relación establecida entre el jurista -en sentido amplio- y su cliente, es de naturaleza básicamente contractual, derivada de un contrato de arrendamiento de servicios que se desenvuelve conforme a los artículos 1.101 y ss. del Código Civil; si bien, frente a terceros que no tengan condición de clientes, y respecto de los cuales no existe relación jurídica previa, la responsabilidad surgida debe considerarse como extracontractual.

2) En lo que se refiere al tipo de daños, aquellos producidos por los bienes amparados por las denominadas coberturas comunes o de instalación (por ejemplo, los locales de los cuales se sirve el profesional para el ejercicio de su actividad) no presenta variación sustancial con respecto al esquema clásico en materia de responsabilidad civil general (es decir, daños materiales, corporales y perjuicios patrimoniales consecuencia directa de éstos).

Sin embargo, la clase de daños causados por la actividad esencialmente jurídica tiene un contenido estrictamente patrimonial, independiente de todo menoscabo material o lesión corporal, que en estos supuestos serán normalmente inexistentes.

El perjuicio estrictamente patrimonial configura por sí solo una categoría específica que, repetimos, comporta un apartamiento del sistema tradicional. Sus perfiles no siempre son nítidos.

Los perjuicios estrictamente patrimoniales son comunes a todo tipo de profesiones -no sólo las jurídicas- que tienen por objeto la gestión de los negocios o intereses ajenos. Pensemos, por ejemplo, en las consecuencias pecuniarias de un defectuoso asesoramiento fiscal; en el abogado que deja negligentemente prescribir el plazo para el ejercicio de una acción judicial; en el empleo por parte de una agencia de publicidad de fotografías sin la necesaria autorización del interesado; o en el agente de la propiedad inmobiliaria que proporciona una información falsa o inexacta sobre el valor real de una vivienda.

**Coberturas**

El objeto del seguro es garantizar las indemnizaciones a cargo del asegurado, por daños causados a terceros como consecuencia de error, negligencia, omisiones propias o de sus empleados, colaboradores y pasantes en el ejercicio de su actividad profesional.

La garantía se extiende a las consecuencias civiles de la pérdida, robo y/o destrucción de documentos (archivos, actas, letras de cambio, talones bancarios, etc.) confiados al asegurado por causa de su profesión hasta una cuantía marcada al efecto entre las partes.

**Exclusiones**

1) Actos delictivos o dolosos imputables al asegurado o persona por la que deba responder.

2) Operaciones extrañas a la profesión o para las que no tengan titulación académica o legal exigida, o respecto de la cual no hubiera cumplido los requisitos establecidos por los reglamentos y estatutos del respectivo Colegio Profesional.

3) Operaciones o consultas financieras así como las responsabilidades adquiridas en calidad de administrador de bienes o gerente de empresas y/o negocios e intermediario de operaciones de secuestro común y/o político.

4) La desaparición, pérdida o destrucción de títulos o valores mobiliarios, déficit o errores de caja y sustracciones cometidas por el personal asegurado.

No obstante, determinadas pólizas especialmente contratadas por Colegios Profesionales derogan alguna de las exclusiones consideradas como tradicionales y extienden su cobertura a las infidelidades e incluso a actividades dolosas cometidas por quienes desempeñan actividades auxiliares encomendadas por el asegurado, dentro del marco normal de actuación profesional. Cobertura que puede ser tachada, justamente, de conflictiva, porque en definitiva:

1) Se trata de amparar actividades delictivas dolosas (por ejemplo, la apropiación indebida de fondos por parte de un oficial de notaría, o de registros, etc.).

2) Desde el punto de vista asegurador tienen un canal específico y distinto de aseguramiento.

**Delimitación temporal de la cobertura**

No hay uniformidad de criterios sobre como delimitar temporalmente la cobertura de la actividad profesional. Las fórmulas utilizadas en el mercado son variadas, si bien parece constatarse una cierta tendencia a efectuarla sobre la base del criterio de la reclamación (Claim made basis).

La delimitación temporal debe efectuarse partiendo de la combinación de dos momentos relevantes:

1) La comisión de la falta por parte del profesional.

2) La reclamación efectuada al mismo.

**Capital, primas y condiciones especiales**

Capitales y primas podrán determinarse conforme a los criterios expuestos para los profesionales de la construcción y medicina. Es frecuente establecer un límite prudencial referido a la sustracción, pérdida y extravío de documentos.

Las franquicias en caso de ser fijadas serán porcentuales, fijando un máximo y mínimo convenientes en función del riesgo en concreto.

En cualquier caso, insistimos en el desglose y análisis del riesgo, teniendo en cuenta los antecedentes, características y experiencia de siniestralidad del profesional o colectivo de profesionales. Será recomendable también observar la evolución de la siniestralidad en países de ámbito comunitario y las causas y factores que la motivan.

 © CISS

# Sección 2. EL SEGURO DE RESPONSABILIDAD CIVIL DE LA CONSTRUCCIÓN

## 4-249 La responsabilidad civil de la construcción

El seguro de responsabilidad civil de la construcción es la modalidad de seguro por el que el asegurador garantiza el pago de las indemnizaciones a que diera lugar la responsabilidad civil que bien directa, solidaria o subsidiariamente pueda derivarse para el asegurado -Empresa o profesional de la construcción-como consecuencia de los daños que pudieran ser causados involuntariamente a terceros por hechos que deriven del riesgo propio de la actividad que ejerce.

Este seguro, al igual que las otras modalidades de responsabilidad civil también les cubre al asegurado el pago de los costes y gastos judiciales y extrajudiciales inherentes a la reclamación, y la constitución de fianzas judiciales que le pudieran exigir para garantizar su responsabilidad, derivadas de reclamaciones formuladas contra él por vez primera durante el periodo de seguro por hechos ocurridos durante el periodo de seguro y notificadas al asegurador.

En nuestro país, las primeras reclamaciones en materia de responsabilidad civil profesional que surgen fueron en el ámbito de la construcción. El auge de este sector durante los denominados años del desarrollo y de la transformación socioeconómica española, generó un buen número de reclamaciones que, además de la regulación genérica de la responsabilidad civil (art. 1.101 y ss., art. 1.902 y ss. CC) encuentran su fundamentación explícita en el artículo 1.591 del Código Civil, que expresamente reconoce la responsabilidad civil del arquitecto por vicios del suelo o de la dirección de la obra.

Por eso, no sólo tienen mucha demanda las pólizas de responsabilidad civil de las empresas constructoras sino también las de aquellos profesionales que desarrollan una actividad vinculada a este sector de una manera directa como son **las pólizas de responsabilidad civil de arquitectos,** que han proliferado mucho en los últimos años y su contratación individual o colectiva es un hecho generalizado hoy en día.

A los efectos de este seguro de responsabilidad civil de la construcción, se consideran también asegurados y se extienden, por tanto, también las coberturas del seguro a las:

a) Como es lógico, a la empresa constructora tomadora especificada en las condiciones particulares de la póliza.

b) También a sus empleados, entendiendo por tales cualquier persona distinta de un administrador, socio, miembro o directivo del asegurado, que esté o haya estado bajo un contrato laboral o de prestación de servicios o aprendizaje con el asegurado, o puesto a disposición de, suministrado a, o contratado por el asegurado, o incluso en prácticas o posición similar con el asegurado.

### Fundamentos legales de la responsabilidad civil de los profesionales de la construcción

Desde el punto de vista jurídico, el artículo 1.591 del Código Civil consagra la responsabilidad civil de los contratistas por ruina ocasionada por vicio de construcción y la del arquitecto por ruina ocasionada por vicios del suelo o de la dirección.

Este seguro se le conoce como "**seguro decenal**" porque está vinculado a cubrir los vicios ocultos que pudieran derivar de la construcción y la Ley establece un plazo de responsabilidad de diez años, extensible a quince si la ruina se debe a la falta del contratista a las condiciones del contrato.

Por su parte el artículo 1.907 del Código Civil ratifica el precepto anterior en los términos siguientes:

*"Si el daño resultase por defecto de construcción, el tercero que lo sufra sólo podrá recurrir contra el arquitecto o, en su caso, contra el constructor dentro del tiempo legal".*

**Ejemplo:**

Vamos a ver la respuesta de la DGSFP a una consulta sobre el seguro decenal de la edificación. Resolución del seguro suscrito por autopromotor.

***Planteamiento***

*La Ley 38/1999, de 5 de noviembre, de Ordenación de la Edificación, tiene por objeto regular el proceso de edificación estableciendo las obligaciones y responsabilidades de los agentes que intervienen en dicho proceso, así como las garantías necesarias para el adecuado desarrollo del mismo.*

*Entre las garantías exigidas para el adecuado desarrollo del proceso de edificación, la disposición adicional segunda de la Ley, estableció que sería obligatoria la garantía contra los daños materiales a que se refiere el apartado 1.c) del artículo 19, para edificios cuyo destino principal sea el de vivienda.*

*Posteriormente el artículo 105 de la Ley 53/2002, de 30 de diciembre, introdujo un segundo párrafo al apartado primero de la citada disposición adicional, estableciendo que esta garantía no sería exigible en el supuesto de autopromotor individual de una única vivienda unifamiliar para uso propio.*

*Ante esta modificación surge el problema de los autopromotores que contrataron el seguro decenal a la entrada en vigor de la Ley de ordenación de la edificación y que en virtud de la modificación operada, no están obligados a tener dicho seguro, por lo que solicitan la resolución del contrato.*

*En este contexto, se consulta si cabe la rescisión de un seguro decenal suscrito por el autopromotor de una única vivienda como consecuencia de la obligatoriedad establecida en la disposición adicional segunda de la Ley de ordenación de la edificación cuando posteriormente se ha excluido a los autopromotores de la obligatoriedad de contratar este seguro.*

***Contestación de la DGSFP***

*El artículo 62.1 del texto refundido de la Ley de ordenación y supervisión de los seguros privados, aprobado por Real Decreto Legislativo 6/2004, de 29 de octubre, dispone que el Ministerio de Economía y Hacienda protegerá la libertad de los asegurados para decidir la contratación de los seguros y el mantenimiento del equilibrio contractual entre los contratos de seguros ya celebrados.*

*Por consiguiente, este Centro Directivo en su función de velar por el mantenimiento del equilibrio contractual, estima que la entidad debería permitir al autopromotor la resolución del contrato suscrito, ya que el mismo se celebró respondiendo a un mandato legal y no en virtud del principio de autonomía de la voluntad. Dado que tal mandato legal ha desaparecido debe admitirse que las partes puedan eliminar las consecuencias derivadas del mismo.*

*La resolución del contrato llevaría aparejada una serie de efectos económicos, como son, para el asegurado la devolución de la prima correspondiente al riesgo no consumido, o en su caso la suspensión de los pagos periódicos, pero también hay que tener en cuenta que la entidad podría repercutir al asegurado todos aquellos gastos en los que haya incurrido como consecuencia del contrato de seguro que ahora se resuelve, consiguiendo así que la resolución del contrato resulte equitativa para ambas partes.*

*Todo ello sin perjuicio de que las partes de común acuerdo pudieran adoptar una solución diferente.*



## 4-250 La responsabilidad civil decenal desde el punto de vista asegurador

Se trata de un riesgo frente al que debe adoptarse una actitud sumamente cautelosa, ya se trate de un profesional o construcción aislados o de un colegio profesional o asociación de constructores, ya se considere la cobertura con carácter integral o en cualquiera de las formas atenuadas contempladas en los puntos del epígrafe anterior.

Razones básicas para esta actitud son, entre otras:

- La amplitud cualitativa de la cobertura que implica la responsabilidad civil decenal (ruina total, parcial, defectos graves, inadecuación de la construcción).

- La amplitud cualitativa del plazo de garantía: diez años. Ello implicaría que, otorgada una cobertura para la realización de una obra en la que se introdujera la responsabilidad civil decenal, la garantía se extendería a los daños originados por las causas previstas en los artículos 1.591 y 1.907 del CC, durante un plazo de diez años.

- La amplitud del plazo para el ejercicio de la acción civil en reclamación de los daños ocasionados, que es el previsto para las acciones personales: quince años.

- La presunción de culpabilidad del arquitecto y constructor y la objetivación experimentada por los tribunales en materia de responsabilidad civil decenal, atendiendo a la seguridad en la reparación más que a la culpabilidad real de los presuntos responsables.

- La inversión de la carga de la prueba, a cargo de contratista y arquitecto.


© CISS

- La dificultad de establecer una cotización adecuada en el momento de toma de efecto de la póliza (fecha de iniciación de la obra) para un período que se prolonga diez años en el tiempo, con la consiguiente incidencia de factores tales como la inflación, siniestralidad, desfase de la base estadística que sirvió de referencia para la tasa inicial.

- Razones económicas. El nivel de la prima podría estar en torno a unas magnitudes tales que el mercado en estos momentos no podría resistir.

**Alcance de la responsabilidad civil decenal y personas responsables**

El contratista/arquitecto responde:

1) Frente al comitente (persona que encargó al contratista la ejecución de la obra y primer propietario de la obra).

2) Frente al subadquirente. Los nuevos y sucesivos compradores están legitimados para el ejercicio de la acción decenal siempre dentro del término legalmente previsto.

3) Frente a otros terceros. Estarán asimismo legitimados, considerada la cuestión bajo un aspecto extensivo, todos aquellos titulares de intereses perjudicados por la ruina del edificio; por ejemplo:

- Titulares de derechos reales sobre el edificio derruido (usufructuarios, usuarios, habitacionistas).
- Titulares de derechos personales (arrendatarios, subarrendatarios).
- Personas ligadas al dueño por un vínculo contractual (trabajadores).
- Simples ocupantes de hecho del edificio (precaristas, visitantes, transeúntes, etc.)

Aunque el artículo 1.591 del Código Civil no menciona más que contratista y arquitecto como personas responsables, hay que estimar asimismo como responsables, otras personas contratadas por el comitente en razón de sus conocimientos técnicos; por lo tanto serán responsables:

- El contratista.

- Los profesionales (arquitecto, ingeniero, aparejador, etc.) contratados en función de la titulación y conocimientos técnicos que se le presuponen. Respecto de los profesionales hay que distinguir:

- Aquellos contratados directamente por el comitente (responden directamente frente a él u otros perjudicados).
- Aquellos contratados por el contratista (el comitente dirige su acción contra el contratista pudiendo este a su vez repetir contra los profesionales directamente responsables = "acción de regreso").

**Atribución de responsabilidades**

El contratista responde de los vicios de construcción y el arquitecto responde de los vicios del suelo y de la dirección. El establecimiento de la línea divisoria entre ambos es tarea difícil encomendada al libre arbitrio de los tribunales. De tal manera que esta distinción se difumina en la práctica. La doctrina del Tribunal Supremo se orienta cada día más hacia una responsabilidad solidaria entre contratista y arquitecto, habida cuenta de la interrelación entre la función de ambos.

¿Puede el subcontratista responder directamente frente al propietario de la obra por los daños causados a la misma incluso en responsabilidad civil decenal? Es decir, ¿puede considerarse la existencia del subcontratista susceptible de exonerar al contratista de una responsabilidad frente al comitente (dueño) de la empresa?

Desde el punto de vista del artículo 1.591.1 del Código Civil no hay responsabilidad directa del subcontratista frente al dueño de la obra. Este ejercitará la acción contra el contratista principal, asistiéndole a éste la facultad de repetir frente al subcontratista causante.

## 4-251 Coberturas propias del seguro de responsabilidad civil de la construcción

Todo Seguro de responsabilidad civil de la construcción va a incluir las siguientes coberturas generales.

1. Responsabilidad civil de explotación.
2. Responsabilidad civil patronal.
3. Responsabilidad civil de productos.
4. Coberturas adicionales:

a) Responsabilidad civil por daños a líneas y conducciones subterráneas.

b) Responsabilidad civil por daños a colindantes.

c) Responsabilidad civil subsidiaria de contratistas y subcontratistas.

d) Responsabilidad civil de trabajos de derribo y/o demolición.

e) Responsabilidad civil cruzada.

f) Responsabilidad civil subsidiaria de vehículos terrestres de motor.

5. Gastos de Defensa y Fianzas.

**1. Responsabilidad civil de explotación**

Se refiere a la responsabilidad civil que directa, solidaria o subsidiariamente se le pueda imputar al asegurado por los daños causados a terceros por actos u omisiones propios del asegurado o de las personas por las cuales éste deba responder, y que tengan su origen en el desarrollo de su actividad.

Se incluyen la propiedad o el uso de los inmuebles e instalaciones, maquinaria, equipos u otros bienes empleados por el asegurado en el desempeño de su actividad y la responsabilidad civil del asegurado frente a los propietarios de los inmuebles que ocupe en régimen de arrendamiento por los daños que sufran tales inmuebles.

**2. Responsabilidad civil patronal**

Es importante tener en cuenta que el Código Civil establece que los empleados no son considerados como "terceros" frente a la empresa. Sin embargo, en realidad los empleados sí son susceptibles de sufrir siniestros personales por un accidente laboral y mucho más en la construcción. Por eso, en este sector es donde más se hace hincapié a las medidas de seguridad y a los riesgos laborales.

Por eso, en algunos casos de seguros de responsabilidad civil ésta es una garantía que se debe contratar de una manera adicional para dar cobertura a las posibles reclamaciones de los trabajadores de la empresa asegurada. En caso de contratarla como adicional o que la póliza la tenga como general, incluye las Reclamaciones que pudiera recibir el asegurado por daños personales sufridos por sus empleados a consecuencia de un accidente laboral, independientemente de las prestaciones garantizadas por el seguro obligatorio de accidentes de trabajo y enfermedades laborales.

A los efectos de esta cobertura, los empleados del asegurado tienen la consideración de "terceros" sin distinción entre los trabajadores contratados por el asegurado bajo una modalidad de contratación temporal o eventual y el personal cedido por Empresas de Trabajo Temporal.

4

Esta cobertura también incluye la responsabilidad civil que le sea exigida al asegurado por los accidentes de trabajo sufridos por otros contratistas, subcontratistas propios o ajenos y personal dependiente de todos ellos.

**ATENCIÓN:** Está garantía, se suele confundir en muchas ocasiones con muchas otras figuras como las que ofrece la mutua patronal, accidentes colectivos de convenio y el plan de prevención de riesgos laborales y por eso no se contrata porque se considera que ya se tiene cubierta a través de estas figuras.

La mutua patronal, a la que está obligado por ley el adscribirse cualquier entidad que tenga trabajadores, realiza labores sustitutivas de la Seguridad Social en lo referente a las bajas, seguimiento de las mismas y las altas. Por tanto en caso de siniestro laboral, sí que intervendrá, pues es la que determinará la baja del trabajador, la que hará el seguimiento de la misma y eventualmente dará el alta.

Sin embargo, en caso de un fallecimiento o una invalidez, su trabajo termina en ese momento pues en caso de que el trabajador o su familia, decida demandar a la empresa por entender que el accidente se produjo por una falta de formación, o por no haberle dado los mecanismo de protección adecuados, o la causa que sea, la Mutua no interviene para nada.

En cuanto a los convenios colectivos, son bastantes los que establecen la obligatoriedad de suscribir a favor del trabajador un seguro de accidentes y en ocasiones de vida. Éstos determinan que en función de determinados resultados de un accidente laboral, fallecimiento, invalidez permanente y absoluta, invalidez total, etc., se deberá indemnizar al trabajador o a sus herederos con una determinada cuantía, que se suele actualizar regularmente. Este tipo de seguro, que desde el año 2002 es obligatorio bajo importantes multas, es distinto de la garantía de responsabilidad civil Patronal mencionada, ya que en caso de un fallecimiento, la empresa (el seguro de la misma) tendrá que indemnizar de oficio la cantidad establecida en el convenio, lo cual no impide que sus herederos a su vez, demanden a la misma, alegando cualquier causa que consideren que el siniestro se produjo por acción, omisión o negligencia de la misma.

Finalmente, en el Plan de Prevención de Riesgos Laborales, figura que también es obligatorio por ley para cualquier centro de trabajo. Viene a establecer las recomendaciones o normas bajos las cuales el trabajo debe

 © CISS

ser desarrollado de manera que si no se tiene o no se aplica o se comunica inadecuadamente, además de importantes sanciones, podrá conllevar una agravación o una condena en caso de siniestro laboral, pero es independiente de la existencia de la garantía de responsabilidad civil patronal que estamos analizando.

**3. Responsabilidad civil de productos**

Con sujeción a los términos y condiciones de cada póliza, se incluye normalmente la responsabilidad civil en que pueda incurrir el asegurado como consecuencia de los daños a terceros originados por los productos. En una empresa constructora o para un profesional de la construcción, se consideran productos:

- Los bienes después de su entrega.
- Los trabajos ejecutados después de su recepción.
- Los servicios después de aceptada su prestación.

**4. Otras Coberturas Especiales**

**a) Responsabilidad civil por daños a líneas y conducciones subterráneas**

Se incluye la responsabilidad civil imputable al asegurado por los daños sufridos en líneas y conducciones subterráneas. Lo normal en este caso es que se especifique que será necesario que el asegurado pueda justificar fehacientemente que antes de iniciar los trabajos había tomado las siguientes medidas o comprobaciones:

- Consulta a las entidades correspondientes si existen conducciones subterráneas en el terreno donde va a llevar a cabo sus obras y el trazado de las mismas con la antelación suficiente para que dichas entidades puedan tomar las medidas oportunas.
- Información a las personas responsables de la ejecución de las obras la información recibida por las entidades correspondientes.
- Verificación que dichos trabajos fueron llevados a cabo siguiendo las instrucciones de la dirección facultativa o del responsable de la obra.

**b) Responsabilidad civil por daños a colindantes**

Se incluye normalmente la responsabilidad civil en que pueda incurrir el asegurado por daños a bienes inmuebles de terceros contiguos a la obra del asegurado para lo cual es necesario que antes de la iniciación de los trabajos se levante acta o protocolo de grietas sobre el estado de los colindantes para determinar que éstos se encuentran en perfecto estado y de no ser así, se adopten las medidas de seguridad necesarias antes de iniciarse las obras.



**c) Responsabilidad civil subsidiaria de contratistas y subcontratistas**

Si incluye la responsabilidad civil subsidiaria, solidaria y directa en que pueda incurrir el asegurado por hechos derivados de la actuación de sus contratistas y/o subcontratistas, con independencia del derecho de repetición que pudiera ejercitar el asegurador contra el causante directo del daño. Esta cobertura se aplica habitualmente cuando:

- El responsable directo sea declarado insolvente y se decrete judicialmente responsabilidad civil subsidiaria de asegurado indemnizando a terceros por daños amparados en el contrato.
- La empresa subcontratista no tenga suscrita y/o en vigor una póliza de responsabilidad civil o si la tuviera resultase insuficiente para cubrir la indemnización derivada del siniestro; en ese caso se actuará en exceso de la póliza contratada por el contratista o subcontratista.

**d) Responsabilidad civil de trabajos de derribo y/o demolición**

Se incluye la responsabilidad civil en que pueda incurrir el asegurado por trabajos de derribo y/o demolición siempre que:

- Posteriormente al derribo y/o demolición exista una ejecución de trabajos.
- Que dicha ejecución sea realizada por nuestro asegurado.
- No se utilicen explosivos para derribos y/o demoliciones.

**e) Responsabilidad civil cruzada**

Se incluye la responsabilidad civil cruzada en que pueda incurrir el asegurado por los daños personales causados a los empleados de los subcontratistas o de otras empresas que participen en los trabajos propios de la actividad cubierta durante la ejecución de los mismos así como los daños materiales que cause el asegurado a las obras o trabajos realizados por otros contratistas o subcontratistas independientes incluyendo sus bienes, maquinaria y equipos.

**f) Responsabilidad civil subsidiaria de vehículos terrestres de motor**

Se incluye habitualmente la responsabilidad civil subsidiaria en que pueda incurrir el asegurado como consecuencia del uso de vehículos terrestres de motor utilizados ocasionalmente a su servicio y respecto de los cuales el asegurado no fuera propietario.

**5. Gastos de defensa y fianzas**

Asimismo, es habitual en este tipo de pólizas que incluya el pago por parte del asegurador de los gastos legales razonables incurridos en la investigación, defensa judicial o transacción extrajudicial de cualquier reclamación que reciba el asegurado. Asimismo, se incluyen como gastos de defensa las fianzas judiciales que se puedan imponer al asegurado como:

- Las impuestas al asegurado en garantía de las indemnizaciones por su eventual responsabilidad civil como consecuencia de una reclamación amparada en la póliza de responsabilidad civil suscrita.

- Las que por causa criminal le fueran exigidas al asegurado para garantizar su libertad provisional, siempre que sea como consecuencia de una reclamación amparada por la presente póliza.

## 4-252 Exclusiones en las coberturas del seguro de responsabilidad civil de la construcción

Con carácter general se excluyen de cualquier cobertura las reclamaciones derivadas de:

a) Los daños sufridos por los bienes que, por depósito, uso, manipulación, transporte u otro, se hallen en poder del asegurado o de personas de quien éste sea responsable.

b) Los actos intencionados o realizados con mala fe, por parte del asegurado o de cualquier persona de quien éste sea responsable.

c) Los daños causados a bienes sobre los que esté directamente trabajando el asegurado o persona de quien éste sea responsable.

4

d) Los daños que tengan su origen en la infracción o incumplimiento voluntario de las normas que rigen las actividades objeto del seguro.

e) Con carácter general, los daños que deban ser objeto de cobertura por un seguro obligatorio.

f) La responsabilidad civil profesional de los directivos y/o consejeros de la empresa asegurada como gestores y administradores de la empresa.

g) Los daños que resulten directa o indirectamente, consecuencia de, o estén relacionadas de cualquier modo con guerra, terrorismo o cualquier acto ilegal, ilegítimo o malicioso cometido por personas que actúen en conexión con o en nombre de cualquier asociación ilegal, independientemente de la concurrencia o contribución con cualquier otra causa o evento, o en cualquier otra secuencia temporal, de una reclamación.

h) Igualmente se excluyen la pérdida, destrucción, daño, menoscabo, costes o gastos de cualquier naturaleza directa o indirectamente causados por, resultantes de, o en conexión con, cualquier acción que se tome para controlar, prevenir, suprimir o de cualquier otra manera relacionada con estos casos de guerra, terrorismo o cualquier acto ilegal.

i) Los daños causados por fenómenos naturales, tales como terremotos, deslizamientos o corrimientos de tierras, huracanes, riadas, lluvias, tempestades y otros eventos de carácter extraordinario o catastrófico.

j) Daños ocasionados por contaminación, se entenderá por contaminación la introducción de sustancias en la tierra, agua y/o aire que resulte dañino en la calidad de dichos medios. Se excluye normalmente también cualquier reclamación por responsabilidad medioambiental basada en la normativa vigente en materia de responsabilidad medioambiental que fuera exigida o exigible por la Administración Pública al asegurado.

k) Daños derivados de la extracción, fabricación, manipulación y uso del "asbesto o amianto" así como de las reclamaciones derivadas de consecuencias producidas por el moho tóxico o cualquier otro hongo, silicosis y legionella.

l) Los daños derivados de fusión nuclear, radiación o contaminación radiactiva.


© CISS

m) Los daños derivados del uso y circulación de vehículos a motor y de los elementos remolcados o incorporados a los mismos por hechos de la circulación tal y como se regula en la legislación vigente sobre Uso y Circulación de Vehículos de motor.

n) Los daños causados por cualquier artefacto, nave o aeronave destinados a la navegación o sustentación acuática o aérea.

o) Las promesas, pactos o acuerdos especiales, que modifiquen lo legalmente exigible en ausencia de dichos pactos o, que vayan más allá del ámbito de la responsabilidad civil legal.

p) Los daños sufridos por personas físicas o jurídicas que, de conformidad con las condiciones generales, no tengan la condición de terceros.

q) El pago de multas, penalizaciones o sanciones de cualquier tipo, así como las consecuencias de su impago y/o el recargo en las prestaciones.

r) Aquellas pérdidas económicas que no sean consecuencia de un daño corporal o material cubierto por la póliza, así como aquellas pérdidas económicas consecuencia de un daño corporal o material no amparado por la póliza.

**Exclusiones propias de la de responsabilidad civil de explotación**

En relación a esta cobertura, y sin perjuicio del resto de exclusiones aplicables, se excluyen principalmente:

1. Los daños ocasionados al mobiliario o contenido del inmueble, el desgaste, deterioro y uso excesivo del inmueble y los daños a cristales que pudieran venir originados por la utilización de la maquinaria, incluso autopropulsada, apropiada para la realización de los trabajos objeto de seguro.

2. En lo que respecta a la utilización de vehículos y maquinaria autopropulsada, se excluyen habitualmente los daños ocasionados por hechos de la circulación y que deban estar asegurados por el seguro obligatorio del automóvil.

3. Daños ocasionados como consecuencia de la carga y descarga, transporte, manipulación y entrega de mercancías objeto del proceso de explotación, quedando siempre excluidos los daños que puedan sufrir las mercancías propias del asegurado.

4. Los trabajos de ampliación, reparación, mantenimiento o reforma de los inmuebles e instalaciones utilizados por el asegurado, siempre y cuando tengan la consideración de obras menores según la licencia municipal reglamentaria.

5. Los servicios de vigilancia y seguridad.

6. Las instalaciones de propaganda, letreros, carteles, rótulos luminosos y vallas publicitarias propiedad del asegurado.

7. Asimismo es habitual excluir las Reclamaciones derivadas de:

a) Trabajos de demolición y/o derribos de edificios.

b) Responsabilidades atribuibles directamente a otros contratistas, subcontratistas, promotores, técnicos y demás personas sin relación de dependencia laboral con el asegurado.

c) Los daños que sufran los bienes propiedad del asegurado, contratistas, subcontratistas, propietario de las obras y empleados de todos ellos.

d) Las pérdidas económicas atribuibles en todo o en parte a actos deshonestos o fraudulentos de los empleados del asegurado.

e) El resarcimiento de los daños materiales causados a bienes de los empleados y personal dependiente del asegurado.

f) La elaboración de proyectos, supervisión o dirección técnica de obras no ejecutadas por el asegurado.

g) Los riesgos derivados de la ejecución, transformación o reparación de obras marítimas, puertos, puentes vías férreas o metropolitanas, oleoductos, y/o gaseoductos.

h) La realización de obras en instalaciones aeroportuarias, pistas de aterrizaje y/o despegue, zonas de estacionamiento y/o hangares. En ningún caso quedarán cubiertos los daños a aeronaves, tripulación, pasajeros y/o equipaje.

i) Trabajos subacuáticos.

j) Daños ocasionados por la utilización de explosivos.

k) Daños sufridos por las obras y/o trabajos ejecutados por el asegurado o subcontratistas, así como los daños causados a los equipos y materiales utilizados.

l) Los daños corporales y materiales derivados de la explotación de presas, pantanos y embalses.

m) Transporte, almacenamiento y distribución de materias peligrosas cuando estas actividades no sean inherentes al desarrollo de su propia actividad.

**Exclusiones propias de la responsabilidad civil patronal**

En relación a esta cobertura de responsabilidad civil patronal, y sin perjuicio del resto de exclusiones aplicables, se excluyen principalmente:

a) Las Reclamaciones por accidentes excluidos del seguro de accidentes de trabajo y enfermedades laborales.

b) Las Reclamaciones por enfermedades profesionales de cualquier clase y gastos de asistencia.

c) Las Reclamaciones por incumplimiento de las obligaciones de tipo laboral, ya sean contractuales o legales, las referentes a la Seguridad Social, o pago de salarios y similares, así como cualquier otra derivada de cualquier vulneración deliberada o negligente de derechos fundamentales de las personas en relación con el trabajo reconocidos en la Constitución Española.

d) Las consecuencias pecuniarias que para el asegurado puedan derivarse de la falta de seguro obligatorio de accidentes de trabajo u otros seguros obligatorios.

e) Las multas, sanciones y demás penalizaciones impuestas al asegurado de acuerdo con el Reglamento de Accidentes de Trabajo o la Ley General de la Seguridad Social así como el recargo en las prestaciones.

f) Las reclamaciones por daños materiales.

g) Las reclamaciones de personas que no tengan relación contractual con el asegurado.

h) Las reclamaciones resultantes de la utilización de vehículos, aeronaves o embarcaciones.

i) Los accidentes en desplazamiento, que no estén comprendidos las condiciones generales entre ellos, no se consideran daños derivados de accidente "in itinere"; las enfermedades o defectos padecidos con anterioridad por el asegurado y que se agraven como consecuencia de la lesión constitutiva del accidente.

j) Las reclamaciones por asbestosis, o cualesquiera enfermedades debidas a la fabricación, elaboración, transformación, montaje, venta o uso de amianto o de productos que lo contengan.

k) Las reclamaciones por responsabilidades de contratistas y subcontratistas que no adquieran la condición de asegurados en la póliza.

**Exclusiones de responsabilidad civil de productos**

Habitualmente se excluyen de la cobertura de responsabilidad civil de productos:

a) Los daños o defectos que sufran los propios trabajos o servicios.

b) Los gastos o indemnizaciones derivadas de la inspección, reparación, demolición, sustitución por pérdida de uso de las obras o trabajos a consecuencia de un defecto o vicio conocido o presunto.

c) Los perjuicios resultantes de que las obras no puedan desempeñar la función para la que están destinados, o no respondan a las expectativas anunciadas.

d) Los daños ocasionados por obras y trabajos que se hayan realizado con infracción deliberada de cualquier norma de derecho positivo, y los originados por obras, trabajos o servicios cuya técnica no haya sido experimentada adecuadamente.

e) Las reclamaciones por incumplimiento de los plazos o formas de entrega de las obras, trabajos realizados así como por falta de calidades prometidas o por su inadecuación al fin previsto, funcionamiento defectuoso o falta de rendimiento prometido.

**La culpa y la responsabilidad civil decenal. Presunciones**

La responsabilidad civil decenal, aunque inspirada en principio en un sistema de valoración de conductas subjetivo como es el de nuestro Código Civil, se encuentra hoy en día en buena medida "objetivizada".

Esto es debido, lógicamente, a ese movimiento característico de nuestro tiempo que es la búsqueda de la "seguridad" como sustitutivo de la culpabilidad. Hoy se busca a ultranza la reparación de la víctima o del perjudicado.

La culpa se presume, respecto del contratista o arquitecto, en un doble sentido:

- La ruina ocurrida dentro del plazo de los diez años se predica en principio como atribuible a un defecto de construcción.
- El vicio es imputable al constructor. Exigir la prueba de la culpabilidad supondría ciertamente privar al perjudicado en gran medida de las posibilidades de obtener una reparación. Por otra parte, la inversión de la


© CISS

carga de la prueba es una categoría de orden jurisprudencial que posibilita en gran medida, la finalidad reparadora.

**Plazo de garantía y tiempo de prescripción**

El contratista y arquitecto quedan afectados a la responsabilidad civil del artículo 1.591 del Código Civil durante un plazo de diez años contados desde que se concluyó a construcción.

El plazo será de quince años si la ruina se debiera al incumplimiento del contratista de las condiciones del contrato.

La doctrina mayoritaria entiende que:

- El plazo de diez años es un plazo de garantía. Esta limitación temporal tiene por objeto evitar la inseguridad jurídica que comportaría la indefinición de un plazo.
- El plazo para el ejercicio de la acción civil para reclamar los daños ocurridos durante el período de garantía es el de quince años previsto por el artículo 1.964 del Código Civil para las acciones personales.

## Sección 3. EL SEGURO DE RESPONSABILIDAD CIVIL DE EXPLOTACIÓN O INDUSTRIAL

### 4-253 Responsabilidad civil de explotación o responsabilidad civil industrial

La empresa, genéricamente considerada como estructura organizada, dotada de unos medios humanos y materiales encaminados al logro de unos fines determinados, constituye un factor potencial de riesgo. El seguro de responsabilidad civil de explotación ampararía los daños causados por esta estructura empresarial -de carácter industrial, comercial, de servicios, etc.- en el ejercicio de las actividades que le son propias.

Legalmente la responsabilidad civil de la empresa tiene pleno enunciado en nuestro Código Civil. Además del consabido precepto genérico del 1.902, en el que cabe cualquier comportamiento negligente tanto en el ámbito de la esfera privada como en el empresarial, existe asimismo una regulación específica:

4

• Artículo 1.903 del Código Civil *"(...) lo son igualmente (responsables) los dueños o directores de un establecimiento o empresa respecto de los perjuicios causados por sus dependientes en el Servicio (...) en que los tuvieren empleados con ocasión de sus funciones"*.

• Artículo 1.907 del Código Civil, declara la responsabilidad del propietario de los edificios por los daños que resulten de la ruina de todo o parte de él si esta sobreviene por falta de reparación necesaria.

• Art. 1.908 del Código Civil, *"(...)igualmente responderán los propietarios de los daños causados:*

1ª. *Por la explosión de máquinas que no hubieren sido cuidadas con la debida diligencia y la inflamación de sustancias explosivas que no estuvieren colocadas en lugar seguro y adecuado.*

2ª. *Por los humos excesivos, que sean nocivos a las personas o a las propiedades*

3ª. *Por la caída de los árboles colocados en sitios de tránsito*

4ª. *Por las emanaciones de las cloacas o depósitos de materias infectantes construidas sin las precauciones inherente al lugar en que estuvieren"*.

Además en el ámbito jurisprudencial, el Tribunal Supremo tiene declarado, en diferentes sentencias, que no basta con el cumplimiento de reglamentos y demás disposiciones legales que obligan a la adopción de garantías para prevenir y evitar, pues si éstas no han ofrecido resultado positivo, porque de hecho el daño se ha producido, se revela su insuficiencia y que algo faltaba por prevenir, no siendo completa la diligencia.

A la vista de que se cuenta con una extensa regulación legal de la responsabilidad civil -genérica y específica- de la empresa, con una cierta objetivación de esta responsabilidad, esbozada en el artículo 1.909 del Código Civil, una creciente tendencia judicial a la inversión de la carga de la prueba -que minora la importancia de la acción negligente para centrarse en la causación concreta del daño y la reparación ágil y eficaz del perjudicado- y un acentuamiento de la diligencia exigible por parte del Tribunal Supremo, no cabe duda que la empresa debe enfrentarse a su potencial de riesgo y, en definitiva, de causación de siniestro, considerando en profundidad, la necesidad de asegurarse.

Cuando hablamos de aseguramiento lo hacemos en términos amplios como sinónimos de "búsqueda de seguridad" y, en este sentido, la empresa puede analizar básicamente las siguientes opciones:

1) Asunción integral del riesgo: la empresa, después de considerar los factores de riesgo de los diversos elementos que la componen, decide asumir en su totalidad las consecuencias dañosas de los mismos por considerar que no revestirán importancia o que tiene la suficiente capacidad económica para afrontar el siniestro, bien cuando se presente en términos concretos, bien por el procedimiento de la creación de un fondo que se nutra con aportaciones periódicas.

2) Transferencia del riesgo, o aseguramiento del mismo por una entidad especializada y específica de seguros mediante el precio y las condiciones contractuales pactadas en la póliza suscrita al efecto.

3) Sistema mixto, en el que se combinan de forma razonable la posible eliminación de ciertos riesgos potenciales (mejora de instalaciones, prevención del riesgo, medidas de seguridad) mediante una profundización en lo que modernamente se ha dado en llamar la "ingeniería del riesgo" y la transferencia de aquellos riesgos inevitablemente subsistentes a la entidad específica de seguros privados.

## 4-254 Coberturas y exclusiones del seguro de responsabilidad civil de explotación o responsabilidad civil industrial

La cobertura de la responsabilidad civil de explotación suele ir referida por lo general a:

- Los predios o inmuebles sobre los que se asienta la empresa.
- Las instalaciones y actividades de la misma.
- Los actos de empleados por los que la empresa debe responder.
- En términos específicos, a aquellos supuestos peculiares que presente cada actividad. A título de mera referencia enumeramos los siguientes:

• El mantenimiento de las vías férreas, etc.
• acceso de carreteras.
• los daños a consecuencia de incendios y explosión.
• La participación en exposiciones.
• Las instalaciones sociales.
• Los comedores de personal.
• Los automóviles en exceso de las garantías de la cobertura voluntaria cuando ésta no sea la de responsabilidad civil limitada.
• La actuación de vigilantes y personal de seguridad.
• Los actos de personas con dependencia laboral, representación o mandato (responsabilidad civil subsidiaria).

4

Por el contrario, **se excluyen habitualmente del seguro,** en todo caso, la responsabilidad civil:

1) Contractual que exceda de la legal, la que resulte de usos o costumbres, las sanciones de tipo administrativo y las multas de todo tipo.

2) Por daños causados dolosamente por el asegurado o por cualquiera de las personas por las cuales deba responder, salvo que se pruebe que han sido causados para evitar un mal mayor.

3) Por daños que sean consecuencia natural del uso normal de las cosas, o del desarrollo de una actividad productora de humos, polvos, hollines, carbonillas, gases, ruidos o cualquier otra que produzca la contaminación del suelo, las aguas o la atmósfera o suponga la ocupación de la vía pública u otros efectos similares.

4) Por daños causados por vehículos de motor que puedan ser cubiertos por las coberturas obligatorias o voluntaria del seguro de automóviles.

5) Derivada de la utilización, manipulación o transporte de materiales, combustibles, aparatos o instalaciones radiactivas o que emitan radiaciones ionizantes.

6) Por daños causados con ocasión de la participación activa del asegurado o de las personas por las que éste debe responder en apuestas, desafíos o bajo los efectos de drogas o bebidas alcohólicas.

7) Derivada de daños por hechos de guerra civil o internacional, movimientos populares, ocupación militar, motines, alborotos, actos de terrorismo, terremotos e inundaciones y otros eventos extraordinarios.

8) Por daños que afecten a aquellas personas ajenas que el asegurado, o las personas por las que éste debe responder, tengan en su poder por razón de depósito, alquiler, préstamos o cualquier título, para su custodia, uso, reparación, construcción, montaje, transporte cualquier otro fin.

 © CISS

9) Por daños causados a bienes o personas sobre los que esté trabajando el asegurado o persona de quien éste sea responsable.

10) Por daños corporales o materiales que sufra el contratante, el asegurado, las personas que constituyan la entidad, comunidad o empresa asegurada, sus familiares (considerándose como tales el cónyuge, los ascendientes, descendientes y hermanos naturales o políticos), sus dependientes, asalariados y empleados.

11) Por daños que estén cubiertos por un contrato de seguro de responsabilidad civil específico para un riesgo determinado (por ejemplo, incendio o transporte).

12) En los de ejecución de obras o realización de montajes, los daños que sufra la obra en que aquellos se llevan a cabo.

13) Derivada de la posesión o utilización de aeronaves, naves o artefactos destinados a la navegación o sustentación acuática o aérea.

14) Derivada de la posesión o utilización de vías férreas y de apartaderos de ferrocarriles.

15) Por daños causados:

- Por los productos, materiales y animales después de la entrega, una vez que el asegurado haya perdido el poder de disposición sobre los mismos.
- Por los trabajos realizados o servicios prestados por el asegurado, una vez terminados, entregados o prestados.

16) Por daños causados por las aguas residuales, a menos que se trate de daños que podrían ser causados igualmente por aguas limpias.

17) Por daños que causen los usuarios de inmuebles como consecuencia de escapes de aguas, debidos a la omisión del cierre de grifos o llaves.

18) Por daños causados a conducciones aéreas, subterráneas o submarinas de agua, energía eléctrica, gas, teléfono, ferrocarriles subterráneos, etc.

19) Por daños causados con ocasión de la perforación de túneles, ejecución de trabajos subterráneos o submarinos o construcción de puentes, presas y muros de contención.

20) Por daños causados por el movimiento o corrimiento de tierras, y por obras que afecten a la cimentación de edificaciones.

21) Por daños ocasionados con ocasión de la participación activa del asegurado, o de las personas por las que éste deba responder, en concursos y competiciones.

## Sección 4. EL SEGURO DE RESPONSABILIDAD CIVIL MEDIOAMBIENTAL POR CONTAMINACIÓN

4

### 4-255 Origen del seguro de responsabilidad civil medioambiental

Esta modalidad de seguro, de reciente creación, denominado en toda su extensión como "seguro de responsabilidad civil medioambiental por contaminación" es conocido coloquialmente como "**seguro verde**" y cuya finalidad es asegurar que las compañías tengan solvencia económica para hacer frente a la prevención y solución de daños ambientales. La normativa que exige este seguro se desarrolló bajo la premisa de "*quién contamina, repara*". Su origen viene de uno de los mayores desastres ecológicos registrados en España, el que sufrió el Coto de Doñana por el siniestro de las Minas de la empresa Boliden y que supuso un coste de 600 millones de euros para el Estado.

Hasta ahora, las pólizas que se contrataban no eran de responsabilidad civil en competencia ecológica, como obliga la legislación, sino que eran principalmente de responsabilidad civil por contaminación que protegían a las empresas aseguradas frente a los daños personales y materiales causados a terceros en caso de accidente. Con el nuevo seguro, las empresas obligadas deberán responder y reparar cualquier daño que hayan causado desde entonces.

Sin embargo, este seguro de responsabilidad civil medioambiental no es la única manera de obtener la cobertura o garantía financiera de este tipo requerida. Las compañías tienen tres opciones para cumplir con la normativa: conseguir un aval bancario, una reserva técnica o contratar un seguro. No obstante, la casi totalidad de las empresas prefieren la contratación de una póliza de seguro a la petición de una facilidad financiera.

Hay que tener en cuenta que un seguro se convierte en el instrumento más apropiado, más si se recuerda que los siniestros medioambientales también pueden ser considerados como delito penal, con penas de entre 6 meses y 4 años de cárcel, penas que podrían incluso agravarse con la reforma prevista del Código Penal, porque se contemplan penas de entre 2 y 5 años de cárcel para los delitos medioambientales, de manera que la pena mínima por la vía penal podría implicar para el infractor hasta prisión.

En cuanto al ámbito temporal de las coberturas de este tipo de seguros, se considera que la fecha del siniestro es la del momento del primer descubrimiento de la contaminación. Lo habitual en estas pólizas de responsabilidad civil medioambientales es dar un periodo de dos o tres años después de cancelada la póliza, para la recepción de las reclamaciones de siniestros comprendidos dentro del periodo de cobertura.

**Daño medioambiental**

A todos los efectos, tal y como describe claramente el artículo 2.1 de la Ley 26/2007, de 23 de octubre, de Responsabilidad Medioambiental se considera "daño medioambiental" a:

a) Los daños a las especies silvestres y a los hábitats, es decir, cualquier daño que produzca efectos adversos significativos en la posibilidad de alcanzar o de mantener el estado favorable de conservación de esos hábitats o especies.

b) Los daños a las aguas, entendidos como cualquier daño que produzca efectos adversos significativos tanto en el estado ecológico, químico y cuantitativo de las masas de agua superficiales o subterráneas, como en el potencial ecológico de las masas de agua artificiales y muy modificadas.

c) Los daños a la ribera del mar y de las rías, entendidos como cualquier daño que produzca efectos adversos significativos sobre su integridad física y adecuada conservación, así como también aquéllos otros que impliquen dificultad o imposibilidad de conseguir o mantener un adecuado nivel de calidad de aquélla.

d) Los daños al suelo, es decir, cualquier contaminación del suelo que suponga un riesgo significativo de que se produzcan efectos adversos para la salud humana o para el medio ambiente debidos al depósito, vertido o introducción directos o indirectos de sustancias, preparados, organismos o microorganismos en el suelo o en el subsuelo.

**ATENCIÓN:** En cualquier caso, la medioambiental es una "responsabilidad ilimitada" tal y como señala expresamente la propia Ley 26/2007, de 23 de octubre, de Responsabilidad Medioambiental en su Preámbulo al poner el énfasis en la restauración total de los recursos naturales y de los servicios que presta el operador responsable, se prima el valor medioambiental, el cual no se entiende satisfecho con una mera indemnización dineraria pues la obligación de reparación o, de prevención que asume consiste en devolver los recursos naturales dañados a su estado original, sufragando el total de los costes a los que asciendan las correspondientes acciones preventivas o reparadoras.



**El "nuevo riesgo medioambiental"**

Realmente, aunque es algo reciente, ya en nuestra Constitución Española se recoge en su artículo 45, que "*los ciudadanos tienen el derecho a disfrutar de un medio ambiente adecuado como condición indispensable para el desarrollo de la persona*", y determina que quienes incumplan la obligación de utilizar racionalmente los recursos naturales y la de conservar la naturaleza "*estarán obligados a reparar el daño causado con independencia de las sanciones administrativas o penales que también correspondan*".

Los riesgos medioambientales afectan a todas las empresas, sea cual sea su actividad o sector. Un incidente medioambiental puede tener un elevado coste económico, además de producir un importante deterioro de la imagen de la firma.

Además, el endurecimiento de la legislación que regula el Medio Ambiente está modificando la actitud de las empresas, entre las que hay una seria preocupación en la búsqueda de soluciones para la financiación y transferencia de estos riesgos.

El aseguramiento de los riesgos medioambientales encierra un indudable interés público por dos motivos fundamentales:

1. Por la necesidad individual de los industriales que desarrollan actividades potencialmente contaminantes, ya que la rápida sensibilización de la sociedad respecto al medio ambiente incrementa al mismo tiempo el riesgo de sufrir una reclamación en caso de provocar una contaminación no esperada.

2. Por interés de las Autoridades, ya que el seguro constituye el elemento necesario para dotar a la regulación de las responsabilidades por daños medioambientales con un mecanismo de seguridad financiera y, a la vez, de eficaz incentivo a la prevención.


© CISS

Esta situación de necesidad, contrasta, sin embargo, con el desigual desarrollo de este tipo de seguros en el mercado español, quedando patente la necesidad de dotar al mercado de una oferta para la cobertura de estos riesgos, sólida y estable en el tiempo, con fundamento técnico sólido y condiciones.

La fórmula asociativa resulta la más eficaz y así se ha demostrado en países como Francia, Italia y Holanda en, los que ya ha sido puesta en práctica y está produciendo efectos favorables para sus mercados respectivos.

## 4-256 La Ley de Responsabilidad Medioambiental

La Ley 26/2007, de 23 de octubre, de Responsabilidad Medioambiental mediante la que se incorpora al Ordenamiento español la directiva europea de Responsabilidad Medioambiental, implanta un nuevo tipo de responsabilidad administrativa, adicional a la responsabilidad civil por contaminación que ya conocemos, con lo cual se generan para sus clientes nuevas necesidades de cobertura, que no encuentran una adecuada respuesta aseguradora en los productos existentes.

La responsabilidad medioambiental es adicional a la responsabilidad civil y se exigirá por la "Administración competente" para la reparación de los "daños medioambientales". Esta ley tiene una dureza inusitada ya que puede darse el caso que ocurra un siniestro medioambiental importante, una compañía será considerada culpable hasta que se demuestre lo contrario, para evitar así situaciones catastróficas como la de Aznalcóllar, por ejemplo.

No obstante, este tema de la responsabilidad medioambiental está tomando cada día más importancia y una de las razones principales es la visión internacional de los riesgos medioambientales. Por ello, además de la Ley 26/2007 y del Real Decreto 2090/2008, de 22 de diciembre, por el que se aprueba el Reglamento de desarrollo parcial de la Ley 26/2007, de 23 de octubre, de responsabilidad medioambiental, existe una numerosa normativa al respecto entre la que se puede destacar también la propia relativa a la responsabilidad civil por contaminación de hidrocarburos que viene en su mayoría de la trasposición de normas y convenios internacionales en esta materia:

- Real Decreto 1892/2004, de 10 de septiembre, por el que se dictan normas para la ejecución del Convenio Internacional sobre la responsabilidad civil derivada de daños debidos a la contaminación de las aguas del mar por hidrocarburos.
- Real Decreto 1795/2008, de 3 de noviembre, por el que se dictan normas sobre la cobertura de la responsabilidad civil por daños causados por la contaminación de los hidrocarburos para combustible de los buques.
- Convenio internacional sobre responsabilidad civil por daños debidos a la contaminación por hidrocarburos, hecho en Londres el 27 de Noviembre de 1992. El texto originario es el "Convenio internacional sobre responsabilidad civil por daños debidos a la contaminación por hidrocarburos, hecho en Bruselas el 29 de noviembre de 1969".
- Convenio internacional sobre la constitución de un fondo internacional de indemnización de daños debidos a contaminación por hidrocarburos, 1992 (Convenio del Fondo, 1992). El texto originario es el "Convenio internacional de constitución de un fondo internacional de indemnización de daños causados por la contaminación de hidrocarburos, hecho en Bruselas el 18 de diciembre de 1971", que ha sido sucesivamente modificado, incluida su denominación.
- Convenio Internacional sobre responsabilidad civil nacida de daños debidos a contaminación por los hidrocarburos para combustible de los buques, hecho en Londres el 23 de marzo de 2001.

4

### La Norma AENOR UNE 150008:2008 para el análisis y evaluación de riesgos ambientales M-33

Antes de contratar el seguro de responsabilidad civil medioambiental, las particularidades de estas coberturas requieren que se realice un análisis de riesgos medioambientales para fijar a cuánto asciende la garantía financiera que se deba cubrir así como realizar una proyección del cálculo de los costes de prevención del daño.

El método para identificar y evaluar los riesgos medioambientales es sobre la base de la Norma de AENOR UNE 150008:2008. Esta norma analiza el entorno, identifica el origen del peligro, establece la probabilidad de riesgo y determina los posibles receptores del daño para fijar las vías de movilización.

Si bien es verdad que un riesgo de tipo medioambiental, en caso de producirse un siniestro, son de consecuencias importantes, se pueden catalogar tres bloques de riesgo para los seguros medioambientales:

- **Sencillo:** en esta categoría el coste es de 1.000 a 6.000 euros al año y cubre hasta 1,8 millones de reparación medioambiental

- **Medio:** en esta categoría el coste es de 6.000 euros a 40.000 euros al año y cubre entre 2 y 6 millones de euros.

- **Grave:** Tiene un precio de 40.000 a 120.000 euros y una cobertura de 6 hasta 20 millones de euros.

Hay compañías de gran tamaño, que pueden tener una cobertura extraordinaria de hasta 75 millones de euros como pudiera ser Endesa o Repsol, y que por su naturaleza y sector, superan estas cifras pues cuentan con mayor peligrosidad potencial para el entorno.

**ATENCIÓN:** La numerosa normativa en materia medioambiental, impulsada recientemente por los Gobiernos, viene a suponer importantes restricciones para las empresas. En España son aproximadamente unas 30.000 empresas las que se ven afectadas y que debe contratar una garantía financiera obligatoria para afrontar la aplicación de la Ley de Responsabilidad Medioambiental de 2007.

Se estima que este nuevo seguro de responsabilidad medioambiental que servirá para proteger económicamente el entorno natural en el que desarrollan su actividad estas empresas, les va a costar 50 millones de euros al año a las empresas españolas. En España, se estima que son unas 8.000 empresas las que ya cuentan de una u otra forma, con una cobertura sobre este riesgo a través de un seguro de responsabilidad civil medioambiental, un negocio que en 2009 movió unos 25 millones de euros en primas aproximadamente, cifra que, según las estimaciones realizadas por los expertos, se verá duplicada en menos de tres años. Grandes empresas, muchas de ellas del Ibex 35 son las que más rápido han actuado de manera que casi el 80% ya tiene una póliza de este tipo. El resto son entidades financieras y éste tipo de empresas no están obligadas a suscribirlo.

## 4-257 Coberturas básicas de responsabilidad civil medioambiental

Las coberturas del seguro de responsabilidad civil medioambiental se estructuran en tres módulos básicos:

A) Módulo de responsabilidad medioambiental por contaminación:

- Responsabilidad Medioambiental por contaminación, excluido gastos de descontaminación del suelo propio. Este módulo es de contratación básica.

- Tipos de daños asegurables: La cobertura es específica y exclusiva para daños medioambientales causados por contaminación.

- Prestaciones: Se ajusta al contenido mínimo exigido en el capítulo IV de la ley, quedando además comprendidas en la cobertura las reparaciones complementarias y compensatorias descritas en su Anexo II. No obstante, también se fija unas cantidades para prestaciones con sublímite para las siguientes prestaciones:

- Gastos por acciones del asegurado para evitar el riesgo inminente de un daño medioambiental.
- Gastos en que se incurra en concepto de reparación complementaria y compensatoria.

B) Modulo de descontaminación del propio suelo que garantiza los gastos de descontaminación del suelo que ocupa la actividad asegurada, prestación que queda expresamente excluida del módulo A:

. La contratación de esta cobertura es separada de la anterior porque requerirá de información complementaria y se aplicarán criterios específicos de evaluación de riesgos. Este módulo es complementario y de contratación voluntaria.

C) Módulo de responsabilidad civil por contaminación por el que se aseguran daños a personas, propiedades y perjuicios económicos derivados de contaminación:

. Esta cobertura no asegura responsabilidades contempladas en la ley de responsabilidad medioambiental, sino los daños a terceros (personas, propiedades y derechos) causados por contaminación, incluyendo la llamada "Patronal", es decir, los daños a empleados, a la que son aplicables condiciones especiales.

Este módulo, al igual que el anterior, es complementario y de contratación voluntaria.

**Sumas aseguradas en las pólizas de responsabilidad civil medioambiental**

Habitualmente se fijan sumas aseguradas independientes para módulos A y C anteriores respectivamente, de manera que en caso de uno o más siniestros, ambas se podrán aplicar por separado. Sin embargo, caso diferente es lo que ocurre con Módulo B, ya que cuando se contrate, serán garantizadas las prestaciones correspondientes dentro de la suma asegurada para el módulo A.



 © CISS

## 4-258 Obligaciones del asegurado

Las obligaciones del asegurado son:

Prevenir un daño inminente. Debe realizar, a su costa todas las acciones necesarias para que el daño no se produzca. Asimismo, está obligado a minimizar el daño ya causado y debe hacer todo lo necesario para evitar que el daño se agrave, limitando al mínimo sus consecuencias.

En caso de que se produzca el daño, bien obligado a reparar el daño de manera que está obligado a hacer todo lo necesario para devolver los recursos naturales a su "estado básico".

La reparación del daño medioambiental consiste en:

- **Reparación primaria.** Se debe reparar el bien dañado, hasta donde sea viable.
- **Reparación complementaria.** Además, se debe compensar por el deterioro subsistente a pesar de la reparación primaria, mediante otra acción.
- **Reparación compensatoria.** Por último, se debe compensar con otro tipo de acciones la falta de disfrute de los recursos naturales, en el periodo en el que han estado deteriorados.

## 4-259 El Pool Español de Riesgos Medioambientales

Este pool ofrece, en régimen de reaseguro, cobertura para los daños y perjuicios causados por contaminación que, en cualquier caso, habrá de producirse de forma accidental y aleatoria. Es una Agrupación de Interés Económico constituida en 1994 para administrar un Convenio de coreaseguro, para la suscripción conjunta de los riesgos medioambientales.

Este Convenio acoge tanto a compañías aseguradoras como reaseguradoras, de manera que, las compañías aseguradoras podrán tener una doble condición:

- La de aportantes de operaciones y la de aceptantes del reaseguro de las mismas.
- Las compañías reaseguradoras solo podrán actuar como partícipes del reaseguro.

Los objetivos principales de esta agrupación son los siguientes:

- Elaborar productos para asegurar los riesgos derivados de la contaminación.
- Centralizar la gestión, administración y control de dichos seguros en la agrupación constituida al efecto.
- Poner en común capacidades de asunción de riesgos para su utilización conjunta en régimen de coreaseguro.
- Suscribir las operaciones de seguro de las modalidades creadas por el Pool, conforme a las condiciones técnicas acordadas, reasegurándolas a dicha entidad.
- Centralizar la información y liderar la innovación sobre coberturas, técnicas de evaluación de riesgos y resolución de siniestros.
- Colaborar con autoridades y otras instituciones y entidades, aseguradoras y no aseguradoras, en su área de competencia.

## 4-260 El Consorcio de Compensación de Seguros en los Riesgos Medioambientales

El Consorcio está integrado en el Pool Español de Riesgos Medioambientales desde 1998. Sus funciones en este asunto se centran, de una parte, en la asunción de las obligaciones que deje pendientes una entidad que entre en un proceso de liquidación intervenida o asumida por el Consorcio; y de otra, en la extensión de la garantía a aquellos daños que se manifiesten o reclamen fuera del período que, tras la cesación de la actividad del operador, sea admitido por las pólizas con posterioridad al cese de la vigencia de éstas -nunca inferior a tres años-, y hasta un máximo de treinta años que determinarían la caducidad de la responsabilidad medioambiental.

## 4-261 El Fondo de Compensación de daños medioambientales

La propia Ley 26/2007, de 23 de octubre, de Responsabilidad Medioambiental prevé en su Preámbulo la intervención del Consorcio de Compensación de Seguros (CCS) para la gestión del Fondo de compensación de daños medioambientales.

Este Fondo se constituye con las aportaciones de los operadores que contraten un seguro y se destina a prolongar la cobertura del seguro para las responsabilidades aseguradas en la póliza original y para aquellos daños que, habiendo sido causados por las actividades autorizadas durante el periodo de autorización, se manifiesten o reclamen después del transcurso de los periodos de manifestación o reclamación admitidos en la póliza de seguro y dentro de un número de años, tras finalizar la vigencia de la póliza, igual a aquel en que dicha póliza haya estado en vigor, la citada póliza, con el límite máximo de 30 años.

Asimismo, y con cargo al mismo Fondo el CCS atenderá las obligaciones que correspondan a aquellos operadores que hayan suscrito una póliza de seguro y cuya entidad aseguradora hubiera sido declarada en concurso o estuviese sujeta a un procedimiento de liquidación intervenida o ésta hubiera sido asumida por el propio CCS.

Este Fondo es distinto del *Fondo estatal de reparación de daños medioambientales* contemplado en el artículo 34 de la Ley 26/2007 destinado a sufragar los costes derivados de medidas de prevención, de evitación o de reparación de los bienes de dominio público de titularidad estatal. Este fondo de reparación de daños está gestionado por el Ministerio de Medio Ambiente y se dota con recursos procedentes de los Presupuestos Generales del Estado pudiendo incluso participar las comunidades autónomas en la financiación y gestión del Fondo estatal de reparación de daños medioambientales.

**ATENCIÓN:** Según se recoge en el Informe Anual del Consorcio, en el ejercicio 2007, las primas devengadas correspondientes a esta cobertura ascendieron a 179.000 euros, mientras que las prestaciones y gastos pagados fueron de 2.000 euros. En ese ejercicio la participación del Consorcio en el Pool fue del 4,0419 % y su retención máxima 500.000 euros. Asimismo, según datos facilitados por el propio CCS, su participación en el Pool para el año 2008 fue del 3,9966 %, siendo su retención máxima de 500.000 euros. Para el ejercicio 2009 la retención máxima se fijó en 1.200.000 Euros, con un porcentaje de participación del 5,9627 %.

## Sección 5. EL SEGURO DE RESPONSABILIDAD CIVIL DE DIRECTIVOS Y ADMINISTRADORES (D&O)

4

### 4-262 La responsabilidad civil de directivos y administradores (D&O)

Es una particularidad propia del administrador de una sociedad anónima que su patrimonio personal deba responder para indemnizar el daño causado a la propia sociedad, a los accionistas o a terceros, tanto en España como en otros países en los que la sociedad opere. Los administradores responden por actos contrarios a la Ley o a los Estatutos y también por aquellos en los que se actuase con falta de la diligencia que conlleva el desempeño del cargo.

En caso de haber varios, la responsabilidad es solidaria entre todos los administradores por lo que, cada uno asume no sólo sus propios actos, sino aquellos cometidos por otro miembro del órgano de gobierno si no ha tomado las medidas previstas para exonerar su responsabilidad.

Pero los directivos también se ven afectados ya que de igual modo, los directivos deben responder, normalmente frente a la propia sociedad, por aquellos daños que pudiera generar una actuación incorrecta.

Cualquier incumplimiento por omisión o negligencia, puede conllevar acciones de responsabilidad civil contra el patrimonio personal de los miembros del consejo de administración o la alta dirección.

Las posibles reclamaciones están abiertas un buen número de potenciales reclamantes: en caso de cambio de gestores en la empresa, se puede producir una reclamación de estos contra los anteriores por acciones u omisiones que consideren que han perjudicado a la sociedad; los accionistas, si ha habido una falta de información correcta al presentarle una operación que ha conllevado un resultado negativo para su inversión; los acreedores sociales, si se ha debilitado la posibilidad de resarcir sus derechos e incluso otros terceros como autoridades públicas, clientes, suministradores y distribuidores y competidores.

Podemos señalar como supuestos de responsabilidad de Consejeros y directivos los siguientes:

- Mala administración del capital social.
- Incumplimiento de los estatutos sociales.
- Realización de inversiones inadecuadas.
- Falta de verificación y firma de documentos.

 © CISS

- Distribución improcedente o abusiva de dividendos.
- Facilitar información incorrecta.
- Decisiones erróneas en supuesto de fusiones y adquisiciones.
- Asunción de obligaciones que la sociedad no puede afrontar.

En esta dinámica empresarial y con el estricto y complejo régimen legal existente, se ha hecho prácticamente imprescindible en los últimos años la contratación de un seguro de responsabilidad civil de administradores y directivos. Una póliza que proporcione al equipo gestor la protección necesaria en este terreno, permitiendo así a los gestores desempeñar su labor con la tranquilidad de no estar arriesgando en ello su propio patrimonio personal.

En este sentido, y dada la imposibilidad de que los propios gestores puedan hacer frente a título personal a las demandas millonarias derivadas de este tipo de responsabilidad, se está convirtiendo en práctica común que los consejeros y directivos exijan a la sociedad la contratación de un seguro de este tipo.

Adicionalmente, y dado que esta póliza la suscribe la sociedad para proteger a su equipo gestor, también se ha utilizado como incentivo y elemento de peso en la retención o contratación de personal directivo, debido a la importancia significativa que una protección de este tipo tiene sobre el patrimonio personal del administrador y del directivo.

## 4-263 Sujetos asegurados por el seguro de responsabilidad civil (D&O)

Las personas que puedan quedar incluidas en una póliza D&O variarán dependiendo de lo que determine la propia empresa tomadora. No obstante, lo más común es incluir a sus equipos directivos al completo, incluso pudiendo recoger que seguirán estando asegurados una vez dejen sus cargos. Así, se suelen incluir en estas pólizas:

- Toda persona física actual, pasada o futura, que haya sido debidamente nombrada o elegida de acuerdo con la ley y los estatutos para los cargos de *administrador, consejero, director, gerente, patrono, miembro de la Junta Directiva, Junta de Gobierno (u órgano equivalente)*, que realice funciones de alta dirección u ostente poderes de gerencia y gobierno en la entidad sin ánimo de lucro.

- Asimismo, también queda asegurada en esta modalidad toda persona física representante permanente de una persona jurídica administradora de la sociedad, o toda persona física debidamente nombrada o elegida, conforme a una legislación extranjera, para cargos similares.

- Finalmente, también se incluye todo empleado actual, pasado o futuro de la entidad, que de hecho o en la práctica ostente funciones de alta dirección en la entidad sin ánimo de lucro o todo administrador, directivo o empleado actual, pasado o futuro de la entidad sin ánimo de lucro cuya responsabilidad en calidad de administrador de hecho de la entidad sin ánimo de lucro sea establecida por un tribunal.

4

## 4-264 Coberturas del seguro de D&O

### Responsabilidad personal directa y responsabilidad por actos de otros

La aseguradora se hará cargo de los perjuicios, las multas administrativas y los gastos de defensa derivados de una reclamación presentada contra el asegurado por alguna de las siguientes circunstancias:

- Por un error de gestión en la condición de administrador o directivo del asegurado.
- Por un error de gestión que el asegurado no cometió, pero del que, no obstante, sea legalmente responsable en su condición de administrador o directivo, incluyendo, a título enunciativo pero no limitativo, aquellas reclamaciones presentadas por: la empresa, los accionistas, los empleados, los organismos públicos con facultades inspectoras o de control, los administradores concursales o los socios comerciales así como por los competidores o por cualquier otro tercero.

### Responsabilidad por prácticas de empleo indebidas

La aseguradora se hará cargo de los perjuicios, las multas administrativas y los gastos de defensa derivados de una reclamación presentada contra el asegurado por prácticas de empleo indebidas en su condición de administrador o directivo o empleado.

**Gastos de investigación y de reembolso**

La aseguradora se hará cargo de los gastos de investigación incurridos a raíz de una reclamación que legalmente le obligue al asegurado a comparecer en una investigación.

Asimismo, la aseguradora reembolsará a la empresa, en caso de que ésta le hubiera indemnizado al asegurado, por una pérdida sufrida por éste como consecuencia de una reclamación cubierta en la póliza.

**Extensión de las coberturas**

Las coberturas de este tipo de seguros se extienden también a las filiales, es decir, a toda nueva sociedad constituida o adquirida después de la fecha de efecto de la póliza o de sus sucesivas anualidades, en la que el tomador de la póliza, bien directa o indirectamente a través de una o varias de sus filiales, ostente el derecho legal de elegir o nombrar a la mayoría de su consejo de administración o similar órgano de administración.

Estas coberturas no son de aplicación a cualquier reclamación presentada directamente por cuenta de la entidad participada o cualquiera de sus administradores, directivos, fideicomisarios, gerente o cargo equivalente, salvo para los siguientes casos:

- Las reclamaciones presentadas por cualquier antiguo administrador, directivo o empleado de la entidad participada que, al menos durante los últimos cuatro años previos a la fecha en que la reclamación se presenta por primera vez, no haya prestado sus servicios como administrador, miembro de cualquier comisión, consejero delegado, directivo, gerente o cargo equivalente debidamente designado ó consultor de la entidad participada.
- Las reclamaciones por prácticas de empleo indebidas presentadas por cualquier administrador, directivo, fideicomisario, gerente o cargo equivalente de la entidad participada.
- Las reclamaciones presentadas en forma de acción social sin la solicitud, asistencia o participación activa de la propia entidad participada o cualquiera de sus administradores, directivos, fideicomisarios, gerente o cargo equivalente.

## 4-265 Exclusiones

**Actos intencionados**

No se asumen normalmente reclamaciones derivadas o basadas en:

- Beneficios o ventajas a los que, legalmente, cualquier *asegurado* no tuviera derecho.
- Una mala conducta intencionada o cualquier acción u omisión dolosa, fraudulenta o deliberadamente antijurídica cometida por cualquier asegurado.

4

Estas conductas deben ser establecidas mediante sentencia o admitidas por declaración escrita o verbal del *asegurado*.

**Hechos o circunstancias conocidos y procedimientos anteriores**

No se asumen normalmente reclamaciones que alegue, se derive de o se base en:

- Hechos o circunstancias, ya sean reales o supuestas, que con anterioridad a la primera fecha de efecto de esta póliza un asegurado hubiera podido razonablemente prever que daría lugar a una reclamación.
- Procedimientos -ya sea civil, penal, laboral, administrativo o cualquier investigación o inspección oficial, arbitraje o sentencia judicial - o reclamaciones iniciados o presentados con anterioridad a la fecha de continuidad de esta póliza o que estuvieran pendientes a dicha fecha, o las que derivaran de o en la que se alegaran, en todo o en parte, hechos ya alegados en dicho procedimiento o reclamación anterior o pendiente.

**Daños personales y materiales**

No se asumen normalmente reclamaciones por daños personales, enfermedad, fallecimiento, daño moral o trastorno emocional o daños a, destrucción de o pérdida de uso de cualquier propiedad tangible debidas a prácticas de empleo indebidas -cuyo objeto sea la reparación de un daño moral o trastorno emocional-. Tampoco se cubren los posibles gastos de defensa.

**Responsabilidad civil profesional**

Esta modalidad de seguro de D&O es diferente a la del seguro de responsabilidad civil profesional. Por eso, en esta modalidad no se atenderán reclamaciones que vengan derivadas de o basadas en cualquier cumplimiento o incumplimiento en la prestación o falta de prestación de servicios profesionales catalogada como responsabilidad civil profesional.

 © CISS

# Sección 6. EL SEGURO DE CRÉDITO

## 4-266 Concepto y regulación del seguro de crédito

El seguro de crédito es una modalidad del seguro de daños que tiene por objeto garantizar al asegurado de los daños patrimoniales que se deriven de la insolvencia definitiva de sus deudores de manera que se compromete a resarcir al asegurado por la falta de pago de los créditos que tenga frente a terceras personas.

Desde un punto de vista técnico podemos definir el seguro de crédito -interno o comercial- como un conjunto de servicios encaminados a garantizar al asegurado una indemnización por las pérdidas netas que pudiera experimentar como consecuencia de la insolvencia de sus clientes a crédito. Supone, en definitiva, asegurar el activo circulante (efectos a cobrar y clientes) de los asegurados, aspecto que ya limita la condición de asegurador tan sólo a las sociedades, es decir, a personas jurídicas.

El seguro de crédito está regulado básicamente por la sección séptima del Título Segundo de la LCS y que comprende los artículos 69 a 72.

El artículo 69 de la LCS determina que *"por el seguro de crédito el asegurador se obliga, dentro de los límites establecidos en la Ley y en el contrato, a indemnizar al asegurado las pérdidas finales que experimente a consecuencia de la insolvencia definitiva de sus deudores"*.

El seguro de crédito es todavía una modalidad muy desconocida en el mundo asegurador más tradicional. Sin ser complicado, nos encontramos ante un tipo de seguro que, por sus singulares características, requiere un estudio especial y unos conocimientos técnicos, no solamente para su contratación y tarificación, sino también en la valoración de sus siniestros.

El seguro de crédito se configura actualmente como un elemento esencial en el sistema económico para garantizar el cobro de los créditos pendientes de manera que el interés asegurable en este tipo de seguros es el crédito y el riesgo a cubrir es la insolvencia definitiva del deudor.

La LCS, según lo que determina el artículo 107.2.b, incluye al seguro de crédito dentro del Grupo de Seguros de "grandes riesgos" lo que implica que las partes contratantes tengan libertad de elección sobre la ley que deseen aplicar. De esta manera, el régimen jurídico del seguro de crédito se regula por las condiciones generales, particulares y especiales de la póliza en todo aquello que no quede expresamente regulado por la propia LCS.

Una de sus particularidades es que la información obtenida mediante la solicitud del seguro determina los términos de la relación contractual entre asegurador y asegurado, de manera que se toman los datos consignados en la solicitud como base para el cálculo del precio del seguro, en función de la cobertura y de las circunstancias especiales que se desee incorporar en la póliza.



Teniendo en cuenta, pues, que se trata de un "gran riesgo", también le es de aplicación lo recogido en el artículo 44 pfo. 2 de la LCS por el que se exime a esta modalidad de seguros del carácter imperativo que tiene los preceptos legales.

## 4-267 La "insolvencia" del deudor como elemento del seguro de crédito

Vemos pues, que la propia norma califica a la " *i nsolvencia*" como el elemento determinante del propio seguro de crédito, y establece específicamente que ésta debe ser "definitiva". Si hubiese alguna duda acerca de cómo debe ser la calificación de la insolvencia del deudor, se aclaran con lo dispuesto en el artículo 70 de la LCS que determina que esta "insolvencia definitiva" existe cuando:

1º) Haya sido declarado en quiebra mediante resolución judicial firme.

2º) Haya sido aprobado judicialmente un convenio en el que se establezca una quita del importe.

3º) Se haya despachado mandamiento de ejecución o apremio, sin que del embargo resulten bienes libres bastantes para el pago.

4º) El asegurado y el asegurador, de común acuerdo, consideren que el crédito resulta incobrable.

Los tres primeros supuestos son situaciones determinadas mediante la intervención de los Tribunales: resolución judicial firme, aprobación judicial de un convenio, o despacho de mandamiento de ejecución o apremio.

El cuarto supuesto permite que asegurador y asegurado, de mutuo acuerdo, consideren que el crédito resulta incobrable, sin necesidad de seguir largos y costosos trámites que, en definitiva, aumentarán la pérdida final, ya que los gastos forman parte de la indemnización, según el artículo 71 LCS:

*"En caso de siniestro, la cuantía de la indemnización vendrá determinada por un porcentaje, establecido en el contrato, de la pérdida final que resulte de añadir al crédito impagado los gastos originados por las gestiones de recobro, los gastos procesales y cualesquiera otros expresamente pactados. Dicho porcentaje no podrá comprender los beneficios del asegurado ni ser inferior al cincuenta por ciento de la pérdida final".*

Sin embargo, una parte de la doctrina entiende que también queda recogida la "**insolvencia provisional**", ya que en este caso, el acreedor-asegurado, si efectúa la oportuna comunicación de sobreseimiento en los pagos al asegurador, tendrá derecho a la percepción de anticipos a cuenta de la liquidación definitiva.

Y esto es así porque la LCS contempla también el pago de una adelanto del asegurador al asegurado, de manera que una vez hayan transcurridos seis meses desde el aviso del asegurado al asegurador del impago del crédito, éste abonará a aquél el 50% de la cobertura pactada, con carácter provisional y a cuenta de ulterior liquidación definitiva. Ahora bien, el porcentaje que se fije en ningún caso podrá comprender los beneficios del asegurado ni ser inferior a la mitad (50%) de la pérdida final.

En caso de siniestro en el seguro de crédito, la cuantía de la indemnización que debe abonar el asegurador al asegurado vendrá marcada por un porcentaje de la pérdida final que resulte de añadir al crédito impagado los gastos originados por las gestiones realizadas para el recobro, los gastos procesales así como los gastos que se hayan pactado expresamente por las partes en el contrato de seguro.

La indemnización, en caso de siniestro, se centra en la compensación de la "pérdida neta" definitiva que sufra el asegurado por el impago de los créditos de los que es acreedor, entendiendo esta "pérdida neta" la resultante de sumar a los conceptos anteriores también los intereses de la deuda. Sin embargo, el legislador deja claro que a esta "liquidación" aplicable en la indemnización, a efectos del seguro de crédito, no se sumarán los beneficios dejados de obtener, aspecto que es propio del seguro de lucro cesante.

Una obligación puede ser cumplida o incumplida por el deudor. Si no se cumple la obligación, esto puede suceder de distintas formas:

- Incumplimiento en el momento convenido, pero con posibilidad de cumplimiento en un momento posterior.
- Incumplimiento de una parte de la obligación y cumplimiento de otra.
- Mal cumplimiento, con perjuicio para el acreedor.
- Incumplimiento propiamente dicho, definitivo, por imposibilidad total y material de cumplir la obligación, tanto en el momento debido como posteriormente. Esta situación se denomina insolvencia y es la que la LCS establece como causa del siniestro en el seguro de crédito.



## 4-268 La importancia de la solicitud del seguro de crédito

La solicitud del seguro de crédito es un documento con fuerza vinculante para el asegurado, ya que en caso de llevarse a cabo finalmente la formalización del contrato de seguro, esta solicitud se integrará en el cuerpo del contrato de seguro. Por ese motivo, debe recoger información veraz de la actividad comercial y de todas las relaciones mercantiles que lleva a cabo al tiempo de estar firmada por persona autorizada y con poder suficiente en la empresa.

La solicitud del seguro de crédito es fundamental para que la aseguradora conozca toda la actividad comercial de la empresa asegurada. Esta información, que se debe incorporar en la solicitud, viene motivada para permitir a la aseguradora que pueda estimar de una manera fiable los riesgos para fijar los condicionantes económicos y de cobertura de la póliza de seguro de crédito que van a suscribir ambas partes.

La solicitud de seguro de crédito deberá incluir seis bloques básicos de información:

1. Los datos de identificación del candidato.
2. Los datos de la actividad de la empresa y del negocio a asegurar.

Esta parte es muy importante para poder llevar a cabo la valoración y emisión de la proposición de seguro por parte de la aseguradora. Por ello, los datos deberán ser totalmente precisos y exactos para que la aseguradora pueda determinar la prima a aplicar al seguro. El solicitante, como ya hemos apuntado, al firmar la solicitud

 © CISS

responderá de la veracidad de dichos datos (art. 10 LCS) sobre los que se aplicará una estricta confidencialidad por parte de la aseguradora en su tratamiento y custodia.

3. El ámbito de actuación.

Es una descripción del mercado en el que opera -país o países en los que se lleva cabo la facturación- pudiendo compatibilizarse el mercado español y el de exportación.

4. La estructura de la cartera de clientes.

Se deberán reflejar las ventas totales que se realizan al contado y las que se llevan a cabo a crédito, las cuales serán las que gozarán de cobertura del seguro y el cliente detallará los porcentajes que representan del total de su actividad, diferenciando si se trata de empresas relacionadas, de organismos públicos y de particulares.

Es conveniente destacar y analizar los cinco principales clientes de manera que la aseguradora pueda analizar el ratio de riesgo de los principales clientes y el grado de exposición a ellos del asegurado.

Una solicitud de seguro de crédito que no desarrolla en profundidad este apartado del análisis de los clientes puede provocar que no se llegue finalmente a formalizar la póliza de seguro.

5. Información sobre los riesgos.

Esta parte recoge una estructura de los riesgos con una distribución proporcional desde una doble perspectiva: la referida a los importes y la referida a la duración de los créditos.

6. Experiencia en pagos.

Breve informe sobre la facturación a crédito en los últimos tres o cinco años, el porcentaje de impagados y de fallidos así como las dotaciones que se hayan asignado para provisionar las insolvencias.

## 4-269 Servicios, ventajas e inconvenientes del seguro de crédito

El primer mensaje importante es que su utilidad no se limita exclusivamente al pago de una indemnización. El seguro de crédito viene a representar para quien lo contrata (asegurado), una gama importante de servicios que debe explotar al máximo y que se centran principalmente en tres:

A. Información:

La Compañía de seguros facilita en primer lugar una información detallada y completa sobre la situación comercial, patrimonial y financiera de cada uno de los clientes a crédito del asegurado. Esa información debe ser analizada y valorada en su justa medida, ya que se trata de datos tratados profesionalmente y que deben servir para mucho al asegurado de crédito sobre todo de cara a una gestión de prevención.

Haciendo un uso adecuado de dicha información el asegurado debería dirigir sus ventas hacia aquellos clientes y sectores que presenten una situación de solvencia buena y clara y siempre dentro de los límites estandarizados definidos en la política crediticia del asegurado.

Por el contrario, deberá servirse de esta información para limitar o excluir a clientes que por su delicada situación económica no sea aconsejable darles crédito. De esa forma no hay duda que haciendo una actuación preventiva se estará mejorando los resultados de la empresa.

B. Gestiones de cobro

En cuando a las gestiones de cobro debemos destacar que siendo tomadores de una póliza de crédito, se dispone automáticamente de una red de recobradores a nivel nacional para llevar a cabo todas aquellas gestiones, tanto a nivel amistoso como judicial, encaminadas a recuperar lo antes posible los impagados que pudieran haberse producido.

Estas recuperaciones o recobros pueden materializarse bien en efectivo directamente, o bien mejorando la situación del asegurado ante el deudor, mediante la instrumentación de la deuda en títulos puramente ejecutivos, lo que permitiría mejorar sensiblemente las acciones de un futuro recobro.

Otra gran ventaja, además de la expuesta es la que representa el anticipo de los gastos para recobros por parte de la compañía de seguros.

4

C. La indemnización

Por último, la base del propio seguro es la indemnización, con la que el asegurado puede recuperar en un determinado porcentaje el hueco patrimonial que le ha podido producir, el incumplimiento de las obligaciones por parte de sus clientes.

Disponer de un seguro de crédito es muy importante ya que estamos dotando a nuestra empresa de una estabilidad económica que se traduce en un refuerzo de nuestra solvencia ante terceras personas (entidades financieras).

Hablando de insolvencia debemos destacar que a este tipo de seguro no le podemos calificar de tesorería, ya que se precisa la insolvencia de cada cliente para optar a una indemnización. Más adelante se establecen unos criterios que van a suavizar el concepto de insolvencia, pues en definitiva no va ser necesario que se declare judicialmente la insolvencia de un cliente para recibir una indemnización.

**ATENCIÓN:** Al igual que toda empresa, generalmente, tiene asegurado su inmovilizado (incendios, robo, etc.), vamos a asegurar igualmente nuestro circulante (efectos a cobrar y clientes). No cabe la menor duda que ante una entidad financiera siempre será mejor presentar unas cuentas aseguradas, a hacerlo con el normal índice de incertidumbre el cual desaparece o disminuye notablemente si contamos con un seguro de crédito, pues seremos indemnizados si alguno de nuestros clientes no responde a su obligación de pago. Siempre será mejor vender a clientes de los que se sabe su situación patrimonial y financiera (gracias a la información, anteriormente recibida), que a clientes de los que sabemos muy poco o casi nada, teniendo además dichas ventas aseguradas contra el riesgo por insolvencia.

**Ventajas**

Las ventajas propias del seguro de crédito son las siguientes:

- Servicio de información y clasificación crediticia de clientes.
- Por la información y clasificación crediticia de clientes se pueden conocer las situaciones anómalas de los mismos, así como sus topes aconsejables de crédito.
- Al estar informado sobre el mercado, se disminuye las posibilidades de pérdidas y se pueden orientar las ventas a sectores y clientes más solventes (ampliación de mercado).
- Ahorro de gastos en información y recobros.
- Servicio de gestión de recobros.
- El servicio de recobros se extiende igualmente a la parte no asegurada.
- Servicio de indemnización.
- El coste del seguro es uno más de la producción y en consecuencia fiscalmente deducible.
- Con este seguro se dota a la empresa de una estabilidad económica y en consecuencia se encuentra reforzada frente a terceros, facilitándose el acceso al crédito bancario, hipotecario, descuento, etc.
- Ventaja en cuanto a la tranquilidad no solo del propietario de la empresa, sino también del responsable de créditos.
- Posibilidad de reducir todo el proceso administrativo de la póliza mediante la aplicación de medios informáticos.
- Posibilidad de liberación de fondos de autoseguro para destinarlos a otros fines (reparto de dividendos, inversiones, etc.).

**Inconvenientes**

Pero también el seguro de crédito presenta algunos inconvenientes, alguno de los cuales son relativos a los planteamientos que en cada caso puedan realizarse.

- Si no se cuenta con una adecuada ayuda informática el proceso de administración de una póliza de esta modalidad, representa en trabajo verdaderamente complicado en cuanto a las distintas notificaciones que hay que realizar a la compañía, cumpliéndose periodos de tiempo definidos en las condiciones generales.
- El coste del seguro es un inconveniente relativo a estudiar en cada caso, si bien no son primas de reducida cuantía.
- El proceso de clasificación resulta en algunos casos lento.
- La compañía puede desestimar operaciones que consideramos viables.
- Indemnización en torno del 75% al 85%, nunca del 100%.




© CISS

- La indemnización se produce cumpliéndose unas condiciones y en unos plazos predeterminados, pero nunca al primer requerimiento.

## 4-270 Figuras que intervienen en el seguro de crédito y obligaciones

Además de las figuras propias que intervienen en el seguro de crédito -asegurador y tomador/asegurado- aparece una nueva figura propia de este tipo de seguro: el deudor, que es el cliente del asegurado al que éste le ha concedido el crédito y que clasifica el asegurador.

La operativa del seguro de crédito exige del asegurado diversas obligaciones. Algunas de ellas son comunes a otros tipos de seguros pero otras tienen que ver con una comunicación especialmente fluida con la aseguradora para realizar una mejor vigilancia de los riesgos que cubren estos seguros. Estas obligaciones no van a exigir a la empresa asegurada llevar a cabo una operativa especial sino más bien normalizar algunas tareas propias del control del riesgo al cliente.

De esta manera las obligaciones propiamente asignadas al asegurado en el seguro de crédito pueden ser las siguientes:

- Aportar información veraz en la solicitud del seguro para poder determinar los riesgos de la actividad comercial.
- Pagar la prima.
- Comunicar las ventas a la aseguradora con la periodicidad y detalles que se acuerden.
- Comunicar en los plazos previstos las agravaciones del riesgo como la concesión de prórrogas al pago o retraso del deudor.
- Documentar las operaciones para acreditar la existencia del crédito, especialmente, la entrega de la mercancía o la prestación del servicio.

Además de las obligaciones genéricas que la LCS fija para el asegurado y el tomador, el artículo 72 de dicha Ley fija para el seguro de crédito que el asegurado y, en su caso el tomador del seguro, queda obligado:

*"1º. A exhibir, a requerimiento del asegurador, los libros y cualesquiera otros documentos que poseyere relativos al crédito o créditos asegurados.*

*2º. A prestar la colaboración necesaria en los procedimientos judiciales encaminados a obtener la solución de la deuda, cuya dirección será asumida por el asegurador.*

*3º. A ceder al asegurador, cuando éste lo solicite, el crédito que tenga contra el deudor una vez satisfecha la indemnización".*

4

## 4-271 Objeto, alcance y riesgos excluidos

El seguro de crédito se contrata, en todo caso, por cuenta propia. Tomador del seguro y asegurado son, por tanto, una misma persona.

El asegurador garantiza al tomador del seguro-asegurado el pago de una indemnización, en el porcentaje establecido, por las pérdidas finales que experimente a consecuencia de la insolvencia definitiva de sus deudores, clientes de su negocio objeto del seguro.

El porcentaje de las pérdidas finales no cubierto por el asegurador quedará íntegramente a cargo exclusivo del asegurado, quien no podrá garantizarse de él, aisladamente, en forma alguna.

La garantía del seguro, referida en todo caso a operaciones en firme realizadas durante la vigencia de la póliza, nace a partir de la fecha de entrega de la mercancía, instalación o prestación de servicios y alcanza al importe de los conceptos incluidos en la factura inicial y notificados al asegurador.

Son riesgos excluidos de la póliza:

a) Los créditos derivados del suministro de mercancías, instalaciones o prestación de servicios a organismos públicos.

b) Los créditos cuya legitimidad, parcial o totalmente discutida por los clientes del asegurado, no sea reconocida por resolución judicial firme.

c) Los créditos derivados de operaciones con filiales, sucursales o agencias del asegurado o con clientes con los que éste mantenga vinculaciones que le otorguen poderes de decisión, salvo conformidad del asegurador a propuesta expresa del asegurado, en la que se indique dicha vinculación.

Asimismo, quedan excluidas de las garantías del seguro las pérdidas que sufra el asegurado como consecuencia de:

1. La insolvencia del deudor a consecuencia de los supuestos contemplados en el artículo 44 de la LCS (guerra, motín, terrorismo, terremoto e inundaciones).

2. Los créditos, derivados del suministro de mercancías, instalaciones o prestación de servicios a Organismos Públicos.

3. Salvo pacto en contrario, los impagos de créditos derivados de ventas en los que los deudores sean sucursales, filiales o agencias del asegurado, o familiares hasta el segundo grado del asegurado, o firmas en las que el asegurado tenga un interés económico como socio o partícipe.

4. Las acciones u omisiones imputables a entidades financieras, transportistas, comisionistas, representantes u otras personas físicas o jurídicas que intervengan en el desarrollo o la gestión de la venta.

5. El impago de los intereses de demora, los gastos de protesto, de devolución o negociación de efectos, los quebrantos bancarios, las multas o penalidades contractuales y la ejecución de fianzas.

6. Los créditos correspondientes a ventas no comprendidas en la actividad indicada en las condiciones particulares de la póliza o a operaciones de ilícito comercio.

## 4-272 Clasificación crediticia de clientes

El asegurado habrá de someter a estudio y clasificación crediticia por el asegurador todos los clientes con los que opere a crédito en el momento de formalizar la póliza, así como los nuevos clientes, dentro de un plazo establecido en la póliza (entre 15 y 25 días siguientes a la fecha en que realice la primera operación con ellos).

Los créditos otorgados por el asegurado a sus clientes quedarán amparados por el seguro hasta los respectivos límites de descubierto aceptados en las clasificaciones crediticias del asegurador, siendo la suma asegurada por cada cliente el importe de los suministros pendientes de pago, que se encuentren dentro del límite de su clasificación.

4

El primer paso a dar una vez contratada la póliza es solicitar a la aseguradora la clasificación de los clientes, indicando el riesgo que prevemos tener con cada uno. La compañía establecerá el descubierto máximo que está dispuesta a garantizar en cada cliente, por ejemplo, 300.000,00 euros a 210 días.

Toda venta que suponga aumentar la deuda del cliente por encima del límite establecido no queda asegurada. La clasificación es uno de los pilares básicos de la póliza, porque refleja la opinión que de cada cliente tiene la compañía. Una buena información nos ayudará a reducir el número de impagos y limitar su cuantía. Es también uno de los puntos conflictivos.

Las decisiones que se toman desde un punto de vista técnico y con datos económicos no siempre satisfacen nuestros deseos comerciales de aumentar las ventas lo más posible. Estos problemas se reducen a medida que la Compañía nos conoce mejor y se pueden limitar en algunos casos aportando información relevante sobre nuestros clientes (nuestra experiencia, situación de los socios, etc.).

No siempre es necesario asegurar todos los clientes. Podemos plantearnos asegurar sólo cliente seleccionados por criterios objetivos (sólo hormigón y no árido, sólo Andalucía y no Madrid) o subjetivos. En cualquier caso esto no es muy aconsejable y la mayoría de asegurados buscan garantizar la totalidad de su cartera.

Cada clasificación tiene un pequeño coste que se fija de antemano. Su validez es de un año, aunque la compañía puede reducirlas o cancelarlas afectando la modificación a las ventas posteriores. Estas modificaciones se producen, normalmente, cuando la aseguradora recibe noticias negativas del cliente, como impagos a otras empresas, aumento desmesurado del endeudamiento, etc.

En virtud del reestudio anual, la compañía comunicará al asegurado únicamente la clasificación crediticia de los clientes cuya cifra de descubierto máximo autorizado sea objeto de alteración. Igualmente y en condición particular se establecerá el gasto correspondiente a reestudio.

El asegurado deberá proponer a estudio los nuevos clientes a medida que se establezcan nuevas relaciones comerciales.

 © CISS

## 4-273 Aspectos a tener en cuenta en el seguro de crédito

### Cobertura inicial

Se cubren las primeras operaciones que, hasta la cifra de cobertura inicial establecida, realice el asegurado con clientes propuestos al seguro, y pendientes de clasificación serán objeto de cobertura al 50% de garantía. Dicho porcentaje será automáticamente elevado al máximo fijado si el asegurador acepta el límite de descubierto propuesto.

Si el límite aceptado por el asegurador resultase inferior a la cifra de cobertura inicial, el importe aceptado se cubrirá al porcentaje máximo y la diferencia seguiría siendo objeto de cobertura al 50% de garantía hasta el vencimiento de las operaciones en curso.

La denegación por el asegurador de la propuesta supondrá la exclusión del seguro de los clientes sobre quienes recaiga para sucesivas operaciones.

El asegurado contribuirá a los gastos de estudios y reestudios de sus clientes, en función de los descubiertos individuales propuestos

### Notificación de operaciones

El asegurado notificará mensualmente al asegurador el valor en factura y plazo de pago de todas las operaciones que efectúe a crédito, para su cobertura por el seguro según el orden cronológico de su nacimiento, salvo las excluidas del seguro. Las operaciones en la forma pactada, serán notificadas antes de transcurridos un número de días desde su realización.

### Primas y su pago

Inicialmente se establece una prima provisional anual que será objeto de reajuste, al término de cada anualidad de vigencia de la póliza, con la prima devengada en la anualidad, que se calculará aplicando los tipos de prima establecidos sobre el valor total de las operaciones notificadas al asegurador aún cuando estas terminen antes del vencimiento previsto.

La prima provisional será el resultado de multiplicar el volumen de ventas previsto por el tipo de prima establecido. Esta es la prima que se abonará a la compañía.

Como los importes a pagar suelen ser sustanciales, lo normal es pagar la prima de forma trimestral, aunque se pueden establecer otras modalidades de pago.

También en cualquier caso se fijará una prima mínima que quedará siempre a favor de la compañía y que será un porcentaje a determinar de la prima provisional. Lo habitual es fijarla en un 70% - 80% de la prima provisional.

Si del reajuste resultase una prima devengada superior a la provisional, el asegurado abonará al asegurador, de una sola vez, el exceso junto a los recargos correspondientes.

En caso contrario, el asegurador reembolsará al asegurado la diferencia que proceda sobre el límite de la prima mínima, cuyo importe quedará, en todo caso, a favor del asegurador.

La percepción de prima por el asegurador sobre un riesgo excluido de las garantías del seguro no podrá interpretarse como aceptación de su cobertura. Si el hecho se produce, el asegurado sólo tendrá derecho a reclamar la devolución de la prima percibida indebidamente sobre el riesgo no cubierto.

En la forma pactada, la prima será exigible una vez firmada la póliza. Salvo pacto en contrario, la existencia de primas impagadas al producirse un siniestro liberará al asegurador de su obligación indemnizatoria.

### Agravación de riesgos

El asegurado comunicará al asegurador aquellas circunstancias que lleguen a su conocimiento y supongan agravación de los riesgos garantizados. En especial, el asegurado notificará los incumplimientos de pago de sus clientes, siempre que su cuantía exceda de la fijada y no hayan sido cobrados o prorrogados dentro de los treinta días siguientes al conocimiento de su impago.

### Prórrogas de vencimiento

Se entiende por prórroga todo aplazamiento en el pago de un crédito, concedido dentro del plazo previsto para la declaración del aviso de insolvencia provisional. Hay dos tipos de prórroga: facultativa y a autorizar.

El asegurado notificará al asegurador todas las prórrogas cuyo importe sea superior a la cifra establecida, que devengarán una sobreprima al tipo previsto, que se calculará sobre el importe asegurado, objeto de aplazamiento.

El asegurado tiene la facultad de conceder dos prórrogas sobre cada operación, una primera prórroga, sin el consentimiento previo de la compañía, pero deberá ser por un periodo no superior al previsto inicialmente y con un límite máximo de 90 días y siempre que el importe prorrogado no supere una cantidad 30.000 euros.

Cualquier nueva prórroga sobre la misma operación o de mayor duración a la señalada anteriormente deberá ser previamente aprobada por el asegurador y también con un aplazamiento máximo de 90 días a partir de la fecha en que se formalice la prórroga. En caso de segundas prórrogas se precisa necesariamente el consentimiento previo de la compañía.

Las prórrogas deberán ser comunicadas durante el mes siguiente al que se hayan concedido, debiendo abonar el asegurado la sobreprima correspondiente a la prórroga concedida, según el tipo fijado en las condiciones particulares.

**Aviso de insolvencia provisional**

Se entenderá producida la insolvencia provisional a efectos del seguro en los casos siguientes:

- Cuando el deudor no hubiese regularizado el crédito impagado como máximo dentro de los 90 días siguientes a su vencimiento.
- Si se hubiese producido en sobreseimiento general de las obligaciones de pago del deudor.

En caso de suspensión de pagos, el asegurado deberá seguir las siguientes pautas:

- No hacer nuevas ventas una vez transcurridos 60 días desde el vencimiento del crédito inicial o prorrogado.
- Comunicar a la compañía el siniestro transcurridos como máximo 60 días desde el vencimiento del crédito inicial o prorrogado.

Junto al aviso de insolvencia provisional deberá acompañar toda la documentación acreditativa de la deuda. Todo cliente del asegurado que haya dado lugar a un Aviso de insolvencia provisional quedará automáticamente excluido para futuras operaciones.

Producido cualquiera de los supuestos que motivan el aviso de insolvencia provisional, el deudor causante quedará automáticamente excluido del seguro para futuras operaciones.

4

Recibido el aviso de insolvencia provisional, el asegurador realizará las gestiones de recobro del crédito total que ostente el asegurado, incluso por vía judicial, a cuyo efecto éste otorgará poderes notariales a favor del mismo o de las personas que designe.

Cuando un crédito, total o parcialmente cubierto por el seguro, no sea cancelado a su vencimiento, inicial o prorrogado, el asegurado lo comunicará al asegurador dentro del plazo máximo de 120 días siguientes a tal vencimiento, mediante el correspondiente aviso de insolvencia provisional, siempre que no haya conseguido regularizarlo en este plazo, acompañado de los documentos acreditativos de la deuda.

La misma comunicación será dirigida inmediatamente que el asegurado tenga conocimiento del sobreseimiento general de un cliente en el cumplimiento de sus obligaciones de pago así como del cierre de su negocio o de su desaparición.

El asegurado no podrá, sin el previo consentimiento del asegurador, suscribir convenios de pago con sus deudores, ya sean de carácter general o particular, judicial o privado.

Los cobros que se obtengan, tanto por el asegurador como por el asegurado, serán incluidos en las liquidaciones previstas, así como los gastos que se produzcan que, en todo caso, serán anticipados o autorizados por el asegurador.

Si el crédito impagado fuese superior al garantizado por el seguro, los cobros posteriores al impago, por cualquier concepto y de cualquier naturaleza y los gastos que se originen, se aplicarán según la regla proporcional a la parte cubierta y a la no cubierta por el seguro.

La regla proporcional no será de aplicación cuando el exceso sobre el crédito garantizado proceda de intereses, en cuyo caso los cobros se aplicarán con prioridad al crédito asegurado.

**Anticipo a cuenta de la indemnización definitiva**


© CISS

Se trata del supuesto de que a los seis meses del envío por el asegurado al asegurador de la documentación anterior, no pudiera determinarse la cuantía de la pérdida final, el asegurador anticipará al asegurado, con carácter de liquidación provisional, una cantidad equivalente al 50% de su responsabilidad máxima sobre el importe asegurado del crédito en descubierto, incrementado por los gastos realizados y con deducción de los cobros obtenidos.

El líquido resultante de los cobros y gastos, tanto del asegurado como del asegurador, posteriores al pago de una indemnización, se aplicará preferentemente a reintegrar al asegurador del importe indemnizado, correspondiendo el exceso, si lo hubiere, al asegurado.

Una vez efectuado el pago de una indemnización definitiva, la compañía queda facultada para subrogarse, si lo estimase conveniente, en todos los derechos y acciones del asegurado respecto al crédito garantizado

**Siniestro. Pago de indemnizaciones**

El siniestro se producirá por la insolvencia definitiva del deudor. En la póliza se establecen claramente los cuatro casos que determinan la incapacidad del deudor.

Estos casos son la transcripción de los casos reflejados en el artículo 70 de la LCS.

Sin embargo, lo habitual es encontrarnos ante una situación de mora prolongada, nuestro cliente de hecho no paga. Para mantener un sentido al seguro, ya hace muchos años se incluyó en el concepto de siniestro esta mora prolongada o insolvencia provisional.

Determinada la pérdida final derivada de alguno de los supuestos que contempla la el artículo 70 de la LCS, el asegurador practicará seguidamente su liquidación y pago al asegurado respecto al crédito garantizado.

Si a los tres meses desde la producción del siniestro, el asegurador no hubiere indemnizado el importe de la pérdida final resultante, por causa no justificada o que le fuera imputable, la indemnización se incrementará en un 20% anual.

Para saber cómo se va a indemnizar hay que diferenciar **dos tipos de insolvencia:**

a) La denominada **insolvencia definitiva**, que supone el pago de la indemnización de forma inmediata, se produce cuando nuestro cliente incurre en uno de supuestos mencionados en el artículo 70 LCS.

**ATENCIÓN:** Mención específica merece el tratamiento que da la póliza a la Suspensión de Pagos que entra dentro de la consideración de Insolvencia Provisional. El problema, es que salvo que se establezca una cláusula en contra, las cantidades a percibir por el convenio judicial o extrajudicial se consideran cobradas y es el asegurado quien debe soportar la espera. Para evitarlo se incluye la **cláusula de supresión de la quita y espera.**

4

Se establece como indemnización máxima anual, la cifra que resulte de multiplicar el número de veces (25 veces es lo más habitual en el Mercado) indicado en las condiciones particulares de la póliza, por el importe de las primas devengadas en la misma anualidad en la que se cubrieron los riesgos.

**ATENCIÓN:** Esta cláusula es importante y se debe comparar los riesgos máximos que pueden llegar a tener los asegurados con el límite de 25 x la prima provisional. Es un punto que habitualmente no se observa pero si, por ejemplo, la prima son 6.000 €, el límite máximo que indemnizarán será de 150.000 € al año, por tanto, cualquier punta de riesgo que exceda este límite está descubierta. Al analizar cada caso concreto se pueden buscar soluciones concretas.

**El beneficiario**

El asegurado tiene la facultad de proponer a terceras personas o entidades como beneficiarios de sus derechos a cobrar las indemnizaciones derivadas del seguro. Si el asegurador acepta la propuesta, lo hará constar mediante suplemento en la póliza.

Los beneficiarios no podrán hacer valer a su favor más derechos que los que pudieran corresponder al asegurado en cuanto al cobro de dichas indemnizaciones, pudiendo el asegurador deducir de éstas los importes que por todo concepto le adeude el asegurado.

**Duración**

La duración inicial del contrato de seguro es por un año.

El contrato se perfecciona por el consentimiento de las partes y las garantías entran en vigor a las 0:00 horas del día indicado en las condiciones particulares y una vez pagada la prima correspondiente.

La póliza podrá ser cancelada por ambas partes con una antelación de 2 meses, previa notificación por escrito.

Los créditos asegurados pendientes de pago en la fecha de resolución de la póliza seguirán amparados hasta su cancelación.

**Gestiones de recobro**

Las gestiones de recobro serán dirigidas por la compañía. El asegurado no podrá suscribir convenios de pago con los deudores, sin el previo consentimiento por parte de la compañía.

Los recobros efectuados por la compañía serán entregados al asegurado automáticamente. El asegurado deberá comunicar los recobros por él efectuados, a la compañía en un plazo de siete días.

Los gastos de recobro serán anticipados por la compañía y deducidos de los mismos. La compañía extenderá los recobros igualmente a la parte no asegurada.

Es muy importante analizar convenientemente la forma de imputar los recobros.

**Ejemplo:**

A continuación vamos a ver la respuesta de la DGSFP sobre una consulta relativa a los efectos jurídicos para el deudor de un préstamo hipotecario cuando la entidad de crédito suscribe un seguro de crédito con una entidad aseguradora.

***Planteamiento***

*Se consulta sobre cuáles son los derechos de la persona que tiene contratado un préstamo hipotecario cuando la entidad bancaria suscribe un seguro de crédito con una entidad aseguradora para reforzar sus garantías frente al deudor.*

*Contestación*

*1º. Algunas entidades bancarias, cuando conceden un préstamo con garantía hipotecaria cuyo principal supera el 80 por ciento del valor de tasación del inmueble hipotecado, imponen garantías adicionales para cubrir dicho exceso; una de esas garantías es la contratación de un seguro de crédito.*

4

*En el caso de que la garantía complementaria sea un seguro de crédito, la entidad bancaria actúa como tomador y asegurado de dicho seguro, dado que esta garantía adicional la exige el banco como requisito necesario para conceder un crédito que, por el riesgo que implica, de otro modo no otorgaría.*

*Es necesario aclarar que el asegurado en este contrato de seguro sólo puede serlo la entidad bancaria, nunca el deudor, puesto que el objeto del mismo es proteger al acreedor de la posible insolvencia del deudor. Este contrato de seguro produce una relación jurídica entre la entidad bancaria y la entidad aseguradora, a la que el deudor es ajeno.*

*El deudor no es el titular del interés en el contrato de seguro de crédito; en otras palabras, al deudor le es indiferente, en cuanto a su posición, la existencia o no de dicho seguro, que únicamente protege a la entidad bancaria pero no al deudor. Si el deudor deviene insolvente, la aseguradora paga a la entidad bancaria la indemnización y ésta cede a la aseguradora el crédito que por dicha deuda tiene contra el deudor, de forma que el deudor seguiría igualmente obligado a satisfacer la deuda, con la única diferencia de que el acreedor sería ahora la aseguradora.*

*2º. El artículo 107.2.b de la Ley de Contrato de Seguro dispone que tendrán la consideración de grandes riesgos, entre otros, los de crédito y caución cuando el tomador ejerza a título profesional una actividad industrial, comercial o liberal y el riesgo se refiera a dicha actividad.*

*Esta previsión hay que ponerla en relación con el artículo 1.1.c) del Reglamento de los Comisionados para la defensa del cliente de servicios financieros2, que dispone:*

*"El Comisionado para la Defensa del Asegurado y del Partícipe en Planes de Pensiones tendrá las competencias que establece este reglamento en relación con las quejas o reclamaciones y consultas que formulen los usuarios de servicios financieros de las entidades aseguradoras, salvo en los supuestos de*

*contratos de grandes riesgos (...), sometidos a la supervisión de la Dirección General de Seguros y Fondos de Pensiones".*

*Con base en los artículos citados, el Servicio de Reclamaciones de la Dirección General de Seguros y Fondos de Pensiones no es competente para conocer sobre reclamaciones ni conflictos sobre contratos de grandes riesgos, como es el caso de un contrato de seguro de crédito contratado por una entidad bancaria.*

# Sección 7. EL SEGURO DE CAUCIÓN

## 4-274 Concepto y tipos de seguro de caución

El artículo 68 de LCS determina que *"Por el seguro de caución el asegurador se obliga, en caso de incumplimiento por el tomador del seguro de sus obligaciones legales o contractuales, a indemnizar al asegurado a título de resarcimiento o penalidad los daños patrimoniales sufridos, dentro de los límites establecidos en la Ley o en el contrato. Todo pago hecho por el asegurado deberá serle reembolsado por el tomador del seguro".*

Según la anterior definición de la LCS en el seguro de caución el tomador es siempre el deudor.

En otros términos, el seguro de caución asegura el cobro rápido al acreedor, una vez producido el incumplimiento por el tomador-deudor, siendo el asegurador quien reclamará al tomador el pago.

El seguro de caución podría ser considerado como una variante o modalidad del seguro de crédito en el que la cobertura brindada al asegurado se centra en los daños que pudieran derivarse del incumplimiento de una obligación por parte del deudor.

Hay dos modalidades típicas de seguros de caución:

1. El seguro de caución constituido como afianzamiento de cantidades anticipadas por viviendas.

. En base a ello, la Ley 57/1968, de 27 de julio, reguladora de las percepciones de cantidades anticipadas en la construcción y venta de viviendas establece en su artículo 1 que *"las personas físicas y jurídicas que promuevan la construcción de viviendas que no sean de protección oficial, destinadas a domicilio o residencia familiar, con carácter permanente o bien a residencia de temporada, accidental o circunstancial y que pretendan obtener de los cesionarios entregas de dinero antes de iniciar la construcción o durante la misma, deberán: (...) garantizar la devolución de las cantidades entregadas más el 6 % de interés anual, mediante contrato de seguro otorgado con Entidad aseguradora inscrita y autorizada en el Registro de la Subdirección General de Seguros o por aval solidario prestado por Entidad inscrita en el Registro de Bancos y Banqueros, o Caja de Ahorros, para el caso de que la construcción no se inicie o no llegue a buen fin por cualquier causa en el plazo convenido".*

2. La segunda modalidad es la que es concertada por todos los contratistas que pretendan entra en la licitación de contratos de obras con el Estado tal y exige la propia Ley de Contratos del Estado.

**Ejemplo:**

Vamos a ver la respuesta de la DGSFP a una consulta sobre el seguro de caución de cantidades anticipadas en la construcción y venta de viviendas.

***Planteamiento***

*En relación con el seguro de caución de cantidades anticipadas en la construcción y venta de viviendas, se realizan las siguientes consultas:*

*¿Cómo se pueden garantizar las cantidades anticipadas en la construcción y venta de viviendas por el adquirente de las mismas?*

*¿Qué coberturas otorgan los seguros de caución de cantidades anticipadas en la construcción y venta de viviendas?*

4

*Cuando las cantidades anticipadas en la construcción y venta de viviendas se garantizan a través de un seguro de caución, ¿puede el Servicio de Reclamaciones de la Dirección General de Seguros y Fondos de Pensiones resolver las quejas y reclamaciones que se presenten?*

*¿Qué mecanismos existen para resolver las diferencias con la entidad aseguradora sobre la interpretación y cumplimiento del seguro de caución de cantidades anticipadas en la construcción y venta de viviendas?*

***Contestación***

*1. La regulación del seguro sobre la percepción de cantidades anticipadas en la construcción y venta de viviendas se recoge en la Ley 57/1968, de 27 de julio, sobre percibo de cantidades anticipadas en la construcción y venta. A su vez, la Ley 38/1999, de 5 de noviembre, de Ordenación de la Edificación, regula en su disposición adicional primera la percepción de cantidades anticipadas en la edificación por los promotores o gestores, indicando que se cubrirá mediante un seguro que indemnice el incumplimiento del contrato en forma análoga a lo dispuesto en la Ley 57/1968, de 27 de julio, y que ésta se aplicará a la promoción de toda clase de viviendas, incluso a las que se realicen en régimen de comunidad de propietarios o sociedad cooperativa.*

*El artículo primero de la Ley 57/1968, de 27 de julio, establece un sistema de protección que se articula sobre la obligación de garantizar por el promotor las cantidades que recibe a cuenta, mediante un contrato de seguro o un aval, de modo que si no se produce la entrega de la vivienda, el acreedor pueda reclamar la cantidad adelantada más el interés legal, no sólo al promotor, sino también subsidiariamente al asegurador o al avalista.*

*Adicionalmente, el promotor viene obligado a depositar las cantidades anticipadas en una cuenta bancaria especial, con separación de cualquier otra clase de fondos, de la que sólo podrá disponer para atender las necesidades derivadas de la construcción de las viviendas.*

*2. El seguro de caución suscrito en cumplimiento de la Ley 57/1968 o de la disposición adicional primera de la Ley 38/1999 garantizará las cantidades entregadas más el interés legal del dinero vigente hasta el momento en que se haga efectiva la devolución en los casos en que la construcción no se inicie o no llegue a buen fin por cualquier causa en el plazo convenido. De su regulación pueden destacarse las siguientes características:*

4

*a) Expirado el plazo de iniciación de las obras o de entrega de la vivienda sin que una u otra hubiesen tenido lugar, el adquirente de la vivienda podrá optar entre:*

*- la rescisión del contrato con devolución de las cantidades entregadas a cuenta, incrementadas en el interés legal, o*

*- conceder al promotor una prórroga, que se hará constar en una cláusula adicional del contrato otorgado, especificando el nuevo período, con la fecha de terminación de la construcción y entrega de la vivienda.*

*El seguro cubre, por tanto, dos supuestos: que la construcción no se inicie, lo cual resulta claro; o que no se termine en plazo, situación que puede plantear dificultades en la práctica si no está bien definido qué se entiende porque la construcción no llegue a buen fin por cualquier causa.*

*b) La Ley 57/1968 exige también ciertos requisitos en los contratos de cesión de las viviendas en que se pacte la entrega al promotor de cantidades anticipadas, entre ellos, que en el momento del otorgamiento del contrato, el promotor haga entrega al adquirente del documento que acredite la garantía, referida e individualizada a las cantidades que han de ser anticipadas a cuenta del precio.*

*En la práctica comercial, el promotor de las viviendas realiza con la entidad aseguradora un contrato de seguro colectivo en el que es habitual que los asegurados consten de forma genérica y no estén individualmente determinados.*

*El asegurado o futuro comprador de la vivienda, para poder probar sus derechos frente a la aseguradora, debe solicitar la entrega del* ***certificado individual de seguro****, que es el documento que da efectividad a la garantía que otorga la entidad aseguradora; es el título de garantía a favor del asegurado.*

*Pues bien, en la práctica algunos promotores entiendan cumplida su obligación de garantía sólo con la constitución de la garantía colectiva y no abonan las cantidades correspondientes a la póliza individual, cuando es ésta la única que cumple la función de garantía de las cantidades anticipadas. En este caso, los compradores no quedan efectivamente protegidos, ya que la póliza por la que se instrumenta el seguro colectivo es un contrato marco para fijar las condiciones en las que la entidad aseguradora está dispuesta a emitir las pólizas individuales, produciéndose una apariencia de cobertura derivada de contar con una póliza global, que realmente no asegura el cumplimiento de las obligaciones del promotor.*

*c) Además, la Ley 57/1968 (artículo tercero) señala que el contrato de seguro, unido al documento fehaciente en que se acredite la no iniciación de las obras o entrega de la vivienda, tendrá carácter ejecutivo a los efectos prevenidos en la Ley de Enjuiciamiento Civil, para exigir al asegurador la entrega de las cantidades a que el adquirente tuviera derecho; es decir, es un documento con base en el cual se puede acudir directamente a un juicio ejecutivo para conseguir la devolución de las cantidades.*

*3. El artículo 107.2.b de la Ley 50/1980, de 8 de octubre, de Contrato de Seguro, dispone que se consideran "grandes riesgos", entre otros, los de "crédito y caución cuando el tomador ejerza a título profesional una actividad industrial, comercial o liberal y el riesgo se refiera a dicha actividad."*

*Esta previsión debe ponerse en relación con el artículo 1.1.c) del Reglamento de los Comisionados para la defensa del cliente de servicios financieros, aprobado por el Real Decreto 303/2004, de 20 de febrero, que excluye del procedimiento de protección administrativa de los clientes de servicios financieros a los contratos de grandes riesgos. Por tanto, el Servicio de Reclamaciones de la DGSFP no resulta competente para conocer mediante ese procedimiento las reclamaciones sobre contratos de seguro de caución suscritos por un promotor de viviendas.*

*No obstante, los servicios de atención al cliente o, en su caso, el Defensor del Cliente de las entidades aseguradoras sí están obligadas a atender las reclamaciones que se presenten sobre estos seguros.*

*Igualmente, la DGSFP puede atender las consultas que se planteen sobre este asunto, si bien ya al margen del procedimiento específico de protección de los clientes de servicios financieros.*

*Finalmente, en todo caso, para resolver las diferencias con las entidades aseguradoras sobre la interpretación y cumplimiento del citado contrato de seguro, se puede:*

*- Acudir a otros mecanismos de resolución extrajudicial de conflictos, como es el arbitraje; en este sentido se informa que la sumisión al arbitraje es voluntaria para las partes.*

*- Acudir a los Tribunales de Justicia, de conformidad con lo dispuesto en los artículos 24 y 117 de la Constitución.*

4

## 4-275 Elementos personales del seguro de caución

Los elementos personales que participan en el seguro de caución son los siguientes:

1. El tomador del seguro o contratante: Es el deudor obligado a un comportamiento concreto de dar, hacer o de no hacer, es decir, el sujeto pasivo de una obligación cuyo cumplimiento se garantiza mediante el seguro de caución. Es quién toma la iniciativa de asegurar su compromiso frente a un acreedor (asegurado).
2. El asegurador que mediante el contrato de caución se compromete a resarcir e indemnizar al acreedor por los daños y perjuicios que se deriven del incumplimiento del deudor -que es el tomador del seguro- cuando éste no cumpla voluntariamente. El asegurador se convierte de este modo en fiador solidario del deudor frente al acreedor (asegurado).
3. El asegurado: Es el acreedor de la obligación garantizada que mediante el seguro de caución se garantiza su derecho de crédito.

La característica fundamental de este grupo de pólizas radica en la constitución, mediante las mismas, de la fianza exigida para el desempeño de un cargo, realización de una función o cumplimiento de determinadas obligaciones, evitando así que haya de constituirse la fianza en metálico o mediante aval, con lo cual el seguro cumple además una función social de primer orden, si se tiene en cuenta que constituir la fianza en metálico resulta prácticamente imposible para muchas personas.

## 4-276 Pólizas de fianzas

Una variante del seguro de caución es el denominado seguro de fianzas. En este grupo existen las siguientes modalidades de pólizas:

**1) Póliza de fianza a favor de la Administración**

Garantiza al asegurado hasta el límite máximo de la suma asegurada, de las pérdidas resultantes (100%) por las responsabilidades económicas en que pueda incurrir el tomador del seguro durante la vigencia de la póliza, por actos u omisiones a él imputables y exigibles en virtud del fiel cumplimiento de las obligaciones derivadas de su cargo, tanto las que originan un perjuicio para el asegurado, como aquellas otras que tengan una sanción pecuniaria determinada.

En esta póliza de fianza, el tomador del seguro es la persona o entidad que ejerce el cargo o realiza la función cuyas responsabilidades económicas son objeto del seguro. El asegurado es la a Administración, el organismo o la entidad correspondiente.

Las primas son satisfechas por el tomador del seguro. Los tipos de prima que se aplican en esta modalidad varían según las características del riesgo, pudiendo oscilar entre el 2,00% y el 2,50% anual sobre el capital asegurado.

Esta modalidad de seguro es especialmente indicada para constituir las fianzas exigidas a, entre otros, los siguientes:

- Habilitados provinciales de corporaciones y organismos.
- Cajeros de organismos oficiales.
- Corredores de Seguros.

**2) Póliza de fianza personal privada**

Garantiza al asegurado, hasta el límite máximo de la suma asegurada, de las responsabilidades económicas en que pueda incurrir el tomador del seguro durante el desempeño de sus funciones, por cometer actos u omisiones delictivas que impliquen apropiación indebida con ánimo de lucro o abuso de confianza y que originen al asegurado una pérdida en efectivo metálico, títulos o valores, material o enseres de su propiedad o de un tercero, que hubiese confiado al tomador del seguro para su custodia, cobro o uso, por razón de la función garantizada por la póliza.

Las primas son satisfechas por el tomador del seguro, pudiendo pagarlas el asegurado por cuenta de aquél. Los tipos de prima que se aplican en este seguro varían, pudiendo oscilar entre el 2 y el 2,50% anual sobre el capital asegurado.

En el caso de que se contratase por exigencia de un mismo asegurado un número importante de pólizas, podrían aplicarse tipos de prima más reducidos.

El tomador del seguro es la persona que ejerce el cargo, cuyas responsabilidades económicas son objeto del seguro. El asegurado es la empresa para la que trabaja el tomador del seguro, siendo condición necesaria que éste no se encuentre incluido en la nómina, ya que si así fuese correspondería aplicar la póliza de infidelidad.

**3) Póliza de fianza para depositarios de mercancías**

Garantiza al asegurado, hasta el límite máximo del capital asegurado, de las responsabilidades económicas en que pueda incurrir el tomador del seguro durante el desempeño de sus funciones, como cometer actos u omisiones delictivas que impliquen apropiación indebida con ánimo de lucro o abuso de confianza al tomador del seguro para su custodia, venta o depósito por razón de la función garantizada por la póliza.

Esta modalidad de póliza es de gran interés para los depositarios de mercancías en general, pudiendo contratarse por el asegurado con carácter confidencial sin conocimiento del depositario.

Las primas son satisfechas por el tomador del seguro, pudiendo pagarlas el asegurado por cuenta de aquél. Los tipos de prima que se aplican en esta modalidad varían según la clase de depósito, número de pólizas a contratar con un mismo asegurado, etc., pudiendo oscilar entre el 2,00 y el 2,50% anual sobre el capital asegurado.

El tomador del seguro es el depositario y el asegurado es el depositante o empresa por cuya cuenta se constituye el depósito.


© CISS

**4) Póliza de garantía de licitación en contratos de obras o suministros**

Garantiza al asegurado, hasta la suma máxima indicada en la póliza, el pago que debe recibir del contratista, en el caso de que a éste le sea adjudicado el contrato para el que licita y no mantenga su oferta, o no constituya la garantía definitiva que le sea exigida.

Las primas son satisfechas por el tomador del seguro. El tipo de prima que se aplica en esta modalidad es el 0,10% mensual sobre el capital asegurado, computándose como un mes entero toda fracción de mes y cobrándose inicialmente la prima por un mes.

El tomador del seguro es la empresa constructora o el contratista que realiza las obras o los suministros. El asegurado es el organismo o entidad para quien se realizan las obras o suministros.

**5) Póliza en garantía de ejecución en contratos de obras o suministros**

Garantiza al asegurado, hasta la suma máxima indicada en la póliza, el pago que debe recibir del tomador de seguro en el caso de producirse alguna de las circunstancias sobre las que responde la fianza exigida en el contrato de obra o suministro. Cuando se trate de garantizar fianzas derivadas de la ejecución de obras o suministros a empresas privadas, se deberá acompañar a la solicitud una fotocopia del contrato correspondiente.

Las primas son satisfechas por el tomador de seguro. El tipo de prima que se aplica en esta modalidad oscila entre el 1 y el 1,50% anual, según la importancia de la firma, cobrando las primas por períodos anuales o semestrales, y practicando el reajuste correspondiente al cancelarse el aval.

El tomador del seguro es la empresa constructora o el contratista que realiza las obras o los suministros y el asegurado es el organismo o entidad para quien se realizan las obras, el cual recibe del asegurador un aval, siendo ajeno a las relaciones entre el tomador del seguro y el asegurador.

**6) Póliza en garantía de las obligaciones contraídas por las autoridades aduaneras**

Garantiza solidariamente, según la legislación vigente, el pago de los aranceles correspondientes a la operación reseñada en la póliza, obligándose a ingresar, al primer requerimiento del asegurado, el importe de los tributos, intereses de demora, recargos y multas que corresponda liquidar como consecuencia de la operación garantizada.

Este tipo de póliza es de gran interés para aquellas empresas que contraen obligaciones ante aduanas, garantizando el cumplimiento de estas obligaciones principalmente en las operaciones que realicen de importaciones en régimen de admisión temporal, que, una vez modificadas o transformadas por la industria nacional, reexpiden al extranjero, o a puerto o zona franca.



Las primas son satisfechas por el tomador del seguro. El tipo de prima que se aplica en esta modalidad puede oscilar entre el 1 y el 1,25% anual sobre el capital asegurado, cobrando la prima por períodos anuales y practicando el reajuste correspondiente al cancelarse el aval. El tomador del seguro es la empresa que contrae las obligaciones ante aduanas y el asegurado es la Administración de Aduanas correspondiente, quien recibe del asegurador un aval, siendo ajena a las relaciones entre el contratante de la póliza y el asegurador.

## 4-277 Pólizas de afianzamientos

La característica primordial de estas pólizas consiste en afianzar la devolución de cantidades que han sido entregadas en concepto de préstamo, o bien como anticipo a cuenta de compra de viviendas.

En este grupo existen las siguientes modalidades de pólizas:

**1) Pólizas de afianzamiento de cantidades anticipadas por compradores de viviendas**

Garantiza a cada uno de los asegurados la devolución de las cantidades anticipadas, más su interés del 6% anual, en el caso de que la construcción de las viviendas no se iniciare, no llegare a buen fin, no fuesen entregadas en los plazos convenidos o dentro de prórrogas reglamentarias, o bien que no fuese obtenida la cédula de habitabilidad en las viviendas de renta libre, o la calificación definitiva en las de protección oficial.

Existen diferentes modalidades de póliza según se trate de afianzar cantidades anticipadas para compra de viviendas de Protección Oficial o no, si bien las condiciones básicas son las mismas.

Las primas son satisfechas por la empresa promotora de las viviendas, que actúa como tomador del seguro. El tipo de prima que se aplica a esta modalidad es el 0,10% mensual sobre el capital asegurado, computándose la duración desde la fecha en que recibe el promotor cada cantidad anticipada hasta la prevista para la entrega de las viviendas. Puede reducirse el tipo de prima en operaciones importantes.

Inicialmente se establece una prima provisional, que tiene el carácter de prima mínima, que resulta de multiplicar el tipo de prima de un mes sobre el capital asegurado.

Este es la suma de las cantidades que los compradores pagarán antes de la entrega de las viviendas. Si la fecha de entrega de las viviendas se adelantase o retrasase, se efectuaría la regularización de prima correspondiente.

El tomador del seguro es la empresa promotora de las viviendas que recibe las cantidades anticipadas y el asegurado son los compradores de viviendas, que anticipan a la empresa promotora cantidades a cuenta de su compra, durante el período de la construcción.

**2) Póliza de fianza por insolvencia del prestatario**

Los riesgos cubiertos bajo esta póliza son, entre otros:

- Créditos a particulares concedidos por Cajas de Ahorros o Bancos.
- Préstamos concedidos por Empresas Públicas o privadas, Bancos, Cajas, etc, a su personal en nómina

Por tratarse, en su mayoría, de contratación global, los tipos de prima aplicables se fijan en base a los proyectos aportados, si bien podrían oscilar alrededor del 0,50% anual cuando se trate de préstamos concedidos por empresas a su personal para la compra de viviendas, y el 1,50% anual en el resto.

## Sección 8. EL SEGURO DE LUCRO CESANTE O PÉRDIDAS PECUNIARIAS

### 4-278 Concepto de lucro cesante

4

Se considera "lucro cesante" a los beneficios o ganancias dejados de obtener.

El seguro de lucro cesante es una modalidad de seguro de daños que tiene por objeto el resarcimiento patrimonial al asegurado por razón de los beneficios o ganancias dejados de obtener con motivo del siniestro.

El asegurador garantiza la realización de las prestaciones previstas para compensar el interés asegurado, en caso de siniestro. En nuestro Derecho Positivo encontramos una referencia a esta modalidad de seguro en los artículos 63 a 67 de la LCS.

En la propia definición que da el artículo 63 de la LCS, que determina que "*Por el seguro de lucro cesante el asegurador se obliga, dentro de los límites establecidos en la Ley y en el contrato, a indemnizar al asegurado la pérdida del rendimiento económico que hubiera podido alcanzarse en un acto o actividad de no haberse producido el siniestro descrito en el contrato*"

Se deja abierta la posibilidad a que el este seguro se pueda celebrar como contrato autónomo o añadirse como un pacto a otro de distinta naturaleza y ello porque, como modalidad pura de seguro de daños, cualquier tipología de éstos puede provocar un lucro cesante.

Por ejemplo, un incendio de un comercio puede provocar lucro cesante al no poder ya obtener beneficios o ganancias con el género quemado. Pero igualmente, un robo en una tienda de ropa imposibilitará obtener beneficios con dicho género.

En esta modalidad de seguro cobra especial importancia la comunicación al asegurador de la celebración de otros contratos sobre el mismo objeto asegurado, situación que recoge expresamente el artículo 64 de la LCS que determina que "*cuando el tomador del seguro o el asegurado realicen, respecto a un determinado objeto, un contrato de seguro de lucro cesante con un asegurador y otro de seguro de daños con otro asegurador distinto, deberán comunicar sin demora alguna, a cada uno de los aseguradores, la existencia del otro seguro*".

En estos casos, se debe indicar no sólo la denominación social del asegurador con el que se ha contratado el otro seguro, sino también la suma asegurada y demás elementos esenciales.

Algunas de las modalidades más habituales de seguro de lucro cesante son, por ejemplo, el seguro de pedrisco, el seguro de pérdida de beneficios en el seguro de transporte, el seguro de paralización de buque, aeronave o

 © CISS

automóvil, el seguro por la paralización de empresa, el seguro de pérdida de alquileres, seguro de anulación de espectáculos por lluvia, etc.

De entre todos estos, uno que cobra especial importancia y que recoge expresamente el artículo 66 de la LCS es el de paralización o interrupción de la empresa al determinar que "*el titular de una empresa puede asegurar la pérdida de beneficios y los gastos generales que haya de seguir soportando cuando la empresa quede paralizada total o parcialmente a consecuencia de los acontecimientos delimitados en el contrato*".

En cuanto a la indemnización en el seguro de lucro cesante, se estará a lo dispuesto en el artículo 65 de la LCS que establece como indemnización como regla general y a falta de pacto expreso de las partes:

*" 1. La pérdida de beneficios que produzca el siniestro durante el período previsto en la póliza.*

*1. Los gastos generales que continúan gravando al asegurado después de la producción del siniestro.*

*2. Los gastos que sean consecuencia directa del siniestro asegurado".*

En correlación al importe de la indemnización el artículo 67 de la LCS viene a establecer la prohibición a las pólizas estimadas en los seguros de lucro cesante lo que obliga a llevar a cabo la determinación exacta y concreta del daño por lucro cesante o pérdida del incremento patrimonial que se haya producido en el caso concreto al establecer que "*si el contrato tuviera exclusivamente por objeto la pérdida de beneficios, las partes no podrán predeterminar el importe de la indemnización*".

## 4-279 Coberturas y exclusiones del seguro de lucro cesante

En los términos y condiciones consignados en la póliza, el asegurador toma a su cargo las consecuencias económicas derivadas de los riesgos especificados en la misma.

También recoge la cobertura de los gastos derivados, entendiéndose por tales el conjunto de desembolsos que haya que realizar para el pago de los siguientes servicios, con ocasión y como consecuencia de un "siniestro de daños":

1. La tasación pericial de los daños sufridos por el asegurado.
2. Salvamento, para evitar o reducir las consecuencias del propio siniestro.

Las exclusiones propias del seguro de lucro cesante son básicamente los gastos derivados de daños directa o indirectamente causados:

1. Por guerra civil o internacional, con o sin declaración oficial, levantamientos populares o militares, insurrección, rebelión, revolución y operaciones bélicas de cualquier clase, actos políticos o sociales, o sobrevenidos con ocasión de tumultos populares, motines, huelgas ilegales, terrorismo, disturbios internos, sabotaje, inundaciones, erupciones volcánicas, terremotos, tempestad ciclónica atípica, caída de cuerpos siderales y aerolitos y hechos o actuaciones de las Fuerzas Armadas o Cuerpos de Seguridad en tiempo de paz.
2. Por los siniestros calificados por el poder público de "catástrofe o calamidad nacional" y cualquier otro que sea declarado por las autoridades como un hecho no asegurable.
3. Por confiscación, nacionalización, requisa, destrucción o daños de los bienes asegurados por orden de cualquier gobierno de derecho o de hecho o de cualquier autoridad.
4. Por dolo o culpa grave del tomador del seguro o del asegurado.
5. Por caída de cuerpos siderales y aerolitos, erupciones volcánicas, huracanes, trombas, movimientos sísmicos, asentamientos, corrimientos, desprendimientos de tierras, inundaciones, desbordamientos, marejadas, hundimientos y arrastre de tierras, caída y desprendimiento de rocas o piedras, tempestades, aludes y enfangamiento.
6. Por reacciones nucleares, radiaciones iónicas o contaminación radiactiva. Están también excluidos los gastos de descontaminación, de los isótopos radiactivos de naturaleza y aplicación, a consecuencia de un siniestro amparo por la póliza.

Las exclusiones totales y definitivas son las siguientes:

1. Los perjuicios y pérdidas indirectas de cualquier clase que se produzcan con ocasión del siniestro, como falta de alquiler o uso, suspensión o paralización del trabajo, incumplimiento o rescisión de contratos, multas contractuales y, en general cualquier perjuicio o pérdida de beneficios resultante de un siniestro.

2. Siendo un contrato de indemnización, el seguro no puede ser nunca ocasión de lucro para el asegurado; tiene por sólo y exclusivo objeto el resarcimiento estricto a favor de éste de los gastos reales que le haya ocasionado el siniestro.

## Sección 9. SEGURO DE RESPONSABILIDAD CIVIL DEL CAZADOR

### 4-280 Seguro de caza. Objeto y regulación

Con la denominación de "seguro de caza" se hace referencia al seguro de carácter obligatorio de responsabilidad civil del cazador que posea armas y que tiene por objeto cubrir las posibles responsabilidades que se puedan derivar por los daños ocasionados sobre las personas o sobre las cosas a raíz de la práctica de la actividad de la caza hasta el punto de que no se podrá obtener la licencia de caza sin haber acreditado la previa celebración de este contrato de seguro ni practicar el ejercicio de la misma sin la existencia y plenitud de efectos del mismo.

El origen de esta obligatoriedad de suscribir un seguro de caza viene establecida por la Ley de caza, 1/1970, de 4 de abril, en la que en su artículo 52 establece que *"todo cazador con armas deberá concertar un contrato de seguro que cubra la obligación de indemnizar los daños a las personas establecidas en el número 5 del artículo 33 de esta Ley. La obligación de indemnizar estará limitada por la cuantía que reglamentariamente señale el Gobierno para las prestaciones del Seguro Obligatorio, sin perjuicio de las indemnizaciones que por encima de dicho límite o para los daños a las cosas puedan derivarse de la aplicación de los Códigos Penal y Civil"*.

Esta norma tuvo su desarrollo normativo en el Decreto 506/1971, de 25 de marzo, que establecía la obligatoriedad del seguro de caza en su artículo 52, hoy derogado por el Real Decreto 63/1994, de 21 de enero, por el que se aprueba el Reglamento del Seguro de Responsabilidad Civil del Cazador, de suscripción obligatoria.

Actualmente, el seguro obligatorio del cazador se encuentra básicamente regulado por el Real Decreto 63/1994, por el que se aprueba el Reglamento del Seguro de Responsabilidad Civil del Cazador, de suscripción obligatoria.

No obstante, y tal y como viene a establecer este Real Decreto 63/1994, las comunidades autónomas también tienen competencia en materia de caza. Así, por ejemplo, en algunos casos, como la comunidad autónoma de la Región de Murcia, es igualmente obligatoria la suscripción de un seguro para los accidentes sobrevenidos durante la práctica deportiva de la caza.

4

### 4-281 El papel del CCS en relación al Seguro de responsabilidad civil del cazador

Tal y como establece expresamente el Real Decreto 731/1987, de 15 de mayo, por el que se aprueba el Reglamento del CCS, se asigna como una de las funciones del Consorcio *"ejercer las competencias establecidas en la legislación respecto al Seguro Obligatorio de Responsabilidad Civil del Caza"*.

Asimismo, el artículo 10 de dicho Real Decreto concreta esta función en relación con el Seguro Obligatorio de Responsabilidad Civil del Cazador al establecer que *"el Consorcio de Compensación de Seguros otorgará la cobertura y ejercerá las funciones atribuidas al extinguido Fondo Nacional de Garantía de Riesgos de la Circulación por el Reglamento del Seguro Obligatorio de Responsabilidad Civil del Cazador"*.

Por otro lado, el artículo 42 de dicho Real Decreto determina que *"la tramitación de los siniestros en el Seguro Obligatorio de Responsabilidad Civil del Cazador se ajustará a lo establecido en sus normas específicas"*.

### 4-282 Coberturas habituales en los seguros de caza

Aunque la cobertura obligatoria, como ya hemos visto, es la propia a la responsabilidad civil del cazador, estos productos se constituyen como un seguro completo con la combinación de varias garantías adicionales a la obligatoria. Así, las principales coberturas que podemos encontrar, además del seguro obligatorio son:

**1. Responsabilidad civil suplementaria del cazador**

Se garantiza el pago de las indemnizaciones que sean exigibles del asegurado, como responsable con arreglo a derecho, por los daños causados a terceros, en el ejercicio de la caza. Esta cobertura comprende:

a) El pago de las indemnizaciones por daños corporales que excedan de las comprendidas en al ámbito del seguro de suscripción obligatoria.

b) El pago de las indemnizaciones por daños materiales.

También quedan garantizadas la constitución de fianzas judiciales y las costas judiciales, excepto sanciones y multas. La cantidad máxima exigible para el conjunto de daños corporales, materiales y costas judiciales en cada siniestro, será la suma asegurada.

La responsabilidad civil garantizada se extiende igualmente a la cobertura de los siguientes riesgos:

- La posesión o uso, con fines lícitos y el correspondiente permiso, de armas destinadas al ejercicio de la caza o del tiro deportivo.
- La propiedad de un máximo de dos perros de caza.
- La participación en competiciones autorizadas de tiro deportivo o en los entrenamientos de las mismas, en tanto éstas se realicen en el recinto adecuado.

**2. Accidentes personales del cazador**

Mediante esta garantía se cubren los accidentes sufridos por el asegurado con motivo del ejercicio de la caza o la práctica del tiro deportivo, así como los que pudieran ocasionarse al desplazarse desde su lugar de residencia a las zonas de caza o a las competiciones oficiales para las que haya sido convocado.

En caso de que el accidente se produjera con motivo del ejercicio de la caza, es habitual que únicamente quede cubierto si su ocurrencia fuera en temporada hábil de caza.

**3. Asistencia a personas**

En caso de accidente del Asegurado, se cubre normalmente el traslado hasta el centro hospitalario así como el traslado del vehículo asegurado desde el lugar del accidente hasta el lugar que se señale al efecto, siempre que haya ocurrido durante la práctica de la caza o en desplazamientos única y exclusivamente dentro de la finca en que ésta se practique y siempre que el día de ocurrencia sea hábil para su práctica.

**4. Defensa jurídica**

También se cubre habitualmente la reclamación de daños y perjuicios y la defensa Penal siembre que ambas prestaciones estén relacionadas con motivo de la actividad del asegurado como cazador.

**5. Pérdida del arma**

4

Esta es una cobertura muy típica, principalmente por el elevado coste y valor que tienen las armas que se utilizan hoy en día. Es necesario que el arma esté debidamente descrita y registrada en las condiciones particulares de la póliza. Así, mediante esta garantía se cubre la indemnización del asegurado por los daños derivados de la pérdida del arma, autorizada para el ejercicio de la caza, siempre que se den las siguientes circunstancias:

a) Que la pérdida del arma tenga lugar en los días hábiles de caza y con motivo de la misma.

b) Que el motivo de la pérdida sea cualquiera de los dos siguientes:

- Robo en el campo o en el coche.
- Explosión o reventón del arma, que la inutilice totalmente.

Se excluyen de la cobertura las posibles averías o daños parciales que puedan sufrir las armas aseguradas y tampoco se garantiza su hurto ni las simples pérdidas o extravíos.

**6. Caza en el extranjero**

Debido a que la práctica de la caza en países diferentes es una práctica cada día más habitual, esta garantía está muy extendida. Así, existen diferentes modalidades de seguro específicas en función del ámbito territorial nacional, europeo o mundial, con las coberturas siguientes más habituales:

- Responsabilidad civil.
- Accidentes personales.
- Asistencia a personas.
- Cobertura por demoras.
- Cobertura de equipajes.
- Coberturas de caza y safari.

- Pérdida, robo o destrucción total o parcial del arma.
- Indemnización en caso de demora en la entrega del arma.
- Gastos de cancelación.
- Reembolso por anulación del viaje contratado.

## Sección 10. SEGURO DE RESPONSABILIDAD CIVIL DEL PROPIETARIO DE ANIMALES

### 4-283 La responsabilidad del propietario de animales. Objeto y ámbito

Cualquier persona que tenga, como propietario, un animal doméstico, responderá civilmente de los daños que éstos ocasionen a terceros, bien físicamente o a las propiedades que colindaren.

Así, la Ley 13/2002, de 23 de diciembre, de tenencia, protección y derechos de los animales de la comunidad autónoma de Asturias, señala en su artículo 3 como animales objeto de esta responsabilidad:

*"a) Animales domésticos: Los que pertenezcan a especies que habitualmente se críen, reproduzcan y convivan con las personas.*

*b) Animales de compañía: Los animales domésticos que se mantienen generalmente en el propio hogar, con el objeto de obtener su compañía. Los perros y los gatos sea cual sea su finalidad, se considerarán a efectos de esta Ley animales de compañía.*

*c) Animales salvajes domesticados: Los que habiendo nacido silvestres y libres son acostumbrados a la vista y compañía de la persona, dependiendo definitivamente de ésta para su subsistencia.*

*d) Animales salvajes en cautividad: Los que siendo libres por su condición sean objeto de captura en su medio natural, manteniéndose en grado absoluto y permanente de dominación.*

*e) Animal errante: Todo animal que se mueva según su instinto fuera del control de su propietario o poseedor.*

*(...)*

*h) Animal abandonado: Todo animal errante que tras su captura y una vez concluido el plazo que establece la normativa vigente no haya sido reclamado por su dueño o dueña o éstos no hayan podido ser localizados.*

*i) Animales potencialmente peligrosos: Todos los animales de la fauna salvaje que se utilicen como animales domésticos o de compañía, con independencia de su agresividad, y que pertenezcan a especies o razas que tengan capacidad de causar la muerte o lesiones a las personas o a otros animales y daños a las cosas.*

*También tendrán la calificación de potencialmente peligrosos los animales domésticos o de compañía que reglamentariamente se determinen, en particular, los pertenecientes a la especie canina".*

La responsabilidad se atribuye al poseedor cuando el animal cause perjuicios, cualquiera sean las circunstancias e incluso en supuestos en los que se escape o extravíe. La sola excepción es la culpa del perjudicado o la fuerza mayor.

La responsabilidad se extiende a los daños y perjuicios ocasionados, en el caso de lesiones, que en función de su importancia, podrán ser más o menos cuantiosos, generalmente y si no dispone de seguro que cubra esa eventualidad, a través de un juicio de faltas en el juzgado de Instrucción correspondiente.

La Ley 1/2000 de modificación de la Ley 1/1990 de Protección de los Animales Domésticos de la comunidad autónoma de Madrid vino a establecer como **obligatoria** la contratación de un seguro de responsabilidad civil que cubra la indemnización por los posibles daños que pueda ocasionar un perro a las personas o bienes. Lo que ocurre que la mayoría de las personas lo tienen incorporado como garantía complementaria dentro del seguro multirriesgos del hogar en la parte de responsabilidad civil.

### 4-284 Animales potencialmente peligrosos

Especial importancia cobra la responsabilidad civil en caso de los animales catalogados como "potencialmente peligrosos" sobre los que sí es obligatorio tener contratado un seguro de responsabilidad civil que, tal y como determina el Real Decreto 287/2002, por el que se desarrolla la Ley 50/1999, sobre el Régimen jurídico de la tenencia de animales potencialmente peligrosos, debe tener una cobertura no inferior a 120.000€.

**Clasificación de anímales potencialmente peligrosos**

Los perros potencialmente peligrosos, que serán objeto de las medidas específicas, se dividirán en dos categorías:

1. Perros de ataque.
2. Perros de guarda y defensa.

Hay unas excepciones: que se trate de perros-guía o de perros de asistencia acreditados y adiestrados en centros oficialmente reconocidos, conforme a la legislación autonómica o, en su caso, estatal, así como aquellos perros que se encuentren en fase de instrucción para adquirir esa condición.

**ATENCIÓN:** Son considerados perros de razas potencialmente peligrosas los siguientes:

| | |
|---|---|
| Akira Inu | Mastín Napolitano |
| American Staffordshire Terrrier | Pit Bull |
| Bullmastiff | Terrier Presa Mallorquín, (Ca de bou) |
| Dogo del Tibet | Presa Canario |
| Dogo Argentino | Rottweiler |
| Dogo de Burdeos | Staffordshire |
| Doberman | Bull Terrier |
| Fila Brasileiro | Tosa Inu |

Así como cualquier resultado del cruce de estas razas mencionadas.

También lo son aquellos que perteneciendo a cualquier otra raza reúna todas o la mayoría de las siguientes características:

- Perros de fuerte musculatura, aspecto poderoso, robusto, agilidad, vigor y resistencia.
- Marcado carácter y gran valor.
- Perímetro torácico comprendido entre 60 y 80 cm, altura a la cruz entre 50 y 70 cm y peso superior a 20Kg.
- Cabeza voluminosa, robusta con cráneo ancho y grande y mejillas musculosas y abombadas.
- Perros con mandíbulas fuertes y grandes, boca robusta ancha y profunda.
- Cuello ancho, musculoso y corto.
- Pelo corto.
- Pecho macizo, ancho, grande, profundo, costillas arqueadas y lomo musculado y corto.
- Extremidades anteriores paralelas, rectas y robustas y extremidades posteriores muy musculosas con patas relativamente largas formando un ángulo moderado.

En todo caso, aunque no se encuentren incluidos en la lista anterior, serán considerados perros potencialmente peligrosos aquellos animales de la especie canina que manifiesten un carácter marcadamente agresivo o que hayan protagonizado agresiones a personas o a otros animales.

Para poder tener perros potencialmente peligrosos se requiere la obtención de previa licencia administrativa otorgada por el Ayuntamiento del Concejo de residencia de la persona propietaria.

El artículo 23 de la Ley 13/2002, de 23 de diciembre, de tenencia, protección y derechos de los animales de la comunidad autónoma de Asturias, establece que no podrán conseguir la oportuna licencia *"Quienes no acrediten haber formalizado un seguro de responsabilidad civil por daños a terceros que puedan ser causados por sus animales"* que según el artículo 3 e) del Real Decreto 287/2002, de 22 de marzo, por el que se desarrolla la Ley 50/1999, de 23 de diciembre, sobre el régimen jurídico de la tenencia de animales potencialmente peligrosos deberá ser un seguro de responsabilidad civil por daños a terceros con una cobertura no inferior a 120.000 €.

**Medidas a adoptar sobre la circulación de perros potencialmente peligrosos**

En la vía y espacios públicos y en las zonas comunes de las comunidades de vecinos, los perros potencialmente peligrosos deberán estar sujetos con correa o cadena no extensible de menos de dos metros, usar bozal y estar vigilados por una persona mayor de edad, sin que puedan llevarse más de uno de estos perros por persona.

Se prohíbe el acceso de los perros de ataque a los transportes colectivos, a los lugares públicos, exceptuando las vías públicas, así como a locales abiertos al público, y su estancia en instalaciones colectivas de las comunidades de vecinos.

**Cuantía de la sanciones administrativas**

Las infracciones tipificadas serán sancionadas con multas de:

a) Leves: 60,1 euros a 601,01 euros.

b) Graves: 601,02 euros a 3.005,06 euros.

c) Muy graves: 3.005,07 euros a 90.1 51 euros.

La imposición de cualquiera de estas sanciones no excluye de la responsabilidad civil de la persona sancionada, ni de su obligación de hacer frente a la indemnización que pudiera resultar exigible por la valoración de los daños y perjuicios ocasionados por la infracción cometida.

## Sección 11. SEGURO DE DESEMPLEO O DE PROTECCIÓN DE NÓMINAS

### 4-285 Concepto y características

Cuando hablamos de "seguro de desempleo" hay que distinguir, por un lado entre el de carácter oficial cuya cobertura le corresponde obligatoriamente al Estado y por otro entre el de carácter privado, también llamado "seguro de protección de nóminas" que es el al que nos vamos a referir.

El primero de ellos, el de carácter oficial, es aquél por el cual se otorga a quiénes se encuentran en situación legal de desempleo -por causas ajenas a su voluntad- la protección de dicha contingencia mediante el abono mensual de una cantidad, reglamentariamente establecida para cada caso y denominada "prestación por desempleo".

4

El seguro privado de desempleo o de protección de nóminas es un tipo de seguro de la familia de los tradicionales seguros de protección de pagos y seguros de amortización de créditos y que han sido creados específicamente por las entidades-mayoritariamente financieras, más que las aseguradoras- para protegerse ante situaciones que puedan afectar a los créditos solicitados y que cubren al asegurado, en caso de pasar a situación de desempleo por despido improcedente o bien por incapacidad temporal, las cuotas mensuales de sus créditos o hipotecas durante un plazo máximo, que, aún dependiendo de cada entidad, suele ser hasta doce meses.

Aunque su denominación es "seguro de desempleo", también cubren habitualmente la incapacidad temporal por accidente o enfermedad del asegurador. Cobertura que se aplica a los trabajadores autónomos y pequeños empresarios, quienes no pueden asegurarse por desempleo.

Hoy en día, el desempleo se ha convertido en uno de los principales motivos -sino el mayor- de preocupación de los españoles, razón por la cual, las aseguradoras están comercializando seguros de desempleo o de protección de la nómina.

Los seguros privados de desempleo se pueden constituir como seguro propiamente dicho, o bien como garantía adicional dentro de otros tipos o modalidades de seguros principales. En unos u otros casos, sirven para abonar al asegurador una cantidad equivalente a la cuota mensual del la hipoteca o préstamo personal en caso de pérdida de empleo, es decir, en caso de verse privado de la generación de ingresos mensuales. En algunas modalidades, además también se cubren los gastos domésticos mensuales de pagos fijos regulares como luz, teléfono, gas o colegios.

Las aseguradoras saben que hay un nicho de clientes potencialmente sensibles al riesgo que les pudiera ocasionar la pérdida del empleo o de los ingresos como aquéllos que tengan cargas familiares con personas a su cargo, empresarios o trabajadores autónomos principalmente.


© CISS

**Características**

1. La indemnización viene determinada por un porcentaje sobre el salario neto en el momento del siniestro que suele ser de un tercio del mismo. No obstante, en caso de siniestro, la cuota máxima a percibir estará en función del tipo de contrato que se suscriba y aunque varía según la entidad emisora, habitualmente tiene un límite de 1.500 euros mensuales.

2. Para poder contratar este tipo de seguros, las entidades habitualmente las aseguradoras realizan un análisis del grado de riesgo del cliente donde evaluará el tipo de trabajo, la antigüedad en el contrato y otros aspectos como las cargas familiares. También ponen una limitación de edad en el asegurado, de manera que no suele contratarse con personas mayores de 60 años. En cualquier caso, el asegurado siempre deberá estar contratado o dado de alta como autónomo en el momento de la contratación del seguro. Asimismo, la entidad le pedirá la cumplimentación de un cuestionario de salud propio de los seguros de vida o, en algunos casos, basta simplemente con presentar un certificado de salud.

3. Este tipo de seguro se excluye para las personas que se encuentren en situación de inactividad laboral en el momento de su contratación, ya que esta póliza reconoce como la situación de desempleo como el acaecimiento del siniestro y por tal, el momento en que el asegurado pierde su puesto de trabajo y además solo en el caso de que se haya producido por despido improcedente y no por cualquier otra causa como cese o baja voluntaria, despido procedente, ni siquiera regulación de plantilla.

4. Por otro lado, estas pólizas se establecen con un periodo de carencia que asegure a la entidad que en el momento de la contratación no existe certeza de que el riesgo se va a producir. Por eso, habitualmente, las aseguradoras exigen un mínimo de permanencia en la misma empresa, que oscila entre seis meses y un año.

**ATENCIÓN:** Según un reciente estudio de mercado realizado por Mapfre, tres de cada cuatro clientes valora positivamente este tipo de seguro, y el 41% de los entrevistados se mostró interesado en su contratación. Las principales razones que argumentaron para su contratación fueron la tranquilidad que proporciona (50%), la seguridad para afrontar los pagos (29%) y el respaldo económico que supone tener contratado este seguro (21%).

## 4-286 Garantías cubiertas y exclusiones del seguro de desempleo

Estos seguros garantizan una cantidad equivalente a la cuota de amortización mensualizada, con el límite del capital máximo asegurado que figure en las condiciones particulares a partir del momento de su entrada en situación de desempleo, siempre que dicho desempleo suceda durante la vigencia del seguro y se produzca por alguna de las siguientes circunstancias principales:

- Por despido improcedente.
- Por despido o extinción del contrato basado en causas objetivas.

Cabe la posibilidad de que en este tipo de seguros se cubran otras situaciones de extinción de la relación laboral de carácter especial como:

- En virtud de expediente de regulación de empleo o despido colectivo.
- Por muerte o incapacidad de su empresario individual, y siempre que estas causas determinen la extinción del contrato de trabajo.

Y excepcionalmente en algunos casos, también se incluyen los casos de resolución del contrato de trabajo voluntaria por parte del asegurado en los supuestos previstos en los artículos 40, 41 y 50 del ET que hacen referencia a movilidad geográfica, modificaciones sustanciales de las condiciones de trabajo y extinción por incumplimiento del empleador respectivamente.

**Exclusiones**

- Cuando cese voluntariamente en el trabajo, salvo por las causas previstas en los artículos 40, 41 y 50 del ET antes mencionadas.
- Cuando haya sido despedido y no haya reclamado en tiempo y forma oportunos contra la decisión empresarial, salvo por extinción de contrato o despido basado en las causas objetivas previstas en el artículo 52 del ET en cuyo caso no sería necesaria dicha reclamación.
- Cuando, declarado improcedente o nulo el despido por sentencia firme y comunicada por el empleador la fecha de reincorporación al trabajo, no se ejerza tal derecho por parte del asegurado o no se haga uso, en su caso, de las acciones previstas en la legislación vigente.

4

- Cuando no haya solicitado el reingreso al puesto de trabajo en el caso en que la opción entre indemnización o readmisión correspondiera al trabajador, cuando fuera delegado sindical o representante legal de los trabajadores, o se estuviera en excedencia y venciera el período fijado para la misma.

- Cuando su contrato se extinga por jubilación del empresario empleador individual del asegurado.

- Cuando su contrato se extinga por despido declarado legalmente procedente.

- Los trabajadores fijos de carácter discontinuo en los períodos en que carezcan de ocupación efectiva.

- Cuando su contrato se extinga por expiración del tiempo convenido y/o finalización de la obra o servicio objeto del contrato.

- Si se produce cualquier situación de desempleo dentro del período de carencia.

- Si inmediatamente antes de la fecha de inicio del desempleo el asegurado:

• No ha tenido relación laboral durante un período continuado de, al menos, 6 meses.

• Ha estado vinculado por una relación laboral en la que el despido es una característica regular o recurrente o en caso de que el asegurado conociera o debiera conocer su paso inmediato a situación de desempleo.

- Si su relación laboral lo fuera con una empresa propiedad de su ámbito familiar hasta el segundo grado de consanguinidad o afinidad, así como en los casos en que el asegurado o un familiar suyo hasta el segundo grado de consanguinidad o el tercer grado de afinidad fuera el administrador de la empresa; y también si el asegurado fuera socio con presencia o representación directa en los órganos de administración de la sociedad.

- Si el asegurado rechaza un puesto de trabajo alternativo ofrecido por el mismo u otro empresario acorde con su formación, experiencia y ubicación de dicho puesto de trabajo.

- Si el desempleo se produce después de que el asegurado haya alcanzado la edad legal de jubilación con respecto a la actividad que llevaba a cabo, y reúne todos los requisitos legales necesarios para acceder a la pensión de jubilación.

- Si el asegurado tiene derecho a percibir un salario por parte del empleador. Se exceptúan de este supuesto los complementos salariales pactados colectivamente en los expedientes de suspensión de contrato.

## 4-287 Cobro de la prestación y carga de la prueba

Para poder cobrar la prestación en este tipo de seguros, hay que acreditar que se ha pasado a la situación cubierta en la póliza. A tal efecto, teniendo en cuenta que la principal causa es la de despido improcedente, el asegurado tiene la carga de la prueba y deberá aportar:

4

- Copia de la carta o comunicación de despido o extinción de su relación laboral.

- Copia del último contrato laboral.

- Certificado del Servicio Público de Empleo - SEPE (antiguo INEM) donde se indique el período reconocido y su continuidad de la situación como desempleado.

- Copia de la sentencia del juzgado declarando el despido Improcedente.

- Copia de la providencia del juzgado notificando al asegurado que el empresario ejercita su opción a favor de la indemnización y renuncia a la reincorporación del trabajador a su anterior puesto de trabajo.

Además, si la situación de desempleo se produce por alguna de las siguientes razones deberá aportar también una documentación concreta:

a) Si el cese ha sido por un ERE (Expediente de Regulación de Empleo):

• Resolución emitida por la Autoridad Laboral por la que se autoriza a la Empresa para proceder al ERE.

• Comunicación de la empresa en la que se comunica que hace uso de la autorización antes mencionada.

b) Si ha sido por el fallecimiento o la incapacidad laboral del empresario:

• Certificado de defunción y carta de los herederos legales extinguiendo la relación laboral por dicha causa.

• Resolución de la Seguridad Social en la que se declara la incapacidad laboral del empresario.

• Carta del sucesor del empleador notificando la extinción de la relación laboral por dicha causa.

En caso de que se trate de incapacidad laboral del asegurado, éste deberá aportar los partes de baja que acrediten su incapacidad temporal, el certificado del médico de la Seguridad Social o asimilado, indicando la causa de la incapacidad temporal y su duración estimada.


© CISS

# 5.ª PARTE

## CONTABILIDAD ASEGURADORA Y SOLVENCIA



5

# Capítulo I. LA CONTABILIDAD DE LAS ENTIDADES ASEGURADORAS

## Sección 1. EL PLAN CONTABLE DE ENTIDADES ASEGURADORAS

### 5-1 Estructura del Plan Contable de Entidades Aseguradoras (PCEA)

Según el artículo 2 del RD 1515/2007, el **ámbito de aplicación del PGCPYMES** es el siguiente:

1. **Sujetos**: podrán aplicar el PGCPYMES todas las empresas, cualquiera que sea su forma jurídica, individual o societaria, que durante dos ejercicios consecutivos reúnan, a la fecha de cierre de cada uno de ellos, al menos dos de las circunstancias siguientes:

a) Que el total de las partidas del activo no supere los dos millones ochocientos cincuenta mil euros.

b) Que el importe neto de su cifra anual de negocios no supere los cinco millones setecientos mil euros.

c) Que el número medio de trabajadores empleados durante el ejercicio no sea superior a cincuenta.

Las empresas perderán la facultad de aplicar el Plan General de Contabilidad de Pymes si dejan de reunir, durante dos ejercicios consecutivos, a la fecha de cierre de cada uno de ellos, dos de las circunstancias a que se refiere el párrafo anterior.

En el ejercicio social de su constitución o transformación, las empresas podrán aplicar este Plan General de Contabilidad de Pymes si reúnen, al cierre de dicho ejercicio, al menos dos de las tres circunstancias expresadas en este apartado.

2. **Exclusiones**: en ningún caso podrán aplicar este Plan General de Contabilidad de Pymes, las empresas que se encuentren en alguna de las siguientes circunstancias:

a) Que hayan emitido valores admitidos a negociación en mercados regulados o sistemas multilaterales de negociación, de cualquier Estado miembro de la Unión Europea.

b) Que forme parte de un grupo de sociedades que formule o debiera haber formulado cuentas anuales consolidadas.

c) Que su moneda funcional sea distinta del euro.

d) Que se trate de entidades financieras que capten fondos del público asumiendo obligaciones respecto a los mismos y las entidades que asuman la gestión de las anteriores.

3. **Régimen opcional:** la opción que una empresa, incluida en el ámbito de aplicación del Plan General de Contabilidad de Pymes, ejerza de seguir este Plan o el Plan General de Contabilidad, deberá mantenerse de forma continuada, como mínimo, durante tres ejercicios, a no ser que, con anterioridad al transcurso de dicho plazo, la empresa pierda la facultad de aplicar el PGCPYMES.

El PCEA se estructura en cinco grandes bloques:

1. Marco Conceptual de la contabilidad.
2. Normas de registro y valoración.
3. Cuentas anuales.
4. Cuadro de cuentas.
5. Definiciones y relaciones contables.



### 5-2 Marco conceptual

El Marco Conceptual presenta una indudable importancia, no tanto por su ubicación dentro del PCEA, sino sobre todo porque constituye el pilar básico sobre el que se asienta la estructura del mismo.

Sin perjuicio de remitirnos a la lectura imprescindible del mismo, exponemos a continuación algunas de las ideas fundamentales que nos aporta el Marco Conceptual y que nos resultarán de gran utilidad a la hora de desarrollar y comprender los textos de las normas de valoración que constituyen el objeto principal de esta parte del manual.


© CISS

## 5-3 Cuentas anuales. Imagen fiel

**Composición:** Las cuentas anuales de una entidad comprenden:

- Balance
- Cuenta de pérdidas y ganancias
- Estado de cambios en el patrimonio neto
- Estado de flujos de efectivo
- Memoria.

Estos documentos forman una unidad.

**Claridad y fiabilidad:** las cuentas anuales deben redactarse con claridad, debiendo mostrar la imagen fiel del patrimonio, de la situación financiera y de los resultados de la entidad, de conformidad con las disposiciones legales.

**Principio de prevalencia del fondo sobre la forma**: en la contabilización de las operaciones se atenderá a su realidad económica y no sólo a su forma jurídica.

Las ideas fundamentales que se extraen de la tercera parte del PGCPYMES son las siguientes:

a) Documentos a formular:

Las cuentas anuales de las empresas de mediación de seguros PYMES comprenden el **balance, la cuenta de pérdidas y ganancias, el estado de cambios en el patrimonio neto y la memoria**. Estos documentos forman una unidad

Sin perjuicio de lo anterior estas empresas **podrán incorporar** en sus cuentas anuales un **estado de flujos de efectivo**.

**Como normas comunes** al balance, la cuenta de pérdidas y ganancias y el estado de cambios en el patrimonio neto, podemos destacar las siguientes:

1. En cada partida deberán figurar, además de las cifras del ejercicio que se cierra, las correspondientes al ejercicio inmediatamente anterior.
2. No figurarán las partidas a las que no corresponda importe alguno en el ejercicio ni en el precedente.
3. No podrá modificarse la estructura de un ejercicio a otro, salvo casos excepcionales que se indicarán en la memoria.
4. Podrán añadirse nuevas partidas a las previstas en los modelos recogidos en este Plan General de Contabilidad para Pequeñas y Medianas Empresas, siempre que su contenido no esté previsto en las existentes.
5. Podrá hacerse una subdivisión más detallada de las partidas que aparecen en los modelos.

En relación con el análisis individualizado de cada uno de los documentos que integran las cuentas anuales, nos remitimos a la lectura de los modelos aprobados por el PGCPYMES.

b) Periodicidad: las cuentas anuales

Se elaborarán con una periodicidad de **doce meses**, salvo en los casos de constitución, modificación de la fecha de cierre del ejercicio social o disolución.

c) Sujetos obligados: las cuentas anuales deberán ser formuladas por el **empresario o los administradores.** Deberán ser firmadas por el empresario, por todos los socios ilimitadamente responsables por las deudas sociales, o por todos los administradores de la sociedad; si faltara la firma de alguno de ellos, se hará expresa indicación de la causa, en cada uno de los documentos en que falte.

d) Plazo: las cuentas anuales deberán ser formuladas en el plazo máximo de **tres meses**, a contar desde el cierre del ejercicio. El balance, la cuenta de pérdidas y ganancias, el estado de cambios en el patrimonio neto y la memoria deberán estar identificados, indicándose de forma clara y en cada uno de dichos documentos su denominación, la empresa a que corresponden y el ejercicio al que se refieren.

e) Moneda: se elaborarán expresando sus valores en **euros.**

f) Cifra anual de negocios: con carácter general el importe neto de la cifra anual de negocios se determinará deduciendo del importe de las prestaciones de servicios (ingresos por comisiones y honorarios), u otros ingresos correspondientes a las actividades ordinarias de la empresa (o en su caso, de las ventas de productos), el importe de cualquier descuento (bonificaciones y demás reducciones), y, en su caso, el del impuesto sobre el valor añadido y otros impuestos directa mente relacionados con las mismas, que deban ser objeto de repercusión.

g) Número medio de trabajadores: para la determinación del número medio de trabajadores (a efectos por ejemplo de determinar si la empresa queda sujeta o no al PGCPYMES) se considerarán todas aquellas personas que tengan o hayan tenido alguna relación laboral con la empresa durante el ejercicio, promediadas según el tiempo durante el cual hayan prestado sus servicios.

h) Estados financieros intermedios: se presentarán con la forma y los criterios establecidos para las cuentas anuales.

Requisitos de la información a incluir en las cuentas anuales

- Relevancia y fiabilidad.
- Comparabilidad y claridad.

## 5-4 Principios contables

**Principio contable de Empresa en funcionamiento**

La aplicación de los principios y criterios contables no tiene el propósito de determinar el valor del patrimonio neto a efectos de su transmisión global o parcial, ni el importe resultante en caso de liquidación.

**Principio contable del devengo**

Los efectos de las transacciones o hechos económicos se registrarán cuando ocurran, imputándose al ejercicio al que las cuentas anuales se refieran, los gastos y los ingresos que afecten al mismo, con independencia de la fecha de su pago o de su cobro.

**Principio contable de Uniformidad**

Adoptado un criterio dentro de las alternativas que, en su caso, se permitan, deberá mantenerse en el tiempo y aplicarse de manera uniforme para transacciones, otros eventos y condiciones que sean similares, en tanto no se alteren los supuestos que motivaron su elección.

**Principio contable de Prudencia**

Se deberá ser prudente en las estimaciones y valoraciones a realizar en condiciones de incertidumbre. Únicamente se contabilizarán los beneficios obtenidos hasta la fecha de cierre del ejercicio. Por el contrario, se deberán tener en cuenta todos los riesgos, con origen en el ejercicio o en otro anterior, tan pronto sean conocidos, incluso si sólo se conocieran entre la fecha de cierre de las cuentas anuales y la fecha en que éstas se formulen.

**Principio contable de no compensación**

Salvo que una norma disponga de forma expresa lo contrario, no podrán compensarse las partidas del activo y del pasivo o las de gastos e ingresos, y se valorarán separadamente los elementos integrantes de las cuentas anuales.

**Principio contable de Importancia relativa**

5

Se admitirá la no aplicación estricta de algunos de los principios y criterios contables cuando la importancia relativa en términos cuantitativos o cualitativos de la variación que tal hecho produzca sea escasamente significativa y, en consecuencia, no altere la expresión de la imagen fiel. Las partidas o importes cuya importancia relativa sea escasamente significativa podrán aparecer agrupados con otros de similar naturaleza o función.

En los casos de conflicto entre principios contables, deberá prevalecer el que mejor conduzca a que las cuentas anuales expresen la imagen fiel del patrimonio, de la situación financiera y de los resultados de la entidad.

## 5-5 Los estados financieros

**El Balance**

1. **Activos:** bienes, derechos y otros recursos controlados económicamente por la entidad, resultantes de sucesos pasados, de los que se espera que la entidad obtenga beneficios o rendimientos económicos en el futuro.


© CISS

2. **Pasivos:** obligaciones actuales surgidas como consecuencia de sucesos pasados, para cuya extinción la entidad espera desprenderse de recursos que puedan producir beneficios o rendimientos económicos en el futuro. A estos efectos, se entienden incluidas las provisiones.

3. **Patrimonio neto:** constituye la parte residual de los activos de la entidad, una vez deducidos todos sus pasivos. Incluye las aportaciones realizadas, ya sea en el momento de su constitución o en otros posteriores, por sus socios o mutualistas, que no tengan la consideración de pasivos, así como los resultados acumulados u otras variaciones que le afecten.

**La Cuenta de Pérdidas y Ganancias (PyG)**

1. **Ingresos:** incrementos en el patrimonio neto de la entidad durante el ejercicio, ya sea en forma de entradas o aumentos en el valor de los activos, o de disminución de los pasivos, siempre que no tengan su origen en aportaciones, monetarias o no, de los socios o mutualistas.

2. **Gastos:** decrementos en el patrimonio neto de la entidad durante el ejercicio, ya sea en forma de salidas o disminuciones en el valor de los activos, o de reconocimiento o aumento del valor de los pasivos, siempre que no tengan su origen en distribuciones, monetarias o no, a los socios o mutualistas, en su condición de tales.

Los ingresos y gastos del ejercicio se imputarán a la cuenta de pérdidas y ganancias y formarán parte del resultado, excepto cuando proceda su imputación directa al patrimonio neto, en cuyo caso se presentarán en el estado de cambios en el patrimonio neto.

## 5-6 Criterios contables

**Criterios de registro o de reconocimiento contable de los elementos de las cuentas anuales**

El registro de los elementos procederá cuando, cumpliéndose la definición de los mismos incluida en el apartado anterior, se cumplan los criterios de probabilidad en la obtención o cesión de recursos que incorporen beneficios o rendimientos económicos y su valor pueda determinarse con un adecuado grado de fiabilidad. En particular:

1. Los activos deben reconocerse en el balance cuando sea probable la obtención a partir de los mismos de beneficios o rendimientos económicos para la entidad en el futuro, y siempre que se puedan valorar con fiabilidad.

2. Los pasivos deben reconocerse en el balance cuando sea probable que, a su vencimiento y para liquidar la obligación, deban entregarse o cederse recursos que incorporen beneficios o rendimientos económicos futuros, y siempre que se puedan valorar con fiabilidad.

3. El reconocimiento de un ingreso tiene lugar como consecuencia de un incremento de los recursos de la entidad, y siempre que su cuantía pueda determinarse con fiabilidad.

4. El reconocimiento de un gasto tiene lugar como consecuencia de una disminución de los recursos de la entidad, y siempre que su cuantía pueda valorarse o estimarse con fiabilidad.

**Criterios de Valoración del Coste histórico o coste**

El coste histórico o coste de un activo es su precio de adquisición o coste de producción.

El coste histórico o coste de un pasivo es el valor que corresponda a la contrapartida recibida a cambio de incurrir en la deuda o, en algunos casos, la cantidad de efectivo y otros activos líquidos equivalentes que se espere entregar para liquidar una deuda en el curso normal del negocio.



**Criterios de Valoración del Valor razonable**

Valor razonable es el importe por el que puede ser intercambiado un activo o liquidado un pasivo, entre partes interesadas y debidamente informadas, que realicen una transacción en condiciones de independencia mutua. El valor razonable se determinará sin deducir los costes de transacción en los que pudiera incurrirse en su enajenación.

Con carácter general, el valor razonable se calculará por referencia a un valor fiable de mercado. En este sentido, el precio cotizado en un mercado activo será la mejor referencia del valor razonable, entendiéndose por mercado activo aquél en el que se den las siguientes condiciones:

1. Los bienes o servicios intercambiados en el mercado son homogéneos;

2. Pueden encontrarse prácticamente en cualquier momento compradores o vendedores para un determinado bien o servicio; y

3. Los precios son conocidos y fácilmente accesibles para el público. Estos precios, además, reflejan transacciones de mercado reales, actuales y producidas con regularidad.

Para aquellos elementos respecto de los cuales no exista un mercado activo, el valor razonable se obtendrá, en su caso, mediante la aplicación de modelos y técnicas de valoración. Entre los modelos y técnicas de valoración se incluye:

- El empleo de referencias a transacciones recientes en condiciones de independencia mutua entre partes interesadas y debidamente informadas, si estuviesen disponibles.
- Referencias al valor razonable de otros activos que sean sustancialmente iguales.
- Métodos de descuento de flujos de efectivo futuros estimados.
- Modelos generalmente utilizados para valorar opciones.

Cuando corresponda aplicar la valoración por el valor razonable, los elementos que no puedan valorarse de manera fiable, ya sea por referencia a un valor de mercado o mediante la aplicación de los modelos y técnicas de valoración antes señalados, se valorarán, según proceda, por su coste amortizado o por su precio de adquisición o coste de producción, minorado, en su caso, por las partidas correctoras de su valor que pudieran corresponder, haciendo mención en la memoria de este hecho y de las circunstancias que lo motivan.

## 5-7 Valores contables

### Valor Neto realizable

El valor neto realizable de un activo es el importe que la entidad puede obtener por su enajenación en el mercado, en el curso normal del negocio, deduciendo los costes estimados necesarios para llevarla a cabo.

### Valor actual

El valor actual es el importe de los flujos de efectivo a recibir o pagar en el curso normal del negocio, según se trate de un activo o de un pasivo, respectivamente, actualizados a un tipo de descuento adecuado.

### Valor en uso

El valor en uso de un activo o de una unidad generadora de efectivo es el valor actual de los flujos de efectivo futuros esperados, a través de su utilización en el curso normal del negocio y, en su caso, de su enajenación u otra forma de disposición, teniendo en cuenta su estado actual y actualizados a un tipo de interés de mercado sin riesgo, ajustado por los riesgos específicos del activo que no hayan ajustado las estimaciones de flujos de efectivo futuros. Las proyecciones de flujos de efectivo se basarán en hipótesis razonables y fundamentadas; normalmente la cuantificación o la distribución de los flujos de efectivo está sometida a incertidumbre, debiéndose considerar ésta asignando probabilidades a las distintas estimaciones de flujos de efectivo.

### Valor contable o en libros

El valor contable o en libros es el importe neto por el que un activo o un pasivo se encuentra registrado en balance una vez deducida, en el caso de los activos, su amortización acumulada y cualquier corrección valorativa por deterioro acumulada que se haya registrado.



### Valor residual

El valor residual de un activo es el importe que la entidad estima que podría obtener en el momento actual por su venta u otra forma de disposición, una vez deducidos los costes de venta, tomando en consideración que el activo hubiese alcanzado la antigüedad y demás condiciones que se espera que tenga al final de su vida útil.

La vida útil es el periodo durante el cual la entidad espera utilizar el activo amortizable.

La vida económica es el periodo durante el cual se espera que el activo sea utilizable por parte de uno o más usuarios.



© CISS

## 5-8 Costes contables

### Costes de venta

Son los costes incrementales directamente atribuibles a la venta de un activo en los que la entidad no habría incurrido de no haber tomado la decisión de vender, excluidos los gastos financieros y los impuestos sobre beneficios. Se incluyen los gastos legales necesarios para transferir la propiedad del activo y las comisiones de venta.

### Coste amortizado de un instrumento financiero

El coste amortizado de un instrumento financiero es el importe al que inicialmente fue valorado un activo financiero o un pasivo financiero, menos los reembolsos de principal que se hubieran producido, más o menos, según proceda, la parte imputada en la cuenta de pérdidas y ganancias, mediante la utilización del método del tipo de interés efectivo, de la diferencia entre el importe inicial y el valor de reembolso en el vencimiento y, para el caso de los activos financieros, menos cualquier reducción de valor por deterioro que hubiera sido reconocida, ya sea directamente como una disminución del importe del activo o mediante una cuenta correctora de su valor.

El tipo de interés efectivo es el tipo de actualización que iguala el valor en libros de un instrumento financiero con los flujos de efectivo estimados a lo largo de la vida esperada del instrumento, a partir de sus condiciones contractuales y sin considerar las pérdidas por riesgo de crédito futuras; en su cálculo se incluirán las comisiones financieras que se carguen por adelantado en la concesión de financiación.

### Costes de transacción atribuibles a un activo o pasivo financiero

Son los costes incrementales directamente atribuibles a la compra, emisión, enajenación u otra forma de disposición de un activo financiero, o a la emisión o asunción de un pasivo financiero, en los que no se habría incurrido si la entidad no hubiera realizado la transacción.

Entre ellos se incluyen los honorarios y las comisiones pagadas a agentes, asesores, e intermediarios, tales como las de corretaje, los gastos de intervención de fedatario público y otros, así como los impuestos y otros derechos que recaigan sobre la transacción, y se excluyen las primas o descuentos obtenidos en la compra o emisión, los gastos financieros, los costes de mantenimiento y los administrativos internos.

## 5-9 Principios y Normas de Contabilidad generalmente aceptados

Se considerarán principios y normas de contabilidad generalmente aceptados los establecidos en:

a) El Código de Comercio y la restante legislación mercantil.

b) El Plan de Contabilidad de las Entidades Aseguradoras.

c) El Plan General de Contabilidad y sus adaptaciones sectoriales.

d) Las normas de desarrollo que, en materia contable, establezca en su caso el Instituto de Contabilidad y Auditoría de Cuentas, y la demás legislación española que sea específicamente aplicable.

## 5-10 Introducción al PCEA

Antes de entrar en el estudio de las normas de registro y valoración del PCEA debemos realizar las siguientes observaciones:

- El PCEA recoge 23 normas de registro y valoración que establecen las pautas a seguir en la contabilización de operaciones habituales en la actividad diaria de una compañía.
- La redacción del texto de estas normas viene en gran medida inspirado por el texto del Plan General de Contabilidad, presentando alguna de ellas una escasa relevancia para una compañía de seguros.
- Por las razones apuntadas, además de por motivos expositivos, vamos a centrarnos en el estudio de las normas que consideramos pueden presentar una mayor incidencia en las cuentas anuales de una compañía de seguros.
- A su vez conviene precisar que, en el estudio de las normas que hemos decidido abordar, nos dirigiremos con carácter general a aquellos apartados que puedan ser específicos del sector asegurador, pues en caso contrario este manual se extendería más allá del objetivo deseado. En este sentido, en el estudio de las normas de registro y valoración sobre el inmovilizado material y el inmovilizado intangible prescindiremos de aquellos aspectos que podemos considerar como generales y no específicos del sector asegurador.

5

# Sección 2. NORMA 2ª

## 5-11 Norma 2ª

Como ya precisamos anteriormente, esta norma es una de las que basa su redacción en lo dispuesto en el PGC, especialmente en lo que hace referencia a cuestiones tales como la valoración inicial del activo, valoración posterior, capitalización de gastos financieros, costes de desmantelamiento, permutas, etc.

Sin perjuicio de realizar unos breves comentarios sobre algunas de esas cuestiones, nos centraremos en aspectos específicos del ámbito asegurador, dejando el estudio de los aspectos anteriores a manuales sobre contabilidad general.

A la hora de contabilizar las operaciones de inmovilizado material e inversiones inmobiliarias realizadas por las compañías de seguros, debemos tener en cuenta la siguiente normativa:

- **NORMAS DE VALORACIÓN 2ª Y 3ª DEL PCEA.**
- **NORMAS DE VALORACION 2ª Y 3ª DEL PGC.**
- **NORMAS DE VALORACIÓN 2ª, 3ª Y 4ª DEL PGCPYMES.**

Una primera nota fundamental que se debe resaltar a la hora de analizar la materia aquí tratada es la diferencia conceptual y práctica que en el ámbito asegurador supone que estemos en presencia de un activo calificable como inmovilizado material o bien de un activo calificable como inversión material o inmobiliaria.

## 5-12 Inmovilizado material

Si nos centramos en el estudio del inmovilizado material (con la excepción de los bienes inmuebles), debemos señalar como ideas generales las siguientes:

- con carácter general, y al contrario que las inversiones materiales, su importancia en el balance de las compañías es notablemente menor.
- no son activos aptos para cobertura de provisiones técnicas (salvo determinados inmuebles).

## 5-13 Inversiones inmobiliarias

Representan uno de los principales mecanismos utilizados por la empresa para la cobertura de sus provisiones técnicas, jugando en el balance de las entidades de seguros un papel esencial.

No obstante, los inmuebles que no reciban la calificación de inversiones inmobiliarias (por ejemplo: inmuebles de uso propio) también podrán ser utilizados como instrumentos de cobertura de provisiones técnicas siempre que cumplan los requisitos legales.

El PCEA y el PGC definen inversiones inmobiliarias como Inmuebles que se tienen para obtener rentas, plusvalías o ambas, en lugar de para:

- Su uso en la producción o suministro de bienes o servicios, o bien para fines administrativos; o
- Su venta en el curso ordinario de las operaciones.

5

Por lo tanto, inversiones inmobiliarias serán aquellos inmuebles que no sean de uso propio. No obstante, y a pesar de su diferente finalidad, insistimos en que **tanto las inversiones inmobiliarias como los inmuebles de uso propio podrán incluirse como activos aptos a efectos de cobertura de provisiones técnicas**, siempre que cumplan los requisitos del ROSSP.

Dentro de las inversiones inmobiliarias, distingue el PCEA:

- 210. Terrenos y bienes naturales
- 211. Construcciones

Desde el punto de vista del funcionamiento contable de las inversiones inmobiliarias debemos resaltar que:


© CISS

- Las inversiones inmobiliarias pueden ser libremente objeto de cambio en su finalidad. De esta forma, un activo clasificado inicialmente como inmovilizado material puede ser posteriormente clasificado como inversión inmobiliaria o viceversa.

- En el caso de pérdidas en la enajenación de este tipo de activos, éstas se deberán registrar en la cuenta *671. Pérdidas procedentes de las inversiones inmobiliarias.*

## 5-14 Valoración inicial: El precio de adquisición

A la hora de registrar inicialmente este tipo de activos, el PCEA se apoya fundamentalmente en el principio del precio de adquisición, de suerte que los activos de esa naturaleza vendrán reflejados en el balance de las compañías a su precio de adquisición.

El criterio del precio de adquisición presenta el problema de que, en épocas inflacionistas, el reflejo del activo a su precio de adquisición no sería acorde con el atributo de fiabilidad que deben presentar los estados financieros. En algunos casos excepcionales esto se ha podido evitar a través de revalorizaciones legales, pero este mecanismo no alcanza a solucionar el problema en su totalidad.

No obstante, el problema se ve en parte solventado dado que, a la hora de determinar si la entidad aseguradora tiene cubiertas sus provisiones técnicas, las inversiones inmobiliarias se computan por su valor de tasación, lo que implica que a efectos de solvencia se valoren por unos importes generalmente actualizados.

En cuanto a lo que deba entenderse por ‘precio de adquisición , el PCEA señala:

*"El precio de adquisición incluye, además del importe facturado por el vendedor después de deducir cualquier descuento o rebaja en el precio, todos los gastos adicionales y directamente relacionados que se produzcan hasta su puesta en condiciones de funcionamiento, incluida la ubicación en el lugar y cualquier otra condición necesaria para que pueda operar de la forma prevista; entre otros: gastos de explanación y derribo, transporte, derechos arancelarios, seguros ,instalación, montaje y otros similares.*

*Las deudas por compra del inmovilizado material e inversiones inmobiliarias se valorarán de acuerdo con lo dispuesto en la norma relativa a instrumentos financieros".*

## 5-15 Valoración posterior

Según dispone la norma de valoración:

*"Con posterioridad a su reconocimiento inicial, los elementos del inmovilizado material o las inversiones inmobiliarias se valorarán por su precio de adquisición o coste de producción menos la amortización acumulada y, en su caso, el importe acumulado de las correcciones valorativas por deterioro reconocidas".*

Normalmente, el valor razonable vendrá determinado por el valor de mercado del bien. Así, en el caso de activos que sean objeto de transacciones frecuentes en un mercado, que permitan determinar con fiabilidad el valor de los mismos, su tasación o valoración no presentará mayor problema.

Una cuestión que se puede plantear es la frecuencia con la que deberían hacerse las revalorizaciones. La respuesta no puede ser la misma para todos los activos y dependerá primordialmente de su naturaleza.

Así, por ejemplo, no estará sometido a igual proceso de seguimiento y revalorización un bien de naturaleza inmueble (cuyas oscilaciones de valor pueden ser continuadas, especialmente en determinados ciclos económicos) que otro tipo de bienes materiales como pueden ser una mesa de oficina u otro mobiliario. En cualquier caso, la frecuencia con la que se efectúen las valoraciones dependerá de la importancia de los cambios que sufran los valores razonables.

En este sentido, la Circular 4/ 2004 de 22 de diciembre, a entidades de crédito, sobre normas de información financiera pública y reservada y modelos de estados financieros señala que en el caso de inversiones inmobiliarias con variaciones no significativas en su valor razonable, serán suficientes las valoraciones realizadas cada tres o cinco años.

En lo que se refiere al sector asegurador, la Orden 805 /2003 establece la obligación de practicar tasaciones en plazos temporales entre uno y tres años.

## 5-16 La amortización

Las principales ideas en relación con la amortización del inmovilizado e inversiones materiales son las siguientes:

- En primer lugar, señalar que la vida útil de los elementos deberá ser revisada periódicamente, y si las expectativas actuales varían significativamente de las estimaciones previas, se deberán ajustar los cargos a resultados del período corriente y de los futuros, considerándolo un cambio en las estimaciones contables.

- En segundo lugar, el método de depreciación empleado deberá ser objeto de revisión periódicamente.

- La base de depreciación se calculará deduciendo el valor residual, toda vez que se considera que en la mayoría de los casos aquel valor va a ser insignificante.

- Es posible utilizar métodos de amortización crecientes, siempre que sea justificable.

## 5-17 Deterioro del valor

Las principales ideas son las siguientes:

1. A efectos de dotar las pertinentes correcciones valorativas, la comparación habrá de efectuarse entre: El VALOR EN LIBROS del activo y El VALOR RECUPERABLE, entendiendo éste como el mayor importe que se puede recuperar de un activo, bien por su venta, bien por su uso.

- Valor en uso: Valor presente de los flujos futuros estimados de efectivo que se esperan tanto de su funcionamiento continuado en el tiempo, como de su eventual desapropiación al final de su vida útil.

- Precio de venta neto: Importe que se puede obtener por la venta de un activo en una transacción libre, realizada entre un comprador y un vendedor interesados y debidamente informados, deducidos los costos de desapropiación.

2. La empresa deberá evaluar en cada fecha de cierre de balance si existe algún indicio de deterioro del valor de los activos.

3. En el caso de activos para los que sea difícil conocer un precio de venta neto de costes, o su valor de uso, se puede aplicar el concepto de valor razonable.

4. En relación con el tema de las unidades generadoras de efectivo (UGEs) nos remitimos al estudio de la norma sobre el fondo de comercio.

## 5-18 Valor razonable de las inversiones inmobiliarias

*"Se entenderá, a los efectos de esta norma y de las subsiguientes, que el valor razonable de los inmuebles será el valor de tasación otorgado por una entidad tasadora autorizada para la valoración de bienes en el mercado hipotecario, con arreglo a las normas específicas para la valoración de inmuebles aptos para la cobertura de las provisiones técnicas de las entidades aseguradoras aprobadas por el Ministerio de Economía y Hacienda".*

En este punto, debemos remitirnos a la lectura de la **Orden ECO/805/2003, de 27 de marzo, sobre normas de valoración de bienes inmuebles y de determinados derechos para ciertas finalidades.** Como idea principal señalar que las entidades aseguradoras solicitarán de una entidad tasadora autorizada la revisión de las valoraciones una vez haya transcurrido un año desde la anterior valoración y antes de que hubiesen transcurrido tres.



De conformidad con Instrucción 3/2009 de la DGSFP, será necesario efectuar tasación del inmueble, ya se califique como inmovilizado, inversión o activo o grupo enajenable para la venta, e independientemente de que esté afecto o no a cobertura de provisiones técnicas.

## 5-19 Régimen transitorio

De conformidad con la Disposición Transitoria 1ª del PCEA:

*"No obstante lo anterior, las entidades aseguradoras podrán valorar los inmuebles, cualquiera que sea su uso o destino, por su valor razonable en la fecha de la transición a este Plan. A estos efectos, la tasación que determine el valor razonable deberá estar dentro del marco jurídico vigente.*

*El valor en libros revalorizado se utilizará como coste atribuido en aquella fecha. La amortización acumulada en la fecha de revalorización puede ser tratada de cualquiera de las siguientes maneras:*

 © CISS

• (i) *reexpresada proporcionalmente al cambio en el importe en libros bruto del activo, de manera que el importe en libros neto del mismo después de la revalorización sea igual al valor razonable;*

• (ii) *eliminada contra el importe en libros bruto del activo, de manera que lo que se reexpresa sea el valor neto resultante, hasta alcanzar el valor razonable del activo. Los ajustes resultantes se cargarán o abonarán en el patrimonio neto, en el epígrafe B.1.*

• (iii) *Otras reservas, de las que se dará cumplida información en la memoria. Dichas reservas serán indisponibles. Su carácter disponible se producirá en función de la amortización, deterioro, enajenación o disposición por otra vía de los inmuebles, en la proporción que corresponda a la revalorización. Si posteriormente revirtiese el deterioro, el importe de la reserva que se hubiese considerado disponible como consecuencia del mismo, pasará a tener nuevamente el carácter de indisponible. El ejercicio de la opción recogida en este párrafo será aplicado de forma uniforme sobre todos los inmuebles de la entidad".*

Al respecto, debemos realizar las siguientes observaciones:

- La revalorización es opcional pero el ejercicio de la opción debe aplicarse de manera uniforme para todos los inmuebles.

- El valor de tasación a considerar, a efectos de ajustar a valor razonable en la transición contable, puede resultar de tasaciones recientes o de tasaciones más antiguas (por ejemplo: del año 2006). Ambas estarían permitidas al ajustarse a la normativa sobre tasaciones. No obstante, y dadas las circunstancias del mercado inmobiliario a 31-12-2008 (caída de precios), algunos autores apostaban por acogerse a tasaciones realizadas en fechas lo más cercanas posibles a 31-12-2008, con el fin de recoger el impacto de la caída del mercado inmobiliario.

**Ejemplo:**

La empresa aseguradora XAL, S.A. adquirió el 1-1-X4 un inmueble por importe de 1.000.000 euros, asignándose al valor de construcción un importe de 500.000 euros, siendo su vida útil estimada 25 años.

A finales del año X8, con motivo de la entrada en vigor del PCEA, decide hacer uso de la opción permitida por la Disp. Transitoria 1ª, debido a que una tasación recientemente efectuada ha fijado el valor del inmueble en 930.000 euros (510.000 euros el terreno y 420.000 euros la construcción).

La empresa pretende acogerse a la opción de la Disp. Transitoria 1ª.

**Solución:**

Contabilización inicial por su coste (según PCEA 1997)

| | | x | | |
|---|---|---|---|---|
| 500.000 | (230) Terrenos y bienes naturales | | | |
| 500.000 | (231) Edificios y otras construcciones | | | |
| | | a | (572) Bancos | 500.000 |

Realizamos el asiento de compra del activo, aplicando el principio del precio de adquisición. Se observa que el citado precio se desglosa entre el coste del terreno y el coste de la construcción.

Al cierre de los ejercicios X4, X5, X6, X7, y X8: (amortización de la construcción)

| | | x | | |
|---|---|---|---|---|
| 20.000 | (683) Amort. inversiones materiales | | | |
| | | a | (283) Amortización acumulada inversiones materiales | 20.000 |

*(suponiendo amortización lineal)

500.000 / 25 = 20.000

En efecto, amortizamos exclusivamente por la parte que corresponde a la construcción, pues ya sabemos que el terreno no se amortiza.

Al final del X8 por la introducción del valor razonable

| | |
|---|---|
| Valor neto contable a final del ejercicio X8 = 1.000.000 - (20.000 x 5) = | **900.000** |
| - Valor neto contable terreno = 500.000 | |
| - Valor neto contable edificio = 400.000 | |
| Valor de mercado = | **930.000** |
| - Valor mercado terreno = 510.000 | |
| - Valor mercado edificio = 420.000 | |
| **Diferencia** | **= 30.000** |
| Por la revalorización del bien sujeto a amortización (edificio): | |
| 20.000 / 400.000= 0,05 | |

Incrementamos la partida 'Edificios y construcciones un 0,05 de forma que:

500.000 x 1,05 = 525.000

100.000 x 1,05 = 105.000

Valor = 420.000

El asiento que reflejaría la contabilización a valor razonable sería el siguiente:

| | | x | | |
|---|---|---|---|---|
| 10.000 | (210) Terrenos y bienes naturales | | | |
| 25.000 | (211) Construcciones | | | |
| | | a | (1148) Reservas por rev. inmueble | 30.000 |
| | | | (282) Amortización Acum. | 5.000 |

De esta forma, contabilizamos tanto el terreno como la construcción por su valor de mercado (valor razonable), importe que será el que aparezca en el balance de la compañía. Sobre ese importe deberán analizarse las posteriores amortizaciones y correcciones de valor que, en su caso, deban practicarse.

La otra opción para efectuar la revaluación será eliminar la amortización acumulada compensándola con el valor en libros del activo y posteriormente revaluar el activo hasta la cantidad deseada:

| | | x | | |
|---|---|---|---|---|
| 100.000 | (282) AA inv. materiales | | | |
| | | a | (231) Edificios y otras construcciones | 100.000 |

| | | x | | |
|---|---|---|---|---|
| 20.000 | (211) Construcciones | | | |
| | | a | (1148) Reservas por revalorización de inmueble | 20.000 |

5

Simultáneamente efectuaríamos la revalorización del terreno:

| | x | | |
|---|---|---|---|
| 10.000 | (210) Terrenos y bienes naturales | | |
| | a | (1148) Reservas por revalorización de inmueble | 10.000 |

Debe tenerse en cuenta que en este supuesto hemos prescindido de contingencias fiscales asociadas al impuesto sobre beneficios, remitiéndonos para su análisis a lo dispuesto en la norma 12ª de valoración. No obstante, y como adelanto a su exposición, debemos resaltar que, en supuestos como el presente, se pueden generar lo que se conoce como diferencias temporarias imponibles, las cuales darán lugar al reconocimiento de pasivos por impuestos diferidos. Así, y de conformidad con el artículo 15 TRLIS: *"El importe de las revalorizaciones contables no se integrará en la base imponible, excepto cuando se lleven a cabo en virtud de normas legales o reglamentarias que obliguen a incluir su importe en la cuenta de pérdidas y ganancias"*

En el ejemplo anterior:

Valor en libros del activo = 930.000
Base fiscal = 900.000

Dif. Temporaria imponible = 30.000

Suponiendo un tipo impositivo del 30%, el asiento de revalorización debería ser:

| | x | | |
|---|---|---|---|
| 9.000 | (8301) Impuesto sobre beneficios diferido | | |
| | a | (479) Pasivo por dif. temporaria imponible | 9.000 |

De esta manera reconocemos el efecto fiscal de la revalorización practicada, recogiendo el impuesto a pagar asociado a dicha revalorización.

Al cierre del ejercicio:

| | x | | |
|---|---|---|---|
| 9.000 | (1148) Reservas por revalorización de inmueble | | |
| | a | (8301) Impuesto sobre beneficios diferido | 9.000 |

Con el anterior asiento realizamos la regularización correspondiente a las reservas reconocidas.

Por lo tanto, el incremento patrimonial neto sería de 21.000 euros (30.000 - 9.000).

A partir de los ejercicios siguientes:

| | |
|---|---|
| Valor libros de la construcción = | 420.000 |
| Vida útil pendiente = | 20 años |
| Cuota amortización = | 21.000 |
| Cuota amortización inicial = | 20.000 |



5

| | | x | | |
|---|---|---|---|---|
| 21.000 | (682) Amort. Inversiones Inmobiliarias | | | |
| | | a | (282) Amort. acumulada Inversiones inmobiliarias | 21.000 |

En definitiva, realizamos la amortización sobre el importe de la construcción atendiendo a su nuevo importe y a la vida útil restante.

Adicionalmente, y de manera simultánea al asiento de amortización, deshago la parte de reserva por revalorización asociada a dicha cuota de amortización, liberando reservas.

| | | x | | |
|---|---|---|---|---|
| 1.000 | (1148) Reservas por revalorización de inmueble | | | |
| | | a | (113) Reservas voluntarias | 1.000 |

A la hora de determinar la Base Imponible del IS, deberé realizar un ajuste de +1.000 (la base fiscal de la construcción es 400.000, por lo que la cuota de amortización fiscal será de 20.000 euros).

Consecuencia de ese ajuste fiscal será que se revierta parte del pasivo por IS reconocido anteriormente:

| | | x | | |
|---|---|---|---|---|
| 300 | (479) Pasivo por dif. temporaria imponible | | | |
| | | a | (8301) Impuesto sobre beneficios diferido | 300 |

Al cierre del ejercicio:

| | | x | | |
|---|---|---|---|---|
| 300 | (8301) Impuesto sobre beneficios diferido | | | |
| | | a | (1148) Reservas por revalorización de inmueble | 300 |

Con el anterior asiento realizamos la regularización correspondiente.

De esta forma, y realizados los asientos anteriores, resultarían los siguientes datos:

TEX-Reserva revalorización = 30.000 - 1.000 = 29.000

Efecto impositivo = 9.000 - 300 = 8.700 (30% s. 29.000)

Se ha planteado la posibilidad de que en la fecha de tránsito el inmueble estuviera totalmente amortizado y, sin embargo, una nueva tasación otorgara a la construcción un mayor valor razonable o un alargamiento de la vida útil. La respuesta de la DGSFP ha sido que el inmueble podrá revalorizarse, realizando similares asientos a los anteriormente vistos.

 © CISS

# Sección 3. NORMAS 4ª Y 5ª. INMOVILIZADO INTANGIBLE

## 5-20 Inmovilizado intangible

En la contabilización del inmovilizado intangible debemos tomar en consideración las siguientes normas:

- **NORMA DE VALORACION 4º DEL PCEA**
- **NORMA DE VALORACION 5ª DEL PCEA**

El inmovilizado inmaterial, sin perjuicio de sus especiales características dada su naturaleza de activo intangible, sigue un gran número de las pautas aplicables al inmovilizado material. Así lo reconoce el PCEA cuando señala:

*"Los criterios contenidos en las normas relativas al inmovilizado material e inversiones inmobiliarias, se aplicarán a los elementos del inmovilizado intangible, sin perjuicio de lo dispuesto a continuación, de lo previsto en las normas particulares sobre el inmovilizado intangible, así como de lo establecido para el fondo de comercio en la norma relativa a combinaciones de negocios."*

Sin embargo, los activos de naturaleza intangible presentan una nota diferenciadora clave con respecto a las inversiones inmobiliarias o a los inmuebles de uso propio (inmovilizado): **no pueden ser activos aptos a efectos de cobertura de las provisiones técnicas.**

Ahora bien, su no validez como activo apto para cobertura no impide que este tipo de activos sí merezcan algún tipo de consideración a la hora de computar el margen de solvencia o patrimonio propio no comprometido de una entidad aseguradora. De esta forma, el **artículo 59.2 y 3 del ROSSP** señalan:

*"2. A efectos de lo regulado en este artículo, se considerarán como elementos inmateriales a deducir en el cálculo del margen de solvencia los elementos que carezcan de valor de realización o que, por su falta de permanencia, pueda fundadamente presumirse que no se ajustan a los fines de la ley y de este reglamento.*

*3. Las deducciones recogidas en el apartado 2 anterior se efectuarán por su valor en los libros de la entidad tenedora".*

Por otro lado, debemos reseñar la importancia creciente que los usuarios de información financiera conceden a este tipo de activos, pues en no pocas ocasiones los mismos desempeñan un papel clave en el éxito de una determinada organización profesional, siendo determinantes del valor real de una empresa.

Según el PCEA, el inmovilizado intangible comprende activos no monetarios sin apariencia física susceptibles de valoración económica, así como los anticipos a cuenta de estos inmovilizados.

Dentro del ámbito de una empresa aseguradora, y sin perjuicio de poder considerar otras clasificaciones, los activos intangibles podrían englobarse en alguna de las siguientes categorías:

- Activos intangibles basados en relaciones con clientela.
- Activos intangibles basados en marketing: nombre comercial, marca, etc.
- Activos intangibles basados en cuestión de carácter técnico-asegurador: modernos sistemas de control interno.
- Activos intangibles basados en cuestiones tecnológicas: aplicaciones informáticas.

Como reconoce el PCEA, la lista de bienes no es cerrada, de manera que podrán contabilizarse como activos intangibles otra serie de activos, siempre y cuando cumplan los requisitos señalados en el Marco Conceptual. Entre tales activos podríamos incluir los derechos comerciales, propiedad intelectual o licencias.

No obstante, y a pesar de ser una lista abierta, señala el PCEA que:

*"En ningún caso se reconocerán como inmovilizados intangibles los gastos ocasionados con motivo del establecimiento, las marcas, cabeceras de periódicos o revistas, los sellos o denominaciones editoriales, las listas de clientes u otras partidas similares, que se hayan generado internamente".*

## 5-21 Valoración posterior

El PCEA, por remisión a la norma de inmovilizado material e inversiones inmobiliarias, parte del principio del precio de adquisición para la valoración inicial de este tipo de activos.

Como nota diferencial señalar que **los activos intangibles con vida útil indefinida no serán objeto de amortización, si bien habrá que analizar los posibles deterioros en su valor.**

## 5-22 Norma 5ª. Normas particulares sobre el inmovilizado intangible

La norma 4ª del PCEA expone las características comunes a todos los elementos del inmovilizado intangible, observándose de su lectura que un buen número de las ideas expuestas en relación con el inmovilizado material resultan igualmente aplicables para este tipo de activos.

Junto a ello, y siguiendo el orden del PCEA, ciertos elementos intangibles presentan algunas características que desde la perspectiva de una entidad aseguradora merecen nuestra atención y a los que vamos a dedicar las siguientes líneas. Concretamente nos vamos a centrar en aquellos activos que pueden presentar una mayor incidencia en el balance de una entidad aseguradora.

## 5-23 Fondo de comercio

Comenzamos a desarrollar la regulación contable del fondo de comercio, comenzando por su definición:

***Activo intangible que se origina en una combinación entre empresas y que viene dado por la diferencia entre el importe satisfecho en la adquisición de una empresa y el valor razonable de los activos y pasivos identificables en la fecha de adquisición.***

A la vista de la definición anterior, se concluye que el fondo de comercio representa el pago anticipado realizado por la entidad adquirente de los beneficios económicos futuros derivados de activos de una entidad adquirida que no sean individual y separadamente identificables y reconocibles.

Si el importe satisfecho excede a la diferencia entre el valor razonable de los activos y el valor razonable de los pasivos, se originará un fondo de comercio positivo que representará los futuros beneficios económicos que la empresa adquirente espera obtener como consecuencia de la sinergia entre los activos adquiridos.

Por el contrario, si el importe satisfecho es inferior a la diferencia anterior se originará un fondo de comercio negativo, que supone la expectativa de la empresa adquirente de sufrir pérdidas o de incurrir en gastos futuros a consecuencia de la adquisición.

En cualquier caso, el fondo de comercio sólo se reconocerá cuando se ponga de manifiesto como consecuencia de transacciones onerosas.

Señalar por otro lado que, en el caso del fondo de comercio, se observa una de las excepciones introducidas al principio de inscripción contable. Así, y a pesar de que el fondo de comercio no es objeto de amortización contable, sí será deducible a efectos fiscales. De esta forma, el artículo 12.6 del TRLIS indica:

*"Será deducible el precio de adquisición originario del inmovilizado intangible correspondiente a fondos de comercio, con el límite anual máximo de la veinteava parte de su importe, siempre que se cumplan los siguientes requisitos:*

a) *Que se haya puesto de manifiesto en virtud de una adquisición a título oneroso.*

5 b) *Que la entidad adquirente y transmitente no formen parte de un grupo de sociedades según los criterios establecidos en el artículo 42 del Código de Comercio, con independencia de la residencia y de la obligación de formular cuentas anuales consolidadas. Si ambas entidades forman parte de un grupo, la deducción se aplicará respecto del precio de adquisición del fondo de comercio satisfecho por la entidad transmitente cuando lo hubiera adquirido de personas o entidades no vinculadas.*

c) *Que se haya dotado una reserva indisponible, al menos, por el importe fiscalmente deducible, en los términos establecidos en la legislación mercantil. Caso de no poderse dotar dicha reserva, la deducción está condicionada a que se dote la misma con cargo a los primeros beneficios de ejercicios siguientes.*

*Esta deducción no está condicionada a su imputación contable en la cuenta de pérdidas y ganancias. Las cantidades deducidas minorarán, a efectos fiscales, el valor del fondo de comercio".*

Si la empresa presentara en su balance un fondo de comercio positivo, consecuencia de una combinación de negocios, a continuación deberá analizar el tratamiento que va a dar a esa partida. Nuestra legislación contable había venido manteniendo la necesidad de amortizar el fondo de comercio en un período más o menos amplio

 © CISS

(nunca superior a los 20 años). La NIIF 3 de 2004 rompe con esta tradición al establecer la no amortización del fondo de comercio. A partir de ahora, la adquirente analizará los posibles deterioros de valor del fondo de comercio anualmente, o con mayor periodicidad, si las circunstancias indicasen un posible deterioro de valor. En consecuencia, el fondo de comercio únicamente podrá ser minorado por los deterioros de valor que sufra.

Ahora bien, a pesar de que el fondo de comercio no va a ser objeto de amortización, sí va a ser por el contrario objeto de valoración una vez al año, o con una frecuencia mayor, para determinar las posibles pérdidas de valor.

## 5-24 Unidades Generadoras de Efectivo (UGEs)

Estas se definen por las NIIF como el grupo más pequeño de activos que generan entradas de efectivo por su funcionamiento continuado de forma independiente a las entradas producidas por otros activos. Estas UGEs deberán estar identificadas en todos los períodos de forma homogénea y formarse por el mismo activo o tipos de activos, salvo que se justifique un cambio.

El fondo de comercio deberá en todo caso ser asignado a una o más UGE desde la fecha de adquisición.

De esta forma, cada unidad o grupo de unidades entre las que se distribuya el fondo de comercio:

- Representará el nivel más bajo dentro de la entidad en el cual el fondo de comercio es controlado a efectos de gestión interna.
- No será mayor que un segmento principal o secundario de la entidad, determinados de acuerdo con la NIC 14: Información financiera por segmentos.

Como ejemplo de lo que puede entenderse como UGE, la Circular 4/2004, de 22 de diciembre, a entidades de crédito, sobre normas de información financiera pública y reservada y modelos de estados financieros, cita, para el caso de las entidades de crédito, el segmento banca privada o la red de sucursales de un espacio territorial concreto. En similares términos nos podríamos expresar para el caso de sucursales de entidades aseguradoras.

Si el importe recuperable de la UGE fuera inferior a su valor en libros neto, la pérdida por deterioro se distribuirá, al objeto de reducir el valor de los activos que componen la unidad, de la siguiente forma:

a) en primer lugar, a la plusvalía comprada que en su caso pudiera haberse atribuido a la unidad en cuestión; y

b) a continuación, a los demás activos de la unidad, prorrateando en función del importe en libros de cada uno de los activos existentes en la unidad.

**Ejemplo 1:**

La entidad aseguradora MAN, S.A. adquiere, a final de X2, el 100% de la entidad FAC, S.A. que opera a través de tres sucursales en Francia, Italia y Alemania.

Los datos son los siguientes:

IMPORTE PAGADO = 3.000.000 U.M.

| | Precio compra | Valor razonable sucursal | Fondo comercio |
|---|---|---|---|
| Sucursal Francia | 1.200.000 | 1.000.000 | 200.000 |
| Sucursal Italia | 800.000 | 700.000 | 100.000 |
| Sucursal Alemania | 1.000.000 | 950.000 | 50.000 |

Al final del año X4, y ante la evolución desfavorable de la siniestralidad en la sucursal francesa, se estima una importante reducción en el beneficio de la misma para los próximos ejercicios, de manera que el valor teórico de las acciones se ve reducido.

Ante esta situación la empresa realiza los cálculos oportunos a efectos de comprobar si se ha producido algún deterioro en el valor de la sucursal.

## 5-25 Cesión de cartera

Los gastos de adquisición de cartera en el caso de operaciones de cesión de cartera entre aseguradoras representan el exceso del precio pagado por la adquirente de una cartera sobre la diferencia entre el valor de mercado de los activos y el valor actual de los pasivos que forman parte de esa cartera.

Dado que se puede considerar que la naturaleza del activo que surge en este tipo de operaciones presenta similitudes con el fondo de comercio, es lógico que, a la hora de analizar las posibles correcciones valorativas a practicar, aquél siga el mismo criterio que éste.

El estudio de la cesión de cartera no puede apartarse de los parámetros fijados para el análisis del fondo de comercio, toda vez que ambas figuras presentan una gran similitud y, en esencia, responden a una misma concepción económica: importe pagado en exceso sobre el valor de un conjunto de activos y pasivos ante la perspectiva de potenciales beneficios futuros.

Así, y al igual que sucede cuando se trata de una combinación de negocios que puede dar origen a un fondo de comercio, si una entidad aseguradora (cesionaria) realiza la adquisición de una cartera procedente de otra compañía de seguros (cedente), deberá valorar por su valor razonable los activos y pasivos de los contratos de seguro adquiridos.

## 5-26 Derechos económicos derivados de carteras de pólizas adquiridas a un mediador

*"Se activará como inmovilizado intangible el importe satisfecho en la adquisición, amortizándose de modo sistemático, en función del mantenimiento de los contratos de dicha cartera y del patrón de consumo esperado de los beneficios económicos futuros derivados de la misma.*

*Deberán quedar adecuadamente justificadas y suficientemente contrastadas las hipótesis utilizadas en el momento de la activación. El importe activado estará sujeto al régimen general de deterioro previsto para los inmovilizados intangibles, sin que su importe pueda ser objeto de reversión".*

En el presente apartado se trata de analizar aquellos supuestos en los que la compañía aseguradora adquiere los derechos que corresponden al mediador (agente de seguros) por su labor de intermediación en los contratos de seguro.

A cambio del importe pagado, el mediador de seguros no realizará funciones de intermediación en las sucesivas y potenciales renovaciones de los contratos, renunciando al cobro futuro de comisiones. En virtud de la aplicación del principio de correlación de ingresos y gastos, la norma permite activar el importe satisfecho, siendo objeto de amortización en función de la vida útil estimada, la cual a su vez estará apoyada en criterios y estimaciones de carácter técnico sobre la previsible vida de los contratos afectados.



**Ejemplo:**

Con fecha 1-1-X9 la entidad aseguradora PAR, S.A. decide adquirir a uno de sus agentes exclusivos los derechos económicos que corresponden al mismo en base a los contratos que el citado agente le ha intermediado en el ramo correspondiente al seguro de decesos.

De acuerdo con el estudio de la operación, las partes estiman:

Duración residual de la cartera de contratos = 4 años.

Volumen de primas anual estimado = 1.000.000 euros.

% de comisión pactado en el contrato de agencia = 10%

Tipo de interés = 5%

Nº de pólizas incluidas en la operación = 45.000

La entidad decide contabilizar la operación activando el importe de los gastos satisfechos.

Se pide:


© CISS

Reflejar contablemente la operación según las dos siguientes hipótesis:

a) El volumen de primas estimado permanece constante

b) Durante 2 años se ha mantenido el volumen de primas estimado, pero en los dos últimos años se estima descenderá a 900.000 euros. A 31-12-X10 el valor en libros del activo es de 186.147 euros. Se considera que las variantes financieras no han experimentado modificaciones.

c) Las partes han estipulado que el precio fijado inicialmente se reducirá proporcionalmente en función de las pólizas incluidas en la cartera que, hasta el 30-6-X9, se den de baja por impago. Se sabe que a 30-6-X9 no han pagado los recibos de prima cien clientes de las pólizas incluidas en la cesión de cartera.

**Solución:**

a) Los gastos de adquisición anuales son:

1.000.000 x 0,10 = 100.000

Por lo tanto, el valor a satisfacer en el momento presente será el siguiente:

100.000 actualizado 4 años a un tipo del 5% = 354.321,30

A 1-1-X9 se realizará el siguiente asiento:

| | | x | | |
|---|---|---|---|---|
| 354.321,30 | (207) Derechos económicos derivados de carteras de pólizas adquiridas a un mediador | | | |
| | | a | (572) Bancos | 354.321,30 |

De esta forma, activamos el importe actualizado de los gastos de adquisición. El precio de activación es el valor presente de los pagos estimados que se deberán realizar al mediador.

A finales del ejercicio X9 y en los ejercicios sucesivos, deberá realizar el siguiente asiento (amortización directa):

| | | x | | |
|---|---|---|---|---|
| xxxx | (686) Amortización de comisiones y otros costes de adquisición | | | |
| | | a | (207) Derechos económicos derivados de carteras de pólizas adquiridas a un mediador | xxxx |

El importe de este asiento dependerá del importe que tengamos activado en la cuenta (207), para lo cual deberemos considerar tanto el factor financiero como los años durante los cuales se abonen comisiones (en el ejemplo cuatro años). En el presente supuesto prescindimos de realizar cálculos más precisos dado que, al intervenir factores financieros, preferimos explicar su mecanismo por medio de la exposición y análisis de la norma 8ª PCEA: Instrumentos financieros.

Y en el caso de deterioro (las pérdidas por deterioro no serán objeto de reversión), el asiento sería similar al siguiente:

| | | x | | |
|---|---|---|---|---|
| xxxx | (690) Pérdida por deterioro del inmovilizado intangible | | | |
| | | a | (207) Derechos económicos derivados de carteras de pólizas adquiridas a un mediador | xxxx |

b) Valor en libros del activo a 31-12-X10 = 186.147 euros

Valor inicial estimado = renta 100.000 actualizado 2 años a 5%

Valor actual estimado = renta 90.000 " " "

Diferencia = renta 10.000 actualizado 2 años a 5% = 18.614

A 1-1-X9 se realizará el siguiente asiento:

| | | x | | |
|---|---|---|---|---|
| 354.321,30 | (207) Derechos económicos derivados de carteras de pólizas adquiridas a un mediador | | | |
| | | a | (572) Bancos | 354.321,30 |

De esta forma, activamos el importe actualizado de los gastos de adquisición. El precio de activación es el valor presente de los pagos estimados que se deberán realizar al mediador.

No obstante el precio pagado, con posterioridad la evolución del volumen de negocio no ha sido la que se esperaba, de manera que el importe de comisiones adquiridas es superior al de las comisiones que realmente deberían haber correspondido a los mediadores en función del negocio intermediado, de ahí que deba realizar un asiento reconociendo dicha pérdida o deterioro:

| | | x | | |
|---|---|---|---|---|
| 18.614 | (690) Pérdida por deterioro del inmovilizado intangible | | | |
| | | a | (207) Derechos económicos derivados de carteras de pólizas adquiridas a un mediador | 18.614 |

c) A 1-1-X9:

5

| | | x | | |
|---|---|---|---|---|
| 354.321,30 | (207) Derechos económicos derivados de carteras de pólizas adquiridas a un mediador | | | |
| | | a | (572) Bancos | 354.321,30 |

Con posterioridad la cartera adquirida se ve minorada en cien pólizas por razón de impago:

100/45.000 = 0,002

A 30-6-X9:

Por la amortización:


© CISS

x

| | | | | |
|---|---|---|---|---|
| 44.290 | (686) Amortización de comisiones y otros costes de adquisición | | | |
| | | a | (207) Derechos económicos derivados de carteras de pólizas adquiridas a un mediador | 44.290 |

(354.321,30/4) x 6/12

Precio inicial (para 45.000 pólizas) = 354.321,30 euros

Precio final (para 44.900 pólizas) = 353.804 euros

Valor en libros = 354.321,30 — 44.290 = 310.031

Valor en libros final = 353.804 — [(353.804/4) x 6/12] = 309.579

x

| | | | | |
|---|---|---|---|---|
| 452 | (690) Pérdida por deterioro del inmovilizado intangible | | | |
| | | a | (207) Derechos económicos derivados de carteras de pólizas adquiridas a un mediador | 452 |

## 5-27 Otros inmovilizados intangibles

*"Además de los elementos intangibles anteriormente mencionados, existen otros que serán reconocidos como tales en balance, siempre que cumplan los criterios contenidos en el Marco Conceptual de la Contabilidad y los requisitos especificados en estas normas de registro y valoración. Entre tales elementos se pueden mencionar los siguientes: concesiones administrativas, derechos comerciales, propiedad intelectual o licencias.*

*Los elementos anteriores deben ser objeto de amortización y corrección valorativa por deterioro según lo especificado con carácter general para los inmovilizados intangibles".*

Sin perjuicio de que se puedan considerar como inmovilizados intangibles todos aquellos elementos que cumplan unas determinadas condiciones, desde el punto de vista del sector asegurador interesa señalar en este apartado que, según Instrucción 2/2007 de la DGSFP:

*"Los derechos de explotación funerarios a perpetuidad que adoptan la forma de concesiones administrativas tendrán la consideración de derecho real inmobiliario computable en el estado de cobertura de las provisiones técnicas siempre que, conforme a la Ley 33/2003, de 3 de noviembre, de Patrimonio de las Administraciones Públicas, resulten transmisibles".*

Este tipo de activos se computarán por su valor de mercado, a través de la oportuna tasación inmobiliaria.



# Sección 4. NORMA 7ª. ARRENDAMIENTOS

## 5-28 Arrendamientos y otras operaciones de naturaleza similar

A la hora de contabilizar las operaciones de arrendamiento deberemos acudir a las siguientes normas contables:

- **NORMA DE VALORACIÓN 7ª DEL PCEA**
- **NORMA DE VALORACIÓN 8ª DEL PGC Y 7ª PGCPYMES**

(34.921,47 + 1.078, 53) / 5

Dado que el arrendatario obtendrá la propiedad jurídica del inmovilizado al finalizar el arrendamiento (se presume que va a ejercer la opción de compra), lo lógico será amortizar durante el plazo de vida útil del bien, esto es, 5 años. En otro caso, el activo se depreciaría en el período más corto entre su vida útil (5 años) y el plazo por el que se ha pactado el arrendamiento (4 años).

Finalmente, efectúo la reclasificación de cuotas, dado que a 31-12-X0 habrá una parte de la operación cuyo vencimiento sea inferior o igual a un año:

| | | x | | |
|---|---|---|---|---|
| 6.130,93 | (174) Acreedores por arrend. financiero LP | | | |
| | | a | (524) Acreedores por arrend. financiero CP | 6.130,93 |

A lo largo de los siguientes años realizaré la misma clase de asientos, si bien en el caso de los intereses financieros su importe variará:

A 31-12-X1:

| | | x | | |
|---|---|---|---|---|
| 869,07 | (662) Intereses de deudas | | | |
| | | a | (524) Acreedores por arrend. financ.CP | 869,07 |

| | | x | | |
|---|---|---|---|---|
| 7.000 | (524) Acreedores por arrend. financ. CP | | | |
| 1.120 | (472) HP IVA soportado | | | |
| | | a | (572) Bancos | 8.120 |

| | | x | | |
|---|---|---|---|---|
| 7.200 | (681) Amort. Inmov. material | | | |
| | | a | (281) AAc. Inmov. material | 7.200 |

(34.921,47 + 1.078, 53) / 5

| | | x | | |
|---|---|---|---|---|
| 6.314,85 | (170) Acreedores por arrend. financ. LP | | | |
| | | a | (524) Acreedores por arrend. financiero CP | 6.314,85 |

Los mismos asientos contables se harían sucesivamente en los siguientes ejercicios.

5


© CISS

**Ejemplo 2:**

Con fecha 1-1-X9 la entidad aseguradora LP, S.A. adquiere en régimen de renting un vehículo para el uso de sus comerciales, los cuales se estima que realizan al año alrededor de 55.000 km.

El precio al contado del vehículo es de 48.081 euros.

Las condiciones del contrato de renting son las siguientes:

- Duración = 3 años
- Tipo de interés efectivo mensual = 0,6%
- Cuota mensual = 1.489 euros
- Seguro a todo riesgo = 25 euros
- Cuota de mantenimiento = 20 euros
- IVA = 241,44 euros
- TOTAL = 1.775,44

Se pide:

a) Calificar la operación como arrendamiento operativo o financiero

b) Contabilizar las operaciones correspondientes al primer año

**Solución 2:**

a) Calificar la operación como arrendamiento operativo o financiero

En principio un contrato de renting se caracteriza, entre otras cosas, por no tener opción de compra. Además, y dada la naturaleza del objeto del contrato, suele incluir en el pago de la cuota mensual el coste del seguro y del servicio de mantenimiento del vehículo.

A pesar de no incluir opción de compra, y de conformidad con la norma de valoración, el contrato puede calificarse como arrendamiento financiero en la medida en que se observa, de las condiciones de la operación, que el plazo del renting (3 años) cubre la mayor parte o la totalidad de la vida económica del activo (al cabo de los 3 años el vehículo habrá realizado alrededor de 165.000 km). Además, cabe añadir que el valor actual de los pagos a realizar (1.489 euros mensuales) coincide prácticamente con el valor actual o valor razonable del vehículo.

b) Contabilizar las operaciones correspondientes al primer año

La operación se contabiliza de conformidad con la normativa sobre arrendamiento financiero. Por lo tanto, en la contabilización inicial de la operación, reconocemos un activo atendiendo a la naturaleza del bien objeto de contrato.

Por la firma del contrato:

| | | x | | |
|---|---|---|---|---|
| 48.081 | (218) Elementos de transporte | | | |
| | | a | (524) Acreedores AF a CP | 14.890,65 |
| | | | (174) Acreedores AF a LP | 33.190,35 |

Por el pago de la primera cuota:

| | | x | | |
|---|---|---|---|---|
| 1.200,51 | (524) Acreedores AF a CP | | | |
| 288,49 | (662) Intereses de deudas | | | |
| 25 | (625) Primas de seguros | | | |
| 20 | (622) Reparaciones y conservación | | | |
| 241,44 | (472) HP IVA soportado | | | |
| | | a | (572) Bancos | 1.775,44 |

5

- Obligaciones
- Bonos
- Pagarés

- Instrumentos derivados con valoración desfavorable para la empresa.

## 5-38 Instrumentos de patrimonio propio

Son todos los instrumentos financieros que se incluyen dentro de los fondos propios, tal como las acciones ordinarias emitidas. Se definen como cualquier contrato que ponga de manifiesto una participación residual en los activos de una entidad, después de deducir todos sus pasivos. En particular, un instrumento financiero se considera un instrumento de patrimonio y no un pasivo financiero si, y sólo si el instrumento financiero no incorpora una obligación contractual:

- De entregar efectivo u otro activo financiero a otra entidad, o

- De intercambiar activos financieros o pasivos financieros con otra entidad, en condiciones que sean potencialmente desfavorables para la entidad emisora (la clasificación de un instrumento financiero como pasivo financiero o como instrumento de patrimonio es relevante, toda vez que a la hora de computar el margen de solvencia legalmente exigido a las entidades aseguradoras los primeros no entrarían con carácter general a formar parte del cómputo, algo que sí sucedería en el caso de los instrumentos de capital).

Un **derivado financiero** es un instrumento financiero que cumple las características siguientes:

a) Su valor cambia en respuesta a los cambios en variables tales como los tipos de interés, los precios de instrumentos financieros y materias primas cotizadas, los tipos de cambio, las calificaciones crediticias y los índices sobre ellos y que en el caso de no ser variables financieras no han de ser específicas para una de las partes del contrato.

b) No requiere una inversión inicial o bien requiere una inversión inferior a la que requieren otro tipo de contratos en los que se podría esperar una respuesta similar ante cambios en las condiciones de mercado.

c) Se liquida en una fecha futura.

Asimismo, esta norma es aplicable en el tratamiento de las coberturas contables y de las transferencias de activos financieros, tales como los descuentos comerciales y las cesiones temporales y titulizaciones de activos financieros.

Señalar que la consideración de los instrumentos de patrimonio como instrumentos financieros encuentra su base argumental en el hecho de que las aportaciones realizadas, tanto por los accionistas como por los terceros acreedores, deben ser entendidas como recursos obtenidos externamente por la empresa. Es decir, todas las formas en que la empresa se financia son externas a la misma.

En cualquier caso, a la hora de determinar la naturaleza de un instrumento financiero, es imprescindible tener presente el fondo económico del instrumento, independientemente de su forma legal (principio de la esencia sobre la forma). Un instrumento financiero no será necesariamente de patrimonio por el mero hecho de que origine entrega o recepción de acciones de una entidad emisora. Puede ocurrir que una entidad emisora tenga que emitir cierta cantidad de acciones cuyo importe dependa de la evolución de la obligación contractual que subyace, en cuyo caso estaríamos ante un pasivo financiero, no ante un instrumento de patrimonio.



**Ejemplo:**

Determinar la clasificación de los siguientes instrumentos financieros:

a) Acción preferente en virtud de la cual el emisor esté obligado a reembolsarla por una cantidad fija o determinable.

b) Acción preferente en virtud de la cual se concede al tenedor el derecho de requerir al emisor a que reembolse la acción en una fecha concreta o a partir de la misma, y por una cantidad fija o determinable.

c) Opción de venta por la cual el tenedor de acciones tiene derecho a devolverlas al emisor a cambio de efectivo u otro activo financiero.

d) Opción a favor del emisor de una acción para rescatar las acciones emitidas.

e) Instrumento financiero para cuya liquidación el emisor tiene dos opciones:


© CISS

- Entregar efectivo u otro activo financiero.
- Entregar sus propias acciones, cuyo valor supera notablemente al del efectivo o al del activo financiero.

**Solución:**

En la medida en que existe una obligación a cargo del emisor de reembolsar la acción (supuesto a), y en la medida en que el tenedor tiene opción de devolver el instrumento al emisor a cambio de efectivo u otro activo financiero (supuestos b) y c), nos encontramos ante instrumentos que se deben calificar como pasivos financieros.

Por el contrario, en el supuesto d), el instrumento se clasifica como de patrimonio, pues el emisor no tiene una obligación actual de transferir activos financieros a los accionistas. Si el emisor ejercita la opción, surgirá un pasivo financiero.

En el supuesto e), hay que señalar que en ciertas ocasiones el instrumento financiero no establece de forma explícita la obligación a cargo del emisor de entregar efectivo u otro activo financiero, pero sí se establece esa obligación de forma implícita. Si el valor de las acciones propias es de un importe elevado, el emisor se verá obligado a liquidar en efectivo.

Por otro lado, en el caso de acciones, aunque el propietario o tenedor de las mismas puede tener derecho a recibir dividendos, el emisor no tiene obligación contractual de entregarlos, por lo que no puede ser requerido a entregar efectivo u otro activo financiero. Lo anterior no impide que, en el caso de reconocimiento de dividendos, éstos se reconozcan como pasivos financieros.

## 5-39 Reconocimiento. Fecha de contratación y fecha de liquidación

La entidad reconocerá un instrumento financiero en su balance cuando se convierta en una parte obligada del contrato o negocio jurídico conforme a las disposiciones del mismo.

Los créditos por recobros de siniestros sólo podrán reconocerse cuando su realización se halle suficientemente garantizada a la fecha de la formulación de las cuentas anuales y, por tanto, se espera obtener de los mismos beneficios económicos. En ningún caso se reconocerá activos financieros por recobros de siniestros en función de estimaciones efectuadas con base en la experiencia de la entidad, a salvo de lo que se disponga al respecto en normas específicas.

Las operaciones de compra o venta de activos financieros instrumentadas mediante contratos convencionales, entendidos por tales aquellos en los que las obligaciones recíprocas de las partes deben consumarse dentro de un marco temporal establecido por la regulación o por las convenciones de mercado y que no pueden liquidarse por diferencias, se reconocerán en la fecha de contratación o de liquidación. Un contrato que pueda liquidarse por diferencias se contabilizará como un instrumento derivado.

En particular, las operaciones realizadas en el mercado de divisas se registrarán en la fecha de liquidación, mientras que los activos financieros negociados en mercados secundarios de valores españoles, si son instrumentos de patrimonio, se reconocerán en la fecha de contratación, y si se trata de valores representativos de deuda, en la fecha de liquidación.

La fecha de contratación es la fecha de compromiso. El registro de las operaciones en el balance en dicha fecha supone:

- Para el adquirente, reconocer un activo financiero y simultáneamente la correspondiente obligación de pago frente al vendedor.
- Para el vendedor, dar de baja del balance el activo y reconocer el derecho de cobro frente al adquirente, así como cualquier resultado obtenido en la venta.

La fecha de liquidación o entrega es la fecha en la que el adquirente paga y el vendedor entrega el activo, y desde la que, generalmente, comienzan a devengarse los rendimientos del activo. El registro de operaciones con este criterio supondrá:

- Para el vendedor, dar de baja del balance el activo y reconocer cualquier resultado obtenido de la venta en esa fecha y,
- Para el adquirente, reconocer un activo financiero en esa fecha y registrar, en su caso, las variaciones que pudiera experimentar su valor razonable entre las fechas de contratación y liquidación bajo las siguientes reglas:

5

• Si los activos financieros se valoran por su valor razonable: Los resultados se reconocerán en la cuenta de pérdidas y ganancias para los activos que se clasifiquen en las categorías de activos financieros mantenidos para negociar y otros activos financieros a valor razonable con cambios en pérdidas y ganancias, y en el patrimonio neto para los que se clasifiquen como activos financieros disponibles para la venta.

• Si los activos financieros se valoran al coste o al coste amortizado: No se reconocerá ningún tipo de resultado.

En cuanto al reconocimiento inicial de un activo financiero o la baja en cuentas de un pasivo financiero, las NIC abrieron dos posibilidades, de manera que las operaciones de suscripción, compra o venta de activos financieros pudieran ser reconocidas contablemente a través de dos métodos:

**a) Método de la fecha de negociación**

El activo se reconocerá en la fecha de negociación, entendida como la fecha en que una entidad se compromete a comprar o vender un activo.

Será el método adoptado con carácter general, al ser el que, desde un punto de vista teórico, mejor se adapta al principio de devengo.

**b) Método de la fecha de liquidación**

El activo se reconocerá en la fecha en que el activo se entrega o se transfiere a favor de la empresa.

En este sentido, la Circular 4/2004 del Banco de España (norma 22ª) señala que las operaciones realizadas en el mercado de divisas se registrarán en la fecha de liquidación, así como las operaciones sobre activos financieros representativos de deuda negociados en mercados secundarios.

En cualquier caso, el método utilizado para registrar la suscripción o compra de los activos financieros deberá ser utilizado de forma coherente para todos los activos encuadrados en la misma categoría (a este respecto indicar que los activos mantenidos para negociar pertenecen a una categoría distinta a la de los activos financieros a valor razonable con cambios en PyG).

## 5-40 Clasificación de los activos financieros

Los activos financieros, a efectos de su valoración, se clasificarán en alguna de las siguientes categorías:

1. Préstamos y partidas a cobrar.
2. Inversiones mantenidas hasta el vencimiento.
3. Activos financieros mantenidos para negociar.
4. Otros activos financieros a valor razonable con cambios en la cuenta de pérdidas y ganancias.
5. Inversiones en el patrimonio de entidades del grupo, multigrupo y asociadas.
6. Activos financieros disponibles para la venta.

## 5-41 Préstamos y partidas a cobrar

5

**Clasificación**

En esta categoría se clasificarán, con carácter general, los siguientes activos:

a) **Créditos por operaciones comerciales:** Son aquellos activos financieros que se originan en las operaciones de seguro, coaseguro y reaseguro.

b) **Créditos por operaciones no comerciales:** Son aquellos activos financieros que, no siendo instrumentos de patrimonio ni derivados, no tienen origen comercial, cuyos cobros son de cuantía determinada o determinable y que no se negocian en un mercado activo. No se incluirán aquellos activos financieros para los cuales el tenedor pueda no recuperar sustancialmente toda la inversión inicial, por circunstancias diferentes al deterioro crediticio.

Los préstamos y partidas a cobrar se diferencian según:

a) Se originen en las prestaciones de servicios que constituyen el objeto de la empresa. En este apartado deberán figurar, por ejemplo, créditos por primas de seguro pendientes de cobro o de emisión, saldos frente a reaseguradores, etc.

b) Se originen por actividades ajenas al objeto propio de la empresa aseguradora.


© CISS

**Características fundamentales**

- Son activos financieros no cotizados, es decir, no son objeto de negociación en un mercado activo.
- No pueden ser instrumentos derivados.
- Sus cobros están determinados o son determinables.
- La excepción serán aquellos préstamos y partidas a cobrar que la entidad tenga intención de vender inmediatamente o en un futuro próximo. En estos casos, se incluirán en la cartera de activos financieros mantenidos para negociar.

**Valoración inicial**

Los activos financieros incluidos en esta categoría se valorarán inicialmente por su valor razonable que, salvo evidencia en contrario, será el precio de la transacción, que equivaldrá al valor razonable de la contraprestación entregada más los costes de transacción que les sean directamente atribuibles.

No obstante lo señalado en el párrafo anterior, los créditos por operaciones comerciales con vencimiento no superior a un año y que no tengan un tipo de interés contractual, así como los anticipos y créditos al personal, los dividendos a cobrar y los desembolsos exigidos sobre instrumentos de patrimonio, cuyo importe se espera recibir en el corto plazo, se podrán valorar por su valor nominal cuando el efecto de no actualizar los flujos de efectivo no sea significativo.

**Valoración posterior**

Los activos financieros incluidos en esta categoría se valorarán por su coste amortizado. Los intereses devengados se contabilizarán en la cuenta de pérdidas y ganancias, aplicando el método del tipo de interés efectivo.

No obstante lo anterior, los créditos con vencimiento no superior a un año que, de acuerdo con lo dispuesto en el apartado anterior, se valoren inicialmente por su valor nominal, continuarán valorándose por dicho importe, salvo que se hubieran deteriorado.

**Deterioro de valor**

Al menos al cierre del ejercicio, deberán efectuarse las correcciones valorativas necesarias siempre que exista evidencia objetiva de que el valor de un crédito o de un grupo de créditos con similares características de riesgo valorados colectivamente, se ha deteriorado como resultado de uno o más eventos que hayan ocurrido después de su reconocimiento inicial y que ocasionen una reducción o retraso en los flujos de efectivo estimados futuros, que pueden venir motivados por la insolvencia del deudor.

La pérdida por deterioro del valor de estos activos financieros será la diferencia entre su valor en libros y el valor actual de los flujos de efectivo futuros que se estima van a generar, descontados al tipo de interés efectivo calculado en el momento de su reconocimiento inicial. Para los activos financieros a tipo de interés variable, se empleará el tipo de interés efectivo que corresponda a la fecha de cierre de las cuentas anuales de acuerdo con las condiciones contractuales. En el cálculo de las pérdidas por deterioro de un grupo de activos financieros se podrán utilizar modelos basados en fórmulas o métodos estadísticos.

Las correcciones valorativas por deterioro, así como su reversión cuando el importe de dicha pérdida disminuyese por causas relacionadas con un evento posterior, se reconocerán como un gasto o un ingreso, respectivamente, en la cuenta de pérdidas y ganancias. La reversión del deterioro tendrá como límite el valor en libros del crédito que estaría reconocido en la fecha de reversión si no se hubiese registrado el deterioro del valor.



Nos remitimos a la lectura del Grupo 4: Acreedores y deudores por operaciones comerciales de la Parte 5ª del PCEA "Definiciones y relaciones contables".

Los asientos para reflejar situaciones de deterioro de créditos comerciales serán los siguientes:

Por el reconocimiento del deterioro del crédito:

x

(697) Pérdidas por deterioro de operaciones de tráfico

a (490/491) Deterioro de valor de créditos por operaciones comerciales / Corrección por deterioro de las primas pendientes de cobro

Por la reversión del deterioro del crédito:

x

(490/491) Deterioro de valor de créditos por operaciones comerciales / Corrección por deterioro de las primas pendientes de cobro por otras

a (797) Reversión del deterioro operaciones comerciales

## 5-42 Normas particulares relativas al deterioro del valor

Deberán realizarse las correcciones valorativas que procedan en la cuenta de pérdidas y ganancias, con la dotación, en su caso, de las correspondientes correcciones por deterioro de las primas pendientes de cobro, en función del deterioro de los créditos con tomadores.

Dicho deterioro se calculará separadamente para cada ramo o riesgo en que la eventual pérdida derivada del impago del recibo no sea recuperable en función de otros derechos económicos reconocidos a favor del tomador y estará constituida por la parte de las primas de tarifa devengadas en el ejercicio netas del recargo de seguridad que, previsiblemente y de acuerdo con la experiencia de años anteriores de la propia entidad, no vayan a ser cobradas. A los efectos de esta corrección por deterioro no se considerarán las primas devengadas y no emitidas correspondientes a pólizas estimadas (pólizas flotantes).

La cuantía de la corrección por deterioro se determinará minorando las primas que deban ser consideradas en el importe de la provisión para primas no consumidas constituidas sobre ellas teniendo en cuenta, si procede, la incidencia del reaseguro.

En aquellos supuestos de recibos cuyo pago se haya fraccionado y en los que se haya producido el cobro de alguna de las fracciones y se encuentren pendientes el resto, la base de cálculo de la corrección por deterioro de las primas pendientes de cobro se constituirá únicamente por las primas devengadas correspondientes, emitidas o no, que no se hayan cobrado. De dicho importe se deducirá la provisión para primas no consumidas que corresponda únicamente a estas últimas fracciones no cobradas.

El cálculo de la corrección por deterioro de las primas pendientes de cobro se realizará al cierre del ejercicio, a partir de la información disponible sobre la situación de los recibos de primas pendientes de cobro a la fecha de cierre del mismo. Si la entidad no dispone de métodos estadísticos que aproximen el valor del deterioro en función de su experiencia, lo estimará de acuerdo con los siguientes criterios:

a) Primas con antigüedad igual o superior a seis meses no reclamadas judicialmente: deberán ser objeto de corrección por su importe íntegro.

b) Primas con antigüedad igual o superior a tres meses e inferior a seis meses, no reclamadas judicialmente: se corregirán aplicando un coeficiente del 50%.

c) Primas con antigüedad inferior a tres meses, no reclamadas judicialmente: se corregirán en función del coeficiente medio de anulaciones registrado en las primas que se encontraban en esta situación en los tres últimos ejercicios, confiriendo a la serie histórica la mayor homogeneidad posible.

En el supuesto de que la entidad no disponga de suficiente información para el cálculo del coeficiente medio de anulaciones por tratarse de nuevas modalidades, se estimará éste en el 25% de las primas de tarifa pendientes de cobro.

No obstante, podrá calcularse individualmente la corrección por deterioro en aquellos recibos que, por sus especiales características, merezcan ser objeto de un tratamiento diferenciado.

d) Primas reclamadas judicialmente: se corregirán individualmente en función de las circunstancias de cada caso.

e) En caso de fraccionamiento de primas con experiencia de impago, se considerará que la situación a estos efectos de todas las fracciones de primas pendientes, emitidas o no, es la de la fracción impagada más antigua.

f) En caso de fraccionamiento de primas sin experiencia de impago, se utilizará como coeficiente de anulaciones a efectos del cálculo de la corrección por deterioro, el coeficiente medio del ejercicio de la compañía.

g) En los casos de primas procedentes de coaseguro y reaseguro aceptado, las entidades podrán ampliar en tres meses los plazos reseñados en las letras anteriores.

Esta misma sistemática habrá de considerarse para reflejar en cuentas el efecto que sobre las comisiones pudieran tener las correcciones valorativas sobre los recibos pendientes de cobro.

Los créditos por las primas emitidas, o por las primas devengadas y no emitidas (con excepción de las correspondientes a pólizas flotantes) son objeto de reflejo contable a través de dos cuentas:

(431) Recibos de primas pendientes de cobro

(432) Créditos por recibos pendientes de emitir

Este tipo de créditos, como cualquier otro, puede sufrir correcciones contables en función de la mayor o menor probabilidad de obtener el importe que el crédito en cuestión representa. No obstante, y dadas las peculiaridades técnicas del sector asegurador, se introducen una serie de pautas y de aclaraciones necesarias para la correcta valoración de los posibles impagos.

En primer lugar, la norma señala que **el análisis del deterioro habrá que realizarse por ramos o por riesgos**, todo ello con el fin de separar aquellos ramos que generan provisión matemática de aquellos otros que no la generan. Tal y como señala la norma, el análisis del deterioro habrá que realizarlo para aquellos créditos derivados de ramos en los que no se genere provisión matemática.

Lo anterior es evidente dado que, si el asegurador tiene créditos por primas no cobradas, en el caso de que se produzca el peor escenario posible, esto es, el incobro definitivo de primas, el asegurador minorará la provisión matemática del cliente en cuestión, y en el caso de que se produjera un rescate, se minoraría el valor de rescate en el importe de las primas pendientes.

**La base de cálculo estará constituida por las primas de tarifa devengadas netas del recargo de seguridad.** Dado que a la hora de contabilizar los ingresos por primas, únicamente figura como tal ingreso la prima de tarifa (los recargos introducidos en el recibo de prima figurarán como deudas condicionadas de la entidad que se liquidarán a los entes públicos correspondientes), es lógico que los cálculos por deterioro se realicen sobre el importe reconocido como ingreso.

Por otro lado, del importe de la prima de tarifa devengada habrá que deducir la parte que se incluye como recargo de seguridad, pues éste se habrá imputado a la reserva de estabilización a través de la dotación correspondiente. Si calculásemos el deterioro sobre la prima sin deducir el recargo, se estaría duplicando el gasto.

**No se tomarán en cuenta las primas devengadas y no emitidas, pero sólo por la parte correspondiente a pólizas flotantes** registradas a través de la cuenta (489) Primas devengadas y no emitidas, netas de comisiones y cesiones (dado que en estos casos faltará todavía realizar la correspondiente regularización).

En el resto de los casos, aunque no se haya emitido el recibo, el crédito figurará a través de la cuenta (432) Créditos por recibos pendientes de emitir, habiéndose registrado el correspondiente ingreso, de manera que será necesario calcular el posible deterioro del mismo (supuesto especialmente aplicable en el caso de primas fraccionadas).

Con carácter general, la norma adopta **métodos globales de cálculo**, aplicando porcentajes en función del vencimiento o antigüedad de los créditos. Con ello se pretende evitar la dificultad que supone analizar el posible deterioro existente recibo a recibo. Todo ello no obsta para que se pueda, en determinados supuestos, realizar análisis individualizados de determinados recibos por sus características especiales, tal y como puede suceder en el caso de grandes riesgos o supuestos de recibos de importe elevado.

Para el cálculo de la provisión **deberá tomarse en cuenta el efecto de la dotación de la provisión de primas no consumidas realizada sobre las primas en cuestión.**

**Ejemplo:**

Supongamos una póliza no vida cuyos datos son los siguientes:

Periodo de cobertura = 1-10-X8 a 1-10-X9

Prima = 100 euros

Forma de pago = al comienzo de cada trimestre según el siguiente esquema:

Pago1º: 1-10-X8

Pago 2ª: 1-1-X9

Pago 3º: 1-4-X9

Pago 4º: 1-7-X9

NOTA: prescindimos de considerar recargos introducidos en el recibo, limitándonos al registro de primas de tarifa.

Se pide: realizar el análisis de los posibles deterioros de valor sabiendo que:

— se ha producido el impago del segundo y del tercer pago.

— no se han producido impagos

**Solución:**

En principio, el asiento contable a realizar al comienzo de la operación, en virtud del cual reconocemos el devengo de la prima en su totalidad, independientemente de la emisión o no de los recibos de prima, sería similar al siguiente:

A 1-10-X8:

| | | x | | |
|---|---|---|---|---|
| 25 | (431) Recibos primas pendientes de cobro | | | |
| 75 | (432) Créditos recibos pendientes de emitir | | | |
| | | a | (7001) Primas emitidas | 25 |
| | | | (7007) Variación primas devengadas y no emitidas | 75 |

Si se efectúa el cobro del primer recibo haremos:

| | | x | | |
|---|---|---|---|---|
| 25 | (572) Bancos | | | |
| | | a | (431) Recibos primas pendientes de cobro | 25 |

A 31-12-X8:

En principio, deberé realizar el cálculo del posible deterioro del crédito sobre el importe de 75 euros, que es el importe pendiente de cobro:

Ahora bien, también es cierto que, con la pretensión de efectuar la periodificación de la prima, la entidad habrá efectuado una dotación a la PPNC por importe de 75 euros

PPNC = 75 (100 x 9/12)

A cada fracción de prima (25 euros) le corresponde una parte de la PPNC (18,75 = 25 x 9/12).

De esta forma, el cálculo de la provisión se realizará sobre el siguiente importe:

75 — 56,25 (18,75 x 3) = 18,75

Como en este caso no ha habido impago de prima (dado que el anterior recibo fue abonado por el tomador), la provisión a 31-12-X8 resultará de aplicar sobre 18,75 el coeficiente medio de anulaciones de la compañía.

Deterioro de valor = 18,75 x (coeficiente de anulaciones de la compañía)

siendo:

Coeficiente de anulaciones de la compañía = Importe anulaciones primas devengadas en el ejercicio /

Primas devengadas en el ejercicio

*(Se ha de tener en cuenta la Instrucción Interna 3/2004 DGSFP, que añade que en cada uno de los cierres trimestrales deberá estimarse el coeficiente medio de anulaciones del ejercicio, para lo que se tomará el periodo comprendido entre el cierre del trimestre y los doce meses inmediatamente anteriores).*

Si el primer recibo (1-10-X8) no hubiera sido satisfecho por el tomador, la situación a 31-12-X8 sería la siguiente:

| ACTIVO | PASIVO |
|---|---|
| 25 (431) Recibos primas pendientes de cobro | (300) PPNC 75 (100 x 9/12) |
| 75 (432) Créditos recibos pendientes de emitir | |

En este caso, se considerará que la situación de todas las primas (tanto las registradas en la cuenta 431 como las registradas en la cuenta 432) es la correspondiente a la fracción impagada más antigua, de manera que se debería aplicar el coeficiente del 50% correspondiente a primas con antigüedad igual a tres meses:

Deterioro de valor = 25 x 50% = 12,5

No obstante, si considerásemos que a 31-12-X8 todavía no han transcurrido tres meses, nos situaríamos en la franja de primas con antigüedad inferior a tres meses. En este caso, el resultado sería el siguiente:

Deterioro de valor = 25 x coeficiente medio de anulaciones tres últimos ejerciciosprimas que se encontraban en esta situación

Si llegan los vencimientos de 1-1-X9 y de 1-4-X9 y no se produce el pago de los recibos, se deberá deteriorar el crédito (75 —PPNC que corresponda).

Consecuencia del vencimiento de los recibos será la necesaria emisión previa de los mismos.

Por cada recibo emitido, la compañía hará:

| | | x | | |
|---|---|---|---|---|
| 25 | (7007) Variación primas devengadas y no emitidas | | | |
| | | a | (432) Créditos recibos pendientes de emitir | 25 |

| | | x | | |
|---|---|---|---|---|
| 25 | (431) Recibos primas pendientes de cobro | | | |
| | | a | (7001) Primas emitidas | 25 |

5

## 5-43 Implicaciones fiscales del deterioro de valor

### 1. Impuesto de Sociedades

De conformidad con el artículo 12.2 TRLIS:

1.1. Serán deducibles las pérdidas por deterioro de los créditos derivadas de las posibles insolvencias de los deudores (entre los que se encuentran los créditos comerciales derivados de las operaciones de seguro), cuando en el momento del devengo del impuesto concurra alguna de las siguientes circunstancias:

a) Que haya transcurrido el plazo de seis meses desde el vencimiento de la obligación.

b) Que el deudor esté declarado en situación de concurso.

c) Que el deudor esté procesado por el delito de alzamiento de bienes.

d) Que las obligaciones hayan sido reclamadas judicialmente o sean objeto de un litigio judicial o procedimiento arbitral de cuya solución dependa su cobro.

1.2. No serán deducibles las pérdidas respecto de los créditos que seguidamente se citan, excepto que sean objeto de un procedimiento arbitral o judicial que verse sobre su existencia o cuantía:

1. Los adeudados o afianzados por entidades de derecho público.
2. Los afianzados por entidades de crédito o sociedades de garantía recíproca.
3. Los garantizados mediante derechos reales, pacto de reserva de dominio y derecho de retención, excepto en los casos de pérdida o envilecimiento de la garantía.
4. Los garantizados mediante un contrato de seguro de crédito o caución.
5. Los que hayan sido objeto de renovación o prórroga expresa.

1.3. No serán deducibles las pérdidas para la cobertura del riesgo derivado de las posibles insolvencias de personas o entidades vinculadas con el acreedor, salvo en el caso de insolvencia judicialmente declarada. Esta situación podría plantearse en el caso de operaciones por contratos de reaseguro estipuladas entre entidades pertenecientes al mismo grupo empresarial, en relación con los créditos que surgiesen de esa relación contractual.

Tampoco lo serán las pérdidas basadas en estimaciones globales del riesgo de insolvencias de clientes y deudores (salvo en el caso de entidades de reducida dimensión, en cuyo caso se admite la deducibilidad hasta el 1% del saldo de deudores existente al cierre del periodo impositivo en cuestión).

### 2. Impuesto sobre el Valor Añadido

Según el artículo 80 de la Ley 37/1992 del IVA, la base imponible podrá reducirse:

2.1. Cuando el destinatario de las operaciones sujetas al Impuesto no haya hecho efectivo el pago de las cuotas repercutidas y siempre que, con posterioridad al devengo de la operación, se dicte auto de declaración de concurso. La modificación, en su caso, no podrá efectuarse después de transcurrido el plazo máximo fijado en el número 5 del apartado 1 del artículo 21 de la Ley 22/2003, de 9 de julio, Concursal (un mes a contar desde el día siguiente a la publicación en el BOE del acto de declaración del concurso).

Sólo cuando por cualquier causa se sobresea el expediente del concurso de acreedores, el acreedor que hubiese modificado la base imponible deberá modificarla nuevamente al alza mediante la emisión, en el plazo que se fije reglamentariamente, de una factura rectificativa en la que se repercuta la cuota procedente.



2.2. La base imponible también podrá reducirse proporcionalmente cuando los créditos correspondientes a las cuotas repercutidas por las operaciones gravadas sean total o parcialmente incobrables.

A estos efectos, un crédito se considerará total o parcialmente incobrable cuando reúna las siguientes condiciones:

- Que haya transcurrido un año desde el devengo del Impuesto repercutido sin que se haya obtenido el cobro de todo o parte del crédito derivado del mismo.

No obstante, cuando se trate de operaciones a plazos o con precio aplazado, deberá haber transcurrido un año desde el vencimiento del plazo o plazos impagados a fin de proceder a la reducción proporcional de la base imponible. A estos efectos, se considerarán operaciones a plazos o con precio aplazado aquéllas en las que se haya pactado que su contraprestación deba hacerse efectiva en pagos sucesivos o en uno sólo, respectivamente, siempre que el período transcurrido entre el devengo del Impuesto repercutido y el vencimiento del último o único pago sea superior a un año.

 © CISS

- Que esta circunstancia haya quedado reflejada en los libros registros exigidos para este Impuesto.
- Que el destinatario de la operación actúe en la condición de empresario o profesional, o, en otro caso, que la base imponible de aquélla, Impuesto sobre el Valor Añadido excluido, sea superior a 300 euros.
- Que el sujeto pasivo haya instado su cobro mediante reclamación judicial al deudor.

No obstante lo dispuesto, cuando el sujeto pasivo desista de la reclamación judicial al deudor, deberá modificar nuevamente la base imponible al alza mediante la emisión, en el plazo de un mes a contar desde el desistimiento, de una factura rectificativa en la que se repercuta la cuota procedente.

## 5-44 Inversiones mantenidas hasta el vencimiento

### Concepto y requisitos

Se pueden incluir en esta categoría los valores representativos de deuda, con una fecha de vencimiento fijada, cobros de cuantía determinada o determinable, que se negocien en un mercado activo y que la entidad tenga la intención efectiva y la capacidad de conservarlos hasta su vencimiento.

Se entiende a los efectos de esta norma que una entidad no tiene intención efectiva de mantener hasta el vencimiento una inversión en un activo financiero con un vencimiento fijo si:

a) La entidad está dispuesta a vender el activo financiero (por motivos distintos de una situación sobrevenida que no es recurrente ni ha podido ser razonablemente anticipada por la misma) en respuesta a cambios en los tipos de interés de mercado o en los riesgos, necesidades de liquidez, cambios en la disponibilidad o en la rentabilidad de las inversiones alternativas, cambios en los plazos y fuentes de financiación o cambios en el riesgo de tipo de cambio.

b) El emisor tiene el derecho a liquidar el activo financiero por un importe significativamente inferior a su coste amortizado.

### Valoración inicial

Las inversiones mantenidas hasta el vencimiento se valorarán inicialmente por su valor razonable, que, salvo evidencia en contrario, será el precio de la transacción, que equivaldrá al valor razonable de la contraprestación entregada más los costes de transacción que les sean directamente atribuibles.

### Valoración posterior

Las inversiones mantenidas hasta el vencimiento se valorarán por su coste amortizado. Los intereses devengados se contabilizarán en la cuenta de pérdidas y ganancias, aplicando el método del tipo de interés efectivo.

### Deterioro del valor

Al menos al cierre del ejercicio, deberán efectuarse las correcciones valorativas aplicando los criterios señalados para el deterioro de préstamos y partidas a cobrar.

No obstante, como sustituto del valor actual de los flujos de efectivo futuros se puede utilizar el valor de mercado del instrumento, siempre que éste sea lo suficientemente fiable como para considerarlo representativo del valor que pudiera recuperar la entidad.

Las inversiones a vencimiento (junto con los activos financieros disponibles para la venta) constituyen la principal cartera de inversiones financieras de las entidades aseguradoras.

A la hora de su registro contable, deberemos atender al siguiente esquema:

| | | x | | |
|---|---|---|---|---|
| 0,104 | (251) Valores representativos de deuda | | | |
| | | a | (761) Ingresos de valores representativos de deuda | |
| | | | | 0,104 |

Rentabilidad efectiva: (10+0,1+0,104) x 0,04= 0,41

0,41 - 0,3= 0,11

Por el devengo de intereses implícitos:

| | | x | | |
|---|---|---|---|---|
| 0,11 | (251) Valores representativos de deuda | | | |
| | | a | (761) Ingresos de valores representativos de deuda | 0,11 |

Por el reembolso del título al finalizar el plazo:

| | | x | | |
|---|---|---|---|---|
| 10,31 | (572) Bancos | | | |
| | | a | (251) Valores representativos de deuda | 10,31 |

Si se tratara de una inversión a vencimiento con tipos de interés variables (por ejemplo un título de renta fija que abone cupones referenciados al Euribor), el valor actual de los flujos de efectivo futuros se calculará aplicando el tipo de interés efectivo actual o existente en cada fecha de cálculo de la posible pérdida por deterioro.

En relación con el deterioro de los activos financieros incluidos en esta categoría, señalar que, atendiendo a lo dispuesto por la normativa internacional, debemos distinguir:

- Descenso en el valor de mercado del título como consecuencia de posibles incumplimientos del emisor.
- Descenso en el valor de mercado del título como consecuencia de un aumento en los tipos de interés.

Es en este último caso, y considerando que la finalidad de la cartera de activos a vencimiento es mantener el título en cartera sin que le afecte a la entidad sus cambios de valor derivados de cambios en las condiciones de mercado, no se debería reconocer una pérdida por deterioro, limitándose a reconocer la pérdida en los casos de posible incumplimiento del emisor. No obstante, la empresa sí que deberá informar en memoria sobre el valor razonable del título.

5

## 5-45 Activos financieros mantenidos para negociar

### Concepto

Se considera que un activo financiero se posee para negociar cuando:

a) Se origine o adquiera con el propósito de venderlo en el corto plazo (por ejemplo, valores representativos de deuda, cualquiera que sea su plazo de vencimiento, o instrumentos de patrimonio, cotizados, que se adquieren para venderlos en el corto plazo).

b) Forme parte de una cartera de instrumentos financieros identificados y gestionados conjuntamente de la que existan evidencias de actuaciones recientes para obtener ganancias en el corto plazo, o

c) Sea un instrumento financiero derivado, siempre que no sea un contrato de garantía financiera ni haya sido designado como instrumento de cobertura.


© CISS

A excepción de los instrumentos derivados, no podrán ser clasificados en esta categoría los activos financieros asignados a las pólizas que determinen la provisión de seguro de vida mediante las técnicas de inmunización previstas en el ROSSP.

**Valoración inicial**

Los activos financieros mantenidos para negociar se valorarán inicialmente por su valor razonable, que, salvo evidencia en contrario, será el precio de la transacción, que equivaldrá al valor razonable de la contraprestación entregada. Los costes de transacción que les sean directamente atribuibles se reconocerán en la cuenta de pérdidas y ganancias del ejercicio.

Tratándose de instrumentos de patrimonio formará parte de la valoración inicial el importe de los derechos preferentes de suscripción y similares que, en su caso, se hubiesen adquirido.

**Valoración posterior**

Los activos financieros mantenidos para negociar se valorarán por su valor razonable, sin deducir los costes de transacción en que se pudiera incurrir en su enajenación. Los cambios que se produzcan en el valor razonable se imputarán en la cuenta de pérdidas y ganancias del ejercicio.

Las cuentas a utilizar para reflejar la evolución en el valor de los títulos de esta cartera serán:

(6630) Pérdidas de cartera de negociación

(7630) Beneficios de cartera de negociación

**Ejemplo:**

Una compañía adquiere el 15-1-X8 500 acciones de Telefónica por importe de 10.000 u.m.

La operación conlleva unos gastos en concepto de comisiones del 1%.

La entidad clasifica las acciones dentro de la cartera de activos financieros mantenidos para negociar.

A 31-12-X8 las acciones cotizan a 22 euros.

A 31-12-X9 las acciones cotizan a 18 euros.

Se pide contabilizar la operación según PCEA.

**Solución:**

A 15-1-X8:

Por la adquisición de los títulos:

| | | x | | |
|---|---|---|---|---|
| 10.000 | (250) Inversiones financieras a LP en instrumentos de patrimonio | | | |
| | | a | (572) Bancos | 10.000 |

Por los gastos en los que se incurre en la compra:

| | | x | | |
|---|---|---|---|---|
| 100 | (669) Otros gastos financieros | | | |
| | | a | (572) Bancos | 100 |

Observemos que, en los activos incluidos en esta cartera, los gastos derivados de la compra de los títulos no incrementan el valor de adquisición de éstos, situación lógica dado que, al contabilizarse los cambios de valor de los títulos en PyG, el incremento en el valor de los títulos derivado de estos gastos implicaría

5

las entidades o personas físicas dominantes, ejerzan sobre tal empresa una influencia significativa por tener una participación en ella que, creando con ésta una vinculación duradera, esté destinada a contribuir a su actividad.

En este sentido, se entiende que existe influencia significativa en la gestión de otra empresa, cuando se cumplan los dos requisitos siguientes:

a) La empresa o una o varias empresas del grupo, incluidas las entidades o personas físicas dominantes, participan en la empresa, y

b) Se tenga el poder de intervenir en las decisiones de política financiera y de explotación de la participada, sin llegar a tener el control.

Asimismo, la existencia de influencia significativa se podrá evidenciar a través de cualquiera de las siguientes vías:

1. Representación en el consejo de administración u órgano equivalente de dirección de la empresa participada.
2. Participación en los procesos de fijación de políticas.
3. Transacciones de importancia relativa con participada.
4. Intercambio de personal directivo.
5. Suministro de información técnica esencial.

Se presumirá, salvo prueba en contrario, que existe influencia significativa cuando la empresa o una o varias empresas del grupo incluidas las entidades o personas físicas dominantes, posean, al menos, el 20 por 100 de los derechos de voto de otra sociedad.

c)Inversiones en empresas multigrupo

Se entenderá por empresa multigrupo aquella que esté gestionada conjuntamente por la empresa o alguna o algunas de las empresas del grupo en caso de existir éste, incluidas las entidades o personas físicas dominantes, y uno o varios terceros ajenos al grupo de empresas.

**Valoración inicial**

Las inversiones en el patrimonio de empresas del grupo, multigrupo y asociadas se valorarán inicialmente al coste, que equivaldrá al valor razonable de la contraprestación entregada más los costes de transacción que les sean directamente atribuibles, debiéndose aplicar, en su caso, en relación con las empresas del grupo, el criterio incluido en el apartado 2 de la norma 20ª relativa a operaciones entre empresas del grupo y los criterios para determinar el coste de la combinación establecidos en el apartado 2.3 de la norma 18ª sobre combinaciones de negocios.

No obstante, si existiera una inversión anterior a su calificación como empresa del grupo, multigrupo o asociada, se considerará como coste de dicha inversión el valor contable que debiera tener la misma inmediatamente antes de que la empresa pase a tener esa calificación. En su caso, los ajustes valorativos previos asociados con dicha inversión contabilizados directamente en el patrimonio neto, se mantendrán en éste hasta que se produzca alguna de las circunstancias descritas en el apartado 2.5.3 de la Norma 8ª PCEA.

Formará parte de la valoración inicial el importe de los derechos preferentes de suscripción y similares que, en su caso, se hubiesen adquirido.

5

**Valoración posterior**

Las inversiones en el patrimonio de entidades del grupo, multigrupo y asociadas se valorarán por su coste, menos, en su caso, el importe acumulado de las correcciones valorativas por deterioro.

Cuando deba asignarse valor a estos activos por baja del balance u otro motivo, se aplicará el método del coste medio ponderado por grupos homogéneos, entendiéndose por éstos los valores que tienen iguales derechos.

En el caso de venta de derechos preferentes de suscripción y similares o segregación de los mismos para ejercitarlos, el importe del coste de los derechos disminuirá el valor contable de los respectivos activos. Dicho coste se determinará aplicando alguna fórmula valorativa de general aceptación.

**Deterioro del valor**

Al menos al cierre del ejercicio, deberán efectuarse las correcciones valorativas necesarias siempre que exista evidencia objetiva de que el valor en libros de una inversión no será recuperable.

El importe de la corrección valorativa será la diferencia entre su valor en libros y el importe recuperable, entendido éste como el mayor importe entre su valor razonable menos los costes de venta y el valor actual de los flujos de efectivo futuros derivados de la inversión, calculados, bien mediante la estimación de los que se espera recibir como consecuencia del reparto de dividendos realizado por la entidad participada y de la enajenación o baja en cuentas de la inversión en la misma, bien mediante la estimación de su participación en los flujos de efectivo que se espera sean generados por la entidad participada, procedentes tanto de sus actividades ordinarias como de su enajenación o baja en cuentas.

Salvo mejor evidencia del importe recuperable de las inversiones, en la estimación del deterioro de esta clase de activos se tomará en consideración el patrimonio neto de la entidad participada corregido por las plusvalías tácitas existentes en la fecha de la valoración. En la determinación de ese valor, y siempre que la entidad participada participe a su vez en otra, deberá tenerse en cuenta el patrimonio neto que se desprende de las cuentas anuales consolidadas elaboradas aplicando los criterios incluidos en el Código de Comercio y sus normas de desarrollo.

Cuando la entidad participada tuviere su domicilio fuera del territorio español, el patrimonio neto a tomar en consideración vendrá expresado en las normas contenidas en la presente disposición. No obstante, si mediaran altas tasas de inflación, los valores a considerar serán los resultantes de los estados financieros ajustados en el sentido expuesto en la norma relativa a moneda extranjera.

Las correcciones valorativas por deterioro y, en su caso, su reversión, se registrarán como un gasto o un ingreso, respectivamente, en la cuenta de pérdidas y ganancias. La reversión del deterioro tendrá como límite el valor en libros de la inversión que estaría reconocida en la fecha de reversión si no se hubiese registrado el deterioro del valor.

No obstante, en el caso de que se hubiera producido una inversión en la entidad, previa a su calificación como entidad del grupo, multigrupo o asociada, y con anterioridad a esa calificación, se hubieran realizado ajustes valorativos imputados directamente al patrimonio neto derivados de tal inversión, dichos ajustes se mantendrán tras la calificación hasta la enajenación o baja de la inversión, momento en el que se registrarán en la cuenta de pérdidas y ganancias, o hasta que se produzcan las siguientes circunstancias:

a) En el caso de ajustes valorativos previos por aumentos de valor, las correcciones valorativas por deterioro se registrarán contra la partida del patrimonio neto que recoja los ajustes valorativos previamente practicados hasta el importe de los mismos y el exceso, en su caso, se registrará en la cuenta de pérdidas y ganancias. La corrección valorativa por deterioro imputada directamente en el patrimonio neto no revertirá.

b) En el caso de ajustes valorativos previos por reducciones de valor, cuando posteriormente el importe recuperable sea superior al valor contable de las inversiones, este último se incrementará, hasta el límite de la indicada reducción de valor, contra la partida que haya recogido los ajustes valorativos previos y a partir de ese momento el nuevo importe surgido se considerará coste de la inversión. Sin embargo, cuando exista una evidencia objetiva de deterioro en el valor de la inversión, las pérdidas acumuladas directamente en el patrimonio neto se reconocerán en la cuenta de pérdidas y ganancias.

La valoración a partir de datos contables (Patrimonio Neto + plusvalías existentes en el momento de la valoración) es una manera de simplificar el cálculo del posible deterioro de la inversión. Según el ICAC, se trata de un mecanismo que pretende facilitar la aplicación de la norma en aquellos casos en los que esta metodología de forma clara y simple pueda evidenciar la no existencia de deterioro. De esta forma, si el valor teórico más las plusvalías tácitas procedentes de activos identificados supera al valor contable de la inversión, no será necesario realizar cálculos adicionales. En caso contrario, será necesario acudir a métodos adicionales de estimación del importe recuperable.



En cuanto a la determinación de las plusvalías existentes en el momento de la valoración (cuyo importe es necesario añadir al PN para determinar si existe o no deterioro):

- Ha de incluir todos los valores que formen parte del importe recuperable, por lo que se deberá incluir el posible fondo de comercio. El problema reside en que para obtener el fondo de comercio habrá que calcular el valor total de la empresa por alguno de los métodos directos de cálculo (precio de venta neto o descuento de flujos), de manera que el método de cálculo a partir de datos contables es útil cuando haga innecesario métodos más complejos de cálculo.
- Podrían resultar plusvalías negativas (por ejemplo, porque exista un fondo de comercio negativo).
- En el cómputo de plusvalías deberá considerarse el efecto fiscal.

En cuanto al método directo por descuento de flujos de efectivo, señalar que aunque esta información suele estar más fácilmente disponible para inversiones en empresas de grupo y multigrupo, ello no impide que se pueda realizar en el caso de participaciones en empresas asociadas.

| PCEA 1997 | PCEA 2008 |
|---|---|
| **MÉTODO RETROSPECTIVO** | **MÉTODO PROSPECTIVO** |
| - Cálculo deterioro en función del valor teórico. | - Cálculo deterioro en función importe recuperable. |
| - Toma en cuenta valores históricos. | - Toma en cuenta valores futuros (dividendos esperados, etc.). |

A la hora de comprobar si existe deterioro de la inversión, compararemos:

**VALOR EN LIBROS** ⟷ **IMPORTE RECUPERABLE**

Siendo **importe recuperable** el mayor entre:

- Valor razonable - gastos venta.
- Valor actual flujos efectivo.

En el caso de acciones cotizadas en un mercado regulado, su valor razonable vendrá determinado por su valor bursátil.

Señalar que, a efectos fiscales, la deducción por deterioro no podrá exceder de la diferencia positiva entre el valor de los fondos propios al inicio y al cierre de ejercicio. En su caso, la diferencia positiva será fiscalmente deducible en función del porcentaje de participación.

**Ejemplo:**

Con fecha 1-1-X0 una entidad aseguradora adquiere 10.000 acciones de la sociedad MRW, S.A. por importe de 10 €/acción, clasificándolas como disponibles para la venta. A 4-3-X0 la entidad aseguradora amplía su porcentaje en MRW, S.A., adquiriendo 30.000 acciones a 12 €/acción. Con esta segunda adquisición la entidad pasa a controlar el 40% de MRW, S.A.

Se pide realizar las anotaciones contables oportunas de conformidad con el PCEA suponiendo que a 31-12-X0 el valor recuperable de las acciones es:

a) 470.000

b) 450.000



**Solución:**

Antes de analizar posibles deterioros de valor conviene mencionar los asientos previos de compra y revalorización de acciones:

Por la compra inicial:

| | | x | | |
|---|---|---|---|---|
| 100.000 | (250) Inversiones financieras en instrumentos de patrimonio | | | |
| | | a | (572) Bancos | 100.000 |

Por la segunda compra y revalorización de las acciones iniciales:

| | | x | | |
|---|---|---|---|---|
| 20.000 | (250) Inversiones financieras en instrumentos de patrimonio | | | |
| | | a | (900) B° en AFDV | 20.000 |

| | | x | | |
|---|---|---|---|---|
| 360.000 | (2404) Participaciones en empresas asociadas | | | |
| | | a | (572) Bancos | 360.000 |

Por la reclasificación de las acciones:

| | | x | | |
|---|---|---|---|---|
| 120.000 | (2404) Participaciones en empresas asociadas | | | |
| | | a | (250) IF en instrumentos patrimonio | 120.000 |

Por la regularización del asiento de plusvalías latentes reconocidas en cuentas de patrimonio neto:

| | | x | | |
|---|---|---|---|---|
| 20.000 | (900) B° en AFDV | | | |
| | | a | (133) Ajustes por valoración en AFDV | 20.000 |

Analicemos ahora la existencia de posibles deterioros:

a) Valor recuperable = 470.000

El valor contable de las acciones es de 480.000 euros (100.000 + 20.000 + 360.000), por lo que existe un deterioro por importe de 10.000 euros.

Por el reconocimiento del deterioro, en cuentas de patrimonio neto, haremos:

| | | x | | |
|---|---|---|---|---|
| 10.000 | (892) Deterioro de participaciones en patrimonio, empresas asociadas | | | |
| | | a | (2404) Participaciones en empresas asociadas | 10.000 |

Por la regularización del asiento anterior:

| | | x | | |
|---|---|---|---|---|
| 10.000 | (133) Ajustes por valoración en AFDV | | | |
| | | a | (892) Deterioro de participaciones en patrimonio, empresas asociadas | 10.000 |

5

Valor recuperable = 450.000

El valor contable de las acciones es de 480.000 euros (100.000 + 20.000 + 360.000), por lo que existe un deterioro por importe de 30.000 euros.

Por el reconocimiento del deterioro, en cuentas de patrimonio neto, haremos:

| | | x | | |
|---|---|---|---|---|
| 20.000 | (892) Deterioro de participaciones en empresas asociadas | | | |
| | | a | (2404) Participaciones en empresas asociadas | 20.000 |

Por el reconocimiento del resto del deterioro, en cuentas de resultados dado que hemos agotado el saldo de la cuenta de patrimonio neto, haremos:

| | | x | | |
|---|---|---|---|---|
| 10.000 | (6961) Pérdidas por deterioro de participaciones en empresas asociadas | | | |
| | | a | (2934) Deterioro de valor de valor de participaciones empresas asociadas | 10.000 |

Por la regularización del asiento de reconocimiento del deterioro en cuentas de patrimonio neto:

| | | x | | |
|---|---|---|---|---|
| 20.000 | (133) Ajustes por valoración en AFDV | | | |
| | | a | (892) Deterioro de participaciones en empresas asociadas | 20.000 |

5

## 5-48 Activos financieros disponibles para la venta

### Concepto

En esta categoría se incluirán los valores representativos de deuda, las permutas de flujos ciertos o predeterminados y los instrumentos de patrimonio de otras entidades que no se hayan clasificado en ninguna de las categorías anteriores.

### Valoración inicial

Los activos financieros disponibles para la venta se valorarán inicialmente por su valor razonable que, salvo evidencia en contrario, será el precio de la transacción, que equivaldrá al valor razonable de la contraprestación entregada, más los costes de transacción que les sean directamente atribuibles.

Formará parte de la valoración inicial el importe de los derechos preferentes de suscripción y similares que, en su caso, se hubiesen adquirido.


© CISS

**Valoración posterior**

Los activos financieros disponibles para la venta se valorarán por su valor razonable, sin deducir los costes de transacción en que se pudiera incurrir en su enajenación. Los cambios que se produzcan en el valor razonable se registrarán directamente en el patrimonio neto, hasta que el activo financiero cause baja del balance o se deteriore, momento en que el importe así reconocido, se imputará a la cuenta de pérdidas y ganancias.

No obstante lo anterior, las correcciones valorativas por deterioro del valor y las pérdidas y ganancias que resulten por diferencias de cambio en activos financieros monetarios en moneda extranjera, de acuerdo con la norma relativa a esta última, se registrarán en la cuenta de pérdidas y ganancias.

Se registrarán en la cuenta de pérdidas y ganancias el importe de los intereses, calculados según el método del tipo de interés efectivo, y de los dividendos devengados.

Las inversiones en instrumentos de patrimonio cuyo valor razonable no se pueda determinar con fiabilidad se valorarán por su coste, menos, en su caso, el importe acumulado de las correcciones valorativas por deterioro del valor.

Cuando deba asignarse valor a estos activos por baja del balance u otro motivo, se aplicará el método del valor medio ponderado por grupos homogéneos. Se entenderá por grupo homogéneo aquellos instrumentos financieros que cuenten con los mismos derechos.

En el supuesto excepcional de que el valor razonable de un instrumento de patrimonio dejase de ser fiable, los ajustes previos reconocidos directamente en el patrimonio neto se tratarán de la misma forma dispuesta para las participaciones en empresas de grupo, multigrupo y asociadas.

En el caso de venta de derechos preferentes de suscripción y similares o segregación de los mismos para ejercitarlos, el importe de los derechos disminuirá el valor contable de los respectivos activos. Dicho importe corresponderá al valor razonable o al coste de los derechos, de forma consistente con la valoración de los activos financieros asociados, y se determinará aplicando alguna fórmula valorativa de general aceptación.

**Deterioro del valor**

Al menos al cierre del ejercicio, deberán efectuarse las correcciones valorativas necesarias siempre que exista evidencia objetiva de que el valor de un activo financiero disponible para la venta, o grupo de activos financieros disponibles para la venta con similares características de riesgo valoradas colectivamente, se ha deteriorado como resultado de uno o más eventos que hayan ocurrido después de su reconocimiento inicial, y que ocasionen:

a) En el caso de los instrumentos de deuda adquiridos, una reducción o retraso en los flujos de efectivo estimados futuros, que pueden venir motivados por la insolvencia del deudor; o

b) En el caso de inversiones en instrumentos de patrimonio, la falta de recuperabilidad del valor en libros del activo, evidenciada, por ejemplo, por un descenso prolongado o significativo en su valor razonable. En todo caso, se presumirá que el instrumento se ha deteriorado ante una caída de un año y medio y de un cuarenta por ciento en su cotización, sin que se haya producido la recuperación de su valor, sin perjuicio de que pudiera ser necesario reconocer una pérdida por deterioro antes de que haya transcurrido dicho plazo o descendido la cotización en el mencionado porcentaje.

La corrección valorativa por deterioro del valor de estos activos financieros será la diferencia entre su coste o coste amortizado menos, en su caso, cualquier corrección valorativa por deterioro previamente reconocida en la cuenta de pérdidas y ganancias y el valor razonable en el momento en que se efectúe la valoración.

Las pérdidas acumuladas reconocidas en el patrimonio neto por disminución del valor razonable, siempre que exista una evidencia objetiva de deterioro en el valor del activo, se reconocerán en la cuenta de pérdidas y ganancias.

Si en ejercicios posteriores se incrementase el valor razonable, la corrección valorativa reconocida en ejercicios anteriores revertirá con abono a la cuenta de pérdidas y ganancias del ejercicio. No obstante, en el caso de que se incrementase el valor razonable correspondiente a un instrumento de patrimonio, la corrección valorativa reconocida en ejercicios anteriores no revertirá con abono a la cuenta de pérdidas y ganancias y se registrará el incremento de valor razonable directamente contra el patrimonio neto.

En el caso de instrumentos de patrimonio que se valoren por su coste, por no poder determinarse con fiabilidad su valor razonable, la corrección valorativa por deterioro se calculará de acuerdo con lo dispuesto en el apartado relativo a las inversiones en el patrimonio de entidades del grupo, multigrupo y asociadas, y no será posible la reversión de la corrección valorativa reconocida en ejercicios anteriores.

En ocasiones, la situación de determinados mercados provoca una caída del volumen de negociación, haciendo perder fiabilidad a los valores obtenidos. Al respecto, el IASB define un mercado inactivo como aquel que presenta las siguientes características:

- Caída significativa del volumen de negociación.
- Excesiva volatilidad en los precios.
- Participación de actores poco comunes en los mercados.

En estos casos, si el mercado no es activo, la obtención del valor razonable requiere la utilización de una técnica de valoración:

- Operaciones de mercado en condiciones similares.
- Valor razonable de instrumentos similares.
- Descuentos de flujos.
- Modelos de opciones.

El proceso de medición y obtención de valor razonable debe considerar:

- El tipo de instrumento financiero.
- Estructura temporal de flujos.
- La prima de riesgo aplicable.
- Garantías o colaterales (calidad de los mismos).
- Cláusulas de subordinación.
- Derivados de crédito, etc.

Las cuentas a utilizar para reflejar los cambios de valor son:

(6632) Pérdidas de disponibles para la venta

(7632) Beneficios de disponibles para la venta

**Ejemplo 1:**

Con fecha 1-1-X10 la entidad aseguradora RAS, S.A. ha adquirido acciones de la sociedad ROS, S.A. por importe de 1.000 euros.

Las acciones se integran en la cartera de activos financieros disponibles para la venta.

La evolución del valor razonable de las acciones ha sido la siguiente:

31-12-X10 = 800 €

31-12-X11 = 200 €. Se manifiesta una evidencia objetiva del deterioro de las acciones.

31-12-X12 = 800 €

Se pide realizar las anotaciones contables oportunas.

5

Tipo impositivo = 30%

**Solución 1:**

A 1-1-X10:

Por la adquisición de los títulos:

| | x | | |
|---|---|---|---|
| 1.000 | (250) Inversiones financieras en instrumentos de patrimonio | | |
| | | a (572) Bancos | 1.000 |

A 31-12-X10:

Por el reconocimiento del menor valor de los títulos:

| | | x | | |
|---|---|---|---|---|
| 200 | (800) Pérdidas en activos financieros disponibles para la venta | | | |
| | | a | (250) Inversiones financieras en instrumentos de patrimonio | 200 |

Por el reconocimiento del efecto impositivo derivado del menor valor de los títulos:

| | | x | | |
|---|---|---|---|---|
| 60 | (4740) Activos por diferencias temporarias deducibles | | | |
| | | a | (8301) Impuesto diferido | 60 |

Por la regularización de los asientos que afectan a cuentas de patrimonio neto:

| | | x | | |
|---|---|---|---|---|
| 200 | (133) Ajustes por valoración en activos fin. disponibles para la venta | | | |
| | | a | (800) Pérdidas en activos financieros disponibles para la venta | 200 |

| | | x | | |
|---|---|---|---|---|
| 60 | (8301) Impuesto diferido | | | |
| | | a | (133) Ajustes por valoración en activos fin. disponibles para la venta | 60 |

A 31-12-X11:

Por el reconocimiento del deterioro efectivo en el valor de los títulos:

| | | x | | |
|---|---|---|---|---|
| 800 | (696) Pérdidas por deterioro de participaciones y valores representativos de deuda | | | |
| | | a | (902) Transferencia de pérdidas de activos financieros disponibles para la venta | 200 |
| | | | (250) Inversiones financieras en instrumentos de patrimonio | 600 |

Por el reconocimiento del efecto impositivo derivado del deterioro efectivo en el valor de los títulos:

| | x | | |
|---|---|---|---|
| 60 | (8301) Impuesto diferido | | |
| | a | (4740) Activos por diferencias temporarias deducibles | 60 |

Por la regularización de los asientos que afectan a cuentas de patrimonio neto:

| | x | | |
|---|---|---|---|
| 200 | (902) Transferencia de pérdidas de activos fin. disponibles para la venta | | |
| | a | (133) Ajustes por valoración en activos fin. disponibles para la venta | 200 |

| | x | | |
|---|---|---|---|
| 60 | (133) Ajustes por valoración en activos fin. disponibles para la venta | | |
| | a | (8301) Impuesto diferido | 60 |

A 31-12-X12:

Por el reconocimiento del aumento en el valor de los títulos:

| | x | | |
|---|---|---|---|
| 600 | (250) Inversiones financieras en instrumentos de patrimonio | | |
| | a | (900) Beneficios en activos fin. disponibles para la venta | 600 |

Por el reconocimiento del efecto impositivo derivado del aumento en el valor de los títulos:

| | x | | |
|---|---|---|---|
| 180 | (8301) Impuesto diferido | | |
| | a | (479) Pasivos por diferencias Temporarias imponibles | 180 |

Por la regularización de los asientos que afectan a cuentas de patrimonio neto:

| | x | | |
|---|---|---|---|
| 600 | (900) Beneficios en activos fin. disponibles para la venta | | |
| | a | (133) Ajustes por valoración en activos fin. disponibles para la venta | 600 |

5

 © CISS

| | | | | |
|---|---|---|---|---|
| | | x | | |
| 180 | (133) Ajustes por valoración en activos fin. disponibles para la venta | | | |
| | | a | (8301) Impuesto diferido | 180 |

**Ejemplo 2:**

Con fecha 1-1-X0, la entidad aseguradora CAM, S.A. ha adquirido 100 acciones de la sociedad GL, S.A. por un precio de 20 €/acción. La entidad clasifica las acciones en su balance como activos financieros disponibles para la venta. 1

A 31-12-X0 el valor de mercado de los títulos es de 14 €/acción.

o

Se sabe igualmente que con fecha 30-06-X1, GL, S.A. ha realizado una ampliación de capital de acción nueva por cada 2 antiguas, de igual valor nominal y con un valor de emisión de 8 €/acción (valor cotización 14 euros). CAM, S.A. decide ejercitar la mitad de los derechos de suscripción y vender el rest de derechos por 3 euros cada uno.

A 31-12-X1 las acciones de GL, S.A. cotizan a 9 €/acción.

Tipo impositivo = 30%.

Se pide: realizar los asientos contables que reflejen el posible deterioro del valor de los títulos adquiridos.

**Solución 2:**

A 31-12-X0 la situación contable de los títulos será la siguiente:

| | |
|---|---|
| (250) Inversiones financieras en instrumentos de patrimonio = | 1.400 (100 x 14) |
| (133) Ajustes por valoración en AFDV = | 420 [100 x (20-14) x 0,7] |
| (4740) Activos por dif. temporarias deducibles = | 180 [100 x (20-14) x 0,3] |

En la ampliación de capital CAM, S.A. acudirá con 100 derechos correspondientes a 100 acciones.

Valor de los derechos:

2 acc. antiguas x 14 euros = 28

1 acc. nueva x 8 euros = 8

3 acciones = 36

Valor ex ante acción = 14 euros

Valor ex post acción = 12 (36/3)

Valor d° suscripción = 2 euros

Por el desglose y reconocimiento del valor de los derechos de suscripción derivados de las acciones:

5

| | | x | | |
|---|---|---|---|---|
| 200 | (250X) Derechos de suscripción | | | |
| | | a | (250) Inversiones financieras en instrumentos de patrimonio (100 x 2) | 200 |

Por la venta de los derechos:

| | | x | | |
|---|---|---|---|---|
| 150 | (572) Bancos | | | |
| | | a | (250X) Derechos de suscripción | 100 |
| | | | (7632) Bº de disponibles para la venta | 50 |

Por los derechos ejercitados en la ampliación:

| | | x | | |
|---|---|---|---|---|
| 300 | (250) Inversiones financieras en instrumentos de patrimonio | | | |
| | | a | (250X) Derechos de suscripción | 100 |
| | | | (7632) Bº de disponibles para la venta | 200 |

Después de la ampliación de capital CAM, S.A. tiene 125 acciones (100 + 25), con los siguientes datos contables:

| | |
|---|---|
| (250) Inversiones financieras en instrumentos de patrimonio = | 1.500 (1.400 - 200 + 300) |
| (133) Ajustes por valoración en AFDV = | 420 [100 x (20-14) x 0,7] |
| (4740) Activos por dif. temporarias deducibles = | 180 [100 x (20-14) x 0,3] |

Con fecha 31-12-X1 las acciones cotizan a 9 €/acción.

Analizamos si se ha producido una caída igual o superior al 40% en el valor de las acciones adquiridas. En este caso, se han efectuado dos operaciones de compra de acciones, por lo que deberemos hallar un valor medio ponderado:

% Deterioro 100 acciones = (9-20) / 20 = 0,55

% Deterioro 25 acciones = (9-14) / 14 = 0,36

% Deterioro VMP = (100 x 0,55 + 25 x 0,36) / 125 = 0,51

Valor contable títulos = 1.500

Valor razonable = 1.125 (125 x 9)

Deterioro = 375

Por el reconocimiento del deterioro efectivo en el valor de los títulos:

 © CISS

x

| | | | | |
|---|---|---|---|---|
| 375 | (696) Pérdidas por deterioro de participaciones y valores repres. de deuda | | | |
| | | a | (902) Transferencia de pérdidas de AFDV | 375 |

Por el reconocimiento del efecto impositivo:

x

| | | | | |
|---|---|---|---|---|
| 112,5 | (8301) Impuesto diferido | | | |
| | | a | (4740) Activos por dif. temporarias deducibles (375 x 0,3) | 112,5 |

Por la regularización de los asientos que afectan a cuentas de patrimonio neto:

x

| | | | | |
|---|---|---|---|---|
| 375 | (902) Transferencia de pérdidas de AFDV | | | |
| | | a | (8301) Impuesto diferido | |
| | | | (133) Ajustes por valoración en AFDV | 262,5 |

**CUADRO RESUMEN CLASIFICACION DE ACTIVOS**

| Categoría Naturaleza | Préstamos y partidas a cobrar | Vencimiento | Negociación | Partículo en empresas grupo | Disponible para la venta |
|---|---|---|---|---|---|
| **RF cotizada** | NO | SI | SI | NO | SI |
| **RF no cotizada** | SI | NO | SI | NO | SI |
| **Renta variable** | NO | NO | SI | SI | SI |
| **Fondos de inversión** | NO | NO | SI | NO | SI |
| **Préstamos** | SI | NO | NO | NO | NO |
| **Derivados** | NO | NO | SI | NO | NO |
| **Permutas de flujos** | SI | NO | NO | NO | SI |
| **Deuda perpetua** | SI | NO | SI | NO | SI |

5

## 5-49 Reclasificación de activos financieros

La entidad, como regla general, no podrá reclasificar ningún activo financiero incluido inicialmente en la categoría de mantenidos para negociar o a valor razonable con cambios en la cuenta de pérdidas y ganancias a otras categorías, ni de éstas a aquéllas, salvo cuando proceda calificar al activo como inversión en el patrimonio de entidades del grupo, multigrupo o asociadas.

No obstante lo anterior, se podrán realizar las siguientes reclasificaciones con los siguientes requisitos:

a) Los activos financieros valorados al valor razonable con cambios en resultados, excluidos los derivados, a las categorías de "activos financieros disponibles para la venta" o "inversiones mantenidas hasta el vencimiento", siempre que concurran circunstancias excepcionales y hubieran resultado incluibles en dichas categorías en el momento del reconocimiento inicial. A estos efectos, se entenderá por circunstancias excepcionales aquellas que surgen de un evento aislado, ajeno al control de la entidad, que es inusual y altamente improbable que se repita en un futuro previsible.

b) Los activos financieros valorados al valor razonable con cambios en resultados, excluidos los derivados, a la categoría de "préstamos y partidas a cobrar", siempre que los mismos hubieran resultado incluibles en la categoría de "préstamos y partidas a cobrar" en el momento del reconocimiento inicial y la entidad tenga la intención y la capacidad de conservarlos en cartera en un futuro previsible o hasta el vencimiento.

Los activos financieros asignados en la categoría de "activos financieros disponibles para la venta" se podrán reclasificar a la categoría de "préstamos y partidas a cobrar", siempre que los mismos hubieran resultado incluibles en la categoría de "préstamos y partidas a cobrar" en el momento del reconocimiento inicial y la entidad tenga la intención y la capacidad de conservarlos en cartera en un futuro previsible o hasta el vencimiento.

1. Si el activo financiero cuenta con vencimiento fijo, a lo largo de la vida residual de la inversión hasta su vencimiento, conforme al tipo de interés efectivo y, anticipadamente, en caso de deterioro de valor.

2. Si el activo financiero carece de vencimiento fijo, en el momento de su enajenación o disposición por otra vía y, anticipadamente, en caso de deterioro de valor.

La fecha de la reclasificación será aquella en la que la entidad proceda a reasignar los activos previamente clasificados una vez cumplidos los requisitos exigidos.

En los casos en los que se hubiese procedido a reclasificar activos financieros valorados al valor razonable con cambios en resultados a las categorías de "activos financieros disponibles para la venta", "inversiones mantenidas hasta el vencimiento" o "préstamos y partidas a cobrar", o bien se hubiesen reclasificado activos financieros asignados a la categoría de "activos financieros disponibles para la venta" a la categoría de "préstamos y partidas a cobrar", no podrán volverse a reclasificar los mismos a las categorías a las que inicialmente hubiesen sido asignados.

No se podrá clasificar o tener clasificado ningún activo financiero en la categoría de inversiones mantenidas hasta el vencimiento si en el ejercicio a que se refieren las cuentas anuales o en los dos precedentes, se han vendido o reclasificado activos incluidos en esta categoría por un importe que no sea insignificante en relación con el importe total de la categoría de inversiones mantenidas hasta el vencimiento, salvo aquellas que correspondan a ventas o reclasificaciones:

a) Muy próximas al vencimiento, o

b) Que hayan ocurrido cuando la entidad haya cobrado la práctica totalidad del principal, o

c) Atribuibles a un suceso aislado, fuera del control de la entidad, no recurrente y que razonablemente no podía haber sido anticipado por la entidad.

Se entenderá por suceso aislado ajeno al control de la entidad, entre otros, los siguientes sucesos:

a) Un deterioro significativo en la solvencia del emisor.

b) Cambios en los requerimientos de capitales económicos o en los límites de diversificación y dispersión de los activos.

c) Rescates de pólizas que excedan de las estimaciones de rescates realizadas por la entidad en base a proyecciones que contemplen su experiencia en los 5 últimos ejercicios y la realidad de variables financieras observables en los mercados.



Cuando dejase de ser apropiada la clasificación de un activo financiero como inversión mantenida hasta el vencimiento, como consecuencia de un cambio en la intención o en la capacidad financiera de la entidad o por la venta o reclasificación de un importe que no sea insignificante según lo dispuesto anteriormente, dicho activo, junto con el resto de activos financieros de la categoría de inversiones mantenidas hasta el vencimiento, se reclasificarán a la categoría de disponibles para la venta y se valorarán por su valor razonable. La diferencia entre el importe por el que figure registrado y su valor razonable se reconocerá directamente en el patrimonio neto de la entidad y se aplicarán las reglas relativas a los activos disponibles para la venta.

Si como consecuencia de un cambio en la intención o en la capacidad financiera de la entidad, o si pasados dos ejercicios completos desde la reclasificación de un activo financiero de la categoría de inversión mantenida hasta el vencimiento a la de disponible para la venta, se reclasificase un activo financiero en la categoría de inversión mantenida hasta el vencimiento, el valor contable del activo financiero en esa fecha se convertirá en su nuevo coste amortizado. Cualquier pérdida o ganancia procedente de ese activo que previamente se hubiera reconocido directamente en el patrimonio neto se mantendrá en éste y se reconocerá en la cuenta de pérdidas y ganancias a lo largo de la vida residual de la inversión mantenida hasta el vencimiento, utilizando el método del tipo de interés efectivo.

Cuando la inversión en el patrimonio de una entidad del grupo, multigrupo o asociada deje de tener tal calificación, la inversión que, en su caso, se mantenga en esa entidad se valorará de acuerdo con las reglas aplicables a los activos financieros disponibles para la venta.

**Reclasificación de activos financieros mantenidos para negociar y a valor razonable con cambios en PyG**

La entidad no podrá reclasificar ningún activo financiero incluido inicialmente en la categoría de mantenidos para negociar o a valor razonable con cambios en la cuenta de pérdidas y ganancias a otras categorías, ni de éstas a aquéllas, salvo cuando proceda calificar al activo como inversión en el patrimonio de entidades del grupo, multigrupo o asociadas.

**Reclasificación de activos financieros a vencimiento. Aplicación de la regla de la contaminación**

No se podrá clasificar o tener clasificado ningún activo financiero en la categoría de inversiones mantenidas hasta el vencimiento si en el ejercicio a que se refieren las cuentas anuales o en los dos precedentes, se han vendido o reclasificado activos incluidos en esta categoría por un importe que no sea insignificante en relación con el importe total de la categoría de inversiones mantenidas hasta el vencimiento, salvo aquéllas que correspondan a ventas o reclasificaciones:

a) Muy próximas al vencimiento, o

b) Que hayan ocurrido cuando la entidad haya cobrado la práctica totalidad del principal, o

c) Atribuibles a un suceso aislado, fuera del control de la entidad, no recurrente y que razonablemente no podía haber sido anticipado por la entidad.

Se entenderá por suceso aislado ajeno al control de la entidad, entre otros, los siguientes sucesos:

a) Un deterioro significativo en la solvencia del emisor.

b) Cambios en los requerimientos de capitales económicos o en los límites de diversificación y dispersión de los activos.

c) Rescates de pólizas que excedan de las estimaciones de rescates realizadas por la entidad en base a proyecciones que contemplen su experiencia en los 5 últimos ejercicios y la realidad de variables financieras observables en los mercados.

Cuando dejase de ser apropiada la clasificación de un activo financiero como inversión mantenida hasta el vencimiento, como consecuencia de un cambio en la intención o en la capacidad financiera de la entidad o por la venta o reclasificación de un importe que no sea insignificante según lo dispuesto anteriormente, dicho activo, junto con el resto de activos financieros de la categoría de inversiones mantenidas hasta el vencimiento, se reclasificarán a la categoría de disponibles para la venta y se valorarán por su valor razonable. La diferencia entre el importe por el que figure registrado y su valor razonable se reconocerá directamente en el patrimonio neto de la entidad y se aplicarán las reglas relativas a los activos disponibles para la venta

Si como consecuencia de un cambio en la intención o en la capacidad financiera de la entidad, o si pasados dos ejercicios completos desde la reclasificación de un activo financiero de la categoría de inversión mantenida hasta el vencimiento a la de disponible para la venta, se reclasificase un activo financiero en la categoría de inversión mantenida hasta el vencimiento, el valor contable del activo financiero en esa fecha se convertirá en su nuevo coste amortizado.



Cualquier pérdida o ganancia procedente de ese activo que previamente se hubiera reconocido directamente en el patrimonio neto se mantendrá en éste y se reconocerá en la cuenta de pérdidas y ganancias a lo largo de la vida residual de la inversión mantenida hasta el vencimiento, utilizando el método del tipo de interés efectivo.

**Reclasificación de inversiones en el patrimonio de empresas del grupo, multigrupo y asociadas**

Cuando la inversión en el patrimonio de una entidad del grupo, multigrupo o asociada deje de tener tal calificación, la inversión que, en su caso, se mantenga en esa entidad se valorará de acuerdo con las reglas aplicables a los activos financieros disponibles para la venta.

La posibilidad de reclasificar instrumentos financieros entre las diferentes carteras que contempla el PCEA puede resultar de especial utilidad en situaciones de turbulencias financieras con caídas importantes en los valores de mercado de los activos. De esta forma, y con el objetivo de no dañar la cuenta de resultados, se ampliaron las posibilidades de reclasificación inicialmente permitidas. En cualquier caso no debemos olvidar que las entidades aseguradoras, y en especial para el caso de títulos de renta fija, suelen incluir sus activos financieros en las carteras de activos financieros disponibles para la venta y en la cartera de vencimiento, por lo que las operaciones de reclasificación serán en principio menos habituales que en otros sectores.

**Ejemplo 1:**

La empresa aseguradora KPG, S.A. adquiere el 1-1-X8 un bono cupón cero a un precio de 11.000 euros. El título se incluye en la cartera de activos a vencimiento. Los gastos de la operación ascienden a 320,75 euros. El título será objeto de reembolso a 31-12-X9 por un importe de 12.000 euros.

Se pide reflejar contablemente la operación sabiendo que a 31-12-X8 la entidad presenta problemas de liquidez, por lo que decide reclasificar el activo como disponible para la venta. El valor de mercado del bono a esa fecha asciende a 11.800 euros.

Nota: se prescinde del efecto impositivo

**Solución 1:**

Por la compra del título:

| | | x | | |
|---|---|---|---|---|
| 11.320,75 | (2510) Valores representativos de deuda a vencimiento | | | |
| | | a | (572) Bancos | 11.320,75 |

A 31-12-X8

Determinamos el tipo de interés efectivo

$11.320,75 = 12.000\ (1+i)^{-2}$

$i = 0,03$

Por el devengo de intereses implícitos:

| | | x | | |
|---|---|---|---|---|
| 302,70 | (2510) Valores representativos de deuda a vencimiento | | | |
| | | a | (7610) Ingresos de valores representativos de deuda a vencimiento | 302,70 |

A 1-1-X9:

Por la reclasificación de cartera:

| | |
|---|---|
| Valor razonable bono | = 11.800 |
| Valor en libros bono | = 11.623,45 |
| Diferencia | = 176,55 |

5


© CISS

x

| | | | | |
|---|---|---|---|---|
| 11.800 | (2511) Valores representativos de deuda act. disp. venta. | | | |
| | | a | (2510) Valores representativos de deuda a vto. | 11.623,45 |
| | | | (900) Beneficios en activos fin. disponibles para la venta | 176,55 |

A 31-12-X9 (suponiendo que no ha habido cambios en el valor razonable del bono):

x

| | | | | |
|---|---|---|---|---|
| 176,55 | (900) Beneficios en activos fin. disponibles para la venta | | | |
| | | a | (133) Ajustes por valoración de instrumentos financ. | 176,55 |

**Ejemplo 2:**

A 1-1-X8 la empresa aseguradora GMN, S.A. tiene en su cartera de activos disponibles para la venta un título de renta fija por un valor en libros de 4.909,09 euros. El título será objeto de reembolso a 31-12-X9 por un importe de 5.400 euros.

Desde la fecha de adquisición al momento actual la entidad ha incrementado el valor del bien en un importe de 200 euros.

Se pide reflejar contablemente la operación sabiendo que a 1-1-X8 la entidad ha decidido reclasificar el activo como a vencimiento dado que los problemas iniciales de liquidez han desaparecido.

**Solución 2:**

A la hora de efectuar la reclasificación, el valor contable del activo será el nuevo coste amortizado del mismo.

Por la reclasificación a 1-1-X8:

x

| | | | | |
|---|---|---|---|---|
| 4.909,09 | (2510) Valores representativos de deuda cartera a vto. | | | |
| | | a | (5411) Valores representativos de deuda | |
| | | a | CP act. disp. venta. | 4.909,09 |

Cálculo tipo interés efectivo a partir 1-1-X8:

$4.909,09 = 5.400\ (1+i)^{-2}$

$i = 0,05$

La revalorización del activo reconocida en cuentas de patrimonio se reconocerá en la cuenta de PyG a lo largo de la vida residual del valor (en el presente supuesto dos años) con arreglo al método del tipo de interés efectivo.

De esta forma:

200 = x + x (1,05) resultando x = 97,56

5

| Año | Coste financiero | Capital amortizado | Capital pendiente |
|---|---|---|---|
| 0 | | | 4.909,09 |
| 1 | 245,45 | 245,45 | 5.154,54 |
| 2 | 257,73 | 257,73 | 5.400 |

Por el devengo de los intereses implícitos:

| | | x | | |
|---|---|---|---|---|
| 245,45 | (2510) Valores representativos de deuda cartera a vto | | | |
| | | a | (7610) Ingresos de valores representativos de deuda | 245,45 |

Por la imputación a PyG de la ganancia previamente reconocida en patrimonio neto:

| | | x | | |
|---|---|---|---|---|
| 97,56 | (802) Transferencia de beneficios en activos financieros disponibles para la venta | | | |
| | | a | (7632) Beneficios de disponibles para la venta | 97,56 |

| | | x | | |
|---|---|---|---|---|
| 29,27 | (479) Pasivos por diferencias temporarias imponibles | | | |
| | | a | (802) Transferencia de beneficios en activos financieros disponibles para la venta | 29,27 |

## 5-50 Cuadro resumen reclasificación de los instrumentos financieros

| Categoría origen/ Categoría destino | Negociación | Otros a VR | Disp. para venta | Vencimiento | Préstamos | Part. empr. grupo |
|---|---|---|---|---|---|---|
| **Negociación** | x | NO | SI | SI | SI | SI |
| **Otros a VR** | NO | x | NO | NO | NO | SI |
| **Disp. para venta** | NO | NO | x | SI | SI | SI |
| **Vencimiento** | NO | NO | SI | x | NO | NO |
| **Préstamos** | NO | NO | NO | NO | x | NO |
| **Part. emp. grupo** | NO | NO | SI | NO | NO | x |

5


© CISS

## 5-51 Intereses y dividendos recibidos de activos financieros

Los intereses y dividendos de activos financieros devengados con posterioridad al momento de la adquisición se reconocerán como ingresos en la cuenta de pérdidas y ganancias. Los intereses deben reconocerse utilizando el método del tipo de interés efectivo y los dividendos cuando se declare el derecho del socio a recibirlo.

A estos efectos, en la valoración inicial de los activos financieros se registrarán de forma independiente, atendiendo a su vencimiento, el importe de los intereses explícitos devengados y no vencidos en dicho momento así como el importe de los dividendos acordados por el órgano competente en el momento de la adquisición. A estos efectos, se entenderá por intereses explícitos aquellos que se obtienen de aplicar el tipo de interés contractual del instrumento financiero.

Asimismo, si los dividendos distribuidos proceden inequívocamente de resultados generados con anterioridad a la fecha de adquisición porque se hayan distribuido importes superiores a los beneficios generados por la participada desde la adquisición, no se reconocerán como ingresos, y minorarán el valor contable de la inversión.

Exponemos a continuación las cuentas y anotaciones contables que el PCEA contempla a efectos del reconocimiento de los intereses derivados de operaciones con activos financieros.

Por los intereses devengados no vencidos:

| | | x | | |
|---|---|---|---|---|
| x | (562) Intereses a cobrar no vencidos | | | |
| | | a | (761) / (762) Ingresos de valores representativos de deuda / Ingresos de créditos | x |

Por los intereses devengados vencidos:

| | | x | | |
|---|---|---|---|---|
| x | (552) Dividendos e intereses a cobrar vencidos | | | |
| | | a | (761)/(762)Ingresos de valores representativos de deuda / Ingresos de créditos | x |

Cuando nazca el derecho a percibir dividendos:

| | | x | | |
|---|---|---|---|---|
| x | (552) Dividendos e intereses a cobrar vencidos | | | |
| | | a | (760) Ingresos de participaciones en instrumentos de patrimonio | x |

Cuando se cobre el dividendo:

| | | x | | |
|---|---|---|---|---|
| x | (572) Bancos | | | |
| | | a | (552) Dividendos e intereses a cobrar vencidos | x |
| x | (473) HP retenciones y pagos a cuenta | | | |

## 5-52 Baja de activos financieros

Conforme a lo señalado en el Marco Conceptual, en el análisis de las transferencias de activos financieros se debe atender a la realidad económica y no solo a su forma jurídica ni a la denominación de los contratos.

La entidad dará de baja un activo financiero, o parte del mismo, cuando expiren o se hayan cedido los derechos contractuales sobre los flujos de efectivo del activo financiero, siendo necesario que se hayan transferido de manera sustancial los riesgos y beneficios inherentes a su propiedad, en circunstancias que se evaluarán comparando la exposición de la entidad, antes y después de la cesión, a la variación en los importes y en el calendario de los flujos de efectivo netos del activo transferido.

Se entenderá que se han cedido de manera sustancial los riesgos y beneficios inherentes a la propiedad del activo financiero cuando su exposición a tal variación deje de ser significativa en relación con la variación total del valor actual de los flujos de efectivo futuros netos asociados con el activo financiero (tal como las ventas en firme de activos financieros, las ventas de activos financieros con pacto de recompra por su valor razonable y las titulizaciones de activos financieros en las que la entidad cedente no retenga financiaciones subordinadas ni conceda ningún tipo de garantía o asuma algún otro tipo de riesgo).

Si la entidad no hubiese cedido ni retenido sustancialmente los riesgos y beneficios, el activo financiero se dará de baja cuando no hubiese retenido el control del mismo, situación que se determinará dependiendo de la capacidad del cesionario para transmitir dicho activo. Si la entidad cedente mantuviese el control del activo, continuará reconociéndolo por el importe al que la entidad esté expuesta a las variaciones de valor del activo cedido, es decir, por su implicación continuada, y reconocerá un pasivo asociado.

Cuando el activo financiero se dé de baja, la diferencia entre la contraprestación recibida neta de los costes de transacción atribuibles, considerando cualquier nuevo activo obtenido menos cualquier pasivo asumido, y el valor en libros del activo financiero, más cualquier importe acumulado que se haya reconocido directamente en el patrimonio neto, determinará la ganancia o la pérdida surgida al dar de baja dicho activo, y formará parte del resultado del ejercicio en que ésta se produce.

Los criterios anteriores también se aplicarán en las transferencias de un grupo de activos financieros o de parte del mismo.

La entidad no dará de baja los activos financieros y reconocerá un pasivo financiero por un importe igual a la contraprestación recibida, en las cesiones de activos financieros en las que haya retenido sustancialmente los riesgos y beneficios inherentes a su propiedad, tales como en el descuento de efectos, las ventas de activos financieros con pacto de recompra a un precio fijo o al precio de venta más un interés y las titulizaciones de activos financieros en las que la entidad cedente retenga financiaciones subordinadas u otro tipo de garantías que absorban sustancialmente todas las pérdidas esperadas.

La baja en cuentas de un activo o grupo de activos se puede deber a **dos causas**:

1. Expiren los derechos contractuales sobre los flujos del activo (por ejemplo: un deudor amortiza un préstamo).
2. Se ceda la totalidad o parte del activo (habrá que realizar el correspondiente análisis).

La baja en cuentas puede afectar a:

5

- **Un activo financiero individualmente considerado.**
- **Grupos de activos financieros en su conjunto.**
- **Parte de un activo o de un grupo de activos** (siempre que esa parte que se da de baja cumpla o reúna determinadas características que permita su tratamiento de manera conjunta).

La normativa contable española, recogiendo lo dispuesto en las normas internacionales, pretende que cuando una entidad ceda un activo financiero, evalúe en qué medida retiene los riesgos y los beneficios inherentes a su propiedad, comparando la situación antes y después de la cesión, con referencia a las variaciones que pueden experimentar los importes y plazos de cobro de los flujos de efectivo futuros netos.

## 5-53 Cesión de riesgos y beneficios inherentes a la propiedad

Si la entidad cede de manera sustancial los riesgos y beneficios inherentes a la propiedad de un activo financiero (por ejemplo, porque vende el activo financiero), lo dará de baja en cuentas y reconocerá de forma separada,

 © CISS

como activos o pasivos, cualesquiera derechos y obligaciones creados o retenidos por efecto de la cesión. La diferencia entre el valor contable del activo financiero y la contraprestación recibida, incluyendo cualquier nuevo activo obtenido menos cualquier nuevo pasivo asumido, se reconocerán en la cuenta de pérdidas y ganancias.

Este criterio lo cumplen, entre otras, las siguientes transferencias:

- las ventas incondicionales de activos financieros.
- las ventas de activos financieros con pacto de recompra incondicional, o con una opción de compra adquirida o de venta emitida, por su valor razonable en la fecha de recompra o de ejercicio de la opción.
- las ventas de activos financieros con una opción de compra adquirida o de venta emitida que esté profundamente fuera de dinero.

Especial mención merece en este apartado el caso de las **titulizaciones hipotecarias,** instrumentadas a través de participaciones hipotecarias. Se considera en estos casos que la entidad cedente del préstamo hipotecario retiene los derechos derivados de los activos de naturaleza hipotecaria, pero asume la obligación de traspasar los flujos recibidos a los fondos de titulización hipotecaria. Por lo tanto, en estos casos se considera que existe transferencia del activo financiero (pass-through).

## 5-54 Retención de riesgos y beneficios inherentes a la propiedad

Si la entidad retiene de manera sustancial los riesgos y beneficios inherentes a la propiedad de un activo financiero, continuará reconociendo dicho activo y reconocerá un pasivo financiero por la contraprestación recibida (que en principio se valorará al coste amortizado).

Este criterio lo cumplen, entre otras, las siguientes transferencias:

- Las ventas de activos financieros con pacto de recompra incondicional de los mismos activos, de otros sustancialmente iguales o similares que tengan idéntico valor razonable, por un precio fijo o al precio de venta más un interés (repos).
- Los contratos de préstamo de valores en los que el prestatario tenga la obligación de devolver los mismos activos, otros activos sustancialmente iguales o similares que tengan idéntico valor razonable.
- Las ventas de activos financieros con una opción de compra adquirida o de venta emitida, aunque se liquide por el neto en efectivo, que esté profundamente dentro de dinero.

## 5-55 Problemática de la cesión de activos financieros

Con carácter general, la cesión de activos financieros conlleva la pérdida de la titularidad sobre los mismos y, correlativamente, el traspaso de los derechos económicos que aquéllos contienen.

Sin embargo, hay ocasiones en las que la cesión realizada se puede considerar que reviste caracteres ficticios, pues si bien desde un punto de vista formal se realiza un verdadero traspaso jurídico de activos, el fondo de la operación implica que realmente no se está produciendo una transmisión plena de derechos, especialmente en aquellos supuestos en los que la entidad cedente retiene los riesgos y beneficios económicos inherentes al activo.

Así, en materia de cesión de activos financieros se pueden presentar tres hipótesis:

a) Cesión que implique ceder de manera sustancial los riesgos y beneficios inherentes al activo financiero: La operación se contabilizará como si se tratara de una compraventa.

b) Cesión en la que la entidad retenga de manera sustancial los riesgos y beneficios inherentes al activo financiero: La entidad continuará reconociendo el activo financiero en su balance, reconociendo un pasivo financiero por la financiación recibida. Por su parte el cesionario dará de baja la cantidad entregada y reconocerá el correspondiente derecho de cobro.

c) La entidad ni cede ni retiene de manera sustancial los riesgos y beneficios inherentes al activo financiero: Se analizará si la entidad mantiene el control sobre el activo financiero.



**Ejemplo:**

La entidad FGH, S.A. posee entre sus activos 50 acciones de Telefónica (que forman parte de la cartera de activos financieros mantenidos para negociar) adquiridas hace seis meses a un precio conjunto de 600 euros. Su valor de cotización actual es de 14 euros.

Ante problemas de liquidez, pacta con una entidad financiera vender por su valor de mercado las citadas acciones de Telefónica, si bien con un pacto de recompra a ejercer dentro de un año por el precio de venta inicial más la rentabilidad que viene obteniendo la entidad financiera (prestamista). Al finalizar el plazo para ejercer la recompra, la acción cotiza a 13 euros.

Se sabe además que la rentabilidad que la entidad compradora viene obteniendo se sitúa alrededor del 5%.

Contabilizar la operación suponiendo que:

a) el pacto de recompra es opcional

b) el pacto de recompra no es opcional

**Solución:**

**a) Recompra opcional (no ejerce la opción)**

a.1) Contabilidad del cedente:

Al ser la recompra opcional se considera que la operación es asimilable a una compraventa y que el cedente se libera de riesgos y ventajas, independientemente de que pueda volver a adquirirlos si ejerce la posibilidad de recompra.

Por la adquisición:

| | | x | | |
|---|---|---|---|---|
| 600 | (2501) Acciones Telefónica (50x12) | | | |
| | | a | (572) Bancos | 600 |

Por la revalorización:

| | | x | | |
|---|---|---|---|---|
| 100 | (2501) Acciones Telefónica (50x (14-12)) | | | |
| | | a | (7630) Bº de cartera de negociación | 100 |

Por la cesión:

| | | x | | |
|---|---|---|---|---|
| 700 | (572) Bancos | | | |
| | | a | (2501) Acciones Telefónica | 700 |

En el estado de cobertura de provisiones técnicas se computará la financiación recibida (límite de diversificación y dispersión del 40%)

a.2.) Contabilidad del cesionario:

| | | x | | |
|---|---|---|---|---|
| 700 | (2501) Acciones Telefónica | | | |
| | | a | (572) Bancos | 700 |

En el estado de cobertura de provisiones técnicas se computarán los activos adquiridos, aplicando los límites de diversificación y dispersión que corresponda en función de la naturaleza del activo financiero.



 © CISS

**b) Recompra no opcional**

b.1) Contabilidad del cedente:

En estos casos se considera que la entidad ha retenido de manera sustancial todos los beneficios y riesgos inherentes a la propiedad del activo cedido, por lo que la entidad continuará reconociendo el activo en su integridad, y reconocerá un pasivo financiero por la financiación recibida. En periodos posteriores, la entidad reconocerá cualquier ingreso por el activo cedido y cualquier gasto incurrido por el pasivo financiero.

Desde el punto de vista de la cobertura de provisiones técnicas, y a pesar de que contablemente la entidad no ha dado de baja el activo financiero, éste no podrá computarse en el estado de cobertura de provisiones técnicas dado que la entidad no dispone de la titularidad jurídica del bien. La entidad recibe financiación, por lo que se aplicará el límite de diversificación y dispersión del 40% de las provisiones técnicas a cubrir (3% si fuera caja)

Los asientos de adquisición y revalorización serían idénticos que en el apartado anterior.

Por la cesión: (suponemos que no hay gastos iniciales en la operación)

| | | x | | |
|---|---|---|---|---|
| 700 | (572) Bancos | | | |
| | | a | (1711) Deudas por operaciones de cesión temporal de activos | 700 |

Por la posterior recompra:

| | | x | | |
|---|---|---|---|---|
| 700 | (1711) Deudas por operaciones de cesión temporal de activos | | | |
| 35 | (662) Intereses de deudas (700 x 0,05 x1) | | | |
| | | a | (572) Bancos | 735 |

Por la revalorización:

| | | x | | |
|---|---|---|---|---|
| 50 | (663) Pérdidas por valoración de activos y pasivos financieros por su valor razonable [50x (14-13)] | | | |
| | | a | (2501) Acciones Telefónica | 50 |

Se observa en los asientos que, aunque se continúa reconociendo un activo cedido, el activo (las acciones) y el pasivo (la deuda con la entidad) no pueden ser objeto de compensación. De igual forma, la entidad no puede compensar ningún ingreso que surja del activo cedido con ningún gasto en el que incurra por causa del pasivo asociado.

b.2.) Contabilidad del cesionario:

Según la norma, deberá dar de baja el efectivo o la contraprestación pagada y reconocerá una partida a cobrar del cedente. Si éste tiene el derecho y la obligación de adquirir de nuevo el control del activo cedido en su integridad, por el pacto de recompra no opcional, el cesionario puede contabilizar su derecho de cobro como un préstamo o partida a cobrar.

5

Por la cesión:

| | | x | | |
|---|---|---|---|---|
| 700 | (576) Inversiones a CP de gran liquidez | | | |
| | | a | (572) Bancos | 700 |

Por la recompra:

| | | x | | |
|---|---|---|---|---|
| 735 | (572) Bancos | | | |
| | | a | (576) Inversiones a CP de gran liquidez | 700 |
| | | | (762) Otros ingresos financieros | 35 |

Desde el punto de vista de la cobertura de provisiones técnicas, el cesionario podrá, en su caso, computar el activo financiero por su valor de mercado, con el límite máximo del valor previsto en la recompra.

**Repos en los que no se transfieren ni se retienen sustancialmente los riesgos y beneficios asociados a la propiedad del activo financiero**

El activo financiero se dará de baja cuando no se hubiese retenido el control del mismo, lo que se determinará en función de la capacidad del cesionario para transmitir dicho activo. Si la cedente mantiene el control del activo, continuará reconociendo el activo por el importe al que la entidad esté expuesta a las variaciones de valor del activo en cuestión, es decir, en función de su implicación continuada en el activo, y reconocerá el pasivo asociado.

La norma incluye los préstamos de valores entre los supuestos en los que la entidad debe continuar reconociendo el activo o activos objeto de préstamo. En efecto, en un préstamo de valores la entidad prestamista transmite la titularidad jurídica de los valores prestados, pero retiene los riesgos y beneficios inherentes, dado que:

- Continúa recibiendo los cupones o dividendos, según se trate de valores de renta fija o variable, respectivamente.
- Continúa soportando el riesgo de depreciación de los valores.

En estos supuestos, la entidad prestamista deberá recibir una garantía que le asegure la devolución de los títulos prestados.

Se reconocen también como ejemplos de retención de riesgos y beneficios los denominados repos con pacto de recompra no opcional (venta de valores con pacto de recompra). En este tipo de operaciones, el vendedor de los títulos transmite la propiedad jurídica de los mismos, de ahí que resulte de aplicación la normativa sobre compraventa.

5

## Sección 6. PASIVOS FINANCIEROS

### 5-56 Concepto de pasivos financieros

Los instrumentos financieros emitidos, incurridos o asumidos se clasificarán como pasivos financieros, en su totalidad o en una de sus partes, siempre que de acuerdo con su realidad económica supongan para la entidad una obligación contractual, directa o indirecta, de entregar efectivo u otro activo financiero, o de intercambiar activos o pasivos financieros con terceros en condiciones potencialmente desfavorables, tal como un instrumento


© CISS

financiero que prevea su recompra obligatoria por parte del emisor, o que otorgue al tenedor el derecho a exigir al emisor su rescate en una fecha y por un importe determinado o determinable, o a recibir una remuneración predeterminada siempre que haya beneficios distribuibles. En particular, determinadas acciones rescatables y acciones sin voto.

También se clasificará como un pasivo financiero, todo contrato que pueda ser o será, liquidado con los instrumentos de patrimonio propio de la entidad, siempre que:

a) Si no es un derivado, obligue o pueda obligar, a entregar una cantidad variable de sus instrumentos de patrimonio propio.

b) Si es un derivado, pueda ser o será, liquidado mediante una forma distinta al intercambio de una cantidad fija de efectivo o de otro activo financiero por una cantidad fija de los instrumentos de patrimonio propio de la entidad; a estos efectos no se incluirán entre los instrumentos de patrimonio propio, aquéllos que sean, en sí mismos, contratos para la futura recepción o entrega de instrumentos de patrimonio propio de la entidad.

Los pasivos financieros, a efectos de su valoración, se clasificarán en alguna de las siguientes categorías:

1. Débitos y partidas a pagar.
2. Pasivos financieros mantenidos para negociar.
3. Otros pasivos financieros a valor razonable con cambios en la cuenta de pérdidas y ganancias.

Adicionalmente, los pasivos financieros originados como consecuencia de transferencias de activos, en los que la entidad no haya cedido ni retenido sustancialmente sus riesgos y beneficios, se valorarán de manera consistente con el activo cedido.

Dentro del concepto de pasivo financiero podemos incluir:

- Débitos y partidas a pagar.
- Débitos por operaciones comerciales
- Débitos por operaciones no comerciales
- Valores representativos de deuda:

- Obligaciones.
- Bonos.
- Pagarés.
- Otros.

- Instrumentos derivados con valoración desfavorable para la empresa.

## 5-57 Débitos y partidas a pagar

### Concepto

En esta categoría se clasificarán, con carácter general:

a. Débitos por operaciones comerciales: son aquellos pasivos financieros, distintos de los instrumentos derivados, que se originan en las operaciones de seguro y reaseguros, y;

b. Débitos por operaciones no comerciales: son aquellos pasivos financieros, distintos de los instrumentos derivados, que no tienen origen comercial.

### Valoración inicial

Los pasivos financieros incluidos en esta categoría se valorarán inicialmente por su valor razonable, que, salvo evidencia en contrario, será el precio de la transacción, que equivaldrá al valor razonable de la contraprestación recibida ajustado por los costes de transacción que les sean directamente atribuibles.

No obstante lo señalado en el párrafo anterior, los débitos por operaciones comerciales con vencimiento no superior a un año y que no tengan un tipo de interés contractual, así como los desembolsos exigidos por terceros sobre participaciones, cuyo importe se espera pagar en el corto plazo, se podrán valorar por su valor nominal, cuando el efecto de no actualizar los flujos de efectivo no sea significativo.

**Valoración posterior**

Los pasivos financieros incluidos en esta categoría se valorarán por su coste amortizado. Los intereses devengados se contabilizarán en la cuenta de pérdidas y ganancias, aplicando el método del tipo de interés efectivo.

No obstante lo anterior, los débitos con vencimiento no superior a un año que, de acuerdo con lo dispuesto en el apartado anterior, se valoren inicialmente por su valor nominal, continuarán valorándose por dicho importe.

Los débitos y partidas a pagar se diferencian según:

a) Se originen en las prestaciones de servicios que constituyen el objeto de la empresa.

b) Se originen por actividades ajenas al objeto propio de la empresa aseguradora.

**Ejemplo:**

Con fecha 1-1-X0 la empresa aseguradora DG, S.A. ha realizado la siguiente emisión de títulos de renta fija:

- Nº títulos = 1.000
- Nominal = 100
- Precio de emisión = 1,07328
- Valor reembolso = 102
- Tipo de interés = 6% anual postpagable a final de cada uno de los tres años de duración del empréstito
- Los títulos se amortizan a los tres años (31-12-X2)

Se pide contabilizar la operación desde el punto de vista del emisor.

**Solución:**

$$107.238 = 6.000 \cdot \partial_{\overline{3;i}|} + 102.000 \cdot (1+i)^{-3}$$

Tipo de interés efectivo = 0,04

107.328 = 16.650,5462 + 90.677,6286

| Periodo | Coste financiero 4% | Intereses explícitos | Capital amortizado | Capital pendiente |
|---|---|---|---|---|
| 0 | | | | 107.328 |
| 1 | | | | 105.621,12 |
| 2 | 4.293 | 6.000 | 1.706,88 | 103.846 |
| 3 | 4.224 | 6.000 | 1.775 | 102.000 |
| | 4.153,84 | 6.000 | 1.846 | |

Contabilización:

Por la emisión de los títulos:

| | | x | | |
|---|---|---|---|---|
| 107.328 | (572) Bancos | | | |
| | | a | (177) Obligaciones y bonos | 107.328 |

A 31-12-X0: Por el devengo y abono de intereses explícitos

| | | | | |
|---|---|---|---|---|
| | | x | | |
| 6.000 | (6611) Intereses de oblig. y bonos | | | |
| | | a | (510/561) Intereses de empréstitos y préstamos/ Intereses a pagar no vencidos | 6.000 |
| | | x | | |
| 6.000 | (510) Intereses de empréstitos y préstamos | | | |
| | | a | (572) Bancos | 6.000 |

A 31-12-X0: Por el devengo de intereses implícitos

| | | | | |
|---|---|---|---|---|
| | | x | | |
| 1706, 88 | (177) Obligaciones y bonos | | | |
| | | a | (6610) Intereses de oblig. y bonos implícitos | 1706, 88 |

## 5-58 Pasivos financieros mantenidos para negociar

### Concepto

Los pasivos financieros que se tengan para negociar se valorarán de acuerdo con lo dispuesto en el presente apartado.

Se considera que un pasivo financiero se posee para negociar cuando:

a) Se emita principalmente con el propósito de readquirirlo en el corto plazo (por ejemplo, obligaciones y otros valores negociables emitidos cotizados que la entidad pueda comprar en el corto plazo en función de los cambios de valor).

b) Forme parte de una cartera de instrumentos financieros identificados y gestionados conjuntamente de la que existan evidencias de actuaciones recientes para obtener ganancias en el corto plazo, o

c) Sea un instrumento financiero derivado, siempre que no sea un contrato de garantía financiera ni haya sido designado como instrumento de cobertura.

El hecho de que un pasivo financiero se utilice para financiar actividades de negociación no implica por sí mismo su inclusión en esta categoría.

### Valoración inicial y posterior

En la valoración de los pasivos financieros incluidos en esta categoría se aplicarán los criterios señalados para los activos mantenidos para negociar.

Dentro de esta categoría se pueden incluir:

- Derivados que no sean instrumentos de cobertura.
- Un título de Deuda Pública cotizada que el emisor puede volver a comprar en un futuro cercano en función de la evolución de su valor de mercado.
- Pasivos financieros que forman parte de una cartera de instrumentos financieros identificados, que se gestionan conjuntamente y para la cual existe evidencia de un comportamiento reciente de recogida de ganancias a corto plazo.

La principal y única diferencia en la valoración inicial de los pasivos financieros reside en que, en el caso de los pasivos valorados posteriormente a coste amortizado, se tienen en cuenta los costes iniciales de transacción a efectos de obtener un tipo de interés efectivo.

5

## 5-59 Otros pasivos financieros a valor razonable con cambios en la cuenta de pérdidas y ganancias

### Concepto

En esta categoría se incluirán con carácter general los pasivos financieros híbridos.

También se podrán incluir los pasivos financieros que designe la entidad en el momento del reconocimiento inicial para su inclusión en esta categoría. Dicha designación sólo se podrá realizar si al hacerlo resulta una información más relevante, debido a que:

a) Se eliminan o reducen de manera significativa inconsistencias en el reconocimiento o valoración, también denominadas asimetrías contables, que en otro caso surgirían por la valoración de activos o pasivos o por el reconocimiento de las pérdidas o ganancias de los mismos con diferentes criterios.

b) Un grupo de pasivos financieros o de activos y pasivos financieros se gestione y su rendimiento se evalúe sobre la base de su valor razonable de acuerdo con una estrategia de gestión del riesgo o de inversión documentada y se facilite información del grupo también sobre la base del valor razonable al personal clave de la dirección según se define en la norma 14 de elaboración de cuentas las anuales.

En la memoria se informará sobre el uso de esta opción.

### Valoración inicial y posterior

En la valoración de los pasivos financieros incluidos en esta categoría se aplicarán los criterios señalados para los activos financieros mantenidos para negociar.

### Reclasificación de pasivos financieros

La entidad no podrá reclasificar ningún pasivo financiero incluido inicialmente en la categoría de mantenidos para negociar o a valor razonable con cambios en la cuenta de pérdidas y ganancias a otras categorías, ni de éstas a aquéllas.

## 5-60 Baja de pasivos financieros

La entidad dará de baja un pasivo financiero cuando la obligación se haya extinguido. También dará de baja los pasivos financieros propios que adquiera, aunque sea con la intención de recolocarlos en el futuro.

Si se produjese un intercambio de instrumentos de deuda entre un prestamista y un prestatario, siempre que éstos tengan condiciones sustancialmente diferentes, se registrará la baja del pasivo financiero original y se reconocerá el nuevo pasivo financiero que surja. De la misma forma se registrará una modificación sustancial de las condiciones actuales de un pasivo financiero.

La diferencia entre el valor en libros del pasivo financiero o de la parte del mismo que se haya dado de baja y la contraprestación pagada incluidos los costes de transacción atribuibles y en la que se recogerá asimismo cualquier activo cedido diferente del efectivo o pasivo asumido, se reconocerá en la cuenta de pérdidas y ganancias del ejercicio en que tenga lugar.



En el caso de un intercambio de instrumentos de deuda que no tengan condiciones sustancialmente diferentes, el pasivo financiero original no se dará de baja del balance registrando el importe de las comisiones pagadas como un ajuste de su valor contable. El coste amortizado del pasivo financiero se determinará aplicando el tipo de interés efectivo, que será aquel que iguale el valor en libros del pasivo financiero en la fecha de modificación con los flujos de efectivo a pagar según las nuevas condiciones.

A estos efectos, las condiciones de los contratos se considerarán sustancialmente diferentes cuando el valor actual de los flujos de efectivo del nuevo pasivo financiero, incluyendo las comisiones netas cobradas o pagadas, sea diferente, al menos en un diez por ciento del valor actual de los flujos de efectivo remanentes del pasivo financiero original, actualizados ambos al tipo de interés efectivo de éste.

Tal y como señala la norma, la cancelación de un pasivo financiero se puede deber fundamentalmente a dos circunstancias:

- Expiración de la obligación por su cumplimiento o cancelación.


© CISS

- La entidad emisora de deuda recompra el instrumento emitido, independientemente de que con posterioridad tenga intención de volverlo a vender.

## 5-61 Instrumentos de patrimonio propio

Un instrumento de patrimonio es cualquier negocio jurídico que evidencia, o refleja, una participación residual en los activos de la entidad que los emite una vez deducidos todos sus pasivos.

En el caso de que la entidad realice cualquier tipo de transacción con sus propios instrumentos de patrimonio, el importe de estos instrumentos se registrará en el patrimonio neto, corrigiendo los fondos propios, y en ningún caso podrán ser reconocidos como activos financieros de la entidad ni se registrará resultado alguno en la cuenta de pérdidas y ganancias.

Los gastos derivados de estas transacciones, incluidos los gastos de emisión de estos instrumentos, tales como honorarios de letrados, notarios, y registradores; impresión de memorias, boletines y títulos; tributos; publicidad; comisiones y otros gastos de colocación, se registrarán directamente contra el patrimonio neto como menores reservas.

Los gastos derivados de una transacción de patrimonio propio, de la que se haya desistido o se haya abandonado, se reconocerán en la cuenta de pérdidas y ganancias.

## 5-62 Instrumentos financieros híbridos

Los instrumentos financieros híbridos son aquéllos que combinan un contrato principal no derivado y un derivado financiero, denominado derivado implícito, que no puede ser transferido de manera independiente y cuyo efecto es que alguno de los flujos de efectivo del instrumento híbrido varían de forma similar a los flujos de efectivo del derivado considerado de forma independiente (por ejemplo, bonos referenciados al precio de unas acciones o a la evolución de un índice bursátil). La entidad reconocerá, valorará y presentará por separado el contrato principal y el derivado implícito, cuando se den simultáneamente las siguientes circunstancias:

a) Las características y riesgos económicos inherentes al derivado implícito no están estrechamente relacionados con los del contrato principal.

b) Un instrumento independiente con las mismas condiciones que las del derivado implícito cumpliría la definición de instrumento derivado.

c) El instrumento híbrido no se valora por su valor razonable con cambios en la cuenta de pérdidas y ganancias.

El derivado implícito se tratará contablemente como un instrumento financiero derivado y el contrato principal se contabilizará según su naturaleza. Esta evaluación sólo se realizará en el momento del reconocimiento inicial, a menos que se haya producido una variación en los términos del contrato que modifiquen de forma significativa los flujos de efectivo que se producirán, en cuyo caso, deberá realizarse una nueva evaluación.

Si la entidad no pudiera determinar con fiabilidad el valor razonable del derivado implícito, éste será la diferencia entre el valor razonable del instrumento híbrido y el del contrato principal, si ambos pudieran ser determinados con fiabilidad.

Si la entidad no fuese capaz de valorar el derivado implícito de forma separada o no pudiese determinar de forma fiable su valor razonable, ya sea en el momento de su adquisición como en una fecha posterior, tratará a efectos contables el instrumento financiero híbrido en su conjunto como un activo financiero o un pasivo financiero incluido en la categoría de otros activos (o pasivos) financieros a valor razonable con cambios en la cuenta de pérdidas y ganancias. Se aplicará este mismo criterio cuando la entidad opte, en el momento de su reconocimiento inicial, por valorar el instrumento financiero híbrido a valor razonable. 5

**Instrumento financiero híbrido = contrato principal + derivado implícito**

## 5-63 Derivados implícitos

Un derivado implícito es un componente de un instrumento financiero híbrido (combinado o compuesto), que se compone del citado derivado (implícito) y de un contrato principal que no es un derivado. De esta forma, y tal y como hemos expuesto anteriormente, el instrumento financiero híbrido queda integrado por el citado derivado (implícito) y por un contrato principal que no es un derivado.

Al respecto, se dispone que los derivados implícitos, incluidos en los instrumentos financieros híbridos, se segregarán de dichos contratos, tratándose contablemente de manera independiente, si se cumplen de manera simultánea las siguientes condiciones:

a) las características y riesgos económicos inherentes al derivado implícito no están relacionadas estrechamente con las correspondientes al contrato principal.

b) un instrumento independiente con las mismas condiciones del derivado implícito cumpliría los requisitos de la definición de instrumento derivado.

c) el instrumento híbrido no se valora al valor razonable con cambios en resultados.

Si se separa el derivado implícito, el contrato principal se contabilizará según su naturaleza. El derivado por su parte, se registrará a valor razonable.

## 5-64 Instrumentos financieros compuestos

Un instrumento financiero compuesto es un instrumento financiero no derivado que incluye componentes de pasivo y de patrimonio simultáneamente.

Si la entidad hubiese emitido un instrumento financiero compuesto, reconocerá, valorará y presentará por separado sus componentes.

La entidad distribuirá el valor en libros inicial de acuerdo con los siguientes criterios que, salvo error, no será objeto de revisión posteriormente:

a) Asignará al componente de pasivo el valor razonable de un pasivo similar que no lleve asociado el componente de patrimonio.

b) Asignará al componente de patrimonio la diferencia entre el importe inicial y el valor asignado al componente de pasivo.

c) En la misma proporción distribuirá los costes de transacción.

| **Instrumento financiero compuesto = Pasivo financiero + P. Neto** |
|---|

En estos casos, la entidad deberá clasificar y presentar por separado cada componente.

Un ejemplo habitual de instrumento financiero compuesto lo representa la emisión de **bonos u obligaciones convertibles** en una cantidad prefijada de acciones a voluntad del tenedor de las obligaciones. En estos casos, desde el punto de vista del emisor, la obligación convertible presenta dos componentes:

- Un pasivo financiero.
- Un instrumento de capital: una opción de compra, dando al tenedor el derecho a convertir las obligaciones en acciones.

5

**Derivados que tengan como subyacente inversiones en instrumentos de patrimonio no cotizados cuyo valor razonable no pueda ser determinado con fiabilidad**.

Los derivados que estén vinculados y se liquiden mediante la entrega de instrumentos de patrimonio no cotizados cuyo valor razonable no puede ser determinado con fiabilidad, se valorarán por su coste menos, en su caso, el importe acumulado de las correcciones valorativas por deterioro.

## 5-65 Derivados que tengan como subyacente inversiones en instrumentos de patrimonio no cotizados cuyo valor razonable no pueda ser determinado con fiabilidad

Los derivados que estén vinculados y se liquiden mediante la entrega de instrumentos de patrimonio no cotizados cuyo valor razonable no puede ser determinado con fiabilidad, se valorarán por su coste menos, en su caso, el importe acumulado de las correcciones valorativas por deterioro.

 © CISS

## 5-66 Contratos de garantía financiera

Un contrato de garantía financiera es aquél que exige que el emisor efectúe pagos específicos para reembolsar al tenedor por la pérdida en la que incurre cuando un deudor específico incumpla su obligación de pago de acuerdo con las condiciones, originales o modificadas, de un instrumento de deuda, tal como una fianza o un aval. En ningún caso quedarán incluidos en este apartado los compromisos asumidos por seguros de caución.

Estos contratos se valorarán inicialmente por su valor razonable, que, salvo evidencia en contrario, será igual a la prima recibida más, en su caso, el valor actual de las primas a recibir.

Con posterioridad al reconocimiento inicial, y salvo que en dicho momento se hubiese clasificado como otros pasivos financieros a valor razonable con cambios en la cuenta de pérdidas y ganancias o se les aplique lo dispuesto en el apartado 2.9 de esta norma por surgir en la cesión de activos financieros que no cumplan los requisitos para su baja de balance, se valorarán por el mayor de los importes siguientes:

a) El que resulte de acuerdo con lo dispuesto en la norma relativa a provisiones y contingencias.

b) El inicialmente reconocido menos, cuando proceda, la parte del mismo imputada a la cuenta de pérdidas y ganancias porque corresponda a ingresos devengados.

**Fianzas entregadas y recibidas**

En las fianzas entregadas o recibidas por arrendamientos operativos o por prestación de servicios, la diferencia entre su valor razonable y el importe desembolsado (debida, por ejemplo, a que la fianza es a largo plazo y no está remunerada) se considerará como un pago o cobro anticipado por el arrendamiento o prestación del servicio, que se imputará a la cuenta de pérdidas y ganancias durante el periodo del arrendamiento, conforme a lo señalado en la norma sobre arrendamientos y otras operaciones de naturaleza similar, o durante el periodo en el que se preste el servicio, de acuerdo con la norma sobre ingresos por ventas y prestación de servicios.

Al estimar el valor razonable de las fianzas, se tomará como periodo remanente el plazo contractual mínimo comprometido durante el cual no se pueda devolver su importe, sin tomar en consideración el comportamiento estadístico de devolución.

Cuando la fianza sea a corto plazo, no será necesario realizar el descuento de flujos de efectivo si su efecto no es significativo.

**Ejemplo:**

La empresa aseguradora LES, S.A. ha decidido arrendar uno de sus locales por un periodo de cinco años a la entidad arrendataria STS, S.A., habiendo satisfecho ésta un importe de 6.000 euros en concepto de fianza, si bien se sabe que el valor de mercado de una fianza similar es de 4.918 euros.

Tipo de interés de mercado = 5%.

**Solución:**

En primer lugar hallamos el tipo de interés efectivo:

$4.918\ (1+i)^{5} = 6.000$

i= 0,04

Por la recepción de la fianza:

| | | x | | |
|---|---|---|---|---|
| 6.000 | (572) Bancos | | | |
| | | a | (180) Fianzas recibidas | 4.918 |
| | | | (181) Anticipos recibidos por prestaciones de servicios | 1.082 |

Transcurrido el primer año:

Actualizamos el valor de la fianza: 4.918 (1,04) = 5.114,72

| | | | | |
|---|---|---|---|---|
| | | x | | |
| 196,72 | (662) Intereses de deudas | | | |
| | | a | (180) Fianzas recibidas | 196,72 |

Actualizamos el anticipo: 1.082 (1,05) = 1.136,10

| | | | | |
|---|---|---|---|---|
| | | x | | |
| 54,10 | (662) Intereses de deudas | | | |
| | | a | (181) Anticipos recibidos por prestaciones de servicios | 54,10 |

| | | | | |
|---|---|---|---|---|
| | | x | | |
| 227,22 | (181) Anticipos recibidos por prestaciones de servicios | | | |
| | | a | (752) Ingresos por arrendamientos | 227,22 |

(1.136,10/5)

# Sección 7. CONTABILIDAD DE COBERTURAS

## 5-67 Instrumentos de cobertura

Con carácter general, pueden designarse como instrumentos de cobertura los derivados cuyo valor razonable o flujos de efectivo futuros compensen las variaciones en el valor razonable o en los flujos de efectivo de partidas que cumplan los requisitos para ser calificadas como partidas cubiertas. No obstante lo anterior, y exclusivamente para las coberturas del riesgo de tipo de cambio, también se pueden calificar como instrumentos de cobertura activos financieros y pasivos financieros distintos de los derivados.

Así, en el caso de coberturas de tipo de cambio, podrá utilizarse como instrumento de cobertura un préstamo en moneda extranjera.

Los instrumentos de cobertura habrán cumplir los siguientes requisitos:

- Ser calificados en su integridad o en un porcentaje de su importe total como instrumentos de cobertura durante la totalidad de su plazo remanente, salvo que se trate de opciones, en cuyo caso podrán designarse como instrumento de cobertura el cambio en su valor intrínseco, excluyendo el cambio en su valor temporal, o de contratos a plazo, que podrán serlo por la diferencia entre los precios de contado y a plazo.
- En el supuesto de cobertura de más de un riesgo, se han de identificar claramente los diferentes riesgos cubiertos, designar cada parte del instrumento como cobertura de las partidas cubiertas concretas y demostrar su eficacia.

5

Asimismo, dos o más derivados, o proporciones de los mismos o, en el caso de una cobertura de tipos de cambio, dos o más instrumentos financieros o proporciones de los mismos, o una combinación de unos y otros, pueden ser designados conjuntamente como instrumentos de cobertura, incluso en el caso en que los riesgos de unos derivados compensen los procedentes de otros. No obstante lo anterior, no podrán ser designados como instrumentos de cobertura:

- Las opciones emitidas, salvo que se designen para compensar opciones compradas, incluyendo las implícitas en un instrumento financiero híbrido.

- Las opciones que combinan una opción emitida y otra comprada cuando su efecto neto sea el de una opción emitida.

- Los instrumentos de patrimonio valorados por su coste y los derivados que tengan como subyacente dichos valores y se liquiden mediante la entrega física de éstos.

- Los instrumentos de patrimonio emitidos por la entidad.

## 5-68 Partidas cubiertas

Las partidas cubiertas pueden ser los activos y pasivos reconocidos, los compromisos en firme no reconocidos, las transacciones previstas altamente probables de ejecución y las inversiones netas en negocios en el extranjero que, considerados individualmente o en grupos con similares características de riesgo, expongan a la entidad a riesgos específicamente identificados de variaciones en el valor razonable o en los flujos de efectivo. Si la partida cubierta fuera un grupo de activos y pasivos con similares características de riesgo, el cambio en el valor razonable atribuible al riesgo cubierto para cada elemento individual deberá ser aproximadamente proporcional al cambio total en el valor razonable del grupo de elementos debido al riesgo cubierto. Sin perjuicio de lo anterior, no podrá considerarse como partida cubierta una posición neta de activos y pasivos.

Las provisiones de seguros de vida podrán ser cubiertas, siempre que resulten aislables y medibles los cambios en sus flujos de efectivo o en su valor razonable asociados a sus distintos riesgos financieros y biométricos; en su defecto, podrán ser cubiertas por la totalidad de los riesgos que soporten.

Las transacciones previstas únicamente podrán ser cubiertas cuando supongan una exposición a las variaciones en los flujos de efectivo que podrían afectar a la cuenta de pérdidas y ganancias.

En todo caso, deberá atenderse a las siguientes reglas:

- Los activos financieros incluidos en la categoría de inversiones mantenidas hasta el vencimiento podrán ser cubiertos por riesgo de crédito y de cambio, pero no por riesgo de tipo de interés ni por riesgo de pago anticipado, sin perjuicio de que pueda cubrirse el riesgo de reinversión de sus flujos de efectivo.

- Los activos financieros y pasivos financieros podrán cubrirse parcialmente, en un determinado importe o porcentaje de sus flujos de efectivo o de su valor razonable, siempre que pueda medirse la eficacia de la cobertura. Tal sería el caso de una cobertura sólo a la exposición al tipo de interés libre de riesgo o a un componente de un tipo de interés de referencia.

- Los activos y pasivos no financieros sólo podrán ser designados como partidas cubiertas:

a) para cubrir el riesgo de tipo de cambio, y

b) para cubrir el conjunto de todos los riesgos.

- Un compromiso en firme de adquirir un negocio en una combinación de negocios sólo puede ser partida cubierta por cobertura del riesgo de tipo de cambio.

- Las inversiones en el patrimonio de entidades del grupo, multigrupo y asociadas no pueden ser designadas como partidas cubiertas en coberturas del valor razonable, salvo por las variaciones de los tipos de cambio.

## 5-69 Eficacia de la cobertura

La eficacia de una cobertura contable, que deberá poderse estimar de forma fiable, vendrá determinada por su capacidad de compensar los cambios en el valor razonable o en los flujos de efectivo atribuibles al riesgo cubierto, durante el periodo para el que se haya designado la cobertura. La relación de cobertura habrá de quedar debidamente documentada en el momento inicial, con indicación de:



- La identificación del instrumento de cobertura, de la partida cubierta, la naturaleza del riesgo cubierto, su objetivo y estrategia.
- El criterio y método para valorar su eficacia durante la vida del instrumento de cobertura, el cual habrá de ser aquél que mejor se adapte a la estrategia de gestión del riesgo por la entidad, siendo posible adoptar métodos diferentes para las distintas coberturas.

Una cobertura se considerará eficaz si, al inicio y durante su vida:

- se espera razonablemente que prospectivamente los cambios en el valor razonable o en los flujos de efectivo de la partida cubierta atribuibles al riesgo cubierto serán compensados casi completamente por los cambios en el valor razonable o en los flujos de efectivo del instrumento de cobertura y,

- retrospectivamente, los resultados de la cobertura han oscilado dentro de un rango de variación del 80% al 125% respecto del resultado de la partida cubierta.

## 5-70 Tipos de cobertura

A los efectos de esta norma las coberturas contables se clasifican en:

a) **Cobertura del valor razonable**: cubre la exposición a los cambios en el valor razonable de activos o pasivos reconocidos o de compromisos en firme aún no reconocidos, o de una parte concreta de los mismos, atribuible a un riesgo en particular que pueda afectar a la cuenta de pérdidas y ganancias (por ejemplo, la contratación de una permuta financiera para cubrir el riesgo de una financiación a tipo de interés fijo).

b) **Cobertura de los flujos de efectivo**: cubre la exposición a la variación de los flujos de efectivo que se atribuya a un riesgo concreto asociado a activos o pasivos reconocidos o a una transacción prevista altamente probable, siempre que pueda afectar a la cuenta de pérdidas y ganancias(por ejemplo, la cobertura del riesgo de tipo de cambio relacionado con compras y ventas previstas de inmovilizados materiales, bienes y servicios en moneda extranjera o la contratación de una permuta financiera para cubrir el riesgo de una financiación a tipo de interés variable).

c) **Cobertura de la inversión neta en un negocio en el extranjero**: cubre el riesgo de tipo de cambio en las inversiones o participaciones en entidades dependientes, asociadas, negocios conjuntos y sucursales cuyas actividades estén basadas o se lleven a cabo en un país diferente o en una moneda funcional distinta a la de la entidad que elabora las cuentas anuales.

Los instrumentos derivados presentan una finalidad de gestión de riesgos de diferente naturaleza, que sirven como instrumento de clasificación de los distintos tipos de derivados existentes.

Así, **en función del riesgo cubierto**, se puede distinguir:

a) **Riesgos de tipo financiero**

- *Riesgo de precio*: el derivado permite cubrirse ante variaciones en el precio de los activos o pasivos cubiertos.
- *Riesgo de tipo de cambio*: el derivado cubre ante movimientos desfavorables en operaciones con divisas,
- *Riesgo de tipo de interés*: permite cubrirse ante oscilaciones desfavorables en los movimientos de tipos.
- *Riesgo de crédito*: el derivado permite cubrirse ante las pérdidas potenciales que se puedan producir por impagos de créditos que se ostenten. En este sentido, es de destacar la importante relevancia que están adquiriendo los denominados derivados de crédito.

b) **Riesgos de tipo no financiero**

- *Riesgo de precio en commodities*: se refiere a los riesgos de precios en mercancías. Señalar al respecto, que en los mercados internacionales se negocian, entre otros, derivados sobre metales preciosos o sobre productos agrarios.

Los instrumentos derivados se pueden clasificar igualmente en función de **otros criterios ajenos al del riesgo cubierto**:

a) Según se negocien en mercados organizados o no.

b) Según la finalidad del instrumento derivado:

- Cobertura.
- Especulativa.
- Arbitraje.

5

## 5-71 Régimen especial de la contabilidad de coberturas

Cuando el instrumento derivado se utiliza con fines de cobertura, se establece un régimen de contabilización especial. La finalidad última que persigue esta regulación es que derivado y elemento objeto de cobertura sigan un método de contabilización similar y paralelo, de modo que si el derivado supone cambios en el estado de resultados, el activo paralelamente y con signo contrario también implique modificaciones en el estado de resultados. Con ello se evita la volatilidad y, por ende, una mala imagen para la empresa. En definitiva, lo que persigue la contabilidad de coberturas es evitar que se produzcan lo que se conoce como **asimetrías contables.** Así, los resultados del elemento objeto de cobertura y del instrumento derivado se deberán reconocer simultáneamente, de manera que el impacto en resultados (o, en su caso, en patrimonio) sea nulo. Cabe indicar no obstante, antes de continuar, que junto al mecanismo de la contabilidad de coberturas, el legislador contable dispone una solución alternativa al problema de las asimetrías contables: **la opción de valor razonable**, esto es, clasificar el activo o pasivo financiero, desde su inicio, a valor razonable con cambios en PyG.

Se concluye pues que el problema de las asimetrías contables se puede abordar desde dos vías:

- Contabilidad de coberturas (requisitos más estrictos).
- Opción de valor razonable.

La norma básica a seguir en la contabilidad de coberturas es la siguiente:

En la contabilidad de coberturas se reconoce, en el resultado del ejercicio, el efecto de la compensación de los cambios en los valores razonables de los instrumentos de cobertura y de las partidas cubiertas.

**Ejemplo:**

Supongamos que en el año actual X una entidad aseguradora presenta los siguientes datos en relación con una determinada cobertura contable:

| Año | Variaciones en el valor de partida cubierta | Variaciones en el valor del instrumento de cobertura | Diferencia | Efectividad de la cobertura: Instrumento cobertura/ partida cubierta | Efectividad de la cobertura: Partida cubierta/ Instrumento cobertura |
|---|---|---|---|---|---|
| X-3 | 100 | -110 | -10 | 1,10 | 0,91 |
| X-2 | 50 | -47 | 3 | 0,94 | 1,06 |
| X-1 | -80 | 82 | 2 | 1,03 | 0,98 |
| **X** | **4** | **-3** | **1** | **0,75** | **1,33** |
| X+1 | -115 | 123 | 8 | 1,07 | 0,93 |
| X+2 | 88 | -85 | 3 | 0,97 | 1,04 |

Se pide determinar la aplicabilidad o no de la contabilidad de coberturas.

**Solución:**

A la vista de los datos del supuesto se observa que durante los ejercicios X-3, X-2 y X-1 se ha cumplido el rango del 80-125%. Sin embargo, en el año X las variaciones suponen que nos situemos fuera del rango (0,75 y 1,33), de ahí que no pueda aplicarse la contabilidad de coberturas.

Se observa en el presente caso el problema antes apuntado: una pequeña variación en la evolución de los valores (4 y -3) determina que no se pueda aplicar la contabilidad de coberturas.

Podríamos también plantearnos la interrupción de cobertura en el supuesto de que se estimase que el periodo en el que se incumpla el rango fuera el X+2.

5

## 5-72 Contabilización de la cobertura del valor razonable

La pérdida o ganancia procedente de las variaciones en el valor del instrumento de cobertura (para un derivado que sea instrumento de cobertura) o el componente de tipo de cambio del importe en libros valorado de acuerdo con la norma relativa a moneda extranjera (para un instrumento de cobertura que no sea un derivado) se reconocerá en el resultado del ejercicio.

La pérdida o ganancia de la partida cubierta atribuible al riesgo cubierto ajustará el importe en libros de la partida cubierta y se reconocerá en el resultado del ejercicio con independencia de su régimen de valoración. Los cambios en el valor razonable de la partida cubierta no relacionados con el riesgo cubierto se reconocerán conforme al régimen de valoración que corresponda según en la categoría en la que se encuentre clasificada de acuerdo con lo previsto en esta norma de registro y valoración.

Cuando a la partida cubierta se le aplique el método del tipo de interés efectivo y su valor contable se ajuste ante variaciones derivadas del riesgo cubierto, una vez que esta partida deje de estar cubierta de las variaciones de su valor razonable, el importe de dicho ajuste se reconocerá en la cuenta de pérdidas y ganancias durante el periodo que reste hasta su vencimiento, utilizando para ello el método del tipo de interés efectivo recalculado en la fecha en que cesó la relación de cobertura.

Cuando un compromiso en firme no reconocido se designe como partida cubierta, el cambio en el valor razonable del mismo, que sea atribuible al riesgo cubierto, se reconocerá como un activo o pasivo con cargo o abono en la cuenta de pérdida o ganancia del ejercicio. El cambio acumulado de las variaciones en el valor razonable reconocido ajustará, en su caso, el importe en libros inicial del activo o pasivo que resultase del cumplimiento por la entidad del compromiso en firme.

La cobertura del riesgo de tipo de cambio de un compromiso en firme puede ser contabilizada como una cobertura del valor razonable o una cobertura de flujos de efectivo.

En todo caso, la entidad interrumpirá la contabilidad de coberturas del valor razonable de forma prospectiva cuando concurra cualquiera de las siguientes condiciones:

- El instrumento de cobertura expirase, fuese vendido, resuelto o ejercido; a este respecto, la sustitución o la renovación sucesiva de un instrumento de cobertura por otro no es una expiración o resolución si dicha sustitución o renovación es parte de la estrategia de cobertura documentada por la entidad.
- La cobertura dejase de cumplirlos requisitos previstos en esta norma.
- La entidad revocase la designación.

**Ejemplo:**

Con fecha 1-1-X1, la entidad aseguradora DRR, S.A. posee, entre sus activos financieros clasificados como disponibles para la venta, un paquete de 100 acciones de la entidad XAX, S.A., cuyo precio de adquisición fue de 5 euros y que en la actualidad cotizan a 7 euros.

Ante la perspectiva de que se produzca una bajada en su cotización en los mercados, pretende asegurarse el valor actual realizando una operación de compra de opciones de venta a un precio de ejercicio de 7 euros con vencimiento a diciembre de X1, para lo cual desembolsa 100 euros en concepto de prima.

La evolución de los valores es la siguiente:

| | Cotización acción | Valor opción |
|---|---|---|
| A 30-6-X1 | 8 | 20 |
| A diciembre-X1 | 6 | 120 |

Se pide realizar las anotaciones contables oportunas suponiendo que la entidad cumple los requisitos necesarios para utilizar la contabilidad de coberturas. Se prescinde de efecto impositivo y de los asientos de regularización.

**Solución:**

A comienzos del ejercicio X1, los elementos patrimoniales relacionados con el supuesto planteado presentarán los siguientes importes:

Por la adquisición de las acciones:

5

| | | x | | |
|---|---|---|---|---|
| 500 | (250) Acciones XAX | | | |
| | | a | (57-) Tesorería | 500 |

Por la revalorización de las acciones:

| | | x | | |
|---|---|---|---|---|
| 200 | (250) Acciones XAX | | | |
| | | a | (900) B° en AFDV | 200 |

Por la compra de las opciones de venta:

| | | x | | |
|---|---|---|---|---|
| 100 | (2553) Opciones de venta de cobertura | | | |
| | | a | (57-) Tesorería | 100 |

Balance a 1-1-X1 (una vez adquiridas las opciones)

| | |
|---|---|
| Acciones XAX | 700 |
| Reserva por valor razonable | 200 |
| Opciones compradas | 100 |

Con la información disponible, y a la vista de la operación planteada, la principal implicación de utilizar la contabilidad de coberturas, siempre que la entidad atienda los requisitos que son exigibles, va a ser la de contabilizar las revalorizaciones que se produzcan en los activos (en este caso acciones de XAX) como un ingreso del ejercicio en que se produzcan, y no como un aumento de la reserva por valor razonable, con la finalidad así de compensar los resultados positivos o negativos que genere el derivado de cobertura sobre el estado de resultados de la entidad. Lo mismo sucedería en el caso de que se tratase de activos financieros contabilizados a coste, puesto que en ese caso, y desde el momento en que se iniciase la relación de cobertura, los activos se dejarían de llevar al coste y se contabilizarían por su valor razonable con cambios en resultados, con el fin de neutralizar el impacto en resultados del instrumento derivado de cobertura.

A 30-6-X1

La acción no ha seguido el comportamiento esperado al haberse aumentado su valor unitario de mercado hasta 8 euros. Por ello es lógico que, a la inversa, haya disminuido el valor de la opción. Al no haberse cumplido hasta el momento la finalidad para la cual se instrumentó la operación de cobertura, dado que la acción ha subido en el mercado, se considera que aquella no ha sido eficaz y, por tanto, no se podrá utilizar la contabilidad de coberturas.

| | | x | | |
|---|---|---|---|---|
| 100 | (250) Acciones XAX | | | |
| | | a | (900) B° por AFDV | 100 |

| | | x | | |
|---|---|---|---|---|
| 80 | (6633) Pérdidas en instrumentos de cobertura | | | |
| | | a | (2553) Opc. de venta de cobertura | 80 |

Balance a 30-6-X1

| | |
|---|---|
| Acciones XAX | 800 |
| Res. valor razonable | 300 |
| Opciones compradas | 20 |

A diciembre de X1

En el segundo semestre del ejercicio la acción ha experimentado una caída en su cotización, por lo que sí se han cumplido en este periodo las expectativas de la entidad.

Los asientos contables serán los siguientes:

| | | x | | |
|---|---|---|---|---|
| 100 | (2553) Opciones de venta de cobertura | | | |
| | | a | (7633) Bº de instrumentos de cobertura | 100 |

| | | x | | |
|---|---|---|---|---|
| 100 | (900) Bº en AFDV. | | | |
| 100 | (696) Pérdida por deterioro de participaciones | | | |
| | | a | (250) Acciones XAX | 200 |

Se observa como únicamente se llevan a resultados 100 euros, consecuencia de que es sólo a partir del momento en que la cobertura es eficaz (cuando el valor de la acción es inferior a 7 euros) cuando se puede utilizar la contabilidad de coberturas, registrando los cambios de valor en el estado de resultados.

Balance a 12-X1

| | |
|---|---|
| Acciones XAX | 600 |
| Res. valor razonable | 200 |
| Opciones compradas | 120 |

5

## 5-73 Contabilización de la cobertura de flujos de efectivo

La ganancia o pérdida atribuible a la parte del instrumento de cobertura calificado como cobertura eficaz se reconocerá transitoriamente en el patrimonio neto. Su importe será el menor en términos absolutos entre: (i) la ganancia o pérdida acumulada por el instrumento de cobertura desde el inicio de la cobertura y (ii) la variación acumulada en el valor actual de los flujos de efectivo futuros esperados de la partida cubierta desde el inicio de la cobertura. El resto de la ganancia o pérdida del instrumento de cobertura se reconocerá, atendiendo a la naturaleza del instrumento de cobertura.

El importe acumulado de las pérdidas y ganancias reconocidas en el patrimonio neto no se imputarán en la cuenta de pérdidas y ganancias hasta que las partidas cubiertas afecten a dicha cuenta de pérdidas y ganancias, salvo que:

- La entidad espere que la totalidad o parte de las mismas no vayan a ser recuperadas en el futuro, en cuyo caso, el importe que no se espere recuperar se reclasificará como resultado del ejercicio.
- La cobertura corresponda a una transacción prevista que termine en el reconocimiento de un activo o pasivo no financiero, en cuyo caso los importes registrados en el patrimonio neto se incluirán en el coste del activo o pasivo cuando sea adquirido o asumido.

Cuando se interrumpa la cobertura del flujo de efectivo por darse alguno de los supuestos enumerados anteriormente para la cobertura del valor razonable, el importe acumulado del instrumento de cobertura reconocido en el patrimonio neto mientras la cobertura fue efectiva se continuará reconociendo en dicha partida hasta que la transacción cubierta ocurra, momento en el que se aplicarán los criterios previstos en el párrafo anterior, salvo que se prevea que no se va a realizar la transacción, en cuyo caso se reconocerá en la cuenta de pérdidas y ganancias del ejercicio.

**Ejemplo:**

Con fecha 1-1-X1 la entidad aseguradora BVV,S.A., con el fin de poder adquirir nuevos componentes de inmovilizado, contrata un préstamo con una entidad bancaria por importe de 100.000 euros a devolver en su totalidad a finales de X3. El tipo de interés a pagar es el Euribor.

La aseguradora prestataria espera que en los próximos ejercicios se produzca un repunte de los tipos, por lo que decide asegurarse un tipo de interés fijo a través de la contratación de una permuta financiera (swap).

Según las condiciones del swap, de igual nocional que el préstamo, la entidad aseguradora recibirá euribor y a cambio pagará un tipo del 3% fijo (permuta tipo fijo contra tipo flotante).

Realizar las anotaciones contables que se estimen oportunas considerando la siguiente evolución del Euribor:

| Años X1 | X2 | X3 |
|---|---|---|
| Euribor 3% | 4% | 5% |

**Solución:**

Por la suscripción del préstamo:

| | | x | | |
|---|---|---|---|---|
| 100.000 | (57-) Tesorería | | | |
| | | a | (170) Deudas LP ent. de crédito | 100.000 |

Por lo que hace referencia al derivado, a diferencia de las opciones financieras (de compra o de venta), en el momento inicial de la contratación del swap como instrumento de cobertura no existe registro contable alguno, dado que la entidad no realiza desembolso alguno por prima. No será hasta final de ejercicio cuando se produzca la primera anotación contable.

A 31-12-X1

A final de X1, conocida ya la subida de los tipos de interés, el swap adquiere un valor razonable de mercado, destinado a compensar el mayor importe de intereses que la entidad tendrá que satisfacer por el préstamo.

Pago fijo swap = 3.000

Pago variable swap = 4.000

<1.000>

Valor del swap (31-12-X1): 1.000 + 1.000 = 961,54+900 =1.861,54

5

(1+0,04)

Por el devengo y pago de intereses:

| | | x | | |
|---|---|---|---|---|
| 3.000 | (6623) Intereses de deudas con entidades de crédito | a | | |
| | | | (57-) Tesorería | 3.000 |

| | | x | | |
|---|---|---|---|---|
| 1.861,54 | (2553) Swap de cobertura | | | |
| | | a | (910) B° por cobertura de flujos de efectivo | 1.861,54 |

A 31-12-X2

A consecuencia de la permuta financiera se ganarán 1000, por la diferencia a nuestro favor en los tipos de interés (100.000 X 0,04 - 100.000 X 0,03). Sólo teníamos registrados por esta parte un importe de 961,54. Luego se hará:

| | | x | | |
|---|---|---|---|---|
| 38,46 | (2553) Swap de cobertura | | | |
| | | a | (910) B° por cobertura de flujos de efectivo | 38,46 |

| | | x | | |
|---|---|---|---|---|
| 1.000 | (57-) Tesorería | | | |
| | | a | (2553) Swap de cobertura | 1.000 |

El valor del swap a 31-12-X2 será:

2.000 (1 05) $^{-1}$ = 1.904,76

Había registrado un importe de 900, luego se hará:

| | | x | | |
|---|---|---|---|---|
| 1.000 | (57-) Tesorería | | | |
| | | a | (2553) Swap de cobertura | 1.000 |

Por el devengo y pago de intereses:

| | | x | | |
|---|---|---|---|---|
| 1.000 | (910) B° por cobertura de flujos de efectivo | | | |
| 3.000 | (6623) Intereses de deudas con ent. | | | |
| | | a | (57-) Tesorería | 4.000 |

5

A 1-1-X3

Reclasificación de la deuda:

| | | x | | |
|---|---|---|---|---|
| 100.000 | (170) Deudas a LP ent. de crédito | | | |
| | | a | (520) Deudas CP ent. crédito | 100.000 |

A 31-12-X3

Se actualiza el valor del swap.

Valor actual del swap = 100.000 x 0,05- 100.000 x 0,03= 2.000

Valor registrado del swap = 1.904,76

Diferencia = 95,24

| | | x | | |
|---|---|---|---|---|
| 95,24 | (2553) Swap de cobertura | | | |
| | | a | (910) B° por cobertura de flujos de efectivo | 95,24 |

Por el cobro del swap

| | | x | | |
|---|---|---|---|---|
| 2.000 | (57-) Tesorería | | | |
| | | a | (2553) Swap de cobertura | 2.000 |

Por el devengo y pago de intereses:

| | | x | | |
|---|---|---|---|---|
| 2.000 | (910) B° por cobertura de flujos de efectivo | | | |
| 3.000 | (6623) Intereses de deudas con entidades de crédito | | | |
| | | a | (57-)Tesorería | 5.000 |

Por el pago del préstamo:

| | | x | | |
|---|---|---|---|---|
| 100.000 | (520) Deudas CP ent. de crédito | | | |
| | | a | (57-) Tesorería | 100.000 |

5

## 5-74 Contabilización de la cobertura de la inversión neta en un negocio en el extranjero

En las operaciones de cobertura de inversiones netas en negocios conjuntos que carezcan de personalidad jurídica independiente y sucursales en el extranjero, los cambios de valor de los instrumentos de cobertura atribuibles al riesgo cubierto, se reconocerán transitoriamente en el patrimonio neto, imputándose a la cuenta de pérdidas y ganancias en el ejercicio o ejercicios en que se produzca la enajenación o disposición por otra vía de la inversión neta en el negocio en el extranjero.

Las operaciones de cobertura de inversiones netas en negocios en el extranjero en sociedades dependientes, multigrupo y asociadas, se tratarán como coberturas de valor razonable por el componente de tipo de cambio.

La inversión neta en un negocio en el extranjero está compuesta, además de por la participación en el patrimonio neto, por cualquier partida monetaria a cobrar o pagar, cuya liquidación no está contemplada ni es probable que se produzca en un futuro previsible, excluidas las partidas de carácter comercial.

Los instrumentos de cobertura se valorarán y registrarán de acuerdo con su naturaleza en la medida en que no sean, o dejen de ser, coberturas eficaces.

**Objetivo**

Evitar asimetrías contables, de manera que variaciones en activos y pasivos produzcan el mismo efecto en las cuentas anuales.

**Valoración inicial**

Con carácter general, los instrumentos derivados son considerados como activos o pasivos financieros mantenidos para negociar, valorándose a su valor razonable con cambios en resultados, salvo que el derivado sea designado como instrumento de cobertura y cumpla las condiciones para ser eficaz.

Con carácter general, la valoración inicial de los instrumentos derivados será de escasa relevancia, con la salvedad de las opciones financieras a consecuencia del pago inicial de la prima de la opción.

**Valoración posterior**

Se dispone la contabilización a valor razonable con cambios en resultados, sin distinguir según se trate de derivados que se negocien en mercados organizados o no, lo cual supone una ruptura con respecto a la normativa anterior, de carácter más conservador, que permitía reflejar en la cuenta de pérdidas y ganancias las oscilaciones del mercado sólo para aquéllos instrumentos derivados que se negociasen en mercados organizados.

Se consagra, en definitiva, el método conocido como *"mark to market"* o ajuste a valor de mercado.

En el caso de instrumentos derivados que no se negocian en mercados organizados (por ejemplo los swaps) deberemos acudir a técnicas de valoración para determinar el valor razonable.

5

**Ejemplo:**

A 1-1-X1, la entidad aseguradora española es propietaria al 100% de una filial domiciliada en Estados Unidos. El balance de esta última es el que sigue (en dólares americanos):

| ACTIVO | | PASIVO | |
|---|---|---|---|
| Inmovilizado | 500 | Capital social | 450 |
| Existencias | 300 | Deudas LP | 180 |
| Tesorería | 420 | Deudas CP | 490 |
| | | PyG | 100 |
| TOTAL | 1220 | TOTAL | 1220 |

NOTA: Para simplificar suponemos que las pérdidas y ganancias se generan en su totalidad el último día del ejercicio. En su defecto, deberíamos utilizar un tipo promedio del año para determinar el importe de conversión.

A 1-1-X1 el tipo de cambio es 1$ = 1,05 euros

A 31-12-X1 el tipo de cambio es 1$ = 1,10 euros

La entidad diseña un procedimiento de cobertura eficaz para protegerse ante evoluciones desfavorables en los tipos de cambio. Para ello vende a plazo 450 dólares a 1,06 $.

Se pide analizar la operación de cobertura realizada.

**Solución:**

Realizamos la conversión a euros de los estados financieros de la entidad filial:

| ACTIVO | | PASIVO | |
|---|---|---|---|
| Inmovilizado | 500 x 1,1 = 550 | Cap. Social | 450 x 1,05 = 472,5 |
| Existencias | 300 x 1,1 = 330 | Deudas LP | 180 x 1,1 = 198 |
| Tesorería | 420 x 1,1 = 462 | Deudas CP | 490 x1,1 = 539 |
| | | PyG | 490 x 1,1 = 539 |
| TOTAL | 1342 | TOTAL | 1319,5 |

Diferencias de conversión generadas = +22,5

Resultados instrumento de cobertura (venta a plazo) = (450 x 1,06) - ( 450 x 1,1) = 477 - 495 = -18

Se observa como el incremento de patrimonio que ha supuesto en los estados contables de la filial la aplicación de los tipos de conversión, se ha visto compensada prácticamente en su totalidad por la pérdida sufrida en el instrumento de cobertura.

La consecuencia contable de lo anterior radica en que la entidad reconocerá, como un menor importe de sus fondos propios, una reserva negativa por cobertura de inversiones netas en negocios en el extranjero.

## Sección 8. NORMA 9ª: CONTRATOS DE SEGUROS

### 5-75 Norma 9ª. Contratos de seguros (I): La reserva de estabilización

5

Según el PCEA:

*"La valoración de las provisiones técnicas se efectuará conforme a lo dispuesto en la normativa aplicable de ordenación y supervisión de los seguros privados. Dicha cuantía no se modificará por los distintos criterios de valoración aplicables a los instrumentos financieros.*

*Atendiendo a lo establecido en la quinta parte de este Plan, la reserva de estabilización se reconocerá en el patrimonio neto. Anualmente su importe se incrementará, en la cuantía exigida en la normativa de ordenación y supervisión de los seguros privados, con cargo al patrimonio neto. Su importe únicamente podrá ser dispuesto para compensar las desviaciones de la siniestralidad del ejercicio de propia retención. El recargo de seguridad no será objeto de periodificación contable".*

Las provisiones técnicas son objeto de regulación en el artículo 16 del TRLOSSP y artículos 29 a 48 del ROSSP. Son las siguientes:

a) De primas no consumidas.
b) De riesgos en curso.
c) De seguros de vida.
d) De participación en beneficios y para extornos.

e) De prestaciones.

f) La reserva de estabilización.

g) Del seguro de decesos.

h) Del seguro de enfermedad.

i) De desviaciones en las operaciones de capitalización por sorteo.

Al respecto, hemos de comenzar indicando que la NIIF 4 "Contratos de Seguro" señalaba que en ningún caso se podrían reconocer como pasivo las provisiones por siniestros futuros de contratos de seguros no existentes en la fecha de los estados financieros (como era el caso de la provisión de estabilización).

En el mismo sentido, la Circular 4/2004, de 22 de diciembre, a entidades de crédito, sobre normas de información financiera pública y reservada y modelos de estados financieros (norma 40ª.B.5.) estableció que *"Las provisiones para futuras reclamaciones que no sean consecuencia de contratos de seguro existentes en la fecha a que se refieran los estados financieros, tal como la provisión para riesgos catastróficos y la provisión técnica de estabilización, no se reconocerán en el balance como pasivos por contratos de seguro"*.

E igualmente el Documento Marco de la DGSFP del año 2004 estableció: *"No puede ser reconocida como pasivo provisión alguna para siniestros futuros de contratos de seguro que no estuviesen suscritos a la fecha de la formulación de los estados financieros, tal es el caso de la provisión de estabilización o catástrofe"*.

La justificación de todas estas afirmaciones residía en que las provisiones técnicas, en cuanto pasivos que son, debían cumplir unos criterios de definición y reconocimiento fijados por la NIIF y que han sido los adoptados en el Marco Conceptual del PCEA. La provisión de estabilización no cumplía la definición de pasivo del PCEA y, por lo tanto, no podía ser calificada como tal.

Desde el punto de vista de la normativa supervisora de la actividad aseguradora, la reserva de estabilización aparece regulada en el artículo 45 del ROSSP. Por su parte, el artículo 59 ROSSP dispone que, con carácter general, tendrán la consideración de patrimonio propio no comprometido las siguientes partidas:

- La reserva de revalorización, prima de emisión y otras reservas patrimoniales libres que no correspondan a los compromisos suscritos **ni hayan sido clasificadas como reservas de estabilización.** Tendrán tal consideración, salvo que su importe haya sido comprometido para atender cualquier compromiso específico, la reserva de revalorización de inmuebles derivada de la primera aplicación del Plan de contabilidad de las entidades aseguradoras adaptado al marco normativo de las Normas Internacionales de Información Financiera adoptadas por los Reglamentos de la Unión Europea y la reserva por fondo de comercio.
- El remanente y la parte del saldo acreedor de la cuenta de pérdidas y ganancias que se destine a incrementar los fondos propios de la entidad. **A estos efectos, se deducirá el saldo deudor de la partida "Reserva de estabilización a cuenta" prevista en el Plan de Contabilidad de las Entidades Aseguradoras.**

En cuanto al ámbito contable, debemos resaltar las siguientes ideas:

a) El PCEA recoge la provisión de estabilización en la cuenta 1147. Reserva de estabilización, siendo su movimiento contable el siguiente:

- Se abonará, por la dotación correspondiente, con cargo a la cuenta 554.
- Se cargará, cuando su importe sea aplicado a su finalidad, con abono a la cuenta 113.

b) Se reconoce como un componente del patrimonio neto, formando parte de los fondos propios.

5

c) A la hora de efectuar el proceso de transición del PCEA de 1997 al PCEA de 2008, se siguieron las siguientes normas:

- Dotar la provisión de estabilización de 2008 conforme a lo dispuesto en el artículo 45 del ROSSP y con cargo a gastos.
- Posteriormente, reclasificar el saldo de la cuenta 330 del PCEA de 1997 a la cuenta 1147 del PCEA de 2008.
- Aplicar la sistemática contable del PCEA de 2008 a partir del ejercicio 2009.

En cuanto a la normativa mercantil, y a efectos de las limitaciones sobre la distribución de dividendos a cuenta establecidas en el artículo 216 TRLSA, la reserva de estabilización tendrá la consideración de reserva obligatoria establecida por Ley, de conformidad con la Disp. Ad. 1ª del PCEA.

Desde el punto de vista fiscal, debemos citar el artículo 13.4 del TRLIS:

*"Los gastos relativos a las provisiones técnicas realizadas por las entidades aseguradoras, serán deducibles hasta el importe de las cuantías mínimas establecidas por las normas aplicables. Con ese mismo límite, el importe de*


© CISS

*la dotación en el ejercicio a la reserva de estabilización será deducible en la determinación de la base imponible, aun cuando no se haya integrado en la cuenta de pérdidas y ganancias. Cualquier aplicación de dicha reserva se integrará en la base imponible del período impositivo en el que se produzca.*

Y también la Disposición transitoria 27ª.2TRLIS:

*"No se integrará en la base imponible el importe del abono a reservas derivado de la baja de la provisión de estabilización".*

**Ejemplo:**

Una entidad aseguradora presenta a 31-12-2008 en concepto de provisión de estabilización un importe de 10.000 u.m. Durante el ejercicio 2009, y de conformidad con el artículo 45 del ROSSP, debe dotar provisión de estabilización por un importe adicional de 700 u.m. Debido a la importante siniestralidad del año 2010, la provisión de estabilización revierte en su totalidad durante el ejercicio 2010.

El resultado contable de 2010 ha sido de 80.000 u.m.

Tipo impositivo = 30%.

Se pide realizar las anotaciones contables oportunas.

**Solución:**

Año 2008:

Por la transformación de la provisión de estabilización en reserva de estabilización derivada de la transición al PCEA de 2008:

| | | x | | |
|---|---|---|---|---|
| 10.000 | (330) Provisión de estabilización | | | |
| | | a | (1147) Reserva de estabilización | 10.000 |

Por el reconocimiento del impuesto diferido asociado a la transformación:

| | | x | | |
|---|---|---|---|---|
| 3.000 | (8301) Impuesto diferido | | | |
| | | a | (479) Pasivos por DTI | 3.000 |

Por la regularización que deberemos realizar a cierre de ejercicio:

| | | x | | |
|---|---|---|---|---|
| 3.000 | (1147) Reserva de estabilización | | | |
| | | a | (8301) Impuesto diferido | 3.000 |

Al seguirse la mecánica propuesta por el PCEA, la reserva de estabilización presenta un valor contable de 7.000 u.m. No obstante, y de conformidad con el artículo 45 del ROSSP, el importe de provisión a cubrir es de 10.000 u.m. Por esta razón, el PCEA exige que se informe en Memoria del importe bruto de provisión a cubrir.

Desde una perspectiva fiscal, hasta 31-12-2008 la entidad habrá recogido a través de la cuenta de PyG los ingresos (recargo de seguridad) y gastos (dotación de provisión) asociados al cálculo de la provisión, por lo que teóricamente no se habrá tributado. Por lo tanto, la tributación por el ingreso derivado del recargo de seguridad se producirá en el momento en el que revierta la reserva de estabilización mediante su transformación en reservas voluntarias.

Año 2009:

Durante el ejercicio 2009 la entidad debe dotar 700 u.m. adicionales, siguiendo la mecánica del PCEA de 2008, que nos obliga a dotar la reserva siguiendo un mecanismo similar al empleado al distribuir dividendos a cuenta de futuros resultados:

| | | x | |
|---|---|---|---|
| 700 | (554) Reserva de estabilización a cuenta | | |
| | | a (1147) Reserva de estabilización | 700 |

Por el efecto impositivo derivado de la dotación anterior:

| | | x | |
|---|---|---|---|
| 210 | (6301) Impuesto diferido | | |
| | | a (479) Pasivos por DTI | 210 |

En efecto, durante 2009 la entidad se habrá reconocido a través de PyG el ingreso derivado del recargo de seguridad. Si bien la dotación de provisión no se ha realizado a través de PyG, ya hemos visto que el artículo 13.4 del TRLIS establece la deducibilidad de la dotación. Por lo tanto, en este caso el resultado contable sería superior al resultado fiscal, generándose la correspondiente diferencia temporaria (diferencia temporal negativa), al minorarse el ingreso en el importe dotado. La diferencia revertirá en el momento de aplicación de la reserva de estabilización y su transformación en reserva voluntaria disponible.

En la Memoria de las cuentas anuales de 2009 se deberá indicar que el importe a cubrir en concepto de provisión de estabilización es de 10.700 (10.000 + 700).

Al distribuir el resultado de 2009 se cancelará la cuenta (554) Reserva de estabilización a cuenta:

| | | x | |
|---|---|---|---|
| x | (129) PyG | | |
| | | a (554) Reserva de estabilización a cuenta | x |

Año 2010:

En este ejercicio se produce la reversión de la totalidad de reserva de estabilización.

| | | x | |
|---|---|---|---|
| 7.700 | (1147) Reserva de estabilización | | |
| | | a (113) Reservas voluntarias | 7.700 |

La reversión de la reserva lleva asociada la obligación de tributar. En consecuencia, el resultado contable de 2010 se verá incrementado fiscalmente por la reversión de la reserva.

Resultado contable = 80.000

Ajuste fiscal = 10.700

Base imponible = 90.700

| | | x | | |
|---|---|---|---|---|
| 27.210 | (6300) Impuesto corriente | | | |
| 3.210 | (479) Pasivos por DTI | | | |
| | | a | (4752) HP acreedora por IS | 27.210 |
| | | | (6301) Impuesto diferido | 3.210 |

Por otro lado, indicar que, en el caso de que, en un mismo ejercicio, en un ramo debamos dotar reserva de estabilización y en otro ramo debamos aplicar la reserva, no se admite compensar entre ramos. Deberemos efectuar dos asientos:

En el ramo a dotar:

| | | x | | |
|---|---|---|---|---|
| x | (554) Reserva de estabilización a cuenta | | | |
| | | a | (1147) Reserva de estabilización | x |

En el ramo a aplicar:

| | | x | | |
|---|---|---|---|---|
| x | (1147) Reserva de estabilización | | | |
| | | a | (113) Reservas voluntarias | x |

## 5-76 Norma 9ª. Contratos de seguros (II): Asimetrías contables

A la hora de analizar las asimetrías contables, debemos tener presente las siguientes ideas:

1. La nueva clasificación de activos financieros que reconoce la norma 8ª del PCEA.

2. Las asimetrías contables surgirán cuando el criterio de valoración de los activos financieros no coincida con el criterio de valoración de los pasivos vinculados a los mismos.

3. Las asimetrías contables se manifiestan fundamentalmente en el ramo de vida.

4. Las asimetrías contables parten de dos ideas clave que más adelante serán objeto de desarrollo:

a) Considerar la hipótesis de que los activos financieros se hubieran realizado ("shadow accounting" o ajustes en la sombra).

b) Se valoran de manera distinta los activos financieros y los pasivos vinculados a los mismos.

5. Las principales cuentas, subcuentas y subgrupos implicados serán los siguientes:

- 138. Corrección de asimetrías contables
- 188. Pasivos por corrección de asimetrías contables
- 268. Activos por corrección de asimetrías contables
- 6696. Gastos por correcciones de asimetrías contables
- 7696. Ingresos por correcciones de asimetrías contables
- Subgrupo 88: Gastos por corrección de asimetrías contables
- Subgrupo 98: Ingresos por corrección de asimetrías contables

Si el valor de la PM coincide con el valor del activo, las modificaciones en el valor de aquella se reflejarán a través de las cuentas 312. Provisión matemática y 320. Provisiones técnicas seguros de vida riesgo de inversión tomadores.

Si el valor de la PM se ve potencialmente afectado por la evolución de los activos vinculados utilizaremos las cuentas 268. Activos por corrección de asimetrías contables y 188. Pasivos por corrección de asimetrías contables.

## 5-77 Operaciones de seguros en las que el tomador asume el riesgo de la inversión

En estas operaciones así como en aquellas en las que el valor de rescate está referenciado al valor de los activos específicamente asignados, no tendría sentido la aparición de asimetrías contables, dado que el PCEA incluye la categoría de "Otros activos financieros a VR con cambios en PyG" con la finalidad de utilizarla para evitar la aparición de asimetrías.

En estos casos, los cambios en el activo financiero y el pasivo vinculado (provisión de seguros de vida) se reflejarían a través de la cuenta de PyG.

En el caso de seguros de vida en los que el tomador asume el riesgo de la inversión, la corrección se realizará a través del subgrupo 32. Provisiones técnicas relativas al seguro de vida cuando el riesgo de inversión lo asumen los tomadores de seguros.

En el caso de seguros cuyo valor de rescate se referencie al valor de los activos (a valor razonable), si de conformidad con el artículo 36.1 del ROSSP hay que aumentar la PM, se utilizará la cuenta 312. Provisiones matemáticas en el importe necesario para cumplir con el artículo 36.1 del ROSSP, y la cuenta 188. Pasivos por corrección de asimetrías contables, para el resto de la plusvalía.

Situación similar se puede plantear en el caso de los Planes de Previsión Asegurados (PPA) en los que el derecho de rescate o de disposición anticipada esté determinado en función de activos afectos. En estos casos, la PM no podrá ser inferior al valor de rescate, por lo que habría que realizar los oportunos ajustes por asimetría contable.

La normativa sobre asimetría contable incide a su vez en la normativa de ordenación y supervisión de la actividad aseguradora en lo que hace referencia al cálculo del margen de solvencia. En este punto nos remitimos a lo dispuesto por el artículo 59 del ROSSP. En los siguientes ejemplos trataremos de abordar este punto.

**Ejemplo 1:**

Supongamos un seguro de vida de prima única de 1.000 u.m. en donde el valor de rescate se referencia al 100% del valor de mercado de un activo financiero clasificado en la categoría de disponible para la venta adquirido por el mismo importe.

Al final del primer ejercicio, el valor de la provisión matemática es de 1.080 u.m.

Se pide: realizar los asientos contables y el correspondiente ajuste en margen de solvencia suponiendo que al final del primer ejercicio el activo ha experimentado un aumento de valor por importe de 100 u.m.

**Solución 1:**

Por el pago de la prima efectuado por el cliente:

| | | x | | |
|---|---|---|---|---|
| 1.000 | (572) Bancos | | | |
| | | a | (701) Primas netas de anulaciones SD, vida | 1.000 |

Suponemos que el pago se realiza el efectivo, devengando el ingreso correspondiente a la compañía.

Con el importe abonado por el cliente, la entidad aseguradora efectúa la compra de activos financieros a los que se vincula el valor de rescate.




© CISS

x

| | | | | |
|---|---|---|---|---|
| 1.000 | (25-) Otras inversiones financieras | | | |
| | | a | (572) Bancos | 1.000 |

Al cierre de ejercicio efectuamos la dotación de la provisión correspondiente a la operación:

x

| | | | | |
|---|---|---|---|---|
| 1.080 | (6931) Dotación a las provisiones de seguros de vida | | | |
| | | a | (312) Provisiones matemáticas | 1.080 |

Al cierre de ejercicio deberemos realizar igualmente el asiento de revalorización de las inversiones financieras. Al tratarse de activos clasificados como disponibles para la venta, la revalorización la efectuamos a través de cuentas de patrimonio:

x

| | | | | |
|---|---|---|---|---|
| 100 | (25-) Otras inversiones financieras | | | |
| | | a | (900) Bº en AFDV | 100 |

A continuación deberemos realizar un asiento de ajuste por asimetría contable dado que de conformidad con lo dispuesto en el artículo 36.1 del ROSSP, el valor de la PM deberá ser como mínimo igual al valor de rescate garantizado. Por ello deberemos incrementar la PM en 20 u.m.

Valor rescate garantizado = 1.000

Valor PM = 1.080

Ajuste asimetría contable = 20

x

| | | | | |
|---|---|---|---|---|
| 20 | (883) Corrección de asimetrías contables por aumentos del valor de los activos reconocidos en PN de operaciones de seguros de vida cuyo valor de rescate se referencie al de valor de realización de los activos | | | |
| | | a | (312) Provisiones matemáticas | 20 |

De esta forma dejamos valorada la PM en el importe del valor de rescate.

Finalmente, por la regularización de los asientos anteriores haremos:

x

| | | | | |
|---|---|---|---|---|
| 100 | (900) Bº en AFDV | | | |
| | | a | (133) Ajustes por valoración en AFDV | 100 |

5

| | x | | | |
|---|---|---|---|---|
| 20 | (138) Corrección de asimetrías contables | | | |
| | | a | (883) Corrección de asimetrías contables por aumentos del valor de los activos reconocidos en PN de operaciones de seguros de vida cuyo valor de rescate se referencie al de valor de realización de los activos | 20 |

Ajuste en Margen de Solvencia = +20. De esta forma, se computa la plusvalía del activo financiero en su totalidad (+100), eliminando el importe de 20 u.m correspondiente a la asimetría contable que compensa contablemente la plusvalía del activo.

**Ejemplo 2:**

Supongamos un seguro en donde se establezca un valor de rescate del 90% del valor del activo asignado. El activo financiero se adquiere por 1.000 u.m. siendo su valor al cierre del primer ejercicio de 1.200 u.m. Se clasifica en la cartera de AFDV.

En relación con la operación, se sabe que el importe de la PM al final del primer año es de 1.030 u.m.

En el segundo ejercicio de la operación se produce una minusvalía en el valor del activo asignado por importe de 300 u.m. La PM al cierre de este segundo año es de 1.015 u.m.

**Solución 2:**

Al cierre del primer ejercicio, por el ajuste del valor de los activos imputado en cuentas de patrimonio, haremos:

| | x | | | |
|---|---|---|---|---|
| 200 | (25-) Otras inversiones financieras | | | |
| | | a | (900) B° en AFDV | 200 |

De esta forma dejamos valorado el activo financiero a su valor de mercado = 1.200

A este valor de activo le corresponderá un derecho de rescate de 90% sobre 1.200 = 1.080

A cierre de ejercicio realizamos la dotación de la PM:

| | x | | | |
|---|---|---|---|---|
| 1.030 | (6931) Dotación a las provisiones de seguros de vida | | | |
| | | a | (312) Provisiones matemáticas | 1.030 |

De conformidad con el artículo 36 del ROSSP la provisión de seguros de vida no podrá ser inferior al valor del derecho de rescate garantizado, por lo que tendremos que realizar un ajuste corrector de asimetría contable que nos permita reflejar la PM por el valor del derecho de rescate.

5



© CISS

| | x | | | |
|---|---|---|---|---|
| 50 | (883) Corrección de asimetrías contables por aumentos del valor de los activos reconocidos en PN de operaciones de seguros de vida cuyo valor de rescate se referencie al de valor de realización de los activos | | | |
| | | a | (312) Provisiones matemáticas | 50 |

Por la regularización de los asientos anteriores que han afectado a cuentas de patrimonio, haremos:

| | x | | | |
|---|---|---|---|---|
| 200 | (900) B° en AFDV | | | |
| | | a | (133) Ajustes por valoración en AFDV | 200 |

| | x | | | |
|---|---|---|---|---|
| 50 | (138) Corrección de asimetrías contables | | | |
| | | a | (883) Corrección de asimetrías contables por aumentos del valor de los activos reconocidos en PN de operaciones de seguros de vida cuyo valor de rescate se referencie al de valor de realización de los activos | 50 |

Ajuste en Margen de Solvencia = +50. De esta forma, se computa la plusvalía del activo financiero en su totalidad (+200), eliminando el importe de 50 u.m correspondiente al ajuste de asimetría contable que compensa contablemente la plusvalía del activo.

En relación con el segundo ejercicio, procede realizar los siguientes asientos:

Por el ajuste del valor del título:

| | x | | | |
|---|---|---|---|---|
| 300 | (800) Pérdidas en AFDV | | | |
| | | a | (25x) Otras inversiones financieras | 300 |

De esta forma dejamos valorado el activo financiero a su valor de mercado = 900

A este valor de activo le corresponderá un derecho de rescate de 90% sobre 900 = 810

Al cierre del segundo ejercicio, por la dotación de la PM:

5

x

| | | | | |
|---|---|---|---|---|
| 1.015 | (6931) Dotación a las provisiones de seguros de vida | | | |
| | | a | (312) Provisiones matemáticas | 1.015 |

Simultáneamente realizamos la aplicación de la PM del ejercicio anterior:

x

| | | | | |
|---|---|---|---|---|
| 1.030 | (312) Provisiones matemáticas | | | |
| | | a | (7932) Aplicación de provisiones de seguros de vida | 1.030 |

Por la corrección de la asimetría contable:

x

| | | | | |
|---|---|---|---|---|
| 50 | (312) Provisiones matemáticas | | | |
| 155 | (268) Activos por corrección de asimetrías contables | | | |
| | | a | (983) Corrección de asimetrías contables por disminuciones de valor de los activos | 205 |

Con el anterior ajuste se persigue reflejar que la pérdida potencial derivada del menor valor del título es compensada parcialmente por el inferior valor del derecho de rescate que corresponde al tomador. Por lo tanto, el ajuste será igual a la diferencia entre el importe de la PM (1.015) y el valor del derecho de rescate derivado del nuevo valor del título (810) = 205

Por la regularización de los asientos anteriores que afectan a cuentas de patrimonio:

x

| | | | | |
|---|---|---|---|---|
| 300 | (133) Ajustes por valoración en AFDV | | | |
| | | a | (800) Pérdidas en AFDV | 300 |

x

| | | | | |
|---|---|---|---|---|
| 205 | (983) Corrección de asimetrías contables por disminuciones de valor de los activos | | | |
| | | a | (138) Corrección de asimetrías contables | 205 |

Por la regularización a efectos de la cuenta de PyG:

x

| | | | | |
|---|---|---|---|---|
| 1.030 | (7932) Aplicación de provisiones de seguros de vida | | | |
| | | a | (6931) Dotación a las provisiones de seguros de vida | 1.015 |
| | | | (129) PyG | 15 |

Ajuste en Margen de Solvencia = -205. De esta forma, se computa la minusvalía del activo financiero en su totalidad (-300), eliminando el importe de 205 u.m correspondiente al ajuste de asimetría contable que compensa contablemente la minusvalía del activo.

## 5-78 Seguros con participación en beneficios en donde exista una identificación de los activos asignados

En estos supuestos, si se produce un aumento del valor razonable de los títulos asignados, debemos considerar que, si el activo se vende, el beneficio en la venta supondría un incremento de la participación en beneficio de los tomadores.

Por lo tanto, el PCEA considera que dicho aumento de valor de los activos, aunque no se hayan realizado, deben tenerse en cuenta.

En estos casos, utilizaremos las cuentas 268. Activos por corrección de asimetrías contables y 188. Pasivos por corrección de asimetrías contables.

## 5-79 Seguros con inmunización del artículo 33.2 del ROSSP

Pensemos en el caso de un título de renta fija cuyo valor razonable aumenta ante la caída de los tipos de interés. El título es vendido, reinvirtiéndose su importe a efectos de mantener la operación inmunizada.

En estos casos, el importe reinvertido lo sería a un tipo de interés menor, lo que provocaría la aplicación de un menor tipo de interés en el cálculo de la provisión, aumentando ésta.

Si los activos no se han realizado, no habrán aumentado las obligaciones de la aseguradora en concepto de provisión de seguros de vida, dado que mientras que los activos no se vendan, el importe de la obligación permanece inalterado. Sin embargo, sí habrá que reconocer los cambios que el valor razonable de los activos provocan en el patrimonio neto de la entidad en el caso de que aquéllos se realicen o vendan, para lo que utilizaremos las cuentas de activo y pasivo que habilita el PCEA.

Es importante destacar que, a diferencia de la legislación anterior, en el caso de operaciones de inmunización financiera pueden asignarse activos que se valoren no sólo a coste amortizado, sino también a valor razonable (carteras de AFDV, de activos para negociar y de otros activos a valor razonable con cambios en PyG).

Según la DGSFP, la contabilización de los ajustes por asimetrías se podrá realizar, bien activo a activo, bien para el conjunto de activos asignados a una cartera de productos homogéneos.

**Ejemplo 1:**

Supongamos un título de renta fija adquirido por 100 u.m. y clasificado como AFDV, asignado a una operación de seguros que garantiza una participación en beneficios del 90% de la rentabilidad del activo afecto. Con posterioridad, su valor de mercado pasa a ser de 120 u.m.

Meses más tarde, el activo presenta un valor de mercado de 110 u.m. La entidad vende el activo a los dos días por ese mismo importe.

Tipo impositivo = 30%

Realizar los asientos contables oportunos y ajustes en Margen de Solvencia que procedan.

**Solución 1:**

Por la adquisición del título de renta fija:

| | | x | | |
|---|---|---|---|---|
| 1.000 | (251) Valores representativos de deuda | | | |
| | | a | (572) Bancos | 1.000 |

Por la revalorización del título:

| | | x | | |
|---|---|---|---|---|
| 20 | (251) Valores representativos de deuda | | | |
| | | a | (900) B° en AFDV | 20 |

De esta forma dejamos reconocido el título por un importe de 1.020 u.m.

Por el reconocimiento del efecto impositivo:

| | | x | | |
|---|---|---|---|---|
| 6 | (8301) Impuesto sobre b° diferido | | | |
| | | a | (479) Pasivos por DTI | 6 |

Por el reconocimiento de la asimetría contable:

| | | x | | |
|---|---|---|---|---|
| 18 | (884) Corrección de asimetrías contables por aumentos de valor de los activos reconocidos en el PN de operaciones de seguro con participación en b° | | | |
| | | a | (188) Pasivos por corrección de asimetrías contables | 18 |

De esta forma, nuestros estados contables estarían recogiendo el posible efecto que se origina al aumentar el valor de los activos financieros. Dicho efecto se materializa en que el 90% de ese aumento corresponderá a los tomadores, de ahí que debamos reflejar ese potencial efecto, pues el valor neto del incremento para la compañía sería de 2 u.m. (20 -18)

Por el reconocimiento del efecto impositivo:

| | | x | | |
|---|---|---|---|---|
| 5,4 | (4740) Activos por DTD | | | |
| | | a | (8301) Impuesto sobre b° diferido | 5,4 |

En este primer supuesto no procede realizar ajuste en MS dado que, del aumento experimentado por el título, a la entidad le corresponden 2 u.m. (10% sobre 20), que ya aparecen recogidos a través de cuentas de patrimonio.

Por el reconocimiento de la depreciación que se produce meses más tarde:

5

x

| | | | | |
|---|---|---|---|---|
| 10 | (800) Pérdidas en AFDV | | | |
| | | a | (251) Valores representativos de deuda | 10 |

Por el reconocimiento del efecto de la depreciación en la asimetría contable:

x

| | | | | |
|---|---|---|---|---|
| 9 | (188) Pasivos por corrección de asimetrías contables | | | |
| | | a | (984) Corrección de asimetrías contables por disminuciones de valor de los activos reconocidos en el PN de operaciones de seguro con participación en bº | 9 |

De esta forma, nuestros estados contables estarían recogiendo de nuevo el posible efecto que se origina al disminuir el valor de los activos financieros. Dicho efecto se materializa en que el 90% de esa disminución corresponderá los tomadores, de ahí que debamos reflejar ese potencial efecto, pues el valor neto de la disminución de patrimonio para la compañía será de 1 u.m. (10 -9)

Por el reconocimiento del efecto impositivo de la depreciación:

x

| | | | | |
|---|---|---|---|---|
| 3 | (479) Pasivos por DTI | | | |
| | | a | (838) Ajustes + en la imposición s/bº | 3 |

x

| | | | | |
|---|---|---|---|---|
| 2,7 | (833) Ajustes – en la imposición s/bº | | | |
| | | a | (4740) Activos por DTD | 2,7 |

En este segundo caso tampoco procede realizar ajuste en MS dado que, de la depreciación experimentada por el título, a la entidad le corresponde 1 u.m. (10% sobre 10), situación que ya aparece recogida a través de cuentas de patrimonio.

Por la venta del título efectuada dos meses más tarde:

x

| | | | | |
|---|---|---|---|---|
| 110 | (572) Bancos | | | |
| | | a | (251) Valores representativos de deuda | 110 |

Al haberse producido la venta del título deberemos proceder al reconocimiento del beneficio generado por diferencia entre el precio de venta y el precio de compra originario:

x

| | | | | |
|---|---|---|---|---|
| 10 | (802) Transferencia de bº en AFDV | | | |
| | | a | (7632) Bº de AFDV | 10 |

Como consecuencia de la venta deberemos proceder a reconocer la parte del beneficio que corresponde a los tomadores, para lo cual deberemos efectuar los siguientes asientos:

Por la eliminación del pasivo por asimetrías contables:

| | | x | | |
|---|---|---|---|---|
| 9 | (188) Pasivos por corrección de asimetrías contables | | | |
| | | a | (984) Corrección de asimetrías contables por disminuciones de valor de los activos reconocidos en el PN de operaciones de seguro con participación en bº | 9 |

Por el reconocimiento de la participación en beneficios:

| | | x | | |
|---|---|---|---|---|
| 9 | (6931) Dotación a las provisiones de seguros de vida | | | |
| | | a | (360) Provisiones partículo en bº | 9 |

Por la regularización:

| | | x | | |
|---|---|---|---|---|
| 10 | (133) Ajustes por valoración en AFDV | | | |
| | | a | (802) Transferencia bº en AFDV | 10 |

| | | x | | |
|---|---|---|---|---|
| 9 | (984) Corrección de asimetrías contables por disminuciones de valor de los activos | | | |
| | | a | (138) Corrección de asimetrías contables | 9 |

| | | x | | |
|---|---|---|---|---|
| 9 | (7632) Bº de AFDV | | | |
| | | a | (129) PyG | 9 |

No procede ajuste en MS.


© CISS

**Ejemplo 2:**

Supongamos un contrato de seguro que asigne participación en beneficios del 90% en función de los activos asignados. Los activos financieros afectos a la operación son los siguientes:

| CARTERA | PRECIO COSTE | VALOR RAZONABLE | RENDIMIENTO | PARTÍCULO EN Bº |
|---|---|---|---|---|
| AFDV | 100 | 130 | 30 | 27 |
| NEGOCIACIÓN | 100 | 140 | 40 | 36 |
| VENCIMIENTO | 100 | 90 | -10 | -9 |
| **TOTAL** | | | 60 | 54 |

Determinar posibles ajustes a realizar en MS.

**Solución 2:**

Plusvalía neta acumulada, reconocida o no en cuentas = 60 (30 + 40 -10)

Importe plusvalía imputable a la entidad = 10% sobre 60 = 6

Importe plusvalía imputable a la entidad reconocido en cuentas = 7 (3 + 4)

Ajuste en MS = -1 (correspondiente a las minusvalías de la cartera a vencimiento no reconocidas en cuentas y que corresponden a la entidad)

**Ejemplo 3:**

En el año 20X0 la entidad aseguradora A, S.A. concierta con un cliente un seguro unit-linked por el cual éste abona una prima de 3.000 u.m. Con el importe de la prima, la entidad aseguradora adquiere un activo financiero (acción) a cuyo valor se vincula la obligación con el cliente. Durante el año 20X1 el valor de la acción asciende a 3.500 u.m. En el año 20X2 el valor del activo es de 2.800 u.m.

Realizar los asientos contables oportunos en materia de asimetrías contables suponiendo que:

- La entidad incluye el activo financiero en la cartera de 'Otros activos financieros a VR con cambios en PyG
- La entidad incluye el activo financiero en la cartera de "Activos financieros disponibles para la venta".

**Solución 3:**

**- La entidad incluye el activo financiero en la cartera de 'Otros activos financieros a VR con cambios en PyG**

Año 20X0:

Por la adquisición del título efectuada con el importe abonado por el cliente en concepto de prima:

| | x | | |
|---|---|---|---|
| 3.000 | (250) Inversiones financieras en instrumentos de patrimonio | | |
| | | a (572) Bancos | 3.000 |

Simultáneamente, por la dotación de la provisión correspondiente a la operación:

5

x

| | | | | |
|---|---|---|---|---|
| 3.000 | (6932) Dotación a las provisiones de seguros de vida cuando el riesgo de inversión lo asumen los tomadores de seguros | | | |
| | | a | (320) Prov. técnicas seguros de vida riesgo de inversión tomadores | 3.000 |

Año 20X1:

Por la revalorización del activo:

x

| | | | | |
|---|---|---|---|---|
| 500 | (250) Inversiones financieras en instrumentos de patrimonio | | | |
| | | a | (76310) Bº de activos por cuenta de tomadores de seguros de vida que asuman el riesgo de la inversión | 500 |

Obsérvese que en este caso la revalorización se hace por medio de cuentas de PyG, al haberse clasificado el activo en la categoría de "otros activos financieros a valor razonable con cambios en PyG".

A cierre del ejercicio 20x1:

Aplicación provisión 20X0:

x

| | | | | |
|---|---|---|---|---|
| 3.000 | (320) Prov. técnicas seguros de vida riesgo de inversión tomadores | | | |
| | | a | (7932) Aplicación de provisiones de seguros de vida riesgo inversión tomadores | 3.000 |

Dotación provisión 20X1:

x

| | | | | |
|---|---|---|---|---|
| 3.500 | (6932) Dotación a las provisiones de seguros de vida cuando el riesgo de inversión lo asumen los tomadores de seguros | | | |
| | | a | (320) Prov. técnicas seguros de vida riesgo de inversión tomadores | 3.500 |

Los dos asientos anteriormente realizados son una consecuencia de la mecánica contable propuesta por el PCEA: desdotamos la provisión del ejercicio anterior y dotamos la correspondiente a este ejercicio.

Año 20X2:

Por el ajuste del valor del título:

| | | x | | |
|---|---|---|---|---|
| 700 | (66310) Pérdidas de activos por cuenta de tomadores de seguros de vida que asumen el riesgo de la inversión | | | |
| | | a | (250) Inversiones financieras en instrumentos de patrimonio | 700 |

Una vez más la revalorización se hace por medio de cuentas de PyG, al haberse clasificado el activo en la categoría de "otros activos financieros a valor razonable con cambios en PyG".

Aplicación provisión ejercicio anterior:

| | | x | | |
|---|---|---|---|---|
| 3.500 | (320) Prov. técnicas seguros de vida riesgo de inversión tomadores | | | |
| | | a | (7932) Aplicación de provisiones de seguros de vida riesgo inversión tomadores | 3.500 |

Dotación provisión 20X2:

| | | x | | |
|---|---|---|---|---|
| 2.800 | (6932) Dotación a las provisiones de seguros de vida cuando el riesgo de inversión lo asumen los tomadores de seguros | | | |
| | | a | (320) Prov. técnicas seguros de vida riesgo de inversión tomadores | 2.800 |

Los dos asientos anteriormente realizados son una consecuencia de la mecánica contable propuesta por el PCEA: desdotamos la provisión del ejercicio anterior y dotamos la correspondiente a este ejercicio.

**- La entidad incluye el activo financiero en la cartera de "Activos financieros disponibles para la venta"**

La mecánica contable es similar a la del apartado anterior con ciertas salvedades.

Año 20X0:

Por la adquisición del título efectuada con el importe abonado por el cliente en concepto de prima:

| | | x | | |
|---|---|---|---|---|
| 3.000 | (250) Inversiones financieras en instrumentos de patrimonio | | | |
| | | a | (572) Bancos | 3.000 |

Por la dotación de la provisión:

5

| Debe | Cuenta | | Cuenta | Haber |
|---|---|---|---|---|
| | | x | | |
| 3.000 | (6932) Dotación a las provisiones de seguros de vida cuando el riesgo de inversión lo asumen los tomadores de seguros | | | |
| | | a | (320) Prov. técnicas seguros de vida riesgo de inversión tomadores | 3.000 |

Año 20X1:

Por la revalorización del activo:

| Debe | Cuenta | | Cuenta | Haber |
|---|---|---|---|---|
| | | x | | |
| 500 | (250) Inversiones financieras en instrumentos de patrimonio | | | |
| | | a | (900) Bº en activos financieros disponibles para la venta | 500 |

La revalorización se hace por medio de cuentas de patrimonio neto, al haberse clasificado el activo en la categoría de "activos financieros disponibles para la venta"

Aplicación provisión ejercicio anterior:

| Debe | Cuenta | | Cuenta | Haber |
|---|---|---|---|---|
| | | x | | |
| 3.000 | (320) Prov. técnicas seguros de vida riesgo de inversión tomadores | | | |
| | | a | (7932) Aplicación de provisiones de seguros de vida riesgo inversión tomadores | 3.000 |

Dotación provisión 20X1:

| Debe | Cuenta | | Cuenta | Haber |
|---|---|---|---|---|
| | | x | | |
| 3.000 | (6932) Dotación a las provisiones de seguros de vida cuando el riesgo de inversión lo asumen los tomadores de seguros | | | |
| 500 | (885) Corrección de asimetrías contables por aumentos de valor de los activos reconocidos en el PN de operaciones de seguros de vida en los que el tomador asuma el riesgo de la inversión | | | |
| | | a | (320) Prov. técnicas seguros de vida riesgo de inversión tomadores | 3.500 |

Los dos asientos anteriormente realizados son una consecuencia de la mecánica contable propuesta por el PCEA: desdotamos la provisión del ejercicio anterior y dotamos la correspondiente a este ejercicio. A su vez, y con el objetivo de eliminar asimetrías contables, una parte del incremento de la provisión (500 u.m.) se reconoce a través de cuentas de patrimonio, de manera que se compense con el incremento del activo financiero reconocido igualmente a través de cuentas de patrimonio.

Asientos de regularización por cambios en patrimonio neto y en la cuenta de PyG:

| | | x | | |
|---|---|---|---|---|
| 500 | (900) Bº en activos financieros disponibles para la venta | | | |
| | | a | (133) Ajustes por valoración en AFDV | 500 |

| | | x | | |
|---|---|---|---|---|
| 500 | (1385) Corrección de asimetrías contables | | | |
| | | a | (885) Corrección de asimetrías contables por aumentos de valor de los activos reconocidos en el PN de operaciones de seguros de vida en los que el tomador asuma el riesgo de la inversión | 500 |

| | | x | | |
|---|---|---|---|---|
| 3.000 | (7932) Aplicación de provisiones de seguros de vida riesgo inversión tomadores | | | |
| | | a | (6932) Dotación a las provisiones de seguros de vida cuando el riesgo de inversión lo asumen los tomadores de seguros | |

Año 20X2:

Por el ajuste del valor del título:

| | | x | | |
|---|---|---|---|---|
| 700 | (800) Pérdidas en AFDV | | | |
| | | a | (250) Inversiones financieras en instrumentos de patrimonio | 700 |

Aplicación provisión ejercicio anterior:

| | | x | | |
|---|---|---|---|---|
| 3.500 | (320) Prov. técnicas seguros de vida riesgo de inversión tomadores | | | |
| | | a | (7932) Aplicación de provisiones de seguros de vida riesgo inversión tomadores | 3.000 |
| | | | (985) Corrección de asimetrías contables por aumentos de valor de los activos reconocidos en el PN de operaciones de seguros de vida en los que el tomador asuma el riesgo de la inversión | 500 |

5

Dotación provisión 20X2:

| | | x | | |
|---|---|---|---|---|
| 2.800 | (6932) Dotación a las provisiones de seguros de vida cuando el riesgo de inversión lo asumen los tomadores de seguros | | | |
| | | a | (320) Prov. técnicas seguros de vida riesgo de inversión tomadores | 2.800 |

Los dos asientos anteriormente realizados son una consecuencia de la mecánica contable propuesta por el PCEA: desdotamos la provisión del ejercicio anterior y dotamos la correspondiente a este ejercicio.

Reconocimiento en resultados de la disminución de valor de los títulos:

| | | x | | |
|---|---|---|---|---|
| 200 | (696) Pérdidas por deterioro | | | |
| | | a | (985) Corrección de asimetrías contables por aumentos de valor de los activos reconocidos en el PN de operaciones de seguros de vida en los que el tomador asuma el riesgo de la inversión | 200 |

El decremento que había reconocido a través de patrimonio lo traspaso a cuentas de PyG.

Asientos de regularización por cambios en patrimonio neto:

| | | x | | |
|---|---|---|---|---|
| 700 | (133) Ajustes por valoración en AFDV | | | |
| | | a | (800) Pérdidas en AFDV | 700 |

| | | x | | |
|---|---|---|---|---|
| 700 | (985) Corrección de asimetrías contables por aumentos de valor de los activos reconocidos en el PN de operaciones de seguros de vida en los que el tomador asuma el riesgo de la inversión | | | |
| | | a | (1385) Corrección de asimetrías contables | 700 |

5


© CISS

Lo habitual en los seguros unit-linked será utilizar los activos financieros que habilita el PCEA para evitar la existencia de asimetrías contables, es decir, la categoría de "Otros activos financieros a VR con cambios en PyG". En estos casos no será necesario realizar ajustes en el MS, dado que las plusvalías y minusvalías de los activos financieros vienen reconocidas directamente en cuentas.

# Sección 9. NORMA 12ª. IMPUESTO SOBRE BENEFICIOS

## 5-80 Contabilización del Impuesto de Sociedades

En la contabilización del Impuesto de Sociedades, junto a la aplicación de la norma 12ª del PCEA, resultan de interés las siguientes normas:

- **NORMA DE VALORACIÓN 13ª PGC.**
- **NORMA DE VALORACION 15ª DEL PGCPYMES.**
- **NORMA 42ª DE LA CIRCULAR 4/2004 DEL BANCO DE ESPAÑA.**

Los impuestos sobre el beneficio son aquellos impuestos directos, ya sean nacionales o extranjeros, que se liquidan a partir de un resultado empresarial calculado de acuerdo con las normas fiscales que sean de aplicación.

## 5-81 Activos y pasivos por impuesto corriente

El impuesto corriente es la cantidad que satisface la entidad como consecuencia de las liquidaciones fiscales del impuesto o impuestos sobre el beneficio relativas a un ejercicio.

El gasto o ingreso por impuesto corriente se corresponde con el reconocimiento de los activos y pasivos por impuesto corriente, así como con la cancelación de las retenciones y pagos a cuenta.

En definitiva, el impuesto corriente coincide con la liquidación que se le practica a la Hacienda Pública por razón del IS. De esta forma, debemos diferenciar entre:

- Gasto por Impuesto corriente: se corresponde con la liquidación fiscal del impuesto. Es decir, se puede equiparar con la deuda desde un punto de vista fiscal.
- Gasto por Impuesto diferido: aquella parte del gasto que se origina por los diferentes criterios contable y fiscal a la hora de considerar los hechos económicos objeto de registro contable por la empresa.

El gasto o ingreso por el impuesto sobre beneficios del ejercicio comprenderá:

1. La parte correspondiente al gasto o ingreso por el impuesto corriente.
2. La parte correspondiente al gasto o ingreso por el impuesto diferido.

De esta forma:

(630) GASTO POR IMPUESTO SOBRE BENEFICIOS =

(6300) Impuesto corriente + (6301) Impuesto diferido

5

## 5-82 Activos y pasivos por impuesto diferido. Diferencias temporarias

Las diferencias temporarias son aquellas derivadas de la diferente valoración, contable y fiscal, atribuida a los activos, pasivos y determinados instrumentos de patrimonio propio de la entidad, en la medida en que tengan incidencia en la carga fiscal futura.

La valoración fiscal de un activo, pasivo o instrumento de patrimonio propio, denominada "base fiscal", es el importe atribuido a dicho elemento de acuerdo con la legislación fiscal aplicable. Puede existir algún elemento que tenga base fiscal aunque carezca de valor contable y, por tanto, no figure reconocido en el balance.

Las diferencias temporarias se producen normalmente, por la existencia de diferencias temporales entre la base imponible y el resultado contable antes de los impuestos, cuyo origen se encuentra en los diferentes criterios temporales de imputación empleados para determinar ambas magnitudes y que, por tanto, revierten en periodos subsiguientes.

a) Diferencias temporarias imponibles: son aquellas diferencias temporarias que dan lugar a cantidades imponibles a la hora de determinar la ganancia (pérdida) fiscal correspondiente a ejercicios futuros, al recuperar el importe del activo o cancelar el pasivo.

b) Diferencias temporarias deducibles: son aquellas diferencias temporarias que dan lugar a cantidades deducibles a la hora de determinar la ganancia (pérdida) fiscal correspondiente a ejercicios futuros, al recuperar el importe del activo o cancelar el pasivo.

## 5-83 Cuadro resumen

| | Si se trata de un activo | Si se trata de un pasivo |
|---|---|---|
| **Base fiscal > Valor contable** | Diferencia temporaria deducible | Diferencia temporaria imponible |
| **Base fiscal < Valor contable** | Diferencia temporaria imponible | Diferencia temporaria deducible |

## 5-84 La relación diferencia temporal y diferencia temporaria

**Toda diferencia temporal es también diferencia temporaria**

Las diferencias temporales son aquellas diferencias temporarias que surgen cuando los ingresos o gastos se registran contablemente en un ejercicio pero se imputan fiscalmente a otro.

Por lo tanto, toda diferencia temporal dará lugar a cantidades imponibles o deducibles a la hora de determinar la ganancia (pérdida) fiscal correspondiente a ejercicios futuros, al recuperar el importe del activo o cancelar el pasivo.

Un ejemplo es el supuesto en el que las cuotas de amortización de un activo fueran diferentes a efectos contables y a efectos fiscales.

Indicar igualmente que las diferencias temporarias se calcularán comparando activos y pasivos fiscales con activos y pasivos contables.



**No toda diferencia temporaria es también diferencia temporal**

Las diferencias temporarias se pueden generar no sólo por causa de diferencias temporales, sino también por motivos tales como:

a) Revalorizaciones contables de activos sin que se haga un ajuste similar a efectos fiscales.

b) Combinaciones de negocios en donde los elementos patrimoniales se registran por un valor contable que difiere del valor atribuido a efectos fiscales.

c) En el reconocimiento inicial de un activo o pasivo, si su importe en libros difiere de su valor a efectos fiscales.

Los efectos provocados por las diferencias temporarias nos obligan al reconocimiento de pasivos y activos por impuestos diferidos:

a) *Pasivo por impuesto diferido (pasivos fiscales no corrientes):* son las cantidades de impuesto sobre beneficios a pagar en ejercicios futuros, relacionados con las diferencias temporarias imponibles.

 © CISS

b) *Activo por impuesto diferido (activos fiscales no corrientes):* son las cantidades de impuesto sobre beneficios a recuperar en ejercicios futuros, relacionados con:

- Diferencias temporarias deducibles.
- Compensación de pérdidas de ejercicios anteriores.
- Compensación de créditos de ejercicios anteriores.

**Ejemplo 1:**

La empresa TTT, S.A. ha obtenido en X8 un resultado contable de 75.000 euros.

Se sabe que la empresa ha adquirido el día 3-1-X8 un elemento de transporte por importe de 3.000 euros, con una vida útil a efectos contables de 5 años. Sin embargo, y a efectos fiscales, la empresa ha optado por amortizar la totalidad del bien en este ejercicio.

Retenciones y pagos a cuenta = 1.000 euros

Tipo de gravamen = 30%

Se pide contabilizar el impuesto sobre beneficios.

**Solución 1:**

| | |
|---|---|
| Rdo. Contable | 75.000 |
| + Ajustes | <2.400> |
| Base imponible | 72.600 |
| x Tipo impositivo | 30% |
| Cuota íntegra | 21.780 |
| - Deducciones | 0 |
| Cuota líquida | 21.780 |
| - Retenciones y pagos a cuenta | <1.000> |
| Cuota diferencial | 20.780 |

Los asientos a realizar son los siguientes:

| | | x | | |
|---|---|---|---|---|
| 21.780 | (6300) Impuesto corriente | | | |
| | | a | (4752) HP acreedora por IS | 20.780 |
| | | | (473) HP retenciones y pagos a cuenta | 1.000 |

Con el anterior asiento reconocemos el devengo del gasto por IS que se corresponde con el importe a satisfacer en el presente ejercicio a la Hacienda Pública.

| | | x | | |
|---|---|---|---|---|
| 720 | (6301) Impuesto diferido | | | |
| | | a | (479) Pasivos por dif. temporarias Imponibles | 720 |

Con el anterior asiento reconocemos el devengo del gasto por IS que se corresponde con el importe que deberemos satisfacer en el ejercicio/s en que se produzca la reversión de los ajustes efectuados.

Total gasto por impuesto sobre beneficios:

Impuesto corriente = 21.780

Impuesto diferido = 720

Total = 22.500

**Ejemplo 2:**

Supongamos que la empresa del supuesto anterior obtiene en el ejercicio X9 un resultado contable de 90.000 euros.

Retenciones y pagos a cuenta = 1.200 euros

Tipo de gravamen = 30%

Se pide contabilizar el impuesto sobre beneficios.

**Solución 2:**

| | |
|---|---|
| Rdo. Contable | 90.000 |
| + Ajustes | 600 |
| Base imponible | 90.600 |
| x Tipo impositivo | 30% |
| Cuota íntegra | 27.180 |
| - Deducciones | 0 |
| Cuota líquida | 27.180 |
| - Retenciones y pagos a cuenta | <1.200> |
| Cuota diferencial | 25.980 |

Los asientos a realizar son los siguientes:

| | | x | | |
|---|---|---|---|---|
| 27.180 | (6300) Impuesto corriente | | | |
| | | a | (4752) HP acreedora por IS | 25.980 |
| | | | (473) HP retenciones y pagos a cuenta | 1.200 |

5

Con el anterior asiento reconocemos el devengo del gasto por IS que se corresponde con el importe a satisfacer en el presente ejercicio a la Hacienda Pública.

| | | x | | |
|---|---|---|---|---|
| 180 | (479) Pasivos por dif. temporarias Imponibles | | | |
| | | a | (6301) Impuesto diferido | 180 |

Con el anterior asiento reconocemos la reversión parcial del ajuste practicado en el ejercicio anterior.

Total gasto por impuesto sobre beneficios:

Impuesto corriente = 27.180



© CISS

Impuesto diferido = 180

Total = 27.000

Por otro lado, la norma exige que las entidades contabilicen las consecuencias fiscales de las transacciones y otros sucesos de la misma manera que contabilizan esas mismas transacciones o sucesos económicos. Así:

- Transacciones o sucesos que se reconocen en P y G = Efectos fiscales se deben reconocer en P y G
- Transacciones o sucesos que se reconocen en P. Neto = Efectos fiscales se deben reconocer en P. Neto

**Ejemplo 3:**

La empresa aseguradora BBB, S.A. adquiere con fecha 1-1-X9 un activo financiero (acciones de la sociedad FFF, S.A.) que clasifica en la cartera de activos financieros disponibles para la venta.

Precio adquisición de las acciones = 5.000 euros.

A 31-12-X9 el valor de mercado del activo es de 5.500 euros.

El activo es vendido con fecha 15-2-X10 por importe de 5.700 euros.

Se pide: contabilizar IS suponiendo un tipo de gravamen del 30%.

**Solución 3:**

A 31-12-X9:

Por la valoración de las acciones a su valor de mercado, reconociendo el incremento a través de cuentas de patrimonio neto:

| | | x | | |
|---|---|---|---|---|
| 500 | (250) Inversiones financieras en instrumentos de patrimonio | | | |
| | | a | (900) B° en activos financ. disponibles para la venta | 500 |

Por la regularización del asiento anterior:

| | | x | | |
|---|---|---|---|---|
| 500 | (900) B° en activos financ. disponibles para la venta | | | |
| | | a | (133) Ajustes por valoración de instr. Financieros | 500 |

Valor libros = 5.500

Valor fiscal = 5.000

Dif. Temporaria imponible = 500

Por el reconocimiento del efecto impositivo que se origina con la revalorización anteriormente efectuada:

5

| | | x | | |
|---|---|---|---|---|
| 150 | (8301) Impuesto diferido | | | |
| | | a | (479) Pasivos por dif. temporarias imponibles | 150 |

Por la regularización del asiento anterior:

| | | x | | |
|---|---|---|---|---|
| 150 | (133) Ajustes por valoración de instr. Financieros | | | |
| | | a | (8301) Impuesto diferido | 150 |

Asientos correspondientes a X10:

Por la revalorización del activo, reconociendo el mismo por un importe de 5.700 u.m.:

| | | x | | |
|---|---|---|---|---|
| 200 | (250) Inversiones financieras en instrumentos de patrimonio | | | |
| | | a | (900) B° en activos financ. disponibles para la venta | 200 |

Por la venta del activo a su valor actual de mercado:

| | | x | | |
|---|---|---|---|---|
| 5.700 | (572) Bancos | | | |
| | | a | (250) Inversiones financieras en instrumentos de patrimonio | 5.700 |

A 31-12-X10:

Por la regularización del asiento de revalorización y del efecto impositivo:

| | | x | | |
|---|---|---|---|---|
| 200 | (900) B° en activos financ. disponibles para la venta | | | |
| | | a | (133) Ajustes por valoración de instr. Financieros | 200 |

| | | x | | |
|---|---|---|---|---|
| 150 | (479) Pasivos por dif. temporarias imponibles | | | |
| | | a | (133) Ajustes por valoración de instr. financieros | 150 |



© CISS

| | | x | | |
|---|---|---|---|---|
| 150 | (8301) Impuesto diferido | | | |
| | | a | (133) Ajustes por valoración de instr. financieros | 150 |

Por la imputación a resultados del beneficio obtenido en la venta del título, que previamente habíamos reconocido en cuentas de patrimonio neto:

| | | x | | |
|---|---|---|---|---|
| 700 | (802) Transferencia de beneficios en activos financieros disp. para la venta | | | |
| | | a | (763) Beneficios por venta de activos disponibles para la venta | 700 |

Por la regularización del asiento anterior:

| | | x | | |
|---|---|---|---|---|
| 700 | (133) Ajustes por valoración de instr. financieros | | | |
| | | a | (802) Transferencia de beneficios en activos financieros disp. para la venta | 700 |

# Sección 10. NORMA 18ª. COMBINACIONES DE NEGOCIOS

## 5-85 Combinaciones de negocios

En el estudio de las combinaciones de negocios resultan de aplicación, además de la norma 18ª del PCEA, las siguientes normas:

- **NORMA DE VALORACIÓN 19ª PGC.**
- **NORMA 43ª DE LA CIRCULAR 4/2004 DEL BANCO DE ESPAÑA.**

Es una operación en virtud de la cual una entidad, denominada adquirente, obtiene el control de uno o más negocios distintos (entidades adquiridas).

Debemos señalar igualmente, antes de entrar en el estudio de la norma 18ª sobre combinaciones de negocios, que la misma ha sido objeto de modificación por el Real Decreto 1736/2010, de 23 de diciembre, por el que se modifica el Plan de Contabilidad de las entidades aseguradoras, aprobado por el Real Decreto 1317/2008, de 24 de julio.

5

Por combinación de negocios se entiende aquella operación en virtud de la cual una entidad, denominada "adquirente", obtiene el control de uno o más negocios distintos (entidades adquiridas).

Obsérvese que los dos conceptos clave que deben aparecer a la hora de aplicar la norma son "negocio" y "control", lo que nos obliga a comenzar dando una definición del primero de dichos conceptos.

A efectos de la norma, un **negocio** es-un conjunto integrado de actividades y activos, susceptibles de ser dirigidos y gestionados con el propósito de proporcionar un rendimiento, menores costes u otros beneficios económicos directamente a sus propietarios o partícipes.

**Control** es el poder de dirigir las políticas financiera y de explotación de un negocio con la finalidad de obtener beneficios económicos de sus actividades.

Para cada transacción la empresa deberá determinar si se trata de una combinación de negocios; en particular, si el conjunto de elementos patrimoniales adquiridos constituye un negocio. En caso contrario, no será de aplicación el método de adquisición salvo en aquello en que no se oponga a lo previsto en la correspondiente norma de registro y valoración, debiendo contabilizarse la transacción como una adquisición de activos y, en su caso, asunción de pasivos, de acuerdo con lo que a tal efecto disponga la citada norma. En este supuesto, el coste de la transacción deberá distribuirse entre los activos identificables adquiridos y los pasivos asumidos, sobre la base de sus valores razonables relativos. Estas operaciones no darán lugar a un fondo de comercio ni a una diferencia negativa.

De conformidad con las definiciones anteriores, no se entendería como combinación de negocios aquella operación en virtud de la cual una entidad obtuviera el control de otra sociedad de carácter patrimonial (por ejemplo, la compra del 80% de las acciones de otra entidad cuyo único objeto social sea la tenencia de inmuebles, sin realizar ningún tipo de actividad o gestión económica).

## 5-86 Modalidades de combinaciones de negocios

Las combinaciones de negocios, en función de la forma jurídica empleada, pueden originarse como consecuencia de:

a) La fusión o escisión de varias empresas.

b) La adquisición de todos los elementos patrimoniales de una empresa o de una parte que constituya uno o más negocios.

c) La adquisición de las acciones o participaciones en el capital de una empresa, incluyendo las recibidas en virtud de una aportación no dineraria en la constitución de una sociedad o posterior ampliación de capital.

d) Otras operaciones o sucesos cuyo resultado es que una empresa, que posee o no previamente participación en el capital de una sociedad, adquiere el control sobre esta última sin realizar una inversión.

En los dos casos descritos primero deberá aplicarse el método de adquisición que describiremos más adelante.

En las combinaciones de negocios a que se refieren las letras c) y d) anteriores, la empresa inversora, en sus cuentas anuales individuales, valorará la inversión en el patrimonio de otras empresas del grupo conforme a lo previsto para dichas empresas en la Norma 8ª del PCEA relativa a instrumentos financieros sobre participaciones en empresas del grupo, multigrupo y asociadas. Adicionalmente, en su caso, deberán formularse cuentas consolidadas con arreglo a la normativa sobre consolidación.

Salvo en los supuestos de adquisición inversa, y las operaciones entre empresas del grupo, las empresas adquiridas que se extingan o escindan en una combinación de negocios, deberán registrar el traspaso de los activos y pasivos integrantes del negocio transmitido cancelando las correspondientes partidas del balance y reconociendo el resultado de la operación en la cuenta de pérdidas y ganancias, por diferencia entre el valor en libros del negocio transmitido y el valor razonable de la contraprestación recibida a cambio, neta de los costes de transacción.

En los supuestos de adquisición inversa, la citada diferencia se contabilizará como un ingreso o gasto en la cuenta de pérdidas y ganancias de la empresa absorbente o beneficiaria adquirida.

Las anteriores operaciones se podrán realizar:

5

- Mediante la emisión de instrumentos de patrimonio.
- Mediante la transferencia de efectivo u otros medios líquidos equivalentes.
- Mediante combinación de ambos.

Al respecto, el PCEA diferencia las siguientes modalidades de combinación de negocios:

| Modalidad | Norma aplicable |
|---|---|
| Mediante fusión o escisión de varias entidades. | Norma de valoración 18ª (método de adquisición) |
| Mediante compra de todos los elementos patrimoniales de una entidad o de una par- | Norma de valoración 18ª (método de adquisición) |

| Modalidad | Norma aplicable |
|---|---|
| te de ellos si constituyen una unidad de negocio. | |
| Mediante compra de acciones o participaciones en otra entidad. | Norma de valoración 8ª |
| Otras operaciones distintas de las anteriores que dan lugar a adquirir el control de una entidad. | Norma de valoración 8ª |
| Operaciones de fusión, escisión y aportación no dineraria de un negocio. | Norma de valoración 20ª (valor contable) |

**Ejemplo:**

Ejemplo de la modalidad de "Otras operaciones distintas de las anteriores que dan lugar a adquirir el control de una entidad".

La sociedad NMS, S.A posee 47.000 acciones de la sociedad CVX, S.A., cuyo capital social está dividido en 100.000 acciones. Durante el ejercicio X10, CVX, S.A. adquiere 7.000 acciones propias.

En este caso, se produce la siguiente situación:

- Participación de NMS en CVX antes de la compra de acciones propias = 47.000/100.000 = 47%
- Participación de NMS en CVX después de la compra de acciones propias = 47.000/93.000 = 51%

Asiento de reclasificación:

| | | x | | |
|---|---|---|---|---|
| x | Participaciones LP en empresas grupo asociadas | | | |
| | | a | Participaciones LP en empresas | x |

## 5-87 Método de adquisición

El método de adquisición supone que la empresa adquirente contabilizará, en la fecha de adquisición, los activos identificables adquiridos y los pasivos asumidos en una combinación de negocios, así como, en su caso, el correspondiente fondo de comercio o diferencia negativa. A partir de dicha fecha se registrarán los ingresos y gastos, así como los flujos de tesorería que correspondan.

En particular, la aplicación del método de adquisición requiere:

a) Identificar la empresa adquirente.

b) Determinar la fecha de adquisición.

c) Cuantificar el coste de la combinación de negocios.

d) Reconocer y valorar los activos identificables adquiridos y los pasivos asumidos.

e) Determinar el importe del fondo de comercio o de la diferencia negativa.

La valoración de los activos y pasivos de la empresa adquirente no se verá afectada por la combinación ni se reconocerán activos o pasivos como consecuencia de la misma.

**a) Identificación de la entidad adquirente**

Empresa adquirente es aquella que obtiene el control sobre el negocio o negocios adquiridos. A los efectos de la presente norma, se considerará también empresa adquirente a la parte de una empresa que, como consecuencia de la combinación, se escinde de la entidad en la que se integraba y obtiene el control sobre otro u otros negocios.

Cuando, como consecuencia de una operación de fusión, escisión o aportación no dineraria, se constituya una nueva empresa, se identificará como empresa adquirente a una de las empresas que participen en la combinación y que existían con anterioridad a ésta.

Para identificar la empresa que adquiere el control se atenderá a la realidad económica y no sólo a la forma jurídica de la combinación de negocios.

Como regla general, se considerará como empresa adquirente la que entregue una contraprestación a cambio del negocio o negocios adquiridos.

Para determinar qué empresa es la que obtiene realmente el control también se tomarán en consideración, entre otros, los siguientes criterios:

1. Si la combinación diera lugar a que los socios o propietarios de una de las empresas o negocios que se combinan retengan o reciban la mayoría de los derechos de voto en la entidad combinada o tengan la facultad de elegir, nombrar o cesar a la mayoría de los miembros del órgano de administración de la entidad combinada, o bien representen a la mayoría de las participaciones minoritarias con voto en la entidad combinada si actúan de forma organizada sin que otro grupo de propietarios tenga una participación de voto significativa, la adquirente será generalmente dicha empresa.
2. Si la combinación diera lugar a que los socios o propietarios de una de las empresas o negocios que se combinan tenga la facultad de designar el equipo de dirección del negocio combinado, dicha empresa será normalmente la adquirente.
3. Si el valor razonable de una de las empresas o negocios es significativamente mayor que el del otro u otros que intervienen en la operación, la empresa adquirente normalmente será la de mayor valor razonable.
4. La sociedad adquirente suele ser aquella que paga una prima sobre el valor razonable de los instrumentos de patrimonio de las restantes sociedades que se combinan.

Si en la combinación de negocios participan más de dos empresas o negocios, se considerarán otros factores, tales como cuál es la empresa que inició la combinación o si el volumen de activos, ingresos o resultados de una de las empresas o negocios que se combinan es significativamente mayor que el de los otros.

Para formarse un juicio sobre cuál es la empresa adquirente, se considerará de forma preferente el criterio incluido en la letra a), o, en su defecto, el recogido en la letra b).

Caso especial sería las **adquisiciones inversas**. Puede suceder que, como consecuencia de la aplicación de los criterios anteriores, el negocio adquirido sea el de la sociedad absorbente, de la beneficiaria o de la que realiza la ampliación de capital. A los efectos de esta norma, estas operaciones se denominan adquisiciones inversas.

**Ejemplo**:

La sociedad A y la sociedad B acuerdan fusionarse, estableciendo que A, cuyo patrimonio presenta un valor razonable a efectos de la fusión de 9.000.000 euros, absorberá a B, cuyo valor razonable a efectos de la fusión es de 15.000.000 euros. La sociedad A emitirá acciones por importe de 15.000.000 euros a entrega a los accionistas de B.

5

Ambas sociedades son de carácter familiar, estando controladas respectivamente por dos y tres socios.

Se pide determinar la sociedad adquirente y el negocio adquirido en la citada operación.

**Solución**:

En principio, la entidad adquirente será A, dado que es la que entrega la contraprestación. No obstante, si acudimos al resto de criterios que nos facilita la norma, concluimos que, en realidad, el negocio adquirido es el de la sociedad A, dado que:

1. El valor razonable de la sociedad A es inferior al de la sociedad B.
2. Tras la fusión, los accionistas de B pasan a controlar la política financiera y de explotación de la sociedad A: 15.000.000 / 24.000.000 = 63%.


© CISS

**b) Fecha de adquisición**

La fecha de adquisición es aquella en la que la empresa adquirente adquiere el control del negocio o negocios adquiridos.

En los supuestos de fusión o escisión, con carácter general, dicha fecha será la de celebración de la Junta de accionistas u órgano equivalente de la empresa adquirida en que se apruebe la operación, siempre que el acuerdo sobre el proyecto de fusión o escisión no contenga un pronunciamiento expreso sobre la asunción de control del negocio por la adquirente en un momento posterior.

Sin perjuicio de lo anterior, las obligaciones registrales previstas en el artículo 28.2 del Código de Comercio se mantendrán en la sociedad adquirida o escindida hasta la fecha de inscripción de la fusión o escisión en el Registro Mercantil. En esta fecha, fecha de inscripción, la sociedad adquirente, reconocerá los efectos retroactivos de la fusión o escisión a partir de la fecha de adquisición, circunstancia que a su vez motivará el correspondiente ajuste en el libro diario de la sociedad adquirida o escindida para dar de baja las operaciones realizadas desde la fecha de adquisición. Una vez inscrita la fusión o escisión la adquirente reconocerá los elementos patrimoniales del negocio adquirido.

En cualquier caso, la eficacia de la fusión o escisión quedará supeditada a la inscripción de la nueva sociedad o, en su caso, a la inscripción de la absorción o escisión, y por tanto la obligación de formular cuentas anuales subsiste hasta la fecha en que las sociedades que participan en la fusión o escisión se extingan, con el contenido que de ellas proceda de acuerdo con lo expuesto anteriormente y las precisiones que se realizan a continuación. En particular, serán de aplicación las siguientes reglas:

a) Si la fecha de cierre del ejercicio social de las sociedades que participan en la operación se situase en el periodo que media entre la fecha de adquisición del control y la inscripción registral de la nueva sociedad o, en su caso, de la absorción o escisión, sus cuentas anuales recogerán los efectos contables de la fusión o escisión desde la fecha de adquisición, siempre que la inscripción se haya producido antes de que finalice el plazo previsto en la legislación mercantil para formular cuentas anuales.

En estos casos, la sociedad adquirente recogerá en sus cuentas anuales los ingresos y gastos y los flujos de efectivo correspondientes a la sociedad adquirida desde la fecha de adquisición, así como sus activos y pasivos identificables. La sociedad adquirida recogerá en sus cuentas anuales los ingresos y gastos y los flujos de efectivo anteriores a la fecha de adquisición y dará de baja del balance, con efectos contables en dicha fecha, la totalidad de sus activos y pasivos.

En el supuesto general en el que la fusión o escisión se inicie y complete en el mismo ejercicio económico, serán de aplicación estos mismos criterios.

b) Por el contrario, si la fecha de inscripción es posterior al plazo previsto en la legislación mercantil para formular cuentas anuales, éstas no recogerán los efectos de la retrocesión a que hace referencia el párrafo tercero de este apartado. En consecuencia, la sociedad adquirente no mostrará en estas cuentas anuales los activos, pasivos, ingresos, gastos y flujos de efectivo de la adquirida, sin perjuicio de la información que sobre el proceso de fusión o escisión debe incluirse en la memoria de las sociedades que intervienen en la operación.

Una vez inscrita la fusión o escisión la sociedad adquirente deberá mostrar los efectos contables de la retrocesión, circunstancia que motivará el correspondiente ajuste en la información comparativa del ejercicio anterior.

Según el artículo 46 de la Ley 3/2009, de 3 de abril, sobre modificaciones estructurales de las sociedades mercantiles:

*"1. La eficacia de la fusión se producirá con la inscripción de la nueva sociedad o, en su caso, con la inscripción de la absorción en el Registro Mercantil competente.*

*2. Una vez inscrita la fusión se cancelarán los asientos registrales de las sociedades extinguidas".*

De conformidad con el artículo 31 de la Ley 3/2009, de 3 de abril, sobre modificaciones estructurales de las sociedades mercantiles, el proyecto común de fusión contendrá, entre otras, las menciones siguientes:

- La fecha a partir de la cual los titulares de las nuevas acciones, participaciones o cuotas tendrán derecho a participar en las ganancias sociales y cualesquiera peculiaridades relativas a este derecho.
- La fecha a partir de la cual la fusión tendrá efectos contables de acuerdo con lo dispuesto en el Plan General de Contabilidad.

- Las fechas de las cuentas de las sociedades que se fusionan utilizadas para establecer las condiciones en que se realiza la fusión.

Ya hemos señalado que la fecha de adquisición se define como la fecha en la que la entidad adquirente obtiene el control efectivo sobre la entidad adquirida. No obstante, si la combinación de negocios se realiza por etapas a través de varias transacciones de intercambio (por ejemplo, mediante la compra sucesiva de acciones), la fecha de intercambio será la de cada una de las transacciones de intercambio, y la fecha de adquisición aquella en la que la adquirente obtenga el control sobre la adquirida.

La fecha de adquisición vendrá determinada obligatoriamente por el momento a partir del cual la sociedad adquirente pasa a dirigir las políticas de explotación y financiera de la sociedad adquirida. En principio, esta fecha será la del acuerdo de la junta de accionistas de la sociedad adquirida aprobando la fusión, siempre que se contenga pronunciamiento sobre la asunción del control del negocio por la adquirente. Por lo tanto, la fecha de toma de control no puede ser anterior a la aprobación en junta general del proyecto de fusión. Fechas distintas serán las de la autorización administrativa de la operación de fusión, las de la inscripción de la operación en el RM y las de publicación de la misma en el BORME.

## 5-88 Fusión entre sociedades sin que exista un control previo

La fecha de efectos contables de la fusión debe coincidir obligatoriamente con la fecha de adquisición, por lo que, a diferencia de lo que venía siendo habitual, no puede retrotraerse a 31 de diciembre del año anterior. A su vez podemos diferenciar:

- Fecha de adquisición, fecha de autorización y fecha de registro en el mismo año natural.
- Fecha de autorización y fecha de registro en el año siguiente a la fecha de adquisición.

**Ejemplo**:

Las entidades aseguradoras A y B han acordado llevar a cabo un proceso de fusión en virtud del cual A absorberá a B. La fecha en la que A obtendrá las facultades de dirigir las políticas financieras y de explotación de B es el 18 de febrero de X0.

Ambas sociedades se someten al procedimiento de autorización administrativa previsto en los artículos 24 TRLOSSP y 70 ROSSP, a cuyos efectos presentan la documentación exigida legalmente con fecha 3 de abril de X0, obteniendo la citada autorización administrativa el 2 de julio de X0. Por último, se procede a la inscripción mercantil de baja de la sociedad B con fecha 28 de julio de X0.

A la vista de los datos anteriores se pide analizar cómo deberán proceder en cuanto a sus obligaciones contables las sociedades A y B.

**Solución**:

La fecha de adquisición es obligatoriamente el 18-02-X0.

Sociedad absorbente: A

Hasta el 18-02-X0 la sociedad A habrá contabilizado sólo sus propias operaciones, sin incluir a B. A partir de dicha fecha A incluirá a B en su contabilidad.

5

A cierre de X0:

- Balance: A presentará balance incluyendo a B.
- Cuenta de PyG: A presentará cuenta de resultados incluyendo las transacciones de B a partir de 18-02-X0.

Sociedad absorbente: B

Por su parte B habrá contabilizado sus operaciones hasta el 18-02-X0. A partir de dicha fecha, continuará estando autorizada como entidad aseguradora hasta 02-07-X0, fecha en la que se dicta por la DGSFP autorización administrativa autorizando la fusión. Dicha autorización implica la caducidad de la autorización administrativa de B para operar. Sin embargo, desde un punto de vista mercantil, B seguirá existiendo como persona jurídica hasta que se proceda a inscribir su baja en el Registro Mercantil con fecha 28-07-X0.


© CISS

A fecha de la baja en el Registro Mercantil:

- Balance: B presentará balance, que estará vacío al haberse traspasado a A.
- Cuenta de PyG: B presentará cuenta de resultados incluyendo las transacciones realizadas hasta 18-02-X0.
- Resto de documentos que forman las cuentas anuales: reflejarán las transacciones realizadas hasta 18-02-X0.

En el caso hipotético de que la fusión no fuera finalmente autorizada, B no se extinguirá como persona jurídica. El balance traspasado a A será devuelto a B, y ésta reanudará sus transacciones. Ambas sociedades reharán sus cuentas anuales y las presentarán como si el proceso de fusión nunca hubiera existido. El tratamiento de esta situación será como si fuera un error contable.

**Ejemplo 1**:

Las entidades aseguradoras A y B han acordado llevar a cabo un proceso de fusión en virtud del cual A absorberá a B. La fecha en la que A obtendrá las facultades de dirigir las políticas financieras y de explotación de B es el 18 de octubre de X0. Ambas sociedades se someten al procedimiento de autorización administrativa previsto en los artículos 24 TRLOSSP y 70 ROSSP, a cuyos efectos presentan la documentación exigida legalmente con fecha 2 de diciembre de X0, obteniendo la citada autorización administrativa el 2 de febrero de X1. Por último, se procede a la inscripción mercantil de baja de la sociedad B con fecha 2 de marzo de X1.

A la vista de los datos anteriores se pide analizar cómo deberán proceder en cuanto a sus obligaciones contables las sociedades A y B.

**Solución 1:**

La fecha de adquisición es obligatoriamente el 18-10-X0.

Sociedad absorbente: A

Hasta el 18-10-X0 la sociedad A habrá contabilizado sólo sus propias operaciones, sin incluir a B. A partir de dicha fecha A incluirá a B en su contabilidad.

A cierre de X0:

- Balance: A presentará balance incluyendo a B.
- Cuenta de PyG: A presentará cuenta de resultados incluyendo las transacciones de B a partir de 18-10-X0.

Sociedad absorbente: B

Por su parte B habrá contabilizado sus operaciones hasta el 18-10-X0. A partir de dicha fecha, continuará estando autorizada como entidad aseguradora hasta 02-02-X1, fecha en la que se dicta por la DGSFP autorización administrativa autorizando la fusión. Dicha autorización implica la caducidad de la autorización para operar de B. Sin embargo, desde un punto de vista mercantil, B seguirá existiendo como persona jurídica hasta que se proceda a inscribir su baja en el Registro Mercantil con fecha 02-03-X1.

A cierre de X0: (dado que en este caso a 31-12-X0 sigue estando autorizada administrativamente y dada de alta en el Registro Mercantil):

- Balance: B presentará balance, que estará vacío al haberse traspasado a A.
- Cuenta de PyG: B presentará cuenta de resultados incluyendo las transacciones realizadas hasta 18-10-X0.
- Resto de documentos que forman las cuentas anuales: reflejarán las transacciones realizadas hasta 18-10-X0.
- DEC: estará obligada a presentar DEC del ejercicio X0 (anual y, en su caso, trimestral).

5

**Ejemplo 2:**

Supongamos los mismos datos del supuesto anterior pero en este caso la fecha de inscripción registral de la baja de la sociedad B no es el 2 de marzo de XI, sino el 25 de abril de XI.

Se pide analizar cómo deberán proceder en cuanto a sus obligaciones contables las sociedades A y B.

**Solución 2:**

En el presente caso la fecha de inscripción es posterior al 31 de marzo de XI (plazo límite previsto en la legislación mercantil para formular cuentas anuales).

En consecuencia, la sociedad adquirente no mostrará en las cuentas anuales los activos, pasivos, ingresos, gastos y flujos de efectivo de la adquirida, sin perjuicio de la información que sobre el proceso de fusión o escisión debe incluirse en la memoria de las sociedades que intervienen en la operación.

Una vez inscrita la fusión o escisión la sociedad adquirente deberá mostrar los efectos contables de la retrocesión, circunstancia que motivará el correspondiente ajuste en la información comparativa del ejercicio anterior.

En el caso hipotético de que la fusión no fuera finalmente autorizada, B no se extinguirá como persona jurídica. El balance traspasado a A será devuelto a B, y ésta reanudará sus transacciones.

Ambas sociedades reharán sus cuentas anuales y las presentarán como si el proceso de fusión nunca hubiera existido. El tratamiento de esta situación será como si fuera un error contable. Los balances de apertura de $X_1$ serán los que correspondería haber realizado si el proceso de fusión nunca hubiera existido. Cualquier ajuste que hubiera que realizar se efectuará mediante reservas.

## 5-89 Fusión entre sociedades existiendo un control previo

Dado que en estos casos existe un control con carácter previo a la fusión, se permite que las sociedades pacten una fecha de eficacia contable de la fusión anterior a la fecha de autorización administrativa o de la fecha de inscripción, si bien con un límite: la fecha de eficacia contable deberá ser posterior a la fecha en que las sociedades pasan a constituir grupo de sociedades, y considerando siempre el límite del inicio del ejercicio. En la práctica, las entidades suelen establecer como fecha de eficacia contable de la fusión el 1 de enero del ejercicio en el que se realiza la fusión.

No obstante, y según señala el ICAC, si una de las sociedades se ha incorporado al grupo en el ejercicio en que se produce la fusión, la fecha de efectos contables no podrá ser anterior a dicho momento.

Se añade además que si entre la fecha de aprobación de la fusión y la de inscripción en el Registro Mercantil se produce un cierre, la obligación de formular cuentas anuales subsiste para las sociedades que participan en la operación.

## 5-90 El coste de la combinación de negocios

5

El coste de una combinación de negocios para la empresa adquirente vendrá determinado por la suma de:

a) Los valores razonables, en la fecha de adquisición, de los activos entregados, los pasivos incurridos o asumidos y los instrumentos de patrimonio emitidos por la adquirente. No obstante, cuando el valor razonable del negocio adquirido sea más fiable, se utilizará éste para estimar el valor razonable de la contrapartida entregada.

b) El valor razonable de cualquier contraprestación contingente que dependa de eventos futuros o del cumplimiento de ciertas condiciones, que deberá registrarse como un activo, un pasivo o como patrimonio neto de acuerdo con su naturaleza, salvo que la contraprestación diera lugar al reconocimiento de un activo contingente que motivase el registro de un ingreso en la cuenta de pérdidas y ganancias, en cuyo caso, el tratamiento contable del citado activo deberá ajustarse a lo previsto en la Norma 18ª sobre los activos intangibles.

En ningún caso formarán parte del coste de la combinación, los gastos relacionados con la emisión de los instrumentos de patrimonio o de los pasivos financieros entregados a cambio de los elementos patrimoniales adquiridos, que se contabilizarán de acuerdo con lo dispuesto en la norma relativa a instrumentos financieros.

 © CISS

Los restantes honorarios abonados a asesores legales, u otros profesionales que intervengan en la operación se contabilizarán como un gasto en la cuenta de pérdidas y ganancias. En ningún caso se incluirán en el coste de la combinación los gastos generados internamente por estos conceptos, ni tampoco los incurridos por la entidad adquirida relacionados con la combinación.

Con carácter general y salvo que exista una valoración más fiable, el valor razonable de los instrumentos de patrimonio o de los pasivos financieros emitidos que se entreguen como contraprestación en una combinación de negocios será su precio cotizado, si dichos instrumentos están admitidos a cotización en un mercado activo.

Si no lo están, en el caso particular de la fusión y escisión, dicho importe será el valor atribuido a las acciones o participaciones de la empresa adquirente a los efectos de determinar la correspondiente ecuación de canje.

Cuando el valor contable de los activos entregados por la adquirente como contraprestación no coincida con su valor razonable, en su caso, se reconocerá en la cuenta de pérdidas y ganancias el correspondiente resultado de acuerdo con lo establecido al respecto en la norma sobre permutas del inmovilizado material.

## 5-91 Reconocimiento y valoración de los activos identificables adquiridos y los pasivos asumidos

En la fecha de adquisición, los activos identificables adquiridos y los pasivos asumidos se reconocerán y valorarán aplicando los siguientes criterios:

**a) Criterio de reconocimiento**

1. Los activos identificables adquiridos y los pasivos asumidos deben cumplir la definición de activo o pasivo incluida en el Marco Conceptual de la Contabilidad, y ser parte de lo que la adquirente y adquirida intercambian en la combinación de negocios, con independencia de que algunos de estos activos y pasivos no hubiesen sido previamente reconocidos en las cuentas anuales de la empresa adquirida o a la que perteneciese el negocio adquirido por no cumplir los criterios de reconocimiento en dichas cuentas anuales.

En particular, si en la fecha de adquisición, el negocio adquirido mantiene un contrato de arrendamiento operativo, del que es arrendatario en condiciones favorables o desfavorables respecto a las condiciones de mercado, la empresa adquirente ha de reconocer, respectivamente, un inmovilizado intangible o una provisión.

2. En la fecha de adquisición, la adquirente clasificará o designará los activos identificables adquiridos y pasivos asumidos de acuerdo con lo dispuesto en las restantes normas de registro y valoración, considerando los acuerdos contractuales, condiciones económicas, criterios contables y de explotación y otras condiciones pertinentes que existan en dicha fecha.

Sin embargo, por excepción a lo previsto en el párrafo anterior, la clasificación de los contratos de arrendamiento y otros de naturaleza similar, se realizará sobre la base de las condiciones contractuales y otras circunstancias existentes al comienzo de los mismos o, si las condiciones han sido modificadas de forma que cambiarían su clasificación, en la fecha de dicha modificación, que puede ser la de adquisición.

**b) Criterio de valoración**

La adquirente valorará los activos identificables adquiridos y los pasivos asumidos a sus valores razonables en la fecha de adquisición, siempre que dichos valores puedan determinarse con suficiente fiabilidad.

**c) Excepciones a los criterios de reconocimiento y valoración**

No obstante lo anterior, en el reconocimiento y valoración de los activos identificables adquiridos y pasivos asumidos que a continuación se relacionan se seguirán las siguientes reglas:

1. Los activos no corrientes que se clasifiquen por la adquirente como mantenidos para la venta se valorarán de acuerdo con lo establecido al respecto en la norma sobre activos no corrientes y grupos enajenables de elementos, mantenidos para la venta.

2. Los activos y pasivos por impuesto diferido se reconocerán y valorarán de acuerdo con lo dispuesto en la norma relativa a impuestos sobre beneficios.

3. Los activos y pasivos asociados a retribuciones a largo plazo al personal de prestación definida se contabilizarán, en la fecha de adquisición, por el valor actual de las retribuciones comprometidas menos el valor razonable de los activos afectos a los compromisos con los que se liquidarán las obligaciones.

El valor actual de las obligaciones incluirá en todo caso los costes de los servicios pasados que procedan de cambios en las prestaciones o de la introducción de un plan, antes de la fecha de adquisición, así como las ganancias y pérdidas actuariales que hayan surgido antes de la citada fecha.

4. En el caso de que el registro de un inmovilizado intangible identificado cuya valoración, que no puede ser calculada por referencia a un mercado activo, implicara la contabilización de un ingreso en la cuenta de pérdidas y ganancias, dicho activo se valorará deduciendo la diferencia negativa, inicialmente calculada, del importe de su valor razonable. Si el importe de dicha diferencia negativa fuera superior al valor total del inmovilizado intangible, dicho activo no deberá ser registrado.

5. Si el adquirente recibe un activo como indemnización frente a alguna contingencia o incertidumbre relacionada con la totalidad o con parte de un activo o pasivo específico, reconocerá y valorará el activo en el mismo momento y de forma consistente con el elemento que genere la citada contingencia o incertidumbre.

6. La adquirente valorará un derecho readquirido reconocido como un inmovilizado intangible sobre la base del periodo contractual que reste hasta su finalización, con independencia de que un tercero considerase en la determinación de su valor razonable las posibles renovaciones contractuales.

7. En el caso de que el negocio adquirido incorpore obligaciones calificadas como contingencias, la empresa adquirente reconocerá como pasivo el valor razonable de asumir tales obligaciones, siempre y cuando dicho pasivo sea una obligación presente que surja de sucesos pasados y su valor razonable pueda ser medido con suficiente fiabilidad, aunque no sea probable que para liquidar la obligación vaya a producirse una salida de recursos que incorporen beneficios económicos.

## 5-92 Cálculo del fondo de comercio

El exceso, en la fecha de adquisición, del coste de la combinación de negocios sobre el valor de los activos identificables adquiridos menos el de los pasivos asumidos en los términos recogidos en el apartado anterior, se reconocerá como un fondo de comercio.

Al fondo de comercio le serán de aplicación los criterios contenidos en la norma relativa a normas particulares sobre el inmovilizado intangible.

En el supuesto excepcional de que el valor de los activos identificables adquiridos menos el de los pasivos asumidos, fuese superior al coste de la combinación de negocios, el exceso se contabilizará en la cuenta de pérdidas y ganancias como un ingreso.

No obstante, antes de reconocer el citado ingreso la empresa evaluará nuevamente si ha identificado y valorado correctamente tanto los activos identificables adquiridos y pasivos asumidos, como el coste de la combinación. Si en el proceso de identificación y valoración surgen activos de carácter contingente o elementos del inmovilizado intangible para los que no exista un mercado activo, no serán objeto de reconocimiento con el límite de la diferencia negativa anteriormente indicada.

5

**Ejemplo:**

La sociedad X pretende absorber a la sociedad Y mediante la emisión por parte de la sociedad X de acciones a valor de mercado. El número de acciones a emitir es de 6.000 por su valor razonable.

El capital social de X está formado por 10.000 acciones de valor nominal 1 €, y cuyo valor de mercado asciende a 2 €.

Los datos de activos y pasivos del balance de la sociedad Y son los siguientes:

| ACTIVO | VALOR EN LIBROS | VALOR RAZONABLE |
|---|---|---|
| Inm. material | 5.000 | 7.000 |
| Clientes | 300 | 300 |
| Activos financieros | 8.000 | 9.000 |


© CISS

| PASIVO | VALOR EN LIBROS | VALOR RAZONABLE |
|---|---|---|
| Deudas LP | 5.000 | 6.000 |
| Deudas CP | 1.000 | 1.000 |

Adicionalmente se sabe que, como consecuencia de las pérdidas experimentadas en los últimos ejercicios, la sociedad Y dispone de un crédito fiscal por compensación de pérdidas por importe de 400 €. Dicho activo no aparece reconocido en los estados contables de Y pero sí puede ser objeto de reconocimiento en X, dado que ésta tiene ganancias fiscales que permiten activar el crédito.

De igual forma, la entidad Y presenta un pasivo contingente de 100 € no reconocido en su balance al estimarse su probabilidad de pago en el 30%.

La operación se acoge al régimen especial previsto en el Capítulo VIII del Título VII del TRLIS. El tipo de gravamen aplicado es del 30%. Las bases fiscales y contables de los activos y pasivos de X e Y coinciden.

**Solución:**

Cálculo del coste de la combinación = 12.000 (6.000 acciones x 2).

La entidad se ha acogido al régimen fiscal previsto por el Capítulo VIII del Título VII del TRLIS, lo que originará la aparición de activos y pasivos por impuestos diferidos.

Por dicha razón, y atendiendo al régimen sobre impuesto de beneficios analizado en la Sección 9ª, Norma 12ª, se originarían diferencias temporarias por la diferencia entre el valor de mercado de los activos y su valor a efectos fiscales. Dichas diferencias se recogen a continuación, especificándose los activos o pasivos diferidos que se originan.

| | Dif. Temporaria | Act. Dif. | Pas. Dif. |
|---|---|---|---|
| Inmov. Material | 2.000 | | 600 |
| Clientes | 0 | - | - |
| Act. financieros | 1.000 | | 300 |
| Crédito fiscal | 400 | | 120 |
| Deudas LP | 1.000 | | 300 |
| Deudas CP | 0 | - | - |
| Pasivo contingente | 100 | 30 | |

Valor de Y a efectos de la operación:

| ACTIVO | VALOR RAZONABLE |
|---|---|
| Inm. material | 7.000 |
| Clientes | 300 |
| Activos financieros | 9.000 |
| Crédito fiscal | 400 |
| **TOTAL** | **16.700** |

| PASIVO | VALOR RAZONABLE |
|---|---|
| Deudas LP | 6.000 |
| Deudas CP | 1.000 |

5

| PASIVO | VALOR RAZONABLE |
|---|---|
| Pasivo contingente | 100 |
| TOTAL | 7.100 |

**VALOR TOTAL = 16.700 - 7.100 = 9.600**

**+ Activos diferidos Y = 330**

**- Pasivos diferidos Y = 1.020**

**VALOR TOTAL FINAL = 8.910**

**FONDO DE COMERCIO = 12.000 - 8.910 = 3.090**

Por la emisión de las acciones necesarias a efectos de la absorción de Y por X:

| | | x | | |
|---|---|---|---|---|
| 12.000 | (190) Acciones o part. emitidas | | | |
| | | a | (100) Capital social | 6.000 |
| | | | (110) Prima de emisión | 6.000 |

Asiento de incorporación del patrimonio de Y en el balance de X:

| | | x | | |
|---|---|---|---|---|
| 7.000 | (21-) Inm. material | | | |
| 300 | (430) Clientes | | | |
| 9.000 | (2--) Activos financieros | | | |
| 400 | (4--) Crédito fiscal | | | |
| 330 | (4740) Activos por imp. diferido | | | |
| 3.090 | (204) Fondo de comercio | | | |
| | | a | (17) Deudas LP | 6.000 |
| | | | (5--) Deudas CP | 1.000 |
| | | | Pasivo contingente | 100 |
| | | | (479) Pasivo por impuesto diferido | 1.020 |
| | | | Socios Y cuenta de fusión | 12.000 |

Por la compensación de los asientos de fusión efectuados:

| | | x | | |
|---|---|---|---|---|
| 12.000 | Socios Y cuenta de fusión | | | |
| | | a | (190) Acciones o partículo emitidas | 12.000 |

## 5-93 Combinaciones de negocios realizadas por etapas

Las combinaciones de negocios realizadas por etapas son aquellas en las que la empresa adquirente obtiene el control de la adquirida mediante varias transacciones independientes realizadas en fechas diferentes.


© CISS

En estos casos, el fondo de comercio o diferencia negativa se obtendrá por diferencia entre los siguientes importes:

a) El coste de la combinación de negocios, más el valor razonable en la fecha de adquisición de cualquier inversión previa de la empresa adquirente en la adquirida.

b) El valor de los activos identificables adquiridos menos el de los pasivos asumidos según las normas generales.

Cualquier beneficio o pérdida que surja como consecuencia de la valoración a valor razonable en la fecha en que se obtiene el control de la participación previa de la adquirente en la adquirida, se reconocerá en la cuenta de pérdidas y ganancias. Si con anterioridad la inversión en la participada se hubiera valorado por su valor razonable, los ajustes de valoración pendientes de ser imputados al resultado del ejercicio se transferirán a la cuenta de pérdidas y ganancias.

Se presume que el coste de la combinación de negocios es el mejor referente para estimar el valor razonable en la fecha de adquisición, de cualquier participación previa en la empresa adquirida. En caso de evidencia en contrario, se utilizarán otras técnicas de valoración para determinar el valor razonable de la citada participación.

**Ejemplo:**

El 1-1-X10 la entidad aseguradora Esplendor, S.A. compra el 40% de las acciones de la entidad aseguradora Urbe, S.A. por un importe de 120.000 euros. El valor razonable del patrimonio de Urbe, S.A. es de 280.000 euros, siendo su balance el siguiente:

| Activo | Patrimonio neto y Pasivo |
|---|---|
| 200.000 Inversiones fin. | Capital social 200.000 |

El valor de mercado de las inversiones financieras es de 280.000 euros.

El 31-12-X12 se produce la fusión entre ambas entidades. Para ello, Esplendor, S.A. acuerda un precio de compra de 1.500.000 euros mediante la ampliación de capital social en 1.200.000 más 300.000 euros de prima de emisión.

**Balance de Urbe a 31-12-X12**

| ACTIVO | | PASIVO | |
|---|---|---|---|
| Efectivo | 500.000 | Capital social | 200.000 |
| Inversiones financieras | 200.000 | Reservas | 450.000 |
| | | PyG | 50.000 |
| **TOTAL** | **700.000** | **TOTAL** | **700.000** |

El valor de tasación de las inversiones financieras es de 400.000 euros.

Se pide realizar las anotaciones contables correspondientes a la combinación de negocios realizada comparando lo dispuesto en la Norma 18ª, antes y después de su modificación.

**Resultado:**

Por la compra del 40% de Urbe:

| | x | | |
|---|---|---|---|
| 120.000 | (2404) Part. a LP en empresas asociadas | | |
| | | a (572) Bancos | 120.000 |

5

Fondo de comercio implícito = 120.000 - (280.000 x 0,4) = 8.000

A 31-12-X12:

Adquisición del 60% adicional:

Fondo de comercio de la operación = 960.000

. Coste combinación de negocios = 1.500.000
. Valor razonable negocio adquirido = 540.000 (900.000 x 0,6)

Contabilidad de la combinación de negocios según la norma 18ª antes de su modificación:

Por la incorporación del patrimonio de Y:

| | | x | | |
|---|---|---|---|---|
| 500.000 | (572) Efectivo | | | |
| 400.000 | (25-) Inversiones financieras | | | |
| 968.000 | (204)Fondo de comercio | | | |
| | | a | (2404) Part. LP en empresas asoc. | 120.000 |
| | | | (100) Capital Social | 1.200.000 |
| | | | (110) Prima de emisión | 300.000 |
| | | | (11-) Reservas | 248.000 |

Importe calculado de las reservas =

Aumento de patrimonio entre 1-1-X10 y 31-12-X12 = 700.000 -200.000 = 500.000 de lo que nos corresponde el 40% = 200.000

Aumento de valor de mercado de las inversiones financieras entre 1-1-X10 y 31-12-X12 = 400.000-280.000 = 120.000 de lo que nos corresponde el 40% = 48.000

**Total = 248.000**

Fondo de comercio =

. Fondo de comercio 1: (implícito) = 120.000 - (280.000 x 0,4) = 8.000
. Fondo de comercio 2= (1500.000 - 540.000) = 960.000

Contabilidad de la combinación de negocios según la norma 18ª después de su modificación:

Por la incorporación del patrimonio de Y:

| | | x | | |
|---|---|---|---|---|
| 500.000 | (572) Efectivo | | | |
| 400.000 | (25-) Inversiones financieras | | | |
| 1.600.000 | (204)Fondo de comercio | | | |
| | | a | (2404) Part. LP en empresas asoc. | 1.000.000 |
| | | | (100) Capital Social | 1.200.000 |
| | | | (110) Prima de emisión | 300.000 |

Fondo de comercio = (1.500.000 +1.000.000) - 900.000 = 1.600.000

Valor razonable de la participación previa del 40% en función del precio pagado por el 60% en la combinación de negocios =

(1.500.000 x 40) / 60 = 1.000.000

5



© CISS

## 5-94 Registro y valoración de las transacciones separadas

Adquirente y adquirida pueden tener una relación previa a la combinación de negocios o pueden iniciar un acuerdo separado de la combinación de negocios de forma simultánea a ésta. En ambos casos la adquirente identificará las transacciones separadas que no formen parte de la combinación de negocios, que deberán contabilizarse de acuerdo con lo previsto en la correspondiente norma de registro y valoración y, originar, en su caso, un ajuste en el coste de la combinación.

Una transacción formalizada por o en nombre de la adquirente o que beneficia principalmente a la adquirente o a la entidad combinada, en lugar de a la adquirida (o sus anteriores propietarios) antes de la combinación, constituirá probablemente una transacción separada.

Son ejemplos de transacciones separadas en las que el método de adquisición debe excepcionarse:

**a) La cancelación de relaciones preexistentes entre la adquirente y la adquirida.**

En aquellas ocasiones en las que exista una relación previa entre adquirente y adquirida, de carácter contractual o no, la empresa adquirente reconocerá un beneficio o pérdida por la cancelación de la mencionada relación previa cuyo importe se determinará como sigue:

- Si la relación previa no fuera de carácter contractual (por ejemplo, un litigio), por su valor razonable.

- Si la relación preexistente fuera de carácter contractual por el menor del:

• Importe por el que el contrato es favorable o desfavorable para la adquirente en relación a las condiciones de mercado.

• Importe de cualquier cláusula de liquidación establecida en el contrato que pueda ser ejecutada por la parte para la que el contrato sea desfavorable.

Si el segundo importe es menor que el primero, la diferencia se incluirá como parte del coste de la combinación de negocios. No obstante, si la cancelación diese lugar a la adquisición de un derecho previamente cedido por la adquirente, ésta última deberá reconocer un inmovilizado intangible de acuerdo con lo dispuesto en el apartado 2.4.c.6 de la Norma 18º PCEA.

En ambos casos, es decir, tanto si la cancelación es de una relación de naturaleza contractual o no, en la determinación del resultado, la empresa adquirente debe considerar los activos y pasivos relacionados que hubiese reconocido previamente.

Cualquier gasto o ingreso que proceda reconocer de acuerdo con los criterios anteriores, se contabilizará empleando como contrapartida la contraprestación transferida. En consecuencia, en el importe del citado gasto o ingreso, deberá minorarse o aumentarse, respectivamente, el coste de la combinación a los efectos de calcular el fondo de comercio o la diferencia negativa.

En todo caso, cualquier pérdida por deterioro previamente reconocida por la adquirente o la adquirida en relación con créditos y débitos recíprocos, deberá revertir y contabilizarse como un ingreso en la cuenta de pérdidas y ganancias de la empresa que hubiera contabilizado la pérdida por deterioro. En la fecha de adquisición, los citados créditos y débitos recíprocos deberán cancelarse en la contabilidad de la empresa adquirente.

**b) La sustitución de acuerdos de remuneración a los trabajadores o a los anteriores propietarios de la adquirida.**



Si por causa de la combinación de negocios se sustituyen voluntaria u obligatoriamente los compromisos de pagos basados en instrumentos de patrimonio de la empresa adquirida con sus empleados, por los basados en los instrumentos de patrimonio de la adquirente, el importe de los acuerdos de sustitución que forman parte del coste de la combinación de negocios será equivalente a la parte del acuerdo mantenido por la adquirida que es atribuible a servicios anteriores a la fecha de adquisición. Este importe se determinará aplicando al valor razonable en la fecha de adquisición de los acuerdos de la adquirida, el porcentaje resultante de comparar el periodo de irrevocabilidad completado en dicha fecha y el mayor entre el periodo inicial y el nuevo periodo de irrevocabilidad resultante de los acuerdos alcanzados.

Si los nuevos acuerdos exigen que los empleados presten servicios adicionales, cualquier exceso del valor razonable del nuevo acuerdo sobre el citado coste se reconocerá como un gasto de personal conforme a lo señalado en la norma de transacciones con pagos basados en instrumentos de patrimonio. En caso contrario, cualquier exceso se reconocerá en la fecha de adquisición como un gasto de personal.

No obstante, cuando la adquirente reemplace voluntariamente acuerdos de pagos basados en instrumentos de patrimonio, que expiran por causa de la combinación de negocios, la totalidad de la valoración en la fecha de adquisición de los nuevos incentivos deberá reconocerse como gasto de personal conforme a lo señalado en la norma sobre transacciones con pagos basados en instrumentos de patrimonio. En consecuencia, en este último supuesto, los citados incentivos no formarán parte de la contraprestación trasferida en la combinación de negocios.

**c) La compensación por haber recibido un negocio deficitario.**

Si la adquirente recibe un activo o el compromiso de recibir un activo como compensación por haber asumido un negocio deficitario, por ejemplo, para hacer frente al coste de un futuro expediente de regulación de empleo, deberá contabilizar este acuerdo como una transacción separada de la combinación de negocios, circunstancia que exigirá reconocer una provisión como contrapartida del citado activo en la fecha en que se cumplan los criterios de reconocimiento y valoración del mismo.

**Ejemplo:**

La sociedad A absorbe a la sociedad B, siendo los balances de ambas entidades en la fecha de adquisición los siguientes:

Sociedad A:

| ACTIVO | | PASIVO | |
|---|---|---|---|
| Efectivo | 200.000 | Capital social | 100.000 |
| Inversiones financieras | 100.000 | Reservas | 150.000 |
| | | Pasivo | 50.000 |
| **TOTAL** | **300.000** | **TOTAL** | **300.000** |

Sociedad B:

| ACTIVO | | PASIVO | |
|---|---|---|---|
| Inversiones financieras | **80.000** | Capital social | 40.000 |
| | | Reservas | 30.000 |
| | | Pasivo | 10.000 |
| **TOTAL** | **80.000** | **TOTAL** | **80.000** |

Se pide contabilizar el asiento de fusión sabiendo los siguientes datos:

- El valor razonable de las inversiones financieras de A es de 200.000 euros.
- El valor razonable de las inversiones financieras de B es de 100.000 euros.
- La sociedad B reclama a la sociedad A una indemnización por daños y perjuicios por importe de 30.000 euros, derivada de la utilización fraudulenta por parte de A de un agente de seguros de B.
- La sociedad A paga por la sociedad B un importe de 130.000 euros mediante la emisión de acciones de A.

5


© CISS

**Solución:**

| | | | | |
|---|---|---|---|---|
| | | x | | |
| 100.000 | (25-) Inversiones financieras | | | |
| 30.000 | (6-) Gastos de indemnización | | | |
| 10.000 | (204)Fondo de comercio | | | |
| | | a | (100) Capital Social | 130.000 |
| | | | Pasivo | 10.000 |

## 5-95 Valoración posterior

Con posterioridad a su registro inicial, y sin perjuicio de los ajustes exigidos por el apartado 2.6 de la Norma 18° PCEA, con carácter general, los pasivos e instrumentos de patrimonio emitidos como coste de la combinación y los activos identificables adquiridos y pasivos asumidos en una combinación de negocios se contabilizarán de acuerdo con las normas de registro y valoración que correspondan en función de la naturaleza de la transacción o elemento patrimonial.

Sin embargo, por excepción a la citada regla, a las transacciones y elementos que a continuación se indican se les aplicarán los siguientes criterios:

a) Pasivos reconocidos como contingencias. Con posterioridad al reconocimiento inicial, y hasta que el pasivo se cancele, liquide o expire, se valorarán por el mayor de los siguientes importes:

1. El que resulte de acuerdo con lo dispuesto en la norma relativa a provisiones y contingencias.

2. El inicialmente reconocido menos, cuando proceda, la parte del mismo imputada a la cuenta de pérdidas y ganancias porque corresponda a ingresos devengados de acuerdo con la norma que resulte aplicable en función de la naturaleza del pasivo.

b) Activos por indemnización. Se valorarán de forma consistente con el elemento que genere la contingencia o incertidumbre, sujeto a cualquier limitación contractual sobre su importe y, para un activo por indemnización que no se valora posteriormente por su valor razonable, teniendo en consideración la evaluación de la dirección sobre las circunstancias relativas a su cobro. La adquirente los dará de baja únicamente cuando se cobre, venda o se extinga de cualquier otra forma el derecho sobre estos activos.

c) Un derecho readquirido reconocido como un inmovilizado intangible deberá amortizarse a lo largo del periodo que reste hasta la finalización del plazo correspondiente a la cesión inicial.

d) Contraprestación contingente. Una vez concluida la contabilización provisional de la combinación de negocios, se seguirá el siguiente criterio respecto a los cambios posteriores en el valor razonable de la contraprestación contingente:

1. La contraprestación contingente clasificada como patrimonio neto no deberá valorarse de nuevo y su liquidación posterior deberá contabilizarse dentro del patrimonio neto.

2. La contraprestación contingente clasificada como un activo o un pasivo que sea un instrumento financiero dentro del alcance de la norma relativa a los mismos deberá valorarse en todo caso por su valor razonable, registrando cualquier ganancia o pérdida en la cuenta de pérdidas y ganancias. Si no está dentro del alcance de la citada norma, deberá contabilizarse de acuerdo con lo previsto en la norma sobre provisiones y contingencias, o la norma que resulte aplicable en función de la naturaleza de la contraprestación.



En particular, en el caso de activos contingentes que no hayan sido reconocidos por originar una diferencia negativa, el reconocimiento y valoración posterior se realizará de forma consistente con el elemento que genere la contingencia o incertidumbre.

# Capítulo II. CONTABILIZACIÓN DE LAS PRINCIPALES OPERACIONES ESPECIFICAS DEL SECTOR ASEGURADOR

## Sección 1. CONTABILIZACIÓN DE LAS PRINCIPALES OPERACIONES DE SEGURO

### 5-96 Contabilización de recibos emitidos

Por la emisión de recibos de primas:

| | | x | | |
|---|---|---|---|---|
| x | (431) Recibos de primas pendientes de cobro | | | |
| | | a | (700/701) Primas netas anulaciones SD no vida/vida | |
| | | | (7001/7011) Primas emitidas | |
| | | | (456) Tributos y recargos sobre primas pendientes de cobro | x |

Recojo el devengo del ingreso. El crédito es la suma del ingreso por primas más los recargos que satisface el tomador.

### 5-97 Contabilización del devengo de comisiones de recibos emitidos

| | | x | | |
|---|---|---|---|---|
| x | (610/611) Comisiones SD, no vida/vida | | | |
| | *(6100/6110) Comisiones sobre primas emitidas* | | | |
| | | a | (452) Comisiones sobre primas pendientes de cobro | x |

Se incorporan las comisiones devengadas y asociadas directamente a los recibos de prima emitidos.

### 5-98 Contabilización del cobro de recibos



| | | x | | |
|---|---|---|---|---|
| x | (57) Tesorería | | | |
| x | (433) Mediadores c/efectivo | | | |
| | (454) Deudas por recibos anticipados | | | |
| | | a | (431) Recibos de primas pendientes de cobro | x |

En el debe del asiento se recogen las tres posibilidades con arreglo a las cuales se pueden cobrar los recibos: pago en efectivo, mediante cuentas de efectivo con mediadores o compensando anticipos.


© CISS

| | | x | | |
|---|---|---|---|---|
| x | (456) Tributos y recargos sobre primas pendientes de cobro | | | |
| | | a | (478) Otras Entidades Públicas | x |

Adicionalmente recogemos la deuda con Entidades Públicas derivadas de los recibos ya cobrados.

## 5-99 Contabilización del anticipo de recibos por el Banco

Por el anticipo efectuado por el Banco:

| | | x | | |
|---|---|---|---|---|
| x | (57) Tesorería | | | |
| | | a | (454) Deudas por recibos anticipados | x |

Por los intereses devengados derivados del anticipo:

| | | x | | |
|---|---|---|---|---|
| x | (665) Intereses por recibos anticipados | | | |
| | | a | (454) Deudas por recibos anticipados | x |

Cuando el Banco cobre los recibos:

| | | x | | |
|---|---|---|---|---|
| x | (454) Deudas por recibos anticipados | | | |
| | | a | (431) Recibos de primas pendientes de cobro<br>*(4313) Recibos anticipados* | x |

## 5-100 Contabilización del cobro gestionado a través de mediadores

| | | x | | |
|---|---|---|---|---|
| x | (433) Mediadores c/efectivo | a | (431) Recibos de primas pendientes de cobro<br>*(4311) Mediadores c/recibos* | x |

5

## 5-101 Contabilización de comisiones de recibos cobrados, minorando el saldo de efectivo con el mediador

| | | x | | |
|---|---|---|---|---|
| x | (452) Comisiones sobre primas pendientes de cobro | | | |
| | | a | (433) Mediadores c/efectivo | x |

## 5-102 Contabilización del posible deterioro de valor de los créditos derivados de los contratos

| | | x | | |
|---|---|---|---|---|
| x | (4315) Recibos de dudoso cobro | | | |
| | | a | (431) Recibos de primas pendientes de cobro | x |

## 5-103 Contabilización de anulaciones de recibos de primas emitidos

En el caso de que se produzca la anulación de los recibos emitidos:

| | | x | | |
|---|---|---|---|---|
| x | (700/701) Primas netas anulaciones SD no vida/vida<br>*(7002/7012) Primas anuladas del ejercicio*<br>(456) Tributos y recargos sobre primas pendientes de cobro | | | |
| | | a | (431) Recibos de primas pendientes de cobro | x |

| | | x | | |
|---|---|---|---|---|
| x | (452) Comisiones sobre primas pendientes de cobro | | | |
| | | a | (610/611) Comisiones SD, no vida/vida<br>*(6102/6112) Comisiones sobre primas anuladas del ejercicio* | x |



Es decir, deshacemos los asientos anteriormente hechos.

## 5-104 Contabilización del extorno de recibos de primas

En el caso de que se produzcan extornos de primas debemos diferenciar dos supuestos:

a) Extornos por modificación del riesgo:

| | | x | | |
|---|---|---|---|---|
| x | (700/701) Primas netas anulaciones SD no vida/vida *(7005/7015) Primas extornadas del ejercicio* | | | |
| x | (478) Otras Entidades Públicas | | | |
| | | a | (434) Deudas con asegurados | x |
| | | | (57) Tesorería | |
| | | | (433) Mediadores c/efectivo | |

Es decir, eliminamos el ingreso reconocido.

b) Extornos en función del comportamiento del riesgo asegurado:

| | | x | | |
|---|---|---|---|---|
| x | (606) Participación en beneficios y extornos | | | |
| | | a | (57) Tesorería | x |

En estos casos reconocemos un gasto, no un menor ingreso, derivado de que el extorno de prima deriva de una participación del asegurado en el favorable comportamiento del riesgo objeto de cobertura.

## 5-105 Contabilización de recibos pendientes de emitir

Por las primas devengadas derivadas de seguros cuyo periodo de cobertura se ha iniciado y cuyos recibos están pendientes de emisión:

| | | x | | |
|---|---|---|---|---|
| x | (432) Créditos por recibos pendientes de emitir | | | |
| | | a | (7007/7017) Variación de primas devengadas y no emitidas no vida/ vida | x |

A posteriori, por la emisión del recibo correspondiente:

| | | x | | |
|---|---|---|---|---|
| x | (7007/7017) Variación de primas devengadas y no emitidas no vida/ vida | | | |
| | | a | (432) Créditos por recibos pendientes de emitir | x |

5

## 5-106 Contabilización del devengo de comisiones de recibos pendientes de emitir

Por las comisiones devengadas asociadas a las primas devengadas derivadas de recibos pendientes de emitir:

| | | | | |
|---|---|---|---|---|
| | | x | | |
| x | (610/611) Comisiones SD, no vida/ vida<br>*(6107/6117) Variación de comisiones sobre primas devengadas y no emitidas* | | | |
| | | a | (453) Comisiones sobre primas pendientes de emitir | x |

A posteriori, por la emisión de los recibos correspondientes:

| | | | | |
|---|---|---|---|---|
| | | x | | |
| x | (453) Comisiones sobre primas pendientes de emitir | | | |
| | | a | (610/611) Comisiones SD, no vida/ vida<br>*(6107/6117) Variación de comisiones sobre primas devengadas y no emitidas* | x |

## 5-107 Contabilización del importe de las cancelaciones de las primas devengadas y no emitidas del ejercicio anterior

Por la anulación de las primas devengadas:

| | | | | |
|---|---|---|---|---|
| | | x | | |
| x | (700/701) Primas netas anulaciones SD no vida/vida<br>*(7007/7017)Variación de primas devengadas y no emitidas* | | | |
| | | a | (432) Créditos por recibos pendientes de emitir | x |

## 5-108 Contabilización del deterioro de valor

Por el reconocimiento de la posibilidad de impago de los clientes:

5

| | | | | |
|---|---|---|---|---|
| | | x | | |
| x | (4325) Recibos de dudoso cobro | | | |
| | | a | (432) Créditos por recibos pendientes de emitir | x |

## 5-109 Contabilización del devengo de la prestación derivada del contrato de seguro (pago del siniestro)

Se pueden plantear diferentes situaciones:

a) En el caso de pago de la prestación directamente por la entidad:


© CISS

| | | x | | |
|---|---|---|---|---|
| x | (600/601) Prestaciones SD, no vida/ vida | | | |
| | | a | (57) Tesorería | x |

b) Si el pago de la prestación se gestiona a través de mediadores:

| | | x | | |
|---|---|---|---|---|
| x | (600/601) Prestaciones SD, no vida/ vida | | | |
| | | a | (433) Mediadores c/efectivo | x |

## 5-110 Contabilización de los posibles recobros (ramo no vida)

Al nacimiento del crédito:

| | | x | | |
|---|---|---|---|---|
| x | (444) Deudores por recobros de siniestros | | | |
| | | a | (600) Prestaciones SD, no vida | x |

Si el crédito deja de cumplir las condiciones para su activación:

| | | x | | |
|---|---|---|---|---|
| x | (600) Prestaciones SD, no vida | | | |
| | | a | (444) Deudores por recobros de siniestros | x |

## 5-111 Contabilización de la dotación a las provisiones técnicas

PPNC y riesgos en curso:

Por la dotación del ejercicio:

| | | x | | |
|---|---|---|---|---|
| | (6930) Dotación a las provisiones para primas no consumidas, no vida | | | |
| | | a | (300/301) Provisiones para primas no consumidas/para riesgos en curso | |

Reconocemos de esta manera el gasto derivado de la periodificación de la prima. Recordemos que la PPNC es una provisión periodificadora de la prima, imputando ésta en función del periodo de cobertura del seguro.

Por la aplicación de la dotación del ejercicio precedente:

| | x | |
|---|---|---|
| (300/301) Provisiones para primas no consumidas/para riesgos en curso | | |
| | a | (793) Provisiones técnicas aplicadas a su finalidad |

## 5-112 Contabilización de las provisiones de seguros de vida (provisión matemática)

Por la dotación del ejercicio, reconociendo el gasto por provisión matemática y en su caso, por la posible participación en beneficios del tomador:

| | x | |
|---|---|---|
| (6931) Dotación a las provisiones de seguros de vida<br>(606) Participación en beneficios y extornos | | |
| | a | (312) Provisiones matemáticas |

Por los ajustes derivados de asimetrías contables:

| | x | |
|---|---|---|
| (6931) Dotación a las provisiones de seguros de vida<br>(88) Gastos por corrección de asimetrías contables | | |
| | a | (312) Provisiones matemáticas |

Para el caso de las asimetrías contables, nos remitimos a los comentarios formulados en el apartado dedicado a su estudio (Ver comentario relacionado 5-76).

Por la aplicación de la dotación del ejercicio precedente:

| | x | |
|---|---|---|
| (312) Provisiones para primas no consumidas/para riesgos en curso | | |
| | a | (7931) Aplicación de las provisiones de seguros de vida<br>(98) Ingresos por corrección de asimetrías contables |

5

## 5-113 Contabilización de las provisiones seguros unit-linked

Por la dotación del ejercicio, en función del importe debido al cliente por la evolución de los activos financieros seleccionados:

| | x | |
|---|---|---|
| (6932) Dotación a las provisiones para seguros de vida cuando el riesgo de inversión lo asuman los tomadores de seguros | | |
| | a | (32) Provisiones técnicas relativas al seguros de vida cuando el riesgo de inversión lo asuman los tomadores de seguros |

Por los ajustes derivados de asimetrías contables:

| | x | |
|---|---|---|
| (6932) Dotación a las provisiones para seguros de vida cuando el riesgo de inversión lo asuman los tomadores de seguros<br>(885) Corrección de asimetrías contables por aumentos de valor de los activos reconocidos en el PN de operaciones de seguros de vida en los que el tomador asuma el riesgo de la inversión o asimilados | | |
| | a | (32) Provisiones técnicas relativas al seguro de vida cuando el riesgo de inversión lo asuman los tomadores de seguros |

Para el caso de las asimetrías contables, nos remitimos a los comentarios formulados en el apartado dedicado a su estudio (Ver comentario relacionado 5-76).

## 5-114 Contabilización de la aplicación de la dotación del ejercicio precedente

| | x | |
|---|---|---|
| (32) Provisiones técnicas relativas al seguros de vida cuando el riesgo de inversión lo asuman los tomadores de seguros | | |
| | a | (7932) Aplicación de las provisiones de seguros de vida cuando el riesgo de inversión lo asuman los tomadores de seguros<br>(985) Corrección de asimetrías contables por disminuciones de valor de los activos reconocidos en el PN de operaciones de seguros de vida en los que el tomador asuma el riesgo de la inversión o asimilados |

5

## 5-115 Contabilización de las provisiones para prestaciones, no vida

Por la dotación del ejercicio correspondiente a las prestaciones devengadas por la producción de un siniestro.

x

| | | |
|---|---|---|
| (6934) Dotación a las provisiones para prestaciones, no vida | | |
| | a | (340) Pendientes de pago<br>(341) Pendientes de liquidación<br>(342) Pendientes de declaración<br>(343) Para gastos de liquidación |

El asiento reconoce tres posibilidades según el siniestro esté:

- Pendiente de pago = el único trámite pendiente es satisfacer el importe del siniestro.
- Pendiente de liquidación = está pendiente determinar la cuantía del siniestro y efectuar su pago
- Pendiente de declaración = para aquellos siniestros que se estima se han producido, en función de estimaciones basadas en la experiencia histórica, pero que aún no se han declarado

## 5-116 Contabilización de la aplicación de la dotación del ejercicio precedente

x

| | | |
|---|---|---|
| (340) Pendientes de pago<br>(341) Pendientes de liquidación<br>(342) Pendientes de declaración<br>(343) Para gastos de liquidación | | |
| | a | (7934) Aplicación de las provisiones para prestaciones, no vida |

## 5-117 Contabilización de las provisiones para prestaciones, vida

Por la dotación del ejercicio correspondiente a las prestaciones devengadas por la producción de un siniestro.

x

| | | |
|---|---|---|
| (6935) Dotación a las provisiones para prestaciones, vida | | |
| | a | (350) Pendientes de pago<br>(351) Pendientes de liquidación<br>(352) Pendientes de declaración<br>(353) Para gastos de liquidación |

5

Al igual que en los ramos no vida, el asiento reconoce tres posibilidades según el siniestro esté:

- Pendiente de pago = el único trámite pendiente es satisfacer el importe del siniestro.
- Pendiente de liquidación = está pendiente determinar la cuantía del siniestro y efectuar su pago
- Pendiente de declaración = para aquellos siniestros que se estima se han producido, en función de estimaciones basadas en la experiencia histórica, pero que aún no se han declarado

 © CISS

## 5-118 Contabilización de la aplicación de la dotación del ejercicio precedente

x

(350) Pendientes de pago
(351) Pendientes de liquidación
(352) Pendientes de declaración
(353) Para gastos de liquidación

a (7935) Aplicación de las provisiones para prestaciones vida

## 5-119 Contabilización de las provisiones de participación en beneficios y para extornos

Por la dotación del ejercicio correspondiente a la participación asignada a los tomadores en función de la evolución de la rentabilidad del negocio de la compañía:

x

(6936) Dotación a las provisiones para participación de los asegurados en los beneficios y extornos

a (360) Provisiones para participación en beneficios y para extornos

Por la aplicación de la dotación del ejercicio precedente:

x

(360) Provisiones para participación en beneficios y para extornos

a (793) Aplicación de las provisiones para participación de los asegurados en beneficios y para extornos

## 5-120 Contabilización de otras provisiones técnicas

Por la dotación del ejercicio (por ejemplo para el caso de provisiones del ramo de decesos):

x

(6937) Dotación a otras provisiones técnicas

a (370/371) Otras provisiones técnicas no vida/Otras provisiones técnicas vida

Por la aplicación de la dotación del ejercicio precedente:

x

(370/371) Otras provisiones técnicas no vida/Otras provisiones técnicas vid

a (7937) Aplicación de otras provisiones técnicas

# Sección 2. CONTABILIZACIÓN DE LAS PRINCIPALES OPERACIONES CON MEDIADORES DE SEGUROS

## 5-121 Contabilización de recibos cobrados por mediadores

Por el cobro de los recibos de prima a través de mediadores, incrementando el saldo de efectivo que mantenemos con ellos:

| | | x | | |
|---|---|---|---|---|
| x | (433) Mediadores c/efectivo | | | |
| | | a | (431) Recibos de primas pendientes de cobro<br>*(4311) Mediadores c/recibos* | x |

## 5-122 Contabilización del importe de las comisiones correspondientes a las primas cobradas

Por el pago de las comisiones derivadas de las primas cobradas, minorando el saldo de efectivo con los mediadores:

| | | x | | |
|---|---|---|---|---|
| x | (452) Comisiones sobre primas pendientes de cobro | | | |
| | | a | (433) Mediadores c/efectivo | x |

## 5-123 Contabilización de las comisiones correspondientes a las primas extornadas

Por medio de este asiento, al haberse devuelto primas (y por lo tanto reducirse los ingresos), se deberán recuperar las comisiones abonadas en su momento derivadas de esas primas. Por lo tanto, eliminamos el gasto por comisiones, aumentando nuestra cuenta de efectivo con el mediador. Por otro lado, las comisiones anuladas podrán derivar tanto de primas extornadas en el presente ejercicio como de primas extornadas correspondientes a ejercicios anteriores:

| | | x | | |
|---|---|---|---|---|
| x | (433) Mediadores c/efectivo | | | |
| | | a | (610/611) Comisiones SD, no vida/ vida<br>*(6105/6115) Comisiones sobre primas extornadas del ejercicio*<br>*(6106/6116) Comisiones sobre primas extornadas de ejercicios anteriores* | x |



## 5-124 Contabilización de las prestaciones (siniestros) satisfechas por el mediador por cuenta de la compañía

En el caso de que el mediador pague el siniestro por cuenta de la compañía.



© CISS

| | | x | | |
|---|---|---|---|---|
| x | (600/601) Prestaciones SD, no vida/ vida | | | |
| | | a | (433) Mediadores c/efectivo | x |

## 5-125 Contabilización del deterioro de valor

Por la posible insolvencia o probabilidad de impago del mediador con el que tenemos un crédito en forma de cuenta de efectivo:

| | | x | | |
|---|---|---|---|---|
| x | (435) Mediadores créditos de dudoso cobro | | | |
| | | a | (433) Mediadores c/efectivo | x |

## 5-126 Contabilización de la incobrabilidad del crédito

En el caso de que el saldo con el mediador resulte definitivamente incobrable:

| | | x | | |
|---|---|---|---|---|
| x | (676) Pérdidas de créditos por operaciones de tráfico | | | |
| | | a | (435/433) Mediadores créditos de dudoso cobro/ Mediadores c/efectivo | x |

## 5-127 Contabilización de los ajustes por periodificación

Por los gastos derivados de comisiones y otros costes de adquisición a imputar en ejercicios posteriores

| | | x | | |
|---|---|---|---|---|
| x | (481) Comisiones y otros costes de adquisición | | | |
| | | a | (6-) Gastos<br>(0-) Reclasificación de Gastos por destino | x |

Observemos la posibilidad de periodificar también cuentas del grupo 0 en aquellos casos en que los gastos hayan sido previamente reclasificados en este grupo.

Cuando se devengue el gasto en el ejercicio siguiente:

| | | x | | |
|---|---|---|---|---|
| x | (6-) Gastos | | | |
| | | a | (481) Comisiones y otros costes de adquisición | x |

Por la incorporación al activo de comisiones anticipadas y otros costes de adquisición:

| | | x | | |
|---|---|---|---|---|
| x | (273/274) Comisiones anticipadas y otros costes de adquisición de vida/ Comisiones anticipadas y otros costes de adquisición de ramos distintos al de vida | | | |
| | | a | (737) Incorporación al activo de las comisiones anticipadas y otros costes de adquisición | x |

Por la amortización de las comisiones anticipadas y otros costes de adquisición activados:

| | | x | | |
|---|---|---|---|---|
| x | (686) Amortización de comisiones y otros costes de adquisición | | | |
| | | a | (273/274) Comisiones anticipadas y otros costes de adquisición de vida/ Comisiones anticipadas y otros costes de adquisición de ramos distintos al de vida | x |

## 5-128 Contabilización de anulaciones de recibos de primas emitidos en ejercicios anteriores

Por la minoración de los ingresos y la correspondiente eliminación del crédito derivado de anulación de los recibos de primas emitidos:

| | | x | | |
|---|---|---|---|---|
| x | (700/701) Primas netas anulaciones SD no vida/vida<br>*(7003/7013) Primas anuladas de ejerc. anteriores*<br>(456) Tributos y recargos sobre primas pendientes de cobro | | | |
| | | a | (431) Recibos de primas pendientes de cobro | x |



Por la anulación del gasto reconocido por comisiones asociadas a las primas ahora anuladas:

 © CISS

| | | x | | |
|---|---|---|---|---|
| x | (452) Comisiones sobre primas pendientes de cobro | | | |
| | | a | (610/611) Comisiones SD, no vida/ vida<br>*(6103/6113) Comisiones sobre primas anuladas de ejercicios anteriores* | x |

## 5-129 Contabilización de extornos de recibos de primas emitidos en ejercicios anteriores

Debemos considerar únicamente el siguiente supuesto:

Extornos por modificación del riesgo:

Por la minoración de los ingresos y la devolución al cliente de los importes abonados:

| | | x | | |
|---|---|---|---|---|
| x | (700/701) Primas netas anulaciones SD no vida/vida<br>*(7006/7016) Primas extornadas de ejercicios anteriores* | | | |
| x | (478) Otras Entidades Públicas | | | |
| | | a | (434) Deudas con asegurados<br>(57) Tesorería<br>(433) Mediadores c/efectivo | x |

Por la anulación del gasto reconocido por comisiones asociadas a las primas ahora extornadas:

| | | x | | |
|---|---|---|---|---|
| x | (433) Mediadores c/efectivo | | | |
| | | a | (610/611) Comisiones SD, no vida/ vida<br>*(6103/6113) Comisiones sobre primas extornadas de ejercicios anteriores* | x |

## 5-130 Contabilización de pólizas flotantes

Importe estimado de primas devengadas al cierre de ejercicio cuyos recibos se emitirán al ejercicio siguiente (distintas de las de pago fraccionado):

| | | x | | |
|---|---|---|---|---|
| x | (489) Primas devengadas y no emitidas, netas de comisiones y cesiones | | | |
| | | a | (700/701) Primas netas anulaciones SD no vida/vida<br>*(7007/7017) Variación de primas devengadas y no emitidas* | x |

5

## 5-131 Contabilización del importe de las cancelaciones de las primas devengadas y no emitidas del ejercicio anterior

| | | x | | |
|---|---|---|---|---|
| x | (700/701) Primas netas anulaciones SD no vida/vida<br>*(7007/7017)Variación de primas devengadas y no emitidas* | | | |
| | | a | (489) Primas devengadas y no emitidas, netas de comisiones y cesiones | x |

## 5-132 Contabilización del devengo de comisiones de recibos pendientes de emitir (pólizas flotantes)

Simultáneamente al devengo del ingreso por primas derivado de pólizas flotantes, debemos reconocer el gasto por comisión asociado a las mismas:

| | | x | | |
|---|---|---|---|---|
| x | (610/611) Comisiones SD, no vida/vida<br>*(6107/6117) Variación de comisiones sobre primas devengadas y no emitidas* | | | |
| | | a | (489) Primas devengadas y no emitidas, netas de comisiones y cesiones | x |

## 5-133 Contabilización de la emisión de recibos de primas cuyo ingreso reconocimos el ejercicio anterior

| | | x | | |
|---|---|---|---|---|
| x | (700/701) Primas netas anulaciones SD no vida/vida<br>*(7007/7017)Variación de primas devengadas y no emitidas* | | | |
| | | a | (489) Primas devengadas y no emitidas, netas de comisiones y cesiones | x |

| | | x | | |
|---|---|---|---|---|
| x | (489) Primas devengadas y no emitidas, netas de comisiones y cesiones | | | |
| | | a | (610/611) Comisiones SD, no vida/vida<br>*(6107/6117) Variación de comisiones sobre primas devengadas y no emitidas* | x |

Es decir, eliminamos los asientos realizados en el ejercicio anterior, de manera que cancelamos el ingreso reconocido, dado que con la contabilización de la emisión de recibos reconoceremos igualmente un ingreso.

## 5-134 Contabilización de acuerdos de colaboración entre entidades para utilizar redes de distribución (art. 4 Ley 26/2006 de mediación de seguros y reaseguros privados)

Por el devengo del gasto derivado de la retribución que corresponde abonar a la compañía que nos cede su red de agentes:

| | | x | | |
|---|---|---|---|---|
| x | (615) Retribuciones a aseguradores por acuerdos de colaboración | | | |
| | | a | (413) Deudas con aseguradores | |

Por el pago de la deuda:

| | | x | | |
|---|---|---|---|---|
| x | (413) Deudas con aseguradores | | | |
| | | a | (57) Tesorería | x |

## 5-135 Contabilización de deudas por operaciones preparatorias de contratos de seguro (cantidades recibidas a cuenta de las primas correspondientes a futuros contratos de seguro)

Por la recepción de fondos:

| | | x | | |
|---|---|---|---|---|
| x | (57) Tesorería | | | |
| | | a | (421) Deudas por otras operaciones preparatorias de contratos de seguro | x |

Por los rendimientos a satisfacer hasta la formalización del contrato:

| | | x | | |
|---|---|---|---|---|
| x | (662) Intereses de deudas | | | |
| | | a | (421) Deudas por otras operacionesx preparatorias de contratos de seguro | |

Al nacimiento de la operación:

| | | | | |
|---|---|---|---|---|
| | | x | | |
| x | (431) Recibos de primas pendientes de cobro | | | |
| | | a | (700/701) Primas netas anulaciones SD no vida/vida<br>*(7001/7011) Primas emitidas*<br>(456) Tributos y recargos sobre primas pendientes de cobro | x |

## 5-136 Convenios de liquidación de siniestros

Al efectuar el pago al asegurado en virtud del convenio o al constituir la provisión al cierre de ejercicio:

| | | | | |
|---|---|---|---|---|
| | | x | | |
| x | (607) Variación de prestaciones por convenios de liquidación de siniestros | | | |
| | | a | (57) Tesorería<br>(496) Provisión para pagos por convenios de liquidación | x |

Al nacimiento del crédito (reconocimiento de la deuda por el asegurador del causante del daño):

| | | | | |
|---|---|---|---|---|
| | | x | | |
| x | (442) Deudas por convenios entre aseguradores | | | |
| | | a | (607) Variación de prestaciones por convenios de liquidación de siniestros | x |

Por el cobro del crédito:

| | | | | |
|---|---|---|---|---|
| | | x | | |
| x | (57) Tesorería | | | |
| | | a | (442) Deudas por convenios entre aseguradores | x |

Por la clasificación del crédito como de dudoso cobro:

| | | | | |
|---|---|---|---|---|
| | | x | | |
| x | (445) Deudores de dudoso cobro | | | |
| | | a | (442) Deudas por convenios entre aseguradores | x |

Por la parte del crédito definitivamente incobrable:

| | | | | |
|---|---|---|---|---|
| | | x | | |
| x | (676) Pérdidas de créditos por operaciones comerciales incobrables | | | |
| | | a | (442) Deudas por convenios entre aseguradores | x |




© CISS

Al cierre del ejercicio, por la provisión constituida al cierre del ejercicio precedente:

| | | x | | |
|---|---|---|---|---|
| x | (496) Provisión para pagos por convenios de liquidación | | | |
| | | a | (607) Variación de prestaciones por convenios de liquidación de siniestros | x |

# Capítulo III. CONTABILIZACIÓN DE OPERACIONES DE REASEGURO

## Sección 1. CONTABILIZACIÓN DE OPERACIONES DE REASEGURO

### 5-137 Contabilización del importe de las primas cedidas a los reaseguradores

| | | x | | |
|---|---|---|---|---|
| x | (70400) Reaseguro cedido, primas no vida<br>(70510) Reaseguro cedido, primas vida | | | |
| | | a | (400) Acreedores y deudores por reaseguro cedido y retrocedido | x |

Evidentemente, la cesión de primas representa un menor ingreso para la compañía, generándose en el pasivo del balance una cuenta representativa del saldo con acreedores por operaciones de reaseguro cedido.

### 5-138 Contabilización por el importe de las comisiones devengadas a cargo de los reaseguradores

| | | x | | |
|---|---|---|---|---|
| x | (400) Acreedores y deudores por reaseguro cedido y retrocedido | | | |
| | | a | (7100) Comisiones s/primas cedidas no vida<br>(7110) Comisiones s/primas cedidas, Vida | x |

De manera correlacionada con lo anterior, la cesión de primas (menor ingreso) lleva aparejadas igualmente la cesión de comisiones asociadas a esas primas, de ahí que se reconozca un menor gasto en concepto de comisiones.

La misma idea resulta aplicable para el caso de las comisiones asociadas a las primas fraccionadas devengadas y no emitidas:

## 5-139 Contabilización del importe de las comisiones relativas a las primas fraccionadas devengadas y no emitidas

| | | | | |
|---|---|---|---|---|
| | | x | | |
| x | (453) Comisiones sobre primas pendientes de emitir | | | |
| | | a | (7100) Comisiones s/primas cedidas no vida<br>(7110) Comisiones s/primas cedidas, Vida | x |

## 5-140 Contabilización del importe de las comisiones correspondientes a las primas cedidas que se anulen

| | | | | |
|---|---|---|---|---|
| | | x | | |
| x | (7100) Comisiones sobre primas cedidas no vida<br>(7110) Comisiones sobre primas cedidas vida | | | |
| | | a | (400) Acreedores y deudores por reaseguro cedido y retrocedido | x |

En el caso de que las primas cedidas finalmente se anulen, deberemos volver a reconocernos el gasto por comisiones, dado que la operación se anuló y los gastos por comisiones son imputados de nuevo a la compañía cedente

## 5-141 Contabilización del las deudas con entidades reaseguradoras por la parte de primas de recibos pendientes de emitir, en la medida en que la cesión se produzca cuando se emitan los recibos

Cuando se cargue la cuenta (432) Créditos por recibos pendientes de emitir:



| | | | | |
|---|---|---|---|---|
| | | x | | |
| x | (70400) Primas reaseguro cedido, no vida<br>(70510) Primas reaseguro cedido, vida | | | |
| | | a | (455) Deudas por recibos pendientes de emitir | x |

Reconocemos de esta forma las primas a ceder asociadas a los recibos pendientes de emitir.

Cuando se cancele la cuenta (432) Créditos por recibos pendientes de emitir:

| | | | | |
|---|---|---|---|---|
| | | x | | |
| x | (455) Deudas por recibos pendientes de emitir | | | |
| | | a | (70400) Primas reaseguro cedido, no vida | |
| | | | (70510) Primas reaseguro cedido, vida | |

## 5-142 Contabilización del importe de las prestaciones a cargo de los reaseguradores

| | | | | |
|---|---|---|---|---|
| | | x | | |
| x | (400) Acreedores y deudores por reaseguro cedido y retrocedido | | | |
| | | a | (60400) Reaseguro cedido, prestaciones y gastos pagados, no vida | |
| | | | (60510) Reaseguro cedido, prestaciones y gastos pagados, vida | x |

Al igual que la cesión de primas representa un menor ingreso para el asegurador directo, los siniestros que correspondan al reasegurador como consecuencia de la cobertura asumida en virtud de las primas cedidas representan un menor gasto para el asegurador de directo. Recordemos que, por la propia mecánica del reaseguro, el asegurador vendrá obligado a satisfacer la prestación, sin perjuicio de que se pueda resarcir a través del reaseguro, lo que derivará en un menor gasto.

## 5-143 Contabilización de la anulación de las primas cedidas

| | | | | |
|---|---|---|---|---|
| | | x | | |
| x | (400) Acreedores y deudores por reaseguro cedido y retrocedido | | | |
| | | a | (70400) Reaseguro cedido, primas no vida | |
| | | | (70510)Reaseguro cedido, primas vida | x |

Si la operación de reaseguro cedido finalmente se anula, volveremos a reconocer un ingreso, al correspondernos de nuevo las primas.

5

## 5-144 Contabilización de la participación en los beneficios de los reaseguradores

| | | | | |
|---|---|---|---|---|
| | | x | | |
| x | (400) Acreedores y deudores por reaseguro cedido y retrocedido | | | |
| | | a | (7101) Part. en los b° del reasegurador no vida | |
| | | | (7111) Part. en los b° del reasegurador vida | x |

En el caso de que, derivado de la operación de reaseguro, el asegurador directo tenga derecho a participar en los beneficios del reasegurado, se reconocerá un ingreso por el importe de tales beneficios.

## 5-145 Contabilización de los depósitos recibidos de los reaseguradores

| | | | | |
|---|---|---|---|---|
| | | x | | |
| x | (400) Acreedores y deudores por reaseguro cedido y retrocedido | | | |
| | | a | (186) Depósitos recibidos por reaseguro cedido y retrocedido | x |

## 5-146 Contabilización de los intereses correspondientes a los depósitos recibidos de los reaseguradores

| | | | | |
|---|---|---|---|---|
| | | x | | |
| x | (669) Intereses de depósitos de reaseguro cedido | | | |
| | | a | (400) Acreedores y deudores por reaseguro cedido y retrocedido | x |

## 5-147 Contabilización de la cancelación de los depósitos recibidos de los reaseguradores

| | | | | |
|---|---|---|---|---|
| | | x | | |
| x | (186) Depósitos recibidos por reaseguro cedido y retrocedido | | | |
| | | a | (400) Acreedores y deudores por reaseguro cedido y retrocedido | x |

Como consecuencia de que, a pesar de las cesiones en reaseguro, el asegurador directo debe responder en caso de siniestro (y por lo tanto disponer de bienes afectos a cobertura de provisiones técnicas con los que atender los pagos), el reasegurador cede en depósito bienes (efectivo) vinculados a las primas cedidas, de manera que así el asegurador tenga bienes con los que satisfacer las prestaciones.

5

Al tratarse de depósitos se generan intereses financieros de manera similar a cualquier otro tipo de operación financiera.

## 5-148 Contabilización del importe de los saldos de dudoso cobro

| | | | | |
|---|---|---|---|---|
| | | x | | |
| x | (4050) Créditos de dudoso cobro por reaseguro cedido | | | |
| | | a | (400) Acreedores y deudores por reaseguro cedido y retrocedido | x |

 © CISS

En el caso de que nuestro saldo con los reaseguradores fuera favorable, tales créditos, al igual que cualquier otro crédito, puede generar dudas para su cobro, por lo que deberemos ser prudentes y reconocer dicha contingencia.

## 5-149 Contabilización de la parte de crédito definitivamente incobrable

| | x | | |
|---|---|---|---|
| x | (676) Pérdidas de créditos por operaciones de tráfico | | |
| | a | (400) Acreedores y deudores por reaseguro cedido y retrocedido | x |

En el caso de que el crédito previamente reconocido como dudoso resulte finalmente incobrable.

## 5-150 Contabilización de la cancelación del saldo con los reaseguradores

| | x | | |
|---|---|---|---|
| x | (400) Acreedores y deudores por reaseguro cedido y retrocedido | | |
| | a | (57) Tesorería | x |

El saldo se liquida satisfaciendo el importe que en su caso sea debido al reasegurador.

## 5-151 Contabilización de las remesas remitidas por los reaseguradores

| | x | | |
|---|---|---|---|
| x | (57) Tesorería | | |
| | a | (400) Acreedores y deudores por reaseguro cedido y retrocedido | x |

## 5-152 Contabilización del importe de la participación del reasegurador en las primas devengadas y no emitidas

| | x | | |
|---|---|---|---|
| x | (70406) Participación del reasegurador en la variación de primas devengadas y no emitidas, no vida<br>(70516) Participación del reasegurador en la variación de primas devengadas y no emitidas, vida | | |
| | a | (489) Primas devengadas y no emitidas, netas de comisiones y cesiones | x |

Reconocemos un menor ingreso derivado de la cesión de primas, dado que aunque las primas no se hubieran emitido, sí se ha reconocido su ingreso.

5

## 5-153 Contabilización del importe de las primas de reaseguro aceptado

| | | x | | |
|---|---|---|---|---|
| x | (401) Acreedores y deudores por reaseguro aceptado | | | |
| | | a | (7021) Primas reaseguro aceptado, no vida<br>(7031) Primas reaseguro aceptado vida | x |

En el caso de aceptar operaciones por reaseguro, reconoceremos un ingreso por las primas aceptadas o recibidas, de manera similar a como contabilizamos en operaciones de seguro directo.

## 5-154 Contabilización de la anulación de las primas de reaseguro aceptado

| | | x | | |
|---|---|---|---|---|
| x | (7021) Primas reaseguro aceptado, no vida<br>(7031) Primas reaseguro aceptado vida | | | |
| | | a | (401) Acreedores y deudores por reaseguro aceptado | x |

En el caso de que la operación de reaseguro aceptado se anule deberemos eliminar el ingreso reconocido.

## 5-155 Contabilización de importe de las primas extornadas

| | | x | | |
|---|---|---|---|---|
| x | (7021) Primas reaseguro aceptado, no vida<br>(7031) Primas reaseguro aceptado vida | | | |
| | | a | (401) Acreedores y deudores por reaseguro aceptado | x |

Al igual que en las operaciones de seguro directo, si se produce un extorno de prima minoraremos nuestros ingresos.



## 5-156 Contabilización del importe de las comisiones correspondientes a las primas aceptadas que se anulen

| | | x | | |
|---|---|---|---|---|
| x | (401) Acreedores y deudores por reaseguro aceptado | | | |
| | | a | (6120) Comisiones reaseguro aceptado, no vida<br>(6130) Comisiones reaseguro aceptado vida | x |


© CISS

Si la operación de reaseguro se anula eliminaremos no sólo el ingreso por primas, sino también el gasto por comisiones asociado a las mismas.

## 5-157 Contabilización del importe estimado de las primas devengadas aceptadas cuyos recibos no se han emitido al cierre del ejercicio

x

| | | | | |
|---|---|---|---|---|
| x | (489) Primas devengadas y no emitidas, netas de comisiones y cesiones | | | |
| | | a | (7026) Variación de primas devengadas y no emitidas, reaseguro aceptado, no vida | |
| | | | (7036) Variación de primas devengadas y no emitidas, reaseguro aceptado, vida | x |

## 5-158 Contabilización del devengo de comisiones de recibos pendientes de emitir (pólizas flotantes)

x

| | | | | |
|---|---|---|---|---|
| x | (612/613) Comisiones reaseguro aceptado, no vida/ vida | | | |
| | *(6126/61136) Variación de comisiones sobre primas devengadas y no emitidas* | | | |
| | | a | (489) Primas devengadas y no emitidas, netas de comisiones y cesiones | x |

## 5-159 Contabilización del importe de las prestaciones a cargo del reasegurador

x

| | | | | |
|---|---|---|---|---|
| x | (6020) Prestaciones reaseguro aceptado, no vida | | | |
| | (6030) Prestaciones reaseguro aceptado vida | | | |
| | | a | (401) Acreedores y deudores por reaseguro aceptado | x |

Al aceptar operaciones en reaseguro respondemos de los posibles siniestros que se originen, por lo que reconocemos el correspondiente gasto por prestación.

# Sección 2. CONTABILIZACIÓN DE OPERACIONES VINCULADAS AL EJERCICIO ANTERIOR

## 5-160 Contabilización del importe de la participación del reasegurador en las primas devengadas y no emitidas del ejercicio anterior

| | | | | |
|---|---|---|---|---|
| x | (489) Primas devengadas y no emitidas, netas de comisiones y cesiones | | | |
| | | a | (70406) Participación del reasegurador en la variación de primas devengadas y no emitidas, no vida<br>(70516) Participación del reasegurador en la variación de primas devengadas y no emitidas, vida | x |

## 5-161 Contabilización del importe de las comisiones relativas a las primas devengadas y no emitidas del ejercicio anterior

| | | | | |
|---|---|---|---|---|
| x | (7106) Variación de comisiones por la participación del reasegurador en las primas devengadas y no emitidas, no vida<br>(7116) Variación de comisiones por la participación del reasegurador en las primas devengadas y no emitidas, vida | | | |
| | | a | (489) Primas devengadas y no emitidas, netas de comisiones y cesiones | x |

## 5-162 Contabilización del importe de las comisiones relativas a las primas fraccionadas devengadas y no emitidas del ejercicio anterior

| | | | | |
|---|---|---|---|---|
| x | (7106) Variación de comisiones por la participación del reasegurador en las primas devengadas y no emitidas, no vida<br>(7116) Variación de comisiones por la participación del reasegurador en las primas devengadas y no emitidas, vida | | | |
| | | a | (489) Primas devengadas y no emitidas, netas de comisiones y cesiones | x |

5



© CISS

A la vista de los tres asientos arriba expuestos, observemos que en relación con los saldos de ejercicios anteriores simplemente procedemos a realizar el contraasiento.

## 5-163 Contabilización de las comisiones recuperadas que deban imputarse a ejercicios posteriores

| | | x | | |
|---|---|---|---|---|
| x | (7-) Ingresos | | | |
| | | a | (482) Comisiones y otros costes de adquisición del reaseguro cedido | x |

Simplemente efectuamos la periodificación de la comisión asociada a las primas cedidas, por corresponder a ejercicios posteriores.

## 5-164 Contabilización del importe de las cancelaciones de las primas devengadas y no emitidas del ejercicio anterior

| | | x | | |
|---|---|---|---|---|
| x | (7026) Variación de primas devengadas y no emitidas, reaseguro aceptado, no vida<br>(7036) Variación de primas devengadas y no emitidas, reaseguro aceptado, vida | | | |
| | | a | (489) Primas devengadas y no emitidas, netas de comisiones y cesiones | x |

## 5-165 Contabilización de las comisiones correspondientes a las aceptaciones de primas devengadas y no emitidas del ejercicio anterior

| | | x | | |
|---|---|---|---|---|
| x | (489) Primas devengadas y no emitidas, netas de comisiones y cesiones | | | |
| | | a | (612/613) Comisiones reaseguro aceptado, no vida/vida<br>*(6126/61136) Variación de comisiones sobre primas devengadas y no emitidas* | x |

Simplemente realizamos el contra-asiento del ejercicio anterior.

# Sección 3. CONTABILIZACIÓN DE OPERACIONES A FAVOR DE LOS CEDENTES

## 5-166 Contabilización de importe de las comisiones devengadas a favor de los cedentes

| | | x | | |
|---|---|---|---|---|
| x | (6120) Comisiones reaseguro aceptado, no vida<br>(6130) Comisiones reaseguro aceptado vida | | | |
| | | a | (401) Acreedores y deudores por reaseguro aceptado | x |

Al igual que en las operaciones de seguro directo, reconocemos un gasto por comisiones a favor de las personas que nos facilitan el negocio (en este caso el asegurador directo)

## 5-167 Contabilización del importe de las participaciones en beneficios a favor de los cedentes

| | | x | | |
|---|---|---|---|---|
| x | (6121) Participaciones aceptado, no vida<br>(6131) Participaciones reaseguro aceptado vida | | | |
| | | a | (401) Acreedores y deudores por reaseguro aceptado | x |

En el caso de que el reasegurador permita al asegurador directo participar en su negocio.

## 5-168 Contabilización del importe de los depósitos constituidos a favor de los cedentes

| | | x | | |
|---|---|---|---|---|
| x | (266) Depósitos constituidos por reaseguro aceptado | | | |
| | | a | (401) Acreedores y deudores por reaseguro aceptado | x |

5

A diferencia de que como vimos anteriormente, ahora nos situamos en la perspectiva del reasegurador, por lo que el depósito que efectúa a favor del asegurador representa para aquél un activo (crédito) reconocido en balance.


© CISS

## 5-169 Contabilización de la cancelación de los depósitos constituidos a favor de los cedentes

| | | x | | |
|---|---|---|---|---|
| x | (401) Acreedores y deudores por reaseguro aceptado | | | |
| | | a | (266) Depósitos constituidos por reaseguro aceptado | x |

## 5-170 Contabilización del devengo de intereses derivados de los depósitos constituidos a favor de los cedentes

| | | x | | |
|---|---|---|---|---|
| x | (401) Acreedores y deudores por reaseguro aceptado | | | |
| | | a | (7690) Intereses de depósitos constituidos por reaseguro aceptado | x |

Los depósitos, de manera similar a otro tipo de operaciones financieras, devengan intereses a favor del depositante.

## 5-171 Contabilización de la cancelación de los saldos con cedentes

| | | x | | |
|---|---|---|---|---|
| x | (57) Tesorería | | | |
| | | a | (401) Acreedores y deudores por reaseguro aceptado | x |

## 5-172 Contabilización de las remesas remitidas a los cedentes

| | | x | | |
|---|---|---|---|---|
| x | (401) Acreedores y deudores por reaseguro aceptado | | | |
| | | a | (57) Tesorería | x |

# Capítulo IV. LA ESPECIALIDAD DE LA CONTABILIDAD DE LOS CORREDORES DE SEGUROS

## Sección 1. LA CONTABILIDAD Y EL PRINCIPIO DE DEVENGO EN LOS CORREDORES DE SEGUROS

### 5-173 Introducción

Desde una concepción meramente teórica, la adaptación de la mecánica contable del corredor de seguros a la normativa contable en vigor no resulta fácil. La justificación de la anterior afirmación reside en el funcionamiento de gestión interna del corredor de seguros, que le lleva a depender de la información que le suministren los principales sujetos con los que realiza operaciones de mediación y con los que establece relaciones contractuales en este ámbito de actividad, sin perjuicio de las potenciales relaciones que puede entablar con otros corredores de seguros en virtud, por ejemplo, de la colaboración entre corredores de seguros que contempla el artículo 33.2 de la LMSRP:

a) Compañía de seguros (contrato de corretaje).

b) Tomador - Cliente (contrato de corretaje).

c) Auxiliares externos (contrato mercantil de prestación de servicios).

En efecto, a la hora de registrar contablemente sus operaciones (y tal y como tendremos ocasión de comprobar más adelante), el corredor de seguros se ve condicionado en numerosas ocasiones por la información que le deben suministrar los sujetos anteriores. Sin esa información, al corredor de seguros le resulta imposible contabilizar determinados hechos económicos por la simple circunstancia de que no tiene conocimiento de los mismos; hechos económicos, que de tratarse de otro tipo de empresas, podrían ser objeto de registro contable en el momento exacto en el que dispone la normativa contable.

La razón anterior es la que nos lleva a tener que formular una serie de cambios y matices sobre determinados aspectos, lo que nos permitirá cumplir con las disposiciones establecidas por el legislador contable.

### 5-174 El principio de devengo en el ámbito de la mediación de seguros

Una de las principales cuestiones a las que se enfrenta el corredor de seguros a la hora de llevar su contabilidad es la determinación del momento en el que se debe reconocer el ingreso por comisión originado por una operación previamente intermediada, así como, correlativamente y en su caso, el momento en el que debe reconocer el gasto por comisión retrocedida al auxiliar externo.

En primer lugar, cabe señalar que el reconocimiento contable de la comisión y de la posible retrocesión de ésta al auxiliar externo, en la medida en que son, respectivamente, ingresos y gastos, debe atenerse a lo dispuesto por el PGCPYMES en relación con el principio de devengo:

5

*"Los efectos de las transacciones o hechos económicos se registrarán cuando ocurran, imputándose al ejercicio al que las cuentas anuales se refieran, los gastos y los ingresos que afecten al mismo, con independencia de la fecha de su pago o de su cobro".*

Desarrollando el principio de devengo enunciado, podemos llegar a afirmar lo siguiente:

a) Los ingresos y gastos se registrarán en función del momento en el que desplieguen efectos los hechos económicos de los que aquéllos derivan.

b) Consecuencia de lo anterior es el hecho de que los ingresos deben contabilizarse cuando nazca el derecho al cobro de los mismos (independientemente de cuándo se efectúe el cobro); y los gastos deberán reconocerse cuando surja o nazca la obligación de pago (independientemente de cuándo se efectúe el pago).

c) No aplicación del principio de caja (por contraposición al principio de devengo): los ingresos y gastos se registrarán contablemente independientemente del momento en el que se produzca la entrada o salida de caja a consecuencia de tales ingresos y gastos.

En segundo lugar, y al hilo del apartado anterior, surge la siguiente cuestión: **¿cuándo nace para el corredor de seguros el derecho al cobro de comisión?** O planteado de otra manera: **¿cuándo debe el corredor de seguros reconocerse contablemente el ingreso por comisión?**

En el caso del corredor de seguros, el origen del derecho a la comisión suele pactarse en la **carta de condiciones** suscrita entre compañía y corredor de seguros, por lo que deberemos acudir a la lectura de la misma. Con carácter general, y así lo demuestra la práctica, las cartas de condiciones suelen disponer que el nacimiento del derecho de comisión va asociado directamente al pago del recibo de prima por parte del cliente, de manera que en un primer momento podemos afirmar que, si el cliente paga la prima (independientemente de los mecanismos de gestión de cobro de prima que posteriormente analizaremos), el corredor de seguros tiene derecho a percibir comisión. Y esta vinculación directa entre pago de prima por el cliente y nacimiento del derecho a comisión se aplica independientemente del modo de pago de prima.

De igual forma, si se producen extornos o cualquier otro tipo de devolución de prima, el corredor de seguros deberá dejar de reconocerse el ingreso por comisión, al perder su derecho a la misma.

**Ejemplo 1:**

- Contrato de seguro anual (periodo de cobertura 1-1-X10 a 31-12-X10).
- Prima anual = 100 euros.
- Método de pago de prima: se abona en su totalidad el 1-1-X10, es decir, al comienzo del periodo de cobertura. Se trata por lo tanto de prima no fraccionada.
- Comisión pactada: 10%.

**Solución 1:**

- Fecha de nacimiento del derecho al cobro de comisión = 1-1-X10.
- Comisión devengada a 1-1-X10 = 10 euros (10% s./100)
- Origen del nacimiento del derecho al cobro de comisión: pago de prima por parte del cliente.
- Consecuencia: el corredor de seguros debería reconocerse contablemente el ingreso por comisión en la fecha 1-1-X10.

**Ejemplo 2:**

- Contrato de seguro anual (periodo de cobertura 1-1-X10 a 31-12-X10).
- Prima anual = 100 euros.
- Método de pago de prima: se abona por periodos trimestrales, siendo las fechas de pago las siguientes:
  - Pago 1-1-X10 = 25 euros.
  - Pago 1-4-X10 = 25 euros.
  - Pago 1-7-X10 = 25 euros.
  - Pago 1-10-X10 = 25 euros.
- Se trata por lo tanto de prima fraccionada.
- Comisión pactada: 10%.

**Solución 2:**

- Fecha de nacimiento del derecho al cobro de comisión = en función de los pagos fraccionados que realice el cliente:
  - 1-1-X10
  - 1-4-X10
  - 1-7-X10
  - 1-10-X10
- Comisión devengada: en función de los pagos de prima:
  - A 1-1-X10 = 2,5 euros
  - A 1-4-X10 = 2,5 euros

5

- A 1-7-X10 = 2,5 euros
- A 1-10-X10 = 2,5 euros

- Origen del nacimiento del derecho al cobro de comisión: pago de prima por parte del cliente.

- Consecuencia: el corredor de seguros debería reconocerse contablemente el ingreso por comisión en función de los pagos de prima realizados por el cliente. Al fraccionarse el pago, las fechas de reconocimiento contable del ingreso por comisión serán las siguientes:

- Ingreso contable (cuenta 705) a 1-1-X10 = 2,5 euros
- Ingreso contable (cuenta 705) a 1-4-X10 = 2,5 euros
- Ingreso contable (cuenta 705) a 1-7-X10 = 2,5 euros
- Ingreso contable (cuenta 705) a 1-10-X10 = 2,5 euros

## 5-175 El principio de devengo y su vinculación a los mecanismos de gestión de cobro de la prima del seguro

En el caso del corredor de seguros, tres son las principales situaciones que se pueden presentar en la práctica a la hora de determinar el momento en el que procede registrar el ingreso por comisión:

1ª) **Domiciliación bancaria:** El pago de la prima del seguro intermediado por el corredor de seguros se efectúa por parte del cliente a través de domiciliación bancaria en cuentas de la entidad aseguradora.

En estos casos, se presenta el problema ya indicado en la introducción relativo a la dependencia que tiene el corredor de seguros respecto de la información que le debe reportar la entidad aseguradora. Desde un punto de vista estrictamente teórico, y atendiendo a lo que normalmente se establece en las cartas de condiciones en relación con el nacimiento del derecho a la comisión, el reconocimiento del ingreso por comisión debería efectuarse en el exacto momento en el que el cliente abona la prima.

Sin embargo, no escapará al lector que el seguir estrictamente esta mecánica se alejaría de toda razón práctica. Por esta razón, lo habitual para el corredor de seguros será reconocer el ingreso por comisión en el momento en el que la compañía de seguros, con la periodicidad estipulada entre corredor de seguros y compañía (habitualmente un mes) le realice las liquidaciones oportunas (en la práctica las liquidaciones suelen efectuarse a vencimiento de mes). En ese momento, se cumplirán los dos requisitos que consideramos esenciales para poder devengarse el ingreso por comisión:

a) Requisito técnico contable: El derecho al ingreso por comisión ha nacido dado que el cliente ha abonado la prima del contrato, circunstancia habitualmente exigida en las cartas de condiciones para que se origine el derecho a comisión.

b) Requisito de carácter práctico: En virtud de la liquidación que efectúa la compañía, el corredor de seguros tiene conocimiento del importe exacto en el que se cuantifica su derecho a comisión por contratos intermediados durante el periodo que ahora se liquida.

Con este sistema se consigue no tener que estar día a día registrando ingresos por comisión en función de los pagos diarios que los diferentes clientes puedan realizar en cuentas de la compañía, lo que obligaría a su vez a ésta a informar diariamente al corredor de seguros de los importes recibidos en cuenta.

5

No olvidemos que la posibilidad de agrupar operaciones por periodos mensuales es una opción permitida en otro tipo de operaciones contables. A título de ejemplo, podemos citar el caso de las operaciones realizadas durante un determinado mes en moneda extranjera. El PGCPYMES permite aplicar, a la hora de convertir las operaciones comerciales realizadas en moneda extranjera a moneda de presentación (euro), un tipo de cambio mensual ponderado, evitando así tener que aplicar para cada operación diaria el tipo de cambio de ese día.

2ª) **No domiciliación bancaria (gestión de cobro):** El mecanismo de funcionamiento, en el caso de adoptar el sistema de gestión de recibos, se podría resumir en el siguiente esquema:

a) Solicitud de cotización por el cliente.

b) Análisis de los datos aportados por el cliente.

c) El corredor solicita cotización a la compañía en función de:

- Producto demandado por el cliente.
- Tarifa.



© CISS

- situación financiera de la compañía, etc.

d) El asegurador emite la póliza y remite el recibo al corredor de seguros con el fin de que éste realice la gestión de cobro.

En estos casos el corredor de seguros realiza la gestión de recibos y cobro de prima. La compañía le entrega al corredor de seguros los recibos con un determinado periodo de antelación a su vencimiento (por ejemplo siete días antes del inicio del mes de vencimiento de la prima).

Por el presente sistema, la prima es satisfecha por el tomador (cliente) al corredor de seguros, que percibe su importe por cuenta de la compañía. Dado que, como hemos señalado anteriormente, el devengo de la comisión suele estar vinculado al pago de la prima por parte del cliente, creemos acertado afirmar que es en este momento cuando el corredor de seguros debe reconocerse el ingreso por comisión.

Es fácil adivinar que, en comparación con la gestión mediante domiciliación bancaria, el ingreso por comisión se adelanta en el tiempo en esta segunda opción, pues el corredor de seguros conoce, desde el momento en el que el cliente le paga la prima, que tiene derecho a comisión y cuál va a ser su importe, sin necesidad de tener que esperar a la liquidación periódica que le realice la compañía.

A pesar de que el momento de reconocimiento del ingreso por comisión diferiría en función del mecanismo de gestión que adopte el corredor de seguros (domiciliación bancaria o gestión de recibos), consideramos oportuno realizar las siguientes puntualizaciones:

a) Dado que las liquidaciones "compañía - corredor" se suelen pactar por periodos mensuales, la diferencia temporal máxima entre un sistema y otro sería de aproximadamente un mes.

b) Considerando que el devengo de la comisión va asociado al pago de prima por el cliente, el sistema de gestión de cobro de prima por parte del corredor implicaría que éste debería devengarse un ingreso por comisión por cada recibo de prima que cobre por cuenta de la compañía. Sin embargo, como ya expusimos arriba, en el caso de domiciliación bancaria podríamos afirmar, desde un punto de vista teórico, que el corredor de seguros debería devengarse el ingreso en el momento en el que se abone en cuentas de la compañía el recibo de prima, situación que el corredor desconoce y que hace necesario que éste tenga que esperar a que la compañía y el corredor realicen las oportunas liquidaciones.

c) En concordancia con lo comentado hasta ahora, y situándonos ahora desde un enfoque práctico, creemos que sería igualmente una alternativa válida aquella en virtud de la cual el corredor de seguros, independientemente del mecanismo de gestión seguido, asociara el reconocimiento de los ingresos (gastos) a las liquidaciones que le efectuara la compañía. Con ello se conseguiría homogeneizar el momento del devengo del ingreso independientemente del mecanismo de gestión adoptado y, volvemos a insistir, las diferencias temporales máximas entre un sistema u otro serían de un mes. Una ventaja adicional, de seguirse este sistema, sería su asociación al régimen de facturación seguido por el corredor de seguros y que es objeto de análisis en otro apartado de este manual.

A la vista del precepto se concluye que, si el corredor de seguros percibe fondos que no le pertenecen, será necesario que cumpla con el requisito de capacidad financiera. La norma establece únicamente **dos excepciones** al requisito de capacidad financiera:

1ª) Si concurren simultáneamente las dos circunstancias siguientes:

a) Los importes abonados por el tomador se entregan directamente a la compañía de seguros por medio de domiciliación bancaria.

b) En caso ocurrencia de un siniestro, la indemnización es abonada directamente por la compañía al cliente.

2ª) Si concurren simultáneamente las dos circunstancias siguientes:

a) El corredor de seguros garantiza una cobertura inmediata al cliente al entregarle a éste el recibo de la compañía.

b) En caso de ocurrencia de un siniestro, la indemnización es abonada directamente por la compañía al cliente.

# Sección 2. ANÁLISIS DE ESPECIALIDADES CONTABLES DE LOS CORREDORES DE SEGUROS

## 5-176 Introducción

Al no existir un plan de contabilidad sectorial en el ámbito de la mediación de seguros, y con el objetivo de clarificar la contabilización de las operaciones típicas que se dan en este tipo de actividades, se han propuesto una serie de cuentas que no vienen recogidas expresamente en el PGC pero que deben entenderse igualmente válidas.

Queremos remarcar que nada impide que se puedan utilizar otras cuentas distintas de las aquí propuestas, siempre que se adapten igualmente a la normativa contable. No debemos olvidar en última instancia que la contabilidad de los corredores de seguros queda sujeta a la normativa contable general (PGC, Resoluciones del ICAC, etc.) de manera que los asientos contables que se realizan deben adecuarse a lo dispuesto en la citada normativa.

A la hora de examinar las principales anotaciones contables que puede realizar un corredor de seguros, especialmente en materia de reconocimiento de ingresos y gastos por sus actividades típicas (mediación de seguros y, en su caso, auxiliar externo) hemos considerado oportuno establecer el siguiente esquema, basado principalmente en el esquema de gestión que hemos expuesto anteriormente:

A) Contabilidad del corredor de seguros: Domiciliación bancaria del pago de primas

B) Contabilidad del corredor de seguros: Gestión de recibos y cobro de primas (no domiciliación bancaria)

C) Contabilidad del corredor de seguros: Otras cuestiones:

a. Pago de siniestros por cuenta de la compañía

b. Cobro de honorarios

D) Contabilidad del corredor de seguros: Actividad de auxiliar externo

## 5-177 Contabilidad de la domiciliación bancaria del pago de primas

En aquellos casos en los que el pago de prima por el cliente se efectúe mediante domiciliación bancaria (domiciliación en cuentas de la compañía), lo habitual será que la compañía le liquide al corredor, a mes vencido, las comisiones a las que éste tiene derecho por operaciones generadas durante el periodo en cuestión.

En estos casos, y a diferencia de lo que sucede en el caso de la contabilidad de gestión de recibos que analizaremos en el siguiente apartado, la mecánica contable se simplifica de manera notable, toda vez que el reconocimiento de los ingresos por comisión derivados de los contratos intermediados vendrá directamente asociado a las liquidaciones mensuales que le realice la compañía al corredor de seguros.

Ya indicamos anteriormente que el derecho a comisión se produce en el momento del pago de prima por parte del cliente, momento que en estos casos el corredor de seguros, al menos en principio, desconoce exactamente hasta que la compañía se lo comunica vía liquidación de saldos pendientes.

Ello no obsta para considerar que el corredor de seguros tenga conocimiento de las potenciales comisiones a las que tiene derecho en función de los contratos que haya intermediado durante un determinado periodo de tiempo, circunstancia que el corredor de seguros puede recoger contablemente desde un punto de vista de gestión interna.

Lo habitual en la práctica será que el corredor de seguros se reconozca el ingreso por comisión cuando se efectúe la liquidación con la compañía, momento que puede venir asociado directamente con la facturación que le realice el corredor a la compañía.

Los asientos contables propuestos son los siguientes:



 © CISS

Asiento 1.

x

**(4500...10) ASEGURADORA X, CUENTA DE EFECTIVO POR COMISIONES DEVENGADAS**

a **(7051...10) INGRESOS POR COMISION ASEGURADORA X**

*(por la comisión devengada a favor del corredor)*

Asiento 2.

x

**(572) BANCOS**

a **(4500...10) ASEGURADORA X, CUENTA DE EFECTIVO POR COMISIONES DEVENGADAS**

En el caso de que el pago de primas se realice vía domiciliación bancaria en cuentas de la compañía, no será exigible al corredor de seguros el requisito de capacidad financiera del artículo 27 de la LMSRP, salvo que el corredor reciba fondos de la compañía en concepto de indemnización por siniestro a abonar al cliente, pues en estos casos sería depositario de cantidades sobre las que la LMSRP considera necesario establecer algún tipo de cautela.

En efecto, si se produjera un siniestro (derivado de un contrato intermediado por el corredor de seguros), y a consecuencia del mismo la compañía estuviera obligada a satisfacer una indemnización, la entidad aseguradora puede optar por una de las tres fórmulas siguientes a la hora de cumplir con la obligación de pagar el siniestro:

1. **Pagar directamente el importe de la indemnización al cliente.**

En estos casos, el corredor de seguros:

- No deberá presentar capacidad financiera, al no ser en ningún momento depositario de fondos.
- No vendrá obligado a realizar asiento contable alguno (a salvo de los que estime oportuno por razones de gestión interna).

2. **Entregar la indemnización al corredor de seguros para que éste a su vez se la abone al cliente.**

En estos casos, el corredor de seguros:

- Deberá presentar capacidad financiera, al ser depositario de fondos ajenos.
- Al producirse la entrada de tesorería, el corredor de seguros deberá tomar nota de esta situación en su contabilidad mediante un asiento contable similar al siguiente:

x

**(572) BANCOS**

a **(4383...10) ANTICIPO DE ASEGURADORA X PARA PAGO DE SINIESTROS**

5

Y cuando el corredor de seguros entregue la indemnización al cliente, realizará el siguiente asiento:

x

**(4383...10) ANTICIPO DE ASEGURADORA X PARA PAGO DE SINIESTROS**

a **(572) BANCOS**

3. **Pacto entre corredor de seguros y compañía en virtud del cual el corredor paga la indemnización al cliente por cuenta de la compañía.** Es decir, el corredor de seguros anticipa cantidades por cuenta de la compañía.

En estos casos, el corredor de seguros:

- No deberá presentar capacidad financiera, al no ser depositario de fondos ajenos.
- Al efectuar, por cuenta de la compañía, el pago de la indemnización al cliente, el corredor de seguros deberá tomar nota de esta situación en su contabilidad mediante un asiento contable similar al siguiente:

| | x | |
|---|---|---|
| **(4503...10) ASEGURADORA X, CUENTA DE EFECTIVO POR SINIESTROS PAGADOS** | | |
| | a | **(572) BANCOS** |

## 5-178 Contabilidad de la gestión de recibos y cobro de las primas. Contabilización de la recepción por la correduría de seguros de los recibos de la aseguradora (sean emitidos o no por la compañía)

La entrega a la correduría de seguros de recibos por parte de la compañía no supone más que una delegación por medio de la cual el corredor se obliga a gestionar el pago de los recibos de prima por parte de los clientes (tomadores del seguro). En definitiva, supone la mera entrega al corredor de papel físico, por lo que en el fondo de esta operación no subyace ningún derecho u obligación de contenido económico. Por esta razón, este tipo de operaciones no pueden tener, en principio, ningún reflejo en el balance de una correduría de seguros.

No obstante lo anterior, no podemos obviar que, si bien desde un punto de vista de técnica contable las operaciones de entrega de recibos (o mejor dicho, las cuentas que se utilizan para reflejar estas operaciones) no deberían aparecer en balance, no es menos cierto que, desde un punto de vista de gestión interno de la correduría de seguros, ésta puede considerar necesario realizar una serie de apuntes o registros contables que le permitan analizar y controlar los importes o cantidades (vía recibos) que gestiona por cuenta de la compañía.

En el momento en el que se reciban las remesas de recibos de la compañía aseguradora, el asiento será el siguiente:

| | x | |
|---|---|---|
| **(04310...10) RECIBOS ASEGURADORA X, GESTION DE COBRO**<br>*(por el importe total de la remesa de recibos)* | | |
| | a | **(04010...10) ASEGURADORA X, CTA. RECIBOS PENDIENTES COBRO**<br>*(por el importe total de la remesa de recibos)* |

5

Comentarios a realizar:

1. La cuenta (043100) recoge el importe total de los recibos de la compañía en poder de la correduría, a efectos de que ésta realice la gestión de cobro de los mismos. Estos recibos podrán ser gestionados directamente por la correduría de seguros o ser distribuidos a los auxiliares del corredor.


© CISS

2. La cuenta (040100) recoge los recibos entregados en gestión de cobro a la correduría y pendientes de liquidar a la compañía si se produce el pago del recibo por parte del cliente. Representa, por lo tanto, una deuda condicionada al cobro efectivo de dichos recibos.

3. En coherencia con lo expuesto anteriormente, a efectos de registrar la entrega de recibos se han utilizado cuentas de orden (grupo 0) por carecer la operación de fondo económico.

## 5-179 Contabilización de la distribución de los recibos

Los recibos enviados en gestión de cobro por las compañías pueden seguir diferentes vías:

a) Ser realizada la gestión de cobro por la propia correduría de seguros.

b) Ser realizada la gestión de cobro por los auxiliares externos del corredor de seguros que hayan intervenido en la operación.

Los asientos a realizar por la distribución de los recibos será la siguiente:

1) **Recibos cuyo cobro se gestione directamente por la correduría de seguros:**

| | x | |
|---|---|---|
| **(04312...10) RECIBOS ASEGURADORA X GESTION DE COBRO DIRECTA**<br>*(por el importe total de la remesa de recibos)* | | |
| | a | **(04310...10) RECIBOS ASEGURADORA X GESTION DE COBRO**<br>*(por el importe total de la remesa de recibos)* |

2) **Recibos cuyo cobro se gestione por los auxiliares externos (gestión indirecta):**

| | x | |
|---|---|---|
| **(04313...10) RECIBOS ASEGURADORA X GESTION DE COBRO POR AUXILIARES (PTES. LIQUIDACION)**<br>*(por el importe total de la remesa de recibos)* | | |
| | a | **(04310...10) RECIBOS ASEGURADORA X GESTION DE COBRO**<br>*(por el importe total de la remesa de recibos)* |

5

Comentarios a realizar:

1. Los asientos anteriores suponen una simple asignación o distribución de los recibos enviados por la compañía. La distribución se realiza en función de si la gestión de cobro se realiza directamente por el corredor de seguros o de si se realiza vía auxiliares externos.

2. El mecanismo de distribución de recibos elegido (gestión directa o vía auxiliares), condicionará el resto de asientos contables a realizar.

3. Observará el lector que hemos vuelto de nuevo a utilizar cuentas de orden (grupo 0), por carecer de nuevo la operación de fondo económico.

## 5-180 Contabilización del cobro de recibos gestionados

Analicemos las diferentes posibilidades:

**1) Cobro de recibos gestionados directamente por la correduría de seguros:**

Asiento 1.

x

**(04010...10) ASEGURADORA X, CUENTA RECIBOS PENDIENTES COBRO**

*(por el importe total cobrado de la remesa de recibos)*

a **(04312...10) RECIBOS ASEGURADORA X GESTION DE COBRO DIRECTA**

*(por el importe total cobrado de la remesa de recibos)*

Asiento 2.

x

**(572) BANCOS**

*(por el importe total del recibo cobrado)*

a **(4501...10) ASEGURADORA X, CUENTA DE EFECTIVO POR RECIBOS PENDIENTES DE PAGO**

*(por el importe total del recibo cobrado deducida la comisión a favor del corredor)*

**(7051...10) INGRESOS POR COMISION ASEGURADORA X**

*(por la comisión devengada a favor del corredor)*

Asiento 3.

5

x

**(4501...10) ASEGURADORA X, CUENTA DE EFECTIVO POR RECIBOS PENDIENTES DE PAGO**

*(por el importe total del recibo cobrado)*

a **(572) BANCOS**

Comentarios a realizar:

1. El asiento 1 representa la eliminación de las cuentas de orden creadas previamente para reflejar la distribución de recibos y la deuda con la compañía condicionada al cobro de los recibos. En efecto, al producirse el

cobro del recibo, la correduría de seguros 'elimina papel físico por lo que deberá proceder a darlo de baja. De igual forma, la correduría deja de recoger en su pasivo una deuda condicionada con la compañía, al transformarse ésta en una deuda real.

2. El asiento 2 representa el cobro del recibo por cuenta de la compañía y el nacimiento de una deuda real con la misma.

Dado que la prima ha sido cobrada, entendemos que es en este momento cuando surge el derecho de la correduría de seguros al cobro de la comisión, de ahí que reconozcamos el correspondiente ingreso. En este caso, al gestionar de manera directa el cobro del recibo, la correduría de seguros conoce al instante el importe de comisión que le corresponde, de manera que se cumplen, según nuestro criterio, los dos requisitos necesarios para que el corredor de seguros pueda reconocerse el ingreso por comisión:

a) Se ha cobrado la prima: requisito habitualmente previsto en las cartas de condiciones.

b) Al ser gestión directa de cobro de recibos, la correduría de seguros tiene conocimiento de que se ha cobrado la prima por cuenta de la compañía, por lo que, en consecuencia, conoce el importe de comisión que le corresponde en virtud de las cartas de condiciones suscritas con la compañía.

Si se prefiere, este asiento podría desglosarse en dos apartados: en primer lugar un asiento contable reconociendo la deuda real con la compañía (por el importe total del recibo cobrado), y a continuación un segundo asiento reconociendo el derecho a la comisión. De esta forma, se haría:

| | x | |
|---|---|---|
| **(572) BANCOS**<br>*(por el importe total del recibo cobrado)* | | |
| | a | **(4501...10) ASEGURADORA X, CUENTA DE EFECTIVO POR RECIBOS PENDIENTES DE PAGO** |

| | x | |
|---|---|---|
| **(4501...10) ASEGURADORA X, CUENTA DE EFECTIVO POR RECIBOS PENDIENTES DE PAGO**<br>*(por el importe de la comisión a favor del corredor)* | | |
| | a | **(7051...10) INGRESOS POR COMISION ASEGURADORA X** |

3. El asiento 3 representa la liquidación del saldo con la compañía. Las liquidaciones se realizarán con la periodicidad pactada entre el corredor de seguros y la compañía. 5

**3) Cobro de recibos por auxiliares externos del corredor de seguros (gestión indirecta):**

En estos supuestos, el corredor de seguros realizará los apuntes contables cuando tenga conocimiento de que los recibos han sido cobrados por sus auxiliares. Su contabilidad está condicionada, pues, en estos casos, a la información que le suministren sus auxiliares externos. En consecuencia, lo habitual para realizar los asientos contables será esperar a que el auxiliar le efectúe al corredor las liquidaciones oportunas.

Asiento 1.

x

**(04010...10) ASEGURADORA X, CUENTA RECIBOS PENDIENTES COBRO**

*(por el importe total de los recibos cobrados por los auxiliares)*

a **(04313...10) RECIBOS ASEGURADORA X GESTION DE COBRO POR AUXILIARES (PTES. LIQUIDACION)**

*(por el importe total de los recibos cobrados por los auxiliares)*

Asiento 2.

2.a)

x

**(572) BANCOS**

*(por el importe total del recibo cobrado por el auxiliar)*

a **(4501...10) ASEGURADORA X, CUENTA EFECTIVO POR RECIBOS PENDIENTES DE PAGO**

*(por el importe total del recibo cobrado deducida la comisión)*

**(7051...10) INGRESOS POR COMISION ASEGURADORA X**

*(por la comisión devengada a favor del corredor)*

2.b.)

x

**(605...10) COMISIONES RETROCEDIDAS A AUXILIAR EXTERNO**

*(por la comisión retrocedida al auxiliar)*

a **(572) BANCOS**

5

Asiento 3.

x

**(4501...10) ASEGURADORA X, CUENTA EFECTIVO RECIBOS PENDIENTES DE PAGO**

*(por el importe total del recibo cobrado deducida la comisión a favor del corredor)*

a **(572) BANCOS**


© CISS

Comentarios a realizar:

1. El asiento 1 representa la eliminación de las cuentas de orden creadas previamente para reflejar la distribución de recibos y la deuda con la compañía condicionada al cobro de los recibos. La correduría de seguros deja de recoger en su pasivo una deuda condicionada con la compañía, al transformarse aquélla en deuda real. Las cuentas de este asiento nos permiten conocer el importe total de los recibos cuyo cobro gestionan los auxiliares, lo que nos aporta información sobre la potencial comisión del corredor de seguros y la comisión a retroceder al auxiliar externo.

2. El asiento 2 lo hemos desglosado en dos apartados.

El apartado 2.a) reconoce la deuda real con la compañía y el ingreso por comisión a favor del corredor. Este apunte contable se realiza cuando el auxiliar nos efectúa la correspondiente liquidación (vía bancos).

El apartado 2.b) se utiliza para reconocer el gasto por comisión que el corredor de seguros retrocede al auxiliar externo.

Ambos apartados se pueden realizar simultáneamente.

Con este método de contabilización se persigue:

- Claridad expositiva. De esta forma aparece desglosada detalladamente la comisión que se genera a favor del corredor de seguros, la comisión a favor del auxiliar externo y la deuda efectiva con la compañía.

- El devengo de la comisión se produce cuando el corredor recibe la prima (vía auxiliar externo). Según nuestro criterio, el reconocimiento contable de la comisión a favor del auxiliar debe ser posterior al reconocimiento contable de la comisión a favor del corredor. No debemos olvidar que, en última instancia, la comisión del auxiliar es una cesión de la total comisión que corresponde al corredor, de manera que no puede reconocerse la consecuencia (el ingreso del auxiliar) si previamente no existe su causa u origen (el ingreso del corredor).

3. El asiento 3 representa la liquidación del saldo con la compañía.

4. Señalar que existe la posibilidad de que se practiquen retenciones por parte del corredor de seguros a la hora de liquidar sus saldos con el auxiliar externo (si es persona física). En estos casos, el saldo a liquidar por el auxiliar a favor del corredor sería igual a:

+ El importe del recibo cobrado por el auxiliar

- La comisión a favor del auxiliar

+ El importe de las retenciones practicadas al auxiliar

## Sección 3. CONTABILIZACIÓN DE DEVOLUCIONES Y EXTORNOS

### 5-181 Devolución de recibos gestionados por la correduría de seguros

Por diferentes razones, los recibos entregados al corredor de seguros para realizar la gestión de cobro pueden ser devueltos, circunstancia que merece ser recogida por parte del corredor de seguros. En estos supuestos, al igual que hemos visto anteriormente para otro tipo de gestiones, deberemos diferenciar según si la gestión de cobro de los recibos se realiza de manera directa o indirecta. 5

Por los recibos gestionados de manera directa por la correduría de seguros, que sean devueltos sin que se hayan cobrado, se hará:

Asiento 1.

x

**(04315...10) RECIBOS DEVUELTOS, ASEGURADORA X GESTION DE COBRO DIRECTA**

*(por el total del recibo devuelto por el Banco)*

a **(04312...10) RECIBOS ASEGURADORA X, GESTIÓN DE COBRO DIRECTA**

Asiento 2.

x

**(04010...10) ASEGURADORA X, CUENTA RECIBOS PENDIENTES DE COBRO**

a **(04315...10) RECIBOS DEVUELTOS, ASEGURADORA X GESTION DE COBRO DIRECTA**

*(por el total del recibo devuelto por el Banco)*

Comentarios a realizar:

1. El asiento 1 se materializa a través de cuentas de orden, dado que no subyace en la operación de devolución de recibos ningún sustrato económico. Se ha intentado el cobro del recibo de prima y éste, por la razón que sea, ha sido devuelto por el Banco. De esta forma, se estaría produciendo un simple "movimiento de papel": los recibos entregados al corredor, para su cobro, son devueltos.

Los recibos son reclasificados a la categoría o condición de 'recibos devueltos .

2. Similares comentarios a los del apartado anterior cabe realizar respecto al asiento 2. La devolución de recibos implica que estos no han sido cobrados y que, por lo tanto, la deuda con la compañía, condicionada al cobro de recibos, debe ser eliminada.

En definitiva, la operación ha sido, al menos temporalmente, anulada.

## 5-182 Devolución de recibos gestionados por los auxiliares externos

Por los recibos cuya gestión de cobro se realice a través de auxiliares y que sean devueltos, se hará:

Asiento 1.

5

x

**(04316...10) RECIBOS DEVUELTOS ASEGURADORA X, GESTION DE COBRO POR AUX. EXTERNOS**

*(por el total del recibo devuelto por el Banco)*

a **(04313...10) RECIBOS ASEGURADORA X, GESTION DE COBRO POR AUXILIARES (PTES. LIQUIDACION)**


© CISS

Asiento 2.

x

**(04010...10) ASEGURADORA X, CUENTA RECIBOS PENDIENTES DE COBRO**

a **(04316...10) RECIBOS DEVUELTOS, ASEGURADORA X GESTION DE COBRO POR AUXILIARES EXTERNOS**

*(por el total del recibo devuelto por el Banco)*

Comentarios a realizar:

1. El asiento 1 se materializa a través de cuentas de orden, dado que no subyace en la operación de devolución de recibos ningún sustrato económico. Se ha intentado el cobro del recibo de prima y éste, por la razón que sea, ha sido devuelto por el Banco. De esta forma, se estaría produciendo un simple "movimiento de papel": los recibos entregados al corredor, para su cobro, son devueltos.

Los recibos son reclasificados a la categoría o condición de "recibos devueltos".

2. Similares comentarios a los del apartado anterior cabe realizar respecto al asiento 2. La devolución de recibos implica que éstos no han sido cobrados y que, por lo tanto, la deuda con la compañía, condicionada al cobro de recibos, debe ser eliminada.

En definitiva, la operación ha sido, al menos temporalmente, anulada.

## 5-183 Extorno de recibos de primas

Los extornos de primas se pueden producir en aquellos supuestos en los que, bien por acuerdo de las partes (aseguradora y tomador), o bien porque estemos ante alguno de los supuestos contemplados en la Ley de Contrato de Seguro, el contrato se extingue con anterioridad a su fecha de vencimiento. En este caso puede existir una parte de prima no consumida que la entidad aseguradora devuelve al tomador del seguro.

Analicemos las distintas posibilidades:

**1) Extornos de recibos de primas gestionados directamente por la correduría de seguros en donde la compañía sí realiza provisión de fondos**

En estos casos, la compañía aseguradora realizará básicamente dos actuaciones:

a) Remitirá los recibos de extornos a la correduría de seguros, con el objetivo de que ésta proceda a realizar la gestión del extorno de prima.

b) Entregará a la correduría de seguros el importe correspondiente al recibo a extornar (sin perjuicio de las deducciones que correspondan por la menor comisión a satisfacer), con el objetivo de que la correduría de seguros abone su importe al cliente-tomador.

Asiento 1.



x

**(04317...10) RECIBOS DE EXTORNOS, ASEGURADORA X**

*(por el importe total del recibo a extornar)*

a **(04020...10) ASEGURADORA X, CTA. DE RECIBOS PENDIENTES DE EXTORNAR**

Asiento 2.

x

**(572) BANCOS**

*(por el importe del recibo a extornar deducida la comisión correspondiente al recibo de prima a extornar)*

**(7051...10) INGRESOS POR COMISION ASEGURADORA X**

*(por la comisión correspondiente al recibo de prima extornado)*

a **(4382...10) ANTICIPO ASEGURADORA X, RECIBO PTES. DE EXTORNAR, ASEGURADO A**

*(por el importe total del recibo a extornar)*

Asiento 3.

x

**(4382...10) ANTICIPO ASEGURADORA X, RECIBOS PTES. DE EXTORNAR, ASEGURADO A**

*(por el importe total del recibo a extornar)*

a **(57211) BANCOS**

Asiento 4.

x

**(04020...10) ASEGURADORA X, CTA. DE RECIBOS PENDIENTES DE EXTORNAR**

*(por el importe total del recibo a extornar)*

a **(04317...10) RECIBOS DE EXTORNOS, ASEGURADORA X**



Comentarios a realizar:

1. El asiento 1 representa el momento en el que los recibos de extorno llegan a la correduría de seguros para que ésta realice la gestión correspondiente.

2. El asiento 2 refleja el momento en el que la compañía realiza la provisión de fondos necesaria para que el corredor de seguros proceda a devolver el importe del extorno al cliente-tomador. Esta operación es lógica en la medida en que estamos analizando el supuesto en el que la compañía realiza provisión de fondos.

El importe de la provisión de fondos que realice la compañía será igual al recibo a extornar deducida la comisión asociada al recibo que corresponda, dado que si la compañía obtiene menos prima, correlativamente deberá registrar una menor comisión.

 © CISS

El menor ingreso de comisión a reconocerse por el corredor de seguros lo hacemos en este asiento por una cuestión práctica y de coherencia desde un punto de vista de técnica contable: si anteriormente dijimos que el ingreso por comisión a favor del corredor se devengaba cuando se cobraba la prima por cuenta de la compañía, ahora seguimos el mismo criterio aplicando el proceso inverso: se reconoce el menor ingreso por comisión cuando se abona por la compañía el importe del recibo a extornar.

No obstante, la cuestión del devengo del gasto en las operaciones de extornos de primas se complica cuando intervienen auxiliares externos, pues, en estos casos, habrá que tener en cuenta no sólo esta circunstancia, sino también si se producen provisiones de fondos por parte de la compañía o del corredor. Dada la diferente casuística existente, optaremos por tomar como criterio o momento clave, a efectos del devengo del gasto (o ingreso), las siguientes opciones:

1) **La compañía efectúa provisión de fondos.**

Reconoceremos el menor ingreso en el momento de la entrega de fondos por parte de la compañía.

2) **La compañía no efectúa provisión de fondos.**

Reconoceremos el menor ingreso en el momento del nacimiento del crédito frente a la compañía por los fondos anticipados por el corredor.

En cualquier caso, y al igual que señalamos que en la relación corredor-compañía lo primero que había que examinar a la hora de determinar el devengo de la comisión era la carta de condiciones suscrita entre ambas partes, en el caso de la relación corredor-auxiliar deberemos acudir al contrato mercantil de prestación de servicios suscrito entre ambas partes.

3. El asiento 3 refleja el pago del extorno al cliente.

4. El asiento 4 es utilizado con el fin de eliminar el asiento de orden realizado en el asiento 1. Deberá realizarse cuando se haya abonado el importe del recibo a extornar al cliente.

**2) Extornos de recibos de primas gestionados directamente por la correduría de seguros en donde la compañía no realiza provisión de fondos**

La operativa en estos casos será la siguiente:

a) La compañía remitirá los recibos de extornos a la correduría de seguros, con el objetivo de que ésta proceda a realizar la gestión del extorno de prima.

b) La correduría de seguros abonará, por cuenta de la compañía, el importe correspondiente al recibo a extornar (sin perjuicio de las deducciones que correspondan por la menor comisión a satisfacer). El citado importe será anticipado por el corredor de seguros, quien con la periodicidad que corresponda se reembolsará a través de las oportunas liquidaciones pactadas entre compañía y corredor.

Asiento 1.

x

| | | |
|---|---|---|
| **(04317...10) RECIBOS DE EXTORNOS, ASEGURADORA X**<br>*(por el importe total del recibo a a extornar)* | | |
| | a | **(04020...10) ASEGURADORA X, CTA. DE RECIBOS PENDIENTES DE EXTORNAR** |

5

Asiento 2.

x

**(4502...10) ASEGURADORA X, CUENTA EFECTIVO POR RECIBOS A EXTORNAR**

*(por el importe del recibo a extornar deducida la comisión correspondiente al recibo de prima a extornar)*

**(7051...10) INGRESOS POR COMISION, ASEGURADORA X**

*(por la comisión correspondiente al recibo de prima extornado)*

a **(572) BANCOS**

*(por el importe total del recibo a extornar)*

Asiento 3.

x

**(04020...10) ASEGURADORA X, CTA. DE RECIBOS PENDIENTES DE EXTORNAR**

*(por el importe total del recibo a extornar)*

a **(04317...10) RECIBOS DE EXTORNOS, ASEGURADORA X**

Asiento 4.

x

**(572) BANCOS**

*(por el importe total del recibo a extornar)*

a **(4502...10) ASEGURADORA X, CUENTA EFECTIVO POR RECIBOS A EXTORNAR**

*(por el importe del recibo a extornar deducida la comisión correspondiente al recibo de prima a extornar)*

Comentarios a realizar:

1. El asiento 1 representa el momento en el que los recibos de extorno llegan a la correduría de seguros para que ésta realice la gestión correspondiente.

2. El asiento 2 recoge el pago del extorno por la correduría de seguros al cliente. Este asiento registra un pago a cuenta de la liquidación a realizar posteriormente con la aseguradora, por lo que se procede a reconocer el saldo que le corresponde a la correduría de seguros frente a la compañía, y teniendo en cuenta el importe de comisión que la correduría debe devolver correspondiente a los recibos extornados.

3. El asiento 3 es utilizado con el fin de eliminar el asiento de orden realizado en el asiento 1. Deberá realizarse cuando se haya abonado el importe del recibo a extornar al cliente.

4. El asiento 4 refleja la liquidación periódica del saldo existente entre compañía y corredor de seguros.

 © CISS

# Sección 4. OTRAS PARTICULARIDADES DE LA CONTABILIDAD DE LOS CORREDORES DE SEGUROS

## 5-184 Pago de siniestros por cuenta de la compañía

Al igual que las funciones de gestión de recibos y de gestión de cobro de primas por cuenta de la compañía, el corredor de seguros puede igualmente, por cuenta de ésta, anticipar el pago de un siniestro de un cliente.

Debe quedar claro que si el corredor de seguros paga un siniestro a un cliente, lo está haciendo en todo caso por cuenta de la compañía. Es decir, al pagar el corredor el importe de la indemnización lo que en realidad está haciendo es anticipar unas cantidades por cuenta de la compañía, que es a quien corresponde en todo caso asumir, desde un punto de vista jurídico, el pago de la indemnización en caso de siniestro.

Así lo señala expresamente el artículo 5.2.a) de la LMSRP:

*"Los mediadores de seguros y de reaseguros privados no podrán:*

a) *Asumir directa o indirectamente la cobertura de ninguna clase de riesgos ni tomar a su cargo, en todo o en parte, la siniestralidad objeto del seguro, siendo nulo todo pacto en contrario".*

El pago de siniestros por cuenta de la compañía deberá reconocerse contablemente como un anticipo.

El asiento propuesto sería el siguiente:

| | x | |
|---|---|---|
| (4503...10) ASEGURADORA X, CUENTA DE EFECTIVO POR SINIESTROS PAGADOS | | |
| | a | (572) BANCOS |

## 5-185 El cobro de honorarios del corredor

La posibilidad de que el corredor de seguros facture honorarios ha sido recogida expresamente en el artículo 29 LMSRP cuando señala:

*"(...)*

*El corredor y el cliente podrán acordar por escrito que la retribución del corredor incluya honorarios profesionales que se facturen directamente al cliente, expidiendo en este caso una factura independiente por dichos honorarios de forma separada al recibo de prima emitido por la entidad aseguradora. Si, además de los honorarios, parte de la retribución del corredor se satisface con ocasión del pago de la prima a la entidad aseguradora, deberá indicarse, sólo en este caso, en el recibo de prima el importe de la misma y el nombre del corredor a quien corresponda".*

En cuanto al reconocimiento de ingresos por facturación de honorarios, la norma general no escapa de lo visto hasta ahora: se deberá producir cuando nazca o surja el derecho a su cobro. Este derecho nacerá según lo estipulado por las partes, dándose en la práctica las dos siguientes posibilidades:

1ª.) El corredor tiene derecho al cobro de honorarios si se perfecciona o concluye el contrato de seguro.

2º.) Cuando el corredor realiza la actividad de asesoramiento (análisis de riesgos, asesoramiento profesional) solicitada por el cliente, independientemente de que con posterioridad se concluya o no el contrato.

Cuando, atendiendo a alguna de las dos posibilidades citadas, surja el derecho al cobro de honorarios, el corredor de seguros deberá realizar un asiento contable similar al siguiente:

x

(430...0) CLIENTES POR HONORARIOS

a (7052...0) INGRESOS POR HONORARIOS

# Capítulo V. LA DOCUMENTACIÓN ESTADÍSTICO-CONTABLE (DEC)

## Sección 1. OBLIGACIONES CONTABLES DE LOS MEDIADORES DE SEGUROS

### 5-186 Obligaciones contables comunes a los corredores de seguros, los corredores de reaseguros, los agentes de seguros vinculados y los operadores de banca-seguros vinculados

El ejercicio económico coincidirá con el año natural.

La cuenta de pérdidas y ganancias recogerá la totalidad de los ingresos y gastos de las actividades desarrolladas, sin perjuicio de los desgloses que deban realizarse en las cuentas utilizadas para el registro de las operaciones, con objeto de suministrar la información requerida en los modelos del anexo I y II para lo que deberán emplearse criterios de imputación razonables, objetivos, comprobables y estables en el tiempo.

La Dirección General de Seguros y Fondos de Pensiones podrá recabar aclaración sobre la documentación recibida al objeto de obtener la información prevista en este capítulo.

La obligación de información contable será exigida a todos aquellos corredores de seguros, los corredores de reaseguros, los agentes de seguros vinculados y los operadores de banca-seguros vinculados respecto a aquellos periodos en los que se haya ejercido la actividad de mediación, independientemente de cuándo se haya producido la cancelación de su inscripción en el Registro administrativo especial de mediadores de seguros, corredores de reaseguro y de sus altos cargos.

**ATENCIÓN:** La recién aprobada LES ha venido a modificar el artículo 49 de la Ley 26/2006, de Mediación de Seguros y Reaseguros Privados, sobre las obligaciones contables y deber de información estadístico-contable, en los siguientes términos:

*"1. Una vez iniciada la actividad de mediación de seguros o de reaseguros, los corredores de seguros y los de reaseguros, los agentes y operadores de banca-seguros vinculados deberán llevar los libros-registro contables y remitir a la Dirección General de Seguros y Fondos de Pensiones la información estadístico-contable con el contenido y la periodicidad que reglamentariamente se determine.*

*2. El Ministro de Economía y Hacienda determinará los supuestos y condiciones en que los mediadores de seguros y los corredores de reaseguros a que se refiere el apartado anterior habrán de presentar por medios telemáticos ante la Dirección General de Seguros y Fondos de Pensiones la documentación e información que están obligados a suministrar conforme a su normativa específica".*

5

### 5-187 Remisión de la información a través de medios electrónicos

Los corredores de seguros, los corredores de reaseguros, los agentes de seguros vinculados y los operadores de banca-seguros vinculados presentarán la información a que están obligados de acuerdo con lo dispuesto en este capítulo por medios electrónicos y a través del Registro Electrónico del Ministerio de Economía y Hacienda.

Los requisitos técnicos para el acceso y utilización del registro se regirán por lo dispuesto en la normativa que regula el Registro Electrónico del Ministerio de Economía y Hacienda.

Los formularios para la presentación electrónica de la documentación serán aprobados y modificados por el Director General de Seguros y Fondos de Pensiones.


© CISS

## 5-188 Obligaciones contables y deber de información exclusivo de los corredores de seguros y de los corredores de reaseguros

Los corredores de seguros y los corredores de reaseguros deberán remitir, de forma separada por cada clave de inscripción, a la Dirección General de Seguros y Fondos de Pensiones la información estadístico-contable anual que incluirá datos referentes a la declaración de datos generales y requisitos del corredor o sociedad de correduría, estructura de la organización, programa de formación que se imparte a los empleados y auxiliares externos, cartera de seguros o reaseguros intermediada, cuenta de pérdidas y ganancias y balance abreviado, de acuerdo con las disposiciones aplicables.

Los corredores de seguros y los corredores de reaseguros deberán remitir, de forma separada por cada clave de inscripción, a la Dirección General de Seguros y Fondos de Pensiones la información estadística semestral que incluirá datos referentes a la declaración de datos generales del corredor o sociedad de correduría, estructura de la organización y cartera de seguros o reaseguros intermediada.

Las comunidades autónomas remitirán cuando sea solicitada por el Ministerio de Economía y Hacienda, y en todo caso anualmente, la información estadístico-contable anual, relativa a los corredores de seguros y a los corredores de reaseguros que sean de su competencia, manteniendo la necesaria colaboración entre la Administración General del Estado y la de la comunidad autónoma. La Dirección General de Seguros y Fondos de Pensiones establecerá la información o datos mínimos que deberán transmitir las comunidades autónomas.

## 5-189 Obligaciones contables y deber de información de los agentes de seguros vinculados y de los operadores de banca-seguros vinculados

Los agentes de seguros vinculados y los operadores de banca-seguros vinculados deberán remitir a la Dirección General de Seguros y Fondos de Pensiones la información contable y del negocio anual que incluirá datos referentes a la declaración de datos generales y requisitos del agente de seguros vinculado u operador de banca-seguros vinculado, estructura de la organización, programa de formación que se imparte a los empleados, las demás personas que participan en la mediación y los auxiliares externos, cartera de seguros intermediada y cuenta de pérdidas y ganancias.

Los agentes de seguros vinculados y los operadores de banca-seguros vinculados, deberán remitir a la Dirección General de Seguros y Fondos de Pensiones información del negocio semestral que incluirá datos referentes a la declaración de datos generales del agente de seguros vinculado u operador de banca-seguros vinculado, estructura de la organización y cartera de seguros intermediada.

Las comunidades autónomas remitirán cuando sea solicitada por el Ministerio de Economía y Hacienda, y en todo caso anualmente, la información contable y del negocio anual, relativa a los agentes de seguros vinculados y a los operadores de banca-seguros vinculados que sean de su competencia, manteniendo la necesaria colaboración entre la Administración del Estado y la de la comunidad autónoma. La Dirección General de Seguros y Fondos de Pensiones establecerá la información o datos mínimos que deberán transmitir las comunidades autónomas.

Los plazos de envío de esta información para los agentes vinculados y los OBS vinculados serán los mismos que para los Corredores de Seguros mencionados anteriormente.



## 5-190 Novedad: La documentación estadística (no contable) semestral de los Mediadores de Seguros (Experimental y Voluntaria para 2011)

El **Consejo de Ministros** del 11 de junio de 2010 aprobó, el Real Decreto 764/2010, por el que se desarrolla la Ley 26/2006, de 17 de julio, de mediación de seguros y reaseguros privados en materia de información estadístico-contable y del negocio, y de competencia profesional.

*Este Real Decreto viene a modificar* la **regulación** de la **Documentación Estadístico Contable- DEC** y de negocio de los mediadores al permitir 'un **mejor conocimiento** del sector y facilitará su **supervisión** ya que se solicitará a partir de ahora a los corredores, también **requerimientos** de información con carácter **SEMESTRAL complementariamente de la DEC anual,** lo que permitirá una mayor y mejor supervisión así como tener una información más actualizada del sector.

En aras de conseguir la consistencia necesaria en la información requerida a la que están obligados los corredores de seguros, los corredores de reaseguro y los agentes de seguros vinculados, que permita optimizar los resultados, así como satisfacer de forma eficiente las demandas de información del sector y de las Administraciones Públicas, se requiere una completa colaboración entre los distintos responsables, entidades aseguradoras y mediadores, en la transmisión de información para permitir la correcta cumplimentación de los distintos modelos de captura de los mismos.

Con la finalidad de realizar un control administrativo más eficaz y poder verificar que se mantienen los requisitos exigidos a los corredores de seguros y a los corredores de reaseguros para mantener su inscripción en el Registro administrativo especial de mediadores de seguros, corredores de reaseguros y de sus altos cargos, se han introducido modificaciones en los modelos que integran la documentación estadístico-contable anual de estos mediadores y que se recogen en el anexo I de este real decreto.

Por lo que respecta a los ***agentes de seguros vinculados y operadores de banca-seguros vinculados***, la información sobre la actividad desarrollada por dichos mediadores constituye un instrumento básico para el análisis y diagnóstico de la evolución del mercado de seguros. La obtención de información y su utilización es indispensable para el ejercicio de las competencias administrativas concernientes al control y la supervisión de la actividad de los agentes de seguros vinculados y operadores de banca-seguros vinculados.

En este sentido, el artículo 48.2 de la mencionada Ley 26/2006, de 17 de julio, estableció la obligación para los mediadores de seguros y corredores de reaseguros de suministrar a la Dirección General de Seguros y Fondos de Pensiones la documentación e información que sea necesaria para dar cumplimiento a lo dispuesto en el artículo 48.1 de dicha Ley mediante su presentación periódica.

Dicho artículo se refiere al control que ejercerá la Dirección General de Seguros y Fondos de Pensiones sobre los mediadores de seguros residentes o domiciliados en España, incluidas las actividades que realicen en régimen de derecho de establecimiento y en régimen de libre prestación de servicios.

Por tanto, dentro de este artículo 48 se puede incluir la exigencia impuesta a los agentes de seguros vinculados y operadores de banca-seguros vinculados de remitir a la Dirección General de Seguros y Fondos de Pensiones la información contable y del negocio anual referida al año natural.

En relación con esta necesidad de información y dado el desfase actual en la obtención de los datos de los mediadores, se impone la necesidad de solicitar semestralmente la información estadística para los corredores de seguros y corredores de reaseguros, y la información del negocio para los agentes de seguros vinculados y operadores de banca-seguros vinculados. De esta forma, la información a suministrar al sector asegurador estaría más actualizada y se ganaría mayor presencia social.

Además de lo anterior, y cada vez con mayor frecuencia, es preciso informar a los organismos de la Unión Europea sobre las cuotas de mercado de los distintos canales de distribución de los seguros para modernizar las normas comunitarias en materia de servicios financieros. En este sentido, cabe destacar el Reglamento n.º 295/2008, del Parlamento Europeo y del Consejo, de 11 de marzo de 2008, relativo a las estadísticas estructurales de las empresas.

Debe señalarse, en lo referido a la exigencia de información estadístico- contable para los **corredores de seguros y corredores de reaseguros, y de información contable y del negocio para los agentes de seguros vinculados y operadores de banca-seguros vinculados**, que se ha tenido en consideración lo previsto en la disposición adicional primera de la Ley 26/2006, de 17 de julio, que establece como legislación supletoria el texto refundido de la Ley de ordenación y supervisión de los seguros privados, aprobado por el Real Decreto Legislativo 6/2004, de 29 de octubre.

5

**ATENCIÓN**: Respecto a los dos primeros envíos de esta nueva DEC semestral previstos para 2011 y que tenían que realizares concretamente en las fechas de 1 de marzo y de 15 de septiembre, la DGSFP ha establecido - mediante una carta que ha dirigido a los representantes de la mediación en diciembre de 2010- que serán *"experimentales y, por tanto, no obligatorias"*, según se cita expresamente el propio Director General de Seguros. Por tanto, esta nueva DEC va a ser de carácter voluntaria para 2011.


© CISS

# Sección 2. MODELOS DE DEC ANUAL Y DE DEC SEMESTRAL

## 5-191 Modelos de DEC anual y DEC semestral

El Real Decreto 764/2010, de 11 de junio, por el que se desarrolla la Ley 26/2006, de 17 de julio, de mediación de seguros y reaseguros privados ha venido a establecer los modelos, tanto anuales como semestrales, de Documentación Estadístico Contable para Corredores, Agentes y OBS.

Modelos de DEC Anual.

Los modelos contenidos en los anexos I y II afectarán a la información anual correspondiente al ejercicio 2010 que deban suministrar los corredores de seguros y los corredores de reaseguros, y los agentes de seguros vinculados y los operadores de banca-seguros vinculados, a la Dirección General de Seguros y Fondos de Pensiones, a partir del 1 de enero de 2011.

Modelos de DEC Semestral.

Los modelos contenidos en los anexos III y IV afectarán a la información semestral correspondiente al segundo semestre de 2010 que deban suministrar los corredores de seguros y los corredores de reaseguros, y los agentes de seguros vinculados y los operadores de banca-seguros vinculados, a la Dirección General de Seguros y Fondos de Pensiones, a partir del 1 de enero de 2011.

## 5-192 Modelos de información de la DEC de los corredores de seguros y de los corredores de reaseguros

La remisión de la **información anual** se ajustará a los modelos oficiales facilitados por la DGSFP para la DEC anual y se remitirá **antes del 10 de julio del año siguiente a aquel a que se refiera.**

La remisión de la **información semestral** -experimental y voluntaria para el 2011- se ajustará a los modelos oficiales facilitados por la DGSFP para la Documentación Estadística (no contable) Semestral y se remitirá **antes del 15 de septiembre, la relativa al primer semestre del periodo; y antes del 1 de marzo del año siguiente al periodo que se refiera, la relativa al segundo semestre de dicho periodo.**

De conformidad con lo establecido en los artículo 55.2.q) y 55.3.h) de la Ley 26/2006, de 17 de julio, de mediación de seguros y reaseguros privados, la falta de remisión de la información a que se refiere el artículo 4.3 y el artículo 6 apartados 1 y 2 de este real decreto será constitutiva de infracción administrativa.

**Modelos: (Adjuntar a continuación los Modelos de DEC recogidos en el Real Decreto 764/2010, de 11 de junio, en el que están como anexos I, II, III y IV)**

5

**MODELO 0.1**
**DECLARACIÓN DEL CORREDOR DE SEGUROS Y DE REASEGUROS**

Ejercicio: .........          Clave de inscripción: .............

NIF:...........................
Nombre: ........................................................................................................
Domicilio:......................................................................................................
Población: ............................ Provincia:......................... Código Postal:....................
Teléfono:.............................. Fax:...................... Móvil: ................................
Correo electrónico:.................................... Dominio Internet:....................................

**DECLARA:** Que los datos contenidos en la presente documentación recogen fielmente la información relativa a la documentación estadístico contable anual del corredor de seguros / reaseguros:

❖ **RESPONSABILIDAD CIVIL PROFESIONAL** : Según lo previsto en el artículo 27.1.e):

Que tiene contratada póliza de seguro de responsabilidad civil profesional, u otra garantía financiera, con cobertura en todo el territorio del Espacio Económico Europeo con la entidad ........................................, con una garantía de ..........................€, y con efecto desde.....................hasta .........................., adjuntando copia del correspondiente recibo de prima o, en su caso, justificante de vigencia (1).

❖ **CAPACIDAD FINANCIERA**: Según lo previsto en el artículo 27.1.f): (Marque con una **"x"**)

□ Contractualmente, se ha pactado de forma expresa con las entidades aseguradoras, que todos los importes abonados por la clientela se realizarán directamente a través de domiciliación bancaria en cuentas abiertas a nombre de las entidades aseguradoras, y que todas las cantidades abonadas en concepto de indemnizaciones se entregarán directamente por las entidades aseguradoras a los tomadores de seguros, asegurados o beneficiarios.

□ Que ha asumido el compromiso de ofrecer a los tomadores una cobertura inmediata entregándoles el recibo emitido por la entidad aseguradora, y las cantidades abonadas en concepto de indemnizaciones se entregarán directamente por las entidades aseguradoras a los tomadores de seguros, asegurados o beneficiarios.

□ Que tiene contratado un aval emitido por la entidad financiera ................./ seguro de caución, con la entidad..........................por un importe de..............€, adjuntando el justificante de la vigencia (2).

Y para que conste formulo la presente declaración.

En............................., a......... de.............................. de ...........

Fdo.......................................

5

1.- Se anexará al envío telemático de esta información como documento escaneado.
2.- Se anexará al envío telemático de esta información como documento escaneado.


© CISS

**MODELO 0.2**

**DECLARACIÓN DEL REPRESENTANTE LEGAL DE LA SOCIEDAD DE CORREDURÍA DE SEGUROS Y DE REASEGUROS**

Ejercicio: ………    Clave de inscripción: …………..

NIF:………………………
Denominación social:………………………………………………………………………………………
Domicilio social:……………………………………………………………………………………………
Población: ……………………….. Provincia:…………………… Código Postal:………………………
Teléfono:………………………… Fax:…………….…... Móvil: ………………………………………
Correo electrónico:……………………………… Dominio Internet:……………………………………

**GRUPO DE ENTIDADES**
¿Pertenece la correduría de seguros / reaseguros a un grupo de entidades? □ **SI** □ **NO**

**Sólo rellenar en caso de haber respondido SI:**

Grupo que ejerce el control sobre la correduría de seguros / reaseguros **(1)**:……………………………
Domicilio del grupo que ejerce el control:………………………………………………………………
Población: …………………..Provincia:………………… Código Postal:…………… País:…………..

D/ Dª……………………………………………………………… actuando en representación de la entidad ………………………………………………………………………………, en calidad de ……………………………………

**DECLARA:** Que los datos contenidos en la presente documentación recogen fielmente la información relativa a la documentación estadístico contable anual de la correduría de seguros / reaseguros.

Que el capital social es de………………………€, estando suscrito por los siguientes socios con participación significativa **(*)**:

| **Nombre/Denominación** | **NIF/NIE** | **% Participación** | **Fecha de adquisición** |
|---|---|---|---|
| | | | |
| | | | |
| | | | |
| | | | |
| | | | |

(*) Participación del 10 % o más del capital social.

Que el órgano de administración de la sociedad está formado por:

| **Nombre/Denominación** | **NIF /NIE** | **Cargo** | **Fecha de nombramiento** |
|---|---|---|---|
| | | | |
| | | | |
| | | | |
| | | | |
| | | | |

5

Que las personas que integran el órgano de dirección responsable de la mediación, así como la dirección técnica son:

| Nombre/Denominación | NIF /NIE | Cargo | Fecha de nombramiento |
|---|---|---|---|
| | | | |
| | | | |
| | | | |
| | | | |
| | | | |

❖ **RESPONSABILIDAD CIVIL PROFESIONAL**: Según lo previsto en el artículo 27.1.e):

Que tiene contratada póliza de seguro de responsabilidad civil profesional, u otra garantía financiera, con cobertura en todo el territorio del Espacio Económico Europeo con la entidad ........................................, con una garantía de ..........................€, y con efecto desde.....................hasta ............................, adjuntando copia del correspondiente recibo de prima o, en su caso, justificante de vigencia (2).

❖ **CAPACIDAD FINANCIERA** Según lo previsto en el artículo 27.1.f): (Marque con una **"x"**)

□ Contractualmente, se ha pactado de forma expresa con las entidades aseguradoras, que todos los importes abonados por la clientela se realizarán directamente a través de domiciliación bancaria en cuentas abiertas a nombre de las entidades aseguradoras, y que todas las cantidades abonadas en concepto de indemnizaciones se entregarán directamente por las entidades aseguradoras a los tomadores de seguros, asegurados o beneficiarios.

□ Que ha asumido el compromiso de ofrecer a los tomadores una cobertura inmediata entregándoles el recibo emitido por la entidad aseguradora, y las cantidades abonadas en concepto de indemnizaciones se entregarán directamente por las entidades aseguradoras a los tomadores de seguros, asegurados o beneficiarios.

□ Que tiene contratado un aval emitido por la entidad financiera................ / seguro de caución, con la entidad.............................por un importe de..............€, adjuntando el justificante de la vigencia (3).

Y para que conste formulo la presente declaración.

En............................, a.......... de............................... de ...........

Fdo........................................

EL REPRESENTANTE LEGAL

1.- **Grupo que ejerce el control sobre la entidad** (definición según **EUROSTAT**): la unidad institucional que ejerce el control último de una filial (unidad institucional situada en el extremo superior de la cadena de control de una filial y que no está controlada por ninguna otra unidad institucional).

2.- Se anexará al envío telemático de esta información como documento escaneado.

3.- Se anexará al envío telemático de esta información como documento escaneado.

5



© CISS

## MODELO 1

## ESTRUCTURA DE LA ORGANIZACIÓN

Ejercicio:…………………….. Clave de inscripción:…………………………..
Nombre / Denominación social:…………………………………………………………………

| MEDIOS PERSONALES | Órgano de dirección | Empleados | Auxiliares | Otro personal | TOTAL |
|---|---|---|---|---|---|
| Afectos a la actividad de mediación | | | | | |
| NO afectos a la actividad de mediación | | | | | |
| | | | | | |

| MEDIOS PERSONALES AFECTOS A LA ACTIVIDAD DE MEDIACIÓN | Número total de personas | | | | Formación Continua | | | | | | | |
|---|---|---|---|---|---|---|---|---|---|---|---|---|
| | Formación Previa | | | | Nivel de Formación | | | | Horas | Medios | | Gasto(€) |
| | Grupo A) | Grupo B) | Grupo C) | Total | 1 | 2 | 3 | 4 | | 1 | 2 | |
| Órgano de dirección | | | | | | | | | | | | |
| Empleados | | | | | | | | | | | | |
| Auxiliares | | | | | | | | | | | | |
| Otro personal | | | | | | | | | | | | |
| TOTAL | | | | | TOTAL | | | | | TOTAL | | |

| Datos de la sede profesional o social | | | |
|---|---|---|---|
| Régimen | MEDIOS PERSONALES (número) | | Primas devengadas intermediadas (€) |
| | Afectos a la actividad de mediación | NO afectos a la actividad de mediación | |
| | | | |

| OFICINAS | Datos de las sucursales | | | | |
|---|---|---|---|---|---|
| | Domicilio | Provincia | MEDIOS PERSONALES (número) | | Primas devengadas intermediadas (€) |
| | | | Afectos a la actividad de mediación | NO afectos a la actividad de mediación | |
| | | | | | |
| | | | | | |
| | | | | | |
| TOTAL | | | | | |

**Medios personales:**

- Órgano de dirección: número de personas que integran el órgano de dirección responsable de la mediación, y las que ejercen la dirección técnica o puesto asimilado.
- Empleados: número de personas empleadas con contrato laboral.
- Auxiliares: número de auxiliares externos que integran la red de distribución externa del corredor de seguros / reaseguros.
- Otro personal: número de personas que prestan funciones sin contrato laboral o mercantil (familiares, socios, administradores).
- Formación continua:
  - Nivel de Formación: se marcará con X la columna que corresponda en función de que la formación recibida por cada colectivo haya sido elemental, de reciclaje o sobre productos:
    1- Elemental. 2- Reciclaje. 3- Gestión y administración de empresas de correduría de seguros. 4- Sobre Ramos y/o productos específicos.
  - Horas: indicar en cada fila el número total de horas de la formación recibida por cada uno de los colectivos.
  - Medios empleados en la formación: se marcará con X la columna que corresponda en función de que la formación haya sido impartida por medios propios o externos.
    1- Internos 2- Personas o centros externos
  - Gasto: indicar la cantidad del presupuesto empleado durante el ejercicio para la impartición de la formación continua de los medios personales afectos a la actividad de mediación.

**Sede profesional o social:**

- Régimen de utilización: se indicará el código que corresponda en función de que se utilice en propiedad, arrendamiento o cesión. Códigos de Régimen de utilización:
  1- Propiedad. 2- Arrendamiento. 3- Cesión.

**Oficinas:**

- Primas devengadas intermediadas: Indicar el importe de las primas devengadas correspondientes a pólizas intermediadas, netas de anulaciones, en cada una de las oficinas.

5

**MODELO 2.1.1**

**CARTERA DE SEGUROS INTERMEDIADA. DISTRIBUCIÓN**

Ejercicio:.......................... Clave de inscripción:...........................

Nombre / Denominación social:.........................................................................

**VOLUMEN TOTAL DE NEGOCIO:**

| Nº Entidades | Primas devengadas intermediadas | % Vida | % No Vida | Red Propia | Red de distribución externa | | Primas Cobradas | |
|---|---|---|---|---|---|---|---|---|
| | | | | | Auxiliares | Otros corredores | Cobertura inmediata | Sin cobertura inmediata |
| ≤ 3 | | | | | | | | |
| 4 - 6 | | | | | | | | |
| 7 - 15 | | | | | | | | |
| > 15 | | | | | | | | |

**NUEVA PRODUCCIÓN:**

| Nº Entidades | Primas devengadas intermediadas | % Vida | % No Vida | Red Propia | Red de distribución externa | | Primas Cobradas | |
|---|---|---|---|---|---|---|---|---|
| | | | | | Auxiliares | Otros corredores | Cobertura inmediata | Sin cobertura inmediata |
| ≤ 3 | | | | | | | | |
| 4 - 6 | | | | | | | | |
| 7 - 15 | | | | | | | | |
| > 15 | | | | | | | | |

**VOLUMEN TOTAL DE NEGOCIO POR ENTIDAD ASEGURADORA:**

| Clave Entidad Aseguradora | Denominación Entidad Aseguradora | Primas devengadas intermediadas |
|---|---|---|
| | | |
| | | |
| | | |
| | | |
| | | |

- Volumen total de negocio: importe total de primas devengadas intermediadas.
- Nueva Producción: parte de las primas devengadas intermediadas correspondientes a contratos perfeccionados en el ejercicio (de 1 de enero a 31 de diciembre).
- Nº de entidades: cumplimentar las columnas restantes según el intervalo correspondiente al número de entidades en las que se encuentran colocadas las pólizas devengadas intermediadas.
- Primas devengadas intermediadas: Se entiende por primas devengadas intermediadas en el ejercicio, las correspondientes a contratos perfeccionados o prorrogados en el ejercicio, en relación con las cuales el derecho del asegurador al cobro de las mismas surgen durante el mencionado periodo, netas de anulaciones y que han sido mediadas por el corredor de seguros.
- % Vida, % No Vida: indicar la distribución porcentual de las primas devengadas intermediadas según correspondan a ramos de Vida o de No Vida.
- Red Propia: importe de las primas allegadas a través de los medios que configuran la estructura de la organización propia del corredor de seguros.
- Red de distribución externa:
  - ✓ Auxiliares: importe de las primas allegadas a través de los auxiliares externos del corredor de seguros.
  - ✓ Otros corredores: importe de las primas allegadas a través de otros corredores, ya sean personas físicas o jurídicas, que actúan bajo la dirección y responsabilidad del corredor que presenta la información estadístico contable.
- Primas cobradas: parte de las primas devengadas intermediadas que han sido cobradas por el corredor de seguros.

5


© CISS

## MODELO 2.1.2

## CARTERA DE REASEGUROS INTERMEDIADA. DISTRIBUCIÓN

Ejercicio:........................ Clave de inscripción:..........................

Nombre / Denominación social:..........................................................................

**REASEGURO OBLIGATORIO PROPORCIONAL**

| Nº Entidades Reaseguradoras | Primas devengadas intermediadas | % Vida | % No Vida | Red Propia | Red de distribución externa | |
|---|---|---|---|---|---|---|
| | | | | | Auxiliares | Otros corredores |
| ≤ 3 | | | | | | |
| 4 - 6 | | | | | | |
| 7 - 15 | | | | | | |
| > 15 | | | | | | |

**REASEGURO OBLIGATORIO NO PROPORCIONAL**

| Nº Entidades Reaseguradoras | Primas devengadas intermediadas | % Vida | % No Vida | Red Propia | Red de distribución externa | |
|---|---|---|---|---|---|---|
| | | | | | Auxiliares | Otros corredores |
| ≤ 3 | | | | | | |
| 4 - 6 | | | | | | |
| 7 - 15 | | | | | | |
| > 15 | | | | | | |

**REASEGURO FACULTATIVO**

| Nº Entidades Reaseguradoras | Primas devengadas intermediadas | % Vida | % No Vida | Red Propia | Red de distribución externa | |
|---|---|---|---|---|---|---|
| | | | | | Auxiliares | Otros corredores |
| ≤ 3 | | | | | | |
| 4 - 6 | | | | | | |
| 7 - 15 | | | | | | |
| > 15 | | | | | | |

**VOLUMEN TOTAL DE NEGOCIO POR ENTIDAD REASEGURADORA**

| Clave Entidad Reaseguradora | Denominación Entidad Reaseguradora | Primas devengadas intermediadas |
|---|---|---|
| | | |
| | | |
| | | |
| | | |

- Volumen total de negocio: importe total de primas devengadas intermediadas.
- Nº de entidades reaseguradoras: cumplimentar las columnas restantes según el intervalo correspondiente al número de entidades en las que se encuentran colocadas las cesiones intermediadas.
- Primas devengadas intermediadas: Se entiende por primas devengadas intermediadas en el ejercicio, las correspondientes a contratos perfeccionados o prorrogados en el ejercicio, en relación con las cuales el derecho del reasegurador al cobro de las mismas surgen durante el mencionado periodo, netas de anulaciones y que han sido mediadas por el corredor de reaseguros.
- % Vida, % No Vida: indicar la distribución porcentual de las primas devengadas intermediadas según correspondan a ramos de Vida o de No Vida.
- Red Propia: importe de las primas allegadas a través de los medios que configuran la estructura de la organización propia del corredor de reaseguros.
- Red de distribución externa:
  - ✓ Auxiliares: importe de las primas allegadas a través de los auxiliares externos del corredor de reaseguros.
  - ✓ Otros corredores: importe de las primas allegadas a través de otros corredores, ya sean personas físicas o jurídicas, que actúan bajo la dirección y responsabilidad del corredor que presenta la información estadístico contable.

5

**MODELO 2.2**

**CARTERA DE SEGUROS / REASEGUROS INTERMEDIADA. RAMOS NO VIDA**

Ejercicio:......................... Clave de inscripción:...........................
Nombre / Denominación social:.......................................................................

| RAMOS NO VIDA | | VOLUMEN TOTAL DE NEGOCIO | | | | NUEVA PRODUCCIÓN | | | |
|---|---|---|---|---|---|---|---|---|---|
| | | Primas devengadas intermediadas | % Primas | Comisiones Devengadas | Honorarios Profesionales | Primas devengadas intermediadas | % Primas | Comisiones Devengadas | Honorarios Profesionales |
| Accidentes | | | | | | | | | |
| Enfermedad | | | | | | | | | |
| Asistencia Sanitaria | | | | | | | | | |
| Dependencia (5) | | | | | | | | | |
| Autos (1) | | | | | | | | | |
| Transportes(2) | | | | | | | | | |
| Incendios y elementos naturales (3) | | | | | | | | | |
| Otros daños a los bienes | Seguros agrarios combinados | | | | | | | | |
| | Robo u otros | | | | | | | | |
| | Avería de maquinaria | | | | | | | | |
| R.C. en general | Riesgos nucleares | | | | | | | | |
| | Otros riesgos | | | | | | | | |
| Crédito | | | | | | | | | |
| Caución | | | | | | | | | |
| Pérdidas diversas | | | | | | | | | |
| Defensa Jurídica (4) | | | | | | | | | |
| Asistencia | | | | | | | | | |
| Decesos | | | | | | | | | |
| Multirriesgo hogar | | | | | | | | | |
| Multirriesgo comunidades | | | | | | | | | |
| Multirriesgo comercios | | | | | | | | | |
| Multirriesgo industriales | | | | | | | | | |
| Otros multirriesgos | | | | | | | | | |
| **TOTAL NO VIDA** | | | | | | | | | |

1.- Autos: incluye los ramos 01, 03, 10 y 17 (este último solo si va unido a la póliza de autos)
2.- Transportes: incluye los ramos 04, 05, 06, 07, 11 y 12
3.- Incluye todo riesgo daño material
4.- Solamente las no incorporadas en Autos.
5.- Sólo cuando se asocien al ramo 02.

5


© CISS

**MODELO 2.3**

**CARTERA DE SEGUROS / REASEGUROS INTERMEDIADA. RAMOS VIDA**

Ejercicio:…………………….. Clave de inscripción:………………………..
Nombre / Denominación social:………………………………………………………………………

| | VOLUMEN TOTAL DE NEGOCIO | | | |
|---|---|---|---|---|
| | Primas devengadas intermediadas (€) | % Primas | Comisiones devengadas | Honorarios Profesionales |
| INDIVIDUAL | | | | |
| COLECTIVO | | | | |
| TOTAL | | | | |

| | NUEVA PRODUCCIÓN | | | |
|---|---|---|---|---|
| | Primas devengadas intermediadas (€) | % Primas | Comisiones devengadas | Honorarios Profesionales |
| INDIVIDUAL | | | | |
| COLECTIVO | | | | |
| TOTAL | | | | |

5

## MODELO 3.1

## DATOS CONTABLES DEL CORREDOR DE SEGUROS Y DE REASEGUROS

Ejercicio:.......................... Clave de inscripción:...........................

Nombre / Denominación social:.........................................................................

**Inversión/ Valor Añadido**

| CONCEPTOS | € |
|---|---|
| Valor añadido al coste de los factores (1) | |
| Inversión bruta en bienes materiales (2) | |

**INGRESOS Y GASTOS DEL EJERCICIO 200X**

| | € |
|---|---|
| **Importe neto de la cifra de negocios.** | |
| a) Afecto a la actividad de mediación. | |
| a.1) Comisiones percibidas. | |
| a.2) Honorarios profesionales. | |
| b) Resto de actividades. | |
| + **Otros ingresos de explotación.** | |
| a) Afectos a la actividad de mediación. | |
| b) Resto de actividades. | |
| - **Gastos de personal.** | |
| a) Afectos a la actividad de mediación. | |
| b) Resto de actividades. | |
| - **Otros gastos de explotación.** | |
| a) Afectos a la actividad de mediación. | |
| b) Resto de actividades. | |
| + **Ingresos financieros.** | |
| a) Afectos a la actividad de mediación. | |
| b) Resto de actividades. | |
| - **Gastos financieros.** | |
| a) Afectos a la actividad de mediación. | |
| b) Resto de actividades. | |
| **RESULTADO DE LA(S) ACTIVIDAD(ES)** | |

1) Valor añadido al coste de los factores: es la renta bruta de las actividades de explotación tras ajustar el efecto de las subvenciones de explotación y los impuestos indirectos. (Según **EUROSTAT**. Ver instrucciones).

2) Inversión bruta en bienes materiales: la inversión durante el periodo de referencia en bienes materiales, valorada antes de realizar los ajustes de valor y antes de deducir la renta obtenida con las cesiones. (Según **EUROSTAT**. Ver instrucciones).

5


© CISS

## MODELO 3.2

## DATOS CONTABLES DE LA SOCIEDAD DE CORREDURÍA DE SEGUROS Y DE REASEGUROS: CUENTA DE PÉRDIDAS Y GANANCIAS

Ejercicio:…………………….. Clave de inscripción:………………………..
Nombre / Denominación social:………………………………………………………………………..

**Inversión/ Valor Añadido**

| CONCEPTOS | € |
|---|---|
| Valor añadido al coste de los factores (1) | |
| Inversión bruta en bienes materiales (2) | |

**CUENTA DE PÉRDIDAS Y GANANCIAS ABREVIADA DEL EJERCICIO 200X**

| | Haber(Debe) € |
|---|---|
| **1. Importe neto de la cifra de negocios.** | |
| 1.a) Afecto a la actividad de mediación. | |
| 1.a.1.) Comisiones percibidas. | |
| 1.a.2) Honorarios profesionales. | |
| 1.b) Resto de actividades. | |
| **2. Variación de existencias de productos terminados y en curso de fabricación** | |
| **3. Trabajos realizados por la empresa para su activo.** | |
| **4. Aprovisionamientos.** | |
| **5. Otros ingresos de explotación.** | |
| 5.a) Afectos a la actividad de mediación. | |
| 5.b) Resto de actividades. | |
| **6. Gastos de personal.** | |
| 6.a) Afectos a la actividad de mediación. | |
| 6.b) Resto de actividades. | |
| **7. Otros gastos de explotación.** | |
| 7.a) Afectos a la actividad de mediación. | |
| 7.b) Resto de actividades. | |
| **8. Amortización del inmovilizado.** | |
| **9. Imputación de subvenciones de inmovilizado no financiero y otras.** | |
| **10. Excesos de provisiones.** | |
| **11. Deterioro y resultado por enajenación del inmovilizado.** | |
| | |
| **A) RESULTADO DE EXPLOTACIÓN (1+2+3+4+5+6+7+8+9+10+11)** | |
| | |
| **12. Ingresos financieros.** | |
| **13. Gastos financieros.** | |
| **14. Variación de valor razonable en instrumentos financieros.** | |
| **15. Diferencias de cambio.** | |
| **16. Deterioro y resultado por enajenación de instrumentos financieros.** | |
| | |
| **B) RESULTADO FINANCIERO (12+13+14+15+16)** | |
| **C) RESULTADO ANTES DE IMPUESTOS (A+B)** | |
| 17. Impuestos sobre beneficios. | |
| **D) RESULTADO DEL EJERCICIO (C+17)** | |

1) Valor añadido al coste de los factores: es la renta bruta de las actividades de explotación tras ajustar el efecto de las subvenciones de explotación y los impuestos indirectos. (Según **EUROSTAT**. Ver instrucciones).
2) Inversión bruta en bienes materiales: la inversión durante el periodo de referencia en bienes materiales, valorada antes de realizar los ajustes de valor y antes de deducir la renta obtenida con las cesiones. (Según **EUROSTAT**. Ver instrucciones).

5

**MODELO 3.3**
**DATOS CONTABLES DE LA SOCIEDAD DE CORREDURÍA DE SEGUROS Y DE REASEGUROS: BALANCE ABREVIADO A CIERRE DEL EJERCICIO**

| ACTIVO | 200X |
|---|---|
| A) ACTIVO NO CORRIENTE | |
| **I. Inmovilizado intangible.** | |
| **II. Inmovilizado material.** | |
| **III. Inversiones inmobiliarias.** | |
| **IV. Inversiones en empresas del grupo y asociadas a largo plazo.** | |
| **V. Inversiones financieras a largo plazo.** | |
| **VI. Activos por Impuesto diferido.** | |
| B) ACTIVO CORRIENTE | |
| **I. Activos no corrientes mantenidos para la venta.** | |
| **II. Existencias.** | |
| **III. Deudores comerciales y otras cuentas a cobrar.** | |
| 1. Clientes por ventas y prestaciones de servicios. | |
| 2. Accionistas (socios) por desembolsos exigidos. | |
| 3. Otros deudores. | |
| **IV. Inversiones en empresas del grupo y asociadas a corto plazo.** | |
| **V. Inversiones financieras a corto plazo.** | |
| **VI. Periodificaciones a corto plazo.** | |
| **VII. Efectivo y otros activos líquidos equivalentes.** | |
| TOTAL ACTIVO (A + B) | |

| PASIVO | 200X |
|---|---|
| A) PATRIMONIO NETO | |
| **A-1) Fondos Propios** | |
| **I. Capital** | |
| 1. Capital escriturado. | |
| 2. (Capital no exigido). | |
| **II. Prima de emisión.** | |
| **III. Reservas.** | |
| **IV. (Acciones y participaciones en patrimonio propias).** | |
| **V. Resultados de ejercicios anteriores.** | |
| **VI. Otras aportaciones de socios.** | |
| **VII. Resultado del ejercicio.** | |
| **VIII. (Dividendo a cuenta).** | |
| **IX. Otros instrumentos de patrimonio neto.** | |
| **A-2) Ajustes por cambios de valor.** | |
| **A-3) Subvenciones, donaciones y legados recibidos.** | |
| B) PASIVO NO CORRIENTE | |
| **I. Provisiones a largo plazo.** | |
| **II. Deudas a largo plazo.** | |
| 1. Deudas con entidades de crédito. | |
| 2. Acreedores por arrendamiento financiero. | |
| 3. Otras deudas a largo plazo. | |
| **III. Deudas con empresas del grupo y asociadas a largo plazo.** | |
| **IV. Pasivos por impuesto diferido.** | |
| **V. Periodificaciones a largo plazo.** | |
| C) PASIVO CORRIENTE | |
| **I. Pasivos vinculados con activos no corrientes mantenidos para la venta.** | |
| **II. Provisiones a corto plazo.** | |
| **III. Deudas a corto plazo.** | |
| 1. Deudas con entidades de crédito. | |
| 2. Acreedores por arrendamiento financiero. | |
| 3. Otras deudas a corto plazo. | |
| **IV. Deudas con empresas del grupo y asociadas a corto plazo.** | |
| **V. Acreedores comerciales y otras cuentas a pagar.** | |
| 1. Proveedores. | |
| 2. Otros acreedores. | |
| **VI. Periodificaciones a corto plazo.** | |
| TOTAL PATRIMONIO NETO Y PASIVO (A + B + C) | |




© CISS

**MODELO AV 0.1**

**DECLARACIÓN DEL AGENTE DE SEGUROS VINCULADO**

Ejercicio: ………. Clave de inscripción: …………..

NIF:………………………..
Nombre: ………………………………………………………………………………………………
Domicilio:…………………………………………………………………………………………….
Población: ……………………….. Provincia:……………………. Código Postal:…………………
Teléfono:………………………….. Fax:………….......... Móvil: …………………………….
Correo electrónico:……………………………… Dominio Internet:………………………………..

**DECLARA:** Que los datos contenidos en la presente documentación recogen fielmente la información relativa a la documentación contable y del negocio anual del agente de seguros vinculado:

❖ **RESPONSABILIDAD CIVIL PROFESIONAL** : Según lo previsto en el artículo 21.3.h):
(Marque con una "**x**")

□ Se ha acreditado que todas las entidades aseguradoras con las cuales mantiene contrato de agencia de seguros asumen la responsabilidad civil profesional derivada de su actuación como agente de seguros vinculado.

□ Que tiene contratada póliza de seguro de responsabilidad civil profesional, u otra garantía financiera, con cobertura en todo el territorio del Espacio Económico Europeo con la entidad ……………………………………, con una garantía de ……………………….€, y con efecto desde…………………..hasta ……………………….., adjuntando copia del correspondiente recibo de prima o, en su caso, justificante de vigencia (1).

❖ **CAPACIDAD FINANCIERA**: Según lo previsto en el artículo 21.3.g):
(Marque con una "**x**")

□ Contractualmente, se ha pactado de forma expresa con las entidades aseguradoras, que todos los importes abonados por la clientela se realizarán directamente a través de domiciliación bancaria en cuentas abiertas a nombre de las entidades aseguradoras, y que todas las cantidades abonadas en concepto de indemnizaciones se entregarán directamente por las entidades aseguradoras a los tomadores de seguros, asegurados o beneficiarios.

□ Que ha asumido el compromiso de ofrecer a los tomadores una cobertura inmediata entregándoles el recibo emitido por la entidad aseguradora, y las cantidades abonadas en concepto de indemnizaciones se entregarán directamente por las entidades aseguradoras a los tomadores de seguros, asegurados o beneficiarios.

□ Que tiene contratado un aval emitido por la entidad financiera ………………/ seguro de caución, con la entidad………………………por un importe de…………..€, adjuntando el justificante de la vigencia (2).

5

❖ **VINCULACIÓN CON ENTIDADES ASEGURADORAS**

Que mantiene suscritos contratos de agencia de seguros con las siguientes entidades aseguradoras:

| Clave Entidad Aseguradora | ENTIDADES ASEGURADORAS | Fecha de Inscripción del Contrato (dd/mm/aaaa) |
|---|---|---|
| | | |
| | | |
| | | |
| | | |
| | | |
| | | |
| | | |
| | | |
| | | |
| | | |
| | | |
| | | |
| | | |
| | | |

Y para que conste formulo la presente declaración.

En............................., a.......... de.............................. de ...........

Fdo.........................................

5

1.- Se anexará al envío telemático de esta información como documento escaneado.
2.- Se anexará al envío telemático de esta información como documento escaneado.



© CISS

**MODELO AV 0.2**

**DECLARACIÓN DEL REPRESENTANTE LEGAL DE LA SOCIEDAD DE AGENCIA DE SEGUROS VINCULADA**

Ejercicio: .......... Clave de inscripción: .............

NIF:...........................
Denominación social:........................................................................................
Domicilio social:.................................................................................................
Población: ............................ Provincia:......................... Código Postal:.....................
Teléfono:.............................. Fax:..................... Móvil: .................................
Correo electrónico:.................................... Dominio Internet:......................................

**GRUPO DE ENTIDADES**

¿Pertenece la agencia de seguros vinculada a un grupo de entidades? □ **SI** □ **NO**

**Sólo rellenar en caso de haber respondido SI:**

Grupo que ejerce el control sobre la agencia de seguros vinculada **(1)**:...................................
Domicilio del grupo que ejerce el control:...............................................................
Población: .......................Provincia:...................... Código Postal:............... País:...........

D/ Dª........................................................................ actuando en representación de la entidad ........................................................................................, en calidad de .................................

**DECLARA:** Que los datos contenidos en la presente documentación recogen fielmente la información relativa a la documentación contable y del negocio anual de la agencia de seguros vinculada.

Que el capital social es de..........................€, estando suscrito por los siguientes socios con participación significativa **(*)**:

| **Nombre/Denominación** | **NIF/NIE** | **% Participación** | **Fecha de adquisición** |
|---|---|---|---|
| | | | |
| | | | |
| | | | |
| | | | |
| | | | |

(*) Participación del 10 % o más del capital social.

Que el órgano de administración de la sociedad está formado por:

| **Nombre/Denominación** | **NIF/NIE** | **Cargo** | **Fecha de nombramiento** |
|---|---|---|---|
| | | | |
| | | | |
| | | | |
| | | | |
| | | | |

5

Que las personas que integran el órgano de dirección responsable de la mediación, así como la dirección técnica son:

| Nombre/Denominación | NIF/NIE | Cargo | Fecha de nombramiento |
|---|---|---|---|
| | | | |
| | | | |
| | | | |
| | | | |
| | | | |

❖ **RESPONSABILIDAD CIVIL PROFESIONAL**: Según lo previsto en el artículo 21.3.h):
(Marque con una **"x"**)

□ Se ha acreditado que todas las entidades aseguradoras con las cuales mantiene contrato de agencia de seguros asumen la responsabilidad civil profesional derivada de su actuación como agencia de seguros vinculada.

□ Que tiene contratada póliza de seguro de responsabilidad civil profesional, u otra garantía financiera, con cobertura en todo el territorio del Espacio Económico Europeo con la entidad ........................................., con una garantía de ..........................€, y con efecto desde.......................hasta ..........................., adjuntando copia del correspondiente recibo de prima o, en su caso, justificante de vigencia (2).

❖ **CAPACIDAD FINANCIERA** Según lo previsto en el artículo 21.3.g):
(Marque con una **"x"**)

□ Contractualmente, se ha pactado de forma expresa con las entidades aseguradoras, que todos los importes abonados por la clientela se realizarán directamente a través de domiciliación bancaria en cuentas abiertas a nombre de las entidades aseguradoras, y que todas las cantidades abonadas en concepto de indemnizaciones se entregarán directamente por las entidades aseguradoras a los tomadores de seguros, asegurados o beneficiarios.

□ Que ha asumido el compromiso de ofrecer a los tomadores una cobertura inmediata entregándoles el recibo emitido por la entidad aseguradora, y las cantidades abonadas en concepto de indemnizaciones se entregarán directamente por las entidades aseguradoras a los tomadores de seguros, asegurados o beneficiarios.

□ Que tiene contratado un aval emitido por la entidad financiera................. / seguro de caución, con la entidad..................................por un importe de...............€, adjuntando el justificante de la vigencia (3).

5



© CISS

❖ **VINCULACIÓN CON ENTIDADES ASEGURADORAS**

Que mantiene suscritos contratos de agencia de seguros con las siguientes entidades aseguradoras:

| Clave Entidad Aseguradora | ENTIDADES ASEGURADORAS | Fecha de Inscripción del Contrato (dd/mm/aaaa) |
|---|---|---|
| | | |
| | | |
| | | |
| | | |
| | | |
| | | |
| | | |
| | | |
| | | |
| | | |
| | | |
| | | |
| | | |
| | | |

Y para que conste formulo la presente declaración.

En............................, a.......... de............................... de ...........

Fdo.........................................
EL REPRESENTANTE LEGAL



1.- **Grupo que ejerce el control sobre la entidad** (definición según **EUROSTAT**): la unidad institucional que ejerce el control último de una filial (unidad institucional situada en el extremo superior de la cadena de control de una filial y que no está controlada por ninguna otra unidad institucional).
2.- Se anexará al envío telemático de esta información como documento escaneado.
3.- Se anexará al envío telemático de esta información como documento escaneado.

**MODELO OBS 0.3**

**DECLARACIÓN DEL REPRESENTANTE LEGAL DEL OPERADOR BANCA-SEGUROS VINCULADO**

Ejercicio: .......... Clave de inscripción: .............

NIF:...........................
Denominación social:.......................................................................................
Domicilio social:..............................................................................................
Población: ............................ Provincia:........................ Código Postal:....................
Teléfono:............................... Fax:...................... Móvil: .................................
Correo electrónico:.................................... Dominio Internet:......................................

¿La actividad de mediación de seguros se realiza a través de una sociedad mercantil controlada o participada por la entidad de crédito o grupo de entidades de crédito o no? □ **SI** □ **NO**

**GRUPO DE ENTIDADES**

¿Pertenece el operador banca-seguros vinculado a un grupo de entidades? □ **SI** □ **NO**

**Sólo rellenar en caso de haber respondido SI:**

Grupo que ejerce el control sobre el operador banca-seguros vinculado **(1)**:.................................
Domicilio del grupo que ejerce el control:......................................................................
Población: .......................Provincia:...................... Código Postal:................ País:...........

D/ Dª.......................................................................... actuando en representación de la entidad ....................................................................................., en calidad de .................................

**DECLARA:** Que los datos contenidos en la presente documentación recogen fielmente la información relativa a la documentación contable y del negocio anual del operador banca-seguros vinculado.

Que el capital social es de...........................€, estando suscrito por los siguientes socios con participación significativa **(*)**:

| **Nombre/Denominación** | **NIF/NIE** | **% Participación** | **Fecha de adquisición** |
|---|---|---|---|
| | | | |
| | | | |
| | | | |
| | | | |
| | | | |

(*) Participación del 10 % o más del capital social.

Que el órgano de administración de la sociedad está formado por:

| **Nombre/Denominación** | **NIF/NIE** | **Cargo** | **Fecha de nombramiento** |
|---|---|---|---|
| | | | |
| | | | |
| | | | |
| | | | |


© CISS

Que las personas que integran el órgano de dirección responsable de la mediación, así como la dirección técnica son:

| Nombre/Denominación | NIF/NIE | Cargo | Fecha de nombramiento |
|---|---|---|---|
| | | | |
| | | | |
| | | | |
| | | | |
| | | | |

❖ **RESPONSABILIDAD CIVIL PROFESIONAL**: Según lo previsto en el artículo 21.3.h): (Marque con una **"x"**)

□ Se ha acreditado que todas las entidades aseguradoras con las cuales mantiene contrato de agencia de seguros asumen la responsabilidad civil profesional derivada de su actuación como operador banca-seguros vinculado.

□ Que tiene contratada póliza de seguro de responsabilidad civil profesional, u otra garantía financiera, con cobertura en todo el territorio del Espacio Económico Europeo con la entidad ........................................., con una garantía de ...........................€, y con efecto desde.......................hasta ..........................., adjuntando copia del correspondiente recibo de prima o, en su caso, justificante de vigencia (2).

❖ **CAPACIDAD FINANCIERA** Según lo previsto en el artículo 21.3.g): (Marque con una **"x"**)

□ Contractualmente, se ha pactado de forma expresa con las entidades aseguradoras, que todos los importes abonados por la clientela se realizarán directamente a través de domiciliación bancaria en cuentas abiertas a nombre de las entidades aseguradoras, y que todas las cantidades abonadas en concepto de indemnizaciones se entregarán directamente por las entidades aseguradoras a los tomadores de seguros, asegurados o beneficiarios.

□ Que ha asumido el compromiso de ofrecer a los tomadores una cobertura inmediata entregándoles el recibo emitido por la entidad aseguradora, y las cantidades abonadas en concepto de indemnizaciones se entregarán directamente por las entidades aseguradoras a los tomadores de seguros, asegurados o beneficiarios.

□ Que tiene contratado un aval emitido por la entidad financiera................ / seguro de caución, con la entidad..............................por un importe de...............€, adjuntando el justificante de la vigencia (3).

5

❖ **VINCULACIÓN CON ENTIDADES ASEGURADORAS**

Que mantiene suscritos contratos de agencia de seguros con las siguientes entidades aseguradoras:

| Clave Entidad Aseguradora | ENTIDADES ASEGURADORAS | Fecha de Inscripción del contrato (dd/mm/aaaa) |
|---|---|---|
| | | |
| | | |
| | | |
| | | |
| | | |
| | | |
| | | |
| | | |
| | | |
| | | |
| | | |
| | | |
| | | |
| | | |

❖ **REDES DE DISTRIBUCIÓN**: Denominación de entidades de crédito que ceden su red de distribución:

| Clave Entidad de Crédito | NIF | ENTIDADES DE CRÉDITO | Fecha del contrato de cesión (dd/mm/aaaa) |
|---|---|---|---|
| | | | |
| | | | |
| | | | |
| | | | |
| | | | |

Y para que conste formulo la presente declaración.

En…………………………, a……..... de………………………….. de …………

Fdo……………………………………
EL REPRESENTANTE LEGAL

1.- **Grupo que ejerce el control sobre la entidad** (definición según **EUROSTAT**): la unidad institucional que ejerce el control último de una filial (unidad institucional situada en el extremo superior de la cadena de control de una filial y que no está controlada por ninguna otra unidad institucional).

2.- Se anexará al envío telemático de esta información como documento escaneado.

3.- Se anexará al envío telemático de esta información como documento escaneado.

**MODELO 1**
**ESTRUCTURA DE LA ORGANIZACIÓN**

Ejercicio:........................ Clave de inscripción:...........................
Nombre / Denominación social:...........................................................................

| MEDIOS PERSONALES | Órgano de dirección | Empleados | Auxiliares | Red de distribución | Otro personal | TOTAL |
|---|---|---|---|---|---|---|
| Afectos a la actividad de mediación | | | | | | |
| **NO** afectos a la actividad de mediación | | | | | | |
| | | | | | | |

| MEDIOS PERSONALES AFECTOS A LA ACTIVIDAD DE MEDIACIÓN | Número total de personas | | | | Formación Continua | | | | | | | |
|---|---|---|---|---|---|---|---|---|---|---|---|---|
| | Formación Previa | | | Total | Nivel de Formación | | | | Horas | Medios | | Gasto(€) |
| | Grupo A) | Grupo B) | Grupo C) | | 1 | 2 | 3 | 4 | | 1 | 2 | |
| **Órgano de dirección** | | | | | | | | | | | | |
| **Empleados** | | | | | | | | | | | | |
| **Auxiliares** | | | | | | | | | | | | |
| **Red de distribución** | | | | | | | | | | | | |
| **Otro personal** | | | | | | | | | | | | |
| TOTAL | | | | | | | | TOTAL | | | TOTAL | |

| Datos de la sede profesional o social | | | |
|---|---|---|---|
| Régimen | MEDIOS PERSONALES (número) | | Primas devengadas intermediadas (€) |
| | Afectos a la actividad de mediación | NO afectos a la actividad de mediación | |
| | | | |

| OFICINAS | Datos de las sucursales | | | | |
|---|---|---|---|---|---|
| | Domicilio | Provincia | MEDIOS PERSONALES (número) | | Primas devengadas intermediadas (€) |
| | | | Afectos a la actividad de mediación | NO afectos a la actividad de mediación | |
| | | | | | |
| | | | | | |
| TOTAL | | | | | |

**Medios personales:**

- Órgano de dirección: número de personas que integran el órgano de dirección responsable de la mediación, y las que ejercen la dirección técnica o puesto asimilado.
- Empleados: número de personas empleadas con contrato laboral.
- Auxiliares: número de auxiliares externos que integran la red de distribución externa del agente de seguros vinculado u operador banca-seguros vinculado.
- Red de distribución: número de personas que integran la(s) red(es) de distribución del operador banca-seguros vinculado.
- Otro personal: número de personas que prestan funciones sin contrato laboral o mercantil (familiares, socios, administradores).
- Formación continua:
  - Nivel de Formación: se marcará con X la columna que corresponda en función de que la formación recibida por cada colectivo haya sido elemental, de reciclaje o sobre productos:
    1- Elemental. 2- Reciclaje. 3- Gestión y administración de empresas de agencia de seguros vinculada u operadores banca-seguros vinculados. 4- Sobre Ramos y/o productos específicos.
  - Horas: indicar en cada fila el número total de horas de la formación recibida por cada uno de los colectivos.
  - Medios empleados en la formación: se marcará con X la columna que corresponda en función de que la formación haya sido impartida por medios propios o externos.
    1- Internos 2- Personas o centros externos
  - Gasto: indicar la cantidad del presupuesto empleado durante el ejercicio para la impartición de la formación continua de los medios personales afectos a la actividad de mediación.

**Sede profesional o social:**

- Régimen de utilización: se indicará el código que corresponda en función de que se utilice en propiedad, arrendamiento o cesión. Códigos de Régimen de utilización:
  1- Propiedad. 2- Arrendamiento. 3- Cesión.

**Oficinas:**

- Primas devengadas intermediadas: Indicar el importe de las primas devengadas correspondientes a pólizas intermediadas, netas de anulaciones, en cada una de las oficinas.

5

**MODELO 2.1**

**CARTERA DE SEGUROS INTERMEDIADA. DISTRIBUCIÓN**

Ejercicio:.......................... Clave de inscripción:............................
Nombre / Denominación social:..........................................................................

**VOLUMEN TOTAL DE NEGOCIO:**

| Primas devengadas intermediadas | % Vida | % No Vida | Red Propia | Auxiliares | Primas Cobradas | |
|---|---|---|---|---|---|---|
| | | | | | Cobertura inmediata | Sin cobertura inmediata |
| | | | | | | |

**NUEVA PRODUCCIÓN:**

| Primas devengadas intermediadas | % Vida | % No Vida | Red Propia | Auxiliares | Primas Cobradas | |
|---|---|---|---|---|---|---|
| | | | | | Cobertura inmediata | Sin cobertura inmediata |
| | | | | | | |

**VOLUMEN TOTAL DE NEGOCIO POR ENTIDAD ASEGURADORA:**

| Clave Entidad Aseguradora | Denominación Entidad Aseguradora | Primas devengadas intermediadas | |
|---|---|---|---|
| | | Volumen Total de Negocio | Nueva Producción |
| | | | |
| | | | |
| | | | |
| | | | |
| | | | |
| | | | |
| | **TOTAL** | | |

- Volumen total de negocio: importe total de primas devengadas intermediadas.
- Nueva Producción: parte de las primas devengadas intermediadas correspondientes a contratos perfeccionados en el ejercicio (de 1 de enero a 31 de diciembre).
- Primas devengadas intermediadas: Se entiende por primas devengadas intermediadas en el ejercicio, las correspondientes a contratos perfeccionados o prorrogados en el ejercicio, en relación con las cuales el derecho del asegurador al cobro de las mismas surgen durante el mencionado periodo, netas de anulaciones y que han sido mediadas por el agente de seguros vinculado u operador banca-seguros vinculado.
- % Vida, % No Vida: indicar la distribución porcentual de las primas devengadas intermediadas según correspondan a ramos de Vida o de No Vida.
- Red Propia: importe de las primas allegadas a través de los medios que configuran la estructura de la organización propia del agente de seguros vinculado u operador banca-seguros vinculado.
- Auxiliares: importe de las primas allegadas a través de los auxiliares externos del agente de seguros vinculado u operador banca-seguros vinculado.
- Primas cobradas: parte de las primas devengadas intermediadas que han sido cobradas por el agente de seguros vinculado u operador banca-seguros vinculado.

5


© CISS

## MODELO 2.2

## CARTERA DE SEGUROS INTERMEDIADA. RAMOS NO VIDA

Ejercicio:........................ Clave de inscripción:..........................

Nombre / Denominación social:..........................................................................

| RAMOS NO VIDA | | VOLUMEN TOTAL DE NEGOCIO | | | NUEVA PRODUCCIÓN | | |
|---|---|---|---|---|---|---|---|
| | | **Primas devengadas intermediadas** | **% Primas** | **Comisiones Devengadas** | **Primas devengadas intermediadas** | **% Primas** | **Comisiones Devengadas** |
| Accidentes | | | | | | | |
| Enfermedad | | | | | | | |
| Asistencia Sanitaria | | | | | | | |
| Dependencia (5) | | | | | | | |
| Autos (1) | | | | | | | |
| Transportes(2) | | | | | | | |
| Incendios y elementos naturales (3) | | | | | | | |
| Otros daños a los bienes | Seguros agrarios combinados | | | | | | |
| | Robo u otros | | | | | | |
| | Avería de maquinaria | | | | | | |
| R.C. en general | Riesgos nucleares | | | | | | |
| | Otros riesgos | | | | | | |
| Crédito | | | | | | | |
| Caución | | | | | | | |
| Pérdidas diversas | | | | | | | |
| Defensa Jurídica (4) | | | | | | | |
| Asistencia | | | | | | | |
| Decesos | | | | | | | |
| Multirriesgo hogar | | | | | | | |
| Multirriesgo comunidades | | | | | | | |
| Multirriesgo comercios | | | | | | | |
| Multirriesgo industriales | | | | | | | |
| Otros multirriesgos | | | | | | | |
| **TOTAL NO VIDA** | | | | | | | |

1.- Autos: incluye los ramos 01, 03, 10 y 17 (este último solo si va unido a la póliza de autos)
2.- Transportes: incluye los ramos 04, 05, 06, 07, 11 y 12
3.- Incluye todo riesgo daño material
4.- Solamente las no incorporadas en Autos.
5.- Solo cuando se asocien al ramo 02.

**MODELO 2.3**

**CARTERA DE SEGUROS INTERMEDIADA. RAMOS VIDA**

Ejercicio:…………………….. Clave de inscripción:………………………..
Nombre / Denominación social:……………………………………………………………………….

| | VOLUMEN TOTAL DE NEGOCIO | | |
|---|---|---|---|
| | Primas devengadas intermediadas (€) | % Primas | Comisiones devengadas |
| INDIVIDUAL | | | |
| COLECTIVO | | | |
| TOTAL | | | |

| | NUEVA PRODUCCIÓN | | |
|---|---|---|---|
| | Primas devengadas intermediadas (€) | % Primas | Comisiones devengadas |
| INDIVIDUAL | | | |
| COLECTIVO | | | |
| TOTAL | | | |

5

## MODELO 3

## DATOS CONTABLES

Ejercicio:…………………….. Clave de inscripción:………………………..
Nombre / Denominación social:…………………………………………………………………

**Inversión/ Valor Añadido**

| **CONCEPTOS** | **€** |
|---|---|
| Valor añadido al coste de los factores (1) | |
| Inversión bruta en bienes materiales (2) | |

**1. Ingresos de la Actividad de Mediación de Seguros**

| **CONCEPTOS** | **€** |
|---|---|
| Comisiones percibidas de las entidades aseguradoras | |
| Ingresos financieros | |
| Otros ingresos | |
| **Total Euros** | |

**2. Gastos de la Actividad de Mediación de Seguros**

| **CONCEPTOS** | **€** |
|---|---|
| Costes de personal en metálico o en especie | |
| Comisiones abonadas a auxiliares externos / redes de distribución | |
| Formación Continua | |
| Gastos financieros | |
| Otros gastos | |
| **Total Euros** | |

| | |
|---|---|
| **INGRESOS-GASTOS (Actividad de Mediación de Seguros)** | € |

**3. Cuenta de Pérdidas y Ganancias: TOTAL**

| | |
|---|---|
| Total Ingresos | € |
| Total Gastos | € |
| **INGRESOS-GASTOS (TOTAL)** | € |

1) Valor añadido al coste de los factores: es la renta bruta de las actividades de explotación tras ajustar el efecto de las subvenciones de explotación y los impuestos indirectos. (Según **EUROSTAT**. Ver instrucciones).
2) Inversión bruta en bienes materiales: la inversión durante el periodo de referencia en bienes materiales, valorada antes de realizar los ajustes de valor y antes de deducir la renta obtenida con las cesiones. (Según **EUROSTAT**. Ver instrucciones).

5

## MODELO 0.1
## DECLARACIÓN DEL CORREDOR DE SEGUROS Y DE REASEGUROS

Ejercicio: .......... Clave de inscripción: .............
Semestre:............

NIF:...........................
Nombre: ...........................................................................................................
Domicilio:...........................................................................................................
Población: ........................... Provincia:........................ Código Postal:......................
Teléfono:.............................. Fax:........................ Móvil: ................................
Correo electrónico:.................................. Dominio Internet:...................................

**DECLARA:** Que los datos contenidos en los modelos que integran la presente documentación recogen fielmente la información relativa a la documentación estadística contable semestral del corredor de seguros / reaseguros.

Y para que conste formulo la presente declaración.

En............................., a.......... de.............................. de ...........

Fdo.........................................

5


© CISS

**MODELO 0.2**

**DECLARACIÓN DEL REPRESENTANTE LEGAL DE LA SOCIEDAD DE CORREDURÍA DE SEGUROS Y DE REASEGUROS**

Ejercicio: ………. Clave de inscripción: …………..
Semestre:…………

NIF:……………………….
Denominación social:………………………………………………………………………………………..
Domicilio social:……………………………………………………………………………………………
Población: ……………………….. Provincia:…………………….. Código Postal:………………………
Teléfono:…………………………. Fax:……………......... Móvil: ………………………………………
Correo electrónico:……………………………… Dominio Internet:……………………………………..

D/ Dª……………………………………………………………… actuando en representación de la entidad ……………………………………………………………………………..…, en calidad de ……………………………………

**DECLARA:** Que los datos contenidos en los modelos que integran la presente documentación recogen fielmente la información relativa a la documentación estadística contable semestral de la correduría de seguros / reaseguros.

Y para que conste formulo la presente declaración.

En…………………………, a…….... de………………………….. de …………

Fdo……………………………………

EL REPRESENTANTE LEGAL

5

**MODELO 1**
**ESTRUCTURA DE LA ORGANIZACIÓN**

Ejercicio:…………………….. Clave de inscripción:…………………………..
Semestre:…………

Nombre / Denominación social:…………………………………………………………………….

| MEDIOS PERSONALES | Órgano de dirección | Empleados | Auxiliares | Otro personal | TOTAL |
|---|---|---|---|---|---|
| Afectos a la actividad de mediación | | | | | |
| **NO** afectos a la actividad de mediación | | | | | |
| | | | | | |

| Datos de la sede profesional o social | | | |
|---|---|---|---|
| **Régimen** | **MEDIOS PERSONALES (número)** | | **Primas devengadas intermediadas (€)** |
| | Afectos a la actividad de mediación | NO afectos a la actividad de mediación | |
| | | | |

| **OFICINAS** | Datos de las sucursales | | | | |
|---|---|---|---|---|---|
| | **Domicilio** | **Provincia** | **MEDIOS PERSONALES (número)** | | **Primas devengadas intermediadas (€)** |
| | | | Afectos a la actividad de mediación | NO afectos a la actividad de mediación | |
| | | | | | |
| | | | | | |
| | | | | | |
| **TOTAL** | | | | | |

**Medios personales:**

- Órgano de dirección: número de personas que integran el órgano de dirección responsable de la mediación, y las que ejercen la dirección técnica o puesto asimilado.
- Empleados: número de personas empleadas con contrato laboral.
- Auxiliares: número de auxiliares externos que integran la red de distribución externa del corredor de seguros / reaseguros.
- Otro personal: número de personas que prestan funciones sin contrato laboral o mercantil (familiares, socios, administradores).

**Sede profesional o social:**

- Régimen de utilización: se indicará el código que corresponda en función de que se utilice en propiedad, arrendamiento o cesión. Códigos de Régimen de utilización:

  1- Propiedad. 2- Arrendamiento. 3- Cesión.

**Oficinas:**

- Primas devengadas intermediadas: Indicar el importe de las primas devengadas correspondientes a pólizas intermediadas, netas de anulaciones, en cada una de las oficinas.

5

 © CISS

## MODELO 2.1

## CARTERA DE SEGUROS INTERMEDIADA. DISTRIBUCIÓN

Ejercicio:…………………….. Clave de inscripción:………………………..
Semestre:…………

Nombre / Denominación social:………………………………………………………………………

### VOLUMEN TOTAL DE NEGOCIO:

| Nº Entidades | Primas devengadas intermediadas | % Vida | % No Vida | Red Propia | Red de distribución externa | | Primas Cobradas | | Comisiones Devengadas | Honorarios Profesionales |
|---|---|---|---|---|---|---|---|---|---|---|
| | | | | | Auxiliares | Otros corredores | Cobertura inmediata | Sin cobertura inmediata | | |
| ≤ 3 | | | | | | | | | | |
| 4 - 6 | | | | | | | | | | |
| 7 - 15 | | | | | | | | | | |
| > 15 | | | | | | | | | | |

### NUEVA PRODUCCIÓN:

| Nº Entidades | Primas devengadas intermediadas | % Vida | % No Vida | Red Propia | Red de distribución externa | | Primas Cobradas | | Comisiones Devengadas | Honorarios Profesionales |
|---|---|---|---|---|---|---|---|---|---|---|
| | | | | | Auxiliares | Otros corredores | Cobertura inmediata | Sin cobertura inmediata | | |
| ≤ 3 | | | | | | | | | | |
| 4 - 6 | | | | | | | | | | |
| 7 - 15 | | | | | | | | | | |
| > 15 | | | | | | | | | | |

### VOLUMEN TOTAL DE NEGOCIO POR ENTIDAD ASEGURADORA:

| Clave Entidad Aseguradora | Denominación Entidad Aseguradora | Primas devengadas intermediadas |
|---|---|---|
| | | |
| | | • |
| | | • |
| | | • |
| | | |

- Volumen total de negocio: importe total de primas devengadas intermediadas.
- Nueva Producción: parte de las primas devengadas intermediadas correspondientes a contratos perfeccionados en el periodo de referencia (1º Semestre: 1 enero a 30 de junio; 2º Semestre: 1 de enero a 31 de diciembre –incluye 1º semestre-).
- Nº de entidades: cumplimentar las columnas restantes según el intervalo correspondiente al número de entidades en las que se encuentran colocadas las pólizas devengadas intermediadas.
- Primas devengadas intermediadas: Se entiende por primas devengadas intermediadas en el periodo de referencia, las correspondientes a contratos perfeccionados o prorrogados en el periodo de referencia, en relación con las cuales el derecho del asegurador al cobro de las mismas surgen durante el mencionado periodo, netas de anulaciones y que han sido mediadas por el corredor de seguros.
- % Vida, % No Vida: indicar la distribución porcentual de las primas devengadas intermediadas según correspondan a ramos de Vida o de No Vida.
- Red Propia: importe de las primas allegadas a través de los medios que configuran la estructura de la organización propia del corredor de seguros.
- Red de distribución externa:
  - ✓ Auxiliares: importe de las primas allegadas a través de los auxiliares externos del corredor de seguros.
  - ✓ Otros corredores: importe de las primas allegadas a través de otros corredores, ya sean personas físicas o jurídicas, que actúan bajo la dirección y responsabilidad del corredor que presenta la información estadística contable.
- Primas cobradas: parte de las primas devengadas intermediadas que han sido cobradas por el corredor de seguros

## MODELO 2.2

## CARTERA DE REASEGUROS INTERMEDIADA. DISTRIBUCIÓN

Ejercicio:........................... Clave de inscripción:.............................
Semestre:..........................

Nombre / Denominación social:.........................................................................

**REASEGURO OBLIGATORIO PROPORCIONAL**

| Nº Entidades Reaseguradoras | Primas devengadas intermediadas | % Vida | % No Vida | Red Propia | Red de distribución externa | | Comisiones Devengadas | Honorarios Profesionales |
|---|---|---|---|---|---|---|---|---|
| | | | | | Auxiliares | Otros corredores | | |
| ≤3 | | | | | | | | |
| 4 - 6 | | | | | | | | |
| 7 - 15 | | | | | | | | |
| > 15 | | | | | | | | |

**REASEGURO OBLIGATORIO NO PROPORCIONAL**

| Nº Entidades Reaseguradoras | Primas devengadas intermediadas | % Vida | % No Vida | Red Propia | Red de distribución externa | | Comisiones Devengadas | Honorarios Profesionales |
|---|---|---|---|---|---|---|---|---|
| | | | | | Auxiliares | Otros corredores | | |
| ≤3 | | | | | | | | |
| 4 - 6 | | | | | | | | |
| 7 - 15 | | | | | | | | |
| > 15 | | | | | | | | |

**REASEGURO FACULTATIVO**

| Nº Entidades Reaseguradoras | Primas devengadas intermediadas | % Vida | % No Vida | Red Propia | Red de distribución externa | | Comisiones Devengadas | Honorarios Profesionales |
|---|---|---|---|---|---|---|---|---|
| | | | | | Auxiliares | Otros corredores | | |
| ≤3 | | | | | | | | |
| 4 - 6 | | | | | | | | |
| 7 - 15 | | | | | | | | |
| > 15 | | | | | | | | |

**VOLUMEN TOTAL DE NEGOCIO POR ENTIDAD REASEGURADORA**

| Clave Entidad Reaseguradora | Denominación Entidad Reaseguradora | Primas devengadas intermediadas • |
|---|---|---|
| | | • |
| | | |
| | | • |
| | | |

- Volumen total de negocio: importe total de primas devengadas intermediadas.
- Nº de entidades reaseguradoras: cumplimentar las columnas restantes según el intervalo correspondiente al número de entidades en las que se encuentran colocadas las cesiones intermediadas.
- Primas devengadas intermediadas: Se entiende por primas devengadas intermediadas en el periodo de referencia, las correspondientes a contratos perfeccionados o prorrogados en el periodo de referencia, en relación con las cuales el derecho del reasegurador al cobro de las mismas surgen durante el mencionado periodo, netas de anulaciones y que han sido mediadas por el corredor de reaseguros.
- % Vida, % No Vida: indicar la distribución porcentual de las primas devengadas intermediadas según correspondan a ramos de Vida o de No Vida.
- Red Propia: importe de las primas allegadas a través de los medios que configuran la estructura de la organización propia del corredor de reaseguros.
- Red de distribución externa:
  - ✓ Auxiliares: importe de las primas allegadas a través de los auxiliares externos del corredor de reaseguros.
  - ✓ Otros corredores: importe de las primas allegadas a través de otros corredores, ya sean personas físicas o jurídicas, que actúan bajo la dirección y responsabilidad del corredor que presenta la información estadística contable.

5


© CISS

**MODELO AV 0.1**

**DECLARACIÓN DEL AGENTE DE SEGUROS VINCULADO**

Ejercicio: .......... Clave de inscripción: .............
Semestre:..........

NIF.:...........................
Nombre: ...............................................................................................................
Domicilio:...............................................................................................................
Población: ............................ Provincia:......................... Código Postal:.....................
Teléfono:............................... Fax:........................ Móvil: .................................
Correo electrónico:.................................... Dominio Internet:.....................................

**DECLARA:** Que los datos contenidos en los modelos que integran la presente documentación recogen fielmente la información relativa a la documentación contable y del negocio semestral del agente de seguros vinculado.

❖ **VINCULACIÓN CON ENTIDADES ASEGURADORAS**

Que mantiene suscritos contratos de agencia de seguros con las siguientes entidades aseguradoras:

| Clave Entidad Aseguradora | ENTIDADES ASEGURADORAS | Fecha de Inscripción del Contrato (dd/mm/aaaa) |
|---|---|---|
| | | |
| | | |
| | | |
| | | |
| | | |

Y para que conste formulo la presente declaración.

En............................., a.......... de............................. de ............

Fdo.........................................

5

## MODELO AV 0.2

## DECLARACIÓN DEL REPRESENTANTE LEGAL DE LA SOCIEDAD DE AGENCIA DE SEGUROS VINCULADA

Ejercicio: ………. Clave de inscripción: …………..
Semestre:…………

NIF.:…………………………
Denominación social:………………………………………………………………………………………
Domicilio social:…………………………………………………………………………………………..
Población: ………………………….. Provincia:……………………… Código Postal:…………………
Teléfono:…………………………… Fax:…………….......... Móvil: ……………………………
Correo electrónico:……………………………….. Dominio Internet:………………………………..

D/ Dª……………………………………………………………… actuando en representación de la entidad ………………………………………………………………………………, en calidad de ……………………………

**DECLARA:** Que los datos contenidos en los modelos que integran la presente documentación recogen fielmente la información relativa a la documentación contable y del negocio semestral de la agencia de seguros vinculada.

❖ **VINCULACIÓN CON ENTIDADES ASEGURADORAS**

Que mantiene suscritos contratos de agencia de seguros con las siguientes entidades aseguradoras:

| Clave Entidad Aseguradora | ENTIDADES ASEGURADORAS | Fecha de Inscripción del Contrato (dd/mm/aaaa) |
|---|---|---|
| | | |
| | | |
| | | |
| | | |
| | | |
| | | |

Y para que conste formulo la presente declaración.

En…………………………, a……..... de………………………….. de …………

Fdo……………………………………
EL REPRESENTANTE LEGAL

5

**MODELO OBS 0.3**

**DECLARACIÓN DEL REPRESENTANTE LEGAL DEL OPERADOR BANCA-SEGUROS VINCULADO**

Ejercicio: ………  Clave de inscripción: …………..
Semestre:…………

NIF:………………………..
Denominación social:……………………………………………………………………………………
Domicilio social:………………………………………………………………………………………..
Población: ……………………….. Provincia:……………………. Código Postal:…………………
Teléfono:………………………….. Fax:………………........ Móvil: …………………………….
Correo electrónico:………………………………. Dominio Internet:………………………………..

D/ Dª………………………………………………………………… actuando en representación de la entidad ……………………………………………………………………………….., en calidad de ……………………………

**DECLARA:** Que los datos contenidos en los modelos que integran la presente documentación recogen fielmente la información relativa a la documentación contable y del negocio semestral del operador banca-seguros vinculado.

❖ **VINCULACIÓN CON ENTIDADES ASEGURADORAS**
Que mantiene suscritos contratos de agencia de seguros con las siguientes entidades aseguradoras:

| Clave Entidad Aseguradora | ENTIDADES ASEGURADORAS | Fecha de Inscripción del contrato (dd/mm/aaaa) |
|---|---|---|
| | | |
| | | |
| | | |
| | | |
| | | |

❖ **REDES DE DISTRIBUCIÓN**: Denominación de entidades de crédito que ceden su red de distribución:

| Clave Entidad de Crédito | NIF | ENTIDADES DE CRÉDITO | Fecha del contrato de cesión (dd/mm/aaaa) |
|---|---|---|---|
| | | | |
| | | | |
| | | | |
| | | | |
| | | | |

Y para que conste formulo la presente declaración.

En…………………………, a……..... de………………………….. de ………..

Fdo……………………………………
EL REPRESENTANTE LEGAL

5

## MODELO 1
## ESTRUCTURA DE LA ORGANIZACIÓN

Ejercicio:……………………..  Clave de inscripción:………………………..
Semestre:…………

Nombre / Denominación social:……………………………………………………………………….

| MEDIOS PERSONALES | Órgano de dirección | Empleados | Auxiliares | Red de distribución | Otro personal | TOTAL |
|---|---|---|---|---|---|---|
| Afectos a la actividad de mediación | | | | | | |
| **NO** afectos a la actividad de mediación | | | | | | |
| | | | | | | |

| Datos de la sede profesional o social | | | |
|---|---|---|---|
| **Régimen** | **MEDIOS PERSONALES (número)** | | **Primas devengadas intermediadas (€)** |
| | Afectos a la actividad de mediación | NO afectos a la actividad de mediación | |
| | | | |

| OFICINAS | Datos de las sucursales | | | | |
|---|---|---|---|---|---|
| | **Domicilio** | **Provincia** | **MEDIOS PERSONALES (número)** | | **Primas devengadas intermediadas (€)** |
| | | | Afectos a la actividad de mediación | NO afectos a la actividad de mediación | |
| | | | | | |
| | | | | | |
| **TOTAL** | | | | | |

**Medios personales:**

- Órgano de dirección: número de personas que integran el órgano de dirección responsable de la mediación, y las que ejercen la dirección técnica o puesto asimilado.
- Empleados: número de personas empleadas con contrato laboral.
- Auxiliares: número de auxiliares externos que integran la red de distribución externa del agente de seguros vinculado u operador banca-seguros vinculado.
- Red de distribución: número de personas que integran la(s) red(es) de distribución del operador banca-seguros vinculado.
- Otro personal: número de personas que prestan funciones sin contrato laboral o mercantil (familiares, socios, administradores).

**Sede profesional o social:**

- Régimen de utilización: se indicará el código que corresponda en función de que se utilice en propiedad, arrendamiento o cesión. Códigos de Régimen de utilización:
  1- Propiedad. 2- Arrendamiento. 3- Cesión.

**Oficinas:**

- Primas devengadas intermediadas: Indicar el importe de las primas devengadas correspondientes a pólizas intermediadas, netas de anulaciones, en cada una de las oficinas.

5

## MODELO 2

## CARTERA DE SEGUROS INTERMEDIADA. DISTRIBUCIÓN

Ejercicio:…………………….. Clave de inscripción:………………………..
Semestre:…………

Nombre / Denominación social:……………………………………………………………………

### VOLUMEN TOTAL DE NEGOCIO:

| Primas devengadas intermediadas | % Vida | % No Vida | Red Propia | Auxiliares | Primas Cobradas | | Comisiones Devengadas |
|---|---|---|---|---|---|---|---|
| | | | | | Cobertura inmediata | Sin cobertura inmediata | |
| | | | | | | | |

### NUEVA PRODUCCIÓN:

| Primas devengadas intermediadas | % Vida | % No Vida | Red Propia | Auxiliares | Primas Cobradas | | Comisiones Devengadas |
|---|---|---|---|---|---|---|---|
| | | | | | Cobertura inmediata | Sin cobertura inmediata | |
| | | | | | | | |

### VOLUMEN TOTAL DE NEGOCIO POR ENTIDAD ASEGURADORA:

| Clave Entidad Aseguradora | Denominación Entidad Aseguradora | Primas devengadas intermediadas | |
|---|---|---|---|
| | | Volumen Total de Negocio | Nueva Producción |
| | | | |
| | | | |
| | | | |
| | | | |
| | | | |
| | | | |
| | TOTAL | | |

- Volumen total de negocio: importe total de primas devengadas intermediadas.
- Nueva Producción: parte de las primas devengadas intermediadas correspondientes a contratos perfeccionados en el periodo de referencia (1º Semestre: 1 enero a 30 de junio; 2º Semestre: 1 de enero a 31 de diciembre –incluye 1º semestre-).
- Primas devengadas intermediadas: Se entiende por primas devengadas intermediadas en el periodo de referencia, las correspondientes a contratos perfeccionados o prorrogados en el periodo de referencia, en relación con las cuales el derecho del asegurador al cobro de las mismas surgen durante el mencionado periodo, netas de anulaciones y que han sido mediadas por el agente de seguros vinculado u operador banca-seguros vinculado.
- % Vida, % No Vida: indicar la distribución porcentual de las primas devengadas intermediadas según correspondan a ramos de Vida o de No Vida.
- Red Propia: importe de las primas allegadas a través de los medios que configuran la estructura de la organización propia del agente de seguros vinculado u operador banca-seguros vinculado.
- Auxiliares: importe de las primas allegadas a través de los auxiliares externos del agente de seguros vinculado u operador banca-seguros vinculado.
- Primas cobradas: parte de las primas devengadas intermediadas que han sido cobradas por el agente de seguros vinculado u operador banca-seguros vinculado.

# Capítulo VI. SOLVENCIA II: GÉNESIS, MARCO INSTITUCIONAL Y FORMULACIÓN

## Sección 1. ANTECEDENTES Y PROCESO DE FORMACIÓN

### 5-193 Normativa prudencial de la Unión Europea: las tres generaciones de directivas

El sistema de solvencia europeo para las entidades aseguradoras hasta la entrada en vigor del marco "Solvencia II" se basa en tres pilares: provisiones suficientes (prudentes), activos adecuados para cubrir tales provisiones y un margen de solvencia que define el mínimo de fondos propios que la entidad debe poseer en todo momento.

La génesis normativa de este sistema quedó marcada a partir de la Primera Generación de Directivas. Estas dos Directivas (Directiva 73/239/CEE para No Vida y Directiva 79/267/CEE para Vida) sientan las bases de la normativa prudencial europea, principalmente por el establecimiento del margen de solvencia, el cual es descrito en ambos textos legales como una "supplementary reserve in order to provide against business fluctuations". Así, el margen de solvencia nace como una reserva (provisión técnica) adicional, pero con la vocación de recurso propio, en el sentido de colchón que permita absorber las pérdidas inesperadas.

Las dos siguientes generaciones de Directivas tuvieron como principal finalidad y justificación la creación de las bases legales necesarias para el establecimiento del Mercado Único del sector de seguros europeo. Así, las denominadas Directivas de Segunda Generación (Dir. 88/357/CEE y 90/619/CE) se enfocaron a sentar las bases normativas para el ejercicio de la libertad de establecimiento y de la libre prestación de servicios. Mediante las que se reconoce el derecho de las entidades aseguradoras comunitarias a crear una sucursal o a prestar sus servicios en cualquier Estado Miembro, cumpliendo ciertos requisitos. Por su parte, las Directivas de Tercera Generación consagran el "principio de licencia única", básico para los diferentes intermediarios financieros de la Unión Europea, por el cual la licencia o autorización administrativa otorgada por un Estado Miembro permite a quien la ha obtenido ejercer su actividad en todo el Espacio Económico Europeo a través del ejercicio de la libertad de establecimiento o en régimen de libre prestación de servicios.

Junto a este conjunto de Directivas prudenciales se sitúa la Directiva de Cuentas anuales y consolidadas de las entidades de seguros (Dir. 91/674/CEE, de 19 de diciembre). Con relación a las Provisiones Técnicas, la citada Directiva se limita a enumerar las mínimas exigibles y a definir su contenido. A la hora de valorarlas, se establece como principio que su importe deberá ser suficiente en cualquier momento para garantizar que la entidad pueda hacer frente, dentro de lo razonablemente previsible, a todos los compromisos derivados de los contratos de seguros, pero sin abordar los métodos de cálculo de las mismas y adoptando la prudencia como criterio general (tipo de descuento prudente y supuestos pesimistas acerca de la experiencia en pérdidas, generando en la mayor parte de los casos liquidaciones -"run-off"- positivas). Con tal enfoque, la discrecionalidad de los Estados Miembros para concretar la aplicación de este marco caracteriza el marco resultante.

Con este marco normativo comunitario se llega a final de siglo constatando que en materia de normativa prudencial no se han producido modificaciones de entidad, lo cual es un impedimento para que, de hecho, se produzca el deseado mercado único en el sector de seguros europeo, dada la variedad de prácticas y enfoques nacionales. En este sentido, la situación se podría definir como de armonización mínima.



Además, todo ello se produce en un marco en el que las mejoras en las técnicas de gestión de riesgos son un hecho (principalmente a través de los desarrollos de las herramientas VaR - Value at Risk- como medida del riesgo de una cartera de instrumentos financieros), y donde algunos reguladores habían comenzado a acometer nuevos sistemas de supervisión prudencial orientados a encarar los riesgos a que están sometidos las entidades aseguradoras con herramientas más ajustadas a la finalidad supervisora.

### 5-194 Crítica al sistema de medición de la solvencia en Solvencia I

El reducido pero apreciable impulso armonizador que en su día supuso la implantación del margen de solvencia a nivel europeo no impidió que desde el primer momento se formulasen críticas por la literatura científica poniendo de manifiesto sus carencias. Así, se subrayaba que dicho margen no tenía en consideración el riesgo de activo que afectaba a las entidades aseguradoras o que no discriminaba entre la calidad del reaseguro, entre otras críticas.

También se hacían notar los efectos paradójicos tales como la penalización, en mayor exigencia de fondos propios, del asegurador que calcula de forma más prudente sus provisiones técnicas, teniendo en cuenta la estructura de la fórmula de cálculo del margen de solvencia. Asimismo, los porcentajes empleados en dicha fórmula obedecían a una calibración que sucesivos estudios demostraron que estaba desfasada en gran medida.

No era, por tanto, aventurado deducir que el sistema vigente adolecía de una elevada falta de sensibilidad al riesgo; como en múltiples documentos a lo largo del proceso de Solvencia II se va a poner de manifiesto, una gran cantidad de riesgos (de mercado, de crédito, operacional) o no son capturados de ninguna manera en el margen de solvencia o lo son de forma inadecuada.

**ATENCIÓN**: El sistema de supervisión prudencial de las entidades de seguros comunitarias que nace de las Directivas de los años 70 (en Vida y en No Vida) adolece de falta de sensibilidad al riesgo y no garantiza la armonización necesaria para favorecer un Mercado Único de seguro en la Unión Europea.

## 5-195 El impulso para el cambio del sistema de supervisión prudencial en la UE

Este cambio procede de un mandato normativo contenido en los artículos 25 (No Vida) y 26 (Vida) de las terceras Directivas, en los cuales se obligaba a la Comisión Europea a realizar un informe para mediados de 1997 sobre la necesidad de ir más allá en la tarea de armonizar el margen de solvencia. Tal previsión normativa se acordó con el fin de revisar su funcionamiento una vez transcurridos más de veinte años desde la puesta en vigor del sistema vigente.

## 5-196 Directivas Solvencia I e Informe "Müller"

Como materia prima para comenzar la reflexión encomendada a la Comisión Europea, el Informe "Müller" (abril 1997), encargado por la Conferencia Europea de Autoridades de Supervisión de Seguros, intentó abarcar un conjunto de temas con distinta proyección temporal. Algunos de ellos sirvieron para una puesta al día de las Directivas prudenciales vigentes (las denominadas Directiva Solvencia I), y otros sentaron las bases de debate para el futuro marco de Solvencia II. Así, se abordaron diferentes áreas:

- Riesgos existentes en las entidades aseguradoras y la función de los fondos propios como salvaguarda ("buffer").
- Experiencia histórica de crisis recientes en entidades aseguradoras y cómo el margen de solvencia ha cumplido sus funciones de anticipación de situaciones de crisis.
- Cómo mejorar el sistema existente si modificar sus principales bases.
- Cómo mejorar los instrumentos y medios de los supervisores para hacer su intervención más oportuna.

Es preciso reseñar cómo en este Informe se considerará como referentes tanto el sistema RBC (Risk Based Capital), el cual fue adoptado en un gran número de estados de USA desde 1992 para el negocio de Vida y desde 1993 para No Vida, así como las normas bancarias aplicadas conforme a los dictados del Comité de Basilea, con especial atención en este último caso a los elementos que integran los fondos propios de las entidades de crédito conforme a la normativa europea sobre supervisión.

Las conclusiones que este Informe puso de manifiesto se pueden sistematizar en los siguientes elementos:

1. **De tipo técnico**. Se propone actualizar los importes mínimos del Fondo de Garantía para integrar la inflación producida desde su implantación. Como recordatorio, el Fondo de Garantía asume la función de una cuantía mínima independiente del volumen de negocio, supliendo las funciones del capital mínimo en los sistemas que no lo exigen. Con relación al cálculo del importe del margen de solvencia, se maneja la posibilidad de introducir un tercer índice, junto con las primas y los siniestros, que giraría en torno a las provisiones. Por otra parte se rechaza la posibilidad de establecer, en el cálculo de dicho margen, un índice que trate de capturar el riesgo derivado de las inversiones. Acerca de los elementos que integran los fondos propios que cubre el margen de solvencia se propone restringir algunos de los componentes que lo integran.

2. **De tipo operativo**. Refiriéndose a la manera de operar de los supervisores se propone dar más poderes a éstos para que puedan anticiparse a las posibles crisis de las entidades, aun en el caso de que las garantías financieras (provisiones, margen de solvencia y fondo de garantía) se cumplan.

3. **De tipo "político"**. Se plantea la necesidad de una mayor armonización en las normas prudenciales para evitar posible distorsiones en el Mercado Único.

Las Directivas denominadas "Solvencia I" (Dir. 2002/13/CE y 2002/12/CE) cristalizarán desde el punto de vista normativo las preocupaciones y sugerencias del Informe Müller.

A través de tales Directivas se renunciará a introducir reformas sustanciales en el modo de calcular el margen de solvencia si bien se modifican las cuantías mínimas del Fondo de Garantía y se permitirá la financiación subordinada como elementos que, bajo ciertas condiciones y límites, podrán integrar el margen de solvencia.

Pero si en algo destacan estas Directivas es en otorgar al supervisor facultades para exigir a la entidad planes de recuperación en caso de que se estime una amenaza a los derechos de los asegurados, permitiéndose, como se ha dicho, que se imponga una cantidad mayor de margen de solvencia a cubrir o se reduzca el importe consignado por la entidad para los elementos que lo cubren, así como reducir la parte que se deduce en el margen de solvencia obligatorio por razón del reaseguro.

Todo ello, sin cambiar las bases para el cálculo de lo que sería el capital regulatorio, implica una toma de conciencia del regulador comunitario de los diferentes riesgos a los que la entidad aseguradora está expuesta, al conceder al supervisor poderes clave en prevención de crisis futuras.

Se trata, asimismo, de intentar introducir un matiz prospectivo al enfoque del supervisor, en la medida en que en un sistema basado en datos históricos (enfoque retrospectivo) se introducen supuestos relativos a tendencias futuras que afecten a la entidad, procedan de ella misma o de otros elementos esternos (mercado, entorno jurídico o institucional, etc.). Pero implícitamente estos nuevos poderes para el supervisor implican un reconocimiento de la escasa capacidad del margen de solvencia como indicativo de alerta temprana de las crisis de las entidades aseguradoras.

De este modo, las Directivas "Solvencia I" van a cubrir únicamente uno de los aspectos que cubría el Informe Müller, esto es la introducción de modificaciones a las normas sobre margen de solvencia existentes, dejando para un ejercicio aparte la profundización sobre el régimen regulatorio que garantice la solvencia de las entidades aseguradoras.

**ATENCIÓN**: La Comisión Europea decidió abordar la modificación del marco normativo de supervisión prudencial de los seguros en la Unión Europea no por vía de la modificación de lo existente sino a través de un nuevo enfoque integral sin vinculación ni metodológica ni conceptual con el anterior marco.

Hacia un nuevo modelo. Con estas bases se va a comenzar un proceso innovador en el que no se va a renunciar al análisis de todos los aspectos que influyan en cómo las autoridades públicas van a intervenir en el mercado asegurador a través de la supervisión prudencial.

## 5-197 Directrices y áreas de trabajo definidoras del proyecto de Solvencia II

· Identificar los criterios de calidad de un sistema de solvencia, lo cual permitirá encarar las deficiencias del existente en la Unión Europea.

· Establecer los distintos tipos que existen de sistemas de solvencia y comparar los modelos que se aplican o están en proceso de ser aplicados (por ejemplo, el sistema ICA en Reino Unido, el SST de Suiza, etc.).

· Extraer las lecciones que resulten convenientes sobre el control aplicable en otros sectores. El nuevo acuerdo de Basilea ("Basilea II"), acordado en 2001, debe considerarse a efectos de analizar la posibilidad de adoptar conceptos comunes (cualitativos o cuantitativos) en algunos ámbitos, salvando las diferencias de la actividad de ambos sectores, asegurador y bancario.



· Los cambios en el marco contable. Con la incertidumbre, en el momento del nacimiento del proyecto Solvencia II, sobre el resultado final de los trabajos en el marco de las Normas Internacionales de Información Financiera (NIIF o NIC), se plantea como problema la necesidad de conseguir un enfoque común contable en la información financiera a suministrar al mercado y al supervisor.

Junto a estas directrices, se identifican una serie de temas clave para analizar:

• Los riesgos que debe afrontar una entidad aseguradora. Ya el Informe Müller expuso una tipología de éstos, diferenciando entre riesgos técnicos, de inversión y no técnicos (todos ellos riesgos normales) junto con riesgos especiales (de crecimiento, de liquidación, etc.).

• Grado de armonización de los métodos de cálculo y dotación de las provisiones técnicas a nivel comunitario, tanto en seguros de Vida como de No Vida, con especial consideración de los cambios previsibles en las normas contables.


© CISS

• Especial consideración de las inversiones de las entidades de seguros, con especial atención a su gestión conjunta con los pasivos que representan las provisiones técnicas, especialmente en Vida. En el marco europeo vigente, uno de los pilares en el que éste se sustentaba era la exigencia de que las provisiones técnicas estuvieran cubiertas con activos de calidad.

• Mejora del tratamiento del reaseguro en el futuro sistema de solvencia, con especial consideración de los sistemas de transferencia alternativa de riesgos.

• La importancia de la calidad de la gestión empresarial en el marco de un sistema de solvencia, y su relación con la efectiva producción de los riesgos a los que está sometida la entidad aseguradora.

• Este, pues, será el punto de partida a través del cual Solvencia II se irá gestando en sus diferentes fases.

## 5-198 Estudios previos de la Comisión Europea y de los supervisores europeos

La Comisión Europea denominó como "Fase 1" en el proyecto Solvencia II la destinada a obtener y elaborar estudios para establecer con datos un estado de la cuestión en materia de la supervisión prudencial de los seguros. Para ello, se utilizaron informes propios de la Comisión o estudios externos. Lo que se trataba de cubrir en esta fase eran los siguientes puntos:

• Régimen europeo en vigor y disposiciones adicionales de otros Estados Miembros.

• Análisis comparativo de otros regímenes de solvencia de seguros en otras jurisdicciones.

• Aportaciones internacionales en materia de cuentas, ciencia actuarial, supervisión de seguros, así como las reglas prudenciales aplicables a los bancos.

• Recientes desarrollos en materia de modelos internos aplicados por las entidades aseguradoras como herramienta de gestión de sus riesgos.

• Estudio específico de ciertos temas; provisiones técnicas, gestión de activo- pasivo, reaseguro y grupos aseguradores.

## 5-199 El Informe de KPMG

Publicado en 2002, aborda de una manera general todos los temas vinculados a la supervisión prudencial de las entidades de seguros, desarrollando los siguientes temas: riesgos y modelos de riesgos, pasivo técnico (con especial atención a los seguros no de vida), evaluación del activo y de los riesgos de inversión; reaseguro, transferencia alternativa de riesgos y técnicas de reducción de riesgos; efecto potencial de las modificaciones de las normas contables; papel de las agencias de calificación; y análisis comparativo de los sistemas de medición de la solvencia.

Su principal conclusión es que un enfoque en **Tres Pilares** similar al adoptado por el Comité de Basilea también resultaría aplicable a Solvencia II. En el primero se integrarían las normas relativas a los recursos financieros; el segundo se consagraría a las normas de control interno, gestión de riesgos y a su control por la autoridad supervisora; y el tercer pilar estaría compuesto por un conjunto de reglas (principalmente de transparencia) con el fin de favorecer la disciplina de mercado.

En lo relativo a la exigencia de capital, el informe preconiza la aprobación de una fórmula de cálculo que tenga en cuenta los riesgos técnicos (que se denominarán posteriormente como "riesgos de suscripción"), el riesgo de mercado y el riesgo de crédito. No se muestra favorable a incluir una exigencia para cubrir el riesgo operativo y el riesgo de inadecuación activo/pasivo.

5

## 5-200 Informes de la Comisión

Junto a los que tratan de exponer temas generales que pueden afectar al diseño del futuro marco prudencial (Basilea II, Normas Internacionales de Contabilidad, sistemas de cálculo del mínimo de fondos propios, estándares internacionales, etc.), merece destacar las conclusiones que se obtiene de los Grupos de Trabajo creados para debatir la situación de las provisiones técnicas en el ámbito comunitario, tanto en Vida como en No Vida.

**Provisiones técnicas**. Con relación a No Vida, su función era comprobar el grado de armonización de las provisiones técnicas a nivel comunitario, detectándose una gran diversidad de prácticas, principalmente en la provisión de prestaciones. Mayor diversidad se aprecia con relación a la provisión de estabilización, proponiendo la posibilidad de que este mecanismo de estabilización se integrara en el ámbito de los fondos propios. Procede recordar que el denominado Informe " Manghetti" (1999) había estudiado la realidad existente en los distintos Estados Miembros en cuanto a la tipología de las Provisiones Técnicas, sin realizar comparaciones cuantitativas sobre el nivel de aprovisionamiento.

En el ámbito de Vida, la ausencia de estudios recientes sobre la tipología de estas provisiones en el ámbito comunitario, hizo que se propusiera como objetivo detectar problemas de carácter prudencial, a través de las experiencias nacionales, que debieran ser contemplados en una futura regulación. Por ello, se identificaron como puntos de necesario estudio y debate posterior los siguientes:

- Tipos de interés garantizados.
- Riesgo vitalicio vinculado a las rentas.
- Cláusulas de participación en beneficios.
- Unit linked.
- Opciones incluidas en los contratos.

Se plantea asimismo la necesidad de establecer exigencias reglamentarias para la gestión activo-pasivo (aplicación de pruebas de tensión -stress test-). Así, un gran número de cuestiones se dejan para posteriores desarrollos y estudios.

## 5-201 El Informe "Sharma"

Denominado así por ser el nombre del presidente del Grupo de Trabajo creado en el seno de la Conferencia Europea de Autoridades de Supervisión de Seguros, se emite en 2002. Su finalidad es obtener conclusiones sobre el ejercicio de la supervisión a partir de las experiencias de los supervisores europeos en las crisis de entidades de seguros bajo su control.

La principal conclusión del Informe se centra en diagnosticar estas crisis como un proceso que presenta distintas etapas y en el que confluyen una concatenación de causas, existiendo una causa subyacente en las etapas precoces, en gran medida identificada con problemas de gestión, hasta llegar a causas desencadenantes (por acontecimientos externos, por inversiones erróneas, por siniestralidad insoportable, etc.) que provocan el deterioro de la situación financiera.

Por lo tanto, lo que se observa en la práctica es la existencia de una cadena de causalidad, en la que unos riesgos provocan que otros se desencadenen. En este sentido, se piensa que el capital es una herramienta necesaria para el sistema de supervisión prudencial pero no la única, si se pretende que éste actúe con un carácter preventivo más que curativo. En consecuencia, el marco normativo debe dar al supervisor herramientas para intervenir incluso en las fases del proceso en el que las garantías financieras se cumplen ("early warning systems"), mencionándose, así, la necesidad de diferenciar niveles de intervención.

**ATENCIÓN**: Los estudios previos al diseño de Solvencia II se van a centrar en el estudio de las funciones del capital, de las provisiones técnicas y su comparabilidad, en las experiencias de otros ordenamientos y en la capacidad de predicción de futuras crisis de que dispone o debe disponer el supervisor de seguro. La identificación de los riesgos que afectan a las entidades aseguradoras será el común denominador en todos los aspectos estudiados.

5

## 5-202 Objetivo: La "solvencia global"

La conclusión que se obtiene de esta fase se resume en que el objetivo clave es desarrollar el concepto de "solvencia global", el cual no se identifica con:

- Solvencia entendida como el margen de solvencia de las Directivas comunitarias.
- Solvencia como conjunto de normas en vigor para garantizar la solvencia financiera de las entidades de seguros (los "tres pilares" tradicionales: provisiones técnicas prudentes, activos de calidad para cubrirlas y margen de solvencia).

La "solvencia global" corresponde a la solvencia financiera de una empresa, habida cuenta de las condiciones de explotación (productos y tarifas, organización administrativa, calidad de los directivos, etc.), así como de su entorno exterior (ciclos económicos, condiciones de competencia, estructura de la propiedad de la corporación, etc.).

 © CISS

Impone una visión más prospectiva de la situación financiera y obliga a considerar factores no sólo financieros, lo que exige dotar al supervisor a disponer de un mayor conjunto de instrumentos y potestades.

En este esquema adquiere una importancia central, si bien no única para definir la solvencia global, el capital regulatorio.

De los estudios que aborda la Comisión Europea, se concretan tres funciones que debe cumplir esta magnitud:

1. Límite obligatorio para que una entidad pueda ejercer la actividad aseguradora sin sufrir restricciones sustanciales en su funcionamiento que le pongan de camino hacia su desaparición. Por la experiencia acumulada se dedujo que el margen de solvencia cumplía esta función, ya que la no cobertura de éste implicaba un grave peligro de insolvencia.

2. Límite que anticipe las posibles dificultades en las que pueda caer una entidad. Para que se cumpla esta función debe considerarse el perfil de riesgo específico de cada entidad, lo que hace que cualquier sistema estándar, o de aplicación general, de cálculo de este capital tenga sus limitaciones y deba completarse con otros instrumentos del supervisor. Las características del margen de solvencia hacen que éste no cumpla esta función, dada su escasa vocación prospectiva.

3. Importe necesario para hacer frente a los riesgos de explotación, lo que equivale a mantener un riesgo muy bajo, casi nulo, de insolvencia. Su incumplimiento no implicará la intervención coercitiva del supervisor, pero abocará a la entidad a tomar decisiones de gestión que impidan que esta situación se prolongue. En este sentido, lo que se busca con este límite de capital es que condicione la gestión de la empresa, y, en términos generales, la gestión de sus riesgos. Si cumple esta función, el capital regulatorio se aproxima a la idea de capital económico.

## 5-203 Desarrollo de los modelos de capital económico en el sector asegurador

El capital económico define la cantidad de capital en riesgo que una entidad financiera debe poseer para hacer frente a los riesgos que su propio perfil establece. Como herramienta de gestión resulta crucial en la medida en que permite adelantarse a los acontecimientos futuros que pueden afectar negativamente a la entidad sobre una base realista y con arreglo a una determinada probabilidad, además de ser el instrumento clave para la toma de decisiones.

El desarrollo de los modelos VaR extendió esta herramienta a un gran número de entidades en los años 90. La revisión del acuerdo de Basilea I (1988) tuvo como finalidad mejorar la supervisión con vistas a permitir una mayor adecuación de los requerimientos de capital a los riesgos reales soportados por las entidades, alineándose con las prácticas que las más desarrolladas aplicaban en su gestión ordinaria.

Ello exigía que la supervisión evolucionase en la misma línea, que se consolidara un modelo de supervisión orientada al riesgo, entendiéndose como tal un proceso estructurado destinado a identificar los riesgos materiales que cada entidad debe hacer frente a través de una actuación supervisora, centrada en revisar la gestión que la entidad hace de sus riesgos y en valorar la vulnerabilidad ante acontecimientos adversos.

Tal enfoque supervisor lo que persigue es una compatibilidad entre la labor supervisora y la gestión ordinaria de la entidad, teniendo como finalidad última hacer coincidir en la práctica el capital económico con el capital regulatorio, lo que justifica la admisión de modelos internos por un lado y la admisión de todo tipo de herramientas y medios que tengan como resultado la reducción del riesgo específico de cada compañía.

**ATENCIÓN**: Se debe abordar la función que desempeña el capital regulatorio y enfrentarlo al capital económico como herramienta de gestión.



## 5-204 Desarrollos regulatorios en otras jurisdicciones hacia una supervisión basada en el riesgo. Tipología

Un sistema basado en el riesgo (u orientado al riesgo) para definir las exigencias de fondos propios mínimos de las entidades financieras puede entenderse en un sentido amplio, como aquel en el que tales exigencias se basan en los riesgos que inciden en la entidad. Así concebido, el sistema europeo de las Directivas de los años 70 ("Solvencia I") podría encuadrarse en tal sistema orientado al riesgo, debido a que se consideran los riesgos de explotación de la entidad aseguradora (factores aplicados a las primas, los siniestros, los capitales en riesgo, etc.), sobre la base de que a mayor actividad o volumen de negocio, mayor riesgo.

Un enfoque más restringido del término "risk based capital" se refiere al sistema establecido en USA a partir de principios de la década de los 90, cuyas principales características expondremos en el siguiente epígrafe.

Pero si agrupamos la mayor parte de los sistemas que a lo largo de los años 90 se intentan implantar en distintas jurisdicciones financieras, las áreas comunes identificadas en torno a ellos serían:

• La aplicación de un enfoque basado en el balance total, es decir, incluyendo tanto los activos como los pasivos de la entidad (se opone así al sistema "Solvencia I" en el que sólo se consideran unas partidas del balance para hacer frente a la estabilidad de la entidad (las provisiones técnicas y sus activos afectos y los que integran el patrimonio propio no comprometido o recursos propios).

• La tendencia a una valoración de las partidas de balance sobre valores "económicos" o de mercado, despegándose de los enfoques contables basados en el coste histórico.

• Un enfoque del tipo Valor en Riesgo (VaR) para determinar los requerimientos de capital.

• La inclusión, en los cálculos de los requerimientos de capital, de una mayor o menor gama de riesgos en el denominado Pilar I (cuantitativo).

• Calibración de los requerimientos de capital con arreglo a un específico nivel de confianza sobre un horizonte temporal de un año.

En su mayor parte, los modelos que ofrecen otros países están en los primeros momentos de desarrollo de Solvencia II en una fase de primera implantación o de prueba. Así, el de los Estados Unidos es el que lleva más tiempo aplicándose (1993 para Vida y 1994 para No Vida), mientras que otros, como el "Enhanced Capital Requirement" de Reino Unido se irá implantando en los primeros años del siglo XXI.

Haciendo abstracción de lo más reciente, e intentando fijar los rasgos de todos los modelos existentes, una distinción básica sería la que delimita dos grandes grupos o enfoques:

1. Los basado en un **enfoque retrospectivo**, también denominados como **modelos estáticos**, según el cual las necesidades de solvencia de una entidad aseguradora se calculan en función de datos históricos. A ese enfoque se acoge Solvencia I, el cual utiliza el balance cerrado como referencia de cálculo.

2. Los que tienen una **orientación prospectiva**, en el que se incluyen los denominados **modelos dinámicos**, según el cual tales necesidades se calculan aplicando modelos teóricos que consideran no sólo los datos históricos, sino hipótesis sobre la evolución futura de datos de la entidad o del mercado. Para ello, se considerarán como principal elemento, los flujos de caja proyectados hacia el futuro. Solvencia II basa su modelo en un enfoque prospectivo.

Sobre esta primera base, se van a ofrecer variaciones. Así, un modelo retrospectivo puede basarse en un factor simple, como ocurre en Solvencia I (aplicado sobre primas, siniestralidad o valores en riesgo), o sobre varios factores de riesgo. En ambos casos el regulador establece normas que deberán aplicar todos los aseguradores sometidos a supervisión.

Los modelos de tipo prospectivo que se van a ensayar en la época previa a la formulación de Solvencia II presentan diferentes aproximaciones:

• La aplicación de escenarios implica que la entidad aseguradora mide el impacto que ciertos escenarios tienen sobre su valor neto (todos sus activos menos todos sus pasivos) a través de una proyección de flujos descontados al tipo de interés que corresponda. En la medida en que estos escenarios estén definidos por el regulador, el modelo se configura con base en reglas a aplicar por las entidades.



• Si el enfoque prospectivo huye de aplicar reglas concretas y define unos principios a respetar por las entidades, se estará configurando un sistema basado en el modelo interno definido por la entidad. A tal fin, le corresponde a ésta llegar a una conclusión sobre sus requerimientos de capital (económico), lo cual realizará a través de un proceso interno de evaluación, el cual, en el sistema de la FSA británica se denomina como Internal Capital Assesment (ICA).

**ATENCIÓN**: En el momento de iniciarse los trabajos de diseño del sistema de Solvencia II no existe un estándar de solvencia que se considere válido al completo, pero sí se aborda, por ciertas jurisdicciones, la superación de los límites de los sistemas retrospectivos de medición de la solvencia.

**La base valorativa, presupuesto inicial**

Como un presupuesto esencial para la aplicación de los citados enfoques se encuentra la base que emplean para la valoración de sus activos y pasivos. En este sentido, los modelos dinámicos se acogen a un nuevo sistema de evaluación de los activos y pasivos centrado en el valor de mercado, con especial atención en las obligaciones

 © CISS

derivadas de los contratos de seguro (provisiones técnicas). En consecuencia, las coordenadas sobre las que van a girar los modelos más desarrollados se centran en dos puntos:

- La adopción del enfoque del balance total (total balance sheet approach).
- La manera de afrontar la valoración de las provisiones técnicas.

Con relación al enfoque de balance total, la Asociación Internacional de Actuarios (IAA) establece como principio que el requerimiento de capital debe estar basado en el balance considerado en su totalidad, a través del uso de un tratamiento coherente de los activos y pasivos, valorados de forma realista.

Igualmente, la IAIS requiere que las provisiones técnicas se calculen de forma objetiva y que aseguren la comparabilidad entre aseguradores. La inconsistencia, como ya vimos, entre los distintos aseguradores en este tema a lo largo de la Unión Europea exige una evolución sustancial.

La mayor parte de los modelos retrospectivos basan sus cálculos sobre provisiones técnicas en las reglas contables locales, de forma tal que la prudencia, incluida en la valoración no aparece explicitada, haciendo muy difícil la comparabilidad entre aseguradores.

La introducción del concepto de "provisiones técnicas realistas" abre el camino hacia la definición de un valor de mercado de tal concepto contable. A tal fin, los intentos de elaborar un marco para este enfoque considerarán todos los flujos previsibles procedentes de los contratos de seguro, sobre la base de la estimación más probable, debiéndose incluir todas las opciones y garantías ofrecidas, por lo que habrá de introducir hipótesis acerca del comportamiento de los asegurados en el ejercicio de sus derechos u opciones.

Caben distintas alternativas en cuanto a cómo capturar la incertidumbre implícita en esta valoración. En este sentido se podría incluir en el montante de las provisiones técnicas, como un margen prudencial o confiar en el capital como el elemento que debe capturar todas las obligaciones imprevisibles. La consideración, como elemento de las propias provisiones técnicas, de un margen de riesgo para aquellos flujos de caja no previstos, pero sometiéndole a una metodología basada en escenarios probables, es un paso para eliminar cualquier elemento prudencial oculto.

## 5-205 Sistemas implementados fuera de Europa: Caso RBC - USA

El sistema RBC (Risk Based Capital) fue puesto en vigor en USA a partir de 1993, basándose en normas, sustituyendo así al sistema anteriormente en vigor, en el que las exigencias de solvencia eran distintas según los Estados.

El principio del RBC consiste en asociar a cada uno de los principales riesgos que tienen las sociedades de seguros con la necesidad de capital: los métodos de cálculo utilizados, más o menos complejos, tienen en cuenta las características de cada empresa. A continuación, se obtiene una necesidad global de fondos propios asociando las necesidades de fondos propios vinculadas a cada riesgo. Esta necesidad global de fondos propios reglamentarios se compara después con los fondos propios (llamado "total adjusted capital", dado que se extrae de algunos elementos contables) de la empresa. El coeficiente fondos propios de la empresa/necesidad de fondos propios determina las posibilidades de actuación de la autoridad de control.

De esta forma, en función del resultado del coeficiente, la intervención del supervisor será más o menos intensiva. A destacar los siguientes rasgos del sistema:

- Los riesgos que se incluyen en el cálculo son los de Activos (diferenciándose renta fija, renta variable y créditos) y el de suscripción (diferenciando el relativo a las provisiones-reservas técnicas, y el de infratarificación). La diferencia entre Vida y No Vida se refiere más a los hechos que se tienen en cuenta a la hora de valorar los riesgos (por ejemplo, evolución de la mortalidad). Común a ambos ramos es el riesgo relativo a las filiales y a los compromisos fuera de balance, que se considerará bajo la hipótesis de su total correlación con los otros riesgos, ya que éstos se consideran independientes entre sí (correlación cero).
- La base contable que se utiliza para valorar activos y pasivos es la de las normas propias de las entidades aseguradoras americanas (Statutory Accounting Principles), y no la valoración a mercado.
- Como ya se vio, se presume la total independencia entre la casi totalidad de los riesgos.
- Es un modelo, por tanto, de tipo retrospectivo y basado en factores, no en escenarios, donde no se admite el uso de modelos internos.

## 5-206 Sistemas implementados fuera de Europa: El caso de la reforma en Australia para el Seguro No Vida

A partir de 1995, Australia comienza un ejercicio para modificar su sistema de supervisión prudencial de seguros. Sumariamente, los ámbitos en los que van a trabajar son los siguientes:

1. Definición de nuevas normas para la evaluación de las provisiones técnicas. Lo que la autoridad australiana pretende es fijar un nivel de prudencia mínimo en las provisiones técnicas, de forma que se exige que tengan una probabilidad de ser suficientes del 75%. Lo que superase ese nivel normativo podría utilizarse por la entidad como fondos propios. Interesa subrayar que este enfoque supone apartarse de la normativa contable australiana, que no admitía márgenes de prudencia en las provisiones, por lo que hace entrever el conflicto potencial entre normas contables y normas prudenciales a la hora de valorar este relevante concepto.

2. Definición de una nueva norma para definir la exigencia mínima de fondos propios. Distingue tres grandes tipos de riesgos, a cada uno de los cuales le corresponde una necesidad de fondos propios, siendo la necesidad total de fondos propios la suma de los mismos. Estos riesgos son: el de seguro (o suscripción; semejante al del RBC); el de inversión, y el riesgo de concentración (relacionado con situaciones catastróficas). Se admite la posibilidad de utilizar modelos internos por la entidad para fijar estos fondos propios.

3. Por último, debe subrayarse que se ocupará también de definir normas relativas a la gestión interna de los riesgos.

## 5-207 Sistemas implementados fuera de Europa: Principios y trabajos de la IAIS

La Asociación Internacional de Supervisores de seguros (IAIS) se configura como una instancia de normalización prudencial en materia de seguro, asumiendo, si bien con un carácter más orientativo que normativo, el papel que el Comité de Basilea ocupa en el ámbito bancario. Fruto de las labores de su Subcomité sobre Solvencia fue la formulación a comienzos de 2002 de un conjunto de principios de adecuación de capital y solvencia hasta un número de catorce, que se formulan en términos generales con la finalidad de que sus objetivos puedan ser alcanzados de diversas maneras.

Seleccionamos, de entre ellos, los que más se consideraron por la Comisión Europea para diseñar el futuro sistema de solvencia en el ámbito europeo:

- Principio 1.- Según este enfoque las provisiones técnicas de una aseguradora deben ser suficientes, fiables, objetivas y permitir comparaciones entre aseguradoras.
- Principio 3.- Los activos deben ser adecuados, suficientemente realizables y evaluados con objetividad.
- Principio 4.- Los regímenes de adecuación de capital y solvencia deben velar por la congruencia ("matching") entre activos y pasivos.
- Principio 6.- Los regímenes de adecuación del capital y de solvencia deben ser sensibles al riesgo.
- Principio 8.- Debe especificarse un nivel de capital mínimo.
- Principio 10.- Los regímenes de adecuación de capital y de solvencia deben completarse mediante sistemas de gestión de riesgos.
- Principio 11.- Toda inclusión del reaseguro en un régimen de adecuación del capital y solvencia debe atender a la eficacia de la transferencia de riesgos y a la seguridad probable de la contrapartida de reaseguro.
- Principio 12.- El régimen de adecuación del capital y solvencia debe reforzarse a través de requisitos adecuados en materia de información.
- Principio 14.- Los regímenes de adecuación del capital y de solvencia deben combatir el doble cómputo y demás problemas derivados de la pertenencia a un grupo.

En su documento, la IAIS llega a citar hasta veintitres diferentes tipos de riesgos a los que puede estar expuesta una entidad de seguros.

## 5-208 El papel de las organizaciones profesionales de actuarios

La profesión actuarial también se ocupó de cuestiones de solvencia a través del Grupo Consultivo Actuarial Europeo, creado en 1978, con una orientación dirigida en gran parte al estudio de la legislación comunitaria, vinculándose al proyecto Solvencia II a través de su contribución técnica a requerimiento de la Comisión Europea.



 © CISS

La Asociación Internacional de Actuarios (IAA) se crea en 1998 y constituye pronto un Grupo de Trabajo para colaborar con organismos internacionales en la la elaboración de normas de supervisión de seguros, publicando en 2002 un informe sobre riesgo y solvencia. Posteriormente reforzará su colaboración con la IAIS, concentrándose en la elaboración de mediciones del riesgo adecuadas a efectos de evaluar la solvencia de las aseguradoras y en los problemas que en la práctica presentan los modelos RBC.

Así, en 2004, la IAA presenta un documento titulado "A Global Framework for Insurer Solvency Assesment", en el cual enumera una serie de puntos básicos a considerar en el diseño de cualquier sistema de evaluación de la solvencia de un asegurador:

1.- Dicotomía entre enfoques basados en principios y en normas. Se pronuncia a favor de unos principios sólidos capaces de ser desarrollados por normas capaces de adaptarse a la realidad y a las circunstancias imprevistas.

2.- Enfoque "total balance sheet". Recordando este elemento esencial, que integrará como principio básico el marco Solvencia II, una adecuada evaluación de la real posición financiera de un asegurador con la finalidad de conocer su solvencia requiere que se considere su balance total de forma integrada y sobre la base de un sistema de valores reales, lo que conlleva un tratamiento consistente tanto de activos y pasivos y que no genere déficits o superávits ocultos.

3.- Horizonte temporal adecuado. Se considera un año como el horizonte temporal razonable para determinar la actual posición de solvencia de un asegurador, sin que deba confundirse tal horizonte temporal con la necesidad de considerar, en tal evaluación, la duración de todos sus activos y de sus obligaciones a la hora de proyectar los flujos de caja generados por los mismos.

4.- Tipos de riesgos incluidos. Si en vía de principio debe incluirse todos los riesgos que sean significativos, las dificultades que en ocasiones entraña la cuantificación de algún tipo hace que su supervisión deba encomendarse al Pilar II, recomendando que el Pilar I se ocupe de los riesgos de suscripción, de mercado, de crédito y del riesgo operacional.

5.- Medida de riesgo apropiada. Se considera como tal un indicador numérico que puede ser usado para determinar el capital de solvencia requerido para un asegurador. En este sentido, se considera que una medida que reúne un gran número de propiedades para medir un gran número de riesgos es el TailVaR (pérdida esperada por el asegurador), medida utilizada también en el sector bancario.

6.- Dependencias entre los riesgos. El método de evaluación de la solvencia debería tener en cuenta el impacto de las interdependencias, concentración y diversificación de los riesgos, lo que influirá en las propiedades que se exijan a la medida de riesgo utilizada.

7.- El método de valoración de la solvencia debería reconocer de forma adecuada el impacto de los mecanismos que se utilicen para transferir o compartir los riesgos, así como reconocer que algunas técnicas introducen nuevos riesgos.

8.- Debe establecerse un enfoque estandarizado en el que se establezca una gestión de riesgos apropiada, incluyendo obligaciones de revelar a los interesados y a los supervisores determinada información.

9.- Se reconoce la prioridad de una buena gestión de riesgos como la primera línea de defensa que protege la solvencia de la entidad aseguradora y a sus asegurados. Sólo en caso de que ésta falle aparece el capital para cubrir las pérdidas financieras que se produzcan. Con base en ello, si una entidad desea disponer de menor nivel de capital, en la medida que aplica un enfoque de medición del mismo basado en las especificidades propias de la entidad, el supervisor, antes de permitirle aplicar tal enfoque debe asegurarse que ha puesto en marcha los adecuados procesos de gestión de riesgos, además de una satisfactoria estructura de información. Ello implicaría la introducción de un modelo interno en esta ideal estructura de valoración de la solvencia.



## 5-209 Cambios regulatorios en el entorno europeo hacia una supervisión "risk-based": Caso de Reino Unido

Tratándose de un modelo en evolución, el modelo que comienza a aplicar Reino Unido desde los primeros años de este siglo, con plena implantación desde enero de 2005, trata de calcular unos requerimientos de capital que superen las limitaciones del margen de solvencia comunitario como medida para afrontar los riesgos de una entidad aseguradora.

Su formulación descansa en el cálculo de dos cifras:

1.- **Enhanced Capital Requierement**.

a) *Aseguradoras No Vida*. Se utiliza un enfoque retrospectivo basado en factores de riesgo, por lo que el citado ECR se obtiene como una cantidad que depende del patrimonio a la que se añade otra que depende del riesgo menos las provisiones de estabilización.

b) *Aseguradoras Vida*. En este caso, se diferencia entre los productos con participación o no en beneficios. Si no hay participación en beneficios se utiliza el mismo enfoque que en No Vida, con un sistema basado en factores de riesgo. Para los productos con participación en beneficios se debe obtener un Resilience Capital Requierement, para cuyo cálculo se utiliza un enfoque dinámico o prospectivo (basado en flujos de caja), lo que implica la aplicación de escenarios. Se incluirán como riesgos los propios de activo y el de anulaciones o cancelaciones (lapse risk). No se incluye el riesgo operacional ni el de crédito. El modelo considera un escenario estresado en el que confluyen todos los riesgos a la vez. La valoración se basa en criterios realistas a la hora de valorar las provisiones técnicas, excluyendo cualquier margen de riesgo.

2.- **Individual Capital Assesment**. Se basa en el uso de modelos internos, en función de una serie de estándares fijados por el regulador.

## 5-210 Cambios regulatorios en el entorno europeo hacia una supervisión "risk-based": Caso de Suiza

En Suiza, el proyecto para un nuevo enfoque normativo (Swiss Solvency Test -SST-) comienza en 2003, entrando en vigor a partir del ejercicio 2007, con un período de adaptación que finaliza el 1 de enero de 2011. Sus rasgos principales son:

• Se basa en una valoración consistente con el mercado de los activos y pasivos, incluyéndose en el valor de los pasivos todas las garantías y opciones que se ofrezcan.

• Es un sistema prospectivo, en el cual se utilizan análisis de escenarios tanto en Vida como en No Vida y en Salud, incluyéndose los riesgos de activo y ALM (ajuste entre activos y pasivos -"matching"-).

• Se pretende incentivar la gestión de riesgos, promoviendo el desarrollo de modelos internos por las entidades.

• Utiliza dos cifras de capital: uno mínimo, basado en el balance "contable", que no puede considerarse como orientado al riesgo; y otro denominado "objetivo", calculado conforme a valores de mercado, que se obtiene tras la aplicación de escenarios.

• Se utiliza como medida de riesgo el TailVaR, pérdida esperada, a un año.

• Hay un modelo estándar para los riesgos clave (mercado, suscripción y crédito).

• El valor de las provisiones técnicas se obtiene de añadir a la mejor estimación un margen de riesgo.

## 5-211 La influencia de Basilea II como referencia y metodología

En 1988 se adoptó el Acuerdo de Capital de Basilea, conocido como Basilea I, el cual introdujo unas normas comunes para el cálculo de los requerimientos de recursos propios para hacer frente al riesgo de crédito, ampliándose en 1996 para cubrir el riesgo de mercado. La legislación comunitaria acogió el sistema aprobado por Basilea I a través de las Directiva 93/6/CEE sobre la adecuación de capital de las empresas de servicios de inversión y las entidades de crédito, y la Directiva 2000/12/CE, relativa al acceso a la actividad de las entidades de crédito y a su ejercicio. Se ha considerado Basilea I como un primer paso importante para el momento pero que no daba soluciones matizadas al riesgo de crédito que pretendía cubrir.

5

Efectivamente, la ponderación del citado riesgo se realiza según el sector institucional del acreditado sin muchas matizaciones con relación a los diferentes acreditados dentro de cada sector.

Con ese marco normativo como fondo, la banca fue desarrollando modelos de medición y gestión de riesgos mucho más sofisticados que la regulación aplicable, poniéndose de manifiesto carencias del sistema como la no consideración del riesgo operacional al calcular los requerimientos de capital, el hecho de no reconocerse de forma adecuada las técnicas de mitigación de riesgo, muy extendidas en el sector, o aplicar unas estimaciones de riesgo de crédito para ponderar los activos demasiado simples, sin discriminar suficientemente, como ya se ha comentado.

Basilea II va a intentar acomodarse a las técnicas de gestión y medición del riesgo que las entidades venían empleando, apartándose de una idea exclusivamente cuantitativa de la solvencia bancaria, reforzando la importancia de los mecanismos internos de gestión de riesgos de las entidades de crédito.


© CISS

Por tanto, en primer lugar, se intenta acomodar el capital económico con el capital regulatorio, debiendo recoger los riesgos que realmente soporta la entidad, afinando más los métodos de medición del riesgo que efectivamente afectan a la entidad.

Pero, como hemos dicho, se va más allá, hacia la idea de la solvencia global, la cual no reside sino en la conjunción de una serie de elementos que se van a articular a través de la división metodológica del nuevo marco en Tres Pilares.

Así, se entiende que los objetivos de la normativa prudencial, y, por tanto, la solvencia de las entidades, se obtiene combinando la medición de sus riesgos que el propio banco hace con la vigilancia del supervisor sobre su preciso perfil de riesgo junto con el juicio que el mercado se hace a través de la revelación pública de datos esenciales sobre los riesgos a los que la entidad está expuesta.

**ATENCIÓN**: Un gran número de rasgos y principios consagrados por otras jurisdicciones y enunciados por el entorno profesional y supervisor van a definir muchas de las bases sobre las que se sustentará Solvencia II.

Examinemos el contenido de los citados Pilares.

**Pilar I**

Con un enfoque puramente cuantitativo, este Pilar trata de fijar los requerimientos de capital que cubran los riesgos de crédito, de mercado y operacionales (u operativos). Con relación a Basilea I se ha incorporado el riesgo operacional, pero los avances son mayores, ya que se va a incorporar la posibilidad de realizar el cálculo del capital requerido para cubrir el riesgo de crédito a través de tres opciones:

- Un enfoque estándar, que evoluciona con relación a Basilea I al permitir que las ponderaciones por riesgo de los activos se vean afectadas por la calificación crediticia del deudor, pudiendo reducirse sustancialmente en caso de calificaciones Triple A (AAA).
- El modelo IRB (Internal Ratings Based approach) básico, que se basa en los ratings internos, que calculan las entidades con arreglo a sus modelos de gestión de riesgos. El capital tendrá como finalidad cubrir las pérdidas no esperadas en caso de impago, dado que las esperadas lo serán a través de la dotación de provisiones. Existe un modelo teórico de base que no permite incorporar la diversificación concreta de la entidad, sino que presume la existencia de una cartera suficientemente diversificada, por lo que permite su aplicación a un gran número de entidades con características diferentes.
- El modelo IRB avanzado supone dejar en la entidad la mayor parte del cálculo de los parámetros necesarios para calcular las ponderaciones por riesgo de los activos. Mientras que en el enfoque básico la entidad debería estimar sólo la probabilidad de impago, en el avanzado se deja a la entidad el cálculo de la mayor parte de los datos necesarios para calcular las ponderaciones por riesgo, como son:
- La pérdida en caso de impago.
- La exposición en el momento del impago.
- La madurez efectiva del préstamo.

La existencia de un cálculo avanzado se explica como incentivo para obtener unos menores requerimientos de capital para las entidades que son capaces de calcular por sí mismas los parámetros exigidos en el IRB avanzado, que serán aquellas que hayan desarrollado un mejor, y más adaptado a la entidad, sistema de gestión y medición de sus riesgos. En todo caso corresponderá al supervisor aprobar la aplicación de los modelos IRB.

**Pilar II**

Conocido como proceso de revisión o examen supervisor ("Supervisory review Process"), su enfoque es principalmente cualitativo, ya que, partiendo del cálculo de los requerimientos de capital efectuado por la entidad, le corresponde a ésta demostrar ante el supervisor que dispone de los mecanismos de gestión de riesgos suficientes para evaluar sus necesidades de capital conforme a su concreto perfil de riesgo. En este sentido, la pieza clave de este proceso es el denominado ICAAP o autoevaluación interna de la adecuación de capital (en Solvencia II lo veremos bajo la denominación de ORSA), donde la entidad debe demostrar que su gestión se adecúa a su concreto perfil de riesgo y que sus decisiones están en función de mantener las exigencias de capital que aquel requiere. Como potestad supervisora específica y consistente con este marco, se autoriza al supervisor a que exija a las entidades mantener un importe de capital por encima de los mínimos establecidos por el Pilar I.

El Pilar II incluye también la exigencia de unos sólidos procedimientos de gobierno corporativo, donde se incluyen una organización clara, unas líneas de responsabilidad transparentes, junto con mecanismos adecuados de control interno, incluyéndose en los mismos unos procedimientos administrativos y contables adecuados.

La Directiva de Adecuación de Capital, que trasladará este esquema a la normativa europea (Directiva 2006/48/CE), recogerá en un artículo estas exigencias de gestión, desarrollándola en su Anexo V. La Directiva sobre Solvencia II contendrá un significativo número de artículos para desarrollar tales requisitos, desarrollando con detalle la noción de función esencial ("key function") como elemento de engranaje de todo el sistema de gestión.

Volviendo al marco de Basilea II, su Pilar II viene a reconocer las limitaciones del Pilar I al existir posibles insuficiencias para capturar los riesgos que resultan del perfil propio de la entidad. Como sistema orientado al riesgo basado en el capital económico, el proceso de revisión supervisora permite detectar bien riesgos contemplados pero mal capturados por el Pilar I, bien riesgos no contemplados por dicho Pilar I pero que son específicos de una entidad, destacando el riesgo de concentración de crédito (no tenido en cuenta en el IRB básico, que presume la existencia de una cartera diversificada), o el riesgo de liquidez, protagonista de la crisis financiera de 2008 y que la revisión de Basilea II se ha propuesto abordar. Los riesgos de carácter externo, como el momento del ciclo económico, hacen necesario completar el análisis de la solvencia de la entidad de crédito a través del propio ICAAP que lleva a cabo la entidad y la revisión del mismo por el supervisor.

**Pilar III**

Conocido como "disciplina de mercado" trata de someter al escrutinio del mercado la información que la entidad está obligada a divulgar al mismo. Es, por tanto, un Pilar que está sometido a los principios básicos del sistema, en el sentido de que debe divulgarse la información relevante relacionada con los riesgos de la entidad.

La armonización de la información exigida para su divulgación resulta igualmente imprescindible para evitar distorsiones en el funcionamiento de este Pilar en el Mercado Único, encomendándose a la transparencia la tarea de dar a conocer también las opciones que la entidad de crédito ha elegido con relación a la medición de su riesgo de crédito (e incluso con relación a su riesgo operacional, el cual puede ser calculado a través de la metodología AMA - Advanced Meassurement Approach-admitida por el Acuerdo).

Examinados los elementos esenciales de Basilea II como precedente de Solvencia II resulta necesario subrayar la esencial diferencia entre un marco y otro en la medida en que el proyecto asegurador nace como un reto europeo con la finalidad de convertirse en su caso en un nuevo estándar prudencial internacional. De esta manera, los dos ejercicios citados tienen una génesis diferente, si bien comparten la metodología de base. Como ya se ha indicado, el Informe de KPMG de 2002 avaló la utilización de Basilea II como referente metodológico, lo cual fue asumido por la Comisión en el desarrollo posterior del proyecto.

**ATENCIÓN**: El enfoque de los "Tres Pilares", nacido en el ámbito de Basilea II, define un entorno metodológico en el que cada Pilar complementa las carencias del otro a la hora de buscar la "solvencia global" (estabilidad) de la empresa financiera.

## Sección 2. MARCO NORMATIVO E INSTITUCIONAL DEL PROYECTO SOLVENCIA II

### 5-212 Marco normativo

5

El proyecto Solvencia II no se detiene en proponer, aunque también, un nuevo modelo supervisor basado en el riesgo que la entidad aseguradora soporta en función de su propio perfil. La articulación normativa para la implementación de este estándar en toda la Unión Europea ha exigido contar con una estructura normativa potente que consiga ante todo la armonización exigida por el mercado único y la entrada en vigor del sistema en el mismo período de tiempo.

Además de ello, debe remarcarse que el proceso de creación de la estructura normativa ha sido un proceso dinámico, en el sentido de que se han producido cambios sustanciales durante el período de discusión y adopción de la Directiva Solvencia II y de sus medidas de ejecución, de forma que sólo a finales de 2010 queda completamente perfilado el marco normativo, sin perjuicio de los contenidos que se asignan a cada escalón regulatorio, lo cual se extiende a períodos mas largos.

Junto a ello, una nueva estructura institucional se encarga de que las normas se elaboren en un marco de máxima transparencia y eficacia, si entendemos como tal la elección de la mejor opción regulatoria de las posibles alternativas que un estudio técnico profundo pueda ofrecer.

 © CISS

## 5-213 El enfoque Lamfalussy en el Plan de Acción de Servicios Financieros (PASF). Descripción

En 1999 la Comisión Europea puso en marcha el llamado Plan de Acción de Servicios Financieros (PASF). Su fundamento reside en la necesidad de conseguir el objetivo que el Acta Única Europea de 1986 estableció de crear un Mercado Único que garantizara la libre circulación de mercancías, personas, capitales y servicios.

En el ámbito financiero este objetivo se concretaba en la eliminación de las barreras legales y burocráticas que impedían la libre prestación de servicios de ahorro e inversión y el libre establecimiento de las empresas que ofrecían estos servicios en cualquier Estado miembro, así como la generación de un mercado transfronterizo para los diferentes productos e instrumentos financieros. El hecho de que en un primer momento se centraran estos objetivos en los mercados de crédito y de capitales o de valores no impidió que el mismo enfoque se extendiera a la cobertura de riesgos ofrecida por las entidades aseguradoras.

El camino para lograr esto se mostró difícil, basándose tal dificultad en hechos como el largo proceso de aprobación de las Directivas, los retrasos que los Estados miembros acumulaban en el proceso de transposición de las mismas. También influía la propia naturaleza de las directivas aprobadas, consideradas como "de mínimos" (niveles mínimos de regulación), lo que permitía a las distintas jurisdicciones nacionales establecer marcos regulatorios propios en gran número de aspectos esenciales, generando asimismo enfoques diferentes en materia de supervisión.

Con la finalidad de reflexionar en profundidad el sistema regulatorio y de supervisión vigente se encomendó por el ECOFIN (Consejo de Ministros de Economía y de Finanzas de la Unión Europea) de julio de 2000 a un Comité de Sabios dirigido por Alexander Lamfalussy la emisión de las recomendaciones necesarias para su mejora.

En esencia, el Informe, aprobado en el ECOFIN de marzo de 2001, recomienda una nueva estructura normativa con cuatro niveles, la creación de una red de supervisores y la reorganización de los comités de valores existentes. Dirigido en un primer momento al sector de los valores, el ECOFIN de diciembre de 2002 (la Directiva 2005/1/CE reforma los comités de reguladores que preveían las Directivas de banca y seguros) decidió extender sus recomendaciones a los sectores de banca y de seguros, si bien es hasta el año 2004 cuando se extiende la estructura normativa propuesta por el Informe a estos sectores, creando los Comités de supervisores que el marco Lamfalussy exigía (El Comité Europeo de Supervisores Bancarios (CEBS de denominación en ingles) se crea por la Decisión de la Comisión 2004/5/CE y el Comité Europeo de Supervisores de Seguros y de Pensiones -CEIOPS de su nombre en inglés- lo fue por la Decisión de la Comisión 2004/6/CE).

**ATENCIÓN**: La comprensión del marco normativo e institucional en el que Solvencia II se desarrolla exige situar el proyecto en los objetivos que el Plan de Acción de Servicios Financieros planteó, y en las carencias de armonización y falta de una auténtico Mercado Único de servicios financieros que se detectó.

El procedimiento Lamfalussy, proceso legislativo propuesto, como hemos señalado, en un primer momento para la normativa de valores y extendida con posterioridad a los restantes sectores financieros, pretende dar una respuesta a los problemas detectados de lentitud en el proceso de elaboración de normas en el ámbito de los servicios financieros y, por lo tanto, su difícil actualización, junto a la existencia de prácticas supervisoras diferentes en los distintos Estados Miembros.

Por lo tanto, en el plano regulatorio propiamente dicho se intenta crear un esquema de más agilidad junto a una mayor armonización, mientras que en materia de supervisión debe garantizarse que las normas son aplicadas de manera uniforme por las distintas autoridades.



A tal fin se establecen cuatro niveles normativos:

- Recoge los principios esenciales que deben regular una materia.
- Para desarrollar las medidas de ejecución previstas en la Directiva de Nivel 1.
- Armonizar la aplicación de la normativa contenida en los niveles anteriores.
- Control de la Normativa.

## 5-214 El nivel normativo 1: Recoge los principios esenciales que deben regular una materia

Por su propia naturaleza son estables, por lo que se acogen en su elaboración y aprobación al procedimiento legislativo ordinario, denominado de codecisión por exigir una posición común de Consejo y Parlamento Europeos, la cual es aprobada por ambas instituciones.

De este modo la propuesta formal la hace la Comisión, tras un proceso de consultas y previa emisión de un estudio de Evaluación de Impacto, para pasar al debate en Consejo y Parlamento.

Por regla general adoptará la forma de Directiva, en la que, además de recogerse los citados principios esenciales, se definirán los poderes de ejecución que se desarrollarán por el Nivel inferior o Nivel 2.

La Directiva 2009/138/CE, de 25 de noviembre, que podemos denominar de forma más gráfica como Directiva "Solvencia II" es la manifestación de este nivel normativo en el proyecto que nos ocupa.

## 5-215 El nivel normativo 2: Para desarrollar las medidas de ejecución previstas en la Directiva de Nivel 1

Desde el punto de vista del contenido, el Nivel 2 contiene el desarrollo de las medidas de ejecución previstas en la Directiva de Nivel 1. Juega, pues, un papel de legislación delegada que debe respetar los principios fijados sin excederse de la autorización concedida.

Al tener como fundamento facilitar la actualización de la normativa financiera, sometida a grandes cambios por la evolución de los mercados, este nivel normativo se tramita de una forma más ágil, sin necesidad de acudir al procedimiento ordinario o de codecisión.

De este modo, y de forma sumaria, el procedimento se inicia con una fase de consultas, mediante la cual la Comisión Europea solicita al CEIOPS o Comité de Supervisores Europeos de Seguros, la emisión de los dictámenes técnicos precisos para realizar sus futuras propuestas normativas. Debe subrayarse que el procedimiento de elaboración de los dictámenes técnicos por el CEIOPS se somete a lo que podría denominarse información pública, en la que los participantes en el mercado presentan sus comentarios a los borradores de los futuros dictámenes.

Con todo el bagaje técnico recibido, la Comisión presenta las propuestas normativas que estime necesarias al Comité de reguladores (EIOPC), compuesto por representantes de los Ministerios de Finanzas de los Estados Miembros, que debe pronunciarse sobre dichas propuestas. Oída la opinión del Comité, el Parlamento Europeo y el Consejo ejercen un derecho de vigilancia para comprobar que efectivamente se ha cumplido la delegación normativa en los términos previstos en la Directiva de Nivel 1 y no se ha adoptado medidas contra sus principios.

Con su visto bueno, la Comisión adopta estas medidas de Nivel 2, las cuales pueden acoger la forma de Directiva, con necesaria transposición a los derechos nacionales, o Reglamento, de aplicación directa tras el período de "vacatio legis" previsto. Como requisito necesario, esta Propuesta debe ir acompañada de un Estudio de Evaluación de Impacto. Tal estudio junto al carácter transparente (consultas públicas) que acompaña al proceso en todo momento, configuran los elementos esenciales de la "mejor regulación" ("Better Regulation") exigido por la Unión Europea en la tramitación de su normativa sobre servicios financieros.

5 En Solvencia II, las medidas de ejecución se estima sean propuestas por la Comisión en la primera mitad de 2011 con la finalidad de ser adoptadas a finales de dicho año.

## 5-216 El nivel normativo 3: Armonizar la aplicación e interpretación de la normativa contenida en los niveles anteriores

Al denominado Nivel 3 se le asigna función de armonizar la aplicación e interpretación de la normativa contenida en los niveles anteriores, por lo que trataría de asegurar la convergencia de las prácticas supervisoras desarrolladas por las diferentes autoridades de supervisión europeas, lo cual se detectó como deficiencia estructural para solventar por el PASF, como se vio anteriormente.

El Nivel 3 se concibe en el enfoque Lamfalussy como un nivel no vinculante, sin carácter normativo, compuesto por directrices que son elaboradas por los supervisores europeos, es decir, por el CEIOPS, los cuales los aplican sobre una base de voluntariedad, debiendo en general explicar su no aplicación (mecanismo "comply or explain").

Su contenido se concretará en fijar directrices sobre la supervisión día a día, establecer recomendaciones que impliquen interpretaciones comunes de las normas, desarrollar estándares sobre áreas no cubiertas por la normativa comunitaria, llevar a cabo revisiones "inter pares" de las prácticas supervisoras y reforzar la correcta aplicación de las normas.

Con relación a este nivel es donde mayor cambio se ha producido sobre su contenido y naturaleza desde que se emitiera el Dictamen del Comité de Sabios. La ausencia de carácter vinculante de este escalón regulatorio, en el que se encuentran las prácticas de los supervisores, la interpretación de las normas y la cooperación entre los mismos, puso de manifiesto las debilidades del sistema, principalmente cuando se desencadena la crisis financiera a partir de 2008, lo que llevará a unas modificaciones sustanciales en busca de una mayor armonización.

El marco normativo destinado a la transformación de los Comités de supervisores en autoridades europeas de supervisión, así como las Directivas "Ómnibus", que se examinan a continuación, serán las encargadas de concretar esta evolución.

## 5-217 El nivel normativo 4: Control de la Normativa

Este Nivel carece de naturaleza regulatoria, siendo un desarrollo de los poderes que la Comisión Europea tiene como responsable de controlar la correcta aplicación de la normativa comunitaria por los Estados Miembros, como guardián de los Tratados.

Se trata, pues, de reforzar la importancia de la ejecución ("enforcement") en este marco, incidiendo en las obligaciones que a los Estados Miembros les corresponden en cuanto a informar cumplidamente a la Comisión de las decisiones adoptadas en el proceso de implementación de la normativa comunitaria, así como de las infracciones que se detecten con relación a los operadores de los mercados.

La posibilidad de abrir procedimientos de infracción por la Comisión Europea y de informar cumplidamente al Parlamento Europeo sobre las deficiencias detectadas son facetas que atañen a este Nivel.

**ATENCIÓN**: Como marco normativo, el sistema Lamfalussy pretende garantizar una máxima armonización a través de niveles normativos en los que el contenido (de lo más general -principios- a lo más concreto -directrices supervisoras-) y el procedimiento de elaboración de las normas (de lo más complejo -Nivel 1- a lo más fácilmente modificable -Nivel 3-) deben correr en paralelo.

## 5-218 Comités europeos de supervisores financieros

El esquema Lamfalussy, con su nuevo sistema de fuentes normativas para los servicios financieros de la Unión Europea exigía la creación de un nuevo enfoque de los supervisores nacionales y de los mecanismos de cooperación entre ellos. Rechazada por el Comité de Sabios la posibilidad de crear un supervisor único con competencias directas sobre los mercados, se optó por la creación de una red de reguladores europeos de valores. Esta red se caracteriza por la creación de un Comité de reguladores y otro de supervisores.

Los comités de supervisores se erigen, así, como un engranaje fundamental para el enfoque Lamfalussy y para los objetivos del Plan de Acción de Servicios Financieros, girando en torno a tres elementos:

- Garantizar la cooperación estrecha entre supervisores, teniendo como objetivo fundamental la convergencia supervisora.
- Constituirse en un asesor de primer nivel de la Comisión Europea, tanto en el diseño de los principios que configuran el Nivel 1, como para el desarrollo de las normas de ejecución o de Nivel 2.
- Dar formas al poder regulatorio propio que se le concede en el denominado Nivel 3, donde se adoptan recomendaciones para lograr la armonización en la aplicación de las Directivas y demás normas comunitarias por parte de los supervisores de los Estados Miembros.

En un primer momento el entramado institucional se centra en el sector de los valores o instrumentos financieros, con dos Comités:

- El Comité Europeo de valores (ESC).
- El Comité Europeo de Reguladores de Valores (CESR).

## 5-219 Comité Europeo de valores (ESC)

Creado por la Decisión de la Comisión 2001/1993, en el cual estarán presentes representantes de los Estados Miembros, por lo que éstos estarán representados en el proceso de elaboración de normas. Asesorará a la Comisión a elaborar las normas de Nivel 1 y deberá aprobar las que proponga la Comisión con relación al Nivel 2. Lo presidirá la Comisión, la cual convoca las reuniones y organiza su funcionamiento.

## 5-220 Comité Europeo de Reguladores de Valores (CESR)

Se crea por una Decisión de la Comisión de 6 de junio de 2001. Lo formarán representantes de todos los supervisores, siendo presidido por uno de sus miembros y asume unas funciones asesoras y de coordinación.

Como ya vimos, en 2004 se extiende el mecanismo Lamfalussy a los sectores de seguros y de banca, lo que supone la creación de los comités de supervisores de ambos sectores:

- El CEBS para banca por Decisión de la Comisión 2004/5/CE (derogada por la Decisión 2009/78/CE).
- El CEIOPS por la Decisión 2004/6/CE (derogada por la Decisión 2009/79/CE).

Este esquema sufre un cambio sustancial cuando el 1 de enero de 2011 entra en vigor el nuevo marco de las Autoridades Europeas de Supervisión, que se desarrollará más adelante.

## 5-221 Aplicación del enfoque "legislar mejor" y su manifestación en Solvencia II: consultas públicas y realización de Estudios de Impacto. El papel de los interesados: CEA, CRO-Forum, Grupo Consultivo Actuarial Europeo

Solvencia II aparece en un momento en el que se está aplicando en el contexto de la regulación financiera comunitaria el Plan de Acción de Servicios Financieros (PASF 1999-2004), en el cual la finalidad de conseguir una mejor regulación queda plasmada en la adopción del enfoque Lamfalussy en el área de los servicios financieros, primero en el sector de los valores, para extenderlo a los seguros y la banca posteriormente.

El programa comunitario "legislar mejor" se ofrece como un enfoque general para toda la Unión Europea, pero se inscribe como una preocupación esencial en el denominado Libro Blanco de la política financiera de la Unión Europea (2005-2010), prolongación del citado PASF, y que recoge los objetivos de la segunda fase de la denominada "Estrategia de Lisboa".

De este modo, Solvencia II recoge todos los parámetros de esta forma de producir normas que se autoimpone la Unión Europea y que va a estar presente en su génesis normativa.

La estrategia "legislar mejor" supone un deseo de concretar la aplicación del principio de eficiencia a la producción normativa comunitaria, de forma que se justifique que la solución regulatoria sea la mejor posible ante un problema existente, e incluso que sea la regulación la mejor forma de encarar la solución de tal problema.

Por ello, alrededor de la política de legislar mejor se van imponiendo unas prácticas que la Unión Europea, personalizada en la Comisión como impulsor legislativo, se compromete a respetar en todo momento.

La concreción de tales prácticas se realiza principalmente a través de dos instrumentos: las evaluaciones de impacto normativo y la participación de los interesados en las fases clave del procedimiento de elaboración de la norma.



Como manifestación accesoria de esta política, y referido concretamente a Solvencia II, se encuentra la racionalización normativa, que se plasma en este proyecto en la Codificación que se acomete de todas las Directivas vigentes en materia de seguros y que se integran en la nueva Directiva de Nivel 1, compendio integral del acervo comunitario en dicha materia.

De este modo, la Comisión Europea se compromete a acompañar a todas sus propuestas normativas en el ámbito de Solvencia II de un Estudio de Evaluación de Impacto Normativo en el cual se abordará la identificación del problema planteado (la regulación prudencial de las entidades de seguros) y se llegará a una conclusión primaria (regular o no regular), acometiendo posteriormente las distintas alternativas que se ofrecen en cada tema a regular, las cuales serán objeto de valoración y de elección en función de sus pros y contras.

Así, la Directiva de Nivel 1 fue acompañada de un Estudio de Evaluación de Impacto, en el que se justificaban todas y cada una de las opciones elegidas entre las diferentes alternativas, además de incorporar estudios y dictámenes de diferentes organismos expertos, que aportaban su opinión sobre elementos concretos que podían verse influidos por el nuevo enfoque normativo (mercados, productos, supervisores, consumidores, etc.).

Del mismo modo, las medidas de ejecución, o de Nivel 2, deberán ir acompañadas de otro Estudio de Evaluación de Impacto con el mismo contenido que el predecesor en el Nivel 1, pero cuestionándose los motivos por los que en este escalón normativo se han adoptado las soluciones regulatorias que se proponen.

Otro elemento clave del principio "legislar mejor" es la participación de los interesados en las fases clave del proceso de creación de la norma. Además de las audiencias públicas celebradas, se impone la consulta pública de todos aquellos documentos que, elaborados por el CEIOPS, van a servir de base para la elaboración de las normas por la Comisión Europea. En este sentido, debe destacarse el papel jugado por el CEA (Comisión Europea de Aseguradoras), representante de los aseguradores europeos, del CRO Forum (Chief Risk Officers Forum), como foro especializado en la gestión de riesgos de grandes entidades aseguradoras europeas o la asociación AMICE (Association of Mutual Insurers and Insurance Cooperatives), representante de las mutuas europeas.

**ATENCIÓN**: Los Comités de Supervisores se consolidan como la herramienta institucional básica para lograr el objetivo de una legislación financiera europea de mayor calidad técnica y mejor consideración de los efectos que la futura legislación tendrá sobre los destinatarios de la norma, en el marco del objetivo político de "legislar mejor".

## 5-222 El papel del CEIOPS en el desarrollo de Solvencia II: Apoyo técnico a los Niveles 1 y 2

Creado por la Decisión de la Comisión 2004/6/CE, la cual es derogada por la Directiva 2009/78/CEE, el CEIOPS, sustituido por la Autoridad Europea EIOPA de la que luego se hablará, asume funciones consultivas a fin de asesorar a la Comisión en materia de seguros y fondos de pensiones como Comité de Nivel 3 en el esquema Lamfalussy. A lo largo del proceso Solvencia II su intervención se ha producido en todas las fases del proceso.

En primer lugar, figuran las peticiones de asesoramiento ("calls for advice") que la Comisión le hizo entre julio de 2004 y abril de 2005 para establecer las bases del diseño de Solvencia II con base en el Marco para Consultas que la Comisión presentó.

Estas peticiones abarcaron todos los principales elementos de Solvencia II, lo que significa los Tres Pilares más cuestiones sobre la supervisión de grupos, y su objetivo final era disponer de una base suficiente para elaborar la Directiva de Nivel 1 que recogería los principios del nuevos sistema. La redacción final de los documentos se produjo una vez transcurrido el trámite de consulta pública preceptivo.

A la primera ola de peticiones de asesoramiento se contesta en junio de 2005 y contiene los siguientes temas:

- Control interno y gestión de riesgos.
- Prácticas de supervisión.
- Reglas de inversión.
- Transparencia del supervisor.

La segunda ola es tratada en un documento de octubre de 2005, y recoge principalmente cuestiones sobre provisiones técnicas, requerimiento de capital de solvencia (SCR), tanto calculado de forma estándar como a través de modelos internos, tratamiento de los grupos de seguros, reaseguro y técnicas de mitigación de riesgos, poderes de los supervisores y honorabilidad y capacidad de los gestores ("fit and proper").

La tercera ola es abordada en un documento, de mayo de 2006, destacando entre los temas tratados el de los elementos que componen los fondos propios y la información a presentar al supervisor y a revelar al mercado ("reporting y public disclosure").

Todo este material sirvió para que la Comisión tuviera la suficiente asesoría como para elaborar la Propuesta de Directiva, lo cual se haría en julio de 2007.

Además de la intervención del CEIOPS en la fase de preparación de la propuesta de Directiva, su papel se refuerza en la siguiente fase del proceso normativo que implica Solvencia II, esto es en la elaboración de las medidas de ejecución (Nivel 2 - Lamfalussy).

Responsabilidad de la Comisión tanto en lo referente a su propuesta como a su adopción, el CEIOPS asume, a partir de que la Directiva es aprobada por el legislador comunitario (25 de Noviembre de 2009), un papel clave en la presentación de estudios técnicos para la preparación de este escalón normativo.

Así, el 12 de junio de 2009, la Comisión avanza al CEIOPS las medidas de ejecución previstas en la Directiva sobre las que deberá emitir dictámenes técnicos ("Consultation Papers"). De este modo, entre octubre de 2009 y marzo de 2010 se emitieron cerca de 40 documentos en los que se trata todo lo referente a las medidas de ejecución, los cuales utiliza la Comisión Europea como base de su trabajo.

## 5-223 El papel del CEIOPS en el desarrollo de Solvencia II: Los Estudios de Impacto Cuantitativo ("QIS")

Teniendo como precedente los estudios que se realizaron previamente a la adopción de Basilea II como estándar supervisor bancario internacional, Solvencia II tuvo que abordar la tarea de valorar el grado de aplicabilidad del nuevo marco en el ámbito del sector asegurador europeo, así como las implicaciones y posible impacto de las alternativas que en cada caso se plantearan.

Estos ejercicios se proyectan sobre los distintos aspectos que configuran el Pilar I, es decir, valoración de activos y pasivos, con especial atención a las provisiones técnicas, cálculo de los requerimientos de capital (SCR y MCR) y composición de los elementos que integran los fondos propios. Junto a éstos, el cálculo de los requerimientos de capital a nivel del grupo ocupa un papel trascendental, por la importancia de valorar los posibles efectos de diversificación y la disponibilidad de fondos propios dentro del perímetro del grupo.

De este modo, los Estudios de Impacto Cuantitativo (Quantitative Impact Studies -QIS-) presentan un objetivo múltiple:

- En primer lugar, el componente formativo. Solvencia II implica, por su configuración opuesta al régimen vigente entonces, la necesidad de modificar la cultura empresarial y supervisora vigente en la industria aseguradora europea, debiendo acoger nuevos conceptos, los cuales conllevan la progresiva adquisición de nuevas prácticas de gestión del negocio y de recopilación y uso de la información.
- En segundo lugar, el estudio de impacto considerado como tal. Conforme los estudios van haciéndose más completos y complejos, el legislador comunitario va adquiriendo una base práctica suficiente para decidir sobre la repercusión que las nuevas normas pueden tener en el sector asegurador europeo, diferenciando por tipos de entidades y por mercados.

Los Estudios de Impacto viene a ser un ejercicio continuo que tienen su incidencia principal cuando comienzan a elaborarse por la Comisión las medidas de ejecución de la Directiva Marco, y que renovarán su vigencia cuando deban abordarse sucesivas actualizaciones del marco Solvencia II, en función de los plazos de revisión establecido por la Directiva, bajo la dirección de quien sustituye al CEIOPS a partir de 1 de enero de 2011, esto es, la Autoridad Europea de Seguros y de Fondos de Pensiones (EIOPA).

Pero en la tarea de abordar los sucesivos QIS llevados a cabo para completar el marco Solvencia II (Directiva Marco + normas de ejecución), el CEIOPS se ocupó de liderar la realización de dichos estudios desde el número 1 (2005) hasta el número 5 (2010-2011).

5

## 5-224 QIS 1

Sus objetivos van a ser modestos, presentándose únicamente las características que deberían tener los cálculos para llevar a cabo la evaluación de las provisiones técnicas, conforme a los principios rectores de Solvencia II. Para ello se dividirán las carteras en segmentos homogéneos de riesgo y se calcularán los flujos previstos asociados a dichas carteras hasta su extinción con el fin de calcular el mejor estimador (valor presente de los flujos asociados a todas y cada una de las pólizas) y un margen de riesgo (diferencia entre el valor obtenido para un cierto nivel de confianza - se usarán los percentiles 75 y 90- de la distribución de probabilidad de la siniestralidad y el citado valor medio o mejor estimador).

Ello obliga a realizar simulaciones de tipo estocástico de los flujos. También se aprovechará para que se apliquen los conceptos que deben considerarse al calcular la mejor estimación, esto es, gastos, inflación, impuestos, tipo libre de riesgos para aplicar al descuento de los flujos, con carácter general para todas las carteras; y los específicos de los diferentes ramos (mortalidad, longevidad, uso de opciones contenidas en los contratos, participaciones futuras en beneficios, acciones adoptadas por los órganos gestores, etc.).

## 5-225 QIS 2

Llevado a cabo en 2006, este ejercicio va a intentar extenderse a otro tipo de riesgos más allá de los puramente técnicos de los ramos Vida y No Vida, planteándose un modelo más general, con cuatro bloques:

- Hipótesis a aplicar en la valoración de activos y pasivos.
- Nivel de capital exigido para garantizar la solvencia, calculado mediante un modelo estándar.
- Nivel de capital calculado mediante un modelo propio.
- Cálculo del capital mínimo para garantizar la solvencia (MCR).

Se propondrán dos posibles enfoques para los cálculos del capital necesario: uno basado en factores (enfoque factorial o ecuacional) y otro fundamentado en la elaboración de escenarios). Para cada riesgo habrá un enfoque que se considerará como prioritario, por estimarse de cálculo más sencillo.

Las reglas de valoración se basarán en el valor de mercado o en la información procedente de éste y que sea relevante. Para el margen de riesgo de las provisiones técnicas se podrá utilizar el enfoque del percentil 75 (como en el QIS 1) o el del coste de capital basado en el sistema del SST suizo (coste por dotar el capital necesario para que el negocio llegue a la liquidación de sus obligaciones).

En el QIS 2 se va a presentar una fórmula estándar para el cálculo de los requerimientos de capital (SCR), en la cual se incluirán seis módulos: no vida, mercado, crédito, operativo, vida y enfermedad, los cuales se irán agregando para obtener el capital requerido.

Para el cálculo de los requerimientos mínimos de capital (MCR) se propondrán dos sistemas: uno basado en el margen de solvencia de Solvencia I, y otro que simplifica los cálculos contemplados en el SCR.

## 5-226 QIS 3

Este ejercicio de impacto se lleva a cabo una vez ya formulada por la Comisión Europea la Propuesta de Directiva de Nivel 1 (julio de 2007), ya que los resultados del mismo se obtendrán en otoño de 2007. Igualmente por esta fecha, CEIOPS había ya emitido sus documentos de consulta clave relativos a los principales aspectos del Pilar 1.

Su objetivo es cuádruple:

- Uno general, relativo a obtener información sobre la aplicabilidad de los cálculos previstos.
- Obtener información cuantitativa sobre el impacto en los balances, así como la cantidad de capital requerida, considerando la calibración adoptada.
- Verificar si la calibración propuesta es o no correcta en cada caso puntual.
- Efectos de la aplicación de Solvencia II a los grupos.

## 5-227 QIS 4

La realización del QIS 4, que se lleva a cabo en la primera mitad de 2008, tiene una finalidad clara, como es la de ayudar a la Comisión Europea a elaborar las medidas de ejecución que desarrollarán la Directiva Marco, la cual se encuentra en ese momento en una fase avanzada de la negociación en el Consejo y en el Parlamento Europeo.

Las áreas que en particular encarga la Comisión que sean especialmente abordadas son:

- La valoración del impacto cuantitativo de los requerimientos de capital de solvencia en los balances de los grupos de seguros, incluyendo los beneficios de diversificación y la transferibilidad de los fondos propios dentro del grupo.
- La inclusión de simplificaciones con vistas al cálculo de los requerimientos de capital de solvencia y de las provisiones técnicas, así como el uso de parámetros específicos de la entidad para el cálculo de los requerimientos por riesgo de suscripción.
- El diseño y calibración del MCR.
- La comparabilidad de los resultados obtenidos por la fórmula estándar y por los modelos internos (parciales y totales) para el cálculo de los requerimientos de capital de solvencia.

Como muestra de cómo estaba en ese momento el debate sobre el diseño del sistema, procede citar algunas de las preocupaciones que la representación de las entidades aseguradoras europeas (CEA) manifestaba de cara al siguiente ejercicio QIS 4:

• Mejorar el sistema de cálculo del "Best Estimate" como componente de las provisiones técnicas. Como ejemplo, clarificar la distinción entre los productos o líneas de negocio que exigían incluir o no un margen de riesgo en el cálculo de las provisiones técnicas. Además se piden guías más precisas para valorar las opciones y garantías contenidas en los contratos, así como los beneficios garantizados y discrecionales en Vida. Se apoyará el enfoque del coste de capital para el cálculo del margen de riesgo y se pide mejorar los sistemas para modelizar la conducta del tomador.

• Con respecto al SCR estándar se pide que el riesgo de reserva del módulo de suscripción admita los datos de la entidad, haciendo extensible esta petición a mortalidad, longevidad y riesgo operacional. Se objetan los shocks aplicados en algunos módulos y submódulos (tipo de cambio, spread, tipo de interés), y se pide una mayor granularidad en el riesgo de acciones. También se hacen ver los problemas de cálculo del riesgo de concentración.

• También con relación al SCR estándar se pide modificar las correlaciones propuestas y reducir la carga de capital por riesgo de contraparte en caso de instrumentos financieros no cotizados.

• En MCR se apuesta por un enfoque compacto (en función del SCR), y no por el modular propuesto.

• En elementos de fondos propios se pide mayor clarificación en la clasificación por "Tiers" o niveles.

• En materia de grupos, clarificar el principio de transferibilidad y reflejar mejor los efectos de diversificación.

**Resultados del QIS 4**

Las conclusiones se extraen a finales de 2008. En términos generales, y con una participación de entidades representativas del 60% del Mercado Europeo, se concluye lo siguiente:

• Se produce una ligera reducción de las provisiones técnicas, junto con un incremento de los requerimientos de capital y de los elementos que lo integran.

• La gran mayoría (cerca del 90%) de entidades podrán cumplir el requerimiento mínimo de capital (MCR).

• Sólo un 11% de entidades no cumplen el requerimiento de capital de solvencia (SCR), con una mayor afectación a las entidades de No Vida.

• Acerca de las opiniones vertidas por las entidades participantes, se piden más directrices acerca del cálculo de las provisiones técnicas, cálculo del SCR, uso de simplificaciones y valoración de alguna clase de activos. También se pide clarificación a la hora de valorar los elementos integrantes de los fondos propios.

Con relación a distintos elementos que fueron objeto de prueba en el QIS 4 se destacan los siguientes:

1. *Valoración de activos y pasivos.* Se acepta en general el enfoque basado en un enfoque económico y se solicitan más directrices sobre el uso de los enfoques orientados al mercado (mark to market) y a los modelos (mark to model), siendo este último el predominante al valorar las provisiones técnicas, dada la inexistencia de mercado sobre ellas. Se hace notar el incremento de la volatilidad en los balances así evaluados.

2. *Provisiones Técnicas.* Se acepta el diseño general del sistema, incluidas las simplificaciones y las aproximaciones ("proxies") empleadas:

- *Mejor estimación (Best Estimate).* Se plantean problemas para las entidades acerca de la disponibilidad de datos conforme a la división por líneas de negocios propuesta para su cálculo. Se pide clarificación sobre los siguientes conceptos: tratamiento de las primas futuras, evaluación de opciones y garantías y de las acciones futuras de gestión. Propuesta la curva swap de tipos como la utilizada para derivar los tipos de interés de descuento, algunas entidades plantean problemas sobre su uso.

5

- *Margen de riesgo (risk margin).* Se acepta en general el enfoque del coste de capital para su determinación en caso de riesgos que no pueden ser objeto de cobertura (non hedgeables). Algunas entidades solicitan que se reconozcan beneficios de diversificación entre líneas de negocio dentro del cálculo del margen de riesgo.

3. *Uso de simplificaciones y aproximaciones ("proxies") como forma de incorporar el principio de proporcionalidad.* Introducidas éstas para el cálculo de las provisiones técnicas, se usan principalmente por las entidades participantes para el cálculo del margen de riesgo. Se deberá trabajar en las técnicas actuariales disponibles para su uso.

4. *Fondos propios.* Se aprecia una elevación de los fondos propios en torno al 27% debida principalmente a los ajustes producidos en la valoración a mercado (el primer componente de los fondos propios es la diferencia entre activos y pasivos, como se verá) y por la consideración de las provisiones de estabilización como fondos


© CISS

propios. La admisión de instrumentos financieros híbridos también influirá en esta elevación. Vista la composición de los elementos ("ítems"), algunos participantes proponen considerar en la normativa cláusulas de extensión de la validez de instrumentos admitidos con el actual sistema (grandfathering).

5. *Fórmula estándar para el cálculo del SCR.* Se aplica, y acepta generalmente, la estructura modular de la fórmula, formada por módulos y submódulos de riesgo que son agregados a través de la aplicación de la correspondiente tabla de correlaciones entre riesgos. Con relación a los riesgos que componen la fórmula, se destacan:

- *Riesgo de mercado.* El debate gira sobre la calibración del stress aplicable en el riesgo sobre las acciones y, en concreto, sobre los stress diferenciados aplicados a las participaciones.

- *Riesgo de contraparte.* Se considera muy complejo el enfoque "loss given default" y muy elevada la carga de capital para partes que no tienen calificación crediticia.

- *Riesgo de suscripción (Vida y No Vida).* En Vida se producen problemas por la carga (demasiado elevada) impuesta para el riesgo de anulación o modificación del contrato ("lapse risk"). En No Vida los temas de debate serán principalmente la aplicación de la diversificación geográfica y la admisión de parámetros específicos propios de la entidad.

6. *Riesgo operacional.* Sobre la fórmula utilizada en este ejercicio, se plantean cuestiones sobre el hecho de que se correlacione totalmente con los otros riesgos (correlación 1), su posible falta de sensibilidad al riesgo, y la posibilidad de que sólo a través de modelos internos o de actuaciones propias del Pilar 2 se pueda capturar este riesgo, dada su gran variedad de manifestaciones.

7. *Técnicas de mitigación de riesgos.* Su admisión por el QIS 4 no resuelve los problemas que se plantean con relación a cuáles serán aceptadas y a cómo se aplicará la posible reducción en los riesgos.

8. *Ajuste en el SCR por la capacidad de absorción de pérdidas de las provisiones técnicas y de los impuestos diferidos.* Con gran relevancia en Vida, se aprecia una muy divergente aplicación entre distintas jurisdicciones, por lo que se requiere más directrices detalladas sobre su aplicación y metodología aplicadas, así como la influencia que sobre su cálculo tendrán las hipótesis sobre las acciones futuras de la gestión.

9. *Modelos internos.* La función del QIS 4 en este punto es recoger información acerca de los planes futuros de las entidades sobre su implementación. También se recoge información sobre la previsible reducción de los requerimientos de capital en caso de utilización de un modelo interno, con una gran disparidad de resultados cuando las contestaciones proceden de grupos.

*10. Cálculo de los requerimientos mínimos de capital (MCR).* Se plantea un enfoque combinado, basado en porcentajes sobre las provisiones técnicas y otras variables (primas y capitales en riesgo), fijando topes sobre la base del SCR, el cual es recibido favorablemente.

*11. Grupos.* Este apartado tiene una gran importancia en el QIS 4, primero en el que se considera prioritario obtener una visión sobre la repercusión de Solvencia II en los grupos. Se aprecian más deficiencias en los datos de los grupos que en las entidades individuales. Se aprecia gran variedad en los efectos de diversificación que se declaran, y se plantea necesario un mayor trabajo sobre la transferibilidad de los activos dentro del grupo.

## 5-228 QIS 5

Con el objetivo de conocer los resultados del mismo en el primer tercio de 2011, se desarrolla con la finalidad de proceder a la calibración correcta que deba ser incorporada a las medidas de Nivel 2 a adoptar a finales de dicho ejercicio. Resulta necesario subrayar que es el primer ejercicio de impacto que se lleva a cabo con datos de las entidades una vez incorporados los efectos de la crisis financiera de finales de 2008. Así, los datos que se utilizan para este estudio de impacto se basan en el cierre contable del ejercicio 2009.



Una vez valorada la información obtenida, y con base en los informes evacuados por EIOPA, se pueden deducir las siguientes conclusiones:

1. *Participación.* Se consigue elevar la participación del sector asegurador europeo sobre el QIS 4, de forma que en torno del 70% de las entidades aseguradoras y reaseguradoras comunitarias cumplimentan este ejercicio de impacto, produciéndose un incremento notable de dos segmentos del mercado: las pequeñas y medianas entidades, con un incremento que duplica el QIS 4; y los grupos, con un incremento del 50% sobre el anterior Estudio.

2. *Situación financiera general.* Sobre la base de constatar un superávit global en términos de capital, se verifica lo que ya se estimaba en el sentido de que dicho exceso se reduce en términos absolutos con relación al que resultaba del QIS 4, cifrándose esa reducción en torno al 12-13%. Igualmente se confirma la tendencia, ya vista en otros estudios, sobre la reducción de dicho superávit con relación al vigente sistema Solvencia 1. Se observa

una gran variabilidad en los resultados obtenidos para los grupos con relación a sus superávits en el caso de utilización o no de modelos internos para el cálculo del SCR. En todo caso, la utilización del método de consolidación contable favorece una mayor excedente (vía efectos de diversificación) en comparación con los obtenidos utilizando el método de deducción-agregación.

3. *Cobertura del SCR y del MCR*. Sólo una minoría de entidades (en torno al 15%) presenta un ratio de solvencia inferior al 100% en la cobertura del SCR, mientras que en torno al 5% no cubre el MCR.

4. *Especiales referencias a la Valoración de Activos y Pasivos*. A destacar algunas dificultades encontradas en la valoración de todos los elementos a valor de mercado, destacando las referidas a impuestos diferidos, elementos intangibles, participaciones, pasivos contingentes o cuentas con reaseguradores.

5. *Provisiones Técnicas*. En la valoración de este importante elemento las entidades participantes han encontrado problemas en los siguientes puntos: cálculo del margen de riesgo, definición de los límites del contrato, aplicación de la prima de iliquidez y en la segmentación de las líneas de negocio.

6. *Fondos propios*. Se constata un predominio del capital de mejor calidad, o Tier 1, que se eleva en torno al 90%. No se llega a una conclusión definitiva acerca de la necesidad e impacto de la aplicación de medidas transitorias con relación a los instrumentos de capital "híbrido". Los beneficios esperados sobre primas futuras son un elemento que es objeto de especial atención, sin que pueda obtenerse conclusiones definitivas por la gran variabilidad de datos y de enfoques entre los participantes. La utilización e impacto de los fondos propios complementarios permanece como un tema abierto por falta de datos que abarquen a la mayor parte de los mercados nacionales participantes.

7. *Cálculo del SCR sobre la base de la fórmula estándar*. En este ámbito, destaca el riesgo de mercado como el componente que más contribuye al SCR final, destacando entre los submódulos que lo componen los de "spread" (diferencial), acciones y tipo de interés.

Se hace destacar la complejidad del módulo de contraparte o crédito.

En el riesgo de suscripción de Vida, se destaca la necesidad de mejorar el riesgo de anulación o caída, reduciendo su complejidad.

Se detectan, por su complejidad, problemas en la aplicación del riesgo catastrófico en el módulo de suscripción No Vida, por posibles deficiencias en el diseño de los escenarios catastróficos utilizados.

El riesgo operacional no ha sido objeto de grandes objeciones, aceptándose el enfoque estándar en lugar de optar por modelos internos.

8. *Empleo de parámetros específicos en el riesgo de suscripción*. Sobre la posibilidad de emplear estos parámetros en los riesgos de reservas y primas en el módulo de suscripción de No Vida, no se obtiene suficiente información, requiriendo el QIS 5 que su utilización se basara en datos fiables y de calidad.

9. *Grupos*. Destaca en este segmento del mercado la importancia de los beneficios de diversificación, en torno a un 20%, detectándose la importancia que puede tener la aplicación de medidas transitorias a la hora de calificar un sistema de supervisión de un Tercer país como equivalente a la hora de determinar su capital disponible final.

10. *Cálculo del SCR aplicando modelos internos*. Se constata una clara determinación de las entidades que forman parte de un grupo a utilizar el modelo interno de grupo para calcular sus requerimientos de capital a nivel individual. El ámbito de aplicación de estos modelos, si parcial o total, no se deduce como consecuencia de la información recibida, resultando confusa la distinción entre los parámetros específicos de la entidad y el ámbito de los modelos parciales. Una gran variedad de pruebas y estándares son aplicados por las entidades en este ámbito, no pudiéndose obtener conclusiones claras acerca de los resultados que sobre el SCR tiene el hecho de aplicar o no el modelo interno.



11. *Áreas donde debe centrarse el futuro trabajo*. Vistas las dificultades e inconsistencias detectadas, se aíslan una serie de áreas donde centrar los futuros trabajos de mejora del sistema. Éstas son:

- Reducir la complejidad en el cálculo del riesgo de contraparte, en el cálculo de la capacidad de las provisiones técnicas e impuestos diferidos para absorber pérdidas, en los ajustes debidos al reaseguro no proporcional, en el diseño de los submódulos de riesgo catastrófico en No Vida y Salud, en el cálculo de los beneficios esperados por primas futuras, en el cálculo del módulo de caída o anulación, en la aplicación de los límites del contrato (provisiones técnicas) y en la valoración de opciones y garantías implícitas en los contratos.

- Mejorar la calidad del capital, lo que incluye una mejor definición de los beneficios esperados por primas futuras con vistas a su coherencia con los requisitos exigidos a los elementos de Tier1 por la Directiva.

- Proceder a realizar nuevas pruebas ad hoc, descartando la necesidad de un nuevo estudio de impacto cuantitativo.

- Mejorar las definiciones y rasgos de elementos clave como la prima de iliquidez y los límites del contrato, así como establecer mecanismos anticíclicos que atenuaran la volatilidad implícita en el sistema de valoración de activos y pasivos de Solvencia II.

- Se considera acertada en términos generales la calibración utilizada, si bien en algunas áreas se podría revisar (por ejemplo, en riesgo catastrófico en No Vida).

- Medidas transitorias podrían ser aplicadas en algunos ámbitos, pero sin que se prolongaran durante mucho tiempo. Entre tales ámbitos se situarían los siguientes: equivalencia de terceros países, elementos de capital "híbridos" y tipos de descuento aplicables al calcular las provisiones técnicas, sin que esta lista agote otras áreas donde podrían establecerse tales medidas.

Resumiendo, las conclusiones que se obtengan de este estudio de impacto influirán de forma decisiva en el enfoque y formulación final de las medidas de Nivel 2 y en el alcance de las normas transitorias que se contengan en dichas medidas.

**ATENCIÓN**: Los estudios de Impacto Cuantitativo ("QIS") se configuran como la principal herramienta para configurar una normativa prudencial que, sin abandonar los principios del nuevo sistema supervisor, garantice su capacidad de ser asumida por el sector asegurador comunitario y por sus supervisores.

## 5-229 Marco normativo de Solvencia II. Directiva de Nivel 1: su papel codificador. Estructura y contenido. Normas de ejecución

La Directiva 2009/138/CE, de 25 de noviembre, es el instrumento legal que recoge el nuevo sistema de Solvencia II, es decir, el Nivel 1, Lamfalussy. Esto implica la formulación de los principios que regirán el nuevo sistema de supervisión prudencial de las entidades aseguradoras, cuya entrada en vigor se fija en el 1 de noviembre de 2012.

No obstante, lo anterior debe ser objeto de clarificación, por cuanto la naturaleza de la Directiva es doble: por una parte supone un ejercicio de codificación o refundición de las Directivas existentes y en vigor a la fecha de su aprobación, y por otra parte incluye las bases del nuevo sistema de supervisión prudencial, cuyo contenido corresponde con los Tres Pilares nacidos en el ámbito de Basilea II, pero adaptado a las entidades aseguradoras.

Esto, en la práctica, implica, en cierta medida, dos regímenes de vigencia de la Directiva:

• Los preceptos procedentes de las Directivas objeto de refundición, entran en vigor al día siguiente de la publicación en el Diario Oficial de la Unión Europea (17 de diciembre de 2009).

• Los preceptos que desarrollan los Tres Pilares "prudenciales" posponen su vigencia a la citada fecha de 1 de noviembre de 2012.

De este modo, los preceptos que no se refieran al contenido de los Tres Pilares (en esencia, requisitos de capital, provisiones técnicas, información al supervisor, revelación pública) permanecen en vigor, una vez sometidos a la labor de refundición, lo cual afecta principalmente a la autorización para realizar operaciones de seguro, libertad de establecimiento y de prestación de servicios y otras de carácter general (ámbito de aplicación, entidades y operaciones sometidas, etc.). Esta labor de refundición se manifiesta, entre otros aspectos, en los siguientes:

1. Se integra, con las adaptaciones teminológicas necesarias, la Directiva 2001/17/CE, de liquidación y saneamiento de entidades aseguradoras.

2. La Directiva 98/78/CE, sobre supervisión adicional de grupos de seguros, puede estimarse que sufre una transformación sustancial a través de las nuevas normas que sobre el particular contiene la Directiva 2009/138/CE.

3. No se derogará ni se integrará en la refundición la Directiva de cuentas de entidades de seguros (1991/674/CE), lo que implica un claro mensaje de que la nueva normativa tiene un alcance meramente prudencial.

4. No se incluirán, en el ejercicio de refundición, las Directivas sobre seguro de responsabilidad civil del automóvil, las cuales fueron objeto de codificación a través de la Directiva 2009/103/CE.

Con relación a la estructura de la Directiva 2009/138/CE, contiene 312 artículos y siete Anexos, debiendo destacarse entre estos últimos el Anexo IV, el cual recoge la estructura general o estándar para el cálculo de los requerimientos de capital de solvencia (SCR). En dicho Anexo figura la estructura de la fórmula para el cálculo del SCR básico y para los módulos de riesgo de suscripción (Vida y No Vida) y de mercado. Debe destacarse que para el cálculo del SCR básico se incluye la tabla de correlación entre los riesgos que se tendrán en consideración en la misma.

También merece la pena destacar que la Directiva no va a hacer distinciones entre entidades aseguradoras y reaseguradoras o entre Vida y No Vida a la hora de hacer sus pronunciamientos de tipo general. Las normas son aplicables a todos estos ámbitos con carácter general, y luego las especificidades aparecerán cuando sea técnicamente necesario, como, por ejemplo, la diferenciación entre el módulo de riesgo de suscripción en Vida y en No Vida. Con ello desaparece una tradición normativa en las normas europeas en materia de seguros, en donde existían Directivas propias de cada uno de estos ámbitos (Vida, No Vida y Reaseguro).

Las normas de ejecución, o de Nivel 2, desarrollarán todos los aspectos que la Directiva prevé que deban ser regulados por la Comisión, las cuales deberán estar aprobadas (una vez que Parlamento y Consejo den su conformidad) a finales de 2011, con objeto de que a la fecha de entrada en vigor del sistema se disponga del marco normativo completo.

**ATENCIÓN**: La Directiva 2009/138/CE es la principal norma que define el marco Solvencia II, asumiendo un papel de codificación de la materia prudencial no afectada por Solvencia II y de enunciación de los principios que van a configurar el nuevo sistema. A finales de 2011, se deberá disponer del resto de normas de ejecución y técnicas que permitan su plena aplicación en el sector asegurador europeo para el ejercicio que empiece el 1 de enero de 2013.

## 5-230 Autoridades Europeas de Supervisión

El presente epígrafe se considera relevante de cara al conocimiento del marco institucional y regulatorio en el que Solvencia II se desarrollará una vez que entre en vigor. La idea general que subyace en el mismo es el reforzamiento del carácter europeo o comunitario de este sistema de supervisión prudencial de las entidades aseguradoras europeas. Si la génesis del proyecto es comunitaria, este epígrafe nos advierte de que también su implantación, desarrollo, ejecución e interpretación queda en manos de instituciones comunitarias, reservándose un muy exiguo resto para adaptaciones o interpretaciones nacionales.

La crisis de los mercados financieros que se extiende a partir de mediados de 2008 hizo reaccionar a las instituciones comunitarias, acordándose en el Consejo Europeo de octubre de 2008 varias medidas de emergencia, entre las que figuraba la creación de un Grupo de Trabajo de alto nivel con la finalidad de elaborar propuestas para una mejor eficiencia de las estructura de supervisión financiera en la Unión Europea.

Así, en febrero de 2009, se emite tal informe, denominado "Laroisiere" por el nombre del presidente del Grupo de trabajo que lo elabora.

El citado Informe se configura en tres partes, la primera referida a diagnosticar las causas de la crisis, la cual había afectado de forma grave a varias entidades financieras europeas de relevancia, con implicaciones en diferentes Estados Miembros; la segunda se dedicaba a plantear propuestas normativas que mejorarían el marco regulatorio financiero europeo, mientras que la tercera proponía una modificación del marco institucional de la supervisión financiera comunitaria.

1) *Diagnóstico.* Se subraya la existencia de errores en la cooperación de las autoridades europeas de supervisión implicadas en la crisis, observándose una disparidad de herramientas en el tratamiento y prevención de las crisis, ausentes de una única voz a la hora de su gestión. Ello exige reforzar los mecanismos de cooperación en la vigilancia de la estabilidad financiera, así como un nuevo marco de reparto de competencias entre supervisores.

2) *Propuestas de regulación.* Centradas principalmente en los sectores bancario y de valores (reforzar Basilea II, regular la "banca en la sombra", ordenar el mercado de derivados de crédito, etc.), en materia de seguros se centra sobre todo en urgir la implantación de Solvencia II y tomar en consideración las lecciones que se pueden extraer de la crisis a la hora de elaborar las medidas de Nivel 2.

3) *Reforma institucional y normativa.* Se propone la creación de un Sistema Europeo de Autoridades de Supervisión, integrado por:

- Todas las autoridades nacionales de supervisión con competencia en los diferentes sectores financieros.
- Un Consejo Europeo de Riesgo Sistémico, el cual recibirá información de los supervisores y detectará posibles riesgos.
- Unas Autoridades Europeas de Supervisión, las cuales heredarán el papel de los Comités de Supervisores de Nivel 3 en el marco Lamfalussy, acogiendo nuevas competencias supervisoras y reguladoras.

Acogidas tales sugerencias por el Consejo Europeo de primavera de 2009, su concreción se produce, desde el punto de vista regulatorio a través de cuatro Reglamentos que la Comisión Europea propone en septiembre de 2009:

1. Creación del Comité Europeo de Riesgo Sistémico (ESRB en sus siglas en inglés, regulado por el Reglamento 1092/2010/CE, de 24 de noviembre de 2010), con competencias de supervisión "macro", controlando y alertando de los riesgos que puedan afectar a la estabilidad de los mercados financieros.

2. Creación del Sistema Europeo de Supervisores Financieros (ESFS, en sus siglas en inglés), compuesto por las autoridades de supervisión nacionales y por las siguientes autoridades:

- Autoridad Europea de Seguros y Fondos de Pensiones (EIOPA, de sus siglas en inglés, regulada por el Reglamento 1094/2010/CE, de 24 de noviembre de 2010), que sustituye al CEIOPS.
- Autoridad Europea Bancaria (EBA, regulada por el Reglamento 1093/2010/CE, de 24 de noviembre de 2010), que remplaza al CEBS.
- Autoridad Europea de Mercados e Instrumentos Financieros (ESMA, regulada por el Reglamento 1095/2010/CE, de 24 de noviembre de 2010), en sustitución del CESR.

Tras un intenso debate a lo largo del año 2010, en el que se enfrentaron dos posiciones: una a favor de mayores poderes para las nuevas Autoridades, en detrimento de los supervisores nacionales (Comisión Y Parlamento Europeo); y la opuesta, más a favor de un enfoque evolucionista, en el que las autoridades nacionales conservasen sus poderes sobre sus entidades supervisadas, abriendo la posibilidad de que las Autoridades Europeas interviniesen directamente en los mercados e instituciones nacionales sólo en casos excepcionales (bajo el supuesto de inacción o continua infracción de las normas comunitarias de las autoridades nacionales).

Esta última posición era la defendida por los Estados Miembros, representados en el Consejo Europeo. El enfoque que se impone es este último, con algunas concesiones puntuales, adoptándose una posición común de Consejo y Parlamento en septiembre de 2010, con entrada en vigor el 1 de enero de 2011.

**Competencias de las nuevas Autoridades Europeas**

Muy sucintamente se relacionan sus competencias, debiendo hacer una especial referencia a las de tipo normativo:

1. Funciones de **coordinación y cooperación**, con el recién creado ESRB y con las autoridades nacionales, a las que someterá a revisiones de sus procedimientos y funcionamiento.

2. Función de **mediación vinculante** entre supervisores, en los casos que así lo prevea la normativa comunitaria de tipo sectorial. El marco en el que va a actuar esta función es el de las entidades con actividad transfronteriza, en las cuales podrán surgir conflictos entre la autoridad que supervisa la matriz del grupo y las que lo hacen sobre las diferentes filiales situadas en los diferentes Estados Miembros.

3. Funciones de **supervisión**, a través de la adopción de decisiones sobre entidades individuales, en los casos previstos en los Reglamentos de creación y a través de la participación en los Colegios de Supervisores formados para gestionar los grupos transnacionales.

4. Funciones de **regulación**. Estas consisten en la elaboración de los proyectos de las normas técnicas de regulación y de ejecución, así como de las directrices y recomendaciones dirigidas a los supervisores del Sistema.



## 5-231 Poder regulatorio de la Autoridad de Seguros y Fondos de Pensiones (EIOPA)

Con base en la propuesta contenida en el Informe Laroisiere en el sentido de crear un "single rule book" para el ejercicio de la supervisión financiera en la Unión Europea, se regula el poder normativo de las nuevas autoridades, refiriéndonos a la EIOPA por ser la encargada de llevar Solvencia II a su aplicación práctica.

El punto de partida es evitar que los diferentes supervisores apliquen la normativa comunitaria de forma diferente, por lo que lo que se intenta es que en el escalón supervisor no puedan darse divergencias en la forma de actuar de los supervisores. De esta forma se regula el poder normativo de las autoridades, diferenciando unas normas de carácter vinculante y otras que adoptan la forma de directrices. Así surge la categoría normativa de "Estándares Técnicos Vinculantes" (Binding Technical Standards -BTS-), los cuales son elaborados por la Autoridad y aprobados por la Comisión Europea, dado que sólo el Consejo-Parlamento y la Comisión tiene poder normativo en la Unión Europea.

La capacidad de enmendar o no aceptar las propuestas de las Autoridades por la Comisión se limitan por los Reglamentos constitutivos, teniendo en cuenta que, en todo caso se trata de normativa delegada, por lo que existiría siempre un control del colegislador comunitario para verificar lo adecuado del ejercicio de tal delegación.

Junto a los BTS, las Autoridades pueden emitir directrices no vinculantes, que deberán ser cumplidas por las autoridades nacionales, salvo que exista justificación suficiente que aconseje no aplicarlas en su mercado debido a las especiales características de éste y de las entidades que lo constituyen (mecanismo de "comply or explain").

De este modo, el proyecto Solvencia II será en su momento completado por un conjunto de normas que obligarán a los supervisores y entidades y que garantizarán que la forma de aplicar el marco normativo formado por la Directiva y por las normas de implementación o ejecución sea uniforme en todo el ámbito del Mercado Único.

**ATENCIÓN**: La nueva Autoridad Europea de Seguros (EIOPA) sustituye al CEIOPS a partir de 1 de enero de 2011 y refuerza los instrumentos que permiten una mayor armonización al aplicar la normativa prudencial comunitaria. Su capacidad de intervención en última instancia en el ejercicio de la supervisión, sobre todo en grupos transnacionales, y poder normativo se ponen al servicio de las finalidades expuestas.

## 5-232 Directiva "Ómnibus 2"

### La necesidad de las Directivas Ómnibus

Partiendo de lo ya manifestado, en el sentido de que los Estándares Técnicos Vinculantes (BTS) son una forma de legislación delegada, debe precisarse cuál es la materia o materias que deben ser objeto de tales estándares. Ello implica modificar las diferentes directivas sectoriales (en banca, valores y seguros) para sustentar normativamente tal delegación. En el caso de los sectores de banca y valores esta tarea ha sido encomendada a la denominada Directiva Ómnibus 1 (Directiva 2010/78/CE, de 24 de noviembre de 2010), la cual se propuso por la Comisión Europea al tiempo de hacerlo con los Reglamentos de las Autoridades, habiéndose aprobado a la vez por el Consejo y el Parlamento.

Otro de los elementos que deben regular las Directivas Ómnibus es la identificación de aquellos casos en los que las Autoridades deben ejercer su labor de mediación vinculante entre las autoridades nacionales que adopten posiciones diferentes en torno a una cuestión propia de entidades transfronterizas. Las Directivas sectoriales (por ejemplo la directiva de Adecuación de Capital de la Banca -CRD-) ya contemplaban esta labor mediadora de los antiguos Comités de Nivel 3; pero ahora la decisión de la nueva Autoridad adquiere fuerza vinculante para las autoridades nacionales receptoras. Es el caso, a título de ejemplo, de la aprobación de modelos internos para un grupo bancario en el que hay diferentes opiniones entre las autoridades nacionales implicadas, o en la imposición de un capital adicional a una entidad que forma parte de un grupo transnacional.

### La Propuesta de Directiva Ómnibus 2

5

Aprobada la propuesta por la Comisión Europea en enero de 2011, el contenido de la misma afecta directamente al marco normativo que regula Solvencia II, en la medida en que identifica los temas que habrán de ser objeto de Estándares Técnicos Vinculantes y las materias en las que la Autoridad EIOPA podrá emitir una decisión mediadora vinculante para las autoridades nacionales que discrepen sobre una medida de supervisión en el ámbito de grupos aseguradores transnacionales. Igualmente modifica la Directiva 2010/138/CE ("Solvencia II"), transformando las medidas de ejecución previstas en actos delegados, conforme a lo establecido en el Tratado de Lisboa.

Pero no sólo se ocupa se eso, modificando a tal fin la Directiva de Nivel 1, sino que identifica las áreas en las que la Comisión, en el desarrollo de las normas de ejecución o actos delegados, podrá establecer plazos transitorios para que las entidades aseguradoras tengan más tiempo para adaptarse a los requerimientos que el sistema Solvencia II les impone.

Como ya se ha mencionado anteriormente, la aprobación de esta Directiva "Ómnibus 2" condicionará el calendario del proyecto, ya que sólo cuando sea adoptada por Consejo y Parlamento Europeos; la Comisión Europea podrá proponer las medidas de ejecución, o actos delegados, dado que éstos se fundamentan en la delegación contenida en dicha Directiva.

 © CISS

Por otra parte, la nueva autoridad EIOPA deberá proponer, en el plazo que finalmente establezca la Directiva, los estándares técnicos vinculantes previstos y que garanticen que los supervisores europeos van a interpretar y aplicar las normas de manera uniforme.

Por último, se propone una modificación en las fechas de entrada en vigor de la Directiva, de forma que sería aplicable todo el marco Solvencia II a los ejercicios económicos que comiencen el 1 de enero de 2013.

**ATENCIÓN**: La Directiva denominada "Ómnibus 2" supondrá una modificación de algunos términos de la Directiva Solvencia II y permitirá que EIOPA realice sus tareas de forma más eficiente y con mayor seguridad jurídica.

## Sección 3. FORMULACIÓN DE SOLVENCIA II

### 5-233 Principios y objetivos que justifican el cambio: el Estudio de Evaluación de Impacto en la Directiva y en las medidas de ejecución

El sistema Solvencia II contempla un desarrollo en cascada de distintos niveles normativos, pero también de las diferentes formulaciones técnicas hasta llegar a la máxima concreción en cada uno de los elementos técnicos que lo componen. El objetivo final es llegar a la formulación de un marco regulatorio prudencial comunitario que presente una armonización máxima. Así, los niveles normativo y técnico se van desarrollando en paralelo, de forma que cada decisión regulatoria (propuesta de Directiva o cualquier instrumento normativo) cuenta con un respaldo técnico suficiente, con carácter indicativo no vinculante, elaborado por el organismo pertinente (CEIOPS).

En este sentido, adquiere importancia el documento base que la Comisión Europea elaboró con vistas a obtener la asesoría necesaria para redactar la Propuesta de la Directiva que recogiera los principios básicos del nuevos sistema. Este documento es el Marco para consultas (versión definitiva de abril de 2006), en el que se formulan los rasgos básicos del nuevo marco:

1. El sistema de supervisión al que se aspira evaluará la solvencia global de todas las entidades (de seguro directo -vida y no vida; y de reaseguro) conforme a un planteamiento prospectivo y orientado al riesgo.

2. Los elementos cuantitativos del sistema se deberán complementar con los aspectos cualitativos que influyen en la exposición de la empresa al riesgo. La toma en consideración de estos elementos se traduce en la adopción para el régimen de solvencia de la estructura en Tres Pilares que Basilea II consagró para las entidades de crédito, adaptándola a las peculiaridades de la actividad aseguradora.

3. El sistema de medición de solvencia debe incentivar que las entidades sujetas a supervisión midan y gestionen adecuadamente sus riesgos. La traducción práctica de este objetivo se plasma en la admisión de modelos internos para que las propias entidades fijen sus necesidades de capital, basados en el perfil de riesgo concreto de la entidad.

4. El elemento cuantitativo (Pilar I) se concreta en la exigencia de dos tipos de requerimientos de capital, jugando uno de ellos como suelo que no admite una evaluación mediante modelo interno.

5. La valoración de los activos y pasivos que integran el balance sometido a supervisión se configura como un elemento esencial del proceso de supervisión, debiendo converger los criterios prudenciales con los utilizados en materia de información financiera para el mercado, por lo que se debe buscar la compatibilidad con las normas contables elaboradas en el marco de las Normas Internacionales de Contabilidad o Normas Internacionales de Información Financiera. 5

El objetivo de reducir la carga administrativa que deben soportar las entidades aseguradoras, esta compatibilidad resulta necesaria. Por ello, y teniendo en cuenta los principios sobre los que se asientan las citadas NIC, el enfoque valorativo del futuro marco prudencial integrará los siguientes elementos:

- Un enfoque prospectivo de valoración de activos y pasivos.
- Unos métodos de valoración que hagan uso óptimo de la información proporcionada por los mercados financieros.
- El descuento de los flujos de caja correspondientes a los activos y pasivos.

• Desglose de la mejor estimación (Best Estimate o valor esperado más probable) y del margen de riesgo al tratarse la valoración de las provisiones técnicas.

6. El objetivo de lograr un alto grado de armonización no debe permitir requisitos adicionales impuestos por los supervisores, tanto en el ámbito de las normas de cálculo de la solvencia, como en lo relativo a las provisiones técnicas.

7. Se debe garantizar una coherencia con otros sectores financieros para evitar posibles arbitrajes regulatorios, de forma que cualquier producto financiero que comporte riesgos semejantes deben suponer los mismos requerimientos de adecuación de capital o de solvencia.

8. Con vistas a una deseable convergencia con normas internacionales deben considerarse los principios y trabajos de organismos como la IAIS y la IAA.

**ATENCIÓN**: Los Estudios de Evaluación de Impacto que acompañan a las propuestas normativas en el ámbito de Solvencia II (a no confundir con los Estudios de Impacto Cuantitativo -QIS- ) ofrecen una justificación de las distintas alternativas que ha considerado el legislador comunitario al realizar su propuesta normativa y recoge los impactos que en las distintas áreas del sector asegurador puede conllevar la nueva normativa.

## 5-234 El "Total Balance Sheet Approach" como enfoque de partida. El principio de proporcionalidad y su concreción en los Tres Pilares

El objetivo de la normativa prudencial de seguros se centra en garantizar que los aseguradores cumplan sus obligaciones en el momento de que éstas sean exigibles. La realidad nos muestra que la posición financiera del asegurador puede ser afectada de forma negativa por diferentes acontecimientos, los cuales pueden proceder de un incremento sobre la siniestralidad esperada, de una elevación de los costes administrativos, de una caída en el valor de sus inversiones o de la insolvencia de sus deudores (reaseguradores, mediadores).

Todo ello obliga a disponer de una visión global del balance de la entidad de seguros. Así, el denominado "Total Balance Sheet Approach", o enfoque basado en el balance global de la entidad aseguradora, deriva de la necesidad de considerar a ésta como una unidad económica a la que, como un todo, le afectan una serie de riesgos.

Ello implica:

• Que el capital disponible se obtiene de la diferencia entre activos y pasivos valorados de forma consistente con el mercado.

• Que el cálculo de los requerimientos de capital se basa en la totalidad de los riesgos, considerando la interacción entre activos y pasivos y elementos propios de la teoría del riesgo como las técnicas que lo mitigan y la diversificación capaz de reducirlo.

En suma, la totalidad del patrimonio disponible de la entidad (los fondos propios) respalda los riesgos que a la entidad pueden afectarla. Se abandona así el enfoque del sistema Solvencia I en el que unas provisiones técnicas prudentes (es decir, por encima de los valores esperados) y cubiertas con unos activos de calidad asumían el principal papel de garantía frente a los riesgos principales derivados del negocio asegurador (las obligaciones por los contratos de seguro).

5

El margen de solvencia, por sus propias limitaciones de diseño y por su funcionamiento en la práctica (ver comentario relacionado 5-193 y ss.), sólo tenía la función de colchón sobre el elemento esencial que formaban las provisiones técnicas.

En Solvencia II las provisiones técnicas deben recoger las pérdidas esperadas, pierden su carácter prudencial, ya que no deben incluir márgenes arbitrarios. Todas las incertidumbres del negocio deben ser recogidas en el capital, el cual cubrirá las pérdidas inesperadas, a través de la consideración de todos los riesgos.

Este enfoque es exigente en el riesgo, por cuanto no se realiza en su plenitud si no se incorporan todos los riesgos que afectan a cada entidad singular y de la manera concreta en que lo hacen. Así, cualquier formulación estándar del cálculo del capital es de por sí defectuosa. Por ello todo, el marco de Solvencia II obliga a la entidad y al supervisor a considerar los perfiles de riesgo concretos de ésta, evitando que Solvencia II se considere únicamente como la aplicación de un cálculo común a todas las entidades afectadas.

Especial mención merece el principio de proporcionalidad. Recogido en la Directiva Marco, refleja la preocupación de Solvencia II en el sentido de no imponer una carga excesiva a las entidades aseguradoras. También influye con carácter general las exigencias de eficiencia normativa del enfoque "legislar mejor" de la Unión Europea. El principio de proporcionalidad se dirige en vía de principio a las entidades pequeñas y medianas, y se extiende tanto a los requerimientos que se exigen como al ejercicio de los poderes del supervisor.

Pero también tiene un enfoque basado en el riesgo que presenta la entidad, de forma que si ésta presenta un perfil de riesgo más simple, incluso aunque su tamaño sea grande, la aplicación de este principio es procedente, por cuanto la menor complejidad también aconseja la aplicación del principio.

Visto lo anterior, el principio de proporcionalidad es aplicable en los Tres Pilares de Solvencia II. Así, con relación al sistema de gobierno (Pilar 2), la Directiva Marco establece que éste será proporcional a la naturaleza, tamaño y complejidad de las operaciones de la entidad.

En el Pilar 1, este principio general tiene su manifestación en la posibilidad de utilizar proxies en el cálculo de las provisiones técnicas por falta de datos, en el uso, previa autorización del supervisor, de parámetros específicos de la entidad en el cálculo de los requerimientos de capital por riesgo de suscripción (Vida, No Vida y Salud), o en la utilización de simplificaciones en la fórmula estándar para algún módulo o submódulo de riesgo. La propia posibilidad de utilizar modelos internos parciales (sobre un riesgo o submódulo) es una manifestación de este principio de proporcionalidad, que se aplica también a las obligaciones de información al supervisor y al mercado (Pilar 3).

**ATENCIÓN**: El principio de proporcionalidad, a pesar de su aparente carácter abstracto, podrá condicionar la aplicación práctica de Solvencia II en el futuro.

## 5-235 Elementos que integran el Pilar I

Basándose en la estructura metodológica nacida en Basilea II, el Pilar I parte, como ya se ha descrito, del enfoque del balance total, el cual va a permitir la obtención del capital disponible por la entidad, y su comparación con el capital regulatorio (económico).

El Marco para Consultas cifraba la importancia del Pilar I en torno a tres objetivos primordiales:

1. Unas provisiones técnicas armonizadas, prudentes, fiables y objetivas que permitan la comparación entre aseguradores y sean coherentes con los datos procedentes de los mercados financieros y con los disponibles sobre riesgos técnicos. Las compondrían un valor esperado o más probable y un margen de riesgo, el cual cubriría la incertidumbre existente sobre el valor esperado.

2. Un requerimiento de capital a efectos de solvencia (futuro SCR), correspondiente a un nivel de capital que permite a la entidad absorber pérdidas significativas no previstas con una razonable garantía a los asegurados. Esto se traduce en la necesidad de calibrar los parámetros considerando todos los riesgos cuantificables a que está expuesta toda entidad con una cartera de riesgo diversificada, y sobre la base de un capital económico correspondiente a una probabilidad de ruina del 0,5% (VaR del 99,5%) en un horizonte temporal de un año. La hipótesis de la gestión continuada de la entidad deberá presidir todo el cálculo que se lleve a cabo. El resultado de tales hipótesis será la obtención de una fórmula estándar para el cálculo de este requerimiento de capital, dejando abierta la posibilidad del tipo a utilizar (basada en factores, en escenarios probabilísticos o una combinación de ambas).

3. Un requerimiento mínimo de capital (futuro MCR), fácil de calcular, con un mínimo absoluto y cuyo incumplimiento dará al supervisor el poder de excluir a la entidad del mercado.

4. Se utilizará como base para determinar los riesgos a cubrir por los requerimientos de capital la clasificación de la IAA, que incluyen los riesgos de suscripción, de crédito, de mercado, operativo y de liquidez.

5. Se permitirá la utilización de modelos internos en sustitución de la fórmula estándar, previa autorización del supervisor, pudiendo tener un alcance total (todos los riesgos) o parcial.

**ATENCIÓN**: En el Pilar I de Solvencia II aparece como elemento sustancial las Provisiones Técnicas, lo que diferencia este Pilar del contenido del mismo en el marco de Basilea II. Asimismo, la existencia de dos tipos de capital regulatorio, y la mayor cantidad de riesgos cubiertos por dicho Pilar, lo configuran como peculiar para el sector de los seguros.

## 5-236 El Pilar I en la Directiva Marco (Nivel 1)

El Pilar I tiene como finalidad que la entidad demuestre que sus recursos financieros son adecuados, conforme el marco prudencial existente. Por tanto, establece unos requerimientos de tipo cuantitativo, con los siguientes componentes:

**Valoración de las partidas del balance**

Su valoración razonable se basa en el importe por el que cada activo y pasivo pueden ser intercambiados entre partes interesadas y debidamente informadas que realicen una transacción en condiciones de independencia mutua (art. 75 Dir. 2009/138/CE).

Se pretende que este enfoque sea compatible, siempre que se pueda, con los desarrollos contables en el ámbito internacional, en concreto con la fase 2 de la norma contable para contratos de seguro desarrollada por el IASB. No obstante, sobre este principio de compatibilidad, los enfoques contable y regulador (supervisor) pueden no ser los mismos.

En este sentido, un principio básico de las normas de valoración en Solvencia II consiste en que al valorar los pasivos de la entidad no se tendrá en cuenta la solvencia de la misma (su propia calidad crediticia o rating). De este modo, las obligaciones no derivadas de contratos de seguro (una deuda, subordinada o no, un empréstito, etc.) no se ven afectadas a efectos del balance prudencial por los cambios en el rating de la entidad.

Asimismo, y en lo que afecta a las entidades de Vida, se impone la necesidad de fijar explícitamente las metodologías de evaluación de la participación en beneficios y de las opciones y garantías contenidas en los contratos, que se basarán en información actual y fiable.

**Las Provisiones Técnicas. Sus componentes**

Entre los pasivos, las provisiones técnicas (obligaciones derivadas de los contratos de seguros) son objeto de un enfoque específico por cuanto su valoración será la suma de la mejor estimación y de un margen de riesgo. La mejor estimación ("Best estimate") será el valor actual esperado de los flujos de caja futuros descontados aplicando la curva de tipo de interés libre de riesgo, basándose en información actual y creíble y aplicando hipótesis posibles. El margen de riesgo tiene como objetivo garantizar que el valor de las provisiones técnicas es equivalente al importe que se espera que la entidad necesite para cumplir o extinguir sus obligaciones, y se calculará sobre la base del coste de mantener el capital regulatorio necesario para cumplir sus obligaciones hasta su total cumplimiento.

Por tanto, cubrirá la incertidumbre implícita en el cálculo de la mejor estimación. Si estos riesgos o incertidumbre pueden ser objeto de cobertura ("hedgeables") de forma que los futuros flujos de caja puedan ser replicados usando los instrumentos financieros adecuados y con valor de mercado observable, el valor de las provisiones técnicas se derivará del valor de mercado de tales instrumentos, no siendo necesario calcular un margen de riesgo.

**Requerimientos de capital: el Solvency Capital Requirement (SCR)**

Como ya se vio, el esquema propuesto por la Comisión contemplaba dos requerimientos de capital, siendo el principal el denominado "SCR".

5

Al mantener un montante de capital igual a este SCR, una entidad aseguradora se encontraría en una posición de seguridad frente a los eventos desfavorables que le pudieran afectar en la mayoría de los casos, con un enfoque prospectivo, es decir, valorando la influencia de los acontecimientos futuros sobre la posición financiera de la entidad aseguradora.

Para ello, se define el SCR como el valor en riesgo de los fondos propios básicos, con un nivel de confianza del 99,5%, en un horizonte temporal de un año y sobre la base de que la entidad continúa desarrollando normalmente su actividad en ese período. Por tanto, se trata del capital económico que han de poseer las entidades de seguros para cumplir con sus obligaciones nacidas de los contratos de seguro con una probabilidad del 99,5%.

Así, el SCR tendrá en cuenta todos los riesgos cuantificables, así como todas las pérdidas potenciales a un año, valorando el impacto neto que todas las técnicas de mitigación de riesgos aplicadas puedan producir.

La importancia de este requerimiento de capital obliga a que se calcule al menos una vez al año, pero que sea controlado de forma continua, con el fin de que sea recalculado en caso de que el perfil de riesgo de la entidad se desvíe significativamente durante el ejercicio económico.

Por su propia naturaleza, el capital económico debe calcularse sobre la base del verdadero perfil de riesgo de cada entidad concreta, pero la regulación impone la necesidad de fijar un marco mínimo para el cálculo de este requerimiento, surgiendo así el enfoque estándar para dicho cálculo.

La estructura de la fórmula estándar se establece en la normativa comunitaria sobre las siguientes bases:

- Riesgos mínimos a tener en cuenta: de suscripción en Vida y en No Vida, especial del seguro de Salud, de mercado y de crédito, los cuales integran un SCR calificado como básico.
- Sobre este SCR básico se considerará la incidencia del riesgo operacional, el cual define otro SCR por tal riesgo.
- El importe que resulte de lo anterior será ajustado por la capacidad de absorber pérdidas de las provisiones técnicas y de los impuestos diferidos.

El diseño de la fórmula estándar aplicará el principio de sustancia sobre forma, permitirá el uso de parámetros específicos propios de la empresa y contemplará la posibilidad de que las entidades puedan aplicar simplificaciones que eviten un exceso de complejidad (principio de proporcionalidad).

Por cada riesgo se establecerá un módulo de cálculo que podrá integrar submódulos que incluyan subriesgos. Para cada submódulo se calcula el capital requerido asociado al subriesgo, se agregan los capitales requeridos por subriesgos para obtener el capital requerido correspondiente al riesgo principal y se agregan los capitales requeridos por riesgos principales para obtener el capital requerido total, aplicando una matriz de correlación en la que figuran todos los riesgos principales considerados. Con ello se alcanza el SCR básico.

ESTRUCTURA DE LA FÓRMULA ESTÁNDAR

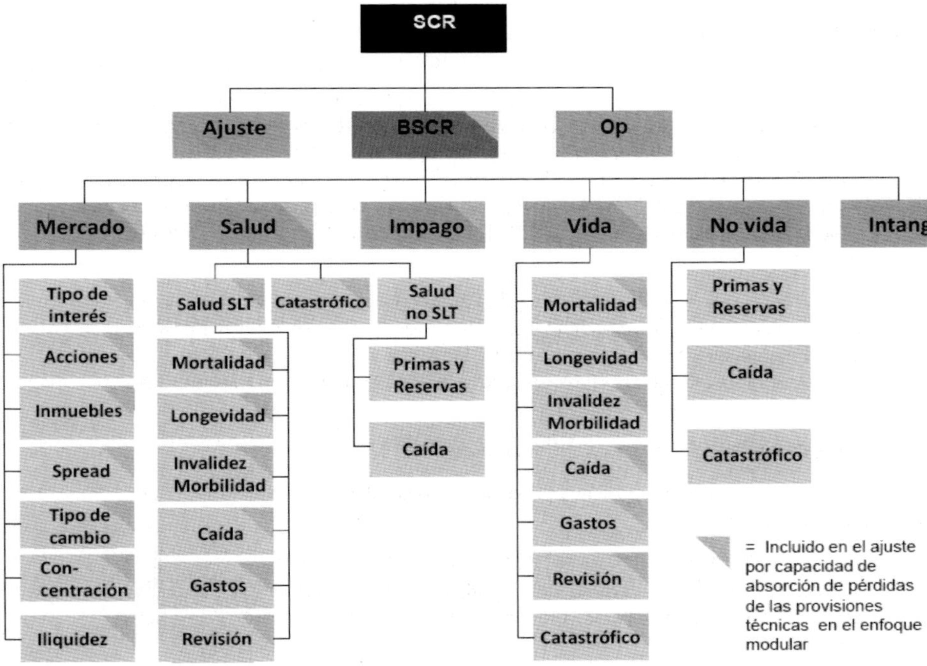


Con relación al cálculo de los requerimientos de capital por cada módulo o submódulo, se podrá utilizar un enfoque modular o un enfoque basado en escenarios.

**Cálculo del SCR básico**

El SCR básico (BSCR) es el requerimiento de capital de solvencia calculado antes de realizar ningún tipo de ajuste, combinando los requerimientos de capital para las seis principales categorías de riesgo previstas en la Directiva. La agregación de cada módulo de riesgo individualmente considerado se realiza a través de la aplicación de técnicas de correlación lineal. Los coeficientes de correlación que se aplican tratan de reflejar las posibles dependencias existentes en la cola de la distribución, así como la estabilidad de cualquier hipótesis de correlación bajo condiciones de tensión.

De esta forma, el SCR básico lo integrarán los siguientes módulos (riesgos):

- De mercado.

- De contraparte (Impago).

- De suscripción en Vida (Vida).

- De suscripción en No Vida (No vida).

- De suscripción en seguros de Salud (Salud).

(Con vistas a llevar a cabo el QIS 5, se incluyó en el SCR básico el módulo de activos intangibles - "requerimiento de capital por el riesgo derivado de los activos intangibles"-, de ahí que se incluya en el esquema, a resultas de la formulación final de las medidas de ejecución).

## 5-237 Riesgo de mercado

El riesgo de mercado surge como consecuencia del nivel de volatilidad de los precios de mercado de los instrumentos financieros. La exposición al riesgo de mercado se mide por el impacto de los movimientos en el nivel de variables financieras como las cotizaciones, los tipos de interés, los precios de los inmuebles y los tipos de cambio.

**Componentes del riesgo de mercado**

La variedad de activos sometidos a este riesgo y las especiales características de cada categoría obligan a diferenciar distintos subriesgos, los cuales serán considerados en diferentes submódulos a la hora de calcular los requerimientos de capital de cada uno, produciéndose su integración o agregación aplicando la matriz de correlación correspondiente, obteniendo, así, la carga de capital por riesgo de mercado.

Estos subriesgos son:

- *Riesgo de tipo de interés*. Se aplica a todo tipo de activos y pasivos cuyo valor es sensible a cambios en la curva de tipos de interés o a la volatilidad de dichos tipos.

- *Riesgo de acciones*. Surge como consecuencia de la volatilidad de los precios de mercado (cotizaciones) de las acciones, aplicándose a todo activo o pasivo cuyo valor sea sensible a los cambios en los precios de las acciones.

- *Riesgo de inmuebles*. Este riesgo surge como consecuencia de la sensibilidad de activos, pasivos e instrumentos financieros a la volatilidad de los precios de mercado de los inmuebles.

- *Riesgo de tipo de cambio*. Se trata de un riesgo que surge como consecuencia del nivel de volatilidad de los tipos de cambio de las divisas o monedas extranjeras.

- *Riesgo de spread (diferencial)*. Se deriva este riesgo de la sensibilidad que en su valor pueden sufrir ciertos activos, pasivos o instrumentos financieros como consecuencias de los cambios en el nivel o en la volatilidad de los diferenciales de crédito con referencia a la curva de tipos de interés libre de riesgo.

- *Riesgo de concentración*. Este riesgo se extiende a los activos considerados en los submódulos de activos, de spread y de inmuebles, excluyendo activos cubiertos por el submódulo de riesgo de contraparte con el fin de evitar cualquier solapamiento entre ambos grupos de elementos que se incluyen en el cálculo del SCR estándar. A la hora de determinar qué activos son considerados en este módulo es preciso aplicar simplificaciones, de forma que sea la acumulación de exposiciones con la misma contraparte la que defina su aplicación o no, sin considerar otros tipos de concentración, como los derivados del área geográfica, el sector económico de que se trate u otros semejantes, no debiendo ser tratados como exposiciones independientes aquellas que pertenecen al mismo grupo.

- *Riesgo sobre la prima de iliquidez*. En la medida en que sea aceptada la aplicación de una prima de iliquidez a la curva libre de riesgo utilizada para el descuento de los flujos derivados de las provisiones técnicas, el módulo de riesgo de mercado deberá capturar el riesgo correspondiente a dicha prima. Este riesgo cubre la posibilidad de un incremento en el valor de las provisiones técnicas derivado de una reducción en la prima de iliquidez. Como contrapartida, la posibilidad de que la prima de iliquidez se incremente se captura en el módulo de riesgo de spread.

5

 © CISS

### Cálculo del riesgo de mercado

El cálculo del capital requerido a partir del módulo de riesgo de mercado se basa en una serie de escenarios. Ello viene a significar que se deberá determinar el impacto que un determinado escenario tiene sobre el valor neto del activo de una entidad. Como valor neto del activo de una entidad se entiende la diferencia entre activos y pasivos.

## 5-238 Riesgo de contraparte (Impago)

El módulo que refleja el riesgo de contraparte deberá reflejar las pérdidas posibles debidas a una falta de pago no prevista, o al deterioro de la situación crediticia de los deudores de la entidad en los próximos doce meses. Se incluye dentro de este riesgo los contratos que tienen por finalidad reducir el riesgo de la compañía, como los de reaseguro, titulizaciones y derivados, así como los créditos frente a los mediadores.

A efectos del cálculo de este módulo se deberá tener en cuenta la exposición total al riesgo con relación a determinada contraparte. Se deberán clasificar las exposiciones con arreglo a características comunes, siendo clave para ello el hecho de que sea objeto o no de calificación crediticia. Se deberá calcular la pérdida posible (Loss Given Default -LGD-) y la probabilidad de cada exposición (Probability of Default -PD-) considerándose asimismo los mitigantes de riesgo utilizados, los cuales conllevan también un riesgo de contraparte.

## 5-239 Riesgo de suscripción en los seguros de Vida

### Descripción del módulo

Este módulo cubre el riesgo que surge de la suscripción de seguros del ramo de Vida y que se encuentran asociados a los eventos cubiertos y a los procesos seguidos en la gestión del negocio. Incluye tanto las obligaciones derivadas de seguro directo y de reaseguro correspondientes al seguro de Vida. Conocer si nos encontramos ante actividades encuadrables en Vida se basará en la manera de gestionar los riesgos subyacentes a los contratos, en función de que se apliquen o no las técnicas propias de los seguros de Vida, no siendo, pues, el criterio la clasificación legal de los contratos.

El módulo de suscripción de Vida está formado por **siete submódulos**, los cuales reflejan los diferentes riesgos que pueden afectar a los seguros de Vida.

• *Riesgo de mortalidad.*

Se asocia al hecho de que una entidad garantice el pago de una cantidad de una sola vez o en varios pagos en el supuesto de producirse el fallecimiento del asegurado en un período determinado. El requerimiento de capital se calcularía como el cambio en el valor neto del activo de la entidad que pueda producirse como consecuencia de un permanente incremento de las tasas de mortalidad.

• *Riesgo de longevidad.*

Se asocia a aquellas obligaciones de seguro y reaseguro en los casos en los que la entidad garantiza llevar a cabo una serie de pagos hasta la muerte del asegurado para el caso en que una reducción de las tasas de mortalidad produzca un incremento en las Provisiones Técnicas, cubriendo también aquellas obligaciones por las que la entidad se compromete a realizar un pago único en caso de supervivencia del asegurado a una determinada fecha.

El requerimiento de capital se calculará como el cambio en el valor neto del activo de la entidad producido como consecuencia de una permanente reducción de las tasas de mortalidad.

Otros riesgos que se considerarán son:

• *Riesgo de invalidez-morbilidad.* Surge de los cambios en las tasas de morbilidad o discapacidad previstas.

• *Riesgo de cancelación o anulación (caída).* Se recoge en este submódulo el riesgo de interrupciones o "caída" de cartera. Así, se intentará reflejar el riesgo de pérdida o cambio en las obligaciones, derivada de unas modificaciones en las tasas esperadas de pérdidas, debido al ejercicio de las opciones de que dispone el tomador. Se considerarán todas las opciones legales o contractuales que pueden modificar significativamente el cambio de valor de los flujos de caja futuros.

• *Riesgo de gastos en Vida.* En éste se incluirán todo tipo de contratos, salvo que los gastos puedan repercutirse al tomador.

- *Riesgo catastrófico*. Se incluirían los producidos por pandemias, y se aplicaría sólo a los seguros que cubren el riesgo de muerte.
- *Riesgo de revisión*. Por su posible confusión con el riesgo cubierto por el submódulo de cancelación o anulación, este riesgo corresponde a la pérdida o cambio adverso en el valor de las obligaciones derivadas del seguro que pueden resultar de las fluctuaciones en el nivel, tendencia o volatilidad producida en los tipos de revisión aplicados a los seguros de supervivencia ("annuities") debido a cambios en el marco legal o en el estado de salud de la persona asegurada. Se aplicaría a seguros en los que el tomador recibe más prestación si empeora su estado de salud.
- *Riesgos correspondientes al seguro de salud*. Se considera de forma específica este tipo de seguro cuando se gestiona de forma similar al seguro de Vida (SLT en el esquema), con una estructura semejante a éste. También se incluyen los casos en los que no se gestiona de la misma forma que el seguro de Vida (No SLT), por lo que se incluyen los riesgos propios de suscripción de No Vida, es decir, primas y reservas y anulación (caída).

## 5-240 Riesgo de suscripción en el seguro de salud

Se considera de forma específica este tipo de seguro cuando se gestiona de forma similar al seguro de Vida (SLT), con una estructura semejante a éste. También se incluyen los casos en los que no se gestiona de la misma forma que el seguro de Vida (No SLT), por lo que se incluyen los riesgos propios de suscripción de No Vida, es decir, primas y reservas y anulación (caída).

## 5-241 Riesgo de suscripción en seguros No Vida

Este riesgo surge de las obligaciones derivadas de seguros No Vida con relación a las coberturas ofrecidas, así como a los procesos usados en la gestión del negocio. Incluye el riesgo que resulta de la incertidumbre incluida en las hipótesis sobre el ejercicio por el asegurado o tomador de opciones incluidas en el contrato, como la renovación o terminación del mismo.

Este módulo reflejará la incertidumbre que se puede producir en los resultados de la entidad con relación a las obligaciones existentes así como sobre las nuevas operaciones que se espera sean suscritas en los próximos doce meses.

La complejidad del riesgo cubierto obliga a distinguir una serie de componentes que se traducen en **tres submódulos**, los cuales se ocupan de los subriesgos correspondientes.

**- Riesgo de primas y reservas.**

Cubre los principales riesgos relacionados con el riesgo de suscripción.

El riesgo de primas procede de las fluctuaciones en la producción, frecuencia e intensidad de los eventos asegurados. Se basa en las pólizas que serán suscritas (incluidas las renovaciones) durante el ejercicio y en los riesgos en vigor sobre los contratos existentes. Incluye el riesgo de que las provisiones sobre primas devengan insuficientes para hacer frente a los siniestros o deban ser incrementadas en previsión de su insuficiencia.

5

También incluye el riesgo procedente de la volatilidad de los pagos por gastos, teniendo en cuenta que el riesgo por los gastos puede ser bastante importante en algunas líneas de negocio, por lo que el cálculo del módulo debe reflejarlo de forma fiel.

El riesgo de reservas, en concreto, resultará de las fluctuaciones en el pago de los siniestros y en el momento en que se lleva a cabo tal pago.

**- Riesgo de anulación o terminación del contrato (caída).**

En la medida en que los contratos de seguro pueden incluir opciones para ejercitar por los asegurados y que pueden influir de forma significativa en las obligaciones procedentes de los mismos, este riesgo debe considerarse, ya que normalmente las provisiones sobre primas consideran en su cálculo determinadas hipótesis sobre las tasas de ejercicio de esas opciones (por ejemplo la renovación o, si es posible, finalizar el contrato antes de su normal vencimiento). De este modo, el riesgo se desencadena cuando estas hipótesis resultan equivocadas o deben ser modificadas.


© CISS

Consecuencia de lo anterior es que si un contrato no contiene estas opciones o si las hipótesis sobre su ejercicio no influyen de forma significativa sobre la provisión de primas, no deberá incluirse el cálculo de este riesgo sobre tal contrato.

**- Riesgo catastrófico en seguros No Vida.**

Trata de capturar el riesgo de pérdida en el valor de las provisiones técnicas resultante de una incertidumbre significativa sobre las primas y las provisiones a dotar que se relaciona con acontecimientos extraordinarios, concibiéndose como tales aquellos de carácter extremo o irregular.

Su cálculo podrá distinguir las distintas categorías de riesgos de este tipo, en función de su origen (natural o humano) o de cómo afecta a unos ramos más que a otros (daños a los bienes, crédito y caución, etc.).

La aplicación de escenarios catastróficos predeterminados podrá facilitar el cálculo de este submódulo, que en el caso del ordenamiento español está condicionado por la existencia de la cobertura de este tipo de eventos por el Consorcio de Compensación de Seguros, afectando, pues, sólo a ramos no cubiertos por este organismo o a entidades que asumen la cobertura de los riesgos extraordinarios por ellas mismas.

**ATENCIÓN**: La estructura modular del SCR se refleja en la fórmula de su cálculo, en la que se cuantifican las necesidades de capital correspondientes a los riesgos y subriesgos que los componen para agregarlos a través de la aplicación de la correspondiente matriz de correlación, con el fin de determinar el requerimiento de capital de solvencia básico (o BSCR).

## 5-242 Utilización de parámetros específicos de la entidad para el cálculo de los módulos del riesgo de suscripción (Vida, No Vida y Salud)

Los riesgos contenidos en el módulo de suscripción constituyen lo que podían denominarse, de forma más expresiva, como riesgo de seguros, es decir, riesgos que directamente nacen de las coberturas asumidas por las entidades en sus operaciones de seguro. Por ello, es el módulo que más próximo está al perfil de riesgo específico de la entidad y a su manera de gestionar el negocio asegurador.

Con el fin de facilitar que las entidades puedan introducir en las fórmulas de cálculo previstas en el modelo estándar la experiencia acumulada sobre las principales características de su negocio, la Directiva Marco previó la posibilidad de que las entidades sustituyeran un subconjunto de parámetros de la fórmula estándar por parámetros específicos de la empresa de que se trate. La importancia de estos parámetros específicos se centra en que contribuyen a una mayor sensibilidad al riesgo de los requerimientos de capital, facilitando la gestión de riesgos de las entidades.

La utilización de estos parámetros específicos está sujeta a autorización del supervisor, el cual deberá comprobar la integridad, exactitud y adecuación de los datos utilizados.

Para determinar estos parámetros se deberán emplear modelos normalizados sobre datos internos de la empresa o aplicables directamente a la misma.

## 5-243 Requerimiento de capital derivado del riesgo operacional (Op)

Contemplado por primera vez en Basilea II, la Directiva Marco lo define como el riesgo de pérdida derivado de la falta de adecuación o de la disfunción de procesos internos, del personal o de los sistemas, o de sucesos extremos. Incluiría los riesgos legales y excluiría riesgos resultantes de decisiones estratégicas, así como también excluiría el riesgo de reputación. 5

La concepción del riesgo operacional, que puede afectar a cualquier área del negocio de la entidad, hace que sólo cubra riesgos que no estén cubiertos por otros módulos. Debe pensarse en el potencial solapamiento de este riesgo con aquellos surgidos como consecuencia de falta de cumplimiento de las obligaciones que debe satisfacer el sistema de gobernanza de la entidad, las cuales podrían suponer la imposición de un capital *add-on* por el supervisor.

A través de su cálculo se obtendrá un requerimiento de capital que se sumará al obtenido en el SCR básico, sin que proceda, pues, ninguna correlación entre este módulo y dicho SCR básico. Al ser un riesgo asociado al negocio de la entidad, para su cálculo se considerarán las primas y las provisiones técnicas.

## 5-244 Ajuste en el SCR básico derivado de la capacidad de absorción de pérdidas por las provisiones técnicas (Ajuste)

Este ajuste en el SCR resulta clave en el cálculo de los requerimientos de capital de las entidades de Vida y de Salud. Su fundamento se encuentra en el enfoque económico que informa Solvencia II. La producción de pérdidas inesperadas, que supone estresar los fondos propios de la entidad al calcular su SCR, produce un efecto compensatorio en forma de menores provisiones técnicas o menores impuestos.

En concreto lo que se deberá tener en cuenta es cómo se reduce el riesgo generado por futuras prestaciones discrecionales de los contratos de seguro. Para lo cual la entidad habrá de demostrar que una reducción de esas prestaciones puede cubrir pérdidas inesperadas cuando se produzcan.

Esta corrección tiene su origen en la obligación de que al calcular la mejor estimación de las Provisiones Técnicas deben incluirse los futuros beneficios discrecionales que se espera obtener, los cuales suelen estar ligados a la obtención de ciertos beneficios obtenidos por la entidad. La aparición de pérdidas que implica el cálculo del SCR lleva como consecuencia que no surja la obligación de repartir algo ya dotado.

Como figura en el esquema, no se aplicará este ajuste a los módulos de suscripción No Vida y de Salud gestionado de forma diferente a Vida, al no cumplir los requisitos mencionados.

En el esquema del cálculo del SCR, este ajuste se aplicará una vez sumado al SCR básico el requerimiento de capital por riesgo operacional.

## 5-245 Principios y cálculo del MCR

La existencia de un MCR, o capital mínimo obligatorio, fue una de las conclusiones que el proyecto Solvencia II extrajo desde sus primeras fases. La finalidad de establecer este requerimiento de capital era establecer una "escalera" que permitiera valorar las medidas a adoptar por el supervisor. El SCR se situaría como techo, donde la entidad cumpliría el nivel de confianza que el sistema exige, pudiendo cubrir sus riesgos (capital económico), mientras que al MCR debería dársele una función de alerta máxima o de nivel a partir del cual esa entidad no tiene cabida en el mercado. De este modo se instaura una idea de proporcionalidad de la reacción supervisora, situando el MCR en el nivel en que la última medida del supervisor debe adoptarse: la exclusión del mercado.

La Directiva marco lo sitúa en aquel nivel en el que el riesgo es inaceptable, fijando un nivel de confianza más bajo que el establecido para el SCR (85 % a un año), entendiendo que la propia existencia del SCR y su capacidad de alerta preventiva, junto con las medidas que el supervisor puede adoptar en fases tempranas de la ruptura del SCR, no exigen un mayor rigor al calibrarlo.

EL MCR cumple también una función armonizadora, por cuanto exigirá que todas las entidades comunitarias estés sometidas a unos requisitos semejantes a la hora de ser excluidas del mercado, favoreciendo asimismo la comparabilidad de las cifras.

5

Por ello, el principal problema es determinar un sistema de cálculo para esta magnitud. La propia Directiva se refiere a la necesidad de que sea un sistema claro y simple, además de auditable. Exigencias de seguridad jurídica hacen que una medida de interdicción, como es el cese de la autorización administrativa para operar en un sector, pueda ser fácilmente defendida por el supervisor ante los Tribunales que tengan encomendados la protección de derechos básicos ejercitables en el mercado.

Por otra parte, la escalera de supervisión exige una distancia razonable entre SCR y MCR, teniendo en cuenta que el SCR puede presentar una variabilidad tal en la práctica como la multiplicidad de perfiles de riesgo que presentan las entidades.

Fruto de estas preocupaciones, la Directiva Marco establece unos principios que regirán el MCR basado en los rasgos siguientes:

- Se fija un nivel mínimo absoluto en función del tipo de negocio al que se consagre la entidad: Vida (con excepciones si cubren los ramos de responsabilidad civil, crédito y caución), No Vida, reaseguro o entidades que cubren Vida y No Vida. Con esto se mantiene el espíritu del Fondo de garantía existente en el marco de Solvencia I y se armonizan unas exigencias mínimas de recursos financieros para operar en seguros en todo el ámbito de la Unión Europea (tema importante para los sistemas que no contemplan capitales mínimos de entrada).

 © CISS

- Se calculará como una función lineal en la que se considerarán como variables las provisiones técnicas, las primas suscritas, los capitales en riesgo, los impuestos diferidos y los gastos de administración de la empresa. Tal enfoque recuerda al sistema de cálculo previsto en Solvencia I para el margen de solvencia.

- Se fijan unos límites entre los cuales debe situarse el MCR con relación al SCR: no excederá el 45% ni será inferior al 25% de dicho SCR, por lo que la escalera de supervisión se delimita.

- Se plantea la posibilidad de revisar este requerimiento de capital en 2017.

**ATENCIÓN**: El MCR se configura como un capital regulatorio que va a permitir tomar al supervisor medidas de último recurso (exclusión del mercado) a las entidades que no lo cumplan.

## 5-246 Elementos integrantes de los fondos propios. Requisitos y propiedades exigidas

**Fondos (o recursos) propios**

Son conceptuados de forma muy amplia por la Directiva Marco, considerándose que lo integra la diferencia positiva entre activos y pasivos valorados conforme a lo visto anteriormente. Recordemos en este punto las normas de valoración establecidas en este nuevo marco prudencial, las cuales van a definir el excedente de activos sobre obligaciones, teniendo en cuenta que al no considerar la valoración de la calidad de la solvencia de la entidad (rating), sus obligaciones no se beneficiarían de sus posibles efectos, por lo que el balance a efectos regulatorios no se somete a la volatilidad que se produciría si se considerara este factor.

Igualmente, al existir una remisión en cuanto a la valoración al marco NIC (o NIIF), cada partida deberá ser analizada también aplicando un filtro prudencial si procede cuando se valore a efectos de determinar el superávit del activo sobre el pasivo, el cual se considera un fondo propio de máxima calidad (Nivel 1 o Tier 1).

Sobre esta base corresponde hacer un análisis de los diferentes componentes que integran estos fondos propios, tanto a la hora de calcular lo que constituye el excedente de activos sobre pasivos, ya esbozado, como a la hora de incluir unos pasivos que la norma permite su inclusión como fondo propio, como es la financiación subordinada. Por ello, se someten estos elementos a una clasificación en donde se tiene en cuenta su capacidad para cumplir su función en el momento en el que las pérdidas se presentaran (niveles o tiers).

Así, en Solvencia II se hace una distinción entre fondos propios básicos y fondos propios complementarios. Desde la perspectiva del enfoque del total de balance, los fondos propios básicos se integran por el excedente, ya mencionado, que se obtiene de la diferencia entre activos y pasivos, al que se añade la financiación subordinada. Los fondos propios complementarios se definirían como los recursos que pueden ser exigidos con la finalidad de absorber pérdidas.

Se trata de recursos que no figuran en el balance y que incluyen elementos como capital social o fondo mutual no desembolsado, cartas de crédito y cualquier otro compromiso del que la entidad aseguradora puede obtener fondos (p.ej. derramas de los mutualistas).

## 5-247 Clasificación por Niveles ("Tiers"). Fondos excedentarios y otros elementos especiales

La estructura de niveles (Tiers) se obtiene al aplicar a cada concepto que puede integrar los fondos propios unas determinadas características (disponibilidad, subordinación y duración suficiente), así como estar libre de cualquier tipo de carga u obligación por la entidad que puedan reducir o anular la capacidad de tales elementos para respaldar los requerimientos regulatorios de capital. La idea de calidad del capital (o del elemento del fondo propio de que se trate) resulta de la aplicación de estas características.

La capacidad de absorber pérdidas es clave para establecer la distinción entre el primer y el segundo nivel. El elemento de Nivel 1 debe tener plena capacidad para absorber pérdidas tanto en el caso de que la entidad continúe con su actividad como si está en proceso de liquidación. Los elementos que integran el Nivel 2 deben proporcionar capacidad para absorber pérdidas en caso de liquidación. Otras características permiten dar criterios al supervisor para valorar la capacidad de cada elemento para absorber pérdidas:

- La duración del instrumento con relación a las obligaciones del asegurador.
- Si el instrumento está libre de incentivos para recuperar su valor nominal.
- Si el instrumento está libre de cargas obligatorias establecidas.

- Si existen o no compromisos sobre el elemento.

Este enfoque basado en rasgos generales pretende que el régimen aplicable al capital sea adaptable a las distintas circunstancias que puedan presentarse, acogiendo la innovación que el mercado introduzca, sin reducir la calidad del capital que el marco prudencial obliga a cumplir.

Los fondos complementarios no podrían en ningún caso integrar el Nivel 1. Asimismo, instrumentos pertenecientes a la financiación subordinada, aunque tengan capacidad para absorber pérdidas de forma genérica, deben cumplir los otros requisitos para integrar el Nivel 2.

En suma, el capital regulatorio no podrá ser cubierto sino en una mínima parte por capital de menor calidad, debiéndose cubrir en su mayoría por el capital de máxima calidad, el cual sí está a disposición de la entidad para hacer frente a las pérdidas ya producidas.

Otro elemento que integra el régimen de fondos propios es el relativo a los límites que se imponen para los Tiers 2 y 3 para la cobertura del capital de solvencia obligatorio.

**Poderes del supervisor y normas de ejecución**

La regulación de los fondos propios en la Directiva Marco contiene reúne tres rasgos a destacar:

- Otorga poderes a los supervisores para fijar el importe de los fondos complementarios y aprobar los métodos para determinar dicho importe, por lo que se prevé armonizar en las medidas de ejecución los criterios aplicados.

- Deja para la normativa de Nivel 2 la concreción de elementos básicos del sistema de fondos propios, como la fijación de los límites por Tiers, la elaboración de la lista de los elementos de fondos propios que cumplen los diversos criterios para su clasificación, así como los métodos de las autoridades de supervisión para pronunciarse sobre elementos no incluidos en la lista.

- Recoge algunos elementos de fondos propios que se explican sólo por determinadas peculiaridades de los mercados de algunos Estados Miembros (fondos excedentarios, cartas de crédito emitidas por suscriptores de Lloyd s y derramas futuras de los clubes de P&I en el marco del seguro marítimo). De entre ellos, a los fondos excedentarios se les clasifica en la Directiva como Nivel ("Tier") 1, entendiéndose como tales aquellos beneficios acumulados que no se han destinado a ser distribuidos a los tomadores y a los beneficiarios de seguros, recogiendo prácticas de ciertos Estados Miembros, como Alemania, Austria y Dinamarca, cuya normativa no considera esas cantidades como integrantes de las obligaciones de las entidades.

**Interpretación de las características de los ítems**

A la hora de llevar a cabo una lista de elementos, el Tier 1 refleja el capital de mejor calidad.

En primer lugar, la diferencia entre activos y pasivos, todos ellos valorados conforme a las normas de Solvencia II. Como claros componentes del mismo se encuentra el capital desembolsado, al cual se le deducirá el importe de las acciones propias en poder de la entidad. El mismo tratamiento tendrá el fondo mutual de las mutuas y cooperativas de seguros y la prima de emisión de acciones. También se integrarán en este Tier las reservas. Por establecerlo así la Directiva, el Tier 1 también lo integrarán los ya vistos fondos excedentarios. La deuda subordinada deberá ser sometida a los criterios de clasificación para poderla encuadrar o no en el Tier 1 o en los demás.

5

Un elemento que ha sido considerado como integrante del Tier 1 en las especificaciones técnicas para el estudio de impacto cuantitativo nº 5 ("QIS 5") son los beneficios incluidos en las primas futuras. La justificación de este ítem está en que en las provisiones técnicas se incluyen las primas de los contratos en vigor que serán recibidas en el futuro, lo que incrementa el importe de los pasivos, siendo necesario compensar tal exceso, aplicando el enfoque económico del sistema, con los beneficios de tales primas. No obstante, este ítem no ha sido aún pagado, por lo que puede dudarse de su capacidad de absorber pérdidas en caso de incurrir en una ruptura del SCR en el horizonte temporal de un año.

**ATENCIÓN**: Debe retenerse la idea de que los diferentes elementos que pueden integrar los fondos propios que cubran el capital regulatorio tienen características diversas, lo cual conlleva la idea de "calidad" del capital. Sólo el capital de mejor calidad está disponible por la entidad para cubrir en el corto plazo las pérdidas producidas.

## 5-248 El tratamiento de las inversiones en Solvencia II

El régimen de supervisión prudencial de las entidades de seguros en la Unión Europea que precede a Solvencia II establecía como uno de sus pilares básicos la necesidad de que las provisiones técnicas estuvieran cubiertas

 © CISS

por activos de calidad y que cada tipo de activos no superase determinadas proporciones o cuantías con relación al importe global de dichas provisiones técnicas. Con ello se intenta garantizar los derechos derivados de los contratos de seguro, poniendo los instrumentos para que las obligaciones sean liquidadas con activos realizables a valores con un componente de riesgo reducido y suficientemente diversificados. Además, las normas que regulan en cada Estado Miembro estas limitaciones no están armonizadas, por lo que cada entidad que opera en un entorno transnacional tiene que encarar diversos marcos regulatorios.

Por otra parte, en el cálculo del margen de solvencia (capital regulatorio) no se introduce ningún elemento que trate de captar los riesgos derivados de las inversiones de la entidad, centrándose en los riesgos derivados de la explotación del negocio asegurador (primas, siniestralidad o capitales en riesgo).

Ante esta situación de partida, Solvencia II establece que en el cálculo de los requerimientos de capital (SCR) debe capturarse todo riesgo cuantificable, y, entre ellos, el derivado de las inversiones. Con base en ello, a la hora de debatir si procede o no mantener los límites cuantitativos y la lista de activos admisibles para cubrir las provisiones técnicas (e, hipotéticamente, el SCR), la Comisión Europea se planteó la conveniencia de distintas alternativas en el enfoque regulatorio a adoptar, es decir, en los principios recogidos en la Directiva Marco.

La posibilidad de retener los límites cuantitativos se planteaba como poco deseable por cuanto limitaría la capacidad de las entidades para gestionar sus riesgos de una manera integral.

También se abandona la idea de que no deba existir ninguna prescripción normativa en cuanto a la manera en la que las entidades aseguradoras tienen de gestionar sus inversiones, dado que la inversión de las cuantías percibidas como primas es un elemento esencial de su operativa.

Por ello, el sistema que se va a imponer gira en torno al principio de persona prudente. Ya consagrado normativamente en la Directiva de Fondos de Pensiones (Directiva 2003/41/CE), este principio gira en torno a las ideas de una cartera diversificada y de una congruencia entre activos y pasivos (matching), e impone al gestor de los activos de una entidad aseguradora unas obligaciones de diligencia y capacidad especiales con vistas a evitar riesgos innecesarios a los asegurados. Por otra parte, se sustituyen los límites cuantitativos impuestos por las normas por la necesidad de que los activos estén suficientemente diversificados y mantengan la liquidez exigida.

De este modo, la Directiva Marco, encara el tratamiento de las inversiones bajo los siguientes principios:

• Libertad de inversiones. Prohibición de que se puedan establecer regulatoriamente obligaciones de invertir en determinados activos o categoría de ellos.

• Principio de persona prudente. Interesa fundamentalmente que el gestor conozca y gestione adecuadamente el riesgo de las inversiones que componen su cartera y que tome las decisiones adecuadas en materia de gestión de riesgos. En este sentido, los activos que cubran los requerimientos de capital y las provisiones técnicas se someten a especiales criterios de seguridad y liquidez, lo que hace entrever la necesidad de que se mantengan políticas de inversión según se trate de este tipo de activos "afectos" u otros "libres", por aplicárseles el principio de persona prudente de manera menos rigurosa.

Con relación a activos con especial riesgo (por ejemplo, instrumentos no cotizados o derivados), se exige una política prudente y una suficiente evidencia de que los instrumentos de cobertura reducen los riesgos de manera efectiva. La referencia a una necesaria diversificación y, por lo tanto, la consideración del riesgo de concentración, completan el conjunto de principios que afectan a las inversiones.

En el Pilar I (cálculo de los requerimientos de capital), las inversiones son consideradas en el importante módulo de riesgo de mercado, el cual contiene, entre otros, el submódulo de riesgo de concentración, el cual toma en consideración los activos contenidos en los submódulos de inmuebles, de acciones, de spread, pero no los considerados en el de contraparte (crédito). Por lo que respecta a los instrumentos financieros, se valorarán las exposiciones al mismo emisor, y se descartarán otras concentraciones, como la geográfica.

En el Pilar II, se hace expresa mención, como áreas específicas de la gestión de riesgos, a las relativas a inversiones (y derivados en particular) y a la congruencia entre activos y pasivos.

**ATENCIÓN**: La aplicación del principio de libertad de inversión no es absoluta en el marco de Solvencia II, ya que la entidad está obligada a seguir una adecuada política de gestión de riesgos en lo que atañe a sus inversiones, máxime si se trata de cubrir sus requerimientos de capital y sus provisiones técnicas.

## 5-249 Cálculo del SCR mediante la aplicación de un modelo interno. Modelos totales y parciales. Exigencias técnicas, de gestión y de información

Como mencionaba el Marco de consultas reiteradamente citado, el reconocimiento de los modelos internos es una consecuencia de la adopción de un planteamiento basado en el riesgo con la condición de que con ello se contribuya a una mejor gestión del riesgo por parte de la entidad, reflejen su verdadero perfil de riesgo de forma más exacta que la fórmula estándar y puedan validarse apropiadamente.

Con su precedentes en los modelos IRB (básico y avanzados), reconocidos en el marco de Basilea II para la evaluación del riesgo de crédito, el modelo interno para el cálculo de los requerimientos de capital (para el denominado SCR, no para el MCR), reconoce, pues, el hecho de que la formulación estándar no recoge sino el perfil de riesgo de una entidad de referencia, por lo que sólo un sistema basado en el concreto perfil de riesgo de la entidad reflejaría exactamente el nivel de recursos propios necesarios para que se cumplan los niveles de confianza exigidos.

Pero ello conlleva un conocimiento preciso del perfil de riesgo por la entidad y, como consecuencia, una gestión de riesgos de alta calidad. El modelo interno deviene, así, en un complejo sistema de gestión de riesgos adaptado a la entidad de la que el cálculo de los requerimientos de capital es la consecuencia más que el inicio del modelo.

La finalidad del legislador comunitario de que Solvencia II sirva para mejorar la gestión de riesgos de las entidades aseguradoras lleva a conceptuar normativamente los modelos internos de forma amplia, por lo que se permiten tanto modelos internos totales (que abarcan todos los riesgos contemplados en la fórmula estándar) como los parciales, aplicables a sólo uno o algunos de estos riesgos o subriesgos, al capital necesario para cubrir el riesgo operacional o para el ajuste que tiene en cuenta la capacidad de absorción de pérdidas de las provisiones técnicas o de los impuestos diferidos, llegándose a admitir que el modelo interno parcial se aplique sólo a uno o a varios segmentos de la actividad de la compañía.

Hablar de modelos internos obliga a referirse a los poderes que la Directiva concede a los supervisores en esta materia. El primero de ellos se refiere al propio proceso de validación y de supervisión una vez validado. El segundo se concreta en el poder que asiste al supervisor de imponer la obligación de que la entidad desarrolle un modelo interno para capturar su especial perfil de riesgo, significativamente diferente del contemplado en la fórmula estándar.

La directiva no define lo que es el modelo interno, si bien, la IAIS lo describe como aquel que se refiere a un sistema de gestión de riesgos desarrollado por un asegurador para analizar su posición global de riesgo, cuantificar los riesgos y determinar el capital económico requerido para hacer frente a esos riesgos. En el ámbito de Solvencia II se completa la definición mencionando que el capital regulatorio puede ser determinado a través de tal modelo, cumpliendo los requisitos establecidos para su validación y que la calibración utilizada respete el nivel de confianza fijado por la regulación en el horizonte temporal exigido.

## 5-250 Proceso de validación del modelo interno

5

El proceso de validación de un modelo interno es una potestad de la autoridad de supervisión sometida a una serie de complejos requisitos regulatorios y necesitado de una armonización de criterios que debe desarrollarse por las normas de Nivel 3, bien se trate de directrices vinculantes o no vinculantes. La falta de armonización de los criterios aplicados pondría en peligro las propias reglas del juego que Solvencia II intenta implantar en el mercado asegurador europeo; de ahí la importancia de las normas que desarrollan, hasta el detalle más pequeño, estos criterios interpretativos, confiando en el instrumento de la colaboración entre supervisores y de la mediación de las Autoridades europeas como último recurso para lograr el objetivo armonizador.

Se expondrán, a continuación, los principales requisitos que se imponen en el proceso de validación de un modelo interno por la Directiva Marco.

**Test de uso**

Por el mismo se requiere al asegurador que demuestre que el modelo interno, en su aplicación y desarrollo, es utilizado de forma amplia y juega un papel crucial en la gestión de la entidad. De este modo el supervisor comprobará la validez del modelo y su integración en la gestión diaria. Tanto los datos de entrada como los de salida utilizados y generados por el modelo interno deben estar vinculados de formas estrecha con las decisiones clave adoptadas en el marco del sistema de gestión de riesgos y del capital. Deberá incluir una evaluación de todos los riesgos materiales identificados por la gestión de riesgos.

El test de uso exige que el modelo refleje la realidad del negocio y de los procesos operativos de la entidad, es decir, su integración en el proceso de gestión de riesgos. Existiría una doble implicación que exigiría que primeramente se integrara el negocio en el modelo para que posteriormente lo hiciera el modelo en el negocio. Por tanto, para valorar si el modelo juega un papel decisivo en la gestión del negocio, el test de uso observará los procesos por los cuales la entidad lo utiliza dentro de su toma de decisiones, a través de los datos que entran y salen del modelo.

La Directiva marco diferencia como elementos del test de uso los siguientes:

- La integración del modelo interno en las funciones de gestión de riesgos y de gestión del capital.
- El uso del modelo interno en las otras funciones clave.
- El papel del sistema de gobernanza en el seguimiento, comprensión y revisión del modelo.

En el ámbito de la función de gestión de riesgos y del capital, el modelo interno debe garantizar que el capital económico se reparte y localiza con el necesario nivel de granularidad para hacer capaz a la gestión de utilizar esta información para su información interna.

Con relación a las otras funciones, el modelo interno debe demostrar que cada una de estas entiende cómo sus decisiones afectan al perfil de riesgo y al capital de la entidad, en la medida en que tales funciones puedan contribuir al alcance, diseño, desarrollo y aplicación del modelo interno. Cada función se responsabiliza de que el modelo interno sea en todo momento aplicable al negocio, exigiendo un constante ir y venir de información a los gestores.

**Calidad de los estándares estadísticos**

Para garantizar que la metodología subyacente al modelo es adecuada, la Directiva fija unos elevados estándares de calidad de las estadísticas utilizadas en el mismo, los cuales se aplican a:

- Los métodos usados para seleccionar, ajustar y, cuando sea necesario, combinar las distribuciones estadísticas (distribuciones de probabilidad previstas).
- La cualidad de los datos.
- Los efectos de diversificación y las interdependencias en el modelo.
- Las técnicas de mitigación de riesgos.
- El tratamiento de las garantías financieras y opciones.
- Las futuras decisiones de gestión que se adopten.

Centrándonos en los datos, una alta calidad de los mismos exige que las entidades revisen las fuentes utilizadas, en varios sentidos:

- Que los procesos de recogida de datos aseguren que sea completa.
- Que los datos estén disponibles para el nivel requerido por el modelo interno.
- Que los datos sean correctos y sometidos a un proceso de validación.
- Que sean accesibles a los usuarios.

En todo caso debe subrayarse que si la disponibilidad de los datos históricos es fundamental, un modelo interno debe proporcionar una proyección futura de las finanzas de la empresa, por lo que se requieren ajustes para reflejar las futuras condiciones, por lo que deberá establecer hipótesis que incluirán volúmenes de facturación y precios del negocio futuro.



**Estándares de calibración**

La Directiva permite que las entidades que utilicen un modelo interno calculen su SCR con base en un horizonte temporal o una medida de riesgo (no el VaR) diferentes al fijado en dicha Directiva en la medida en que puedan demostrar al supervisor que la protección proporcionada a los asegurados y beneficiarios es equivalente a la establecida por la regulación.

Se podrá exigir por las autoridades de supervisión que se aplique el modelo interno a carteras de referencia, usando hipótesis basadas en datos externos para comprobar la calibración del modelo.

En todo caso las entidades deberán calcular el SCR con arreglo a la fórmula estándar durante los dos ejercicios siguientes a la aprobación del modelo interno, debiendo explicar la razón de las diferencias producidas entre el cálculo estándar y el generado por el modelo.

**Asignación de pérdidas y ganancias**

Otro requisito que se exige a las entidades que aplican un modelo interno consiste en analizar de forma anual las causas y orígenes de las pérdidas y ganancias de cada segmento de negocio significativo. Mostrarán cómo las categorías de riesgos usadas en el modelo interno explican las causas y origen de tales pérdidas y ganancias. Esto implica, pues, un ejercicio de "back testing" del modelo, lo que supone verificar si el modelo tiene capacidad de predecir con arreglo a la experiencia de la entidad. Se exigirá, así, una granularidad suficiente para detectar las fuentes de pérdidas y ganancias en un tiempo adecuado con vistas a conocer la posibilidad de no cumplir sus objetivos.

Una consecuencia de ello es que el modelo interno debe incluir un ciclo de control que asegure que la actual experiencia es aplicada para la revisión de la estructura del modelo y de las hipótesis subyacentes; en su caso deberá explicar los cambios que realice y cómo se ha utilizado en ello la experiencia obtenida.

**Estándares de validación**

La validación está vinculada al test de uso, principalmente en lo referido a la necesidad de que el órgano de gestión se implique en la verificación de la validez del modelo de forma continua. Para que el modelo sea usado por la gestión para su toma de decisiones debe ser entendido como una representación completa del riesgo desde un punto de vista prospectivo, y no sólo de forma global (a nivel de la entidad), sino desde sus componentes y subcomponentes.

Una adecuada validación exige que quien la realice actúe de forma independiente, pudiendo encomendar tal tarea a expertos externos con la suficiente cualificación.

En última instancia debe quedar claro que la responsabilidad corresponde al órgano de administración.

**Documentación**

Se exige que sea completa y contenga el necesario nivel de detalle con la finalidad den que sea comprensible para terceros. En concreto, debe contener la actual situación y el desarrollo temporal del modelo para que el propio personal, aun siendo de reciente incorporación a la entidad, pueda entenderlo y usarlo. Contendrá los argumentos y razonamientos usados para cada hipótesis empleada o parámetros utilizados, incluyendo el armazón matemático.

También las entidades deberán documentar aquellas partes del modelo que no funcionan en el cien por cien de los casos, por encontrar limitaciones ante ciertos escenarios (por ejemplo, situaciones extremas del mercado, de la siniestralidad, de cambios normativos con influencia en los pagos por siniestros). Lo anterior conlleva acordar con el supervisor una política de cambios en el modelo a través de la necesaria comunicación.

**Modelos y datos externos**

Con este enunciado se refiere la Directiva al caso en el que el modelo o los datos utilizados hayan sido proporcionados a la entidad por un experto externo a la misma, lo cual puede ser un caso frecuente para empresas de escasos recursos. Para estos supuestos lo requisitos exigidos son los mismos que si el modelo es plenamente desarrollado en el interior de la compañía.



Un factor clave en estos casos, que exigirá especial atención por los supervisores es la integración de estos modelos externos en el propio modelo de capital de la entidad, especialmente en lo que respecta a la adecuación a su negocio específico, transparencia, correlación con otros riesgos y su sensibilidad a éstos, así como a las pruebas con escenarios.

El uso de datos externos para complementar los disponibles por la entidad puede ser útil en ciertos casos, principalmente cuando éstos proporcionan referencias utilizables por la entidad.

Puede identificarse un vínculo entre los estándares de calidad estadística, los estándares de validación y los de documentación. La compañía que emplee un modelo interno deberá contar con unos datos excelentes que soporten el citado modelo y un profundo conocimiento de en qué medida depende de los datos para evaluar los requerimientos de capital y tomar decisiones.

**Requisitos de gobernanza que afectan a los modelos internos**

El papel de los órganos de gestión y administración en todo el proceso que afecta a los modelos internos está contemplado de forma sucinta en la Directiva, pero de forma suficiente para reflejar que es al máximo órgano de administración a quien compete el diseño y aplicación del modelo interno. También lo será de garantizar que el modelo interno refleja en todo momento el perfil de riesgo de la entidad. Este órgano deberá tener un conocimiento adecuado de cómo funciona el modelo interno, lo que incluye entre otros extremos, las partes del negocio que cubre y las decisiones que corresponde adoptar en cada caso.

A un nivel inferior, será la función de auditoría interna la encargada de revisar los procedimientos que controlen la aplicación del modelo interno para asegurar que se actualiza convenientemente, usa datos fiables y es aplicado por las personas competentes para ello como parte de su deber de evaluar los sistemas de control interno en general. También le está encomendada la revisión de todos los elementos externos que configuran o inciden en el modelo con el fin de de verificar si son adecuados para su propósito y son usados correctamente. También corresponde a la función de auditoría interna comprobar que la asignación de tareas realizada es correcta y cómo todas las partes del modelo interno se integran en los procesos rutinarios de la entidad.

Todo lo anterior conlleva la idea de que el modelo interno no es un área separada de la entidad, sino que, antes al contrario, es la entidad en toda su complejidad, en el ámbito que corresponda, según se trate de modelo parcial o total, actuando tanto en el proceso de toma de decisiones ordinario como en momentos puntuales, como la revisión y crítica del modelo.

Otra función clave en el esquema de Solvencia II es la función actuarial, la cual con carácter general se implica en el sistema de gestión de riesgos, pero en lo referente a los modelos internos lo hace con relación al diseño, calibración y estructuración del modelo interno, adoptando una actitud receptiva y reactiva ante la información procedente de todas las áreas del negocio con vistas a mejorar y ajustar el modelo. Podrá usar la información procedente del modelo, en concreto, para valorar las provisiones técnicas dotadas por la entidad y comprender mejor su volatilidad.

**Periodicidad del cálculo del requerimiento de capital SCR**

Es norma general en la Directiva que este cálculo debe hacerse al menos una vez al año. Las entidades que están habituadas a utilizar modelos de capital económico suelen calcular éste de forma regular, tanto para conocer el capital requerido como el capital disponible, reflejando los cambios en los riesgos, valores de los activos y pasivos de seguros, así como los cambios en el negocio y en los factores externos a la entidad. La complejidad de un modelo total puede aconsejar que sólo determinadas partes del mismo se sometan a cálculos periódicos. Desde el punto de vista normativo, la Directiva obliga, no obstante, el mínimo anual, a que se calcule el SCR cuando se espere que los datos obtenidos difieran significativamente de la media estadística usada en el modelo, lo que implica un desvío de las hipótesis que sustentan el último cálculo disponible.

De todo lo expuesto resulta claro lo lejos que está el modelo interno de una concepción meramente matemática del mismo. Los requisitos exigidos para su validación por el supervisor le obligan a ser un sistema imbricado en su nacimiento, aplicación, modificación y crítica a la gestión ordinaria de la entidad en cuanto gestión orientada al riesgo.

**ATENCIÓN**: La admisión de los modelos internos por Solvencia II es consecuencia de los principios que lo informan, en el que se debe considerar el perfil de riesgo de cada entidad individualmente considerada. Con vistas a promover una mejor gestión de riesgos, se adopta una óptica flexible de admisión de tales modelos, en la medida en que se permiten tanto los que cubren todos los riesgos como los que se centran en uno o varios de ellos. No obstante, el modelo interno no puede considerarse como un sistema de cálculo, sino como un proceso de gestión de riesgos y de adopción de decisiones que abarca todos los escalones funcionales y jerárquicos de la entidad.



## 5-251 Pilar II en la Directiva Marco. Elementos que lo configuran

El Marco para Consultas que elaboró la Comisión Europea para orientar el trabajo de asesoría del CEIOPS concebía el Pilar II como una manera de lograr el objetivo de controlar la solvencia global de la entidad aseguradora.

Así, el eje central de este Pilar es establecer el nuevo enfoque de la actividad supervisora, el cual está en consonancia con la propia idea que subyace en una supervisión orientada al riesgo: la necesidad de considerar el perfil de riesgo específico de cada entidad aseguradora. Por ello, se dice lo que la actividad de supervisión debe identificar aquellas entidades, que por sus características financieras, organizativas o de otro tipo, puedan presentar un perfil de riesgo más elevado.

En tal caso, el supervisor debe tener la capacidad de obligar a que la empresa mantenga un montante de capital al que pudiera derivar del cálculo del SCR, bien calculado por el sistema estándar, bien a través de un modelo interno, en tanto en cuanto la entidad no adopte medida pare reducir los riesgos asumidos.

Además, este Pilar debe llevar a una mayor armonización de los métodos, herramientas y facultades de supervisión, a través de aplicar normas y metodologías comunes, lo cual tiene su principal manifestación en la validación de los modelos internos.

La Directiva marco va a desarrollar este Pilar de forma muy detallada, incidiendo no sólo en los temas sobre los poderes de los supervisores, sino también regulando la gobernanza de las entidades aseguradoras, con especial incidencia en la gestión de riesgos.

Una eficaz gestión de riesgos y un comprehensivo sistema de Gobernanza se estiman como claves para un sistema de solvencia. El Informe Sharma (2002), concluyó que en la medida en que es necesario que los aseguradores mantengan un capital adecuado, las decisiones de los administradores y la calidad de la gestión tiene una importancia crucial en la supervivencia de las entidades a largo plazo.

En dicho Informe se pudo verificar cómo en la práctica la debilidad en tales ámbitos convertía a las entidades en vulnerables a acontecimientos externos, los cuales actuarían como desencadenantes de efectos financieros adversos. Ello explica y fundamenta el por qué Solvencia II plantea unas normas de especial rigor en cuanto a los requerimientos que un sistema de gestión y gobernanza debe cumplir.

En materia de gestión de riesgos, se requiere que las entidades tengan en cuenta todos los riesgos a los que están expuestas y que el sistema de gestión de riesgos esté plenamente integrado en la organización como una parte fundamental de la dirección de la empresa.

Especial incidencia se hace en el sistema de gestión de riesgos que debe mantener una entidad que calcule sus requerimientos de capital a través de un modelo interno. La utilización de éste implica una gestión de riesgos de tan alta calidad que le permite identificar todos los riesgos a los que la entidad está sometido, se encuentren o no contemplados en el enfoque estándar del cálculo del SCR.

Normativamente, la Directiva Marco fijó unos principios, pero reservó a la Comisión Europea el desarrollo normativo de los mismos.

## 5-252 La autoevaluación del sistema de solvencia por la entidad ("ORSA- Own Risk Solvency Assesment-")

Pieza esencial del sistema de Solvencia II es el denominado ORSA (Evaluación interna de los riesgos y de la solvencia). Es la principal manifestación de cómo Solvencia II no es sólo un nuevo marco regulatorio de la supervisión prudencial de las entidades de seguros, sino un impulso normativo para la implantación de una cultura del riesgo que aproxime lo más posible la gestión de las entidades con los objetivos de la supervisión.

Bajo el ORSA, considerado como parte del sistema de gestión de riesgos de una entidad aseguradora, las compañías están obligadas a llevar a cabo una evaluación de sus riesgos inherentes a su negocio, así como de sus necesidades de solvencia que requeriría hacer frente a esos riesgos. Se trataría de una visión integrada de los procesos y procedimientos que la entidad emplea para identificar, valorar, controlar, gestionar e informar sobre los riesgos que a corto y largo plazo encara o debe encarar con vistas a determinar los fondos propios necesarios para garantizar que las necesidades globales de solvencia de la entidad se cumplen en todo momento.

5

El ORSA es una proceso interno de evaluación de riesgos que pretende garantizar que los órganos de gestión hagan una labor de revisión continua de los riesgos a los que está la entidad expuesta y de la suficiencia del capital disponible frente a ellos. Reflejará el apetito de riesgo que la entidad tiene, lo cual puede llevar a que muchas entidades opten por establecer un nivel de confianza más elevado o a un horizonte temporal más prolongado que los fijados en la regulación prudencial.

Por tanto, el ORSA será una parte integrante de la gestión de la entidad, que le enfrentará a su estrategia, por lo que será básica en el proceso de toma de decisiones, lo cual deberá ser verificado en el proceso de revisión supervisora.

El ORSA tiene como precedente el Acuerdo de capital de Basilea ("Basilea II"), el cual concibe el Pilar II como un instrumento para garantizar un sólido proceso interno para evaluar los requerimientos de capital que la propia entidad ha estimado tras un análisis de su perfil de riesgo, de forma que las entidades de crédito habrán de tener un proceso para valorar su adecuación de capital global en relación con su propio perfil de riesgo, así como una estrategia para mantener los niveles de capital adecuados. La traducción normativa de este principio la vemos en el artículo 123 de la Directiva 2006/48/CE, relativa al acceso a la actividad de las entidades de crédito y a su ejercicio.

Ya propiamente en seguros, el ORSA tiene un precedente en el ICA (Internal Capital Assesment) que el regulador británico implantó a partir de 2004 para que las entidades se enfrentaran a su propio perfil de riesgo y valoraran sus necesidades de capital.

En su proceso de revisión, el ORSA facilitará a los supervisores un indicador temprano de la posición de solvencia de la entidad, partiendo de la probable hipótesis de que la entidad pueda incumplir su capital económico antes que su capital regulatorio.

**Sistema de control interno**

Se impone la obligación de definir y diferenciar esta función en el ámbito de la entidad, centrada en garantizar unos mecanismos adecuados de información y registro en todos los niveles de la entidad, con especial hincapié en la función de cumplimiento de las normas externas e internas aplicables, instaurando un enfoque prospectivo sobre las consecuencias de las decisiones de gestión sobre este cumplimiento.

**Función de auditoría interna**

Bajo Solvencia II está función es obligatoria, que incluirá una evaluación sobre la suficiencia y del sistema de control interno con arreglo a su actividad. Se trata de una función que podría ser encomendada a una empresa externa en lo referente a la actividad diaria, lo cual no le eximiría a la aseguradora de disponer de personal con la cualificación suficiente para supervisar el desempeño de la labor externalizada.

**Función actuarial**

Limitado por las normas el papel del actuario a específicas funciones, principalmente en los seguros de Vida, el nuevo marco de Solvencia II desarrolla de manera exhaustiva esta función, la cual queda integrada en el sistema de gobernanza, lo que implica la necesidad de mantener una fluida comunicación con los gestores. Esta función excede, pues, al tradicional trabajo llevado a cabo por el actuario, siendo un instrumento clave del que la administración va a disponer para mejorar la gestión y adaptarla a las exigencias de Solvencia II.

**Imposición de adiciones de capital ("add-ons" de capital)**

El sistema Solvencia II, como orientado al riesgo, muestra su plena efectividad cuando es el perfil de riesgo propio de la entidad el que determina los requerimientos de capital regulatorio. De este modo, cualquier aproximación estándar no es sino un intento de captar un perfil medio o, dicho de otra manera, de una entidad ideal. Por ello, la plena consecución de los objetivos del sistema (definidos en la fijación de una determinado nivel de confianza en un período dado) exige que al supervisor se le atribuyan capacidades para imponer a la entidad la obligación de mantener un montante de capital superior al resultante de la aplicación del procedimiento estándar de cálculo.

Pero esta capacidad debe extenderse a los casos en los que se utiliza un modelo interno para calcular los requerimientos de capital. La aprobación de un modelo interno por el supervisor no entra en contradicción con la existencia de esta facultad, ya que el perfil de riesgo de una entidad es, por su naturaleza, cambiante.



En suma, las adiciones de capital impuestas por el supervisor tratarían de acomodar los riesgos cuantificables (recogidos en la formulación estándar) al específico perfil de riesgo de la entidad, pero también deberían incorporar los riesgos cuantificables no contemplados en el citado enfoque estándar, como aquellos de difícil cuantificación, como son los nacidos de deficiencias significativas en el sistema de gobernanza de la entidad. Estos últimos no pueden ignorarse, pues su importancia ya quedó reflejada en el "Informe Sharma" evacuado en la primera fase del proyecto Solvencia II.

**ATENCIÓN**: Debe retenerse la idea de que el Pilar II será, en la práctica, el que más ocupe a los supervisores y entidades una vez entre en vigor Solvencia II, ya que su objetivo fundamental es controlar aquellos riesgos que no pueden ser objeto de cuantificación, y que, en la mayor parte de los casos, serán específicos de cada entidad.

## 5-253 Elementos integrantes del Pilar III

Bajo el marco para consultas ya mencionado, la Comisión Europea estimaba que la información presentada a los supervisores por las entidades aseguradoras era una parte crucial del futuro marco normativo de la Unión Europea en la medida en que estuviera suficientemente armonizada.

Inspirado en el Tercer Pilar de Basilea II, éste se centraba principalmente en la información que las entidades de crédito están obligadas a divulgar al mercado. Sus objetivos se centran en reforzar la denominada "disciplina de mercado", a la cual se le reconoce la virtud de alentar la adopción de mejores prácticas en el sector bancario, pues la divulgación de datos clave incrementará la presión de los competidores sobre las entidades, produciendo a la postre una mayor confianza del inversor.

Solvencia II recoge esta preocupación por mejorar la información que las entidades revelarán al mercado, pero incide, en la importancia de armonizar la información a facilitar a los supervisores.

Como puntos de referencia para reducir la carga que estos dos ámbitos de información pueden suponer a las entidades, se plantea como imperativo que éstos deben estar en consonancia con los estándares elaborados por la IAIS y por la IASB, debiendo ser compatibles con el sector bancario.

En su formulación en la Directiva Marco, el Pilar III reafirma los objetivos de transparencia y se ocupa en regular de forma diferenciada el Informe sobre la situación financiera y de solvencia, dirigido a los supervisores y el Informe sobre la situación financiera y de solvencia, el cual será objeto de divulgación pública. Con relación al informe al supervisor, la Directiva se ocupa de reseñar su contenido mínimo, mientras que en el caso de la divulgación al mercado, la norma define una serie de principios aplicables, entre los que destaca el de confidencialidad, si bien concebido de forma restrictiva (problemas de competencia, posible perjuicio a los asegurados o tomadores).

En todo caso, y conforme al enfoque del que Solvencia II se inspira, será esencial revelar anualmente los requerimientos de capital, los incumplimientos, en su caso, que se produzcan, así como las posibles medidas adoptadas y su calendario.

Sobre la información a facilitar al supervisor, el objetivo final de Solvencia II es establecer unos formatos comunes de información que permitan la máxima comparabilidad entre entidades y mercados, siendo un elemento de toma de decisiones esencial para el funcionamiento de las Autoridades Europeas de Supervisión, y, en concreto, la EIOPA. En este sentido serán la citada EIOPA la que, en sustitución del CEIOPS, elaborará tales formatos, utilizando la forma de directrices vinculantes o no en función del sistema de fuentes que surge del nacimiento de la nueva estructura de Autoridades Europeas de Supervisión.

**ATENCIÓN**: El Pilar III en Solvencia II se refiere principalmente a la información a facilitar al supervisor, la cual debe ser comparable a nivel comunitario, siendo esta una exigencia del nuevo contexto en el que se desenvolverán las Autoridades Europeas de Supervisión, y, en concreto, EIOPA.

## 5-254 La supervisión de grupos de seguros en Solvencia II

La supervisión de entidades de seguros que forman parte de un grupo ocupa en la Directiva de Nivel 1 el Título III (arts. 212 a 266), lo que hace ver la importancia que esta materia cobra en el marco de Solvencia II.

5

El principal cambio que en este tema se produce es el de dejar de ser la supervisión de grupos de seguros una supervisión suplementaria para adquirir su propia virtualidad, haciendo una lectura o aplicación específica de los Tres Pilares en este contexto.

Elementos de este nuevo enfoque a destacar son los siguientes:

1. Identificación de un supervisor de grupo, con poderes concretos de coordinación y decisión. Estos incluyen la obligación de intercambiar información entre los supervisores.

2. Su ámbito de actuación se extenderá a todos los aspectos clave de la supervisión del grupo (adecuación de capital a nivel del grupo, concentración de riesgos, transacciones intragrupo, entidades que incluye el perímetro del grupo, control interno, gestión de riesgos, información al supervisor y revelación al mercado).

3. Su actuación se basa en la colaboración con las otras autoridades supervisoras implicadas, si bien se refuerza su poder de decisión última en determinadas circunstancias (modelo interno de grupo, adiciones de capital, etc.).


© CISS

Como elemento intermediador aparece en un primer momento (aprobación de la Directiva) el CEIOPS, para, una vez adoptado el nuevo modelo de supervisión financiera europea, ser sustituido por EIOPA, con poder de mediación vinculante en temas de diferencias entre los supervisores implicados en un grupo.

4. El cálculo de los requerimientos de capital de solvencia a nivel del grupo (SCR de grupo) se podrá beneficiar de los beneficios de diversificación existentes, por lo que el método de consolidación adquiere la cualidad de método a aplicar por defecto.

5. Se podrá utilizar un modelo interno para el cálculo de los requerimientos de capital a nivel del grupo y de las entidades que lo integran, para lo cual se establece un procedimiento de aprobación del mismo con participación de todos los supervisores implicados, papel mediador de EIOPA y poder decisorio último del supervisor del grupo, inspirándose en el marco establecido por la Directiva de Requerimientos de Capital de la banca (Capital Requirements Directive).

6. Se contempla la supervisión de los subgrupos nacionales que forman parte de un grupo transnacional, si bien se considera como un nivel de supervisión que el supervisor nacional deberá justificar si decide aplicarlo, en un intento de reducir lo máximo posible los niveles de supervisión.

**ATENCIÓN**: La supervisión de grupos en Solvencia II aparece como un ámbito de una gran ambición que será objeto de gran desarrollo en la práctica a través de los mecanismos de coordinación y colaboración de los supervisores europeos y de éstos con EIOPA. Los desafíos de orden cuantitativo que presentan (capital a nivel consolidado, transferencia de capital entre entidades del grupo y beneficios de diversificación) permiten avanzar unas modificaciones sustanciales en el medio plazo de su marco regulatorio.

5

# Índice Analítico

## A



## B



IA

## D

IA

IA

## Q



IA

## R



## S

## T

IA